Berlin Potsdam

Brandenburg a.d. Havel · Eberswalde · Frankfurt (Oder) Luckenwalde · Oranienburg · Strausberg

Stadtatlas

Übersichtskarte und Blattschnitt Großraum Berlin

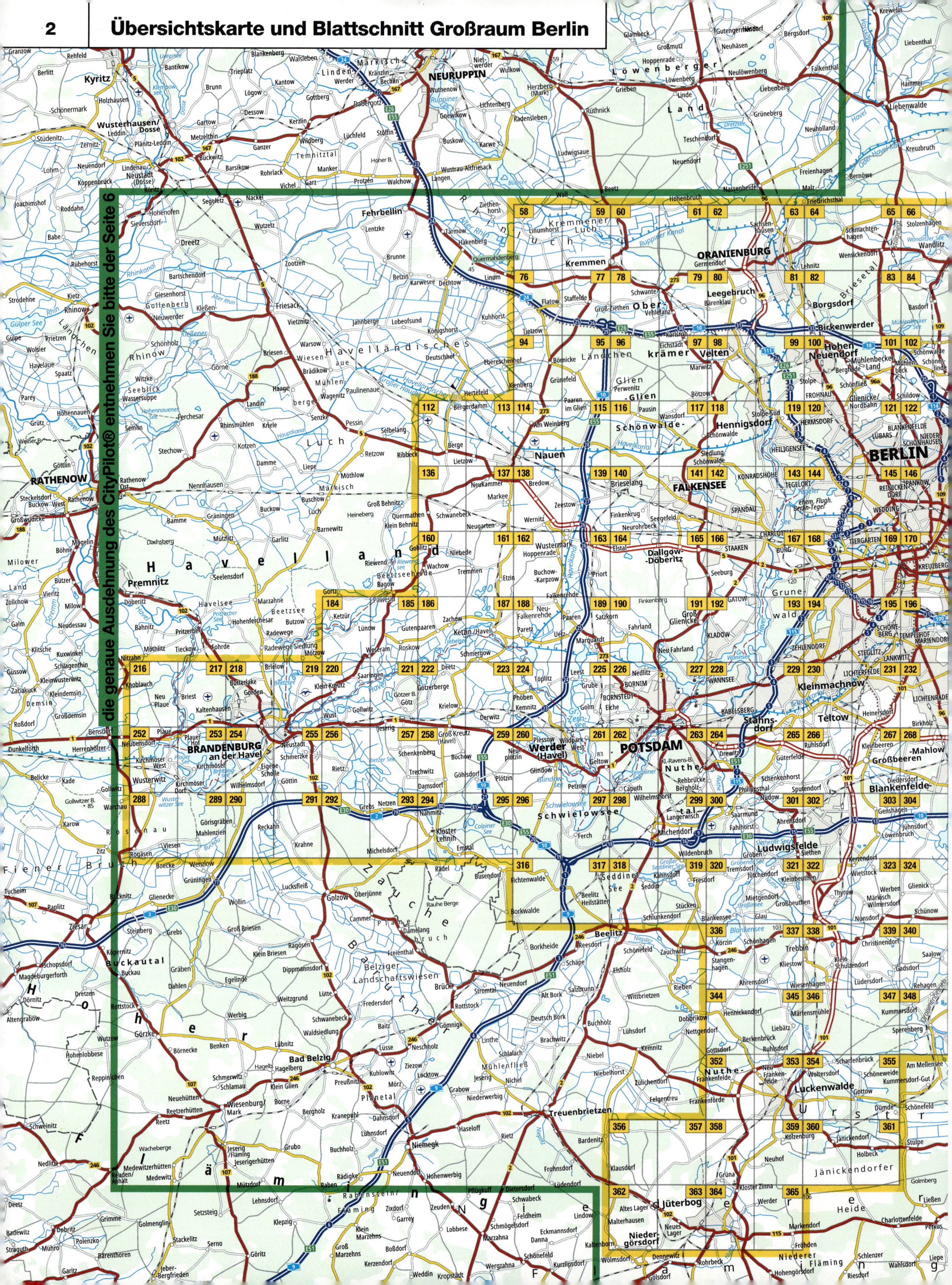

Blattschnitt Ausflugskarten 1 : 200 000 siehe Umschlagklappe vorn

CityPilot® 1 : 100 000 Seite 7-32

Großraumkarten 1 : 20 000

Die GPS-genauen ADAC Stadtatlanten:

Kurzinformation für eilige Nutzer:

- GPS-Handempfänger auf "WGS 84" und "UTM" einstellen.
- Zur GPS-Navigation dient das rote Gitter (Maschenweite 2000 m, Feineinteilung 100 m).
- Die Angaben im Straßenregister beziehen sich auf das blaue Suchgitter.

GPS steht für "Global Positioning System". Gemeint ist damit die exakte Positionsbestimmung mithilfe von Satellitensignalen und einem Empfangsgerät, dem GPS-Handempfänger.
Mit der UTM-Kartenprojektion ("Universale-Transversale-Mercator-Projektion") ist es möglich, die Erdoberfläche zwischen 84° nördlicher und 80° südlicher Breite, in 60 Zonen unterteilt, abzubilden. Deutschland liegt größtenteils in den Feldern 32U und 33U innerhalb der beiden Zonen 32 und 33. (siehe Abb. unten)

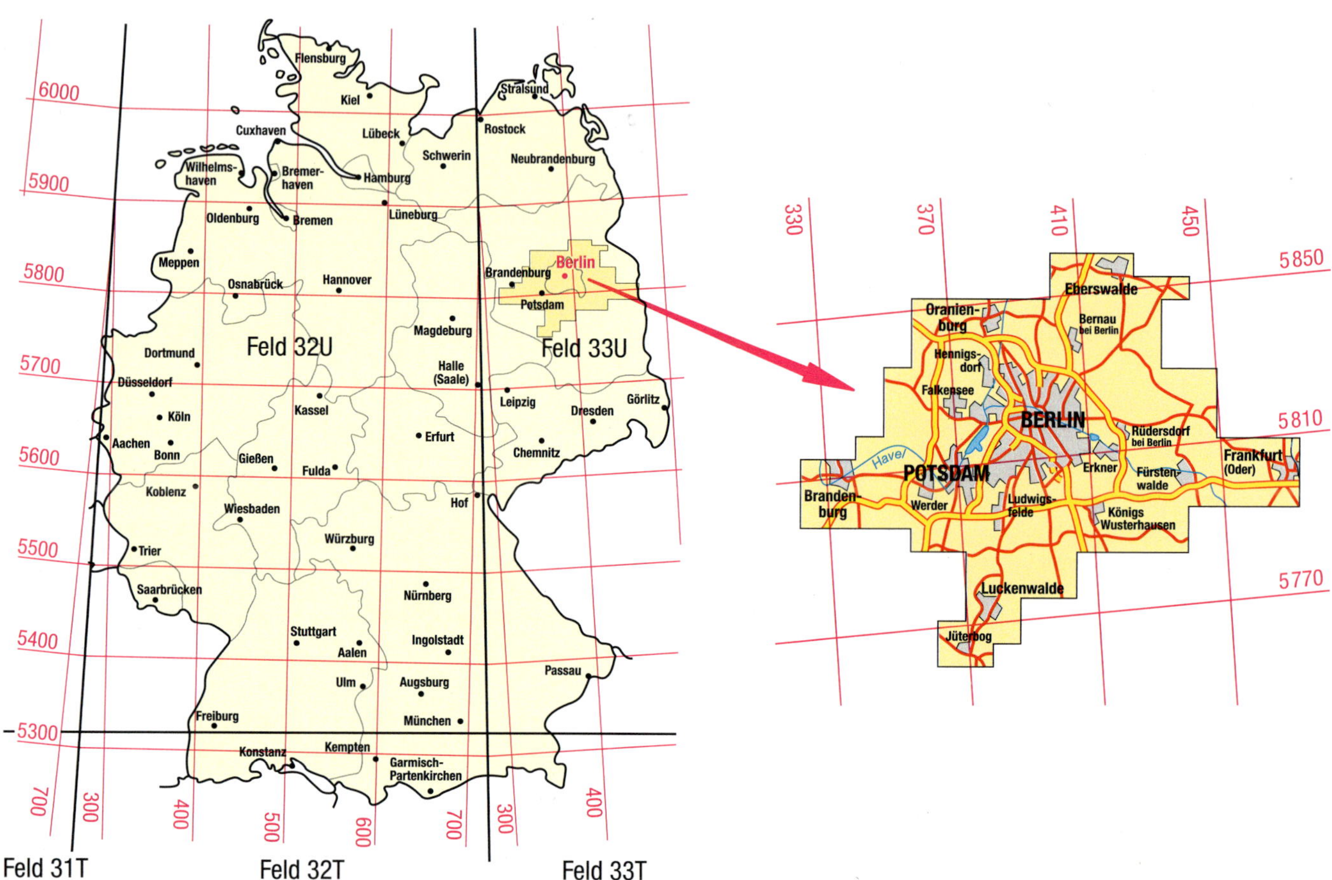

Zur Feinorientierung dient das UTM-Gitter, ein Koordinatensystem, das für einen bestimmten Punkt den Abstand zum Äquator bzw. zum Bezugsmeridian (9° bzw. 15° östl. Länge) in Metern angibt. Dieses UTM-Gitter finden Sie, zusätzlich zum gewohnten blauen Suchnetz des Straßenregisters, in diesen Atlas rot eingedruckt. Bezugssystem ist, gemäß international üblichen Standards bei der GPS-gestützten Navigation, das Rotationsellipsoid "WGS 84" (die Erde ist aufgrund ihrer Rotation um die eigene Achse keine Kugel, sondern leicht abgeplattet). Handelsübliche GPS-Handempfänger ermitteln bei der Positionsbestimmung die UTM-Koordinaten mit einer Genauigkeit von unter 20 Metern.
Diese Koordinaten lassen sich im ADAC Stadtatlas problemlos lokalisieren.

Sie finden in den Großraumkarten im Maßstab 1 : 20 000, neben dem blauen Suchnetz des Straßenregisters, ein rot angelegtes UTM-Gitter mit einer Maschenweite von 2000 Metern.
Die "East"- bzw. Rechtswerte (E), sowie die "North"- bzw. Hochwerte (N) - im Abstand von 2000 Metern - können Sie am Koordinatenschnittpunkt des UTM-Gitters ablesen. Im Beispiel sind diese Zahlenwerte rot markiert. Die Feinorientierung erfolgt mittels der im 100-Meter-Abstand angelegten Skalierung auf den roten Gitterlinien. Ihr Standort befindet sich im Schnittpunkt von Rechts- und Hochwert. Exemplarisch durchgeführt haben wir das im nebenstehenden Kartenausschnitt für einen Ortspunkt mit den Koordinaten ⌖E: 426350 m / N: 5848370 m.

Die Umweltzonen – Was Sie als Autofahrer wissen sollten

Eine Umweltzone – warum überhaupt?

Um die Belastungen durch Feinstaub und andere gesundheitsschädliche Luftschadstoffe in den Ballungszentren zu reduzieren, werden seit Januar 2008 bundesweit Umweltzonen eingerichtet. In diesen neu geschaffenen Umweltzonen dürfen also Fahrzeuge, die besonders viel Feinstaub emittieren, künftig nicht mehr fahren.

Wie erkenne ich eine Umweltzone?

Neue Verkehrszeichen der Straßenverkehrsordnung informieren über den Beginn und das Ende einer Umweltzone. Auf einem Zusatzschild werden alle Plaketten farbig abgebildet, mit denen Fahrzeuge in der Umweltzone freie Fahrt haben.

Beginn der Umweltzone

Ende der Umweltzone

Freistellung vom Verkehrsverbot

Wer darf in der Umweltzone fahren?

Nur Fahrzeuge, die eine der angezeigten Plaketten besitzen. Lediglich Oldtimer-Fahrzeuge (gemäß § 2 Nr. 22 FZV) und Fahrzeuge mit befristeten Ausnahmegenehmigungen sind von der Kennzeichnungspflicht ausgenommen; mit diesen Fahrzeugen dürfen die Umweltzonen auch ohne Plakette befahren werden. Für alle anderen Fahrzeuge besteht also grundsätzlich ein Fahrverbot – keine Plakette heißt also, das Auto abstellen und die Innenstadt mit den öffentlichen Verkehrsmitteln, mit dem Fahrrad oder zu Fuß erreichen.

Zu welcher Schadstoffgruppe gehört mein Fahrzeug?

Zwei Ziffern entscheiden darüber, ob Sie die Umweltzone befahren dürfen oder nicht. Die Plakettenzuordnung für die in Deutschland zugelassenen Fahrzeuge ergibt sich aus der Emissionsschlüsselnummer; die Nummer ist in den Fahrzeugpapieren eingetragen oder ggf. in der Zertifizierung der Partikelfilternachrüstung angegeben.
In Fahrzeugpapieren, die vor dem 1. Oktober 2005 ausgestellt wurden, finden Sie die Emissionsschlüsselnummer im Fahrzeugschein im Feld „Schlüsselnummern zu 1" an der 5. und 6. Stelle des 6-stelligen Codes.
In Fahrzeugpapieren, die nach dem 1. Oktober 2005 ausgestellt wurden, ist die Emissionsschlüsselnummer im Feld 14.1 der Zulassungsbescheinigung Teil I zu finden. Es sind die letzten beiden Zahlen der Ziffernreihe.
Sehen Sie hierzu auch die Schlüsselnummernübersicht für die Fahrzeugklasse M1/Personenwagen.

Wo bekommt man eine Plakette und wo ist sie gültig?

Ausgabestellen für die Plaketten sind die Zulassungsbehörden und die für die Durchführung der Abgasuntersuchung anerkannten Stellen wie z.B. Kfz-Werkstätten, der TÜV oder die DEKRA. Touristen oder Halter von Fahrzeugen, die im Ausland zugelassen sind, können bei den obengenannten Stellen ebenfalls eine Plakette erhalten.
Die Plaketten gelten bundesweit in jeder Umweltzone. Die Internetseite des Umweltbundesamtes (UBA) gibt einen Überblick zu allen bestehenden und geplanten Umweltzonen in Deutschland.
→ http://www.env-it.de/umweltbundesamt/luftdaten/download/public/html/Umweltzonen/index.htm

… übrigens

Bei Verstößen gegen das Fahrverbot werden 80 Euro Bußgeld fällig. Dies gilt auch für parkende Fahrzeuge.

Basis für die Gebietsdarstellungen der Umweltzonen sind die Informationen der Städte und des Umweltbundesamtes:
→ http://gis.uba.de/website/umweltzonen/index.html

Schadstoffgruppen

Fahrzeugklasse M 1/Für die Personenbeförderung ausgelegte und gebaute Kraftfahrzeuge mit höchstens acht Sitzplätzen außer dem Fahrersitz.

	1	2	3	4
Plakette	keine Plakette	2	3	4
Diesel-Motor Diesel, Biodiesel	**Euro 1** oder schlechter	**Euro 2** oder **Euro 1** mit Partikelfilter	**Euro 3** oder **Euro 2** mit Partikelfilter	**Euro 4** oder **Euro 3** mit Partikelfilter
mit Filter		**Stufe PM 01**[1] 19, 20, 23, 24 **Stufe PM 0**[1] 14, 16, 18, 21, 22, 34, 40, 77	**Stufe PM 0**[1] 28, 29 **Stufe PM 1**[1] 14, 16, 18, 21, 22, 25 bis 27, 34, 35, 40, 41, 71, 77	**Stufe PM 1**[1] 27[3], 49 bis 52 **Stufe PM 2**[1] 30, 31, 36, 37, 42, 44 bis 48, 67 bis 70 **Stufe PM 3**[1] 32, 33, 38, 39, 43, 53 bis 66 **Stufe PM 4**[1] 44 bis 70
ohne Filter		25 bis 29, 35, 41, 71	30, 31, 36, 37, 42, 44 bis 52, 72	32, 33, 38, 39, 43, 53 bis 70, 73 bis 75 **Stufe PM 5**[1]
Otto-Motor Benzin, Gas, Ethanol	**ohne** geregelten Katalysator	wird nicht zugeteilt	wird nicht zugeteilt	**Euro 1** mit geregeltem Katalysator oder besser
				01, 02, 14, 16, 18 bis 70, 71 bis 75, 77[2]

1. Die Bezeichnungen „PM 0" bis „PM 5" entsprechen den Partikelminderungsstufen (Partikelfilter).
2. Im Falle von Gasfahrzeugen nach Richtlinie 2005/55/EG (vormals 88/77/EWG)
3. Pkw mit Schlüsselnummer „27" bzw. „0427" und der Klartextangabe „96/69/EG I" mit einer zulässigen Gesamtmasse (zGM) von mehr als 2500 kg ist nach Anhang 2 Abs. 1 Nr. 4 n) der Kennzeichnungsverordnung eine grüne Plakette zuzuteilen. Dies aber nur dann, wenn nachgewiesen wird, dass der Pkw die Anforderungen der Stufe PM 1 der Anlage XXVI StVZO einhält.

Quelle: Bundesgesetzblatt 2007 Teil I Nr. 61 vom 7.12.2007

CityPilot®

Der CityPilot® ist eine Stadtdurchfahrtskarte im Maßstab 1 : 100 000 (grüner Kartenteil Seite 7-37) mit der Sie ohne aufwändiges Blättern schnell und problemlos auf den Durchgangsstraßen in Ihr Zielgebiet gelangen.

Wenn Sie nicht wissen wo Ihr Zielgebiet liegt, suchen Sie im Straßenverzeichnis nach der entsprechenden Gemeinde, bzw. Straße. Die dort angegebene Seitenzahl zeigt im CityPilot® Ihr Zielgebiet. Kennen Sie dagegen die ungefähre Lage Ihres Zielgebietes schon, dann können Sie sofort im CityPilot® -ohne lästiges Blättern- den Durchgangsstraßen bis in das Zielgebiet folgen.

Im Zielgebiet angekommen, schlagen Sie für detaillierte kartographische Informationen die dort angegebene Seite auf. Die gelb unterlegten Seitenzahlen führen Sie zu den Großraumkarten im Maßstab 1 : 20 000 (Seite 50-385), orange-farbig unterlegte Seitenzahlen zu den Cityplänen im Maßstab 1 : 10 000 (Seite 40-48).

Übersichtskarte

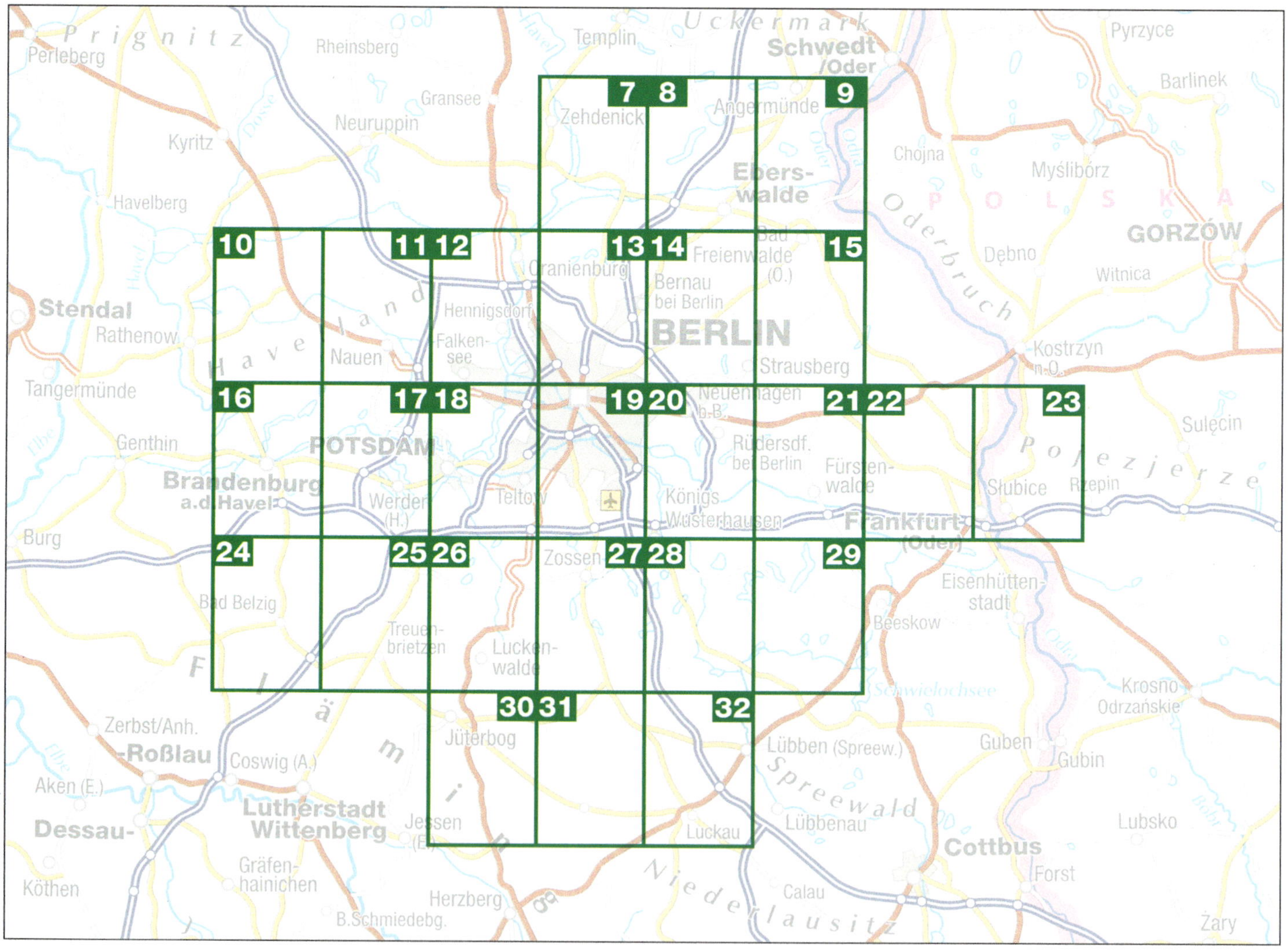

Zeichenerklärung für den CityPilot®

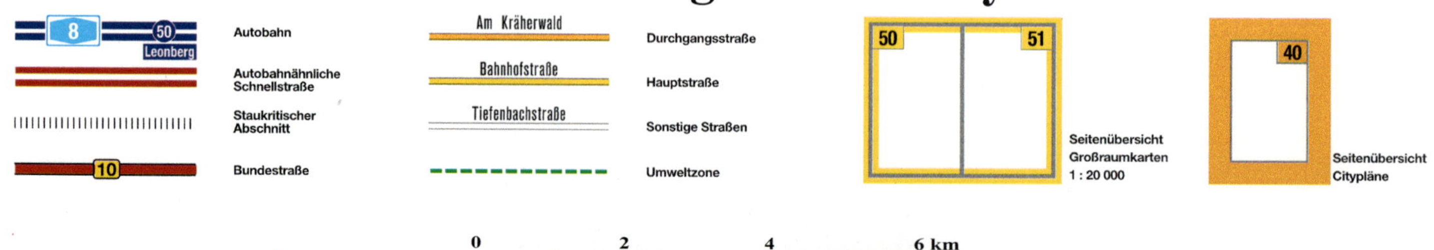

Maßstab 1 : 100 000

Storkow
Storkower Dorfstr.
109
Vogelsang
Steinfeld
Grunewalder Hauptstr.
Grunewald
Grunewalder Parkstr.
Großer Gollinsee
Bebersee
Kleiner Vätersee
Groß Väter
Großer Vätersee
Groß Döllner See
Neuhof
Am Wiesengrund
Dellenstr.
Reihenstr.
Kl. Dellenstr.
Kurtschlag
Groß Dölln
Klein Döllner See
Döllner Heide
Wolfsgarten
Hauptgraben
Döllnfließ
Poven-Stich
Wesendorf
Wesendorfer Weg
Wesendorfer Str.
Liebenwalder Ausbau
Gewerbegebiet Ost
Dorfstr.
Kappe
Großer Lotzinsee
Altlotzin
Siedlung II
Liebenwalder Chaussee
Trämmersee
Großer Glarowsee
Trämmerfließ
Uhlenhof
Schlutter Hauptstr.
Schluft
Alte Schulstr.
Krewelin
Kreweliner Dorfstr.
Krummer See
Großer Pinnowsee
Döllner Siedlung
Prenzlauer Str.
E.-Thälmann-Str.
Höpen
Rohrgraben
Vosskanal
Sarnow
Eichhorster Chaussee
Wildau
Schlutter Str.
Liebenthal
Liebenwalder Str.
Berliner Str.
Groß Schönebeck
Eichhorst
Emilienfelde
Böhmerheide
Schorfheide
42
43
Kuhpanzsee
Groß Schönebecker Str.
Hammer Chaussee
Klandorf
Werbellinkanal
Heidchen
Wutzsee
Eberswalder Str.
Rosenbeck
167
Neuholländer Str.
R.-Breitscheid-Str.
E.-Thälmann-Str.
Hammer Ch.
Hammer
Prenzlauer Chaussee
Havelstr.
Liebenwalde
Havel
Langer Trödel
Forststr.
Liebenwalder Str.
Prenzlauer Str.
Oder-Havel-Kanal
Sandberge
Zerpenschleuse
Marienwerder
Eberswalder Str.
Hubertusmühle
Berliner Str.
Rehhorster W.
Am Finowkanal
Zerpenschleuser Str.
Finowkanal
48
49
Kranichsee
Kreuzbruch
Straße
Ruhlsdorf
Zerpenschleuser Str.
Kiessee
Biesenth. Str.
Prendener Str.
Eisenbuder see
Bernsteinsee
Bukowsee
Großer Lottschesee
Alte Dorfstr.
Sophienstädt
Bernöwe
Bernöwer Dorfstr.
Marienwalde
Prenzlauer Chaussee
Ruhlsdorfer Allee
E28
Finow
Mitter-Prendensee
11
Liebenwalder Damm
Zerpenschleuser Str.
Neudorf
Rehmate
Prendener Str.
Klosterfelder Str.
Prenden
Liebenwalder Str.
Bahnh.-str.
Klosterfelde
13
Haupt-str.
Zehlendorf

Friedrichswalde
Parlow
Schmelze
Glambeck
Wolletz
Wolletzsee
Altkünkendorf
Sternfelde
Zuchenberg
Grumsin
Schmargendorf
Luisenfelde
Grimnitzsee
Grimnitz
Neugrimnitz
Joachimsthal
Elsenau
Althüttendorf
Groß Ziethen
Ziethen
Klein-Ziethen
Groß-Ziethen
Rosinberg
Rooinsee
Serwester See
Buchholz
Serwest
Werbellinsee
Flacher Bugsinsee
Senftenhütte
Senftenthal
Schönhof
Waldhof
Kinderland Werbellinsee
Hubertusstock
Weißensee
Weißer See
Nettelgraben
Golzow
Chorin
Brodowin
Altenhof
Wildau
Kloster
Britz
Sandkrug
Werbellin
Blütenberg
Britzer See
Eichhorst
Buckowsee
Buckow
Ferdinandsfelde
Lichterfelde
Neuehütte
Liepe
Gr. Buckowsee
Üdersee
Clara-Zetkin-Siedlung
Lichterfelde Siedlung
Technologie- und Gew.-park Eberswalde
Oder-Havel-Kanal
Nordend
Kahlenberg
Finowfurt
Messingwerksiedl.
Macherslust
Schiffshebewerk Niederfinow
Stecherschleuse
Schloßgutsiedlung
Wolfswinkel
Finow
Kupferhammer
Eberswalde
Ostend
Niederfinow
Struwenberg
Hubertusmühle
Finow Ost
Westend
Sommerfelde
Karlswerk
Brandenburgisches Viertel
Forstbotanischer Garten
Zoologischer Garten
Amalienhof
Broichsdorf
Spechthausen
Tornow
Hohenfinow
Falkenberg
Schwärze
Schwörze-See
Großer Samithsee
für Kfz gesperrt
Cöthen
Schönholz
Trampe
Neugersdorf
Melchow
Gersdorf
Joachimsthal
Chorin
Werbellin
Finowfurt
E28
11
167
168
198
44
45
46
47
50
51
52
53
54
39
14

Angermünde
Dobberzin
Schöneberg
Neu-Galow
Criewen
Crussow
Wilhelmsfelde
Stolpe
Herzsprung
Neukünkendorf
Gellmersdorf
-Stolzenhagen
Bölkendorf
Parsteinsee
Parstein
Lüdersdorf
Lunow-
Parsteiner See
Pehlitz
Neuendorf
Hohensaaten
Steinlager
Oderberg
Liepe
Oderberger See
Oder-Havel-Kanal
Alte Finow
Alte Oder
Oder (Odra)
Hohensaaten-Friedrichsthaler-Wasserstr.
Hohenwutzen
Neuenhagen
Bralitz
Neuglietzen
Altglietzen
Schiffmühle
Stille Oder
Gabow
Neukietz
Falkenberg
Märkische Heide
Eduardshof
Gew.-park Schamette
Altkietz
Schloss
Bad Freienwalde (Oder)
Dannenberg
Altranft
Neugaul
Neuranft
Neuküstrinchen
Neurüdnitz
Zäckericker Loose
Oderaue
Neureetz
Neuwustrow
Wustrow
Altreetz
Neulietzegöricke
Mucker
POLSKA
Maly Raduń
Piasek
Baraki
Bielinek
Rów Główny
Lubiechów Dolny
Lubiechów Górny
Czachów
Lukowice
Jezioro Czachow
Orzechów
Cedynia
Radostów
Golice
Osinów Dolny
Stara Rudnica
Kostrzynek
Siekierki
Stare Lysogórki
55
56
57
2
158
158a
167
198
38
15

Sieversdorf-
-Hohenofen
Dorfstr.
Haupt-str.
102
Jülitzer Str.
Jülitz
Dosse
Friedrichs-bruch
Großderschau
Brenkendorf
Klausius-hof
Dreetz
W.-Pieck-Str.
Friedensstr.
Waldsiedlung
Schul-siedlung
Sternsplan
Bartschendorfer Str.
Webersplan
Dreetzer See
Baselitz
Michaelisbruch
Hauptstr.
Rhinkanal
Treuhorst
Siegroths-bruch
Hofländer Str.
Dreetzer Str.
Bart-schendf. Str.
Zietens-aue
Zietensauer Str.
Dorfstr.
Bartschen-dorf
Giesen-horst
Blumenaue
Stölln
Otto-Lilienthal-Str.
Flugzeug-museum
Neuwerder
Kleßen
Dickter Weg
Ohnewitz
Gollenberg
Kleßener See
Kleßen-Görne
Waldstr.
Schönholz
Dickte
Gr. Grenzgraben
Görne
Mühlenstr.
Görner See
102
Kohlhof
Elslaaker Weg
Witzke
Elslaake
Lochower Str.
Lochow
Witzker See
Seeblick
Wassersuppe
Hohennauener See
Trintsee
Rhin
Hohennauener Str.
Semlin
Großer Fenn
Tegeland
Ferchesarer See
Dranse
Ferchesar
Ferchesarer Str.
Semliner W.
Stechower Str.
Ausbau Semlin
Samliner Chaussee
Heidekrug
Stechow-Ferchesar
Stechow
Waldsiedlung
Rathenow
Stechower Landstr.
Neu Friedrichsdorf
Bammer Landstr.
Wolzen-siedlung
Wolzensee
Nackel
Friedensstr.
Wutzetz
Temnitz
Rhinkanal
Bezirksstr.
Damm
Zootzen
Hauptstr.
Friesacker Zootzen
Am Hasselfeld
Klessener Zootzen
5
A. d. Bahnstrecke
Fliederhorst
Dorfstr.
Briesener Zootzen
Friesacker Rhin
Umgehungsstr.
Hamburger Str.
Friesack
Thie-mannstr.
Klessener Str.
Vietznitzer Str.
Berliner Allee
Karolinen-hof
Wutzower Str.
Vietznitz
Wiesenaue
Warsow
Dorfstr.
Briesen
188
Luch-siedlung
Brädikow
Blumenstr.
Kanal-siedlung
Dorfstr.
Haage
Brädikower W.
Lindenstr.
Wagenitz
5
Landiner See
Mühlenberge
Landin
Sternstr.
Schloss-str.
Hauptstr.
Krieler Landweg
Senzke
Kriele
Rhins-mühlen
Kotzener Str.
Havelländischer Großer Hauptkanal
Pessin
Hamburger Str.
Kotzen
Dorfstr.
Erster Flügelgraben
Retzow
Damme
Dammer Dorfstr.
Breite Str.
Liepe
Lieper Str.
Hauptstr.
Möthlower Str.
Möthlow
Nennhausen
Dorfstr.
Haupt-str.
Gew.-geb. Buckower Str.
Buckower Str.
Gräninger See
Buschow
Buschower Dorfstr.
Kolonie
Bamme
Nennhausener Str.
Buckow
Buschow I
Brandenburger Str.
Gräningen
Rathenower Str.
Buckower Dorfstr.
Märkisch Luch
Barnewitz
Brandenburger Str.
Garlitz
Dorfstr.
Garlitzer Str.
Barnewitzer Str.
Brandenburger Straße
Gortzer Str.
Mützlitz
16

58
76
94
112
113
114
136
137
138
17
Fehrbellin
Lentzker Siedlung
Lentzke
Gew.-park Ländchen
Tarmow
Zietenhorst
Rhinkanal
Alter Rhin
Hakenberg
Brunne
Schlachtdenkmal Aussichtsturm
Karwesee
Linum
Linumer Bruch
Betzin
Dechtow
Reglitzgraben
Kremmener See
Kremmen
Gew.-geb. Am Elsholz
Flatow
Groß Ziethen
Staffelde
Berlowshof
Seelenhorst
Kleiner Haupt- und Grenzkanal
Lobeofsund
Fredenhorst
Nordhof
Elsbruchgraben
Kuhhorst
Tietzow
Kremmen
Dr. Havelland
Jahnberge
Königshorst
Mangelshorst
Sandhorst
Deutschhof
Ribbeckshorst
Eichberge
Horster Grenzgraben
Mitteldorf
Börnicke
Ebereschenhof
Dreibrück
Grünefeld
Wolfslake
Paulinenaue
Bergerdamm Lager
Bergerdamm
Hertefeld
Kienberg
Paaren im Glien
Bienenfarm
Havelländischer Großer Hauptkanal
Teufelshof
Perwenitz
Lindholzfarm
Bergerdamm-Hanffabrik
Marienhof
Utershorst
Am Weinberg
Selbelang
Siedlung
Birnbaum
Retzow
Ribbeck
Berge
Lietzow
Nauen
Glien
Falkensee
Havelkanal
Brieselang
Gew.-geb. Nauen Ost
Neukammer
Bredow
Sandkrug
Groß Behnitzer See
Groß Behnitz
Brenn
Markau
Zeestow
Quermathen
Neuhof
Schwanebeck
Markee
Klein Behnitz
Klein Behnitzer See
Wernitz
Rothehof
Neugarten
Wustermark
Berlin-Spandau
Demex-Park
24
E26
E55
273
5
10
25
26
27
28
29

59
60
Sommerfeld
Dorfstr.
Johannis-
thal
Hohenbruch
61
62
Ziegnerhof
Neu-
Friedrichsthal
63
64
Friedrichsthal
Fichtengrund
Grabowsee
Ruppiner Kanal
Tiergarten-
siedlung
Sachsen-
hausen
Gew.-park
Nord
Schmachten-
hagen-West
Gedenkstätte
und Museum
Sachsenhausen
Oranienburger
Chaussee
Gew.-geb.
Lehnitzschleuse
Oranienburg
Schloss
Neustadt
Schmachten-
hagen-Süd
Hörstegraben
Kremmen
Gew.-geb.
Am Elsholz
Ruppiner Str.
Germendorf
Germendorfer Allee
Eden
40
Lehnitz-
see
Lehnitz
77
78
273
79
80
81
82
Amalienfelde
Kremmener Ch.
Bahnhofstr.
Dorfstr.
Annahofer Str.
Veltener Str.
W.-Bothe-Str.
Oranienburger Kanal
Oranien-
burg
Süd
Mühlenbecker Weg
Groß
Ziethen
Schwante
Staffelde
Bärenklau
Leegebrucher Ch.
Eichenallee
Am Kleeschlag
Leege-
bruch
Gew.- und
Industriepark
Alter Flughafen
Borgsdorf
Bärenklauer Str.
Vehlefanzer Str.
Vehlefanz
Gew.-geb.
Perwenitzer
Chaussee
Klein
Ziethen
Perwenitzer Chaussee
Germendorfer Ch.
Dreieck Kreuz
Oranienburg
Pinnow
Birkenwerder
26
Dr. Havelland
Oberkrämer
30
Ober-
krämer
10
E26
E55
31
1
Veltener Ch.
Berliner Ring
33
Gew.-geb.
Triftweg
29
Wolfslake
Am Krämerwald
95
96
Neu-
Vehlefanz
97
98
Eichstädt
Velten
Breite
Linden-
str.
Pinnower
111
Velten-
Grün
Hennigsdorf
99
100
Hohen
Neuendorf
Bergfelder Str.
Birkenwerder Str.
Nieder-
heide
Hasen-
kuhle
Bergfelde
Breite Str.
Lindenstr.
R.-Luxemburg-Str.
Velten-
Süd
Berliner Straße
Hohenschöpp. Str.
Marwitz
Schönfließer Str.
Wolfslake
Oranien-
burger Str.
Perwenitzer
Dorfstr.
Perwenitz
Chausseestr.
Veltener Str.
Bötzow
Marwitzer Str.
Veltener Str.
Oder-Havel-Kanal
2a
2b
Hennigsdorfer Ch.
Stolpe
Osram-
siedlung
Stolper
Heide
96
Wansdorfer Ch.
Dorfaue
115
116
Pausin
Wansdorfer Str.
Wansdorf
Gew.-geb.
Rosengarten
117
118
Bötzow-
West
Schönwalder Str.
Hennigsdorf
Gew.-geb. Nord
119
120
Frohnau
Sigismund-
korso
Chausseestr.
Brieselanger
Schönwalde-Glien
Mühlgraben
Havelkanal
Rote Ch.
Frohnauer Str.
Herms-
dorf
Kiefheider Weg
Schulzendorfer Str.
3
Schulzen-
dorf
Heiligensee
Heiligen-
see
Falkenseer Str.
Schönwalde-
Dorf
Nieder
Neuendorf
Dorfstr.
Spandauer Allee
Alt-Heiligensee
Hennigsdorfer Str.
Alt
Brieselang
Nauener Chaussee
Havelkanal
Fehrbelliner Str.
Falkenseer Str.
Schönwalde-
Siedlung
Berliner Allee
Konrads-
höhe
Karolinenstr.
Waidmannsluster Damm/
Hermsdorfer Damm
4
Tegel
139
140
Brieselang
141
142
Schönwalder Allee
Landstr.
Havel
143
144
Tegeler
See
Holzhauser Str.
5
Finkenkruger
Nauener Ch.
Nauener Str.
Waldheim
Havelländer Weg
Falkenhain
Falkenhagener
See
Falken-
hagen
Siedlung
Falkenhöhe
Aalemann-
ufer
Friederikestr.
Bernauer Str.
Flughafen-
see
Briese-
langer Str.
Zeestower Ch.
K.-Marx-Str.
K.-Liebknecht-Str.
Sonnenstr.
Falkenhagener Str.
Seegefeld
Spandauer
Falkenhagener
Feld
Haken-
felde
Streitstr.
ehem.
Flughafen
Berlin-Tegel
P+R
Finkenkrug
R.-Breitscheid-Str.
Finkenkruger Str.
Bahnhofstr.
Seegefelder Str.
Falkensee
Potsdamer
Str. der Einheit
Falkenseer Chaussee
SPANDAU
Seegefelder Weg
18
Askanierring
Schönwalder Str.
38
Am Juliusturm
Zitadelle
Sartenfelder Str.
Hohenzollernkanal
Saatwinkler Damm
Saatwinkler D.
10
Flughafen Tegel
11
Heckerdamm
12
Dr.Charlottenbg.
13
Nonnendammallee
Rohrdamm
Gew.-geb.
Falkensee Süd
Rohrbeck

Zehlendorf
Stolzenhagen
Klosterfelde
Biesenthal
Schmachtenhagen
Siedlung West
Wandlitzer See
Wandlitz
Ützdorf
Lanke
Hellsee
Rahmer See
Siedlung Hildebrand
Liepnitzsee
Schmachtenhagen-Süd
Schmachtenhagen-Ost
Wensickendorf
Rahmersee
Seefeld
Lobetal
Rüdnitz
Waldsiedlung
Zühlsdorf
Waldheim
Zühlslake
Ladeburg
Basdorf
Gew.-park Ladeburg
Waldfrieden
Gew.-gebiet Am Sandweg
Summter See
Summt
Mühlenbecker See
Gorinsee
Gew.-geb. Pappelallee
Nibelungen
Bergfelde
Feldheim
Mühlenbecker Land
Schönwalde
Schönow
Friedenstal
Bernau bei Berlin
Hobrechtsfelde
Schönerlinde
Zepernick
Eichwerder
Lindow
Mönchmühle
Röntgental
Schönfließ
Birkenhöhe
Elisenau
Katharinensee
Panketal
Glienicke/ Nordbahn
Schildow
Birkholzaue
Birkholz
Gew.-geb. Pankow-Nord
Buch
Schwanebeck
Blankenfelde
Lübars
Karow
Gew.-geb. Lindenberg
Märkisches Viertel
Französisch Buchholz
Lindenberg
Neu Lindenberg
Blumberg
Gew.-geb. Am Rehhahn
Waidmannslust
Rosenthal
Blankenburg
Ahrensfelde
Wittenau
Niederschönhausen
Wilhelmsruh
Malchow
Siedlung Wartenberg
PANKOW
Heinersdorf
Wartenberg
Falkenberg
Mehrow
Eiche
REINICKENDORF
DGZ BusinessLifePark
Weißensee
Neu-Hohenschönhausen
Gewerbepark Plauener Straße
MARZAHN-
-HELLERSDORF
Wedding
Technologie- und Innovationspark Berlin
Prenzlauer Berg
Gedenkstätte Berliner Mauer
Moabit
LICHTENBERG
Biesdorf-Nord
Mühlenbeck
Dr. Pankow
Schönerlinder Str.
Bucher Str.
Pasewalker Str.
Prenzlauer Promenade
Kappgraben
Dreieck Barnim
Bernau-Nord
Bernau-Süd
Wandlitz
Berlin-Hohenschönhausen
Seidelstr.
Eichborndamm
K.-Schumacher-Pl.
Am Festplatz
Beusselstr.
Seestr.
65 66 67 68 69
83 84 85 86 87
101 102 103 104 105
121 122 123 124 125
145 146 147 148 149
E55
E28
E26
10
11
100
114
273
109
96a
158
2
96
38

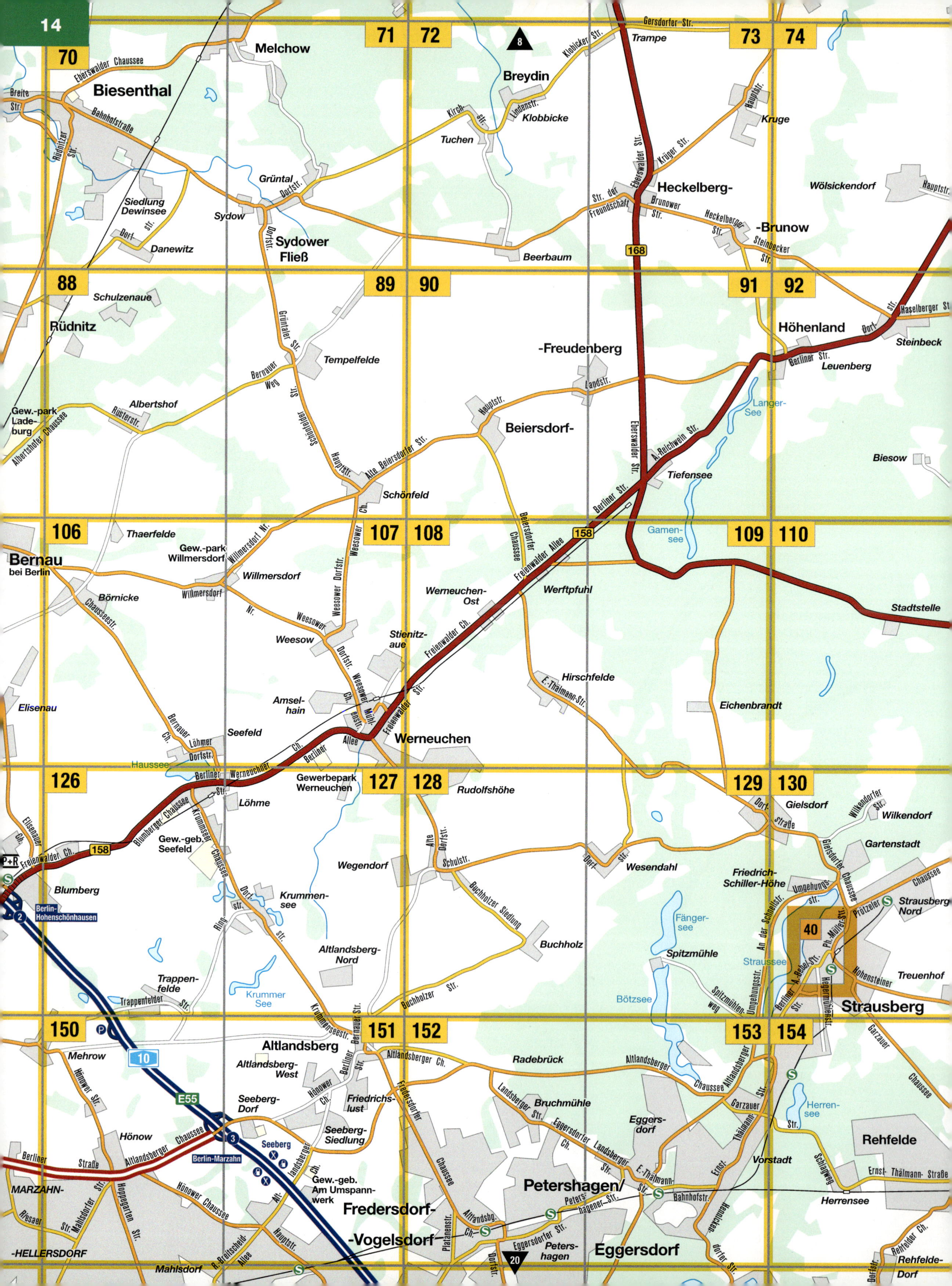
70
71
72
73
74
Melchow
Gersdorfer Str.
Trampe
Eberswalder Chaussee
Biesenthal
Breite Str.
Bahnhofstraße
Rüdnitzer Str.
Klobbicker Str.
Breydin
Lindenstr.
Klobbicke
Kirch-str.
Tuchen
Hauptstr.
Kruge
Krüger Str.
Eberswalder Str.
Grüntal
Dorfstr.
Siedlung Dewinsee
Sydow
Dorfstr.
Danewitz
Sydower Fließ
Str. der Freundschaft
Heckelberg-
Brunower Str.
Heckelberger Str.
-Brunow
Steinbecker Str.
Wölsickendorf
Hauptstr.
Beerbaum
168
88
89
90
91
92
Schulzenaue
Rüdnitz
Grüntaler Str.
Tempelfelde
Höhenland
Dorf-str.
Haselberger Str.
Steinbeck
Berliner Str.
Leuenberg
-Freudenberg
Landstr.
Bernauer Weg
Albertshof
Rüsterstr.
Gew.-park Ladeburg
Albertshofer Chaussee
Schönfelder Str.
Hauptstr.
Beiersdorf-
Langer-See
Alte Beiersdorfer Str.
A.-Reichwein Str.
Eberswalder Str.
Tiefensee
Biesow
Schönfeld
Berliner Str.
106
107
108
109
110
Thaerfelde
Gew.-park Willmersdorf
Willmersdorfer Str.
Weesower Ch.
Beiersdorfer Chaussee
158
Gamensee
Bernau bei Berlin
Willmersdorf
Börnicke
Willmersdorfer Nr.
Freienwalder Allee
Werneuchen-Ost
Werftpfuhl
Stadtstelle
Chausseestr.
Weesower Dorfstr.
Weesow
Stienitzaue
Freienwalder Ch.
Hirschfelde
E.-Thälmann-Str.
Elisenau
Amselhain
Weesower Dorfstr.
Mühl-Ch.
Eichenbrandt
Bernauer Ch.
Seefeld
Löhmer Dorfstr.
Freienwalder Str.
Allee
Werneuchen
Haussee
Berliner Werneuchner Ch.
126
127
128
129
130
Gewerbepark Werneuchen
Rudolfshöhe
Dorfstraße
Gielsdorf
Wilkendorfer Str.
Wilkendorf
Löhme
Blumberger Chaussee
Krummenseer Chaussee
Elisenauer Ch.
Gew.-geb. Seefeld
Alte Dorfstr.
Schulstr.
Dorfstr.
Wesendahl
Gartenstadt
P+R
Freienwalder Ch.
158
Wegendorf
Friedrich-Schiller-Höhe
Gielsdorfer Chaussee
Umgehungsstr.
Chaussee
Blumberg
Berlin-Hohenschönhausen
Krummensee
Dorfstr.
Ring-str.
Buchholzer Siedlung
Fängersee
An der Schmelzstr.
Prötzeler Ch.
Strausberg Nord
40
Ph.-Müller-Str.
Buchholz
Altlandsberg-Nord
Spitzmühle
Straussee
Hohensteiner Ch.
Treuenhof
Trappenfelde
Trappenfelder Str.
Krummer See
Buchholzer Str.
Bötzsee
Spitzmühlenweg
Umgehungsstr.
Berliner Str.
A.-Bebel-Str.
Hegermühlenstr.
Strausberg
150
151
152
153
154
Krummenseestr.
Bernauer Str.
Mehrow
Altlandsberg
Altlandsberg-West
Altlandsberger Ch.
Radebrück
Altlandsberger Chaussee
Altlandsberger Str.
Garzauer Chaussee
10
Hönower Str.
E55
Hönower Ch.
Berliner Str.
Friedrichslust
Fredersdorfer Chaussee
Bruchmühle
Landsberger Str.
Eggersdorf
Garzauer Str.
Herrensee
Seeberg-Dorf
Seeberg-Siedlung
Eggersdorfer Ch.
Landsberger Str.
Thälmann-Str.
Rehfelde
Hönow
Altlandsberger Chaussee
3
Seeberg
Vorstadt
Schlagweg
Berliner Straße
Berlin-Marzahn
Landsberger Ch.
Ernst-Str.
E.-Thälmann-Str.
Ernst-Thälmann-Straße
MARZAHN-
Mahlsdorfer Str.
Hoppegarten Str.
Gew.-geb. Am Umspannwerk
Alt-Landsberger
Petershagen/
Bahnhofstr.
Herrensee
Riesaer Str.
Hönower Chaussee
Fredersdorf-
Petershagener Str.
Heinestr.
Rehfelder Ch.
-HELLERSDORF
R.-Breitscheid-Allee
Hauptstr.
-Vogelsdorf
Platanenstr.
Altlandsbg. Ch.
Eggersdorfer Str.
Petershagen
Eggersdorf
Dorfer Str.
Rehfelde-Dorf
Mahlsdorf
Dorfstr.
20
8

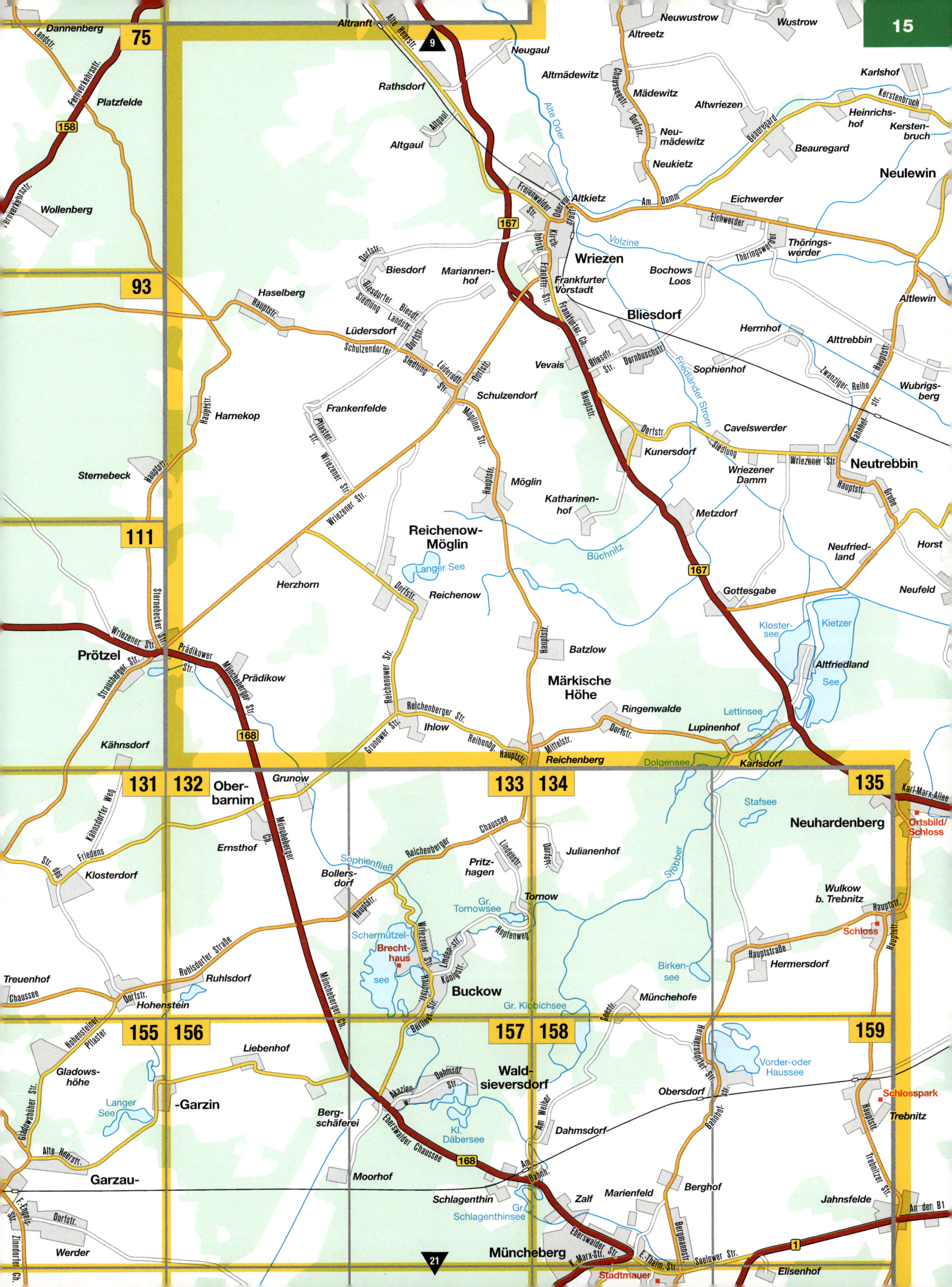
Dannenberg
75
Altranft
9
Neuwustrow
Wustrow
Altreetz
Neugaul
Rathsdorf
Altmädewitz
Mädewitz
Altwriezen
Karlshof
Platzfelde
Heinrichshof
Kerstenbruch
158
Altgaul
Alte Oder
Neumädewitz
Beauregard
Neukietz
Neulewin
Wollenberg
Altkietz
Eichwerder
167
Volzine
Thöringswerder
Wriezen
Biesdorf
Mariannenhof
Bochows Loos
93
Haselberg
Frankfurter Vorstadt
Bliesdorf
Altlewin
Lüdersdorf
Herrnhof
Alttrebbin
Vevais
Sophienhof
Wubrigsberg
Schulzendorf
Harnekop
Frankenfelde
Friedländer Strom
Cavelswerder
Kunersdorf
Neutrebbin
Wriezener Damm
Sternebeck
Möglin
Katharinenhof
Metzdorf
Reichenow-Möglin
111
Horst
Neufriedland
Büchnitz
Langer See
Herzhorn
Reichenow
Gottesgabe
Neufeld
Klostersee
Kietzer
Altfriedland
See
Batzlow
Prötzel
Prädikow
Märkische Höhe
Ringenwalde
Lettinsee
168
Ihlow
Lupinenhof
Kähnsdorf
Reichenberg
Dolgensee
Karlsdorf
131
132
Oberbarnim
Grunow
133
134
135
Stafsee
Neuhardenberg
Ortsbild/Schloss
Ernsthof
Julianenhof
Sophienfließ
Klosterdorf
Bollersdorf
Pritzhagen
Stöbber
Tornow
Wulkow b. Trebnitz
Gr. Tornowsee
Schermützelsee
Brechthaus
Schloss
Treuenhof
Ruhlsdorf
Hermersdorf
Birkensee
Buckow
Hohenstein
Gr. Klobichsee
Münchehofe
155
156
157
158
159
Liebenhof
Gladowshöhe
Waldsieversdorf
Vorder-oder Haussee
Obersdorf
Schlosspark
-Garzin
Langer See
Bergschäferei
Kl. Däbersee
Trebnitz
Dahmsdorf
Garzau-
Moorhof
Schlagenthin
Zalf
Marienfeld
Berghof
Jahnsfelde
Gr. Schlagenthinsee
Werder
21
Müncheberg
Elisenhof
Stadtmauer
1

Garlitz
Barnewitz
Mützlitzer Str.
Garlitzer Barnewitzer Str.
Gortzer Str.
Brandenburger Str.
10
Mützlitz
Linde
Königshütte
Premnitz
Seelensdorf
Kieck
Wald-
kolonie
Bammer W.
Siedlung
Gapel
Rathenower Str.
Döberitz
Ausbau
Gortz
Marzahner Dorfstr.
Marzahne
An der Marzahner Chaussee
Beetzseeheide
Vor der Stadt
184
Ketzür
Lünow
Pritzerbe
Havelsee
Hohen-
ferchesar
Dunke
Bahnitz
Dorfstr.
Kützkow
Fährstr.
Butzow
Beetzsee
Radewege
Brielower Str.
Dorfstr.
Butzower Str.
Grabow
Jerchel
Pritzerber
See
Fohrde
Havel
Alte Tieckower Str.
Tieckower Str.
Möthlitzer Hauptstr.
Möthlitz
Weseram
Milower Str.
Schulstr.
Tieckow
An der Havel
102
Siedlung
Brielow
Mötzow
Nitzahn
Kranepuhl
Bohnenländer
See
216
217
218
Butter-
lake
Gew.-geb.
Süd
219
220
Knoblauch
Wende-
berg
Brielower Aue
Brielower
Ausbau
Saaringen
Ind.-und
Gew.-geb.
Hohenstücken
Hohen-
stücken
Briest
Neu Plaue
Kolonie
Görden
Klein
Kreutz
Gördensee
Görden
Upstallstr.
Pelzgraben
Gördenallee
Ind.-geb.
Nord
Silo-
kanal
Kalten-
hausen
Ind.-geb.
Görden
Ind.-geb.
Silokanal
Ost
Wust
Gollwitz
Charlotten-
hof
Garten-
stadt
Waldstr.
Plauer Landstr.
1
Ind.-und Gew.-park
Silokanal Ost
Magdeburger Landstr.
Dom
Rathaus
Dom
ADAC
Neustadt
Bensdorf
Wolters-
dorf
Roberdam
Ind.-geb.
Plaue
Plauerhof
Quenz-
see
Quenz-
siedlung
Altstadt
Berliner Straße
Neu-
schmerzke
Plauer Str.
Genthiner Str.
Plauer Schloss
38
Neu-
bensdorf
252
Chausseestr.
Plaue
253
254
Ind.-geb
Caasmannstr.
DB
Brandenburg
an der Havel
255
256
Gr.
Wendsee
Plauer See
Windmühlenw.
Ratsweg
Niedere Havel
Emster
Neu
Woltersdorf
Kirchmöser
West
Ind.-geb.
Kirchmöser
Nord
Neuendorf
Schmerzke
Rietzer Str.
Siedlung
Wusterwitz
Ind.-geb.
Kirchmöser
Süd
Kirchmöser
Ost
Breitlingsee
Plane
Neujahrsgraben
Rietzer
Rosenthal
Heiliger
See
Siedlung
Eigene Scholle
Ind.-geb.
Schmerzke
Rietz
Wusterwitz
Kirch-
möser
Möserscher
See
Malge
Wilhelms-
dorf
Göttin
102
See
Wusterwitzer
See
Warchauer Str.
Eggerts-
berg
Buckau
Magdeburger Heerstr.
Brandenburg
78
Prützke
Warchau
288
Wendgräben
289
290
291
292
Grebs
Neue Mühle
Göris-
gräben
Reckahn
Rotscherlinde
Fisch-
teiche
Mahlen-
zien
Mahlenziener Dorfstr.
Rosenau
Dorfstr.
Viesen
Meßdunk
Krahne
Am Bhf.
Rogäsen
Hauptgraben
Temnitz
Plane
24
102

160
161
162
185
186
187
188
221
222
223
224
257
258
259
260
293
294
295
296
11
25
Rothehof
Neu-
garten
Berlin-Spandau
Wuster-
mark
Demex-
Park
Berliner
Str.
Gohlitz
Niebede
Tremmener Str.
Hoppenrade
Tremmen
Heerstr.
Riewend
Riewender
Dorfstr.
Wachow
Brandenburger Str.
Zachower Str.
Priorter
Priort
Chaussee
Vogel-
gesang
Riewend-
see
Etzin
Etziner Dorfstr.
Priorter Str.
Potsdamer Str.
Buchow-
Karpzow
Das Bruch
Bagow
Bagower
Dorfstr.
Brandenburger Str.
Bollmanns-
ruh
Päwesin
Vor
Ketzin
Ferne-
werder
Neu
Falkenrehde
Falkenrehde
Ketziner Str.
Kartzow
Fahrlander Chaussee
Bollmannsruh
Beetzsee
Kliem-
siedlung
Nauener Ch.
E55
10
Paaren
Fahrland
Nord
Potsdamer Allee
Tremmener
Landstr.
Brandenburger Ch.
Schumacher-
siedlung
Falkenrehder Ch.
Havelkanal
25
Potsdam-Nord
Bergstr.
Guten-
paaren
Dorfstr.
Zachow
Ketzin/Havel
Paretz
Uetz
Satzkorn
Gutenpaarener
Dorfstr.
Potsdamer Str.
Landstraße
Schwarzer Weg
273
Dorfstr.
Roskow
Trebelsee
Werder
A. d. Mühle
Parkring
Marquardt
Landstraße
AF
Sacrow-Paretzer-Kanal
Hauptstr.
Marquardter Ch.
Weseram
Fliederhavel
Michel-
bogen
Erdelöcher
Ketziner
Siedlung
Ketziner Siedl.
Göttin-
see
Wublitz
Dorfstr.
Phöbener
Siedlung
Berliner Ring
Deetzer Chaussee
Phöbener Chaussee
Weg nach Göttin
Schlänitzsee
Schmergow
Schlänitz-
see
Schmergower Str.
Göttin
Götzer-
berge
Deetzer
Erdelöcher
Gützer Str.
Deetz
Leest
Leest
Töplitz
Leester Str.
An der Wublitz
Wublitz
24
Str.
Ch.
Bergstr.
Zum Königsberg
Grube
Phöben
Havel
Haupt-
str.
Golmer
10
Havelstr.
Krielow
Phöbener
Geiselbergstr.
Eiche
Lilienthalstr.
E55
Deetzer
Zum Wachtelbg.
Götzer Dorfstr.
Groß
Kreutz
(Havel)
Chausseestr.
Kemnitz
Phöben
P+R
Götz
Krielower Str.
Kemnitzer
23
Golm
Reiherbg.
Hauptgr.
Dorfstr.
Chaussee
Großer
Zernsee
Brandenburger
Potsdamer
Götzer
Ausbau
Brandenburger Str.
Bahnhofstr.
Potsdamer Str.
An der B1
Derwitzer Dorfstr.
Kemnitzer Chaussee
Landstr.
Landstr.
Chausseestr.
Jeserig
Schenkenberger Str.
Gew.-geb.
Eichenhain
Lehniner Str.
Bochower Str.
1
Groß Kreutz
22
Eisenbahnstr.
Wildpark
West
Siedlung
Bochow
Bruch
Derwitz
Werder
(Havel)
Plessow
Werderscher
Kirschenallee
Schenken-
berg
Neu
Bochow
Bochower
Dorfstr.
E55
Brandenburger Chaussee
Großer
Plessower
See
Kemnitzer Str.
Insel-
stadt
Am Wasser
10
Lehniner Chaussee
1
Berliner
Brandenburger Str.
Potsdamer Str.
Havel
Neu
Bochow
Plötziner Str.
Bochower W.
Geltow
Hauffstr.
Trechwitz
Schenkenberger Str.
Dr.-Külz-Str.
Berliner Chaussee
Caputher Ch.
Moor-
see
Trechwitzer Str.
Göhlsdorf
Alte Dorfstr.
An der Chaussee
Plötzin
Glindow
Glindow-
see
Schwielowsee
Damsdorfer Hauptstr.
Lehniner Straße
Hauptstr.
Plötziner
Blesendorfer Weg
Caputh
Damsdorf
Lehniner Str.
Alte Berliner Str.
Plötziner Str.
Am Schwielowsee
Schwielow-
see
Petzow
21
Elisabeth-
höhe
Str.
Petzower Str.
Str.
Schwielowseestr.
Netzen
Netzener
See
Blesendorfer Str.
Poststr.
Schwielow-
see
Grebs
Lehniner Ch.
80
Dreieck Werder
E30
2
81
Bliesendorf
Klaistower Str.
Fercher Str.
Netzener Str.
79
An d. A2
Dorfstr.
Netzen
Nahmitz
Lehnin
Kloster-
see
Damsdorfer Chaussee
21
Colpinsee
Kammerode
Kammeroder Weg
Flott-
stelle
Kaltenhausen
Kloster
Beelitzer Str.
10
Kalten-
hausen
Wald-
siedlung
Dorfstr.
Belziger Str.
Lindenstr.
Lehnin
Luchgraben
Glindow
20
Mühlengrund
Beelitzer Str.
Ferch
Emstaler
Landstr.
E30
18
Michelsdorf
Chausseestr.
Belziger Ch.
Gohlitzsee
Emstaler Hauptstr.
E55
Alte Dorf-
stelle
Berliner Ring
10
Ferch
Rädeler Str.
Kloster Lehnin
Mittel-
see
Emstal
19
19

Falkensee
Dallgow-Döberitz
Staaken
SPANDAU
Zitadelle
Wilhelmstadt
Olympiastadion
Waldbühne
Messegelände
CHARLOTTENBURG-
BERLIN
Gatow
Seeburg
Priort
Kartzow
Satzkorn
Fahrland
Krampnitz
Groß Glienicke
Kladow
Havel
Siedlung Habichtswald
Jagdschloss
Dahlem
-ZEHLENDORF
Grunewald
Pfaueninsel
Sacrow
Schloss Sacrow
Nikolassee
Wannsee
POTSDAM
Schloss Cecilienhof
Bornim
Bornstedt
Nedlitz
Eiche
Golm
Orangerie
Schloss Sanssouci
Berliner Vorstadt
Klein Glienicke
Schloss Babelsberg
Babelsberg
Filmpark Babelsberg
Dreilinden
Kleinmachnow
Stahnsdorf
Teltowkanal
Potsdam-west
Templiner See
Templ. Vorst.
Waldstadt
Schlaatz
Am Stern
Drewitz
Kirchsteigfeld
Kienwerder
Güterfelde
Ruhlsdorf
Neubeeren
Geltow
Caputh
Schwielowsee
Wilhelmshorst
Rehbrücke
Nuthetal
Philippsthal
Schenkenhorst
Sputendorf
Bergholz
Saarmund
Nudow
Michendorf
Michendorf-West
Langerwisch
Alt Langerwisch
Wildenbruch
Lehnmarke
Neuseddin
Fahlhorst
Ahrensdorf
Ludwigsfelde
Siethen
Gröben
Industriepark Ost
Industriepark West
Preußen-Park
Ferch
Flottstelle
163 164 165 166 167 168
189 190 191 192 193 194
225 226 227 228 229 230
261 262 263 264 265 266
297 298 299 300 301 302
26

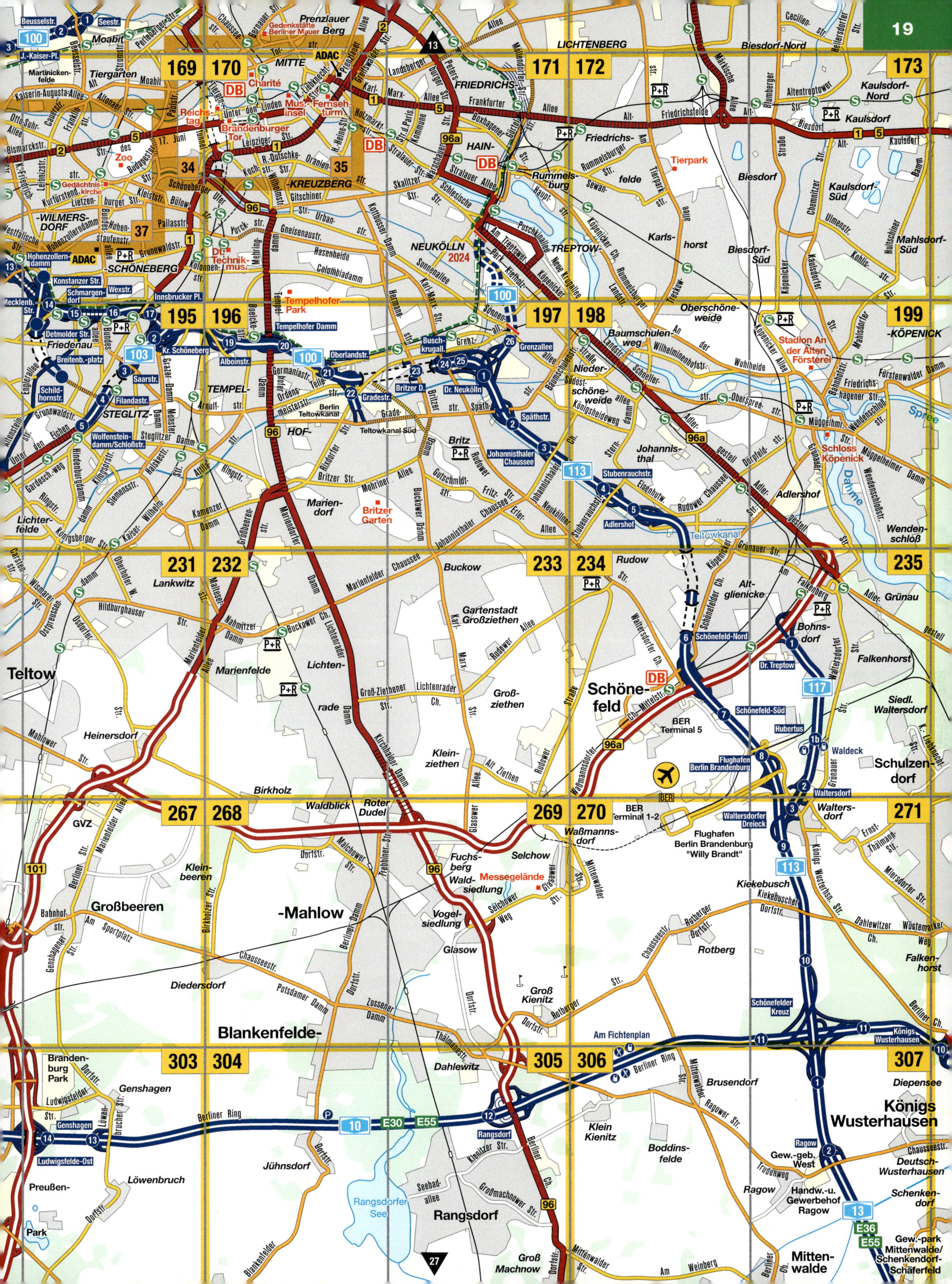

Prenzlauer Berg
Gedenkstätte Berliner Mauer
MITTE
LICHTENBERG
Biesdorf-Nord
Moabit
Tiergarten
Charité
FRIEDRICHSHAIN
Kaulsdorf-Nord
Kaulsdorf
Reichstag
Brandenburger Tor
Museumsinsel
Fernsehturm
Friedrichsfelde
Zoo
Gedächtniskirche
KREUZBERG
Tierpark
Biesdorf
Kaulsdorf-Süd
Rummelsburg
WILMERSDORF
SCHÖNEBERG
Dt. Technikmus.
NEUKÖLLN
TREPTOW
Karlshorst
Biesdorf-Süd
Mahlsdorf-Süd
Tempelhofer Park
Oberschöneweide
KÖPENICK
Stadion An der Alten Försterei
Friedenau
Baumschulenweg
Niederschöneweide
STEGLITZ
TEMPELHOF
Britz
Johannisthal
Schloss Köpenick
Marienfelde
Britzer Garten
Adlershof
Lichterfelde
Wendenschloß
Lankwitz
Buckow
Rudow
Altglienicke
Grünau
Gartenstadt Großziethen
Bohnsdorf
Falkenhorst
Teltow
Lichtenrade
Großziethen
Schönefeld
BER Terminal 5
Siedl. Waltersdorf
Heinersdorf
Kleinziethen
Flughafen Berlin Brandenburg
Waldeck
Schulzendorf
Birkholz
Waldblick
Roter Dudel
BER Terminal 1-2
Waltersdorf
GVZ
Wassmannsdorf
Flughafen Berlin Brandenburg "Willy Brandt"
Kleinbeeren
Fuchsberg
Selchow
Waldsiedlung
Messegelände
Kiekebusch
Großbeeren
-Mahlow
Vogelsiedlung
Glasow
Rotberg
Falkenhorst
Diedersdorf
Groß Kienitz
Blankenfelde-
Am Fichtenplan
Brandenburg Park
Dahlewitz
Brusendorf
Diepensee
Genshagen
Königs Wusterhausen
Klein Kienitz
Boddinsfelde
Jühnsdorf
Löwenbruch
Rangsdorfer See
Rangsdorf
Ragow
Deutsch-Wusterhausen
Schenkendorf
Preußen-Park
Groß Machnow
Mittenwalde
Gew.-park Mittenwalde/Schenkendorf-Schäferfeld
Teltowkanal
Spree
Dahme
Berliner Ring
169 170 171 172 173
34 35 37
195 196 197 198 199
231 232 233 234 235
267 268 269 270 271
303 304 305 306 307
13
27

174
175
176
177
178
200
201
202
203
204
236
237
238
239
240
272
273
274
275
276
308
309
310
311
312
Mahlsdorf
Neuenhagen
b. Berlin
Gewerbe- und Logistikpark Hoppegarten
DB
Hoppegarten
-Vogelsdorf
Eggersdorf
Petershagen
Rehfelde-Dorf
Hennickendorf
Stienitzsee
Gew.-und Ind.-geb. Herzfelde
Tasdorf
Berlin-Hellersdorf
Dahlwitz
Kaulsdorf
Münchehofe
Kleinschönebeck
Schöneiche
b. Berlin
Rüdersdorf
bei Berlin
Museumspark
Herzfelde
Lichtenow
Mahlsdorf-Süd
Waldesruh
Alt-Rüdersdorf
Baberowsee
Elsensee
Möllensee
Kagel
Finkenstein
-KÖPENICK
P+R
Fichtenau
Woltersdorf
Kalksee
Möllensee
Friedrichshagen
Großer Müggelsee
Spree
Rahnsdorf
Gew.-geb. z. Wasserwerk
Flakensee
Gew.-u. Ind.-park TEWE
Erkner
Peetzsee
Alt Buchhorst
Werlsee
Grünheide
(Mark)
Kl. Müggelsee
Müggelspree
Dämeritzsee
Wendenschloß
Kanal
Müggelheim
Gosener
Gosen-
Karutzhöhe
10
E55
Freienbrink
Hohenbinde
Mönchwinkel
Grünau
Falkenhorst
Langer See
Große Krampe
Seddinsee
-Neu Zittau
Wernsdorfer See
Burig
Freienbrink
Störitzsee
Spreewerder
Karolinenhof
Siedl. Waltersdorf
Schmöckwitz
Steinfurth
Spreeau
Kirchhofen
Neu Hartmannsdorf
Schulzendorf
Eichwalde
Krossinsee
Zeuthener See
Wernsdorf
Hartmannsdorf
Spreenhagen
Zeuthen
Rauchfangswerder
Ziegenhals
Oder- Spree- Kanal
Miersdorf
Hochland
Miersdorfer Werder
Ukley
Dreieck Spreeau
Friedersdorf
Falkenhorst
Wildau
Niederlehme
E30
E55
12
Königs Wusterhausen
ADAC
Kablow-Ziegelei
Friedrichshof
Dannenreich
Niederlehme
Diepensee
Zernsdorf
Königs Wusterhausen
40
Kablow
Friedersdorf
Alt Stahnsdorf
Krüpelsee
Bindow
Deutsch-Wusterhausen
179
Senzig
Schenkendorf
Heidesee
Kummersdorf
Dorf
Siedlung Waldesruh
Bindow Süd
Wolzig
Gew.-park Mittenwalde/ Schenkendorf-Schäferfeld
Zeesen
Steinberg-siedlung
Zeesener See
Körbiskrug
28
Ziestsee
Blossin
Wolziger See
Philadelphia
14

Müncheberg
Stadtmauer
Elisenhof
179
180
181
182
183
Zinndorf
Hoppegarten
Bienenwerder
Eggersdorf-Siedlung
Augustenaue
Landhof
Philippinenhof
Friedrichshof
Eggersdorf b. Müncheberg
Behlendorf
Heinersdorfer See
Gew.-geb. Kagel-Nord
Liebenberger See
Maxsee
Kienbaum
Schönfelde
Gölsdorf
Tempelberg
Heinersdorf
Bauernsee
205
206
207
208
209
Hasenfelde
Jänickendorf
Beerfelde
Buchholz
Charlottenhof
Hasenwinkel
Vorwerk
Steinhöfel
Trebus
Molkenberg
Margaretenhof
241
242
243
244
245
246
Trebuser See
Demnitz
Hangelsberg
Fürstenwalde-Nord
Neuendorf im Sande
Spree
Ausbau West
Gew.-geb. Pintsch
Laubenkolonie Nordost
Fürstenwalde-Mitte
Ausbau Ost
Hauptgraben
Mühlenfließ
Oder-Spree-Kanal
St.-Marien-Dom
Fürstenwalde/Spree
Berkenbrück
Braunsdorf
39
Fürstenwalde-Südwest
Roter Krug
277
278
279
280
281
282
Fürstenwalde-Süd
Waldrand-Siedlung
Fürstenwalde-Ost
Dehmsee
Rauen
Fürstenwalde-West
Streitberg
Markgrafpieske
Langewahl
Petersdorf
Petersdorfer See
Fürstenwalder Spree
Neu Golm
Alt Golm
Storkow
Bad Saarow-Mitte
313
314
315
Kunersdorf
Lebbin
Kolpin
Bad Saarow
Therme / Kurpark
Rieplos
Annenhof
Saarow Dorf
Neu Boston
Pfaffendorf
Reichenwalde
Sauen
Pieskow
Lamitsch
Scharmützelsee
Sandscholle
Saarow-Strand
Storkow (Mark)
Wilmersdorf
Großer Storkower See
Philadelphia
Silberberg
Diensdorf
Görzig
15
29
168
1
5
4
3

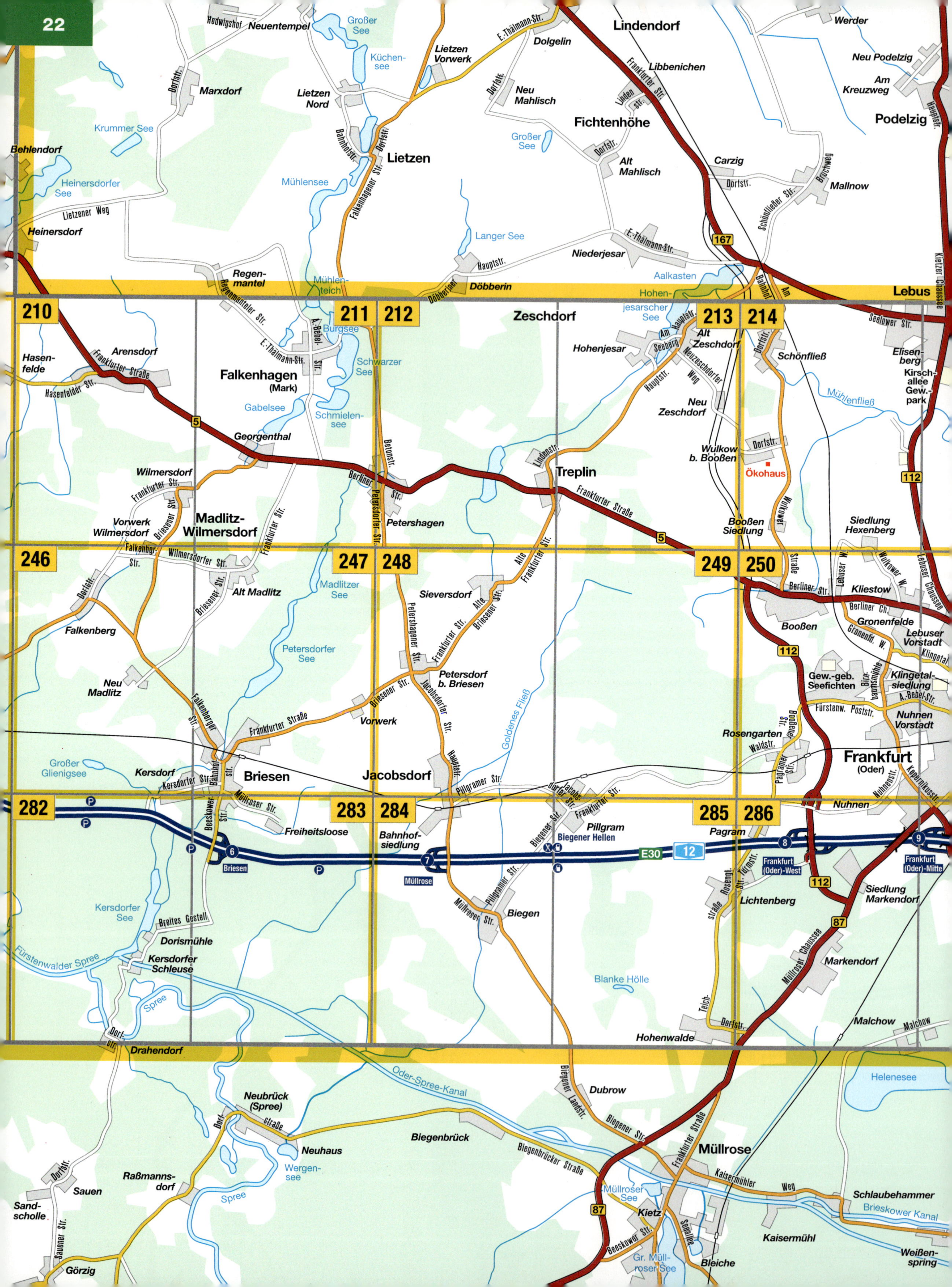

Hedwigshof
Neuentempel
Großer See
Küchensee
Lietzen Vorwerk
E.-Thälmann-Str.
Dolgelin
Lindendorf
Werder
Neu Podelzig
Am Kreuzweg
Podelzig
Hauptstr.
Libbenichen
Frankfurter Str.
Linden Str.
Neu Mahlisch
Dorfstr.
Marxdorf
Lietzen Nord
Fichtenhöhe
Krummer See
Bahnhofstr.
Dorfstr.
Lietzen
Großer See
Alt Mahlisch
Carzig
Bruchweg
Mallnow
Behlendorf
Heinersdorfer See
Mühlensee
Falkenhagener Str.
Schönfließer Str.
Lietzener Weg
Heinersdorf
Langer See
Niederjesar
E.-Thälmann-Str.
167
Hauptstr.
Aalkasten
Kietzer Chaussee
Regenmantel
Regenmanteler Str.
Mühlenteich
Döbberiner
Döbberin
Hohenjesarscher See
Bahnhof
Am
Lebus
210
211
212
Zeschdorf
213
214
Seelower Str.
Hasenfelde
Arensdorf
Frankfurter Straße
Hasenfelder Str.
A.-Bebel-Str.
Burgsee
E.-Thälmann-Str.
Falkenhagen (Mark)
Schwarzer See
Hohenjesar
Am Hauptstr.
Seeberg
Alt Zeschdorf
Neuzeschdorfer Weg
Dorfstr.
Schönfließ
Elisenberg
Kirschallee
Gew.-park
Mühlenfließ
Gabelsee
Schmielensee
Hauptstr.
Neu Zeschdorf
5
Georgenthal
Betonstr.
Lindenstr.
Wulkow b. Booßen
Dorfstr.
Ökohaus
112
Wilmersdorf
Frankfurter Str.
Berliner Str.
Treplin
Frankfurter Straße
Wulkower
Vorwerk Wilmersdorf
Briesener Str.
Madlitz-Wilmersdorf
Frankfurter Str.
Petersdorfer Str.
Petershagen
Booßen Siedlung
Siedlung Hexenberg
5
246
Falkenbgr. Str.
Wilmersdorfer Str.
247
248
Alte Frankfurter Str.
249
250
Straße
Lebuser W.
Wulkower W.
Lebuser Chaussee
Dorfstr.
Briesener Str.
Alt Madlitz
Madlitzer See
Sieversdorf
Alte Briesener Str.
Berliner Str.
Kliestow
Berliner Ch.
Gronenfelde
Falkenberg
Petershagener Str.
Frankfurter Str.
Booßen
Gronenfd. W.
Lebuser Vorstadt
Klingetal
Petersdorfer See
112
Neu Madlitz
Petersdorf b. Briesen
Gew.-geb. Seefichten
Birnbaumsmühle
Klingetalsiedlung
A.-Bebel-Str.
Falkenberger Str.
Jacobsdorfer Str.
Briesener Str.
Goldenes Fließ
Fürstenw. Poststr.
Nuhnen Vorstadt
Frankfurter Straße
Vorwerk
Hauptstr.
Rosengarten
Boossener Str.
Waldstr.
Frankfurt (Oder)
Großer Glienigsee
Kersdorf
Kersdorfer Str.
Bahnhof Str.
Briesen
Jacobsdorf
Pillgramer Str.
Jacobsdorfer Str.
Frankfurter Str.
Pagramer Str.
Nuhnenstr.
Kopernikusstr.
282
Müllroser Str.
283
284
285
286
Nuhnen
Beeskower Str.
Freiheitsloose
Bahnhofsiedlung
Biegener Str.
Pillgram
Biegener Hellen
Pagram
6
Briesen
7
Müllrose
E30
12
8
Frankfurt (Oder)-West
9
Frankfurt (Oder)-Mitte
Pillgramer Str.
Rosengt. Straße
Türmstr.
112
Siedlung Markendorf
Lichtenberg
Müllroser Str.
Biegen
Kersdorfer See
Breites Gestell
87
Dorismühle
Müllroser Chaussee
Markendorf
Fürstenwalder Spree
Kersdorfer Schleuse
Spree
Blanke Hölle
Teich-Dorfstr.
Malchow
Malchow
Dorfstr.
Hohenwalde
Drahendorf
Biegener Landstr.
Helenesee
Oder-Spree-Kanal
Dubrow
Neubrück (Spree)
Dorfstraße
Biegener Str.
Frankfurter Straße
Biegenbrück
Biegenbrücker Straße
Müllrose
Neuhaus
Kaisermühler Weg
Dorfstr.
Wergensee
Raßmannsdorf
Müllroser See
Schlaubehammer
Sauen
Spree
Brieskower Kanal
Sandscholle
87
Kietz
Seeallee
Kaisermühl
Sauener Str.
Beeskower Str.
Gr. Müllroser See
Bleiche
Weißenspring
Görzig

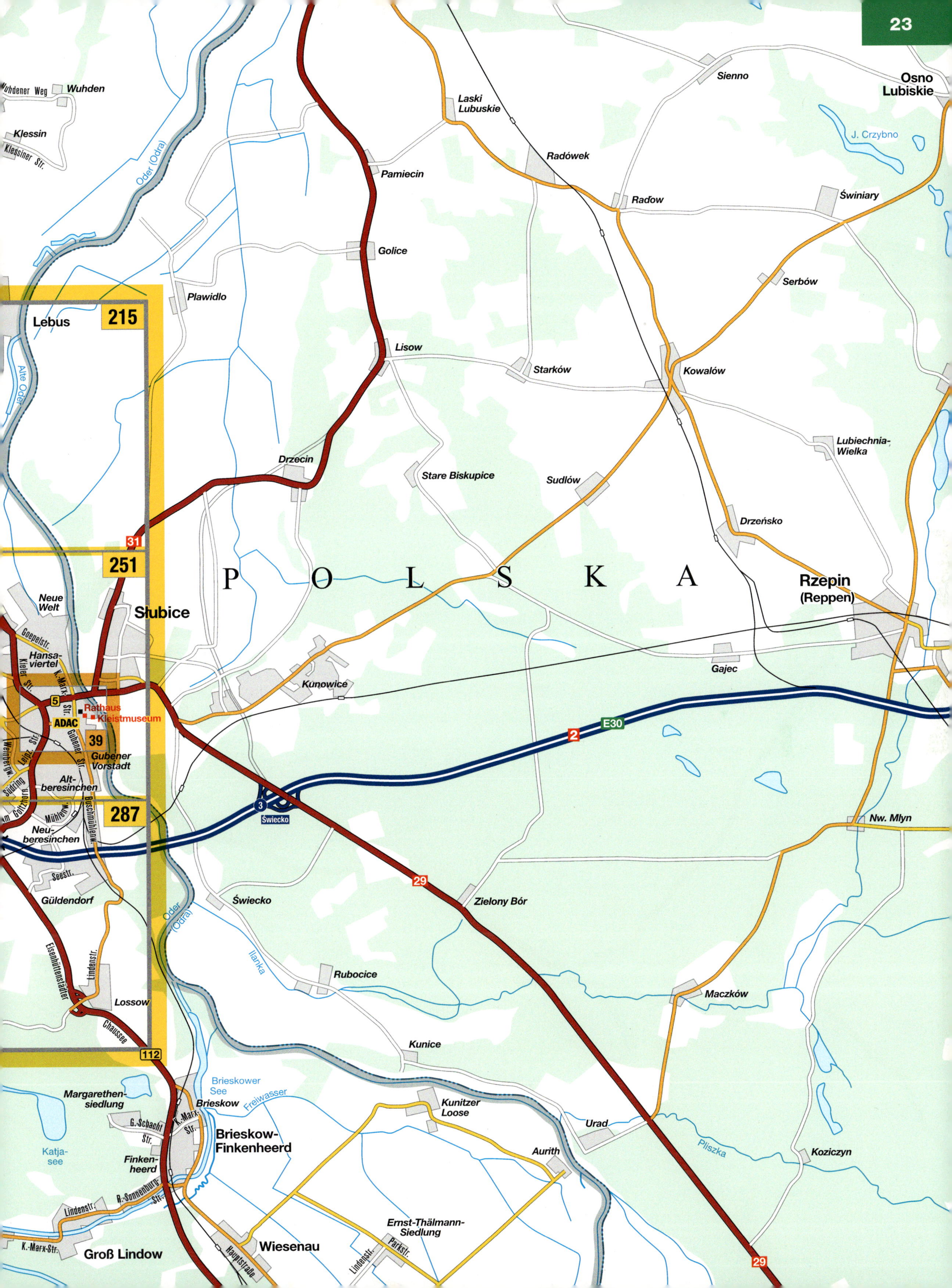

Wuhden
Klessin
Oder (Odra)
Sienno
Osno Lubiskie
Laski Lubuskie
J. Czrybno
Radówek
Pamiecin
Radow
Świniary
Golice
Serbów
Plawidlo
Lebus
215
Lisow
Starków
Kowalów
Alte Oder
Lubiechnia-Wielka
Drzecin
Stare Biskupice
Sudlów
Drzeńsko
31
251
P O L S K A
Rzepin (Reppen)
Neue Welt
Słubice
Hansa-viertel
Gajec
Kunowice
Rathaus
Kleistmuseum
ADAC
5
39
Gubener Vorstadt
E30
2
Alt-beresinchen
287
3
Świecko
Neu-beresinchen
Nw. Mlyn
Güldendorf
29
Zielony Bór
Świecko
Ilanka
Rubocice
Maczków
Lossow
Kunice
112
Brieskower See
Margarethen-siedlung
Brieskow
Freiwasser
Kunitzer Loose
Brieskow-Finkenheerd
Urad
Katja-see
Finken-heerd
Aurith
Pliszka
Koziczyn
Ernst-Thälmann-Siedlung
Wiesenau
Groß Lindow

16
Boecke
Grüningen
Wenzlow
Grüneiche
Pernitz
Bücknitz
Glienecke
Brückermark
Wollin
Lucksfleiß
Königsberg
Golzow
Oberjünne
Hammerdamm
Steinberg
Grebs
Friesdorf
Groß Briesen
Müggenburg
Bullenberg
Ragösen
Klein Briesen
Gräben
Dippmannsdorf
Buckau
Dahlen
Egelinde
Hohenspringe
Verlorenwasser
Struvenberg
Rottstock
Lütte
Fredersdorf
Weitzgrund
Werbig
Wenddoche
Schwanebeck
Görzke
Dangelsdorf
Benken
Lübnitz
Waldsiedlung
Börnecke
Arensnest
Schmerwitz
Hagelberg
Bad Belzig
Burg Eisenhardt
Kuhlowitz
Schlamau
Klein Glien
Neuehütten
Borne
Mahlsdorf
Wiesenburg/Mark
Schloss
Reetzerhütten
Reetz
Kranepuhl
Bergholz
Schetzelberg
Zipsdorf
Jeserig/Fläming
Lühnsdorf
Welsigke
Grubo
Buchholz/Niemegk
Medewitzerhütten
Spring
Jeserigerhütten
Mützdorf
Rädigke
Rabenstein/Fläming
Medewitz
Raben
Buckau
Riembach
Verlorenwasser
Temnitz
Plane
Frei- oder Schleusengraben
Belziger Bach
Wollin
E30
2
77
102
107
246

Michelsdorf
Rädeler Str.
Kloster Lehnin
Gohlitzsee
Mittel-
see
Emstal
17
Lehniner Str.
Klaistow
Glindower Str.
E30
E55
19
Neuseddin
316
Klaistower Str.
Berliner Str.
Dr. Potsdam
Beelitz Heilstätten
Rädel
Hauptstr.
Brücker W.
Busendorf
Kanin
E.-Thälmann-Str.
Fichtenwalde
Bork-
walde
Brücker W.
Lehniner Straße
Lehniner Str.
Beelitz
Heilstätten
Str. nach Fichtenwalde
K.-Marx-Str.
Beelitz
Brückerstr.
Planebruch
Cammer
Hauptstr.
Theerofen
Damelang
Dorfstr.
K.-Marx-Str.
E51
9
Borkheide
Friedrich-Engels-Straße
Freienthal
Chausseestr.
Beelitz
Reesdorf
Treuenbrietz. Str.
Plane
Hacken-
hausen
Brandenburger Str.
Brück-
Ausbau
246
Neuendorf
b. Brück
Dorfstr.
Schäpe
Dorfstr.
Str. d. Friedens
Stromtal
Brücker K.
Elsholz
Birkhorster Weg
Birkhorst
Salz-
brunn
Salzbrunner Str.
Dorfstr.
Brück
E.-Thälm.-Str.
Bahnhofstr.
Alt Bork
Rottstock
Baitzer Bach
Schwanebecker W.
Baitz
Trebitz
Str. d. Einheit
Chausseestr.
Gömnigk
Dorfstr.
Deutsch
Bork
Dorf-str.
Chausseestr.
Buchholz
b. Beelitz
Bahnhofstr.
Dorfstr.
Brücker Str.
Brück
Linthe
Dorfstr.
Chausseestr.
Str. des Friedens
Schlalach
Brachwitz
Str. d. Einheit
Mittel-str.
Treuenbrietzener Str.
Lüsse
Dorfstr.
Neschholz
Plane
Brücker Str.
Ziezow
Niebel
Dorfstr.
Dorfstr.
Jeserig
Haupt-str.
Preußnitz
Niemegker Str.
Locktow
Fläming
Niebelhorst
2
Mörz
Dorfstr.
Mühlenfließ
Nichel
Dorfstr.
Schlalacher Str.
Str.
E51
9
Bergstr.
Grabow
Dorf-str.
Nieder-
werbig
Am Park
Brücker Str.
Berliner
Brücher
Belziger Str.
Dahnsdorf
Lindenstr.
Hauptstr.
Großstr.
Belziger Str.
Treuenbrietzen
Umgehungsstr.
102
102
Niemegk
5
Hauptstr.
Haseloff
Kameruner
Siedlung
Rietzer
Bucht
Leipziger Str.
Treuenbrietzen
Süd
Jüterboger Str.
Pechüle
Brandenburger Str.
Petersiliengasse
Leipziger
Siedlung
Lühnsdorf
Sandb. Str.
Bahnhofstr.
Plane
Treuenbrietzener Str.
Treuenbrietzener Str.
Niemegker Weg
Rietz
102
Bardenitz
Dorfstr.
Groß-Str.
Neu Rietz
2
Selterhof
Plane
Lindenstr.
Wittenberger Str.
Niemegk
E51
9
Jüterboger Straße
Klausdorf
Dorfstraße
Neuendorf
Dorfstraße
Frohns-
dorf
Hohenwerbig
Dorfstraße
Dietersdorf
Lüdendorf
Dorfstr.
102

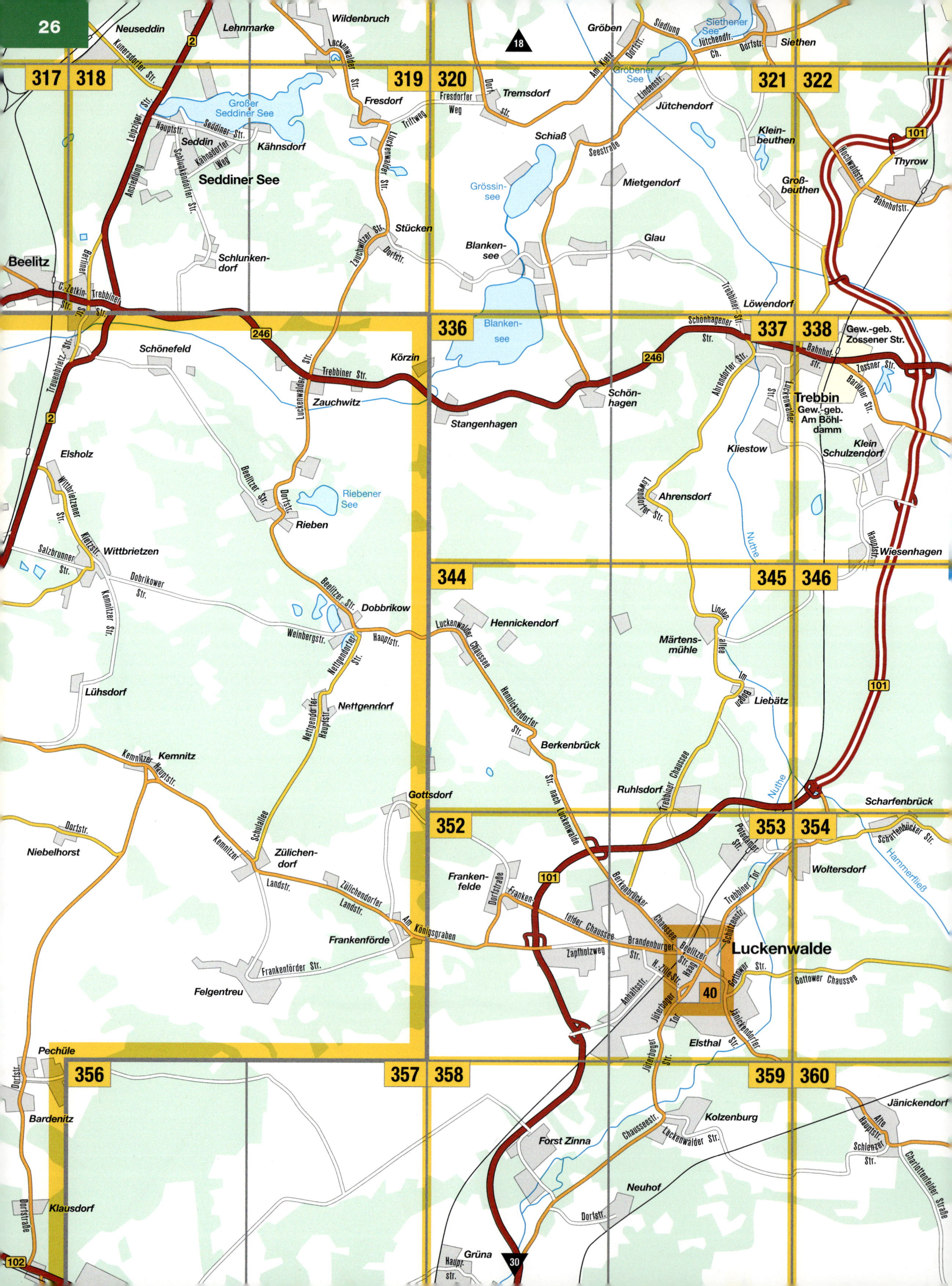

Neuseddin
Lehnmarke
Wildenbruch
Gröben
Siedlung
Siethener See
Jütchendf.
Siethen
317
318
319
320
321
322
Großer Seddiner See
Fresdorf
Tremsdorf
Gröbener See
Jütchendorf
Seddin
Kähnsdorf
Seddiner See
Schiaß
Klein-beuthen
Thyrow
Gröss-insee
Mietgendorf
Groß-beuthen
Stücken
Blanken-see
Glau
Beelitz
Schlunken-dorf
Löwendorf
336
337
338
Gew.-geb. Zossener Str.
Schönefeld
Körzin
Zauchwitz
Stangenhagen
Schön-hagen
Trebbin
Gew.-geb. Am Böhl-damm
Kliestow
Klein Schulzendorf
Elsholz
Riebener See
Ahrensdorf
Rieben
Wittbrietzen
Wiesenhagen
344
345
346
Dobbrikow
Hennickendorf
Märtens-mühle
Lühsdorf
Liebätz
Nettgendorf
Kemnitz
Berkenbrück
Ruhlsdorf
Gottsdorf
Scharfenbrück
Niebelhorst
352
353
354
Zülichen-dorf
Franken-felde
Woltersdorf
Frankenförde
Luckenwalde
Felgentreu
40
Elsthal
Pechüle
356
357
358
359
360
Bardenitz
Kolzenburg
Jänickendorf
Forst Zinna
Neuhof
Klausdorf
Grüna

Rangsdorf
Groß Machnow
Mittenwalde
Groß Schulzendorf
Kerzendorf
Wietstock
Glienick
Gew.-geb. am Funkwerk
Dabendorf
Telz
Werben
Märkisch Wilmersdorf
Schöneicher Plan
Gallun
Gew.-park Mittenwalde-Hechtstücke
Gew.-geb. am Bahnhof
Nächst Neuendorf
Schünow
Nunsdorf
Schöneiche
Seebadsiedlung
Motzener See
Zossen
Siedl. Horstfelde
Horstfelde
Kallinchen
Motzen
Christinendorf
Saalow
Lüdersdorf
Gadsdorf
Mellensee
Töpchin
Eichenhof
Mellensee
Kl. Wünsdorfer See
Waldstadt
Rehagen
Alexanderdorf
Wünsdorf
Kummersdorf
Klausdorf
Gr. Wünsdorfer See
Am Mellensee
Funkenmühle
Sperenberg
Neuhof
Heegesee
Lindenbrück
Neuendorfer See
Fernneuendorf
Zesch
Schöneweide
Nuthe-
Kummersdorf-Gut
Gottow
Horstwalde
Mückendorf
Hammerfließ
Urstromtal
Schönefeld
Dümde
Paplitz
Radeland
Schöbendorf
Stülpe
Holbeck
Holbecker See
Lynow
Baruth/ Mark
Klein Ziescht
Klasdorf
323
324
325
326
327
339
340
341
342
343
347
348
349
350
351
355
361
19
31
96
246
115
13
3
3b
Mittenwalde
Bestensee

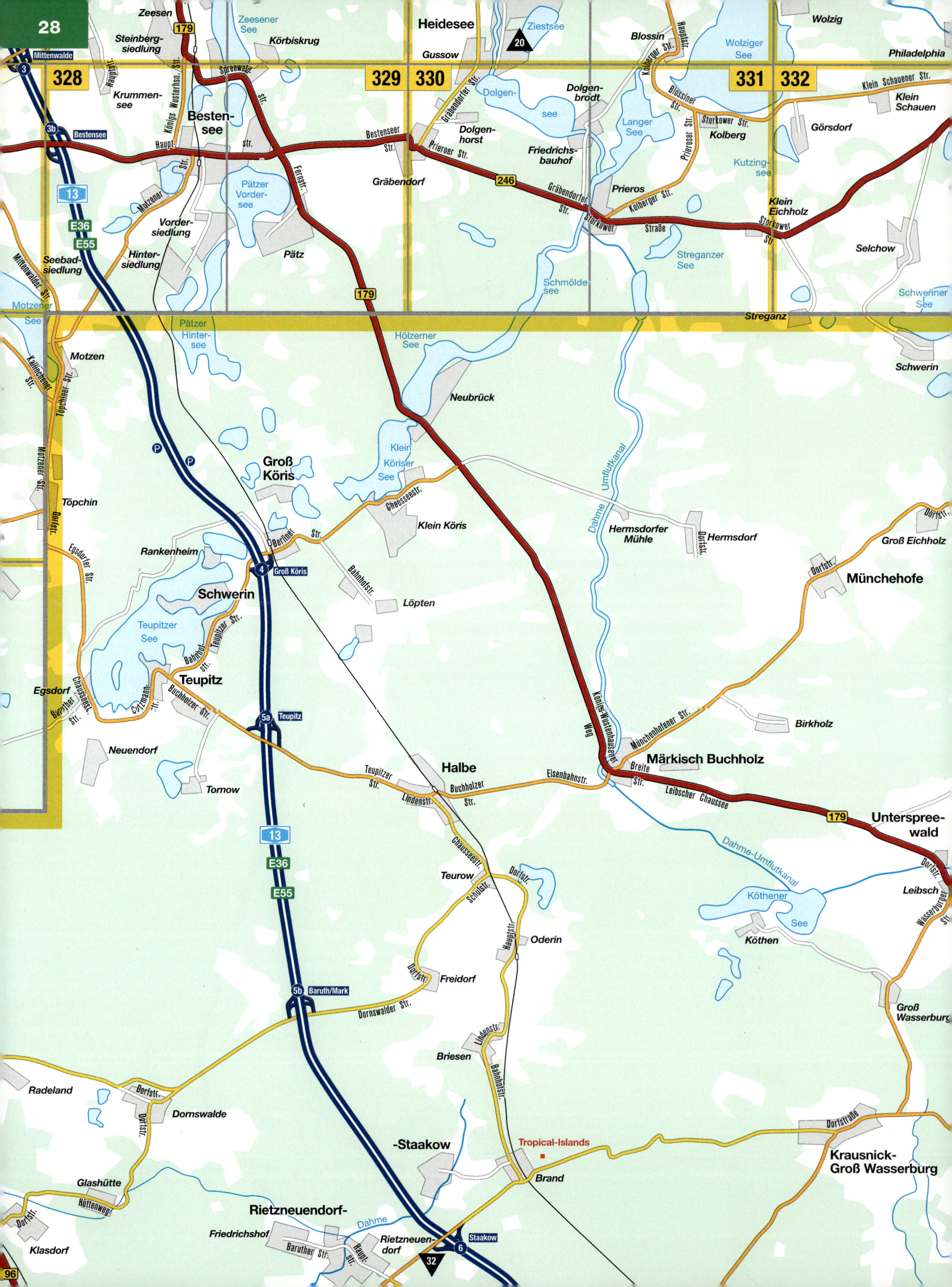
Zeesen
Steinberg-siedlung
Mittenwalde
Zeesener See
Körbiskrug
Heidesee
Gussow
Ziestsee
20
Blossin
Hauptstr.
Wolziger See
Wolzig
Philadelphia
328
329
330
331
332
Hauptstr.
Krummen-see
Königs Wusterhsn. Str.
Spreewald-str.
Besten-see
Bestensee
Haupt-str.
Bestenseer Str.
Gräbendorfer Str.
Dolgen-see
Dolgen-brodt
Dolgen-horst
Prieroer Str.
Kolberger Str.
Blossiner Str.
Storkower Str.
Kolberg
Prieroser Str.
Langer See
Klein Schauener Str.
Klein Schauen
Görsdorf
Kutzing-see
13
E36
E55
Motzener
Vorder-siedlung
Hinter-siedlung
Pätzer Vorder-see
Fernstr.
Gräbendorf
246
Friedrichs-bauhof
Gräbendorfer Str.
Prieros
Kolberger Str.
Storkower Straße
Klein Eichholz
Storkower Str.
Pätz
Mittenwalder Str.
Seebad-siedlung
Motzener See
179
Schmölde-see
Streganzer See
Selchow
Schweriner See
Streganz
Pätzer Hinter-see
Hölzerner See
Kallinchener Str.
Motzen
Töpchiner Str.
Schwerin
Neubrück
Motzener Str.
P
P
Groß Köris
Klein Köriser See
Chausseestr.
Töpchin
Dorfstr.
Klein Köris
Dahme Umflutkanal
Hermsdorfer Mühle
Dorfstr.
Hermsdorf
Dorfstr.
Groß Eichholz
Egsdorfer Str.
Rankenheim
Berliner Str.
4
Groß Köris
Bahnhofstr.
Münchehofe
Schwerin
Löpten
Teupitzer See
Teupitzer Str.
Bahnhof-str.
Teupitz
Egsdorf
Baruther Str.
Chausseestr.
Cyzmann-str.
Buchholzer Str.
5a
Teupitz
Königs-Wusterhausener Weg
Münchehofener Str.
Birkholz
Neuendorf
Halbe
Märkisch Buchholz
Breite Str.
Teupitzer Str.
Buchholzer Str.
Eisenbahnstr.
Tornow
Lindenstr.
Leibscher Chaussee
Unterspree-wald
13
Chausseestr.
Dahme-Umflutkanal
E36
Teurow
Dorfstr.
Dorfstr.
E55
Schulstr.
Köthener See
Leibsch
Wasserburger Str.
Hauptstr.
Oderin
Köthen
Dorfstr.
Freidorf
5b
Baruth/Mark
Dornswalder Str.
Groß Wasserburg
Lindenstr.
Briesen
Bahnhofstr.
Radeland
Dorfstr.
Dornswalde
Dorfstr.
Dorfstraße
Tropical-Islands
-Staakow
Krausnick-Groß Wasserburg
Brand
Glashütte
Hüttenweg
Rietzneuendorf-
Dorfstr.
Dahme
Friedrichshof
Rietzneuen-dorf
Staakow
Klasdorf
Baruther Str.
Haupt-str.
6
32
96

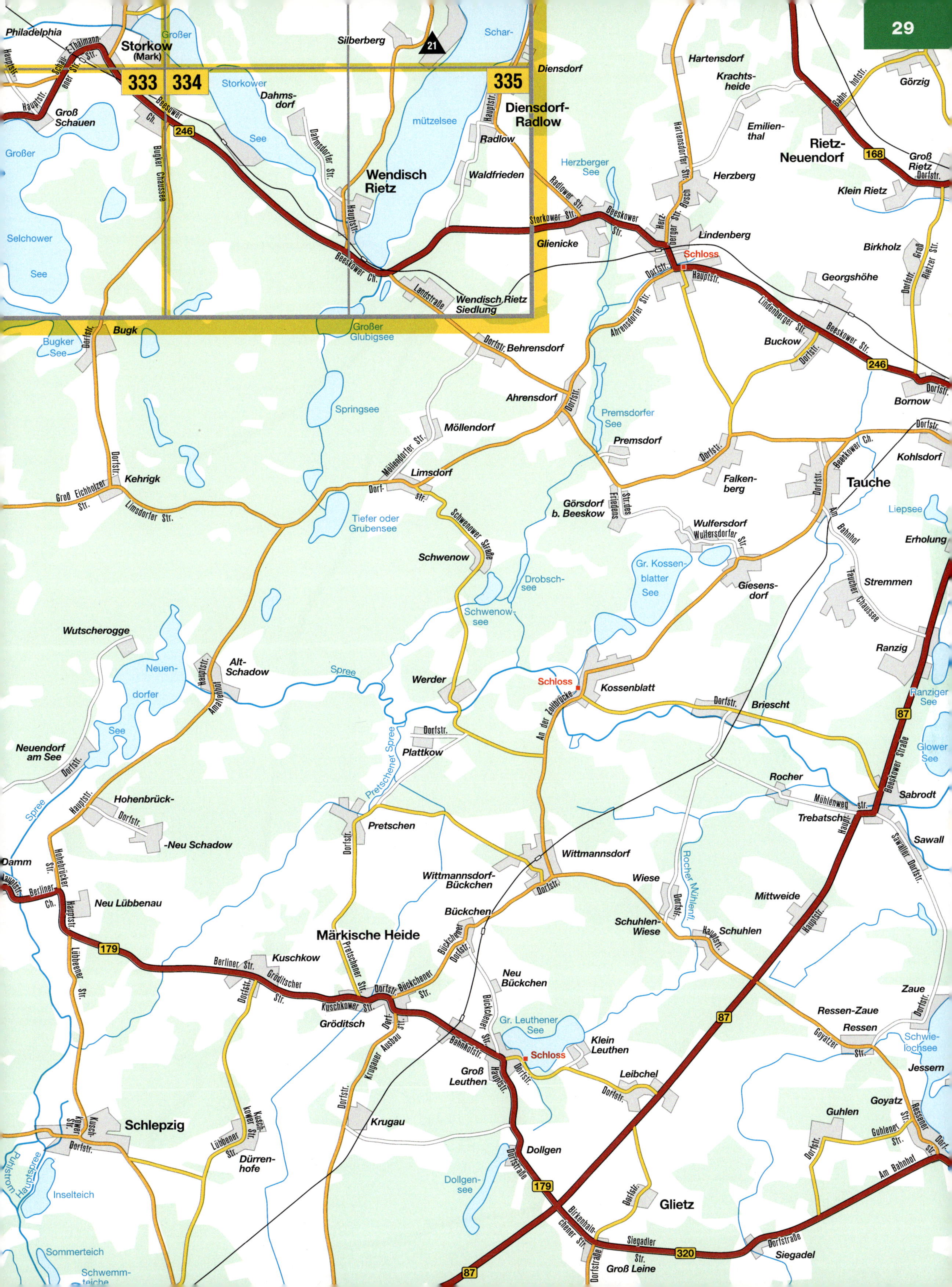
Philadelphia
Storkow (Mark)
Großer Storkower See
Silberberg
Scharmützelsee
Diensdorf
333
334
335
Dahmsdorf
Diensdorf-Radlow
Radlow
Groß Schauen
246
Großer Selchower See
Wendisch Rietz
Waldfrieden
Herzberger See
Hartensdorf
Krachtsheide
Emilienthal
Herzberg
Rietz-Neuendorf
Görzig
168
Groß Rietz
Klein Rietz
Lindenberg
Schloss
Glienicke
Birkholz
Georgshöhe
Wendisch Rietz Siedlung
Bugk
Bugker See
Großer Glubigsee
Behrensdorf
Buckow
Bornow
Ahrensdorf
Springsee
Premsdorfer See
Premsdorf
Möllendorf
Kohlsdorf
Kehrigk
Limsdorf
Falkenberg
Tauche
Görsdorf b. Beeskow
Tiefer oder Grubensee
Liepsee
Wulfersdorf
Erholung
Schwenow
Drobschsee
Gr. Kossenblatter See
Giesensdorf
Stremmen
Schwenowsee
Wutscherogge
Ranzig
Neuendorfer See
Alt-Schadow
Spree
Werder
Schloss
Kossenblatt
Briescht
Ranziger See
87
Plattkow
Neuendorf am See
Glower See
Rocher
Hohenbrück-Neu Schadow
Pretschen
Sabrodt
Trebatsch
Sawall
Damm
Wittmannsdorf
Wittmannsdorf-Bückchen
Wiese
Neu Lübbenau
Bückchen
Mittweide
Schuhlen-Wiese
Schuhlen
Märkische Heide
179
Kuschkow
Neu Bückchen
Zaue
Ressen-Zaue
Gröditsch
Gr. Leuthener See
Ressen
Klein Leuthen
Schloss
Schwielochsee
Groß Leuthen
Leibchel
Jessern
Goyatz
Krugau
Guhlen
Schlepzig
Dollgen
Dürrenhofe
Inselteich
Dollgensee
Gliietz
320
Siegadel
Groß Leine
Sommerteich
Schwemmteiche

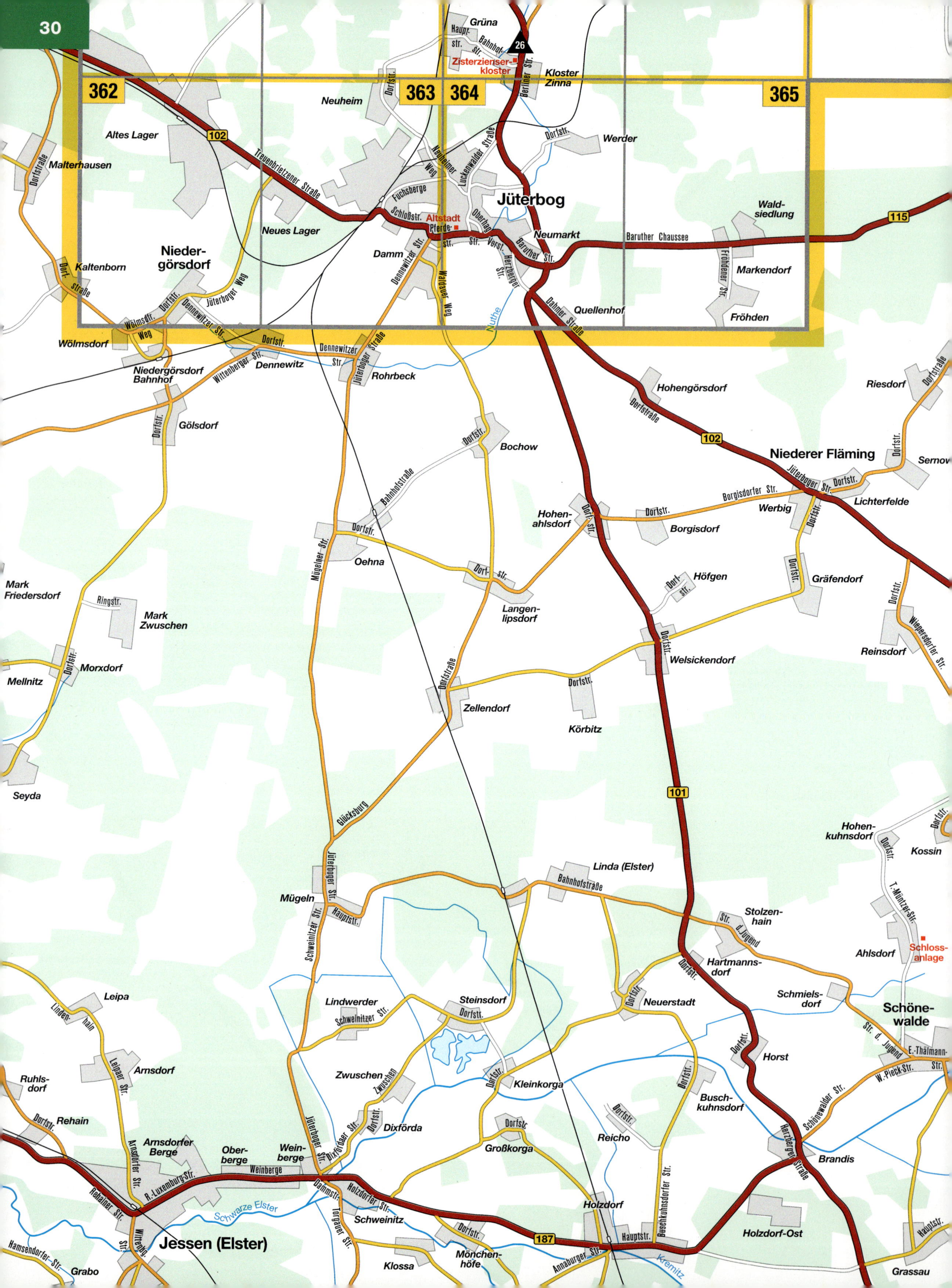
362
363
364
365
Grüna
Haupt-str.
Bahnhof-str.
26
Zisterzienser-kloster
Kloster Zinna
Berliner Str.
Neuheim
Dorfstr.
Altes Lager
102
Treuenbrietzener Straße
Malterhausen
Dorfstraße
Werder
Neuheimer Weg
Luckenwalder Straße
Fuchsberge
Jüterbog
Schloßstr.
Altstadt
Pferde-str.
Str.
Vorst.
Oberhag
Neumarkt
Baruther Str.
Baruther Chaussee
Wald-siedlung
115
Neues Lager
Damm
Dennewitzer Str.
Herzberger Str.
Markendorf
Fröhdener Str.
Nieder-görsdorf
Kaltenborn
Dorf-straße
Jüterboger Weg
Wölmsdf. Weg
Dorfstr.
Dennewitzer Str.
Waldauer Weg
Nuthe
Dahmer Straße
Quellenhof
Fröhden
Wölmsdorf
Niedergörsdorf Bahnhof
Wittenberger Str.
Dennewitz
Dennewitzer Str.
Jüterboger Straße
Rohrbeck
Hohengörsdorf
Dorfstraße
Riesdorf
Dorfstraße
Gölsdorf
Dorfstr.
Bochow
102
Niederer Fläming
Dorfstr.
Sernow
Bahnhofstraße
Jüterboger Str.
Dorfstr.
Borgisdorfer Str.
Lichterfelde
Hohen-ahlsdorf
Dorfstr.
Dorfstr.
Borgisdorf
Werbig
Dorfstr.
Oehna
Mügelner Str.
Dorf-str.
Höfgen
Dorfstr.
Gräfendorf
Mark Friedersdorf
Ringstr.
Mark Zwuschen
Langen-lipsdorf
Dorfstr.
Wiepersdorfer Str.
Reinsdorf
Morxdorf
Dorfstr.
Mellnitz
Welsickendorf
Dorfstraße
Dorfstr.
Zellendorf
Körbitz
Seyda
101
Glücksburg
Hohen-kuhnsdorf
Dorfstr.
Kossin
Mügeln
Jüterboger Str.
Hauptstr.
Linda (Elster)
Bahnhofstraße
T.-Müntzer-Str.
Schweinitzer Str.
Stolzen-hain
Str. d. Jugend
Schloss-anlage
Ahlsdorf
Hartmanns-dorf
Dorfstr.
Leipa
Lindenhain
Lindwerder
Schweinitzer Str.
Steinsdorf
Dorfstr.
Neuerstadt
Schmiels-dorf
Schöne-walde
Str. d. Jugend
E.-Thälmann-Str.
W.-Pieck-Str.
Horst
Dorfstr.
Ruhls-dorf
Leipaer Str.
Arnsdorf
Zwuschen
Zwuschen
Kleinkorga
Dorfstr.
Busch-kuhnsdorf
Dorfstr.
Schönewalder Str.
Rehain
Dorfstr.
Dixförda
Dorfstr.
Dixfördaer Str.
Dorfstr.
Reicho
Dorfstr.
Arnsdorfer Berge
Arnsdorfer Str.
Ober-berge
Wein-berge
Jüterboger Str.
Großkorga
Dorfstr.
Brandis
Herzberger Straße
R.-Luxemburg-Str.
Weinberge
Rehainer Str.
Dammstr.
Holzdorfer Str.
Torgauer Str.
Schwarze Elster
Holzdorf
Buschkuhnsdorfer Str.
Holzdorf-Ost
Schweinitz
Dorfstr.
Jessen (Elster)
Wittenbg. Str.
187
Hauptstr.
Hamsendorfer Str.
Grabo
Klossa
Mönchen-höfe
Annaburger Str.
Kremitz
Hauptstr.
Grassau

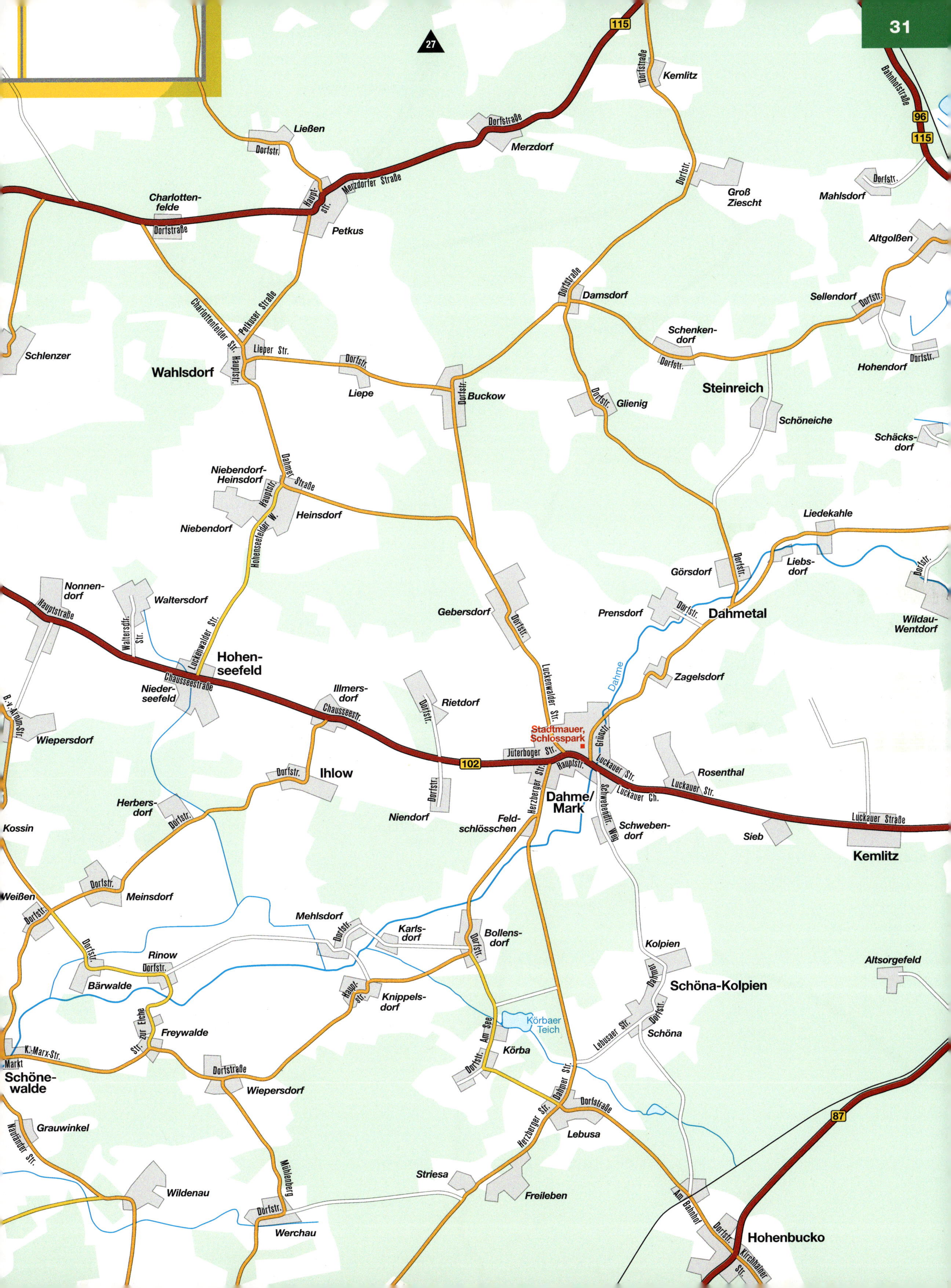

27
115
Kemlitz
Ließen
Merzdorf
Charlotten-felde
Petkus
Groß Ziescht
Mahlsdorf
Altgolßen
Damsdorf
Sellendorf
Schenken-dorf
Schlenzer
Wahlsdorf
Liepe
Buckow
Glienig
Steinreich
Hohendorf
Schöneiche
Schäcks-dorf
Niebendorf-Heinsdorf
Heinsdorf
Niebendorf
Liedekahle
Görsdorf
Liebs-dorf
Nonnen-dorf
Waltersdorf
Gebersdorf
Prensdorf
Dahmetal
Wildau-Wentdorf
Hohen-seefeld
Nieder-seefeld
Illmers-dorf
Rietdorf
Zagelsdorf
Dahme
Wiepersdorf
Stadtmauer, Schlosspark
102
Ihlow
Rosenthal
Herbers-dorf
Kossin
Niendorf
Feld-schlösschen
Dahme/ Mark
Schweben-dorf
Sieb
Kemlitz
Weißen
Meinsdorf
Mehlsdorf
Karls-dorf
Bollens-dorf
Kolpien
Altsorgefeld
Rinow
Bärwalde
Knippels-dorf
Schöna-Kolpien
Körbaer Teich
Freywalde
Schöna
Körba
Schöne-walde
Wiepersdorf
Lebusa
87
Grauwinkel
Striesa
Wildenau
Freileben
Werchau
Hohenbucko

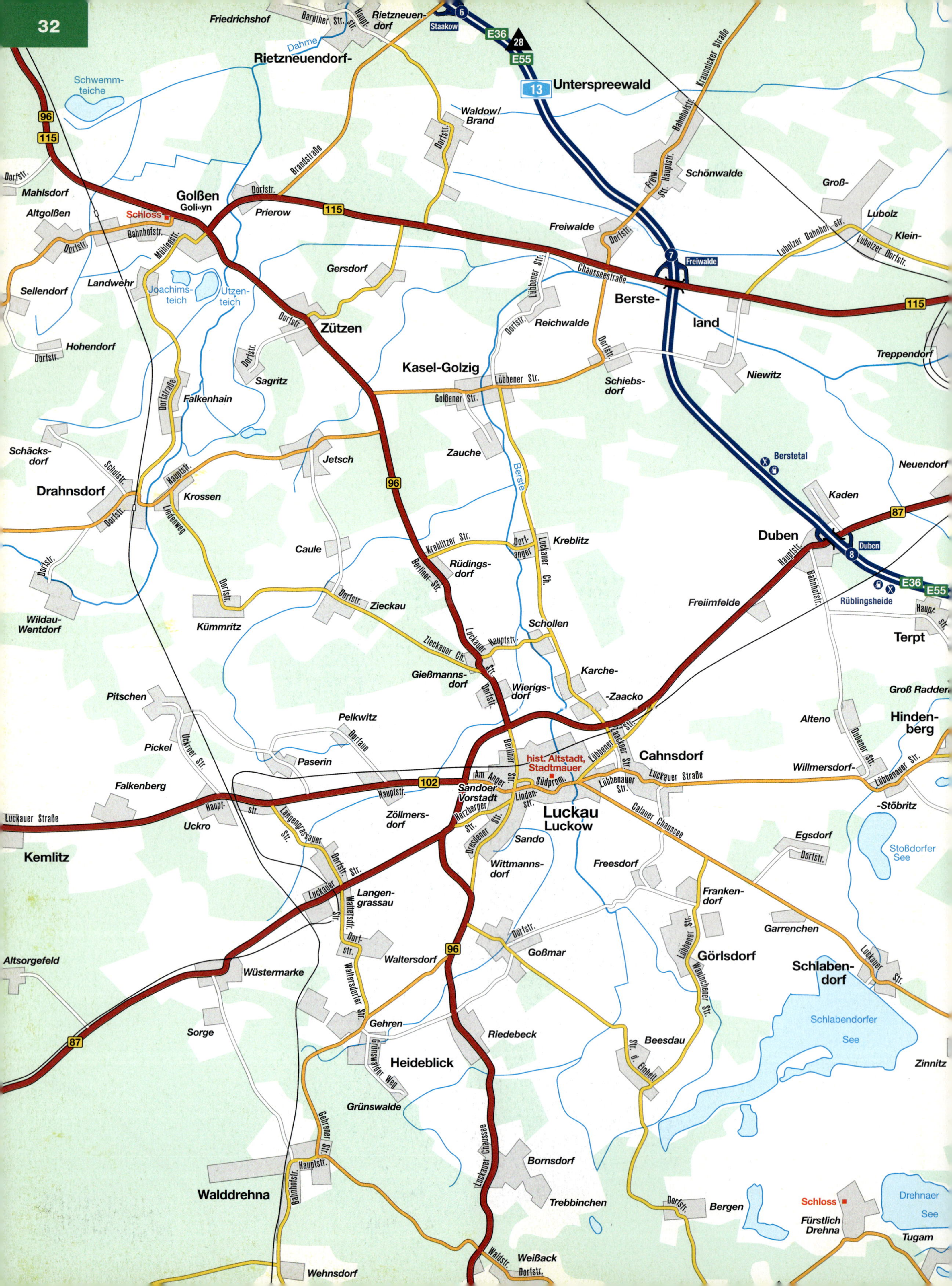
Friedrichshof
Rietzneuen-dorf
Dahme
Staakow
E36
28
E55
Rietzneuendorf-
Schwemm-teiche
13 Unterspreewald
Waldow/ Brand
Schönwalde
Mahlsdorf
Golßen Goli«yn
Prierow
115
Altgolßen
Schloss
Freiwalde
Groß-
Lubolz
Klein-
Gersdorf
Sellendorf
Landwehr
Joachims-teich
Utzen-teich
Reichwalde
Berste-
land
Zützen
Hohendorf
Treppendorf
Kasel-Golzig
Schiebs-dorf
Niewitz
Sagritz
Falkenhain
Schäcks-dorf
Jetsch
Zauche
Berstetal
Neuendorf
Drahnsdorf
Krossen
96
Kaden
87
Duben
Kreblitz
Caule
Rüdings-dorf
Wildau-Wentdorf
Kümmritz
Zieckau
Freiimfelde
Rüblingsheide
Terpt
Schollen
Gießmanns-dorf
Karche-
-Zaacko
Pitschen
Wierigs-dorf
Groß Radden
Pelkwitz
Alteno
Hinden-berg
Pickel
Paserin
Cahnsdorf
hist. Altstadt, Stadtmauer
Willmersdorf-
Falkenberg
102
Sandoer Vorstadt
-Stöbritz
Uckro
Zöllmers-dorf
Luckau Luckow
Kemlitz
Sando
Egsdorf
Stoßdorfer See
Wittmanns-dorf
Freesdorf
Langen-grassau
Franken-dorf
Garrenchen
Altsorgefeld
Waltersdorf
Goßmar
Görlsdorf
Schlaben-dorf
Wüstermarke
Gehren
Riedebeck
Schlabendorfer See
Sorge
Beesdau
Heideblick
Zinnitz
Grünswalde
Bornsdorf
Walddrehna
Trebbinchen
Bergen
Schloss
Drehnaer See
Fürstlich Drehna
Tugam
Weißack
Wehnsdorf

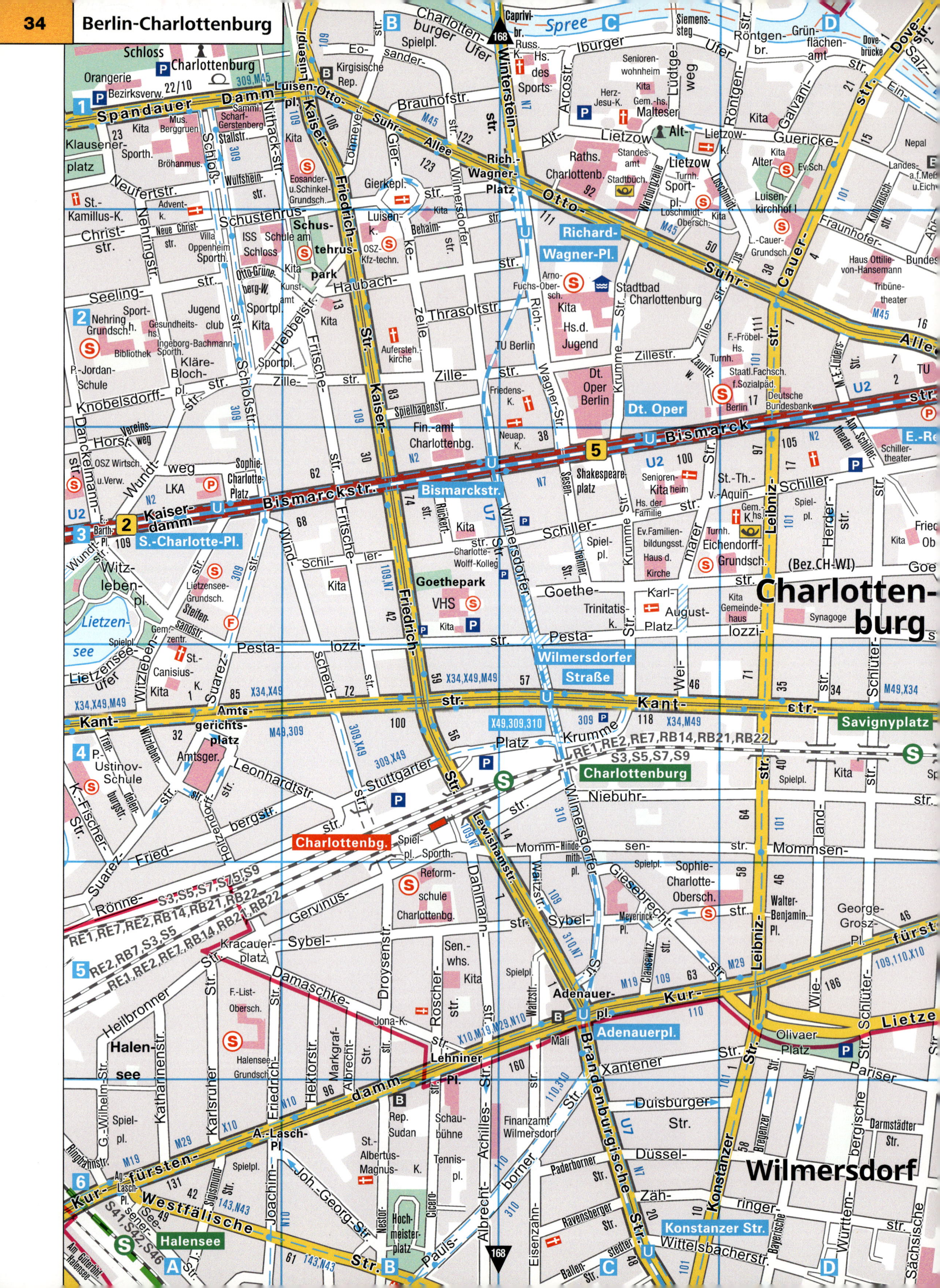
Charlottenburg
Wilmersdorf
Schloss Charlottenburg
Spandauer Damm
Kaiserdamm
Bismarckstr.
Kantstr.
Kurfürstendamm
Otto-Suhr-Allee
Spree
Savignyplatz
Charlottenburg
Charlottenbg.
Halensee
Adenauerpl.
Wilmersdorfer Straße
Richard-Wagner-Pl.
Dt. Oper
Konstanzer Str.
Sophie-Charlotte-Pl.
Lietzensee
Goethepark
Stadtbad Charlottenburg

Hansa-
viertel
Hansaplatz
Tiergarten
Tier-
garten
Zoologischer
Garten
Großer Stern
Ernst-Reuter-Platz
E.-Reuter-Pl.
Straße des 17. Juni
Technische Universität
Universität der Künste
UdK
Zoolog. Gtn.
Zoolog. Garten
Kurfürstendamm
Uhlandstr.
Wittenb.-pl.
Wittenbergplatz
KaDeWe
Augsb. Str.
Spichernstr.
Hohenzollernplatz
Viktoria-Luise-Pl.
Schöneberg
Neuer See
Landwehrkanal
Schloss Bellevue
Akademie d. Künste
Kaiser-Friedr.-Gedächtnis-K.
Schleuseninsel
Hardenbergpl.
Kaiser-Wilhelm-Gedächtnisk.
Europa-center
Theater d. Westens
Tauentzienstr.
Budapester Str.
Kantstr.
Joachimsthaler Platz
Hardenbergstr.
Bundesallee
Nürnberger Pl.
Hohenstaufenstr.
Nachodstr.
Martin-Luther-Str.
Lützowufer
An der Urania
Kurfürstenstr.
Hofjägerallee
Fasanenstr.
Uhlandstr.
Joachimsthaler Str.
Lietzenburger Str.
Geisbergstr.
Motzstr.
Grainauer Str.
Prager Str.
Kleiststr.
Landes-Pol.-Dir.
Franziskus-krhs.
Klinik Hygiea
Aquarium
Elefantentor
Löwentor
Bikini Berlin
Literaturhaus
Komödie u. Theater am Kurfürstendamm
Synagoge
Berl. Festspiele
Säuglings-fürsorge
Marchstr.
Franklinstr.
Müller-Breslau-Str.
Hertzallee
Jebensstr.
Savignyplatz
Bellevue
Altonaer Str.
Händelallee
Klopstockstr.
Bartningallee
Lichtensteinallee
Fasanerieallee
Rauchstr.
Corneliusbrücke
Wichmannstr.
Keithstr.
Eislebener Str.
Ansbacher Str.
Passauer Str.
Bayreuther Str.
Fuggerstr.
Winterfeldtstr.
Luitpoldstr.
Pariser Str.
Ludwigkirchplatz
E
F
G
H
1
2
3
4
5
6
169

Logistik-zentrum Nord
Invaliden-friedhof
Naturkundemuseum
Institute der Humboldt-Univ.
Heidestr.
Scharnhorststr.
Chausseestr.
Invalidenpark
Bundesmin. f. Wirtsch. u. Energie
Mus.für Gegenwartskunst ehem. Hamburger Bhf.
Geschichts-Park Moabit
Hauptbahnhof
Humboldt-hafen
Kliniken des Campus Charité Mitte
Universität
Oranienburg. Tor
Friedrichstr.
Deut.Theater u. Kammerspiele
Washingtonplatz
Tiergartentunnel
Spreebogenpark
Bundesministerium des Innern
Moabit
Moltkebrücke
Kanzlerpark
Bundeskanzleramt
Bundestag
Dt.Bundestag (P.Löbe-Hs.)
Lüders-Haus
Dt.Bundestag im Reichstag
Pl.d. Republik
Haus der Kulturen der Welt (Kongresshalle)
Scheidemannstr.
Sowjet. Ehrenmal
Platz d. 18.März
Pariser Pl.
Brandenb. Tor
Unter d. Linden
Komische Oper
Straße des 17.Juni
Großer Stern
Rosengarten
Amazone
Löwendenkm.
Goethe
Musikerdenkm.
2=Pl. des Volksaufstandes von 1953
Herkules mit der Lyra
Luiseninsel
Lessing
Holocaust Mahnmal
Hannah-Arendt-Str.
Ebertstr.
Wilhelmstr.
Mohrenstr.
Kemperpl.
Sony-Center
Potsdamer Pl.
Leipziger Platz
Leipziger Str.
Bundesrat
Bundesmin.d. Finanzen
Philharmonie
Kulturforum
Gemäldegal.
Neue National-galerie
Staats-bibliothek
Marlene-Dietrich-Platz
Tiergartenstr.
Bundesmin. der Verteidigung
Gedenkst.dt. Widerstand
Stresemannstr.
Niederkirchnerstr.
M.-Gropius-Bau
Topographie des Terrors
Potsdamer Br.
Reichpietschufer

Rosenthaler Pl.
J.-Lennon-Obersch.
Sen.-kanzl. Abt. Kultur
Subversiv
Rosenth.
Torstr.
Schönhauser Allee
Saarbrücker Str.
Straßburger Str.
Prenzlauer Allee
Friedhof
Prenzlauer Berg
Schröder-str.
Bergstr.
Ackerstr.
H.-Zille-P.
Stadtbad Mitte
Linienstr.
Koppenplatz
VHS
Theaterhs.
Gipsstr.
Mulackstr.
Steinstr.
Schönhauser Tor
Tor str.
R.-Luxemburg.-Pl.
Volksbühne
Prenzlauer Tor
Mollstr.
Große Hamburger Str.
Sophienstr.
August-str.
Mitte
(Bez.MITTE)
Vorstadt
Weinmeister-str.
Wadzeckstr.
Neue Synagoge
Krausnickstr.
Krausnick-park
Oranienburger Str.
Monbijoupark
Hackesche Höfe
Hackescher Mkt.
Münzstr.
Memhardstr.
ADAC
Alexanderstr.
Karl-Liebknecht-Str.
Alexanderpl.
Otto-Braun-Str.
Dircksenstr.
Rochstr.
Berlin Carrée
Bodemuseum
James-Simon-Park
Hackescher Markt
Karl-Marx-Allee
Museumsinsel
Pergamonmus.
Alte Nationalgalerie
Neues Museum
Berliner Dom
Lustgarten
Fernsehturm
Neptunbrunnen
Rotes Rathaus
Alexanderhaus
ALEXA
Humboldt-Uni.
Neue Wache
Unter den Linden
Humboldt Forum (Berliner Schloss)
Staatsoper
Friedrichstr.
Französische Str.
Behrenstr.
Nikolaiviertel
Molkenmarkt
Klosterstr.
Stralauer Str.
Spree
Märkischer Pl.
Märk. Mus.
Breite Str.
Marstall
Ephraim-palais
Mühlendamm
Fischerinsel
Gertraudenstr.
Hausvogtei-pl.
Kurstr.
Spreekanal
Wallstr.
Spittelmarkt
Leipziger Str.
Stadtmitte
Krausenstr.
Schützenstr.
Zimmerstr.
Kommandantenstr.
Seydelstr.
Neue Grünstr.
Jakobstr.
Sebastianstr.
Heinrich-Heine-Str.
H.-Heine-Str.
Köpenicker Str.
Axel-Springer-Str.
Bundesdruckerei
Rudi-Dutschke-Str.
Haus am Checkpoint Charlie
Kochstr.
Oranienstr.
Lindenstr.
Ritterstr.
Alte Jakobstr.
Otto-Suhr-Siedl.
Waldemarstr.
Heinrich-Heine-Center
Heinrich-Heine-Pl.
Brückenstr.
Schulze-Delitzsch-Pl.
Köllnischer Park
Annenstr.

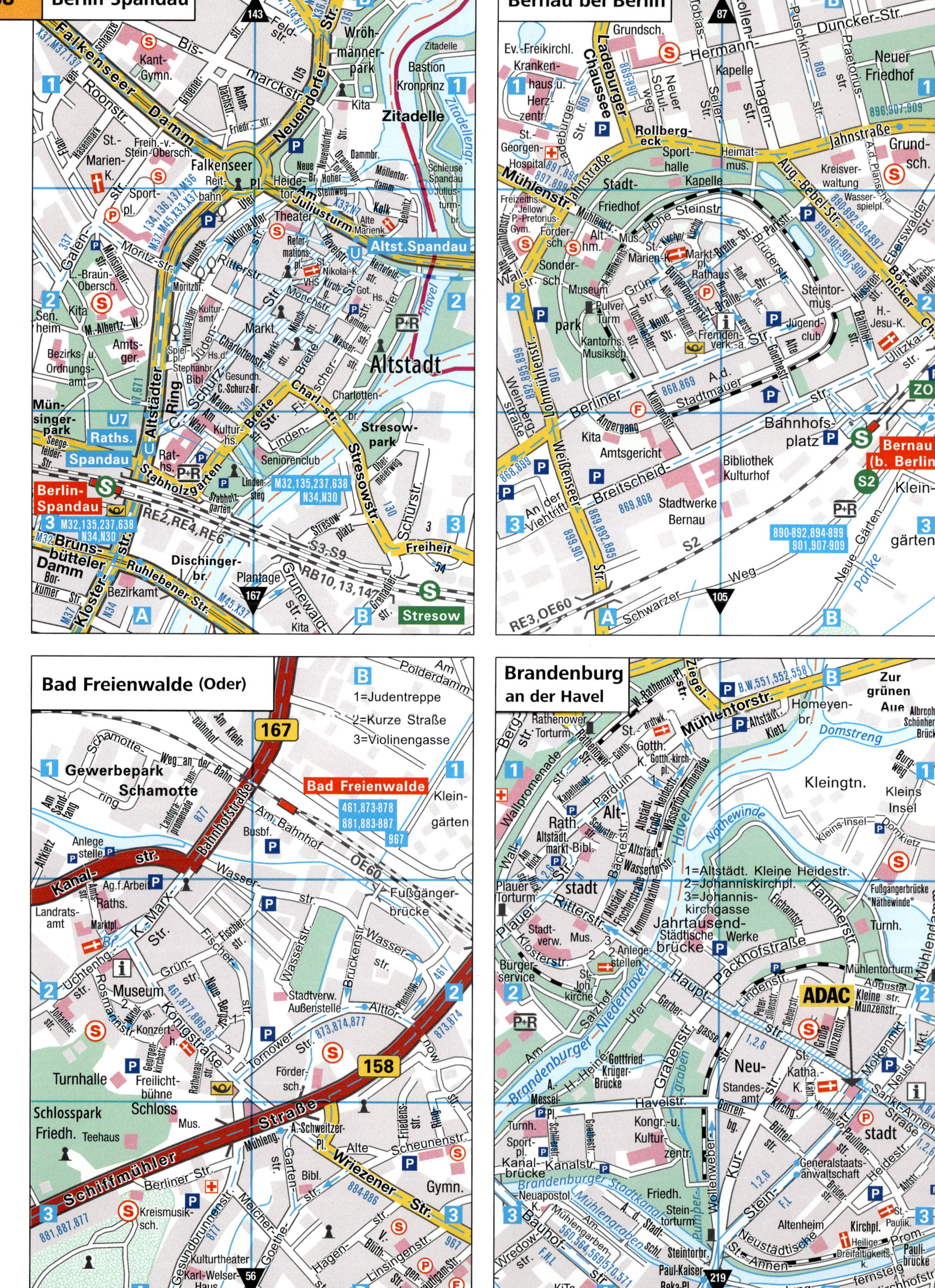
Berlin-Spandau
Altstadt
Zitadelle
Falkenseer Damm
Neuendorfer Str.
Juliusturm
Altst.Spandau
Berlin-Spandau
Stresow
Bernau bei Berlin
Ladeburger Chaussee
Mühlenstr.
Jahnstraße
Bernau (b. Berlin)
Bahnhofsplatz
Breitscheid-
Bad Freienwalde (Oder)
1=Judentreppe
2=Kurze Straße
3=Violinengasse
Gewerbepark Schamotte
Bad Freienwalde
Bahnhofstraße
Schiffmühler Straße
Wriezener Str.
Brandenburg an der Havel
Mühlentorstr.
1=Altstädt. Kleine Heidestr.
2=Johanniskirchpl.
3=Johannis-kirchgasse
Jahrtausend-brücke
Neustadt
ADAC

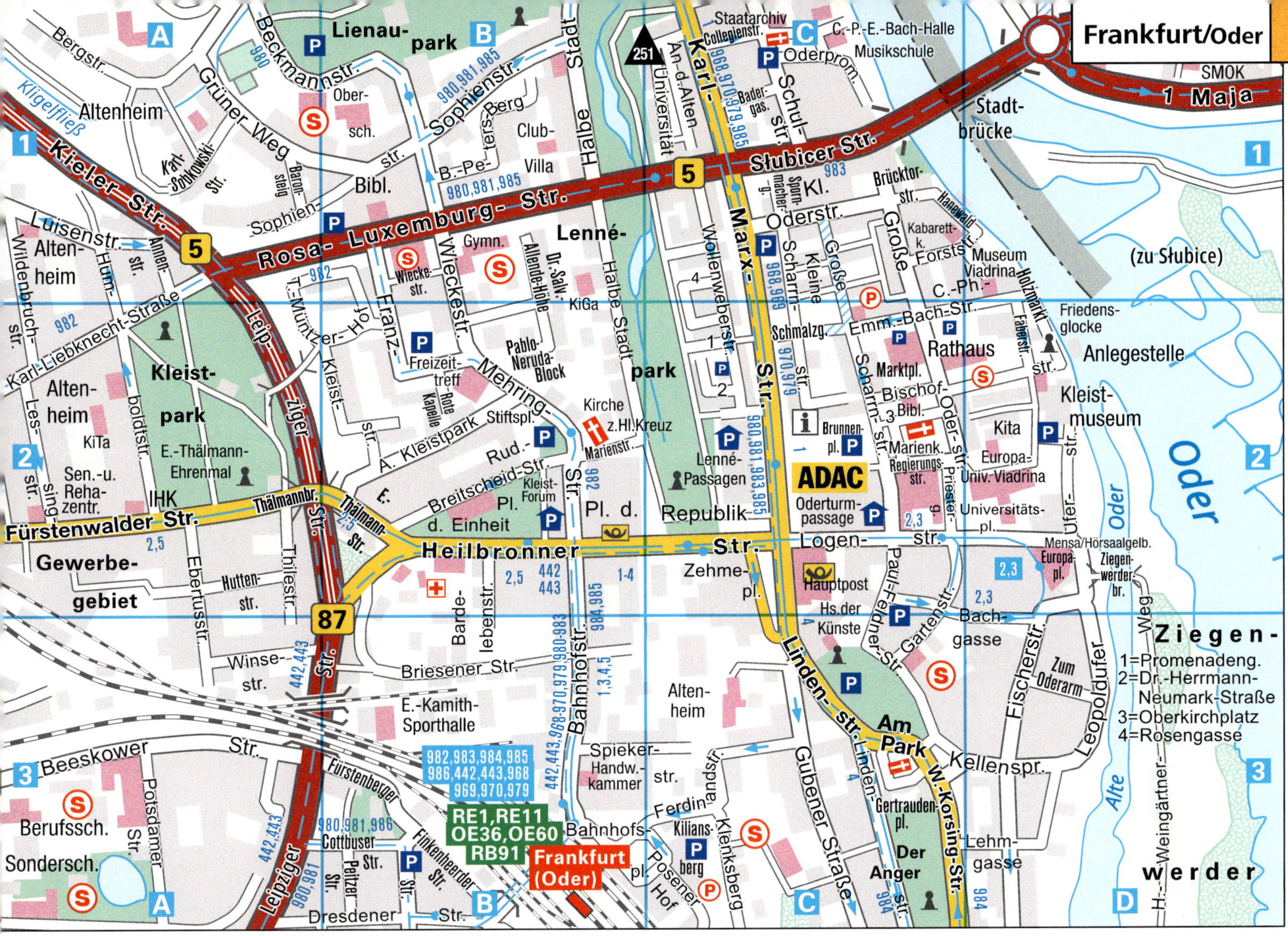
Frankfurt/Oder
Lienau-park
Beckmannstr.
Bergstr.
Altenheim
Grüner Weg
Kieler Str.
Kliefließ
Sophienstr.
Rosa-Luxemburg-Str.
Lenné-park
Halbe Stadt
Universität
Karl-Marx-Str.
Słubicer Str.
Staatarchiv
C.-P.-E.-Bach-Halle
Musikschule
Oderprom.
Stadtbrücke
1 Maja
SMOK
(zu Słubice)
Friedensglocke
Anlegestelle
Kleist-museum
Oder
Alte Oder
Rathaus
Marktpl.
Brunnenpl.
Marienk.
Europa-Univ. Viadrina
Museum Viadrina
ADAC
Oderturm-passage
Logenstr.
Hauptpost
Hs.der Künste
Bachgasse
Fischerstr.
Zum Oderarm
Leopoldufer
Ziegenwerder
1=Promenadeng.
2=Dr.-Herrmann-Neumark-Straße
3=Oberkirchplatz
4=Rosengasse
Kleist-park
E.-Thälmann-Ehrenmal
Luisenstr.
Karl-Liebknecht-Straße
Fürstenwalder Str.
Gewerbe-gebiet
Heilbronner Str.
Thälmannbr.
Leipziger Str.
Briesener Str.
E.-Kamith-Sporthalle
Beeskower Str.
Berufssch.
Sondersch.
Potsdamer Str.
Fürstenberger Str.
Cottbuser Str.
Dresdener Str.
RE1,RE11
OE36,OE60
RB91
Frankfurt (Oder)
Bahnhofstr.
Spieker-Handw.-kammer
Ferdinandstr.
Kiliansberg
Posener Hof
Gubener Straße
Lindenstr.
Am Park
Kellenspr.
Gertraudenpl.
Der Anger
W.-Korsing-Str.
Lehmgasse
Weingärtner-Weg
Kirche z.Hl.Kreuz
Lenné-Passagen
Republik
Pl. d. Einheit
Mehring-Str.
Stiftspl.
Freizeit-treff
Pablo-Neruda-Block
Gymn.
KiGa
Zehmepl.
Altenheim
5
87
251

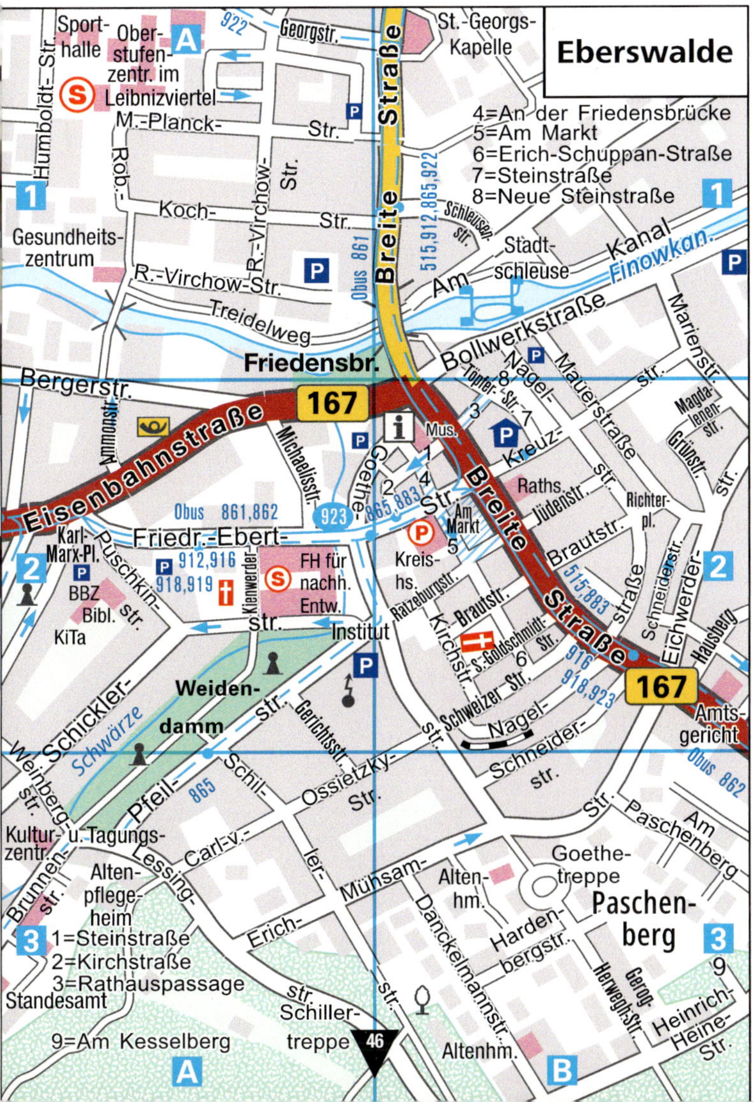
Eberswalde
4=An der Friedensbrücke
5=Am Markt
6=Erich-Schuppan-Straße
7=Steinstraße
8=Neue Steinstraße
1=Steinstraße
2=Kirchstraße
3=Rathauspassage
9=Am Kesselberg
Sporthalle
Oberstufenzentr. im Leibnizviertel
Georgstr.
St.-Georgs-Kapelle
Humboldt-Str.
M.-Planck-Str.
Koch-Str.
Gesundheitszentrum
R.-Virchow-Str.
Treidelweg
Breite Straße
Stadtschleuse
Finowkan.
Kanal
Bollwerkstraße
Friedensbr.
Bergerstr.
Eisenbahnstraße
167
Friedr.-Ebert-Str.
Karl-Marx-Pl.
FH für nachh. Entw.
Institut
Raths.
Kreishs.
Brautstr.
Weiden-damm
Schwärze
Schickler-Str.
Kultur- u. Tagungszentr.
Altenpflegeheim
Pfeil-Str.
Ossietzky-Str.
Schneider-str.
Goethetreppe
Paschenberg
Mühsam-Str.
Harden-bergstr.
Schillertreppe
Standesamt
Altenhm.
46

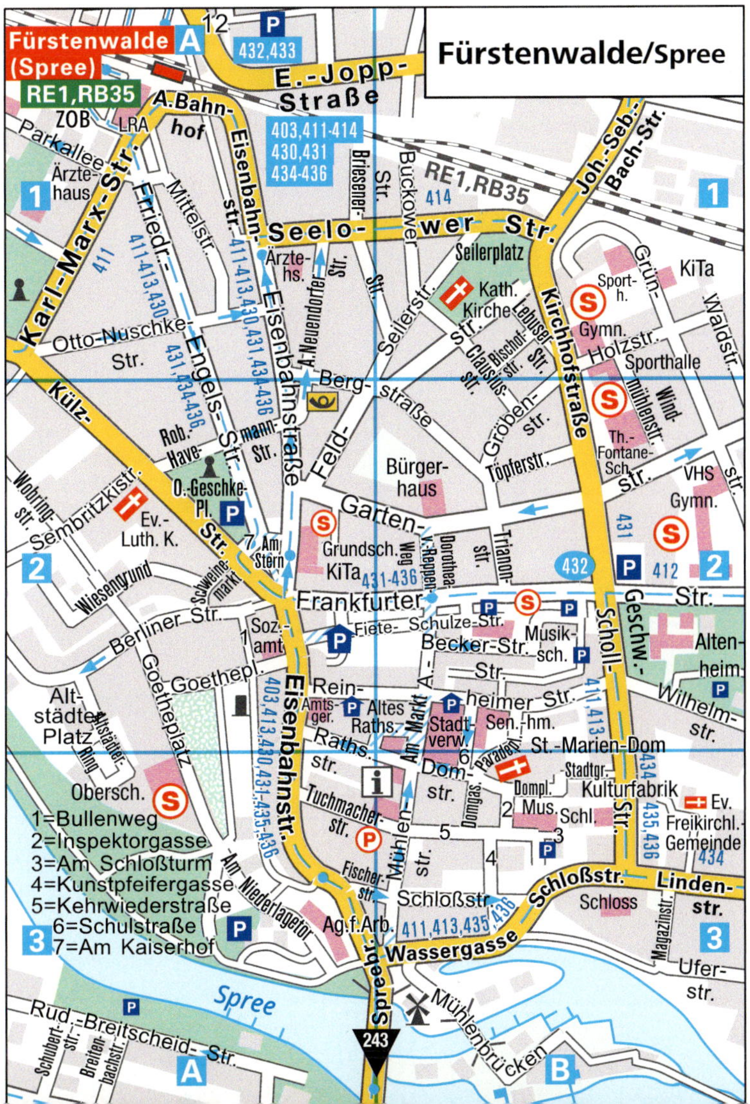
Fürstenwalde/Spree
Fürstenwalde (Spree)
RE1,RB35
ZOB
E.-Jopp-Straße
A.Bahnhof
Karl-Marx-Str.
Seelower Str.
Joh.-Seb.-Bach-Str.
Seilerplatz
Kath. Kirche
Kirchhofstraße
Sporthalle
KiTa
Gymn.
Otto-Nuschke-Str.
Eisenbahnstraße
Engels-Str.
Bergstraße
Bürgerhaus
Töpferstr.
Gartenstr.
Frankfurter Str.
Altes Raths.
St.-Marien-Dom
Kulturfabrik
Schloss
Schloßstr.
Wassergasse
Spree
Mühlenbrücken
Lindenstr.
Ev. Freikirchl. Gemeinde
Berliner Str.
Altstädter Platz
Obersch.
1=Bullenweg
2=Inspektorgasse
3=Am Schloßturm
4=Kunstpfeifergasse
5=Kehrwiederstraße
6=Schulstraße
7=Am Kaiserhof
Rud.-Breitscheid-Str.
Am Niederlagetor
Ag.f.Arb.
243

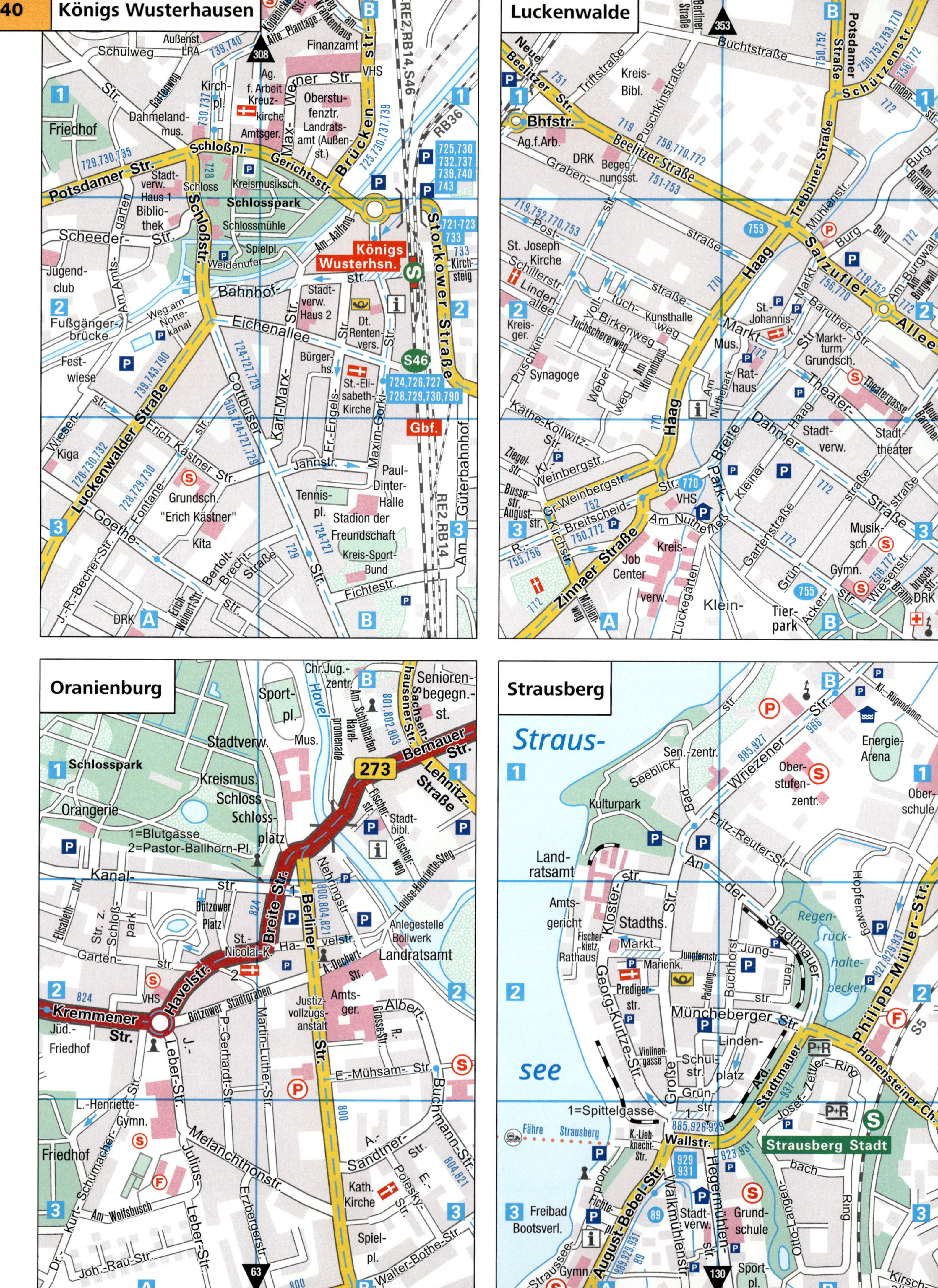
Königs Wusterhausen
Schulweg
Außenst. LRA
Friedhof
Dahmeland-mus.
Kirch-pl.
Ag. f. Arbeit
Kreuz-kirche
Amtsger.
Finanzamt
Oberstu-fenztr.
Landrats-amt (Außen-st.)
VHS
Schloßpl.
Gerichtsstr.
Brücken-str.
Potsdamer Str.
Stadt-verw. Haus 1
Biblio-thek
Schloss
Kreismusiksch.
Schlosspark
Schlossmühle
Spielpl.
Weidenufer
Scheeder-Str.
Schloßstr.
Jugend-club
Fußgänger-brücke
Fest-wiese
Bahnhof-str.
Stadt-verw. Haus 2
Dt. Renten-vers.
Königs Wusterhsn.
Storkower Straße
Kirch-steig
Eichenallee
Bürger-hs.
St.-Eli-sabeth-Kirche
S46
Gbf.
Luckenwalder Straße
Cottbuser Str.
Karl-Marx-Str.
Fr.-Engels-Str.
Maxim-Gorki-Str.
Kiga
Erich-Kästner-Str.
Grundsch. "Erich Kästner"
Kita
Jahnstr.
Tennis-pl.
Paul-Dinter-Halle
Stadion der Freundschaft
Kreis-Sport-Bund
Fichtestr.
Am Güterbahnhof
Goethe-Str.
J.-R.-Becher-Str.
Bertolt-Brecht-Straße
DRK
RE2,RB14,S46
RB36
Luckenwalde
Berliner Straße
Buchtstraße
Potsdamer Straße
Schützenstr.
Neue Beelitzer Str.
Triftstraße
Kreis-Bibl.
Bhfstr.
Ag.f.Arb.
DRK
Begeg-nungsst.
Beelitzer Straße
Puschkinstraße
Graben-str.
Trebbiner Straße
Post-straße
St. Joseph Kirche
Schillerstr.
Lindenallee
Kreis-ger.
Synagoge
Tuchschererweg
Birkenweg
Kunsthalle
Haag
Salzufler Allee
Markt
Mus.
St.-Johannis-K.
Rat-haus
Baruther Str.
Markt-turm
Grundsch.
Theatergasse
Theater-Straße
Dahmer Str.
Stadt-verw.
Stadt-theater
Käthe-Kollwitz-Str.
Weinbergstr.
Gr. Weinbergstr.
Breitscheid-str.
VHS
Am Nuthefließ
Breite Park-Str.
Kleiner Gartenstraße
Kreis-verw.
Job Center
Zinnaer Straße
Lückegarten
Klein-Tier-park
Musik-sch.
Gymn.
DRK
Oranienburg
Sport-pl.
Chr.Jug.-zentr.
Havel
Senioren-begegn.-st.
Stadtverw.
Mus.
Bernauer Str.
Lehnitz-Straße
Schlosspark
Kreismus.
Schloss
Schloss-platz
Orangerie
1=Blutgasse
2=Pastor-Ballhorn-Pl.
Stadt-bibl.
Kanal-str.
Breite Str.
Berliner Str.
Nehringstr.
Anlegestelle Bollwerk
Louise-Henriette-Steg
Bötzower Platz
St.-Nicolai-K.
Havelstr.
Garten-str.
Landratsamt
VHS
Kremmener Str.
Jüd. Friedhof
Justiz-vollzugs-anstalt
Amts-ger.
Albert-Str.
E.-Mühsam-Str.
L.-Henriette-Gymn.
Friedhof
Melanchthonstr.
Julius-Leber-Str.
Kath. Kirche
Spiel-pl.
Am Wolfsbusch
Joh.-Rau-Str.
Erzbergerstr.
Walter-Bothe-Str.
Buchmann-Str.
Strausberg
Straus-see
Sen.-zentr.
Seeblick
Wriezener Str.
Ober-stufen-zentr.
Energie-Arena
Ober-schule
Kulturpark
Fritz-Reuter-Str.
Land-ratsamt
An der Stadtmauer
Amts-gericht
Rathaus
Klosterstr.
Stadths.
Markt
Marienk.
Jungfernstr.
Regen-rück-halte-becken
Hopfenweg
Philipp-Müller-Str.
Prediger-str.
Müncheberger Str.
Georg-Kurtze-Str.
Große Str.
Linden-platz
Hohensteiner Ch.
1=Spittelgasse
Fähre Strausberg
Wallstr.
Strausberg Stadt
August-Bebel-Str.
Walkmühlenstr.
Stadt-verw.
Grund-schule
Freibad Bootsverl.
Gymn.
Sport-pl.
Otto-Langen-Str.
Kirsch-allee

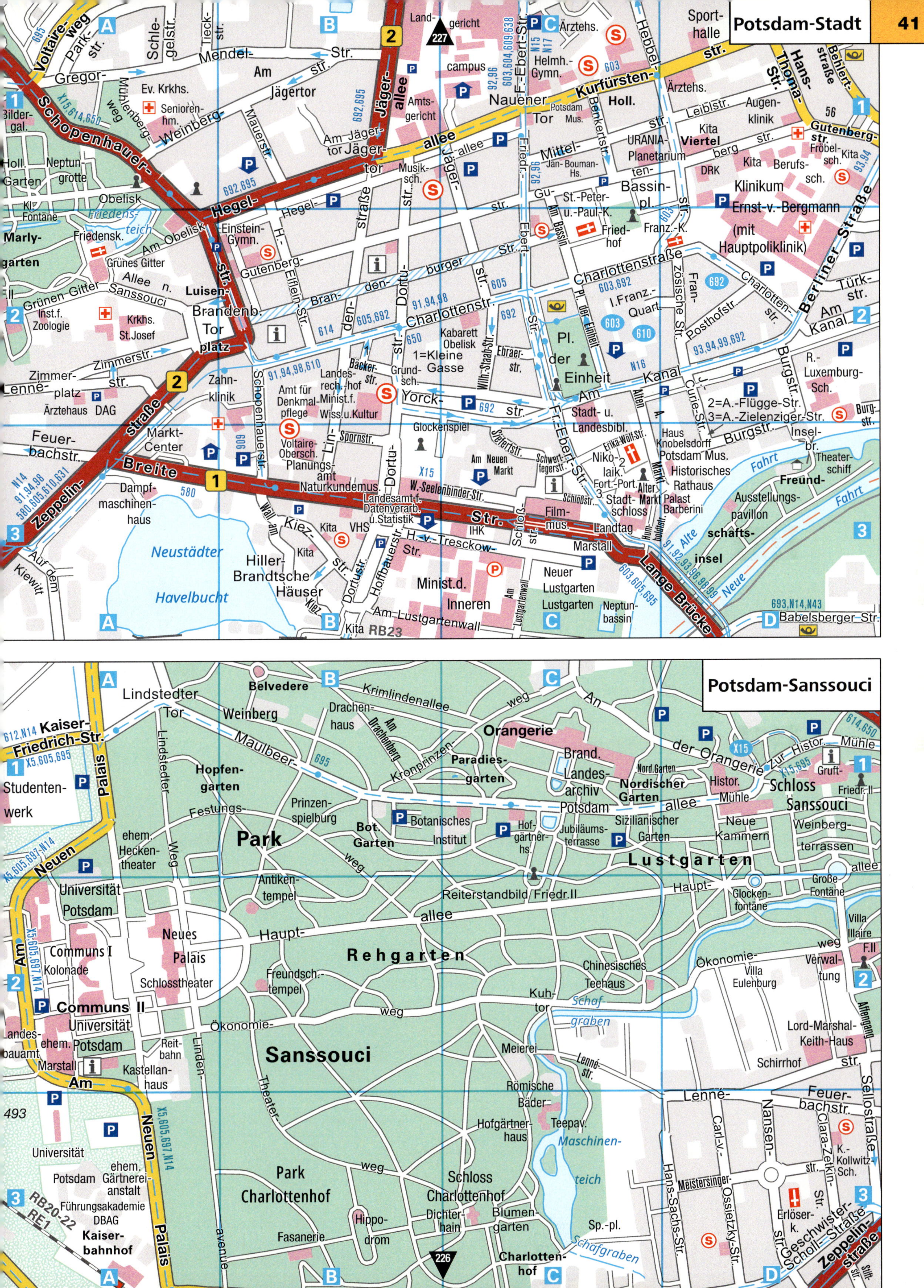
Potsdam-Stadt
Potsdam-Sanssouci
Voltaireweg
Schopenhauerstr.
Hegelallee
Jägerallee
Nauener Tor
Kurfürstenstr.
Charlottenstr.
Gutenbergstr.
Brandenburger Str.
Luisenplatz
Brandenb. Tor
Zeppelinstraße
Breite Str.
Yorckstr.
Am Kanal
Lange Brücke
Neustädter Havelbucht
Hiller-Brandtsche Häuser
Am Lustgartenwall
Lustgarten
Neuer Lustgarten
Landtag
Stadtschloss
Marstall
Filmmus.
Alter Markt
Nikolaikirche
Museum Barberini
Altes Rathaus
Am Neuen Markt
Glockenspiel
Pl. der Einheit
Wilhelm-Staab-Str.
Ebräerstr.
Kabarett Obelisk
1=Kleine Gasse
2=A.-Flügge-Str.
3=A.-Zielenziger-Str.
Klinikum Ernst-v.-Bergmann (mit Hauptpoliklinik)
Berliner Straße
Hebbelstr.
Leiblstr.
Hans-Thoma-Str.
Holl. Viertel
URANIA-Planetarium
Bassinpl.
St.-Peter-u.-Paul-K.
Friedhof
Französische Str.
Franz.-K.
Freundschaftsinsel
Alte Fahrt
Neue Fahrt
Babelsberger Str.
Landgericht
Amtsgericht
Helmh.-Gymn.
Einstein-Gymn.
Friedenskirche
Grünes Gitter
Marlygarten
Park Sanssouci
Sanssouci
Belvedere
Krimlindenallee
Drachenhaus
Orangerie
Paradiesgarten
Maulbeerallee
Hopfengarten
Lindstedter Tor
Festungsweg
Prinzenspielburg
Bot. Garten
Botanisches Institut
Antikentempel
Reiterstandbild Friedr. II
Hauptallee
Rehgarten
Neues Palais
Schlosstheater
Freundsch.-tempel
Chinesisches Teehaus
Ökonomieweg
Communs I
Communs II
Universität Potsdam
Kolonade
Marstall
Reitbahn
Kastellanhaus
Römische Bäder
Teepav.
Hofgärtnerhaus
Maschinenteich
Schloss Charlottenhof
Park Charlottenhof
Dichterhain
Blumengarten
Hippodrom
Fasanerie
Schafgraben
Lustgarten
Schloss Sanssouci
Neue Kammern
Weinbergterrassen
Große Fontäne
Glockenfontäne
Sizilianischer Garten
Nordischer Garten
Jubiläumsterrasse
Landesarchiv Potsdam
Villa Illaire
Villa Eulenburg
Lord-Marshal-Keith-Haus
Schirrhof
Feuerbachstr.
Lennéstr.
Carl-v.-Ossietzky-Str.
Hans-Sachs-Str.
Nansenstr.
Meistersingerstr.
Geschwister-Scholl-Straße
Sellostraße
Kaiser-Friedrich-Str.
Am Neuen Palais
Kaiserbahnhof
Führungsakademie DBAG
Studentenwerk
Universität
Historische Mühle
Friedr. II

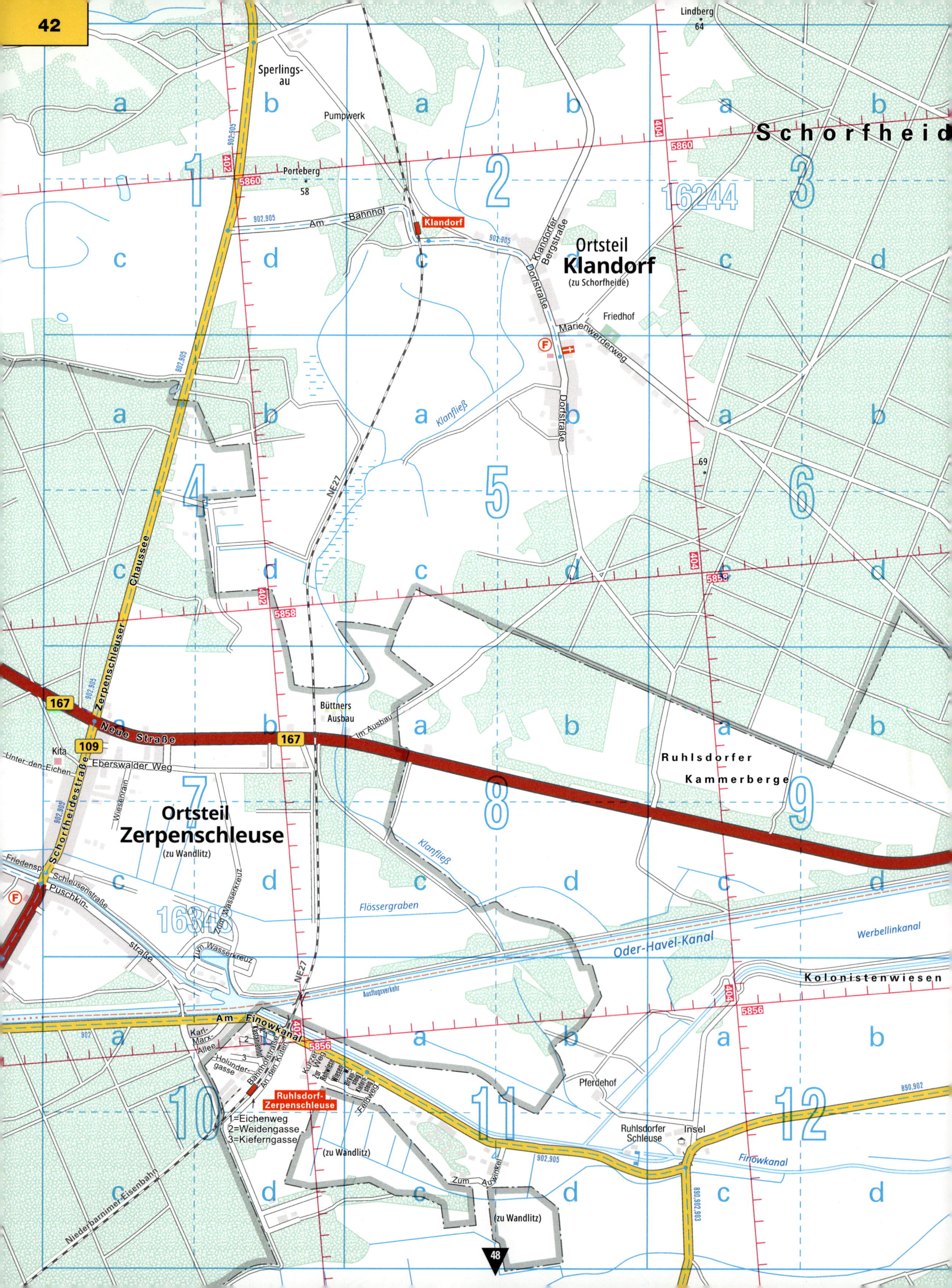
Sperlings-
au
Pumpwerk
Porteberg
58
Am Bahnhof
Klandorf
Ortsteil
Klandorf
(zu Schorfheide)
Klandorfer Bergstraße
Dorfstraße
Friedhof
Marienwerderweg
Schorfheid
16244
Lindberg
64
69
Klanfließ
NE27
Chaussee
Zerpenschleuser
Neue Straße
Büttners
Ausbau
Im Ausbau
Kita
Unter-den-Eichen
Eberswalder Weg
Wiesenrain
Schorfheidestraße
Ortsteil
Zerpenschleuse
(zu Wandlitz)
Ruhlsdorfer
Kammerberge
Klanfließ
Flössergraben
Friedensp
Schleusenstraße
Puschkin-
straße
16348
Zum Wasserkreuz
Am Wasserkreuz
Oder-Havel-Kanal
Werbellinkanal
Ausflugsverkehr
Kolonistenwiesen
Am Finowkanal
Karl-Marx-Allee
Holunder-
gasse
Bahnhofstraße
An den Kuten
Kastanienhof
Ruhlsdorf-
Zerpenschleuse
1=Eichenweg
2=Weidengasse
3=Kieferngasse
(zu Wandlitz)
Feldweg
Zum Auwinkel
(zu Wandlitz)
Pferdehof
Ruhlsdorfer
Schleuse
Insel
Finowkanal
Niederbarnimer Eisenbahn
167
109
402
404
5860
5858
5856
902,905
890,902
48

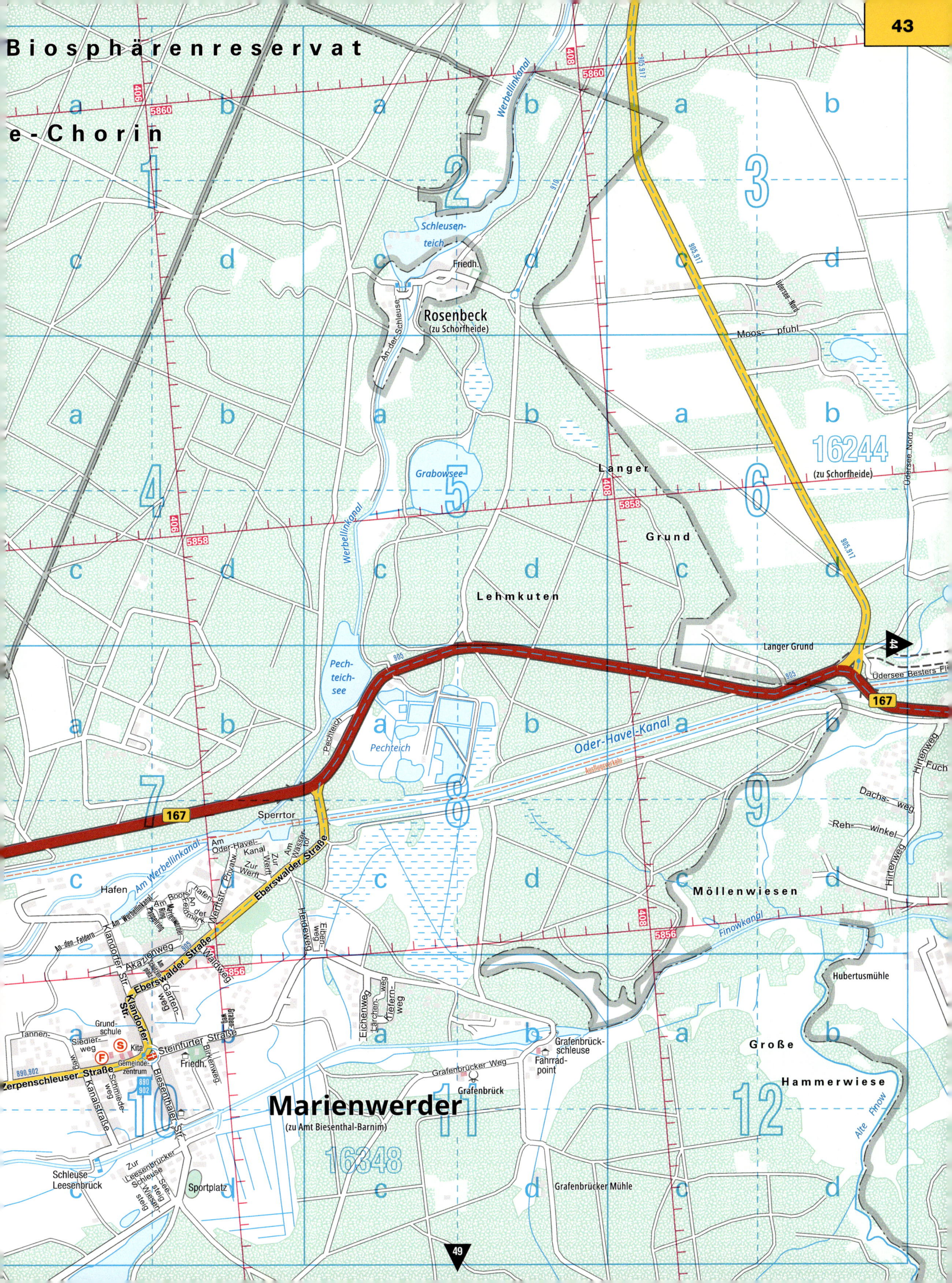

Biosphärenreservat
e-Chorin
Werbellinkanal
Schleusen-
teich
Friedh.
Rosenbeck
(zu Schorfheide)
An der Schleuse
Grabowsee
Werbellinkanal
Moos-
pfuhl
Langer
Grund
Lehmkuten
16244
(zu Schorfheide)
Langer Grund
Pech-
teich-
see
Pechteich
Pechteich
Oder-Havel-Kanal
Sperrtor
Am Werbellinkanal
Hafen
Eberswalder Straße
Eberswalder Straße
Heideweg
Möllenwiesen
Finowkanal
Hubertusmühle
Dachs-
weg
Reh-
winkel
Hirtenweg
Akazienweg
Klandorfer Str.
Waldweg
Grund-
schule
Kita
Steinfurter Straße
Friedh.
Zerpenschleuser Straße
Kanalstraße
Biesenthaler Str.
Marienwerder
(zu Amt Biesenthal-Barnim)
16348
Grafenbrücker Weg
Grafenbrück
Grafenbrück-
schleuse
Fahrrad-
point
Große
Hammerwiese
Alte Finow
Schleuse
Leesenbrück
Sportplatz
Grafenbrücker Mühle
Eichenweg
167
167
44
49

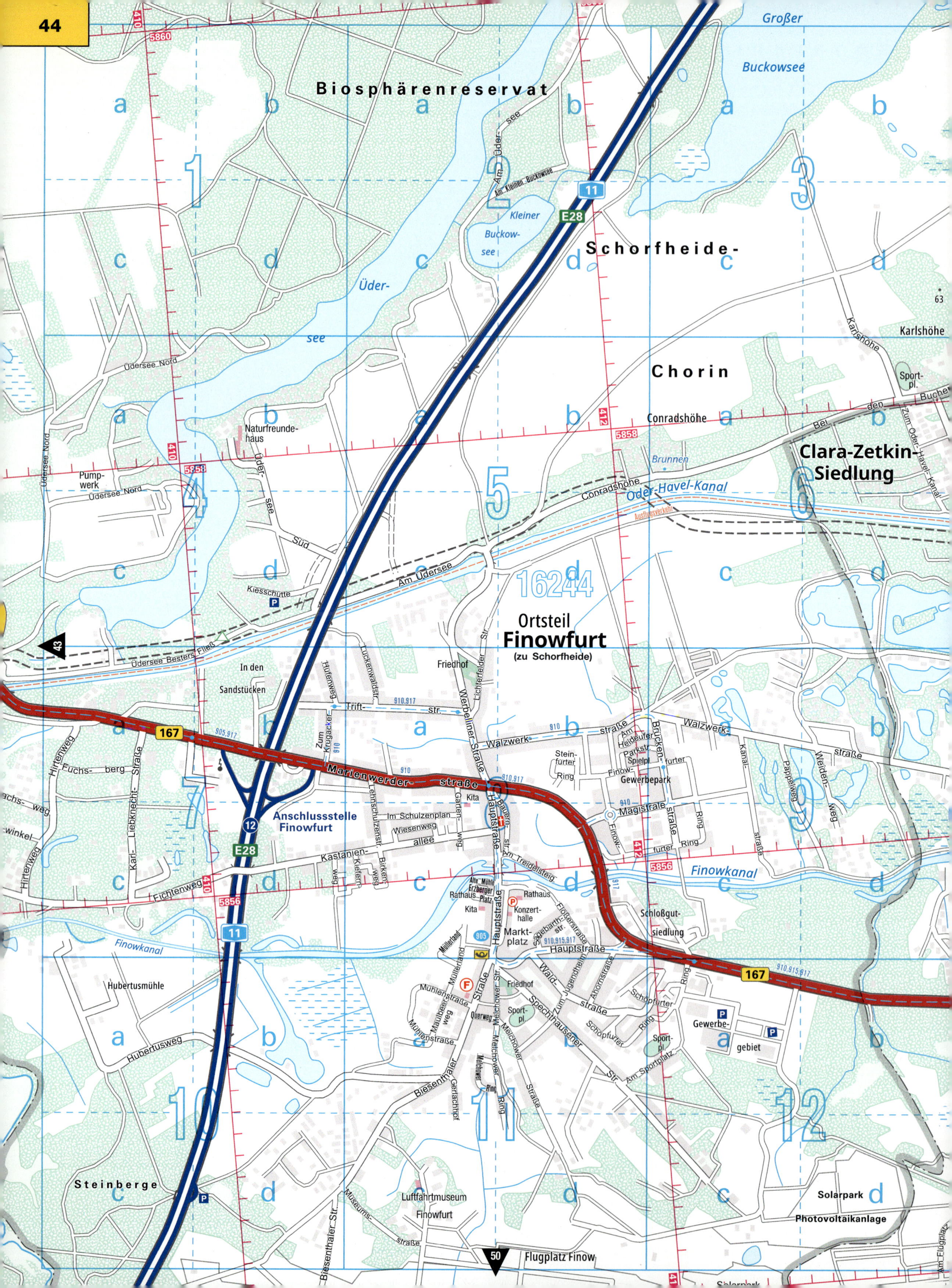
Biosphärenreservat
Schorfheide-
Chorin
Großer
Buckowsee
Kleiner
Buckow-
see
Üder-
see
Am Üdersee
Am Kleinen Buckowsee
Karlshöhe
Karlshöhe
Sport-pl.
Conradshöhe
Bei den Buchen
Zum Oder-Havel-Kanal
Clara-Zetkin-
Siedlung
Brunnen
Oder-Havel-Kanal
Conradshöhe
Ausflugsverkehr
Üdersee Nord
Pump-
werk
Naturfreunde-
haus
Üdersee Süd
Am Üdersee
Kiesschütte
Üdersee Besters Fließ
16244
Ortsteil
Finowfurt
(zu Schorfheide)
Friedhof
In den
Sandstücken
Hüttenweg
Lückenwaldstr.
Lichterfelder Str.
Triftstr.
Zum Krugacker
Werbelliner Straße
Walzwerkstraße
Stein-
furter
Ring
Am Heideufer
Parkstr.
Spielpl.
Brückenstraße
Finow-furter Ring
Gewerbepark
Magistrale
Kanalstraße
Pappelweg
Weidenweg
Walzwerkstraße
Marienwerderstraße
Hirtenweg
Fuchsberg
Karl-Liebknecht-Straße
Fuchsweg
Finkelwinkel
Kita
Anschlussstelle
Finowfurt
Im Schulzenplan
Wiesenweg
Lehnschulzenstr.
Gartenweg
Hauptstraße
Bauernstr.
Am Treidelsteig
Kastanienallee
Kiefernweg
Birkenweg
Fichtenweg
Finowkanal
Alte Mühle
Erzberger Platz
Rathaus
Kita
Rathaus
Konzert-
halle
Markt-
platz
Flotterstraße
Spechthausener Str.
Hauptstraße
Schloßgut-
siedlung
Finowkanal
Hubertusmühle
Hubertusweg
Müllerland
Mühlenstraße
Maulbeerweg
Querweg
Melchower Str.
Friedhof
Sport-pl.
Waldstraße
Zum Jugendheim
Ahornstraße
Schopfurter Ring
Sport-pl.
Am Sportplatz
Gewerbe-
gebiet
Biesenthaler Str.
Gerlachhof
Melchower Ring
Melchower Straße
Steinberge
Luftfahrtmuseum
Finowfurt
Museumsstraße
Biesenthaler Str.
Flugplatz Finow
Solarpark
Photovoltaikanlage
Am Flugplatz
43
50

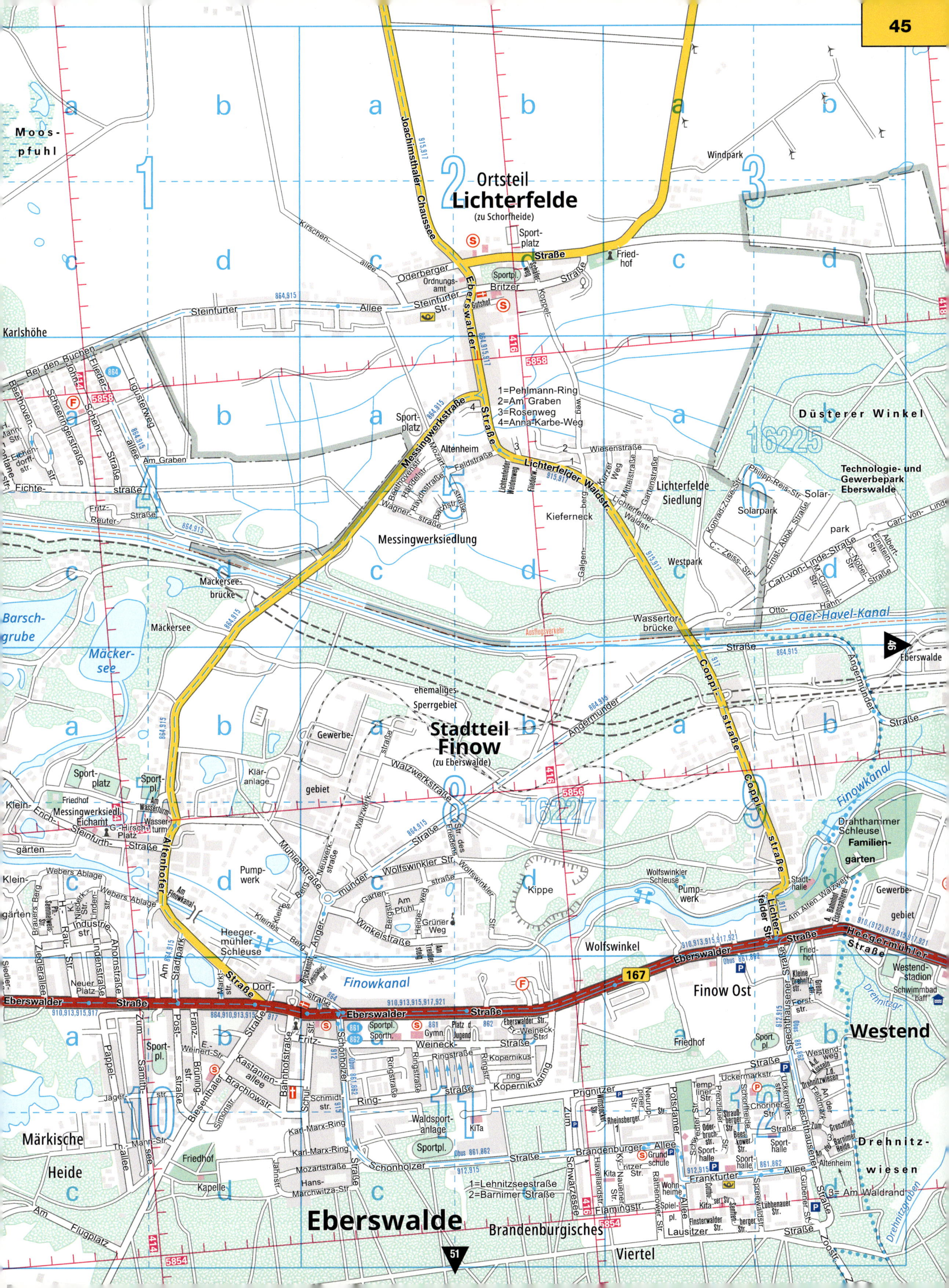
Moos-
pfuhl
Ortsteil
Lichterfelde
(zu Schorfheide)
Joachimsthaler Chaussee
Windpark
Karlshöhe
1=Pehlmann-Ring
2=Am Graben
3=Rosenweg
4=Anna-Karbe-Weg
Düsterer Winkel
16225
Technologie- und
Gewerbepark
Eberswalde
Lichterfelde
Siedlung
Solarpark
Messingwerksiedlung
Kieferneck
Westpark
Oder-Havel-Kanal
Barsch-
grube
Mäcker-
see
Mäckersee
Stadtteil
Finow
(zu Eberswalde)
16227
Finowkanal
Drahthammer
Schleuse
Familien-
garten
Wolfswinkel
Finow Ost
Westend
Drehnitz-
wiesen
Märkische
Heide
1=Lehnitzseestraße
2=Barnimer Straße
Eberswalde
Brandenburgisches
Viertel
Eberswalder Straße
Heegermühler Straße
167
51
46

Britz
(zu Amt Britz-Chorin)
Eberswalde
Nordend
Kupferhammer
Westend
Großer Stadtsee
Kleiner Stadtsee
Postluch
Ostpark
Wasserwerk
Moorbrücke
Kaltes Wasser
Kanalbrücke
Binnenhafen
Gewerbegebiet
Finowkanal
Martin-Gropius-Krankenhaus
Eberswalde Hbf
Forstbotanischer Garten
Drehnitzwiesen
Unterheide
Heegermühler Straße
Eberswalder Straße
Angermünder Chaussee
Britzer Straße
Eisenbahnstraße
Breite Straße
Cityplan S.39
1=Glück-Auf-Weg
2=Am Heuweg
1=Fliederweg
1=Hindersinstraße
2=Anhöhe Eisengießerei
3=Steinfurter Straße
4=Eisenhammerstraße
5=Alte Straße
6=Otto-Nuschke-Straße
4=An der Friedensbrücke
5=Am Markt
6=Erich-Schuppan-Straße
7=Steinstraße
8=Neue Steinstraße
1=Geschwister-Scholl-Straße
2=P.-Radack-Straße
1=Steinstraße
2=Kirchstraße
3=Am Kesselberg
16230
16225

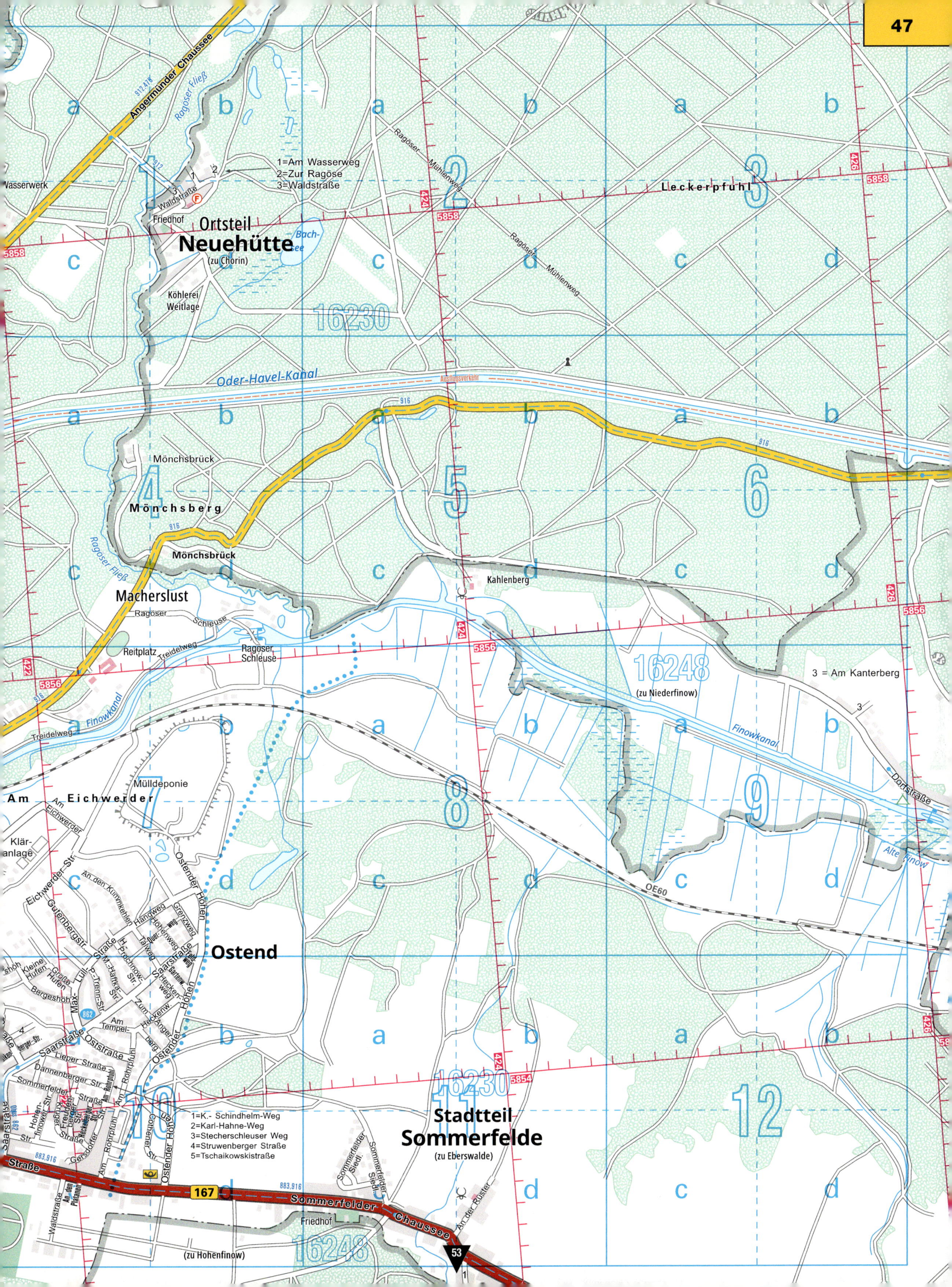

Angermünder Chaussee
Ragoser Fließ
1=Am Wasserweg
2=Zur Ragöse
3=Waldstraße
Wasserwerk
Waldstraße
Friedhof
Ortsteil
Neuehütte
(zu Chorin)
Bach-see
Köhlerei Weitlage
Ragöser Mühlenweg
Leckerpfuhl
16230
Oder-Havel-Kanal
Ausflugsverkehr
Mönchsbrück
Mönchsberg
Mönchsbrück
Macherslust
Ragoser Schleuse
Kahlenberg
Reitplatz
Treidelweg
Ragöser Schleuse
16248
(zu Niederfinow)
3 = Am Kanterberg
Finowkanal
Treidelweg
Mülldeponie
Am Eichwerder
Klär-anlage
Eichwerder Str.
Gutenbergstr.
Ostender Höhen
Ostend
Dorfstraße
Alte Finow
OE60
Saarstraße
Oststraße
Lieper Straße
Dannenberger Str.
Sommerfelder Straße
1=K.- Schindhelm-Weg
2=Karl-Hahne-Weg
3=Stecherschleuser Weg
4=Struwenberger Straße
5=Tschaikowskistraße
Stadtteil
Sommerfelde
(zu Eberswalde)
Sommerfelder Chaussee
Friedhof
(zu Hohenfinow)
An der Rüster
Waldstraße
167
53

42
Ruhlsdorf
(zu Marienwerder)
(zu Wandlitz)
Horstberg
Vorderster Graben
Pumpwerk
Kranichsee
Blauer See
Bernsteinsee
Kiessee
Ruhlesee
Wasserskianl.
Feriendorf "Dorado"
Zerpenschleuser Chaussee
Dorfstraße
Biesenthaler Chaussee
Ruhlsdorfer Straße
Alte Dorfstraße
Prendener Straße
Klosterfelder Str.
Mühlenweg
Spatzenweg
Kranichweg
Kirchacker
Friedhof
Zu den Sandenden
Eiserbuder Weg
Ahornweg
Tauchschule
Alter Basdorfer Weg
Am Wald
Am Walde
Gartensteig
1=Zum Bernsteinsee
16348
Eiserlaake
Prendener Weg
Am Waldrand
Tannenweg
Gemeindehaus
1= Sophiensteig
2= Kirchsteig
Pregnitzfließ
NSG
Mittelprendensee
Bungalowsiedlung Am Mittelprendener See
Sparrheide
Kläranlage
Sophienstädter Weg
Bauersee
Bad
Wasserwerk
Seeweg
Seegrund
Am Bauernsee
Ortsteil Prenden
(zu Wandlitz)
1=Am Gänseplan
2=Schulstraße
Klosterfelder Damm
Ruhlsdorfer Allee
Sportpl.
Prendener Dorfstr.
Mühlengasse
Mühlen
Lanker Allee
Siedlung Am Waldweg
Golfclub Prenden
3 = An den Kiefern
Biesenthaler Weg
Strehlepromenade
Strehlesee
Prendener
Bauernheide
Stromberge
78
Am Stromberg
68
E28
11

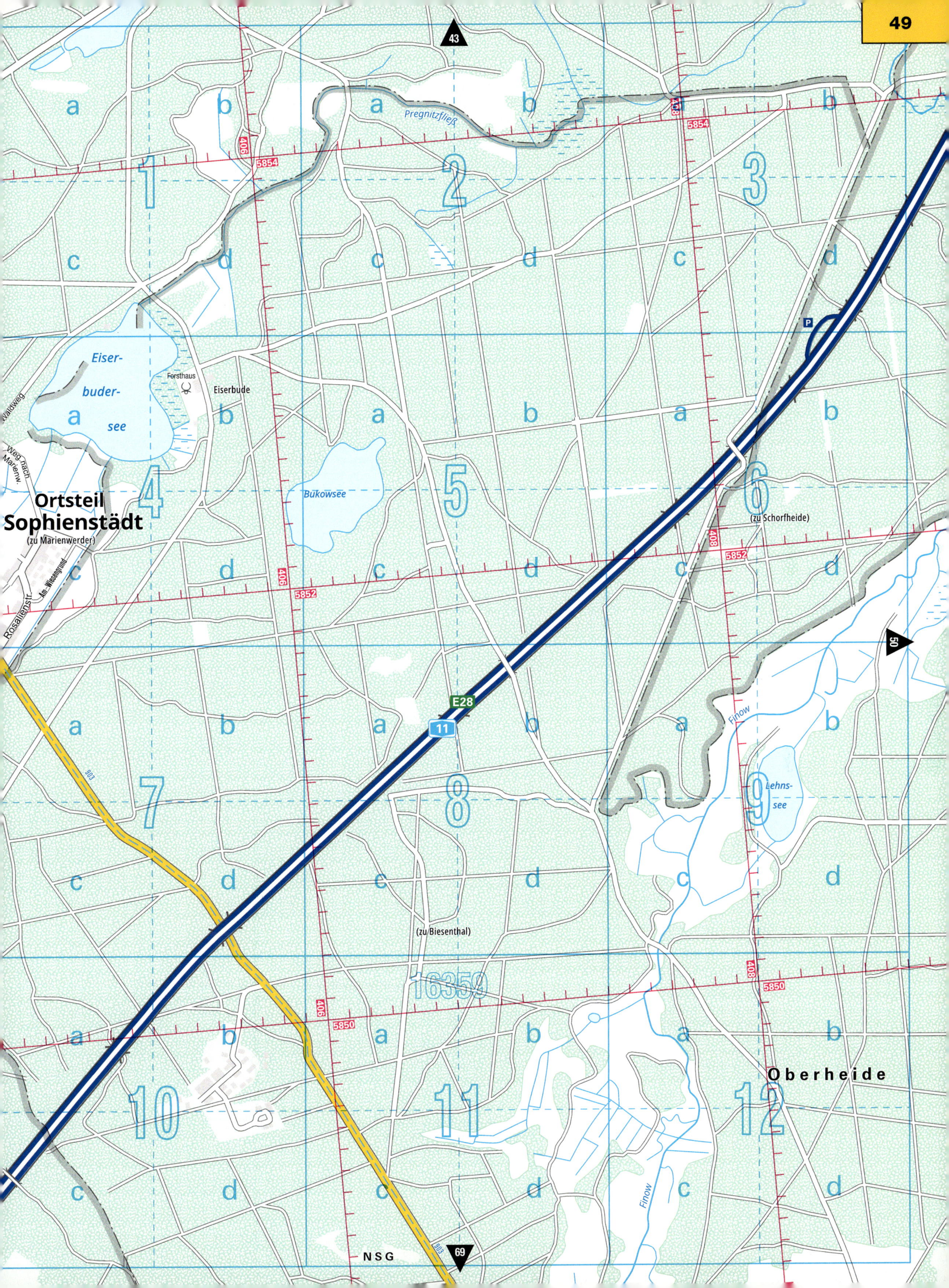
43
Pregnitzfließ
Eiser-
buder-
see
Forsthaus
Eiserbude
Bukowsee
Ortsteil
Sophienstädt
(zu Marienwerder)
Rosalienstr.
Am Wiesengrund
Weg nach Marienw.
Waldweg
(zu Schorfheide)
50
E28
11
Finow
Lehns-
see
(zu Biesenthal)
16359
Oberheide
Finow
NSG
69
5854
5852
5850
406
408
803

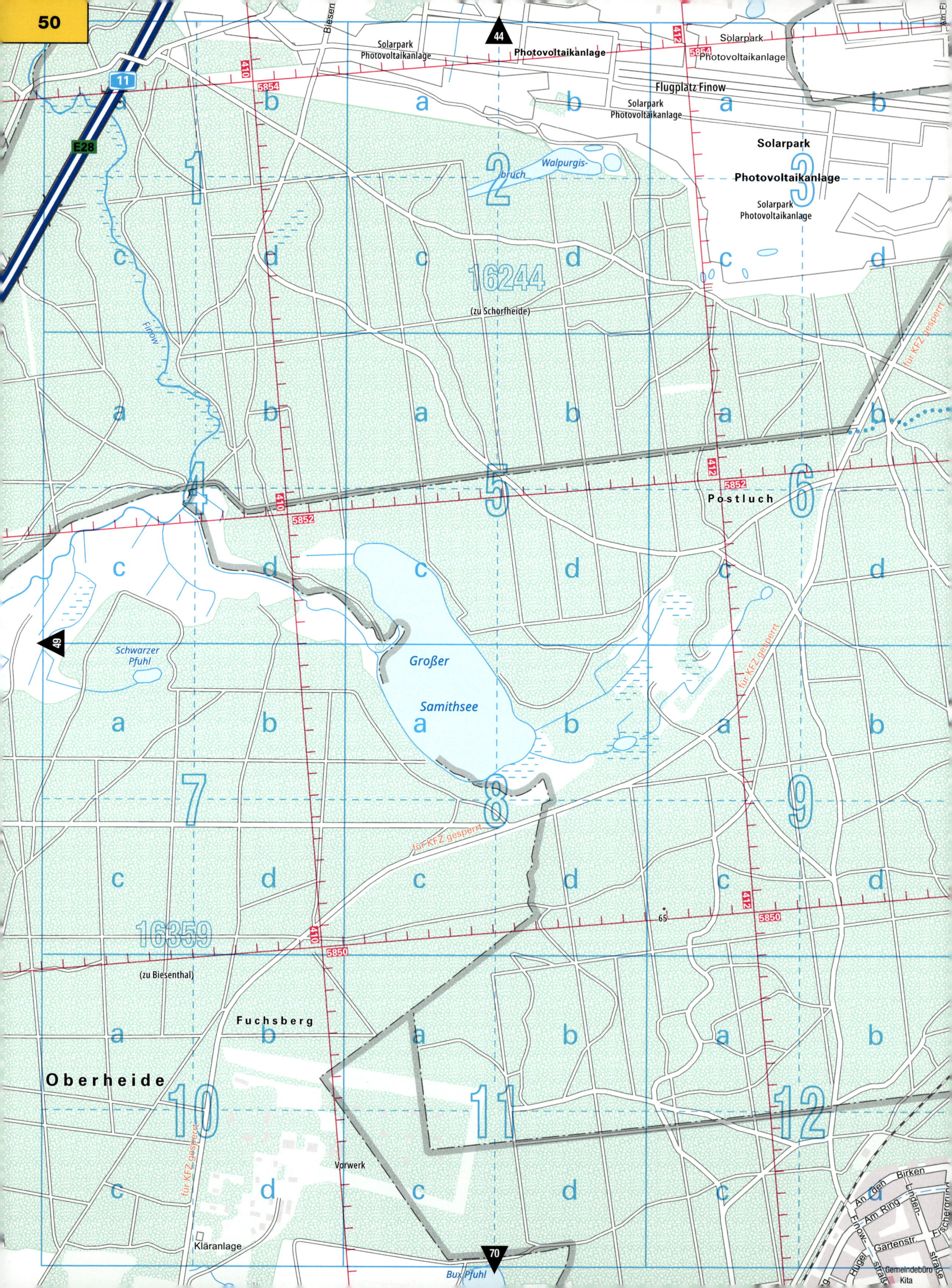

Solarpark
Photovoltaikanlage
Photovoltaikanlage
Solarpark
Photovoltaikanlage
Flugplatz Finow
Solarpark
Photovoltaikanlage
Solarpark
Photovoltaikanlage
Solarpark
Photovoltaikanlage
Walpurgis-
bruch
16244
(zu Schorfheide)
Finow
Postluch
Großer
Samithsee
Schwarzer
Pfuhl
für KFZ gesperrt
16359
(zu Biesenthal)
Fuchsberg
Oberheide
Vorwerk
Kläranlage
Bux Pfuhl
Gemeindebüro
Kita
Am Ring
Gartenstr.
Birken

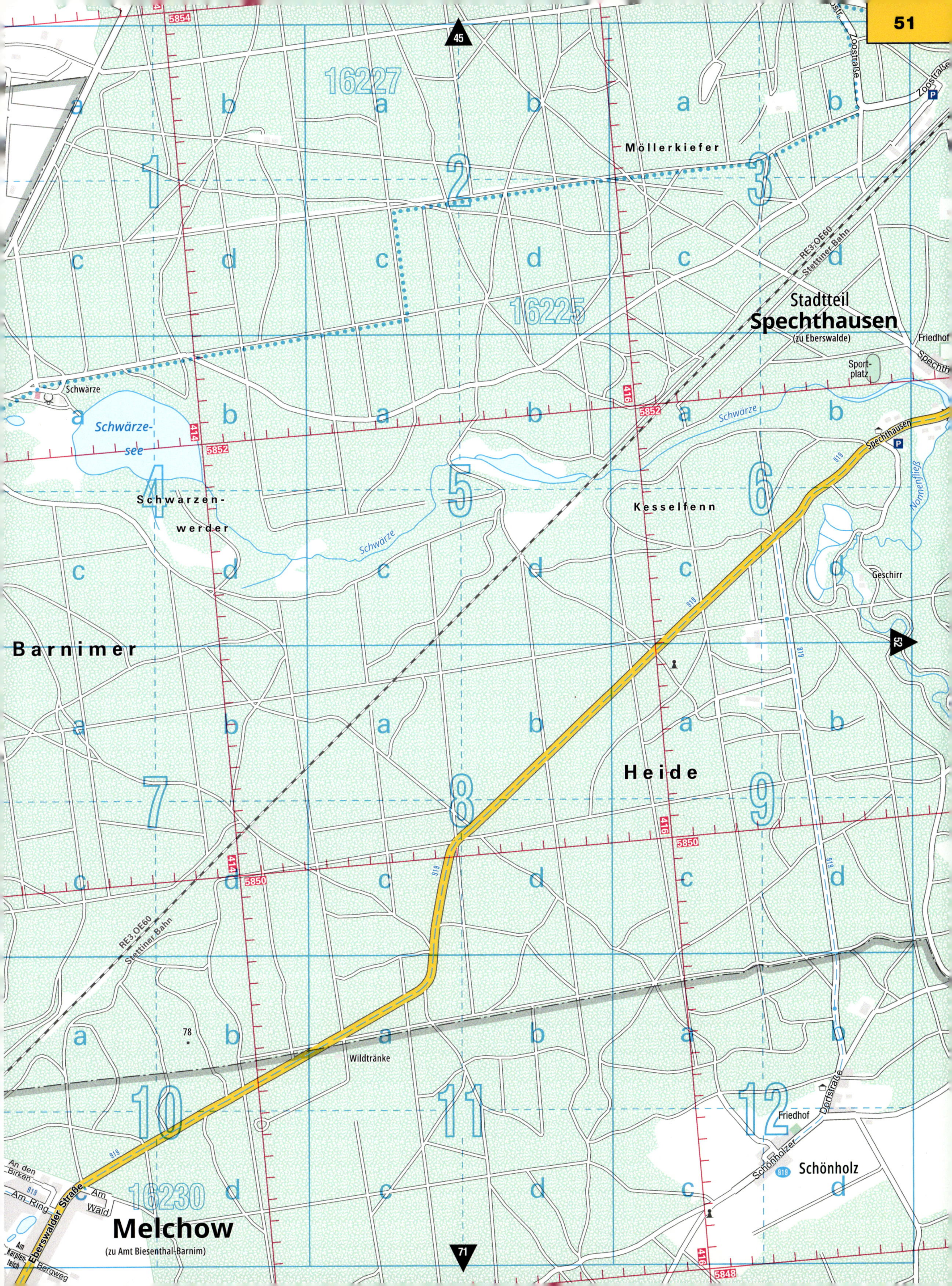
Möllerkiefer
Stadtteil
Spechthausen
(zu Eberswalde)
Friedhof
Sport-
platz
Schwärze
Schwärze-
see
Schwarzen-
werder
Kesselfenn
Geschirr
Barnimer
Heide
Wildtränke
Friedhof
Schönholz
Melchow
(zu Amt Biesenthal-Barnim)
Eberswalder Straße
Am Wald
RE3,OE60
Stettiner Bahn
Zoostraße
Dorfstraße
Schönholzer
Nonnenfließ
16227
16225
16230

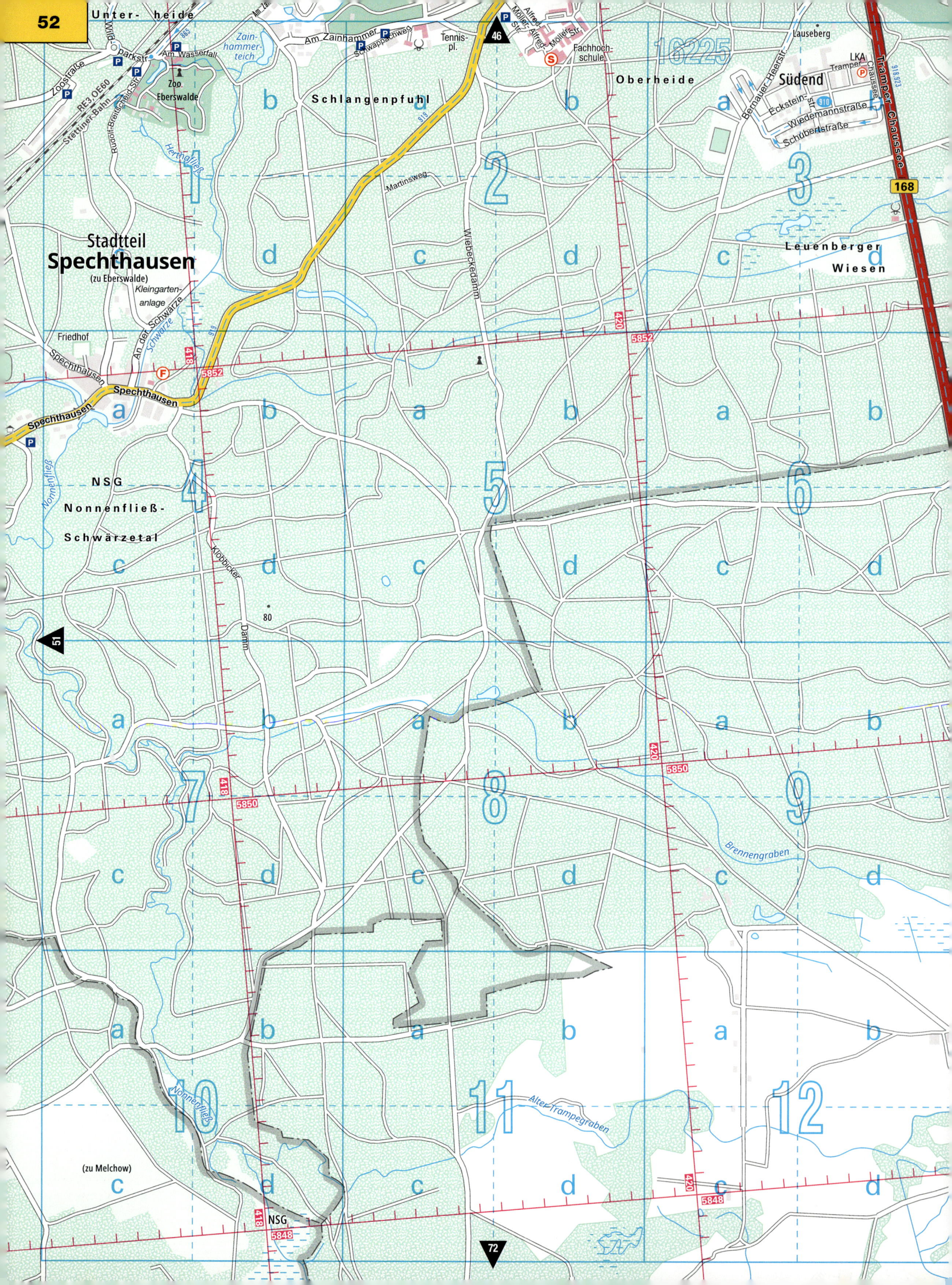
Unterheide
Zain-hammer-teich
Am Zainhammer
Schwappachweg
Tennis-pl.
46
Alfred-Möller-Str.
Fachhoch-schule
16225
Lauseberg
LKA
Tramper Chaussee
Parkstr.
Am Wasserfall
Zoo Eberswalde
Zoostraße
RE3, OE60
Stettiner Bahn
Rudolf-Breitscheid-Str.
Schlangenpfuhl
Oberheide
Südend
Bernauer Heerstr.
Eckstein-Str.
Wiedemannstraße
Schubertstraße
Hertefließ
Martinsweg
168
Stadtteil
Spechthausen
(zu Eberswalde)
Kleingarten-anlage
An der Schwärze
Schwärze
Wiebeckedamm
Leuenberger
Wiesen
Friedhof
Spechthausen
5852
NSG
Nonnenfließ-
Schwärzetal
Nonnenfließ
Klobbicker Damm
80
51
Brennengraben
5850
Alter Trampegraben
(zu Melchow)
NSG
5848
72

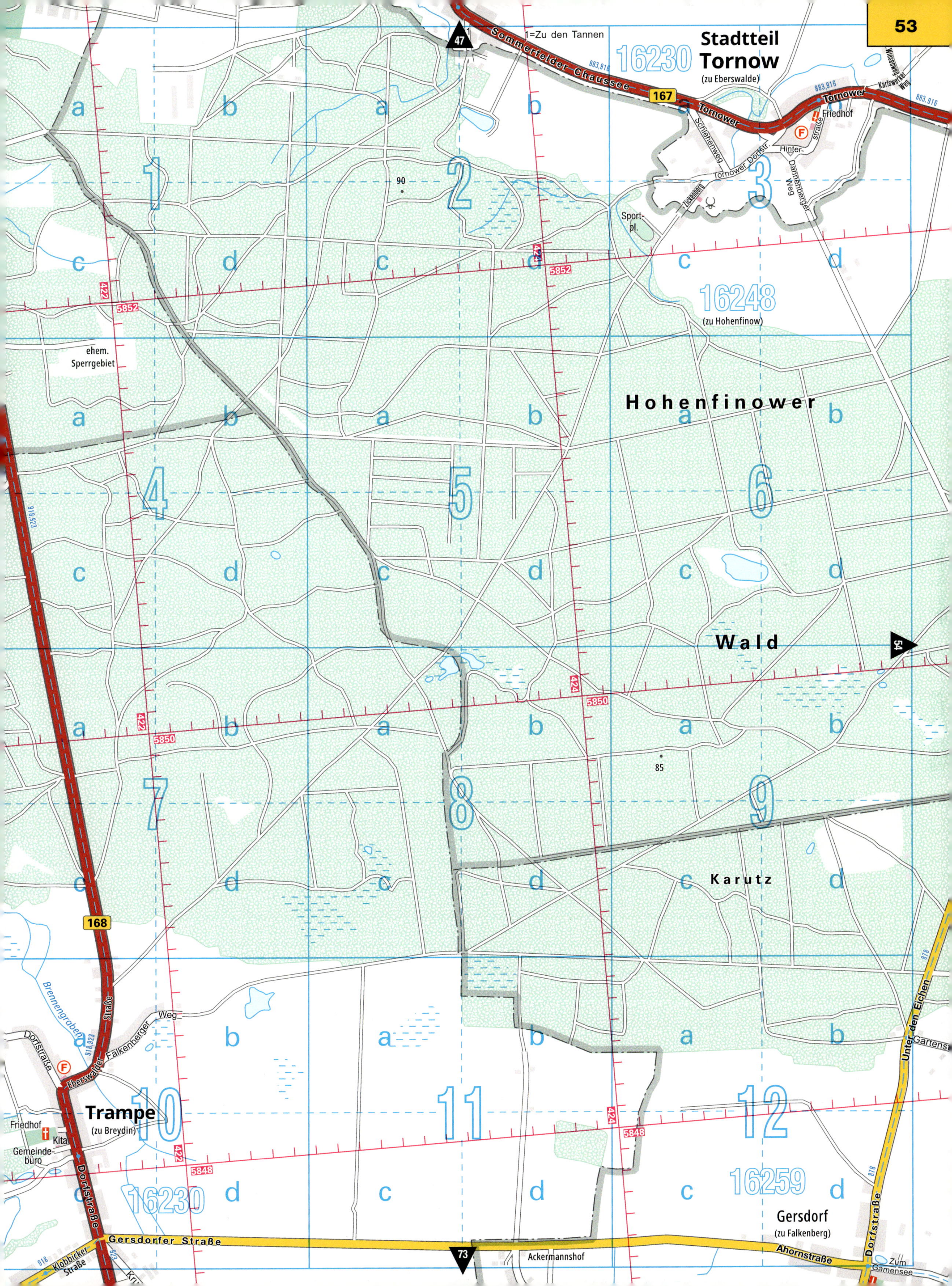

Stadtteil Tornow
(zu Eberswalde)
16230
1=Zu den Tannen
Sommerfelder Chaussee
167
Tornower
Friedhof
Schienenweg
Tornower Dorfstr.
Hinter-
Dammenberger Weg
Sport-pl.
16248
(zu Hohenfinow)
ehem. Sperrgebiet
Hohenfinower
Wald
Karutz
168
Brennengraben
Dorfstraße
Eberswalder Straße
Falkenberger Weg
Trampe
(zu Breydin)
Friedhof
Kita
Gemeinde-büro
16230
Gersdorfer Straße
Klobbicker Straße
Ackermannshof
Ahornstraße
16259
Gersdorf
(zu Falkenberg)
Unter den Eichen
Gartenstr.
Zum Gamensee
Dorfstraße
47
54
73

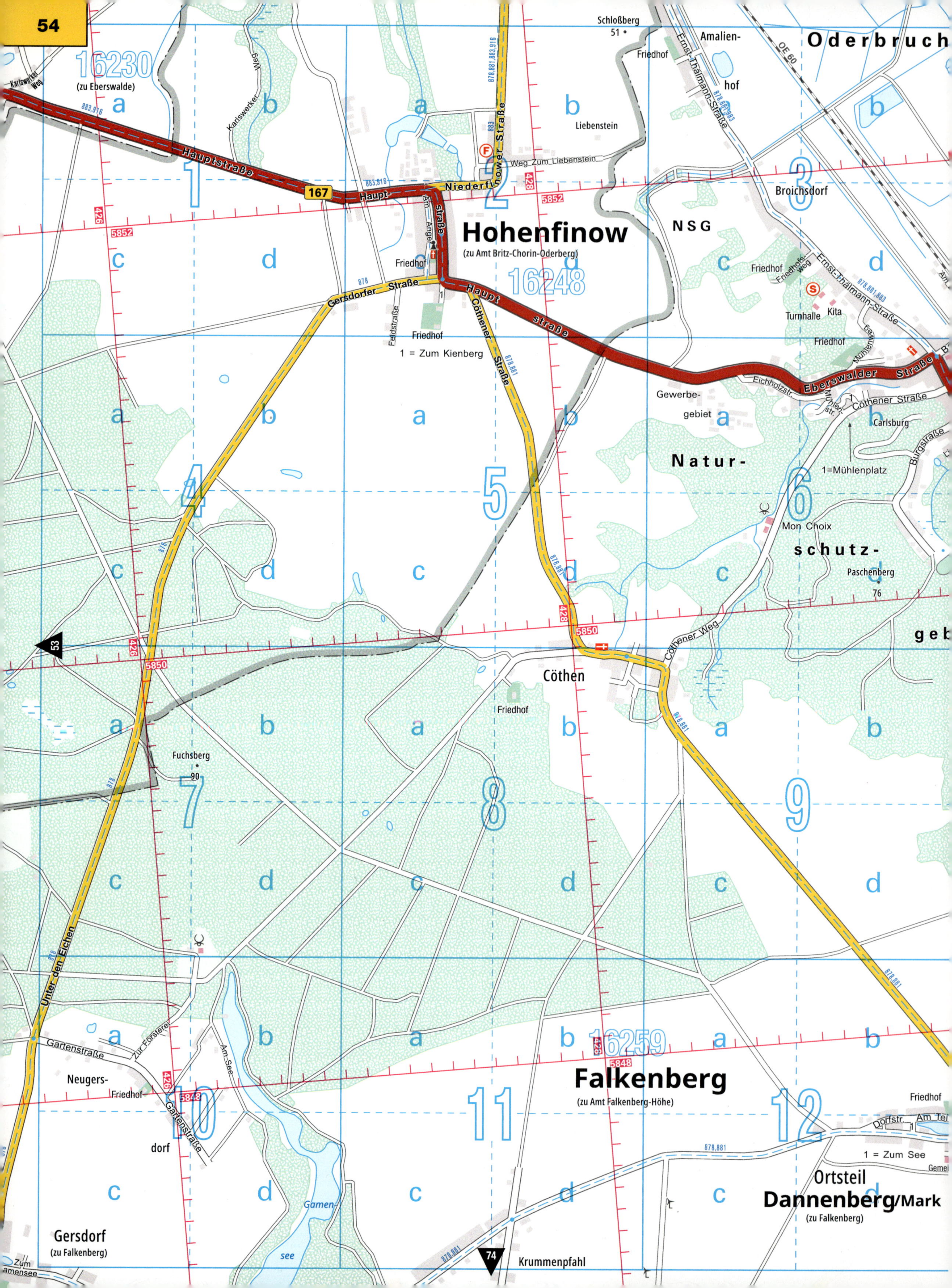
16230
(zu Eberswalde)
Hohenfinow
(zu Amt Britz-Chorin-Oderberg)
16248
Oderbruch
Schloßberg
Amalien-
hof
Broichsdorf
NSG
Natur-
schutz-
geb
Liebenstein
Hauptstraße
Niederfinower Straße
Gersdorfer Straße
Cöthener Straße
Eberswalder Straße
Ernst-Thälmann-Straße
1 = Zum Kienberg
1=Mühlenplatz
Gewerbe-
gebiet
Carlsburg
Mon Choix
Paschenberg
Cöthen
Cöthener Weg
Fuchsberg
Unter den Eichen
Gartenstraße
Zur Försterei
Am See
Neugers-
dorf
Gersdorf
(zu Falkenberg)
Gamen-
see
Falkenberg
(zu Amt Falkenberg-Höhe)
16259
Ortsteil
Dannenberg/Mark
(zu Falkenberg)
1 = Zum See
Dorfstr.
Krummenpfahl
Friedhof
Turnhalle
Kita
53
74

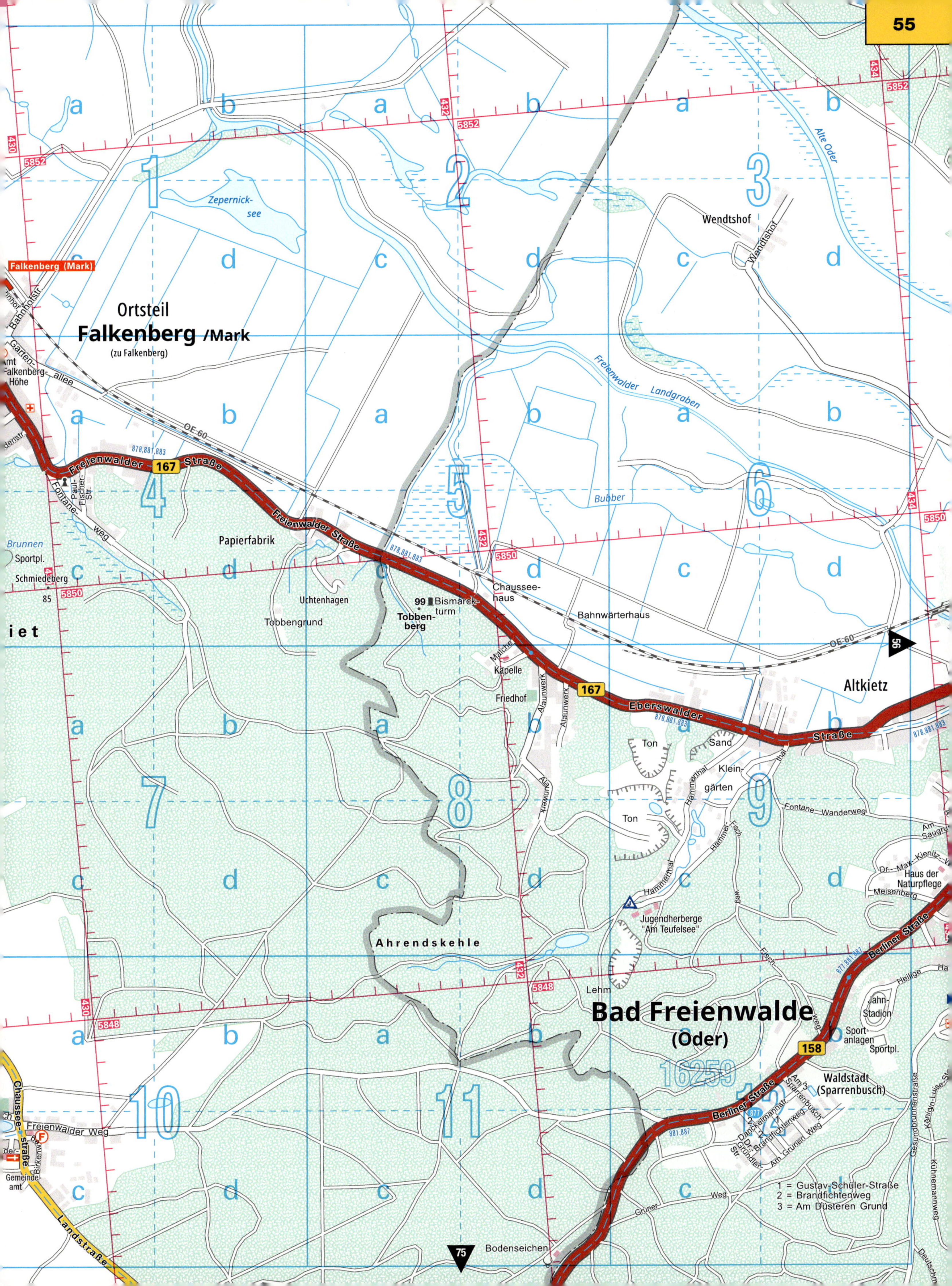
Falkenberg (Mark)
Ortsteil
Falkenberg /Mark
(zu Falkenberg)
Zepernick-see
Alte Oder
Wendtshof
Freienwalder Landgraben
Bubber
Freienwalder Straße
Papierfabrik
Uchtenhagen
Tobbengrund
Bismarckturm
Tobbenberg
Chausseehaus
Bahnwärterhaus
Altkietz
Kapelle
Friedhof
Alaunwerk
Eberswalder Straße
Ton
Sand
Kleingärten
Fontane-Wanderweg
Haus der Naturpflege
Jugendherberge "Am Teufelsee"
Ahrendskehle
Lehm
Bad Freienwalde (Oder)
16259
Jahn-Stadion
Sportanlagen
Sportpl.
Waldstadt (Sparrenbusch)
Berliner Straße
Freienwalder Weg
Landstraße
Chaussee-straße
Gemeindeamt
Bodenseichen
Brunnen
Sportpl.
Schmiedeberg
1 = Gustav-Schüler-Straße
2 = Brandfichtenweg
3 = Am Düsteren Grund

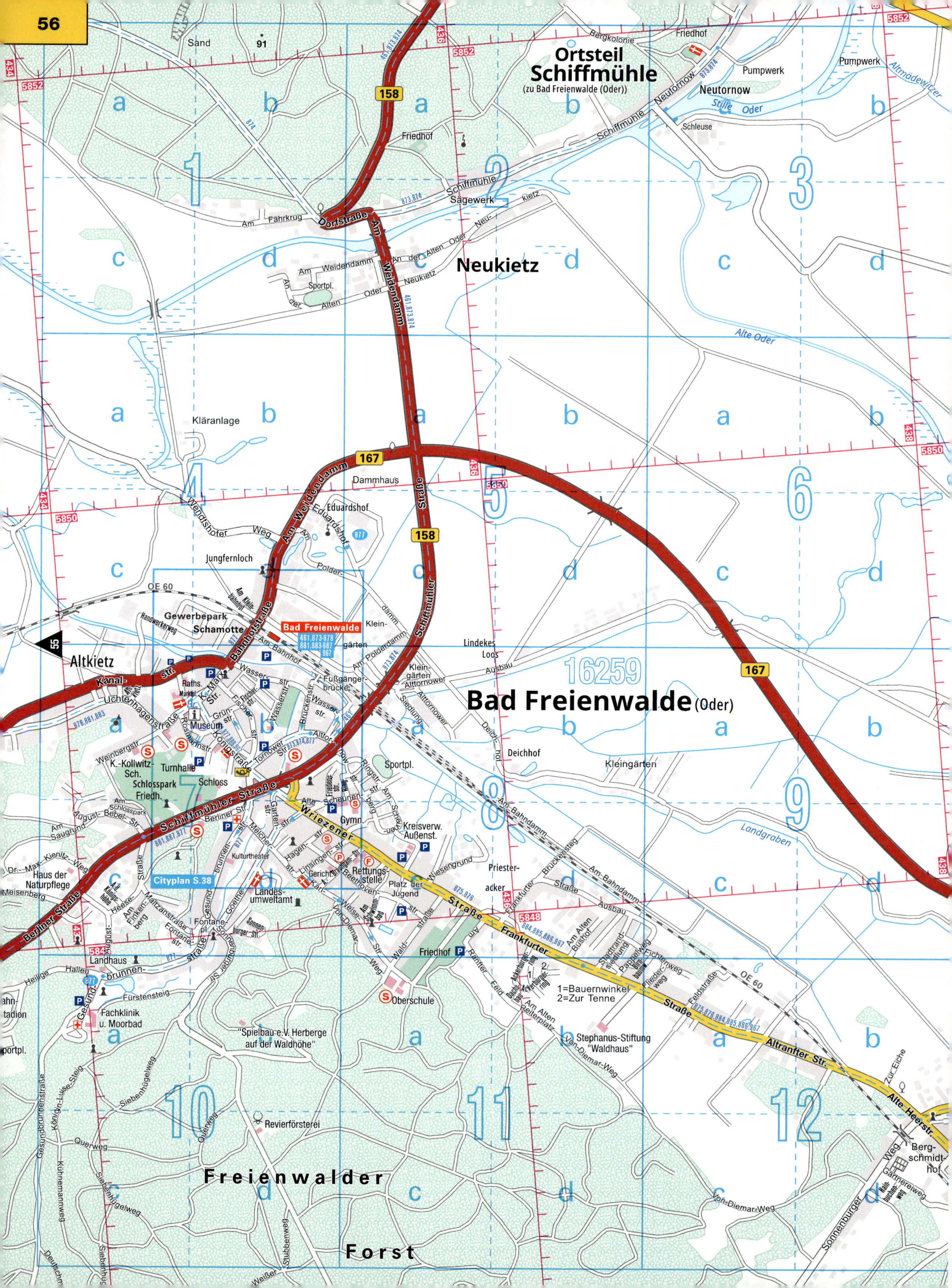
Sand
91
Bergkolonie
Friedhof
Ortsteil
Schiffmühle
(zu Bad Freienwalde (Oder))
Pumpwerk
Neutornow
Stille Oder
Schleuse
Altmädewitzer
Friedhof
Schiffmühle
Sägewerk
Am Fährkrug
Dorfstraße
Am Weidendamm
An der Alten Oder
Neukietz
Sportpl.
Alte Oder
Kläranlage
Dammhaus
Eduardshof
Wendtshofer Weg
Jungfernloch
Polderdamm
Gewerbepark
Schamotte
Bad Freienwalde
Altkietz
Kanalstr.
Uchtenhagenstraße
Bahnhofstraße
Am Bahnhof
Wasserstr.
Raths. Markt
K.-Marx-Str.
Museum
Königstraße
Fußgängerbrücke
Brückenstr.
Schiffmühler Straße
Lindekes Loos
Ausbau
16259
Bad Freienwalde (Oder)
Deichhof
Kleingärten
Landgraben
Weinbergstr.
K.-Kollwitz-Sch.
Turnhalle
Schlosspark
Schloss
Friedh.
Sportpl.
Gymn.
Kreisverw. Außenst.
Wriezener Straße
Am Saugrund
August-Bebel-Str.
Berliner Str.
Haus der Naturpflege
Dr.-Max-Kienitz-Weg
Meisenberg
Cityplan S.38
Kulturtheater
Landesumweltamt
Rettungsstelle
Platz der Jugend
Wiesengrund
Priesteracker
Am Bahndamm
Berliner Straße
Fontane-Str.
Goethestr.
Sonnenburger Str.
Landhaus
Gesundbrunnen
Fürstensteig
Fachklinik u. Moorbad
Friedhof
Oberschule
Frankfurter Straße
Am Alten Buschof
Papelweg
Eichenweg
Feldstraße
1=Bauernwinkel
2=Zur Tenne
Am Alten Reiterplatz
Stephanus-Stiftung "Waldhaus"
Von-Diemar-Weg
Altranfter Str.
Alte Heerstr.
Zur Eiche
"Spielbau e.V. Herberge auf der Waldhöhe"
Siebenhügelweg
Revierförsterei
Querweg
Königin-Luise-Steig
Kühnemannweg
Gesundbrunnenstraße
Freienwalder
Forst
Stubbenweg
Bergschmidthof
Sonnenburger Weg
Gärtnereiweg
Von-Diemar-Weg
OE 60
158
167
55

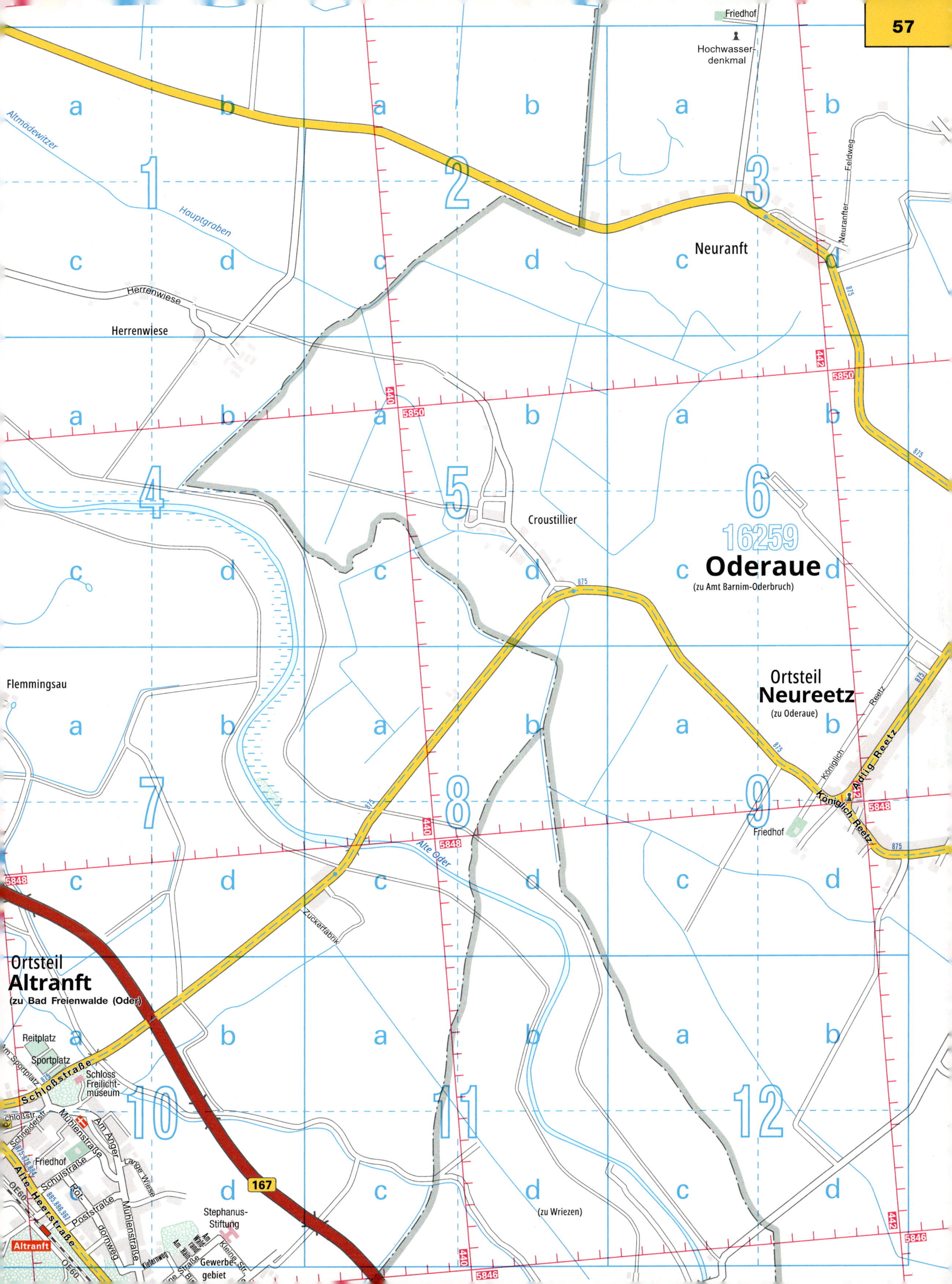

Friedhof
Hochwasser-denkmal
Altmädewitzer
Hauptgraben
Neuranft
Neuranfter
Feldweg
Herrenwiese
Herrenwiese
Croustillier
16259
Oderaue
(zu Amt Barnim-Oderbruch)
Flemmingsau
Ortsteil
Neureetz
(zu Oderaue)
Königlich
Reetz
Adlig Reetz
Königlich Reetz
Friedhof
Alte Oder
Zuckerfabrik
Ortsteil
Altranft
(zu Bad Freienwalde (Oder))
Reitplatz
Sportplatz
Am Sportplatz
Schloßstraße
Schloss
Freilicht-museum
Schneiderstr.
Mühlenstraße
Am Anger
Friedhof
Schulstraße
Lange Wiese
Alte Heerstraße
Poststraße
Dornweg
Mühlenstraße
Kiefernweg
Stephanus-Stiftung
Gewerbe-gebiet
Kleine Str.
Altranft
(zu Wriezen)
167
875
442
440
5850
5848
5846

Alte Saatzucht
Pumpwerk
Alter Rhin
Bützrhin
(zu Neuruppin)
Knödels Hof
Alter Rhin
Das
Große
Lange
Linumhorster Straße
Kremmener
Linumhorst
Luch
Moorhof
Moorhof-weg
Linumhorster Straße
Hauptgraben
Kaveln
Flatower
Luch
Breite
Reglitzgraben
Reglitzgraben
16833
(zu Fehrbellin)
Kaveln
Hütungsluch
Luch
Breiter Graben
5852
5850
5848
360
362
358
1
2
3
4
5
6
7
8
9
10
11
12

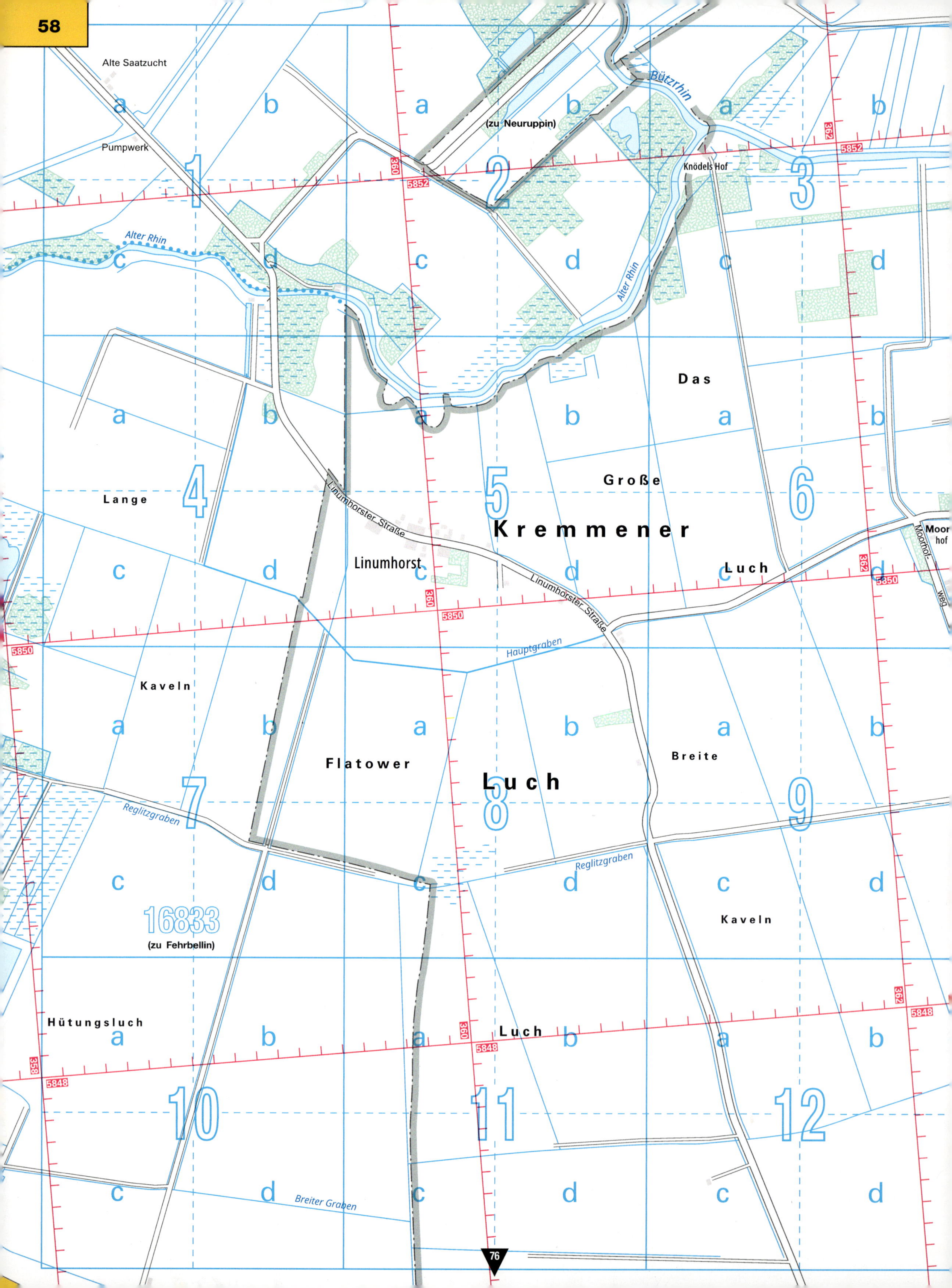

76

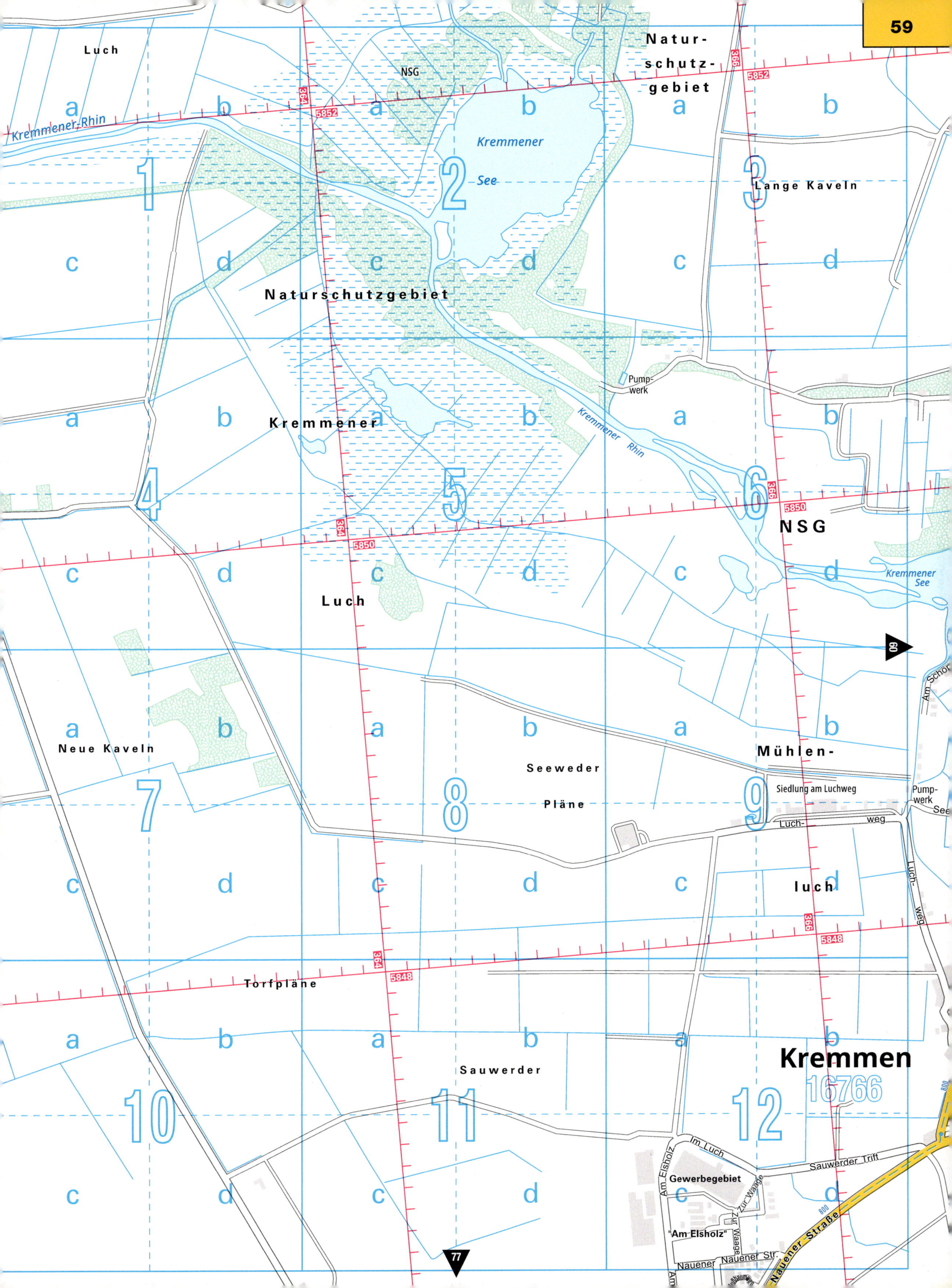
Luch
NSG
Natur-
schutz-
gebiet
Kremmener-Rhin
Kremmener
See
Lange Kaveln
Naturschutzgebiet
Pump-
werk
Kremmener
Kremmener Rhin
NSG
Luch
Kremmener
See
60
Am Schö
Neue Kaveln
Mühlen-
Seeweder
Pläne
Siedlung am Luchweg
Pump-
werk
See
Luch-
weg
Luch-
weg
luch
Torfpläne
Sauwerder
Kremmen
16766
Im Luch
Sauwerder Trift
Am Elsholz
Gewerbegebiet
Zur Waage
"Am Elsholz"
Zur Waage
Nauener Str.
Nauener
Nauener Straße
800
77
364
366
5852
5850
5848

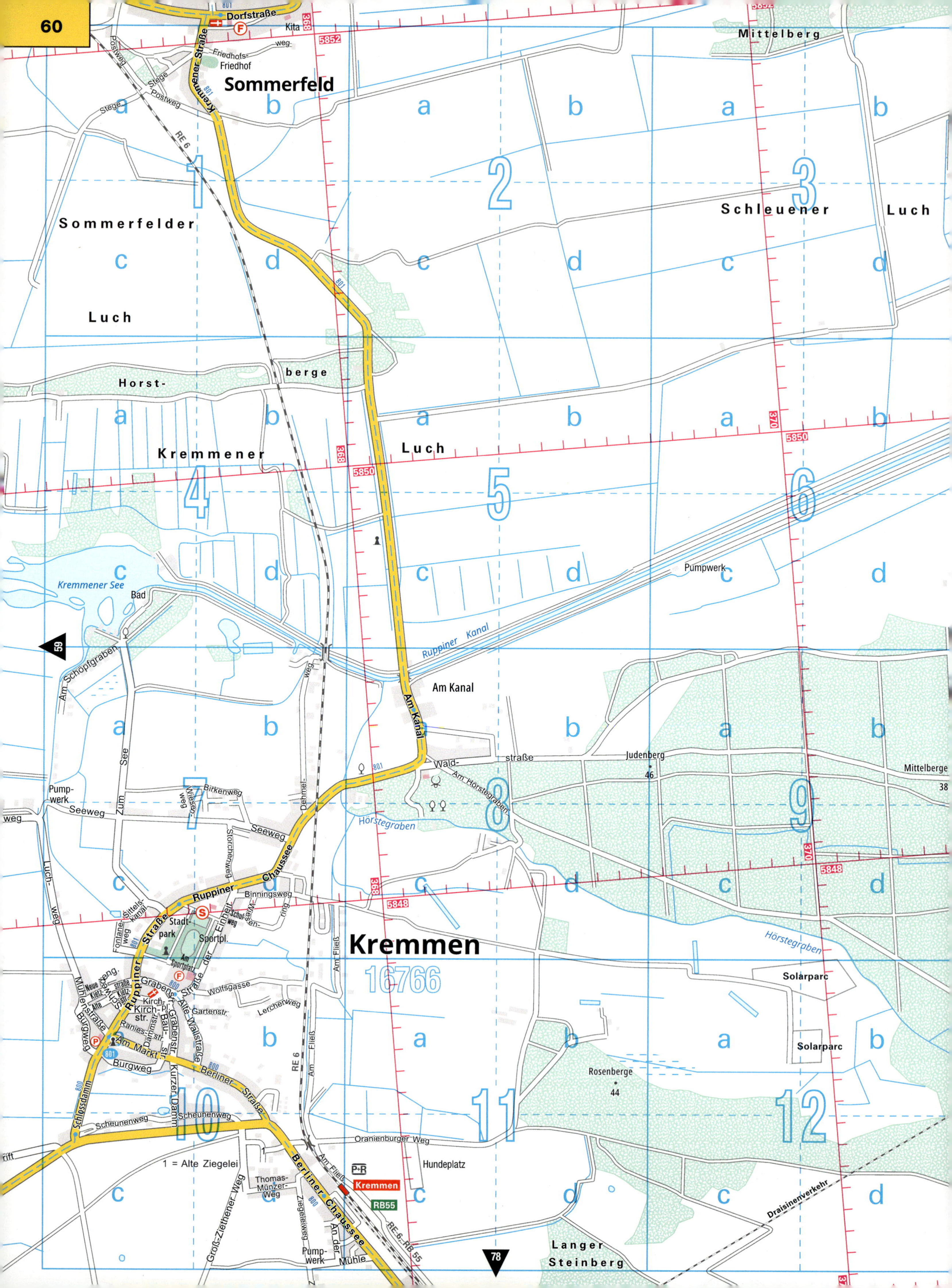
Dorfstraße
Kita
Friedhofs-weg
Friedhof
Kremmener Straße
Sommerfeld
Postweg
Stege
Mittelberg
Sommerfelder
Luch
Schleuener
Luch
Horst-
berge
Kremmener
Luch
Kremmener See
Bad
Pumpwerk
Ruppiner Kanal
Am Schöpfgraben
Am Kanal
Wald-straße
Am Hörstegraben
Judenberg
46
Mittelberge
38
Hörstegraben
Birkenweg
Wiesenweg
Seeweg
Zum See
Storchenweg
Ruppiner Chaussee
Binningsweg
Dehmel-weg
Luch-weg
Pump-werk
Kremmen
16766
Stadtpark
Sportpl.
Schulweg
Wiesenring
Am Sportplatz
Straße der Einheit
Wolfsgasse
Gartenstr.
Lerchenweg
Ruppiner Straße
Grabenstr.
Alte Wallstraße
Kirch-pl.
Kirchstr.
Raniesstr.
Am Markt
Bau-str.
Kurzer Damm
Berliner Straße
Mühlenstraße
Burgweg
Schlossdamm
Scheunenweg
Am Fließ
Solarparc
Solarparc
Rosenberge
44
Oranienburger Weg
Hundeplatz
1 = Alte Ziegelei
Thomas-Münzer-Weg
Groß-Ziethener Weg
Ziegeleiweg
Berliner Chaussee
An der Mühle
Pump-werk
Kremmen
RB55
RE 6
Draisinenverkehr
Langer Steinberg
59
78

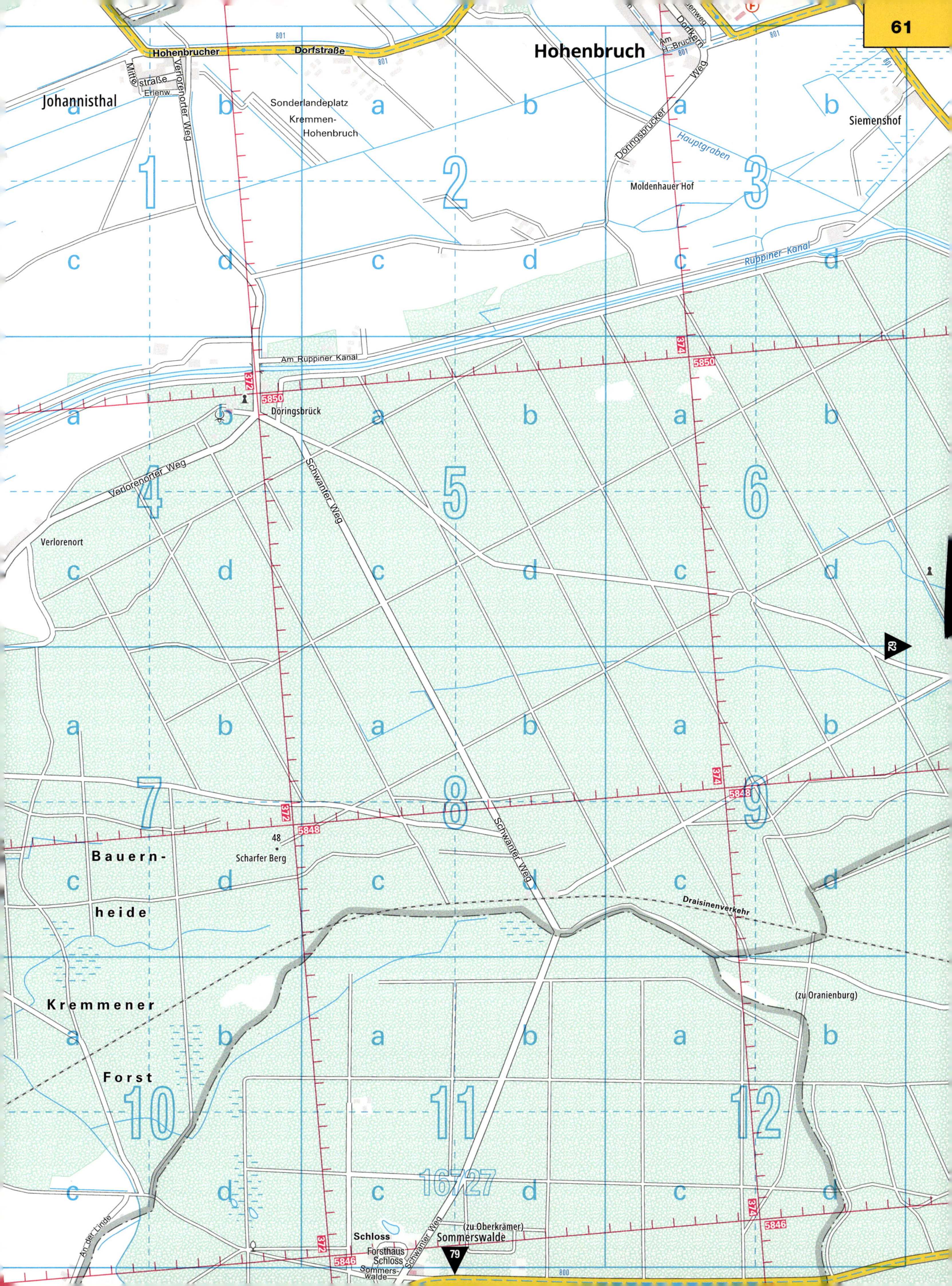
Hohenbruch
Hohenbrucher
Dorfstraße
Johannisthal
Mittelstraße
Erlenw.
Verlorenorter Weg
Sonderlandeplatz
Kremmen-
Hohenbruch
Döringsbrücker Weg
Hauptgraben
Moldenhauer Hof
Siemenshof
Ruppiner Kanal
Am Ruppiner Kanal
Döringsbrück
Verlorenorter Weg
Schwanter Weg
Verlorenort
Bauern-
heide
Scharfer Berg
48
Draisinenverkehr
Kremmener
Forst
(zu Oranienburg)
16727
Schloss
Forsthaus
Schloss
Sommerswalde
(zu Oberkrämer)
Sommers-
walde
An der Linde
5850
5848
5846
372
374
801
800
79
62

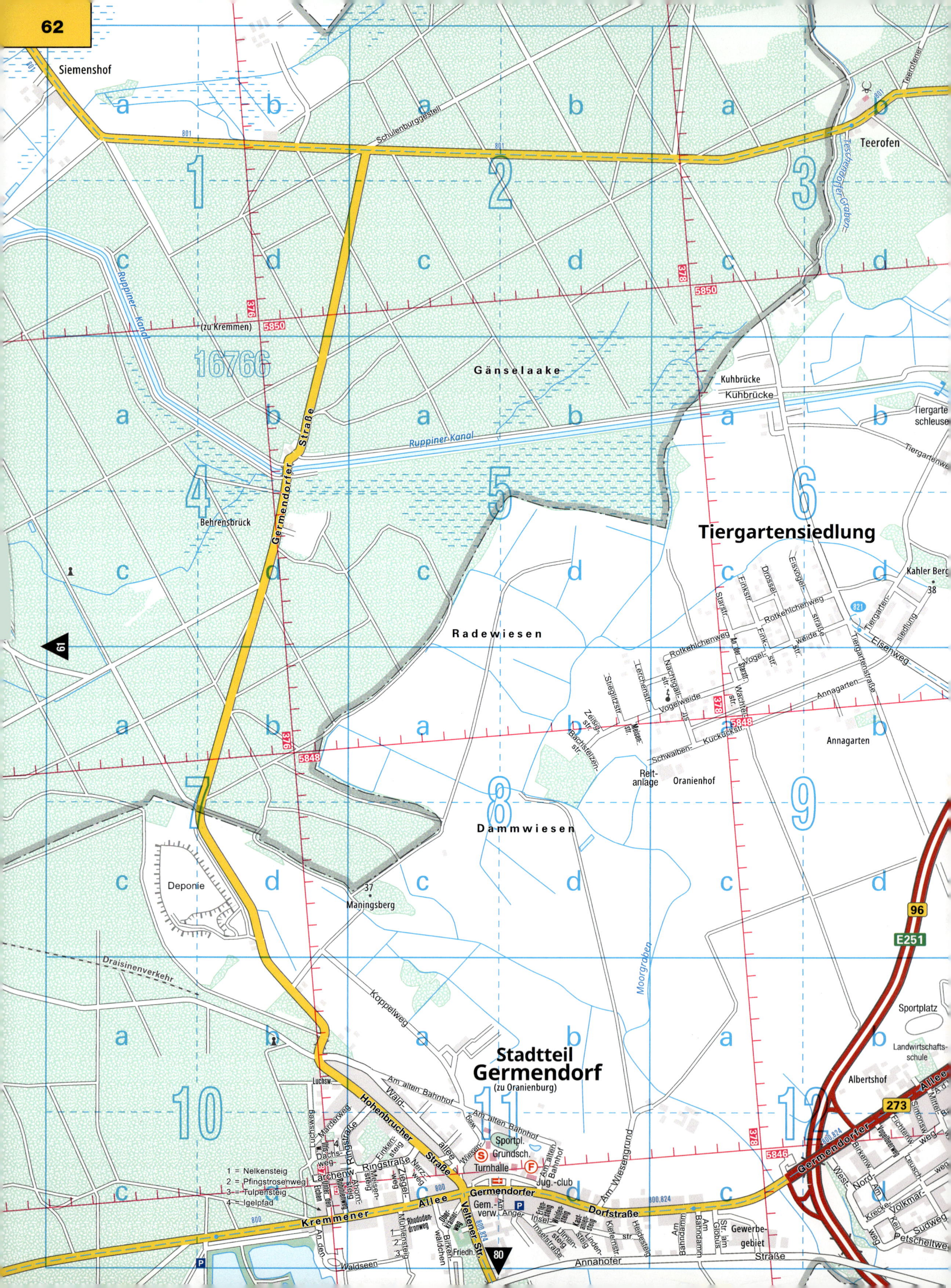
Siemenshof
Schulenburggestell
Teerofen
Teschendorfer Graben
Ruppiner Kanal
(zu Kremmen)
16766
Gänselaake
Kuhbrücke
Tiergartenschleuse
Germendorfer Straße
Behrensbrück
Tiergartensiedlung
Kahler Berg
38
Radewiesen
Rotkehlchenweg
Elsenweg
Tiergartenstraße
Annagarten
Reitanlage
Oranienhof
Dammwiesen
Deponie
37
Maningsberg
Draisinenverkehr
Koppelweg
Moorgraben
Sportplatz
Landwirtschaftsschule
Albertshof
Stadtteil
Germendorf
(zu Oranienburg)
Am alten Bahnhof
Hohenbrucher Straße
Ringstraße
Sportpl.
Grundsch.
Turnhalle
Jug.-club
Kremmener Allee
Germendorfer Dorfstraße
Veltener Str.
Am Wiesengrund
Gewerbegebiet
Annahofer Straße
1 = Nelkensteig
2 = Pfingstrosenweg
3 = Tulpensteig
4 = Igelpfad
96
E251
273
80
61

Neu-Friedrichsthal
Fichtengrund
Stadtteil Sachsenhausen
(zu Oranienburg)
Tiergartenschleuse
Ruppiner Kanal
Gewerbepark Nord
Sachsenhausen (Nordb.)
Glashütte
Siedlung Friedenthal
Friedenthaler Brücke
Oranienburger Kanal
Havel
Kolonie Zukunft
Gedenkstätte und Museum Sachsenhausen
Polizeifachhochschule
Wasserschutzpolizei
Oranienburg
16515
Kolonie Eintracht Orania
Kolonie Havelfreude
1=Maiglöckchenweg
2=Margeritenweg
3=Narzissenweg
4=Waschbärenring
4=von-Thünen-Straße
4=August-Wilhelm-Steg
Schlosspark
Neuer Garten
Orangerie
Schloss
Neustadt
Mittelstadt
Altstadt
Lehnitzsee
Oranienburg
Germendorfer Allee
Kremmener Str.
Bernauer Str.
Sachsenhausener Str.
Lehnitzstraße
Saarlandstr.
Landratsamt
Stadtwerke
1=Neukirchener Straße
T.U.R.M. Erlebnis City
ORFOL Arena
Stadtteil Eden
(zu Oranienburg)
Cityplan S.40
Amalienhof
Petscheltweg
E251
96
273
64
81

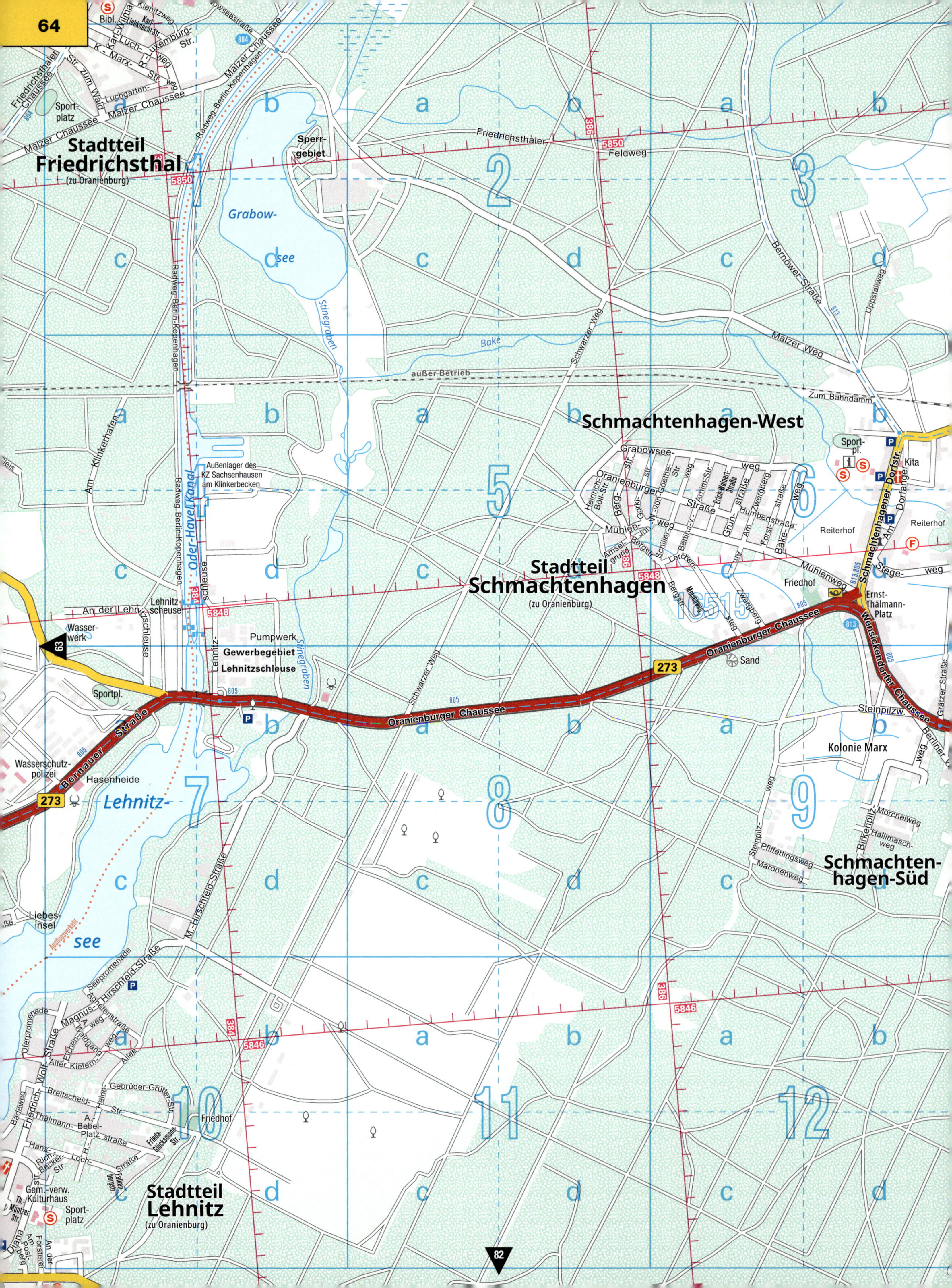
Stadtteil Friedrichsthal
(zu Oranienburg)
Grabowsee
Sperrgebiet
Friedrichsthaler
Feldweg
Bernöwer Straße
Malzer Weg
Malzer Chaussee
Bake
außer Betrieb
Zum Bahndamm
Schmachtenhagen-West
Stadtteil Schmachtenhagen
(zu Oranienburg)
Oranienburger Chaussee
Schwarzer Weg
Oder-Havel-Kanal
Außenlager des KZ Sachsenhausen am Klinkerbecken
Am Klinkerhafen
Lehnitzschleuse
An der Lehnitzschleuse
Wasserwerk
Pumpwerk
Gewerbegebiet Lehnitzschleuse
Stinegraben
Sportpl.
Bernauer Straße
Wasserschutzpolizei
Hasenheide
Lehnitzsee
Liebesinsel
Reiterhof
Friedhof
Mühlenweg
Sand
Schmachtenhagener Dorfstr.
Ernst-Thälmann-Platz
Wensickendorfer Chaussee
Kita
Steinpilzw.
Kolonie Marx
Schmachtenhagen-Süd
Pfifferlingsweg
Maronenweg
Morchelweg
Birkenpilz
Stadtteil Lehnitz
(zu Oranienburg)
M.-Hirschfeld-Straße
Gem.-verw. Kulturhaus
Sportplatz
Friedhof
273
16515
63
82

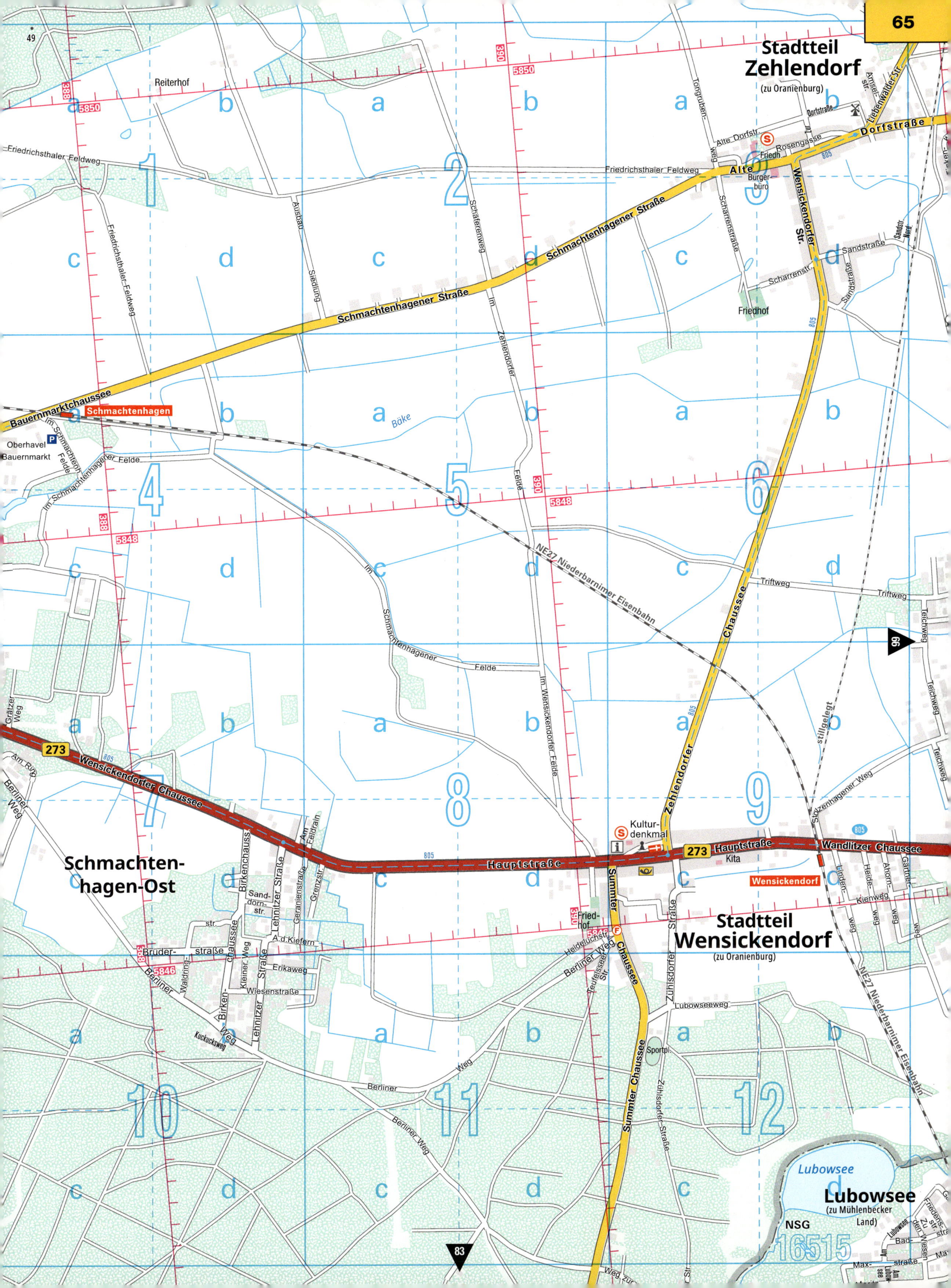
Stadtteil
Zehlendorf
(zu Oranienburg)
Reiterhof
Friedrichsthaler Feldweg
Schmachtenhagener Straße
Alte Dorfstr.
Dorfstraße
Rosengasse
Liebenwalder Str.
Wensickendorfer Str.
Sandstraße
Scharrenstr.
Scharrenstraße
Friedhof
Bürgerbüro
Tongrubenweg
Ausbau
Siedlung
Schäferweg
Im Zehlendorfer Felde
Bauernmarktchaussee
Schmachtenhagen
Oberhavel Bauernmarkt
Im Schmachtenhagener Felde
Bäke
NE27 Niederbarnimer Eisenbahn
Triftweg
Teichweg
Chaussee
Zehlendorfer Chaussee
Im Wensickendorfer Felde
stillgelegt
Stolzenhagener Weg
Wensickendorfer Chaussee
Hauptstraße
Wandlitzer Chaussee
Kultur-
denkmal
Kita
Wensickendorf
Stadtteil
Wensickendorf
(zu Oranienburg)
Schmachten-
hagen-Ost
Birkenchaussee
Lehnitzer Straße
Geranienstraße
Grenzstr.
Am Feldrain
Sanddornstr.
A.d.Kiefern
Erikaweg
Wiesenstraße
Kleiner Weg
Waldring
Bruderstraße
Berliner Weg
Kuckucksweg
Grätzer Weg
Am Ring
Summter Chaussee
Summter Str.
Zühlsdorfer Straße
Lubowseeweg
Heideluchstr.
Teufelsseestr.
Sportpl.
Linden-weg
Heideweg
Ahornweg
Gärtnerweg
Kienweg
Lubowsee
Lubowsee
(zu Mühlenbecker Land)
NSG
16515
83
66
273
805
5850
5848
5846
388
390
49

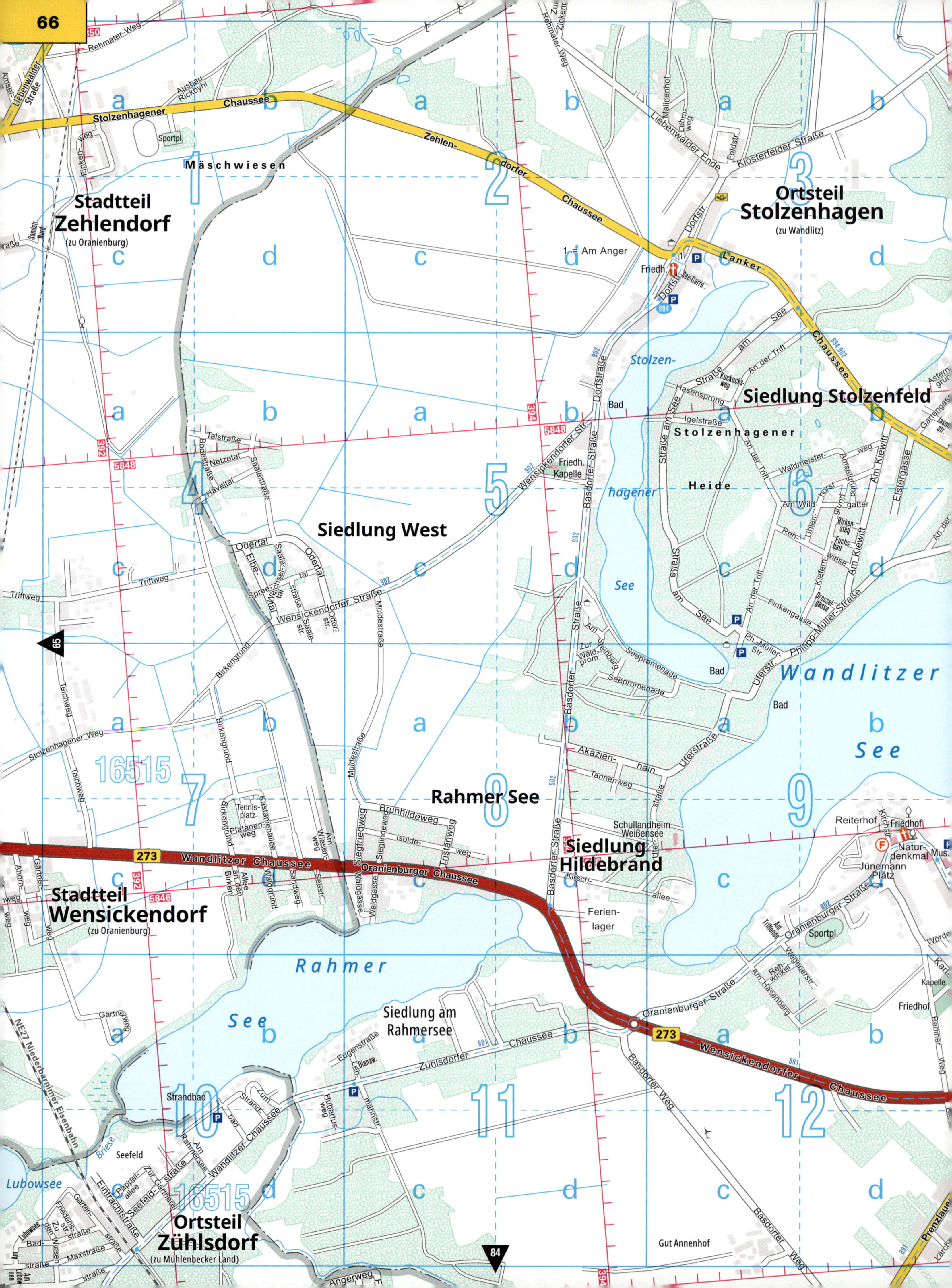
Stadtteil Zehlendorf
(zu Oranienburg)
Ortsteil Stolzenhagen
(zu Wandlitz)
Siedlung Stolzenfeld
Stolzenhagener Heide
Siedlung West
Stolzenhagener See
Wandlitzer See
Rahmer See
Siedlung Hildebrand
Stadtteil Wensickendorf
(zu Oranienburg)
Rahmer See
Siedlung am Rahmersee
Ortsteil Zühlsdorf
(zu Mühlenbecker Land)
Mäschwiesen
Stolzenhagener Chaussee
Zehlendorfer Chaussee
Lanker Chaussee
Wandlitzer Chaussee
Oranienburger Chaussee
Wensickendorfer Chaussee
Wensickendorfer Straße
Basdorfer Straße
Basdorfer Weg
Dorfstraße
Klosterfelder Straße
Liebenwalder Ende
Philipp-Müller-Straße
Oranienburger Straße
Zühlsdorfer Chaussee
Stolzenhagener Weg
Niederbarnimer Eisenbahn
Lubowsee
Gut Annenhof
Schullandheim Weißensee
Ferienlager
Strandbad
Seefeld
Reiterhof
Friedhof
Naturdenkmal
Jünemann Platz
Sportpl.
16515
273
65
84

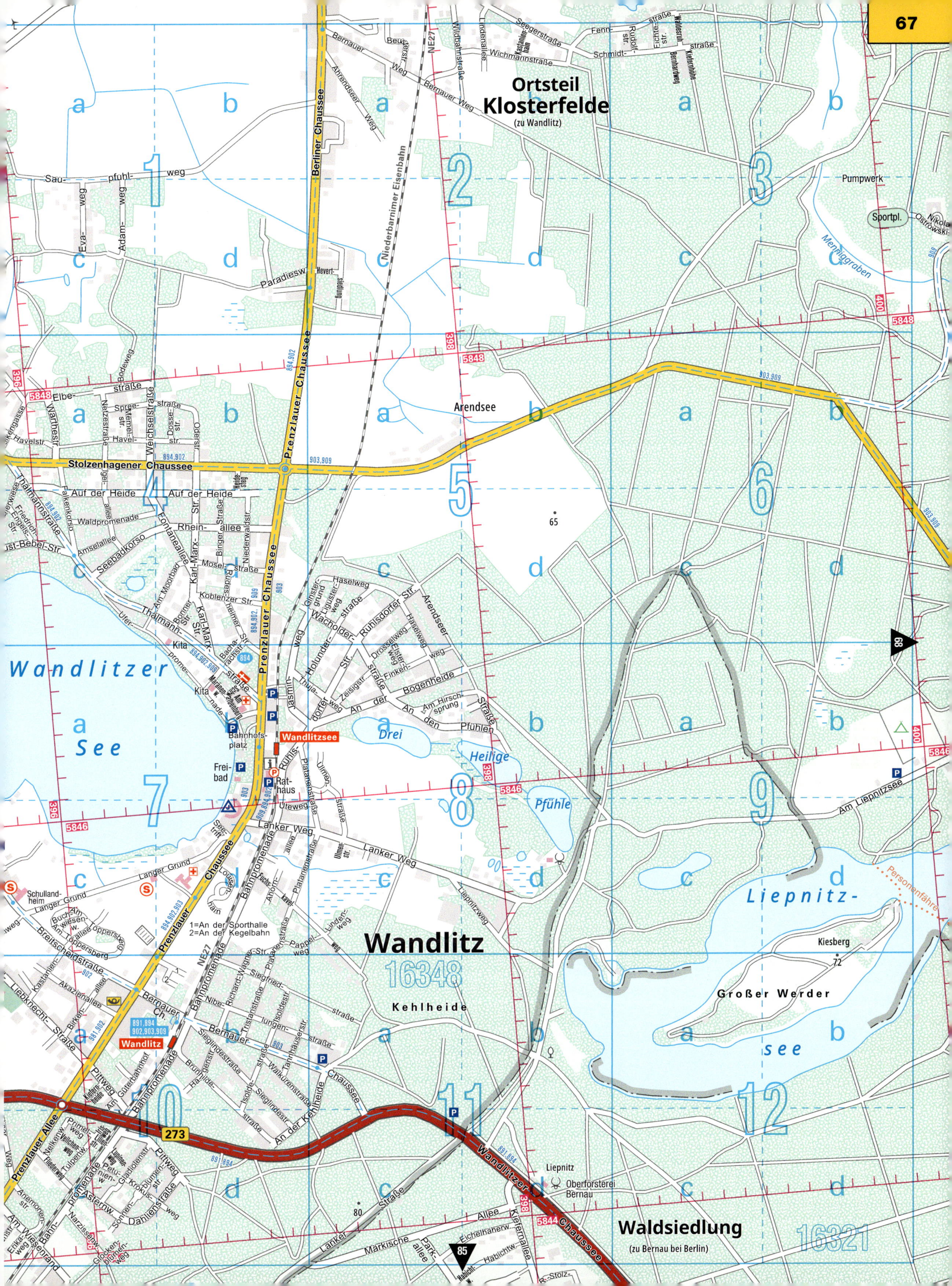
Ortsteil Klosterfelde
(zu Wandlitz)
Wandlitz
16348
Kehlheide
Waldsiedlung
(zu Bernau bei Berlin)
16321
Wandlitzer See
Liepnitzsee
Großer Werder
Kiesberg
Drei Heilige Pfühle
Arendsee
Pumpwerk
Sportpl.
Menniggraben
Liepnitz
Oberförsterei Bernau
Prenzlauer Chaussee
Berliner Chaussee
Stolzenhagener Chaussee
Wandlitzer Chaussee
Prenzlauer Allee
Niederbarnimer Eisenbahn
Bahnhofsplatz
Rathaus
Freibad
Wandlitzsee
Wandlitz
Am Liepnitzsee
Lanker Weg
Bernauer Chaussee
Personenfähre
1=An der Sporthalle
2=An der Kegelbahn
273
68
85

Prendener
Bauernheide
Bogensee
Sportpl.
Nikolai-Ostrowski-Str.
Platz der Freundschaft
Waldschule Jugendwaldheim
Revierförsterei Prenden
Pumpwerk
Bogensee
Kläranlage
Ützdorfer Straße
Strehlesee
Strehlefließ
Lanker Allee
Anschlussstelle Lanke
Kies
Krumme Lanke
Krumme Lanke
Sportpl.
Kläranlage
Prendener Allee
1=Baggerberg
Revierförsterei Lanke
Feldweg
Friedh.
Am Obersee
Obersee
Freibad
Biesenthaler Straße
Hellmühler
Ortsteil Lanke
(zu Wandlitz)
16348
Lanker Dorfstr.
Bernauer Straße
Küsterfleck
Lust-
Hell-
2 = Eichenhain
Kieferng.
A.d.Eichen
Am Waldhang
Schwarzer Weg
Ützdorf
Prendener Weg
Wandlitzer Straße
Revierförsterei Ahrendsee u. Ützdorf
Am Liepnitzsee
Zum Seechen
Seechen
Liepnitzsee
Personenfähre
E28
11
Schönower Berg
80
Wiesenweg
85
(zu Bernau bei Berlin)
16321
48
67
86

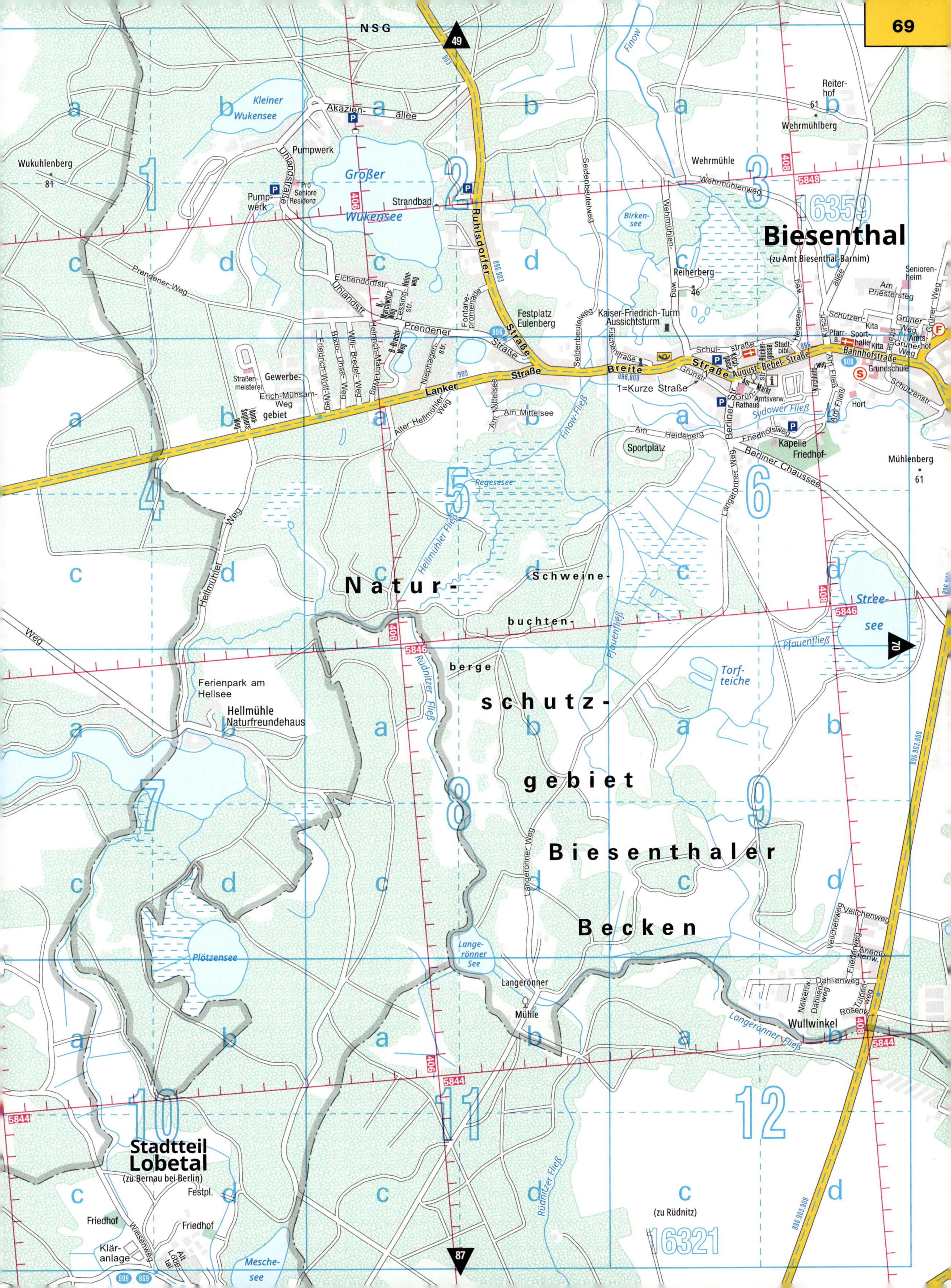
NSG
49
Kleiner Wukensee
Akazien-allee
Wukuhlenberg
81
Pumpwerk
Großer Wukensee
Pro Seniore Residenz
Pump-werk
Uhlandstraße
Strandbad
Ruhlsdorfer Straße
Prendener Weg
Eichendorffstr.
Uhlandstr.
Fontane-promenade
Festplatz Eulenberg
Prendener Straße
Lanker Straße
Straßen-meisterei
Gewerbe-gebiet
Erich-Mühsam-Weg
Friedrich-Wolf-Weg
Bodo-Uhse-Weg
Willi-Bredel-Weg
Heinrich-Mann-Weg
Alter Hellmühler Weg
Am Mittelsee
Regesesee
Finow-Fließ
Finow
Seidenbeutelweg
Birken-see
Wehrmühle
Wehrmühlenweg
Wehrmühlen-weg
Reiherberg
46
Kaiser-Friedrich-Turm Aussichtsturm
Breite Straße
August-Bebel-Straße
Schulstraße
Grunstr.
1=Kurze Straße
Sydower Fließ
Am Heideberg
Sportplatz
Friedhofsweg
Kapelle Friedhof
Berliner Str.
Berliner Chaussee
Langerönner Weg
Rathaus
Amtsverw.
Markt
Reiter-hof
61
Wehrmühlberg
16359
Biesenthal
(zu Amt Biesenthal-Barnim)
Senioren-heim
Am Priestersteg
Schützenstr.
Grüner Weg
Amts-hof
Bahnhofstraße
Grundschule
Hort
Mühlenberg
61
Kita
Sport-halle
Hellmühler Weg
Hellmühler Fließ
Natur-
schutz-
gebiet
Biesenthaler
Becken
Schweine-
buchten-
berge
Pfauenfließ
Stree-see
70
Torf-teiche
Rüdnitzer Fließ
Ferienpark am Hellsee
Hellmühle Naturfreundehaus
Plötzensee
Lange-rönner See
Langerönner Mühle
Langerönner Weg
Langerönner Fließ
Veilchenweg
Fliederweg
Dahlienweg
Nelkenw.
Rosenw.
Tulpenweg
Wullwinkel
Stadtteil Lobetal
(zu Bernau bei Berlin)
Festpl.
Friedhof
Kläranlage
Wiesenweg
Alt Lobetal
Mesche-see
(zu Rüdnitz)
16321
87
5848
5846
5844
406
408
896
909

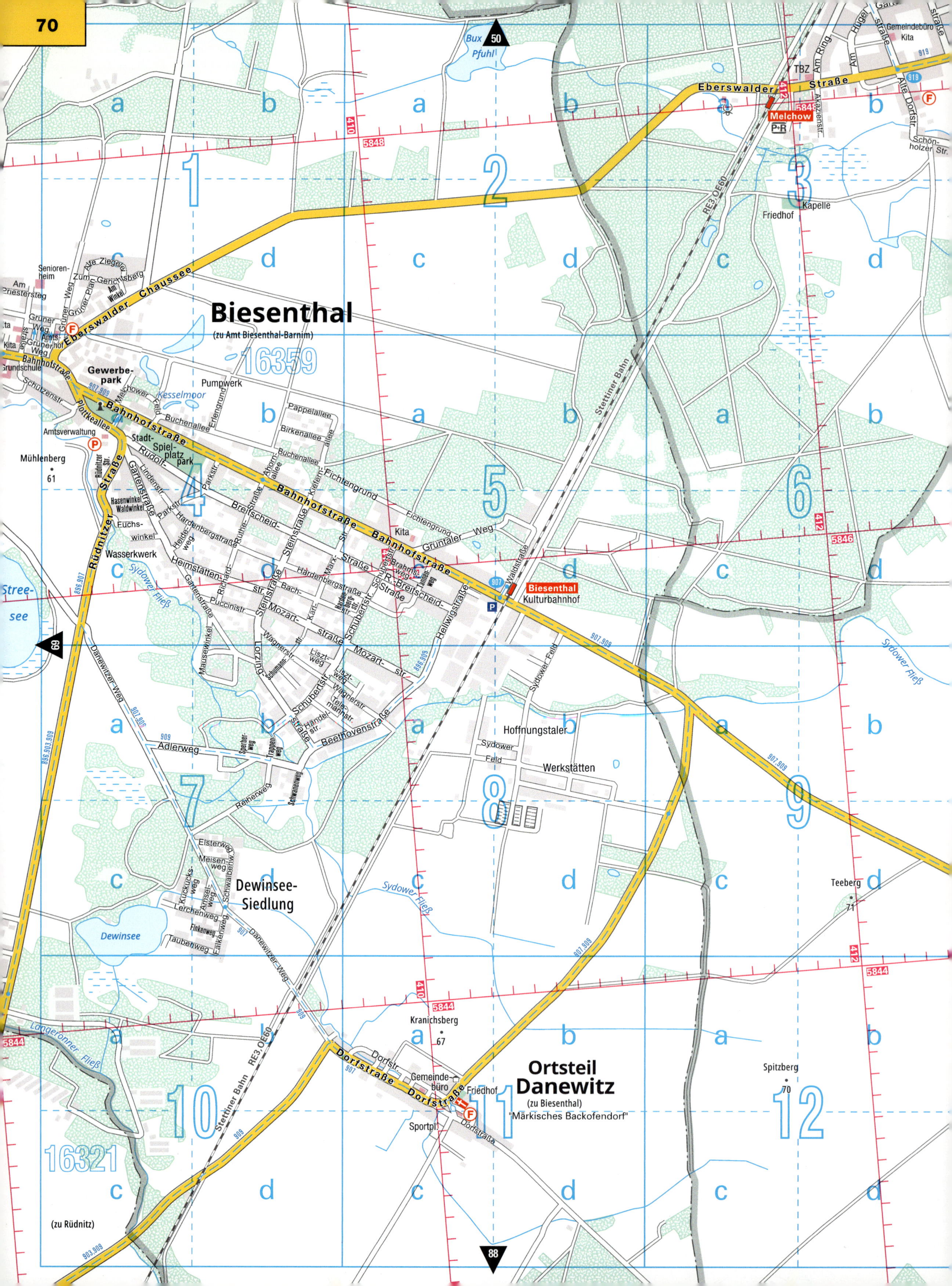
Biesenthal
(zu Amt Biesenthal-Barnim)
16359
Ortsteil Danewitz
(zu Biesenthal)
"Märkisches Backofendorf"
Dewinsee-Siedlung
16321
(zu Rüdnitz)
Melchow
Biesenthal
Kulturbahnhof
Bux Pfuhl
Eberswalder Straße
Eberswalder Chaussee
Bahnhofstraße
Rüdnitzer Straße
Danewitzer Weg
Dorfstraße
Stettiner Bahn
Gewerbepark
Pumpwerk
Kesselmoor
Amtsverwaltung
Mühlenberg
61
Stadtpark
Spielplatz
Wasserkwerk
Streesee
Dewinsee
Sydower Fließ
Langeronner Fließ
Hoffnungstaler Werkstätten
Sydower Feld
Kranichsberg
67
Gemeindebüro
Friedhof
Sportpl.
Teeberg
71
Spitzberg
70
Friedhof
Kapelle
TBZ
Am Ring
Gemeindebüro
Kita
Alte Dorfstr.
Akazienstr.
Schönholzer Str.
Breitscheidstraße
Steinstraße
Mozartstraße
Schubertstr.
Hellwigstraße
Heimstättenstr.
Fichtengrund
Gruntaler Weg
Waldstraße
Adlerweg
Beethovenstraße
Reiherweg
Elsterweg
Meisenweg
Kuckucksweg
Amselweg
Lerchenweg
Finkenweg
Taubenweg
Falkenweg
Schwalbenweg
Pappelallee
Birkenallee
Buchenallee
Ahornallee
Kiefernallee
Gartenstraße
Lindenstr.
Parkstr.
Hardenbergstraße
Heideweg
Mausewinkel
Puccinistr.
Lortzingstr.
Wagnerstr.
Lisztweg
Händelstr.
Schumannstr.
Telemannstr.
Richardstr.
Karl-Marx-Straße
Brahmsweg
Bachstr.
Hasenwinkel
Waldwinkel
Fuchswinkel
Plottkeallee
Schützenstr.
Grundschule
Seniorenheim
Am Priestersteg
Zum Gerichtsberg
Alte Ziegelei
Grüner Weg
Grüner Plan
Grüner Hof
Am Winkel
Kita
Amts-
RE3,OE60
410
412
5848
5846
5844
50
69
88
907
909
919
1 2 3 4 5 6 7 8 9 10 11 12

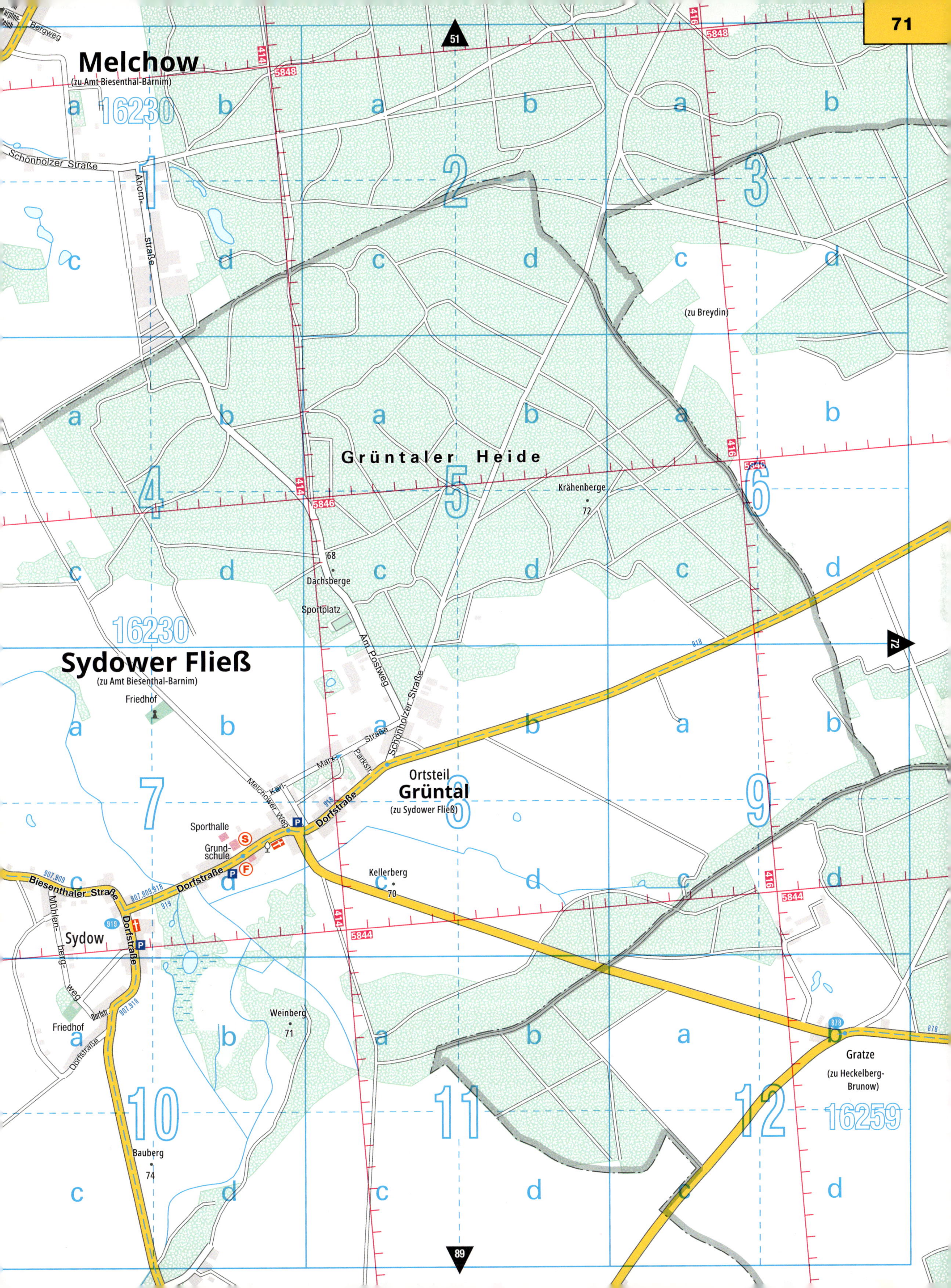
Melchow
(zu Amt Biesenthal-Barnim)
16230
Schönholzer Straße
Ahorn-straße
Bergweg
(zu Breydin)
Grüntaler Heide
Krähenberge
72
68
Dachsberge
Sportplatz
Am Postweg
Schönholzer Straße
16230
Sydower Fließ
(zu Amt Biesenthal-Barnim)
Friedhof
Karl-Marx-Straße
Parkstr.
Melchower Weg
Dorfstraße
Ortsteil
Grüntal
(zu Sydower Fließ)
Sporthalle
Grund-schule
Kellerberg
70
Biesenthaler Straße
Dorfstraße
Sydow
Mühlenberg-weg
Friedhof
Dorfstraße
Weinberg
71
Bauberg
74
Gratze
(zu Heckelberg-Brunow)
16259
5848
5846
5844
414
416
918
919
878
907,909
907,909,918
907,918
51
72
89

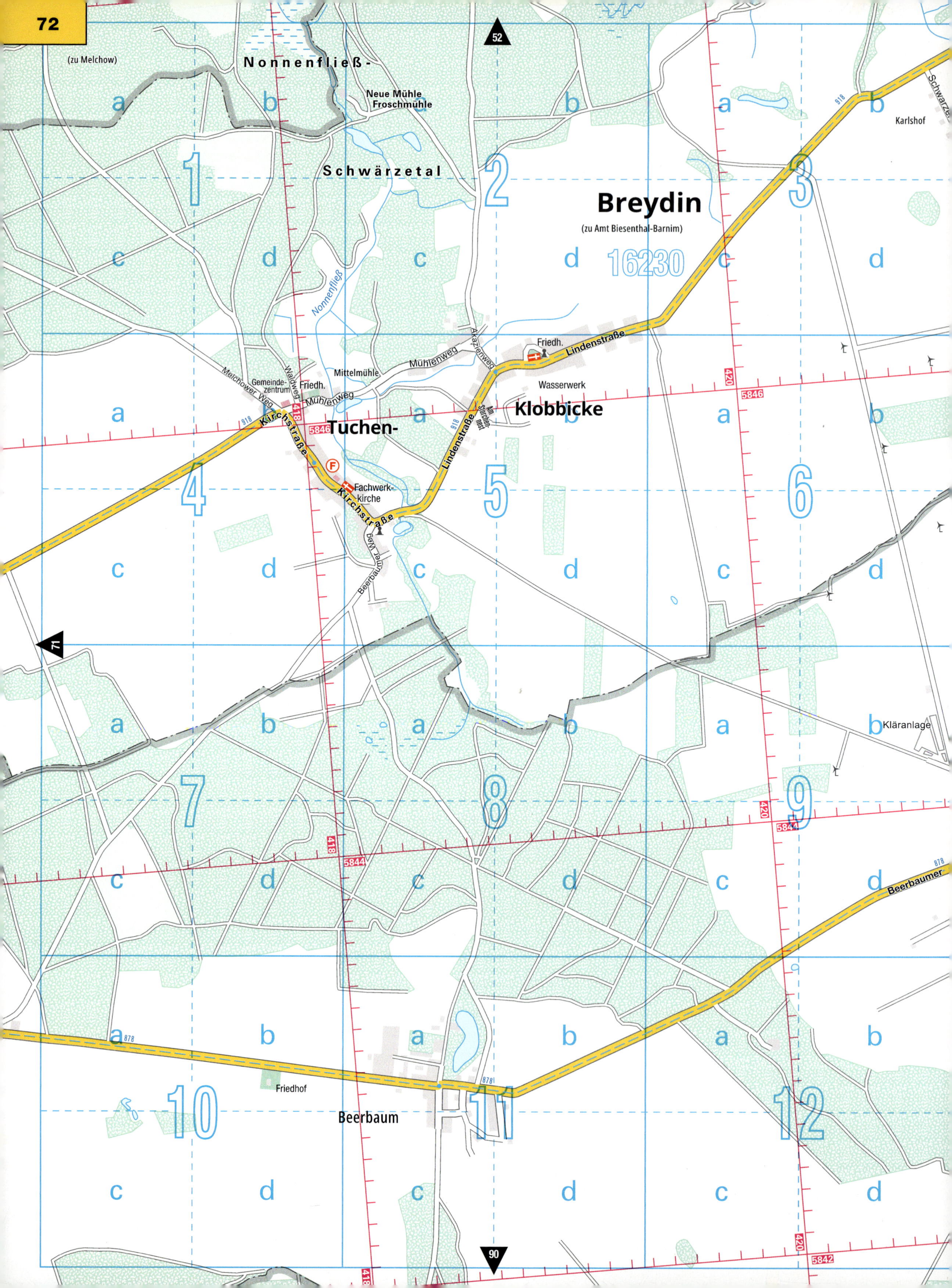

52
(zu Melchow)
Nonnenfließ-
Neue Mühle
Froschmühle
Schwärzetal
Breydin
(zu Amt Biesenthal-Barnim)
16230
Karlshof
Nonnenfließ
Friedh.
Lindenstraße
Akazienweg
Mühlenweg
Mittelmühle
Wasserwerk
Gemeinde-zentrum
Friedh.
Waldweg
Melchower Weg
Kirchstraße
Tuchen-
Klobbicke
Lindenstraße
Fachwerk-kirche
Beerbaumer Weg
71
Kläranlage
Beerbaumer
Friedhof
Beerbaum
90

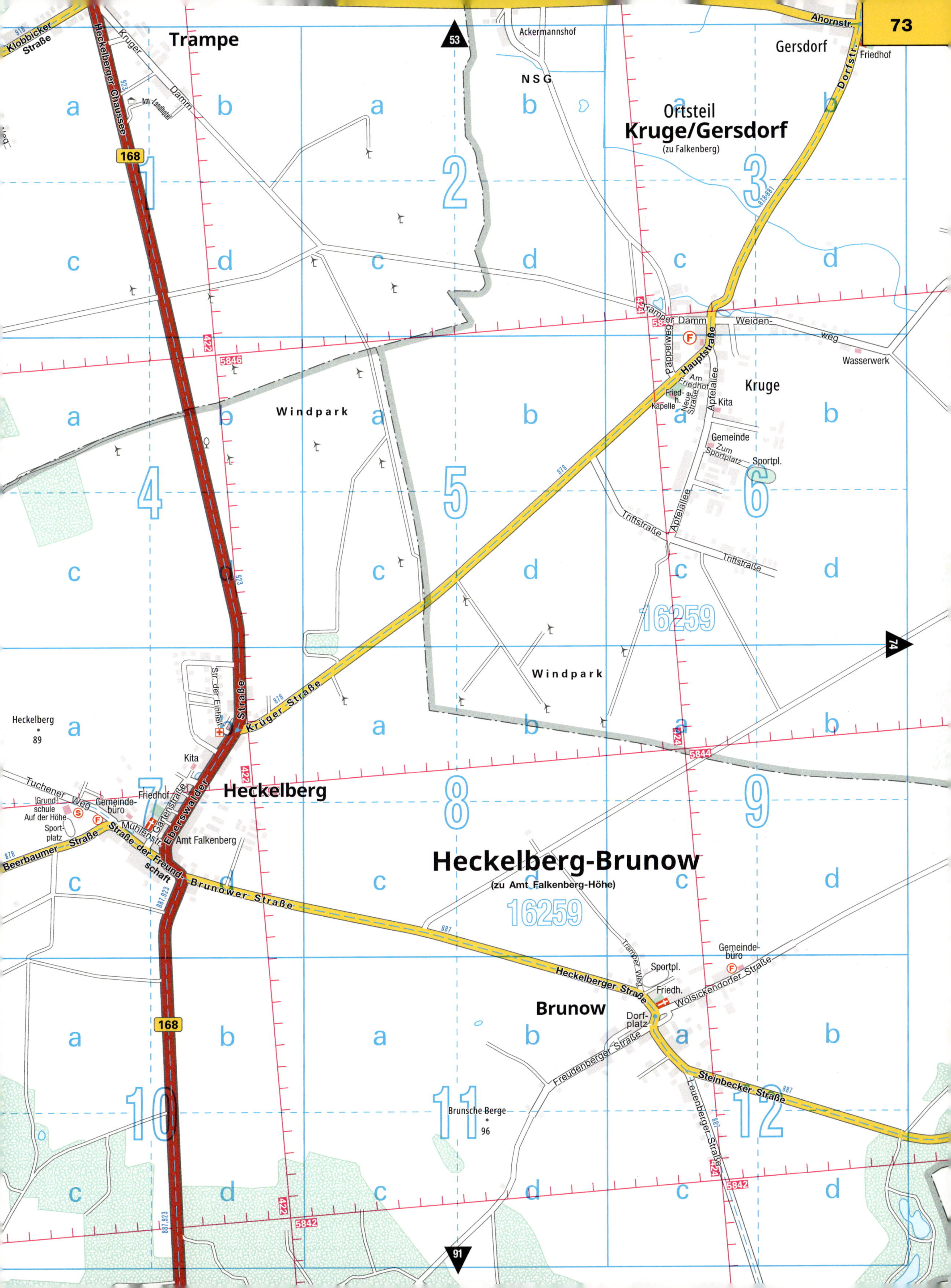
Trampe
Ackermannshof
NSG
Gersdorf
Friedhof
Ahornstr.
Dorfstr.
Ortsteil
Kruge/Gersdorf
(zu Falkenberg)
Klobbicker Straße
Heckelberger Chaussee
Krüger Damm
Am Landhotel
Windpark
Tramper Damm
Weiden-weg
Wasserwerk
Hauptstraße
Pappelweg
Am Friedhof
Neue Straße
Kapelle
Apfelallee
Kita
Kruge
Gemeinde
Zum Sportplatz
Sportpl.
Triftstraße
16259
Windpark
Heckelberg
89
Str. der Einheit
Krüger Straße
Kita
Tuchener Weg
Grund-schule
Auf der Höhe
Sport-platz
Gemeinde-büro
Friedhof
Gartenstraße
Eberswalder Straße
Heckelberg
Mühlenstr.
Amt Falkenberg
Beerbaumer Straße
Straße der Freundschaft
Brunower Straße
Heckelberg-Brunow
(zu Amt Falkenberg-Höhe)
16259
Tramper Weg
Sportpl.
Gemeinde-büro
Heckelberger Straße
Friedh.
Wölsickendorfer Straße
Brunow
Dorf-platz
Freudenberger Straße
Steinbecker Straße
Leuenberger Straße
Brunsche Berge
96
168
53
74
91

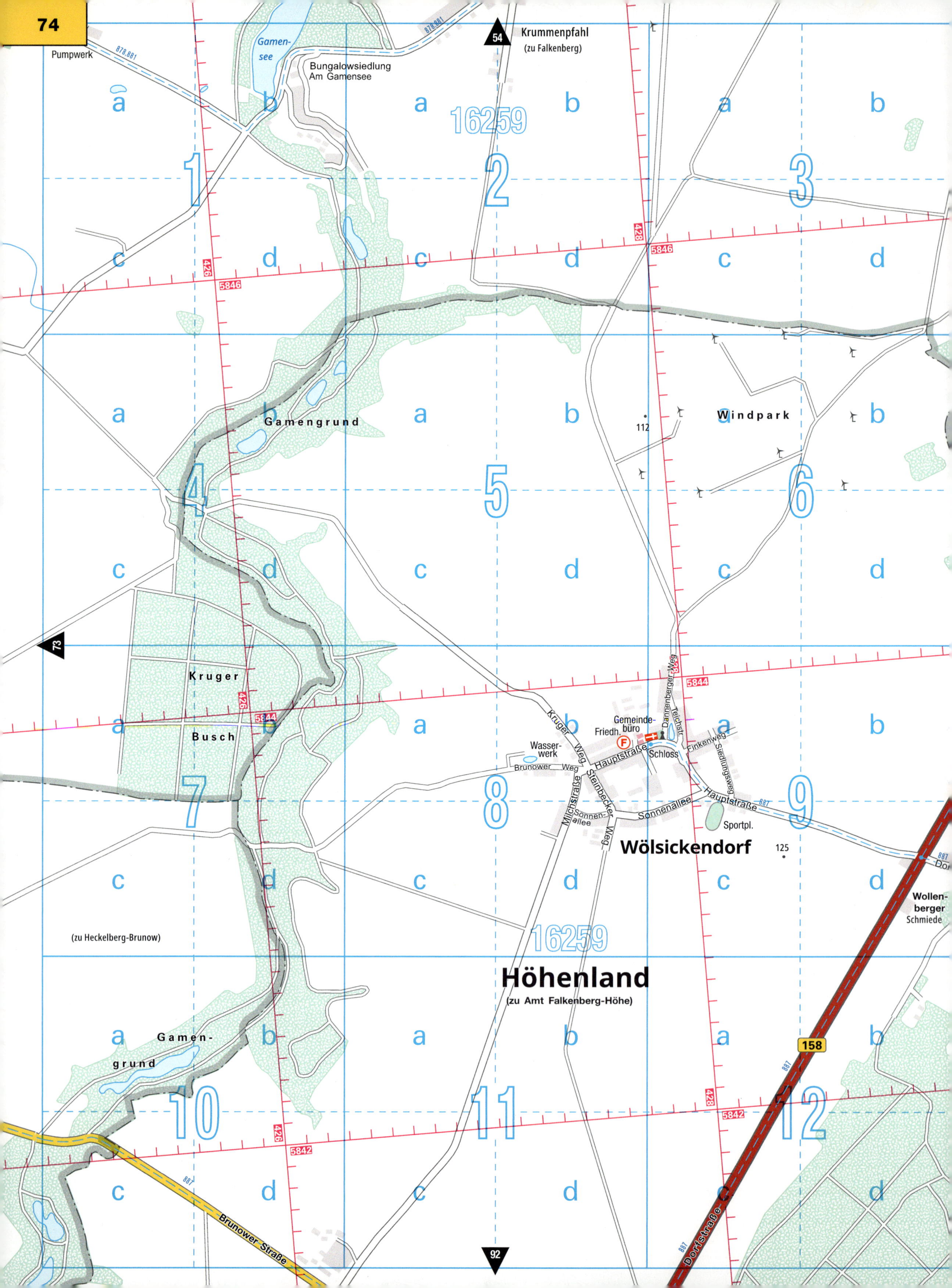

Pumpwerk
Gamensee
Bungalowsiedlung Am Gamensee
Krummenpfahl (zu Falkenberg)
54
16259
Gamengrund
Windpark
112
73
Kruger Busch
Wasserwerk
Friedh.
Gemeindebüro
Schloss
Dannenberger-Weg
Teichstr.
Finkenweg
Siedlungsweg
Hauptstraße
Brunower Weg
Kruger Weg
Steinbecker Weg
Milchstraße
Sonnenallee
Sportpl.
Wölsickendorf
125
Wollenberger Schmiede
(zu Heckelberg-Brunow)
16259
Höhenland
(zu Amt Falkenberg-Höhe)
Gamengrund
158
Brunower Straße
Dorfstraße
92

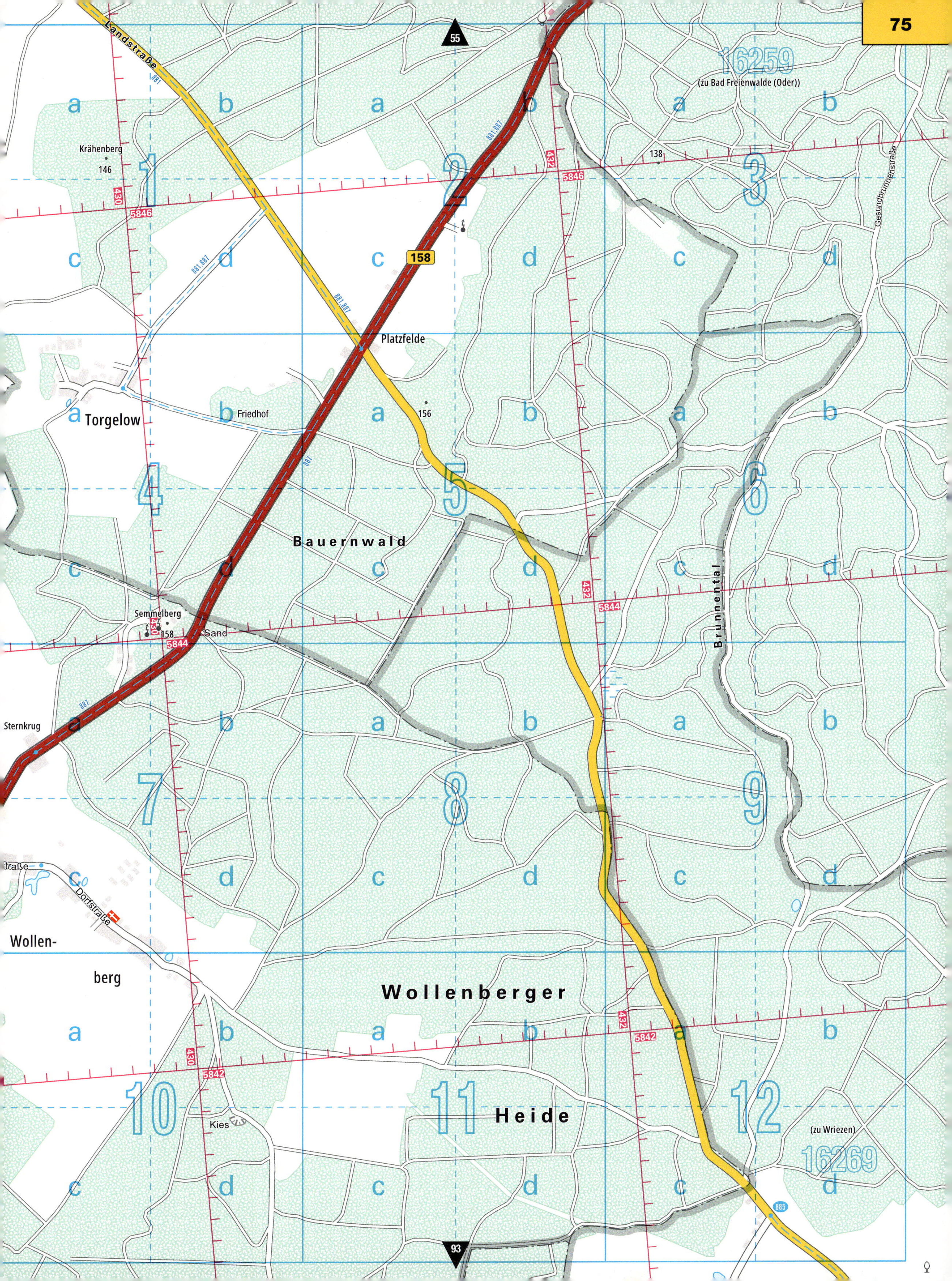

55
16259
(zu Bad Freienwalde (Oder))
Landstraße
Krähenberg
146
138
Gesundbrunnenstraße
158
Platzfelde
Torgelow
Friedhof
156
Bauernwald
Brunnental
Semmelberg
158
Sand
Sternkrug
Dorfstraße
Wollen-
berg
Wollenberger
Heide
Kies
(zu Wriezen)
16269
93

58
Räuberberg
46
Gehrenberg
47
46
Holzberge
16833
(zu Fehrbellin)
Am Rhinluch
5846
360
358
362
Flatower
Kienheide
Grenzgraben
24
E26
E55
Straße des Friedens
659
Haupt-
Am Kietz
straße
Flatow
(zu Kremmen)
Kuhhorster Straße
Am Mühlen-
5844
P
Mühlenring
Tietzower Straße
Flatower
Dammwiesen
Burgwall
Linumer Straße
14641
Zu den Priestergärten
Alte Flatower Straße
Ortsteil
Tietzow
(zu Nauen)
Friedhof
Am Dorfanger
Am Reihen-haus
Klein Tietzow
Küstergarten
5842
Brunnen
Börnicker Straße
94

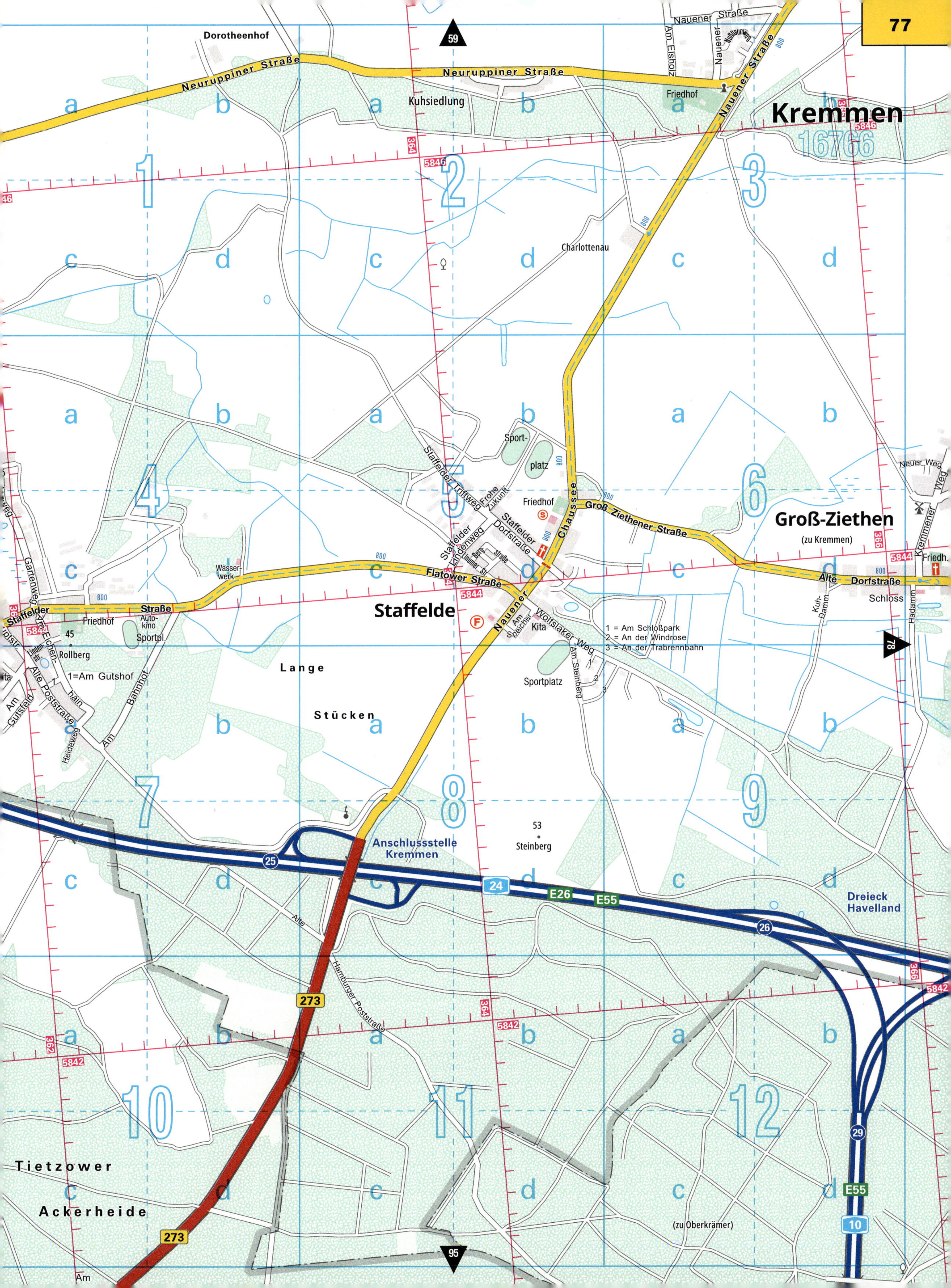

59
Dorotheenhof
Neuruppiner Straße
Kuhsiedlung
Nauener Straße
Am Elsholz
Friedhof
Kremmen
16766
Charlottenau
Sport-
platz
Friedhof
Chaussee
Groß Ziethener Straße
Groß-Ziethen
(zu Kremmen)
Neuer Weg
Kremmener Weg
Friedh.
Alte Dorfstraße
Schloss
Kuh-Damm
Hadamm
Staffelder Triftweg
Frohe Zukunft
Staffelder Dorfstraße
Lindenweg
Bergstraße
Flatower Straße
Staffelde
Nauener
Am Speicher
Kita
Wolfslaker Weg
1 = Am Schloßpark
2 = An der Windrose
3 = An der Trabrennbahn
Am Steinberg
Sportplatz
Wasserwerk
Staffelder Straße
Friedhof
Autokino
Sportpl.
45
Rollberg
1=Am Gutshof
Gartenweg
Am Eichenhain
Alte Poststraße
Am Gutsfeld
Heideweg
Am Bahnhof
Lange
Stücken
78
Anschlussstelle Kremmen
53
Steinberg
25
24
E26
E55
26
Dreieck Havelland
Alte Hamburger Poststraße
273
29
10
Tietzower
Ackerheide
(zu Oberkrämer)
95
Am

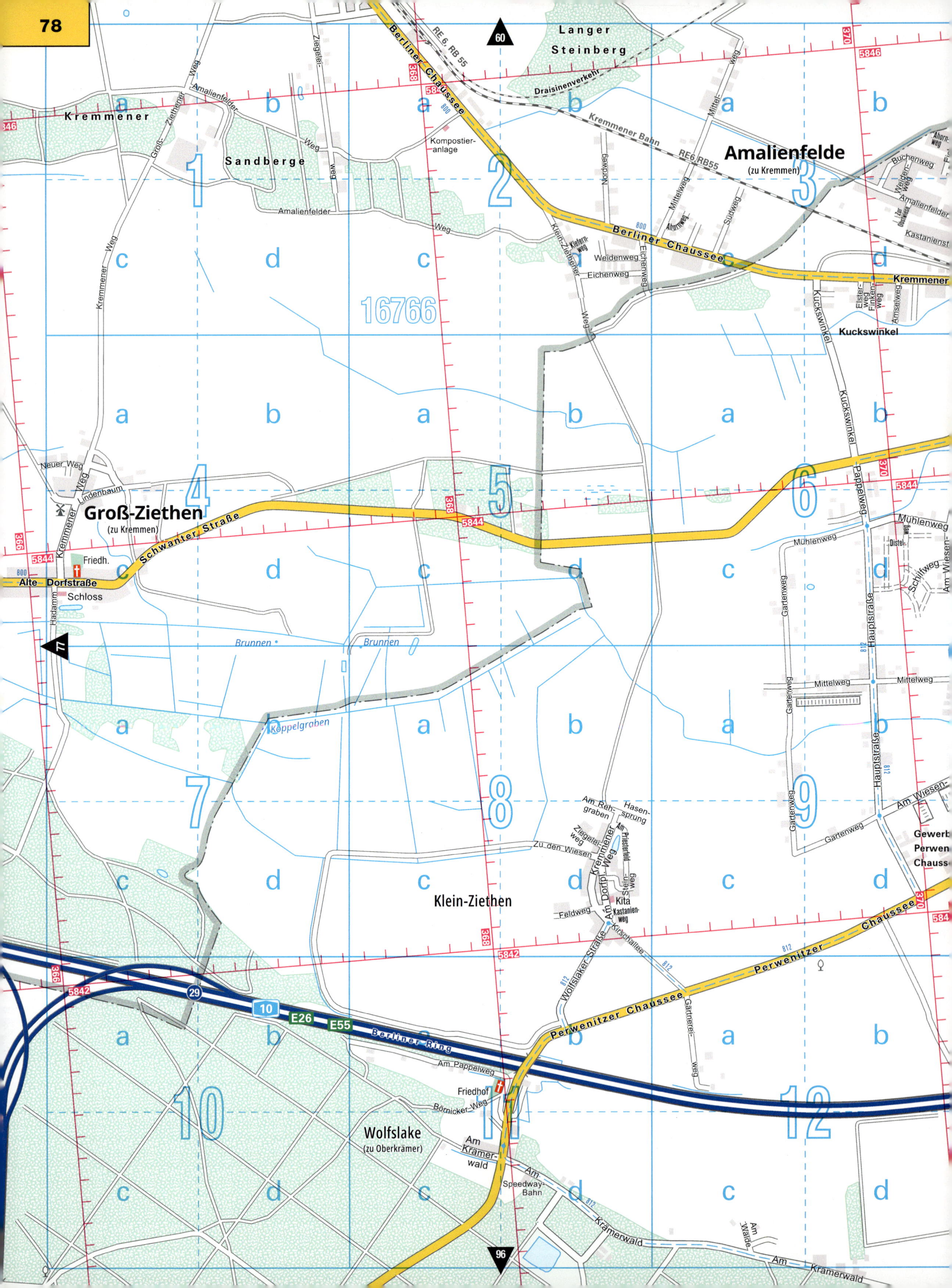

60
Langer Steinberg
Draisinenverkehr
Berliner Chaussee
RE 6, RB 55
Kremmener Bahn
RE6 RB55
Amalienfelde
(zu Kremmen)
Kremmener Sandberge
Amalienfelder Weg
Groß-Ziethener Weg
Ziegelei-weg
Kompostier-anlage
Nordweg
Mittelweg
Ahornweg
Südweg
Buchenweg
Weidenweg
Amalienfelder
Kastanienst
Kiefernweg
Weidenweg
Eichenweg
Klein-Ziethener Weg
Kremmener
Kuckswinkel
Elsterweg
Finkenweg
Amselweg
16766
Kremmener Weg
Neuer Weg
Lindenbaum
Groß-Ziethen
(zu Kremmen)
Schwanter Straße
Friedh.
Alte Dorfstraße
Schloss
Hadamm
77
Pappelweg
Mühlenweg
Distelweg
Schilfweg
Am Wiesen-
Gartenweg
Hauptstraße
Mittelweg
Brunnen
Koppelgraben
Am Rehgraben
Hasensprung
Ziegeleiweg
Am Priesterfeld
Zu den Wiesen
Kremmener Weg
Am Dorfpl.
Steinweg
Kita
Kastanienweg
Feldweg
Kirschallee
Klein-Ziethen
Wolfslaker Straße
Perwenitzer Chaussee
Gärtnereiweg
Am Wiesen-
Gewerb Perwen Chauss
29
10
E26
E55
Berliner Ring
Am Pappelweg
Friedhof
Börnicker Weg
Wolfslake
(zu Oberkrämer)
Am Krämerwald
Am Speedway-Bahn
Krämerwald
Am Walde
Am Krämerwald
96

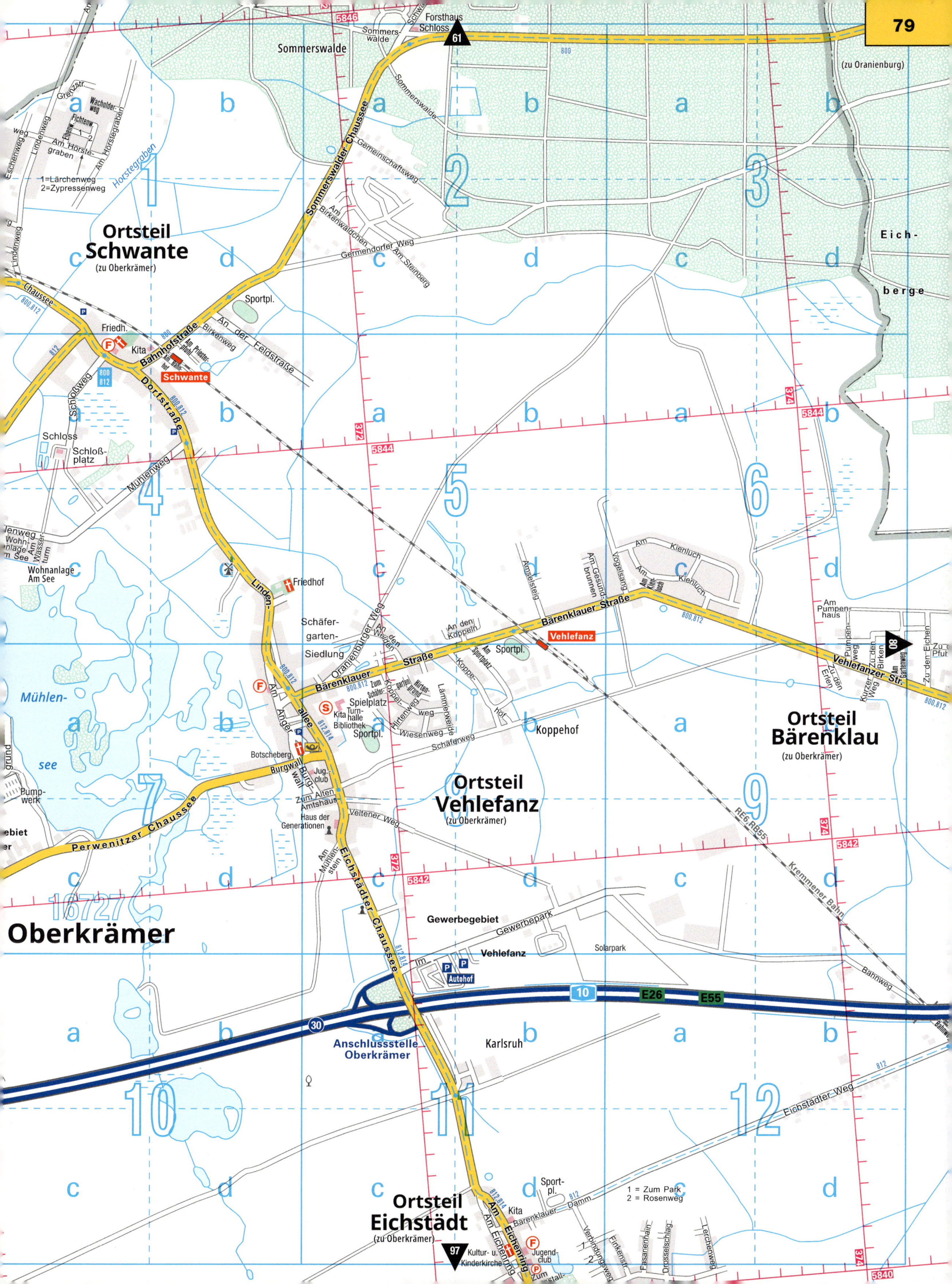

Ortsteil
Schwante
(zu Oberkrämer)
Ortsteil
Vehlefanz
(zu Oberkrämer)
Ortsteil
Bärenklau
(zu Oberkrämer)
Ortsteil
Eichstädt
(zu Oberkrämer)
16727
Oberkrämer
Sommerswalde
Forsthaus
Schloss
Sommerswalder Chaussee
Gemeinschaftsweg
Germendorfer Weg
Am Steinberg
Am Birkenwäldchen
(zu Oranienburg)
Eich-
berge
Bahnhofstraße
Dorfstraße
Birkenweg
An der Feldstraße
Schwante
Sportpl.
Friedh.
Kita
Schlossweg
Schloss
Schloß-
platz
Mühlenweg
1=Lärchenweg
2=Zypressenweg
Horstegraben
Am Hörste-
graben
Lindenweg
Wohnanlage
Am See
Friedhof
Linden-
allee
Mühlen-
see
Schäfer-
garten-
Siedlung
Oranienburger Weg
Bärenklauer Straße
Vehlefanz
Amselsteig
Am Gesund-
brunnen
Vogelsang
Am Kienluch
Am Pumpen-
haus
Vehlefanzer Str.
Sportpl.
Spielplatz
Kita
Turn-
halle
Bibliothek
Koppehof
Schäferweg
Wiesenweg
Hirtenweg
Lämmerweide
Botscheberg
Burgwall
Jug.-
club
Zum Alten
Amtshaus
Haus der
Generationen
Veltener Weg
Perwenitzer Chaussee
Pump-
werk
Am Mühlen-
stein
Eichstädter Chaussee
Gewerbegebiet
Gewerbepark
Vehlefanz
Autohof
Solarpark
RE6, RB55
Kremmener Bahn
Bahnweg
E26
E55
Anschlussstelle
Oberkrämer
Karlsruh
Eichstädter Weg
Sport-
pl.
Kita
Bärenklauer Damm
1 = Zum Park
2 = Rosenweg
Am Eichenring
Jugend-
club
Kultur- u.
Kinderkirche
Verbindungsweg
Finkenstr.
Fasanenhain
Drosselschlag
Lerchenweg

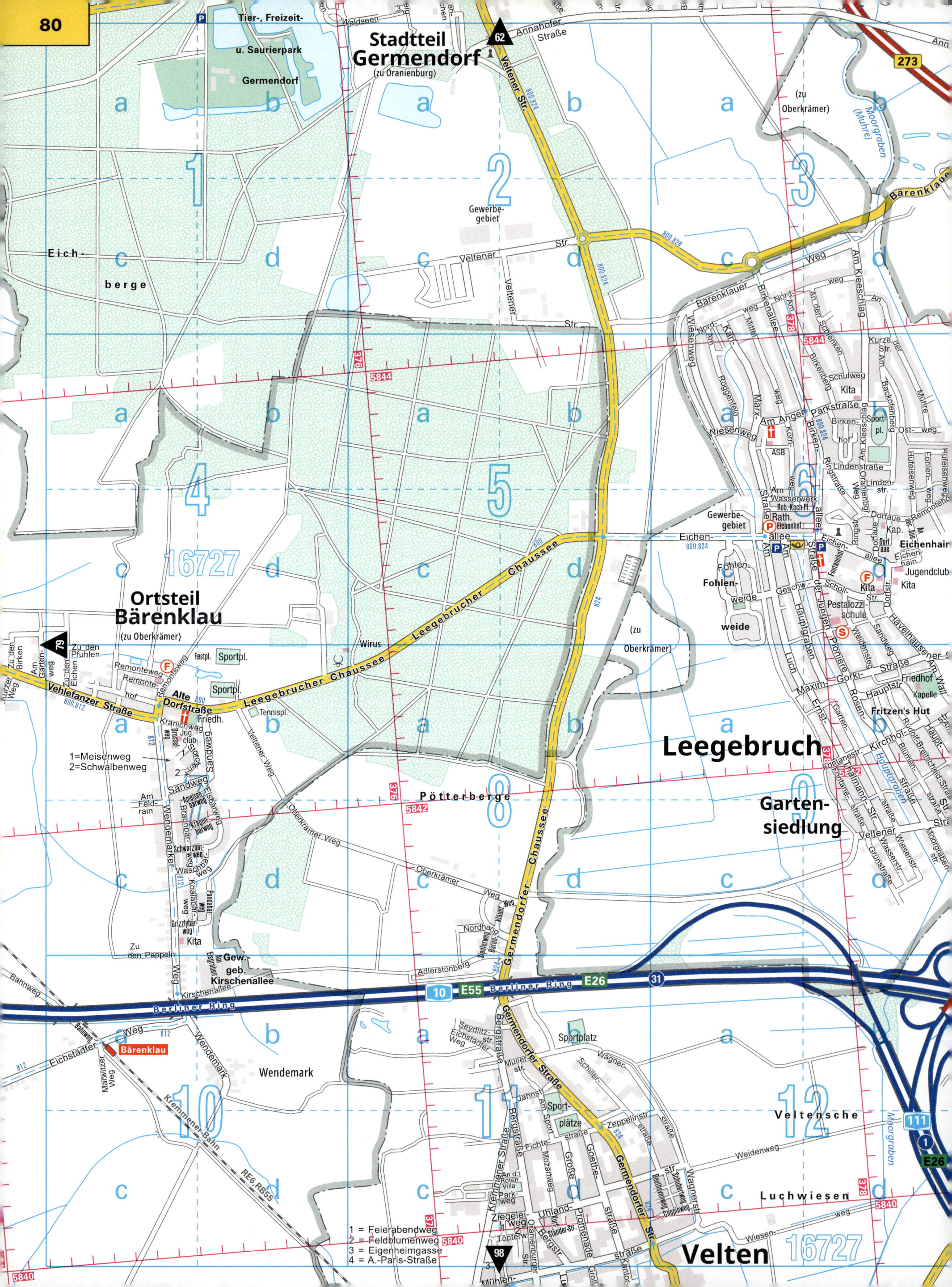

Stadtteil Germendorf
(zu Oranienburg)
Tier-, Freizeit- u. Saurierpark Germendorf
Veltener Str.
Annahofer Straße
(zu Oberkrämer)
Moorgraben (Muhre)
Bärenklauer Weg
Gewerbegebiet
Eichberge
Ortsteil Bärenklau
(zu Oberkrämer)
Vehlefanzer Straße
Alte Dorfstraße
Leegebrucher Chaussee
Wirus
Sportpl.
Festpl.
Tennispl.
1=Meisenweg
2=Schwalbenweg
Wendemarker Weg
Kirschenallee
Gew.-geb. Kirschenallee
Zu den Pappeln
Oberkrämer Weg
Pötterberge
Germendorfer Chaussee
Adlerstonberg
Nordhang
Eichenallee
Eichenhain
Fohlenweide
Gewerbegebiet
Rath.
Kita
Pestalozzi-schule
Jugendclub
Friedhof
Kapelle
Fritzen's Hut
Leegebruch
Gartensiedlung
Hauptgraben
16727
Berliner Ring
E55
E26
Bärenklau
Wendemark
Kremmener Bahn
RE6, RB55
Sportplatz
Germendorfer Straße
Veltensche
Luchwiesen
Weidenweg
Moorgraben
1 = Feierabendweg
2 = Feldblumenweg
3 = Eigenheimgasse
4 = A.-Paris-Straße
Velten

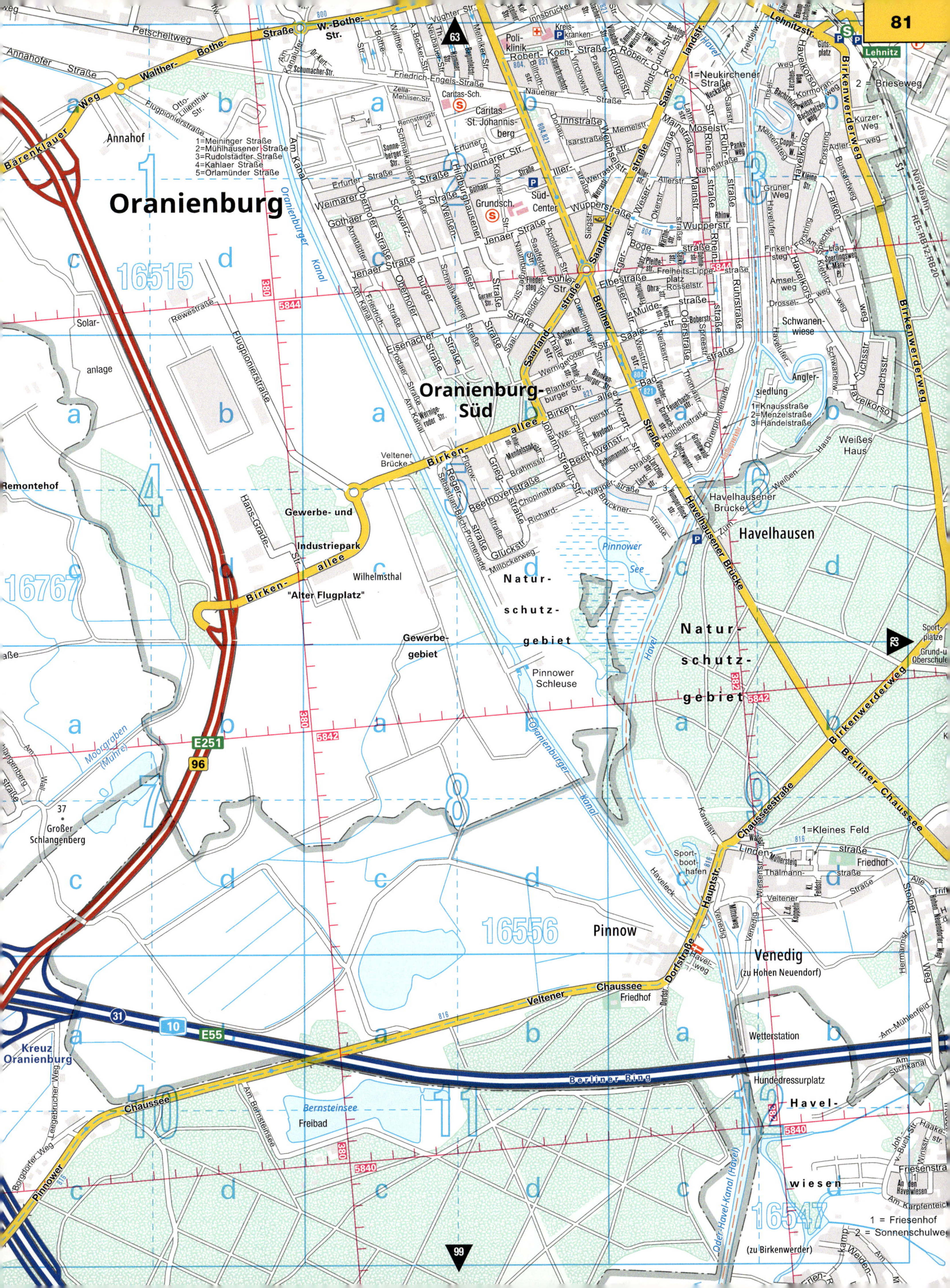

Oranienburg
16515
Oranienburg-Süd
Oranienburger Kanal
Annahof
Annahofer Straße
Bärenklauer Weg
Petscheltweg
Walther-Bothe-Straße
W.-Bothe-Str.
Friedrich-Engels-Straße
1=Meininger Straße
2=Mühlhausener Straße
3=Rudolstädter Straße
4=Kahlaer Straße
5=Orlamünder Straße
Poli-klinik
Kreis-kranken-haus
Robert-Koch-Straße
Caritas-Sch.
Caritas St. Johannis-berg
Innstraße
Weimarer Str.
Erfurter Straße
Gothaer
Jenaer Straße
Grundsch.
Süd-Center
Wupperstraße
Saarlandstraße
Berliner Straße
Lehnitzstr.
Lehnitz
1=Neukirchener Straße
2=Brieseweg
Moselstr.
Birkenwerderweg
Havelkorso
Schwanen-wiese
Angler-siedlung
1=Knausstraße
2=Menzelstraße
3=Händelstraße
Weißes Haus
Solar-anlage
Rewestraße
Flugpionierstraße
Remontehof
Gewerbe- und Industriepark "Alter Flugplatz"
Birkenallee
Wilhelmsthal
Veltener Brücke
Beethovenstraße
Glückstr.
Pinnower See
Natur-schutz-gebiet
Gewerbe-gebiet
Pinnower Schleuse
Havelhausener Brücke
Havelhausen
16767
Moorgraben (Mühre)
37 Großer Schlangenberg
E251
96
Birkenwerderweg
Berliner Chaussee
Chausseestraße
1=Kleines Feld
Lindenstraße
Friedhof
Sport-boot-hafen
Hauptstr.
Dorfstraße
16556
Pinnow
Venedig (zu Hohen Neuendorf)
Veltener Chaussee
Friedhof
Wetterstation
Hundedressurplatz
Havel-wiesen
Kreuz Oranienburg
31
10
E55
Berliner Ring
Bernsteinsee Freibad
Chaussee
Pinnower
16547
(zu Birkenwerder)
1 = Friesenhof
2 = Sonnenschulweg
Oder-Havel-Kanal (Havel)
63
82
99

Sperrgebiet
Lehnitz
Sperrgebiet
Stadtteil
Borgsdorf
(zu Hohen Neuendorf)
Birkenwerder
Briese
Waldschule
Friedhof
Wald-
friedhof
Kapelle
TÜV
Verkehrssicherheits-
zentrum
Mühlenbecker Weg
Birkenwerderweg
Berliner Chaussee
Hauptstraße
Umspannwerk
Anschlussstelle
Birkenwerder
Gewerbegeb.
Berliner Ring
Kläranlage
Asklepios Klinik
(zu Hohen Neuendorf)
1=Asternweg
2=Krokusweg
1=Elsterweg
2=Finkenweg
3=Meisenweg
4=Bachstelzenweg
5=Gartenstadt Briesetal
6=Falkenweg
1 = Friesenhof
2 = Sonnenschulweg
Boddensee
Börner See
Wolfsee
Hubertussee
Briesesee
Gut Lindenhof
16556
16547
16562

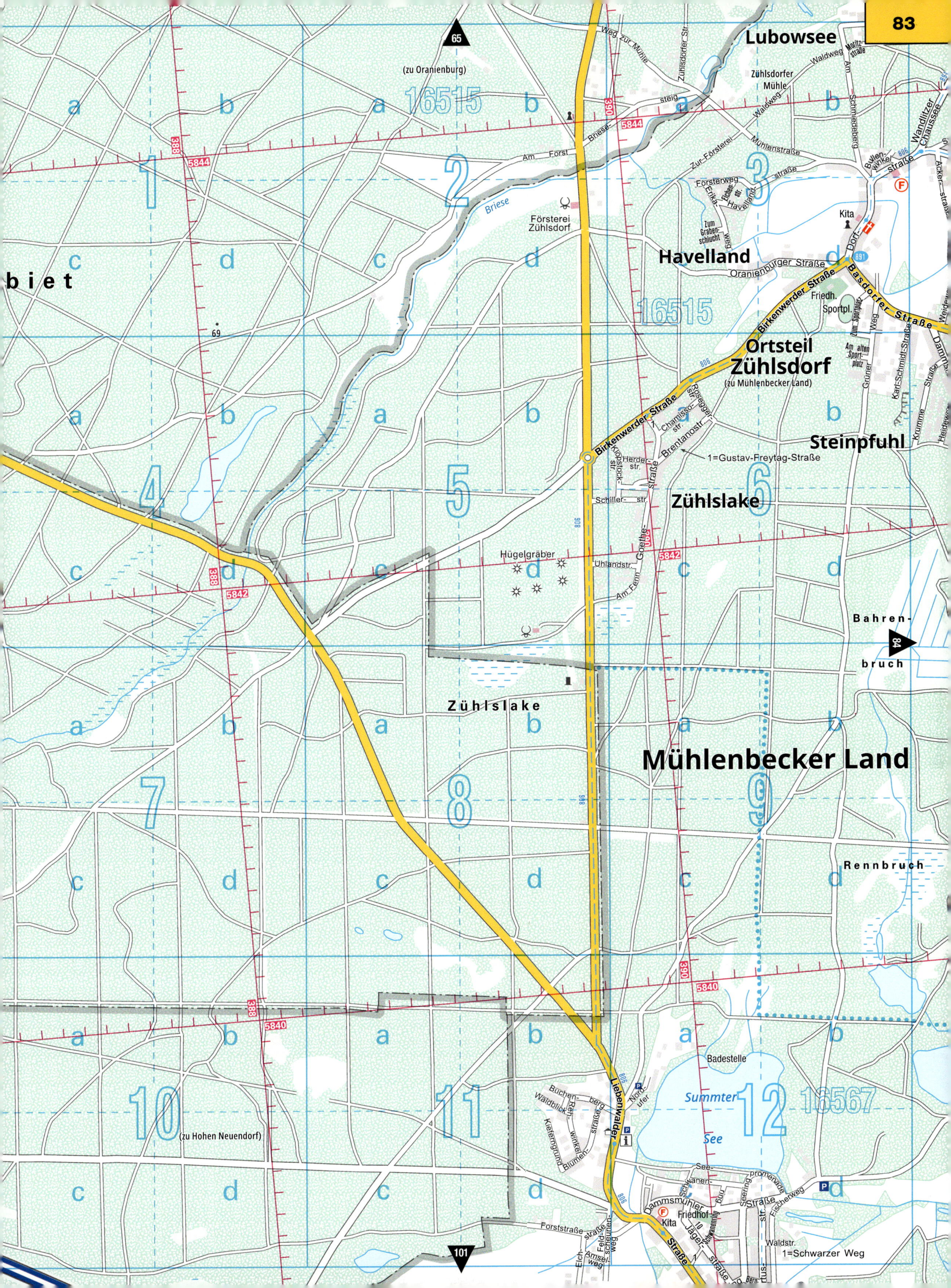

Lubowsee
Zühlsdorfer Mühle
(zu Oranienburg)
Försterei Zühlsdorf
Briese
Havelland
Ortsteil Zühlsdorf
(zu Mühlenbecker Land)
Steinpfuhl
Zühlslake
1=Gustav-Freytag-Straße
Hügelgräber
Bahren-
bruch
Zühlslake
Mühlenbecker Land
Rennbruch
Badestelle
Summter
See
(zu Hohen Neuendorf)
1=Schwarzer Weg
Birkenwerder Straße
Basdorfer Straße
Oranienburger Straße
Liebenwalder Straße
Dammsmühler Straße
Kita
Friedhof
16515
16567

Ortsteil Zühlsdorf
(zu Mühlenbecker Land)
Fuchswinkel
Am Bahnhof
Zühlsdorf
16515
Heidekrautbahn
Niederbarnimer Eisenbahn
Motocross-gelände
16348
Gut Annenhof
Friedhof
Kapelle
1=Dornröschenweg
2=Schneewittchenweg
Prenzlauer Straße
Prenzlauer Allee
Basdorfer Straße
Zühlsdorfer Straße
Steinpfuhl
Ortsteil Basdorf
(zu Wandlitz)
Basdorf
Siedlung Waldschlößchen
Sporthalle
Kita
Fachhochschule der Polizei
Mühlenbecker Land
Bahrenbruch
1 = Hasenheide
2 = Igelweg
Rennbruch
Gewerbegebiet am Sandweg
Heizwerk
Sandweg
Mühlenteich
Schloss Dammsmühle
Mühlenbecker See
Ortsteil Schönwalde
(zu Wandlitz)
Hauptstraße
66
83
102

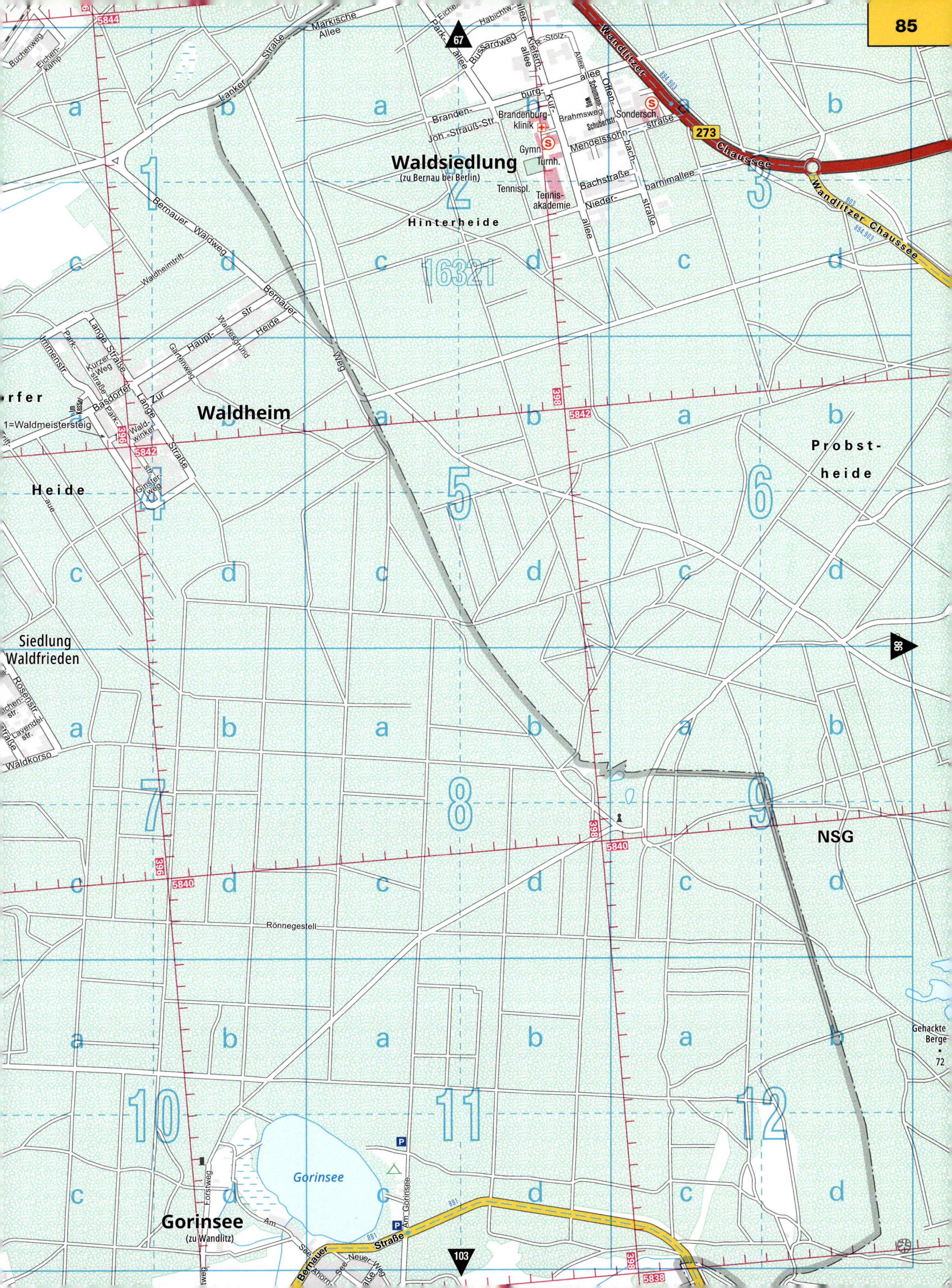

Waldsiedlung
(zu Bernau bei Berlin)
Hinterheide
Waldheim
Probst-heide
Heide
Siedlung Waldfrieden
NSG
Gorinsee
Gorinsee
(zu Wandlitz)
Gehackte Berge
72
Wandlitzer Chaussee
Bernauer Straße
Rönnegestell
Bernauer Waldweg
Lanker Straße
Märkische Allee
Brandenburg-klinik
Tennisakademie
Tennispl.
Bachstraße
Mendelssohn-
Brahmsweg
Sondersch.
1=Waldmeistersteig
Waldkorso
Forstweg
Am Gorinsee
16321
67
86
103

68
Anschlussstelle Wandlitz
(zu Wandlitz)
273
14
Woltersdorf
Sand
Kuhberg
84
Wandlitzer Chaussee
Im
Wolterdorf
E28
11
5842
Anglersruh
Brunnen
Kläranlage
Wittwer-Str.
Gymnasium Barnim
Sportpl.
Hans-
Landesbaua.
Schule Allg.
Handwerkskammer Berlin
Bildungs- u. Innovations-zentrum Waldfrieden
Franz-Mehring-Str.
Fritz-Heckert-Straße
Kiesgrube
85
Stadtteil
Waldfrieden
(zu Bernau bei Berlin)
1 = Am Amselhorst
Basdorfer Straße
Schmetzdorfer Straße
Autobahn-meisterei
Pütten-straße
Ladeburger Landweg
Klosterfelder
Anschlussstelle Bernau-Nord
15
Schmetzdorf
Gehackte Berge
72
Schützen-haus
Karls-lust
Rehberge
Gewerbe-gebiet
Schönow
Liekobsche Berge
80
Pappel-allee
Potsdamer Straße
Gewerbe-plätze
Gottlieb-Daimler-Str.
Carl-Zeiß-Str.
Carl-Friedr.-Benz-Str.
Werner-von-Siemens-Str.
Konrad-Zuse-Str.
Friedhof Kapelle
Stadtteil
Schönow
(zu Bernau bei Berlin)
104
Fisch-pfuhl
Schönower Ch.
Blumen-hag
5838
5840
400
402

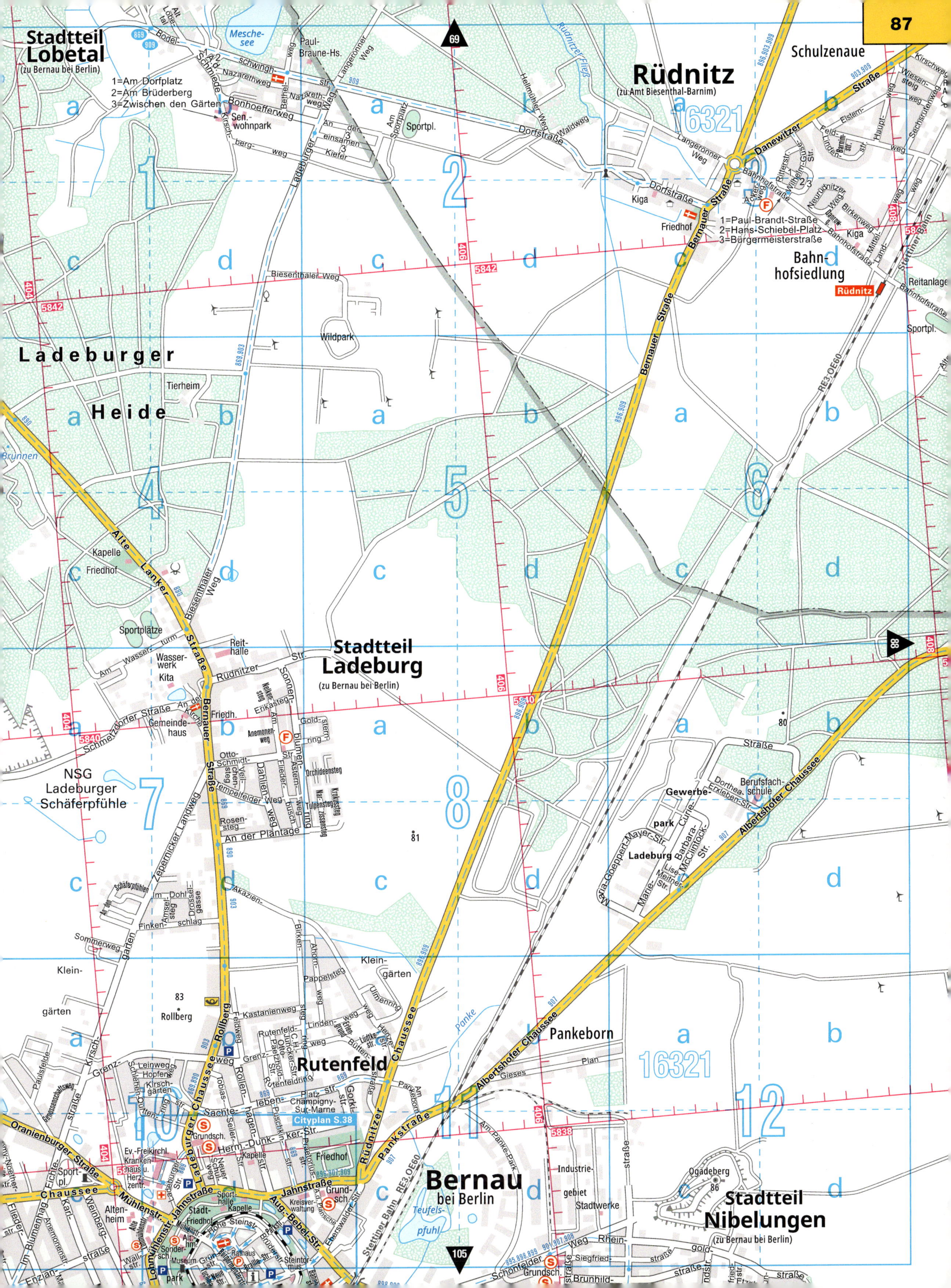
Stadtteil Lobetal
(zu Bernau bei Berlin)
1=Am Dorfplatz
2=Am Brüderberg
3=Zwischen den Gärten
Rüdnitz
(zu Amt Biesenthal-Barnim)
16321
Schulzenaue
1=Paul-Brandt-Straße
2=Hans-Schiebel-Platz
3=Bürgermeisterstraße
Bahnhofsiedlung
Rüdnitz
Ladeburger Heide
Tierheim
Wildpark
Kapelle
Friedhof
Sportplätze
Stadtteil Ladeburg
(zu Bernau bei Berlin)
NSG Ladeburger Schäferpfühle
Gewerbepark Ladeburg
Berufsfachschule
Pankeborn
Rutenfeld
Cityplan S.38
Bernau bei Berlin
Stadtteil Nibelungen
(zu Bernau bei Berlin)
16321
Industriegebiet
Stadtwerke
Bernauer Straße
Albertshofer Chaussee
Alte Lanker Straße
Rüdnitzer Chaussee
Oranienburger Straße
Pankstraße
Ladeburger Chaussee
Mühlenstr.
Jahnstraße
Biesenthaler Weg
Dorfstraße
Danewitzer Straße
Schmetzdorfer Straße
Zepernicker Landweg
Rollberg
Kleingärten
Teufelspfuhl
Panke
69
88
105

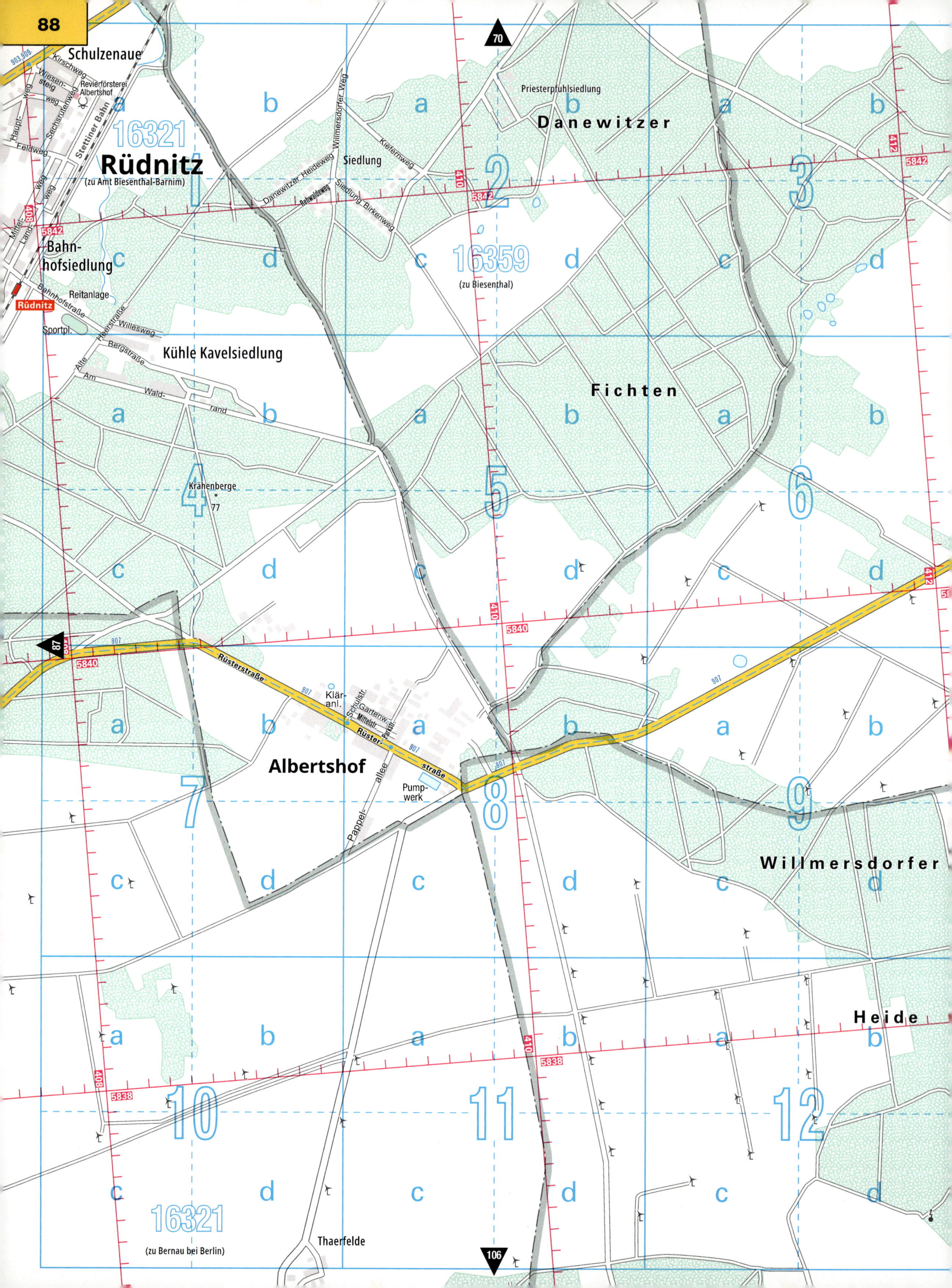
Schulzenaue
Kirschweg
Wiesensteig
Revierförsterei Albertshof
Stettiner Bahn
Feldweg
16321
Rüdnitz
(zu Amt Biesenthal-Barnim)
Bahnhofsiedlung
Reitanlage
Rüdnitz
Bahnhofstraße
Sportpl.
Heerstraße
Willesweg
Bergstraße
Kühle Kavelsiedlung
Am Waldrand
Krähenberge
77
Danewitzer Heideweg
Willmersdorfer Weg
Siedlung
Kiefernweg
Rehwaldeweg
Siedlung Birkenweg
Priesterpfuhlsiedlung
Danewitzer
16359
(zu Biesenthal)
Fichten
Rüsterstraße
Klär-anl.
Schulstr.
Gartenw.
Mittelstr.
Parkstr.
Rüsterstraße
Pump-werk
Pappelallee
Albertshof
Willmersdorfer
Heide
16321
(zu Bernau bei Berlin)
Thaerfelde
70
87
106

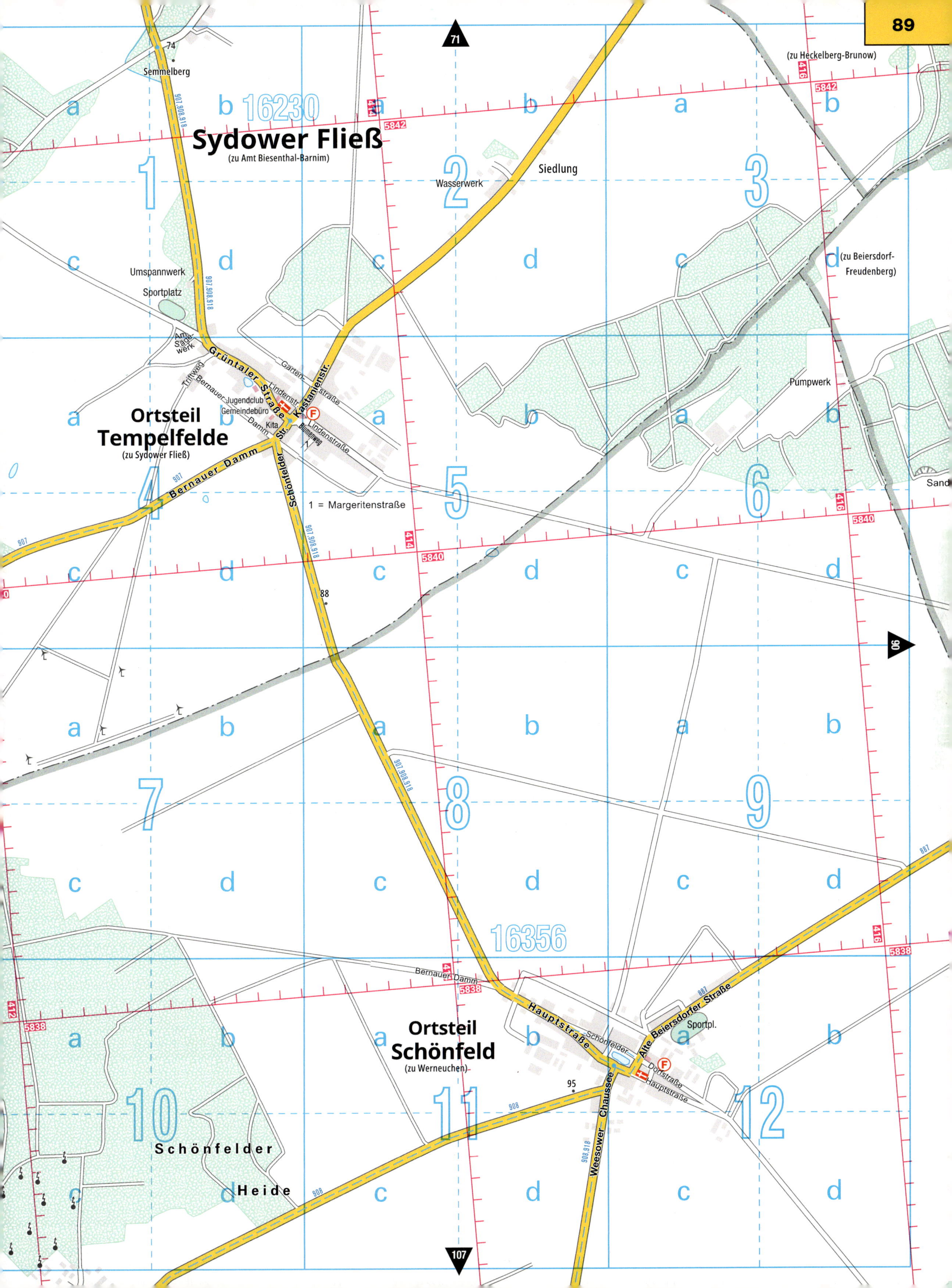

Sydower Fließ
(zu Amt Biesenthal-Barnim)
16230
Semmelberg
74
Siedlung
Wasserwerk
(zu Heckelberg-Brunow)
(zu Beiersdorf-Freudenberg)
Umspannwerk
Sportplatz
Am Sägewerk
Grüntaler Straße
Kastanienstr.
Gartenstraße
Lindenstr.
Lindenstraße
Triftweg
Bernauer Damm
Jugendclub
Gemeindebüro
Kita
Blumenweg
Ortsteil Tempelfelde
(zu Sydower Fließ)
Schönfelder Str.
1 = Margeritenstraße
Pumpwerk
Sand
88
16356
Bernauer Damm
Hauptstraße
Schönfelder
Alte Beiersdorfer Straße
Sportpl.
Dorfstraße
Hauptstraße
Ortsteil Schönfeld
(zu Werneuchen)
95
Weesower Chaussee
Schönfelder Heide
71
90
107

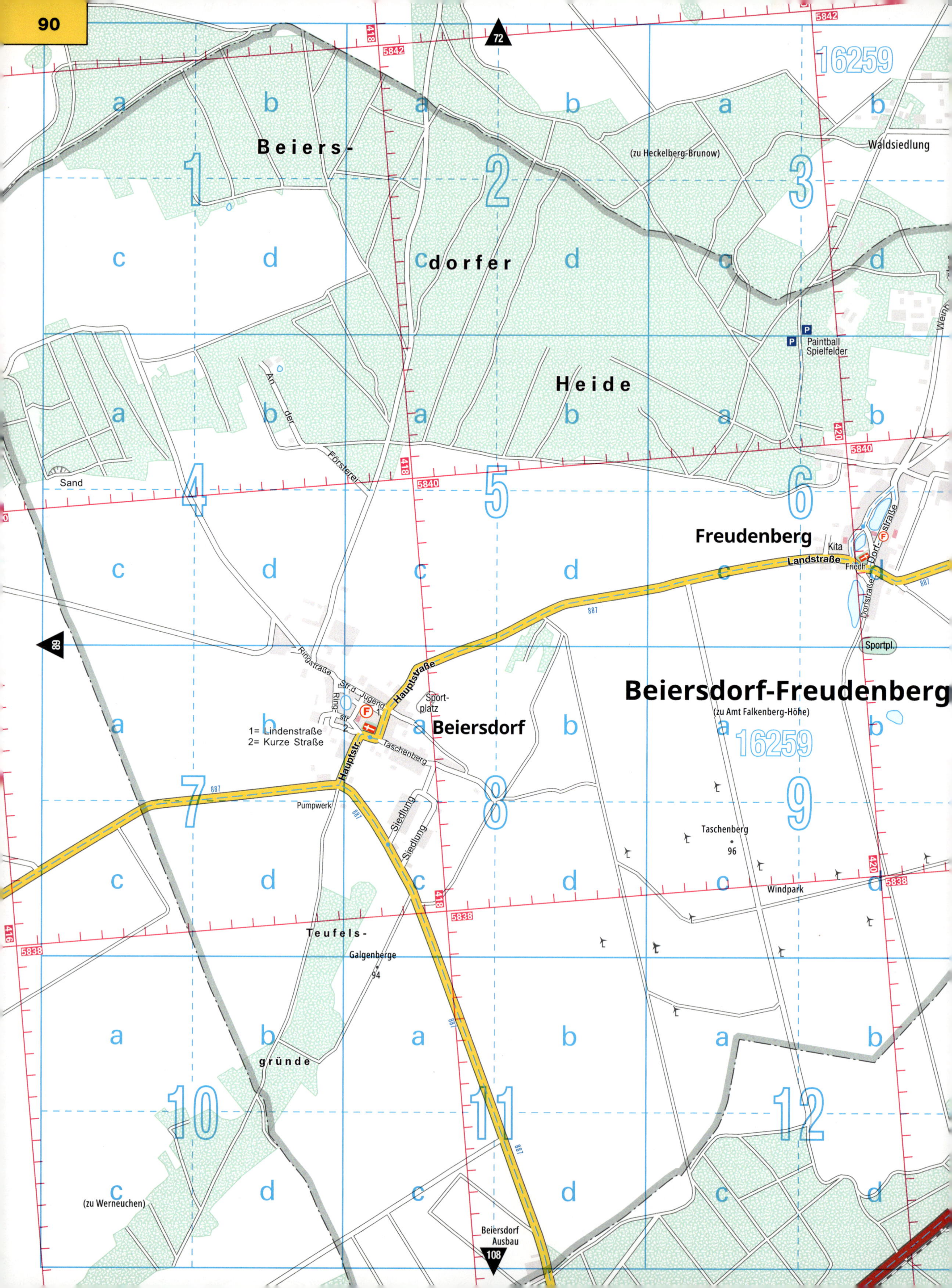

72
16259
Beiers-
dorfer
Heide
(zu Heckelberg-Brunow)
Waldsiedlung
Paintball
Spielfelder
An der Försterei
Sand
Freudenberg
Kita
Landstraße
Friedh.
Dorfstraße
887
Sportpl.
89
Ringstraße
Str. d. Jugend
Hauptstraße
Sport-
platz
Ring-
str.
1= Lindenstraße
2= Kurze Straße
Beiersdorf
Taschenberg
Beiersdorf-Freudenberg
(zu Amt Falkenberg-Höhe)
Hauptstr.
Pumpwerk
Siedlung
Taschenberg
96
Windpark
Teufels-
Galgenberge
94
gründe
(zu Werneuchen)
Beiersdorf
Ausbau
108

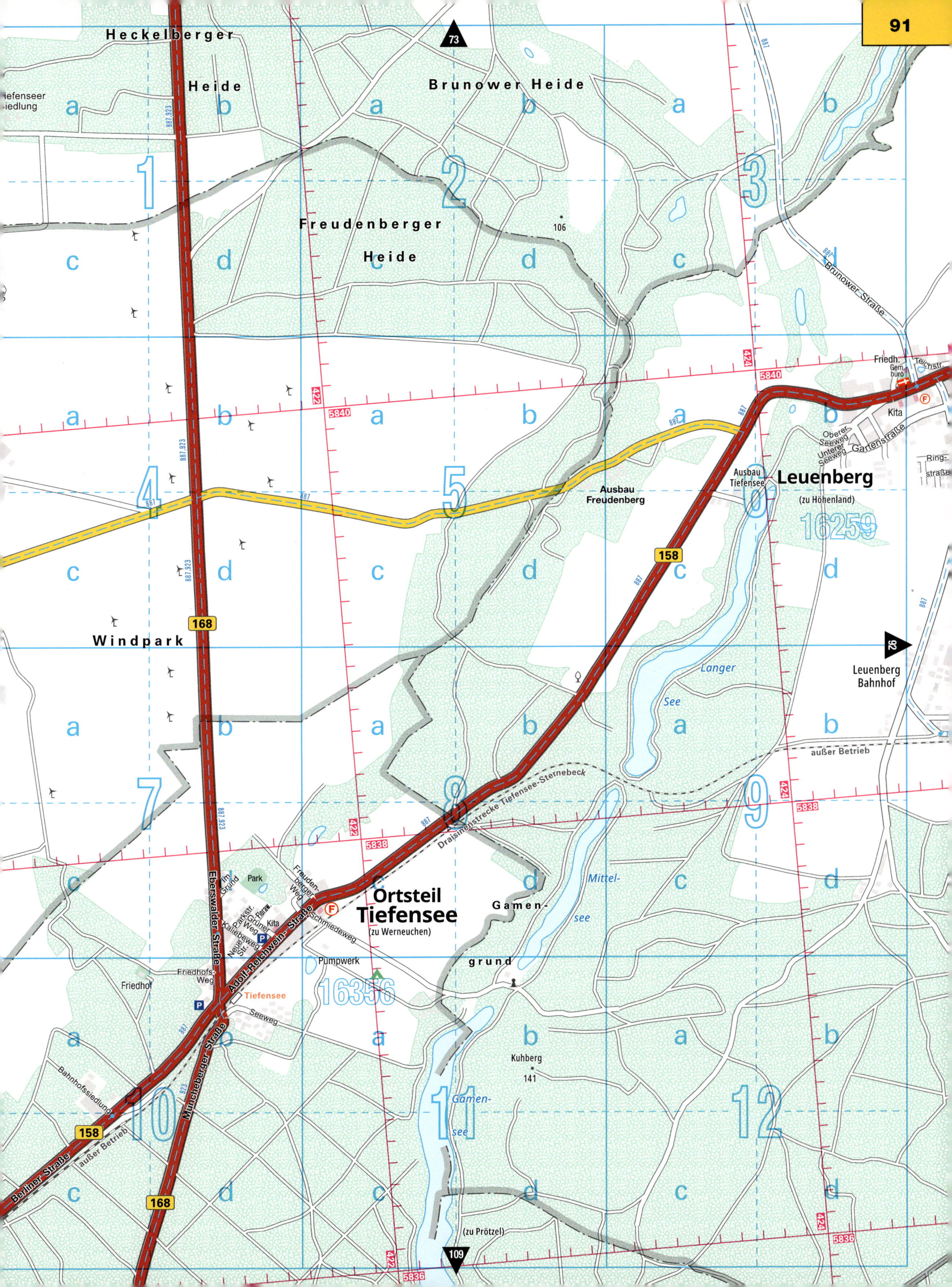

Heckelberger Heide
Brunower Heide
Freudenberger Heide
Windpark
Leuenberg
(zu Höhenland)
16259
Ausbau Tiefensee
Ausbau Freudenberg
Leuenberg Bahnhof
Langer See
Mittel-see
Gamen-grund
Gamen-see
Ortsteil Tiefensee
(zu Werneuchen)
16356
Pumpwerk
Tiefensee
Friedhof
Kuhberg
141
106
(zu Prötzel)
Draisinenstrecke Tiefensee-Sternebeck
außer Betrieb
Eberswalder Straße
Adolf-Reichwein-Straße
Müncheberger Straße
Berliner Straße
Bahnhofssiedlung
Seeweg
Schmiedeweg
Freudenberger Weg
Friedhofs-Weg
Brunower Straße
Gartenstraße
Oberer Seeweg
Unterer Seeweg
Ringstraße
Teichstr.
Kita
Park
158
168
73
109
92
1
2
3
4
5
6
7
8
9
10
11
12

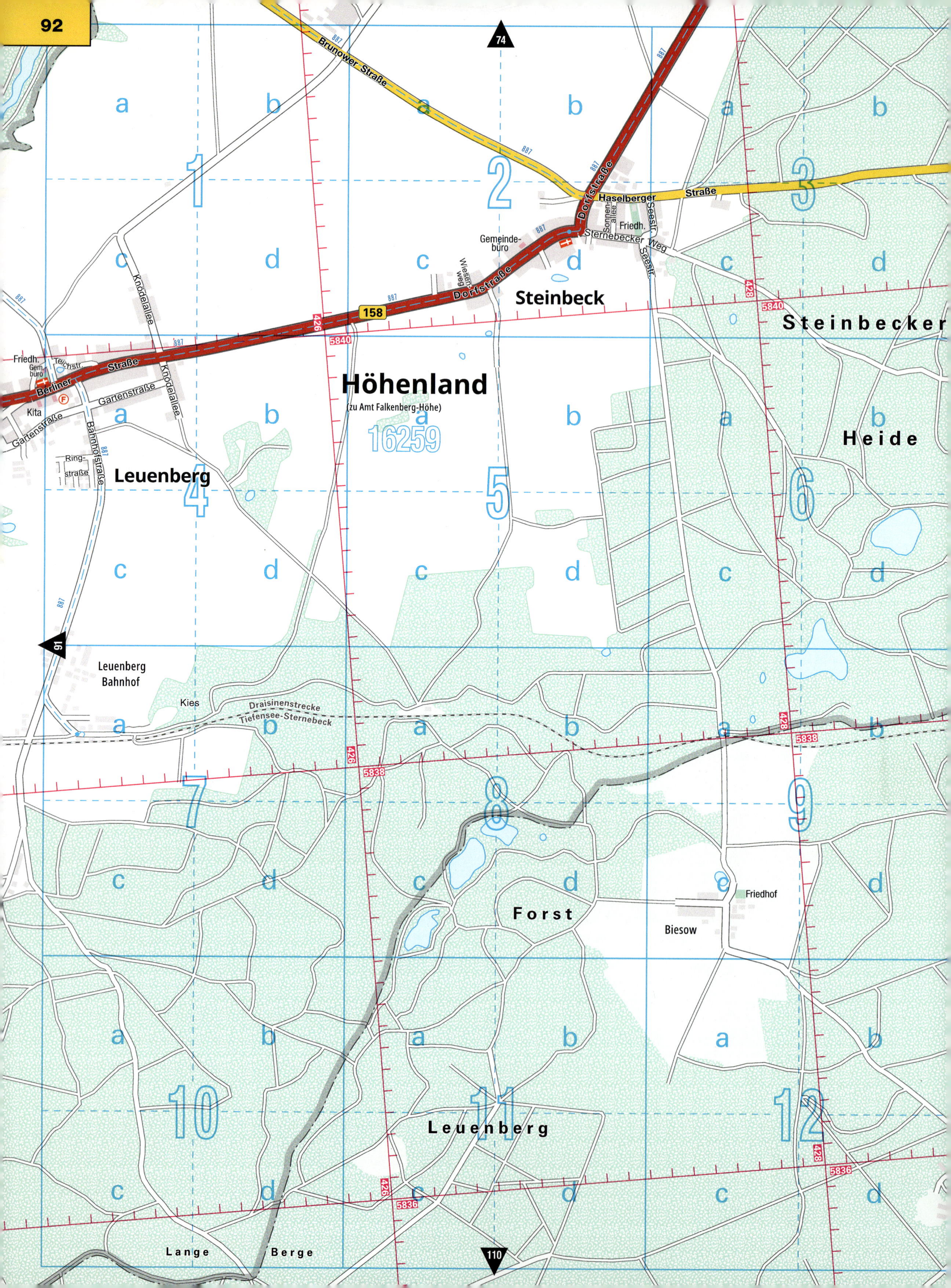

74
Brunower Straße
Haselberger Straße
Dorfstraße
Sonnenallee
Friedh.
Sternebecker Weg
Seestr.
Gemeinde-büro
Wiesenweg
Steinbeck
Steinbecker
Heide
158
Berliner Straße
Friedh.
Gem. büro
Teichstr.
Gartenstraße
Knödelallee
Kita
Bahnhofstraße
Ring-straße
Leuenberg
Höhenland
(zu Amt Falkenberg-Höhe)
16259
91
Leuenberg Bahnhof
Kies
Draisinenstrecke Tiefensee-Sternebeck
Forst
Friedhof
Biesow
Leuenberg
Lange Berge
110

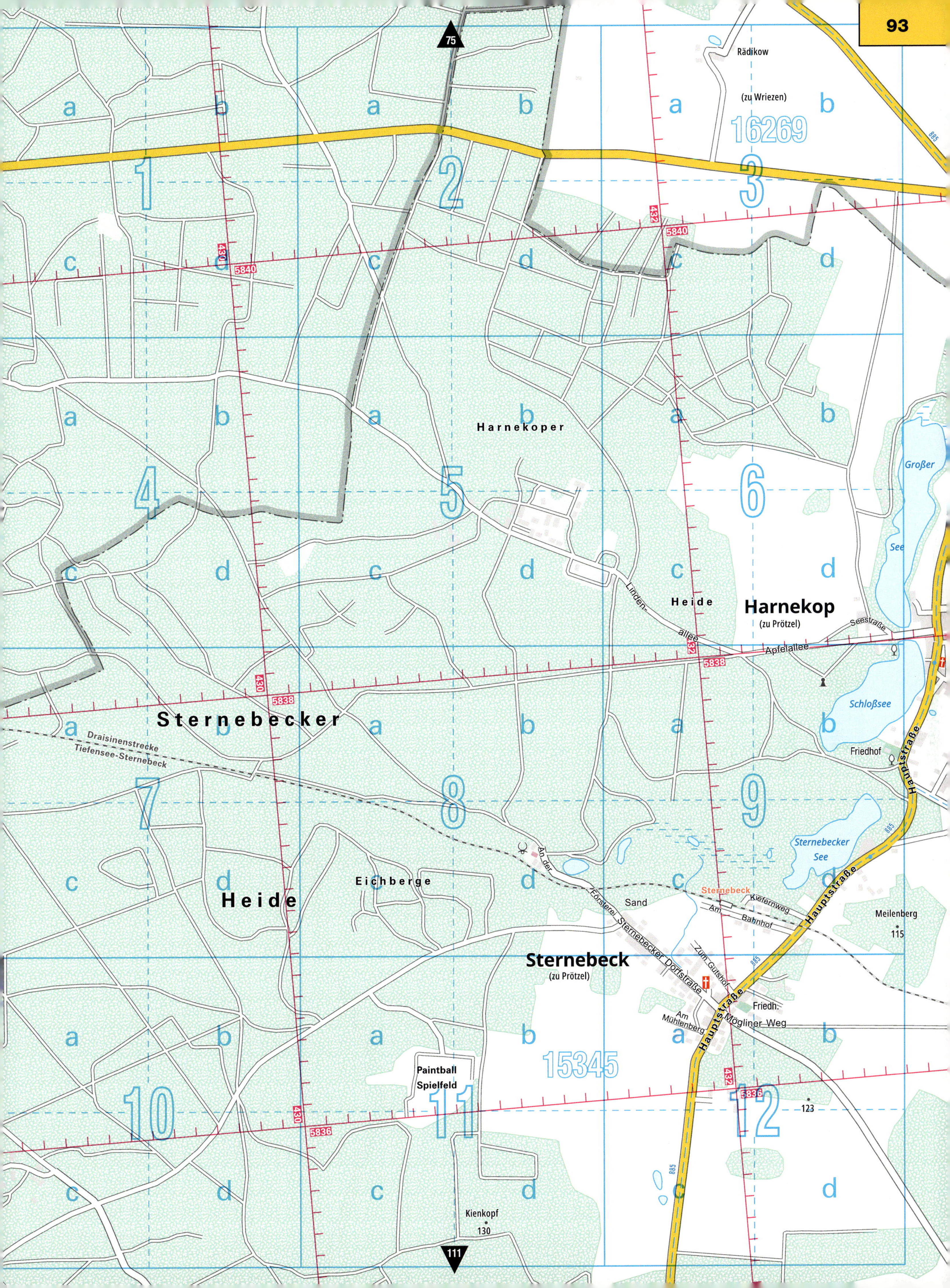

75
Rädikow
(zu Wriezen)
16269
5840
Harnekoper
Großer
See
Heide
Harnekop
(zu Prötzel)
Linden-
allee
Seestraße
Apfelallee
5838
Schloßsee
Friedhof
Sternebecker
Draisinenstrecke
Tiefensee-Sternebeck
Eichberge
Heide
An der
Förster
Sand
Sternebecker See
Sternebeck
Kiefernweg
Am Bahnhof
Hauptstraße
Meilenberg
115
Zum Gutshof
Sternebecker Dorfstraße
Sternebeck
(zu Prötzel)
Friedh.
Am Mühlenberg
Mögliner Weg
Paintball
Spielfeld
15345
5836
123
Kienkopf
130
111

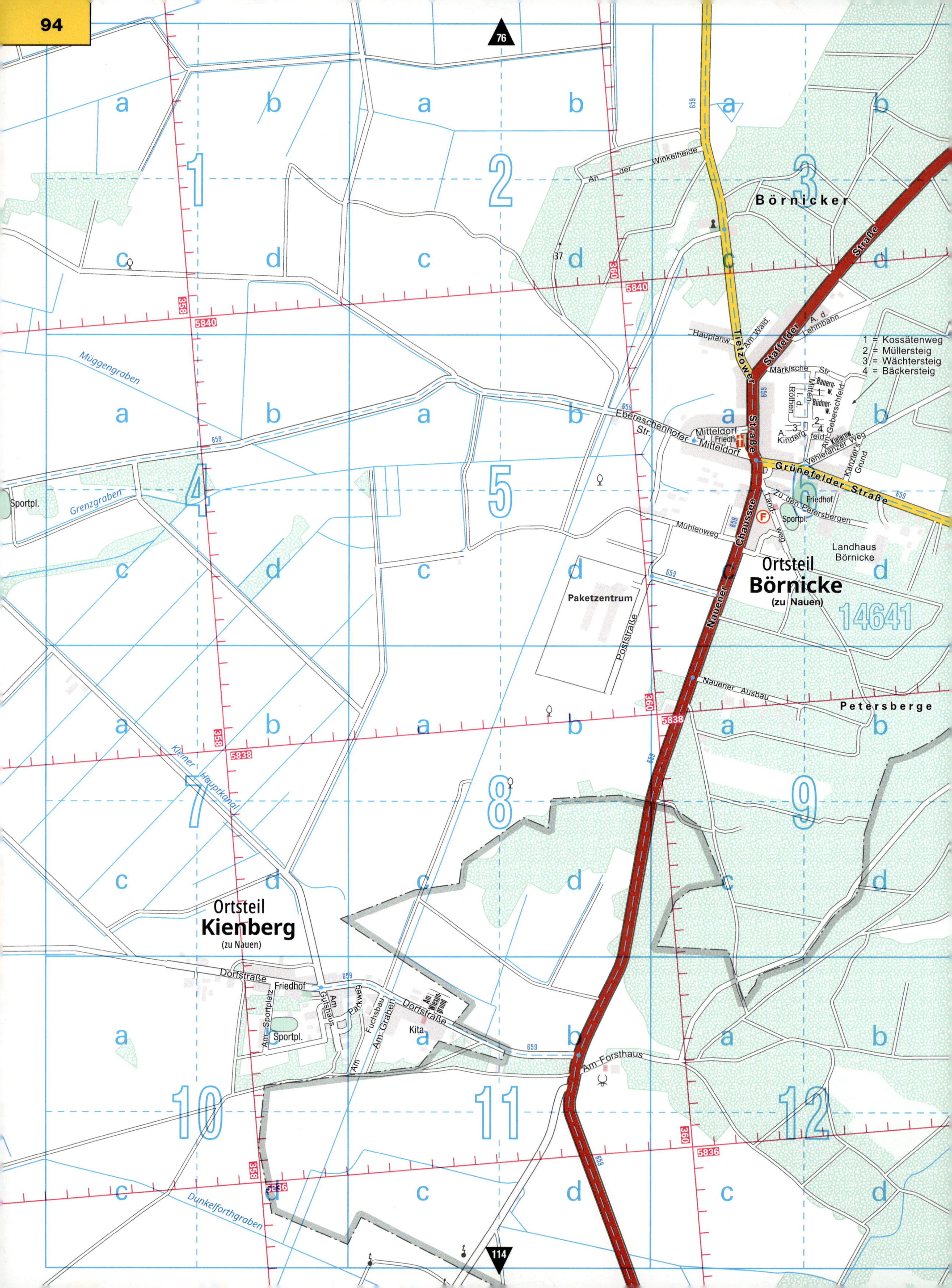

76
Börnicker
An der Winkelheide
Tietzower Straße
Staffelder Straße
A. d. Lehmbahn
Hauplanw.
Am Wald
Märkische Str.
1 = Kossätenweg
2 = Müllersteig
3 = Wächtersteig
4 = Bäckersteig
Müggengraben
Ebereschenhofer Str.
Mitteldorf
Friedh.
Vehlefanzer Weg
Kanzler's Grund
Am Geberschfeld
Grünefelder Straße
Sportpl.
Grenzgraben
Friedhof
Zu den Petersbergen
Mühlenweg
Chaussee
Landweg
Landhaus Börnicke
Ortsteil
Börnicke
(zu Nauen)
Paketzentrum
Poststraße
Nauener
14641
Nauener Ausbau
Petersberge
Kleiner Hauptkanal
Ortsteil
Kienberg
(zu Nauen)
Dorfstraße
Friedhof
Am Gutshaus
Parkweg
Fuchsbau
Am Graben
Am Wiesengrund
Dorfstraße
Am Sportplatz
Sportpl.
Kita
Am Forsthaus
Dunkelforthgraben
114

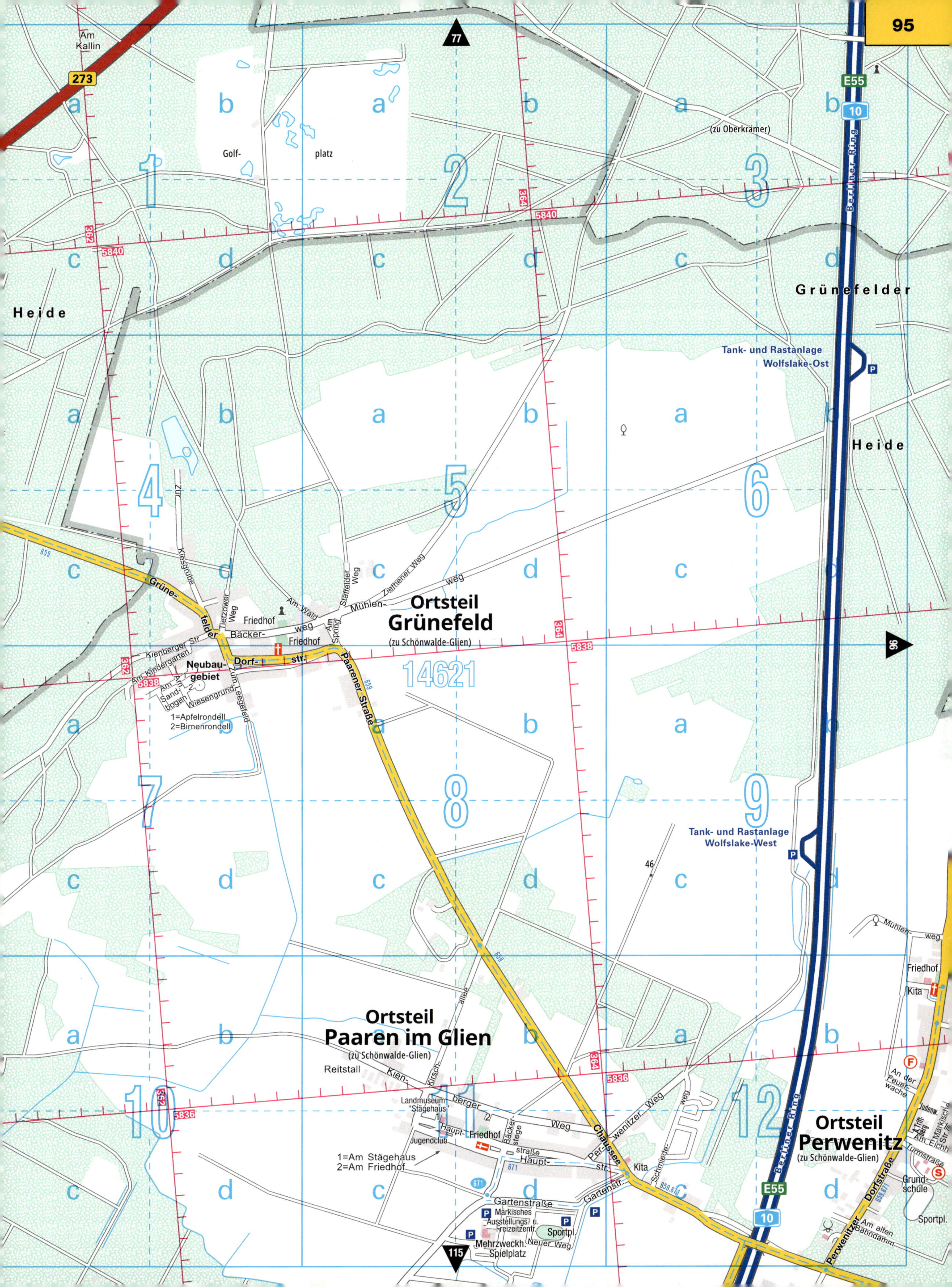
Am
Kallin
273
Golf-
platz
(zu Oberkrämer)
E55
10
Berliner Ring
Heide
Grünefelder
Tank- und Rastanlage
Wolfslake-Ost
Heide
Zur
Kiesgrube
Tietzower
Weg
Am Wald
Staffelder
Weg
Ziethener Weg
Mühlen-
weg
Ortsteil
Grünefeld
(zu Schönwalde-Glien)
14621
Grüne-
felder
Friedhof
Bäcker-
weg
Friedhof
Am
Spring
Kienberger Str.
Am Kindergarten
Neubau-
gebiet
Dorf-
str.
Paarener Straße
Am
Sand-
bogen
Wiesengrund
Zum Leegefeld
1=Apfelrondell
2=Birnenrondell
Tank- und Rastanlage
Wolfslake-West
46
Mühlen-
weg
Friedhof
Kita
Ortsteil
Paaren im Glien
(zu Schönwalde-Glien)
Reitstall
Kien-
berger
Weg
Kirsch-
allee
Landmuseum
"Stägehaus"
Haupt-
Friedhof
Jugendclub
Bäcker-
stege
straße
Haupt-
str.
1=Am Stägehaus
2=Am Friedhof
Chaussee
Perwenitzer Weg
Kita
Schmiede-
weg
Gartenstraße
Gartenstr.
Märkisches
Ausstellungs- u.
Freizeitzentr.
Sportpl.
Mehrzweckh.
Neuer Weg
Spielplatz
Ortsteil
Perwenitz
(zu Schönwalde-Glien)
An der
Feuer-
wache
Dorfstraße
Perwenitzer
Am alten
Bahndamm
Grund-
schule
Sportpl.
Turmstraße
77
96
115
5840
5838
5836
362
364

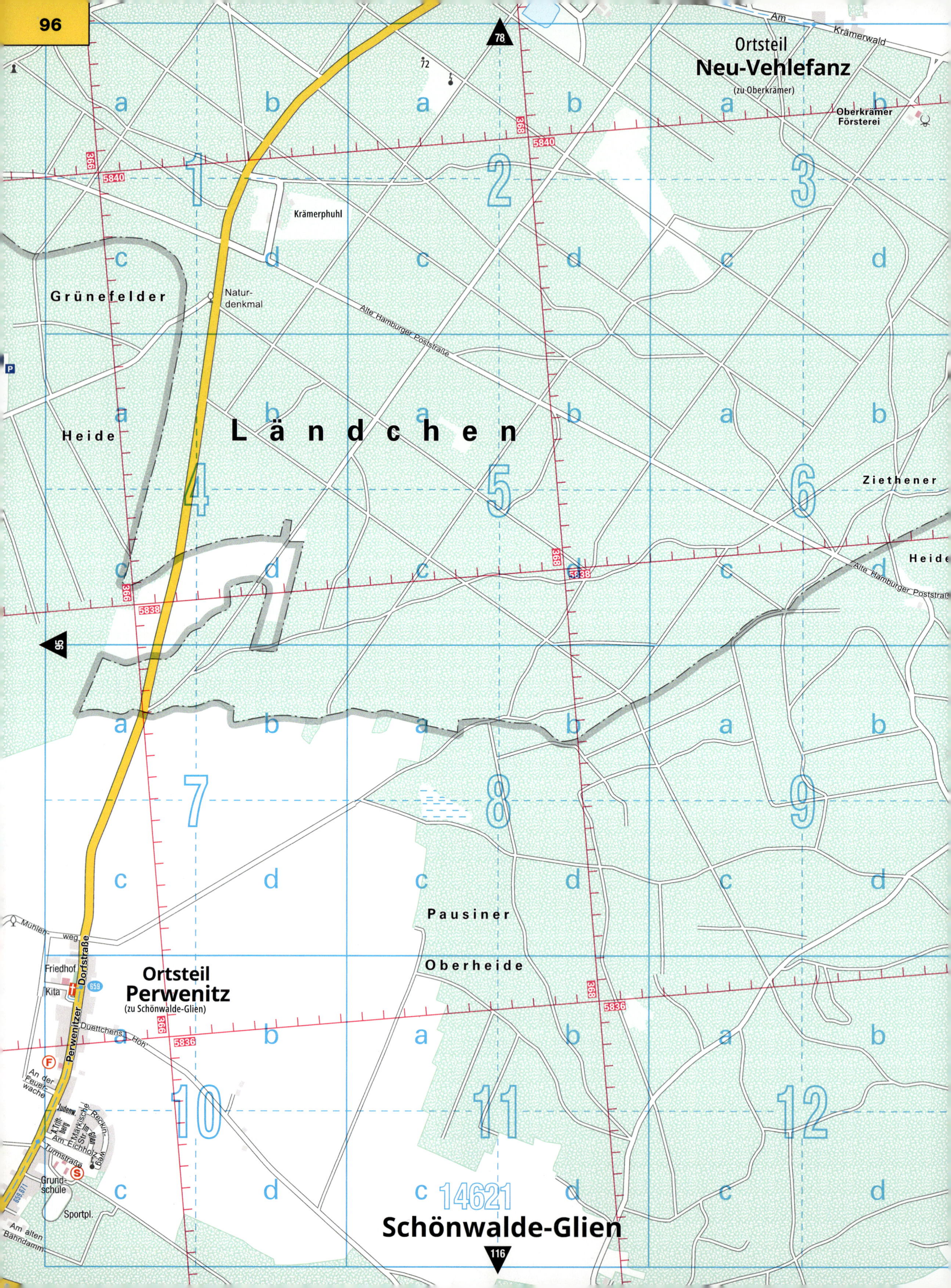
Ortsteil
Neu-Vehlefanz
(zu Oberkrämer)
Am Krämerwald
Oberkrämer Försterei
Krämerphuhl
Naturdenkmal
Grünefelder
Heide
Ländchen
Alte Hamburger Poststraße
Ziethener
Heide
Pausiner
Oberheide
Mühlenweg
Dorfstraße
Friedhof
Kita
Ortsteil
Perwenitz
(zu Schönwalde-Glien)
Perwenitzer
Duettchens Hof
An der Feuerwache
Turmstraße
Am Eichholz
Grundschule
Sportpl.
Am alten Bahndamm
14621
Schönwalde-Glien
78
95
116

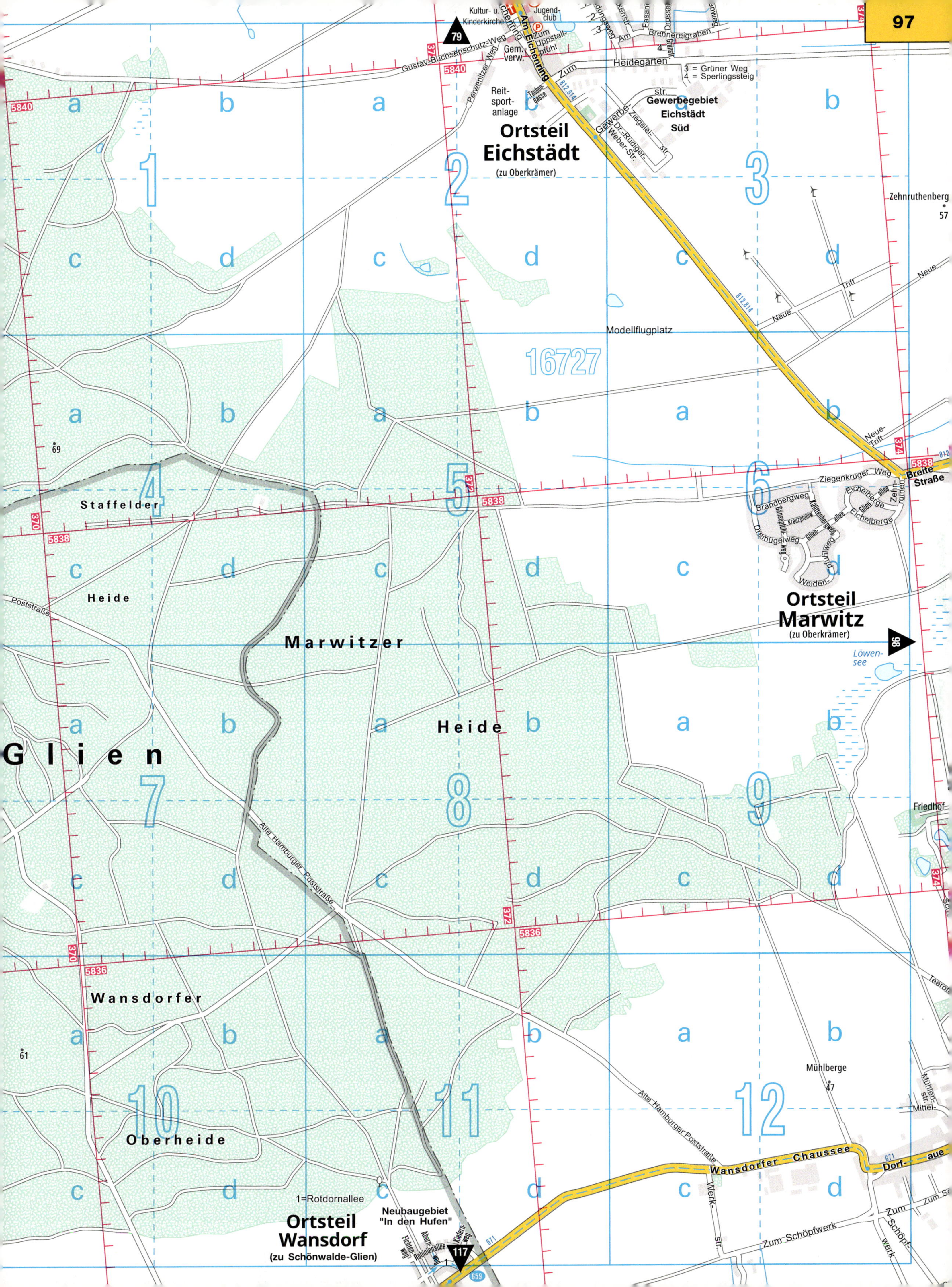

Ortsteil
Eichstädt
(zu Oberkrämer)
Gewerbegebiet
Eichstädt
Süd
Kultur- u. Kinderkirche
Jugend-club
Gustav-Buchsenschutz-Weg
Penwenitzer Weg
Gem. verw.
Am Eichenring
Zum Uppstall-pfuhl
Zum Heidegarten
Brennereigraben
3 = Grüner Weg
4 = Sperlingssteig
Reit-sport-anlage
Gewerbestr.
Ziegelei-str.
Dr.-Rüdiger-Weber-Str.
Zehnruthenberg
57
Modellflugplatz
16727
Neue Trift
Staffelder
Heide
Poststraße
Marwitzer
Heide
Glien
69
Ziegenkruger Weg
Breite Straße
Brandbergweg
Dreihügelweg
Eichelberge
Ortsteil
Marwitz
(zu Oberkrämer)
Löwen-see
Friedhof
Alte Hamburger Poststraße
Wansdorfer
61
Oberheide
Mühlberge
47
Wansdorfer Chaussee
Dorf-aue
Werk-str.
Zum Schöpfwerk
1=Rotdornallee
Neubaugebiet "In den Hufen"
Ortsteil
Wansdorf
(zu Schönwalde-Glien)
79
96
117
5840
5838
5836
370
372
374

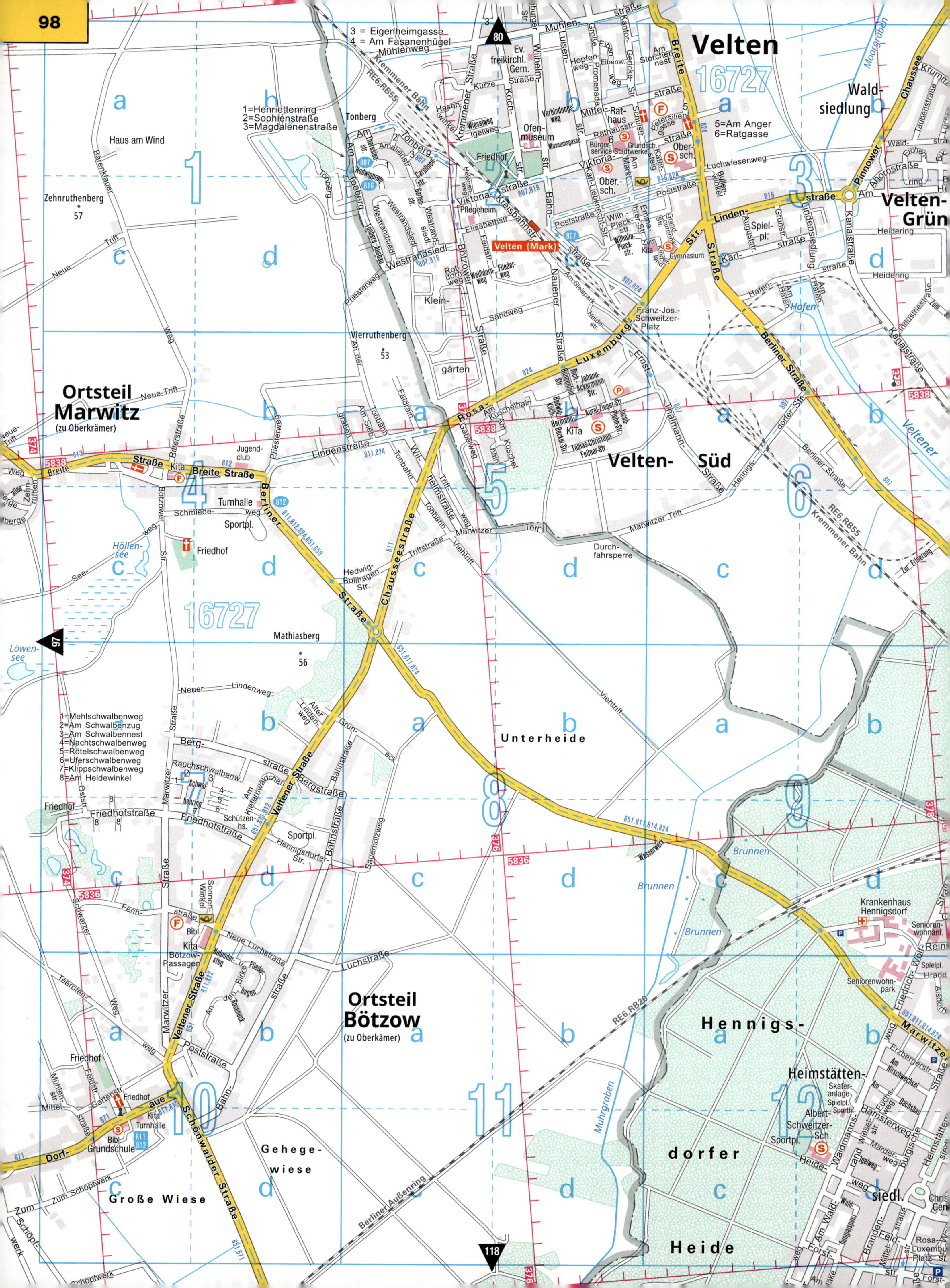

Velten
16727
Wald-
siedlung
Velten-
Grün
Velten (Mark)
Velten-
Süd
Ortsteil
Marwitz
(zu Oberkrämer)
Ortsteil
Bötzow
(zu Oberkämer)
Hennigs-
dorfer
Heide
Unterheide
Gehege-
wiese
Große Wiese
Haus am Wind
Zehnruthenberg
57
Vierruthenberg
53
Mathiasberg
56
Tonberg
Friedhof
Ofen-
museum
Rathaus
Gymnasium
Hafen
Pflegeheim
Turnhalle
Sportpl.
Jugend-
club
Kita
KiTa
Krankenhaus
Hennigsdorf
Heimstätten-
siedl.
Albert-
Schweitzer-
Sch.
Skater-
anlage
Seniorenwohn-
park
Brunnen
Wasserwerk
Durch-
fahrsperre
Höllen-
see
Löwen-
see
Muhrgraben
Moorgraben
Veltener
Breite Straße
Berliner Straße
Chausseestraße
Veltener Straße
Schönwalder Straße
Rosa-Luxemburg-Str.
Linden-Str.
Marwitzer Trift
Viehtrift
Neue Trift
Bergstraße
Friedhofstraße
Luchstraße
Neue Luchstraße
Poststraße
Lindenstraße
Berliner Außenring
Kremmener Bahn
RE6,RB55
RE6,RB20
1=Henriettenring
2=Sophienstraße
3=Magdalenenstraße
3 = Eigenheimgasse
4 = Am Fasanenhügel
5=Am Anger
6=Ratgasse
1=Mehlschwalbenweg
2=Am Schwalbenzug
3=Am Schwalbennest
4=Nachtschwalbenweg
5=Rötelschwalbenweg
6=Uferschwalbenweg
7=Klippschwalbenweg
8=Am Heidewinkel
5838
5836
80
97
118

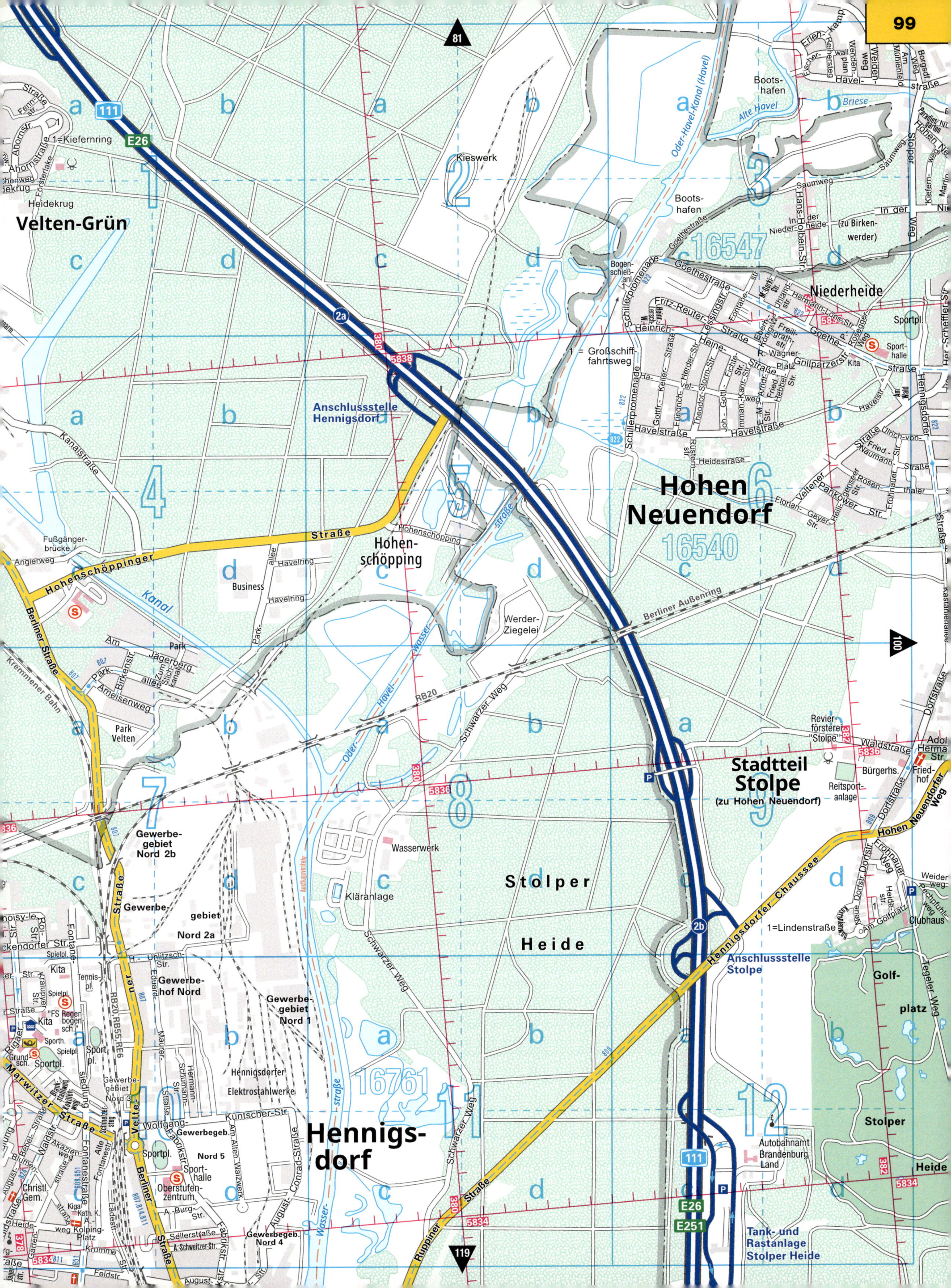
Velten-Grün
Heidekrug
1=Kiefernring
Kieswerk
Anschlussstelle Hennigsdorf
Hohen-schöpping
Hohenschöppinger Straße
Berliner Straße
Kanalstraße
Fußgänger-brücke
Anglerweg
Kanal
Business
Havelring
Park
Jägerberg
Ameisenweg
Birkenstr.
Park Velten
Kremmener Bahn
Oder-Havel-Kanal (Havel)
Boots-hafen
Alte Havel
Briese
Saumweg
Goethestraße
Niederheide
Hohen Neuendorf
16547
16540
1 = Großschiff-fahrtsweg
Schillerpromenade
Havelstraße
Heidestraße
Sportpl.
Sport-halle
Kita
Veltener Str.
Pankower Str.
Berliner Außenring
Werder-Ziegelei
Schwarzer Weg
RB20
Stadtteil Stolpe
(zu Hohen Neuendorf)
Revier-försterei Stolpe
Waldstraße
Bürgerhs.
Reitsport-anlage
Fried-hof
Hohen Neuendorfer Weg
Hennigsdorfer Chaussee
Anschlussstelle Stolpe
1=Lindenstraße
Clubhaus
Golf-platz
Stolper Heide
Gewerbe-gebiet Nord 2b
Gewerbe-gebiet Nord 2a
Gewerbe-hof Nord
Gewerbe-gebiet Nord 1
Hennigsdorfer Elektrostahlwerke
Wasserwerk
Kläranlage
Stolper Heide
Hennigs-dorf
16761
Marwitzer Straße
Sportpl.
Oberstufen-zentrum
Sport-halle
Gewerbegeb. Nord 5
Gewerbegeb. Nord 4
Ruppiner Straße
Autobahnamt Brandenburg Land
Tank- und Rastanlage Stolper Heide
111
E26
E251
2a
2b
81
100
119

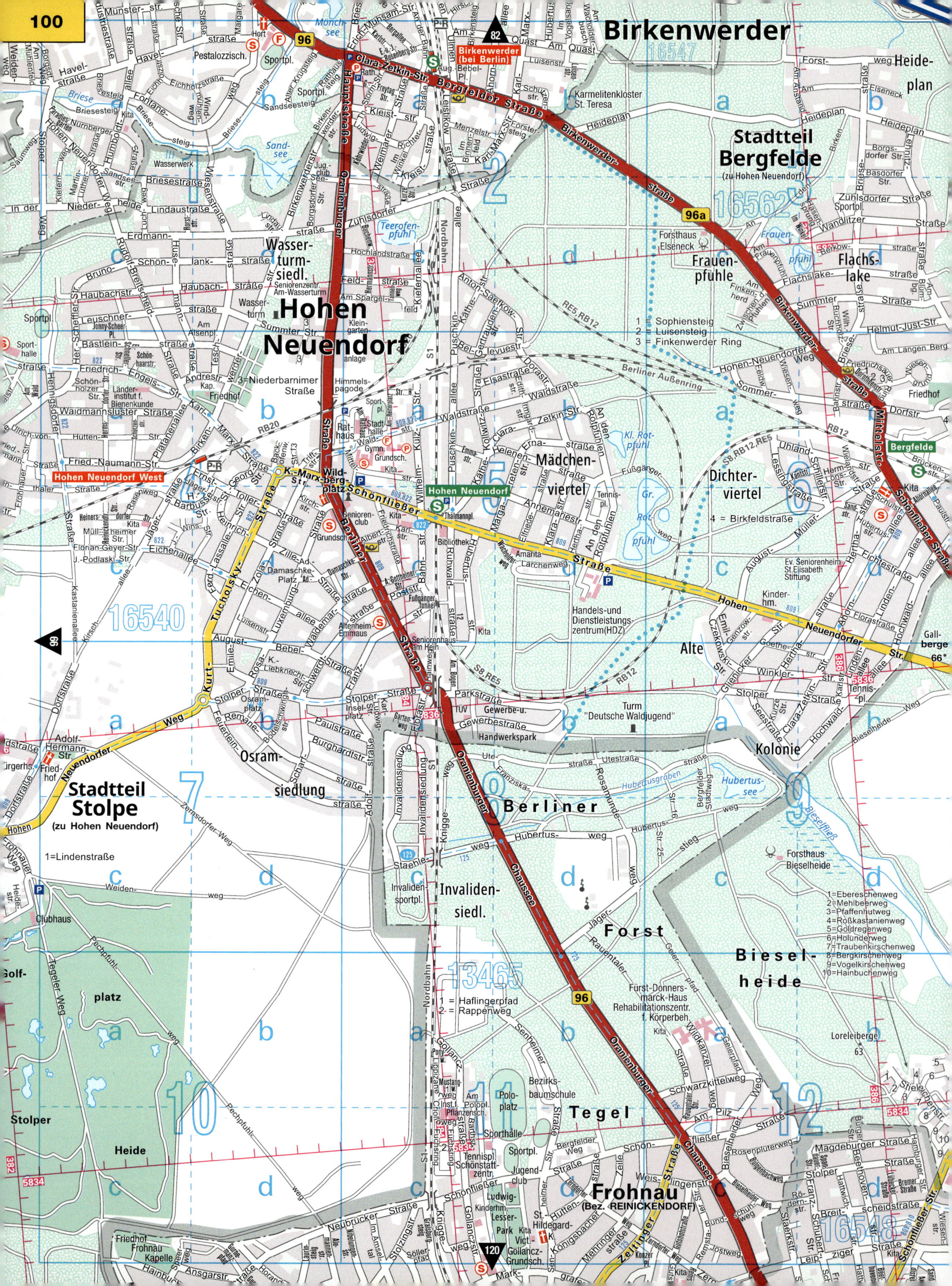
Birkenwerder
Stadtteil Bergfelde
(zu Hohen Neuendorf)
Hohen Neuendorf
Wasser-turm-siedl.
Frauen-pfuhle
Flachs-lake
Mädchen-viertel
Dichter-viertel
Alte Kolonie
Osram-siedlung
Stadtteil Stolpe
(zu Hohen Neuendorf)
Berliner Forst
Invaliden-siedl.
Bieselheide
Tegel
Frohnau
(Bez. REINICKENDORF)
Stolper Heide
Golf-platz
Hohen Neuendorf West
Hohen Neuendorf
Bergfelde
Birkenwerder (bei Berlin)
1 = Sophiensteig
2 = Luisensteig
3 = Finkenwerder Ring
4 = Birkfeldstraße
3=Niederbarnimer Straße
1=Lindenstraße
1 = Haflingerpfad
2 = Rappenweg
1=Ebereschenweg
2=Mehlbeerweg
3=Pfaffenhutweg
4=Roßkastanienweg
5=Goldregenweg
6=Holunderweg
7=Traubenkirschenweg
8=Bergkirschenweg
9=Vogelkirschenweg
10=Hainbuchenweg
16547
16562
16540
13465
16548

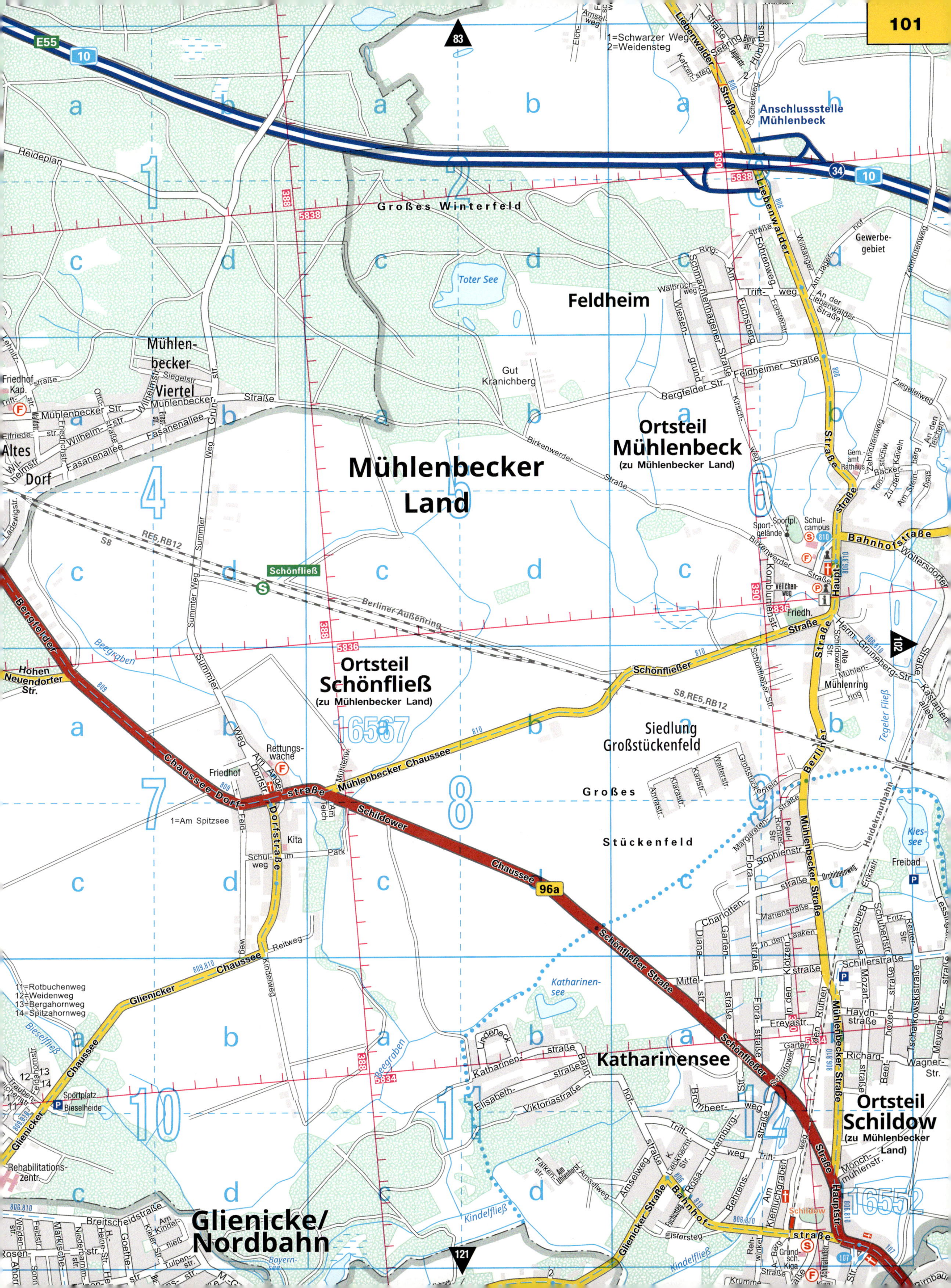

E55
10
83
1=Schwarzer Weg
2=Weidensteg
Anschlussstelle Mühlenbeck
34
Heideplan
Großes Winterfeld
5838
388
390
Liebenwalder Straße
Toter See
Feldheim
Mühlen-becker-Viertel
Mühlenbecker Str.
Fasanenallee
Wilhelm-str.
Altes Dorf
Gut Kranichberg
Birkenwerder Straße
Bergfelder Str.
Feldheimer Straße
Ortsteil Mühlenbeck
(zu Mühlenbecker Land)
Gewerbe-gebiet
Mühlenbecker Land
Summter Weg
Schönfließ
S8
RE5,RB12
Berliner Außenring
5836
Bahnhofstraße
Wolterdorfer
102
Hohen Neuendorfer Str.
Bergfelder
Ortsteil Schönfließ
(zu Mühlenbecker Land)
16567
Schönfließer Straße
S8,RE5,RB12
Siedlung Großstückenfeld
Mühlenring
Tegeler Fließ
Rettungs-wache
Friedhof
Chaussee Dorfstraße
Mühlenbecker Chaussee
Schildower Chaussee
96a
Großes Stückenfeld
1=Am Spitzsee
Kita
Park
Heidekrautbahn
Kies-see
Freibad
Mühlenbecker Straße
Reitweg
Glienicker Chaussee
11=Rotbuchenweg
12=Weidenweg
13=Bergahornweg
14=Spitzahornweg
Katharinen-see
Katharinensee
Bieselfließ
Sportplatz Bieselheide
5834
Beegraben
Viktoriastraße
Ortsteil Schildow
(zu Mühlenbecker Land)
Rehabilitations-zentr.
Glienicke/Nordbahn
Kindelfließ
121
16552
Schildow
Hauptstr.
Bahnhofstraße
Glienicker Straße

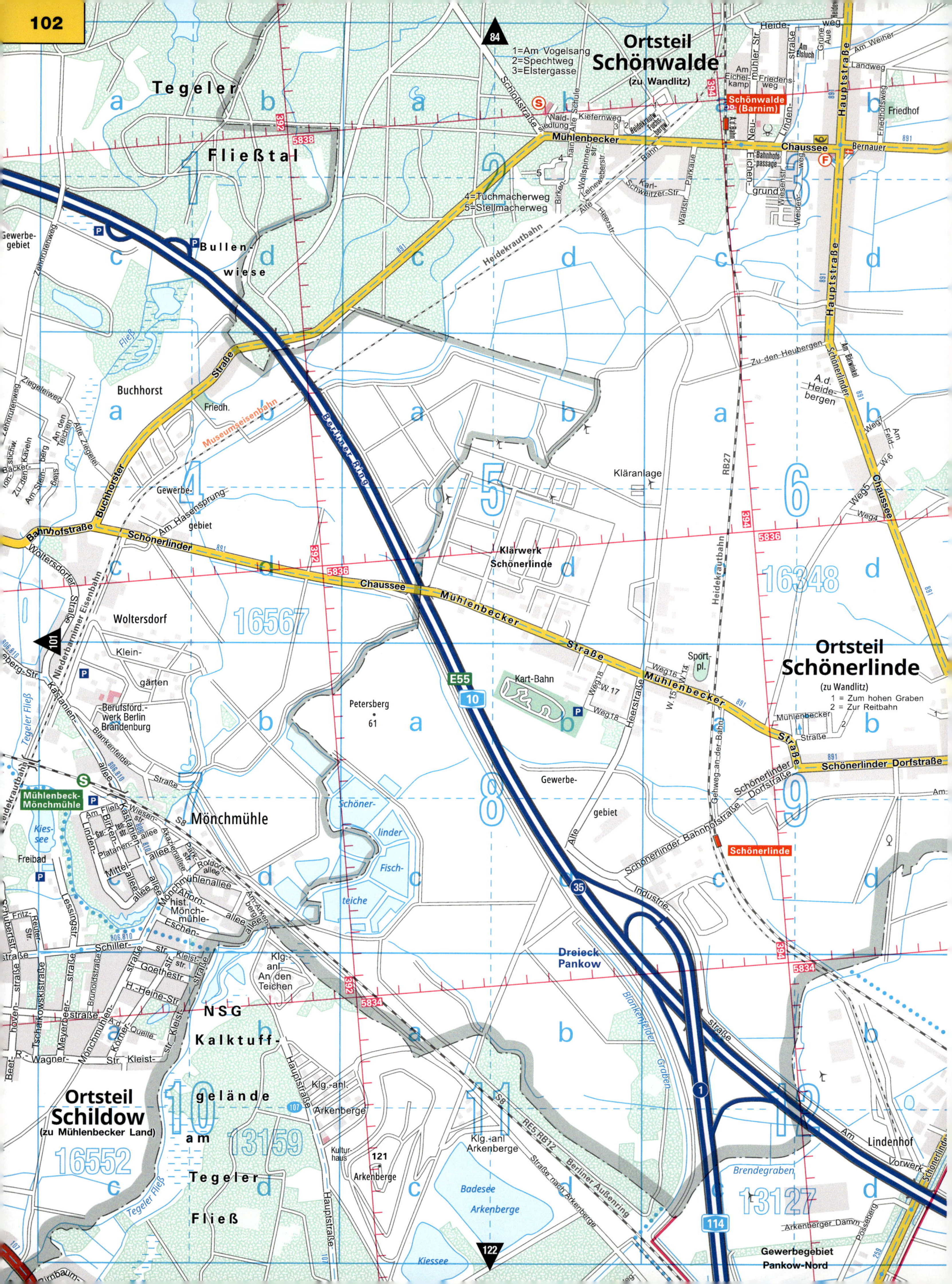

84
1=Am Vogelsang
2=Spechtweg
3=Elstergasse
Ortsteil Schönwalde
(zu Wandlitz)
Schönwalde (Barnim)
Tegeler Fließtal
Bullenwiese
Mühlenbecker
Chaussee
Bernauer
4=Tuchmacherweg
5=Stellmacherweg
Heidekrautbahn
Hauptstraße
Friedhof
Gewerbegebiet
Buchhorst
Friedh.
Museumseisenbahn
Buchhorster Straße
Bahnhofstraße
Schönerlinder Chaussee
Am Hasensprung
Woltersdorfer Straße
Woltersdorf
Kleingärten
Berufsförd.-werk Berlin Brandenburg
Niederbarnimer Eisenbahn
Klärwerk Schönerlinde
Kläranlage
Mühlenbecker Straße
Zu-den-Heubergen
A.d. Heidebergen
16567
16348
Berliner Ring
E55
10
Petersberg
61
Kart-Bahn
Sport-pl.
Ortsteil Schönerlinde
(zu Wandlitz)
1 = Zum hohen Graben
2 = Zur Reitbahn
Schönerlinder Dorfstraße
Mühlenbeck-Mönchmühle
Mönchmühle
Schönerlinder Fischteiche
Gewerbegebiet
Schönerlinder Bahnhofstraße
Schönerlinde
Industriestraße
35
Dreieck Pankow
Kiessee
Freibad
hist. Mönchmühle
NSG Kalktuffgelände am Tegeler Fließ
Ortsteil Schildow
(zu Mühlenbecker Land)
16552
13159
Klg.-anl. Arkenberge
Kulturhaus
121
Arkenberge
Badesee Arkenberge
Kiessee
Blankenfelder Graben
Berliner Außenring
Straße nach Arkenberge
1
114
Brendegraben
13127
Lindenhof
Am Vorwerk
Arkenberger Damm
Gewerbegebiet Pankow-Nord
122
101

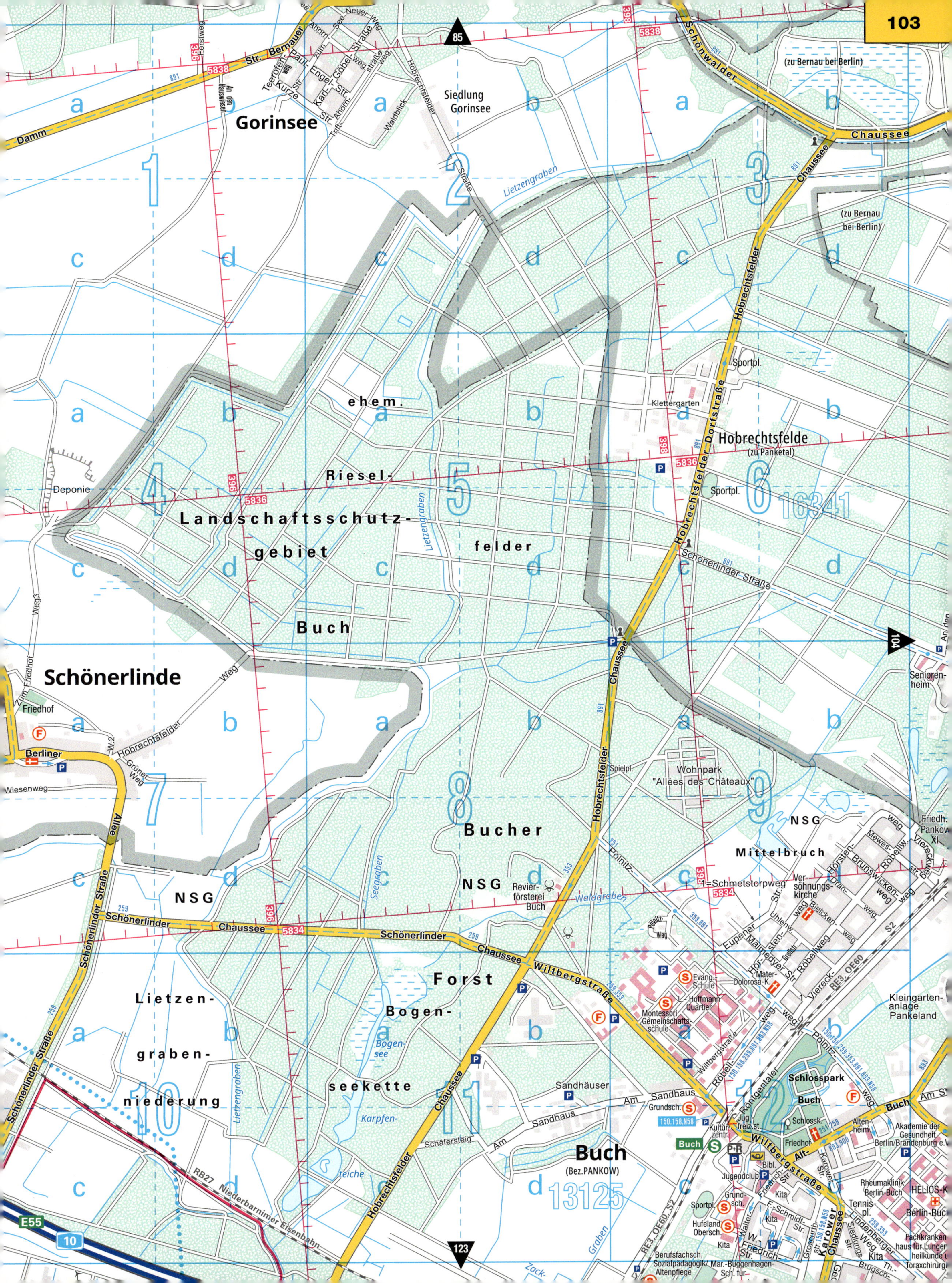
Gorinsee
Siedlung Gorinsee
Bernauer Str.
Damm
Lietzengraben
Schönwalder Chaussee
(zu Bernau bei Berlin)
Hobrechtsfelder Chaussee
Hobrechtsfelde
(zu Panketal)
16341
Hobrechtsfelder Dorfstraße
Sportpl.
Klettergarten
Schönerlinder Straße
ehem. Riesel- felder
Landschaftsschutz- gebiet Buch
Deponie
Schönerlinde
Friedhof
Berliner
Wiesenweg
Hobrechtsfelder Weg
Allee
Schönerlinder Straße
Schönerlinder Chaussee
NSG
Bucher Forst
Wohnpark "Allées des Châteaux"
Mittelbruch
Revierförsterei Buch
Waldgraben
Wiltbergstraße
Lietzen- graben- niederung
Bogen- seekette
Bogensee
Karpfenteiche
Seegraben
Schäfersteig
Am Sandhaus
Sandhäuser
Buch
(Bez.PANKOW)
13125
Schlosspark Buch
Seniorenheim
Kleingartenanlage Pankeland
Niederbarnimer Eisenbahn
E55
10
85
104
123

Stadtteil Schönow
(zu Bernau bei Berlin)
(zu Panketal)
Friedenstal
Blumenhag
Eichwerder
Röntgental
Ortsteil Zepernick
(zu Panketal)
Bergwalde
16341
Panketal
Gehrenberge
Alpenberge
Buch
(Bez. PANKOW)
13125
Schwanebeck-West
Schwanebeck
Natur-schutz-gebiet
Stenerbruch
Faule Wiese
Kl. Heide
Fischpfuhl
Okkenpfuhl
Lauseberg
Deponie
Friedrichshof
Bernau-Friedenstal
Zepernick (b.Bernau)
Röntgental
1=Ueckerstraße
2=Altmarkweg
3=Oderbruchweg
4=Mendelssohnstraße
5=Brixener Straße
1 = Hohen Tauerner Weg
2 = Dachsteiner Weg
3 = Großglocknerweg
4 = Bregenzer Weg
5 = Bad Ischler Weg
6 = Villacher Weg
7 = Klagenfurter Weg
Schönower Chaussee
Schönwalder Chaussee
Bernauer Allee
Berliner Allee
Schönower Straße
Bernauer Straße
Zepernicker Chaussee
Bucher Straße
Schwanebecker Chaussee
Bernauer Chaussee
Zepernicker Straße
Am Stener Berg
Panke
Dranseebach
Fließgraben
Stettiner Bahn
Kleingartenanlage Pankeland
ehem. Wasserturm
Heizkraftwerk
Akademie der Gesundheit Berlin/Brandenburg e.V.
HELIOS-Klinikum Berlin-Buch
Landeseigener Friedhof XII
Friedh. Pankow XI
Oberschule mit integr. Grundschule
Schwanenhalle
Gesamtschule
Grundschule
Rathaus Panketal
Kapelle
Friedhof
Sportpl.
Seniorenheim
Kleingärten
86
103
124

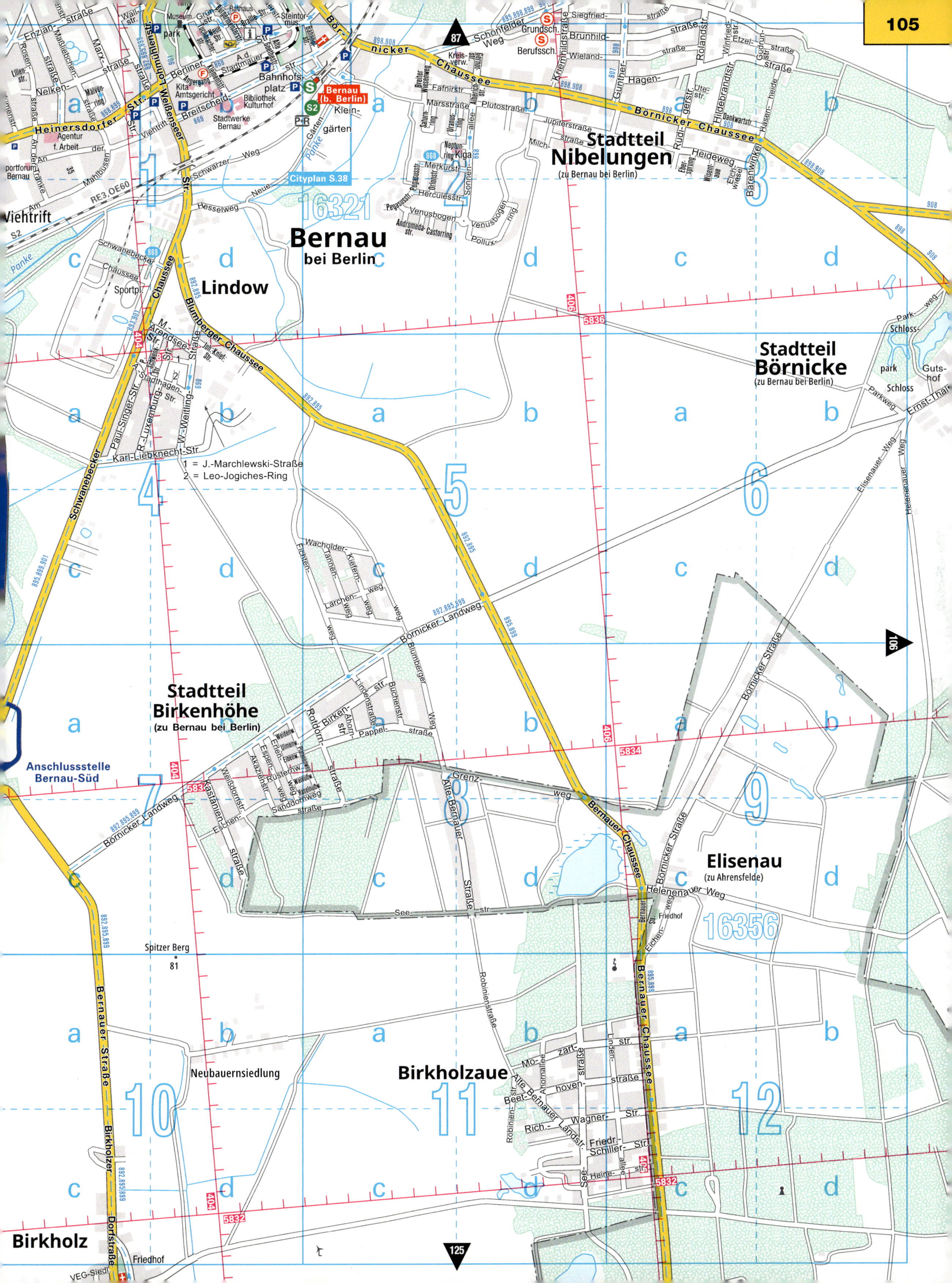
Bernau
bei Berlin
16321
Cityplan S.38
Stadtteil
Nibelungen
(zu Bernau bei Berlin)
Lindow
Stadtteil
Börnicke
(zu Bernau bei Berlin)
Stadtteil
Birkenhöhe
(zu Bernau bei Berlin)
Anschlussstelle
Bernau-Süd
Elisenau
(zu Ahrensfelde)
16356
Spitzer Berg
81
Neubauernsiedlung
Birkholzaue
Birkholz
Börnicker Chaussee
Blumberger Chaussee
Schwanebecker Chaussee
Bernauer Chaussee
Bernauer Straße
Börnicker Landweg
Börnicker Straße
Alte Bernauer Straße
Robinienstraße
Karl-Liebknecht-Str.
Heinersdorfer Str.
Weißenseer Str.
Bahnhofsplatz
Bernau (b. Berlin)
Hesselweg
Viehtrift
Panke
Kleingärten
Sportpl.
Schloss
park
Gutshof
Parkweg
Elisenauer Weg
Helenenauer Weg
Grenzweg
Seestr.
Friedhof
Dorfstraße
1 = J.-Marchlewski-Straße
2 = Leo-Jogiches-Ring
87
106
125

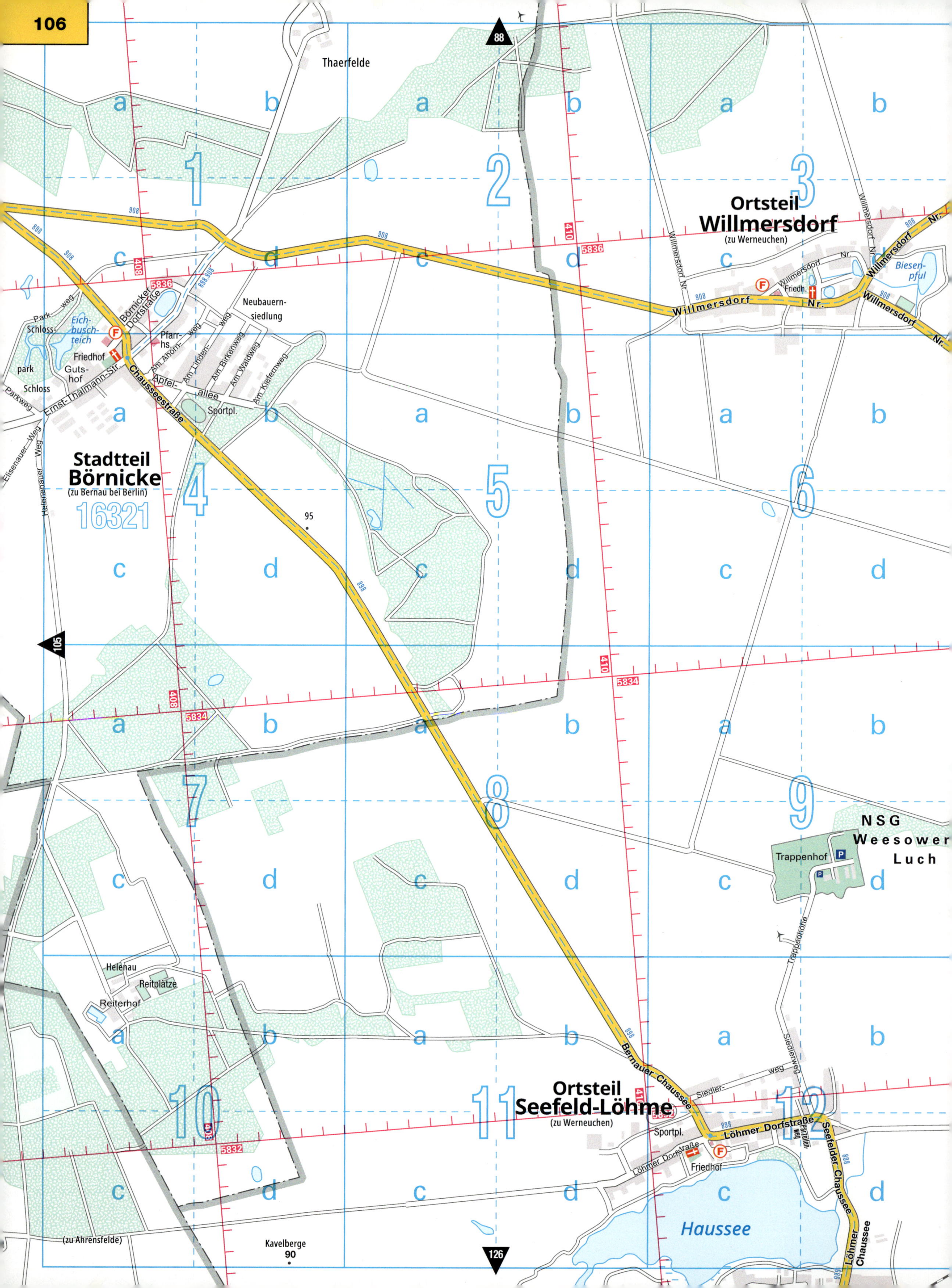

Thaerfelde
88
Ortsteil
Willmersdorf
(zu Werneuchen)
Willmersdorf
Nr.
Biesen-
pful
Friedh.
Neubauern-
siedlung
Pfarr-
hs.
Eich-
busch-
teich
Schloss-
park
Schloss
Friedhof
Guts-
hof
Parkweg
Ernst-Thälmann-Str.
Chausseestraße
Börnicker Dorfstraße
Am Ahorn-
weg
Am Linden-
weg
Am Birkenweg
Am Waldweg
Am Kiefernweg
Apfel-
allee
Sportpl.
Stadtteil
Börnicke
(zu Bernau bei Berlin)
16321
Elisenauer Weg
Helenauer Weg
95
105
NSG
Weesower
Luch
Trappenhof
Trappenhöhe
Helenau
Reitplätze
Reiterhof
Bernauer Chaussee
Siedler-
weg
Siedlerweg
Ortsteil
Seefeld-Löhme
(zu Werneuchen)
Sportpl.
Löhmer Dorfstraße
Parzellen-
weg
Friedhof
Seefelder Chaussee
Löhmer
Chaussee
Haussee
(zu Ahrensfelde)
Kavelberge
90
126
908
898
408
410
5836
5834
5832

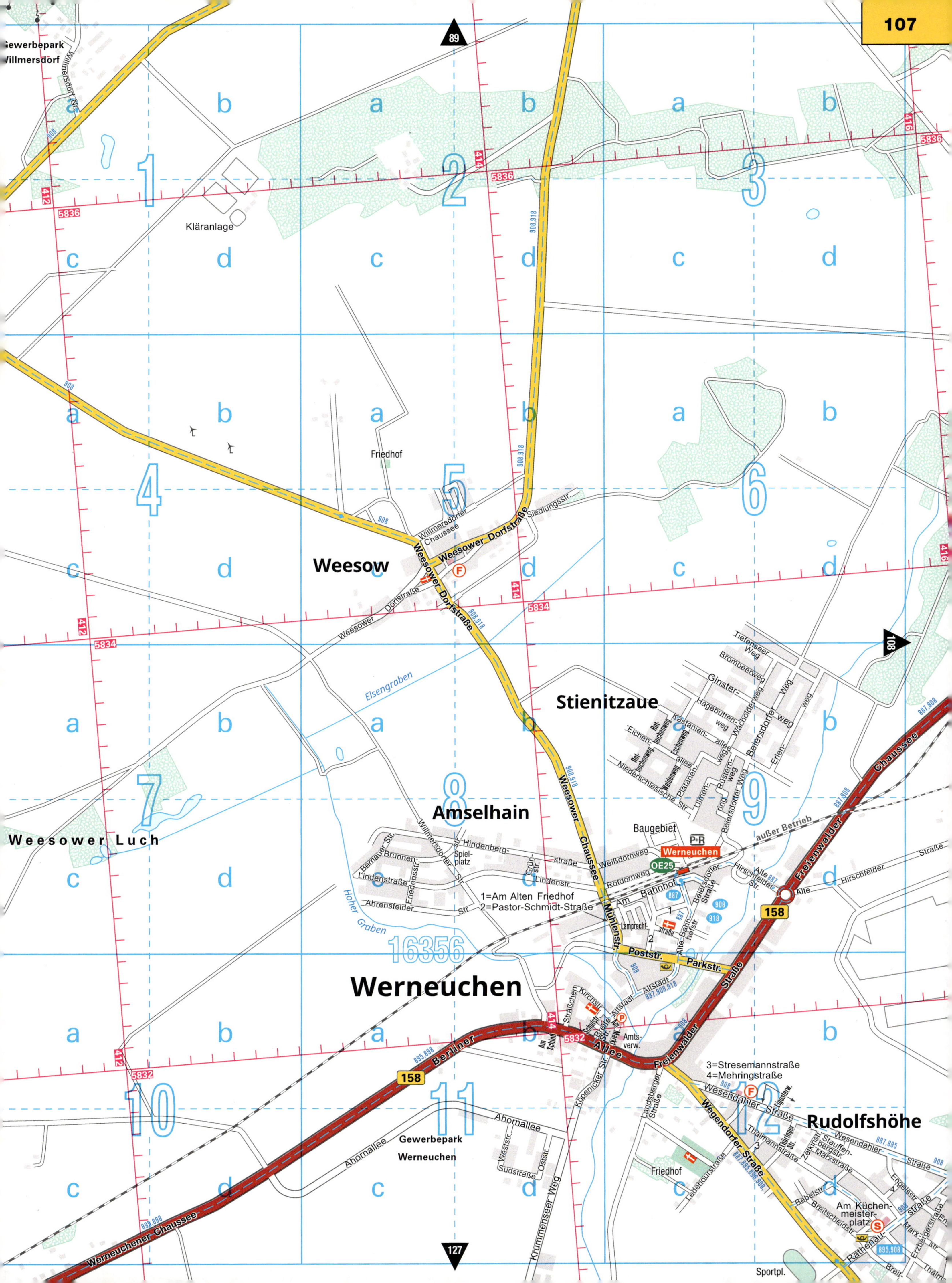
Gewerbepark Willmersdorf
Kläranlage
Friedhof
Weesow
Weesower Dorfstraße
Siedlungsstr.
Stienitzaue
Elsengraben
Amselhain
Weesower Luch
Hoher Graben
Weesower Chaussee
Werneuchen
Baugebiet
Mühlenstr.
Poststr.
Parkstr.
1=Am Alten Friedhof
2=Pastor-Schmidt-Straße
3=Stresemannstraße
4=Mehringstraße
Berliner Allee
Freienwalder Straße
Freienwalder Chaussee
Wegendorfer Straße
Wesendahler Straße
Rudolfshöhe
Gewerbepark Werneuchen
Ahornallee
Krummenseer Weg
Werneuchener Chaussee
Friedhof
Am Küchen-meister-platz
Sportpl.
16356

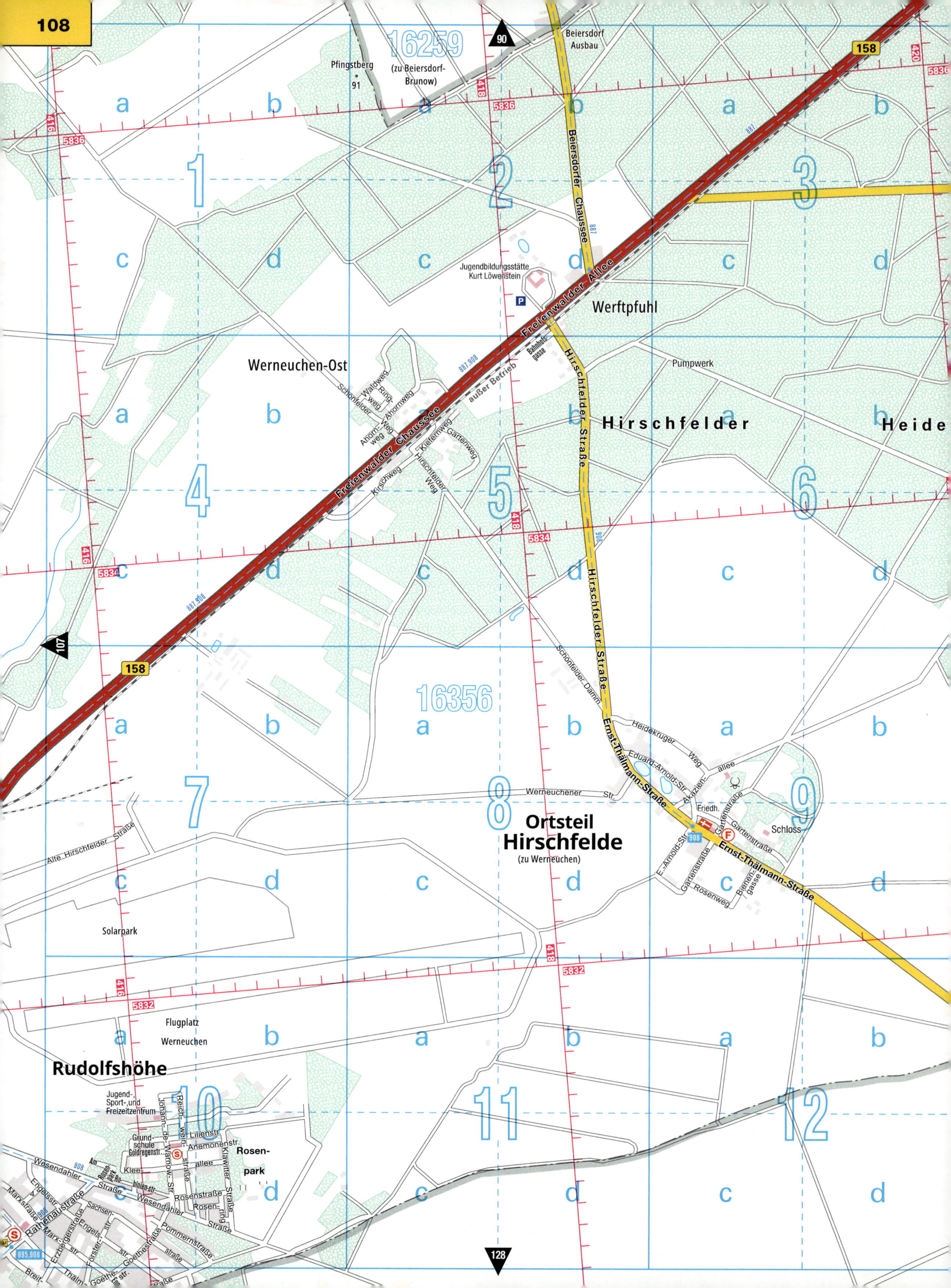
16259
(zu Beiersdorf-Brunow)
Pfingstberg
91
90
Beiersdorf Ausbau
158
Beiersdorfer Chaussee
Jugendbildungsstätte Kurt Löwenstein
Werftpfuhl
Freienwalder Allee
Bahnhofsgasse
Werneuchen-Ost
Schönfelder
Waldweg
Ringweg
Ahornweg
Anornweg
Freienwalder Chaussee
außer Betrieb
Kiefernweg
Gartenweg
Hirschfelder Weg
Kirschweg
Pumpwerk
Hirschfelder Straße
Hirschfelder
Heide
107
16356
Schönfelder Damm
Heidekruger Weg
Eduard-Arnold-Str.
Akazienallee
Werneuchener Str.
Ernst-Thälmann-Straße
Friedh.
Gartenstraße
Schloss
Ortsteil Hirschfelde
(zu Werneuchen)
E.-Arnold-Str.
Rosenweg
Bienengasse
Alte Hirschfelder Straße
Solarpark
Flugplatz Werneuchen
Rudolfshöhe
Jugend-Sport- und Freizeitzentrum
Grundschule
Goldregenstr.
Johann-de-Wamow-Str.
Reichweinstraße
Lilienstr.
Anemonenstr.
Klawitter Straße
Rosenpark
Kleeallee
Wesendahler Straße
Rosenstraße
Rosenring
Pommernstraße
Rathenaustraße
Sachsenstr.
Engelsstr.
Marxstraße
Goethestraße
Breit
128
1
2
3
4
5
6
7
8
9
10
11
12
5836
5834
5832
416
418
420

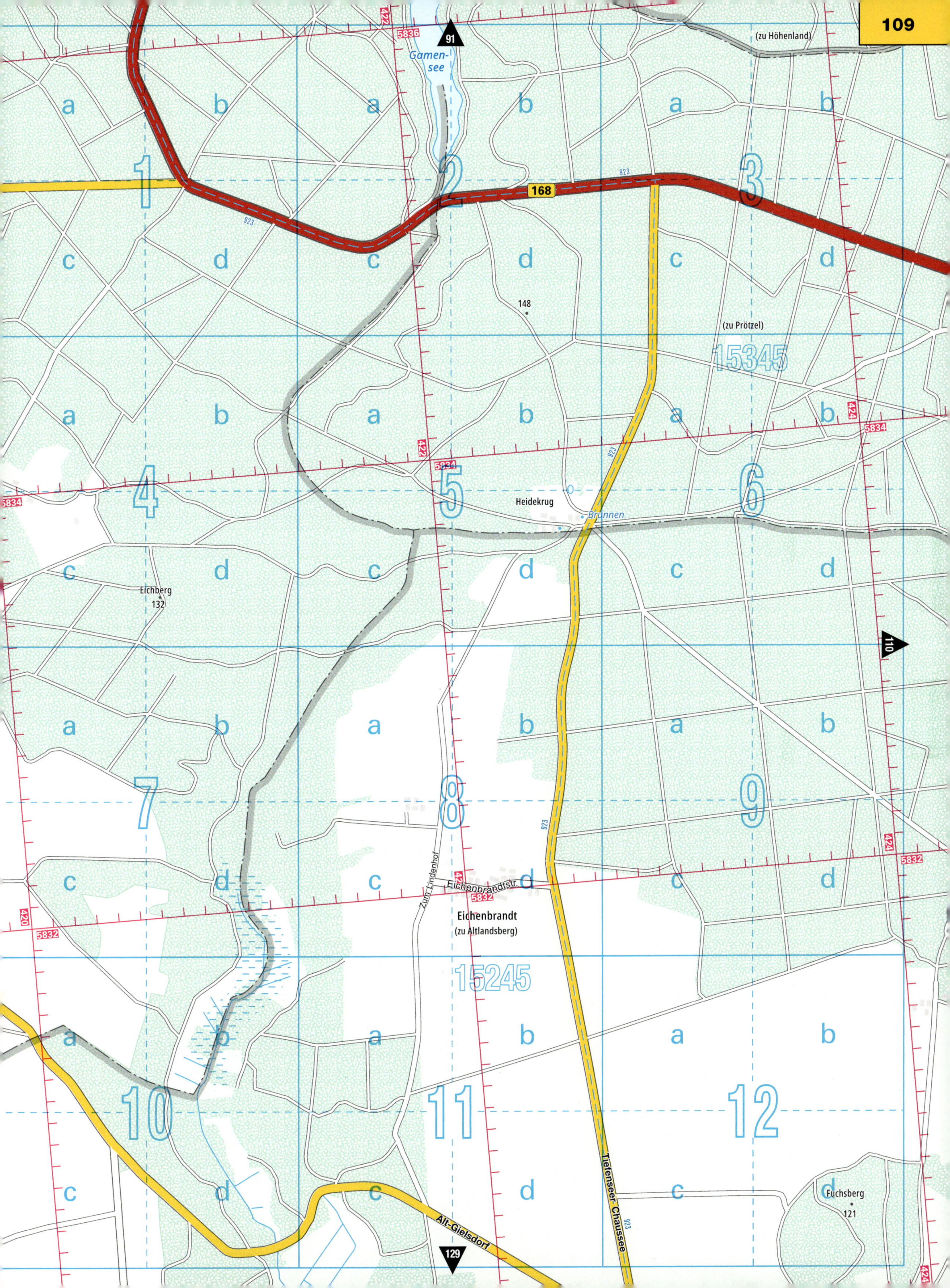

91
Gamensee
(zu Höhenland)
168
923
148
(zu Prötzel)
15345
Heidekrug
Brunnen
Eichberg
132
110
Zum Lindenhof
Eichenbrandtstr.
Eichenbrandt
(zu Altlandsberg)
15245
Tiefenseer Chaussee
Alt-Gielsdorf
Fuchsberg
121
129

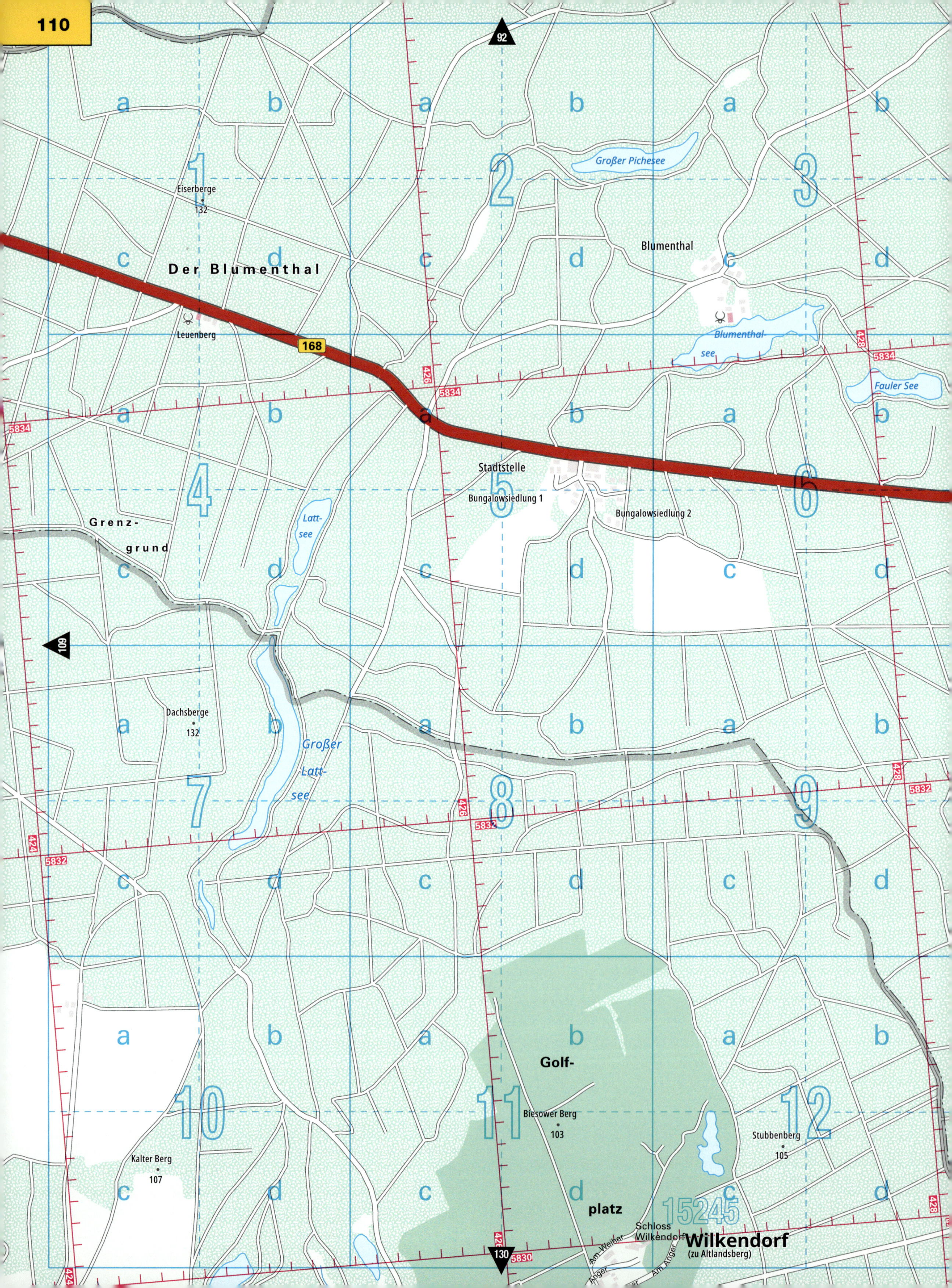

92
Großer Pichesee
Eiserberge
132
Blumenthal
Der Blumenthal
Leuenberg
168
Blumenthalsee
Fauler See
Stadtstelle
Bungalowsiedlung 1
Bungalowsiedlung 2
Grenzgrund
Lattsee
109
Dachsberge
132
Großer Lattsee
Golf-
platz
Biesower Berg
103
Stubbenberg
105
Kalter Berg
107
15245
Schloss Wilkendorf
Wilkendorf
(zu Altlandsberg)
Am Weiher
Anger
Am Anger
130
5834
5832
5830
424
426
428

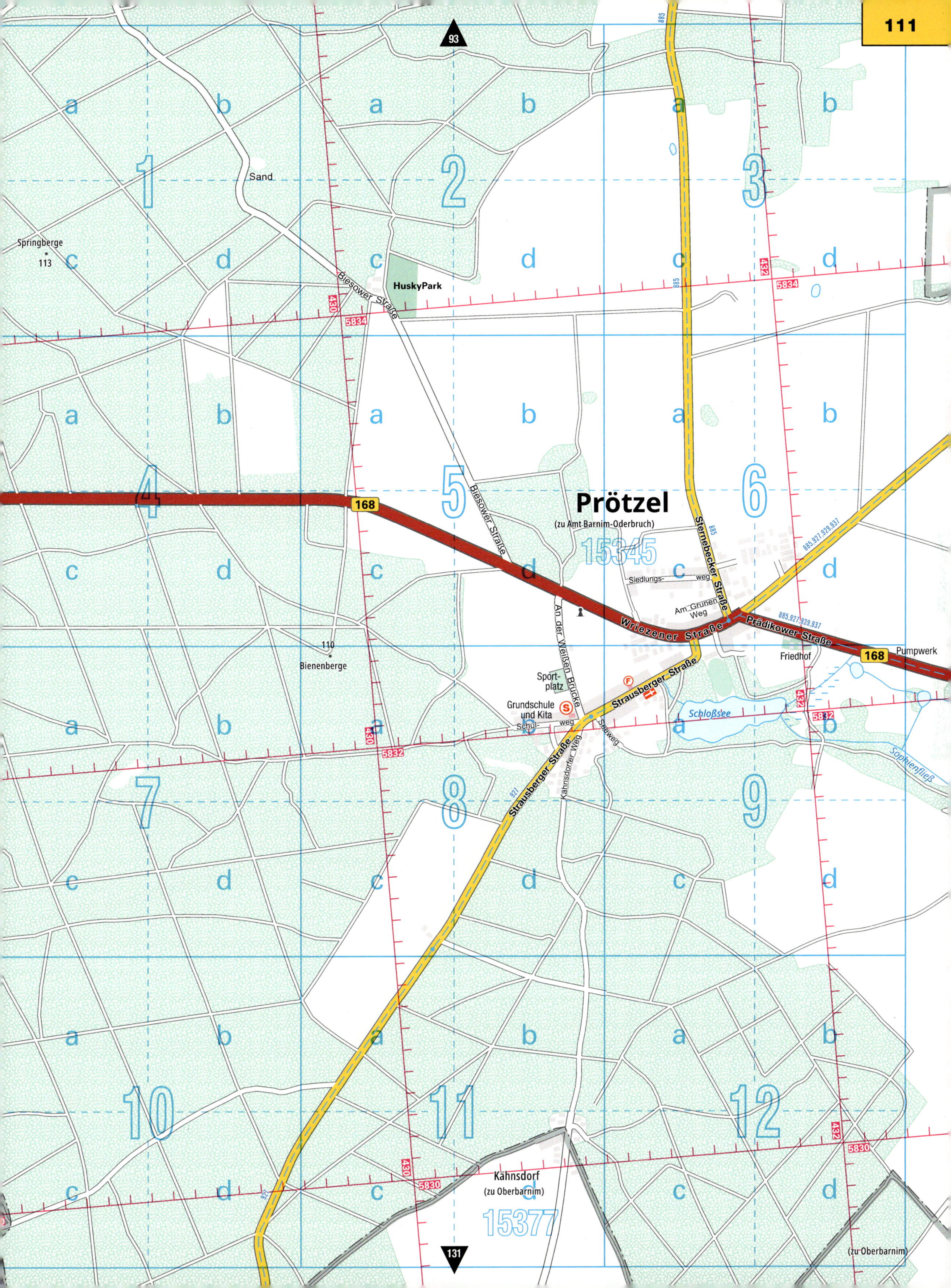

93
Sand
Springberge
113
HuskyPark
Biesower Straße
Prötzel
(zu Amt Barnim-Oderbruch)
15345
Sternebecker Straße
Siedlungsweg
Am Grünen Weg
Wriezener Straße
Prädikower Straße
168
Pumpwerk
Friedhof
110
Bienenberge
An der Weißen Brücke
Sportplatz
Grundschule und Kita
Schulweg
Strausberger Straße
Seeweg
Schloßsee
Sophienfließ
Kähnsdorfer Weg
Kähnsdorf
(zu Oberbarnim)
15377
131
(zu Oberbarnim)

Bergerdamm-Hanffabrik
Fabr. Ackerweg
Siedlerstraße
Bahnhof (Hanffabrik)
RE4
Kleiner Graben
Siedlung
Schwanenhellgraben
Reiterhof
Ortsteil
Berge
(zu Nauen)
An den Kiezgtn.
A. Kiezberg
Friedh.
Zum Kirchberg
Mühlenberg
Sand
Bahnhofstraße
Am Gutshof
Alte Hamburger Allee
Hamburger Allee
Allee
Feldweg
Zur Feldmark
Behnitzer Weg
Sportpl.
Jugendhof
661,669,680,901,927
661,664,669,680,901,927
664
5
1
2
3
4
5
6
7
8
9
10
11
12
a
b
c
d
56
50
5836
5834
5832
350
352

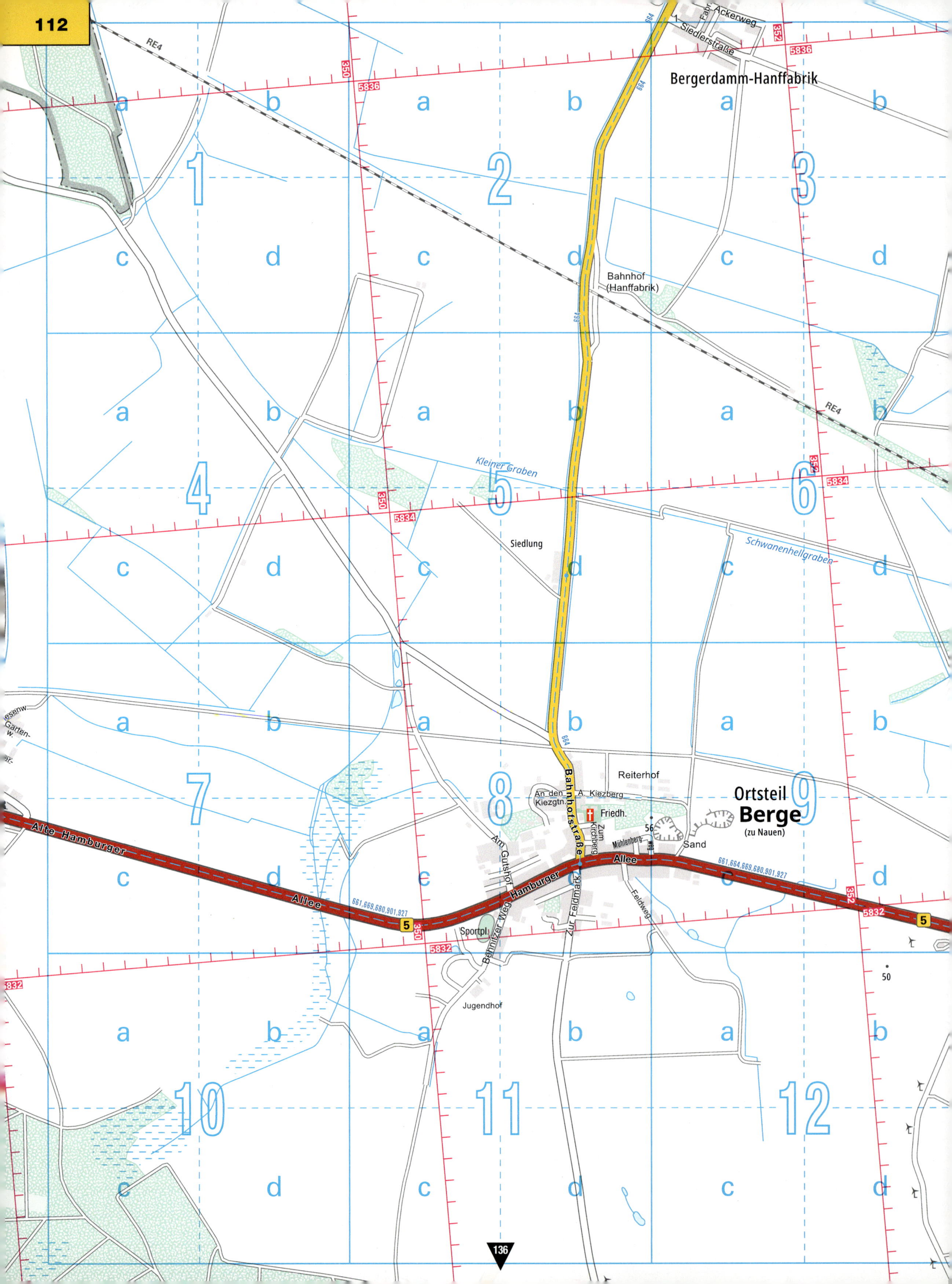

136

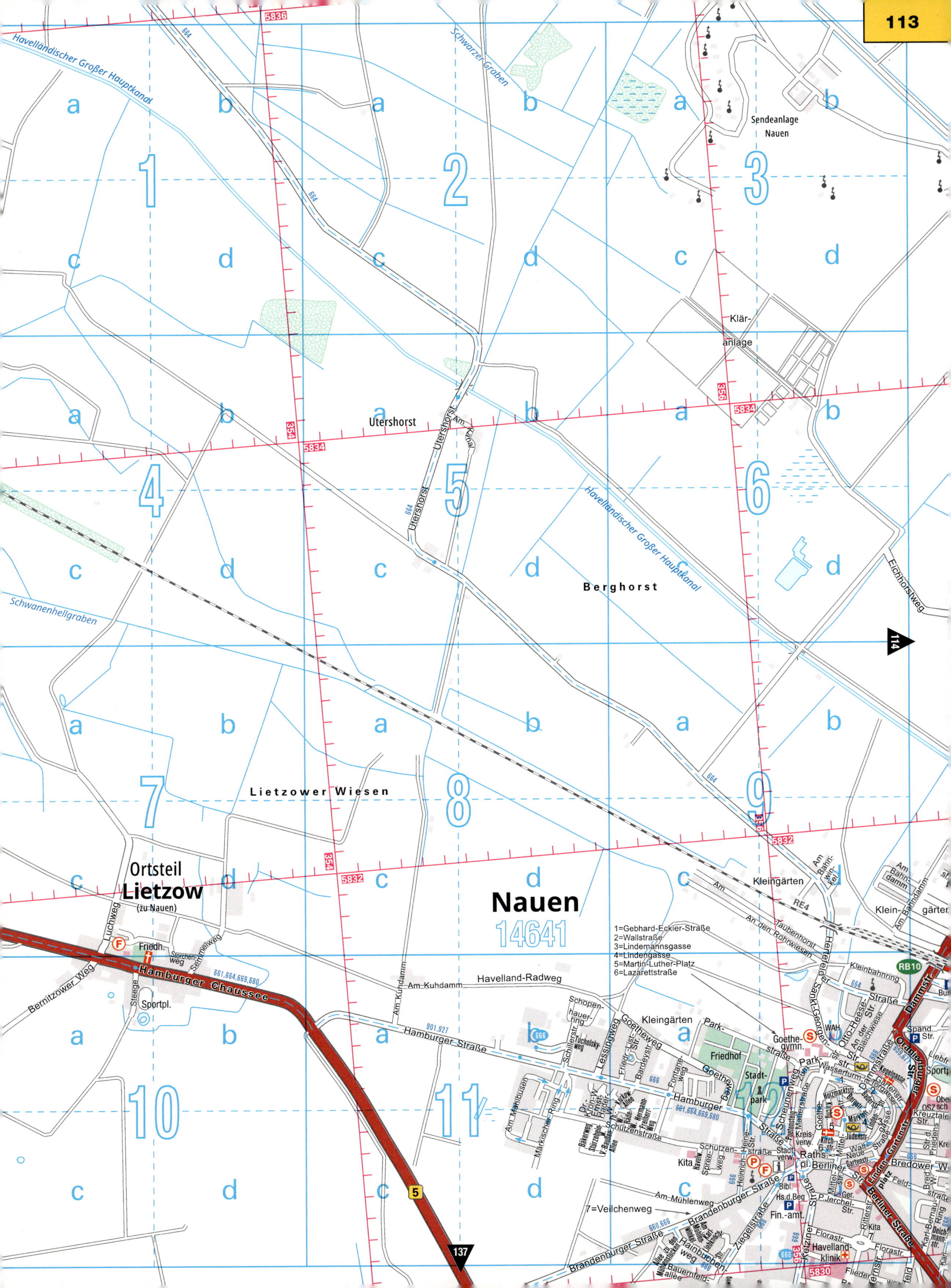
Havelländischer Großer Hauptkanal
Schwarzer Graben
Sendeanlage Nauen
Klär-anlage
Utershorst
Am Kanal
Berghorst
Schwanenhellgraben
Eichhorstweg
Lietzower Wiesen
Ortsteil
Lietzow
(zu Nauen)
Nauen
14641
Kleingärten
Am Bahnwinkel
Am Bahndamm
Klein-gärten
Taubenhorst
An den Rohrwiesen
Luchweg
Friedh.
Storchenweg
Semmelweg
Bernitzower Weg
Hamburger Chaussee
Sportpl.
Steege
Am Kuhdamm
Havelland-Radweg
Hamburger Straße
1=Gebhard-Eckler-Straße
2=Wallstraße
3=Lindemannsgasse
4=Lindengasse
5=Martin-Luther-Platz
6=Lazarettstraße
7=Veilchenweg
Schopenhauer-ring
Lessingweg
Goetheweg
Schillerstr.
Tucholsky-weg
Friedhof
Stadtpark
Park-straße
Goethe-gymn.
Kleinbahnring
Dammstr.
Oranienburger Str.
Schützenstraße
Kita
Am Mühlenweg
Brandenburger Straße
Ziegelstraße
Ketziner Str.
Rathauspl.
Berliner Str.
Fin.-amt
Bibl.
Havelland-klinik
Florastr.
Bredower W.
Kreuztaler Str.
Feldstr.
Am Mahlbusen
Märkischer Ring
Sankt-Georgen-Str.
Otto-Heese-Str.
Wasserturm
Marktstr.
Mittelstr.
Judenstr.
Ritterstr.
Lindenplatz
RE4
RB10
114
137
5

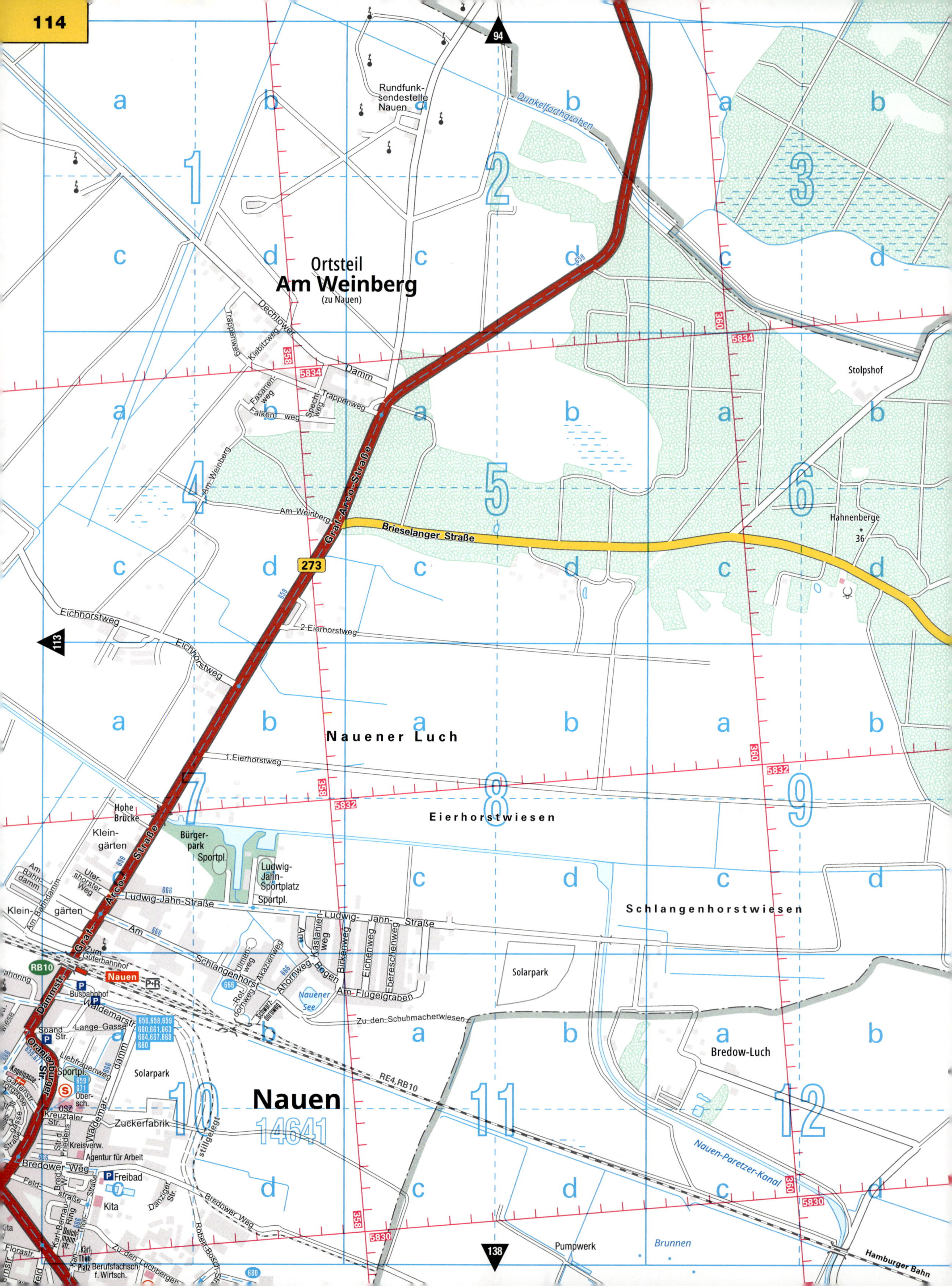

94
Rundfunk-
sendestelle
Nauen
Dunkelforthgraben
Ortsteil
Am Weinberg
(zu Nauen)
Trappenweg
Kiebitzweg
Dechtower
Damm
Fasanen-
weg
Falken-
weg
Specht-
weg
Trappenweg
Stolpshof
Am Weinberg
Graf-Arco-Straße
Brieselanger Straße
Hahnenberge
36
273
Eichhorstweg
113
2.Eierhorstweg
Nauener Luch
1.Eierhorstweg
Eierhorstwiesen
Hohe
Brücke
Klein-
gärten
Bürger-
park
Sportpl.
Ludwig-
Jahn-
Sportplatz
Sportpl.
Ludwig-Jahn-Straße
Schlangenhorstwiesen
Solarpark
Am Schlangenhorst
Akazienweg
Ulmenweg
Ahornweg
Am Bogen
Kastanienweg
Birkenweg
Eichenweg
Ebereschenweg
Am Flügelgraben
Nauener See
Zu den Schuhmacherwiesen
Zum Güterbahnhof
Nauen
Busbahnhof
Waldemarstr.
Lange Gasse
Dammstr.
Oranienburger Str.
Liebfrauenweg
Sportpl.
Solarpark
Bredow-Luch
RE4,RB10
Nauen
14641
Zuckerfabrik
Kreisverw.
Agentur für Arbeit
Bredower Weg
Freibad
Kita
Danziger Str.
Bredower Weg
Nauen-Paretzer-Kanal
Robert-Bosch-Str.
Zu den Luchbergen
Berufsfachsch. f. Wirtsch.
Pumpwerk
Brunnen
Hamburger Bahn
138

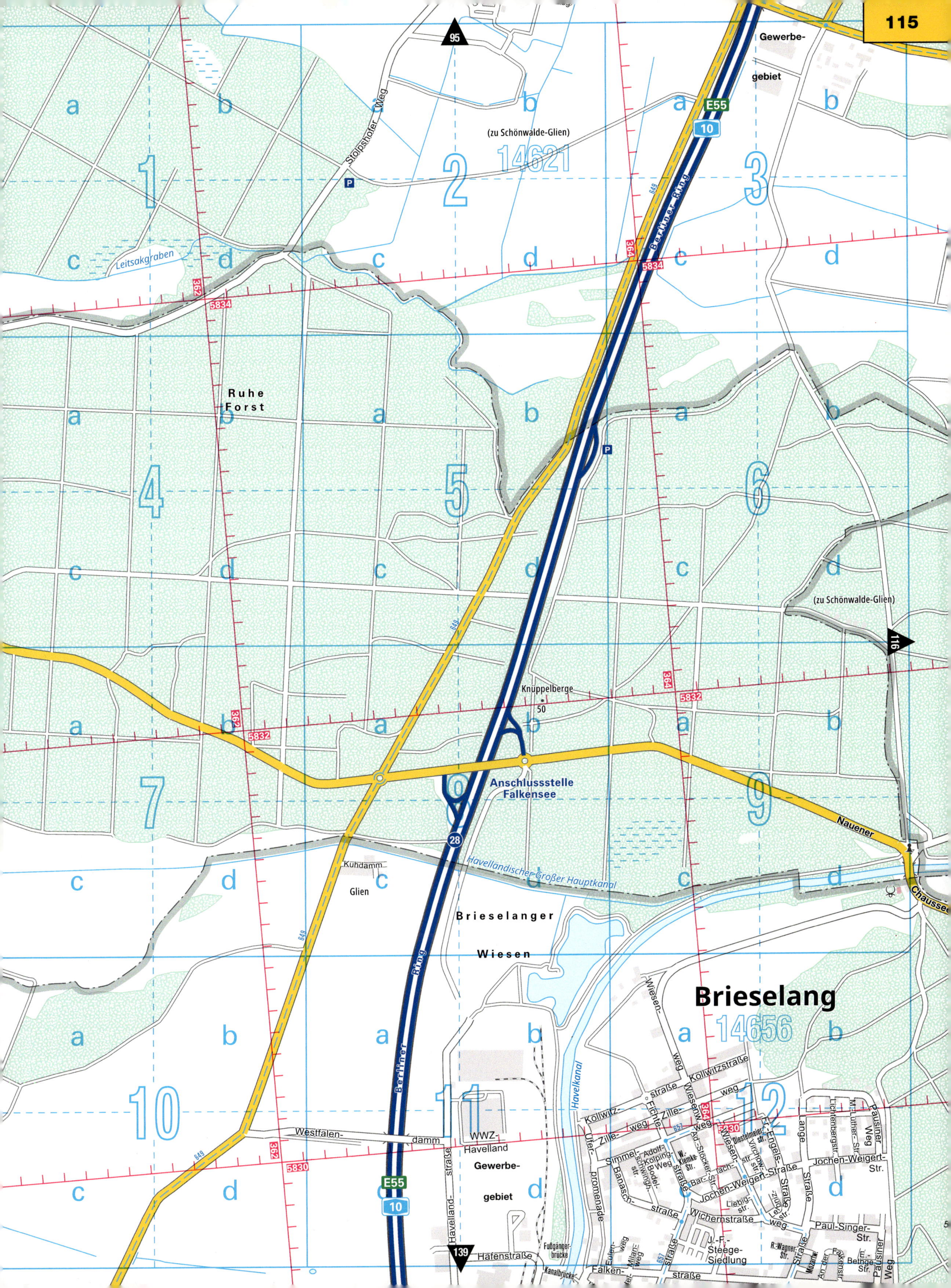

Gewerbe-
gebiet
E55
10
(zu Schönwalde-Glien)
14621
Stolpshofer Weg
Leitsakgraben
Berliner Ring
Ruhe Forst
(zu Schönwalde-Glien)
Knüppelberge
50
Anschlussstelle Falkensee
28
Nauener
Chaussee
Havelländischer Großer Hauptkanal
Kuhdamm
Glien
Brieselanger
Wiesen
Brieselang
14656
Havelkanal
Westfalen-
damm
WWZ-
Havelland
Gewerbe-
gebiet
Havelland-
straße
Hafenstraße
Fußgänger-
brücke
Kanalbrücke
Kollwitzstraße
Jochen-Weigert-Straße
Wichernstraße
J.-F.-Steege-Siedlung
Paul-Singer-Str.
Lange-
Straße
Pausiner Weg
Uferpromenade
Banasch-
Simmel-
Zille-
weg
Falken-
straße

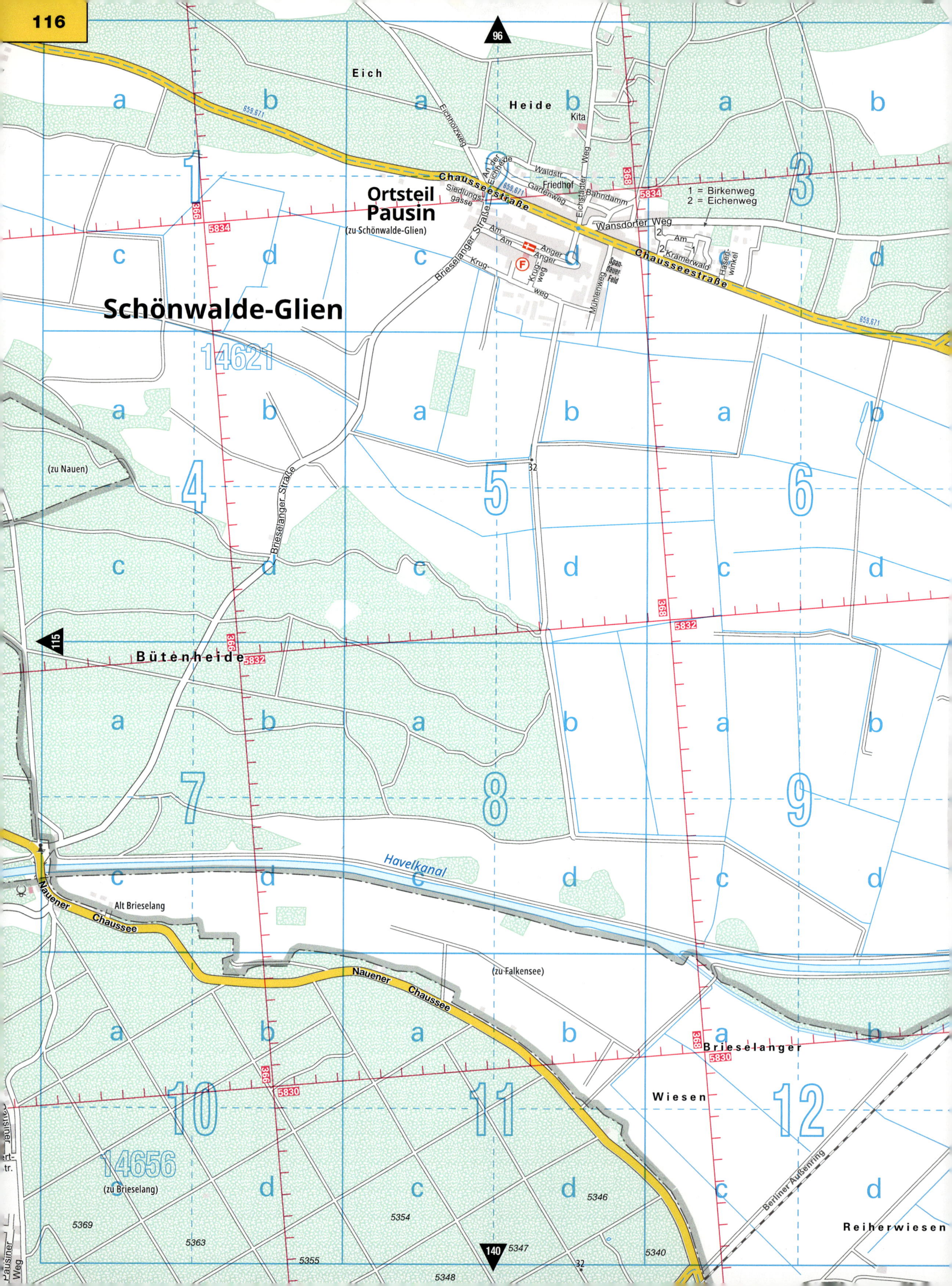

96
Eich
Heide
Kita
Eichholzweg
An der Eichheide
Waldstr.
Friedhof
Gartenweg
Bahndamm
Eichstädter Weg
Chausseestraße
Siedlungsgasse
Ortsteil
Pausin
(zu Schönwalde-Glien)
1 = Birkenweg
2 = Eichenweg
Wansdorfer Weg
Am
Krämerwald
Hasenwinkel
Am Anger
Krugweg
Brieselanger Straße
Mühlenweg
Spandauer Feld
Schönwalde-Glien
14621
(zu Nauen)
Brieselanger Straße
32
115
Bütenheide
Havelkanal
Alt Brieselang
Nauener Chaussee
(zu Falkensee)
Brieselanger
Wiesen
Berliner Außenring
14656
(zu Brieselang)
Reiherwiesen
140
5834
5832
5830
659,671

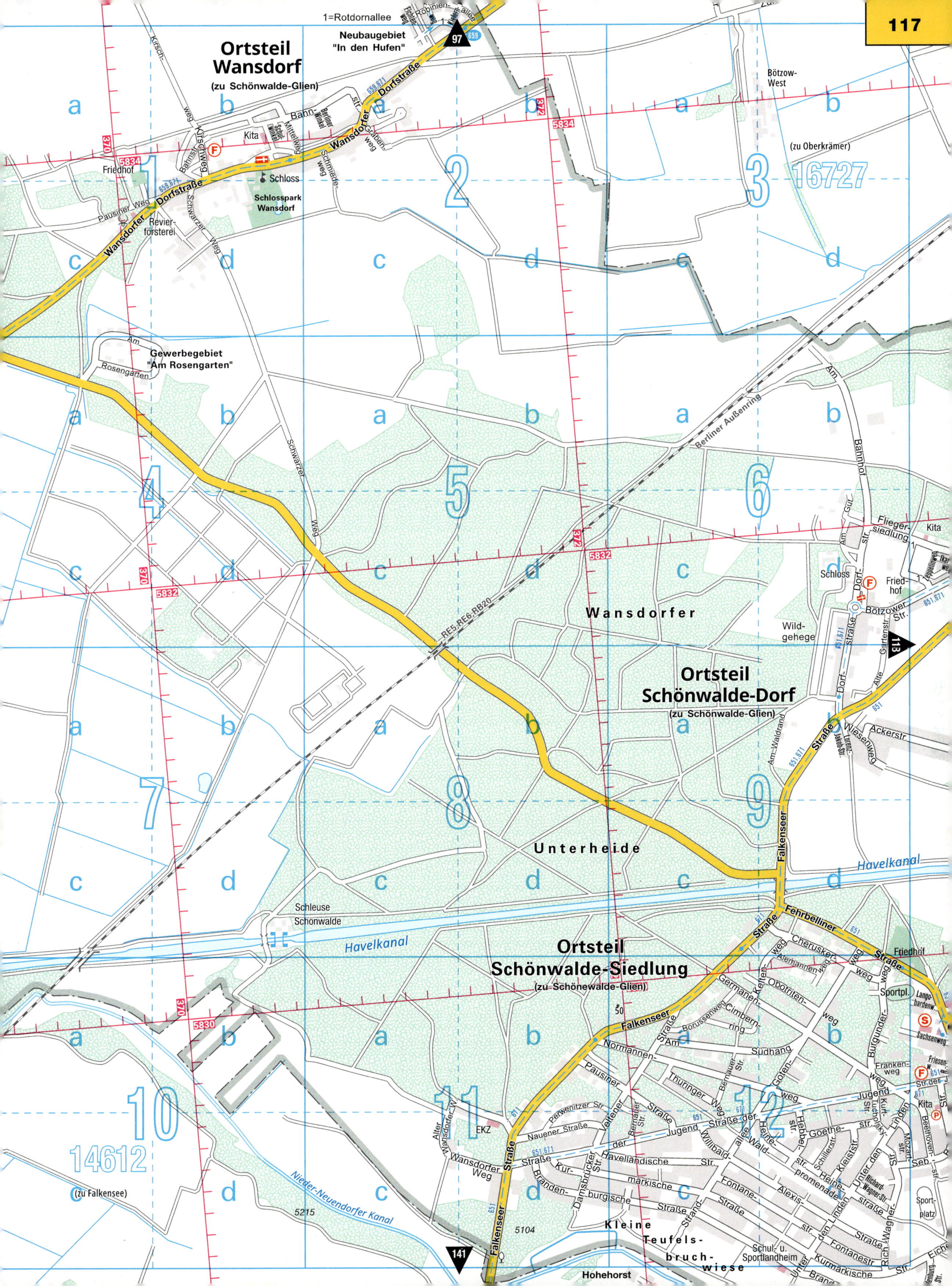
1=Rotdornallee
Neubaugebiet "In den Hufen"
Ortsteil Wansdorf
(zu Schönwalde-Glien)
Dorfstraße
Wansdorfer Dorfstraße
Kita
Friedhof
Schloss
Schlosspark Wansdorf
Pausiner Weg
Revierförsterei
Schwarzer Weg
Bötzow-West
(zu Oberkrämer)
16727
Gewerbegebiet "Am Rosengarten"
Am Rosengarten
Berliner Außenring
RE5, RE6, RB20
Wansdorfer
Ortsteil Schönwalde-Dorf
(zu Schönwalde-Glien)
Fliegersiedlung
Schloss
Friedhof
Wildgehege
Bötzower Str.
Bahnhof
Ackerstr.
Wiesenweg
Am Waldrand
Unterheide
Havelkanal
Falkenseer Straße
Fehrbelliner Straße
Schleuse Schönwalde
Ortsteil Schönwalde-Siedlung
(zu Schönewalde-Glien)
Cherusker-weg
Alemannenweg
Obotriten-weg
Germanen-weg
Cimbernring
Borussenweg
Südhang
Normannen-Straße
Pausiner Straße
Thüringer Weg
Goten-weg
Sportpl.
Burgunder-weg
Franken-weg
Sachsenweg
Jugend-Kurt-Tucholsky-Str.
Kita
Perwenitzer Str.
Nauener Straße
Alter Wansdorfer Weg
EKZ
Wansdorfer Weg
Straße der Jugend
Havelländische Str.
Kurmärkische Straße
Brandenburgische Straße
Damsbrücker Str.
Fontane-Straße
Willibald-Alexis-Str.
Heine-promenade
Goethe-str.
Schillerstr.
Kleiststr.
Unter den Linden
Richard-Wagner-Str.
Beethovenstr.
Mozartstr.
Sportplatz
Fontanestr.
Kurmärkische Str.
Schul- u. Sportlandheim
Kleine Teufelsbruchwiese
Hohehorst
10
14612
(zu Falkensee)
Nieder-Neuendorfer Kanal
5215
5104
97
113
141

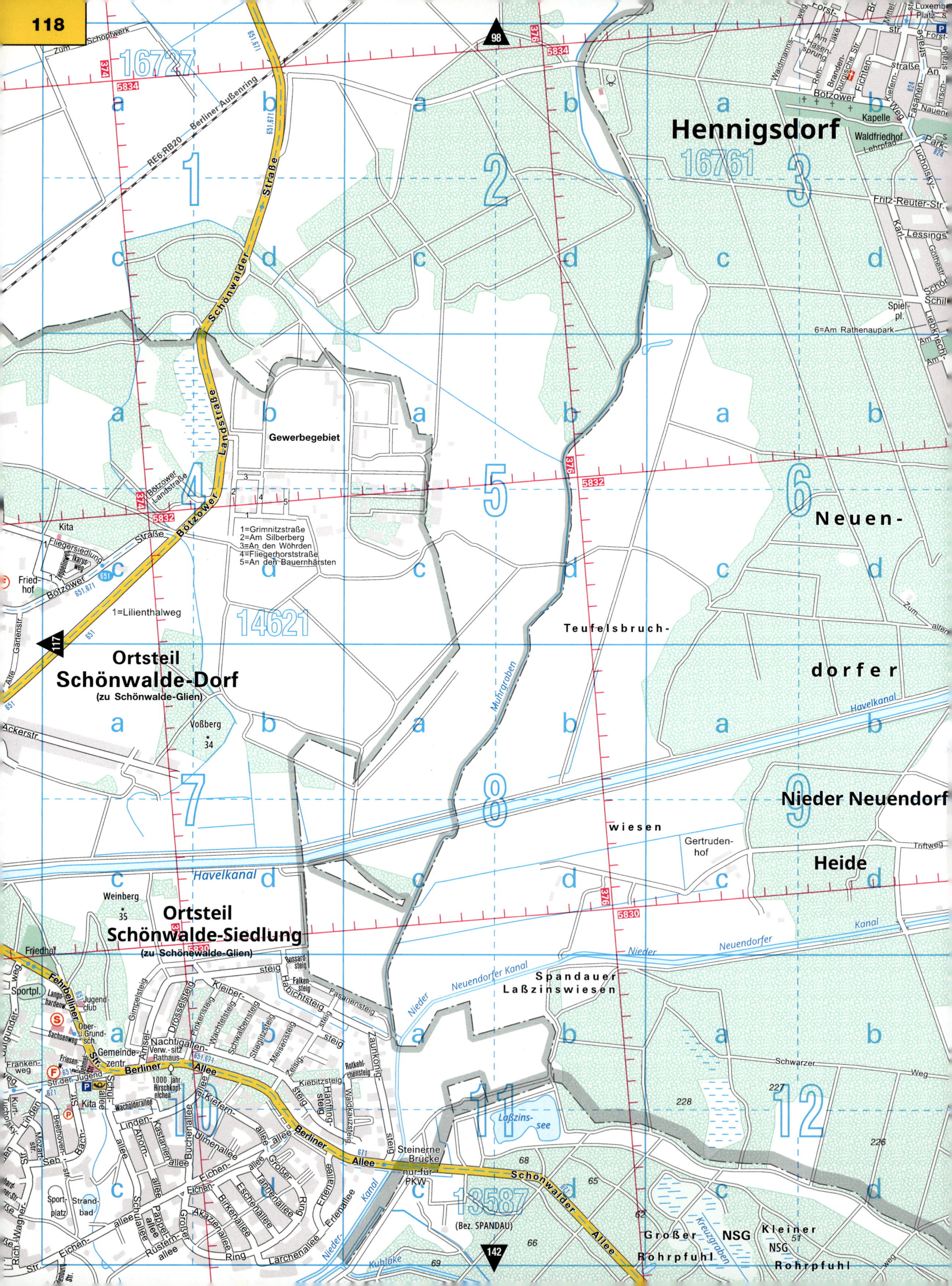

Hennigsdorf
16761
16727
Berliner Außenring
RE6,RB20
Schönwalder Straße
Schönwalder Landstraße
Gewerbegebiet
1=Grimnitzstraße
2=Am Silberberg
3=An den Wöhrden
4=Fliegerhorststraße
5=An den Bauernhärsten
Bötzower Landstraße
Bötzower Straße
Kita
Fliegersiedlung
Fried-
hof
1=Lilienthalweg
14621
Ortsteil
Schönwalde-Dorf
(zu Schönwalde-Glien)
Ackerstr.
Voßberg
34
Teufelsbruch-
wiesen
Neuen-
dorfer
Heide
Mühlgraben
Havelkanal
Nieder Neuendorf
Gertruden-
hof
Triftweg
Weinberg
35
Ortsteil
Schönwalde-Siedlung
(zu Schönewalde-Glien)
Friedhof
Nieder Neuendorfer Kanal
Spandauer
Laßzinswiesen
Schwarzer Weg
Laßzins-
see
Berliner Allee
Steinerne
Brücke
nur für
PKW
Schönwalder Allee
13587
(Bez. SPANDAU)
Großer
Rohrpfuhl
NSG
Kleiner
NSG
Rohrpfuhl
Kreuzgraben
Kuhlake
Fritz-Reuter-Str.
Lessing-
Waldfriedhof
Kapelle
Bötzower
6=Am Rathenaupark
Spiel-
pl.
Fehrbelliner Str.
Sportpl.
Jugend-
club
Gemeinde-
zentr.
Verw.-sitz
Rathaus
Kita
Sport-
platz
Strand-
bad
Nachtigallen-
1000 jähr.
Hirschkopf-
eichen
98
117
142

Stolpe-Süd
Heiligensee
(Bez. REINICKENDORF)
Schulzendorf
Konradshöhe
(Bez. REINICKENDORF)
Berliner Forst Tegel
Nieder Neuendorfer See
Heiligensee
Havel
Hennigsdorf
Tank- und Rastanlage Stolper Heide
Anschlussstelle Schulzendorfer Str.
Papenberge
Baumberge

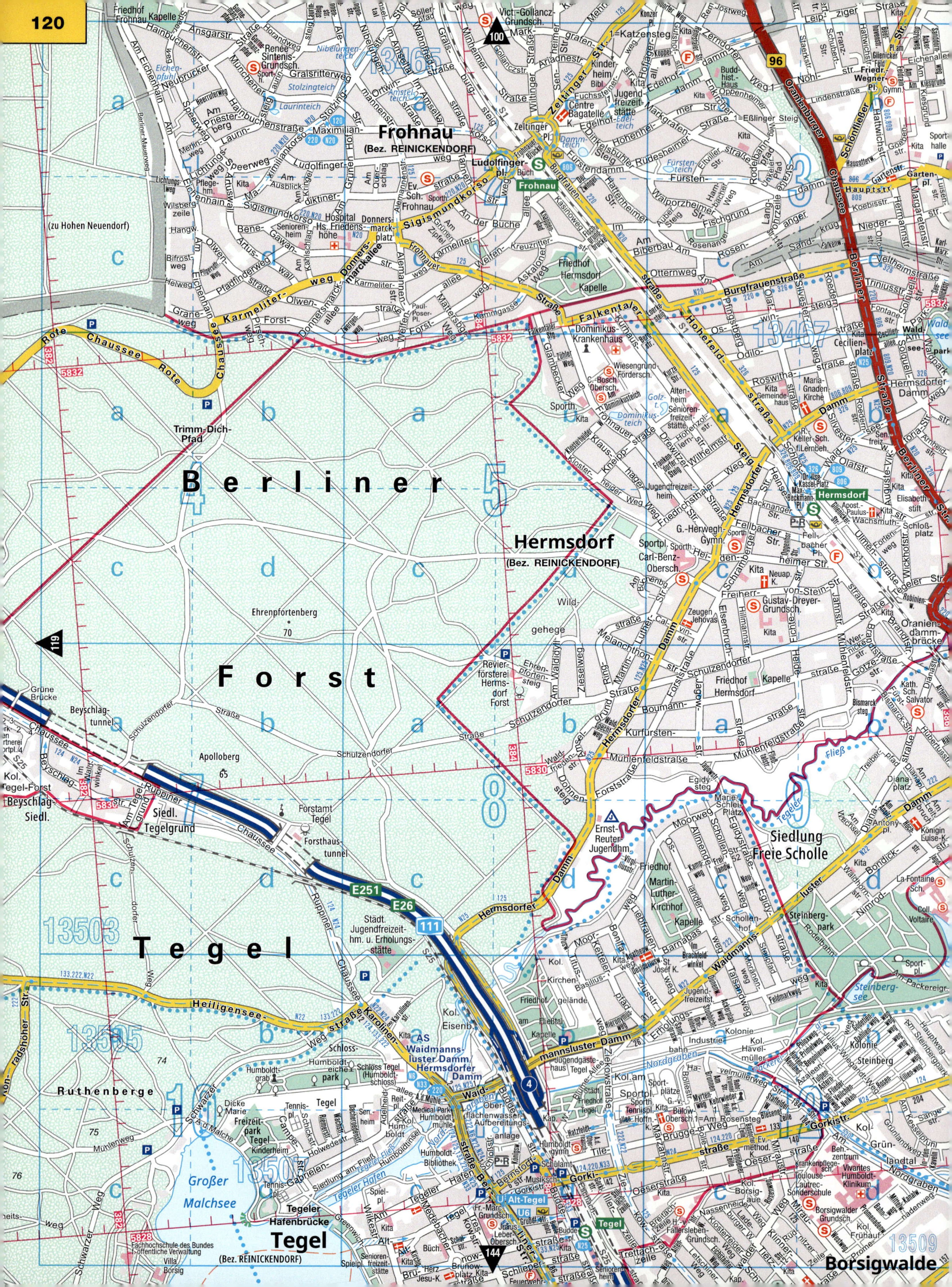

Frohnau
(Bez. REINICKENDORF)
Berliner Forst
Hermsdorf
(Bez. REINICKENDORF)
Tegel
Tegel
(Bez. REINICKENDORF)
Borsigwalde
Siedlung Freie Scholle
Ruthenberge
Großer Malchsee
Ehrenpfortenberg
Apolloberg
Trimm-Dich-Pfad
Siedl. Tegelgrund
Kol. Tegel-Forst
Beyschlag-Siedl.
Forstamt Tegel
Forsthaus-tunnel
Humboldt-park
Freizeit-park Tegel
Schloss Tegel
Tegeler Hafenbrücke
Revierförsterei Hermsdorf Forst
Wildgehege
Friedhof Hermsdorf
Friedhof Hermsdorf Kapelle
Steinbergpark
Steinbergsee
Alt-Tegel
Fließ
Chaussee
Rote Chaussee
Karmeliterweg
Zeltinger Pl.
Ludolfingerpl.
Falkentaler Steig
Hermsdorfer Damm
Waidmannsluster Damm
Gorkistr.
Heiligenseestraße
Ruppiner Chaussee
Schulzendorfer Straße
Oranienburger Chaussee
Berliner Straße
Heinsestr.
Berliner Str.
Burgfrauenstraße
Hohefeldstraße
Schwarzer Weg
Dicke Marie
Humboldt-Bibliothek
Humboldtmühle
Kol.
E251
E26
111
96
5832
5830
5828
5836
13465
13467
13503
13505
13507
13509
100
119
144
a
b
c
d
3
4
5
7
8
9
10

Kindelwald-siedl.
Glienicke/Nordbahn
16548
Ortsteil Schildow
(zu Mühlenbecker Land)
16552
Eichwerder Moorwiesen
Tegeler Fließ tal
Siedlung Kienwerder
Kolonie Deilinge
Lübars
(Bez. REINICKENDORF)
13159
Andreas-Rabe-Siedlung
Siedlung Rathenow
Erholungspark Lübarser Höhe
13469
AEG-Siedlg.
Kolonie Fronsinn I
Märkisches Viertel
(Bez. REINICKENDORF)
13435
13439
Waidmannslust
(Bez. REINICKENDORF)
Wittenau
(Bez.REINICKENDORF)
13437
13409
Rosenthal
(Bez.PANKOW)
13158
Wilhelmsruh
(Bez.PANKOW)
Ziegeleisee
Hermsdorfer See
Tegeler Fließ
Blankenfelder Chaussee
Bahnhofstraße
Hauptstraße
Karl-Liebknecht-Straße
Oranienburger Straße
Wilhelmsruher Damm
Zabel-Krüger-Damm
Kastanienallee
Schillerstraße
Rathaus Reinickendf.
Wittenau
Waidmannslust
101
96a
96
122
145
5832
5830
5828
1=Brandenburger Straße
2=Belforder Straße
1=Am Pfaffenwald
2=Buchenhof
3=Birkensteig
1=Büchenbronner Steig
1=Creienfelder Weg
2=Mühlsteinweg
3=Kornweg
4=Getreideweg
5=Windmühlenweg
1 = Rue Lamartine
2 = Am-Tempelgraben
3 = Hermann-Günther-Str.

Stadtrandsiedlung Blankenfelde
(Bez. PANKOW)
Blankenfelde
(Bez.PANKOW)
13159
Rosenthal
(Bez.PANKOW)
Nordend
Französisch-
Buchholz
(Bez.PANKOW)
Nieder-schönhsn.
(Bez. PANKOW)
13158
13156
Gewerbegebiet
Pankow-Nord
Anschlussstelle Schönerlinder Straße
Möllersfelde
Kiessee
Schwarzwassersee
Botanischer Volkspark
Kl. Zingerteich
Gr. Zingerteich
Schildower Straße
Blankenfelder Chaussee
Dietzgenstraße
Bahnhofstraße
Mönchmühler Straße
Hauptstraße
Buchholzer Straße
Rosenthaler Weg
Schönerlinder Straße
Hauptstraße
Berliner Straße
Pasewalker Straße
Blankenburger Straße
Kastanienallee
Friedrich-Engels-Str.
Heilkräuterweg
Schillingweg
Koppelgraben
Nordgraben
Blankenfelder Graben
Zingergraben
Panke
Krugpfuhl
Sportpl.
Kita
Dorfk.
Botanischer Volkspark
Museumseisenbahn
Gewerbegeb.
AS Pasew. Straße
Hugenottenplatz
Kamisardenplatz
Viktoriapark
1=Alsaceweg
2=Normandieweg
1 = Tubaweg
2 = Oboensteig
3 = Posaunenweg
1 = Zollbrücker Str.
96a
114
102
121
146

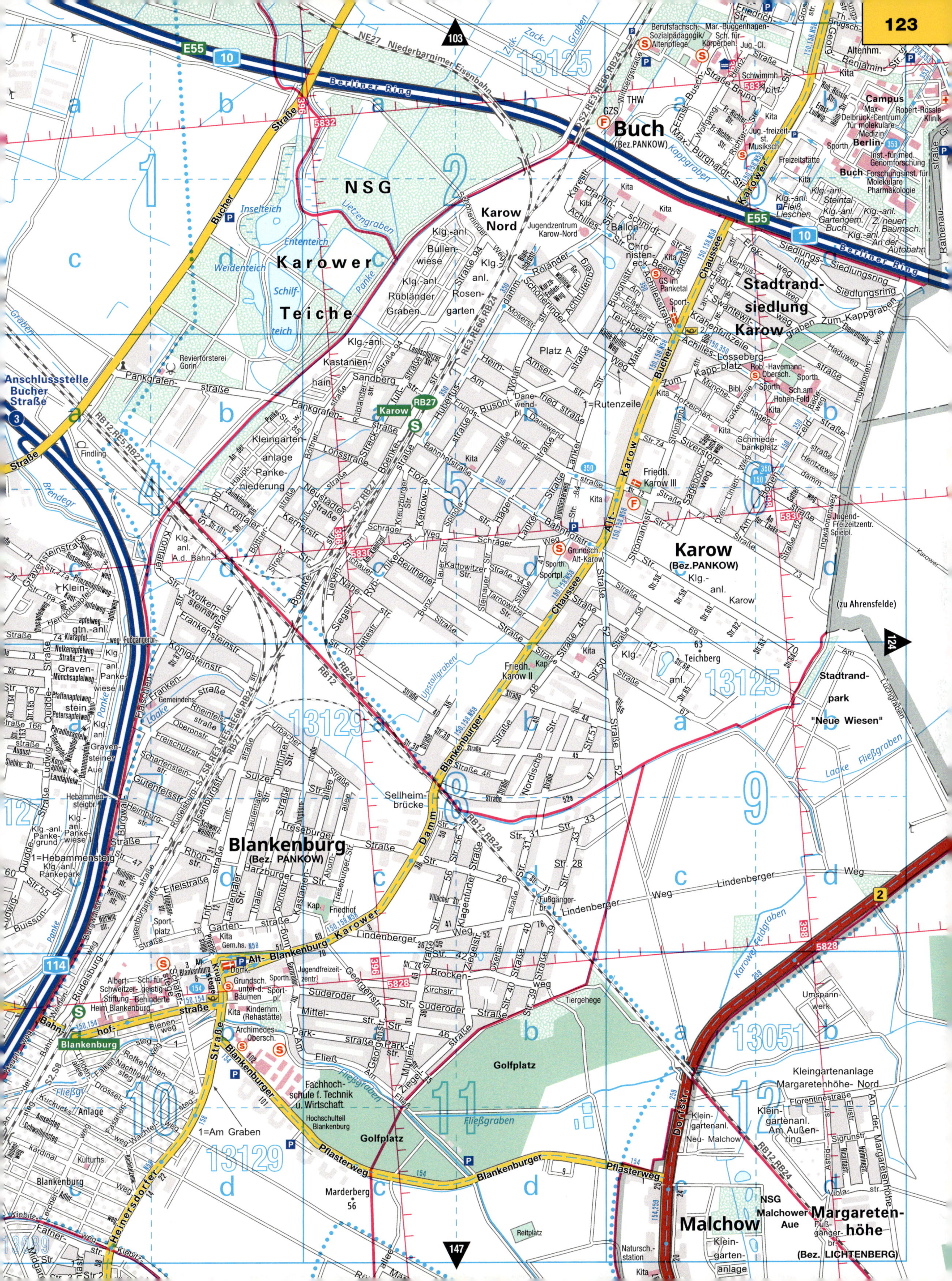
Buch
(Bez. PANKOW)
Karow Nord
Karower Teiche
NSG
Stadtrand-siedlung Karow
Karow
(Bez. PANKOW)
Blankenburg
(Bez. PANKOW)
Malchow
Margaretenhöhe
(Bez. LICHTENBERG)
Anschlussstelle Bucher Straße
Berliner Ring
Bucher Straße
Pankgrafenstraße
Karower Chaussee
Bucher Chaussee
Alt-Karow
Blankenburger Chaussee
Karower Damm
Alt-Blankenburg
Blankenburger Pflasterweg
Heinersdorfer Straße
Dorfstr.
Lindenberger Weg
Stadtrandpark "Neue Wiesen"
Golfplatz
Fachhochschule f. Technik u. Wirtschaft
NSG Malchower Aue
Kleingartenanlage Margaretenhöhe-Nord
Campus Berlin Buch
Niederbarnimer Eisenbahn
Panke
Fließgraben
Karower Feldgraben
Lietzengraben
Sellheimbrücke
Karow
Blankenburg
13125
13129
13051
103
124
147
E55
10
114
2
(zu Ahrensfelde)
1=Rutenzeile
1=Hebammensteig
1=Am Graben

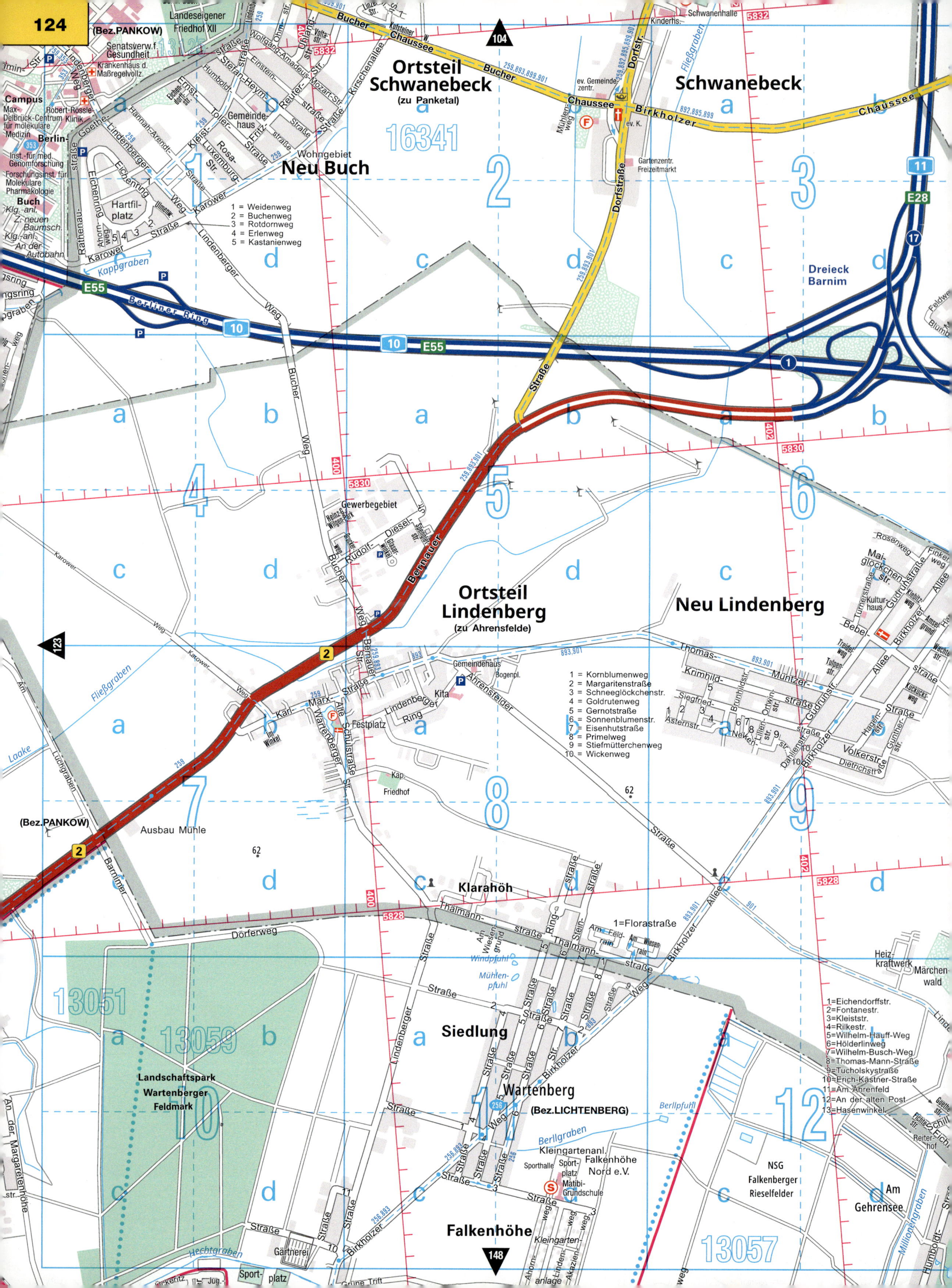
(Bez.PANKOW)
Landeseigener Friedhof XII
Senatsverw.f. Gesundheit
Krankenhaus d. Maßregelvollz.
Campus
Max-Delbrück-Centrum für molekulare Medizin
Robert-Rössle-Klinik
Berlin-Buch
Inst. für med. Genomforschung
Forschungsinst. für Molekulare Pharmakologie
Ortsteil Schwanebeck
(zu Panketal)
16341
Schwanebeck
Bucher Chaussee
Birkholzer Chaussee
Dorfstraße
Dorfstr.
ev. Gemeindezentr.
ev. K.
Gartenzentr. Freizeitmarkt
Kinderhs.
Schwanenhalle
Fließgraben
Wohngebiet
Neu Buch
Hartfilplatz
1 = Weidenweg
2 = Buchenweg
3 = Rotdornweg
4 = Erlenweg
5 = Kastanienweg
Karower Straße
Lindenberger Weg
Kappgraben
Berliner Ring
E55
10
11
E28
17
Dreieck Barnim
Bucher Weg
Gewerbegebiet
Bernauer Straße
Ortsteil Lindenberg
(zu Ahrensfelde)
Neu Lindenberg
Gemeindehaus
Kita
Festplatz
Lindenberger Ring
Ahrensfelder Straße
Thomas-Müntzer-Straße
1 = Kornblumenweg
2 = Margaritenstraße
3 = Schneeglöckchenstr.
4 = Goldrutenweg
5 = Gernotstraße
6 = Sonnenblumenstr.
7 = Eisenhutstraße
8 = Primelweg
9 = Stiefmütterchenweg
10 = Wickenweg
Karower Weg
Fließgraben
Laake
Lüchgraben
Ausbau Mühle
Kap.
Friedhof
Klarahöh
Barnimer
Dörferweg
Thälmannstraße
1=Florastraße
Windpfuhl
Mühlenpfuhl
Siedlung
Wartenberg
(Bez.LICHTENBERG)
13051
13059
13057
Landschaftspark Wartenberger Feldmark
Berllgraben
Berllpfuhl
Kleingartenanl. Falkenhöhe Nord e.V.
Matibi-Grundschule
Falkenhöhe
Gärtnerei
Hechtgraben
NSG Falkenberger Rieselfelder
Am Gehrensee
Heizkraftwerk
Märchenwald
1=Eichendorffstr.
2=Fontanestr.
3=Kleiststr.
4=Rilkestr.
5=Wilhelm-Hauff-Weg
6=Hölderlinweg
7=Wilhelm-Busch-Weg
8=Thomas-Mann-Straße
9=Tucholskystraße
10=Erich-Kästner-Straße
11=Am Ahrenfeld
12=An der alten Post
13=Hasenwinkel
104
123
148

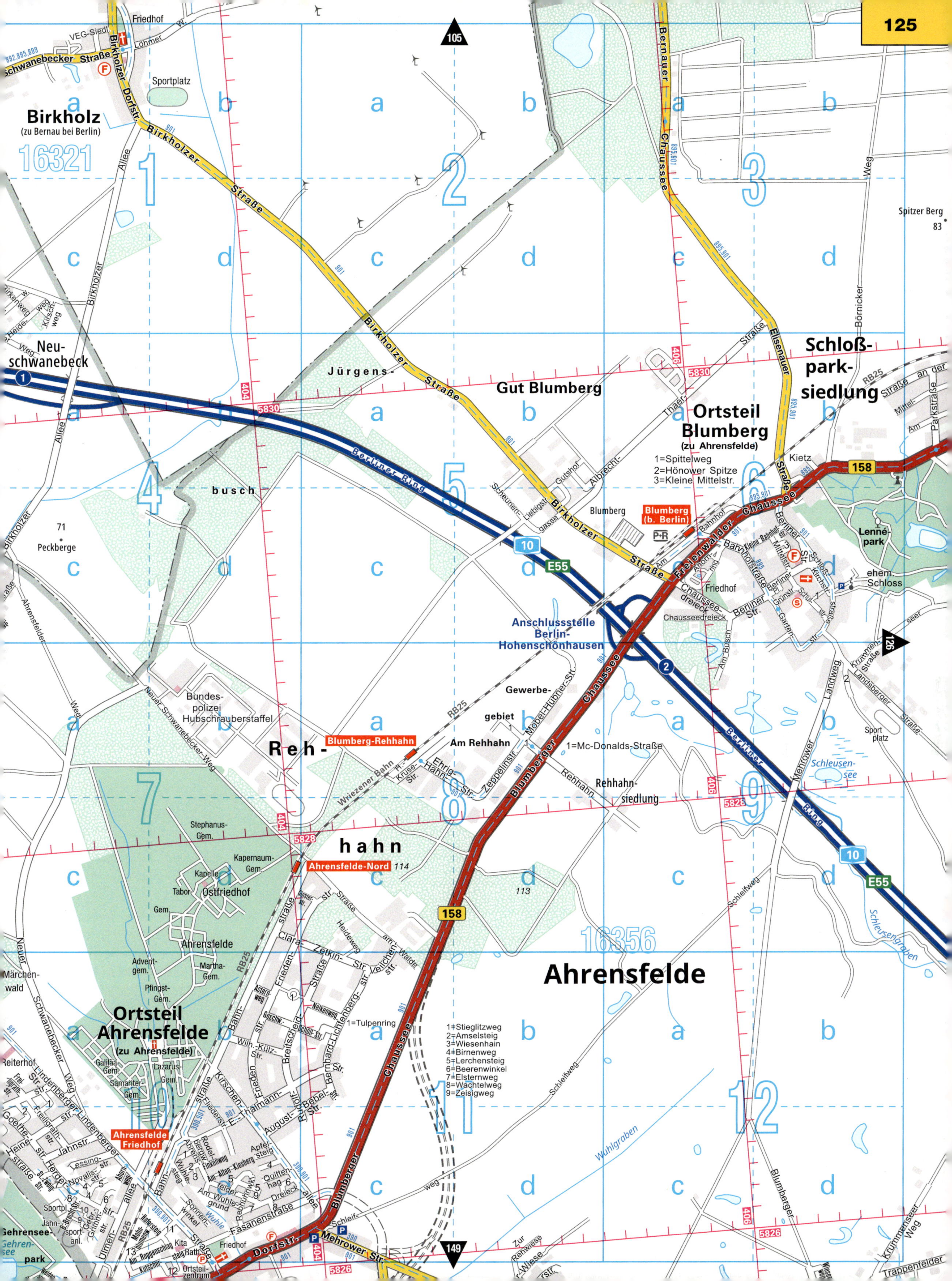
105
Birkholz
(zu Bernau bei Berlin)
16321
Friedhof
Sportplatz
Schwanebecker Straße
Birkholzer Dorfstr.
Birkholzer Straße
Bernauer Chaussee
Elisenauer Straße
Spitzer Berg
83
Neu-
schwanebeck
Jürgens-
busch
Gut Blumberg
Schloß-
park-
siedlung
Ortsteil
Blumberg
(zu Ahrensfelde)
1=Spittelweg
2=Hönower Spitze
3=Kleine Mittelstr.
Kietz
Berliner Ring
Blumberg
Blumberg
(b. Berlin)
Freienwalder Chaussee
Lenné-
park
ehem.
Schloss
Friedhof
Chausseedreieck
Anschlussstelle
Berlin-
Hohenschönhausen
Peckberge
71
Bundes-
polizei
Hubschrauberstaffel
Gewerbe-
gebiet
Blumberg-Rehhahn
Am Rehhahn
1=Mc-Donalds-Straße
Reh-
hahn
Rehhahn-
siedlung
Wriezener Bahn
Blumberger Chaussee
Schleusen-
see
Ostfriedhof
Ahrensfelde
Ahrensfelde-Nord
114
113
16356
Ahrensfelde
Ortsteil
Ahrensfelde
(zu Ahrensfelde)
1=Tulpenring
1=Stieglitzweg
2=Amselsteig
3=Wiesenhain
4=Birnenweg
5=Lerchensteig
6=Beerenwinkel
7=Elsternweg
8=Wachtelweg
9=Zeisigweg
Ahrensfelde
Friedhof
Wuhlgraben
Schleusengraben
Märchen-
wald
Gehrensee-
park
Dorfstr.
Mehrower Str.
Clara-Zetkin-Str.
Neuer Schwanebecker Weg
Trappenfelder
149
126
10
E55
158
RB25
5830
5828
5826

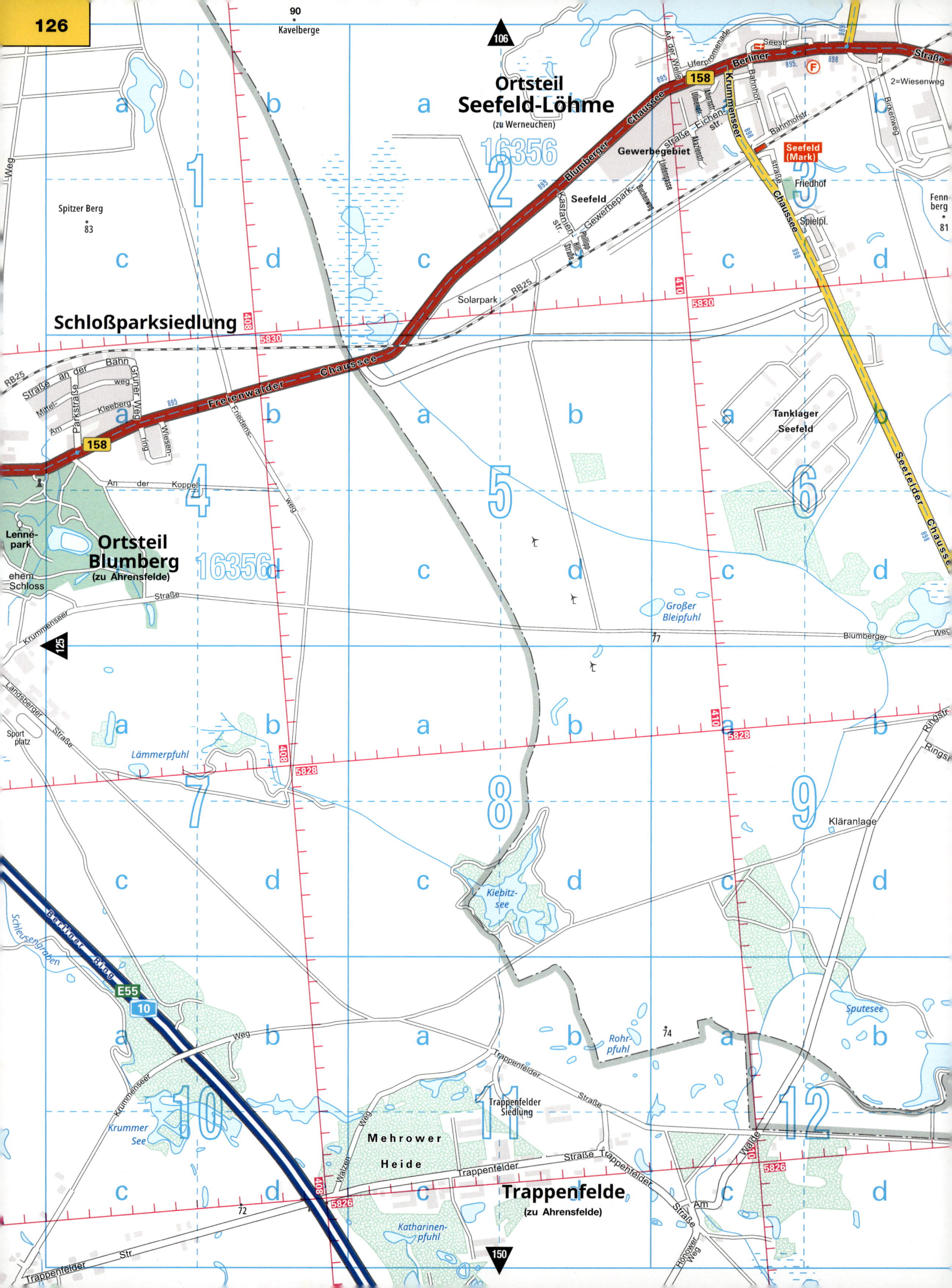

Ortsteil Seefeld-Löhme
(zu Werneuchen)
16356
Gewerbegebiet
Seefeld
Seefeld (Mark)
Friedhof
Spielpl.
Solarpark
Schloßparksiedlung
Spitzer Berg
83
Kavelberge
90
Fennberg
81
Tanklager Seefeld
Ortsteil Blumberg
(zu Ahrensfelde)
Lennepark
ehem. Schloss
16356
Großer Bleipfuhl
77
Lämmerpfuhl
Kläranlage
Kiebitzsee
Sputesee
Rohrpfuhl
74
Trappenfelder Siedlung
Mehrower Heide
Trappenfelde
(zu Ahrensfelde)
Katharinenpfuhl
Krummer See
Schleusengraben
Berliner Ring
E55
10
158
72
Sportplatz
Freienwalder Chaussee
Blumberger Chaussee
Berliner Straße
Krummenseer Chaussee
Seefelder Chaussee
Trappenfelder Straße
Landsberger Straße
Uferpromenade
Bahnhofstr.
Birkenweg
2=Wiesenweg
Gewerbepark
Kastanienstr.
Lindengasse
Buchenweg
An der Koppel
Parkstraße
Mittelweg
Kleeberg
Grüner Weg
Wiesenring
Friedensweg
Ringstr.
Blumberger Weg
Walzenweg
Honower Weg
Am Walde
Seestr.
Eichenstr.
Akazienstr.
RB25
1
2
3
4
5
6
7
8
9
10
11
12
5830
5828
5826
408
410
106
125
150

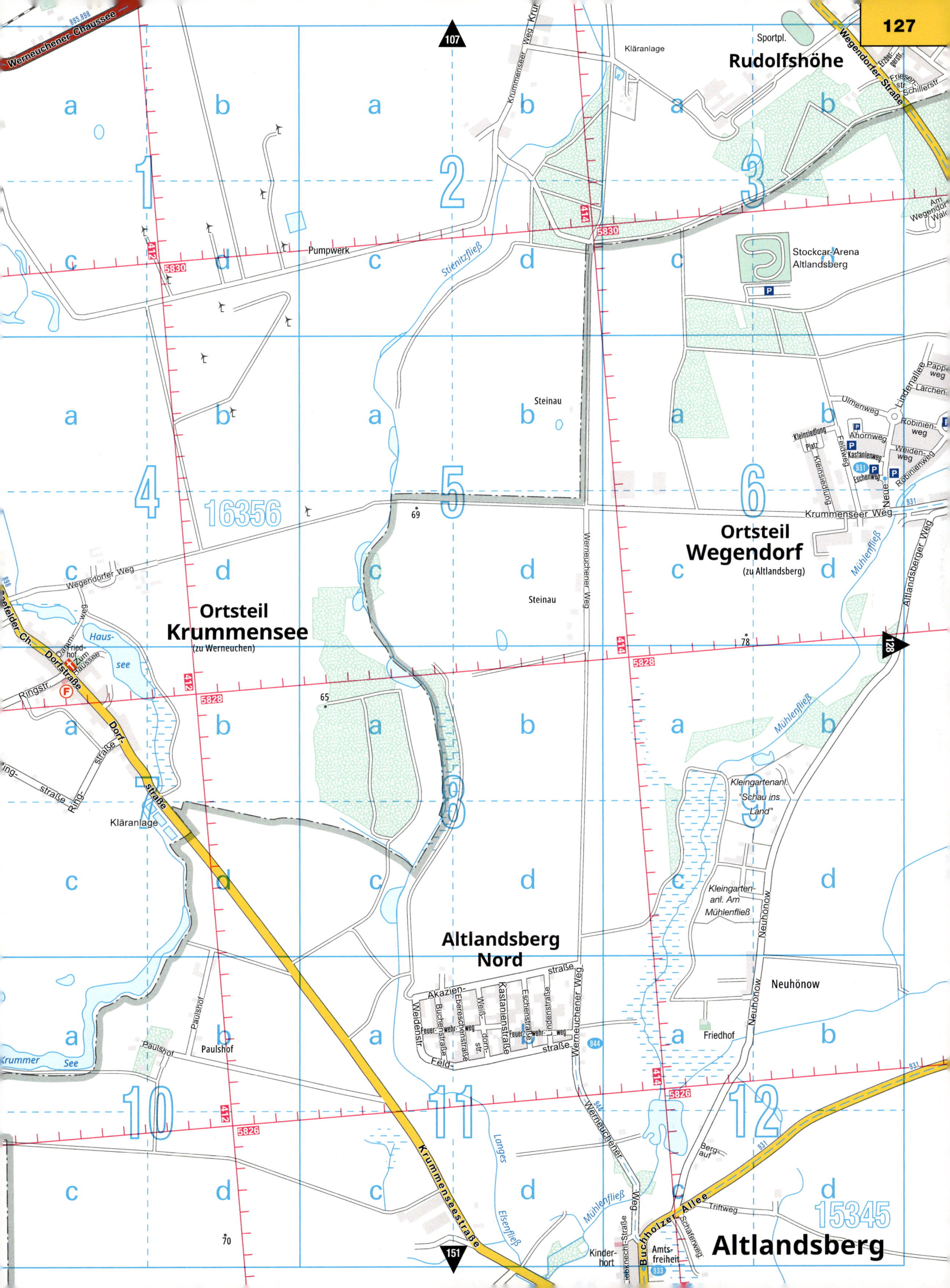

Rudolfshöhe
Sportpl.
Kläranlage
Wegendorfer Straße
Werneuchener Chaussee
Krummenseer Weg
Pumpwerk
Stienitzfließ
Stockcar-Arena Altlandsberg
Steinau
16356
Ortsteil Wegendorf
(zu Altlandsberg)
Krummenseer Weg
Mühlenfließ
Altlandsberger Weg
Ortsteil Krummensee
(zu Werneuchen)
Wegendorfer Weg
Hausee
Dorfstraße
Ringstr.
Kläranlage
Werneuchener Weg
Kleingartenanl. "Schau ins Land"
Kleingarten-anl. Am Mühlenfließ
Neuhönow
Altlandsberg Nord
Paulshof
Krummer See
Friedhof
Krummenseestraße
Langes Elsenfließ
Mühlenfließ
Buchholzer Allee
Triftweg
Amts-freiheit
Kinder-hort
15345
Altlandsberg

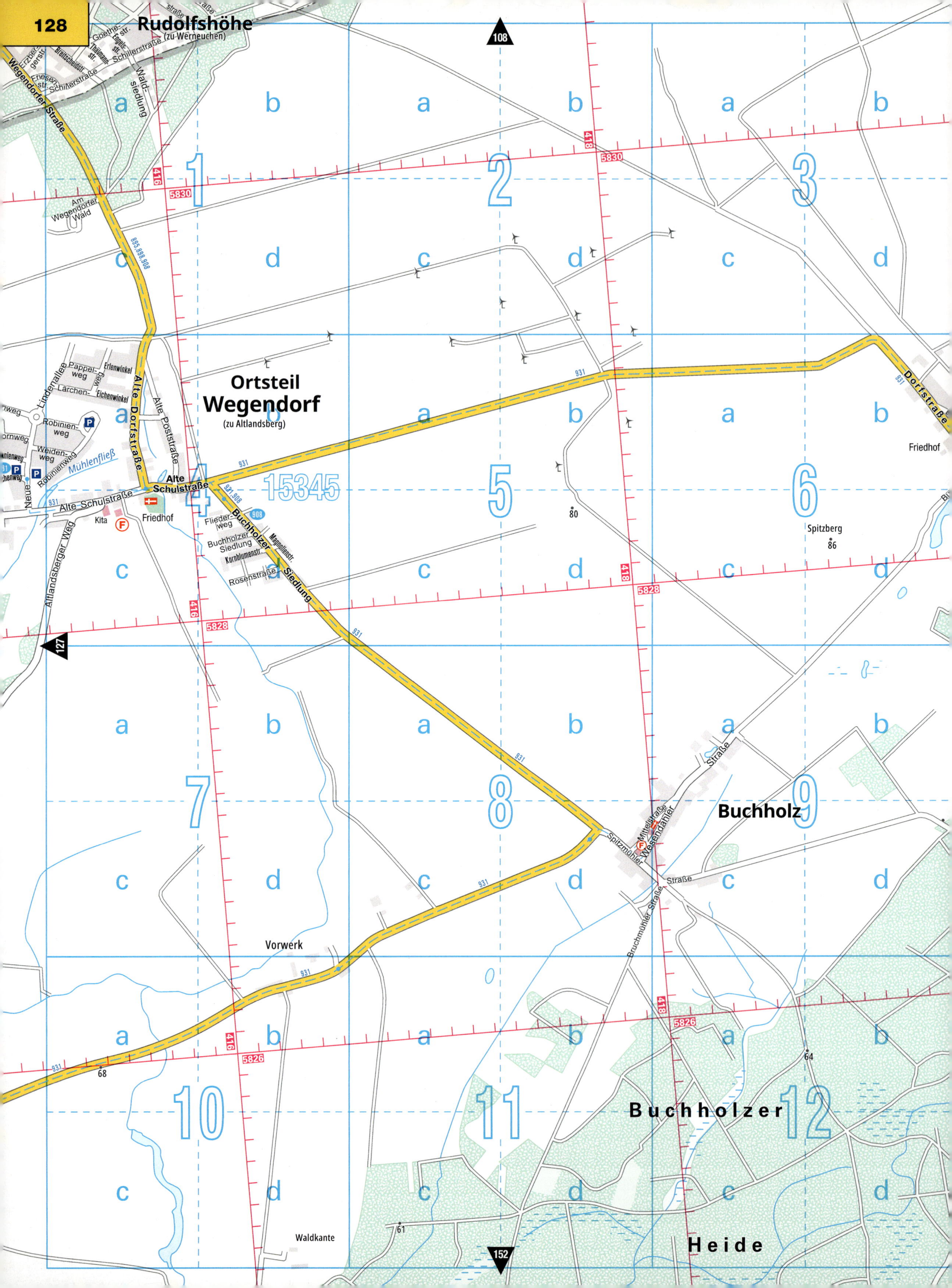

Rudolfshöhe
(zu Werneuchen)
Wegendorfer Straße
Schillerstraße
Wald-siedlung
Am Wegendorfer Wald
Ortsteil
Wegendorf
(zu Altlandsberg)
15345
Alte Dorfstraße
Alte Poststraße
Alte Schulstraße
Buchholzer Siedlung
Mühlenfließ
Kita
Friedhof
Altlandsberger Weg
Rosenstraße
Vorwerk
Waldkante
Buchholz
Spitzmühler Straße
Bruchmühler Straße
Dorfstraße
Friedhof
Spitzberg
86
80
68
64
61
Buchholzer
Heide
108
127
152

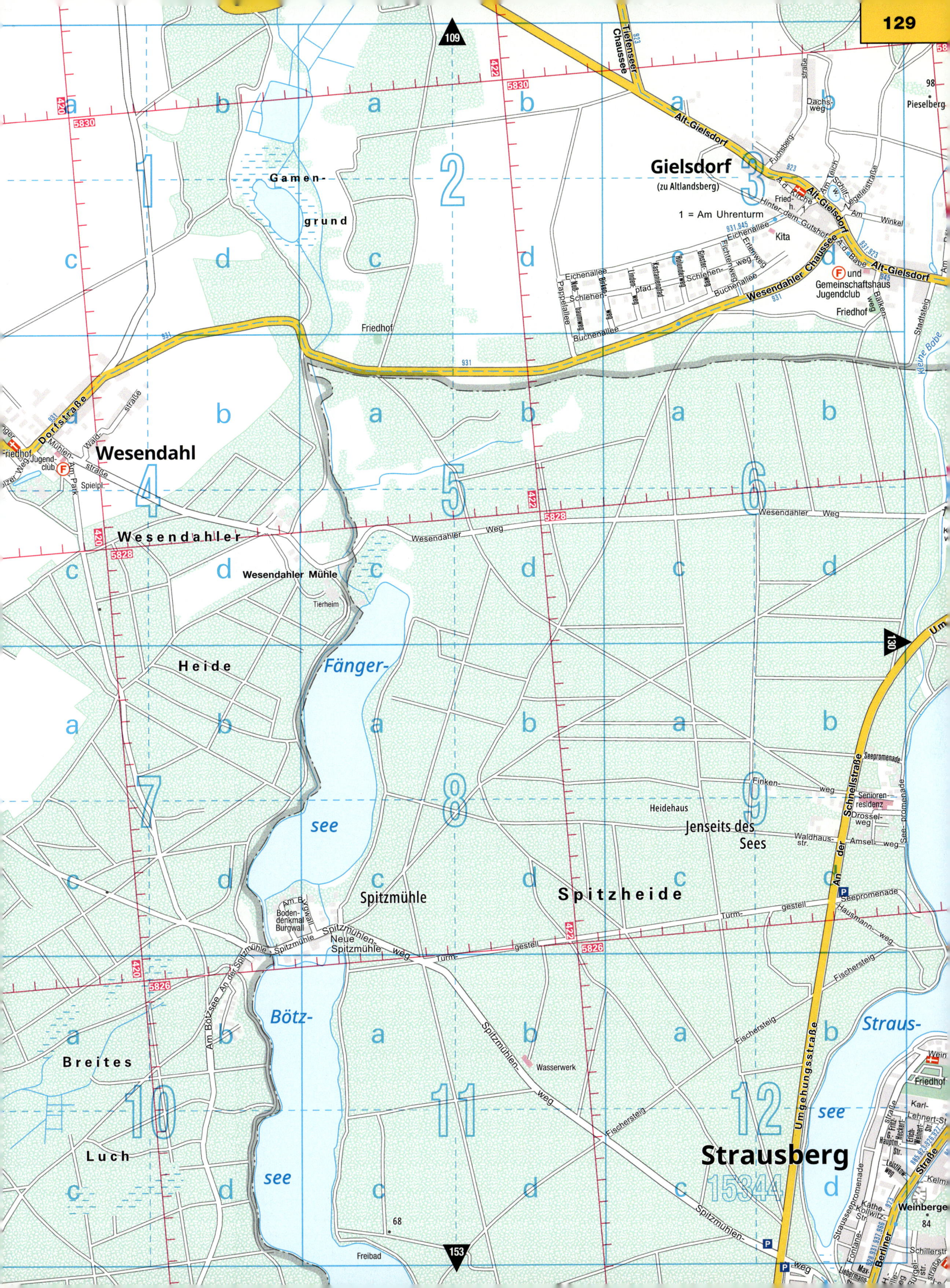

Gielsdorf
(zu Altlandsberg)
1 = Am Uhrenturm
Alt-Gielsdorf
Tiefenseer Chaussee
Wesendahler Chaussee
Kita
Gemeinschaftshaus Jugendclub
Friedhof
Pieselberg
Gamen-
grund
Wesendahl
Dorfstraße
Jugend-club
Spielpl.
Wesendahler
Wesendahler Mühle
Tierheim
Wesendahler Weg
Heide
Fänger-
see
Spitzmühle
Neue Spitzmühle
Spitzmühlenweg
Turmgestell
Heidehaus
Jenseits des Sees
Spitzheide
Schnellstraße
Seniorenresidenz
Seepromenade
Umgehungsstraße
Fischersteig
Wasserwerk
Bötz-
see
Breites
Luch
Am Bötzsee
Freibad
Strausberg
15344
Straus-
see
Weinberge
Berliner Straße
Friedhof

Wilkendorf
(zu Altlandsberg)
Gielsdorf
Übung
Petersilienberg
101
Pieselberg
98
Ihland-
see
Schwarze Berge
107
Schloss
15345
Alt-Gielsdorf
Friedrich-Schiller-
Höhe
1=Richardsdorfer Straße
Gartenstadt
Sportpl.
Tiergehege
Roter Hof
(Kinderbauernhof)
Zentrum Informationsarbeit
Bundeswehr
Campus Strausberg
Gesundheits-
zentrum
Kommando Heer
von-Hardenberg-Kaserne
Stadtteil
Strausberg Nord
(zu Strausberg)
Klg.-Anl.
Erlengrund
Finanz-
amt
Agentur
f. Arbeit
Strausberg Nord
Provinzialsiedlung
Umgehungsstraße
Prötzeler Chaussee
15344
Strausberg
Straus-
see
Energie-
Arena
Stadtwerke
Gewerbe-
gebiet
Verkehrslande-
platz
Landratsamt
Amts-
gericht
Stadths.
Markt
Kulturpark
Senioren-
residenz
Sportkomplex
Hohensteiner
Chaussee
1 = An den Ahorngarten
Strausberg Stadt
Grund-
schule
Freibad
Bootsverl.
Museum
Friedhof
Cityplan S.40
Mühlengrund
Kleingarten-
anlage
Am Wäldchen
Am Weiher
Hohensteiner Chaussee
Garzauer Chaussee
Treuenhof
Altes
Steuerhaus
Wilhelmshof
Hortenberge
88
Weinberge
84
Wasserverb.
Strausberg-
Erkner
Igel-
pfuhl
Berliner Straße
August-Bebel-Straße
Flugplatzstraße
Segelfliegerdamm
110
129
154

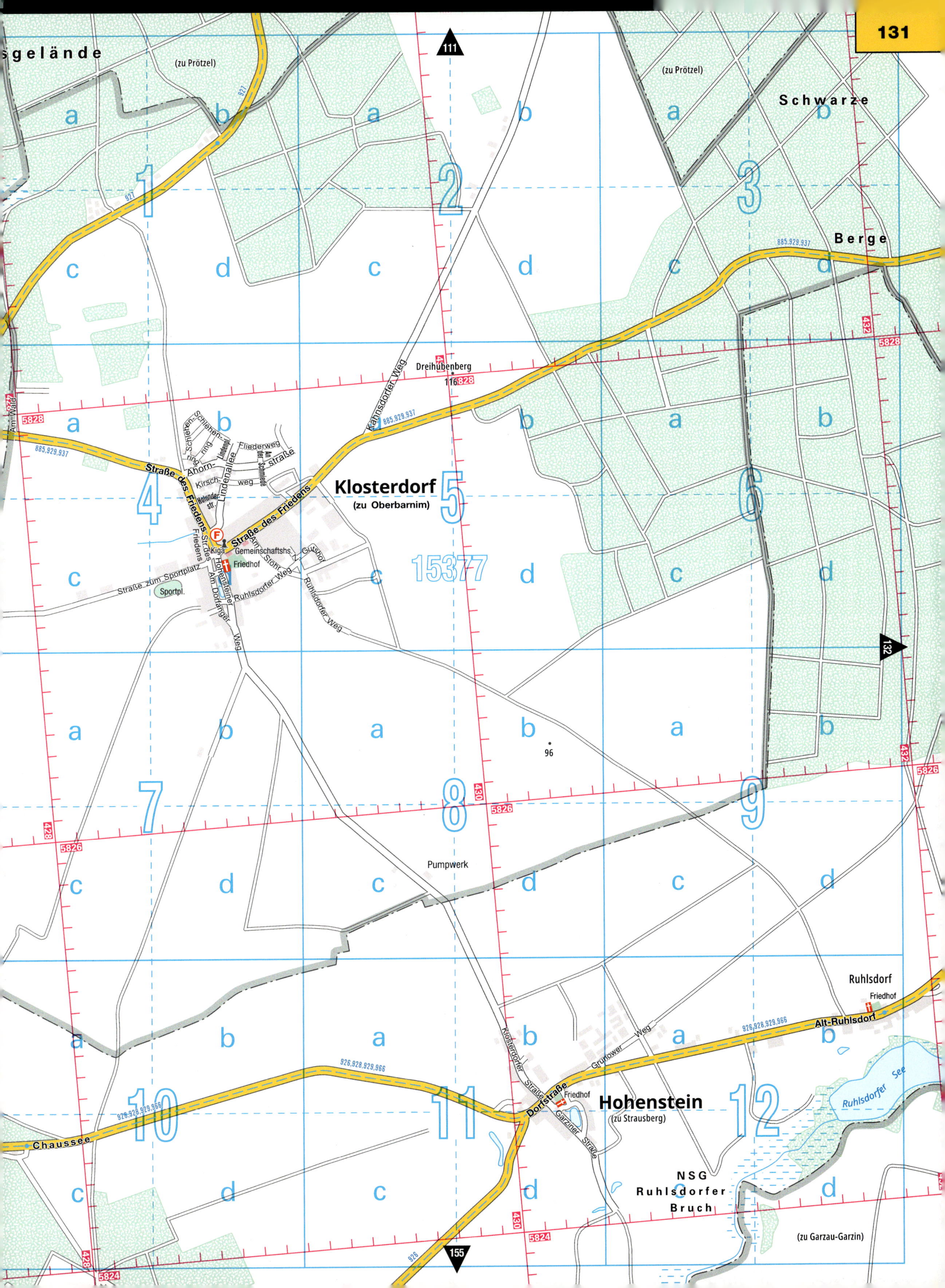

sgelände
(zu Prötzel)
Schwarze
Berge
Dreihubenberg
116
Klosterdorf
(zu Oberbarnim)
15377
Straße des Friedens
Schlehenring
Ahornring
Lindenallee
Fliederweg
An der Schmiede
Kirschweg
Holunderstr.
Lindenpl.
Am Stöhr
Gutshof
Kiga
Gemeinschaftshs.
Friedhof
Straße zum Sportplatz
Sportpl.
Hohensteiner Weg
Am Dorfanger
Ruhlsdorfer Weg
Kähnsdorfer Weg
Am Wald
96
Pumpwerk
Ruhlsdorf
Friedhof
Alt-Ruhlsdorf
Ruhlsdorfer See
Hohenstein
(zu Strausberg)
Klosterdorfer Straße
Dorfstraße
Garziner Straße
Grunower Weg
Friedhof
Chaussee
NSG
Ruhlsdorfer
Bruch
(zu Garzau-Garzin)

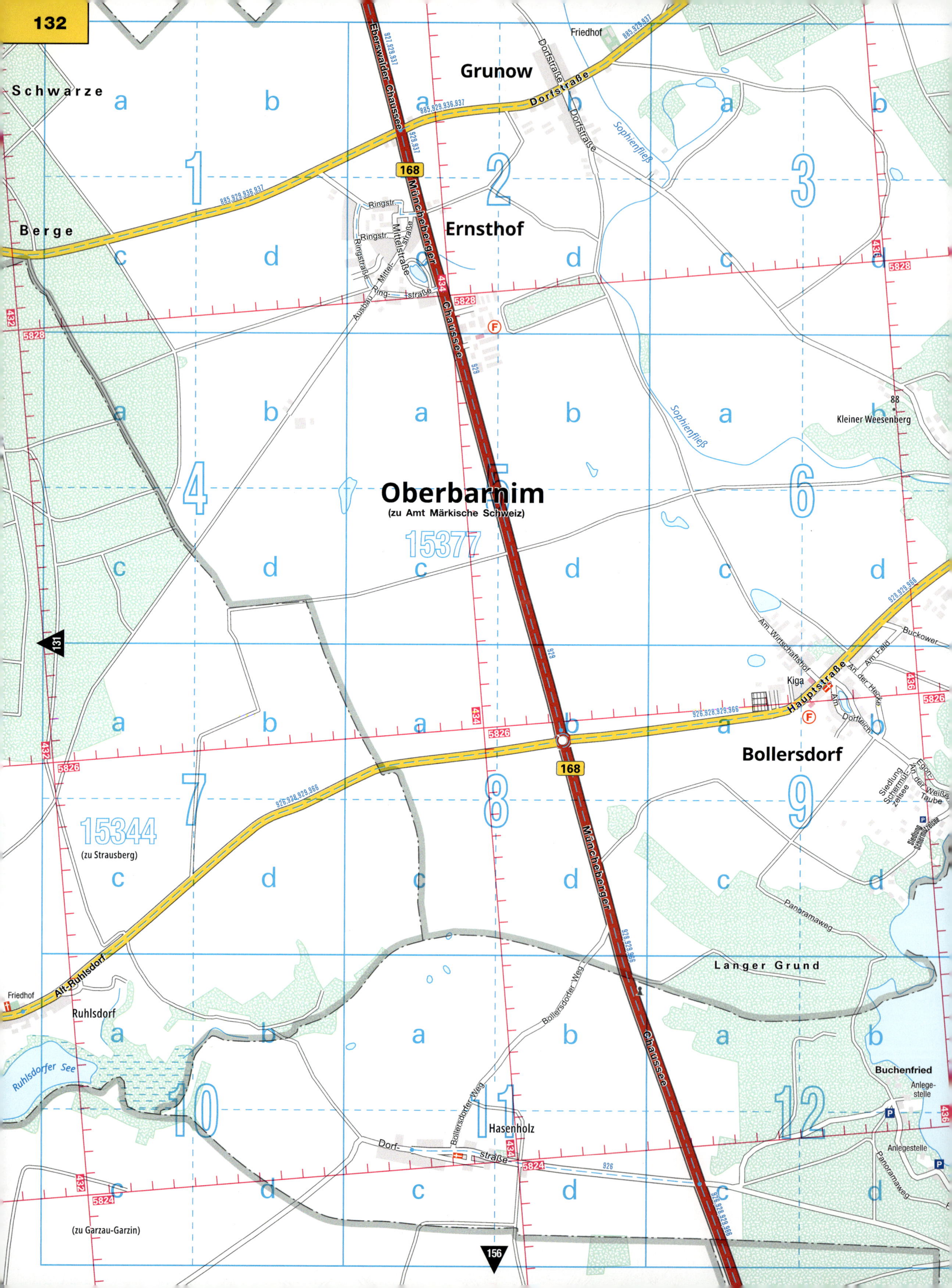

Grunow
Friedhof
Schwarze
Berge
Dorfstraße
Eberswalder Chaussee
Müncheberger Chaussee
168
Ringstr.
Mittelstraße
Ringstraße
Ausbau
Ernsthof
Sophienfließ
Kleiner Weesenberg
88
Oberbarnim
(zu Amt Märkische Schweiz)
15377
Am Wirtschaftshof
Hauptstraße
An der Hecke
Am Feld
Am Dorfteich
Kiga
Buckower
Bollersdorf
Siedlung Schermützelsee
An der Weißen Taube
Egon-
Panoramaweg
Langer Grund
15344
(zu Strausberg)
Alt-Ruhlsdorf
Friedhof
Ruhlsdorf
Ruhlsdorfer See
Bollersdorfer Weg
Hasenholz
Dorfstraße
Buchenfried
Anlegestelle
(zu Garzau-Garzin)
131
156

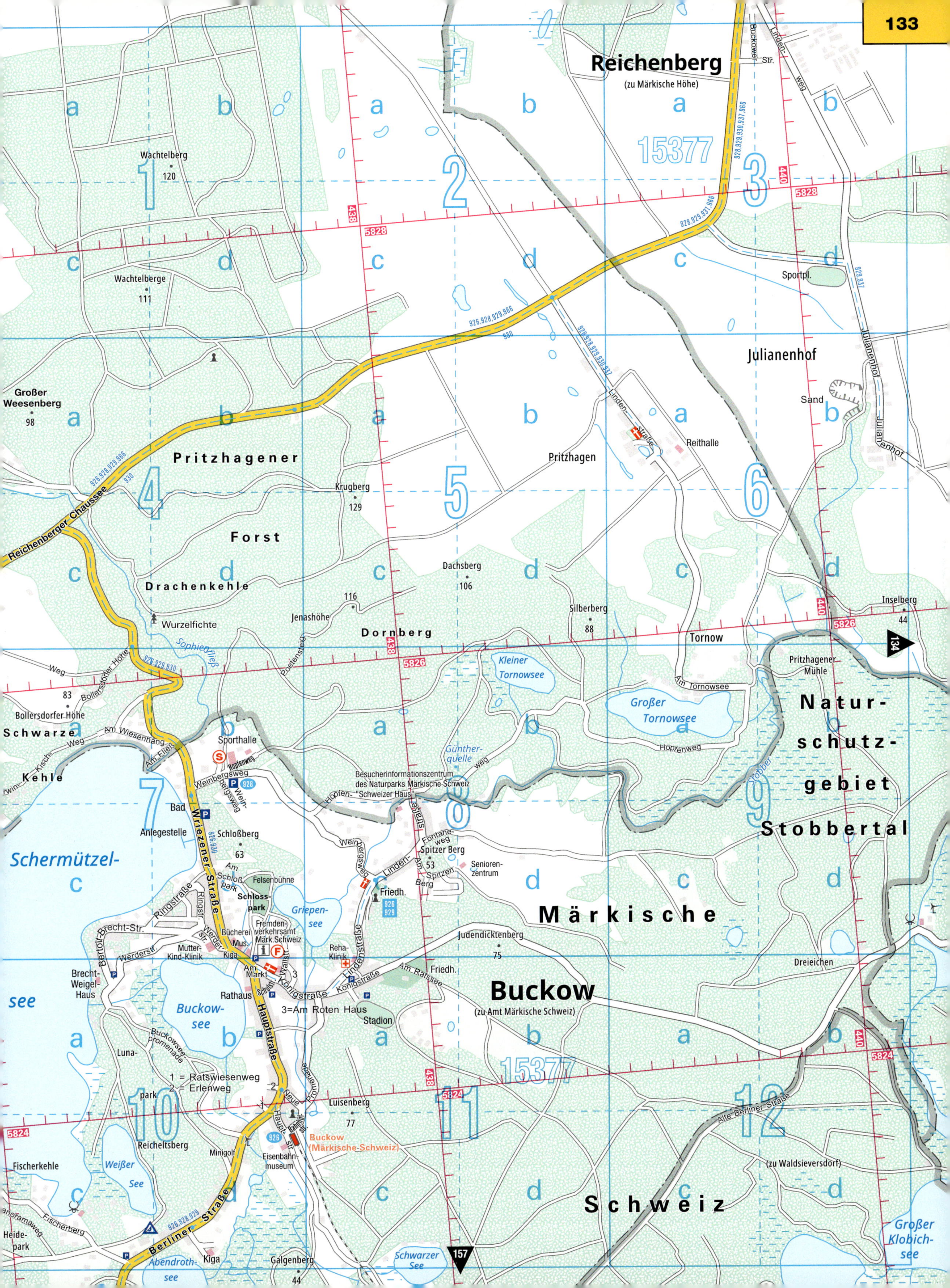
Reichenberg
(zu Märkische Höhe)
15377
Wachtelberg
120
Wachtelberge
111
Großer Weesenberg
98
Pritzhagener
Forst
Drachenkehle
Reichenberger Chaussee
Wurzelfichte
Krugberg
129
Jenashöhe
116
Dornberg
Dachsberg
106
Pritzhagen
Reithalle
Julianenhof
Sand
Sportpl.
Silberberg
88
Tornow
Inselberg
44
Pritzhagener Mühle
Kleiner Tornowsee
Großer Tornowsee
Am Tornowsee
Hopfenweg
Natur-schutz-gebiet Stobbertal
Sophienfließ
Bollersdorfer Höhe
83
Schwarze Kehle
Am Wiesenhang
Sporthalle
Weinbergsweg
Besucherinformationszentrum des Naturparks Märkische Schweiz "Schweizer Haus"
Günther-quelle
Bad
Anlegestelle
Schloßberg
63
Schermützel-see
Wriezener Straße
Spitzer Berg
53
Senioren-zentrum
Friedh.
Felsenbühne
Schloss-park
Griepen-see
Fremden-verkehrsamt Märk.Schweiz
Bücherei
Mus.
Kiga
Reha-Klinik
Märkische
Bertolt-Brecht-Str.
Ringstraße
Werderstr.
Mutter-Kind-Klinik
Brecht-Weigel-Haus
Am Markt
Rathaus
Königstraße
Lindenstraße
Judendicktenberg
75
Friedh.
Am Ratssee
Buckow
(zu Amt Märkische Schweiz)
Dreieichen
Buckow-see
Hauptstraße
3=Am Roten Haus
Stadion
Buckowsee-promenade
Luna-park
1 = Ratswiesenweg
2 = Erlenweg
15377
Luisenberg
77
Alte Berliner Straße
(zu Waldsieversdorf)
Reicheltsberg
Minigolf
Buckow (Märkische-Schweiz)
Eisenbahn-museum
Fischerkehle
Weißer See
Fischerberg
Heide-park
Berliner Straße
Abendroth-see
Kiga
Galgenberg
44
Schwarzer See
Schweiz
Großer Klobich-see
Zum Anschluss: 134
Zum Anschluss: 157

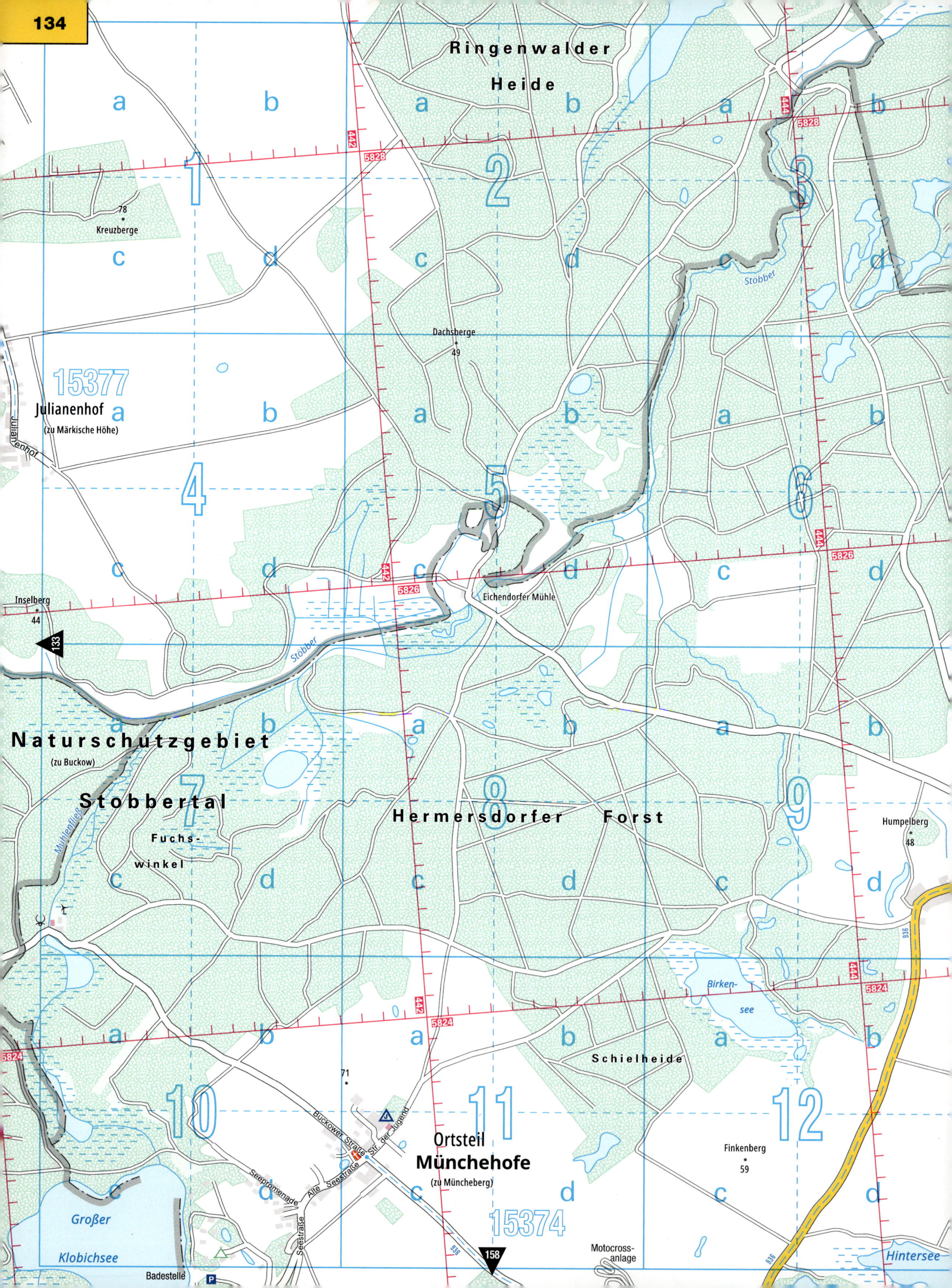

Ringenwalder Heide
Kreuzberge
78
Dachsberge
49
15377
Julianenhof
(zu Märkische Höhe)
Julianenhof
Stobber
Eichendorfer Mühle
Inselberg
44
133
Naturschutzgebiet
(zu Buckow)
Stobbertal
Fuchs-winkel
Mühlenfließ
Hermersdorfer Forst
Humpelberg
48
Birken-see
Schielheide
71
Buckower Straße
Str. der Jugend
Seepromenade
Alte Seestraße
Seestraße
Ortsteil
Münchehofe
(zu Müncheberg)
15374
Finkenberg
59
Großer Klobichsee
Badestelle
Motocross-anlage
158
Hintersee
442
444
5828
5826
5824
936

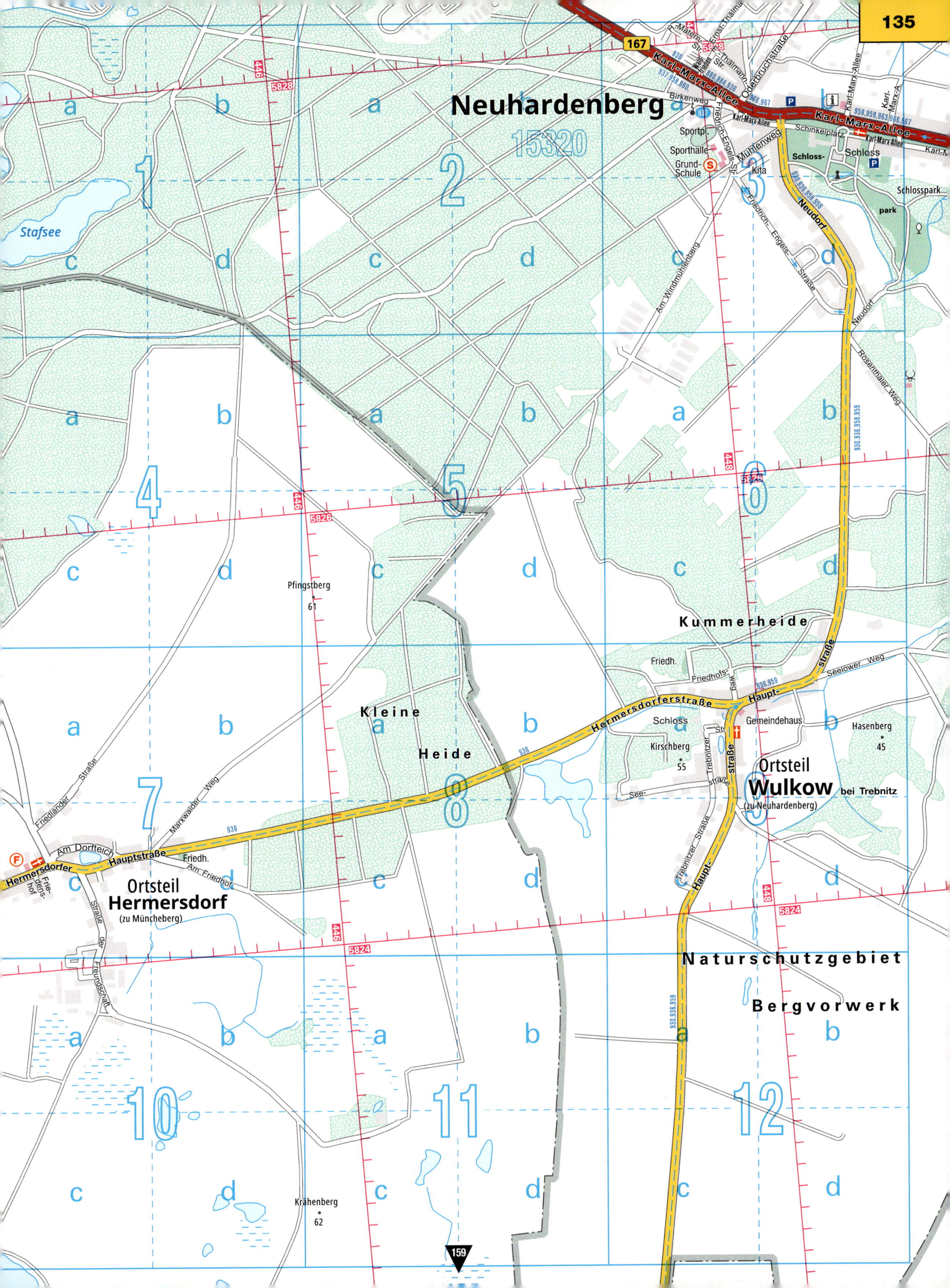

Neuhardenberg
15320
Stafsee
Karl-Marx-Allee
Oderbruchstraße
Birkenweg
Sportpl.
Sporthalle
Grund-Schule
Mühlenweg
Kita
Friedrich-Engels-Str.
Schinkelplatz
Schloss
Schlosspark
Neudorf
Friedrich-Engels-Straße
Am Windmühlenberg
Rosenthaler Weg
Pfingstberg
61
Kummerheide
Friedh.
Friedhofsweg
Seelower Weg
Hauptstraße
Hermersdorferstraße
Schloss
Gemeindehaus
Hasenberg
45
Kirschberg
55
Trebnitzer Straße
Seestraße
Ortsteil
Wulkow bei Trebnitz
(zu Neuhardenberg)
Kleine
Heide
Friedländer Straße
Marxwalder Weg
Am Dorfteich
Hauptstraße
Hermersdorfer
Friedenshof
Friedh.
Am Friedhof
Ortsteil
Hermersdorf
(zu Müncheberg)
Straße der Freundschaft
Naturschutzgebiet
Bergvorwerk
Krähenberg
62
159

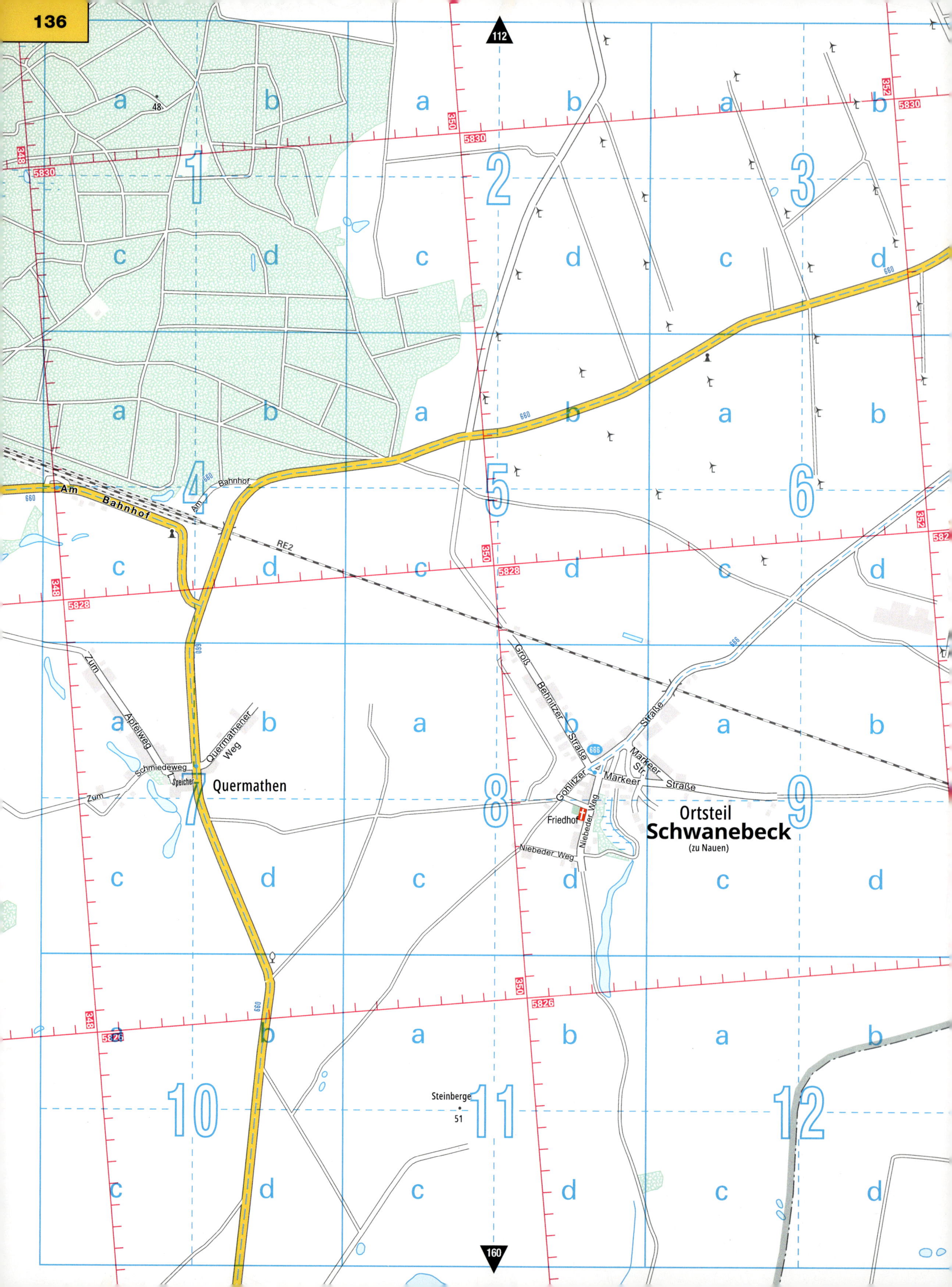

112
a
b
48
a
b
a
b
1
2
3
5830
348
350
352
c
d
c
d
c
d
660
a
b
a
b
a
b
4
5
6
Am Bahnhof
Am Bahnhof
RE2
c
d
c
d
c
d
5828
582
666
Zum Apfelweg
Quermathener Weg
a
b
a
b
a
b
Groß Behnitzer Straße
Straße
Schmiedeweg
Speicher
Quermathen
Zum
Gohlitzer
Markeer Str.
Markeer Straße
7
8
9
Friedhof
Niebeder Weg
Niebeder Weg
Ortsteil
Schwanebeck
(zu Nauen)
c
d
c
d
c
d
5826
a
b
a
b
a
b
Steinberge
51
10
11
12
c
d
c
d
c
d
160

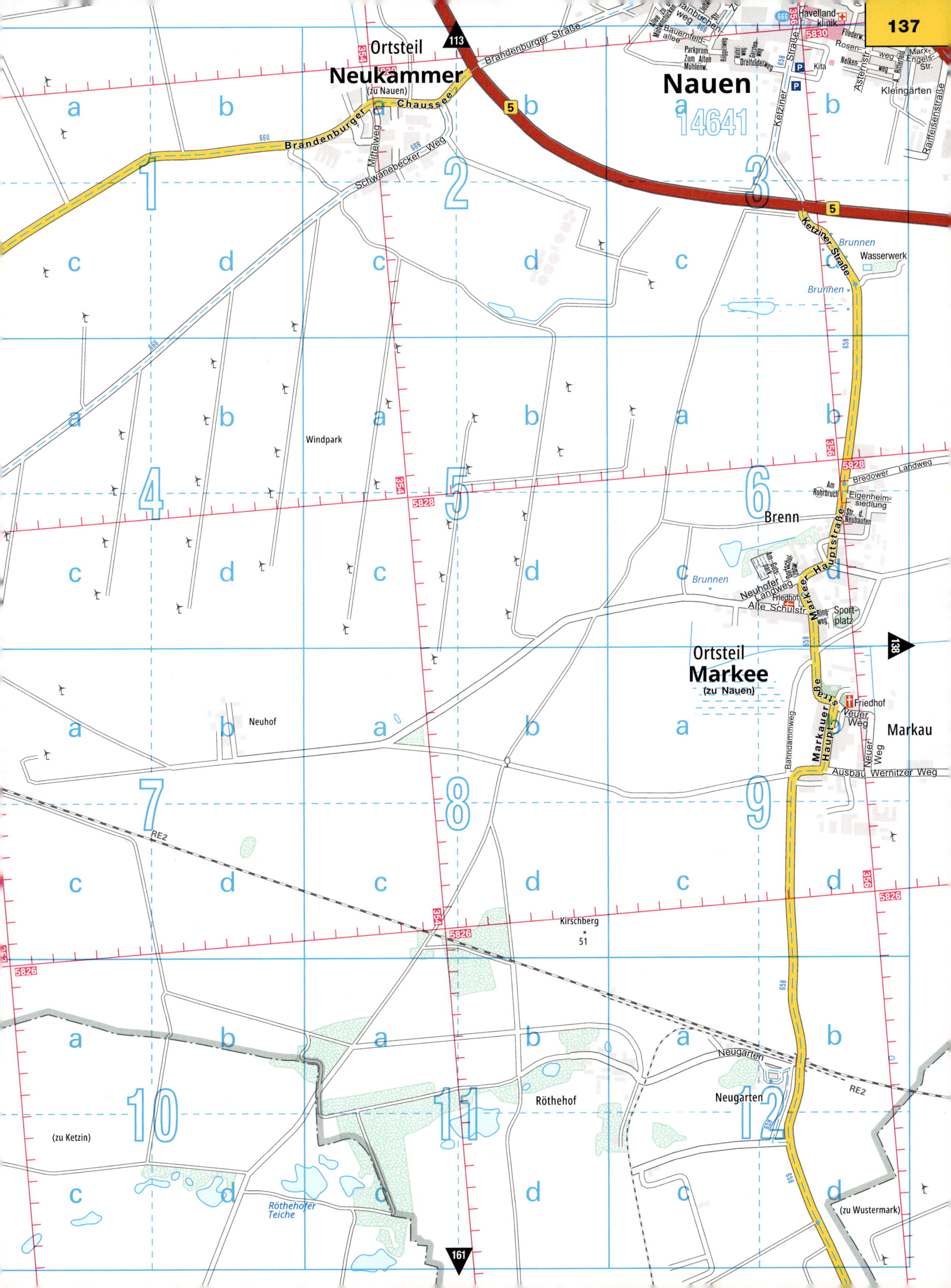

Ortsteil
Neukammer
(zu Nauen)
Nauen
14641
Havelland-klinik
Brandenburger Straße
Brandenburger Chaussee
Mittelweg
Schwanebecker Weg
Ketziner Straße
Kleingärten
Raiffeisenstraße
Kita
Brunnen
Wasserwerk
Windpark
Brenn
Bredower Landweg
Eigenheim-siedlung
Am Rohrbruch
Str. d. Neubauten
Markeer Hauptstraße
Neuhofer Landweg
Alte Schulstr.
Friedhof
Sport-platz
Ortsteil
Markee
(zu Nauen)
Neuhof
Markau
Neuer Weg
Bahndammweg
Markauer Hauptstraße
Ausbau Wernitzer Weg
RE2
Kirschberg
51
Neugarten
Röthehof
Röthehofer Teiche
(zu Ketzin)
(zu Wustermark)

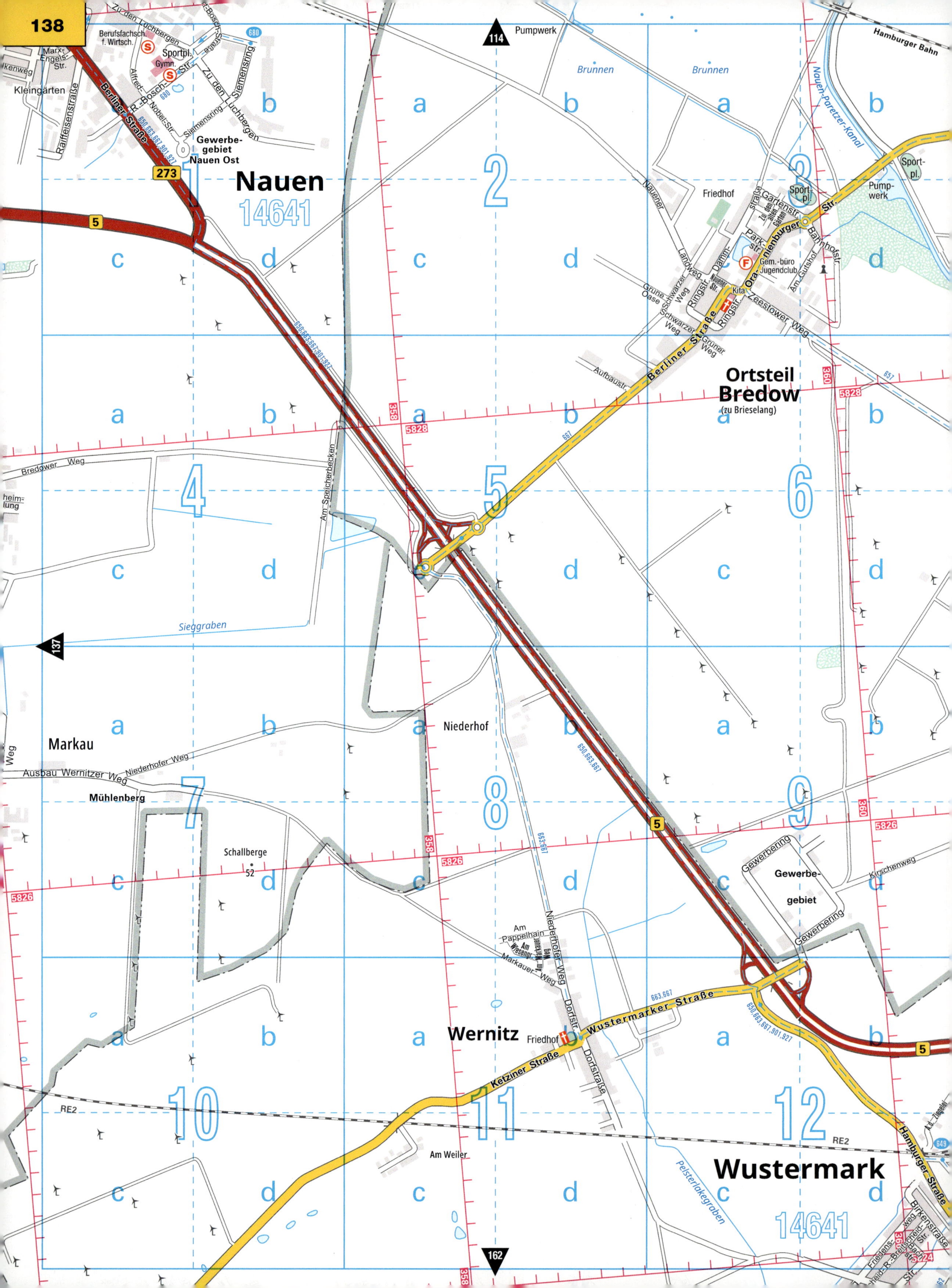
Nauen
14641
Gewerbe-
gebiet
Nauen Ost
Berufsfachsch.
f. Wirtsch.
Sportpl.
Gymn.
Kleingärten
Berliner Straße
Raiffeisenstraße
Zu den Luchbergen
Siemensring
Pumpwerk
Brunnen
Brunnen
Hamburger Bahn
Nauen-Paretzer-Kanal
Friedhof
Ortsteil
Bredow
(zu Brieselang)
Gartenstr.
Oranienburger Str.
Bahnhofstr.
Am Gutshof
Gem.-büro
Jugendclub
Kita
Ringstr.
Landweg
Zeestower Weg
Schwarzer Weg
Grüner Weg
Grüne Oase
Aufbaustr.
Berliner Straße
Sport-
pl.
Pump-
werk
Bredower Weg
Am Speicherbecken
Sieggraben
Markau
Ausbau Wernitzer Weg
Niederhofer Weg
Mühlenberg
Schallberge
52
Niederhof
Gewerbe-
gebiet
Gewerbering
Kirschenweg
Am Pappelhain
Am Wiesengr.
Markauer Weg
Niederhofer Weg
Dorfstr.
Dorfstraße
Wustermarker Straße
Wernitz
Friedhof
Ketziner Straße
Am Weiler
RE2
RE2
Pelsterlakegraben
Wustermark
14641
Hamburger Straße
Birkenstraße
1
2
3
4
5
6
7
8
9
10
11
12
114
137
162
273
5
5
5

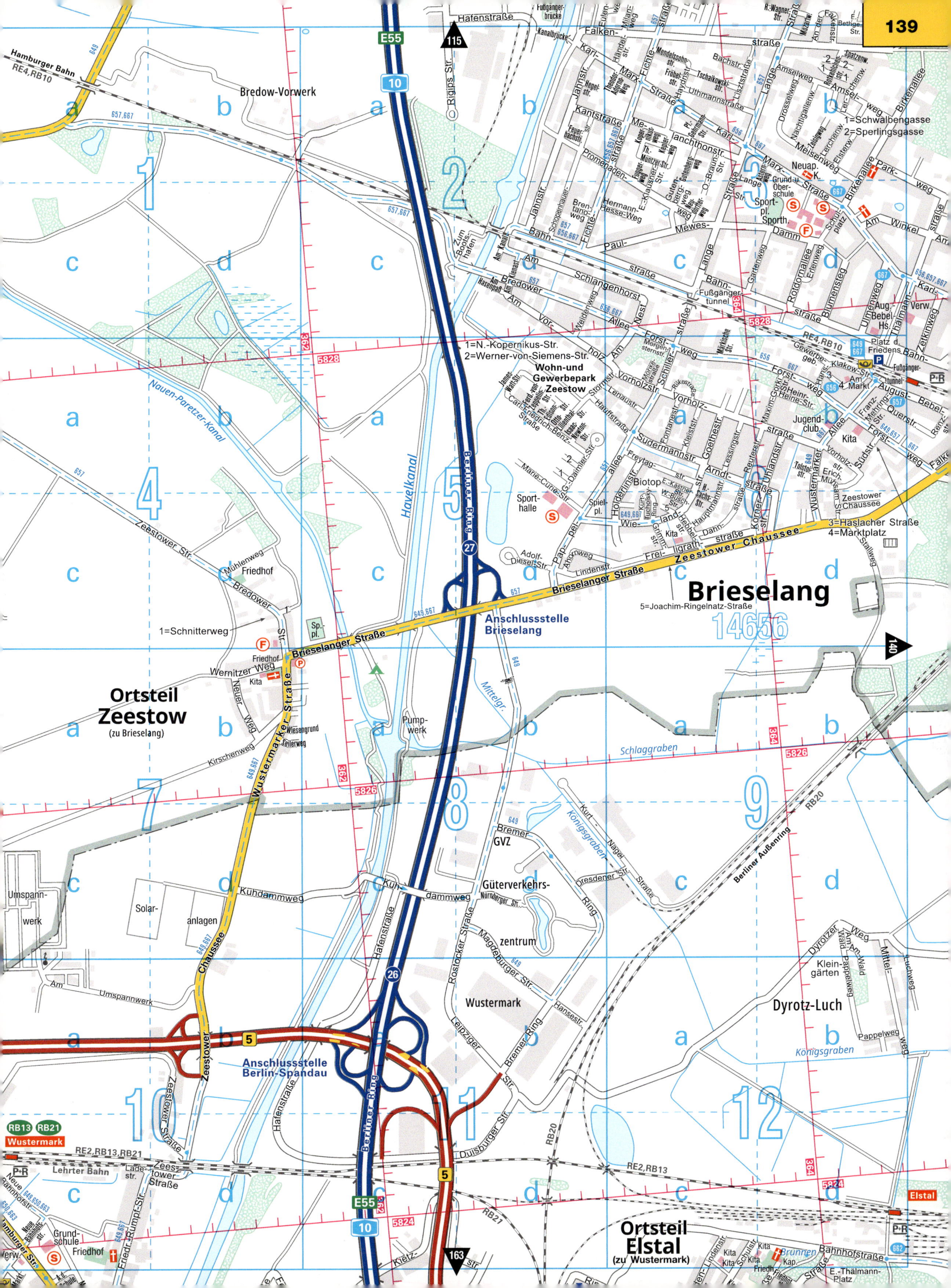
Brieselang
14656
Ortsteil Zeestow (zu Brieselang)
Ortsteil Elstal (zu Wustermark)
Bredow-Vorwerk
Wohn-und Gewerbepark Zeestow
Anschlussstelle Brieselang
Anschlussstelle Berlin-Spandau
Güterverkehrszentrum
GVZ
Wustermark
Dyrotz-Luch
Havelkanal
Nauen-Paretzer-Kanal
Schlaggraben
Königsgraben
Mittelgr.
Berliner Ring
Berliner Außenring
Hamburger Bahn
Lehrter Bahn
Brieselanger Straße
Zeestower Chaussee
Wustermarker Straße
Zeestower Str.
Kühdammweg
Hafenstraße
Rostocker Straße
Magdeburger Str.
Bremer Str.
Bremer Ring
Leipziger Ring
Dresdener Str.
Kurt-Nagel-Straße
Königsgraben-Ring
Hansestr.
Duisburger Str.
Nürnberger Str.
Umspannwerk
Solaranlagen
Pumpwerk
Sporthalle
Friedhof
Kita
Jugendclub
Kleingärten
1=Schnitterweg
1=N.-Kopernikus-Str.
2=Werner-von-Siemens-Str.
3=Haslacher Straße
4=Marktplatz
5=Joachim-Ringelnatz-Straße
1=Schwalbengasse
2=Sperlingsgasse
Wustermark
Elstal
E55
10
5
26
27
115
140
163
RE4,RB10
RE2,RB13,RB21
RE2,RB13
RB13
RB21
RB20
5828
5826
5824
362
364
649
657
667

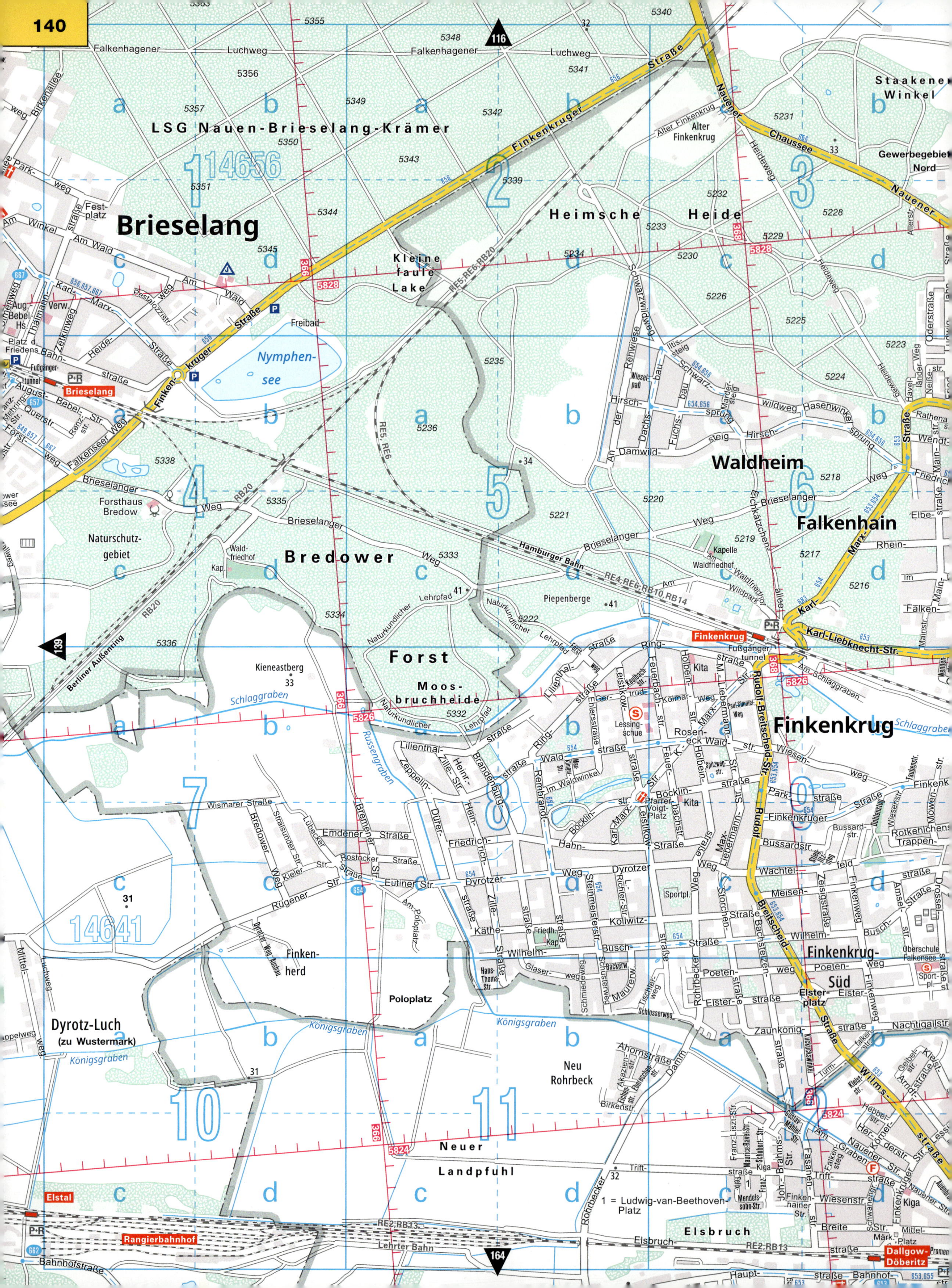

Brieselang
LSG Nauen-Brieselang-Krämer
Heimsche Heide
Kleine faule Lake
Nymphensee
Waldheim
Falkenhain
Bredower
Forst
Moosbruchheide
Finkenkrug
Finkenkrug-Süd
Dyrotz-Luch (zu Wustermark)
Finkenherd
Poloplatz
Neu Rohrbeck
Neuer Landpfuhl
Elsbruch
Staakener Winkel
Gewerbegebiet Nord
Alter Finkenkrug
Forsthaus Bredow
Naturschutzgebiet
Kieneastberg
Elstal
Rangierbahnhof
Dallgow-Döberitz
Hamburger Bahn
Lehrter Bahn
Finkenkruger Straße
Nauener Chaussee
Karl-Marx-Str.
Rudolf-Breitscheid-Str.
Schlaggraben
Königsgraben
Russengraben
14656
14641
1 = Ludwig-van-Beethoven-Platz

Falkensee
Falkenhagen
Seegefeld
Falkenhain
Dallgow-Döberitz
Neu-Seegefeld
Falkenhagener Alpen
Staatsforst Falkenhagen
Teufelsbruchwiese
Große Lake
Großes Eichholz
Falkenhagener See
Neuer See
Kolonie am See
Falkenhagen Ost
Seegefeld-Ost
Gewerbegebiet Süd
Gewerbegebiet Nord
Staakener Winkel
Birkholz
Hohehorst
14621
14612
14624
117
142
165
1 = Goetheplatz
2 = Heinrich-Heine-Platz
3 = Morgensternstraße
4 = Thomasstraße
5 = Ring A
6 = Ring B

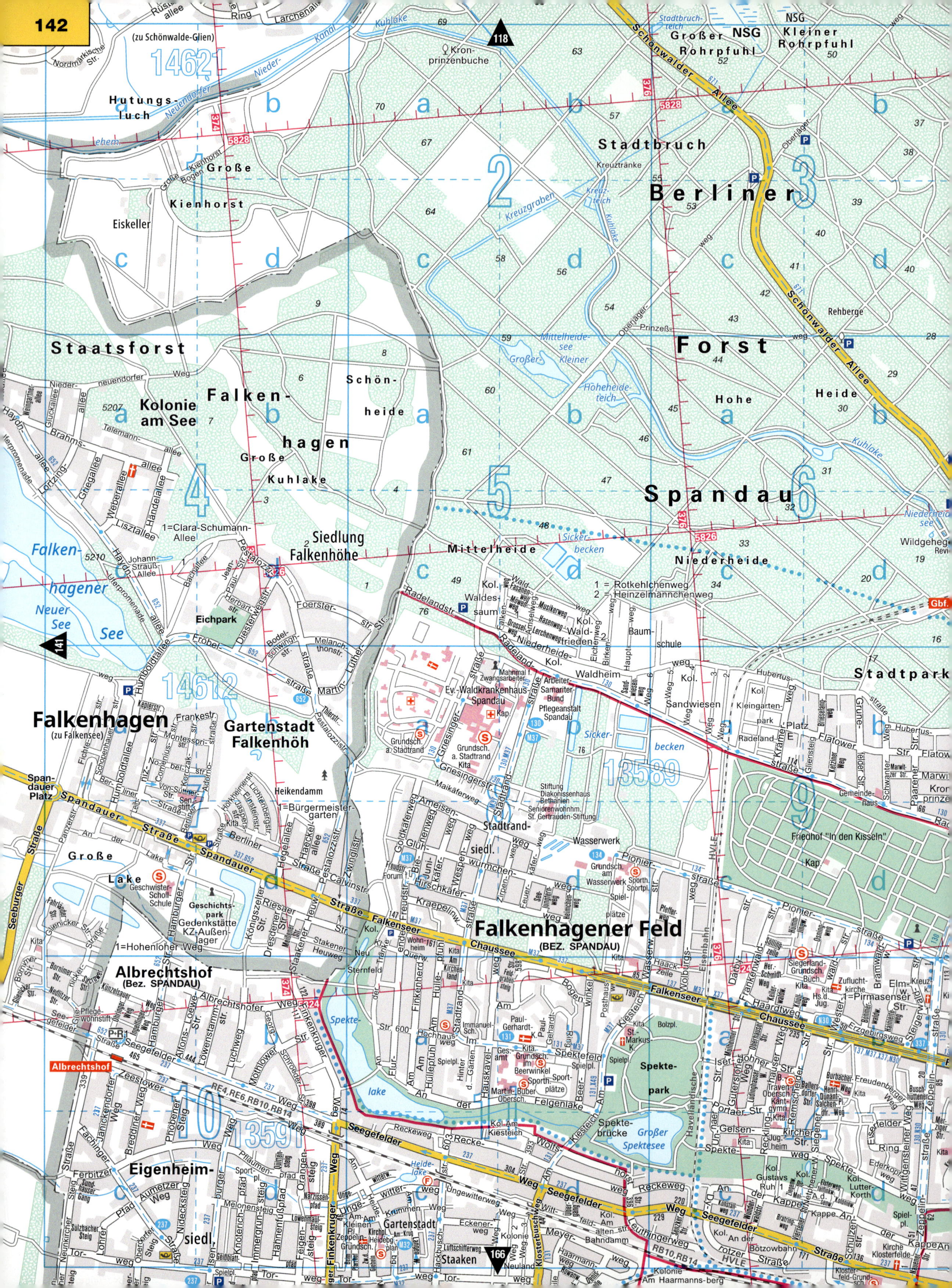

Berliner
Forst
Konradshöhe
(Bez. REINICKENDORF)
Tegel
Tegelort
Tegeler
See
Scharfenberg
Baumwerder
Valentinswerder
Maienwerder
Reiswerder
Lehmkutenberge
Reiherberg
Teufelsbruch
1=Tongaweg
2=Mooreaweg
3=Tiekhauweg
Teufelsseekanal
Aalemann-ufer
Waldsiedlung
Hakenfelde
(Bez. SPANDAU)
1 = Boca-Raton-Straße
2 = Ashdodstraße
3 = Iznikstraße
Havel
Maselake
Maselakebucht
Wasserstadt
Kleiner Wall
Großer Wall
Spandauer
See
SPANDAU
Eiswerder
Pionierinsel
Krienicke Park
Haselhorst
(Bez. SPANDAU)
Zitadelle
Neustadt
Stadtpark
Teufelsseekanal
Hohenzollernkanal
Businesspark
Gartenfeld
Paulstern
Kleine Malche
Rohrbruchteich
Siemenssiedl.
Cityplan S.38
Altst.Spandau
Lasiuszeile
Predigergarten
Paula-Hirschfeld-Steig
Rosa-Reinglass-Steig
Frieda-Arnheim-Promenade
Langer-See-Straße
Schwielowseestraße
Zernseestraße
Röddelinseeweg
Templiner-See-Str.
Wolzenseeweg
Dabelowseestraße
Wittweseeweg
Kindelseeweg
Zeuthener-See-Weg
Beetzseeweg
Quenzseeweg
Strausseeweg
Kolpinseeweg
Scharmützelseeweg
Stolpseeweg
Dambecker-See-Weg
Rheinsberger-See-Weg
Wobilitzseeweg
Schönwalder Allee
Niederneuendorfer Allee
Streitstraße
Neuendorfer Str.
Falkenseer Chaussee
Daumstraße
Gartenfelder Straße
Nonnendammallee
Juliusturm
Konradshöher Straße
Eichelhäher Str.
Friederikestr.
13505
13587
13585
13599
13583
119
144
167

Tegel
(Bez. REINICKENDORF)
13507
Borsigwalde
13509
Tegeler
See
Lindwerder
Hasselwerder
Reiherwerder
Villa Borsig
Gänsewerder
Reiswerder
Gewerbegebiet
"Am Borsigturm"
Borsigwerke
Borsighafen
Borsigdamm
Bernauer Straße
Berliner Straße
AS Holzhauser Str.
Holzhauser Str.
Bernhard-Lichtenberg-Pl.
Justizvollzugsanstalt Tegel
Otisstr.
Seidelstr.
AS Eichborndamm
AS K.-Schumacher-Pl.
Scharnweberstr.
1=Rue du Commandant Jean Tulasne
Siedl. Waldidyll
Flughafensee
Jungfern-
heide
Rettungsstation
Sickerbecken
ehemaliger
Flughafen Berlin-Tegel
"Otto Lilienthal"
13405
Terminal C
Empfangsgebäude
Terminal
Tower
Anschlussstelle Am Festplatz
Cité Pasteur
Siedlung Mäckeritzwiesen
Urban Tech Republic
Festplatz
Hinckeldey-br.
AS Saatwinkler Damm
Saatwinkler Damm
Volkspark
Jungfernheide
(Bez. CHARLOTTENBURG-WILMERSDORF)
Jungfernheideteich
Anschlussstelle Tegel
Wasserturm
Siemens-Park
AS Heckerdamm
Heckerdamm
Siemensstadt
(Bez. SPANDAU)
13629
Siemensdamm
Halemweg
Jak.-Kaiser-Platz
AS J.-Kaiser-Pl.
Paulsternstr.
Rohrdamm
Nonnendammallee
Gartenfelder Str.
Paul-Hertz-Siedlung
1 = Dahrendorfzeile
Berlin-Spandauer Schifffahrtskanal
Hohenzollernkanal
Westhafenkanal
E26
111
120
143
168

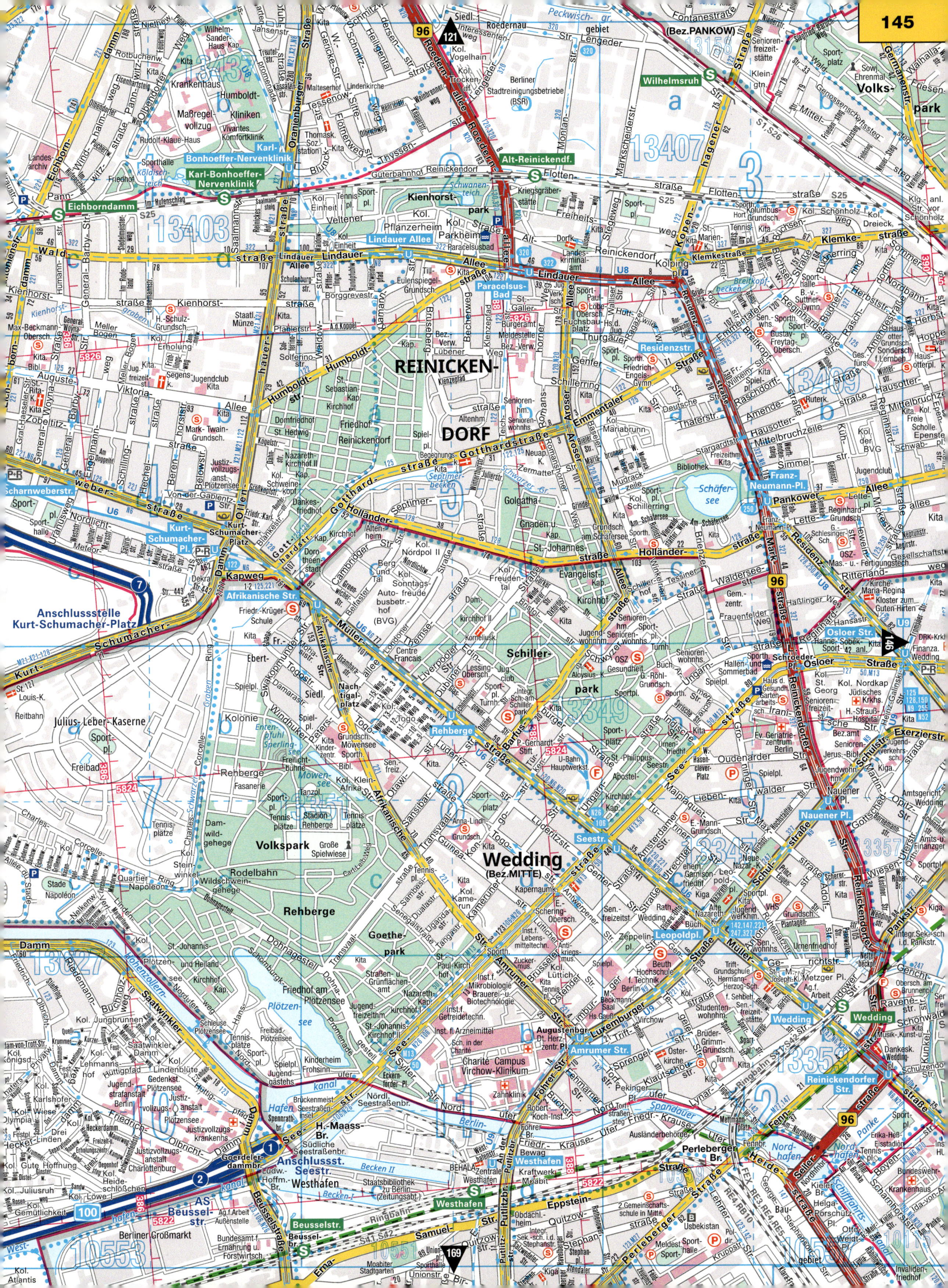
REINICKEN-
DORF
Wedding
(Bez.MITTE)
Volkspark
Rehberge
Goethe-
park
Schiller-
park
Volks-
park
(Bez.PANKOW)
Wilhelmsruh
Alt-Reinickendf.
Eichborndamm
Karl-Bonhoeffer-Nervenklinik
Lindauer Allee
Paracelsus-Bad
Residenzstr.
Franz-Neumann-Pl.
Kurt-Schumacher-Pl.
Afrikanische Str.
Rehberge
Seestr.
Leopoldpl.
Osloer Str.
Nauener Pl.
Wedding
Amrumer Str.
Reinickendorfer Str.
Westhafen
Beusselstr.
Scharnweberstr.
Schäfersee
Plötzensee
Friedhof am Plötzensee
Anschlussstelle Kurt-Schumacher-Platz
Anschlussst. Seestr.
Charité Campus Virchow-Klinikum
Julius-Leber-Kaserne
Berliner Großmarkt
Humboldt-Kliniken
Müllerstraße
Amrumer Str.
Seestraße
Holländerstraße
Gotthardstraße
Kopenhagener Str.
Residenzstraße
Ollenhauer Str.
Oranienburger Str.
Flottenstraße
Waldstraße
Klemkestraße
Lindauer Allee
Osloer Straße
Exerzierstr.
Pankstraße
Perleberger Str.
Seller Straße
Putlitzstr.
Föhrer Str.
Transvaalstraße
Kiautschoustr.
Berlin-Spandauer Schifffahrtskanal
Westhafen
Plötzensee
13403
13407
13409
13349
13351
13347
13353
13359
13357
13627
10553
13158
96
121
169
146
100
1
2
7

Volkspark Schönholzer Heide
Schönholz
PANKOW
Gesundbrunnen
(Bez. MITTE)
MITTE
Schloss Schönhausen
Schlosspark
Schönholz
Wollankstr.
Pankow
Pankow-Heinersdf.
Bornholmer Str.
Osloer Str.
Pankstr.
Gesundbrunnen
Humboldthain
Voltastr.
Bernauer Str.
Nordbf.
Naturkundemuseum
Rosenthaler Pl.
Senefelderpl.
Eberswalder Str.
Schönhsr. Allee
Prenzlauer Allee
Vinetastr.
Greifswalder Str.
Schwartzkopffstr.
Gbf.-Bln.-Schönh.
Gbf. Greifswalder Str.
Osloer Straße
Bornholmer Straße
Wisbyer Straße
Danziger Straße
Prenzlauer Promenade
Berliner Straße
Schönhauser Allee
Mühlenstraße
Breite Str.
Damerowstr.
Granitzstr.
Florastr.
Wollankstraße
Prinzenallee
Brunnenstraße
Bernauer Straße
Eberswalder Str.
Schwedter Str.
Exerzierstr.
Soldiner Str.
Provinzstraße
Grabbeallee
Dietzgenstraße
Esplanade
Rothenbachstraße
13409
13359
13189
10439
13355
13357
10437
10435
10405
10119
10115
13156
96a
109
96
2
122
145
170

13129
13051
Malchow
(Bez. LICHTENBERG)
Wartenberger Weg
Märchenweg
Malchower See
Niles-siedlung
Volkspark
13089
Stadtrandsdlg. Malchow
(Bez. PANKOW)
13088
Neu-Hohenschönhausen
(Bez.LICHTENBERG)
Heinersdorf
(Bez.PANKOW)
Rolland-Straße
Rennbahnstraße
Darßer Straße
Sportanlage Rennbahn
Bitburger Str.
Feldtmannstraße
Hansastraße
Naturschutzgebiet
Fauler See
Volkspark
Berliner Allee
Liebermannstr.
Weißer See
Weißensee
(Bez.PANKOW)
Buschallee
Suermondtstraße
13086
Orankesee
Obersee
Oberseepark
Alt-Hohenschönhausen
(Bez.LICHTENBERG)
Jüdischer Friedhof "Weißensee"
Gandhistraße
Indira
13053
Sportforum Berlin
Konradstraße
10409
Greifswalder Str.
Prenzlauer
Berg
(Bez.PANKOW)
Volkspark Prenzlauer Berg
13055
Landsberger Allee
Fennpfuhl
(Bez.LICHTENBERG)
10407
Velodrom
Europa-Sport-Park
Landsberger Allee
10367
10365
Wasserwerk
123
148
171

Wartenberg
(Bez.LICHTENBERG)
13059
Falkenhöhe
13057
Falkenberg
(Bez.LICHTENBERG)
1 = Julius-Meyen-Straße
NSG Wartenberger/ Falkenberger Luch
Gutspark Falkenberg
Kleingartenanlage 750 Jahre Berlin
Ernst-Barlach-Straße
Dorfstraße
Wartenberger Weg
Prendener Str.
Falkenberger Chaussee
Ahrensfelder Chaussee
Dorfstraße
Stadtrandsiedl.
Wustrower Park
13051
Hohenschönhsn.
Neu-Hohenschönhausen
(Bez.LICHTENBERG)
Falkenberger Krugwiesen
1=Zu den Krugwiesen
Gewerbepark
CleanTech Business-Park
Clara-Immerwahr-Straße
BSR Betriebshof Marzahn
Mehrower Allee
Gehrenseestr.
Bitterfelder Straße
1=Otto-Rosenberg-Platz
Bitterfelder Brücke
EKZ Plaza
Raoul-Wallenberg-Str.
Bitterfelder Teiche
NSG
Parkfriedhof Marzahn
Gartenstadt
Kleingartenanl. Mühlengrund
13053
Alt-Hohenschönhausen
(Bez.LICHTENBERG)
Gbf. Nordost
12681
Bürknersfelde
Marzahn
(Bez. MARZAHN-HELLERSDORF)
EASTGATE
Gewerbezentrum
13055
Hauptstraße
Konrad-Wolf-Straße
Suermondtstr.
Gedenkstätte (ehem. Zuchthaus d. Staatssicherheit)
Landsberger Allee
Marzahner Brücke
Poelchaustr.
Poelchaustraße
Allee der Kosmonauten
Rhinstraße
LICHTENBERG
10365
Landschaftspark Herzberge
Evangelisches Krankenhaus Königin Elisabeth Herzberge
Schule am Grünen Grund
Springpfuhl
Springpfuhlpark
12681
147
124
172
158

Ortsteil
Mehrow
(zu Ahrensfelde)
Hoheneiche
Ortsteil
Eiche
(zu Ahrensfelde)
Solarpark
Herrendike
(zu Hoppegarten)
Eichepark
Landschafts-
Ahrensfelder Berge
park
Wuhletal
Eiche-Süd A
Eiche-Süd B
Kaufpark Eiche
Landsberger Chaussee
Berliner Str.
Berliner Straße
Hönower Weiherkette
Erholungspark
Gärten
der Welt
MARZAHN-
HELLERSDORF
Hellers-
dorf
(Bez. MARZAHN-HELLERSDORF)
Ahrensfelder Chaussee
Mehrower Chaussee
Dorfstraße
Havemannstraße
Wuhletalstraße
Mehrower Allee
Märkische Allee
Blumberger Damm
Landsberger Allee
Eisenacher Straße
Hellersdorfer Straße
Cottbusser Pl.
Kienberg (Gärten der Welt)
Hellersdorf
Louis-Lewin-Str.
Elisabethstraße
Cecilienstraße
Wiesenpark
Marzahn
Kienberg
102
Friedenspark
Wuhleteich
Borkheider Teich
12689
12687
12679
12685
12683
12629
12619
12627
12621
16356
1=Eichner Spitze
1 = An der Schmiede
1 = Ahornzeile
10=An der alten Post
1=Kurt-Weill-Platz
2=Kurt-Weill-Gasse
3=Lil-Dagover-Gasse
4=Fritz-Lang-Platz
5=Alice-Salomon-Platz
6=Peter-Weiss-Platz
7=Kokoschkastraße
8=Kokoschkaplatz
9=Lyonel-Feininger-Straße
= Rudolf-Filter-Weg
125
150
173

Ortsteil Mehrow
(zu Ahrensfelde)
Hönow-Nord
Herrendike
Wendtsee
Steinhövelsee
Schmaler See
Binsenpfuhl
Heidesee
Blakesee
Altlandsberger Weg
Pumpwerk
Hönower Straße
Mehrower Straße
Dorfstraße
Anschlussstelle Berlin-Marzahn
Mittelsee
Teichgraben
Zochegraben
Gewerbegebiet
1=Neue Mehrower Straße
Ortsteil Hönow
(zu Hoppegarten)
Altlandsberger Chaussee
Neuenhagener Chaussee
Hönower Chaussee
Berliner Straße
Hönower Weiherkette
Obersee
Untersee
Bogensee
Haussee
Hönow-Süd
1 = Wuhleweg
2 = Erpeweg
3 = Hagebuttenweg
4 = Mistelweg
5 = Veilchenweg
6 = Sperlingsweg
7 = Drosselgasse
8 = Schlehenweg
Neuenhagener Trainierbahn
1=Schlenderhanstraße
2=Otto-Schmidt-Ring
3=Walter-Genz-Straße
4=Waldfriedstraße
5=Arthur-von-Weinberg-Platz
Louis-Lewin-Str.
Hönow
Mahlsdorf
(Bez. MARZAHN-HELLERSDORF)
Mahlsdorfer Straße
Hoppegartener Straße
Dahlwitzer Straße
Riesaer Straße
Kleingartenanlage Dahlwitzer Heide
1 = Birkensteinweg
Birkenstein
(zu Hoppegarten)
Am Amselsteg
Hellpfuhle park
16356
15366
12627
12623

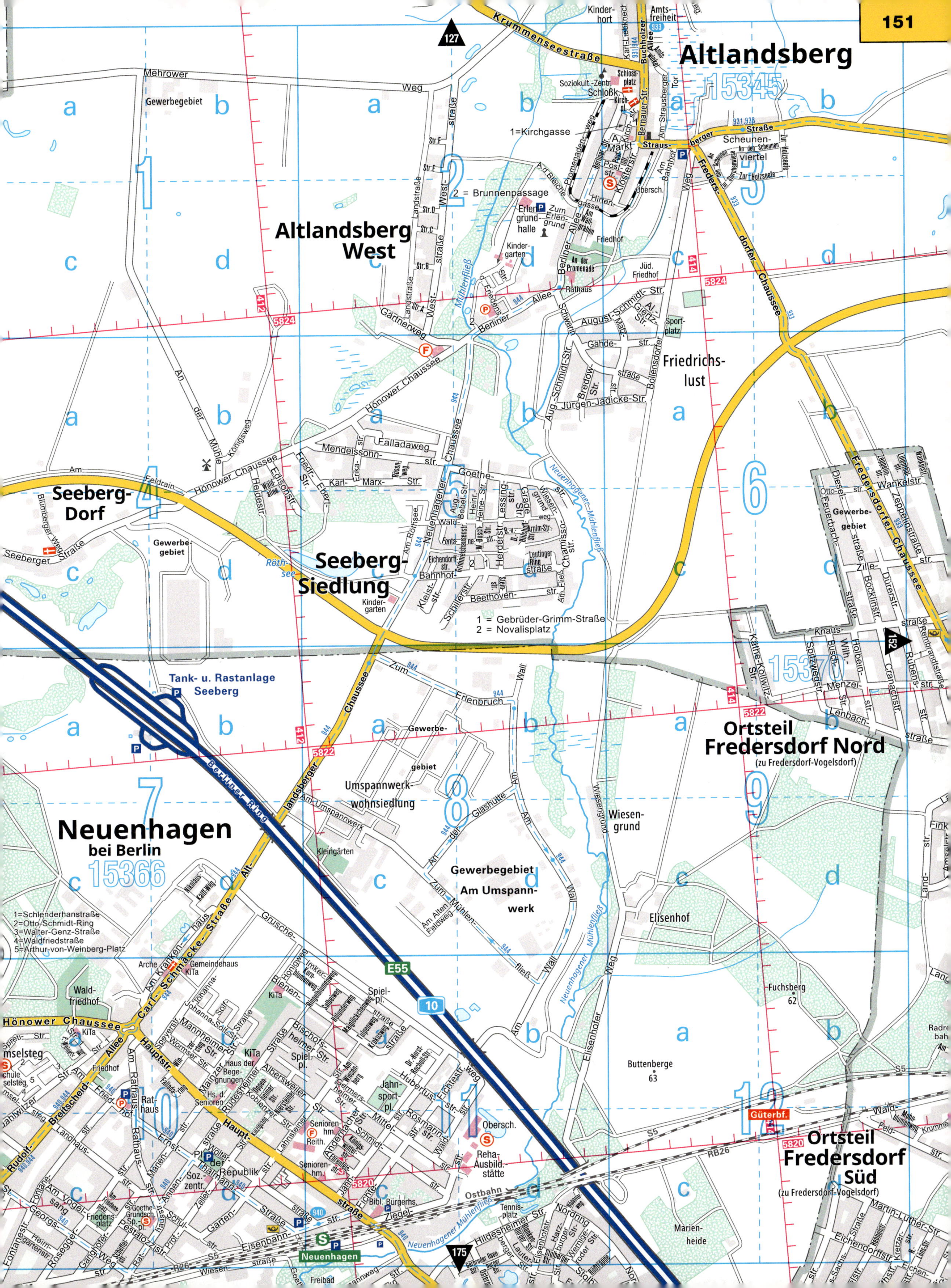
Altlandsberg
15345
Altlandsberg West
Seeberg-Dorf
Seeberg-Siedlung
Friedrichslust
Ortsteil Fredersdorf Nord
(zu Fredersdorf-Vogelsdorf)
15370
Neuenhagen bei Berlin
15366
Ortsteil Fredersdorf Süd
(zu Fredersdorf-Vogelsdorf)
Krummenseestraße
Mehrower Weg
Gewerbegebiet
1=Kirchgasse
2 = Brunnenpassage
Strausberger Straße
Scheunenviertel
Fredersdorfer Chaussee
Hönower Chaussee
Berliner Allee
Jüd. Friedhof
Rathaus
Sportplatz
Neuenhagener Mühlenfließ
Mühlenfließ
Röthsee
Kindergarten
1 = Gebrüder-Grimm-Straße
2 = Novalisplatz
Tank- u. Rastanlage Seeberg
Berliner Ring
Altlandsberger Chaussee
Umspannwerkwohnsiedlung
Kleingärten
Gewerbegebiet Am Umspannwerk
Wiesengrund
Elisenhof
Fuchsberg 62
Buttenberge 63
Marienheide
Güterbf.
1=Schlenderhanstraße
2=Otto-Schmidt-Ring
3=Walter-Genz-Straße
4=Waldfriedstraße
5=Arthur-von-Weinberg-Platz
Waldfriedhof
Carl-Schmäcke-Straße
Hauptstr.
Rudolf-Breitscheid-Allee
Rathaus
Reha-Ausbild.stätte
Ostbahn
Eisenbahnstraße
Neuenhagen
Freibad
Tennisplatz
E55
10
127
152
175

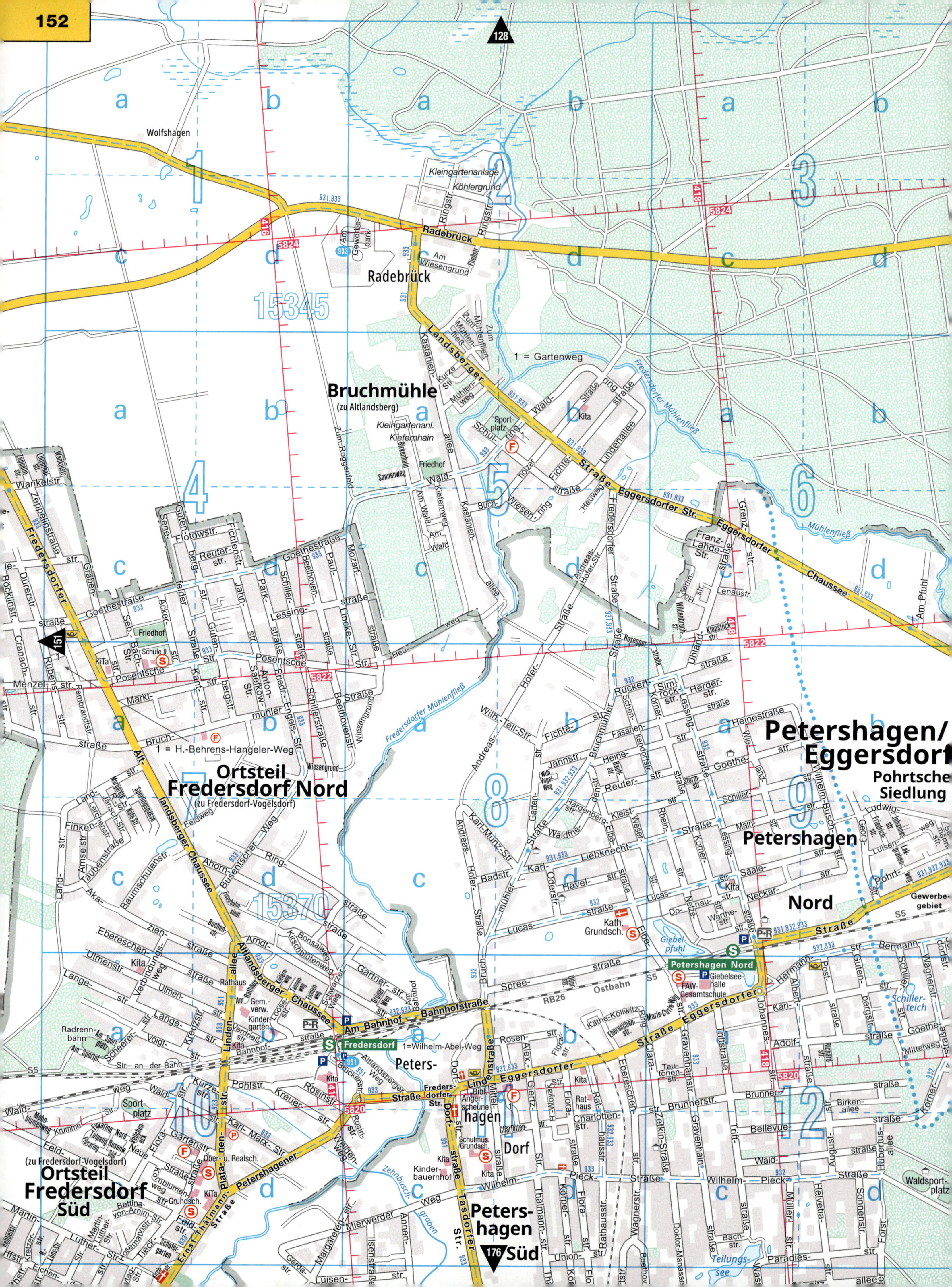

Wolfshagen
Radebrück
Bruchmühle
(zu Altlandsberg)
Ortsteil
Fredersdorf Nord
(zu Fredersdorf-Vogelsdorf)
Ortsteil
Fredersdorf
Süd
(zu Fredersdorf-Vogelsdorf)
Petershagen/
Eggersdorf
Pohrtsche
Siedlung
Petershagen
Nord
Peters-
hagen
Dorf
Peters-
hagen
Süd
Fredersdorf
Petershagen Nord
15345
15370
1 = Gartenweg
1 = H.-Behrens-Hangeler-Weg
1=Wilhelm-Abel-Weg
Landsberger Straße
Eggersdorfer Str.
Eggersdorfer Chaussee
Altlandsberger Chaussee
Fredersdorfer Mühlenfließ
Mühlenfließ
Zehnbusch-graben
Giebelpfuhl
Schillerteich
Teilungssee
Waldsportplatz
Gewerbegebiet
128
151
176

Bötz-
see
Freibad
Postbruch
Bungalow-
siedlung
am Bötzsee
Mühlenfließ
Seebad Bötzsee
Boots-
verleih
Seniorenzentr. "Clara Zetkin"
Kultur- u. Tagungszentr. Haus Bötzsee
Altlandsberger
Chaussee
Strausberg
15344
Umgehungsstraße
Berliner Straße
Ernst-Thälmann-Straße
Marienberg
Wasser-
turm
Um-
spannwerk
Dekra
Ärztehaus
Grundsch.
Hegermühle
Garzauer Straße
Garzauer Str.
Straßen-
verkehrs-
amt
Ruheforst Strausberg
Alte Schlagmühle
Eggersdorf Nord
Strausberger Straße
Eggersdorfer
Weg
Wald-
friedhof
Sporthalle
Sportpl.
Sport- und
Erholungspark
Kletterwald
Förderschule
Mittel-
heide
Eggersdorf
Dorf
Landsberger Straße
Wilhelm-
str.
Musik-
schule
Ernst-Thälmann-
Str.
Bahnhofstraße
Strausberg
Stadtteil
Vorstadt
(zu Strausberg)
Schneide-
mühle
15345
Petershagener
Chaussee
Friedhof
Gewerbe-
gebiet
Eggersdorf
Süd
Barnim-
Kaserne
Sport-
platz
Kaserne
Barnim / Strausberg
Heizwerk
Alte Walkmühle
Lange Damm-
wiesen
Neue Mühle
Rollberge
61
NSG
Sand
Kläranlage
Klär-
anlage
Torfhaus
Hennickendorfer
Chaussee
Annafließ
Stranggraben
(zu Rüdersdorf bei Berlin)
15378
Waldsport-
platz
Mühlen-
129
154
177

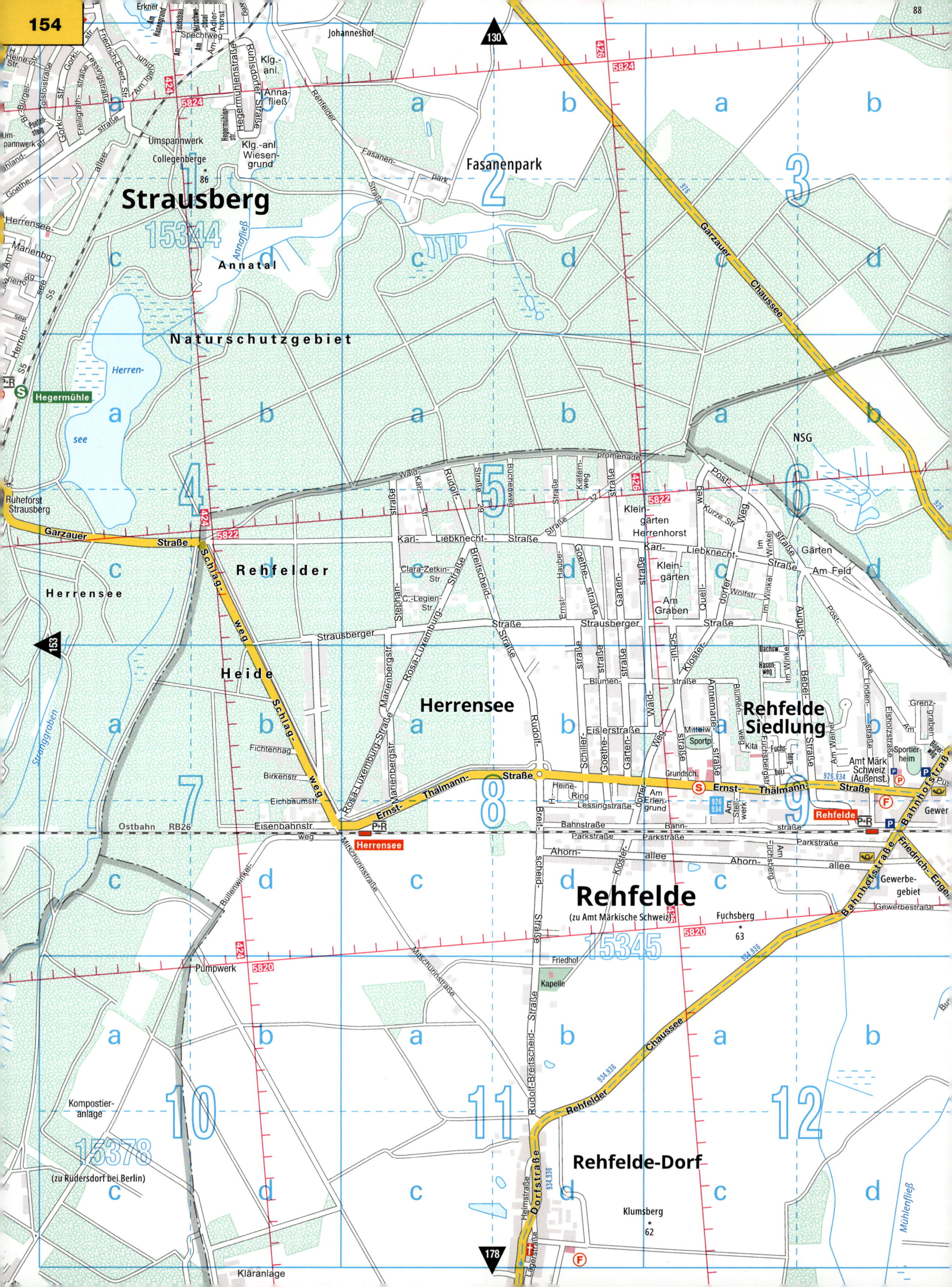
Strausberg
15344
Annatal
Naturschutzgebiet
Fasanenpark
Johanneshof
Herrensee
Hegermühle
Ruheforst Strausberg
Garzauer Straße
Garzauer Chaussee
Rehfelder Heide
Herrensee
Schlagweg
Karl-Liebknecht-Straße
Strausberger Straße
Ernst-Thälmann-Straße
Rehfelde Siedlung
Rehfelde
(zu Amt Märkische Schweiz)
15345
Fuchsberg
63
Rehfelder Chaussee
Rehfelde-Dorf
Klumsberg
62
Dorfstraße
15378
(zu Rüdersdorf bei Berlin)
Kompostieranlage
Pumpwerk
Kläranlage
Ostbahn RB26
Eisenbahnstr.
Bahnstraße
Parkstraße
Ahornallee
Gewerbegebiet
Gewerbestraße
Bahnhofstraße
Friedrich-Engels-
Mühlenfließ
Stranggraben
NSG
Friedhof
Kapelle
Kleingärten Herrenhorst
Amt Märk. Schweiz (Außenst.)
Sportlerheim
Umspannwerk
Collegenberge
86
130
153
178
88
1
2
3
4
5
6
7
8
9
10
11
12

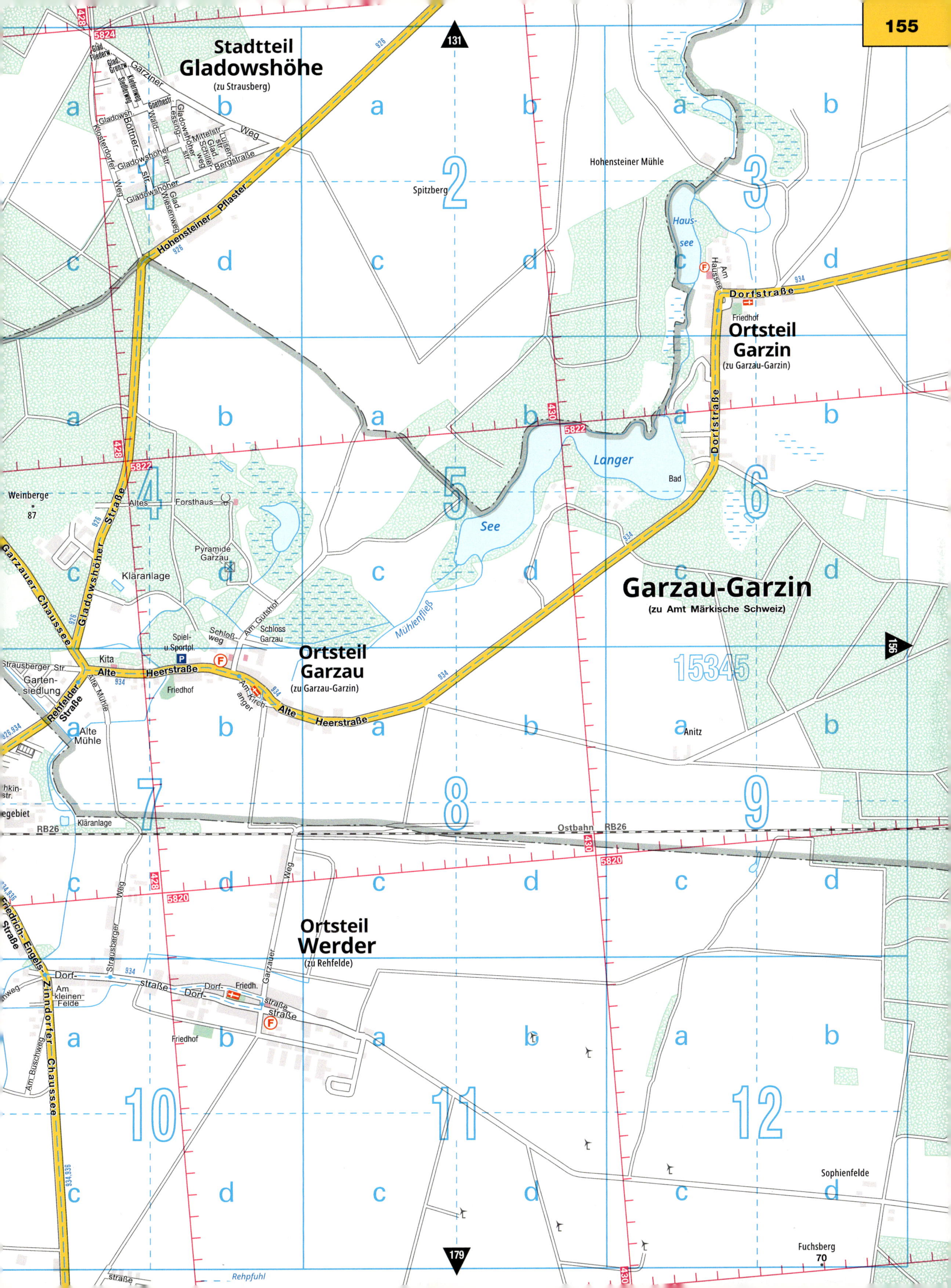
Stadtteil
Gladowshöhe
(zu Strausberg)
Hohensteiner Mühle
Spitzberg
Haus-
see
Am Haussee
Dorfstraße
Friedhof
Ortsteil
Garzin
(zu Garzau-Garzin)
Hohensteiner Pflaster
Gladowshöher Straße
Weinberge
87
Altes Forsthaus
Pyramide Garzau
Kläranlage
Langer
See
Bad
Garzau-Garzin
(zu Amt Märkische Schweiz)
15345
Garzauer Chaussee
Mühlenfließ
Schloss Garzau
Schloß-weg
Am Gutshof
Spiel- u.Sportpl.
Kita
Strausberger Str.
Alte Heerstraße
Garten-siedlung
Friedhof
Ortsteil
Garzau
(zu Garzau-Garzin)
Am Kirchanger
Rehfelder Straße
Alte Mühle
Anitz
Kläranlage
RB26
Ostbahn
Ortsteil
Werder
(zu Rehfelde)
Strausberger Weg
Garzauer Weg
Friedrich-Engels-Straße
Dorfstraße
Am kleinen Felde
Friedh.
Friedhof
Zinndorfer Chaussee
Am Buschweg
Sophienfelde
Fuchsberg
70
Rehpfuhl
131
156
179

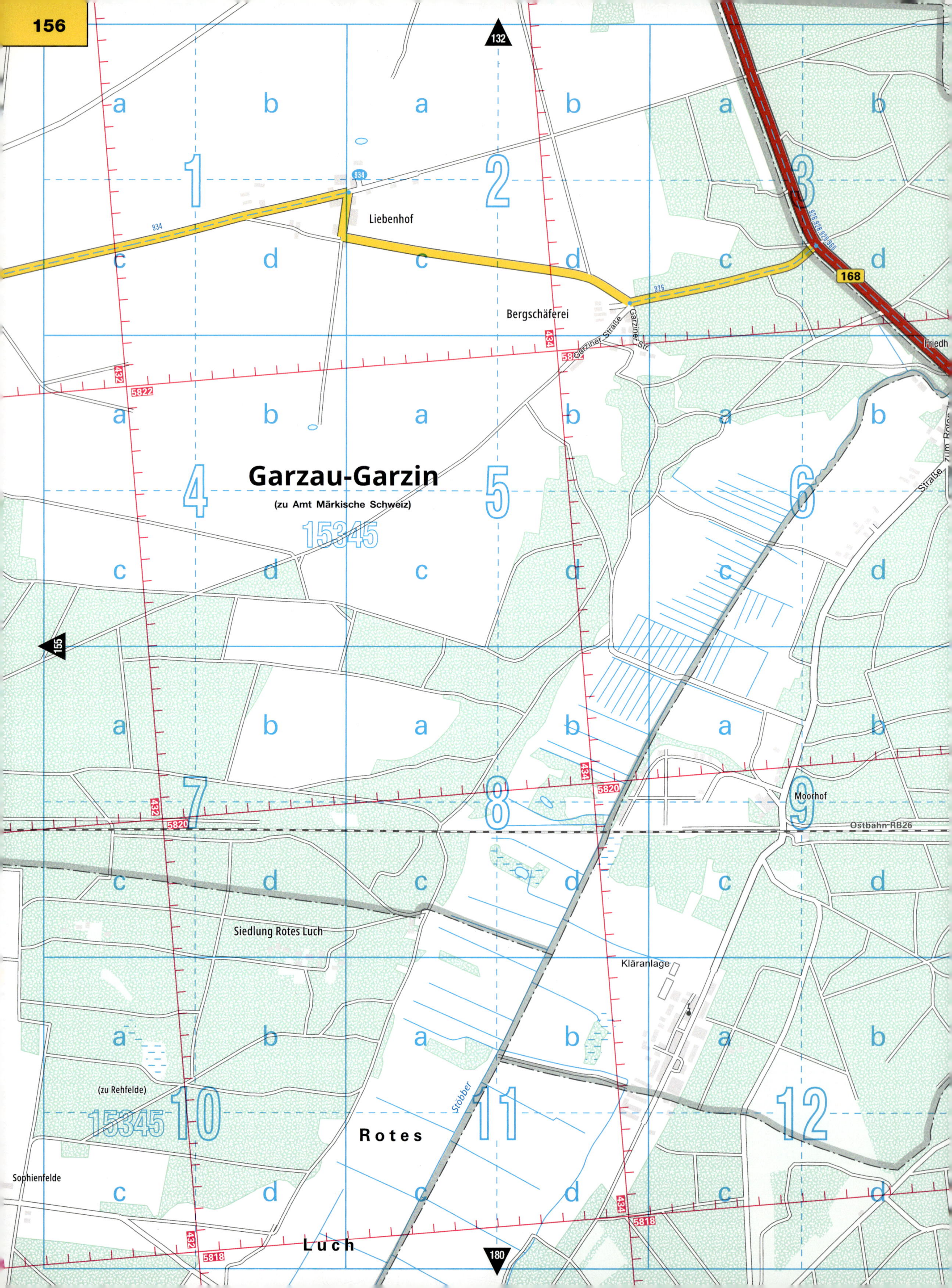
132
Liebenhof
Bergschäferei
Garziner Straße
Garziner Str.
168
Friedh
Garzau-Garzin
(zu Amt Märkische Schweiz)
15345
155
Moorhof
Ostbahn RB26
Siedlung Rotes Luch
Kläranlage
Stöbber
(zu Rehfelde)
15345
Sophienfelde
Rotes
Luch
180

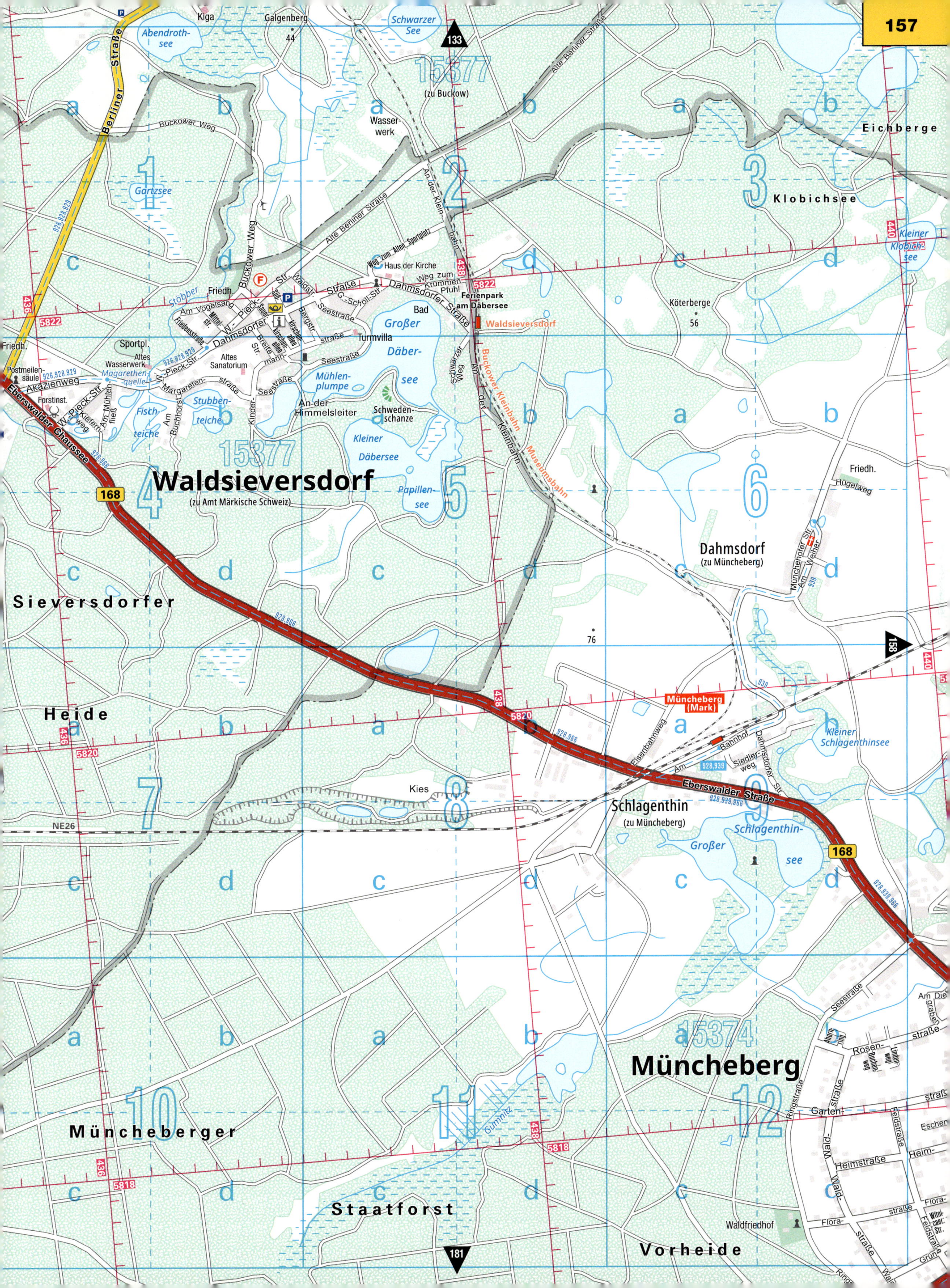

Waldsieversdorf
(zu Amt Märkische Schweiz)
15377
Müncheberg
15374
Dahmsdorf
(zu Müncheberg)
Schlagenthin
(zu Müncheberg)
Müncheberg (Mark)
Großer Däbersee
Kleiner Däbersee
Papillensee
Großer Schlagenthinsee
Kleiner Schlagenthinsee
Abendrothsee
Schwarzer See
Gartzsee
Kleiner Klobichsee
Mühlenplumpe
Fischteiche
Stubbenteiche
Klobichsee
Eichberge
Köterberge
Sieversdorfer Heide
Müncheberger Staatforst
Vorheide
Eberswalder Chaussee
Eberswalder Straße
Berliner Straße
Dahmsdorfer Straße
Alte Berliner Straße
Buckower Weg
Buckower Kleinbahn
Museumsbahn
Ferienpark am Däbersee
Haus der Kirche
Turmvilla
Schwedenschanze
Altes Sanatorium
Altes Wasserwerk
Postmeilensäule
Forstinst.
Sportpl.
Friedh.
Wasserwerk
Kiga
Galgenberg
Kies
Waldfriedhof
Gumnitz
Seestraße
Akazienweg
Bahnhof
Eisenbahnweg
Siedlerweg
Ringstraße
Heimstraße
Garten
Rosen-
Hügelweg
(zu Buckow)
133
158
181
168
5822
5820
5818
436
438
440
NE26

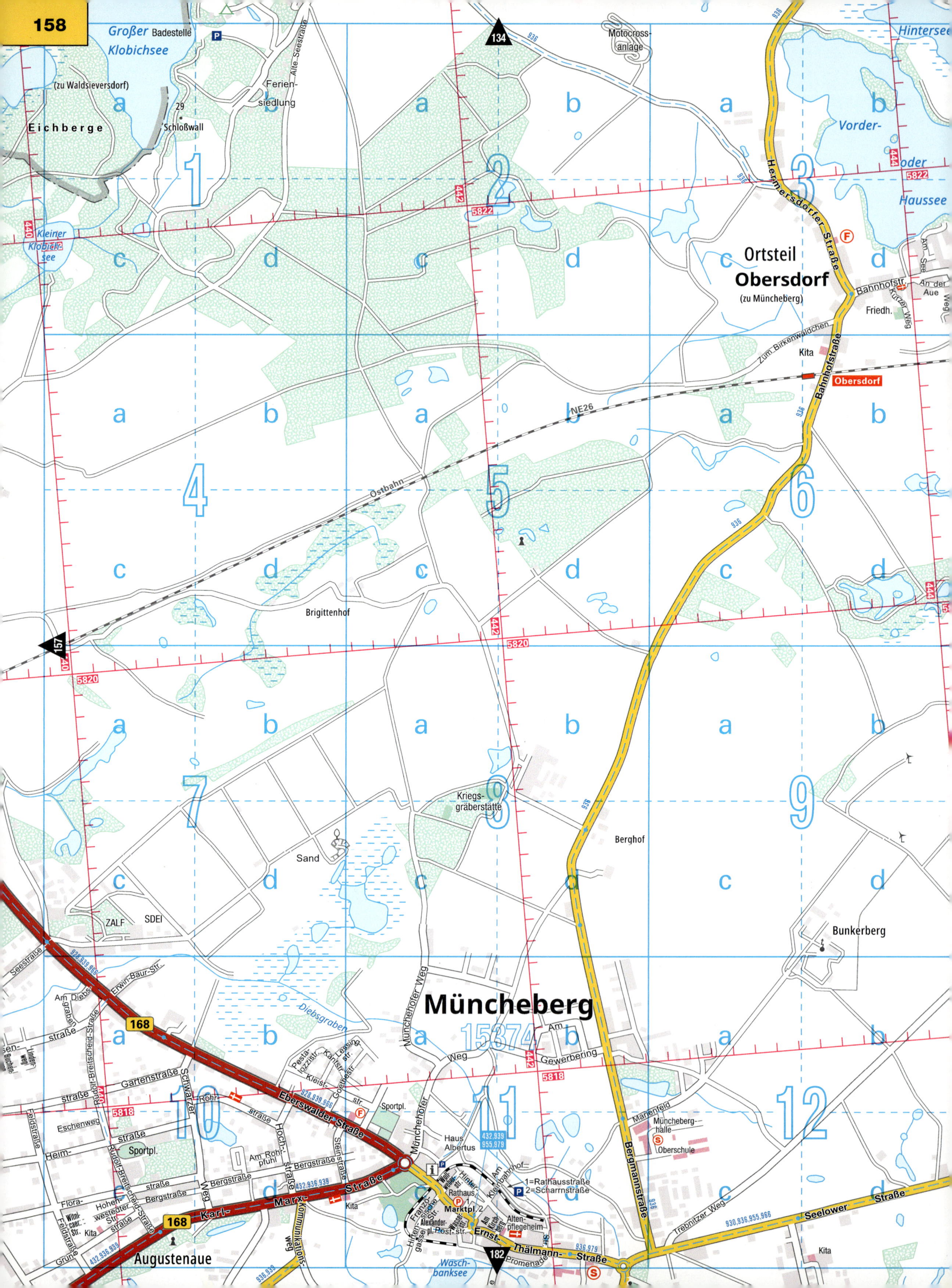

Großer Klobichsee
Badestelle
(zu Waldsieversdorf)
Eichberge
Schloßwall
Ferien-siedlung
Alte Seestraße
Motocross-anlage
Hintersee
Vorder-oder Haussee
Kleiner Klobichsee
Ortsteil Obersdorf
(zu Müncheberg)
Hermersdorfer Straße
Bahnhofstraße
Zum Birkenwäldchen
Kita
Obersdorf
Friedh.
Ostbahn
Brigittenhof
Kriegs-gräberstätte
Sand
Berghof
Bunkerberg
ZALF
SDEI
Müncheberg
15374
Diebsgraben
Gewerbering
Eberswalder Straße
Karl-Marx-Straße
Ernst-Thälmann-Straße
Seelower Straße
Bergmannstraße
Trebnitzer Weg
Marienfeld
Müncheberg-halle
Oberschule
Haus Albertus
Marktpl.
Rathaus
1=Rathausstraße
2=Scharrnstraße
Altenpflegeheim
Waschbanksee
Promenade
Augustenaue
Sportpl.
Kita

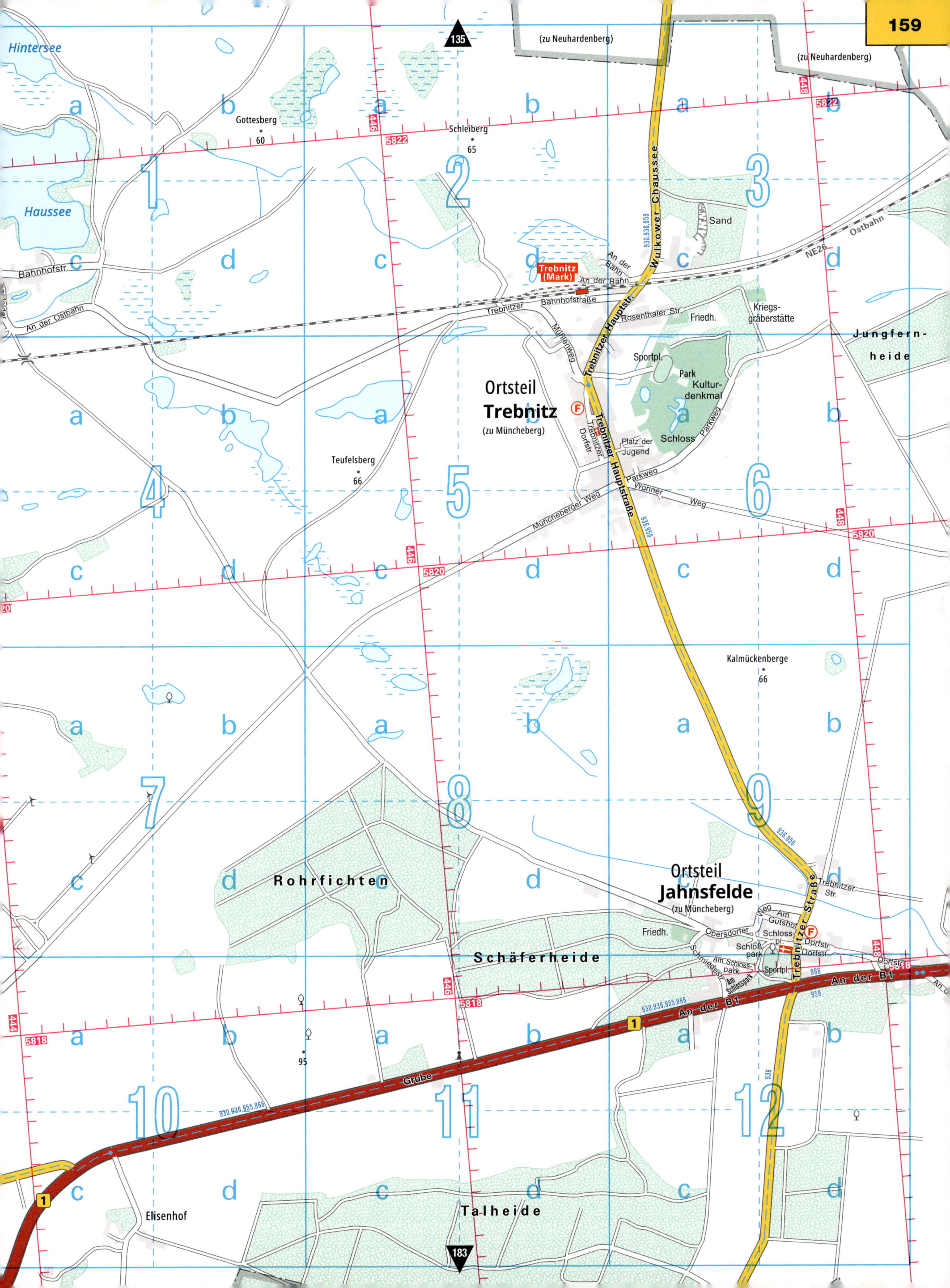
135
(zu Neuhardenberg)
(zu Neuhardenberg)
Hintersee
Gottesberg
60
Schleiberg
65
Haussee
Sand
Ostbahn
NE26
Wulkower Chaussee
An der Bahn
Trebnitz (Mark)
An der Bahn
Bahnhofstr.
An der Ostbahn
Trebnitzer
Bahnhofstraße
Rosenthaler Str.
Friedh.
Kriegs-gräberstätte
Jungfern-heide
Mühlenweg
Trebnitzer Hauptstr.
Sportpl.
Park Kultur-denkmal
Ortsteil
Trebnitz
(zu Müncheberg)
Trebnitzer Dorfstr.
Platz der Jugend
Schloss
Parkweg
Teufelsberg
66
Trebnitzer Hauptstraße
Woriner Weg
Müncheberger Weg
Kalmückenberge
66
Rohrfichten
Ortsteil
Jahnsfelde
(zu Müncheberg)
Trebnitzer Str.
Trebnitzer Straße
Am Gutshof
Obersdorfer Weg
Schloss-pl.
Friedh.
Schloßpark
Dorfstr.
Schäferheide
Schmiedestr.
Am Schlosspark
Sportpl.
An der B1
Grube
95
Elisenhof
Talheide
183

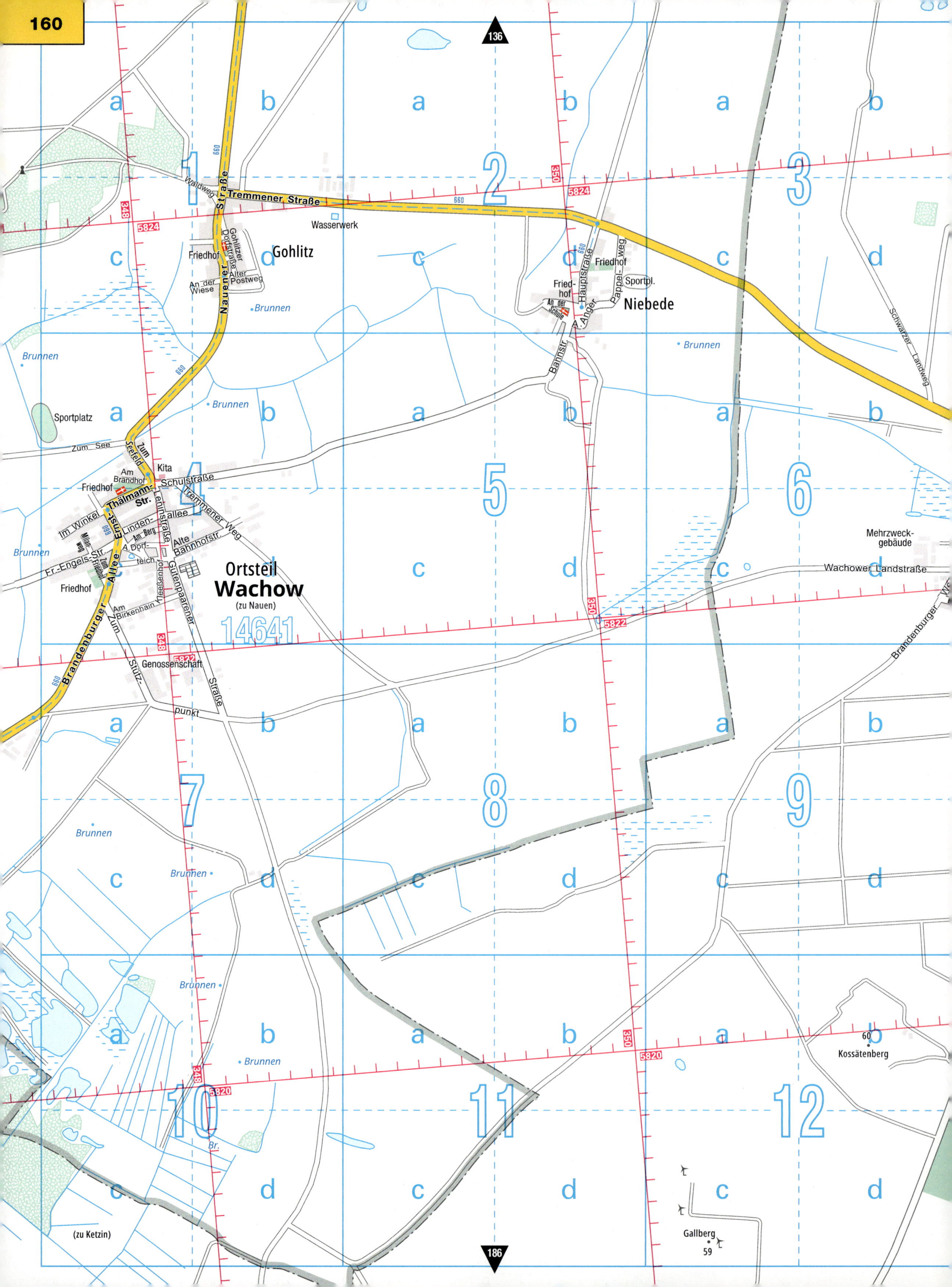
136
Tremmener Straße
Nauener Straße
Waldweg
Wasserwerk
Gohlitz
Friedhof
Gohlitzer Dorfstraße
Alter Postweg
An der Wiese
Brunnen
Friedhof
Hauptstraße
Pappelweg
Sportpl.
Friedhof
An der Schule
A. Anger
Niebede
Bahnstr.
Schwarzer Landweg
Sportplatz
Zum See
Zum Seefeld
Kita
Am Brandhof
Schulstraße
Friedhof
Thälmann-Str.
Tremmener Weg
Im Winkel
Milanweg
Ernst-Thälmann-Allee
Lindenallee
Am Berg
Leninstraße
Alte Bahnhofstr.
Dorfteich
Fr.-Engels-Str.
Ortsteil
Wachow
(zu Nauen)
14641
Friedhof
Am Birkenhain
Fließenhof
Gutenpaarener Straße
Brandenburger Allee
Genossenschaft
Stützpunkt
Mehrzweckgebäude
Wachower Landstraße
Brandenburger Weg
Kossätenberg
60
Gallberg
59
Br.
(zu Ketzin)
186
5824
5822
5820
348
350
660

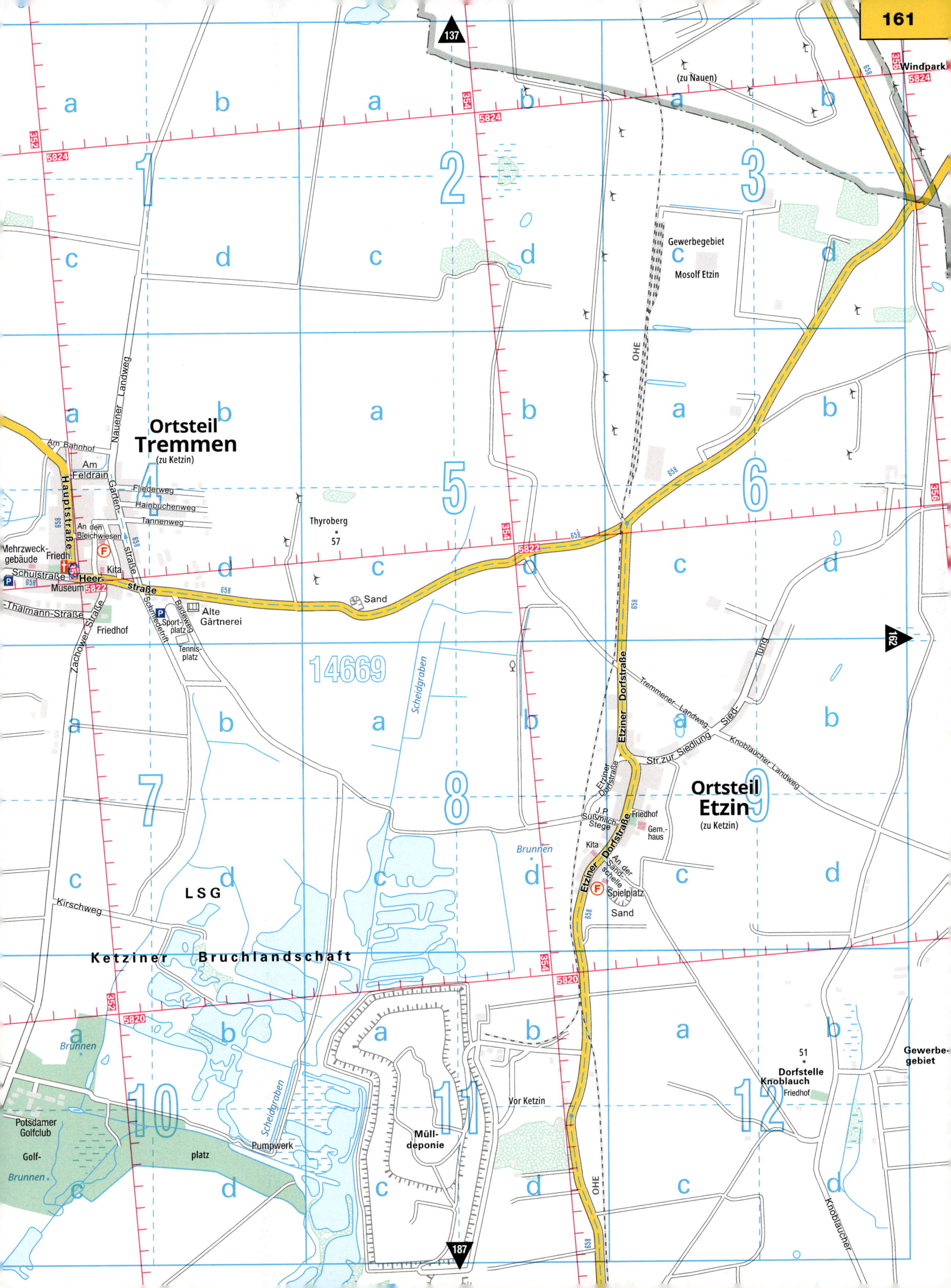
137
Windpark
(zu Nauen)
Gewerbegebiet
Mosolf Etzin
OHE
Ortsteil
Tremmen
(zu Ketzin)
Am Bahnhof
Am
Feldrain
Hauptstraße
Nauener Landweg
Garten-
Fliederweg
Hainbuchenweg
Tannenweg
An den
Bleichwiesen
Mehrzweck-
gebäude
Friedh.
Kita
Schulstraße
Museum
Heer-
straße
Thälmann-Straße
Friedhof
Zachower Straße
Schmiedetrift
Badeweg
Sport-
platz
Tennis-
platz
Alte
Gärtnerei
Thyroberg
57
Sand
14669
Scheidgraben
Etziner Dorfstraße
Tremmener Landweg
Sied-
lung
Str. zur Siedlung
Knoblaucher Landweg
Ortsteil
Etzin
(zu Ketzin)
Friedhof
Gem.-
haus
J.P.
Süßmilch-
Stege
Kita
An der
Sand-
schelle
Spielplatz
Sand
Brunnen
LSG
Kirschweg
Ketziner Bruchlandschaft
Brunnen
Potsdamer
Golfclub
Golf-
platz
Brunnen
Pumpwerk
Scheidgraben
Müll-
deponie
Vor Ketzin
51
Dorfstelle
Knoblauch
Friedhof
Gewerbe-
gebiet
Knoblaucher
162
187

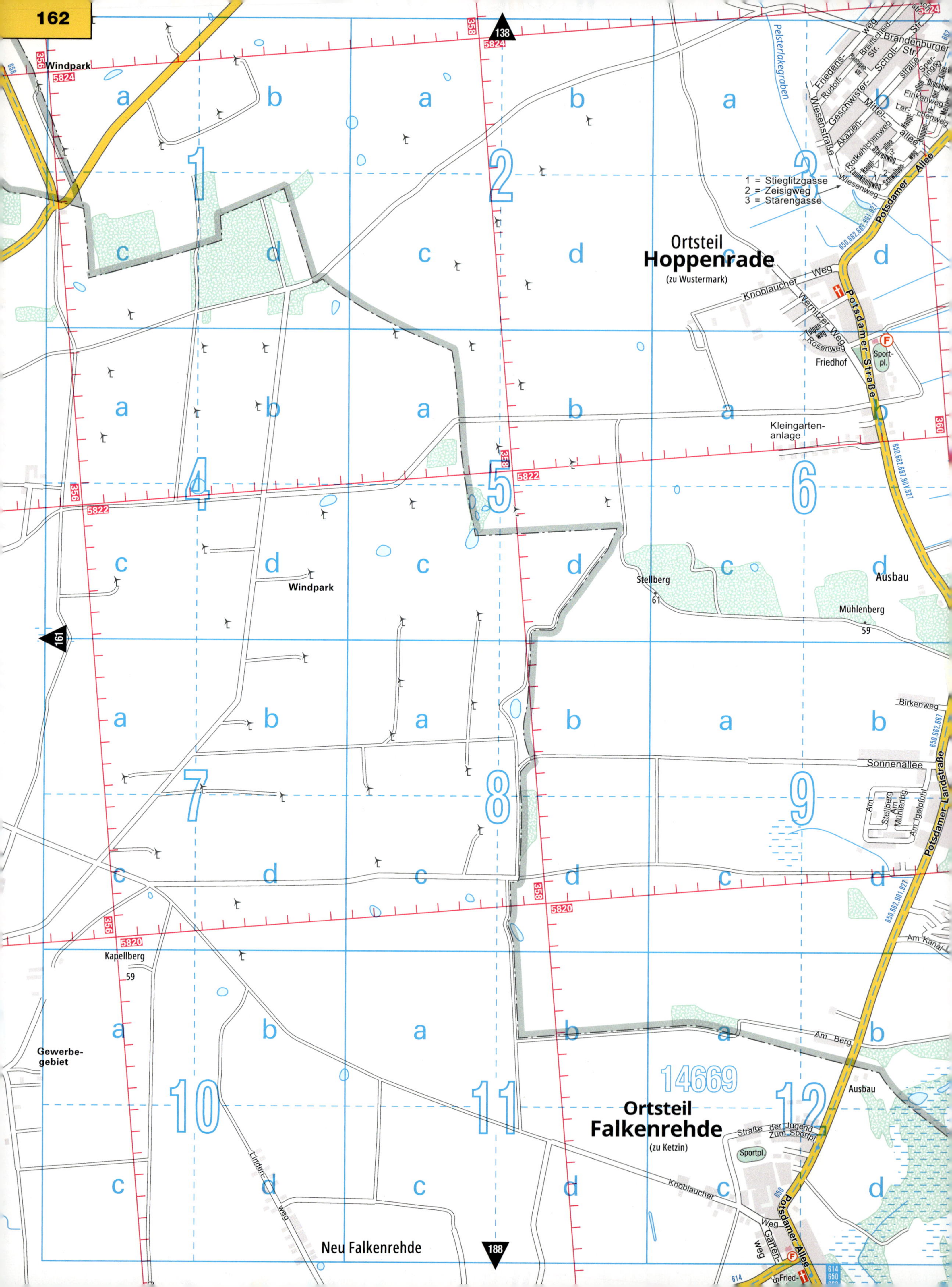

Windpark
Pelsterlakegraben
Wiesenstraße
Friedens-
Brandenburger Str.
Scholl-
Geschwister-
Mittel-
Akazien-
Rotkehlchenweg
Finkenweg
Hauptallee
Potsdamer Allee
1 = Stieglitzgasse
2 = Zeisigweg
3 = Starengasse
Wiesenweg
Ortsteil
Hoppenrade
(zu Wustermark)
Knoblaucher Weg
Wernitzer Weg
Rosenweg
Friedhof
Sport-pl.
Potsdamer Straße
Kleingarten-anlage
Windpark
Stellberg
61
Ausbau
Mühlenberg
59
Birkenweg
Sonnenallee
Am Stellberg
Am Mühlenbg.
Am Igelpfuhl
Potsdamer Landstraße
Am Kanal
Kapellberg
59
Gewerbe-gebiet
Am Berg
Ausbau
14669
Ortsteil
Falkenrehde
(zu Ketzin)
Straße der Jugend
Zum Sportpl.
Sportpl.
Linden-weg
Knoblaucher Weg
Garten-weg
Potsdamer Allee
Neu Falkenrehde
138
161
188

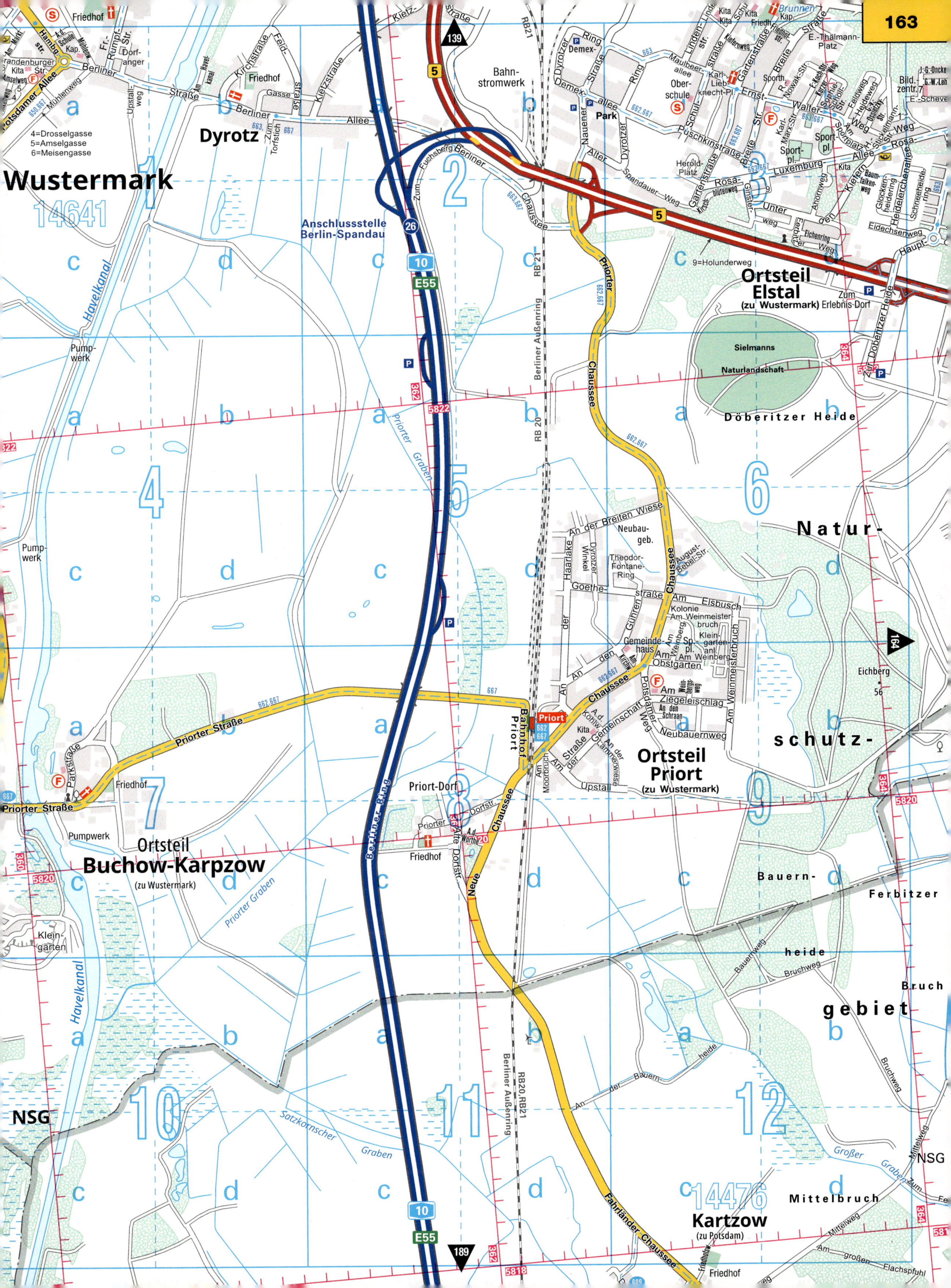
Wustermark
14641
Dyrotz
Anschlussstelle Berlin-Spandau
26
10
E55
5
139
Bahnstromwerk
Ortsteil Elstal
(zu Wustermark)
Erlebnis-Dorf
Sielmanns Naturlandschaft
Döberitzer Heide
Natur-
schutz-
gebiet
Havelkanal
Priorter Graben
Berliner Ring
Berliner Außenring
Priorter Chaussee
Priorter Straße
Bahnhof Priort
Priort
Priort-Dorf
Ortsteil Priort
(zu Wustermark)
Ortsteil Buchow-Karpzow
(zu Wustermark)
Eichberg
56
164
Bauern-
heide
Ferbitzer
Bruch
NSG
Satzkornscher Graben
Großer Graben
Mittelbruch
14476
Kartzow
(zu Potsdam)
Fahrländer Chaussee
Neue Chaussee
189
Friedhof
Pumpwerk
Kleingärten
4=Drosselgasse
5=Amselgasse
6=Meisengasse
9=Holunderweg

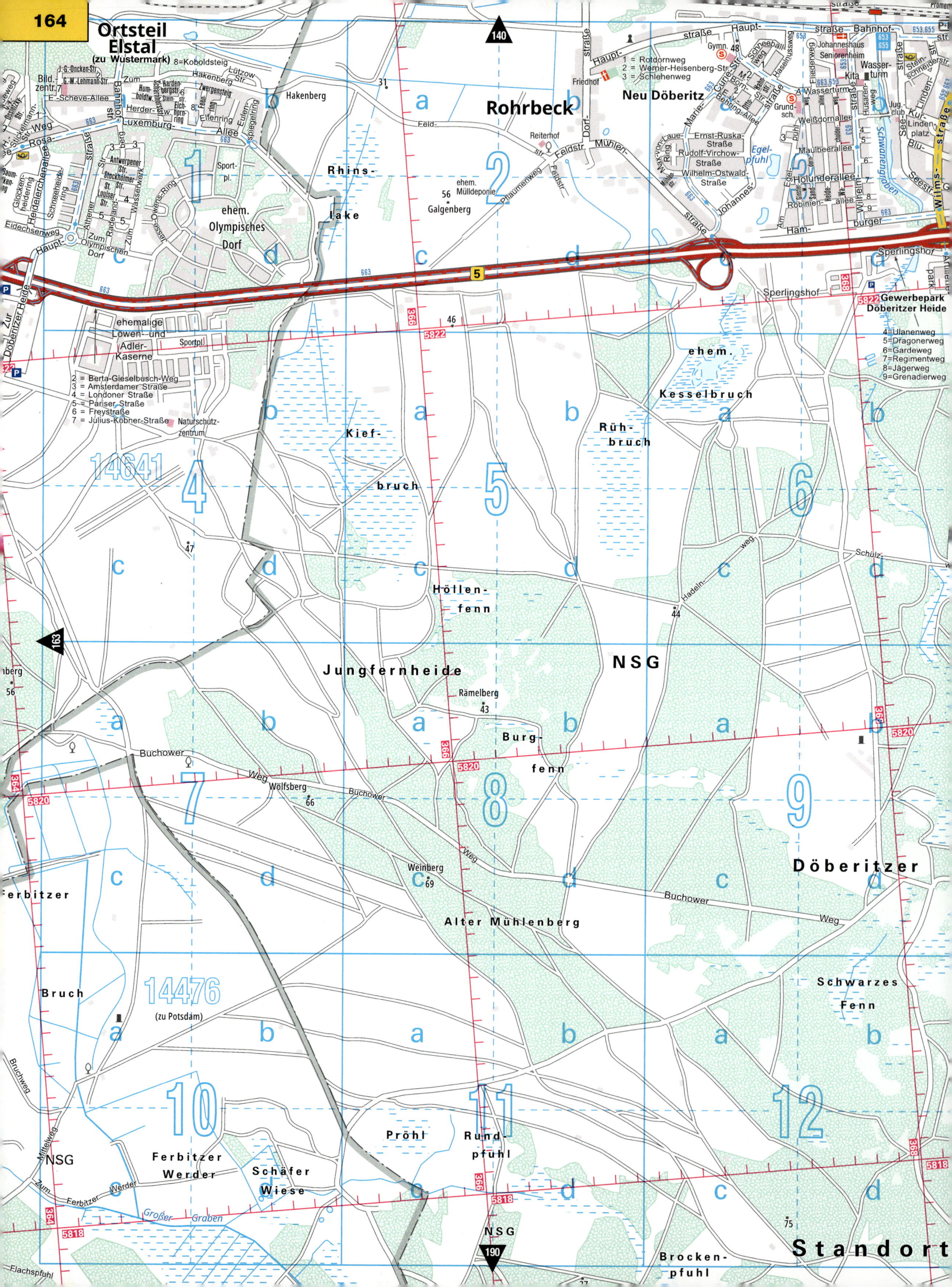

Ortsteil Elstal
(zu Wustermark)
Rohrbeck
Neu Döberitz
Hakenberg
Rhinslake
ehem. Olympisches Dorf
Galgenberg
ehem. Mülldeponie
ehemalige Löwen- und Adler-Kaserne
2 = Berta-Gieselbusch-Weg
3 = Amsterdamer Straße
4 = Londoner Straße
5 = Pariser Straße
6 = Freystraße
7 = Julius-Kobner-Straße
Naturschutzzentrum
1 = Rotdornweg
2 = Werner-Heisenberg-Str.
3 = Schlehenweg
Sperlingshof
Gewerbepark Döberitzer Heide
4=Ulanenweg
5=Dragonerweg
6=Gardeweg
7=Regimentweg
8=Jägerweg
9=Grenadierweg
ehem. Kesselbruch
Kiefbruch
Rühbruch
Höllenfenn
Jungfernheide
NSG
Rämelberg
Burgfenn
Wolfsberg
Buchower Weg
Weinberg
Alter Mühlenberg
Döberitzer
Ferbitzer Bruch
14641
14476
(zu Potsdam)
Schwarzes Fenn
Pröhl
Rundpfuhl
Ferbitzer Werder
Schäfer Wiese
Großer Graben
Brockenpfuhl
Standort
Flachspfuhl

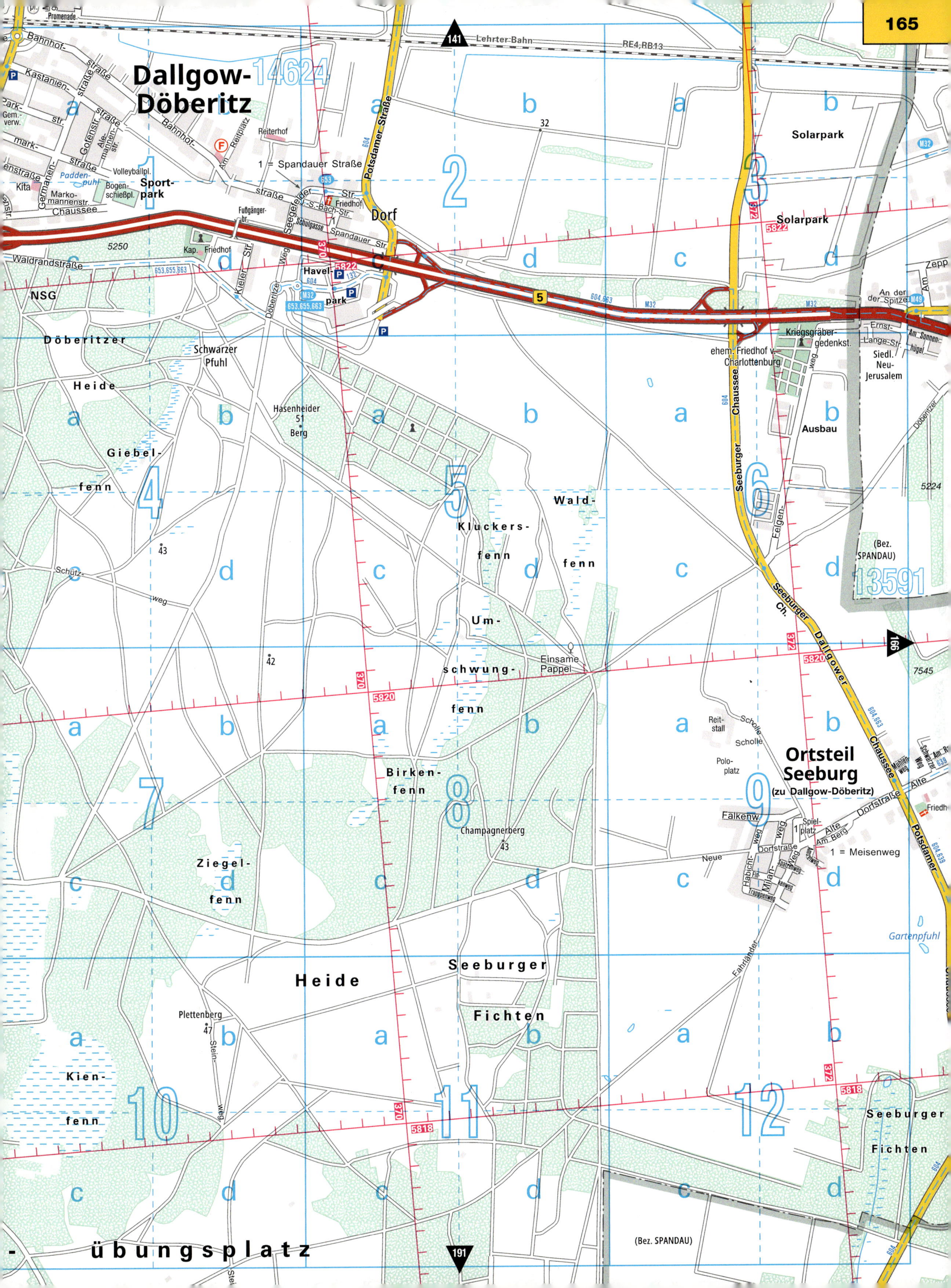
Dallgow-Döberitz
14624
Lehrter Bahn
RE4,RB13
Bahnhofstraße
Kastanienstraße
Potsdamer Straße
1 = Spandauer Straße
Reiterhof
Sportpark
Volleyballpl.
Bogenschießpl.
Paddenpuhl
Kita
Marko-mannenstr.
Chaussee
Dorf
Friedhof
Spandauer Str.
Schulgasse
Seegefelder Weg
Fußgängerbr.
Kap.
Kieler Str.
Havelpark
Waldrandstraße
NSG
Döberitzer Heide
Schwarzer Pfuhl
Hasenheider Berg
Giebelfenn
Schutzweg
Kluckersfenn
Waldfenn
Umschwungfenn
Einsame Pappel
Birkenfenn
Champagnerberg
Ziegelfenn
Seeburger Fichten
Heide
Plettenberg
Steinweg
Kienfenn
übungsplatz
Solarpark
Solarpark
Kriegsgräbergedenkst.
ehem. Friedhof v. Charlottenburg
Seeburger Chaussee
Dallgower Chaussee
Potsdamer Chaussee
Siedl. Neu-Jerusalem
Ausbau
Felgenweg
(Bez. SPANDAU)
13591
Reitstall
Scholle
Poloplatz
Ortsteil Seeburg
(zu Dallgow-Döberitz)
Falkenw.
Dorfstraße
Spielplatz
Alte Am Berg
1 = Meisenweg
Neue
Habichtweg
Milanweg
Fahrländer
Gartenpfuhl
Seeburger Fichten
(Bez. SPANDAU)
Lange Str.
An der Spitze
Am Sonnenhügel
Zepp
141
166
191

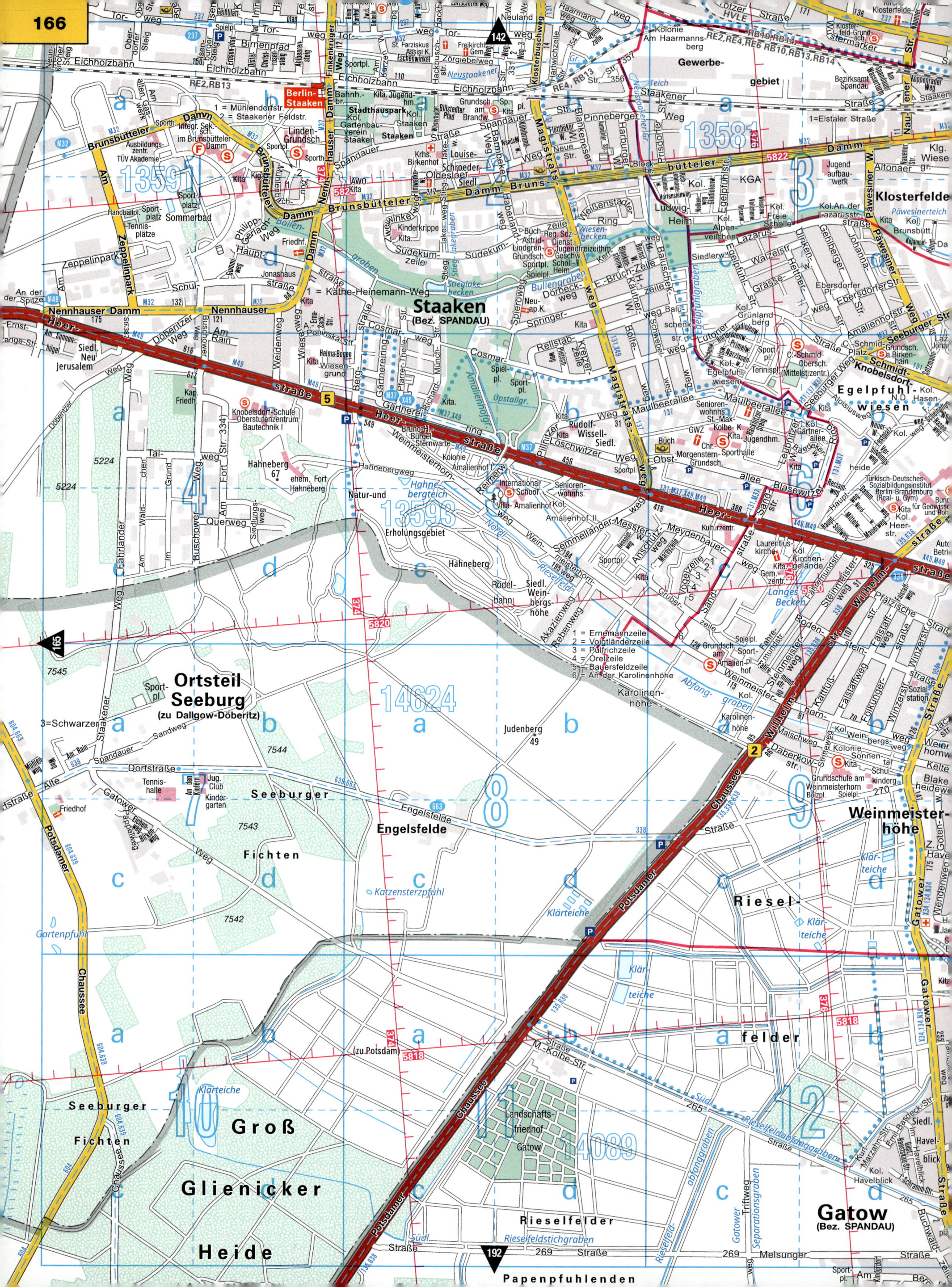

Staaken
(Bez. SPANDAU)
Berlin-Staaken
13591
13581
13593
14624
14089
Klosterfelde
Egelpfuhl-wiesen
Ortsteil Seeburg
(zu Dallgow-Döberitz)
Seeburger Fichten
Engelsfelde
Rieselfelder
Weinmeisterhöhe
Gatow
(Bez. SPANDAU)
Groß Glienicker Heide
Papenpfuhlenden
Heerstraße
Nennhauser Damm
Brunsbütteler Damm
Potsdamer Chaussee
Magistratsweg
Eichholzbahn
Gewerbegebiet
Hahneberg
Erholungsgebiet
Judenberg
Karolinenhöhe
Landschaftsfriedhof Gatow
Sommerbad
Neu Jerusalem
1 = Mühlendorfstr.
2 = Staakener Feldstr.
1 = Käthe-Heinemann-Weg
1 = Ernemannzeile
2 = Voigtländerzeile
3 = Pulfrichzeile
4 = Orelzeile
5 = Bauersfeldzeile
6 = An der Karolinenhöhe
1=Eistaler Straße
3=Schwarzer
142
165
192

SPANDAU
Altstadt
Spree
Zitadelle
Juliusturm
Sophienwerder
Sophienwerderweg
Ruhlebener
Altarm
Berlin-Spandau
Stresow
Schlangengraben
Klär-anlage
Berliner Wasser-betriebe
Klärwerk Ruhleben
Müll-heizkraft-werk Ruhleben
Heizkraftwerk Reuter West
Heiz kraftwerk Reuter
Freiheit
Gbf. Ruhleben
Chaussee
Charlottenburger
Ruhlebener Str.
Havel
Schulenburg-br.
Wilhelm-stadt
(Bez.SPANDAU)
Weißenburger Str.
Tiefwerder
Süd-hafen
Freiheits-wiesen
Ruhleben
Fließ-wiese
Natur-schutzgeb.
NSG
Murellenberg
Olympia-stadion
Olympiastadion
Mai-feld
Pichelsberg
Heerstraße
Stößensee-br.
Stößen-see
Pichelsdorf
Scharfe
Lanke
Weinmeister-horn
Pichels-werder
Rupen-horn
Leuchtfeuer
CHARLOTTENBURG-
WILMERSDORF
Post-fenn
Natur-schutz-gebiet
Teufelsberg
Berliner
Forst
Havel
Schild-horn
Teufels-fenn NSG
Kuhhorn
Dachsberg
NSG Sandgrube
13599
13597
14052
14053
13595
14055
14193

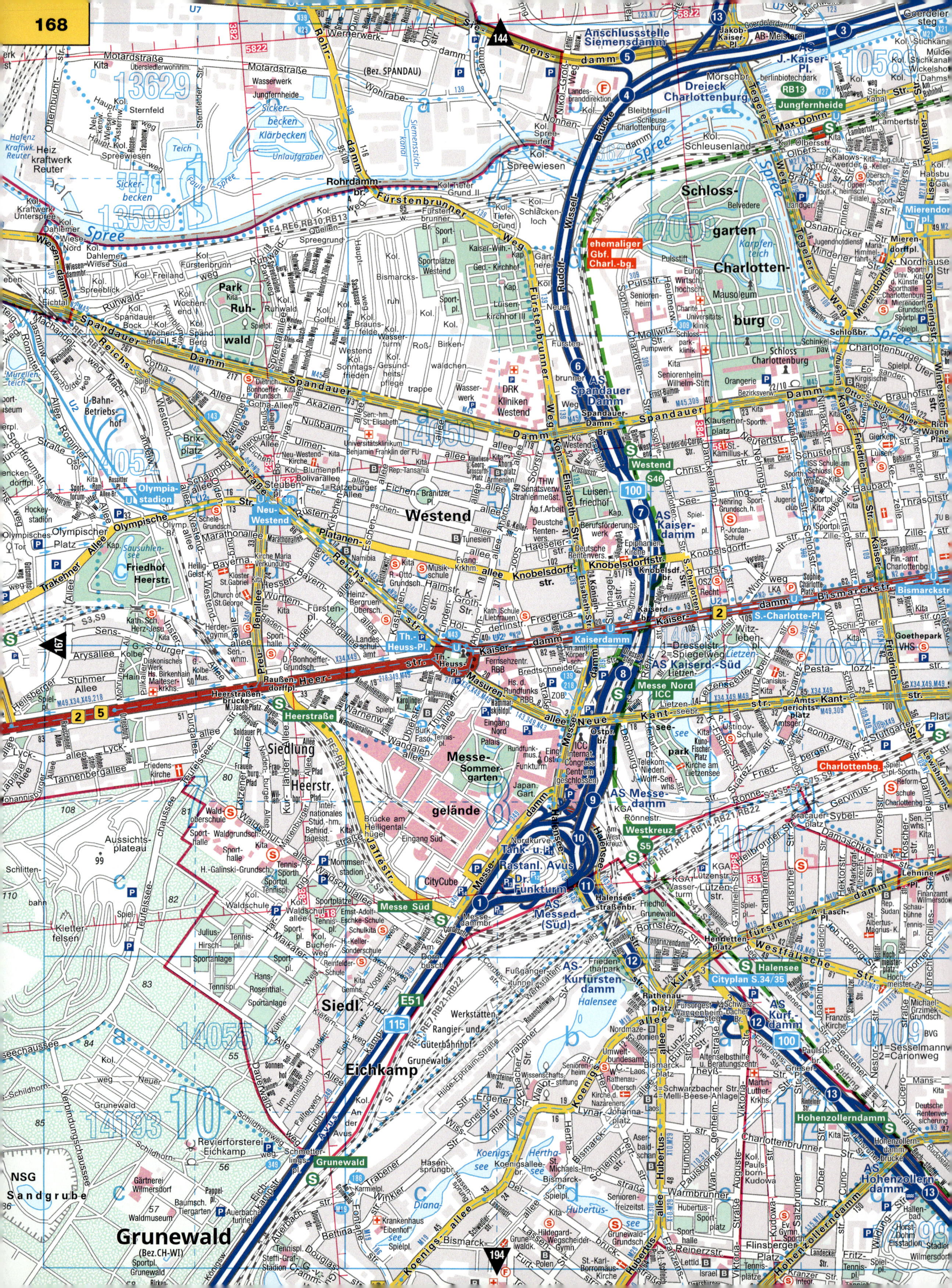
144
167
194
13629
13599
14059
14050
14052
14055
14193
10585
10627
10629
10707
10709
10711
Anschlussstelle Siemensdamm
Dreieck Charlottenburg
Jungfernheide
Schloss-garten Charlotten-burg
Schloss Charlottenburg
Mausoleum
ehemaliger Gbf. Charl.-bg.
Spree
Rohrdamm
Fürstenbrunner Weg
Park Ruhwald
Spandauer Damm
DRK Kliniken Westend
AS Spandauer Damm
Westend
Olympia-stadion
Neu-Westend
Friedhof Heerstr.
Theodor-Heuss-Pl.
Kaiserdamm
AS Kaiser-damm
AS Kaiserd.-Süd
Messe Nord ICC
Heerstraße
Siedlung Heerstr.
Messe-gelände
Sommer-garten
Westkreuz
Messe Süd
Lietzensee
park
Charlottenbg.
Halensee
AS Kurfürsten-damm
AS Kurf.-damm
Cityplan S.34/35
Siedl. Eichkamp
Grunewald
Hohenzollerndamm
AS Hohenzollern-damm
Koenigssee
Hertha-see
Hubertus-see
Diana-see
Aussichts-plateau
Kletter-felsen
NSG Sandgrube
Grunewald (Bez.CH-WI)
Bismarckstr.
S.-Charlotte-Pl.
E51
100
115

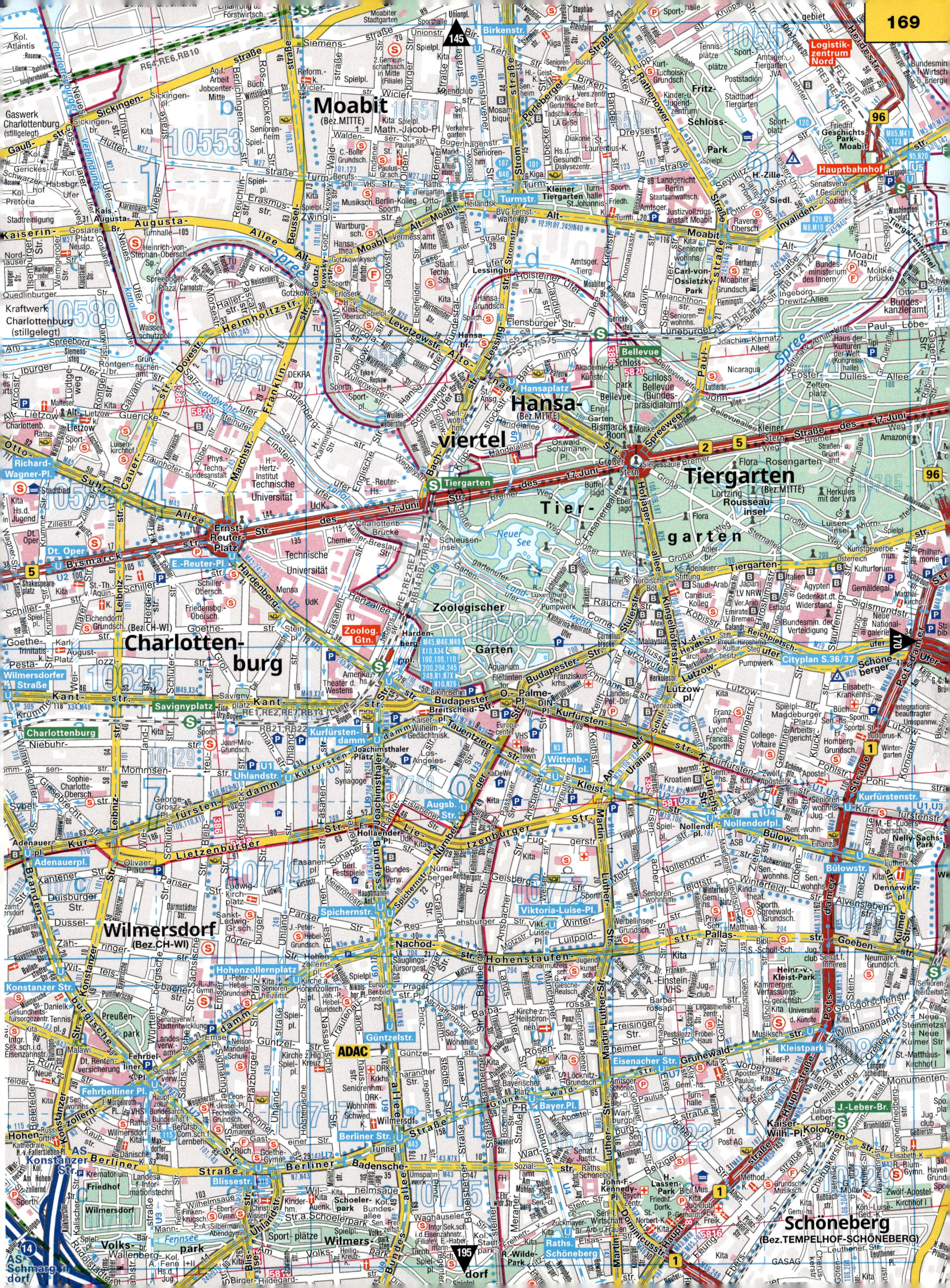
Moabit
(Bez.MITTE)
Hansa-
viertel
(Bez.MITTE)
Tiergarten
(Bez.MITTE)
Tier-
garten
Charlottenburg
Wilmersdorf
(Bez.CH-WI)
Schöneberg
(Bez.TEMPELHOF-SCHÖNEBERG)
Logistikzentrum Nord
Hauptbahnhof
Bellevue
Hansaplatz
Tiergarten
Zoologischer Garten
Zoolog. Gtn.
Ernst-Reuter-Platz
Technische Universität
Savignyplatz
Charlottenburg
Kurfürstendamm
Uhlandstr.
Wittenbergpl.
Nollendorfpl.
Kurfürstenstr.
Bülowstr.
Hohenzollernplatz
Spichernstr.
Güntzelstr.
Berliner Str.
Blissestr.
Bayer.Pl.
Viktoria-Luise-Pl.
Eisenacher Str.
Kleistpark
J.-Leber-Br.
Raths. Schöneberg
Fehrbelliner Pl.
Konstanzer Str.
Adenauerpl.
Richard-Wagner-Pl.
Dt. Oper
E.-Reuter-Pl.
Wilmersdorfer Straße
Birkenstr.
Turmstr.
Cityplan S.36/37
ADAC
Neuer See
Spree
17. Juni
Straße des 17. Juni
Kaiserin-Augusta-Allee
Alt-Moabit
Bismarckstr.
Kantstr.
Budapester Str.
Tauentzienstr.
Lietzenburger Str.
Hohenstaufenstr.
Grunewaldstr.
Potsdamer Str.
Martin-Luther-Str.
Schloss Bellevue
Großer Stern
145
195
96
5
2
1

Mitte
(Bez. MITTE)
Kreuzberg
(Bez. FR-KR)
Kreuz-
berg
(Bez. FR-KR)
FRIEDRICHS-
Tempelhofer Park
ehemaliger
Flughafen Tempelhofer
Volkspark
Hasenheide
Park
am
Gleisdreieck
Hauptbahnhof
Friedrichstr.
Alexanderpl.
Hackescher Markt
Potsdamer Pl.
Anhalter Bhf.
Gleisdreieck
Mehringdamm
Hallesches Tor
Kottbusser Tor
Moritzplatz
Spittelmarkt
Stadtmitte
Jannowitzbr.
Schillingstr.
Strausberger Platz
Oranienburger Str.
Oranienburger Tor
Naturkunde-museum
Rosenthaler Pl.
Rotes Rathaus
Museumsinsel
Brandenb. Tor
Unter d. Linden
Mohrenstr.
Kochstr.
Hausvogteipl.
Märk. Mus.
H.-Heine-Str.
Möckernbr.
Mendelss. Barth.-Park
Yorckstr.
Yorckstr. Großgörschenstr.
Gneisenaustr.
Südstern
Hermannpl.
Boddinstr.
Schönleinstr.
Prinzenstr.
Görlitzer Bhf.
Pl.d.Luftbrücke
Platz d. Luftbrücke
Bundestag
Weinmeisterstr.
Klosterstr.
Spree
ADAC
Cityplan S.36/37
1 = Mehlbeerenweg
146
169
196
96
10965

Friedrichshain
Volkspark
Friedrichs-
hain
Landsberger Allee
Storkower Str.
Storkower Str.
(Bez.PANKOW)
Frankfurter Allee
Frankfurter Tor
Weberwiese
Samariterstr.
Frankfurter Allee
Magdalenenstr.
Ostbahnhof
Friedrichs-
hain
(Bez.FR-KR)
Warschauer Str.
Berlin-Ostkreuz
Nöldnerpl.
Rummelsburg
HAIN-
KREUZBERG
Schlesisches Tor
Görlitzer
Park
Alt-
Treptow
(Bez.TREPTOW-KÖPENICK)
Treptower Park
TREPTOW-KÖPENICK
Treptower
Park
Rummelsburg
Stralau
Rummelsburger See
Spree
Spreepark
Vergnügungs-und
Freizeitpark
(geschlossen)
Plänterwald
(Bez.TREPTOW-KÖPENICK)
Plänterwald
Gbf.
Bln.-Treptow
NEUKÖLLN
Raths. Neukölln
Containerbahnh.
Stadtpark
Lichtenberg
Bersarinpl.
Boxhagener Str.
Stralauer Allee
Puschkinallee
Elsenstraße
Kiefholzstraße
96a
5
1
147
197

LICHTENBERG
Herzberge
Landschaftspark
Allee der Kosmonauten
Städtischer Zentral-friedhof
Friedrichsfelde-Ost
Alt-Friedrichsfelde
Frankfurter Allee
Bln.-Lichtenberg
Friedrichsfelde
(Bez. LICHTENBERG)
Tierpark
Berlin-Friedrichsfelde
Biesdorf
(Bez. MARZAHN-HELLERSDORF)
Biesdorf-Süd
Trümmerberg
Karlshorst
(Bez. LICHTENBERG)
Bln.-Karlshorst
Trabrennbahn Karlshorst
Waldsiedlung Wuhlheide
Betriebsbhf. Rummelsburg
ICE-Werk Berlin Rummelsburg
Spreepark
Vergnügungs- und Freizeitpark (geschlossen)
Spree
Plänterwald
LSG
(Bez. TREPTOW-KÖPENICK)
Rhinstraße
Am Tierpark
Treskowallee
Köpenicker Chaussee
Rummelsburger Landstraße
Sewanstraße
Rummelsburger Str.
Märkische Allee
Gewerbegebiet
Biesdorfer Baggersee
Kleingartenanlage Biesenhorst II
Kleingartenanlage An der Trainierbahn
Wuhlheide
Kraftwk. Klingenbg.
1=Nibelungenring
2=Rumoldstraße
3=Alzeyweg
4=Giselherstieg
5=Hadburgpfad
1 = Schmiedeberger Weg
1=Kranenwinkel
2=Weideplan
3=Rohrlake
4=Am Birkenrevier
5=Theatergasse
6=Binnendüne
7=Joh.-Fest-Platz
1=Elsa-Ledetsch-Weg
2=Gisela-Reissenberger-Platz
148
158
171
198

Biesdorf-Nord
Kaulsdorf-Nord
Mahlsdorf
(Bez. MARZAHN-HELLERSDORF)
Kaulsdorf
(Bez. MARZAHN-HELLERS-DORF)
Kaulsdorf-Süd
Mahlsdorf-Süd
Biesdorf-Süd
Uhlenhorst
(Bez. TREPTOW-KÖPENICK)
Wuhlheide
Damm-heide
Kaulsdorfer Busch
LSG Kaulsdorfer Klein-garten-anlage
Butzer See
Habermann-see
Elsengrund
Elsen-see
Eichenhof
Wuhlesee
Biesdorfer Höhe
Schlosspark Biesdorf
Unfall-krankenhaus Berlin
Vivantes Klinikum Hellersdorf
Berliner Balkon
Gründerzeit-museum
Gutspark
Griesinger-park
Landhaus-garten
Kaulsdorfer Teiche
Kulsdorfer Teiche
Wuhletal
Wuhle
Biesdorf
Kaulsdorf
Mahlsdorf
Elsterwerdaer Platz
Berlin-Mahlsdorf
Altentreptower Str.
Alt-Biesdorf
Alt-Kaulsdorf
Alt-Mahlsdorf
Köpenicker Straße
Chemnitzer Straße
Hellersdorfer Str.
Gülzower Straße
Hönower Straße
Hultschiner Damm
Kaulsdorfer Straße
Mahlsdorfer Straße
Zimmermannstr.
Ulmenstr.
Blumberger Damm
Wilhelmsmühlenweg
Wodanstr.
1=Lion-Feuchtwanger-Weg
2=Clara-Zetkin-Weg
3=Lubminer Weg
4=Gadebuscher Weg
5=Am Gewerbepark
1=Am Brodersengarten
2=Pfingstrosenweg
3=Aurinkelweg
4=Lobelienweg
5=Zu den Faltern
6=Alpenveilchenweg
7=Heidekrautweg
1=Lohengrinstr.
12623
12621
12683
12555
12619
149
174
199

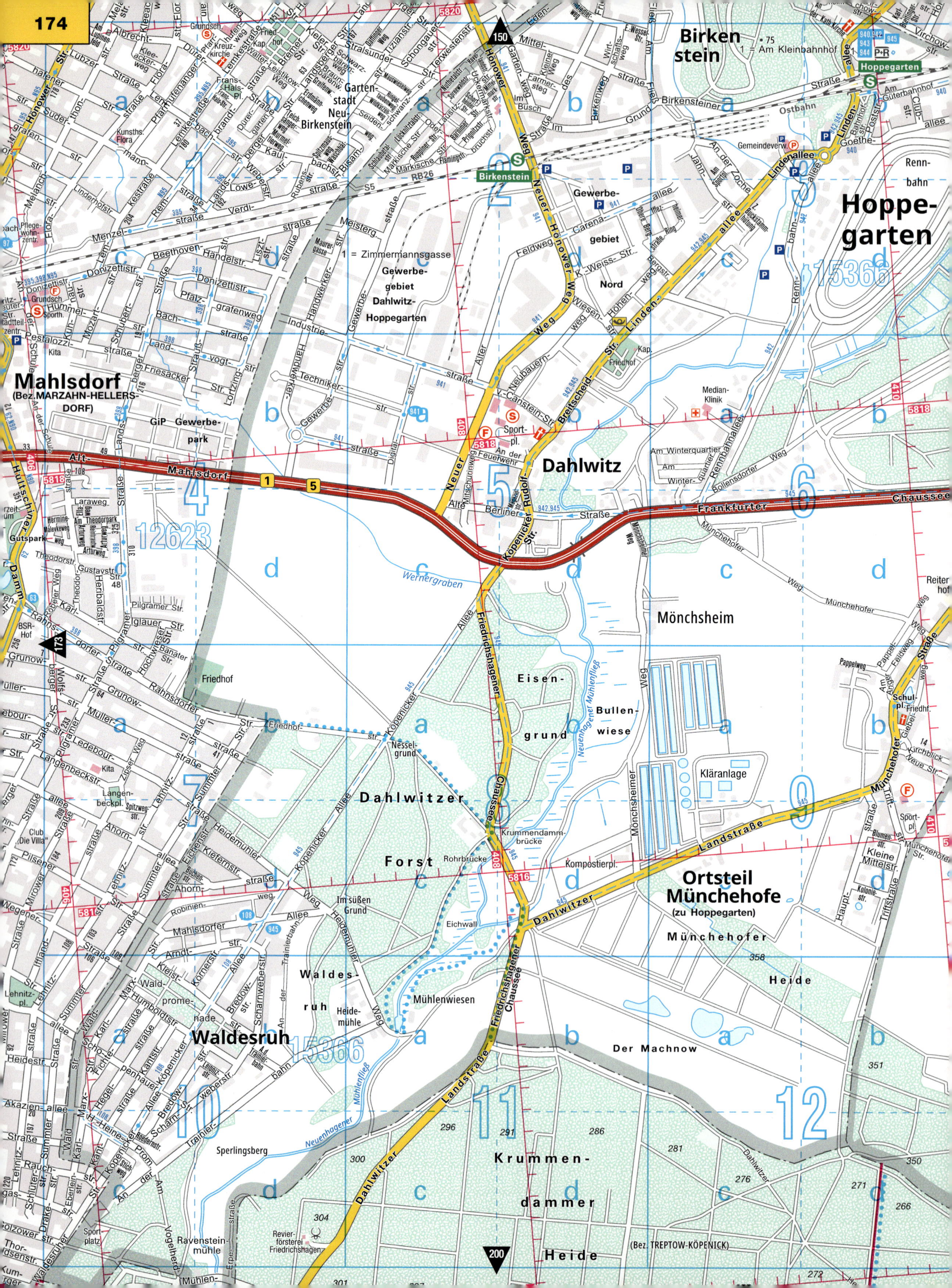
Birken
stein
Hoppegarten
Hoppe-
garten
Garten-
stadt
Neu-
Birkenstein
Birkenstein
Gewerbe-
gebiet
Nord
1 = Zimmermannsgasse
Gewerbe-
gebiet
Dahlwitz-
Hoppegarten
Mahlsdorf
(Bez. MARZAHN-HELLERSDORF)
GiP Gewerbe-
park
Dahlwitz
Alt-Mahlsdorf
Frankfurter Chaussee
Mönchsheim
Eisen-
grund
Bullen-
wiese
Kläranlage
Dahlwitzer
Forst
Krummendamm-
brücke
Ortsteil
Münchehofe
(zu Hoppegarten)
Münchehofer
Heide
Waldes-
ruh
Waldesruh
Heide-
mühle
Mühlenwiesen
Der Machnow
Krummen-
dammer
Heide
(Bez. TREPTOW-KÖPENICK)
Sperlingsberg
Ravenstein-
mühle
Revier-
försterei
Friedrichshagen
Dahlwitzer Landstraße
Friedrichshagener Chaussee
Neuer Hönower Weg
Lindenallee
Wernergraben
Neuenhagener Mühlenfließ
Median-
Klinik
Friedhof
Rennbahn
12623
15366
150
173
200

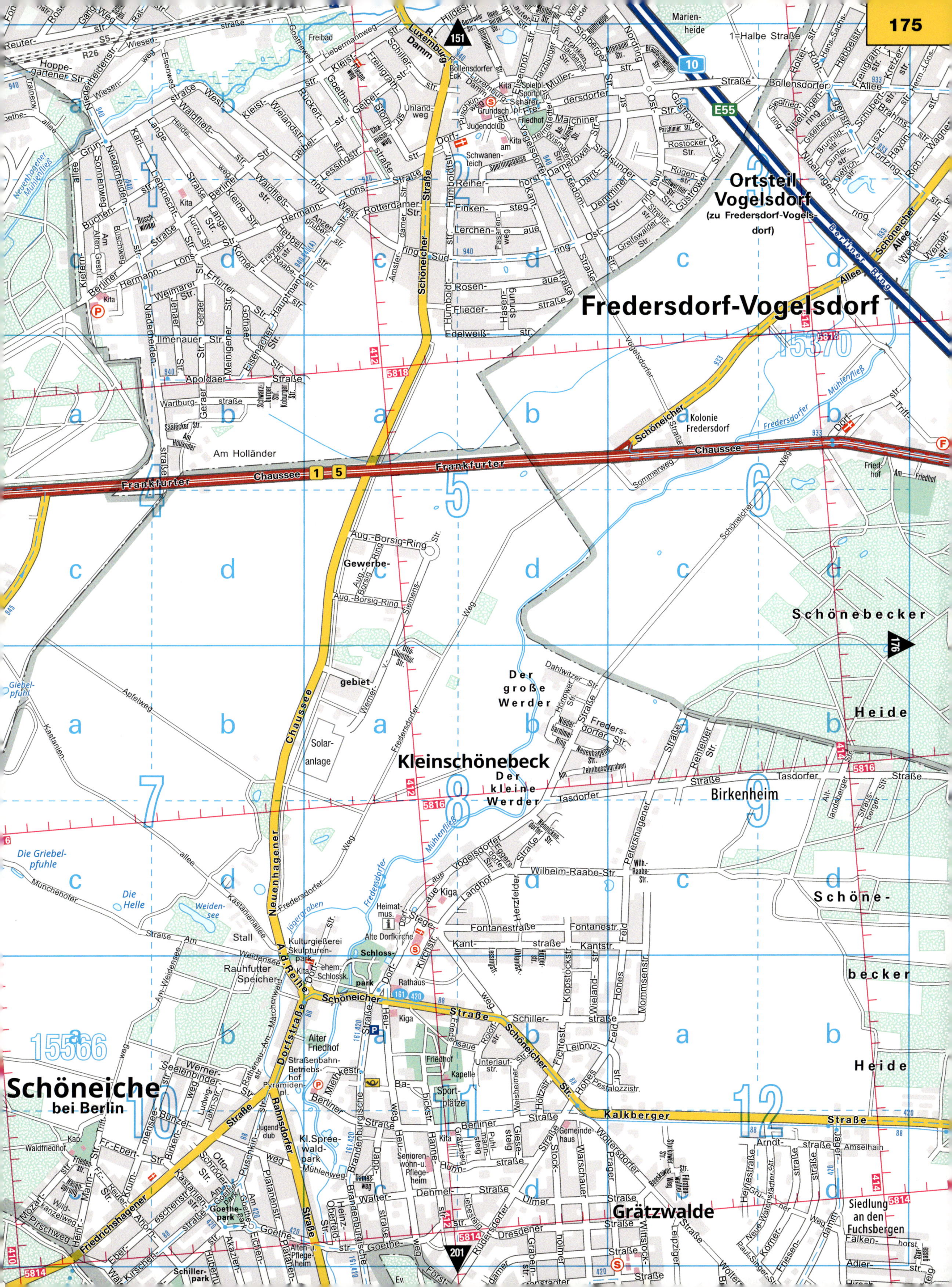
Fredersdorf-Vogelsdorf
Ortsteil Vogelsdorf
(zu Fredersdorf-Vogelsdorf)
Kolonie Fredersdorf
Kleinschönebeck
Der große Werder
Der kleine Werder
Birkenheim
Schönebecker Heide
Schöneiche bei Berlin
Grätzwalde
Siedlung an den Fuchsbergen
Am Holländer
Gewerbegebiet
Solaranlage
Frankfurter Chaussee
Neuenhagener Chaussee
Schöneicher Straße
Kalkberger Straße
Dorfstraße
Rahnsdorfer Straße
Berliner Ring
15370
15566
Die Griebelpfuhle
Die Helle
Weidensee
Mühlenfließ
Fredersdorfer Mühlenfließ
Schlosspark
Rathaus
Alter Friedhof
1=Halbe Straße
151
176
201

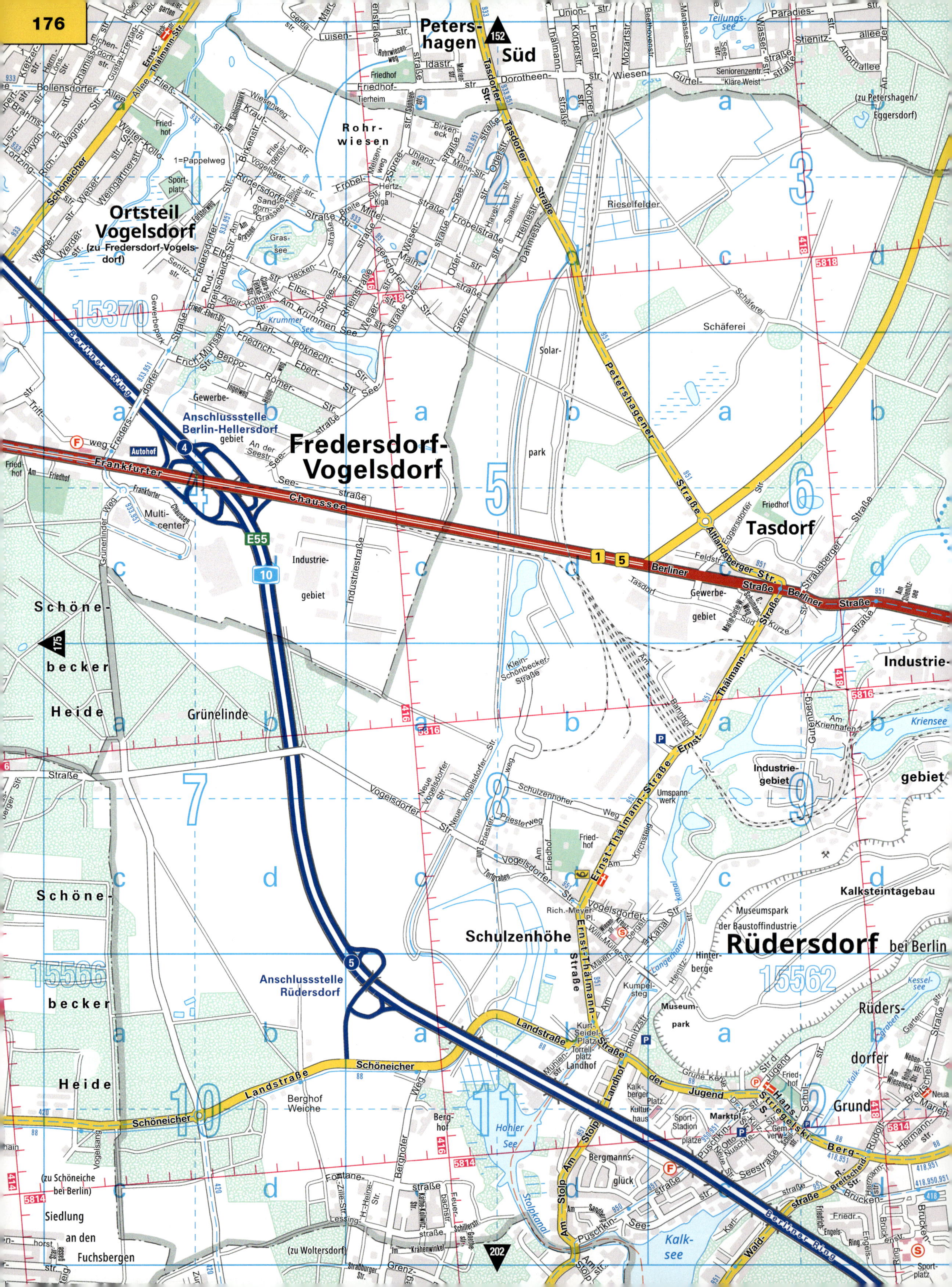

Petershagen Süd
152
Ortsteil Vogelsdorf
(zu Fredersdorf-Vogelsdorf)
Rohrwiesen
Fredersdorf-Vogelsdorf
Anschlussstelle Berlin-Hellersdorf
Autohof
Frankfurter Chaussee
Multicenter
E55
10
Industriegebiet
Industriestraße
Solarpark
Rieselfelder
Schäferei
Petershagener Straße
Tasdorf
Friedhof
Altlandsberger Str.
Berliner Straße
Gewerbegebiet
Schönebecker Heide
175
Grünelinde
Vogelsdorfer Str.
Schulzenhöhe
Ernst-Thälmann-Straße
Anschlussstelle Rüdersdorf
Industriegebiet
Kriensee
Kalksteintagebau
Museumspark der Baustoffindustrie
Rüdersdorf bei Berlin
Hinterberge
Museumspark
Rüdersdorfer Grund
Schöneicher Landstraße
Berghof Weiche
Landstraße
Straße der Jugend
Hohler See
Stolpkanal
Kalksee
Berliner Ring
Bergmannsglück
Siedlung an den Fuchsbergen
(zu Schöneiche bei Berlin)
(zu Woltersdorf)
(zu Petershagen/Eggersdorf)
15370
15566
15562
202

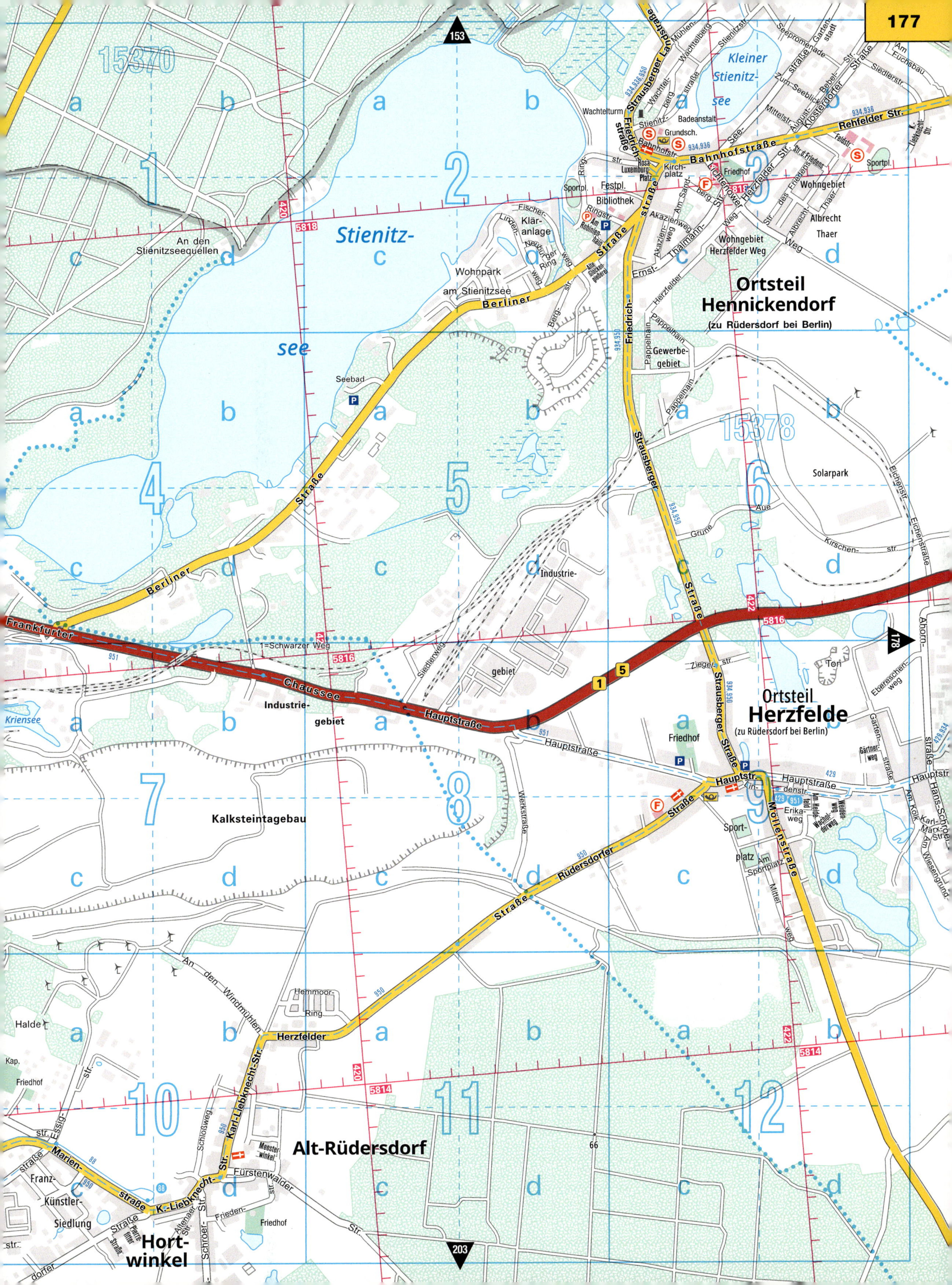
153
15370
Stienitz-
see
Kleiner
Stienitz-
see
An den
Stienitzseequellen
Wohnpark
am Stienitzsee
Berliner
Straße
Seebad
Kläranlage
Bibliothek
Festpl.
Sportpl.
Wachtelturm
Badeanstalt
Grundsch.
Bahnhofstraße
Rehfelder Str.
Friedhof
Wohngebiet
Albrecht
Thaer
Wohngebiet
Herzfelder Weg
Ortsteil
Hennickendorf
(zu Rüdersdorf bei Berlin)
Gewerbe-
gebiet
Solarpark
15378
Friedrich-
Strausberger
Straße
Industrie-
gebiet
Frankfurter
Chaussee
Hauptstraße
1=Schwarzer Weg
Kriensee
Industrie-
gebiet
Ortsteil
Herzfelde
(zu Rüdersdorf bei Berlin)
Friedhof
Tor
178
Kalksteintagebau
Rüdersdorfer
Straße
Möllenstraße
Sport-
platz
Werkstraße
An den Windmühlen
Hemmoor-
Ring
Herzfelder
Halde
Karl-Liebknecht-Str.
Alt-Rüdersdorf
Marien-
straße
K.-Liebknecht-
Str.
Fürstenwalder
Friedhof
Franz-
Künstler-
Siedlung
Hort-
winkel
203

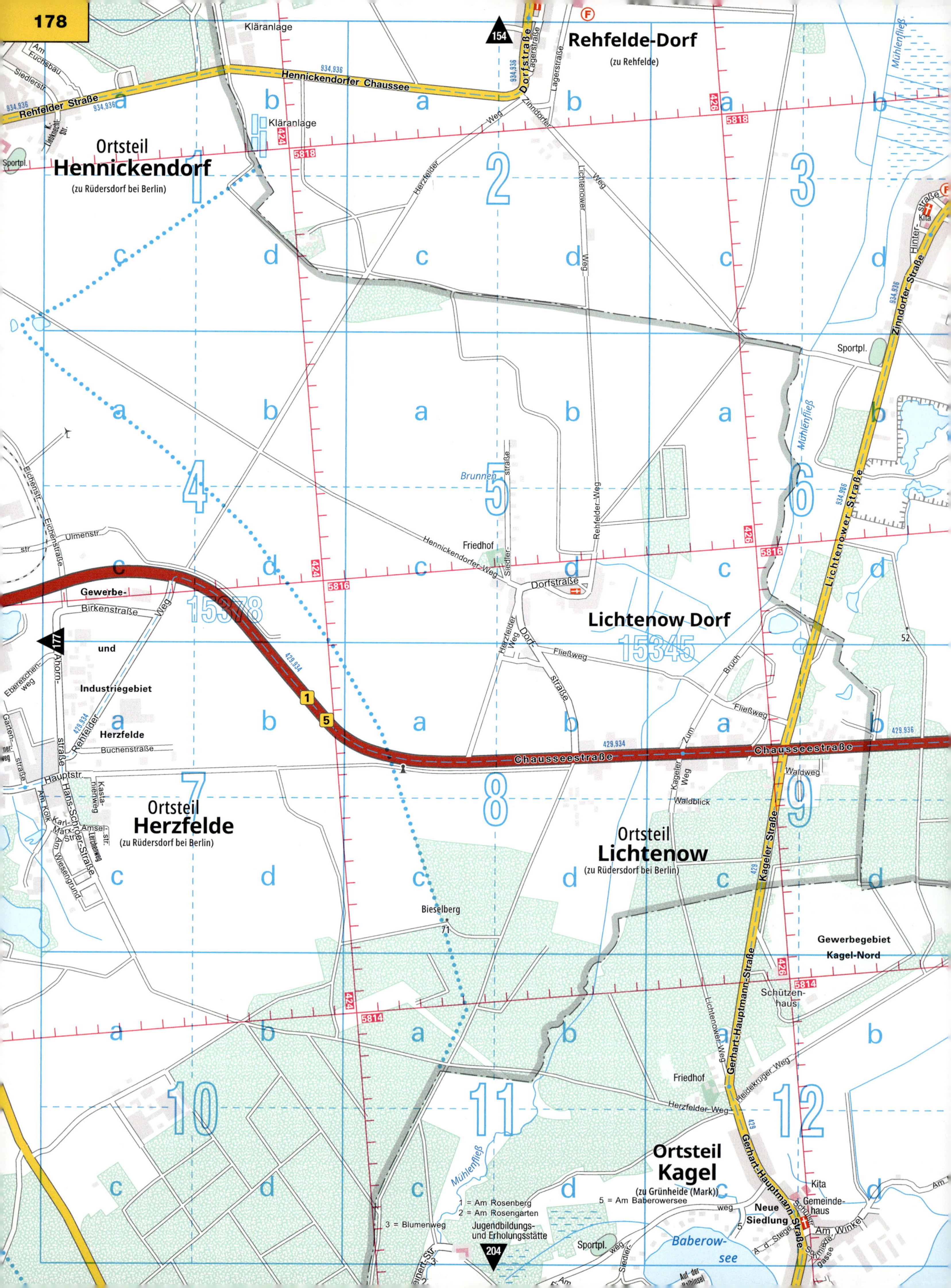
Kläranlage
154
Rehfelde-Dorf
(zu Rehfelde)
Hennickendorfer Chaussee
Rehfelder Straße
Kläranlage
Ortsteil
Hennickendorf
(zu Rüdersdorf bei Berlin)
Sportpl.
Mühlenfließ
Zinndorfer Straße
Lichtenower Weg
Herzfelder Weg
Sportpl.
Lichtenower Straße
Brunnen
Friedhof
Hennickendorfer Weg
Dorfstraße
Lichtenow Dorf
15345
Gewerbe-
und
Industriegebiet
Herzfelde
15378
Ulmenstr.
Eichenstraße
Birkenstraße
177
Fließweg
Bruch
Chausseestraße
Waldweg
Waldblick
Kageler Weg
Hauptstr.
Ortsteil
Herzfelde
(zu Rüdersdorf bei Berlin)
Ortsteil
Lichtenow
(zu Rüdersdorf bei Berlin)
Kageler Straße
Bieselberg
Gewerbegebiet
Kagel-Nord
Schützenhaus
Gerhart-Hauptmann-Straße
Friedhof
Heidekruger Weg
Herzfelder Weg
Ortsteil
Kagel
(zu Grünheide (Mark))
1 = Am Rosenberg
2 = Am Rosengarten
3 = Blumenweg
5 = Am Baberowersee
Jugendbildungs-
und Erholungsstätte
204
Sportpl.
Baberowsee
Neue
Siedlung
Kita
Gemeindehaus
Am Winkel

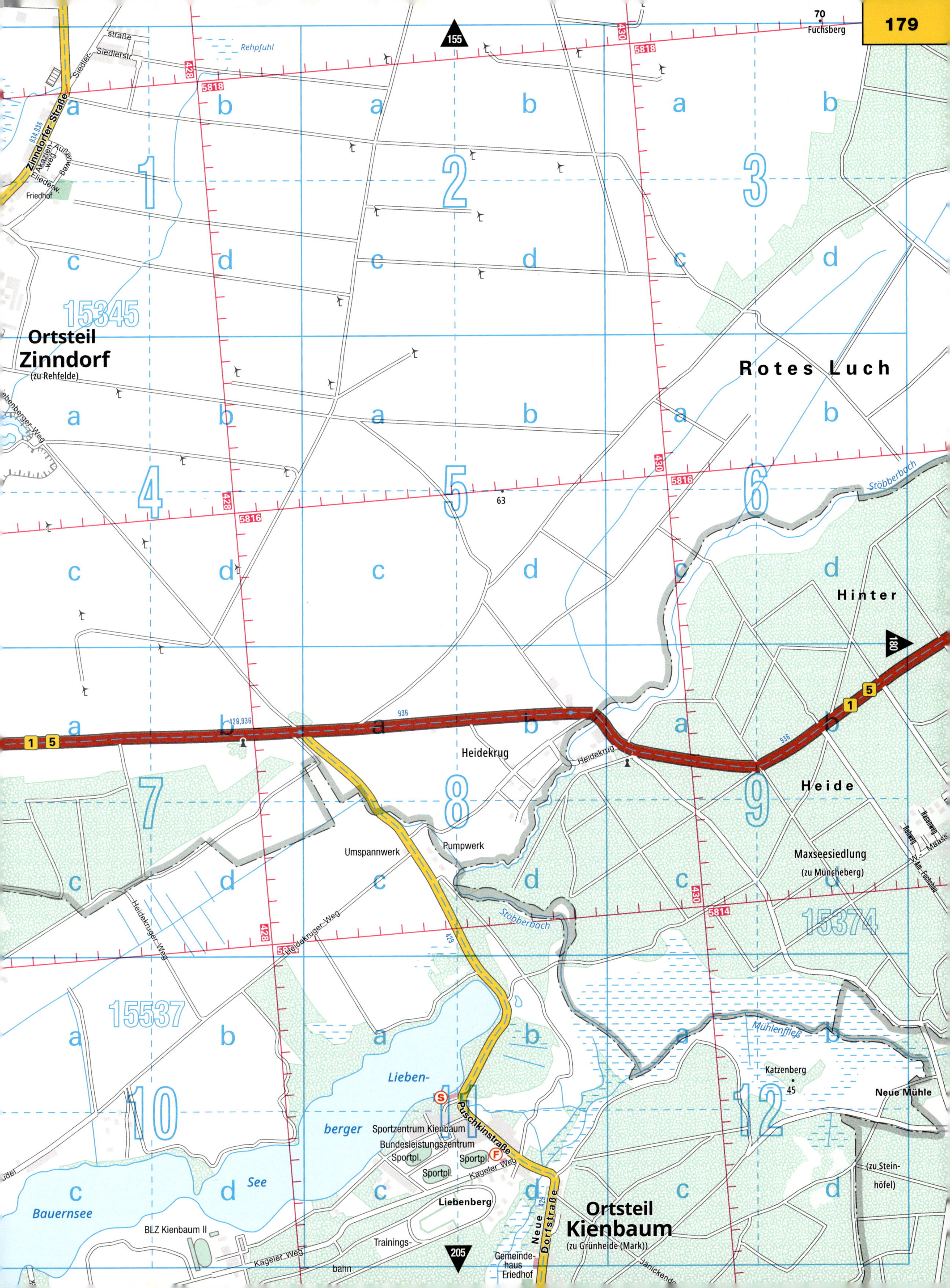

Fuchsberg
Rehpfuhl
Ortsteil Zinndorf
(zu Rehfelde)
15345
Rotes Luch
Hinter
Heide
Heidekrug
Umspannwerk
Pumpwerk
Maxseesiedlung
(zu Müncheberg)
15374
Stöbberbach
Mühlenfließ
Katzenberg
Neue Mühle
15537
Lieben-
berger
See
Bauernsee
Sportzentrum Kienbaum
Bundesleistungszentrum
Sportpl.
Liebenberg
BLZ Kienbaum II
Trainings-
bahn
Kageler Weg
Puschkinstraße
Neue Dorfstraße
Gemeinde-
haus
Friedhof
Ortsteil Kienbaum
(zu Grünheide (Mark))
(zu Stein-
höfel)
Heidekruger Weg
Zinndorfer Straße
Siedlerstr.
Friedhof

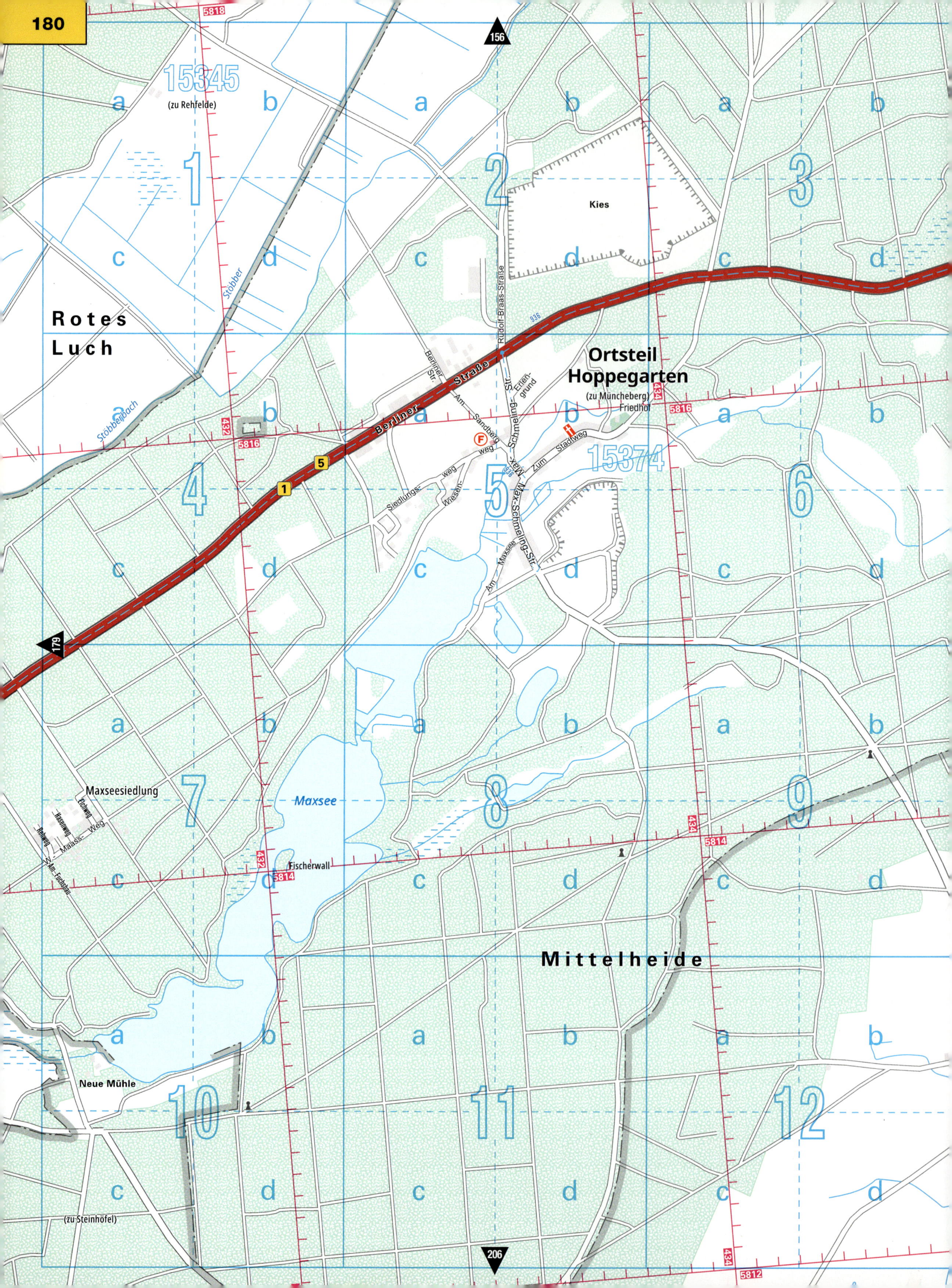

156
15345
(zu Rehfelde)
Kies
Rotes
Luch
Stöbber
Stöbberbach
Ortsteil
Hoppegarten
(zu Müncheberg)
Friedhof
15374
Berliner Straße
Berliner Str.
Rudolf-Braas-Straße
Max-Schmeling-Str.
Erlengrund
Am Sandberg
Siedlungsweg
Wiesenweg
Zum Stadtweg
Am Maxsee
179
Maxseesiedlung
Maass-Weg
Maxsee
Fischerwall
Mittelheide
Neue Mühle
(zu Steinhöfel)
206
5818
5816
5814
5812
432
434

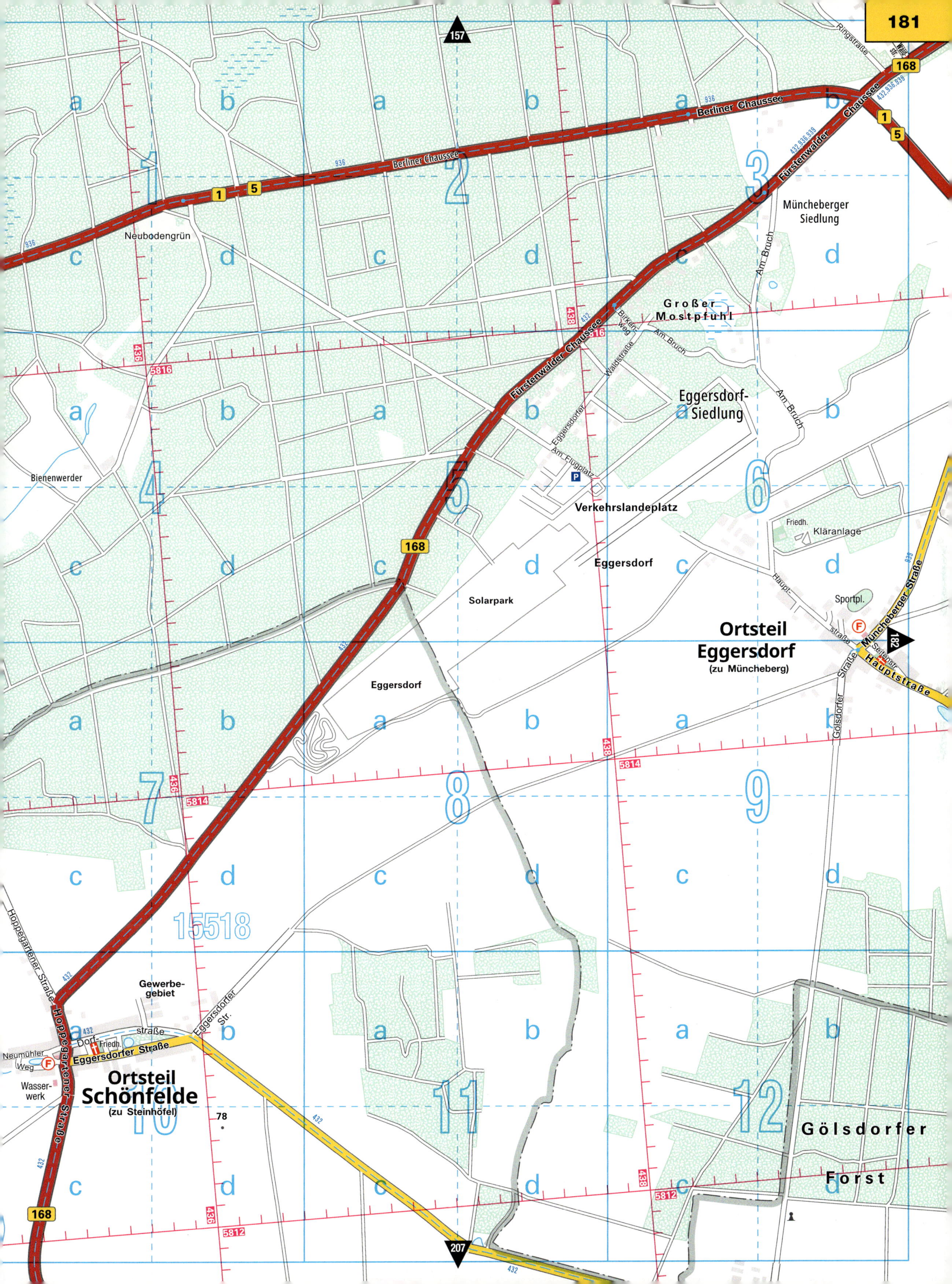
157
Ringstraße
168
Berliner Chaussee
Fürstenwalder Chaussee
1
5
Neubodengrün
Müncheberger Siedlung
Am Bruch
Großer Mostpfuhl
Birken-weg
Am Bruch
Waldstraße
Eggersdorf-Siedlung
Eggersdorfer
Am Flugplatz
Bienenwerder
Verkehrslandeplatz
Friedh.
Kläranlage
Eggersdorf
Solarpark
Haupt-straße
Sportpl.
Müncheberger Straße
182
Ortsteil Eggersdorf
(zu Müncheberg)
Seitenstr.
Hauptstraße
Eggersdorf
Gölsdorfer Straße
5816
5814
5812
15518
Hoppegartener Straße
Gewerbe-gebiet
Dorf-straße
Friedh.
Eggersdorfer Straße
Eggersdorfer Str.
Neumühler Weg
Wasser-werk
Ortsteil Schönfelde
(zu Steinhöfel)
78
Gölsdorfer
Forst
207
168

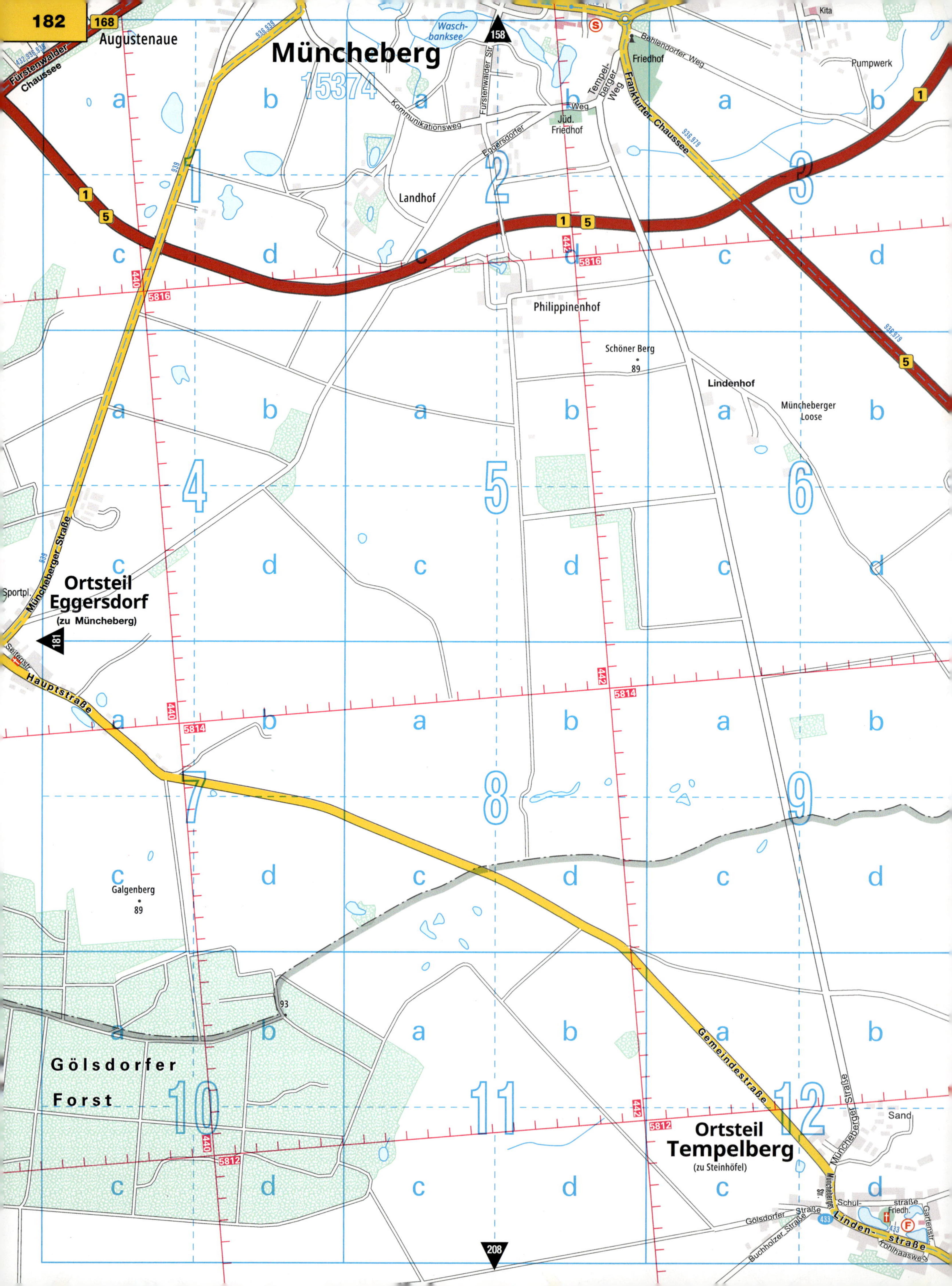
168
Augustenaue
Fürstenwalder Chaussee
Müncheberg
15374
Waschbanksee
158
Kita
Friedhof
Behlendorfer Weg
Pumpwerk
Tempelberger Weg
Frankfurter Chaussee
Fürstenwalder Str.
Kommunikationsweg
Eggersdorfer Weg
Jüd. Friedhof
Landhof
Philippinenhof
Schöner Berg
89
Lindenhof
Müncheberger Loose
Müncheberger Straße
Sportpl.
Ortsteil Eggersdorf
(zu Müncheberg)
181
Seitenstr.
Hauptstraße
Galgenberg
89
93
Gölsdorfer Forst
Gemeindestraße
Ortsteil Tempelberg
(zu Steinhöfel)
Müncheberger Straße
Sand
Schulstraße
Friedh.
Gartenstr.
Linden-straße
Gölsdorfer Straße
Buchholzer Straße
Kohlhaasweg
208

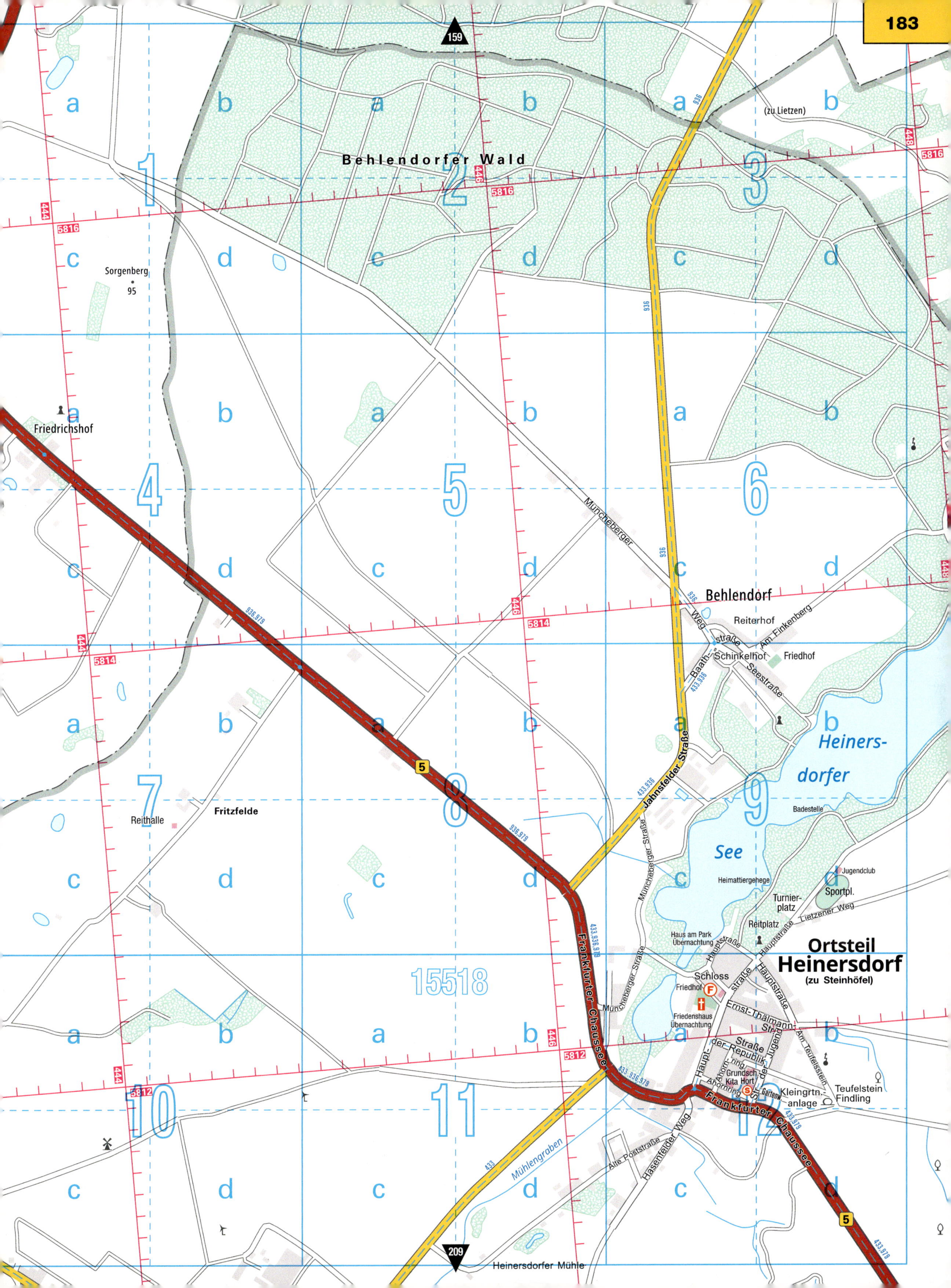
159
Behlendorfer Wald
(zu Lietzen)
Sorgenberg
95
Friedrichshof
Müncheberger Weg
Behlendorf
Reiterhof
Am Finkenberg
Baath-straße
Schinkelhof
Friedhof
Seestraße
Jahnsfelder Straße
Heinersdorfer See
Badestelle
Reithalle
Fritzfelde
Jugendclub
Sportpl.
Heimattiergehege
Turnier-platz
Lietzener Weg
Reitplatz
Haus am Park Übernachtung
Hauptstraße
Ortsteil Heinersdorf
(zu Steinhöfel)
Schloss
Friedhof
Friedenshaus Übernachtung
Müncheberger Straße
Frankfurter Chaussee
15518
Ernst-Thälmann-Straße
Straße der Republik
Straße der Jugend
Am Teufelsstein
Ahornring
Grundsch.
Kita Hort
Gartenw.
Kleingrtn.-anlage
Teufelstein Findling
Mühlengraben
Alte Poststraße
Hasenfelder Weg
209
Heinersdorfer Mühle

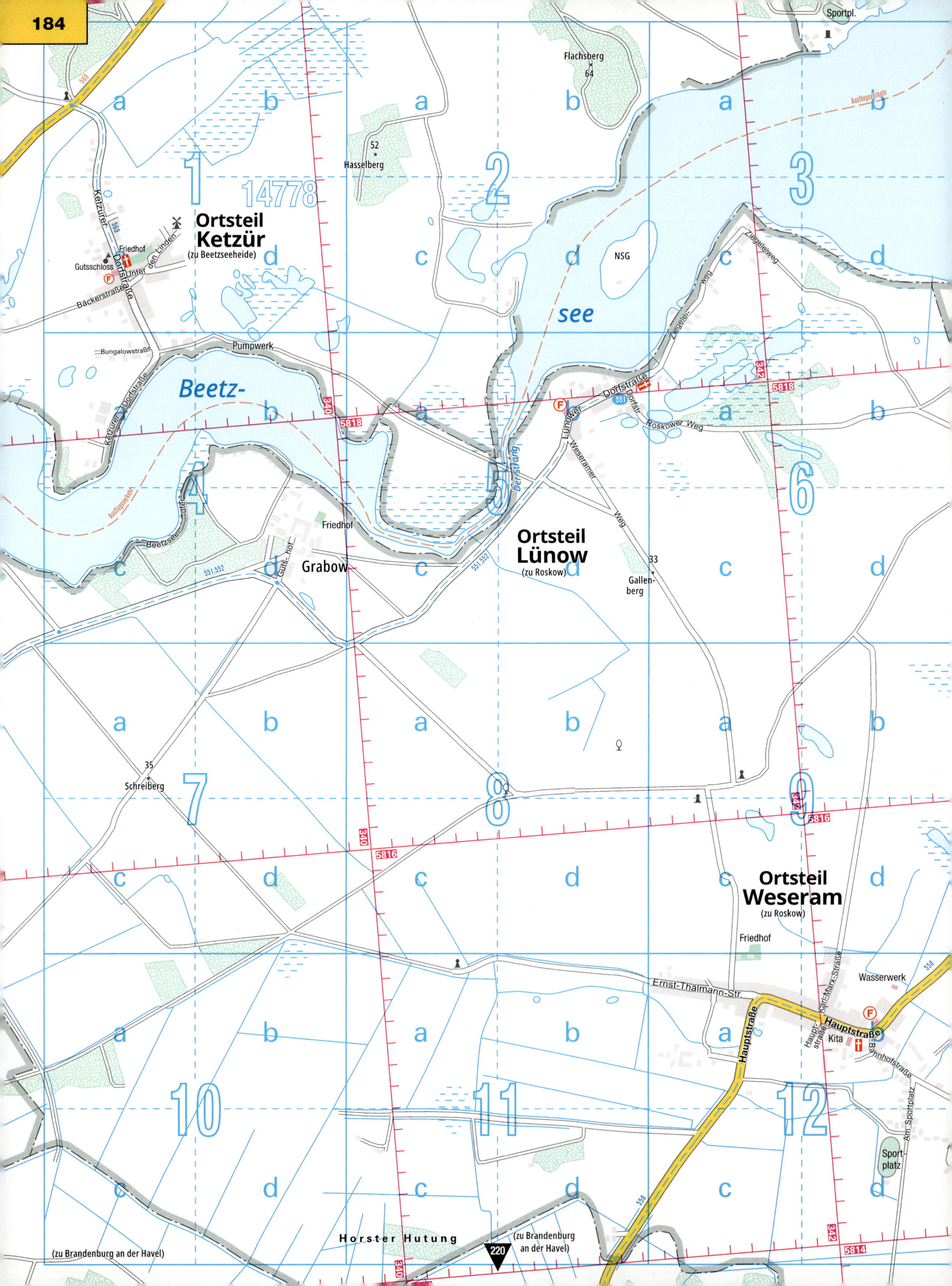

Sportpl.
Flachsberg
64
52
Hasselberg
14778
Ortsteil
Ketzür
(zu Beetzseeheide)
Friedhof
Gutsschloss
Ketzürer
Dorfstraße
Unter den Linden
Bäckerstraße
NSG
see
Ziegeleiweg
Ziegelei-
weg
Bungalowstraße
Pumpwerk
Beetz-
Dorfstraße
Dorfstr.
Roskower Weg
Lünower
Weseramer
Weg
Ausflugsverkehr
Derstrang
Beetzsee-
ufer
Friedhof
Grabow
Guts-
hof
Ortsteil
Lünow
(zu Roskow)
33
Gallen-
berg
35
Schreiberg
Ortsteil
Weseram
(zu Roskow)
Friedhof
Wasserwerk
Ernst-Thälmann-Str.
Karl-Marx-Straße
Hauptstraße
Haupt-
straße
Kita
Bahnhofstraße
Am Sportplatz
Sport-
platz
Horster Hutung
(zu Brandenburg an der Havel)
(zu Brandenburg
an der Havel)
220
5818
5816
5814
340
342
1
2
3
4
5
6
7
8
9
10
11
12

Alte Gärtnerei
Kanal
(zu Päwesin)
14778
(zu Ketzin)
Päwesiner Chaussee
Brandenburger Straße
Badestelle
Am Erdeloch
Sportplatz
Am alten Bahnhof
Dorfstraße
Brand-stelle
Garten-
Damaschkeweg
straße
Unter den Linden
1=Gutenpaarener Chaussee
Birnenallee
Friedh.
Kita
Begeg-nungsstätte
Grund-schule
Schloss
Turnhalle
Am Anger
Anger
Schwarzer Weg
Kanal-weg
Gliener-berger Weg
14778
Roskow
(zu Amt Beetzsee)
(zu Ketzin)
Pumpwerk
Quergraben
(zu Groß Kreutz (Havel))
Deetzer Durchstich
Ausflugsverkehr
Steilen
Ziegelei
Pumpwerk

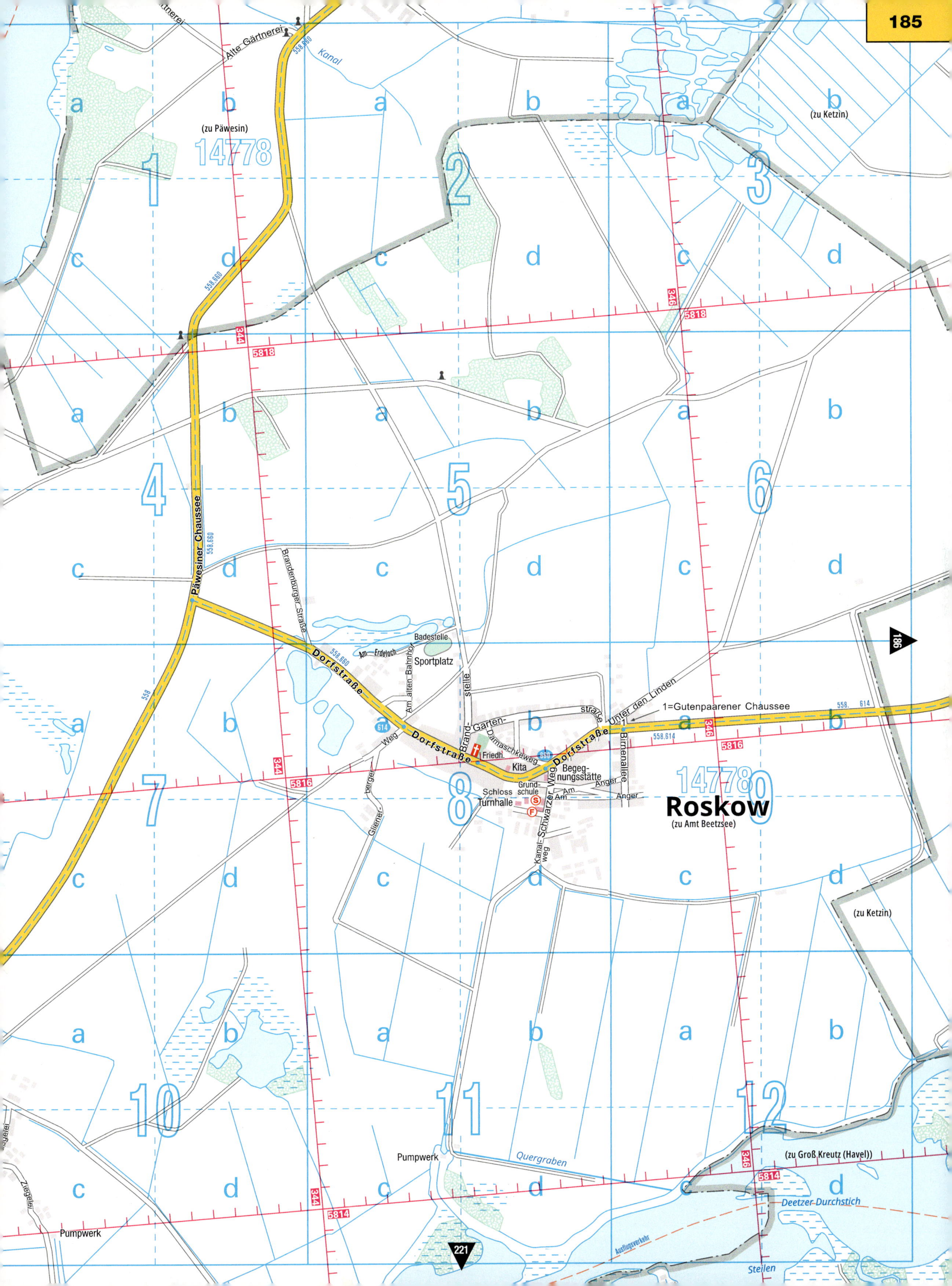

186
221

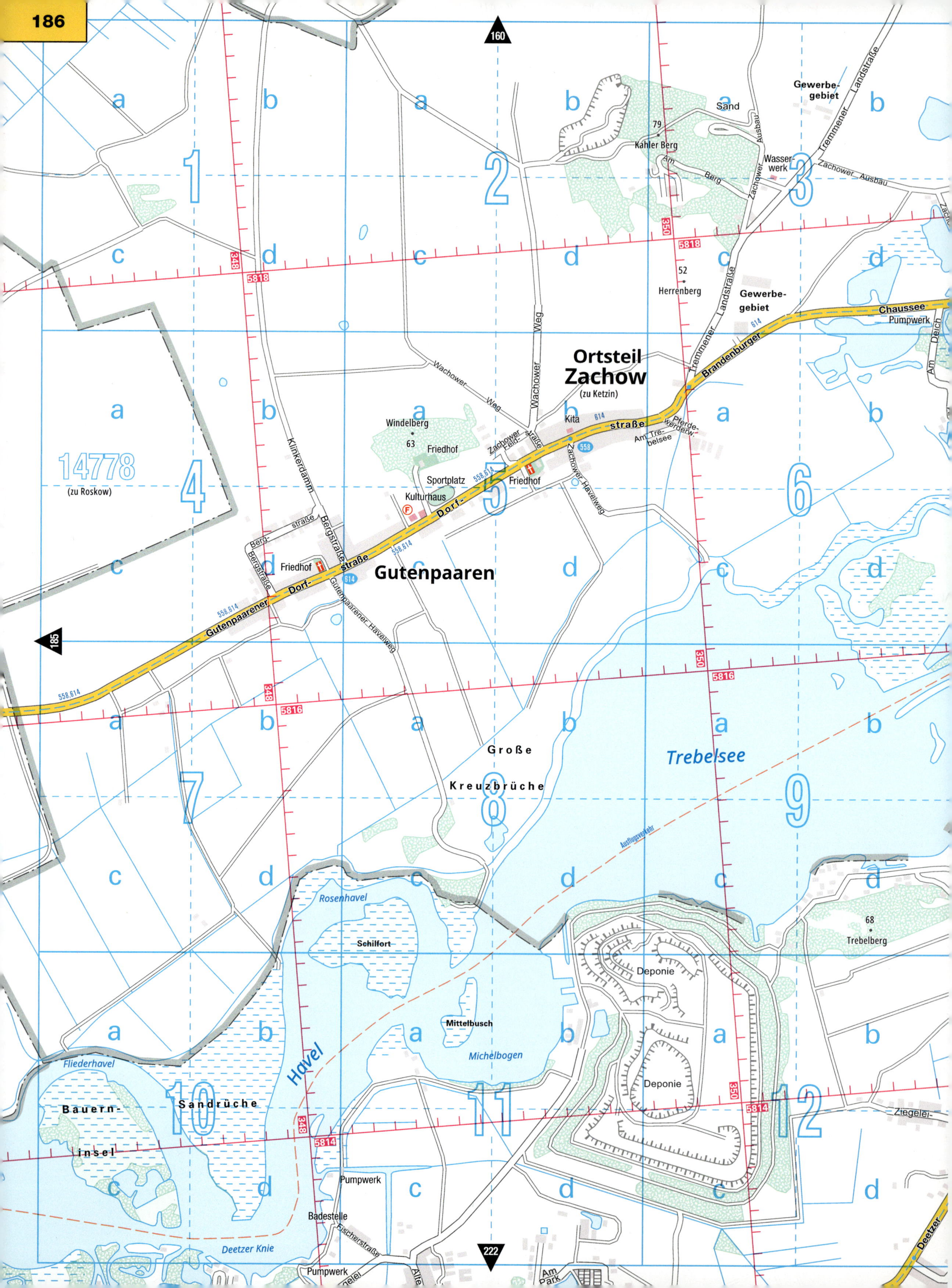
160
185
222
Gewerbe-
gebiet
Sand
79
Kahler Berg
Am
Berg
Zachower Ausbau
Wasser-
werk
Tremmener Landstraße
Zachower Ausbau
52
Herrenberg
Gewerbe-
gebiet
Chaussee
Pumpwerk
Brandenburger
Ortsteil
Zachow
(zu Ketzin)
Wachower Weg
Wachower Weg
Kita
straße
Pferde-
werderw.
Am Tre-
belsee
Windelberg
63
Friedhof
Sportplatz
Kulturhaus
Friedhof
Zachower Havelweg
14778
(zu Roskow)
Klinkerdamm
Berg-
straße
Bergstraße
Bergstraße
Friedhof
Dorf-
straße
Gutenpaaren
Gutenpaarener Havelweg
Gutenpaarener
Große
Kreuzbrüche
Trebelsee
Ausflugsverkehr
Rosenhavel
Schilfort
Deponie
68
Trebelberg
Mittelbusch
Michelbogen
Deponie
Fliederhavel
Havel
Bauern-
insel
Sandrüche
Ziegelei-
Pumpwerk
Badestelle
Fischerstraße
Deetzer Knie
Pumpwerk
Alte
Am
Park
Deetzer

Mühlberg
Solaranlage
Fernewerder
Kliemsiedlung
Gasspeicherwerk
Umspannwerk
1=Forellenweg
2=Rallenweg
3=Möwenweg
4=Taucherweg
5=Lietzenweg
Baumschule
Brückenkopf
Schumachersiedlung
Brandenburger Chaussee
Nauener Chaussee
Falkenrehder Chaussee
Apfelchaussee
Kiekelberg
43,5
10=Seerosenweg
11=Asternweg
12=Nelkenweg
13=Veilchenweg
14=Rosenweg
15=Ketziner Fliederweg
16=Wickenweg
7=Anneliesensteg
8=Birkenweg
9=Im Winkel
Stadtverw.
Sporthalle
Europaschule
Wasserturm
Rathaus
Feldstraße
Ketzin/Havel
14669
1=An der Stege
2=Grabenstraße
3=Karl-Liebknecht-Straße
4=Kirchstraße
5=Auguststraße
6=Adolf-Diesterweg-Straße
Naturschutzgebiet
Friedhof
Seniorenzentr.
Potsdamer Straße
Havel
NSG
Schilfwerder
Langer Werder
Mittelbruch
Sportplatz
Strandbad
Liebesinsel
Bockwindmühle
An der Mühle
Werdersche Straße
6 = Blumenweg
7 = Am Fährberg
Pumpwerk
An der Havel
Erdelöcher
14550
Ketziner Siedlung
Kita
Dorfstraße
Friedhof
Gem.-haus
1=Schmiedegasse
2=Am Sportplatz
Phöbener Chaussee
Phöbener Siedlung
Ortsteil Schmergow
(zu Groß Kreutz (Havel))
Deetzer Siedlung
(zu Werder (Havel))
Zum Kompostplatz

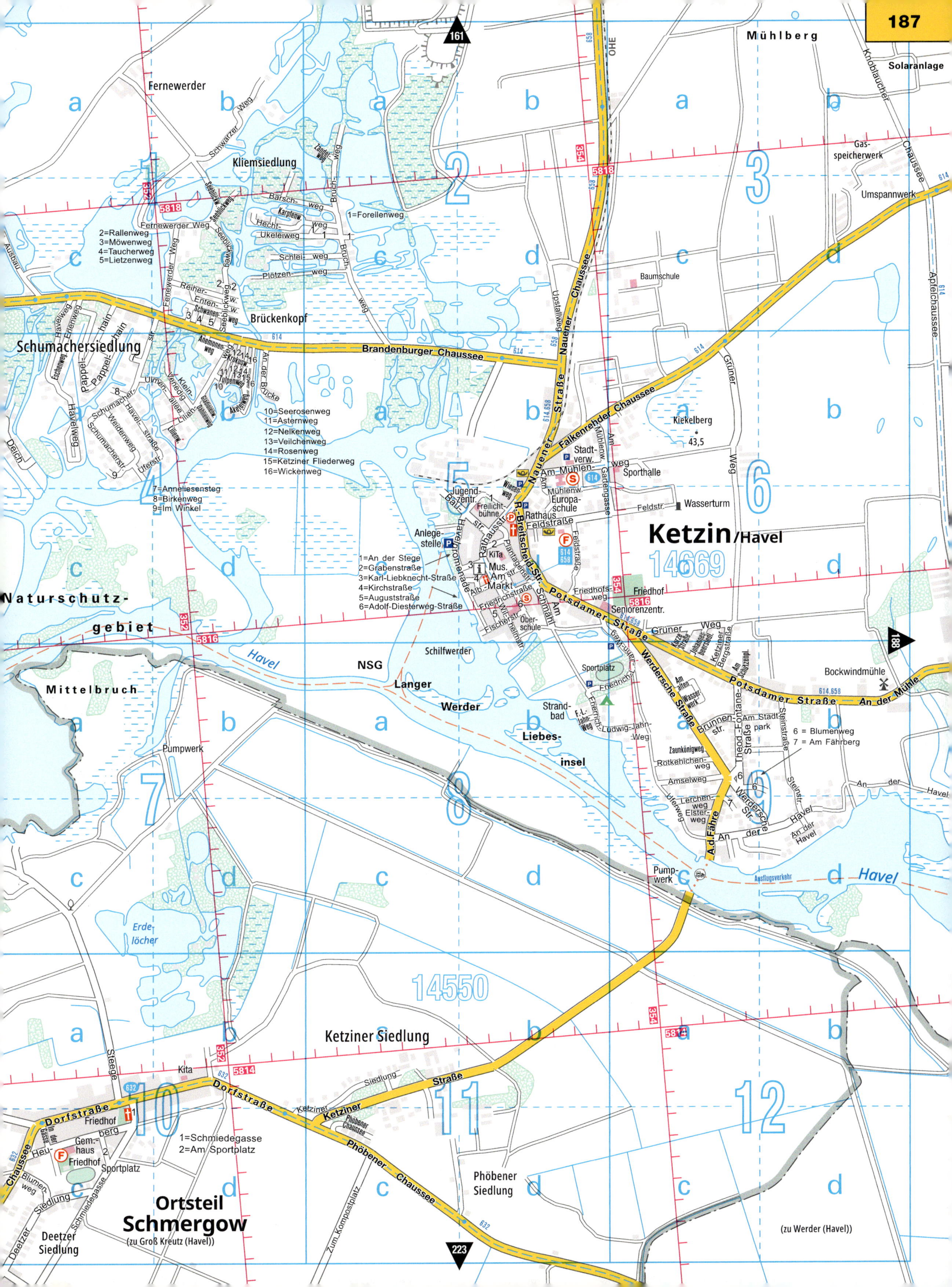

161
188
223

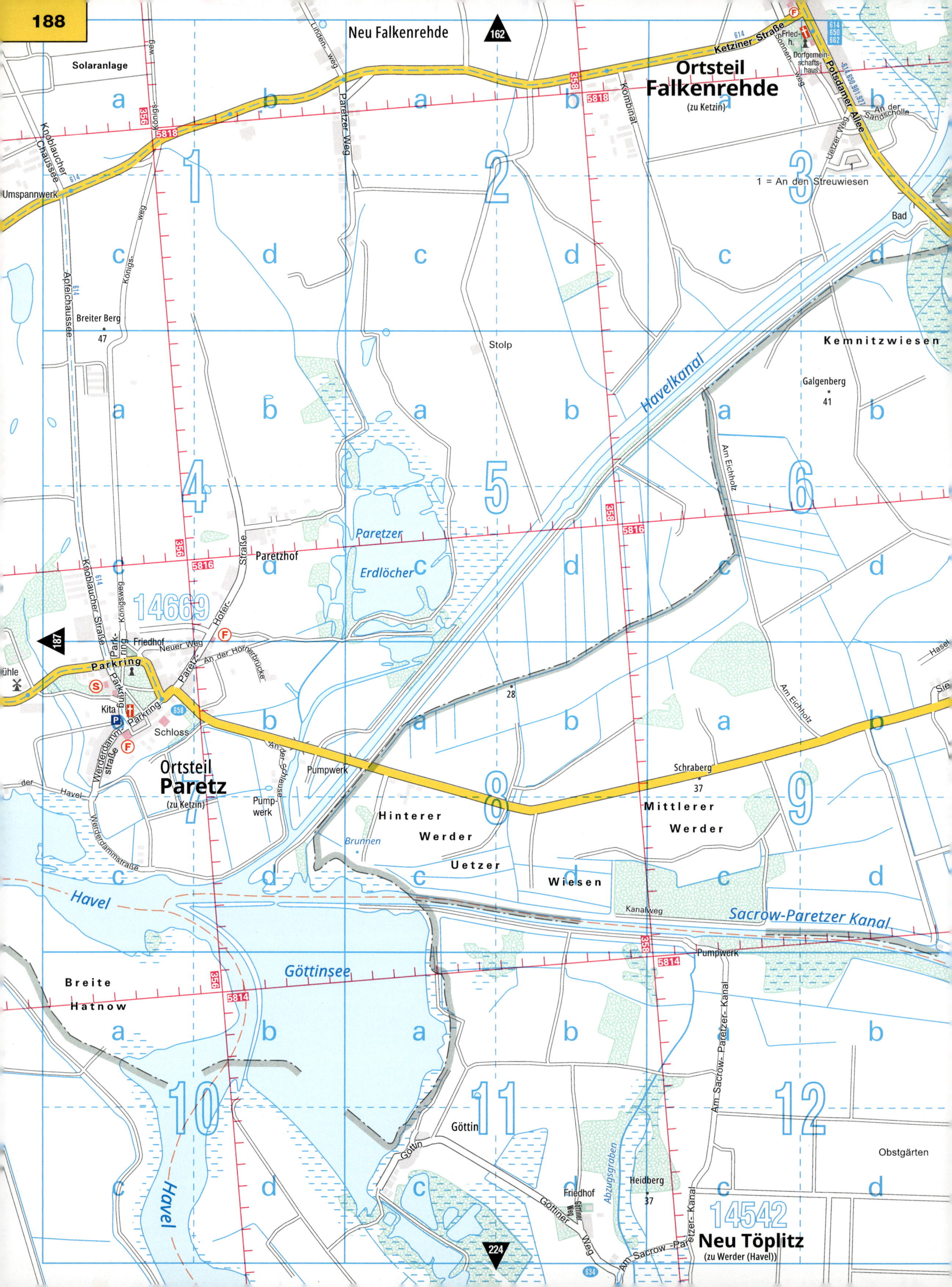
Neu Falkenrehde
162
Solaranlage
Ortsteil
Falkenrehde
(zu Ketzin)
Ketziner Straße
Dorfgemein-
schafts-
haus
Potsdamer Allee
Sonnen-
weg
Kombinat
Linden-
weg
Paretzer Weg
Königs-
weg
Knoblaucher
Chaussee
Umspannwerk
An der
Sandscholle
Uetzer Weg
1 = An den Streuwiesen
Bad
Apfelchaussee
Breiter Berg
47
Stolp
Kemnitzwiesen
Galgenberg
41
Havelkanal
Am Eichholz
Paretzer
Erdlöcher
Paretzhof
Knoblaucher Straße
Königsweg
14669
Höter-
Straße
Friedhof
Neuer Weg
An der Hörnerbrücke
187
Parkring
Park-
ring
Kita
Schloss
Werderdamm-
straße
Ortsteil
Paretz
(zu Ketzin)
Pump-
werk
Pumpwerk
An der Schleuse
28
Schraberg
37
Hasel
Hinterer
Werder
Mittlerer
Werder
Brunnen
Uetzer
Wiesen
der
Havel
Werderdammstraße
Havel
Kanalweg
Sacrow-Paretzer Kanal
Pumpwerk
Göttinsee
Breite
Hatnow
Göttin
Göttin
Göttiner Weg
Friedhof
Abzugsgraben
Heidberg
37
Am Sacrow-Paretzer-Kanal
Obstgärten
14542
Neu Töplitz
(zu Werder (Havel))
224
Havel

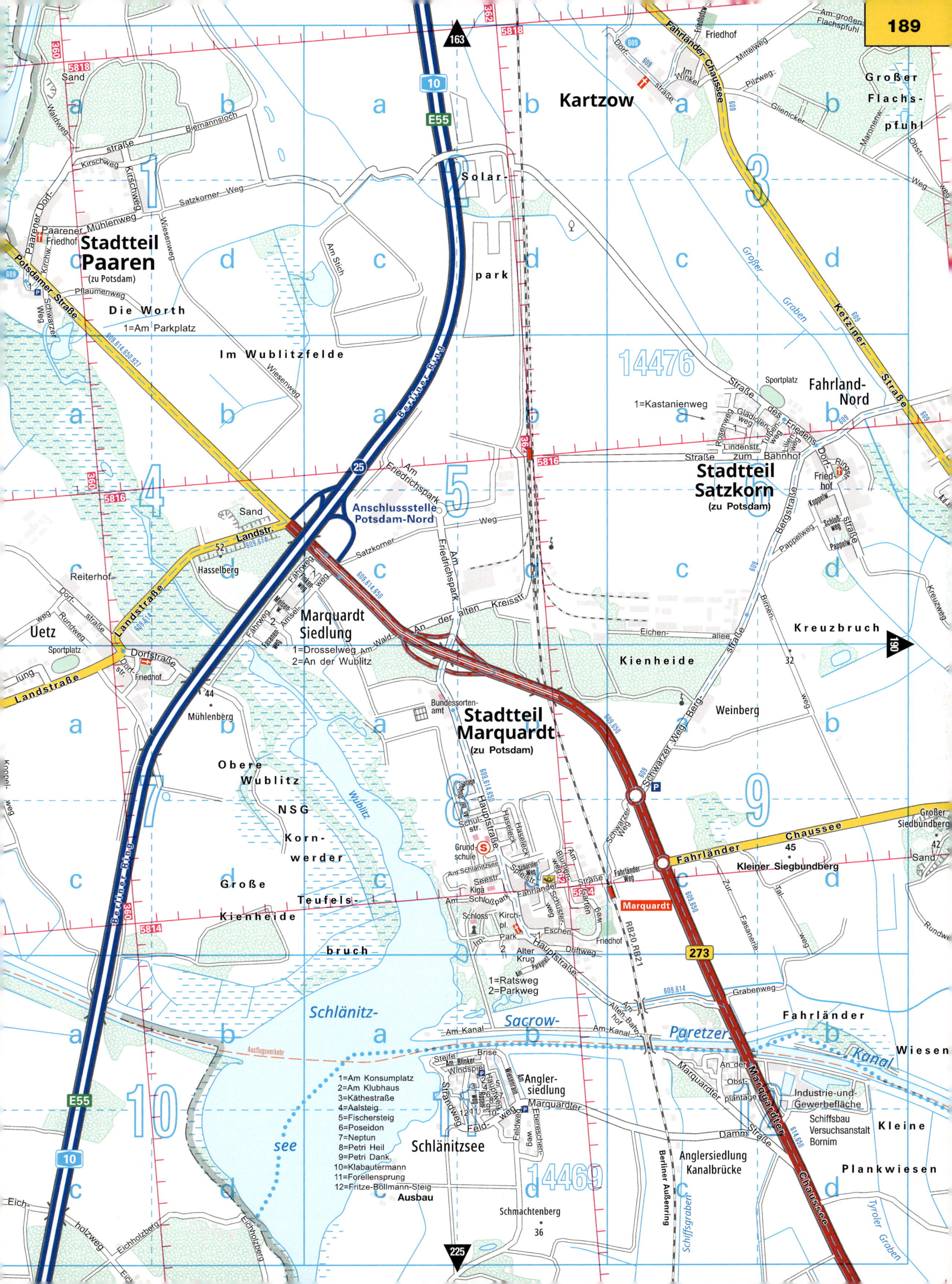
Kartzow
Friedhof
Fahrländer Chaussee
Großer Flachs-pfuhl
Solar-park
Stadtteil Paaren
(zu Potsdam)
Die Worth
1=Am Parkplatz
Im Wublitzfelde
Berliner Ring
Anschlussstelle Potsdam-Nord
14476
Fahrland-Nord
1=Kastanienweg
Stadtteil Satzkorn
(zu Potsdam)
Ketziner Straße
Großer Graben
Kreuzbruch
Kienheide
Weinberg
Marquardt Siedlung
1=Drosselweg
2=An der Wublitz
Uetz
Reiterhof
Hasselberg
Sand
Mühlenberg
Stadtteil Marquardt
(zu Potsdam)
Bundessortenamt
Obere Wublitz
NSG
Kornwerder
Große Teufels-Kienheide
bruch
Wublitz
Marquardt
Kleiner Siegbundberg
Großer Siedbundberg
1=Ratsweg
2=Parkweg
Schlänitz-see
Sacrow-Paretzer Kanal
Fahrländer Wiesen
1=Am Konsumplatz
2=Am Klubhaus
3=Käthestraße
4=Aalsteig
5=Fischersteig
6=Poseidon
7=Neptun
8=Petri Heil
9=Petri Dank
10=Klabautermann
11=Forellensprung
12=Fritze-Bollmann-Steig
Schlänitzsee
Ausbau
Anglersiedlung
Anglersiedlung Kanalbrücke
Industrie-und-Gewerbefläche
Schiffsbau Versuchsanstalt Bornim
Kleine Plankwiesen
14469
Schmachtenberg
Marquardter Chaussee
Berliner Außenring
Schiffsgraben
Tyroler Graben
Ausflugsverkehr

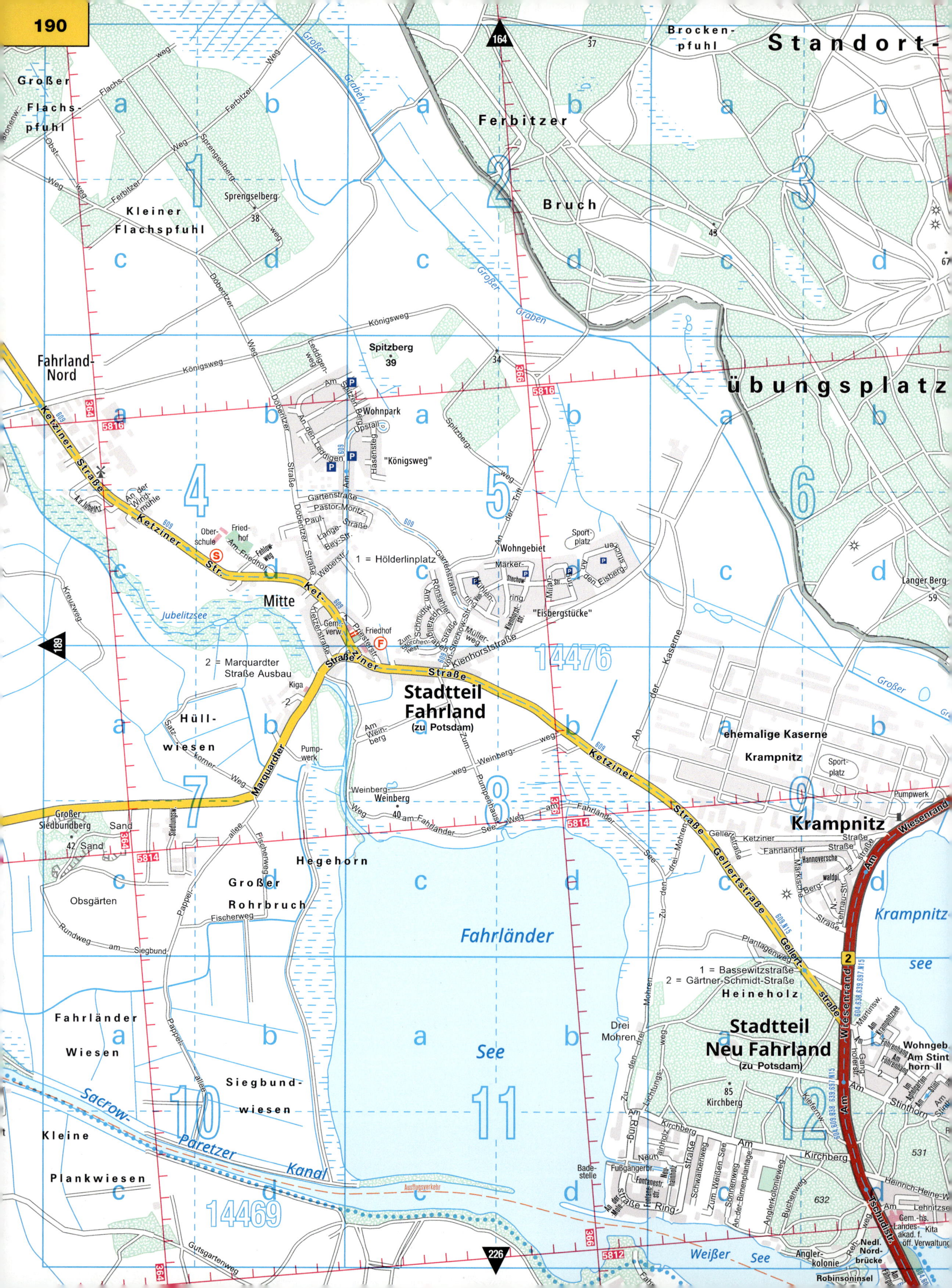
164
Großer Flachs-pfuhl
Kleiner Flachspfuhl
Sprengselberg
38
Ferbitzer Bruch
Brocken-pfuhl
37
Standort-übungsplatz
43
Großer Graben
Fahrland-Nord
Königsweg
Spitzberg 39
Wohnpark "Königsweg"
Ketziner Straße
Oberschule
Friedhof
Mitte
Jubelitzsee
1 = Hölderlinplatz
Wohngebiet "Eisbergstücke"
Sportplatz
2 = Marquardter Straße Ausbau
Kiga
Stadtteil Fahrland (zu Potsdam)
14476
189
Langer Berg 59
ehemalige Kaserne Krampnitz
Krampnitz
Pumpwerk
Hüll-wiesen
Marquardter Allee
Pumpwerk
Weinberg 40
Großer Siedbundberg
Sand 42
Obsgärten
Hegehorn
Großer Rohrbruch
Fischerweg
Rundweg am Siegbund
Fahrländer See
Krampnitzsee
Gellertstraße
Wiesenrand
1 = Bassewitzstraße
2 = Gärtner-Schmidt-Straße
Heineholz
Stadtteil Neu Fahrland (zu Potsdam)
Drei Mohren
Kirchberg 85
Wohngeb. Am Stinthorn II
Fahrländer Wiesen
Siegbund-wiesen
Kleine Plankwiesen
Sacrow-Paretzer Kanal
14469
Badestelle
Fußgängerbr.
Weißer See
Angler-kolonie
Nedl. Nordbrücke
Robinsoninsel
Tschudistr.
Heinrich-Heine-Weg
Gutsgartenweg
226
5816
5814
5812
364
366
609
2

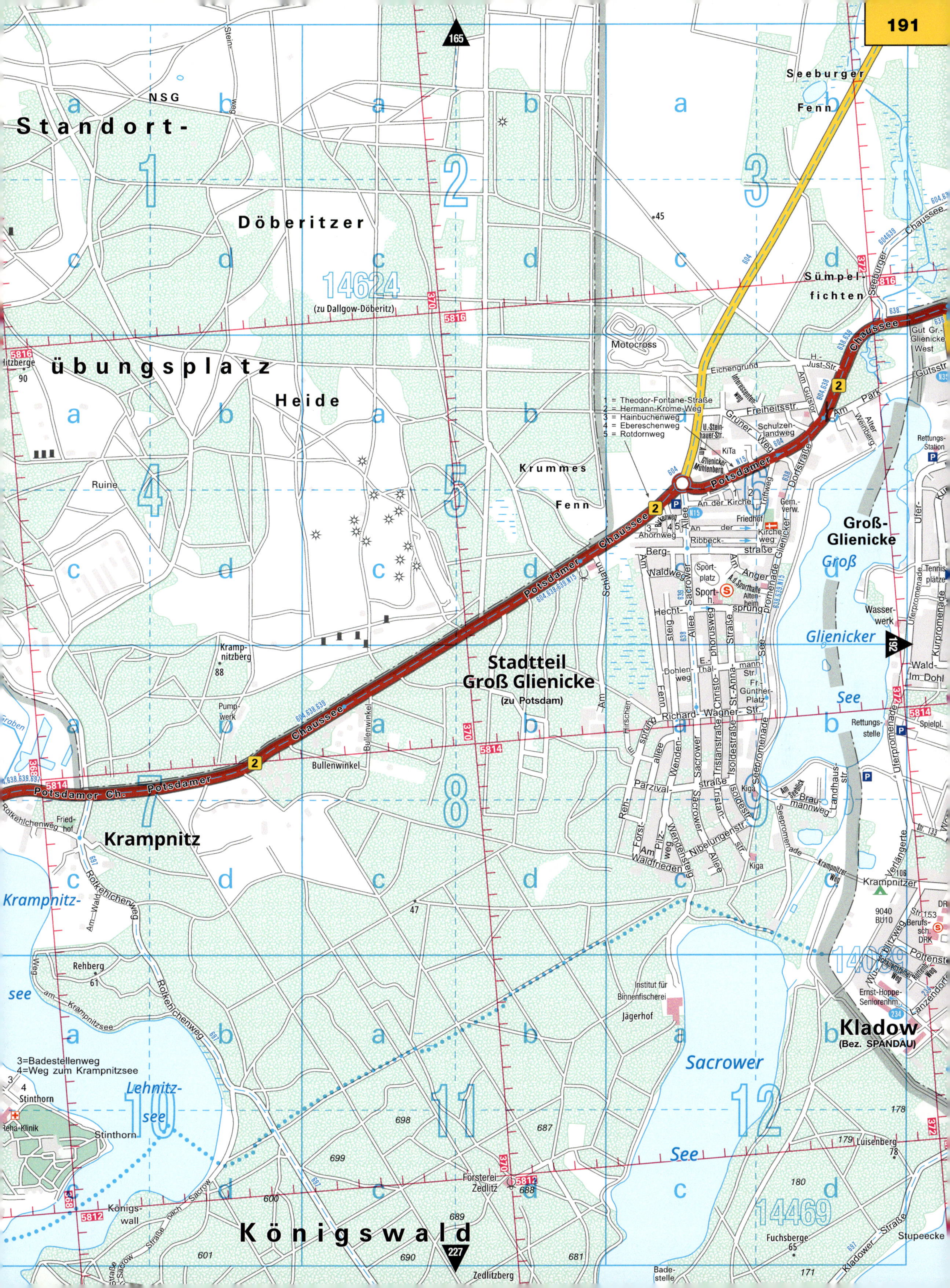

Standort-
übungsplatz
Döberitzer
Heide
NSG
14624
(zu Dallgow-Döberitz)
Motocross
Krummes
Fenn
Seeburger
Fenn
Sümpel-
fichten
Stadtteil
Groß Glienicke
(zu Potsdam)
Groß-
Glienicke
Groß
Glienicker
See
Potsdamer Chaussee
1 = Theodor-Fontane-Straße
2 = Hermann-Krome-Weg
3 = Hainbuchenweg
4 = Ebereschenweg
5 = Rotdornweg
Krampnitz
Krampnitz-
see
Rehberg
Lehnitz-
see
3=Badestellenweg
4=Weg zum Krampnitzsee
Stinthorn
Königs-
wall
Königswald
Försterei
Zedlitz
Zedlitzberg
Institut für
Binnenfischerei
Jägerhof
Sacrower
See
Kladow
(Bez. SPANDAU)
14469
Fuchsberge
Luisenberg
Stupeecke
Bade-
stelle
Kramp-
nitzberg
Ruine
Bullenwinkel
Pump-
werk
Wasser-
werk
Rettungs-
stelle
Rettungs-
Station
Krampnitzer
Ernst-Hoppe-
Seniorenhm.
165
192
227

1=Christoph-Friedrich-Weg
2=Eva-Katharina-Weg
3=Margarethe-Gottliebe-Weg
4=Ida-Wüst-Weg
5=Käthe-Haack-Weg
Papenpfuhlenden
Hüllenpfuhlenden
Richtstücke
Waldsiedlung
Preußenhalle
Siedlung Habichtswald
Landschaftspark Gatow
Gatower Heide
Hohengatow
ehemaliger Flugplatz Gatow
Militär Historisches Museum
Die Achtruthen
Helleberge
Die Bergstücke
Heinungsstücke
Revierförsterei Gatow
1 = Dädaluspfad
2 = Ikaruspfad
3 = Thea-Rasche-Zeile
4 = Käthe-Paulus-Zeile
5 = Amelie-Beese-Zeile
Groß-Glienicke
Landstadt Gatow
Golfplatz
Berliner-Golfclub Gatow-e.V.
General-Steinhoff-Kaserne
Bundeswehrfachschule Berlin
Artaban Schule für Künstlerische Therapie
Kläranlage
Median Klinik Berlin
Gemeinschafts-Krankenhaus Havelhöhe
Klinik für anthroposophische Medizin
Freie Waldorfschule Havelhöhe Eugen Kolisko
Gutspark Neukladow
Alte Schanze
Finnenhaus-siedl.
Kladow (Bez. SPANDAU)
Fuchsberge
Imchen
NSG
Havel
Schwanenwerder
Jugendgästehaus Tempelhof-Schöneberg
Aspen-Institut
Blücher-Kaserne
Hottengrund
Quastenhorn
Jugendbildungsstätte Haus Kreisau
Schwemmhorn
Kälberwerder
Erdzunge
Gr. Tiefehorn Badest.
Kl. Tiefehorn
Kutscherhaus
Meierei
Pfaueninsel
Luisentempel
Stupeecke
(zu Potsdam)
Ritterfelddamm
Kladower Damm
Potsdamer Chaussee
Sakrower Landstr.
14089
14109
14469
191
228

Havel
Gatow
(Bez. SPANDAU)
Kl. Breitehorn
Lindwerder
Kleine Steinlanke
Lieper Bucht
Karlsberg
Grunewaldturm
Havelberg
Große Steinlanke
Großes Fenster
Wasserskigebiet
Rettungsstation
Badestelle
Havelchaussee
NSG
Naturschutzgebiet
Saubucht
Forsthaus Alte Saubucht
Barssee
Pechsee
(Bez. CHARLOTTENBURG-WILMERSDORF)
Forst
Grunewald
Anschlussstelle Hüttenweg
Hüttenweg
Sprengplatz Grunewald
Schießplatz
Polizei-Reiterstaffel
STEGLITZ-ZEHLENDORF
1 = Bürstadter Weg
Krumme Lanke
FKK-Badest.
Alte Fischerhütte
Schlachtensee
Paul-Ernst-Park
Nikolassee
(Bez. STEGLITZ-ZEHLENDORF)
Schlachtensee
Mexikoplatz
AS Spanische Allee
Revierförsterei Nikolassee
Ev. Hospital
Strandbad Wannsee
Avus
Kronprinzessinnenweg
Fischerhüttenweg
Schwarzer Weg
Teltower Weg
Königsweg
Argentinische Allee
Schwanenwerderweg
14193
14163
14129
E51
115
167
194
229

Grunewald
(Bez.CHARLOTTENBURG-WILMERSDORF)
CHARLOTTENBURG-
WILMERSDORF
Schmargendorf
(Bez.CHARLOTTENBURG-WILMERSDORF)
STEGLITZ-
ZEHLENDORF
Dahlem
(Bez.STEGLITZ-ZEHLENDORF)
Freie Universität
Freie Universität (FU)
Hundekehlesee
NSG Hundekehlefenn
Grunewaldsee
NSG
Langes Luch NSG
Jagdschloss Grunewald
Forstamt Grunewald
Riemeisterfenn
Fennsee
Hüttenweg
Koenigsallee
Clayallee
Hagenstraße
Hundekehlestraße
Podbielskiallee
Königin-Luise-Straße
Argentinische Allee
Onkel-Tom-Straße
Unter den Eichen
Berliner Straße
Potsdamer Straße
Thielallee
Pacelliallee
Breite Straße
Messelpark
Thielpark
Finkenpark
Truman-plaza
Oskar-Helene-Heim
Onkel-Toms-Hütte
Dahlem-Dorf
Podbielskiallee
Freie Universität (Thielpl.)
Krumme Lanke
Lichterfelde West
Sundgauer Str.
1=Lohrbergweg
2=Löwenburgweg
3=Wolkenburgweg
1 = Rauweilersteig
14193
14199
14195
14163
14169
14167
E51
115
168
193
230

Friedenau
(Bez. TEMPELHOF-SCHÖNEBERG)
Steglitz
(Bez. ST-ZE)
Lankwitz
(Bez. STEGLITZ-ZEHLENDORF)
Lindenhof
AS Detmolder Str.
AS Wexstr.
AS Innsbr. Pl.
AS Sachsendamm
AS Breitenb. Pl.
AS Schildhorn-str.
AS Saarstr.
AS Filandastr.
AS Wolfensteind./Schloßstr.
AS Mecklenb. Str.
Kreuz Schöneberg
Heidelberger Pl.
Bundespl.
Innsbrucker Pl.
Schöneberg
Südkreuz
Rüdeshmr. Pl.
F.-Wilh.-Pl.
Friedenau
Breitenbachpl.
W.-Schreiber-Pl.
Feuerbachstr.
Schloßstr.
Rath. Stegl.
Raths. Steglitz
Priesterweg
Südende
Attilastr.
Botan. Garten
Lankwitz
Lichterfelde-Ost
Gbf. Marienfelde
Botanischer Garten
1 = Zeunepromenade
2 = Rösherstraße
Friedhof Steglitz Bergstr.
Der Insulaner
Natur-Park Schöneberger Südgelände
Stadtpark Steglitz
Universitätsklinikum Benjamin Franklin der FU Berlin
Teltowkanal
Bundesallee
Rheinstraße
Schloßstr.
Grazer Damm
Steglitzer Damm
Leonorenstr.
Siemensstr.
Dürerstraße
Hindenburgdamm
Ostpreußendamm
Kaiser-Wilhelm-Straße
Paul-Schneider-Straße
Kamenzer Damm
Malteserstr.
Bismarckstraße
Thorwaldsenstr.
Munsterdamm
Birkbuschstraße
Klingsorstr.
Grunewaldstraße
Albrechtstr.
Prellerweg
Arnulfstr.
Vorarlberger Damm
Tempelhofer Weg
Sachsendamm
Hauptstr.
Detmolder Str.
Wexstr.
Südwestkorso
Wiesbadener Str.
Berkowitz-Straße
Kreuznacher Str.
Saarstraße
Feuerbachstr.
Ahornstr.
Zimmermannstr.
Lepsiusstr.
Kniephofstr.
Schildhornstr.
Hindenburgdamm
Finckensteinallee
Drakestr.
Karwendelstr.
Bäkestr.
Ringstr.
Augustastr.
Moltkestr.
169
196
231
100
103
12161
12163
12165
12169
12203
12207
12157
12247
10715

Tempelhofer Feld
Tempelhof
(Bez. T-SCH)
TEMPELHOF-
SCHÖNEBERG
Mariendorf
(Bez. TEMPELHOF-SCHÖNEBERG)
Lankwitz
(Bez. STEGLITZ-ZEHLEN-
DORF)
Britzer Garten
Südkreuz
Tempelhof
Alt-Tempelhof
Kaiserin-Augusta-Str.
Ullsteinstr.
Westphalweg
Alt-Mariendorf
Paradestr.
Attilastr.
Gbf. Marienfelde
Gbf. Teltowkanal
Güterbf.
AS Alboinstr.
AS Tempelhofer Damm
AS Oberlandstr.
AS Gradestr.
Anschlussst. Tempelhofer Damm
Teltowkanal
12049
12099
12101
12103
12105
12107
12109
12247
12249
12277
170
195
232
96
100
101
Columbiadamm
Tempelhofer Damm
Mariendorfer Damm
Ullsteinstraße
Ordensmeisterstr.
Oberlandstr.
Germaniastr.
Attilastraße
Ringstraße
Britzer Straße
Mohriner Allee
Alt-Mariendorf
Reißeckstr.
Gradestraße
Eisenacher Straße
Lankwitzer Straße
Kamenzer Damm
Großbeerenstr.
Blümelteich
Volkspark Mariendorf
Parkfriedhof
Kalenderdamm See
Holzmannplatz Industrie-
1=Neuwedeller Str.
1=Fritz-Bräuning-Promenade
2=Erika-Gräfin v. Brockdorff-Platz
1=Einödshoferw.
1=Rosenstr.
2=Fliederstr.
3=Fichtestr.
4=Blumenstr.

Plänterwald
(Bez.TREPTOW-KÖPENICK)
Baumschulenweg
(Bez.TREPTOW-KÖPENICK)
Rixdorf
Karl-Marx-Str.
Sonnenallee
Köllnische Heide
Neukölln
Hermannstr.
Leinestr.
AS Grenzallee
AS Buschkrugallee
Grenzallee
Dreieck Neukölln
Britzer Damm
Halb-AS Britzer Damm
Siedl. Daheim
Königsheide
Arboretum Inst. d. Humboldt-Universität
Siedl. Späthsfelde
AS Späthstr.
Neue Späthbr.
A.-Nemitz-Brücke
Blaschkoallee
Britz
(Bez.NEUKÖLLN)
Hufeisensiedlung
Gutspark Britz
Schloss Britz
Parchimer Allee
Gbf. Britz
AS Johannisthaler Chaus.
Rudow
(Bez.NEUKÖLLN)
Buckow
Britz-Süd
Vivantes Klinikum Neukölln
Siedlung
Neuland
Johannisthaler Chaussee
Gropiusstadt
(Bez.NEUKÖLLN)
Parkfriedhof Neukölln
Buckower Damm
Britzer Mühle
Teltowkanal
Britzer Zweigkanal
12057
12347
12359
12351
12349
12353
12357
12437
12051
12053
12059
12055
113
100
96a
171
198
233
2024
1=Sperlingsgasse
2=Finkensteg
3=Schwalbennest
4=Birkenallee
5=Kirschenweg
6=Resedaweg
7=Lindenweg
8=Kuckucksweg
1=Krokus
2=Geranie
3=Hortensie
4=Stiefmütterchen
5=Vergißmeinnicht
1=Esperanto-Platz
2=Siegfried-Aufhäuser-Platz
1=Chris-Gueffroy-Allee
1=M.-Luther-King-Weg

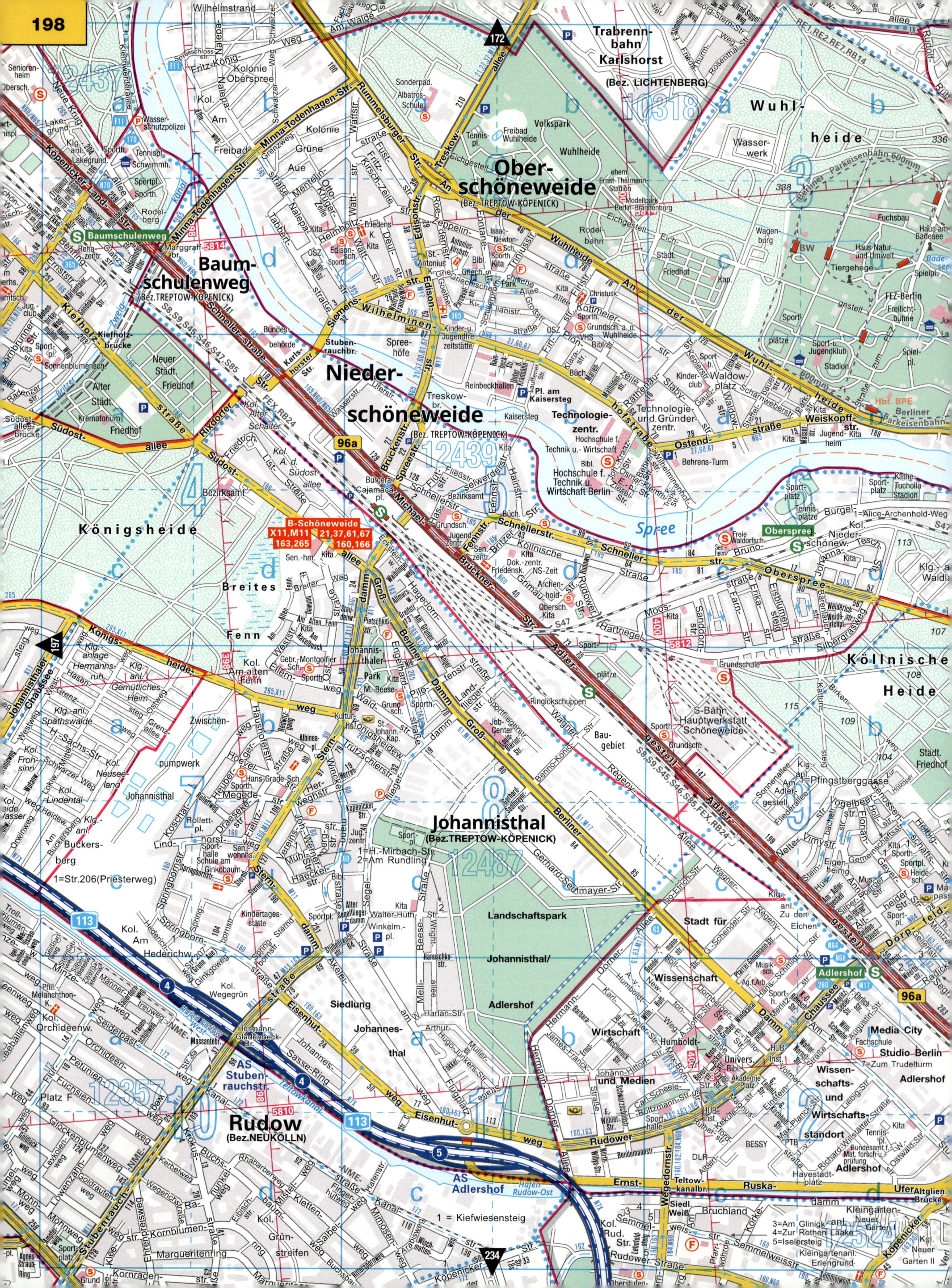

Ober-schöneweide
(Bez. TREPTOW-KÖPENICK)
Baum-schulenweg
(Bez. TREPTOW-KÖPENICK)
Nieder-schöneweide
(Bez. TREPTOW-KÖPENICK)
Johannisthal
(Bez.TREPTOW-KÖPENICK)
Rudow
(Bez.NEUKÖLLN)
Trabrenn-bahn Karlshorst
(Bez. LICHTENBERG)
Wuhl-heide
Königsheide
Köllnische Heide
Spree
Landschaftspark Johannisthal/ Adlershof
Stadt für Wissenschaft Wirtschaft und Medien
Wissen-schafts- und Wirtschafts-standort Adlershof
Media City
Studio Berlin Adlershof
Siedlung Johannes-thal
Baumschulenweg
B-Schöneweide
Oberspree
Adlershof
S-Bahn Hauptwerkstatt Schöneweide
Hochschule f. Technik u. Wirtschaft Berlin
Technologie-zentr.
FEZ-Berlin
1=Str.206(Priesterweg)
1=H.-Mirbach-Str. 2=Am Rundling
1 = Kiefwiesensteig
3=Am Glinigk 4=Zur Rothen Laake 5=Iselersteig
7=Zum Trudelturm
AS Stubenrauchstr.
AS Adlershof
172
197
234
96a
113

173
Uhlen-
horst
Damm-
feld
Mittel-
heide
Wolfs-
garten
Elsengrund
Innovations-
park
Wuhlheide
Gewerbezentrum M. v. Ardenne
Parkeisenbahn
Köpenick
(Bez. TREPTOW-KÖPENICK)
Hirschgarten
Damm-
Vorstadt
Stadion Alte Försterei
Hirsch-
garten
LSG
Erpetal
Friedrichs-
hagen
(Bez. TREPTOW-KÖPENICK)
Spree
Bellevue-
park
Spindlers-
feld
Spindlersfeld
Altstadt
Kietzer
Vorstadt
Salvador-
Allende-
Viertel I
Allende-
Viertel II
Köllnische
Heide
Kölln.
Vorstadt
Müggel-
spree
Krusenick
Flussbad Gartenstr.
Müllerecke
Badest.
Kämmerei-
heide
Siedlung
200
Berliner
Stadt-
forst
Kietzer
Feld
Adlershof
(Bez. TREPTOW-KÖPENICK)
TREPTOW-
KÖPENICK
Marien-
hain
Stadtrand-
siedlung
Neue Wiesen
LSG
Teltowkanal
Dahme
Grünau
(Bez. TREPTOW-KÖPENICK)
Wendenschloss
235
96a
12555
12587
12459
12557
12559
12489
12527

Krummen-
dammer
Heide
Friedrichs-
hagen
(Bez.TREPTOW-
KÖPENICK)
Friedrichshagen
Fürstenwalder Damm
Schöneicher Landstraße
Dahlwitzer Landstraße
Müggelseedamm
Bölschestraße
Müggelspree
Großer
Müggelsee
Kämmerei-
heide
Berliner
Stadt-
Forst
LSG
Neue Wiesen
Köpenicker
heide
Bürger-
Müggelheimer Damm
Rübezahl
Rühlstein
Der Thyrn
Teufelssee
Kanonen-
berge
Seebad
Friedrichshagen
DLRG Rettungsstation
Museum f. Wasserwirtschaft
Jugenddorf
Müggelsee
FKK-Strandbad
12587
12559
174
199
236

Schöneiche
bei Berlin
Grätzwalde
(zu Schöneiche bei Berlin)
Fuchsberge
Fichtenau
Berliner
Stadtforst
Schönblick
(zu Woltersdorf)
Rahnsdorf
Rahnsdorfer
Mühle
Wilhelmshagen
Hessenwinkel
Rahnsdorf
(Bez. TREPTOW-KÖPENICK)
Neu-
Venedig
Die Bänke
Kl. Müggelsee
Müggelheim
(Bez. TREPTOW-KÖPENICK)
LSG
Müggelheimer
Wiesen
Berliner
Stadtforst
Dämeritz-
see
Fürstenwalder Damm
Fürstenwalder Allee
Alter Fischerweg
Müggelspree
Die Apfelbaumstücken
Krumme Lake
Siedlung Schönhorst
1 = Butterblumenweg
12 = Zu den Eichen
4 = Winkelsteg
175
202
237

Woltersdorf
Erkner
Seebad Rüdersdorf
Schönblick
Fuchsberge
Stolp
176
201
238
Kalk-
see
Bauer-
see
Flaken-
see
Dämeritz-
see
Wupatzsee
Heide-
reuter-
see
Eichberg
Springeberg
Kranichs-
berge
Aussichtsturm
Beckers Höhe
Rüdersdorfer
Schwarzer Stubben
Neu Buchhorst
Neusee-
land
Spree-
eck
Fangschleuse
Anschlussstelle Erkner
Berliner Ring
Sowjetisches Denkmal
Autobahnmeisterei
Industrie-
gebiet
Gewerbe-
gebiet
zum
Wasser-
werk
Bahnhof-
siedlung
Fürstenwalder Allee
Berliner Str.
Fangschleusenstraße
Neue Erkner
Rüdersdorfer Straße
Woltersdorfer Landstr.
Ethel-und-Julius-Rosenberg-Str.
Schleusenstraße
Friedrichstraße
Löcknitz
Kröniche
Oberförsterei Erkner
Denkmal f. d. Opfer d. 8. März 1944
Woltersdorfer Schleuse
Liebesquelle
(Bez. TREPTOW-KÖPENICK)
12589
15569
15537
(zu Schöneicke)
4 = Rebhuhnweg
5 = Feldmausweg
6 = Dachsweg
7 = Wieselweg
8 = Igelweg
9 = Sanddornweg
10 = Rapsweg
11 = Wacholderweg
3 = Eichbergstr.
6 = Spreewälder Straße
7 = Müggelweg
13 = Hans-Knoch-Straße
14 = Zoozmannsteig
15 = Hannemannsteig
1 = Sperlingsgasse
2 = Carl-Bechstein-Weg
3 = Falkstraße
4 = Winkelsteg
E55
10
6
5812
5810
5808

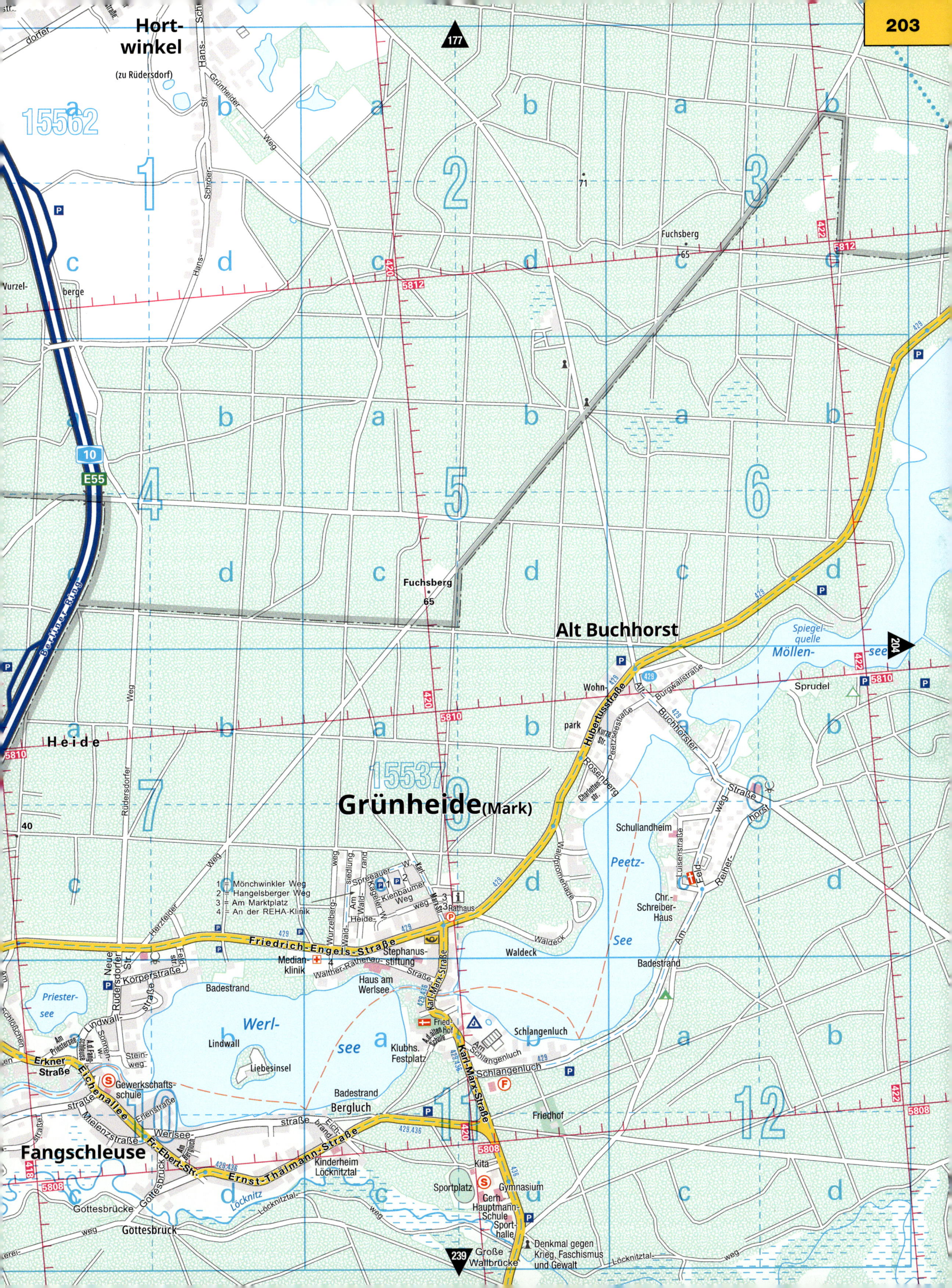
Hort-
winkel
(zu Rüdersdorf)
15562
Fuchsberg
Alt Buchhorst
Möllen-
see
Spiegelquelle
Sprudel
Heide
15537
Grünheide(Mark)
Schullandheim
Peetz-
See
Chr.
Schreiber-
Haus
Badestrand
Waldeck
Friedrich-Engels-Straße
Stephanus-
stiftung
Median-
klinik
Haus am
Werlsee
Werl-
see
Priester-
see
Lindwall
Liebesinsel
Klubhs.
Festplatz
Bergluch
Schlangenluch
Karl-Marx-Straße
Friedhof
Fangschleuse
Ernst-Thälmann-Straße
Kinderheim
Löcknitztal
Gewerkschafts-
schule
Kita
Sportplatz
Gymnasium
Gerh.-
Hauptmann-
Schule
Sport-
halle
Große
Wallbrücke
Denkmal gegen
Krieg, Faschismus
und Gewalt
Gottesbrück
Löcknitz
Rathaus
1 = Mönchwinkler Weg
2 = Hangelsberger Weg
3 = Am Marktplatz
4 = An der REHA-Klinik
Hubertusstraße
Berliner Ring
Vurzel-
berge
Rüdersdorfer
Weg
Erkner
Straße
Eichenallee
Fr.-Ebert-Str.
Wohn-
park
Rosenberg
Buchhorster
Straße
177
204
239

Möllensee
Finkenstein
Ortsteil Kagel
(zu Grünheide (Mark))
(zu Rüdersdorf)
15378
15562
15537
Siedlung Erlengrund
Zinndorfer
Heideland
Kaberluch
Möllen-see
Elsen-see
Baberow-see
Kies-see
Locknitztal
Locknitz
Gr. Rabenwall
Klein Wall
Schullandheim
Sportpl.
Bildungsstätte
Badestelle Bootsverleih
Erkner Straße
Gerhart-Hauptmann-Straße
Möllenstraße
Weg zur Erholung
1 = Am Rosenberg
2 = Am Rosengarten
178
203
240

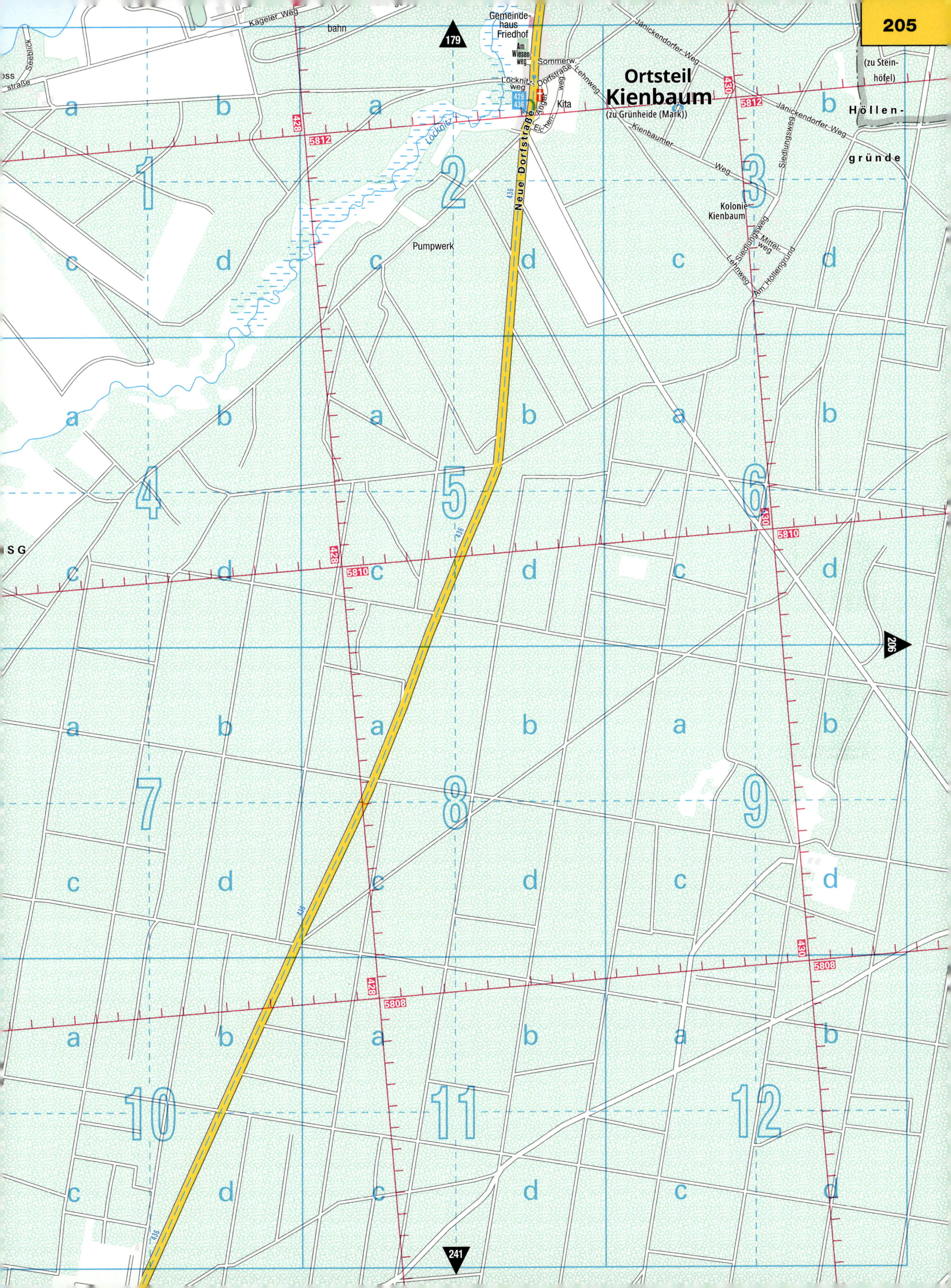
Ortsteil
Kienbaum
(zu Grünheide (Mark))
Gemeinde-
haus
Friedhof
Kageler Weg
Seeblick
Löcknitz-
weg
Neue Dorfstraße
Dorfstraße
Lehnweg
Sommerw.
Kita
Pumpwerk
Jänickendorfer Weg
Kienbaumer
Weg
Kolonie
Kienbaum
Siedlungsweg
Mittel-
weg
Am Höllengrund
Höllen-
gründe
(zu Stein-
höfel)
179
206
241

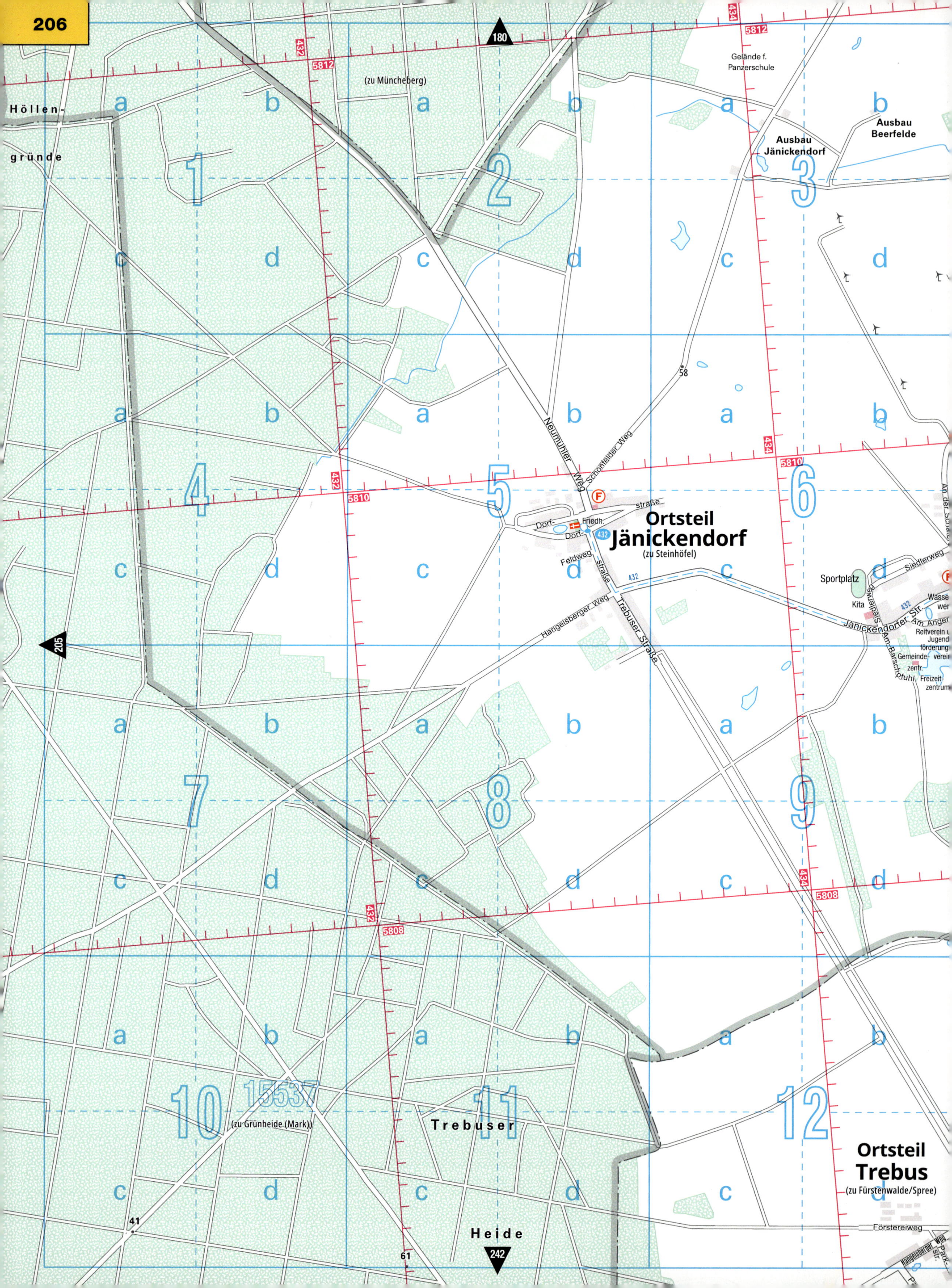
180
(zu Müncheberg)
Gelände f. Panzerschule
Höllen-
gründe
Ausbau Jänickendorf
Ausbau Beerfelde
Neumühler Weg
Schönfelder Weg
Dorf-
Friedh.
Dorf-
straße
Feldweg
Ortsteil Jänickendorf
(zu Steinhöfel)
Hangelsberger Weg
Trebuser Straße
Jänickendorfer Str.
Sportplatz
Kita
Siedlerweg
Am Anger
Reitverein
Gemeinde-zentr.
Freizeit-zentrum
Am Baschpfuhl
205
15537
(zu Grünheide (Mark))
Trebuser
Heide
242
Ortsteil Trebus
(zu Fürstenwalde/Spree)
Förstereiweg
Hangelsberger Weg
Park-Str.
5812
5810
5808
432
434
58
41
61

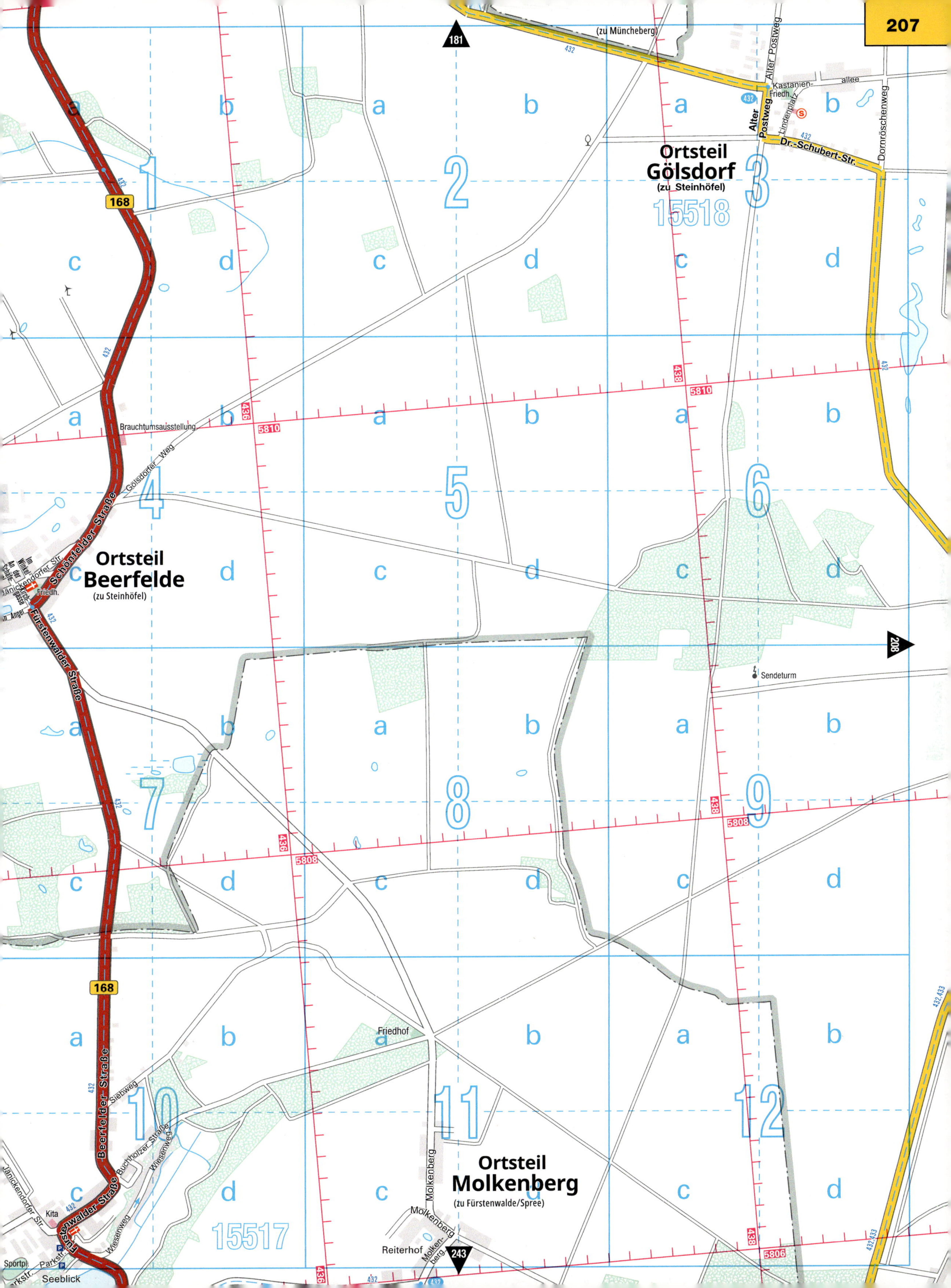

Ortsteil
Gölsdorf
(zu Steinhöfel)
15518
Ortsteil
Beerfelde
(zu Steinhöfel)
Ortsteil
Molkenberg
(zu Fürstenwalde/Spree)
15517
(zu Müncheberg)
Alter Postweg
Kastanien-
allee
Friedh.
Lindenplatz
Dr.-Schubert-Str.
Dornröschenweg
Brauchtumsausstellung
Gölsdorfer Weg
Schönfelder Straße
Jänickendorfer Str.
Fürstenwalder Straße
Friedh.
Sendeturm
Friedhof
Beerfelder Straße
Siebweg
Buchholzer Straße
Wiesenweg
Molkenberg
Reiterhof
Kita
Parkstr.
Sportpl.
Seeblick
168
181
208
243
5810
5808
5806
436
438

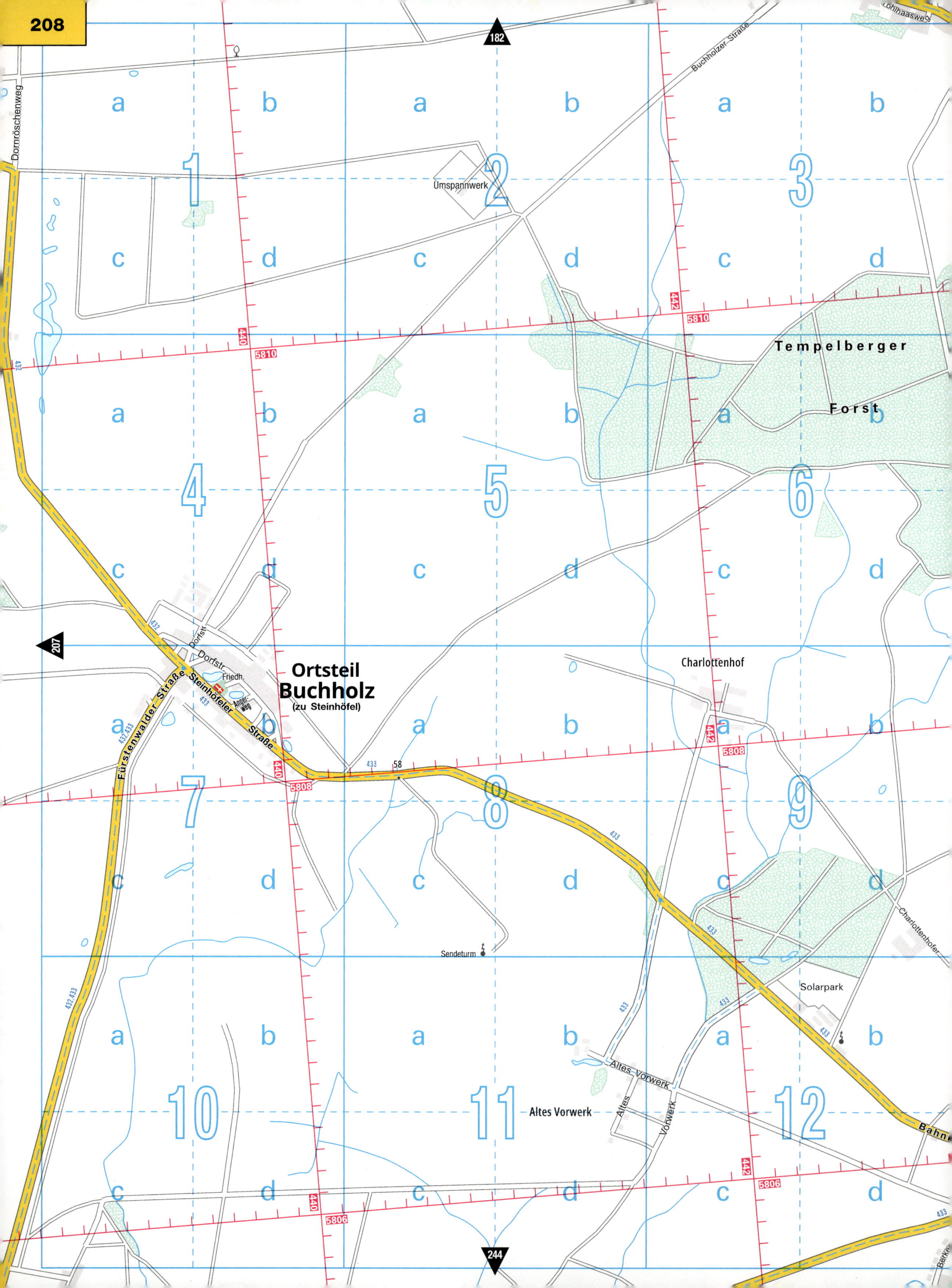
182
207
244
Ortsteil
Buchholz
(zu Steinhöfel)
Tempelberger
Forst
Charlottenhof
Umspannwerk
Solarpark
Sendeturm
Altes Vorwerk
Buchholzer Straße
Dornröschenweg
Fürstenwalder Straße
Steinhöfeler Straße
Dorfstr.
Friedh.
Anger-weg
Altes Vorwerk
Charlottenhofer
Bahn
433
432
5810
5808
5806
440
442
58

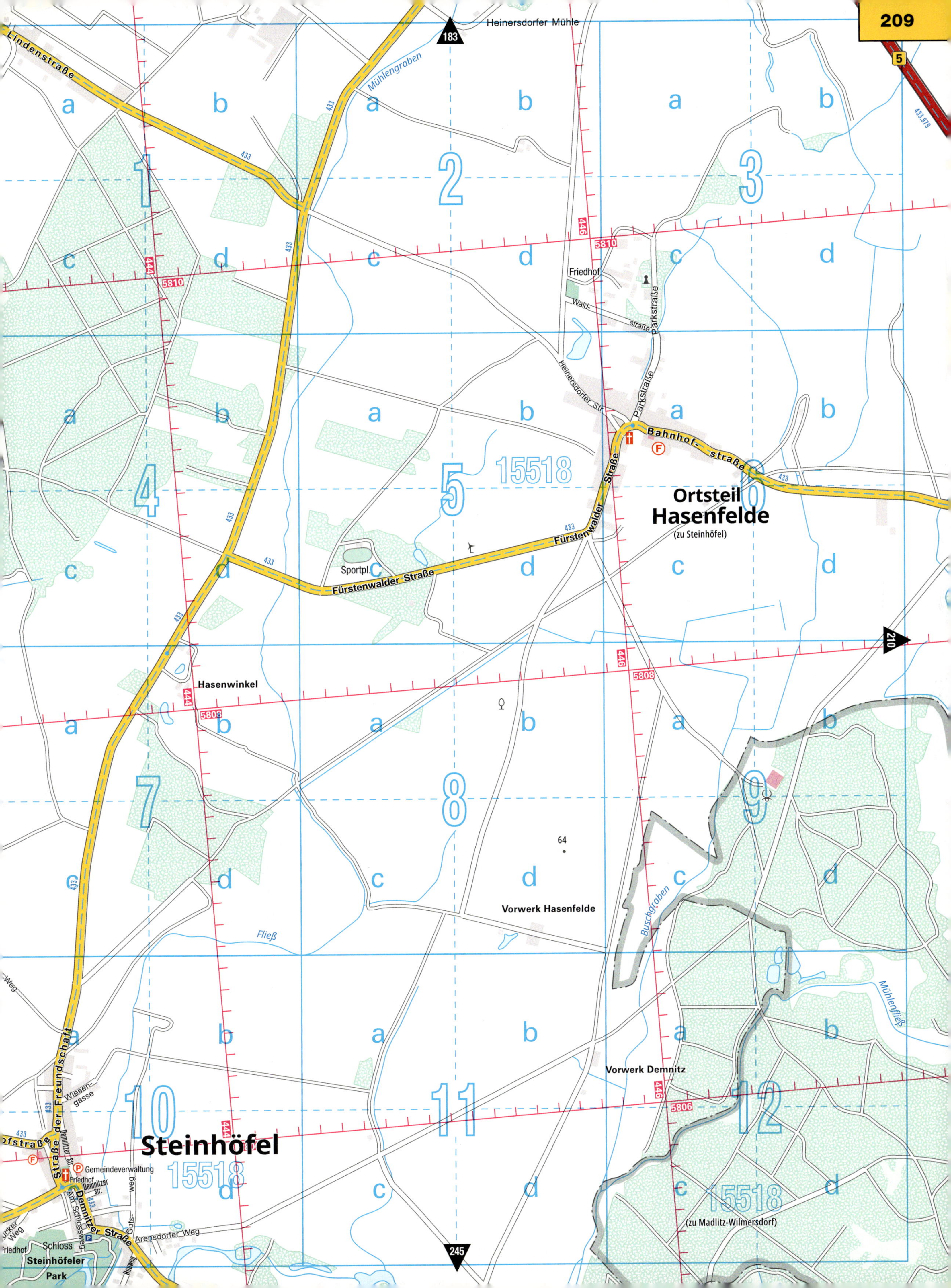
Heinersdorfer Mühle
183
Lindenstraße
Mühlengraben
Friedhof
Wald-
straße
Parkstraße
Heinersdorfer Str.
Bahnhof-
straße
Fürstenwalder Straße
Ortsteil
Hasenfelde
(zu Steinhöfel)
15518
Sportpl.
Fürstenwalder Straße
210
Hasenwinkel
64
Vorwerk Hasenfelde
Buschgraben
Fließ
Mühlenfließ
Vorwerk Demnitz
Steinhöfel
Straße der Freundschaft
Wiesen-
gasse
Gemeindeverwaltung
Friedhof
Demnitzer Str.
Am Schlossweg
Demnitzer Straße
Arensdorfer Weg
Schloss
Steinhöfeler
Park
(zu Madlitz-Wilmersdorf)
245

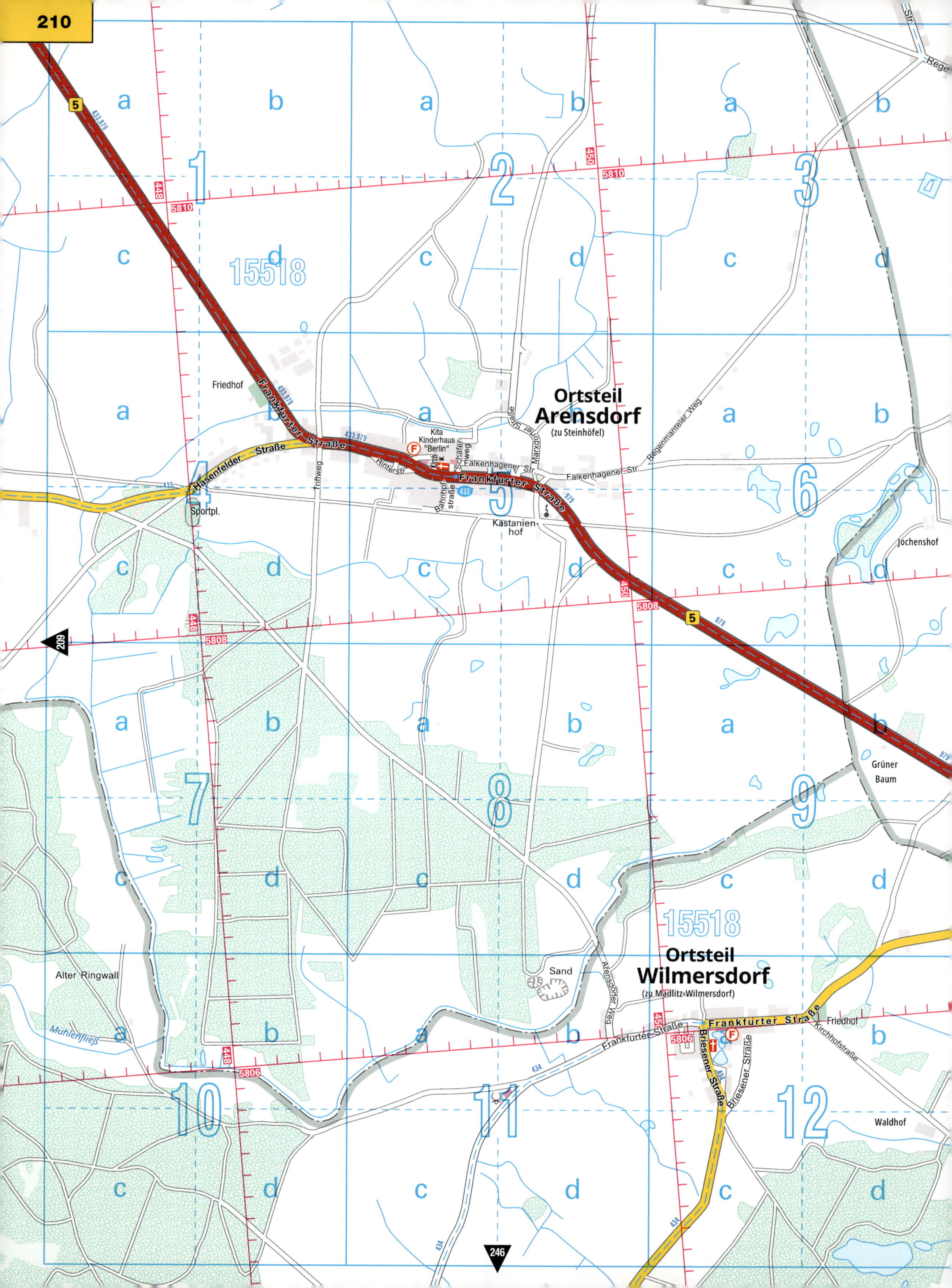

15518
Friedhof
Frankfurter Straße
Hasenfelder Straße
Sportpl.
Triftweg
Hinterstr.
Kita Kinderhaus "Berlin"
Bahnhofstraße
Schäferweg
Falkenhagener Str.
Marxdorfer Straße
Ortsteil Arensdorf
(zu Steinhöfel)
Regenmanteler Weg
Kastanienhof
Jochenshof
Grüner Baum
Alter Ringwall
Mühlenfließ
Sand
Arensdorfer Weg
Ortsteil Wilmersdorf
(zu Madlitz-Wilmersdorf)
Friedhof
Kirchhofstraße
Briesener Straße
Waldhof
209
246

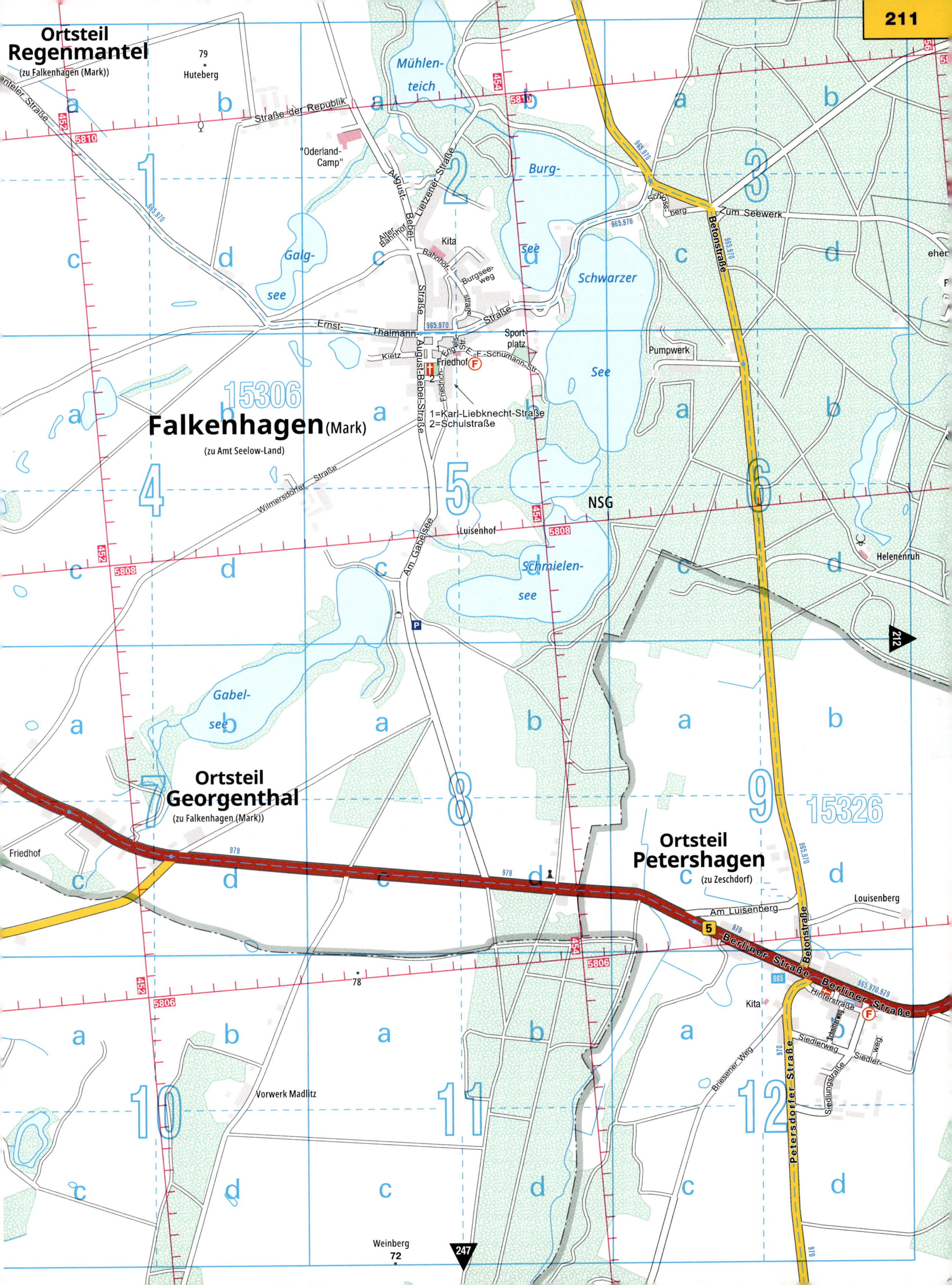
Ortsteil Regenmantel
(zu Falkenhagen (Mark))
Huteberg
Straße der Republik
"Oderland-Camp"
Mühlenteich
Burgsee
Galgsee
Schwarzer See
Kita
Sportplatz
Friedhof
1=Karl-Liebknecht-Straße
2=Schulstraße
15306
Falkenhagen (Mark)
(zu Amt Seelow-Land)
Wilmersdorfer Straße
Ernst-Thälmann-Straße
August-Bebel-Straße
Lietzener Straße
Burgseeweg
Kietz
Am Gabelsee
Luisenhof
NSG
Schmielensee
Pumpwerk
Zum Seewerk
Schlossberg
Betonstraße
Helenenruh
Gabelsee
Ortsteil Georgenthal
(zu Falkenhagen (Mark))
Friedhof
15326
Ortsteil Petershagen
(zu Zeschdorf)
Am Luisenberg
Louisenberg
Berliner Straße
Hinterstraße
Siedlerweg
Siedlungsstraße
Briesener Weg
Petersdorfer Straße
Vorwerk Madlitz
Weinberg
212
247

Falkenhagener
Heide
ehemaliger Bunker
Falkenhagen
Helenenruh
Hohenjesarsche
Heide
Zeschdorf
(zu Amt Lebus)
15326
NSG
(zu Falkenhagen (Mark))
15306
Friedhof
Kleiner
Trepliner
See
Bad
Am See
Louisenberg
Mühlenweg
Lindenstraße
Schleepweg
15236
Treplin
(zu Amt Lebus)
Hinterstraße
Friedh.
Kita
Gemeindeverw.
Berliner Straße
15326
(zu Zeschdorf)
Seeberg
86
Großer
Trepliner
See
Frankfurter Straße
Naglers Berg
Petershagener Str.
Siedlerweg
211
248

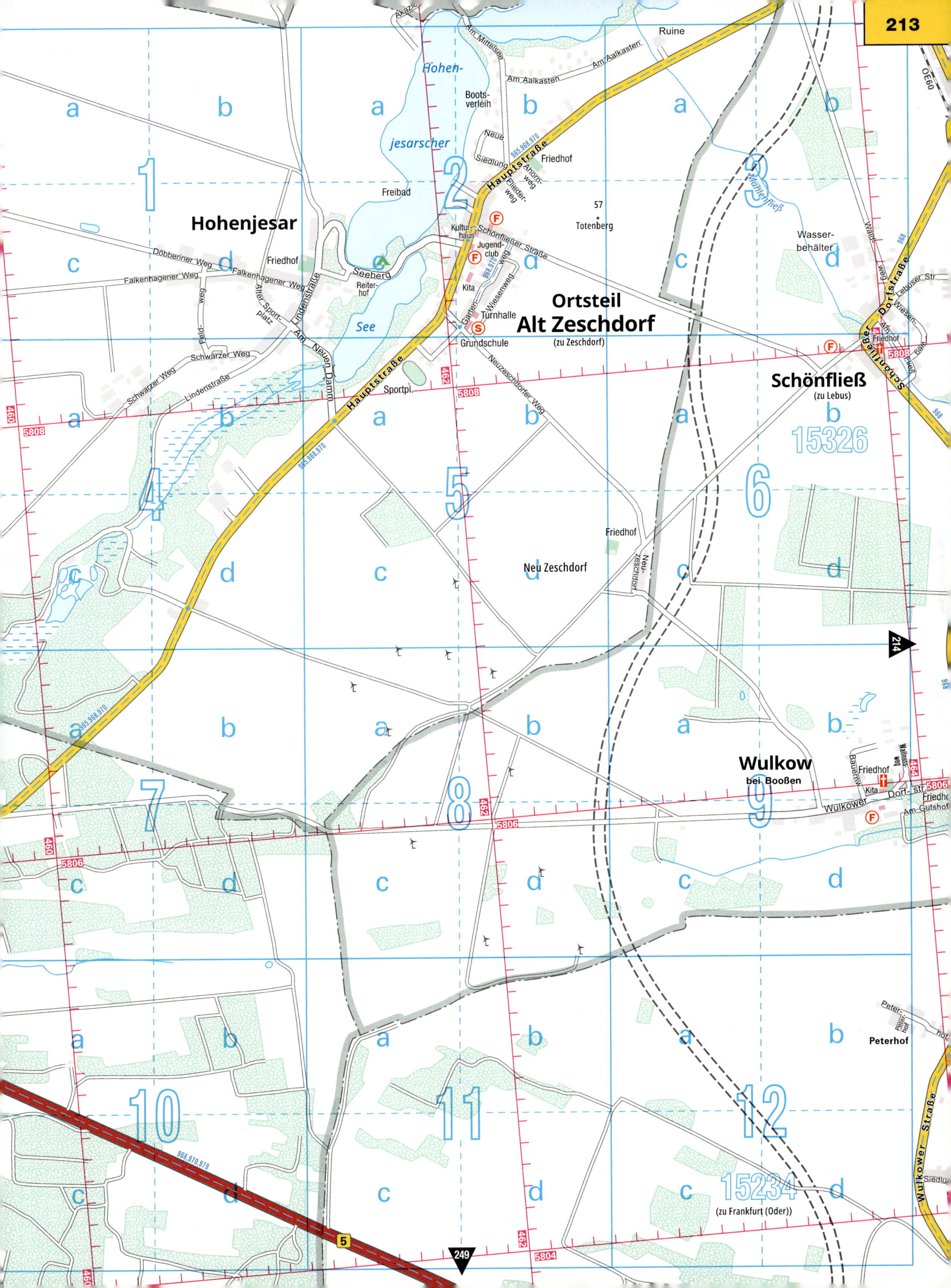
Hohenjesar
Ortsteil
Alt Zeschdorf
(zu Zeschdorf)
Schönfließ
(zu Lebus)
Wulkow
bei Booßen
Neu Zeschdorf
Peterhof
Hohen-
jesarscher
See
Hauptstraße
Schönfließer Straße
Neuzeschdorfer Weg
Am Neuen Damm
Lindenstraße
Falkenhagener Weg
Döbberiner Weg
Schwarzer Weg
Am Aalkasten
Am Mittelsee
Wulkower Straße
Dorfstraße
Friedhof
Freibad
Boots-
verleih
Grundschule
Turnhalle
Kita
Sportpl.
Totenberg
Wasser-
behälter
Ruine
Mühlenfließ
15326
15234
(zu Frankfurt (Oder))
214
249
5808
5806
5804

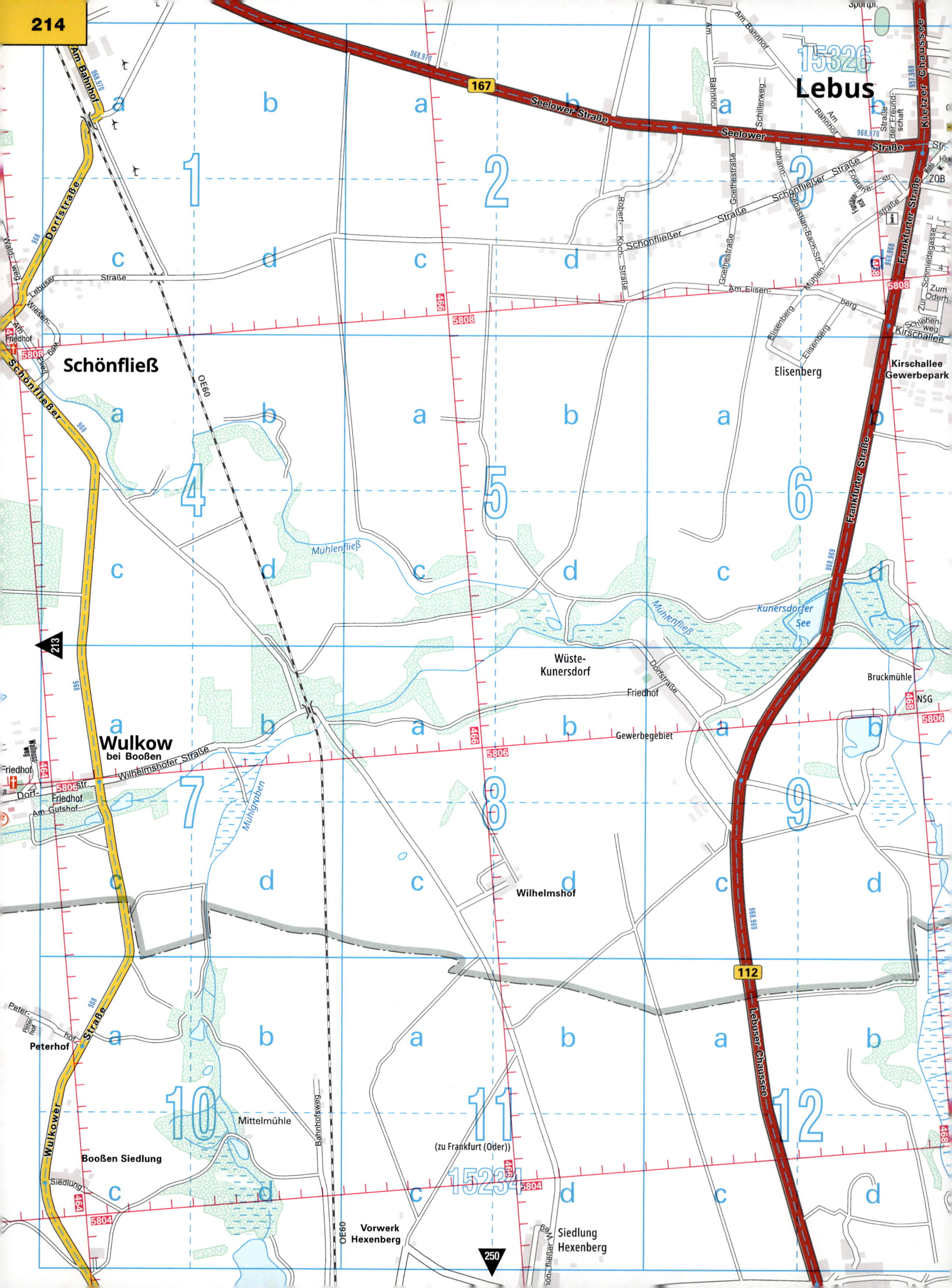
15326
Lebus
Seelower Straße
Seelower Straße
167
Kietzer Chaussee
Frankfurter Straße
Schönfließer Straße
Robert-Koch-Straße
Goethestraße
Johann-Sebastian-Bach-Str.
Am Elisenberg
Elisenberg
Kirschallee
Kirschallee Gewerbepark
ZOB
Schönfließ
Dorfstraße
Lebuser Straße
Schönfließer
Mühlenfließ
Kunersdorfer See
Wüste-Kunersdorf
Dorfstraße
Friedhof
Gewerbegebiet
Bruckmühle
NSG
Wulkow
bei Booßen
Wilhelmshofer Straße
Friedhof
Am Gutshof
Mühlgraben
Wilhelmshof
112
Lebuser Chaussee
Peterhof
Wulkower Straße
Mittelmühle
Booßen Siedlung
Bahnhofsweg
(zu Frankfurt (Oder))
15234
Vorwerk Hexenberg
Siedlung Hexenberg
OE60
213
250
1
2
3
4
5
6
7
8
9
10
11
12

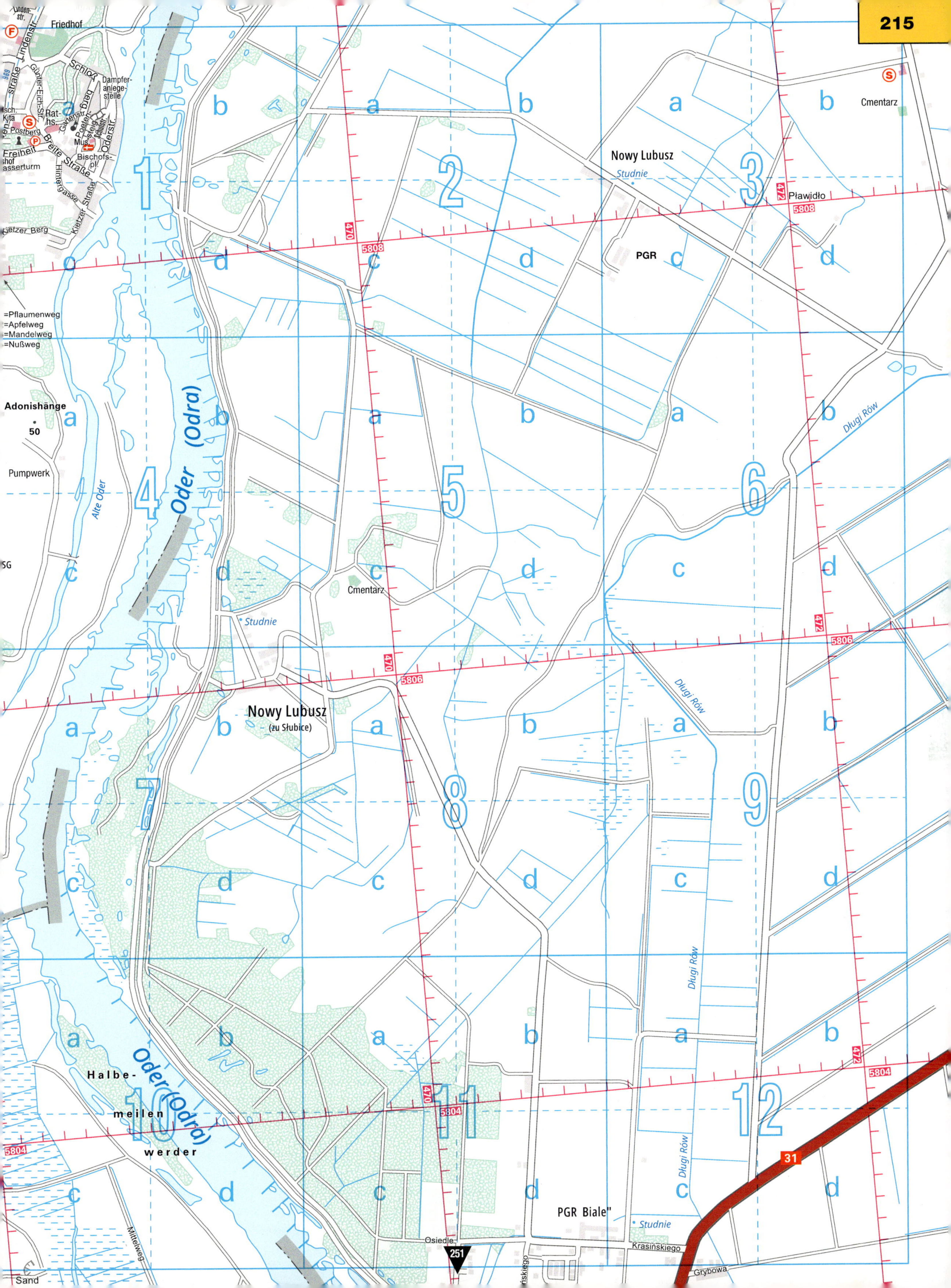

Friedhof
Schloß
Dampfer-anlege-stelle
Rat-hs.
Postberg
Freiheit
Breite Straße
Bischofs-pl.
Hintergasse
Kietzer Straße
Kietzer Berg
=Pflaumenweg
=Apfelweg
=Mandelweg
=Nußweg
Adonishänge
50
Pumpwerk
Alte Oder
Oder (Odra)
Nowy Lubusz
Studnie
Pławidło
PGR
Cmentarz
Długi Rów
Nowy Lubusz
(zu Słubice)
Halbe-
meilen
werder
Oder (Odra)
Mittelweg
Sand
Osiedle
PGR Biale"
Studnie
Krasińskiego
Grybowa
470
472
5808
5806
5804
31
251

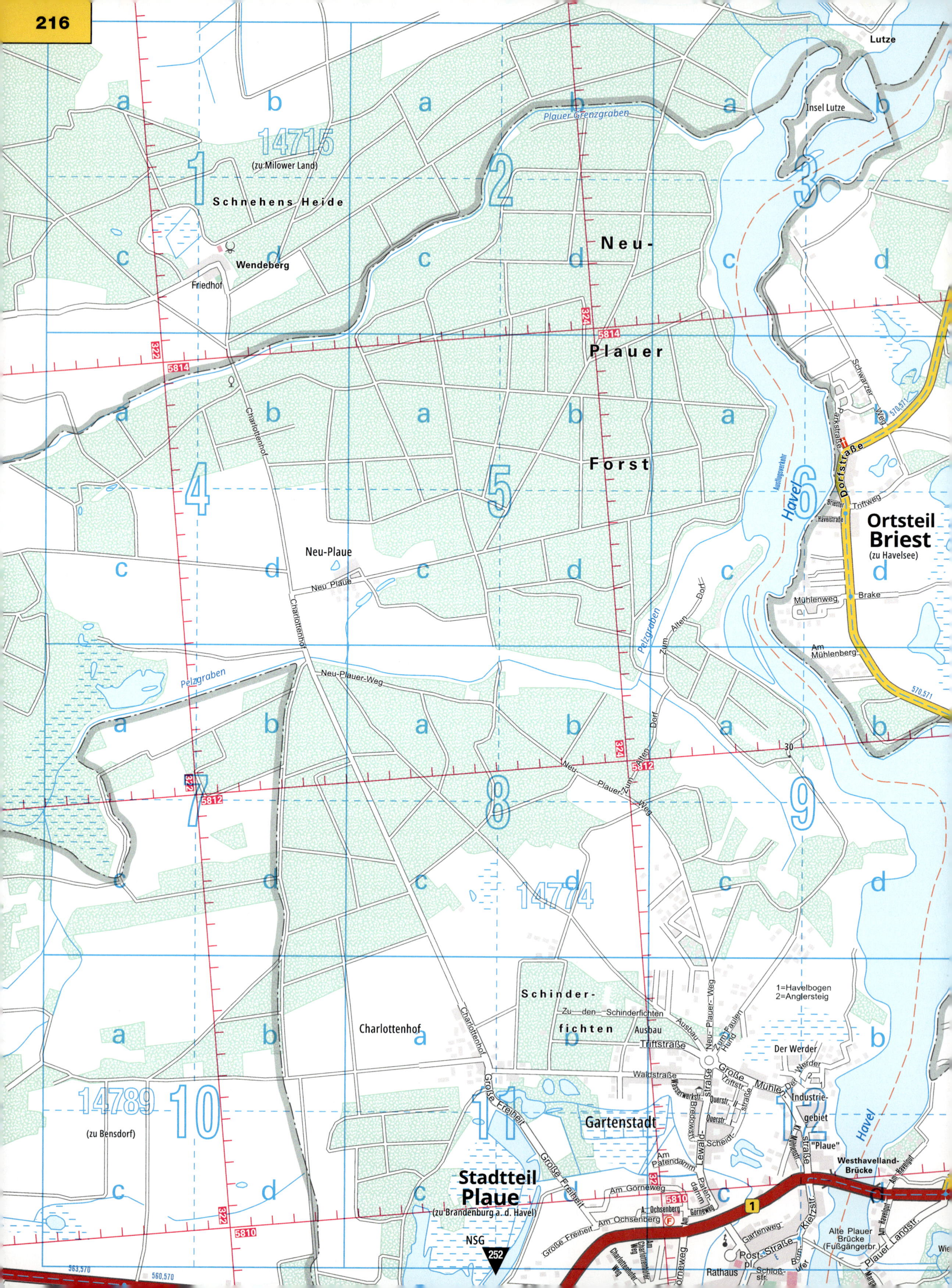

Lutze
Insel Lutze
Plauer Grenzgraben
14715
(zu Milower Land)
Schnehens Heide
Wendeberg
Friedhof
Neu-
Plauer
Forst
Charlottenhof
Neu-Plaue
Neu Plaue
Pelzgraben
Neu-Plauer-Weg
Zum Alten Dorf
Havel
Ausflugsverkehr
Schwarzer Weg
Parkstraße
Dorfstraße
Triftweg
Briester
Havelstraße
Ortsteil
Briest
(zu Havelsee)
Mühlenweg
Brake
Am Mühlenberg
14774
Schinder-
fichten
Zu den Schinderfichten
Ausbau
Triftstraße
Waldstraße
Neu-Plauer-Weg
Zum Faulen Hund
1=Havelbogen
2=Anglersteig
Der Werder
Werder
Große Mühle
Industrie-
gebiet
"Plaue"
Westhavelland-
Brücke
Gartenstadt
Große Freiheit
Charlottenhof
14789
(zu Bensdorf)
Stadtteil
Plaue
(zu Brandenburg a. d. Havel)
NSG
252
Am Görneweg
Am Ochsenberg
Am Patendamm
Patendamm
Lewald-
Scheidt-
Querstr.
Wasserwerkstr.
Bredowstr.
Gartenweg
Post-Straße
Rathaus
Schloßstr.
Kietzstr.
Alte Plauer Brücke
(Fußgängerbr.)
Plauer Landstr.
Am Havelgut

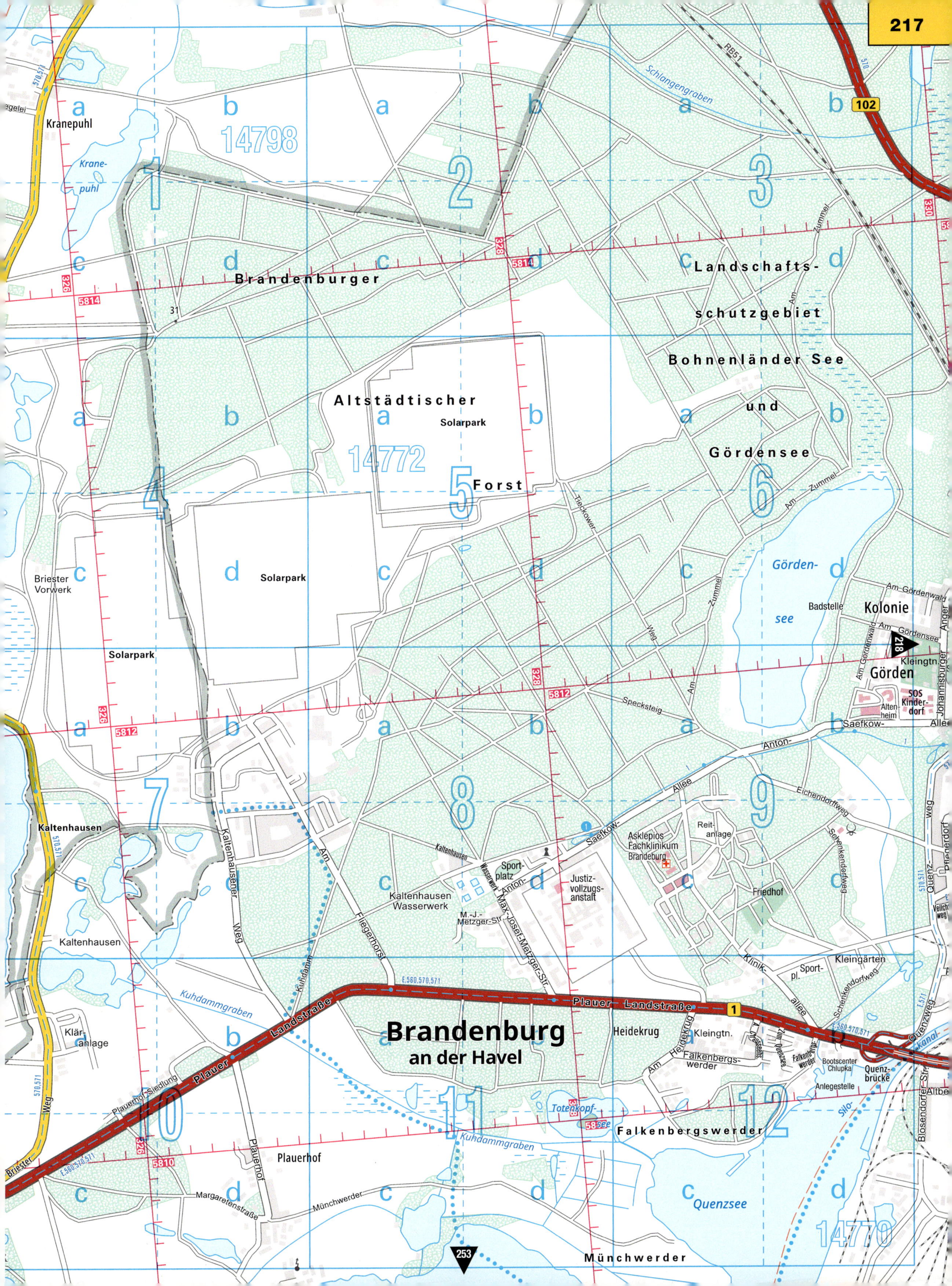

Kranepuhl
Krane-
puhl
14798
Schlangengraben
RB51
102
Brandenburger
Landschafts-
schutzgebiet
Bohnenländer See
und
Gördensee
Altstädtischer
Solarpark
14772
Forst
Briester
Vorwerk
Solarpark
Solarpark
Tieckower
Zummel
Am Zummel
Görden-
see
Badstelle
Kolonie
Görden
Am Gördenwald
Am Gördensee
218
Kleingtn.
SOS Kinder-
dorf
Alten-
heim
Johannisburger
Anger
Saefkow-
Allee
Anton-
Specksteig
Eichendorffweg
Schenkendorfweg
Kaltenhausen
Kaltenhausener
Weg
Am
Fliegerhorst
Kaltenhausen
Wasserwerk
M.-J.-
Metzger-Str.
Max-Josef-Metzger-Str.
Sport-
platz
Justiz-
vollzugs-
anstalt
Asklepios
Fachklinikum
Brandenburg
Reit-
anlage
Friedhof
Klinik-
allee
Sport-
pl.
Kleingärten
Kaltenhausen
Kuhdammgraben
Kuhdamm
Klär-
anlage
Plauer Landstraße
Plauerhof-Siedlung
Brandenburg
an der Havel
Heidekrug
Kleingtn.
Am Heidekrug
Falkenbergs-
werder
Bootscenter
Chlupka
Anlegestelle
Quenz-
brücke
Quenzweg
Kanal
Totenkopf-
see
Falkenbergswerder
Silo-
Kuhdammgraben
Plauerhof
Plauerhof
Margaretenstraße
Münchwerder
Quenzsee
14770
253
Münchwerder
Briester
Weg
Blosendorfer-Str.
Altbe

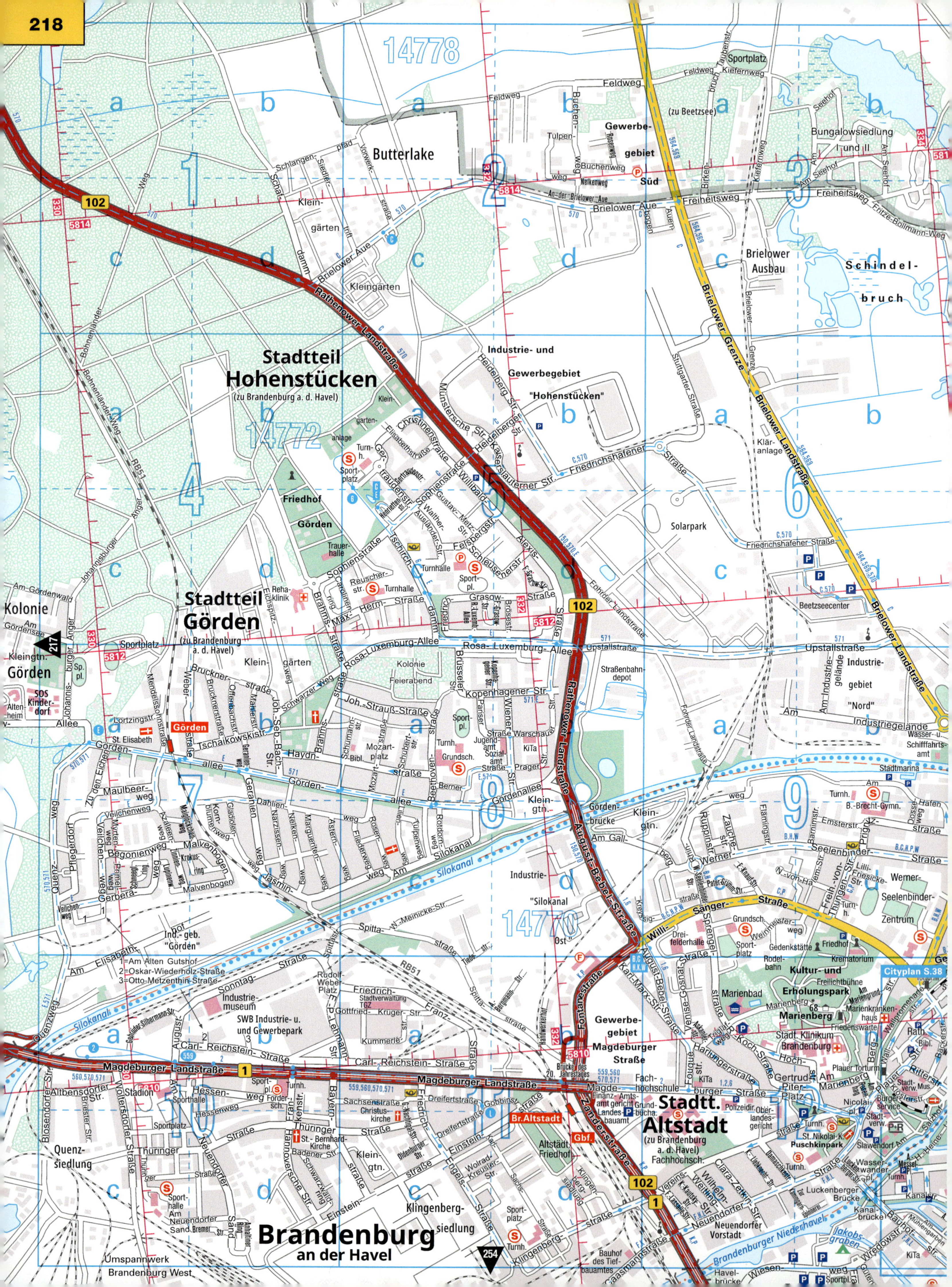
Stadtteil Hohenstücken
(zu Brandenburg a. d. Havel)
Stadtteil Görden
(zu Brandenburg a. d. Havel)
Stadtt. Altstadt
(zu Brandenburg a. d. Havel)
Brandenburg
an der Havel
Butterlake
Brielower Ausbau
Schindel-
bruch
Industrie- und
Gewerbegebiet
"Hohenstücken"
Gewerbe-
gebiet
Süd
Industrie-
gebiet
"Nord"
Solarpark
Friedhof
Görden
Kolonie
Görden
Quenz-
siedlung
Klingenberg-
siedlung
Rathenower Landstraße
Magdeburger Landstraße
Silokanal
Brielower Landstraße
Brandenburger Niederhavel
Marienberg
Kultur- und
Erholungspark
Cityplan S.38
Umspannwerk
Brandenburg West
14778
14772
14770
1=Am Alten Gutshof
2=Oskar-Wiederholz-Straße
3=Otto-Metzenthin-Straße
217
254

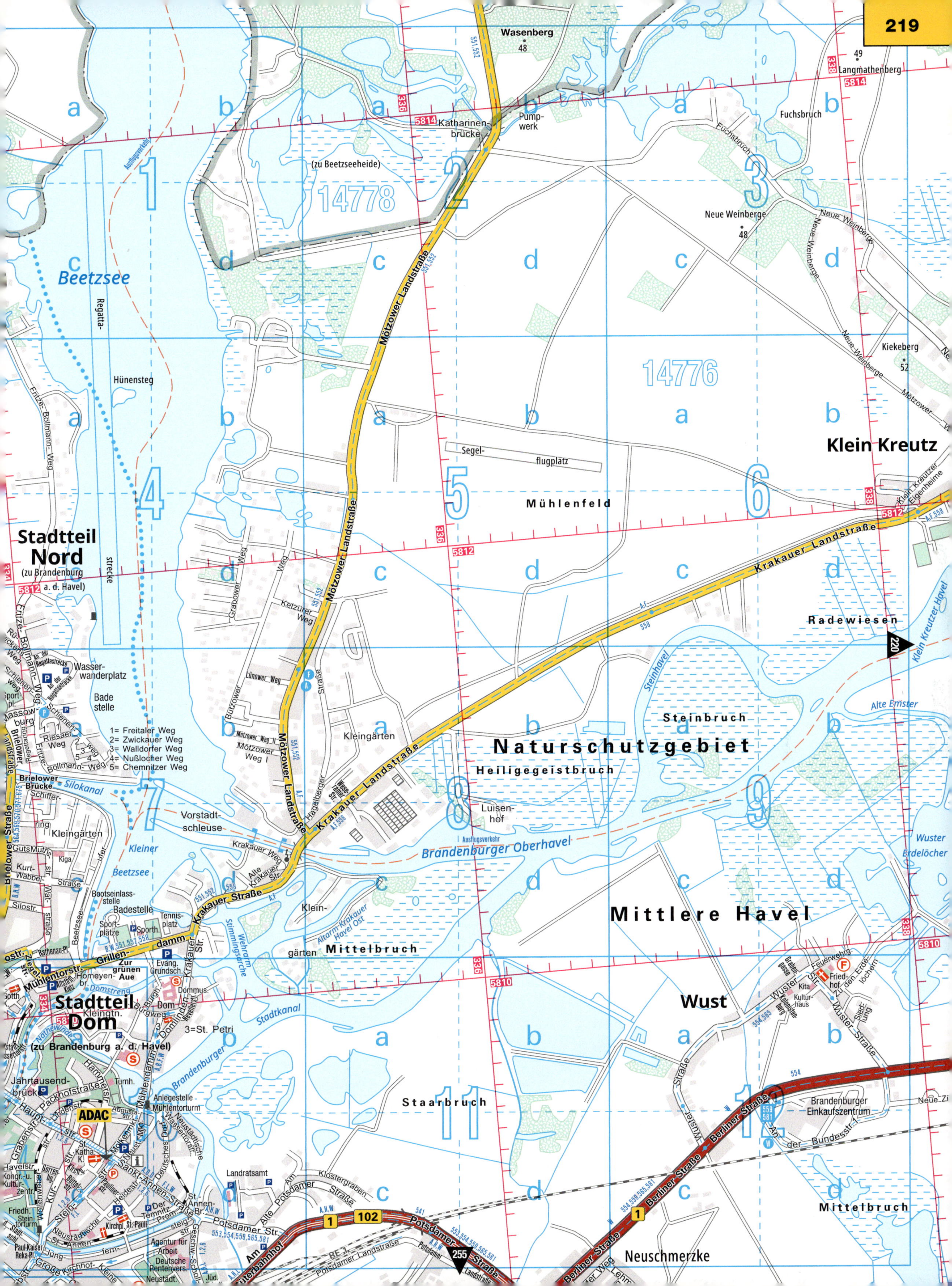

Wasenberg
Langmathenberg
Fuchsbruch
Katharinenbrücke
Pumpwerk
(zu Beetzseeheide)
14778
Neue Weinberge
Beetzsee
Regatta-strecke
Mötzower Landstraße
14776
Kiekeberg
Hünensteg
Klein Kreutz
Segel-flugplatz
Mühlenfeld
Stadtteil Nord
(zu Brandenburg a. d. Havel)
Krakauer Landstraße
Radewiesen
Wasser-wanderplatz
Bade stelle
Steinbruch
Naturschutzgebiet
Heiligegeistbruch
Kleingärten
1= Freitaler Weg
2= Zwickauer Weg
3= Walldorfer Weg
4= Nußlocher Weg
5= Chemnitzer Weg
Silokanal
Vorstadt-schleuse
Luisen-hof
Brandenburger Oberhavel
Wuster Erdelöcher
Kleiner Beetzsee
Mittlere Havel
Mittelbruch
Stadtteil Dom
(zu Brandenburg a. d. Havel)
3=St. Petri
Wust
Stadtkanal
Staarbruch
Brandenburger Einkaufszentrum
Landratsamt
Mittelbruch
Neuschmerzke
ADAC

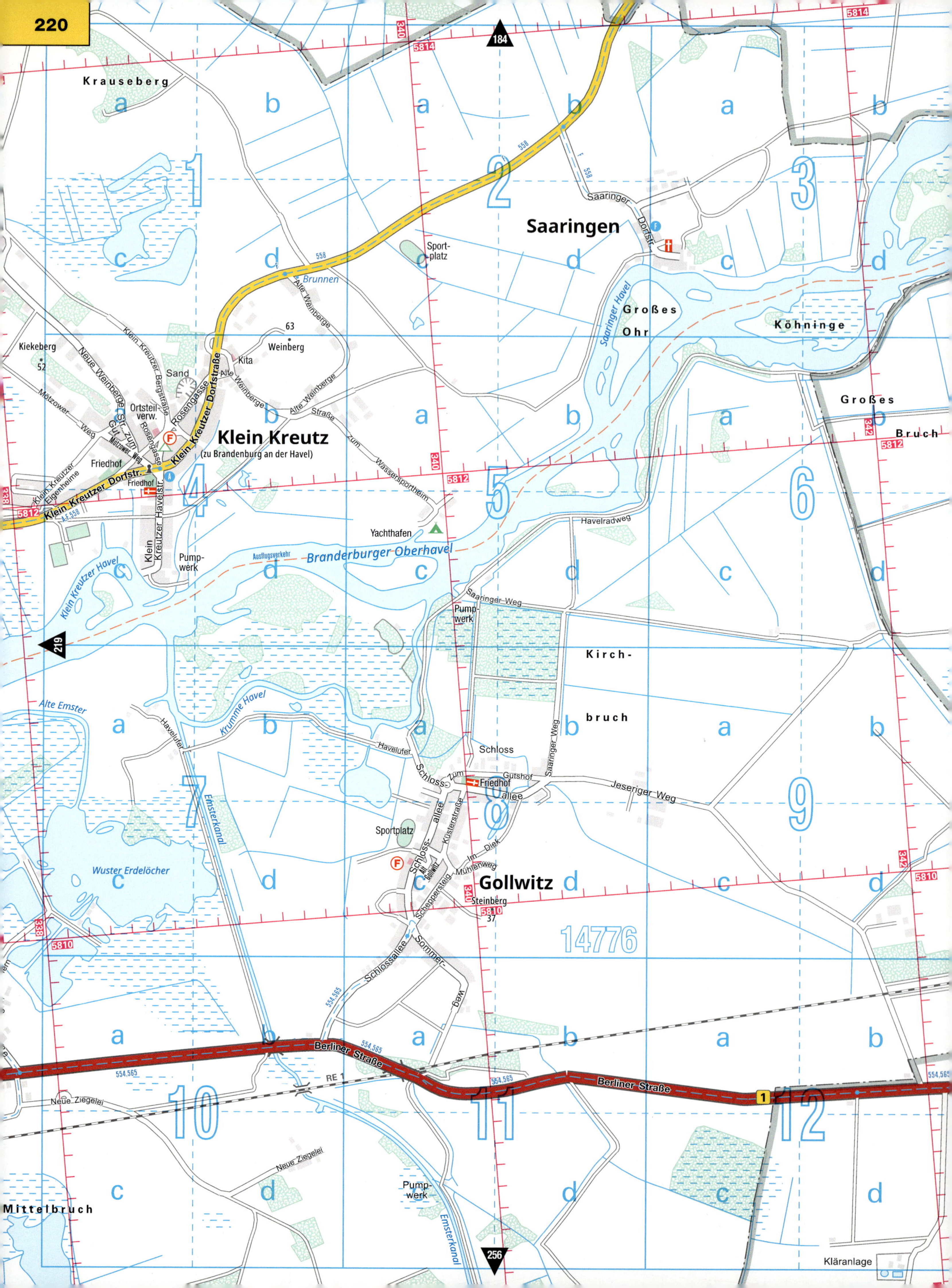
Krauseberg
Saaringen
Saaringer
Dorfstr.
Großes
Ohr
Saaringer Havel
Köhninge
Großes
Bruch
Sport-
platz
Brunnen
Alte Weinberge
63
Weinberg
Kita
Kiekeberg
52
Klein Kreutzer Bergstraße
Neue Weinberge
Sand
Rosengasse
Klein Kreutzer Dorfstraße
Motzower Weg
Ortsteil-
verw.
Gut
Zum
Klein Kreutz
(zu Brandenburg an der Havel)
Alte Weinberge
Straße
zum
Wassersportheim
Friedhof
Klein Kreutzer Eigenheime
Klein Kreutzer Dorfstr.
Klein Kreutzer Havelstr.
Pump-
werk
Yachthafen
Havelradweg
Ausflugsverkehr
Branderburger Oberhavel
Klein Kreutzer Havel
Saaringer Weg
Kirch-
bruch
Alte Emster
Krumme Havel
Havelufer
Schloss
Gutshof
Friedhof
Zum Schloss
allee
Saaringer Weg
Jeseriger Weg
Emsterkanal
Sportplatz
Schlossallee
Küsterstraße
Im Diek
Mühlenweg
Gollwitz
Scheppersteig
Steinberg
37
14776
Wuster Erdelöcher
Schlossallee
Sommerweg
Berliner Straße
RE 1
Neue Ziegelei
Mittelbruch
Kläranlage
184
219
256

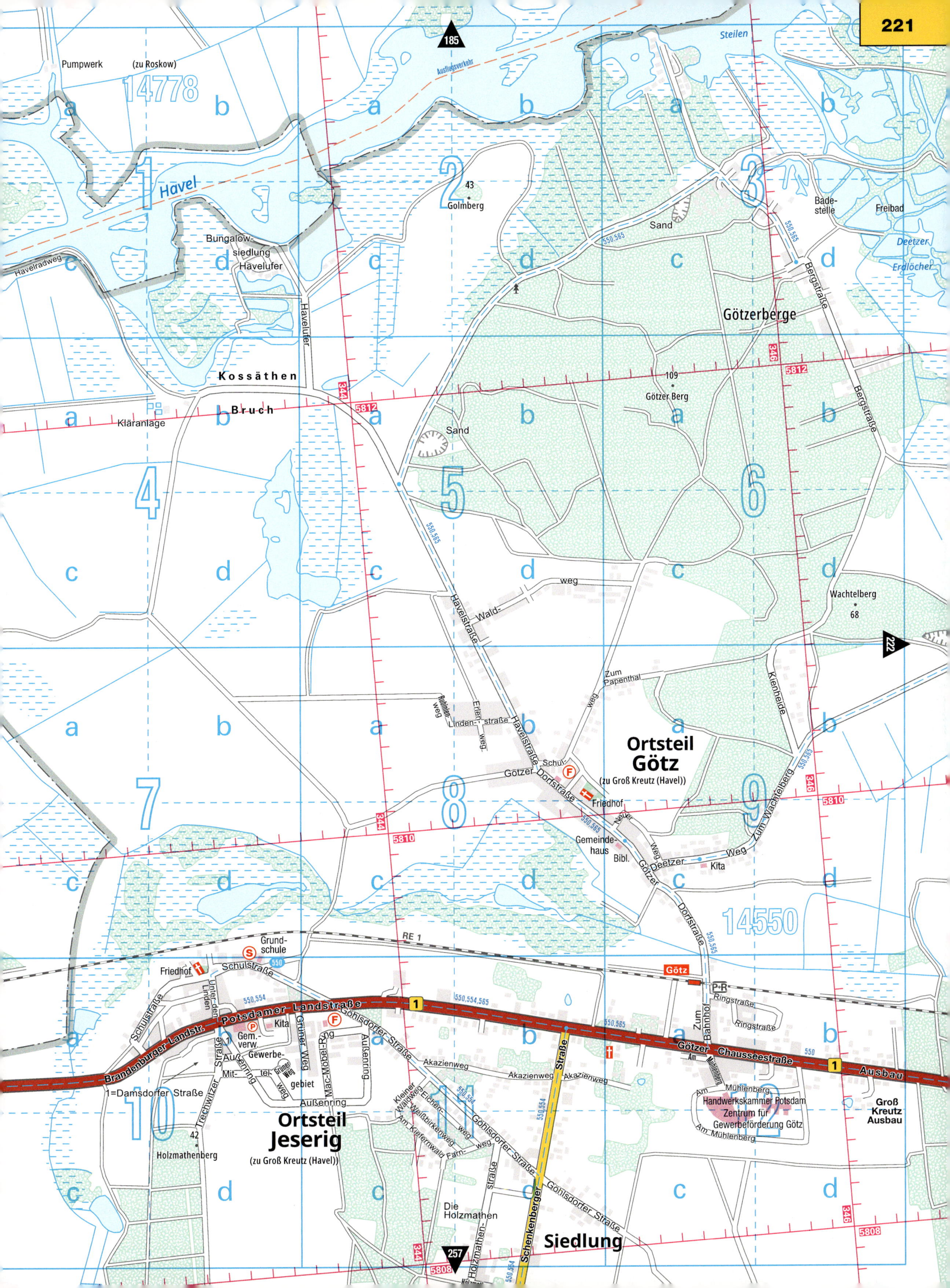

Pumpwerk
(zu Roskow)
14778
Havel
Ausflugsverkehr
Steilen
Golmberg
Bungalow-
siedlung
Havelufer
Havelradweg
Sand
Bade-
stelle
Freibad
Deetzer
Erdlöcher
Götzerberge
Bergstraße
Havelufer
Kossäthen
Bruch
Kläranlage
Götzer Berg
Havelstraße
Wald-
weg
Wachtelberg
Zum
Papenthal
Klenheide
Linden-
straße
Erlen-
weg
Ortsteil
Götz
(zu Groß Kreutz (Havel))
Götzer Dorfstraße
Friedhof
Neuer
Weg
Gemeinde-
haus
Bibl.
Deetzer Weg
Kita
Zum Wachtelberg
Dorfstraße
14550
RE 1
Grund-
schule
Friedhof
Schulstraße
Götz
Ringstraße
Potsdamer Landstraße
Brandenburger Landstr.
Götzer Chausseestraße
Ausbau
Gohlsdorfer Straße
Akazienweg
Schenkenberger Straße
Zum Bahnhof
Am Mühlenberg
Handwerkskammer Potsdam
Zentrum für
Gewerbeförderung Götz
Groß
Kreutz
Ausbau
1=Damsdorfer Straße
Trechwitzer Straße
Gewerbe-
gebiet
Außenring
Grüner Weg
Mac-Möbel-Ring
Ortsteil
Jeserig
(zu Groß Kreutz (Havel))
Holzmathenberg
Kita
Gem.-
verw.
Weißbirkenweg
Am Kiefernwald
Farn-
weg
Die
Holzmathen
Holzmathen-
straße
Siedlung

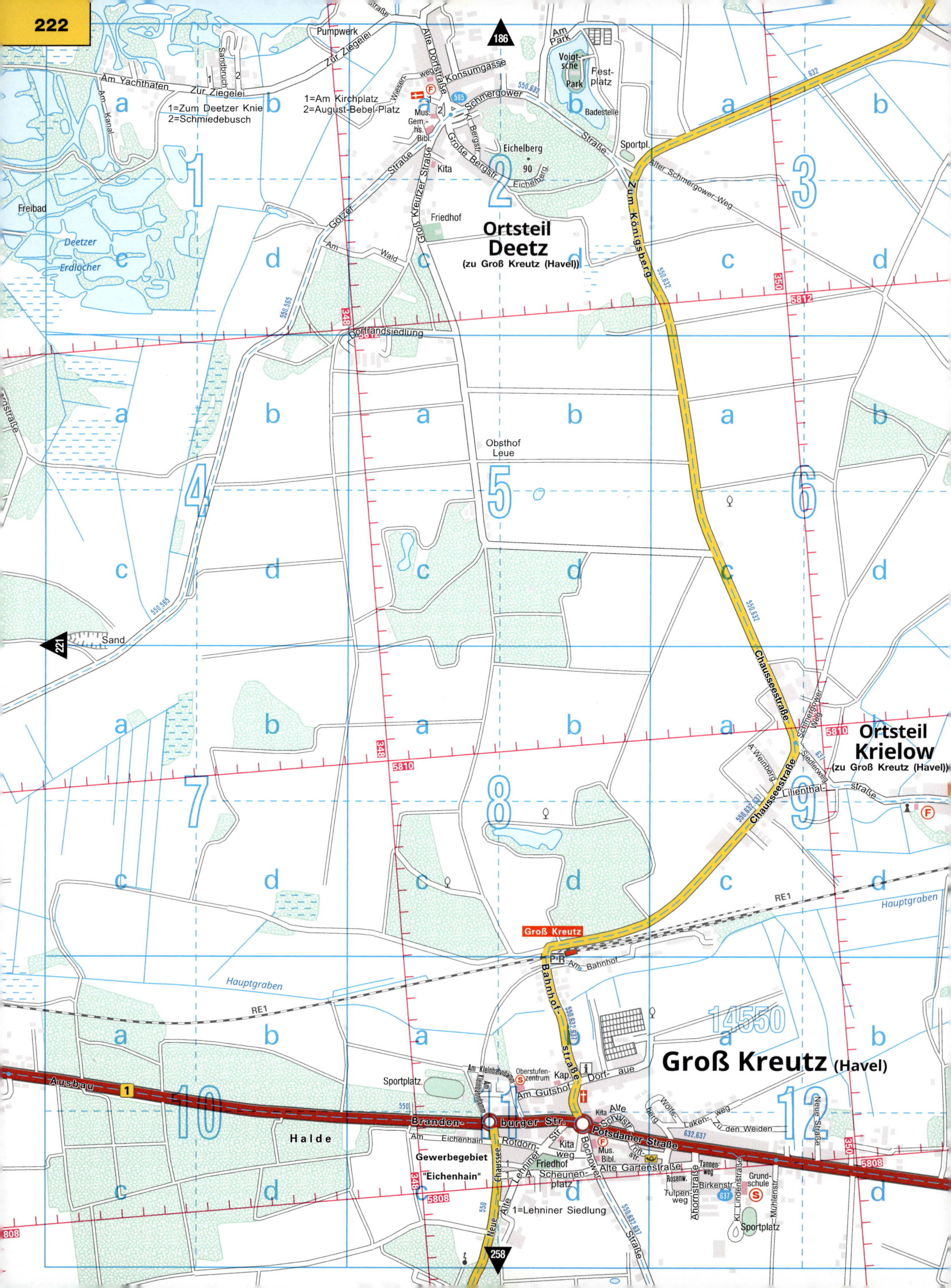

Ortsteil Deetz
(zu Groß Kreutz (Havel))
Ortsteil Krielow
(zu Groß Kreutz (Havel))
Groß Kreutz (Havel)
14550
1=Zum Deetzer Knie
2=Schmiedebusch
1=Am Kirchplatz
2=August-Bebel-Platz
1=Lehniner Siedlung
Am Yachthafen
Zur Ziegelei
Sandbruch
Pumpwerk
Alte Dorfstraße
Konsumgasse
Schmergower Straße
Am Park
Voigtsche Park
Festplatz
Badestelle
Sportpl.
Eichelberg
90
Große Bergstr.
Kl. Bergstr.
Groß Kreutzer Straße
Götzer Straße
Kita
Friedhof
Freibad
Deetzer Erdlöcher
Am Kanal
Am Wald
Dorfrandsiedlung
Zum Königsberg
Alter Schmergower Weg
Obsthof Leue
Sand
Chausseestraße
Schmergower Weg
Siedlerweg
A. Weinberg
Lilienthal-straße
Groß Kreutz
Am Bahnhof
Bahnhofstraße
Hauptgraben
RE1
Ausbau
Brandenburger Str.
Potsdamer Straße
Halde
Sportplatz
Gewerbegebiet "Eichenhain"
Am Eichenhain
Am Kleinbahndamm
Oberstufenzentrum
Kap.
Dorfaue
Am Gutshof
Rotdornweg
Kita
Friedhof
Lehniner Str.
A. Scheunenplatz
Alte Gartenstraße
Bochower Straße
Neue Chaussee
Alte Chaussee
Wolfsberg
Lakenweg
Zu den Weiden
Neue Straße
Tannenweg
Birkenstr.
Ahornstraße
Rosenw.
Tulpenweg
Kl. Lindenstraße
Mühlenstr.
Grundschule
Sportplatz
Mus. Bibl.
Mus. Gem.-hs. Bibl.
186
221
258

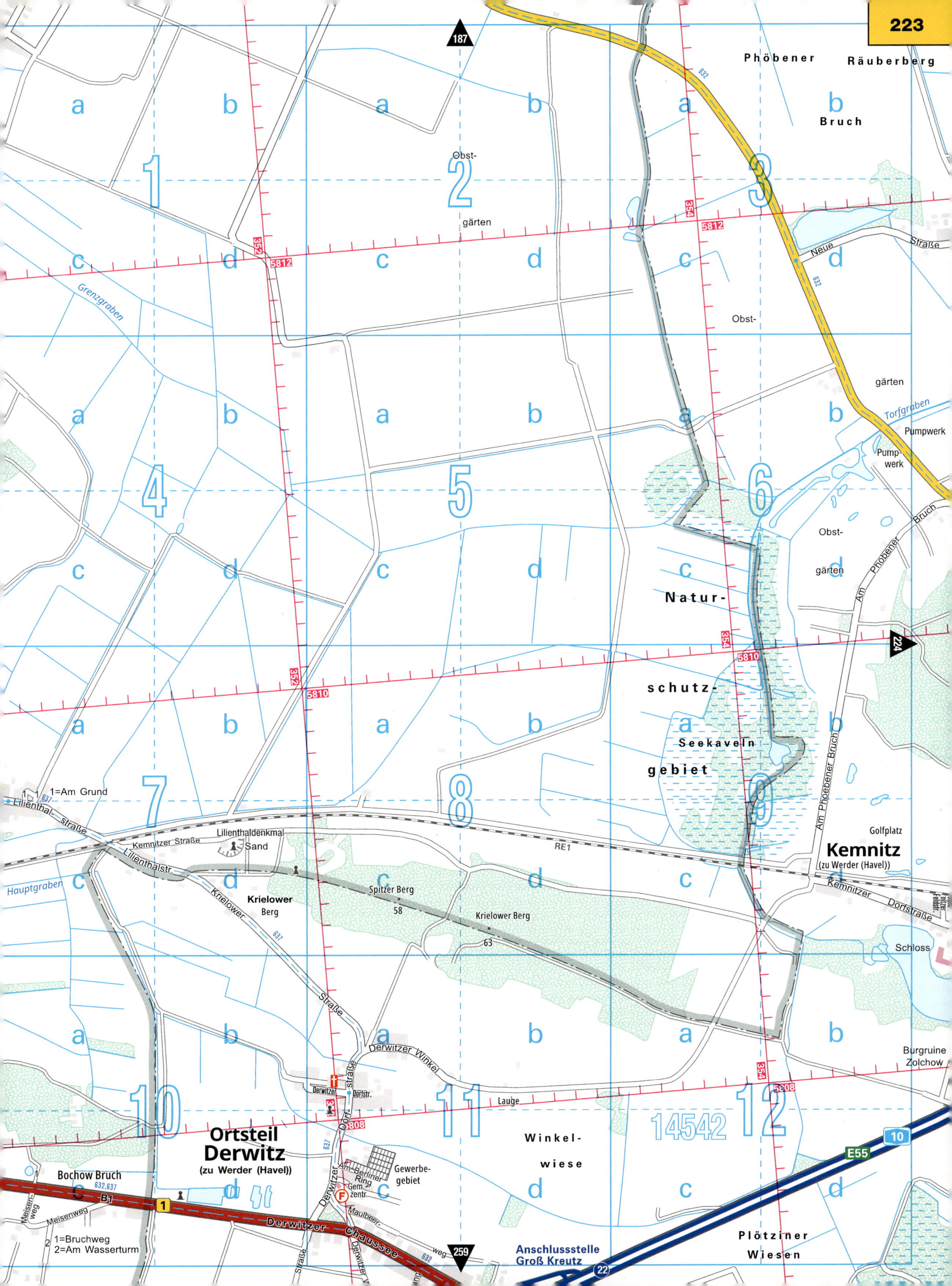
187
Phöbener
Räuberberg
Bruch
Obst-
gärten
Grenzgraben
Neue Straße
Obst-
gärten
Torfgraben
Pumpwerk
Pump-
werk
Obst-
gärten
Am Phöbener Bruch
Natur-
schutz-
gebiet
Seekaveln
224
1=Am Grund
Lilienthal-
straße
Kemnitzer Straße
Lilienthaldenkmal
Sand
RE1
Golfplatz
Kemnitz
(zu Werder (Havel))
Hauptgraben
Lilienthalstr.
Krielower
Berg
Krielower
Spitzer Berg
58
Krielower Berg
63
Kemnitzer
Dorfstraße
Schloss
Straße
Derwitzer Winkel
Burgruine
Zolchow
Derwitzer
Dorfstr.
Dorf-
straße
Lauge
14542
Ortsteil
Derwitz
(zu Werder (Havel))
Winkel-
wiese
Bochow Bruch
Gewerbe-
gebiet
Am Berliner Ring
Gem.
zentr.
B1
Meisen-
weg
Meisenweg
Derwitzer Chaussee
Maulbeer-
weg
259
1=Bruchweg
2=Am Wasserturm
Anschlussstelle
Groß Kreutz
E55
Plötziner
Wiesen

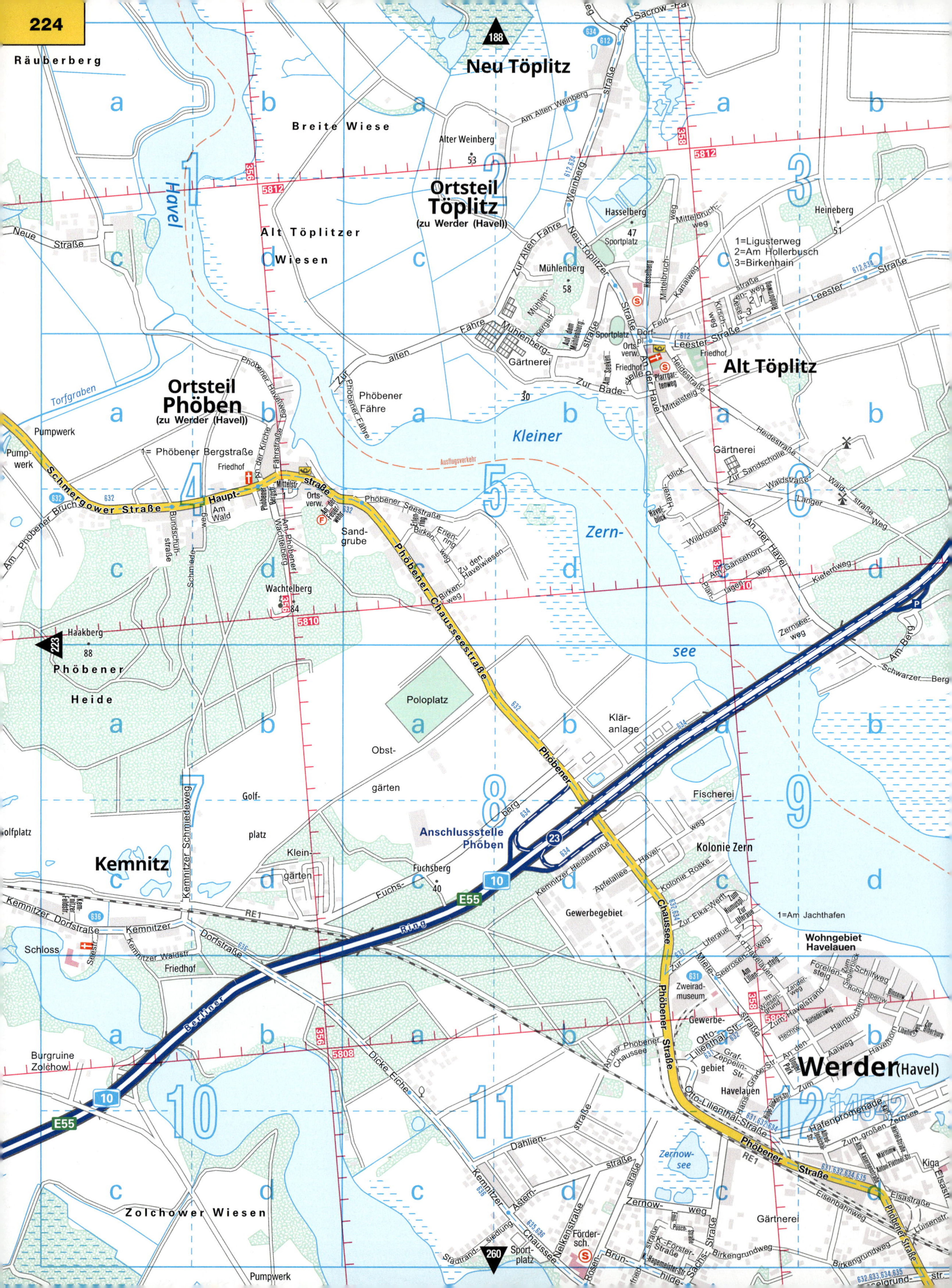

Räuberberg
Breite Wiese
Neu Töplitz
Alter Weinberg
Ortsteil Töplitz (zu Werder (Havel))
Havel
Alt Töplitzer Wiesen
Hasselberg
Sportplatz
Mühlenberg
Heineberg
1=Ligusterweg
2=Am Hollerbusch
3=Birkenhain
Leester Straße
Alt Töplitz
Friedhof
Pfarrgarten
Gärtnerei
Ortsteil Phöben (zu Werder (Havel))
Torfgraben
Pumpwerk
1= Phöbener Bergstraße
Schmergower Straße
Hauptstraße
Phöbener Fähre
Kleiner Zernsee
Phöbener Seestraße
Sandgrube
Wachtelberg
Haakberg
Phöbener Heide
Phöbener Chausseestraße
Poloplatz
Obstgärten
Kläranlage
Fischerei
Golfplatz
Kolonie Zern
Anschlussstelle Phöben
Kemnitz
Kleingärten
Fuchsberg
Gewerbegebiet
1=Am Jachthafen
Wohngebiet Havelauen
Kemnitzer Dorfstraße
Schloss
Friedhof
Zweiradmuseum
Berliner Ring
Burgruine Zolchow
Werder (Havel)
Havelauen
Hafenpromenade
Dicke Eiche
Zernowsee
Zolchower Wiesen
Gärtnerei
Förder-sch.
Sportplatz
Pumpwerk

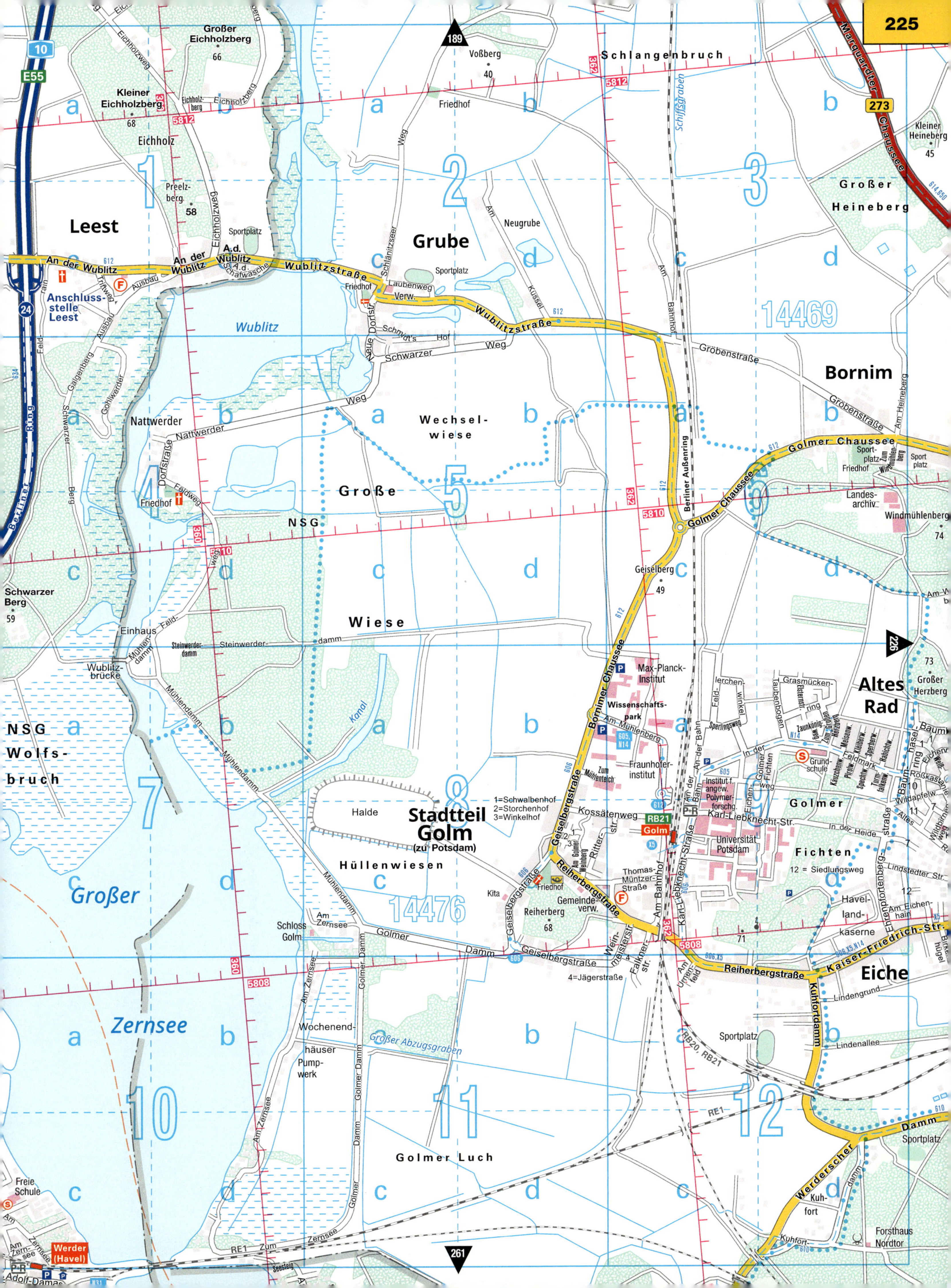

Großer Eichholzberg
66
Kleiner Eichholzberg
68
Eichholz
Preelz-berg
58
Leest
Sportplatz
Vossberg
40
Schlangenbruch
Friedhof
Schiffsgraben
Marquardter Chaussee
273
Kleiner Heineberg
45
Großer Heineberg
Grube
Neugrube
An der Wublitz
Wublitzstraße
Anschluss-stelle Leest
Wublitz
Schwarzer Weg
Gröbenstraße
14469
Bornim
Nattwerder
Wechsel-wiese
Große
NSG
Golmer Chaussee
Berliner Außenring
Landes-archiv
Windmühlenberg
74
Geiselberg
49
Schwarzer Berg
59
Wiese
Einhaus
Steinwerderdamm
Wublitz-brücke
Max-Planck-Institut
Wissenschafts-park
Altes Rad
Großer Herzberg
73
NSG Wolfsbruch
Kanal
Mühlendamm
Fraunhofer-institut
Halde
Stadtteil Golm
(zu Potsdam)
1=Schwalbenhof
2=Storchenhof
3=Winkelhof
Kossätenweg
Golm
Universität Potsdam
Golmer Fichten
12 = Siedlungsweg
Hüllenwiesen
Reiherbergstraße
Reiherberg
68
Großer
14476
Schloss Golm
Golmer Damm
Geiselbergstraße
4=Jägerstraße
Kaiser-Friedrich-Str.
Eiche
Kuhfortdamm
Zernsee
Wochenend-häuser
Pump-werk
Großer Abzugsgraben
Sportplatz
Lindenallee
Golmer Luch
Werderscher Damm
Kuhfort
Forsthaus Nordtor
Freie Schule
Werder (Havel)
189
226
261

Max-Eyth-Institut für Agrar- und Umwelttechnik
Persiusturm
Kleiner Heineberg
Großer Heineberg
Marquardter Chaussee
Historischer Obstweg
TÜV Berlin/ Brandenburg
Upstall
Kläranlage
Schäfer- remise
Sozialdorf Lerchensteig (AWO)
Schneider- remise
Augustenruh
Weißer See
Robinsoninsel
Nedlitz
Nedlitzer
Lerchensteig
Amundsenstraße
Reiherstand
Gartenstadt Süd
Remisenpark
Volkspark
8 = Friedrich-Kunert-Weg
10 = Nietnerstraße
12 = Gustav-Meyer-Str.
13 = Luzernstraße
1 = Am Phloxgarten
Bornim
Mitschurinstraße
Rückertstraße
Potsdamer Straße
Kolonie Am Beerenbusch
Kolonie Eintracht
Bornstedt
Bornimer Feldflur
1 = Zum Reiherstand
2 = Bussardweg
3 = Herta-Hammerbacher-Str.
4 = Walter-Funcke-Str.
5 = Herm.-Göritz-Str.
6 = Heisenbergstr.
7 = Von-Klitzing-Str.
Landesarchiv
Windmühlenberg
Forst
Pannenberg
Katharinenholz
Einkaufszentr.
Potsdam
Stadtteil Jägervorstadt
Ruinenberg
1 = Moritz-von-Egidy-Str.
2 = An den Gärten
3 = Ulanenweg
Einsiedelei
Großer Herzberg
Altes Rad
1 = Wildkirschenweg
2 = Vogelbeerenweg
3 = Schlehenstieg
4 = Kirschenstieg
5 = Wacholderstieg
6 = Marktplatz
Kleiner Herzberg
Großer Düsterer Teich
7 = Eichenring
8 = Baumhaselring
9 = Mehlbeerenweg
10 = Rosenstieg
11 = Brombeerstieg
12 = Siedlungsweg
Institut f. Gerichtl. Medizin
Schloss Lindstedt
Lindstedter Chaussee
Bornstedter See
Krongut Bornstedt
Belvedere
Orangerie
Drachenhaus
Park
Botanisches Institut
Schloss Sanssouci
Lustgarten
Brand. Landesarchiv
Friedhof
Kaiser-Friedrich-Straße
Studentenwerk
Landeseinsatzeinheit
Eiche
Universität Potsdam
Communs I
Communs II
Neues Palais
Schlosstheater
Rehgarten
Sanssouci
Chinesisches Teehaus
Römische Bäder
Stadtteil Brandenburger Vorstadt
Park Charlottenhof
Schloss Charlottenhof
Hippodrom
Fasanerie
Wasserwerk
Werderscher Damm
Sportplatz
Forsthaus Nordtor
Kaiserbahnhof
Potsdam Park Sanssouci
Potsdam Charlottenhof
Geschwister-Scholl-Str.
Cityplan S.41
Neustädter Havelbucht
Kiewitt
Tornow
Havel
Peter-Kühne-Siedlung
Forsthaus Sanssouci
Schopenhauerstr.
Marlygarten
Friedenskirche
Breite Str.
Zeppelinstr.
Untere Planitz
190
225
262
14469
14471
14476

Königswald
Sacrower See
Jungfern-see
Sacrow
Stadtteil Nauener Vorstadt
Stadtteil Berliner Vorstadt
Neuer Garten
Heiliger See
Havel
Klein-Glienicke
Babelsberg
Weberviertel
Zentrum-Ost
Potsdam
Potsdam Hbf.
Glienicker Lake
Tiefer See
Griebnitzsee

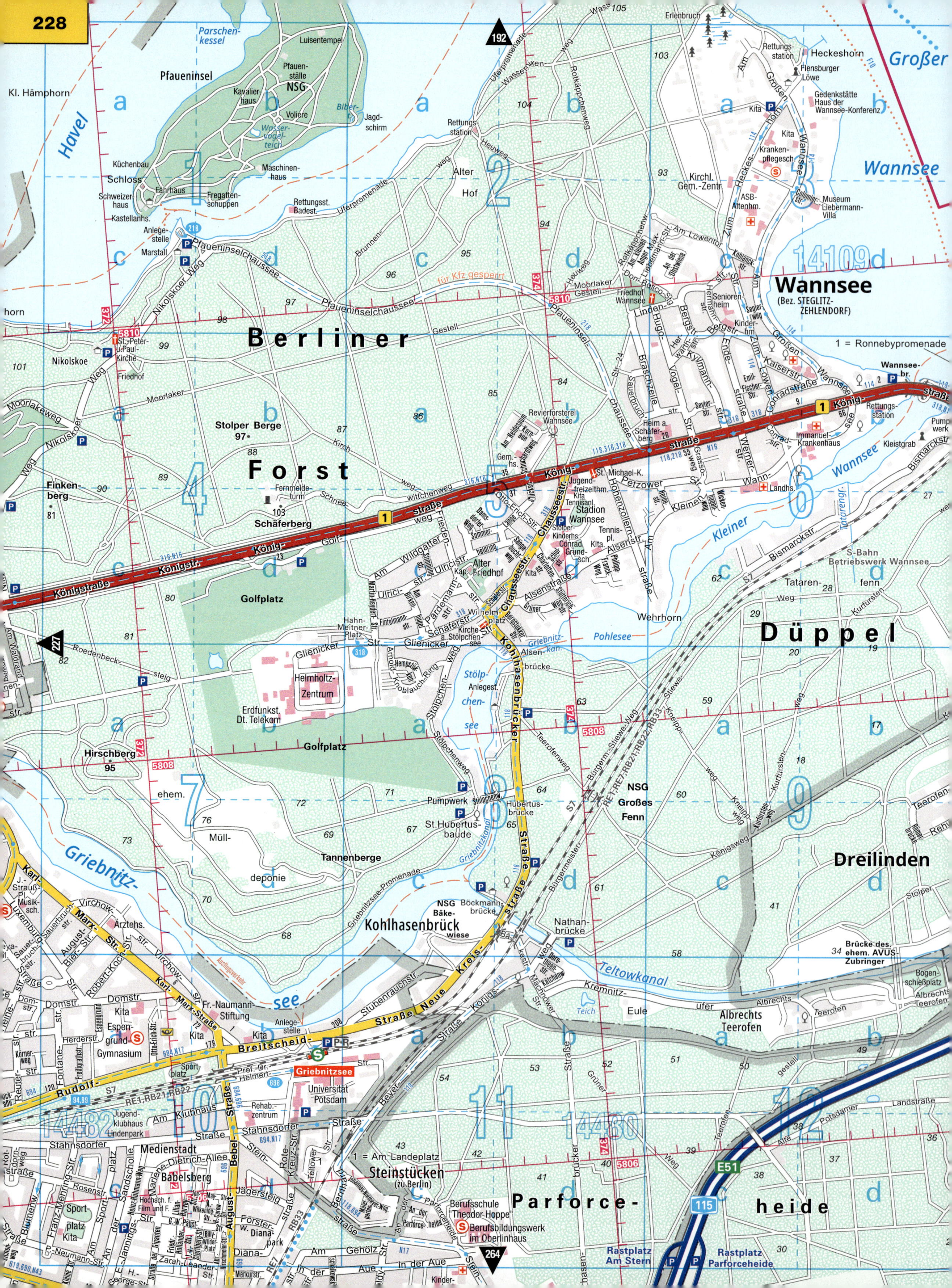

Pfaueninsel
Havel
Parschenkessel
Luisentempel
Pfauenställe
NSG
Kavalierhaus
Voliere
Wasservogelteich
Jagdschirm
Küchenbau
Schloss
Schweizerhaus
Fähre
Fregattenschuppen
Maschinenhaus
Kastellanhs.
Kl. Hämphorn
Rettungsst. Badest.
Uferpromenade
Rettungsstation
Alter Hof
Heckeshorn
Flensburger Löwe
Gedenkstätte Haus der Wannsee-Konferenz
Großer Wannsee
Kirchl. Gem.-Zentr.
Museum Liebermann-Villa
Wannsee
(Bez. STEGLITZ-ZEHLENDORF)
14109
1 = Ronnebypromenade
Pfaueninselchaussee
Nikolskoer Weg
Nikolskoe
St. Peter-u. Paul-Kirche
Friedhof
Moorlakeweg
Berliner Forst
Stolper Berge
Fernmeldeturm
Schäferberg
Finkenberg
für Kfz gesperrt
Revierförsterei Wannsee
Königstraße
Wannseebr.
Rettungsstation
Immanuel-Krankenhaus
Kleistgrab
Bismarckstr.
Kleiner Wannsee
Stadion Wannsee
Alter Friedhof
Golfplatz
Pohlesee
Wehrhorn
S-Bahn Betriebswerk Wannsee
Düppel
Tatarenfenn
Glienicker Str.
Helmholtz-Zentrum
Erdfunkst. Dt. Telekom
Stölpchensee
Hirschberg
Golfplatz
Teerofenweg
NSG Großes Fenn
Dreilinden
Müll-deponie
Tannenberge
Griebnitzsee
Pumpwerk
St. Hubertusbaude
Kohlhasenbrücker Straße
NSG Bäke-wiese
Kohlhasenbrück
Nathanbrücke
Teltowkanal
Brücke des ehem. AVUS-Zubringer
Bogenschießplatz
Albrechts Teerofen
Eule
Karl-Marx-Str.
Rudolf-Breitscheid-Str.
Griebnitzsee
Universität Potsdam
Gymnasium
Fr.-Naumann-Stiftung
Medienstadt Babelsberg
14482
14480
Stahnsdorfer Str.
August-Bebel-Str.
Steinstücken (zu Berlin)
1 = Am Landeplatz
Parforceheide
Berufsschule Theodor Hoppe
Berufsbildungswerk im Oberlinhaus
Rastplatz Am Stern
Rastplatz Parforceheide
E51
115
192
227
264

Nikolassee
(Bez. STEGLITZ-ZEHLENDORF)
Klein-
machnow
Stahnsdorf
Tank- u. Rastanlage Grunewald
AS Spanische Allee
Kreuz Zehlendorf
Anschlussst. Kleinmachnow
Spanische Allee
Potsdamer Chaussee
Waldfriedhof Zehlendorf
Museumsdorf Düppel
Gut Düppel
Hubertus Krankenhaus
Nikolassee
Strandbad
Machnower See
Teltowkanal
Upstall-wiesen
Waldfriedhof Wilmersdorf
Südwestkirchhof der Berliner Synode
Euro-park
Zehlendorfer Damm
Wilhelm-Külz-Straße
Hakeburg
Seeberg
Machnower Schleuse
Bäkemühle
Weinberg
Berlin-Brandenburg International School
1 = Parallelstr.
1 = Heidereiterweg
1 = Kurze Reihe
2 = F.-Kayssler-Straße
1 = Friedrich-Weißler-Platz
1=Priorter Weg
2=Freyensteinweg
3=Peetziger Weg
4=Satzkorner Weg
1 = Robinienhof
2 = Kiefernhof
3 = Birkenhof
4 = Ahornhof
5 = Kastanienhof
6 = Platanenhof
7 = Lindenhof
8 = Fichtenhof
9 = Am Pferdegatter
18=Am Wall
19=Distelfalterweg
20=Zikadenweg
1=Schmetterlingsring
2=Tagfalterweg
3=Zitronenfalterweg
4=Pfauenaugenweg
5=Weißlingweg
14129
14163
14532
115
E51
193
230
265

Zehlendorf
(Bez.STEGLITZ-ZEHLENDORF)
Klein-
machnow
Schönow
Seehof
Teltow
Busch-
wiesen
Industrie-
gebiet
Lichterfelde
Neubauern-
siedl.
14163
14167
14165
14532
14513
194
229
266

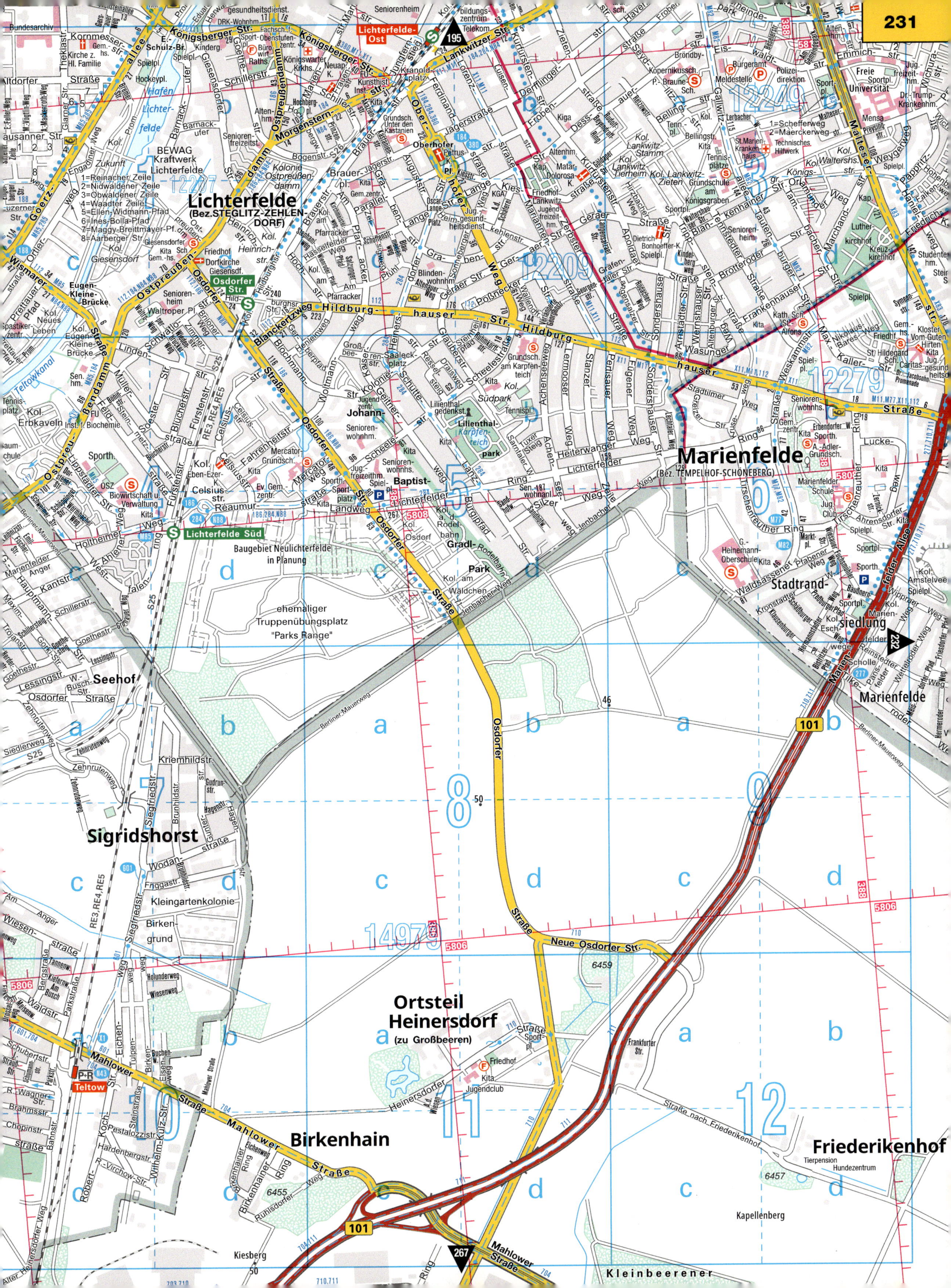
Lichterfelde
(Bez. STEGLITZ-ZEHLENDORF)
Marienfelde
(Bez. TEMPELHOF-SCHÖNEBERG)
Sigridshorst
Seehof
Ortsteil
Heinersdorf
(zu Großbeeren)
Birkenhain
Friederikenhof
Stadtrand-
siedlung
Marienfelde
Lichterfelde-Ost
Lichterfelde Süd
Osdorfer Str.
Teltow
ehemaliger
Truppenübungsplatz
"Parks Range"
Baugebiet Neulichterfelde
in Planung
Kleingartenkolonie
Birken-
grund
Kapellenberg
Kiesberg
Osdorfer Straße
Neue Osdorfer Str.
Mahlower Straße
Hildburghauser Str.
Königsberger Str.
Lankwitzer Str.
Teltowkanal
Freie
Universität
Bundesarchiv
12207
12209
12249
12279
14979
101
195
267
232

Marienfelde
(Bez. TEMPELHOF-SCHÖNEBERG)
Lichtenrade
(Bez. TEMPELHOF-SCHÖNEBERG)
Siedlung
Daheim
Kurt Pöthig
Freizeitpark
Marienfelde
Gutspark Marienfelde
Industriegebiet
Berliner Stadtgarten
Wäldchen am Königsgraben
Nacht-bucht
Marienfelde
Buckower Ch.
Schichauweg
Lichtenrade
Marienfelder Allee
Daimlerstraße
Buckower Chaussee
Nahmitzer Damm
Lichtenrader Damm
Marienfelder Chaussee
Kirchhainer Damm
Großziethener Str.
Schichauweg
Berliner Mauerweg
Mariendorfer Damm
12107
12279
12277
12305
12307
12309
14979
101
96
196
231
268
(zu Großbeeren)
(zu Blankenfelde-Mahlow)
Berliner Wasserbetriebe Pumpwerk Marienfelde
Bundesinstitut für Risikobewertung
Bundesamt für Verbraucherschutz und Lebensmittelsicherheit
Institut für Nutzpflanzenforschung

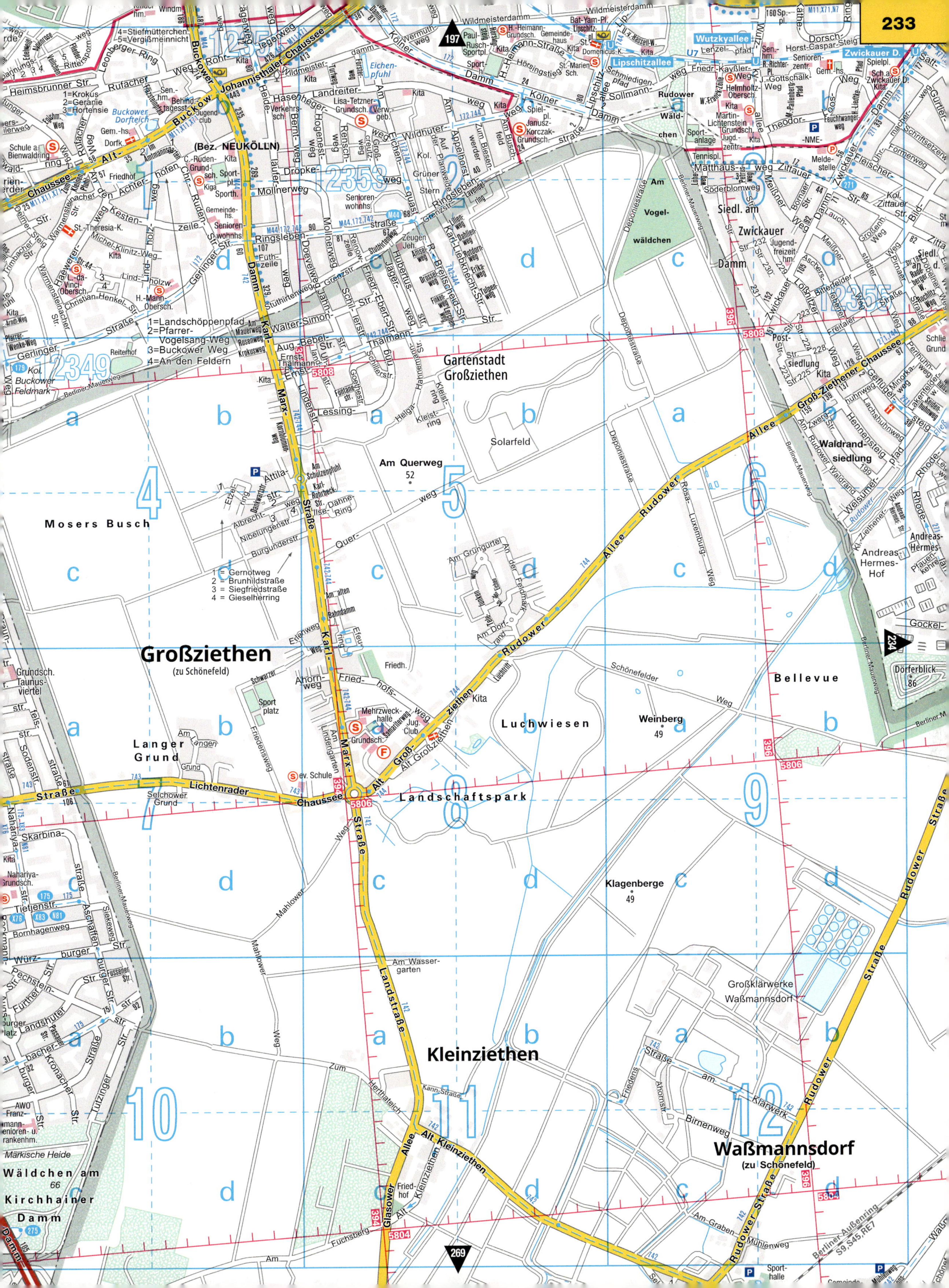
Großziethen
(zu Schönefeld)
Kleinziethen
Waßmannsdorf
(zu Schönefeld)
Gartenstadt
Großziethen
Mosers Busch
Langer
Grund
Luchwiesen
Landschaftspark
Bellevue
Weinberg
49
Klagenberge
49
Am Querweg
52
Solarfeld
Großklärwerke
Waßmannsdorf
Siedl. am
Zwickauer
Damm
Waldrand-
siedlung
Andreas-
Hermes-
Hof
Am
Vogel-
wäldchen
Rudower
Wäld-
chen
(Bez. NEUKÖLLN)
Wäldchen am
Kirchhainer
Damm
Märkische Heide
Karl-Marx-Straße
Rudower Allee
Groß-Ziethener Chaussee
Lichtenrader Chaussee
Landstraße
Glasower Allee
Alt-Kleinziethen
Rudower Straße
Johannisthaler Chaussee
Buckower Damm
Alt-Buckow
Wutzkyallee
Lipschitzallee
Zwickauer Damm
Berliner Mauerweg
Deponiestraße
Schönefelder Weg
Birnenweg
Fuchsberg
Mahlower Weg
Friedensweg
Berliner Außenring
S9, S45, RE7
1=Gernotweg
2 = Brunhildstraße
3 = Siegfriedstraße
4 = Gieselherring
1=Landschöppenpfad
2=Pfarrer-
Vogelsang-Weg
3=Buckower Weg
4=An den Feldern
1=Krokus
2=Geranie
3=Hortensie
4=Stiefmütterchen
5=Vergißmeinnicht
197
234
269
1
2
3
4
5
6
7
8
9
10
11
12
12349
12353
12355

Rudow
(Bez.NEUKÖLLN)
Schönefeld
Flughafen BER
Berlin-Brandenburg
(Willy Brandt)
BER Terminal 5
Flughafen BER Terminal 5
Landschaftspark Rudow Altglienicke
Gewerbepark Schönefeld
Brief-verteil-zentrum
Gewerbe-gebiet
Businesspark Kienberg
Mercedes-Benz Airport Center
Bayangol-Park
Thiele-siedlung
Südpark
AS Schönefeld-Nord
AS Schönefeld-Süd
12355
12357
12524
12529
1 = Benedicta-Teresia-Weg
2 = Dorothea-Stutkowski-Weg
3 = Helene-Wessel-Straße
4 = Gertrud-Dorka-Weg
5 = Helene-Nathan-Weg
6 = Marianne-Hapig-Weg
7 = Mathilde-Vaerting-Weg
Start- und Landebahn Nord
198
233
270
96a
113

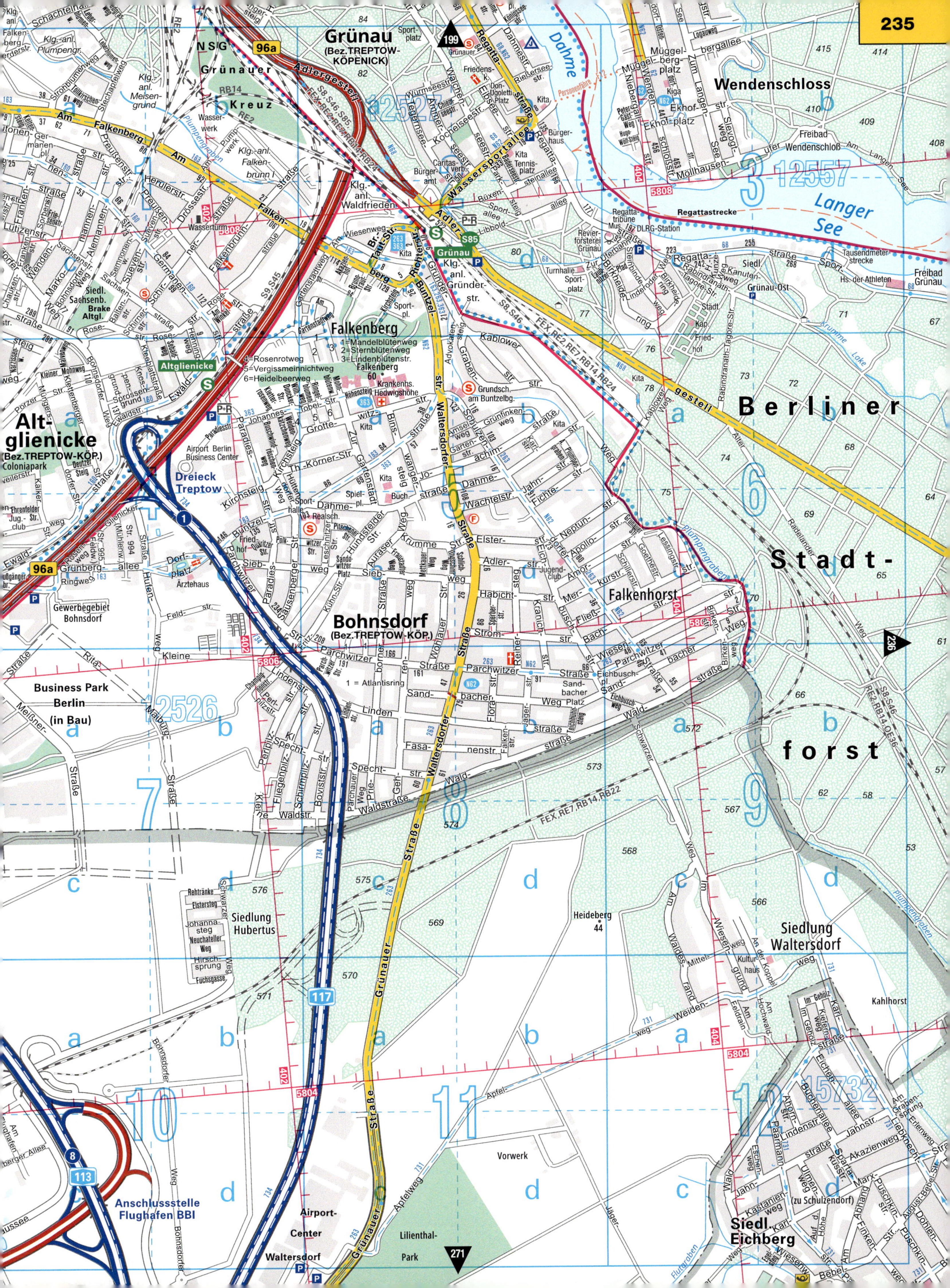
Grünau
(Bez.TREPTOW-KÖPENICK)
Wendenschloss
Langer See
Regattastrecke
Falkenberg
Alt-glienicke
(Bez.TREPTOW-KÖP.)
Dreieck Treptow
Bohnsdorf
(Bez.TREPTOW-KÖP.)
Falkenhorst
Berliner Stadt-forst
Business Park Berlin (in Bau)
Siedlung Hubertus
Siedlung Waltersdorf
Siedl Eichberg
Anschlussstelle Flughafen BBI
Airport-Center Waltersdorf
Lilienthal-Park
Vorwerk
Heideberg
Kahlhorst
Dahme
12527
12557
12526
15732
199
236
271

Müggelturm
Müggelberge
Teufelssee
Schmetterlingshorst
Marienlust
Langer See
Freibad Grünau
Bammelecke
DLRG Rettungsstelle Badestelle
Straße für Kfz gesperrt
Spreeheide
Berliner Stadtforst
Richtershorn
Gr. Rohrwall
Kl. Rohrwall
Bootshaus Karolinenhof
Neue Fischerhütte
Karolinenhof
Revierförsterei Schmöckwitz
Adlergestell
Müggelheim
(Bez. TREPTOW-KÖPENICK)
Müggelheimer Damm
Ludwigshöhe
Mühlenberg
Revierförsterei Müggelheim
Fischerheide
Krampenburg
Große Krampe
Kl. Krampe
Freilichtbühne
Dauerzeltplatz Kuhle Wampe
Fähre 21
Werderchen
Windecke
Weidenwall
Bootshaus Krampenblick
Schmöckwitz
(Bez. TREPTOW-KÖPENICK)
Grimnitz
Dahme
Teikyo-Universität Campus-Berlin
Eichwalde
Kahlhorst
Plumpengraben
Gosener Straße
Godbersenstraße
Klär-anlage
Zeuthener Straße
Friedenstraße
Bahnhofstraße
Rathaus
(zu Schulzendorf)
(zu Zeuthen)
12557
12527
15732
15738
200
235
272

Berliner Stadtforst
Die Holzkaveln
Die Natur- schutz- gebiet
großen Grasehorst
Große Wiesen
Espenwerder
Schmöckw.
Gosener Wiesen
Bruchwiesen
Die Kappe
Ortsteil Gosen
(zu Gosen-Neu Zittau)
Schmöckwitzer Bruchwiesen
NSG Gosener Wiesen und Seddinsee
Berliner Stadtforst
Gosener Landstraße
Gosen-Neu Zittau
(zu Amt Spreenhagen)
Gosener Hauswiesen
Gosener Berge
NSG Wernsdorfer See
Wernsdorfer See
Seddinsee
Kl. Seddinwall
Seddinwall
Windwall
Oder-Spree-Kanal
Schwarze Berge
Schmöckwitzwerder
Wernsdorfer Straße
Krossinsee
Ortsteil Wernsdorf
(zu Königs Wusterhausen)
12559
15537
15713
201
238
273

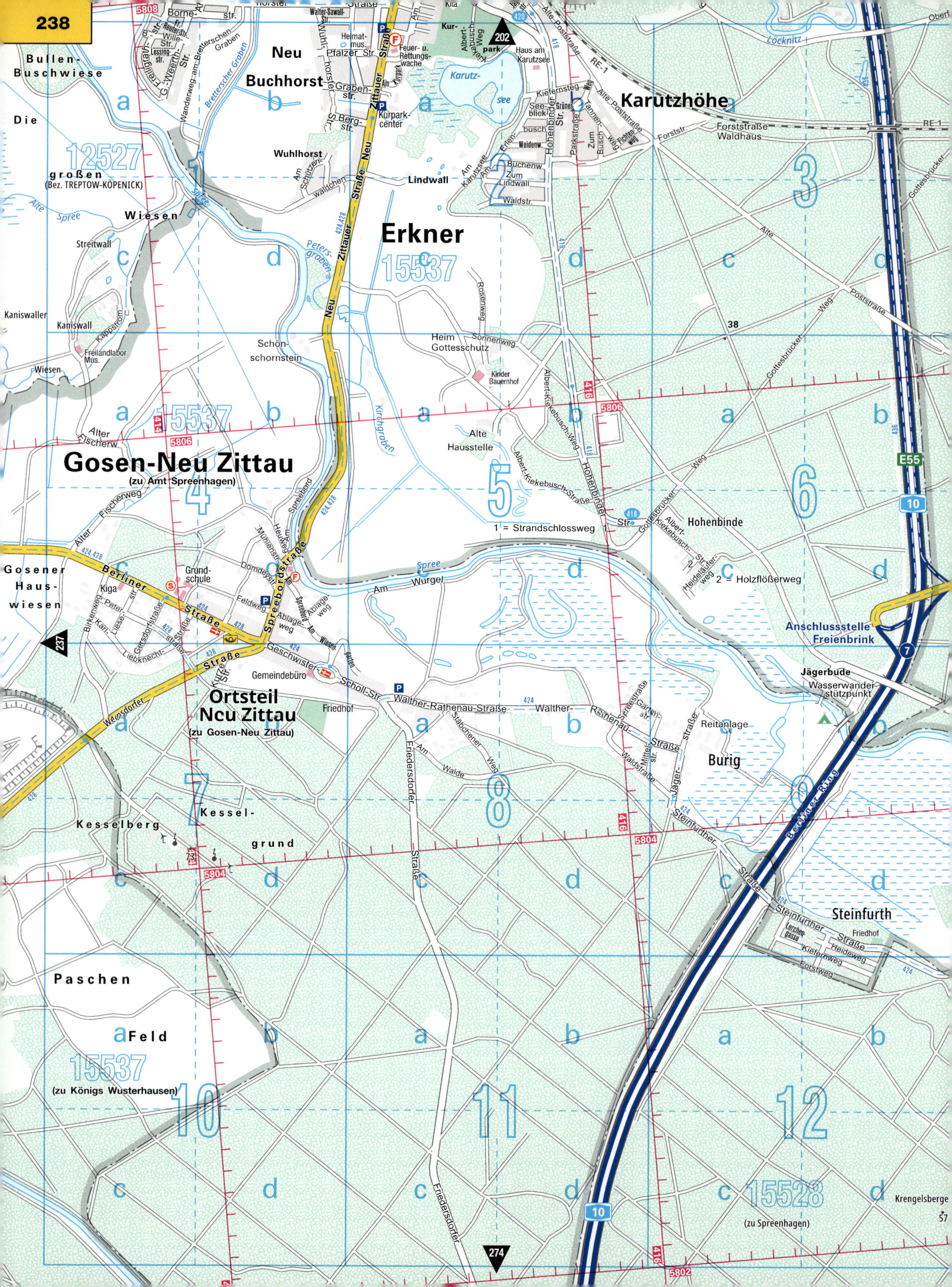
Erkner
15537
Neu Buchhorst
Wuhlhorst
Lindwall
Karutzhöhe
Karutzsee
Kurpark
Kurpark-center
Haus am Karutzsee
Feuer- u. Rettungswache
Heimat-mus.
Pfälzer Str.
Graben-str.
St. Berg-str.
Zittauer Straße
Neu Zittauer Straße
Alte Poststraße
Forststraße
Waldhaus
Forststr.
Kiefernsteg
Seeblick
Buchenw.
Zum Lindwall
Waldstr.
Hohenbinder Str.
Parkstraße
Löcknitz
RE-1
202
420
Bullen-Buschwiese
Die großen Wiesen
12527
(Bez. TREPTOW-KÖPENICK)
Alte Spree
Spree
Streitwall
Kaniswaller
Kaniswall
Freilandlabor Mus.
Wiesen
Petersgraben
Schönschornstein
Heim Gottesschutz
Sonnenweg
Rosenweg
Kinder Bauernhof
Kirchgraben
Alte Hausstelle
Albert-Kiekebusch-Weg
Albert-Kiekebusch-Straße
Hohenbinder Str.
1 = Strandschlossweg
Hohenbinde
2 = Holzflößerweg
Heidelaufer-weg
Gottesbrücker Weg
Poststraße
38
Gosen-Neu Zittau
(zu Amt Spreenhagen)
15537
Alter Fischerw.
Fischerweg
Gosener Hauswiesen
Berliner Straße
Grund-schule
Kiga
Spreebordstraße
Spreebord
Am Wurgel
Geschwister-Scholl-Str.
Gemeindebüro
Friedhof
Walther-Rathenau-Straße
Ortsteil Neu Zittau
(zu Gosen-Neu Zittau)
Wernsdorfer Straße
Kesselberg
Kesselgrund
Friedersdorfer Straße
Am Walde
Burig
Reitanlage
Jägerbude
Wasserwanderstützpunkt
Anschlussstelle Freienbrink
E55
10
7
Steinfurther Straße
Berliner Ring
Steinfurth
Friedhof
Heideweg
Kiefernweg
Forstweg
Paschen Feld
15537
(zu Königs Wusterhausen)
15528
(zu Spreenhagen)
Krengelsberge
57
237
274
5806
5804
5802
416
418
424
428

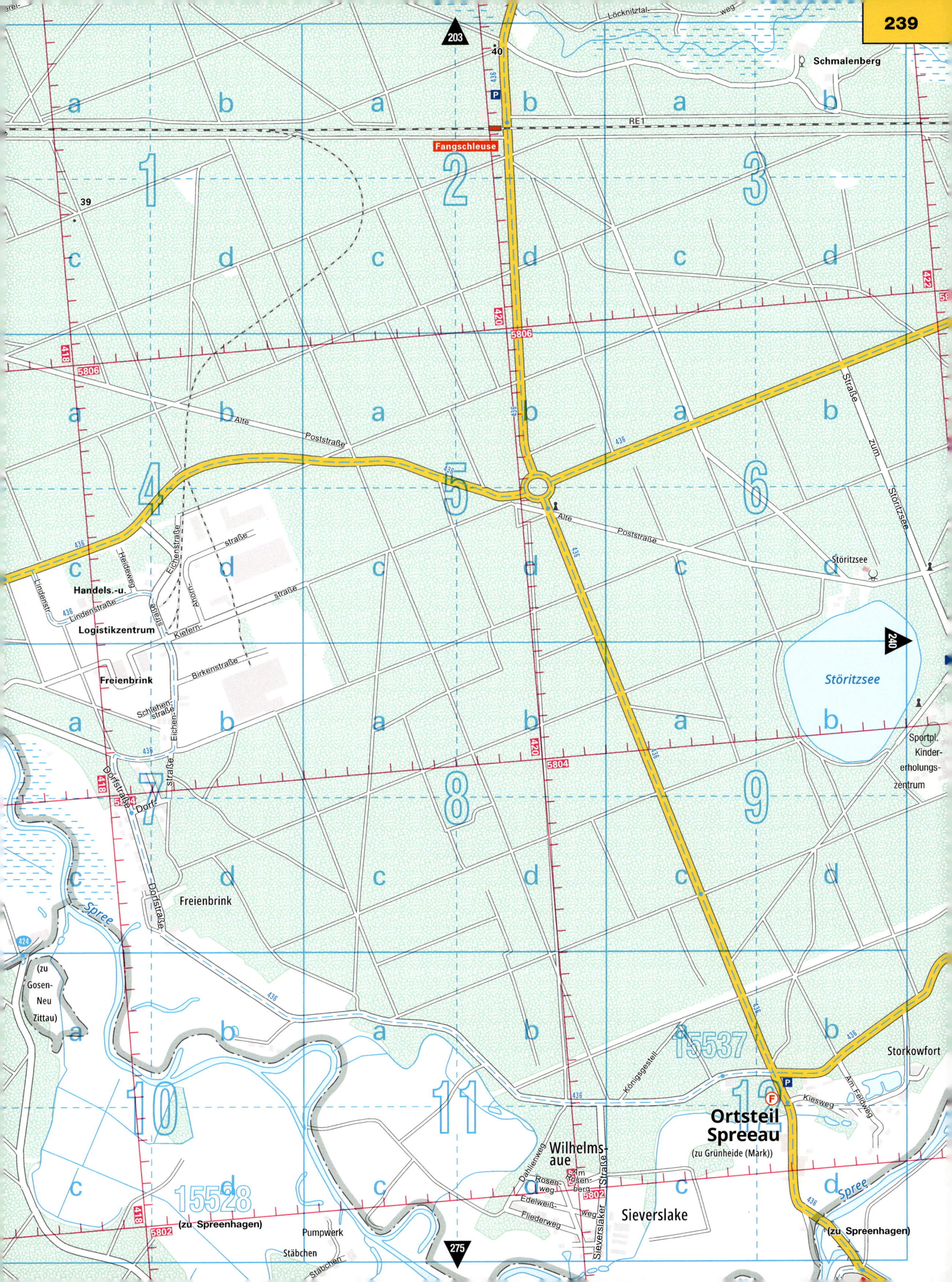

Löcknitztal-weg
Schmalenberg
203
Fangschleuse
RE1
Alte Poststraße
Störitzsee
Handels.-u. Logistikzentrum
Freienbrink
Störitzsee
Sportpl. Kinder-erholungs-zentrum
Spree
(zu Gosen-Neu Zittau)
15537
Storkowfort
Ortsteil Spreeau
(zu Grünheide (Mark))
Wilhelmsaue
Sieverslake
15528
(zu Spreenhagen)
Pumpwerk Stäbchen
240
275

204
RE1
Berliner Landstraße
Wulkower Weg
Tulpenweg
Fasanenweg
Veilchenweg
Spreetal
15537
Wulkow
Gr. Feldweg
Fuchssteg
Spree
Ortsteil
Mönchwinkel
(zu Grünheide (Mark))
Große Dorfstraße
Friedhof
Gemeindehaus
Spreeauer Str.
Neue Waldstraße
Mittelweg
Spreestr.
Spreestraße
Neue Feldstraße
Reihe
Neue Spreeauer Straße
Königsgestell
Straße zum Störitzsee
Buchte
Am Walde
Holzbrücke
239
Störitzsee
Neu Mönchwinkel
Heimatmus.
Sportpl.
Kindererholungszentrum
Großer Kiehnhorst
Wiesenweg
Pumpwerk
Spreewerder
Kl. Wald-str.
Rosenweg
Kleine Gartenstr.
Fasanenstr.
Spreeauer Straße
Kleine Spreestr.
Anglersiedlung
Storkowfort
Kribbe Lake Försterei
Kirchengestell
Friedhof
Kirchhofen
Röthen
Friedh.
276

Umspannanlage
Forsthaus Heidegarten
Hangelsberg
Ortsteil Hangelsberg
(zu Grünheide (Mark))
Kinder-hm.
Friedhof
Berliner Damm
Sportpl.
Hauptstraße
Montessori-schule
FAW-Bildungsstätte
Gem.-haus
Fürstenwalde-West
(zu Hangelsberg)
Gutenbergstr.
Röntgenstraße
Berliner Landstraße
1 = Nordmarkplatz
2 = Kleine Berliner Landstraße
3 = An der Priesterwiesen
Spree
Eichenwall
Friedhof
Bad
Schellhorst-wiesen
Försterei Kleine Heide
Kleine Heide
Trebuser Graben
Königsgestell
Heugestell
Schneisengestell
Steinergestell
Küchengestell
Schellhorstgestell
Neues Gestell
Fürstenwalder Stadtforst
Große Heide
Kirchengestell
Oder-Spree-Kanal
Zum Kanal
Auf der Halbinsel
Bad
Friedhof
Dorfstraße
Bürgerbüro
Braunsdorf
(zu Spreehagen)
15528
Markgrafpieskerstraße
Luisenhof
NSG
Friedhof
Göllmitz
Göllmitz 61
205
242
277

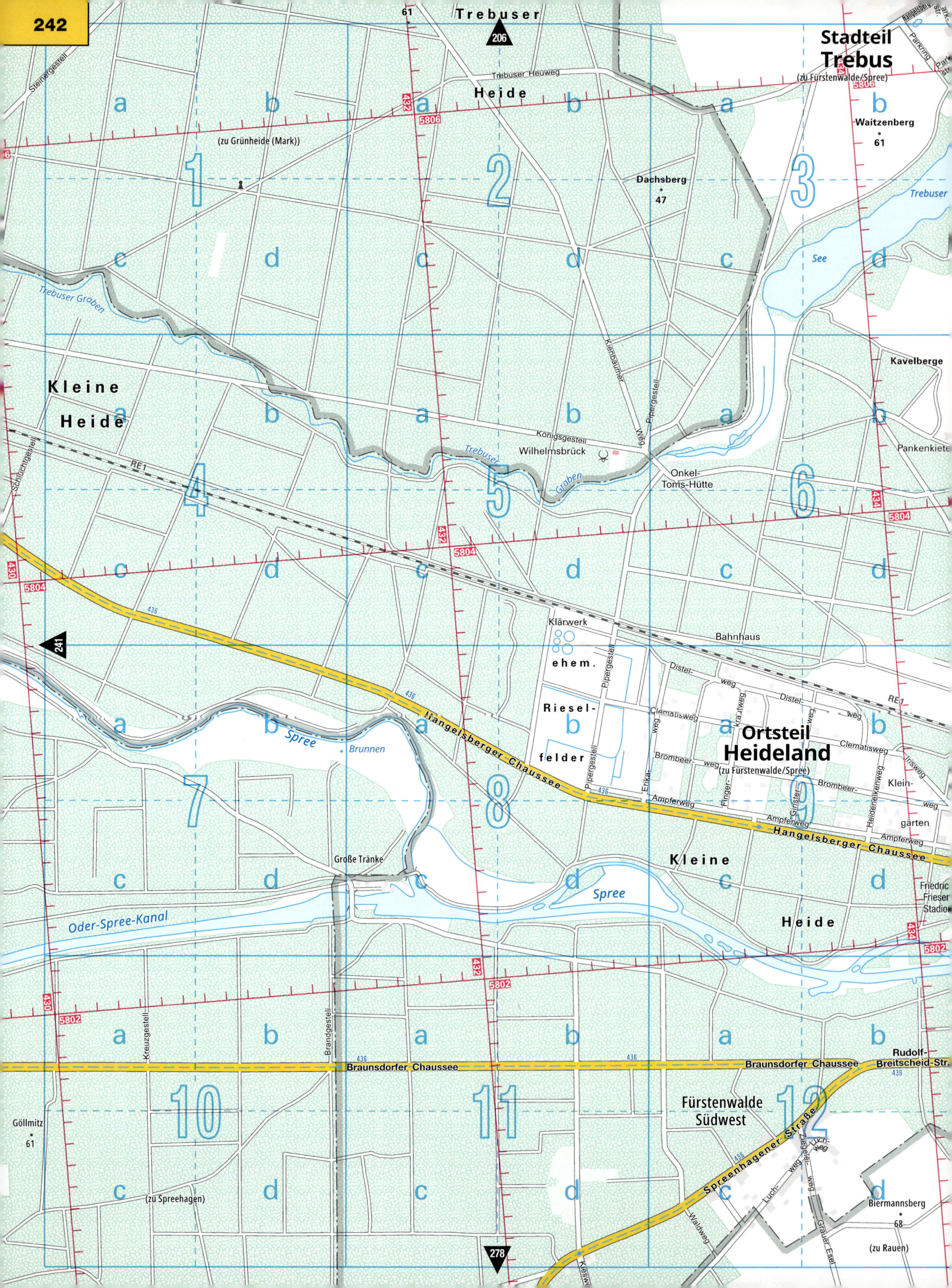
Trebuser
Heide
Stadteil
Trebus
(zu Fürstenwalde/Spree)
Trebuser Heuweg
(zu Grünheide (Mark))
Waitzenberg
61
Dachsberg
47
Trebuser See
Trebuser Graben
Kavelberge
Kleine
Heide
Königsgestell
Wilhelmsbrück
Onkel-
Toms-Hütte
Pankenkiete
RE1
Klärwerk
Bahnhaus
ehem.
Riesel-
felder
Distelweg
Clematisweg
Brombeerweg
Ampferweg
Ortsteil
Heidelanld
(zu Fürstenwalde/Spree)
Klein-
garten
Hangelsberger Chaussee
Spree
Brunnen
Große Tränke
Oder-Spree-Kanal
Kleine
Heide
Braunsdorfer Chaussee
Rudolf-
Breitscheid-Str.
Fürstenwalde
Südwest
Spreenhagener Straße
Göllmitz
61
(zu Spreehagen)
Biermannsberg
68
(zu Rauen)
Kreuzgestell
Brandgestell
Waldweg
Grauer Esel
206
241
278

Sportpl.
Parkstr.
Seeblick
Trebuser See
Reiterhof
Molkenberg
207
5806
Kippe
(zu Steinhöfel)
Chaussee
Fürstenwalder
168
Straße
Schanzengrabenberg
Windkraftanlagen
Solarpark
Buchholzer Chaussee
Palmnicken
Teufelspfuhl
Oberstufenzentrum Oder-Spree
Molkenberger Straße
Stadtteil Nord
(zu Fürstenwalde/Spree)
Siedlung
Trebuser Straße
KiTa
ehem. Halde
Umspannwerk
Amselweg
Weinbergshöhe
Weinberge
Rebstockstr.
Steinhöfeler
K.-Liebknecht-Straße
Weinbergsgrund
Triftstraße
Straßenmeisterei
Gewerbegebiet
Hegelstraße
Waldfriedhof
Straßenverkehrsa. Kfz-Zulassung
Gewerbegebiet
Pintsch
R.-Harbig-Stadion
Sportpl.
Spaßbad "Schwapp"
Gagarin-Straße
Juri-
Joh.-Seb.-Bach-Str.
Ausbau Ost
Kleingärten
244
Heimattiergarten
Jugendclub
Stadtpark
Freilichtbühne
Fürstenwalde (Spree)
E.-Jopp-Straße
Ehrenfried-Jopp-Straße
Hangelsberger Chaussee
Friedrich-Friesen-Stadion
Wilhelm-Külz-Str.
Karl-Marx-Str.
Seelower Str.
Kirchhofstraße
11 = Henry-Hall-Straße
12 = Am Nordstern
(Fürstenwalder Spree)
15517
Fürstenwalde/Spree
Stadtteil Mitte
(zu Fürstenwalde/Spree)
Gewerbegeb. Lindenstraße
Solarpark
Zoll
Frankfurter Straße
Altstadtbrücke
St.-Marien-Dom Kulturfabrik
Rudolf-Breitscheid-Straße
Lützowring
Lindenstraße
Erich-Weinert-Straße
Cityplan S.39
Schleuse
Treidelbr.
Spreebrücke
Gewerbegebiet Lindenstraße-Süd
August-Bebel-Straße
Langewahler Straße
Gewerbegeb. Langewahler Str.
Friedhof
Kleingärten
15518
Karlshöhe
Rauener Str.
279
Gewerbegeb. Tränkeweg
Tränkeweg
Reifenwerk-

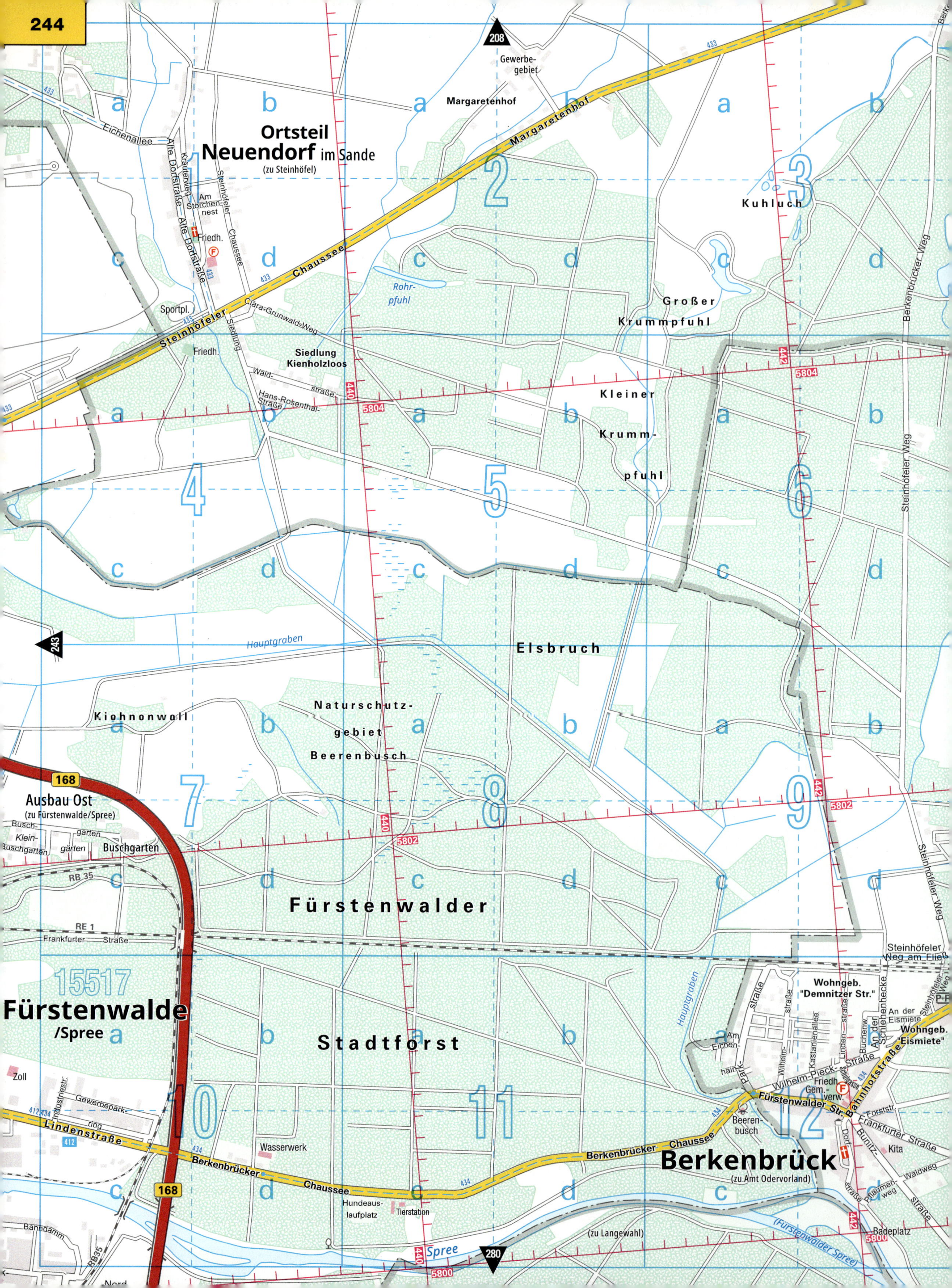

Ortsteil
Neuendorf im Sande
(zu Steinhöfel)
Gewerbegebiet
Margaretenhof
Margaretenhof
Eichenallee
Krautweg
Alte Dorfstraße
Am Storchennest
Steinhöfeler Chaussee
Friedh.
Chaussee
Rohrpfuhl
Kuhluch
Großer Krummpfuhl
Berkenbrücker Weg
Sportpl.
Steinhöfeler
Clara-Grunwald-Weg
Siedlung
Friedh.
Siedlung Kienholzloos
Waldstraße
Hans-Rosenthal-Straße
Kleiner Krummpfuhl
Steinhöfeler Weg
Hauptgraben
Elsbruch
Kiehnonwall
Naturschutzgebiet Beerenbusch
Ausbau Ost
(zu Fürstenwalde/Spree)
Buschgarten
Kleingärten
Buschgarten
Buschgarten
Fürstenwalder
RB 35
RE 1
Frankfurter Straße
Steinhöfeler Weg am Fließ
15517
Fürstenwalde
/Spree
Stadtforst
Hauptgraben
Wohngeb. "Demnitzer Str."
Wohngeb. "Eismiete"
Zoll
Industriestr.
Gewerbeparkring
Lindenstraße
Wasserwerk
Berkenbrücker Chaussee
Chaussee
Hundeauslaufplatz
Tierstation
Berkenbrücker Chaussee
Fürstenwalder Str.
Wilhelm-Pieck-Straße
Bahnhofstraße
Beerenbusch
Berkenbrück
(zu Amt Odervorland)
Frankfurter Straße
Kita
Waldweg
Badeplatz
(zu Langewahl)
Spree
(Fürstenwalder Spree)
Bahndamm
168
208
243
280

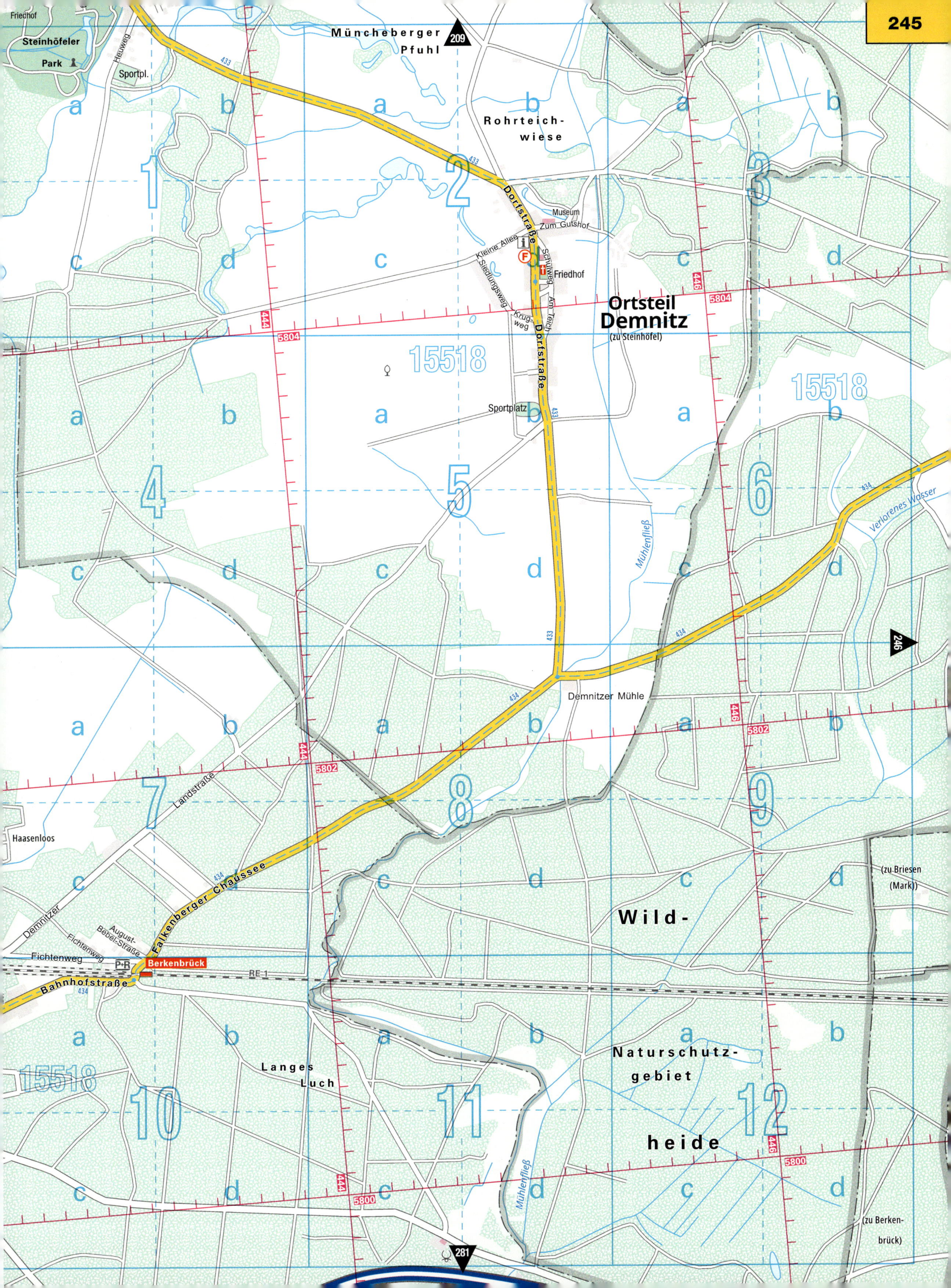

Friedhof
Steinhöfeler Park
Heuweg
Sportpl.
Müncheberger Pfuhl
209
Rohrteichwiese
Dorfstraße
Museum
Zum Gutshof
Kleine Allee
Siedlungsweg
Schulweg
Friedhof
Am Teich
Krugweg
Ortsteil Demnitz
(zu Steinhöfel)
15518
Sportplatz
Mühlenfließ
Verlorenes Wasser
246
Demnitzer Mühle
Landstraße
Haasenloos
Falkenberger Chaussee
Demnitzer
August-Bebel-Straße
Fichtenweg
P+R
Berkenbrück
RE 1
Bahnhofstraße
(zu Briesen (Mark))
Wildheide
Naturschutzgebiet
Langes Luch
(zu Berkenbrück)
281

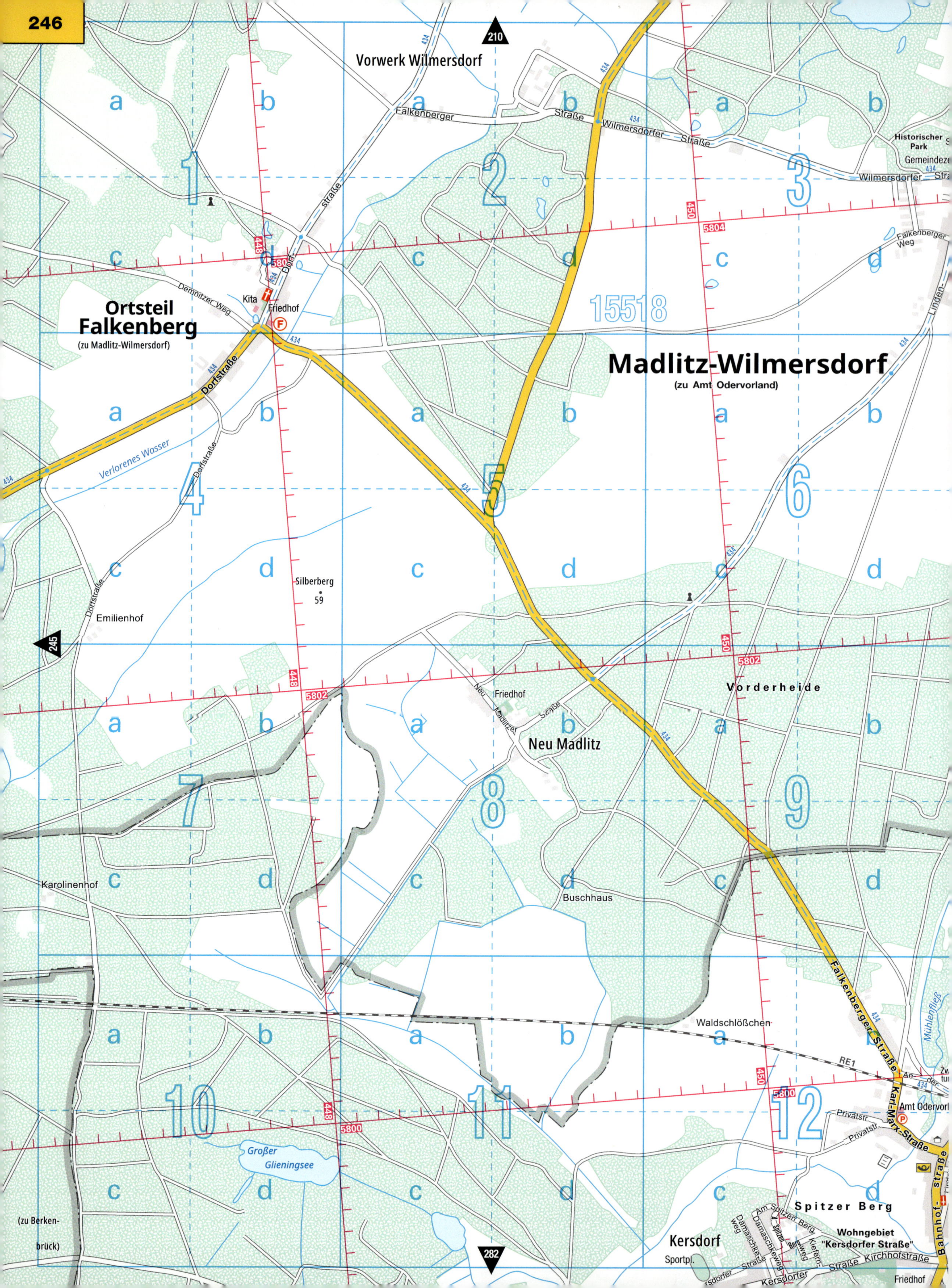

210
Vorwerk Wilmersdorf
Falkenberger Straße
Wilmersdorfer Straße
Historischer Park
Wilmersdorfer Straße
Falkenberger Weg
Demnitzer Weg
Kita
Friedhof
Ortsteil Falkenberg
(zu Madlitz-Wilmersdorf)
Dorfstraße
15518
Madlitz-Wilmersdorf
(zu Amt Odervorland)
Verlorenes Wasser
Dorfstraße
Silberberg
59
Emilienhof
245
Friedhof
Neu Madlitzer Straße
Neu Madlitz
Vorderheide
Karolinenhof
Buschhaus
Waldschlößchen
Falkenberger Straße
RE1
Karl-Marx-Straße
Amt Odervorland
Privatstr.
Großer Glieningsee
(zu Berkenbrück)
282
Spitzer Berg
Am Spitzen Berg
Wohngebiet "Kersdorfer Straße"
Kersdorf
Sportpl.
Damaschkeweg
Kirchhofstraße
Kersdorfer Straße
Friedhof
Bahnhofstraße
Mühlenfließ

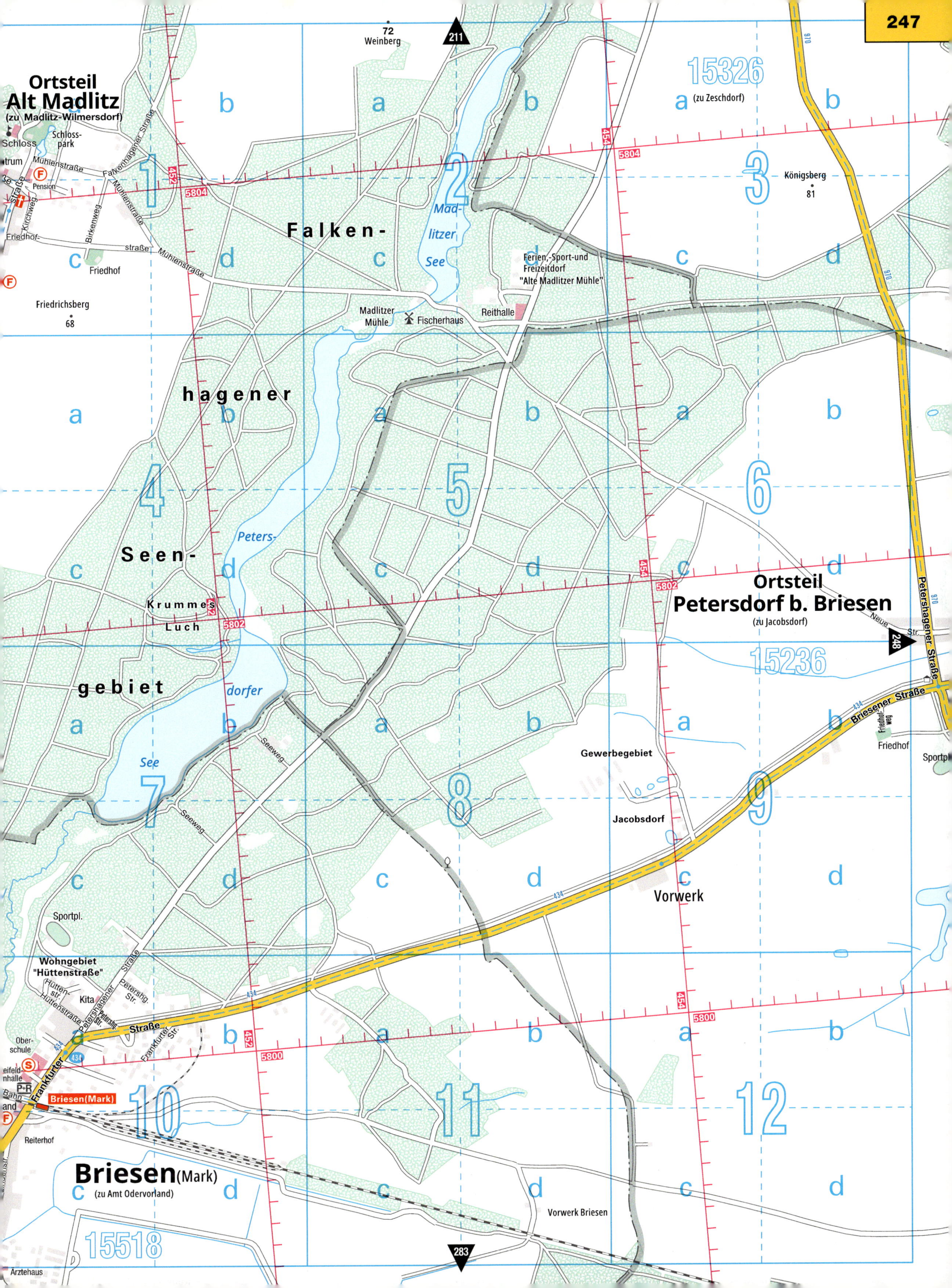
Ortsteil
Alt Madlitz
(zu Madlitz-Wilmersdorf)
Schloss
Schloss-
park
Mühlenstraße
Falkenhagener Straße
Mühlenstraße
Pension
Kirchweg
Birkenweg
Friedhof-
straße
Friedhof
Friedrichsberg
68
72
Weinberg
211
Falken-
hagener
Seen-
gebiet
Mad-
litzer
See
Peters-
dorfer
See
Krummes
Luch
Seeweg
Madlitzer
Mühle
Fischerhaus
Reithalle
Ferien,-Sport-und
Freizeitdorf
"Alte Madlitzer Mühle"
15326
(zu Zeschdorf)
Königsberg
81
Ortsteil
Petersdorf b. Briesen
(zu Jacobsdorf)
Neue
Str.
248
15236
Petershagener Straße
Briesener Straße
Friedhof
Sportpl.
Gewerbegebiet
Jacobsdorf
Vorwerk
Sportpl.
Wohngebiet
"Hüttenstraße"
Hütten-
str.
Hüttenstraße
Petershagener
Kita
Petersh.
Str.
Straße
Frankfurter
Str.
Ober-
schule
P+R
Briesen(Mark)
Reiterhof
Briesen(Mark)
(zu Amt Odervorland)
15518
Vorwerk Briesen
283
Ärztehaus

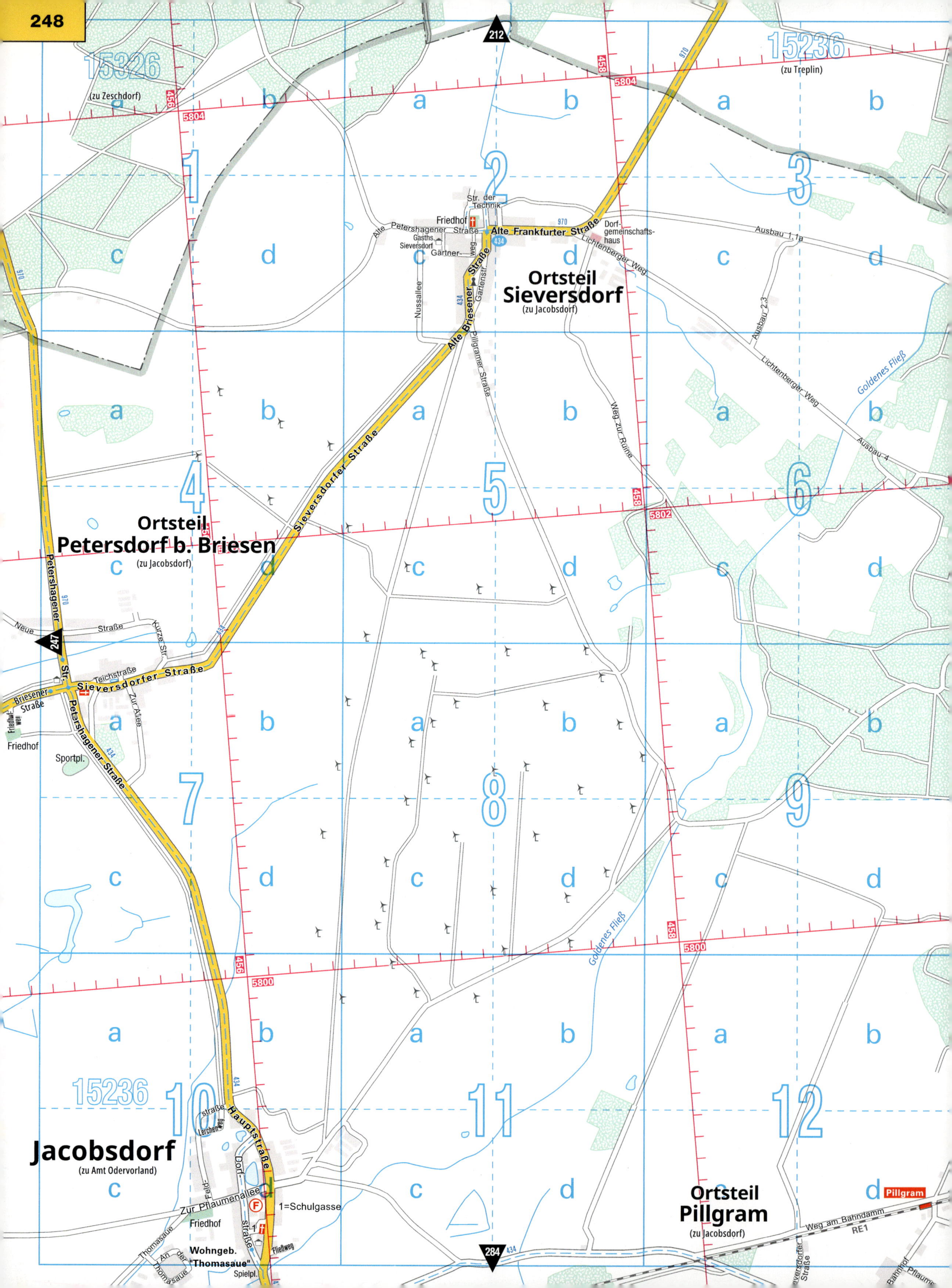
15326
(zu Zeschdorf)
15236
(zu Treplin)
Ortsteil
Sieversdorf
(zu Jacobsdorf)
Str. der Technik
Friedhof
Alte Petershagener Straße
Gasths. Sieversdorf
Gärtnerweg
Alte Frankfurter Straße
Dorfgemeinschaftshaus
Lichtenberger Weg
Ausbau 1.1a
Nussallee
Alte Briesener Straße
Gartenstr.
Pillgramer Straße
Ausbau 2.3
Weg zur Ruine
Goldenes Fließ
Ausbau 4
Sieversdorfer Straße
Ortsteil
Petersdorf b. Briesen
(zu Jacobsdorf)
Petershagener Str.
Neue Straße
Kurze Str.
Teichstraße
Sieversdorfer Straße
Briesener Straße
Petershagener Straße
Zur Allee
Friedhof
Sportpl.
Goldenes Fließ
15236
Jacobsdorf
(zu Amt Odervorland)
Hauptstraße
Lerchenweg
Dorfstraße
Feldstraße
Zur Pflaumenallee
1=Schulgasse
Friedhof
Thomasaue
An der Thomasaue
Wohngeb. "Thomasaue"
Spielpl.
Fließweg
Ortsteil
Pillgram
(zu Jacobsdorf)
Pillgram
Weg am Bahndamm
RE1
Sieversdorfer Straße
Bahnhof
Pflaume
212
247
284
5804
5802
5800
456
458
970
434

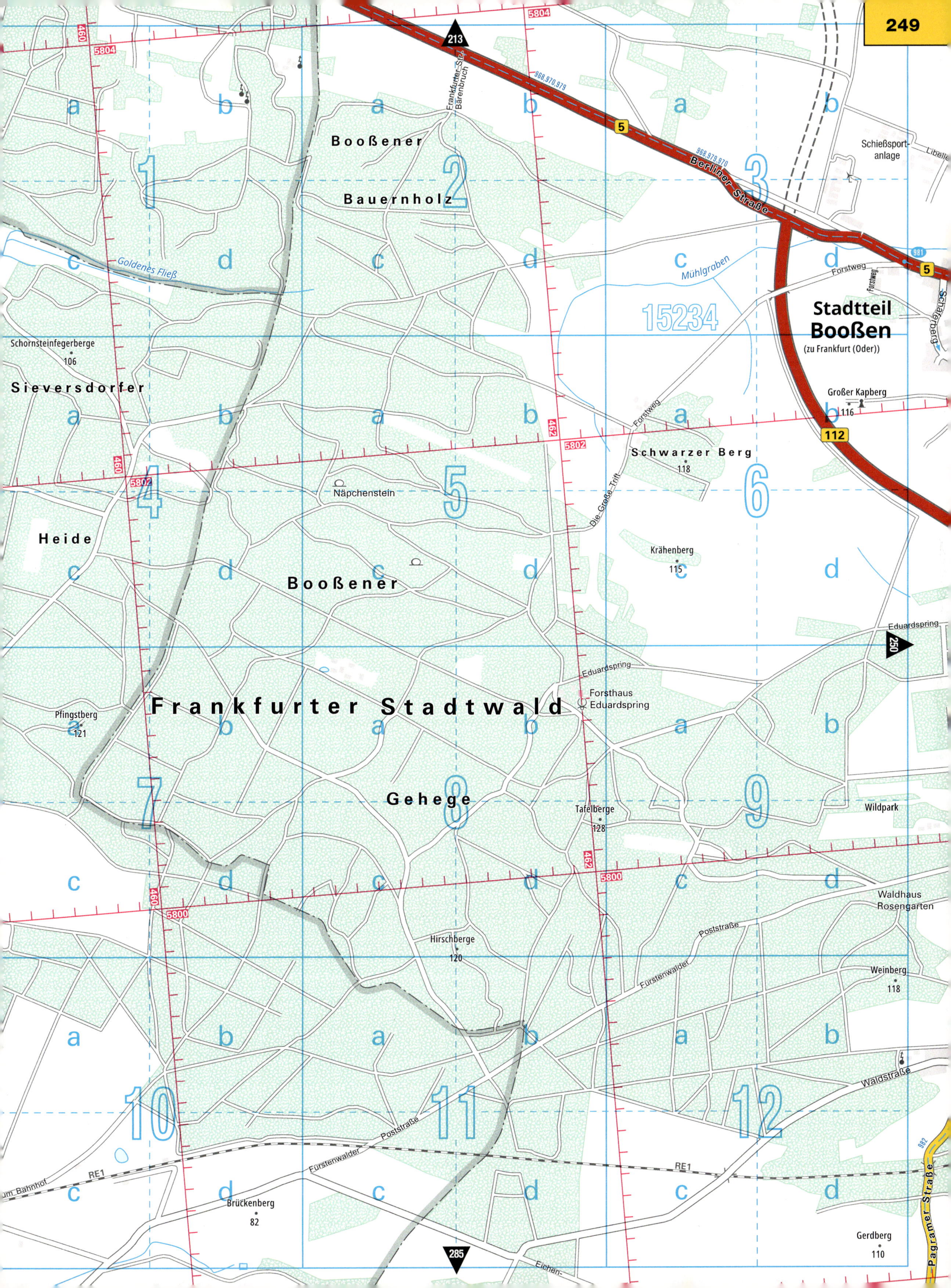

Boßener
Bauernholz
Goldenes Fließ
Frankfurter-Str. Bärenbruch
Berliner Straße
Schießsport-anlage
Mühlgraben
15234
Forstweg
Stadtteil Booßen
(zu Frankfurt (Oder))
Schäferberg
Großer Kapberg
116
Schornsteinfegerberge
106
Sieversdorfer
Schwarzer Berg
118
Näpchenstein
Die-Große-Trift
Heide
Krähenberg
115
Booßener
Eduardspring
Frankfurter Stadtwald
Forsthaus Eduardspring
Pfingstberg
121
Gehege
Tafelberge
128
Wildpark
Waldhaus Rosengarten
Poststraße
Hirschberge
120
Fürstenwalder
Weinberg
118
Waldstraße
Poststraße
Fürstenwalder
RE1
Brückenberg
82
Gerdberg
110
Pagramer Straße
Eichen-

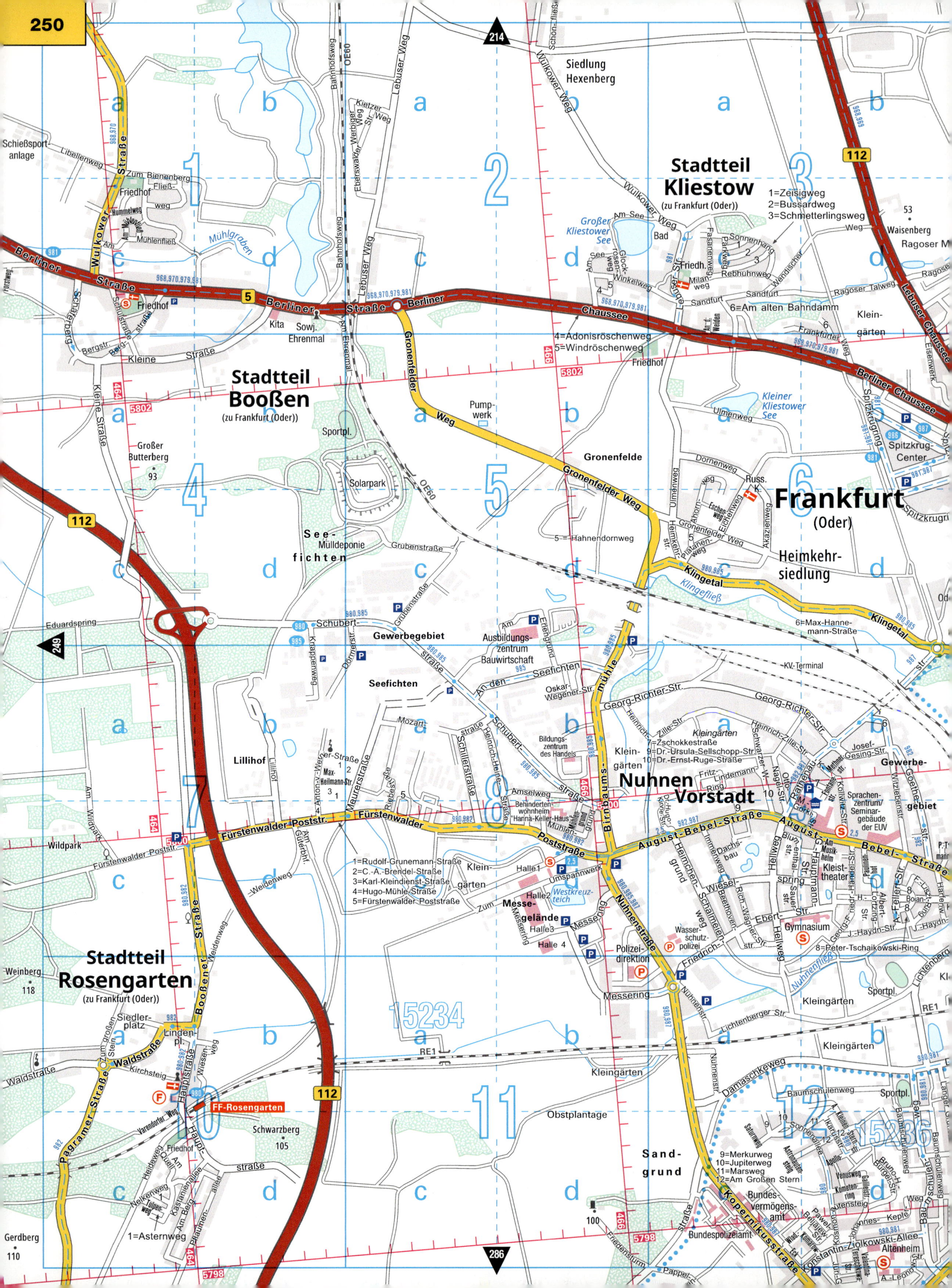

Stadtteil Kliestow
(zu Frankfurt (Oder))
Stadtteil Booßen
(zu Frankfurt (Oder))
Frankfurt (Oder)
Nuhnen Vorstadt
Stadtteil Rosengarten
(zu Frankfurt (Oder))
Siedlung Hexenberg
Gronenfelde
Heimkehr-siedlung
Seefichten
Gewerbegebiet
Sandgrund
Berliner Straße
Berliner Chaussee
Gronenfelder Weg
Klingetal
Fürstenwalder Poststr.
August-Bebel-Straße
Nuhnenstraße
Kopernikusstraße
Booßener Straße
Wulkower Weg
Lebuser Weg
Birnbaums-mühle
Schubertstraße
Solarpark
See-Mülldeponie fichten
Messegelände
Polizei-direktion
Gymnasium
Kleist-theater
Spitzkrug-Center
Bundespolizeiamt
Bundesvermögensamt
FF-Rosengarten
Schwarzberg 105
Großer Butterberg 93
Weinberg 118
Gerdberg 110
15234
15236
1=Zeisigweg
2=Bussardweg
3=Schmetterlingsweg
4=Adonisröschenweg
5=Windröschenweg
6=Am alten Bahndamm
1=Rudolf-Grunemann-Straße
2=C.-A.-Brendel-Straße
3=Karl-Kleindienst-Straße
4=Hugo-Mühle-Straße
5=Fürstenwalder Poststraße
7=Zschokkestraße
9=Dr.-Ursula-Sellschopp-Str.
10=Dr.-Ernst-Ruge-Straße
6=Max-Hannemann-Straße
8=Peter-Tschaikowski-Ring
9=Merkurweg
10=Jupiterweg
11=Marsweg
12=Am Großen Stern
1=Asternweg
5=Hahnendornweg
214
249
286
112
5

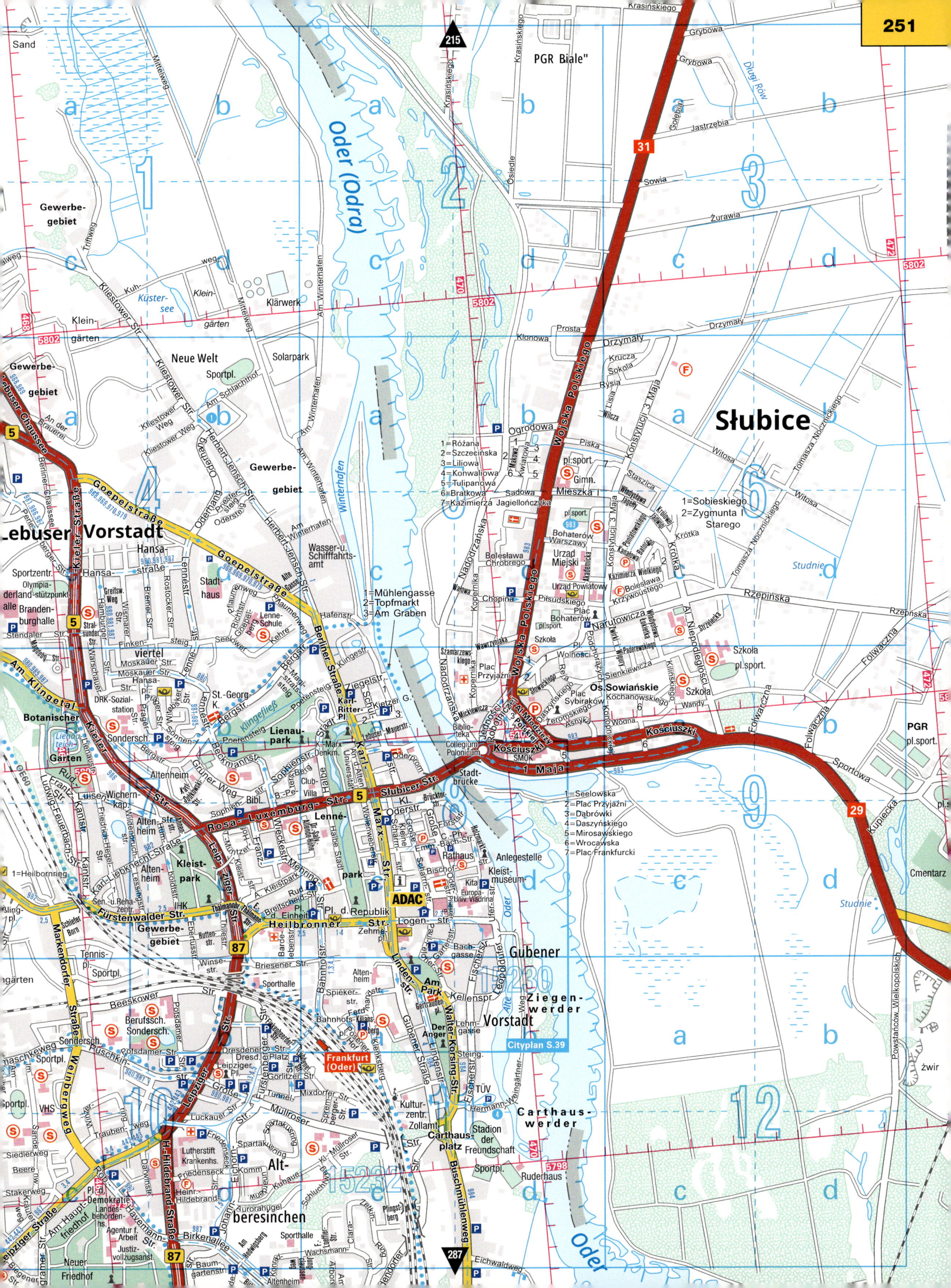

Sand
PGR Biale"
Oder (Odra)
Gewerbe-
gebiet
Küster-
see
Kleingärten
Klärwerk
Solarpark
Neue Welt
Sportpl.
Gewerbe-
gebiet
Lebuser Vorstadt
Goepelstraße
Kieler Straße
Hansa-
straße
Hansaviertel
Sportzentr.
Olympia-
stützpunkt
Brandenburghalle
Botanischer Garten
Lienau-
park
Kleist-
park
Lenné-
park
Stadt-
haus
Winterhafen
Wasser-u.
Schifffahrts-
amt
1=Mühlengasse
2=Topfmarkt
3=Am Graben
Karl-Marx-Str.
Berliner Straße
Rosa-Luxemburg-Str.
Stubicer Str.
Stadt-
brücke
Rathaus
ADAC
Anlegestelle
Kleist-
museum
Heilbronner Str.
Fürstenwalder Str.
Leipziger Str.
Gubener Vorstadt
Ziegen-
werder
Cityplan S.39
Frankfurt (Oder)
Carthaus-
werder
Carthaus-
platz
Stadion
der
Freundschaft
Ruderhaus
Alt-
beresinchen
Lutherstift
Krankenhs.
Neuer
Friedhof
Markendorfer Straße
Weinbergweg
Buschmühlenweg
H.-Hildebrand-Straße
1=Heilbronnring
Słubice
Wojska Polskiego
Drzymały
Ogrodowa
1=Różana
2=Szczecińska
3=Liliowa
4=Konwaliowa
5=Tulipanowa
6=Bratkowa
7=Kazimierza Jagiellończyka
Mieszka I
Urząd
Miejski
Urząd Powiatowy
Piłsudskiego
Plac
Bohaterów
Narutowicza
Rzepińska
1=Sobieskiego
2=Zygmunta
Starego
Os.Sowiańskie
Kościuszki
1 Maja
Collegium
Polonicum
Plac
Przyjaźni
1=Seelowska
2=Plac Przyjaźni
3=Dąbrówki
4=Daszyńskiego
5=Mirosawskiego
6=Wrocawska
7=Plac Frankfurcki
Szkoła
pl.sport.
PGR
pl.sport.
Folwarczna
Sportowa
Kupiecka
Cmentarz
Studnie
Żwir
Grybowa
Jastrzębia
Sowia
Żurawia
Długi Rów
Krasińskiego
215
287
31
29
5
87
5802
5798
1
2
3
4
5
6
7
8
9
10
11
12
15230
15232

Woltersdorf
(zu Bensdorf)
14789
Roberdam
Plauer Straße
Chausseestraße
216
Stadtteil Plaue
(zu Brandenburg a. d. Havel)
Plauer Schloss
Schlosspark Plaue
Margaretenhof
Plauer Schleuse
Woltersdorfer Altkanal
Dorotheenhof
Großer
Wendsee
Kirchmöser West
Heideberg
36
Elbe-Havel-Kanal
Tiergarten
Industriegebiet
Kirchmöser Nord
Kl. Wendsee
Ind.- und Gew.Geb.
Kirchmöser Süd
Wusterwitz
Heiliger See
Stadtteil Kirchmöser
(zu Brandenburg a. d. Havel)
Werder
Wusterwitzer See
Wusterwitz
(zu Amt Wusterwitz)
14789
Mühlenberg
61
Eggertsberg
Zolchberge
288

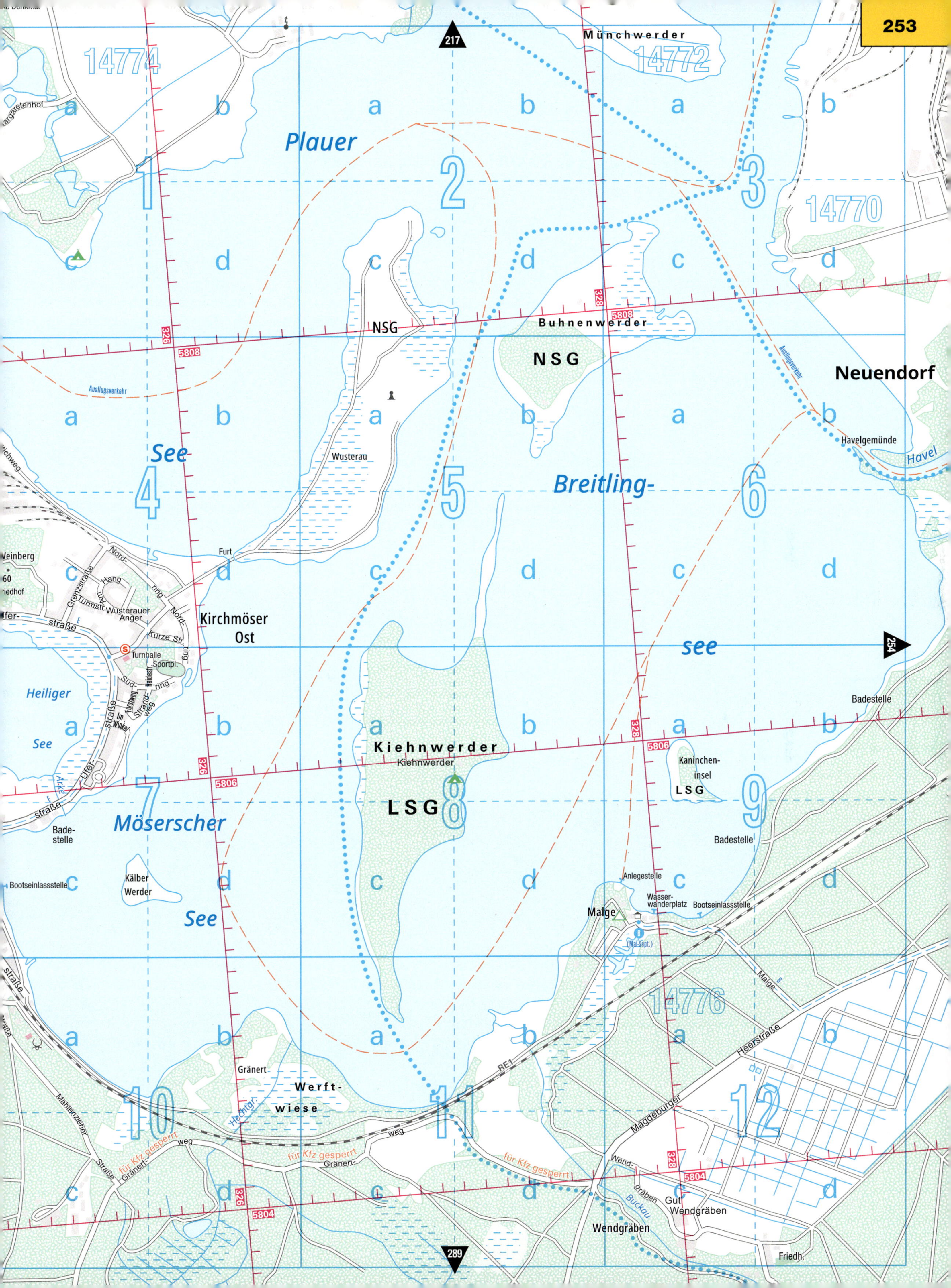

217
Münchwerder
14774
14772
14770
Plauer
See
Breitling-
see
NSG
Buhnenwerder
Neuendorf
Havelgemünde
Havel
Wusterau
Furt
Kirchmöser
Ost
Kiehnwerder
LSG
Kaninchen-
insel
Heiliger
Möserscher
Kälber
Werder
Bade-
stelle
Badestelle
Bootseinlassstelle
Anlegestelle
Wasser-
wanderplatz
Malge
14776
Heerstraße
Magdeburger
Gränert
Werft-
wiese
für Kfz gesperrt
Gränert-
weg
Wend-
gräben
Buckau
Gut
Wendgräben
Wendgräben
Friedh.
254
289
Weinberg
Turnhalle
Sportpl.
Ausflugsverkehr

Umspannwerk Brandenburg West
Brandenburger Elektrostahlwerke
Solarpark
Industriegebiet "Caasmannstraße"
14770
Brandenburg an der Havel
Niedere Havel
Caasmannstraße
Sportplatz
Recycling-anlage
Tierheim
Kleingärten
Festpl.
Sporthalle
Otto-Sidow-Straße
Franz-Ziegler-Straße
Wilhelmsdorfer Straße
1=Baebenrothufer
Meyerstraße
Kochowstraße
Landstraße
Göttiner Str.
Rats-weg
Windmühlenweg
Am Anger
Neuendorf
Seechen
Brandenburger Niederhavel
Havel
Anlegestelle
Buhnenhaus
Plane
Planeweg
Rohrbruch
Hagelberg
Feldstraße
Göttiner Landstraße
Schmöllner Weg
Libellenweg
Immenweg
Grüner Weg
Sandfurthweg
Pfefferländer Weg
Ziesarer Landstraße
Wilhelmsdorfer Landstraße
Kleingärten
Siedlung Eigene Scholle
Badestelle
Am Rehhagen
Pyramide
Naturschutzzentrum
Turnhalle
Krugpark
VHS
Bildungswerk
Friedhof
Seniorenheim
Wilhelmsdorf
Heerstraße
Magdeburger
Eichhorstweg
Neumanns Vorwerk
Brandenburger Straße
Eichspitzbrücke
Tierheim
Göttiner Bahnhofstr.
Reckahner Straße
Göttiner Schulstraße
Alte Plane
Sandfurtgraben
Grüninger Landstraße
Sand
Brandenburger Neustädtische Heide
218
253
290
5808
5806
5804
330
332

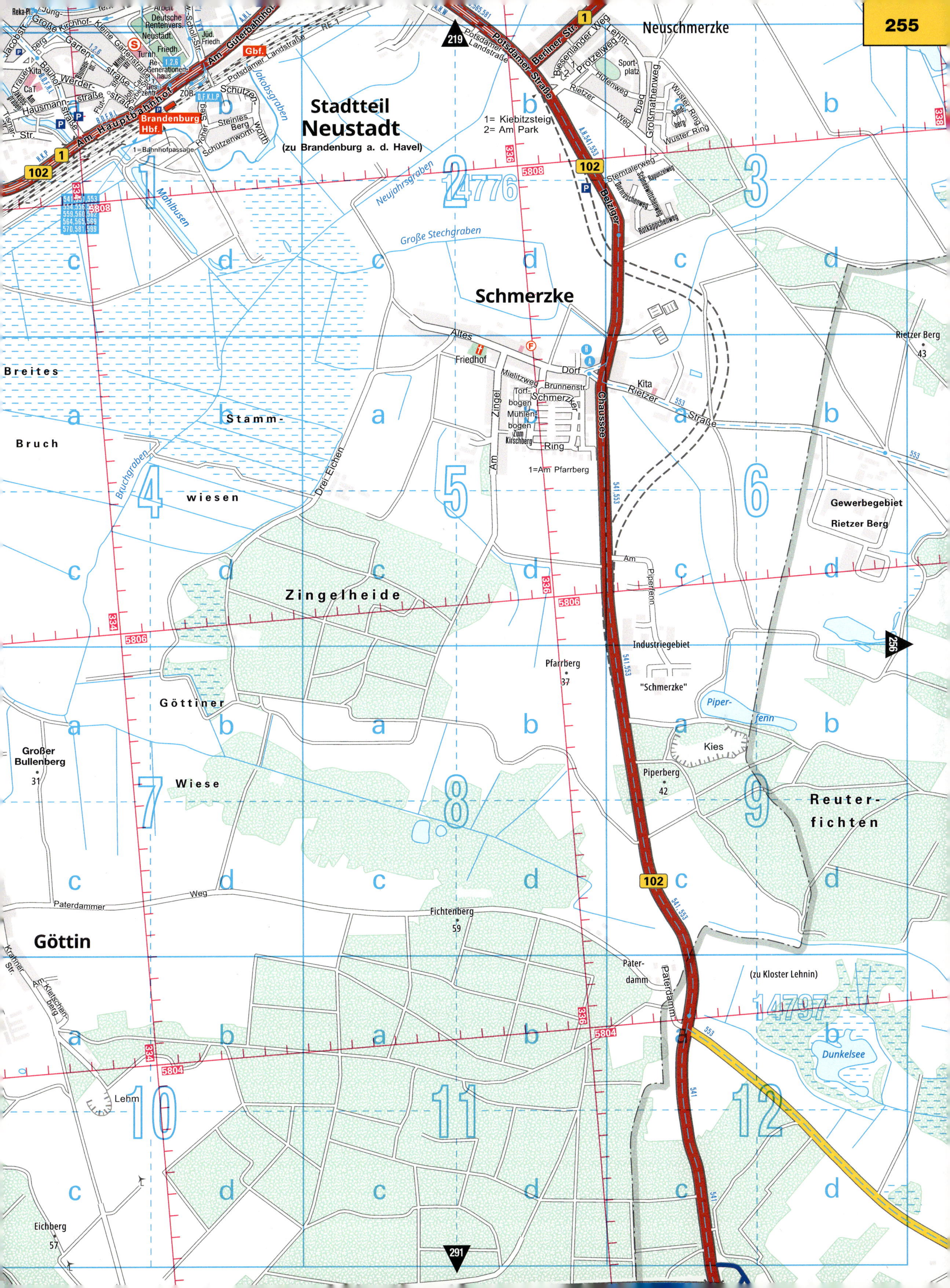

Neuschmerzke
Stadtteil
Neustadt
(zu Brandenburg a. d. Havel)
Brandenburg Hbf.
Potsdamer Straße
Berliner Str.
1= Kiebitzsteig
2= Am Park
14776
Neujahrsgraben
Große Stechgraben
Mahlbusen
Schmerzke
Friedhof
Altes Dorf
Rietzer Straße
Kita
Chaussee
Bauer Chaussee
Breites
Bruch
Stamm-
wiesen
Bruchgraben
Drei Eichen
Zingel
1=Am Pfarrberg
Gewerbegebiet
Rietzer Berg
Rietzer Berg
43
Zingelheide
Industriegebiet
"Schmerzke"
Pfarrberg
37
Piperfenn
Kies
Piperberg
42
Göttiner
Wiese
Großer
Bullenberg
31
Reuter-
fichten
Paterdammer Weg
Fichtenberg
59
Göttin
Pater-
damm
(zu Kloster Lehnin)
14797
Dunkelsee
Lehm
Eichberg
57
219
256
291
102

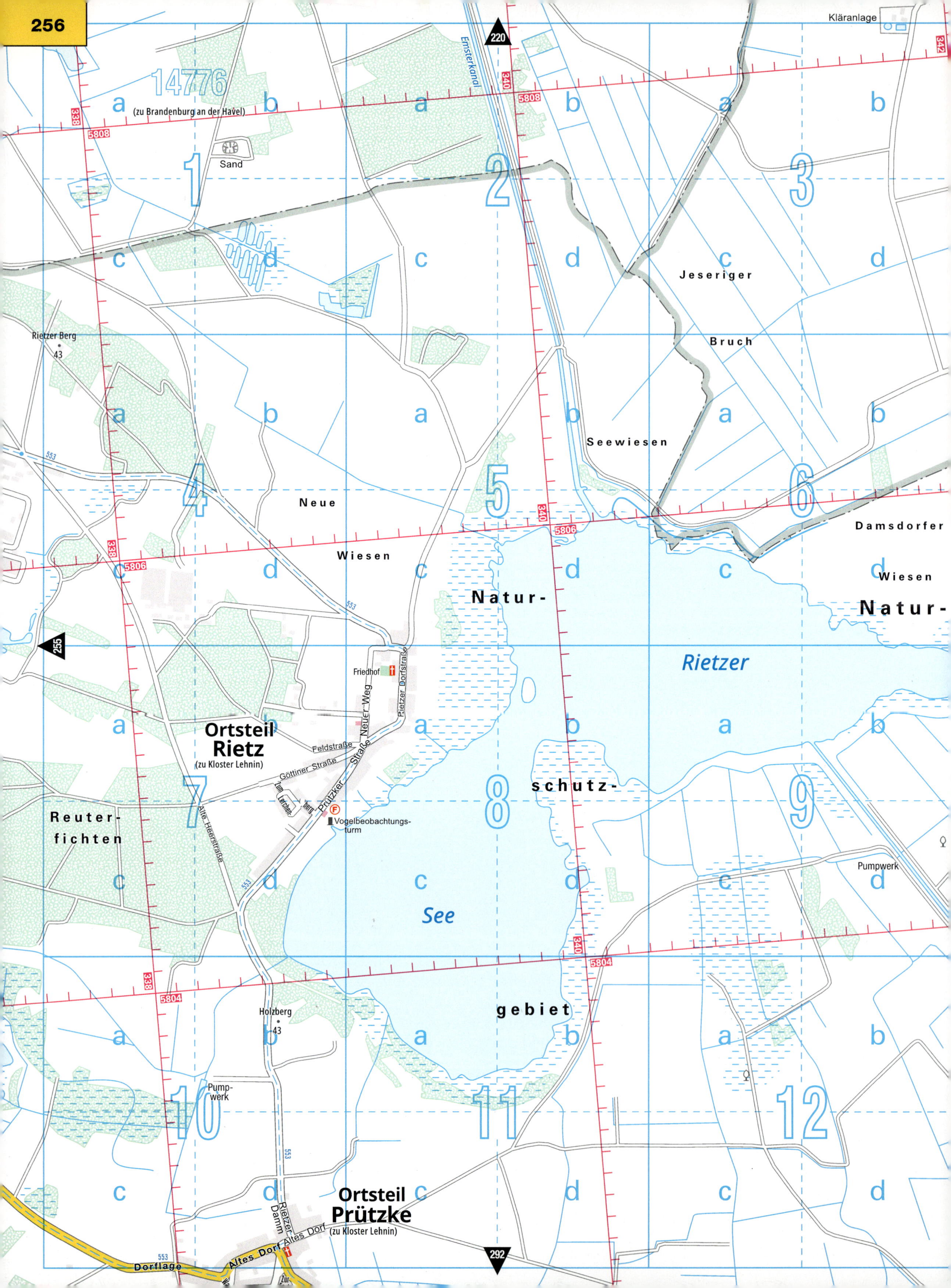
14776
(zu Brandenburg an der Havel)
Sand
Emsterkanal
Kläranlage
Jeseriger
Bruch
Seewiesen
Rietzer Berg
43
Neue
Wiesen
Damsdorfer
Wiesen
Natur-
Natur-
Rietzer
Friedhof
Ortsteil
Rietz
(zu Kloster Lehnin)
Feldstraße
Göttiner Straße
Neuer Weg
Prützker Straße
Rietzer Dorfstraße
Alte Heerstraße
Reuter-
fichten
Vogelbeobachtungs-
turm
schutz-
Pumpwerk
See
gebiet
Holzberg
43
Pump-
werk
Ortsteil
Prützke
(zu Kloster Lehnin)
Rietzer Damm
Altes Dorf
Dorflage

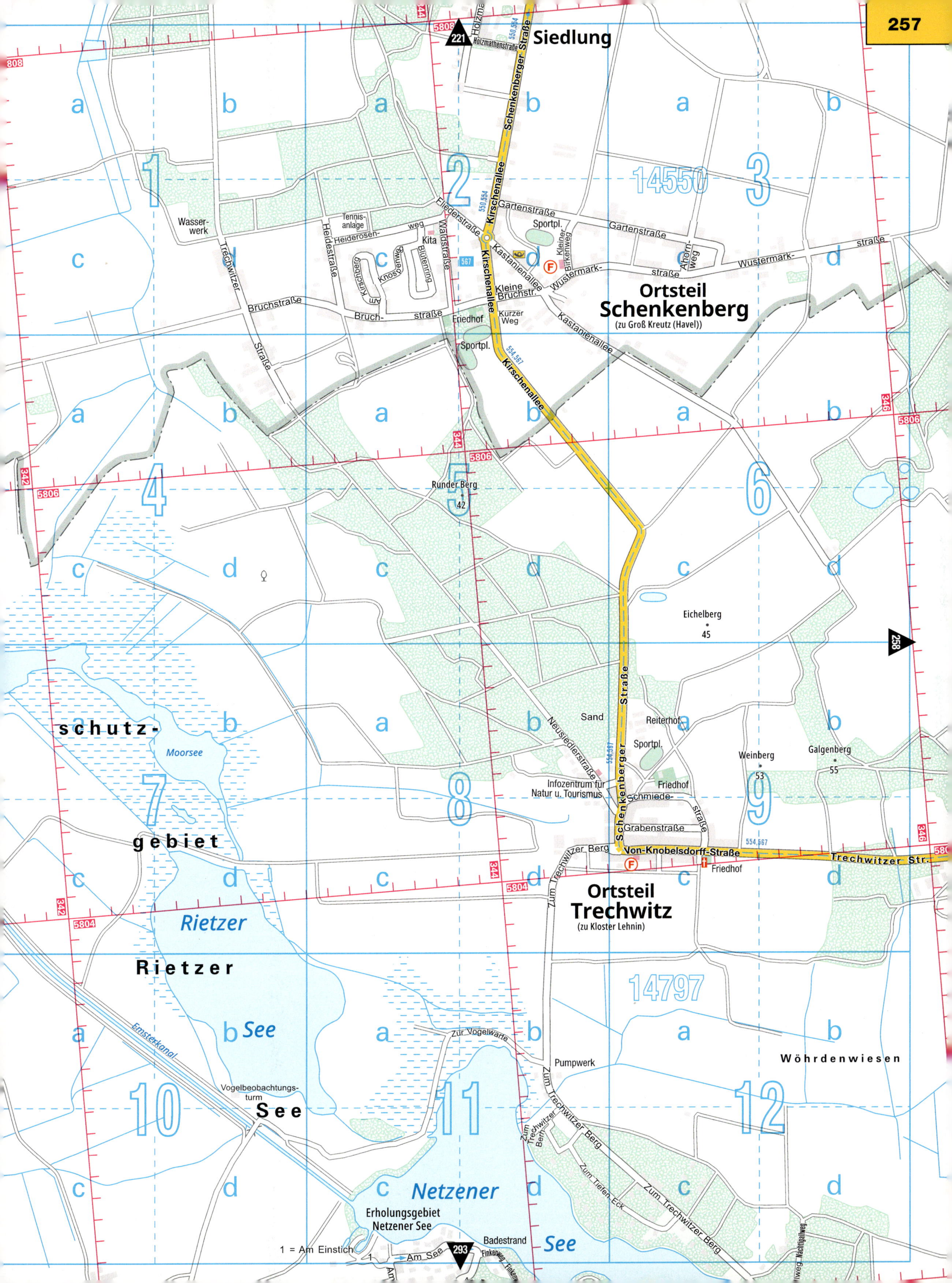
Siedlung
221
Holzmathenstraße
Schenkenberger Straße
Kirschenallee
Gartenstraße
Sportpl.
Tennis-anlage
Heiderosenweg
Kita
Wasser-werk
Heidestraße
Waldstraße
Eliederstraße
Kastanienallee
Kleiner Birkenweg
Ahornweg
Wustermarkstraße
Trechwitzer Straße
Bruchstraße
Kleine Bruchstr.
Kurzer Weg
Friedhof
Ortsteil
Schenkenberg
(zu Groß Kreutz (Havel))
14550
Runder Berg
42
Eichelberg
45
258
schutz-
gebiet
Moorsee
Sand
Reiterhof
Sportpl.
Neusiedlerstraße
Infozentrum für Natur u. Tourismus
Friedhof
Schmiedestraße
Grabenstraße
Weinberg
53
Galgenberg
55
Zum Trechwitzer Berg
Von-Knobelsdorff-Straße
Trechwitzer Str.
Friedhof
Ortsteil
Trechwitz
(zu Kloster Lehnin)
Rietzer
Rietzer
See
14797
Emsterkanal
Zur Vogelwarte
Pumpwerk
Wöhrdenwiesen
Vogelbeobachtungs-turm
See
Zum Trechwitzer Berg
Zum Tiefen Eck
Netzener
See
Erholungsgebiet Netzener See
Badestrand
1 = Am Einstich
Am See
293

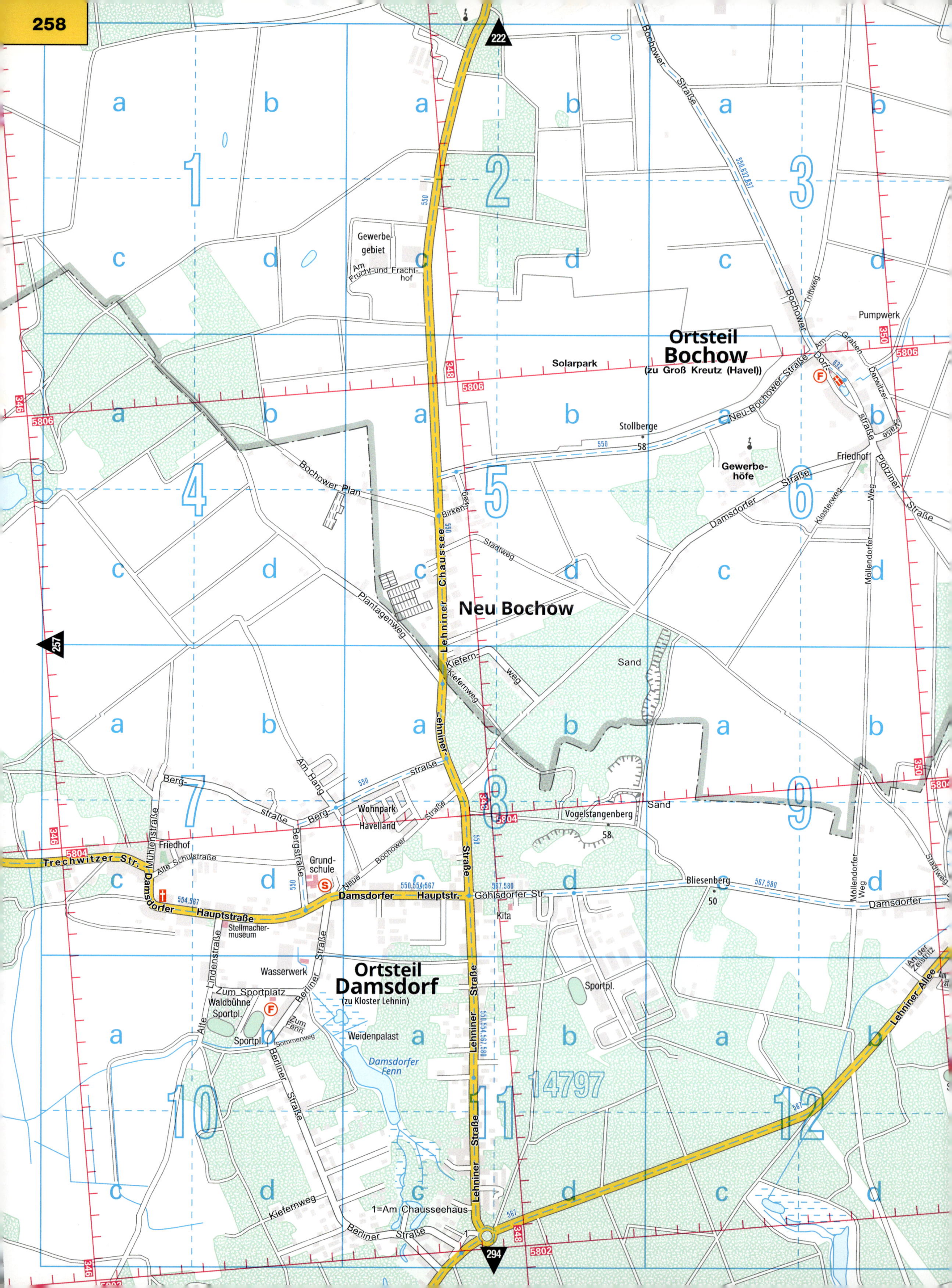
222
Bochower Straße
Gewerbegebiet
Am Frucht-und Fracht-hof
Ortsteil
Bochow
(zu Groß Kreutz (Havel))
Solarpark
Pumpwerk
Triftweg
Am Graben
Dorf-
Derwitzer Straße
Neu-Bochower Straße
Stollberge
58
Gewerbe-höfe
Friedhof
Plötziner Straße
Damsdorfer Straße
Klosterweg
Weg
Möllendorfer
Bochower Plan
Birken-
Stadtweg
Plantagenweg
Lehniner Chaussee
Neu Bochow
257
Sand
Kiefern-weg
Kiefernweg
Lehniner-straße
Am Hang
Berg-straße
Wohnpark Havelland
Bochower Straße
Vogelstangenberg
Friedhof
Mühlenstraße
Alte Schulstraße
Bergstraße
Grund-schule
Trechwitzer Str.
Damsdorfer Hauptstraße
Neue Straße
Damsdorfer Hauptstr.
Göhlsdorfer Str.
Bliesenberg
50
Kita
Stellmacher-museum
Möllendorfer Weg
Damsdorfer
Lindenstraße
Wasserwerk
Ortsteil
Damsdorf
(zu Kloster Lehnin)
Zum Sportplatz
Waldbühne
Sportpl.
Berliner Straße
Zum Fenn
Sommerweg
Alte
Weidenpalast
Damsdorfer Fenn
Lehniner Straße
Sportpl.
14797
An der Zeestritz
Lehniner Allee
Kiefernweg
1=Am Chausseehaus
Berliner Straße
294
550
567
346
348
350
5806
5804
5802

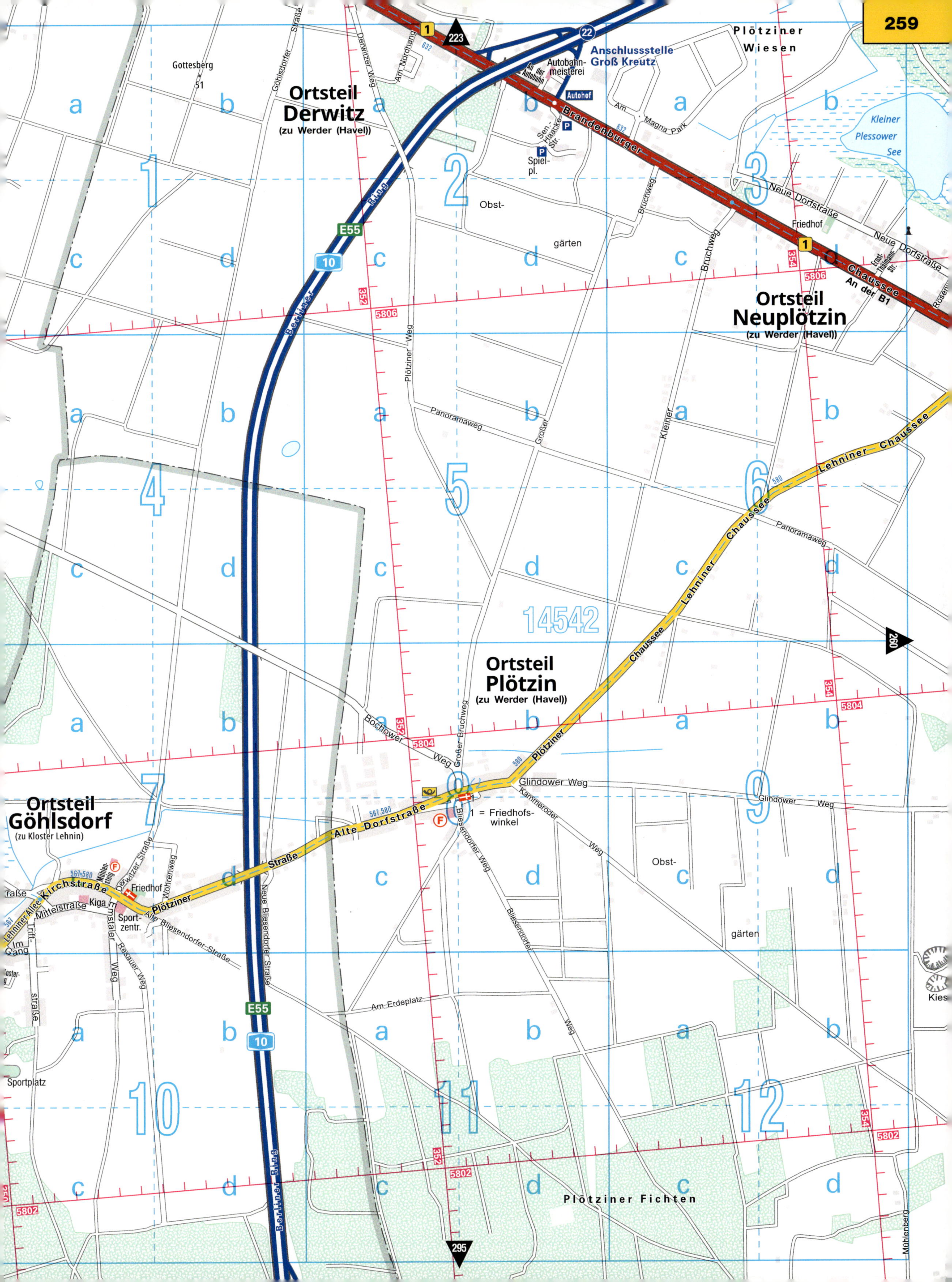

Plötziner Wiesen
Anschlussstelle Groß Kreutz
Autobahn-meisterei
Autohof
Gottesberg
Ortsteil Derwitz
(zu Werder (Havel))
Kleiner Plessower See
Brandenburger Chaussee
Neue Dorfstraße
Friedhof
Obst-gärten
Spiel-pl.
Magna Park
Ortsteil Neuplötzin
(zu Werder (Havel))
Berliner Ring
Plötziner Weg
Panoramaweg
Großer Bruchweg
Kleiner Bruchweg
Lehniner Chaussee
14542
Ortsteil Plötzin
(zu Werder (Havel))
Bochower Weg
Glindower Weg
Kammeroder Weg
1 = Friedhofs-winkel
Alte Dorfstraße
Plötziner Straße
Ortsteil Göhlsdorf
(zu Kloster Lehnin)
Kirchstraße
Mittelstraße
Kiga
Friedhof
Sport-zentr.
Bliesendorfer Weg
Neue Bliesendorfer Straße
Am Erdeplatz
Sportplatz
Kies
Plötziner Fichten
Mühlenberg

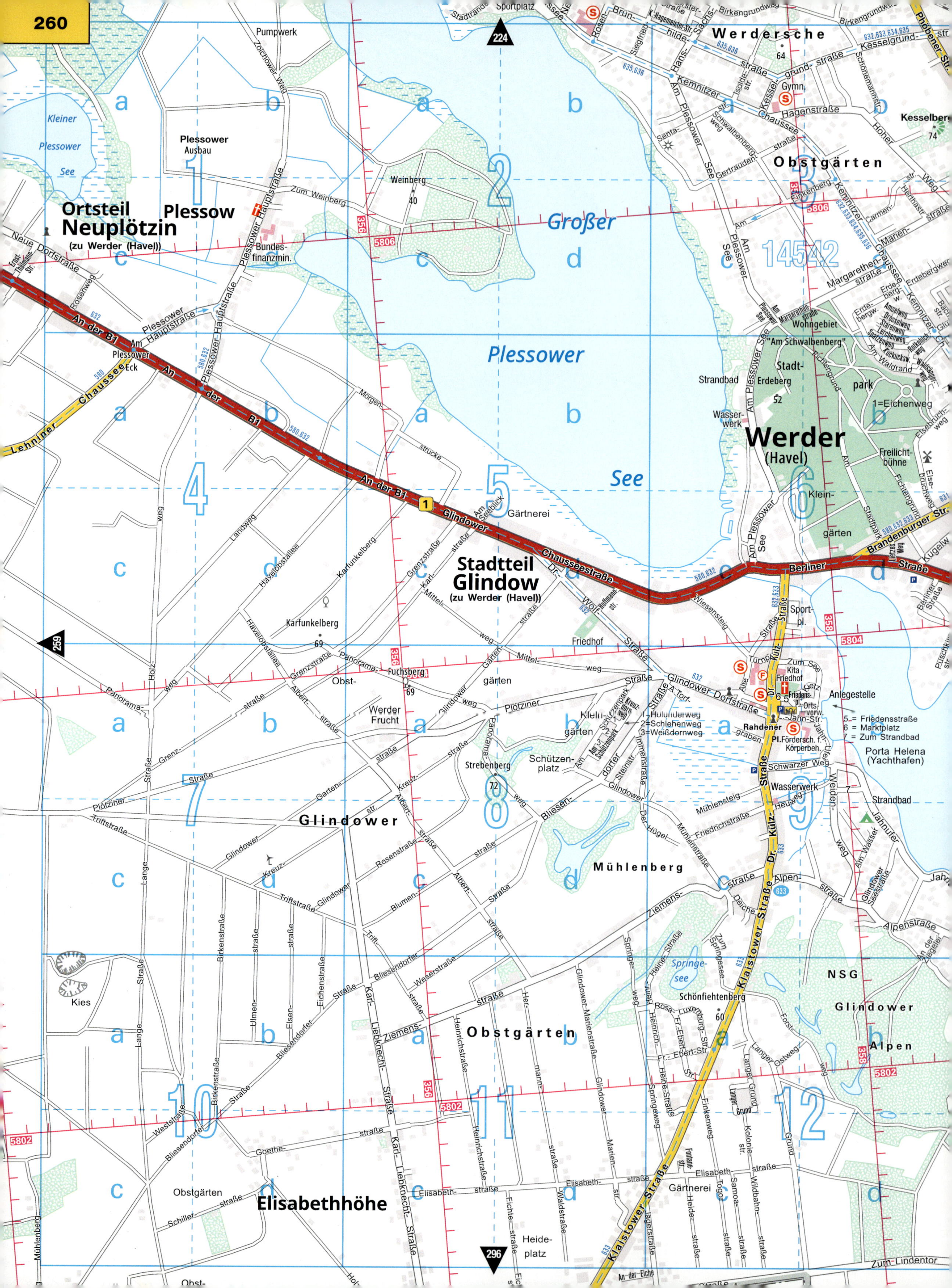

224
259
296
Ortsteil Neuplötzin (zu Werder (Havel))
Plessow
Plessower Ausbau
Kleiner Plessower See
Großer Plessower See
Werdersche
Obstgärten
Werder (Havel)
Stadtteil Glindow (zu Werder (Havel))
Glindower
Mühlenberg
Obstgärten
Elisabethhöhe
NSG Glindower Alpen
14542
Weinberg
Karfunkelberg
Fuchsberg
Strebenberg
Schönfiehtenberg
Springesee
Stadt-park
Wohngebiet "Am Schwalbenberg"
Strandbad
Wasserwerk
Friedhof
Anlegestelle
Porta Helena (Yachthafen)
Gärtnerei
Kies
1=Holunderweg
2=Schlehenweg
3=Weißdornweg
5 = Friedensstraße
6 = Marktplatz
7 = Zum Strandbad
1=Eichenweg
An der B1
Glindower Chausseestraße
Berliner Straße
Brandenburger Str.
Klaistower Straße
Dr.-Külz-Straße
Lehniner Chaussee
Plessower Hauptstraße
Kemnitzer Chaussee
Karl-Liebknecht-Straße
Ziemensstraße
Bliesendorfer Straße
Glindower Dorfstraße
Elisabethstraße
Pumpwerk
Bundesfinanzmin.

Wildpark West
225
14476
(zu Potsdam)
Entenfang
Henning-von-Tresckow-Kaserne
Großer Entenfänger-berg
82
14471
Berliner Außenring
Werder (Havel)
Adolf-Damaschke-Str.
Gewerbe-gebiet
KiTa
Rettungswache
Eisenbahn-
Marienweg
1=Mathildeweg
2=Mozartstraße
Jugend-höhe
Kleingärten
Sportpl.
Maria Meeresstern
Bürgerservice
Inselstadt
Anlegestelle
3 = Michaelisstraße
4 = Schützengasse
Altes Pfarrhaus
Heilig-Geist-K.
Friedhof
Stadt-verwaltung
Kinder-garten
Scharfrichter-haus
Turn-halle
Potsdamer Straße
Brandenburger Straße
Kemnitzer Str.
Wachtelburg
1=Mainzer Straße
2=Siegburger Straße
Havel
Werderscher Damm
Am Wasser
Gr. Entenfänger See
Sportplatz
14548
An der Feldflur
Schäfereiberg
86
Ortsteil Geltow
(zu Schwielowsee)
1 = Zur Bergmeierei
Berg-meierei
262
Friedhof
Handweberei-museum
Baumgartenbrück
Hauffstraße
Chausseestraße
Grund-schule
Kita
Bürger-büro
Caputher Chaussee
Petzinstraße
Hohe Warte
Schill-Gedenkstein
Franzens-berg
1 = Rud.-Oehlschläger-Str.
2 = Daniel-Schönemann-Str.
Petzinsee
Groß Wentorf
Richterberg
55
Berliner Straße
Werder-park
Streng-feld
Strengbrücke
Riegel-bucht
Riegel-spitze
Riegelberg
44
Fercher Straße
Boots-verleih
1 = Himbeerweg
2 = An der Gärtnerei
3 = Eschenweg
Glindow-see
Ferienanlage Resort Schwielowsee
Mirenberg
53
Am Schwielowsee
Tongruben
Am Rusterhorn
Feriensiedlung Inselparadies
Freilicht-bühne
Grell-bucht
Friedhof
Schinkel-Kirche
Stadtteil Petzow
(zu Werder (Havel))
Schloss Petzow
Schlosspark
Haussee
Lenné-Gedenkstein
Fischer-hütte
Anlegestelle
Schilftürme Tor
297
Schwielow-see
Langer Grund
Zum Lindentor
Klein Wentorf
1 = Nachtigallenweg
2 = Möwenweg
Strandbad
Boots-verleih
Caputh-Schwielowsee

Potsdam-West
Templiner Vorstadt
Hermannswerder
Tornow
Havel
Templiner See
Petzinsee
Caputher See
Ortsteil Caputh
(zu Schwielowsee)
14471
14548
Kellerberg
Siedlg. Sonnenland
Zeppelinstraße
Potsdam Pirschheide
Wasserschutzpolizei
Sparkassenakademie
Stadion Luftschiffhafen
Olympiastützpunkt
Kanuzentrum
Yachthafen
Militärgeschichtl. Forschungsamt
Biotechnologiepark
Hinterkappe
Vorderkappe
Krankenhaus Hofbauerstiftung
Kieskutenberg
Kiesgrube
Freibad Templin
Forsthaus Templin
Anlegestelle
Forsthaus Gaisberg
Gaisberg
Forsthaus Südtor
Bergmeierei
Friedhof
Schäfereiberg
Groß Wentorf
Klein Wentorf
Himmelreich
Bootsverleih
Caputh-Geltow
1 = Nachtigallenweg
2 = Möwenweg
3 = Alte Ladestraße
Caputh-Schwielowsee
Krähenberg
Schloss
Potsdamer Straße
Lindenstraße
Michendorfer Chaussee
Friedrich-Ebert-Straße
1 = Akazienweg
Saugartenberg
Saugartensee
Caputher Heuweg
Gewerbegebiet
Neuer Friedhof
Klaßkreuz
Templiner Straße
Fußgängerbr.
Bootshäuser
Badestelle
Berliner Außenring
Michendorfer Chaussee
226
261
298
5806
5804
5802

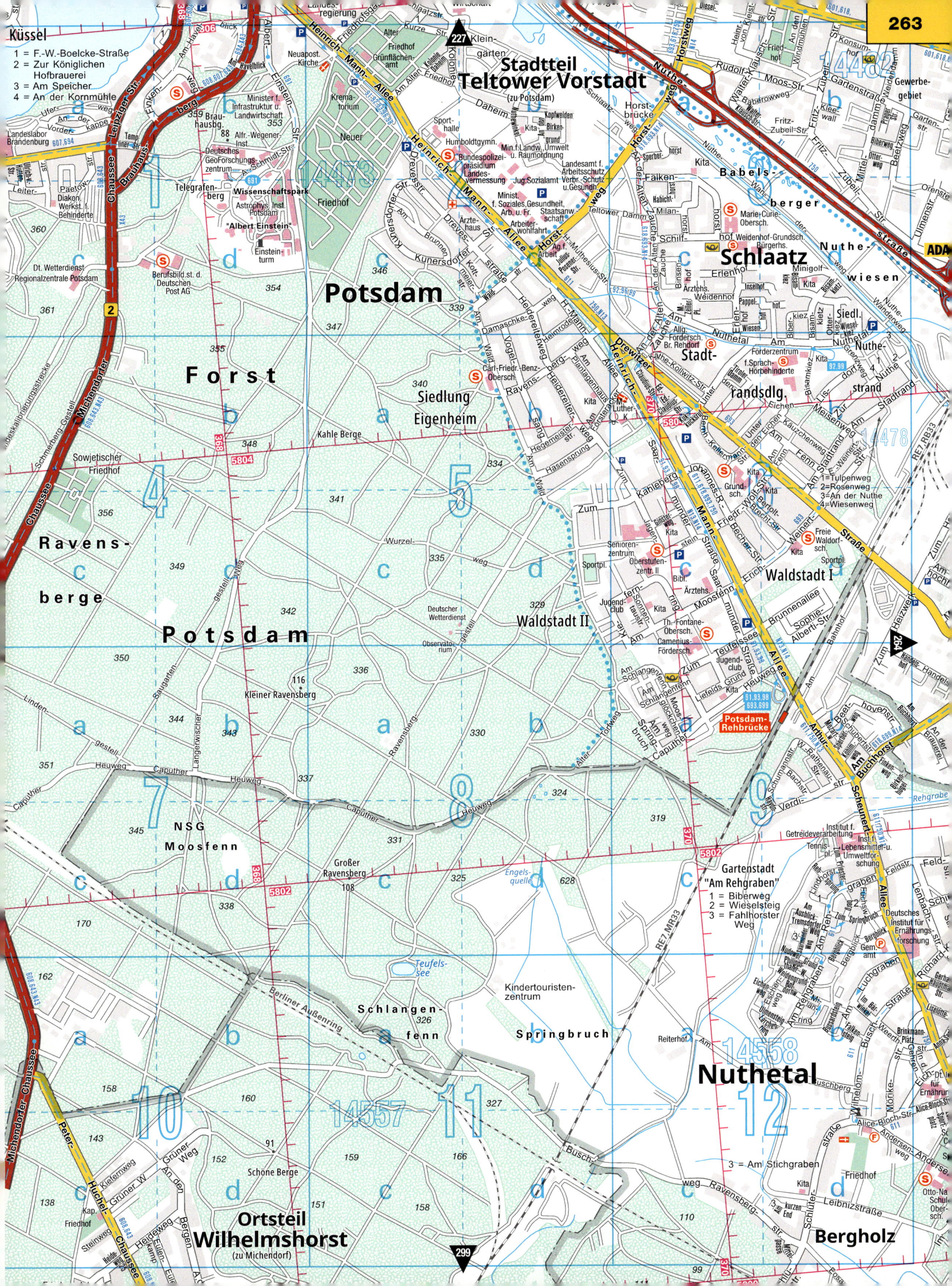
Küssel
1 = F.-W.-Boelcke-Straße
2 = Zur Königlichen Hofbrauerei
3 = Am Speicher
4 = An der Kornmühle
Stadtteil
Teltower Vorstadt
(zu Potsdam)
Heinrich-Mann-Allee
Friedhof
Krematorium
Neuer Friedhof
Telegrafenberg
Wissenschaftspark
"Albert Einstein"
Einsteinturm
Leipziger Str.
Michendorfer Chaussee
Dt. Wetterdienst Regionalzentrale Potsdam
Berufsbild.st. d. Deutschen Post AG
Potsdam
Schlaatz
Babelsberger
Nuthewiesen
Nuthestraße
Horstweg
Teltower Damm
Stadtrandsdlg.
Drewitzer Straße
Forst
Siedlung Eigenheim
Kahle Berge
Sowjetischer Friedhof
Ravensberge
Potsdam
Waldstadt II
Waldstadt I
Deutscher Wetterdienst
Observatorium
Kleiner Ravensberg
Großer Ravensberg
Potsdam-Rehbrücke
Arthur-Scheunert-Allee
Gartenstadt "Am Rehgraben"
1 = Biberweg
2 = Wieselsteig
3 = Fahlhorster Weg
1=Tulpenweg
2=Rosenweg
3=An der Nuthe
4=Wiesenweg
NSG Moosfenn
Caputher Heuweg
Teufelssee
Engelsquelle
Kindertouristenzentrum
Schlangenfenn
Springbruch
Berliner Außenring
Nuthetal
14558
14557
14473
14478
14482
Schöne Berge
Ortsteil
Wilhelmshorst
(zu Michendorf)
Peter-Huchel-Chaussee
3 = Am Stichgraben
Bergholz
Friedhof
Leibnizstraße
227
264
299

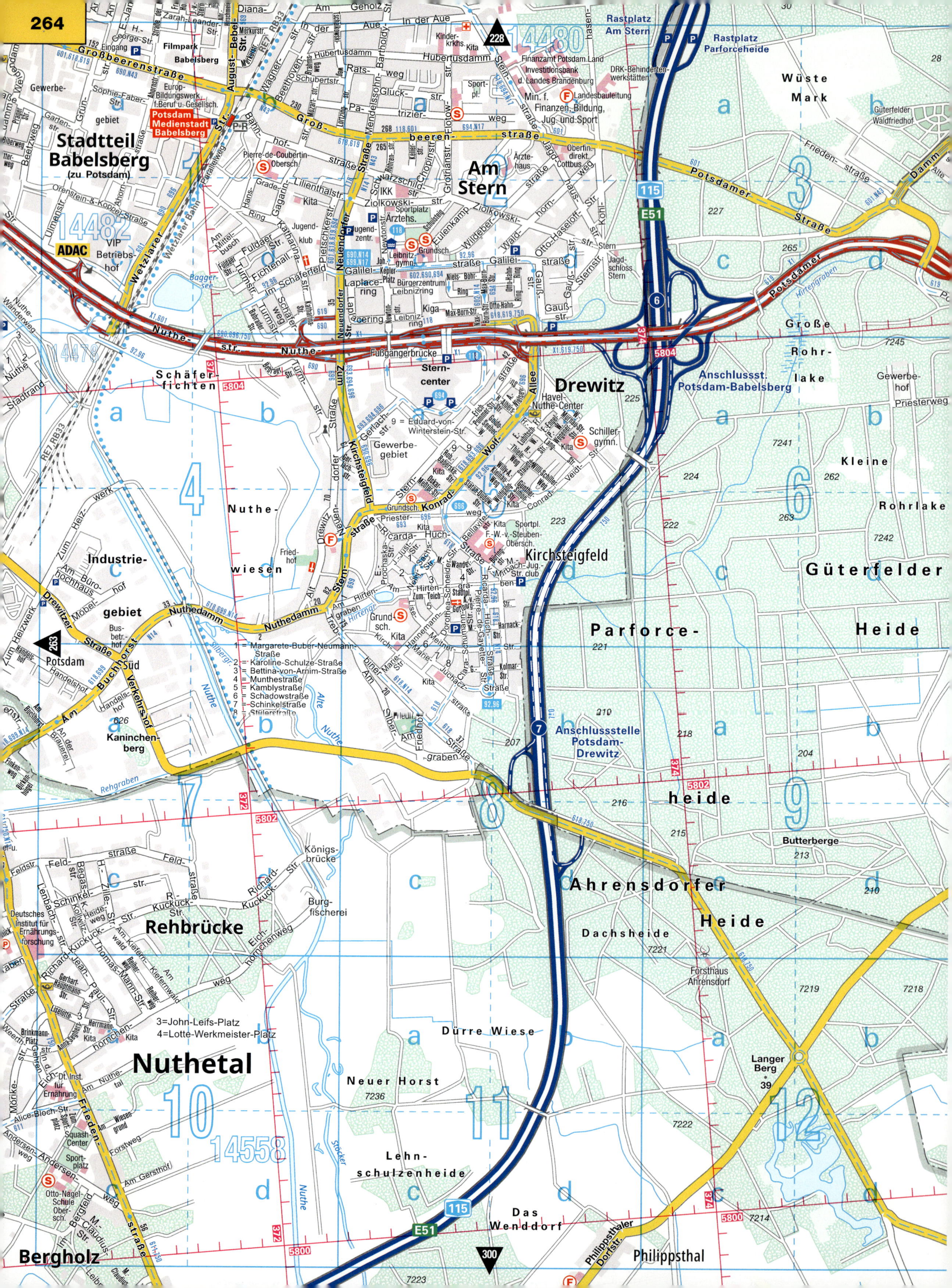
Rastplatz Am Stern
Rastplatz Parforceheide
14480
Wüste Mark
Güterfelder Waldfriedhof
Großbeerenstraße
Filmpark Babelsberg
Potsdam Medienstadt Babelsberg
Stadtteil Babelsberg (zu Potsdam)
Finanzamt Potsdam Land
Investitionsbank d. Landes Brandenburg
DRK-Behindertenwerkstätten
Landesbauleitung
Min. f. Finanzen, Bildung, Jug. und Sport
Am Stern
Potsdamer Straße
115
E51
14482
ADAC
VIP Betriebshof
Wetzlarer Straße
Nuthestraße
Ziolkowskistraße
Galileistraße
Keplerplatz
Bürgerzentrum
Stern-center
Drewitz
Havel-Nuthe-Center
Anschlussst. Potsdam-Babelsberg
Große Rohrlake
Gewerbehof
Priesterweg
14478
Schäferfichten
Kleine Rohrlake
Gewerbegebiet
9 = Eduard-von-Winterstein-Str.
Konrad-Wolf-Allee
Schillergymn.
Nuthewiesen
Industriegebiet Süd
Kirchsteigfeld
Güterfelder Heide
Nuthedamm
Parforceheide
1 = Margarete-Buber-Neumann-Straße
2 = Karoline-Schulze-Straße
3 = Bettina-von-Arnim-Straße
4 = Munthestraße
5 = Kamblystraße
6 = Schadowstraße
7 = Schinkelstraße
8 = Stülerstraße
263
Potsdam
Kaninchenberg
Anschlussstelle Potsdam-Drewitz
Butterberge
Rehgraben
Königsbrücke
Burgfischerei
Ahrensdorfer Heide
Dachsheide
Forsthaus Ahrensdorf
Rehbrücke
Deutsches Institut für Ernährungsforschung
3=John-Leifs-Platz
4=Lotte-Werkmeister-Platz
Dürre Wiese
Langer Berg
Nuthetal
Neuer Horst
14558
Lehnschulzenheide
Squash Center
Das Wenddorf
Philippsthal
Bergholz
300
228

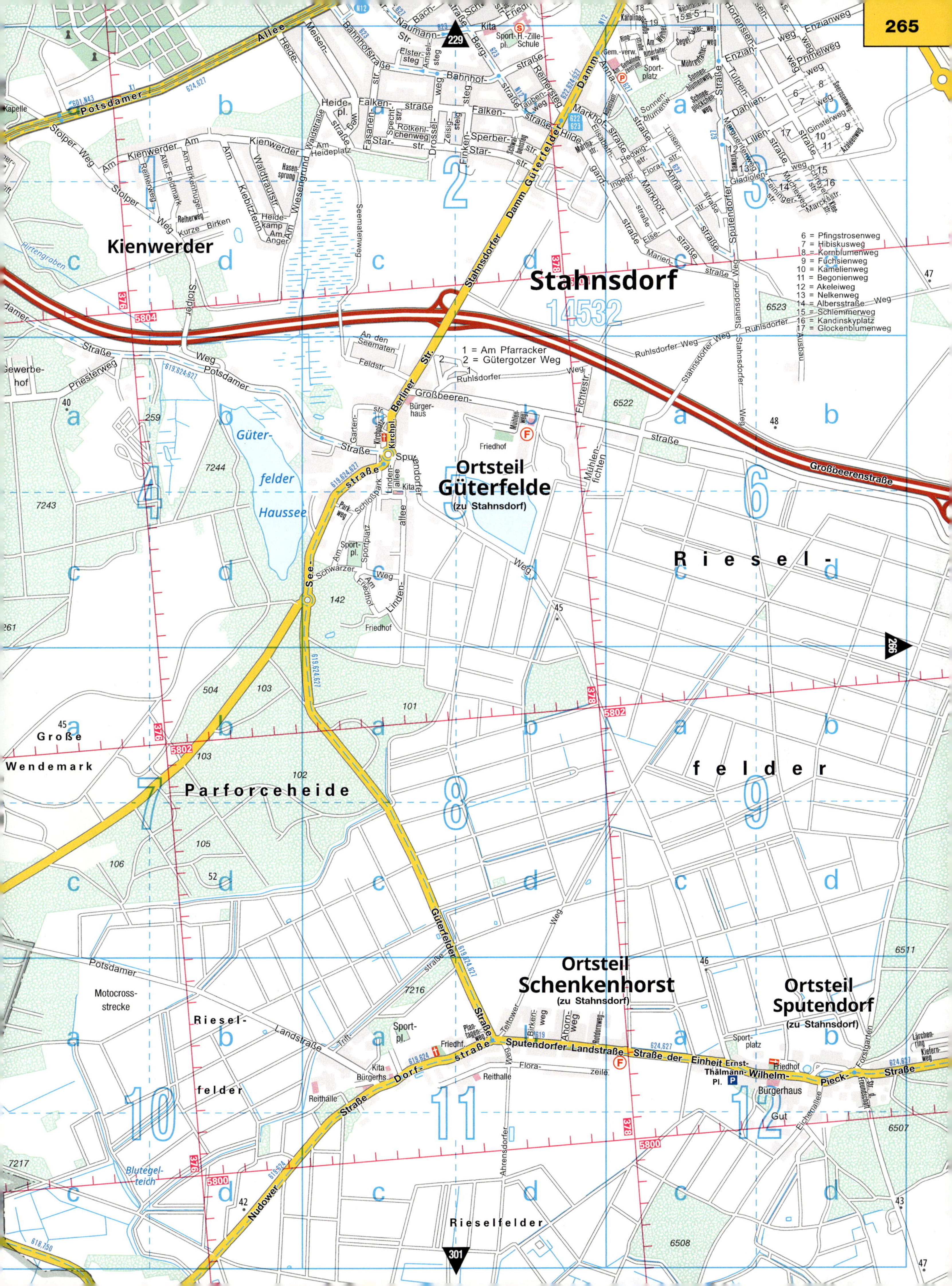

Stahnsdorf
14532
Kienwerder
Ortsteil Güterfelde
(zu Stahnsdorf)
Güter-
felder
Haussee
Riesel-
felder
Große
Wendemark
Parforceheide
Ortsteil Schenkenhorst
(zu Stahnsdorf)
Ortsteil Sputendorf
(zu Stahnsdorf)
Riesel-
felder
Rieselfelder
Blutegel-
teich
Motocross-
strecke
Potsdamer Allee
Stahnsdorfer Damm
Güterfelder Damm
Berliner Str.
Potsdamer Straße
Großbeerenstraße
Ruhlsdorfer Weg
Seestraße
Güterfelder Straße
Sputendorfer Landstraße
Straße der Einheit
Ernst-Thälmann-Pl.
Wilhelm-Pieck-Straße
Nudower Straße
Dorfstraße
Friedhof
Bürgerhaus
Reithalle
Gut
1 = Am Pfarracker
2 = Gütergotzer Weg
6 = Pfingstrosenweg
7 = Hibiskusweg
8 = Kornblumenweg
9 = Fuchsienweg
10 = Kamelienweg
11 = Begonienweg
12 = Akeleiweg
13 = Nelkenweg
14 = Albersstraße
15 = Schlemmerweg
16 = Kandinskyplatz
17 = Glockenblumenweg
229
266
301

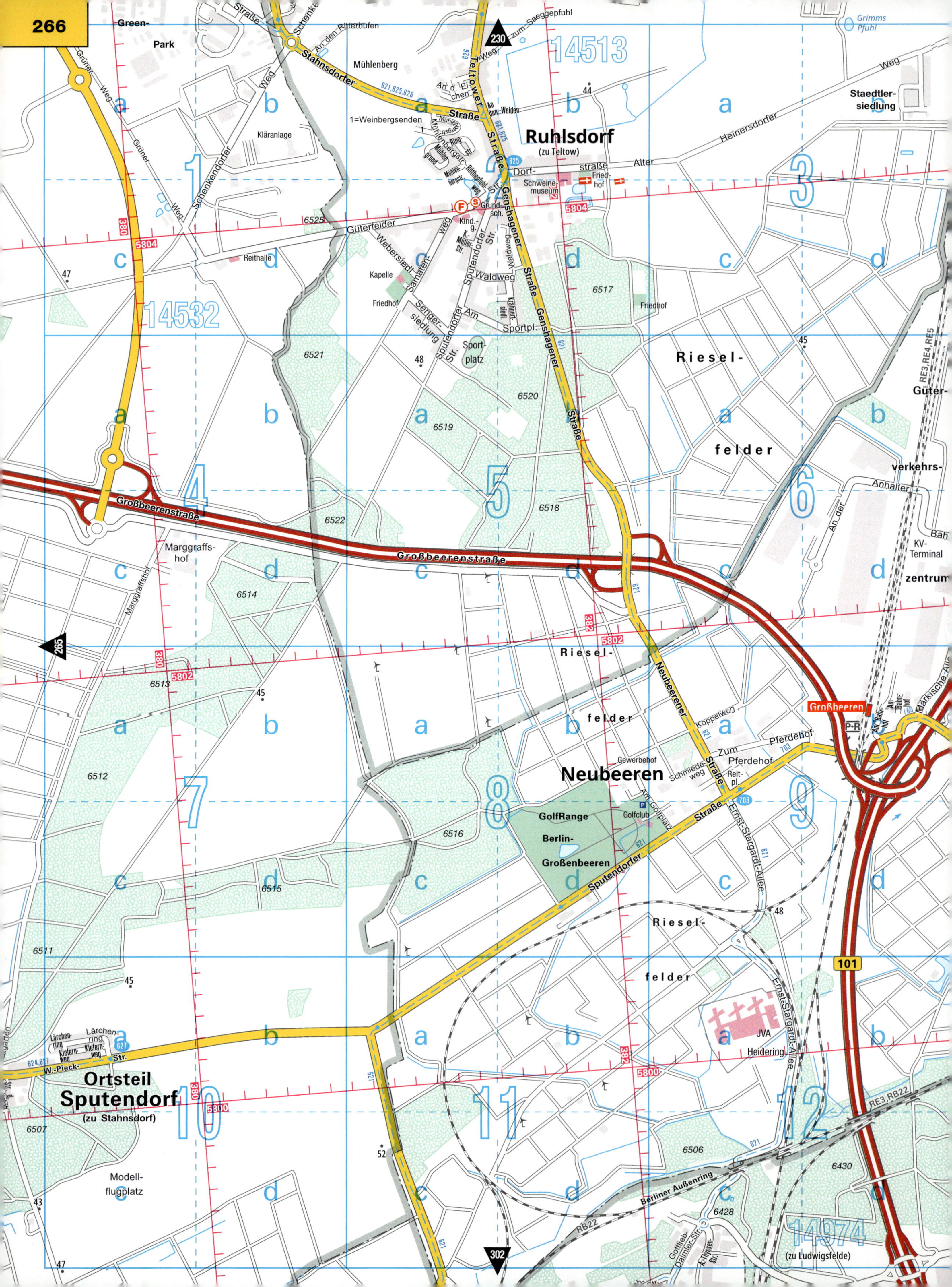
Green-
Park
Mühlenberg
Stahnsdorfer Straße
Teltower Straße
Kläranlage
1=Weinbergsenden
Ruhlsdorf
(zu Teltow)
14513
Staedtler-
siedlung
Heinersdorfer Weg
Alter Dorfstraße
Schweine-
museum
Fried-
hof
Güterfelder
Genshagener Straße
Reithalle
Kapelle
Friedhof
Senger-
siedlung
Sputendorfer Str.
Waldweg
Sportpl.
Sport-
platz
14532
Riesel-
felder
Güter-
verkehrs-
zentrum
Anhalter
KV-
Terminal
Großbeerenstraße
Marggraffs-
hof
Neubeerener Straße
Gewerbehof
Neubeeren
Schmiede-
weg
Zum Pferdehof
Pferdehof
Koppelweg
GolfRange
Berlin-
Großenbeeren
Golfclub
Am Golfplatz
Sputendorfer Straße
Ernst-Stargardt-Allee
Großbeeren
JVA
Heidering
Berliner Außenring
Lärchen-
ring
Kiefern-
weg
W.-Pieck-Str.
Ortsteil
Sputendorf
(zu Stahnsdorf)
Modell-
flugplatz
14974
(zu Ludwigsfelde)
230
265
302
101

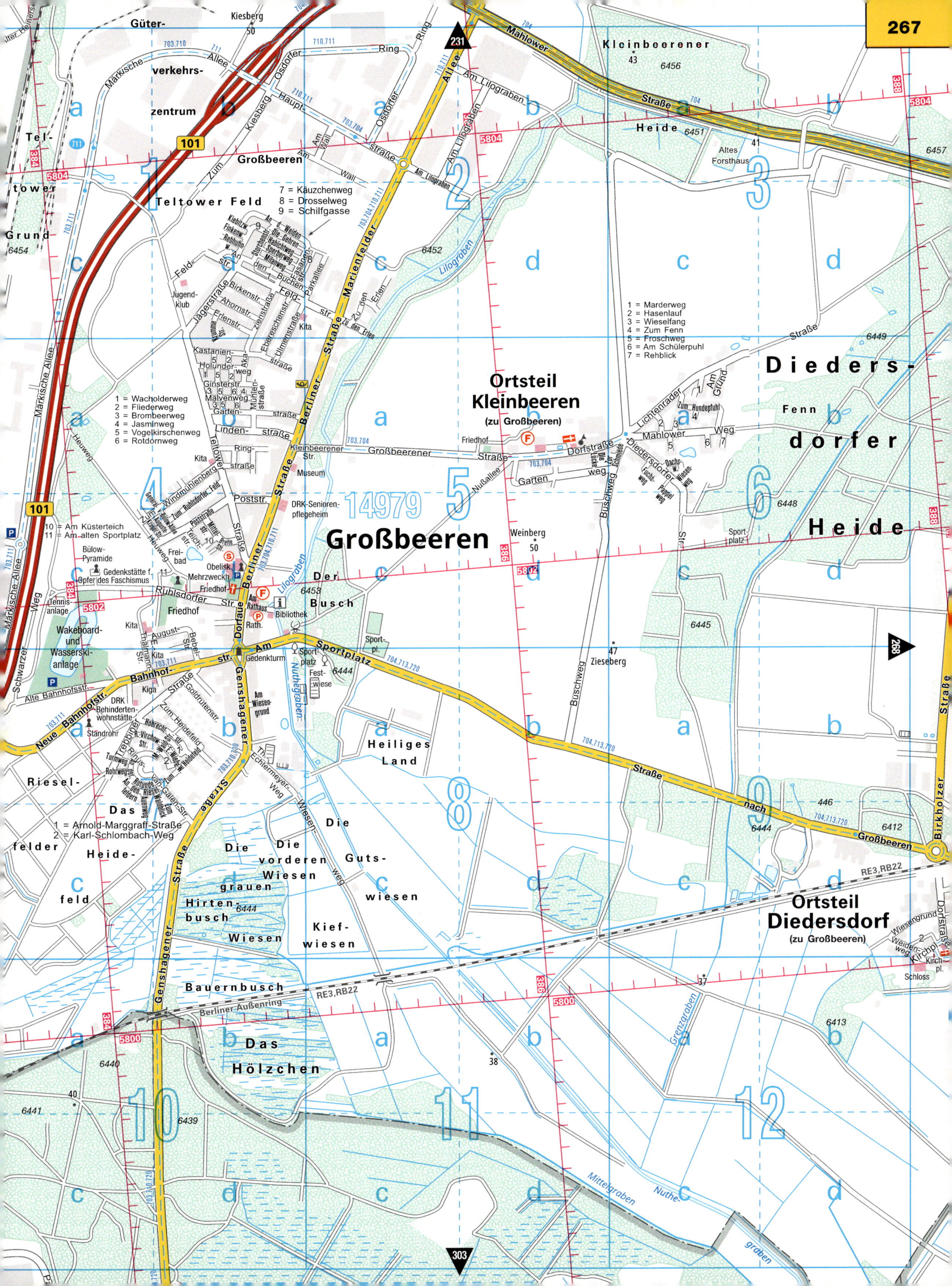
Großbeeren
14979
Ortsteil Kleinbeeren (zu Großbeeren)
Ortsteil Diedersdorf (zu Großbeeren)
Güter-verkehrs-zentrum
Teltower Feld
Teltower Grund
Kleinbeerener Heide
Diedersdorfer Heide
Fenn
Der Busch
Heiliges Land
Rieselfelder
Das Heidefeld
Die grauen Wiesen
Die vorderen Wiesen
Die Gutswiesen
Hirtenbusch
Kiefwiesen
Bauernbusch
Das Hölzchen
Altes Forsthaus
Weinberg
Zieseberg
7 = Käuzchenweg
8 = Drosselweg
9 = Schilfgasse
1 = Marderweg
2 = Hasenlauf
3 = Wieselfang
4 = Zum Fenn
5 = Froschweg
6 = Am Schülerpuhl
7 = Rehblick
1 = Wacholderweg
2 = Fliederweg
3 = Brombeerweg
4 = Jasminweg
5 = Vogelkirschenweg
6 = Rotdornweg
10 = Am Küsterteich
11 = Am alten Sportplatz
1 = Arnold-Marggraff-Straße
2 = Karl-Schlombach-Weg
Mahlower Straße
Berliner Straße
Marienfelder Allee
Genshagener Straße
Großbeerener Straße
Straße nach Großbeeren
Am Sportplatz
Birkholzer Straße
Märkische Allee
Lilograben
Nuthegraben
Mittelgraben
Nuthegraben
Grenzgraben
Berliner Außenring
RE3,RB22
Bülow-Pyramide
Gedenkstätte f. Opfer des Faschismus
Wakeboard- und Wasserski-anlage
DRK-Seniorenpflegeheim
DRK Behindertenwohnstätte
Museum
Bibliothek
Gedenkturm
Festwiese
Schloss
231
268
303

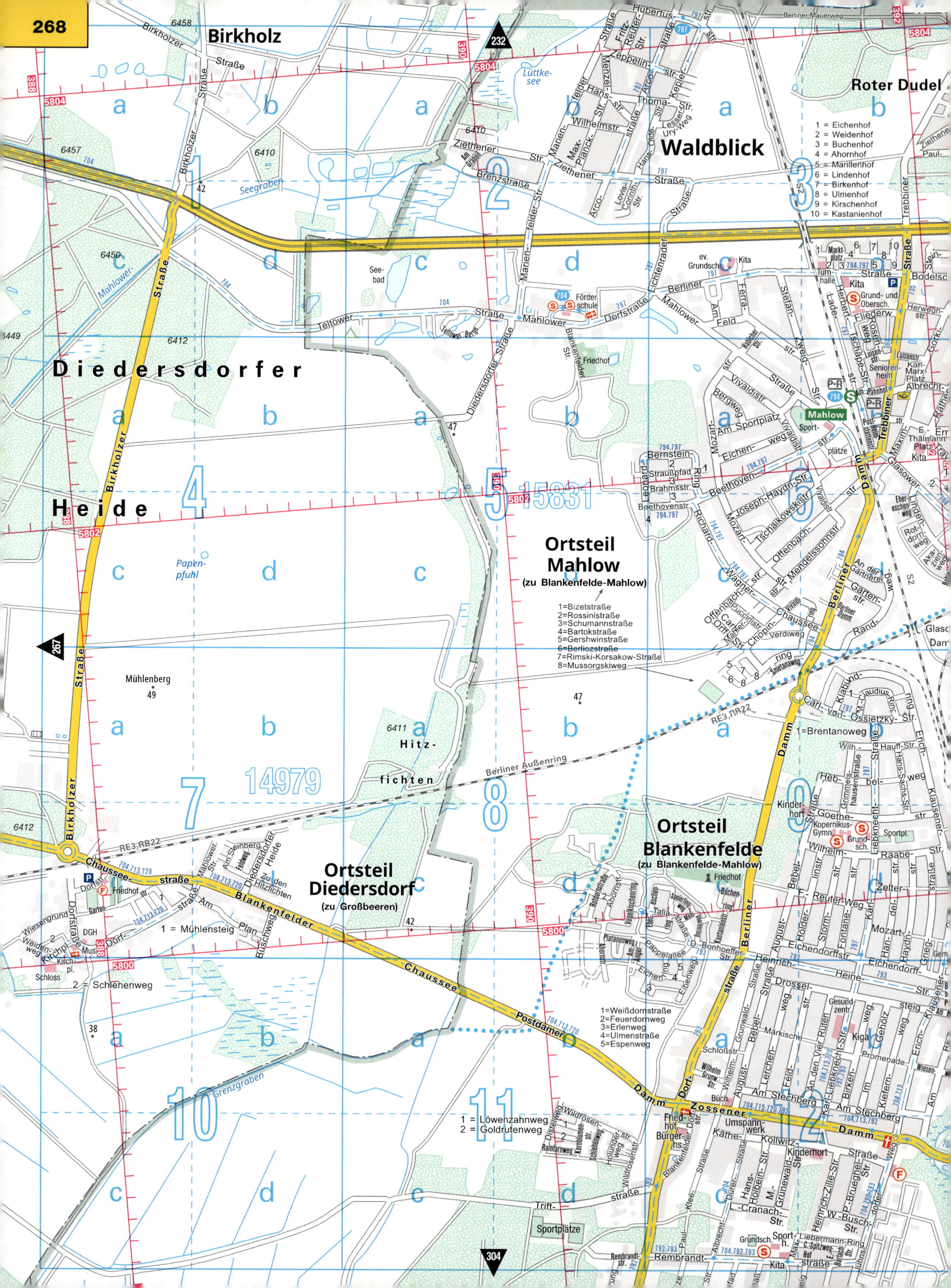
Birkholz
Birkholzer Straße
Lüttke-see
Roter Dudel
Waldblick
Seegraben
Ziethener Str.
Brenzstraße
Zeppelinstr.
Thomastr.
Keplerstr.
Wilhelmstr.
Max-Planck-Str.
Hubertusstr.
1 = Eichenhof
2 = Weidenhof
3 = Buchenhof
4 = Ahornhof
5 = Marillenhof
6 = Lindenhof
7 = Birkenhof
8 = Ulmenhof
9 = Kirschenhof
10 = Kastanienhof
Mahlower-
See-bad
Teltower Straße
Mahlower Dorfstraße
Förderschule
Berliner Straße
Lichtenrader Str.
Friedhof
Diedersdorfer Straße
Blankenfelder Str.
Trebbiner Straße
Mahlow
Diedersdorfer
Heide
Birkholzer Straße
Papenpfuhl
Mühlenberg
15831
14979
Ortsteil Mahlow
(zu Blankenfelde-Mahlow)
1=Bizetstraße
2=Rossinistraße
3=Schumannstraße
4=Bartokstraße
5=Gershwinstraße
6=Berliozstraße
7=Rimski-Korsakow-Straße
8=Mussorgskiweg
Beethovenstr.
Joseph-Haydn-Str.
Mozartstr.
Vivaldistr.
Mendelssohnstr.
Berliner Damm
Glasower Damm
Carl-von-Ossietzky-Str.
1=Brentanoweg
Hitzfichten
Berliner Außenring
RE3, RB22
Ortsteil Diedersdorf
(zu Großbeeren)
Ortsteil Blankenfelde
(zu Blankenfelde-Mahlow)
Blankenfelder Chaussee
Chausseestraße
1 = Mühlensteig
2 = Schlehenweg
Schloss
Friedhof
Grenzgraben
Potsdamer Damm
1=Weißdornstraße
2=Feuerdornweg
3=Erlenweg
4=Ulmenstraße
5=Espenweg
1 = Löwenzahnweg
2 = Goldrutenweg
Zossener Damm
Sportplätze
Triftstraße
Rembrandtstr.
Kita
Kinderhort
Goethestr.
Wilhelm-Raabe-Str.
Fritz-Reuter-Weg
Eichendorffstr.
Heinestr.
Am Stechberg
Kollwitzstr.
Lessingstr.
Sportpl.
Grundsch.
Gesund. zentr.
Kiga
Märkische
Promenade
232
267
304
5804
5802
5800
388
390
392

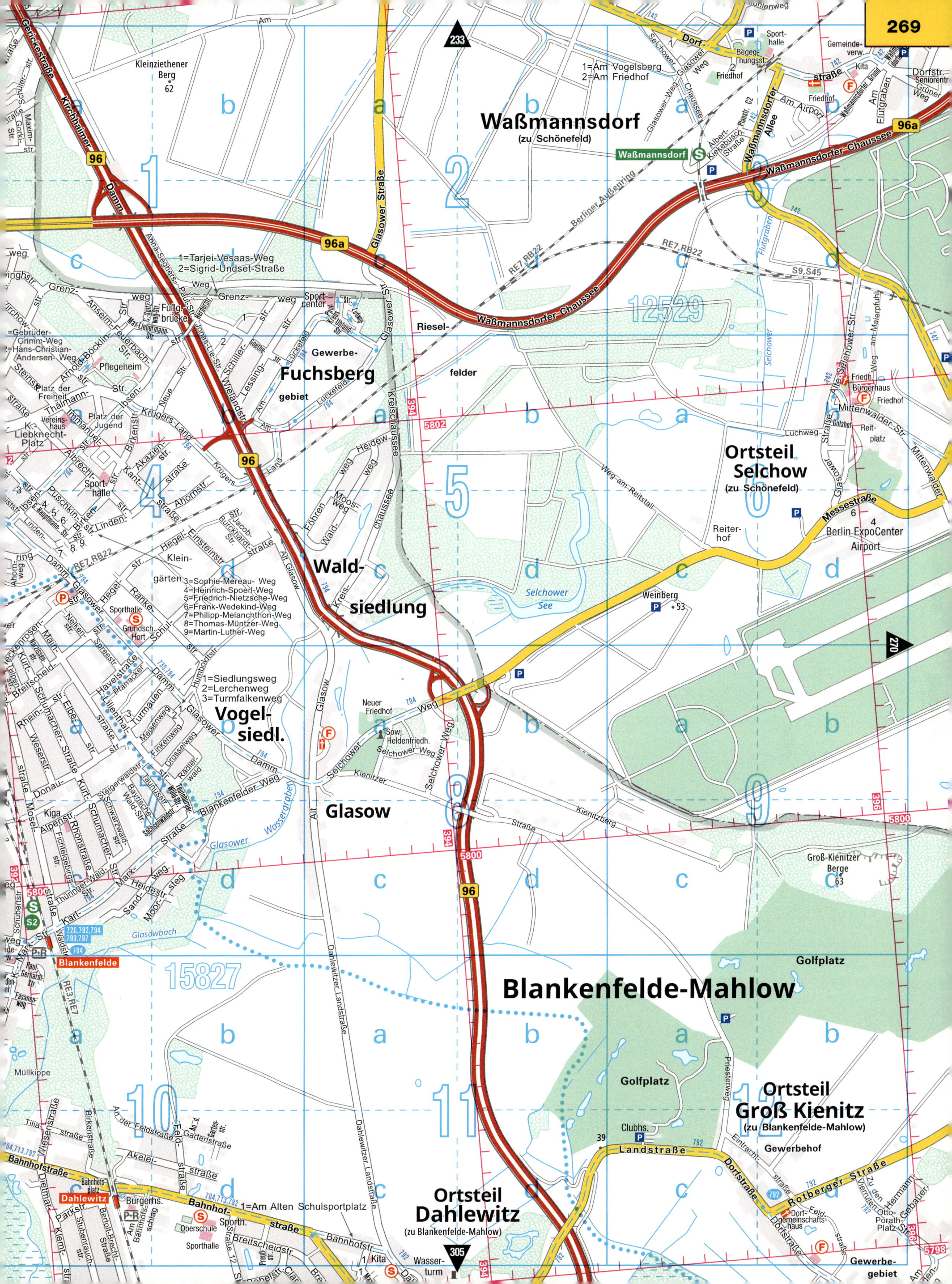
Waßmannsdorf
(zu Schönefeld)
Fuchsberg
Wald-
siedlung
Vogel-
siedl.
Glasow
Ortsteil
Selchow
(zu Schönefeld)
Blankenfelde-Mahlow
Ortsteil
Groß Kienitz
(zu Blankenfelde-Mahlow)
Ortsteil
Dahlewitz
(zu Blankenfelde-Mahlow)
Berlin ExpoCenter
Airport
12529
15827
Golfplatz
Blankenfelde
Dahlewitz
Selchower
See
Waßmannsdorfer Chaussee
1=Tarjei-Vesaas-Weg
2=Sigrid-Undset-Straße
1=Am Vogelsberg
2=Am Friedhof
3=Sophie-Mereau-Weg
4=Heinrich-Spoerl-Weg
5=Friedrich-Nietzsche-Weg
6=Frank-Wedekind-Weg
7=Philipp-Melanchthon-Weg
8=Thomas-Müntzer-Weg
9=Martin-Luther-Weg
1=Siedlungsweg
2=Lerchenweg
3=Turmfalkenweg
1=Am Alten Schulsportplatz

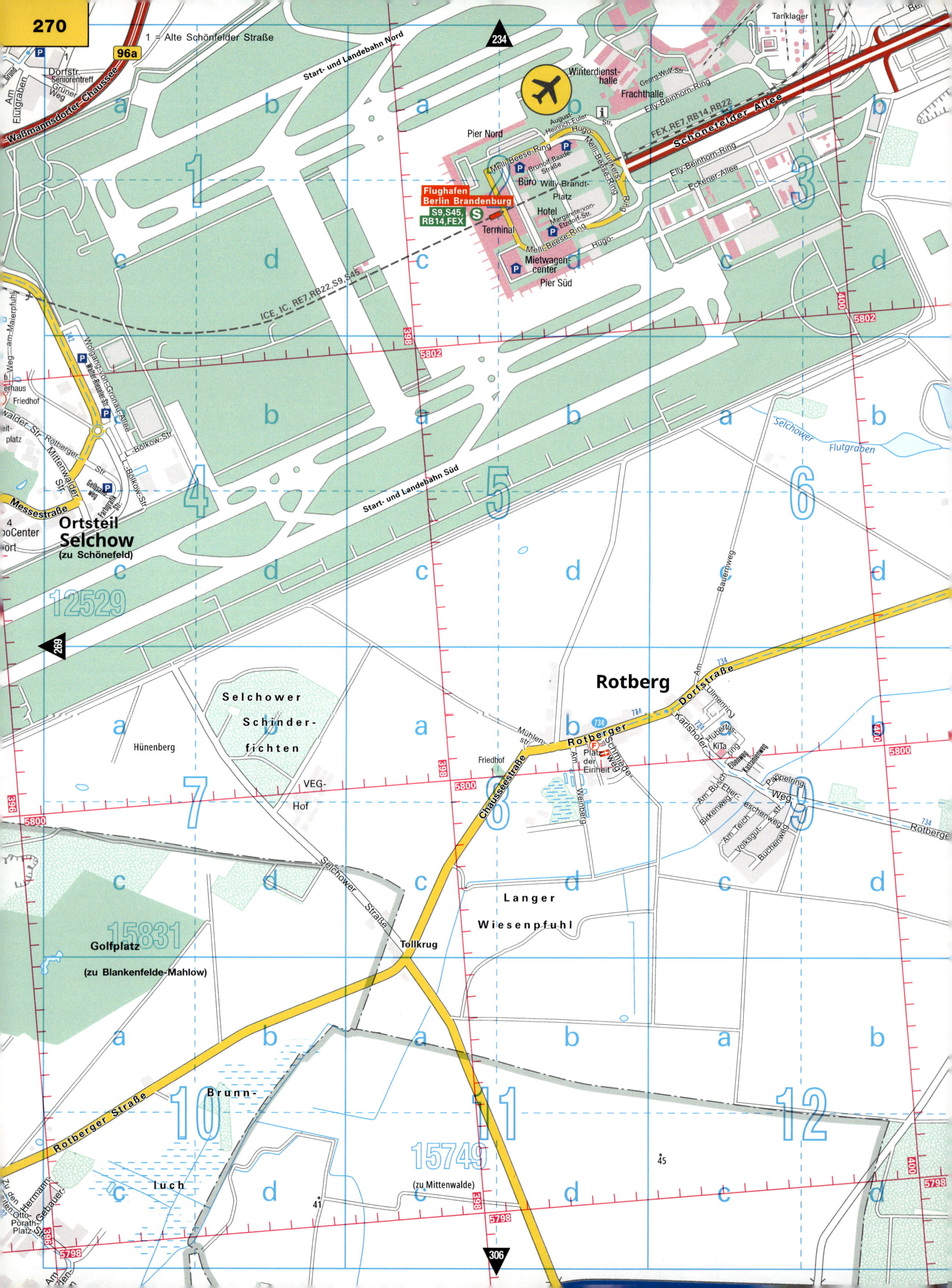
1 = Alte Schönfelder Straße
Flughafen Berlin Brandenburg
S9,S45, RB14,FEX
Terminal
Pier Nord
Pier Süd
Winterdiensthalle
Frachthalle
Büro
Hotel
Mietwagencenter
Start- und Landebahn Nord
Start- und Landebahn Süd
Schönefelder Allee
Wassmannsdorfer Chaussee
Ortsteil Selchow (zu Schönefeld)
12529
Messestraße
Selchower Flutgraben
Rotberg
Dorfstraße
Rotberger Str.
Chausseestraße
Selchower Schinderfichten
Hünenberg
VEG-Hof
Friedhof
Langer Wiesenpfuhl
Selchower Straße
Tollkrug
Golfplatz (zu Blankenfelde-Mahlow)
15831
Rotberger Straße
Brunn-luch
15749
(zu Mittenwalde)
Tanklager
234
269
306

Ortsteil Waltersdorf
(zu Schönefeld)
Schulzendorf
15732
Siedl. Eichberg
Waltersdorfer Dreieck
Mittenwalder Pfuhl
Neuschulzendorf
1 = Hirsesteig
2 = Hafergasse
3 = Weizengasse
4 = Getreidegasse
Ortsteil Kiekebusch
(zu Schönefeld)
Karlshof
Gewerbegebiet
Dahlewitzer Chaussee
15738
(zu Zeuthen)
Wüstemark
15745
Businesspark
(zu Wildau)
Berlin-Wildau
Schönefelder Kreuz
Berliner Ring

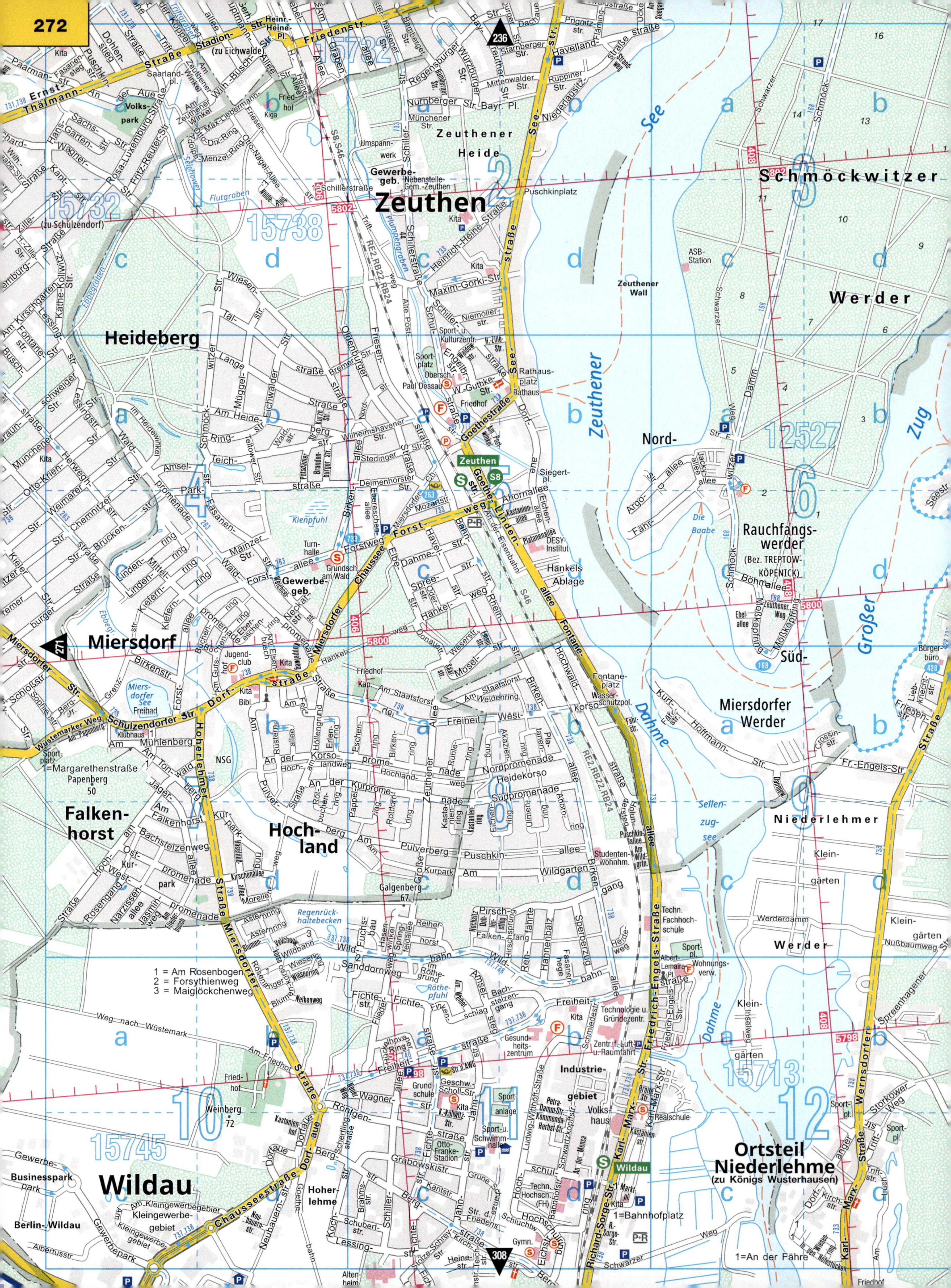
Zeuthen
Zeuthener Heide
Heideberg
Miersdorf
Falkenhorst
Hochland
Wildau
Schmöckwitzer Werder
Nord-
Rauchfangswerder
(Bez. TREPTOW-KÖPENICK)
Süd-
Miersdorfer Werder
Niederlehmer Werder
Ortsteil Niederlehme
(zu Königs Wusterhausen)
Zeuthener See
Großer Zug
Dahme
Sellenzugsee
Zeuthener Wall
Die Baabe
Industriegebiet
Businesspark
Berlin-Wildau
Gewerbegeb.
15732
15738
12527
15745
15713
(zu Eichwalde)
(zu Schulzendorf)
Friedenstr.
Fontaneallee
Miersdorfer Chaussee
Schulzendorfer Str.
Hoherlehmer Str.
Friedrich-Engels-Straße
Karl-Marx-Str.
Wernsdorfer Straße
Chausseestraße
Goethestraße
Miersdorfer See
Kienpfuhl
Röthepfuhl
Regenrückhaltebecken
1=Margarethenstraße
1 = Am Rosenbogen
2 = Forsythienweg
3 = Maiglöckchenweg
1=Bahnhofplatz
1=An der Fähre
Wildau
Zeuthen
Weinberg 72
Galgenberg 67
Papenberg 50
Techn. Hochsch. (FH)
Techn. Fachhochschule
Volkspark
Volkshaus
Rathaus
Friedhof
Sportplatz
236
271
308

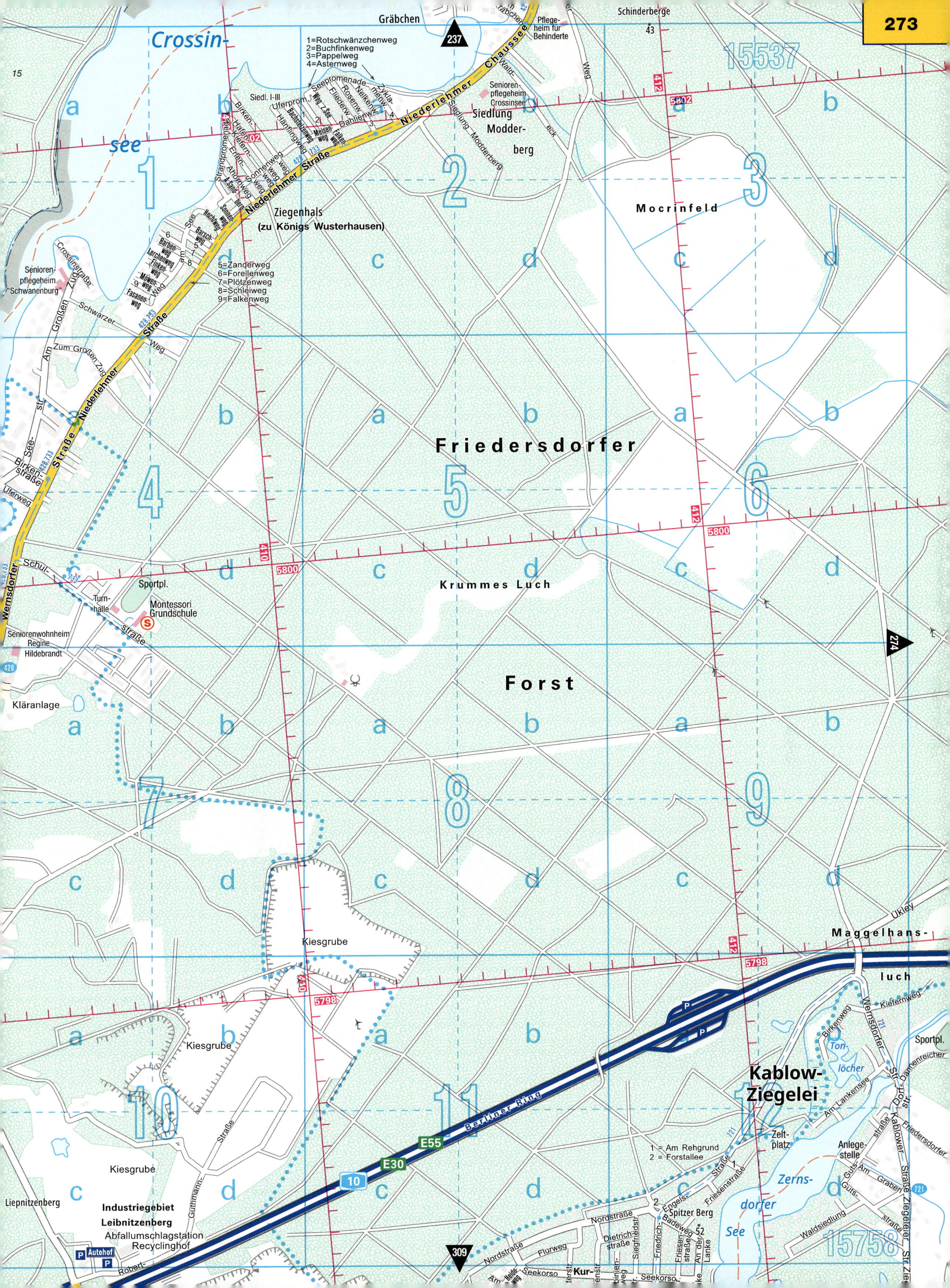

Crossinsee
Gräbchen
237
1=Rotschwänzchenweg
2=Buchfinkenweg
3=Pappelweg
4=Asternweg
Pflegeheim für Behinderte
Schinderberge
15537
Senioren-pflegeheim Crossinsee
Siedlung Modderberg
Niederlehmer Chaussee
Niederlehmer Straße
Ziegenhals (zu Königs Wusterhausen)
Mocrinfeld
5=Zanderweg
6=Forellenweg
7=Plötzenweg
8=Schleiweg
9=Falkenweg
Senioren-pflegeheim Schwanenburg
Crossinstraße
Schwarzer Weg
Zum Großen Zug
Friedersdorfer
Krummes Luch
Forst
Sportpl.
Montessori Grundschule
Seniorenwohnheim Regine Hildebrandt
Wernsdorfer Straße
Kläranlage
274
Kiesgrube
Maggelhans-luch
Ukley
Kablow-Ziegelei
Berliner Ring
E55
E30
10
1 = Am Rehgrund
2 = Forstallee
Zeltplatz
Anlegestelle
Zernsdorfer See
Tonlöcher
Sportpl.
Kablower Straße
Friedersdorfer Str.
Nordstraße
Spitzer Berg
Friesenstraße
Waldsiedlung
15758
Liepnitzenberg
Kiesgrube
Industriegebiet Leibnitzenberg
Abfallumschlagstation Recyclinghof
Autohof
309
Seekorso

238
5802
15537
(zu Gosen-Neu Zittau)
Oder-Spree-Kanal
Straße
Friedersdorfer Chaussee
Stahlberg
85
5800
E55
10
15537
Langes
Luch
273
Berliner Ring
Uckley
Ukley
Sportzentrum Ukley e.V.
Sport-pl.
Ukley-
see
5798
Maggelhans-
luch
Dreieck Spreeau
12
E30
Kiefernweg
Sportpl.
Friedhof
Dannenreicher Weg
Ziesingsberg
Kablow-Ziegelei
(zu Königs Wusterhausen)
Friedersdorfer Straße
Kablower Str.
Ziegeleier Str.
15758
Friedrichshof
Friedhof
Chausseestraße
Eichenweg
Brunnen
Lange Reihe
Ortsteil Dannenreich
(zu Heidesee)
15754
Hasenweg
Kablow-Ziegeleier-Straße
Kablower Straße
Friedhof
Dorfstraße
Friedrichshofer Weg
Gem.-verw.
310
723
721

Stäbchen
Spree
Schlößchen
Neu Hartmannsdorf
Chausseestr.
Wiesenweg
15528
Ortsteil
Hartmannsdorf
(zu Spreenhagen)
Lindenallee
Schulstraße
Bürger-büro
Spreenhagener Straße
Rotkehlchenweg
Winkel
Winkelberge
45
1 = Am Denkmal
2 = Drosselweg
3 = Am Birkenweg
Friedersdorfer Straße
Waldweg
Friedh.
Poststraße
Kanalstraße
Hasensprung
Seestraße
Dohnenstieg
Triebsch-see
Spreenhagener Straße
Mittelstraße
Hirschsprung
Am Kanal
Strommeisterei
Oder-Spree-Kanal
Triebsch
Hartmannsdorfer Heide
NSG
Swatzkeberge und
Skabyberge
Kleine Skabyberge
54
Skaby-berge
Kleines
Skabybruch
Torfgraben
Skabyer
Großes
Skabybruch
Anschlussstelle
Friedersdorf
Wenzlower Straße
Verlängerte Spree-straße
1=Waldsiedlung
Wenzlow
E30
1=Straße Nr.7
2=Straße Nr.8
239
276
311

Neu Hartmannsdorf
Latzwall
Friedhof
Spreenhagen
15528
Grundschule
Kita
Friedhof
Oder-Spree-Kanal
Hauptstraße
Storkower Straße
Fürstenwalder Straße
Alt Hartmannsdorfer Straße
Spreenhagener Straße
Hartmannsdorfer
Chaussee
Kirchhofener Straße
Friedersdorfer Weg
Schießplatz
Hirsegarten
Pudel
NSG
Swatzkeberge und
Skabyberge
Skaby
Kerring
Winkel
Industrie- und
Gewerbegebiet
"Storkower Straße"
Autohof
Försterei
Dickdamm
Friedhof
Neu Stahnsdorf
(zu Storkow Mark))
15859
E30
12
240
275
312

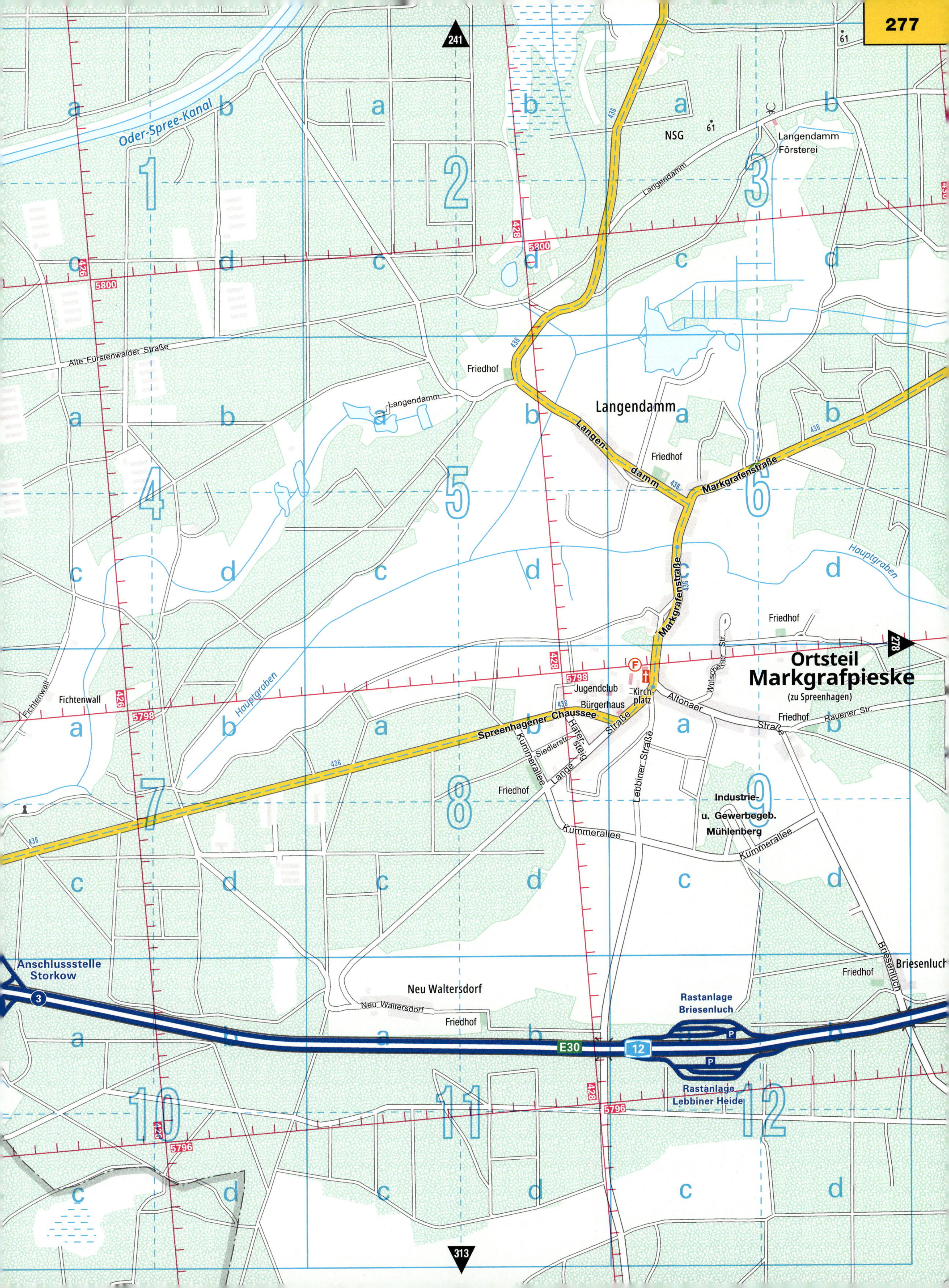
241
Oder-Spree-Kanal
NSG
Langendamm
Langendamm Försterei
Alte Fürstenwalder Straße
Friedhof
Langendamm
Langen-damm
Markgrafenstraße
Hauptgraben
Fichtenwall
Ortsteil
Markgrafpieske
(zu Spreenhagen)
Jugendclub
Bürgerhaus
Kirchplatz
Spreenhagener Chaussee
Altonaer Straße
Rauener Str.
Wulschener Str.
Siedlerstr.
Kummerallee
Hafersteig
Lange Straße
Lebbiner Straße
Industrie- u. Gewerbegeb. Mühlenberg
Anschlussstelle Storkow
Neu Waltersdorf
Rastanlage Briesenluch
Rastanlage Lebbiner Heide
Briesenluch
E30
12
3
278
313

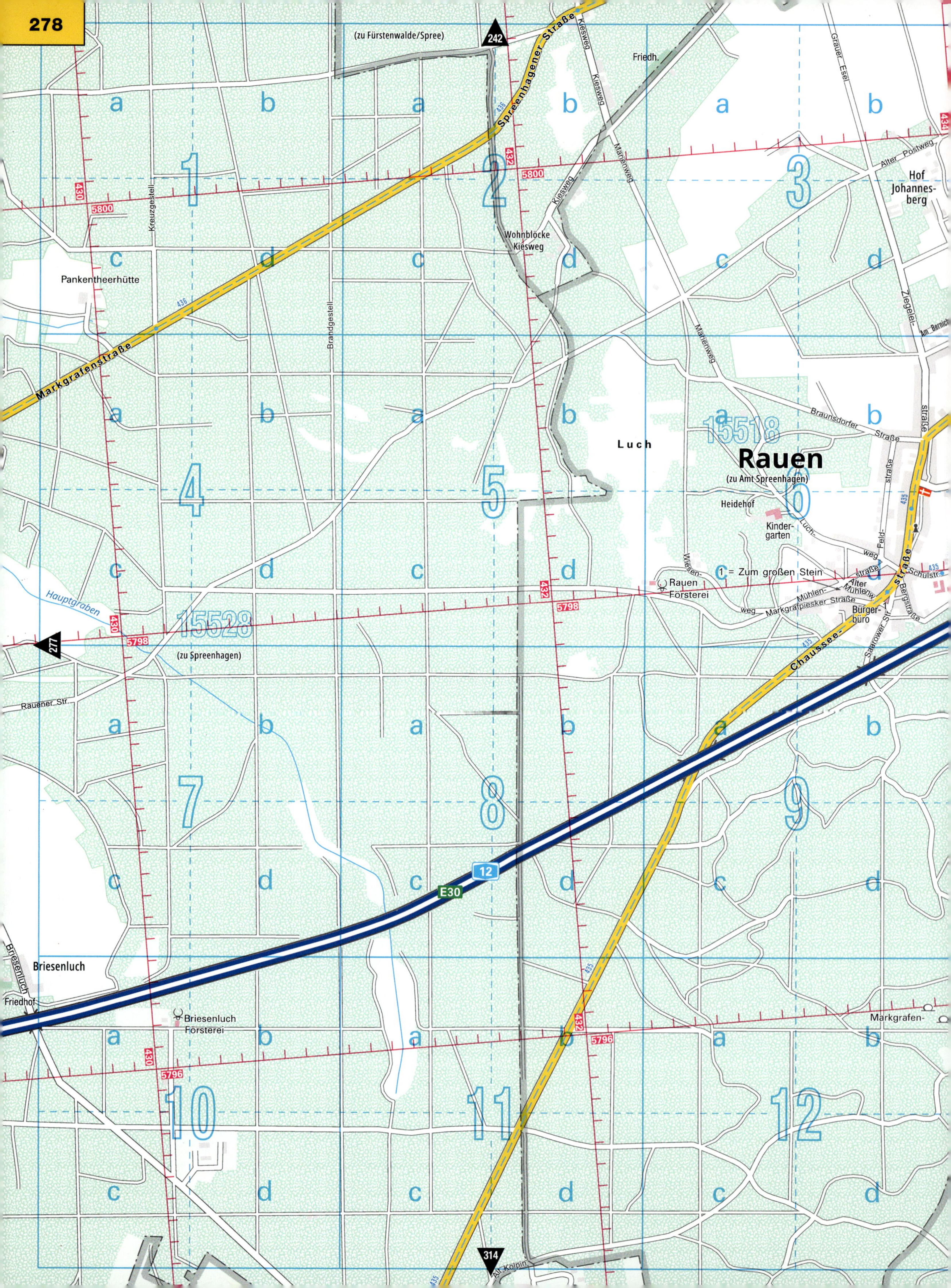

(zu Fürstenwalde/Spree)
242
Spreenhagener Straße
Kiesweg
Friedh.
Grauer Esel
Alter Postweg
Hof Johannesberg
Kreuzgestell
Wohnblöcke Kiesweg
Pankentheerhütte
Markgrafenstraße
Brandgestell
Marienweg
Ziegelei-
Am Bernich
Braunsdorfer Straße
Luch
15518
Rauen
(zu Amt Spreenhagen)
Heidehof
Kindergarten
Luchweg
Feldstraße
Wiesenweg
1 = Zum großen Stein
Rauen Försterei
Alter Mühlenweg
Schulstr.
Bergstraße
Markgrafpiesker Straße
Bürgerbüro
Saarower Str.
Chaussee-straße
Hauptgraben
15528
(zu Spreenhagen)
277
Rauener Str.
12
E30
Briesenluch
Friedhof
Briesenluch Försterei
Markgrafen-
Alt Kolpin
314

Stadtteil Süd
(zu Fürstenwalde/Spree)
Stadtberg
Wolfsschluchten
Bernichenberg
Anschlussstelle Fürstenwalde-West
Fürstenwalde Süd
Fuchsbau
Sommerrodelbahn
Mühlenberg
Ortsteil Petersdorf
(zu Bad Saarow)
Petersdorfer See
Rauener Berge
Markgrafensteine
Ortsteil Neu Golm
(zu Bad Saarow)
Soldatenberge
15517
15518
(zu Langewahl)
15526
1 = Spielttstößerstraße
2 = Platz der Republik
3 = Smetanastraße
4 = Szymanowskistraße
5 = Platz der Solidarität
6 = Puschkinplatz
8 = Clara-Grunwald-Weg

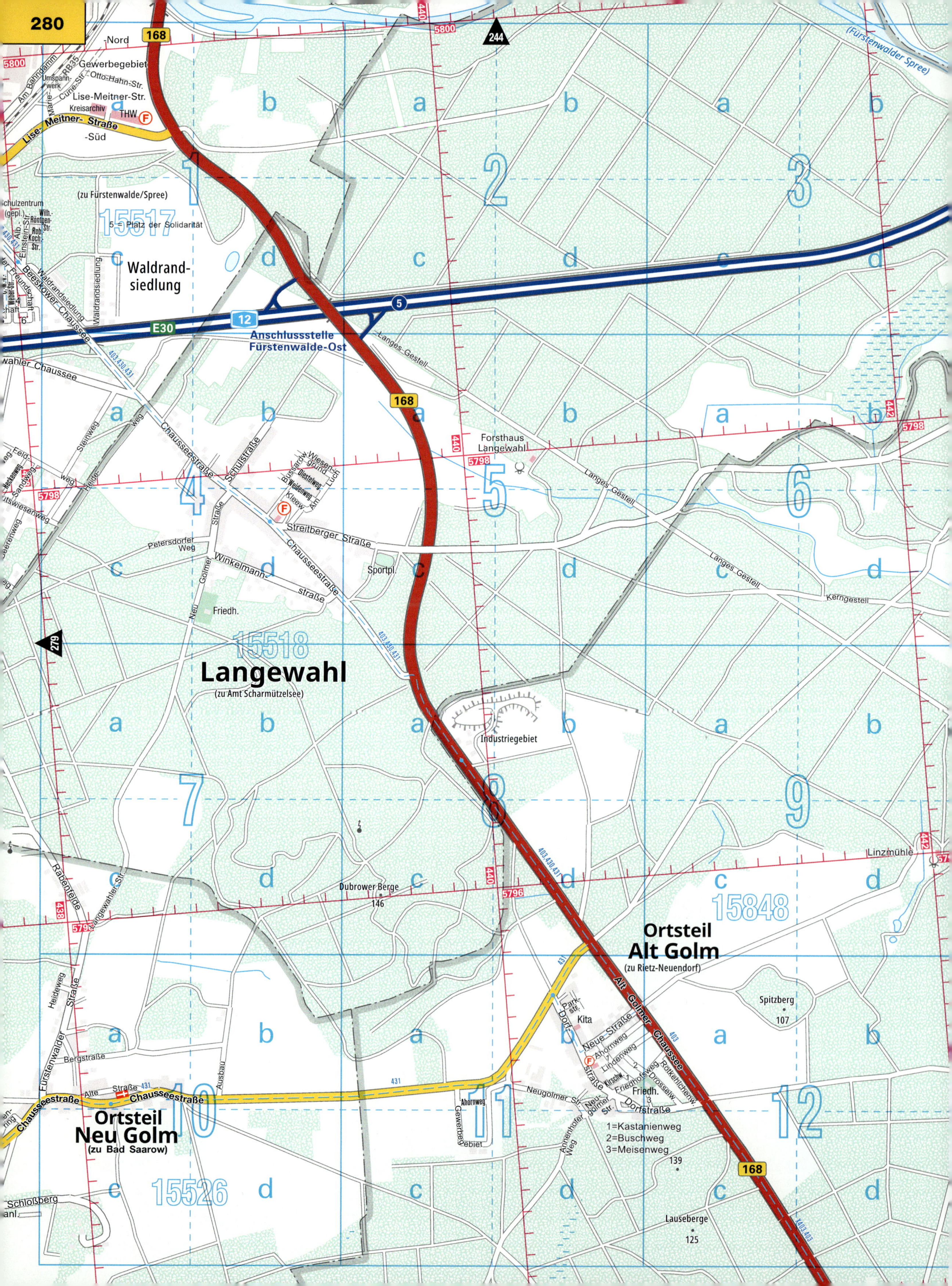

Langewahl
(zu Amt Scharmützelsee)
Waldrand-
siedlung
Ortsteil
Alt Golm
(zu Rietz-Neuendorf)
Ortsteil
Neu Golm
(zu Bad Saarow)
Anschlussstelle
Fürstenwalde-Ost
(zu Fürstenwalde/Spree)
(Fürstenwalder Spree)
Forsthaus
Langewahl
Industriegebiet
Dubrower Berge
146
Spitzberg
107
Lauseberge
125
139
Linzmühle
Langes Gestell
Kerngestell
Streitberger Straße
Chausseestraße
Winkelmann-
straße
Schulstraße
Petersdorfer
Weg
Sportpl.
Friedh.
Alt Golmer Chaussee
Neugolmer Str.
Dorfstraße
Neue Straße
Kita
1=Kastanienweg
2=Buschweg
3=Meisenweg
Bergstraße
Fürstenwalder
Straße
Heideweg
Rabenfelde
Langewahler Str.
Alte Straße
Ausbau
Schloßberg
Gewerbegebiet
Nord
-Süd
Otto-Hahn-Str.
Lise-Meitner-Str.
Lise-Meitner-Straße
Kreisarchiv
THW
5 = Platz der Solidarität
15517
15518
15526
15848
E30
12
5
168
431
440
442
5798
5796
5800
244
279

Roter Krug
E30
12
245
(zu Madlitz-Wilmersdorf)
Am Dehmsee
Am Dehmsee
Tempelberger
Fisch-
werder
Dehmsee
Burgwall
Streitberger
Siedlung
Forst
15518
(zu Berkenbrück)
Kies
Streitberg
Friedh.
Spree
15518
(zu Briesen (Mark))
282
Bunterschütz
Fürstenwalder Spree
Linzmühle
5798
5796
5794
444
446

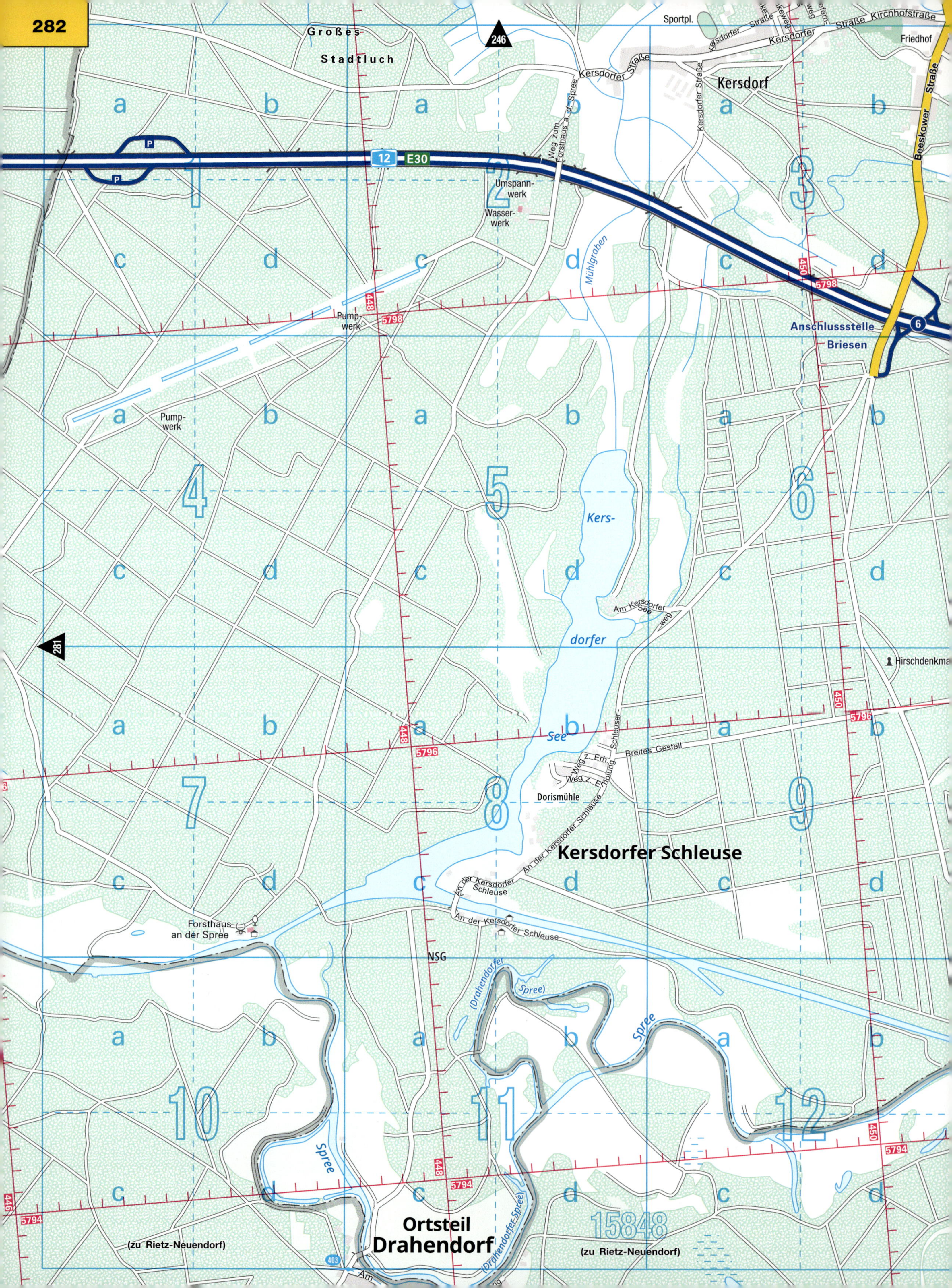
Großes Stadtluch
246
Sportpl.
Friedhof
Kersdorfer Straße
Kirchhofstraße
Kersdorf
Beeskower Straße
12
E30
Umspann-werk
Wasser-werk
Weg zum Forsthaus a. d. Spree
Mühlgraben
Pump-werk
Anschlussstelle Briesen
6
Pump-werk
Kers-dorfer See
Am Kersdorfer See
281
Hirschdenkmal
Breites Gestell
Schleuser-
Dorismühle
Kersdorfer Schleuse
An der Kersdorfer Schleuse
Forsthaus an der Spree
NSG
Drahendorfer Spree
Spree
Ortsteil Drahendorf
15848
(zu Rietz-Neuendorf)
(zu Rietz-Neuendorf)
403
1
2
3
4
5
6
7
8
9
10
11
12

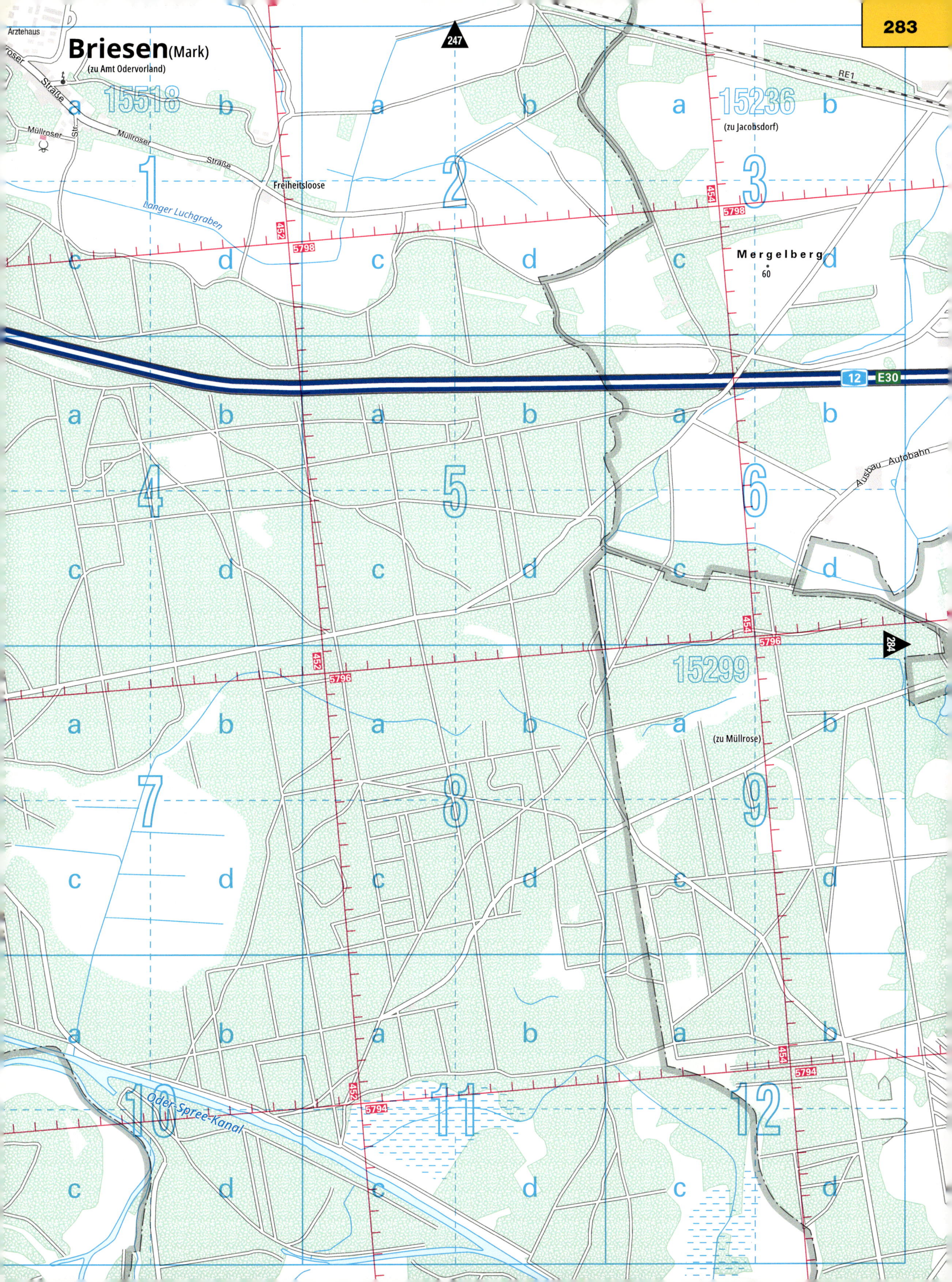
Ärztehaus
Briesen(Mark)
(zu Amt Odervorland)
15518
Müllroser Str.
Müllroser Straße
Langer Luchgraben
Freiheitsloose
247
15236
(zu Jacobsdorf)
RE1
Mergelberg
60
5798
452
454
12
E30
Ausbau Autobahn
15299
(zu Müllrose)
5796
284
5794
Oder-Spree-Kanal
1
2
3
4
5
6
7
8
9
10
11
12

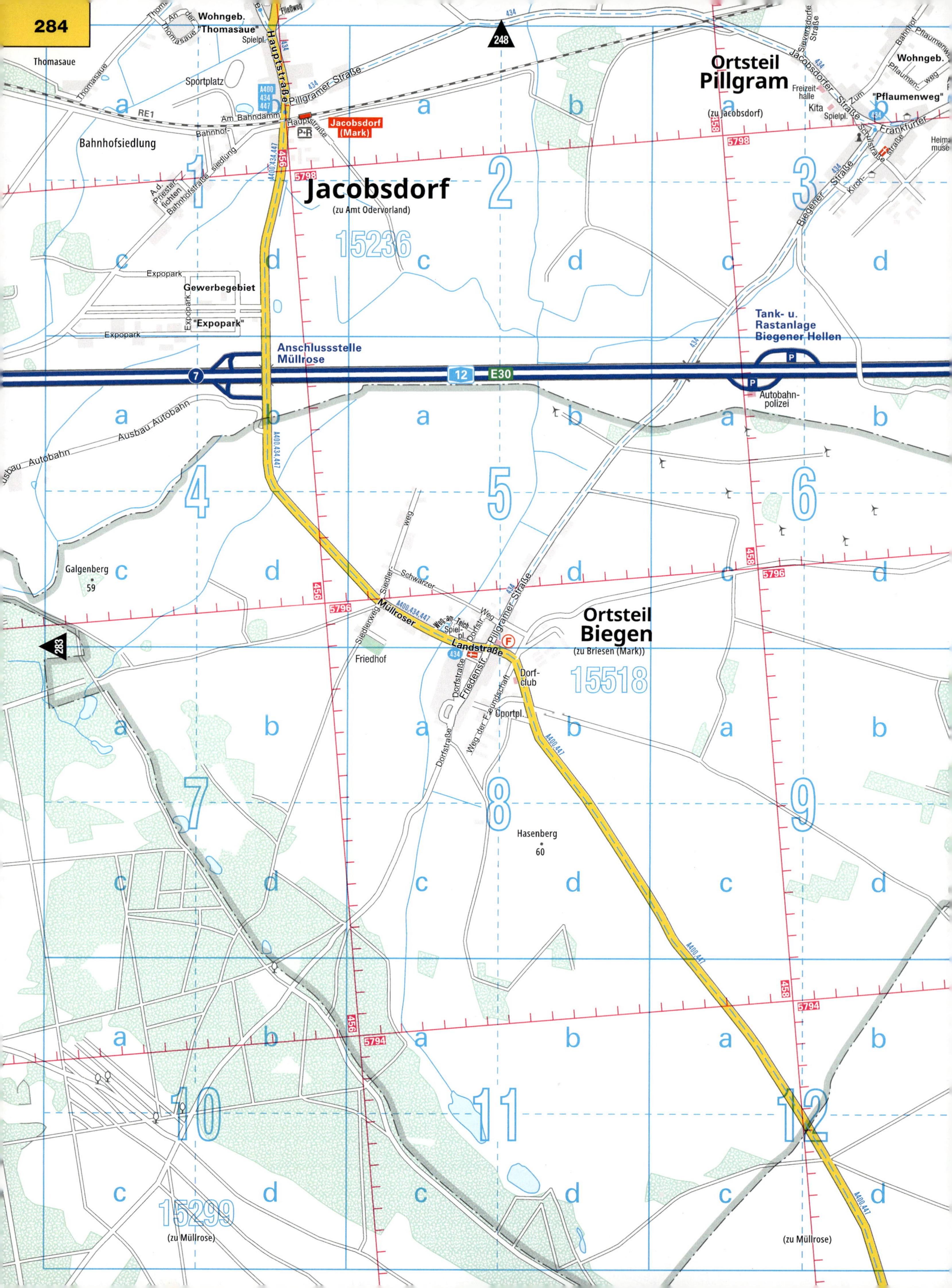

Wohngeb. "Thomasaue"
Thomasaue
Spielpl.
Sportplatz
Hauptstraße
Pillgramer Straße
Am Bahndamm
Bahnhofsiedlung
Jacobsdorf (Mark)
P+R
Jacobsdorf
(zu Amt Odervorland)
15236
248
Ortsteil Pillgram
(zu Jacobsdorf)
Freizeithalle
Kita
Wohngeb. "Pflaumenweg"
Jacobsdorfer Straße
Frankfurter Straße
Biegener Straße
Expopark
Gewerbegebiet "Expopark"
Anschlussstelle Müllrose
Tank- u. Rastanlage Biegener Hellen
Autobahnpolizei
12
E30
7
Ausbau Autobahn
Galgenberg 59
Schwarzer Weg
Müllroser Landstraße
Pillgramer Straße
Ortsteil Biegen
(zu Briesen (Mark))
15518
Friedhof
Dorfclub
Sportpl.
Hasenberg 60
283
(zu Müllrose)
15299
(zu Müllrose)

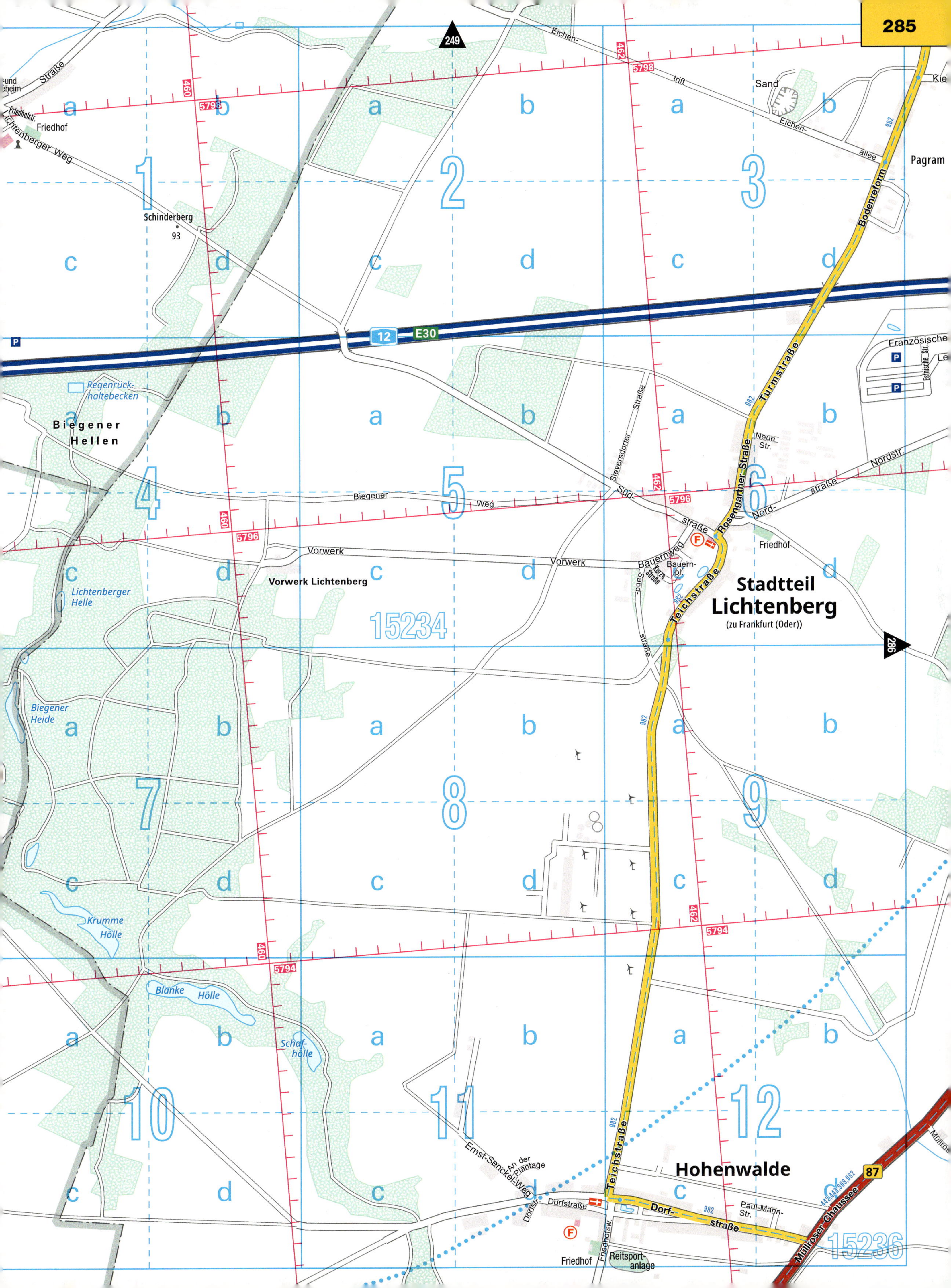
Stadtteil Lichtenberg
(zu Frankfurt (Oder))
Hohenwalde
Pagram
Sand
Biegener Hellen
Vorwerk Lichtenberg
Schinderberg
93
Friedhof
Lichtenberger Weg
Regenrück-haltebecken
Lichtenberger Helle
Biegener Heide
Krumme Hölle
Blanke Hölle
Schaf-hölle
Biegener Weg
Vorwerk
Süd-straße
Nord-straße
Nordstr.
Rosengartner Straße
Turmstraße
Teichstraße
Bodenreform
Bauernweg
Bauern-pl.
Kurze Straße
Sand-straße
Stieversdorfer Straße
Neue Str.
Eichen-trift
Eichen-allee
Französische
Estnische Str.
Ernst-Senckel-Weg
An der Plantage
Dorfstraße
Dorf-straße
Friedhofsw.
Paul-Mann-Str.
Müllroser Chaussee
Reitsport-anlage
15234
15236
12
E30
87
249
286
982
5798
5796
5794
460
462
1
2
3
4
5
6
7
8
9
10
11
12

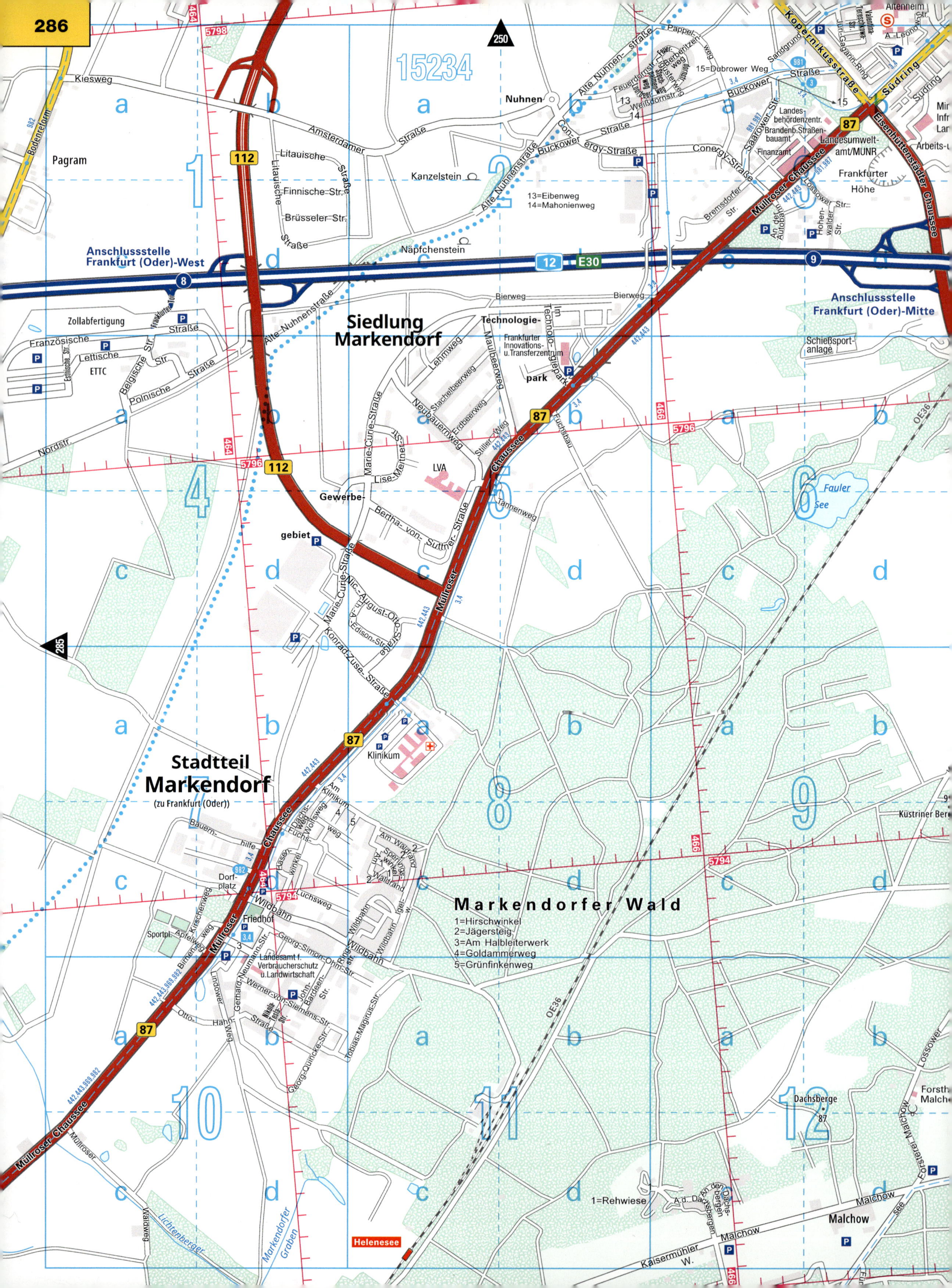
15234
Pagram
Kiesweg
Amsterdamer Straße
Litauische Straße
Finnische Str.
Brüsseler Str.
Kanzelstein
Näpfchenstein
Nuhnen
Alte Nuhnen-straße
Buckower Straße
Conergy-Straße
13=Eibenweg
14=Mahonienweg
15=Dubrower Weg
Kopernikusstraße
Südring
Landesbehördenzentr.
Brandenb.Straßenbauamt
Finanzamt
Landesumweltamt/MUNR
Frankfurter Höhe
Eisenhüttenstädter Chaussee
Müllroser Chaussee
Lossower Str.
Anschlussstelle Frankfurt (Oder)-West
Anschlussstelle Frankfurt (Oder)-Mitte
Zollabfertigung
Französische Straße
Lettische Str.
ETTC
Belgische Str.
Polnische Straße
Nordstr.
Siedlung Markendorf
Bierweg
Technologiepark
Frankfurter Innovations- u.Transferzentrum
Lehmweg
Maulbeerweg
Stachelbeerweg
Erdbeerweg
Neubauernweg
Marie-Curie-Straße
Lise-Meitner-Str.
LVA
Gewerbegebiet
Bertha-von-Suttner-Straße
Tannenweg
Fuchsbau
Schießsportanlage
Fauler See
Nic.-August-Otto-Straße
Konrad-Zuse-Straße
Klinikum
Stadtteil Markendorf
(zu Frankfurt (Oder))
Bauernhilfe
Dorfplatz
Friedhof
Sportpl.
Wildbahn
Luchsweg
Am Waldrand
Landesamt f. Verbraucherschutz u.Landwirtschaft
Georg-Simon-Ohm-Str.
Werner-von-Siemens-Str.
Otto-Hahn-Weg
Lindower Weg
Tobias-Magirus-Str.
Georg-Quincke-Str.
Markendorfer Wald
1=Hirschwinkel
2=Jägersteig
3=Am Halbleiterwerk
4=Goldammerweg
5=Grünfinkenweg
Küstriner Berg
Dachsberge
1=Rehwiese
Malchow
Kaisermühler W.
Lichtenberger
Markendorfer Graben
Helenesee
Waldweg

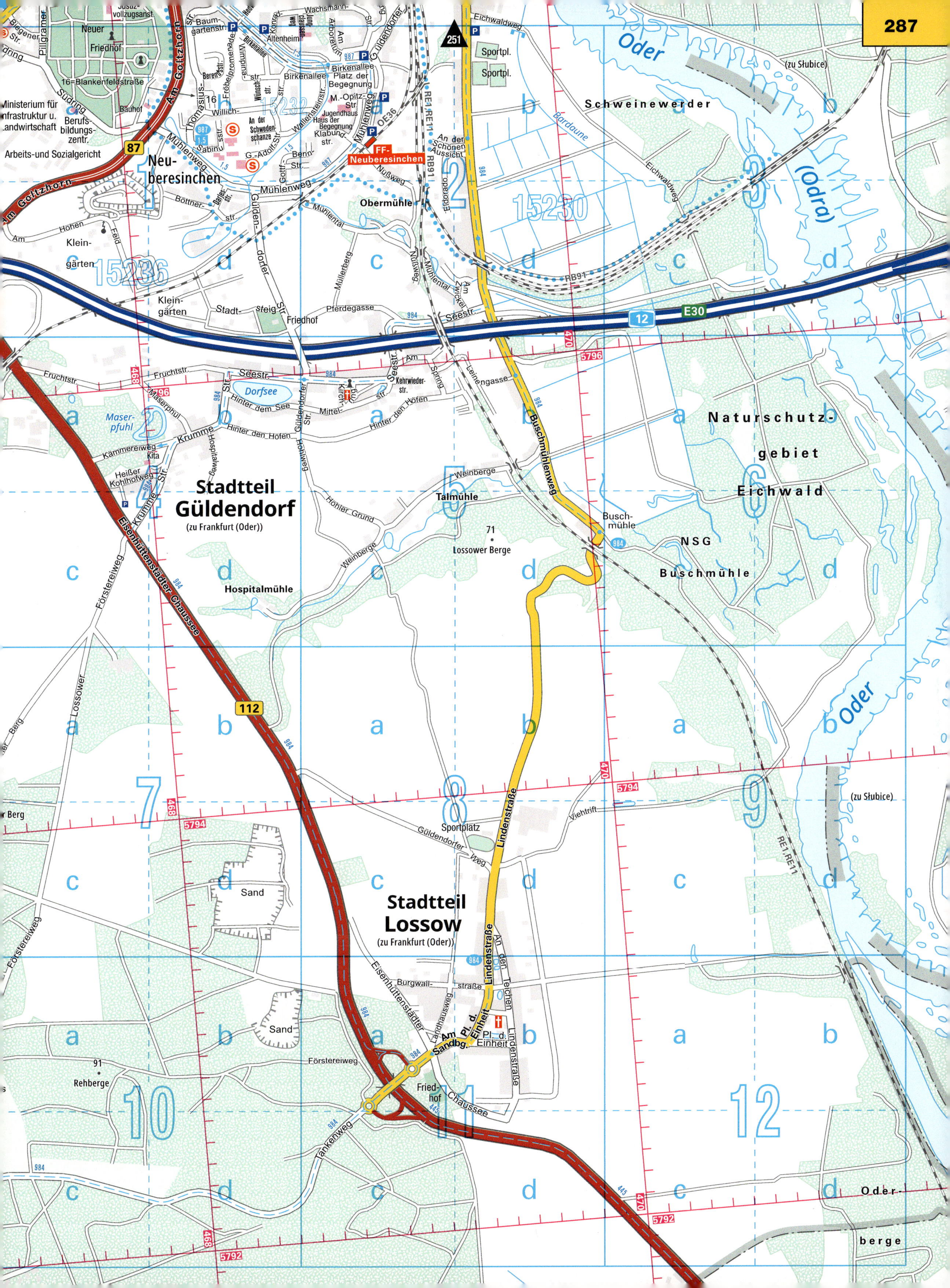
Oder
(Odra)
(zu Słubice)
Schweinewerder
Eichwaldweg
Bardaune
15230
15232
15236
Sportpl.
251
Neuer Friedhof
16=Blankenfeldstraße
Ministerium für Infrastruktur u. Landwirtschaft
Berufs-bildungs-zentr.
Bauhof
Arbeits-und Sozialgericht
Am Goltzhorn
Neu-beresinchen
FF-Neuberesinchen
Birkenallee
Platz der Begegnung
Jugendhaus
Haus der Begegnung
Mühlenweg
Obermühle
Mühlental
Nußweg
An den Schönen Aussicht
Eldorado
RB91
RE1,RE11
Klein-gärten
Stadt-steig
Güldendorfer Str.
Friedhof
Pferdegasse
Seestr.
Müllerberg
Am Zwickel
12
E30
Fruchtstr.
Dorfsee
Maser-pfuhl
Kirchgang
Kehrwieder-str.
Hinter dem See
Mittel-str.
Hinter den Höfen
Leinengasse
Buschmühlenweg
Krumme Str.
Kämmereiweg
Kita
Heißer Kohlhofweg
Hospitalweg
Hohlweg
Weinberge
Talmühle
Hohler Grund
Stadtteil Güldendorf
(zu Frankfurt (Oder))
Busch-mühle
Naturschutz-gebiet Eichwald
NSG Buschmühle
71
Lossower Berge
Hospitalmühle
Förstereiweg
Eisenhüttenstädter Chaussee
112
Lossower Berg
Lindenstraße
Sportplatz
Güldendorfer Weg
Viehtrift
Sand
Stadtteil Lossow
(zu Frankfurt (Oder))
Burgwall-straße
An den Teichen
Landhausweg
Am Pl. d. Einheit
Pl. d. Einheit
Sandbg.
Fried-hof
Chaussee
Tankenweg
91
Rehberge
Oder-berge
5796
5794
5792
468
470
984
445

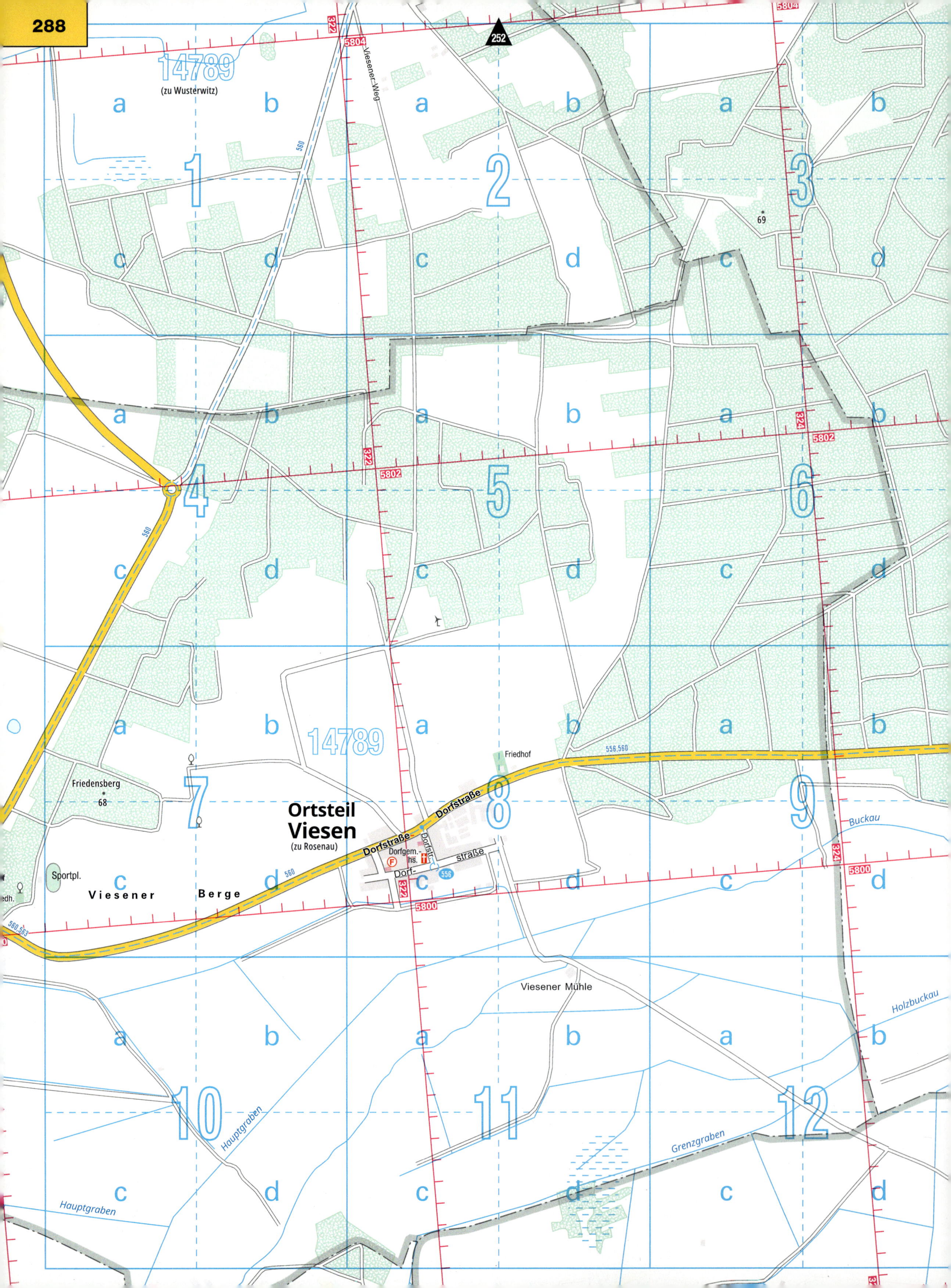

14789
(zu Wusterwitz)
Viesener Weg
252
5804
322
560
69
324
5802
1
2
3
4
5
6
7
8
9
10
11
12
a
b
c
d
14789
Friedhof
556,560
Friedensberg
68
Ortsteil Viesen
(zu Rosenau)
Dorfstraße
Dorfgem.-hs.
Dorf-straße
556
Sportpl.
Viesener Berge
5800
Buckau
560,563
Viesener Mühle
Holzbuckau
Hauptgraben
Grenzgraben

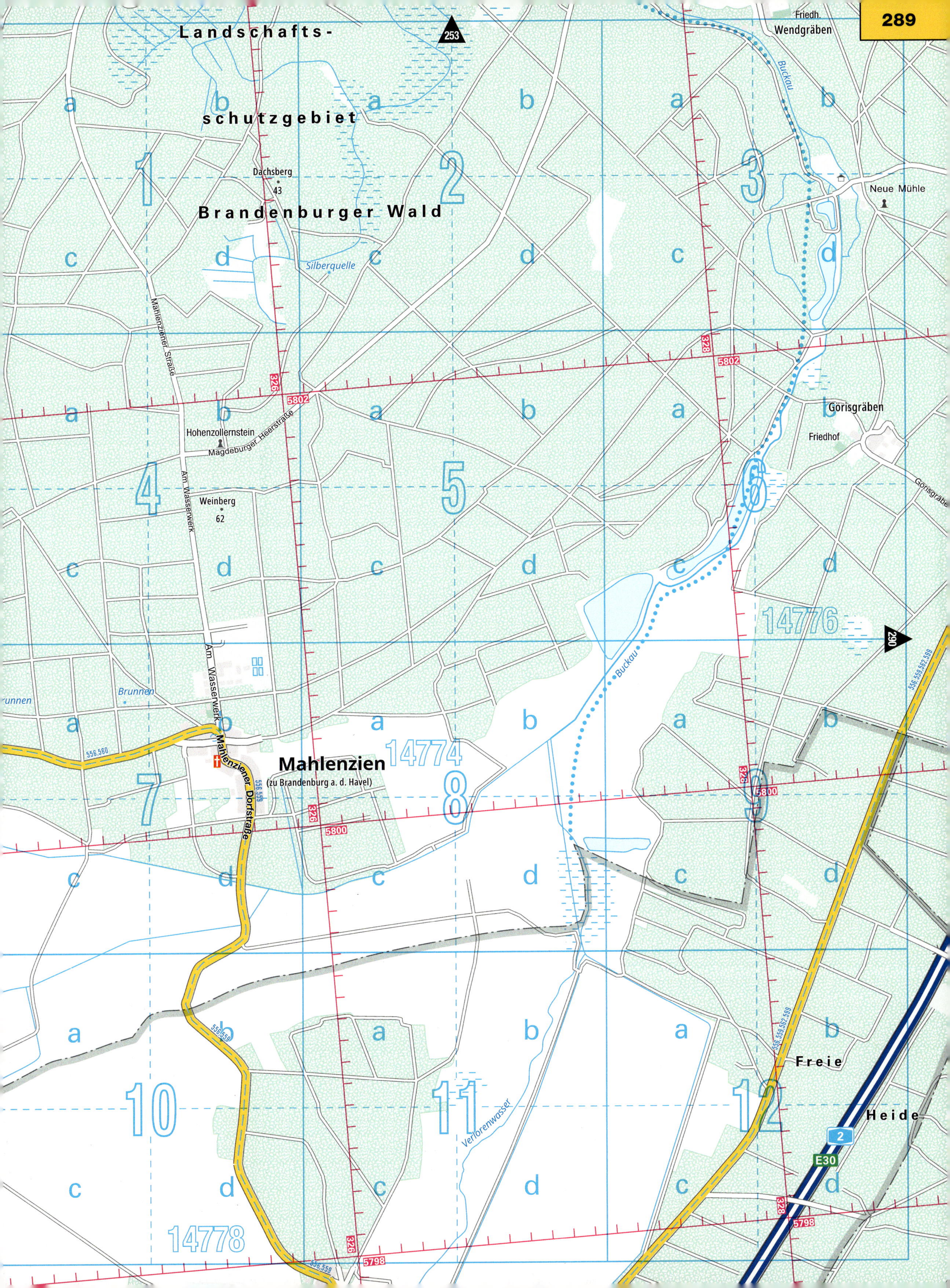

Landschafts-
schutzgebiet
Brandenburger Wald
253
Friedh.
Wendgräben
Buckau
Dachsberg
43
Neue Mühle
Silberquelle
Mahlenziener Straße
328
5802
326
Görisgräben
Friedhof
Hohenzollernstein
Magdeburger Heerstraße
Görisgräbe
Am Wasserwerk
Weinberg
62
14776
290
Brunnen
Am Wasserwerk
Mahlenziener Dorfstraße
Mahlenzien
(zu Brandenburg a. d. Havel)
14774
556.560
5800
Freie
Heide
Verlorenwasser
2
E30
14778
5798

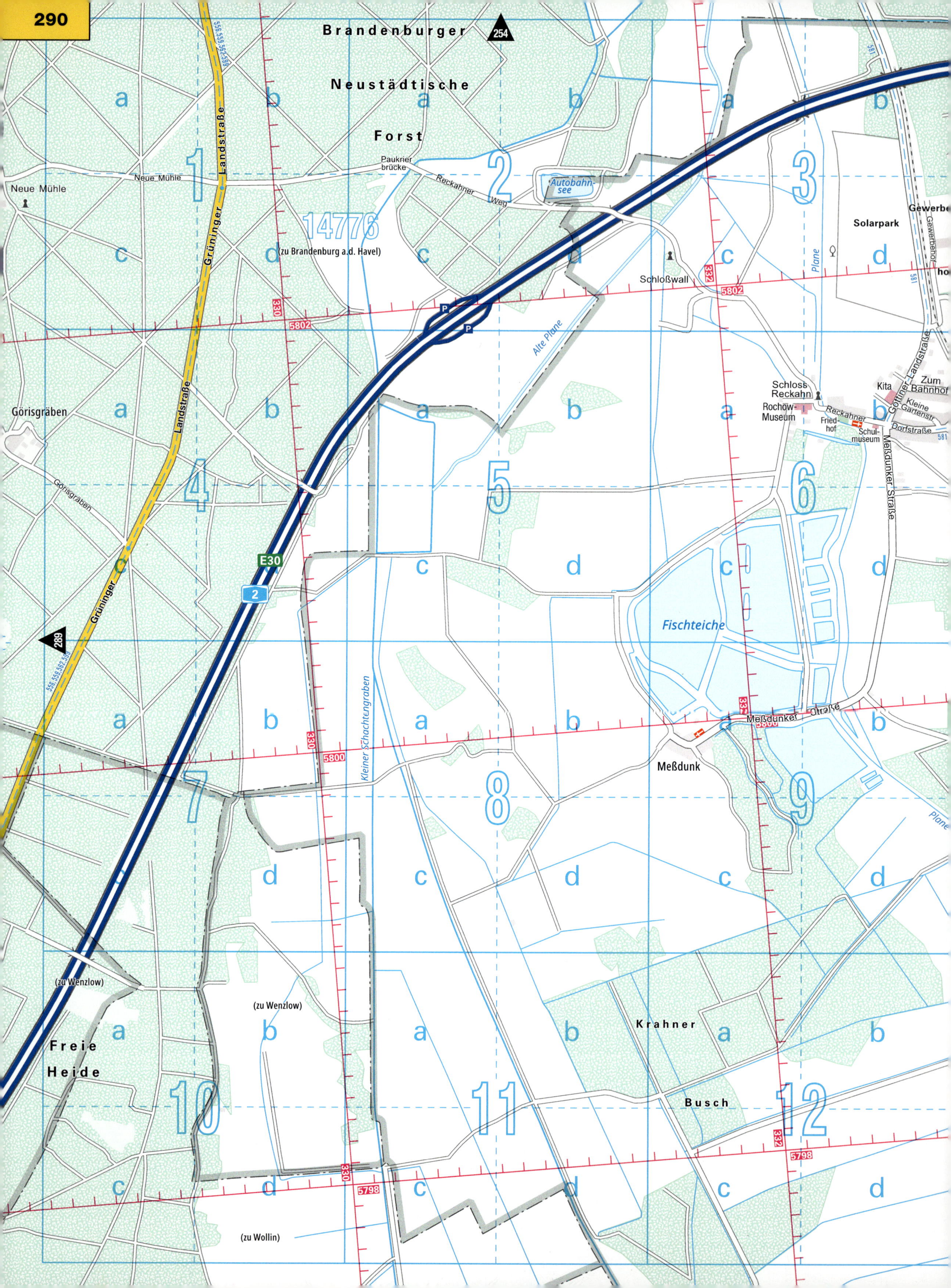

Brandenburger
Neustädtische
Forst
254
Neue Mühle
Neue Mühle
Paukrier brücke
Reckahner Weg
Autobahn-see
14776
(zu Brandenburg a.d. Havel)
Grüninger Landstraße
Schloßwall
Solarpark
Gewerbe
Plane
Alte Plane
Görisgräben
Görisgräben
Schloss Reckahn
Rochow-Museum
Fried-hof
Schul-museum
Kita
Zum Bahnhof
Kleine Gartenstr.
Reckahner
Dorfstraße
Göttiner Landstraße
Meßdunker Straße
E30
2
Fischteiche
289
Kleiner Schachtengraben
Meßdunker Straße
Meßdunk
Plane
(zu Wenzlow)
(zu Wenzlow)
Freie Heide
Krahner
Busch
(zu Wollin)

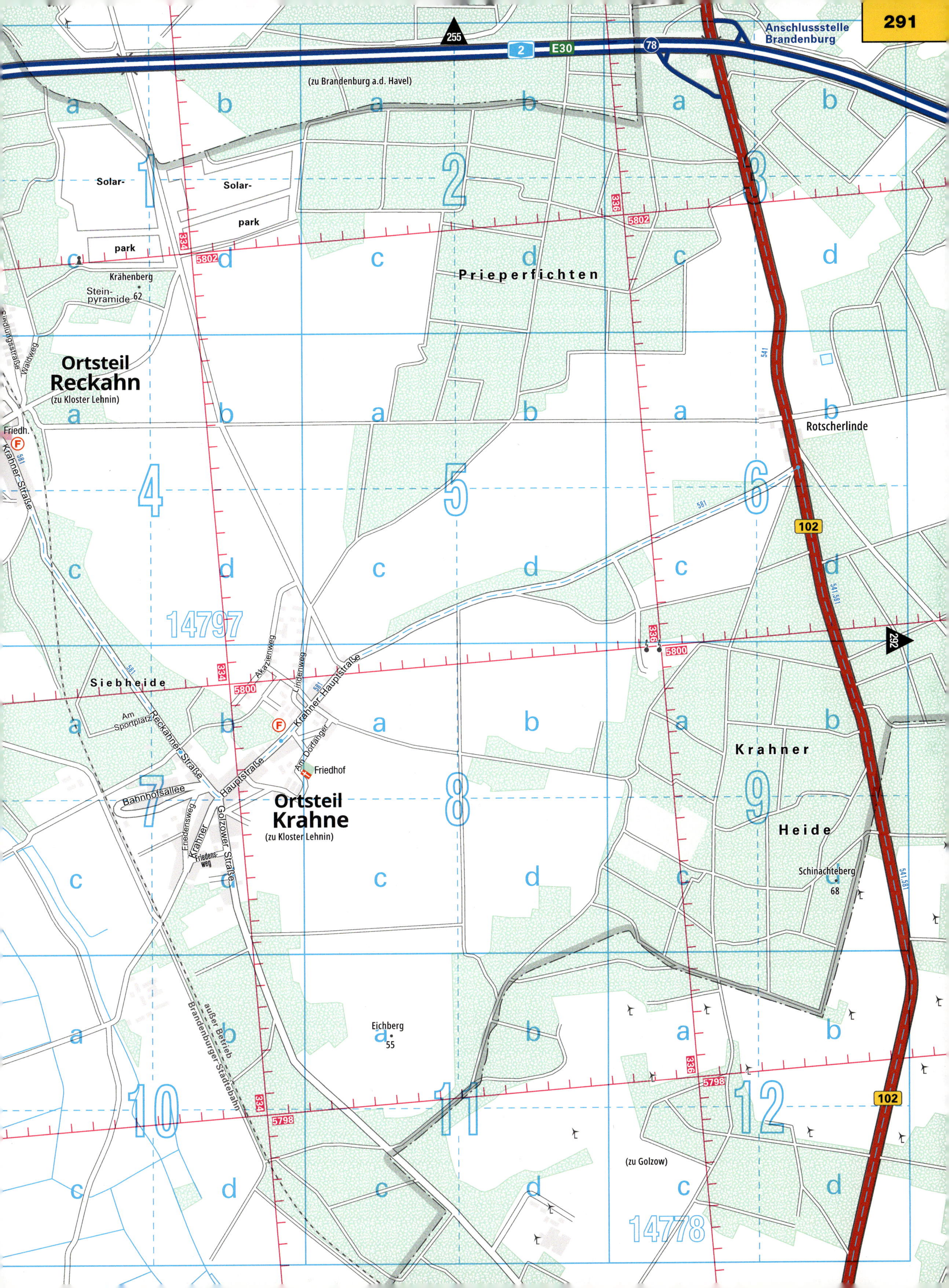

Anschlussstelle Brandenburg
255
2
E30
78
(zu Brandenburg a.d. Havel)
Solar-
Solar-
park
park
Krähenberg
Stein-pyramide 62
Prieperfichten
Ortsteil Reckahn
(zu Kloster Lehnin)
Friedh.
Krahner-Straße
Waldweg
Rotscherlinde
102
14797
Siebheide
Akazienweg
Lindenweg
Krahner Hauptstraße
Am Sportplatz
Reckahner Straße
Am Dorfanger
Friedhof
Hauptstraße
Bahnhofsallee
Friedensweg
Krahner
Friedens-weg
Golzower Straße
Ortsteil Krahne
(zu Kloster Lehnin)
Krahner
Heide
Schinachteberg 68
292
Eichberg 55
außer Betrieb
Brandenburger Städtebahn
(zu Golzow)
14778
5802
5800
5798
334
336
541
581

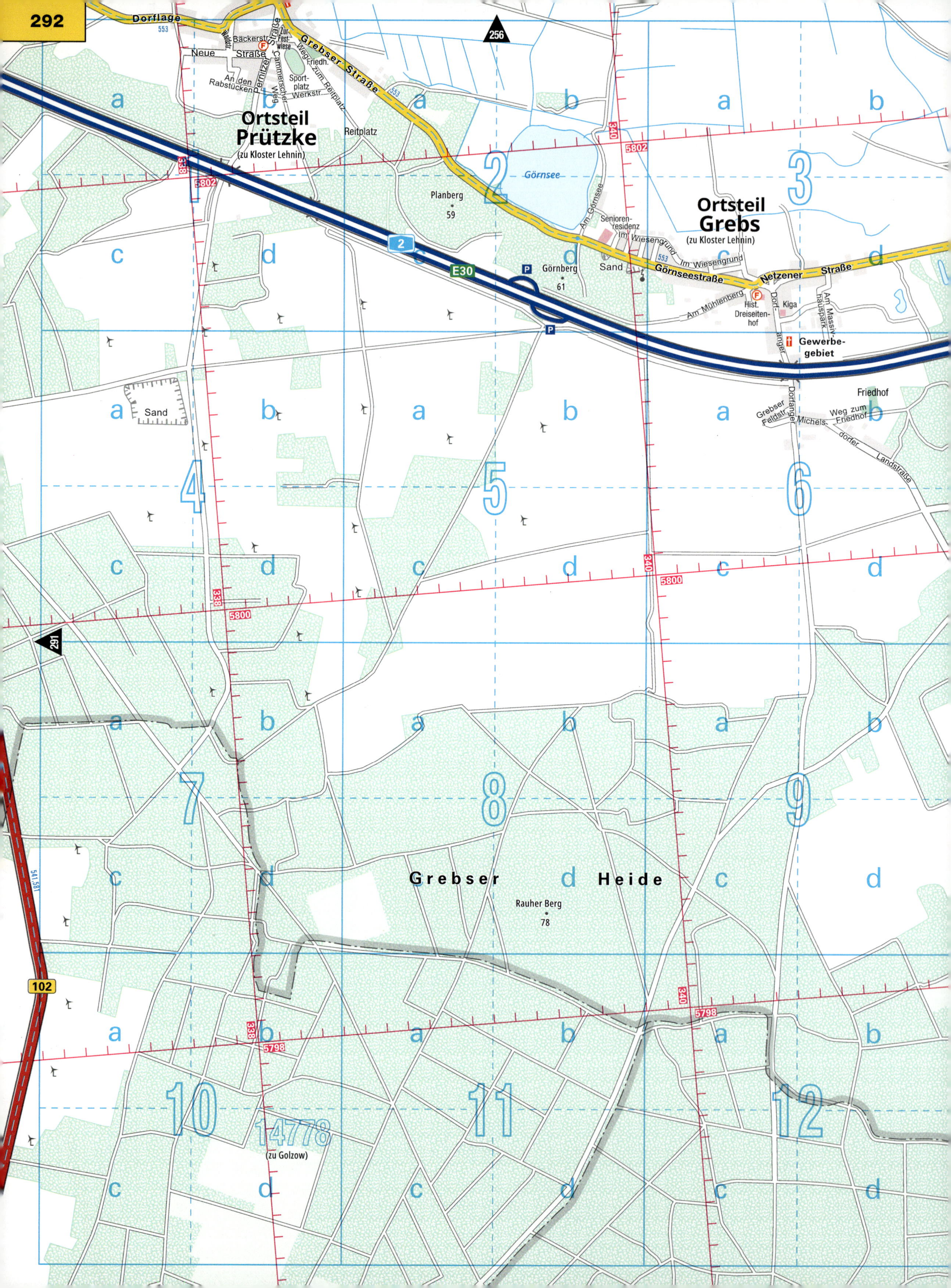

Dorflage
Bäckerstr.
Neue Straße
An den Rabstücken
Pernitzer Straße
Cammersche Weg
Zur Festwiese
Friedh.
Sportplatz
Werkstr.
Weg zum Reitplatz
Grebser Straße
Ortsteil Prützke
(zu Kloster Lehnin)
Reitplatz
Planberg 59
Görnsee
Am Görnsee
Seniorenresidenz
Im Wiesengrund
Ortsteil Grebs
(zu Kloster Lehnin)
Görnberg 61
Sand
Görnseestraße
Netzener Straße
Am Mühlenberg
Hist. Dreiseitenhof
Dorfanger
Kiga
Am Massivhauspark
Gewerbegebiet
E30
Friedhof
Grebser Feldstr.
Michelsdorfer Landstraße
Weg zum Friedhof
Sand
Grebser Heide
Rauher Berg 78
14778
(zu Golzow)
256
291

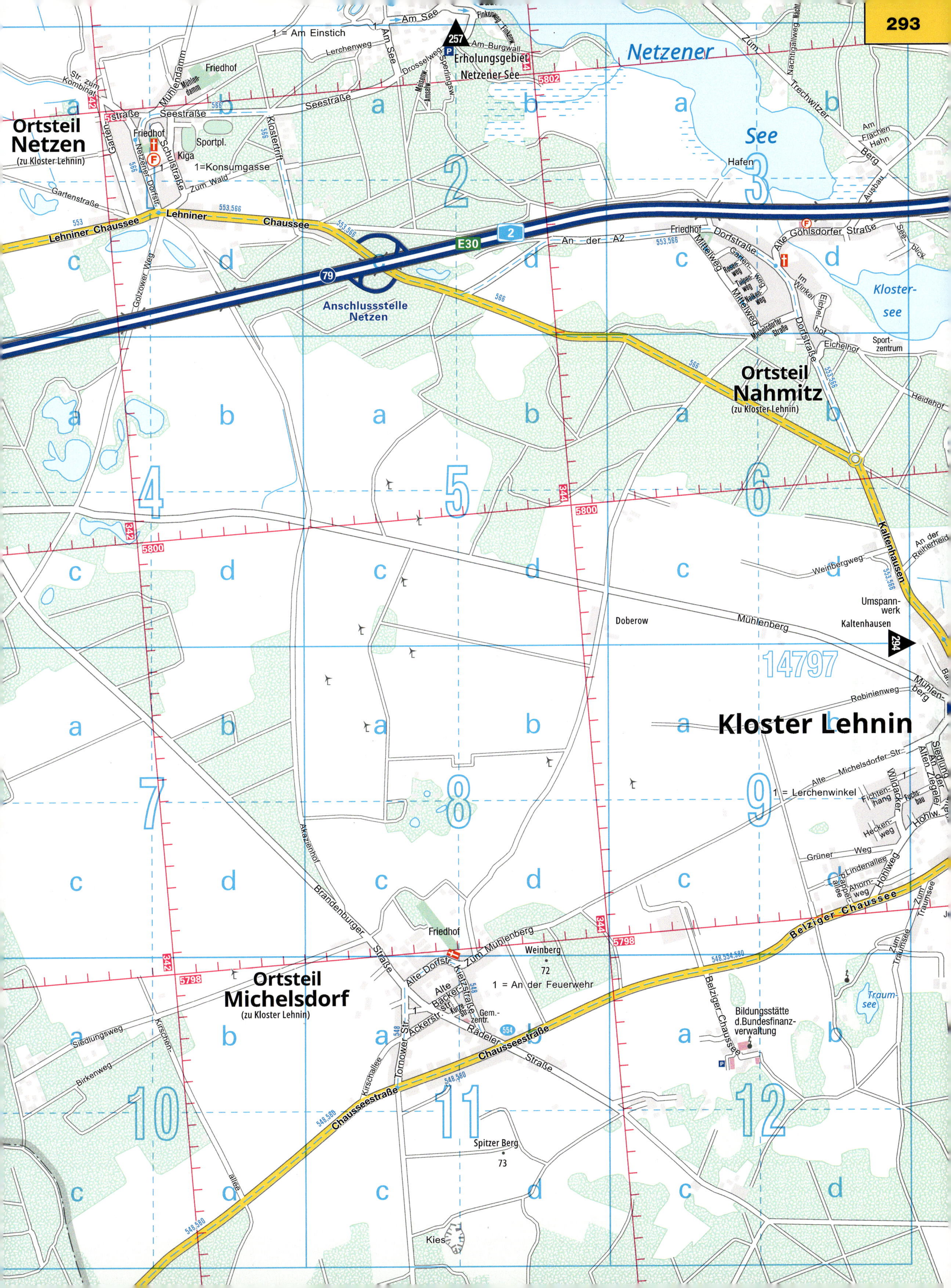

Ortsteil Netzen
(zu Kloster Lehnin)
Erholungsgebiet Netzener See
Netzener See
Hafen
Anschlussstelle Netzen
Ortsteil Nahmitz
(zu Kloster Lehnin)
Klostersee
Doberow
Umspannwerk
Kaltenhausen
14797
Kloster Lehnin
1 = Lerchenwinkel
Ortsteil Michelsdorf
(zu Kloster Lehnin)
1 = An der Feuerwehr
Weinberg
72
Bildungsstätte d.Bundesfinanzverwaltung
Traumsee
Spitzer Berg
73
Kies
1 = Am Einstich
1=Konsumgasse
Lehniner Chaussee
Belziger Chaussee
Chausseestraße
Brandenburger Straße
Mühlenberg
Kaltenhausen

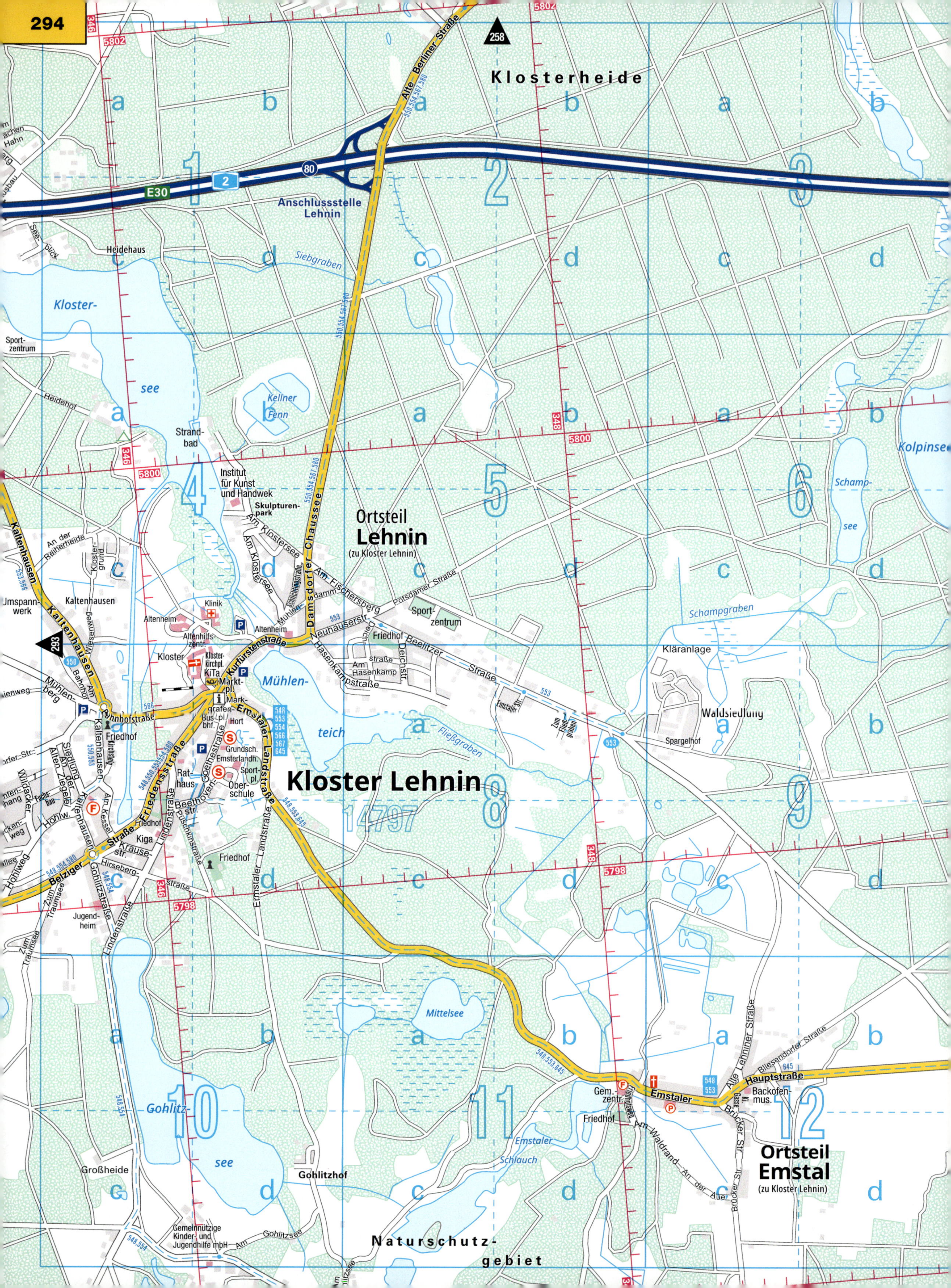
Klosterheide
Anschlussstelle Lehnin
Siebgraben
Heidehaus
Kloster-
see
Sport-zentrum
Heidehof
Kellner Fenn
Strand-bad
Institut für Kunst und Handwek
Skulpturen-park
Ortsteil
Lehnin
(zu Kloster Lehnin)
Damsdorfer Chaussee
Alte Berliner Straße
Am Klostersee
Am Fischerberg
Potsdamer Straße
Sport-zentrum
Kaltenhausen
Umspann-werk
Altenheim
Klinik
Kloster
Kurfürstenstraße
Neuhauserstr.
Friedhof
Beelitzer Straße
Hasenkampstraße
Am Hasenkamp
Deichstr.
Mühlen-
teich
Markt-pl.
Bahnhofstraße
Friedhof
Rat-haus
Grundsch.
Sport-pl.
Ober-schule
Emstaler Landstraße
Friedensstraße
Fließgraben
Kloster Lehnin
14797
Kläranlage
Waldsiedlung
Spargelhof
Schampgraben
Schamp-
see
Kolpinsee
Belziger Straße
Kiga
Krause-str.
Hirseberg-
Friedhof
Lindenstraße
Jugend-heim
Gohlitzstraße
Mittelsee
Gohlitz-
see
Großheide
Gohlitzhof
Gemeinnützige Kinder- und Jugendhilfe mbH
Am Gohlitzsee
Naturschutz-
gebiet
Emstaler Schlauch
Gem.-zentr.
Friedhof
Emstaler
Am Waldrand
An der Aue
Brücker Str.
Hauptstraße
Alte Lehniner Straße
Bliesendorfer Straße
Backofen-mus.
Ortsteil
Emstal
(zu Kloster Lehnin)
E30
2
80
258
293

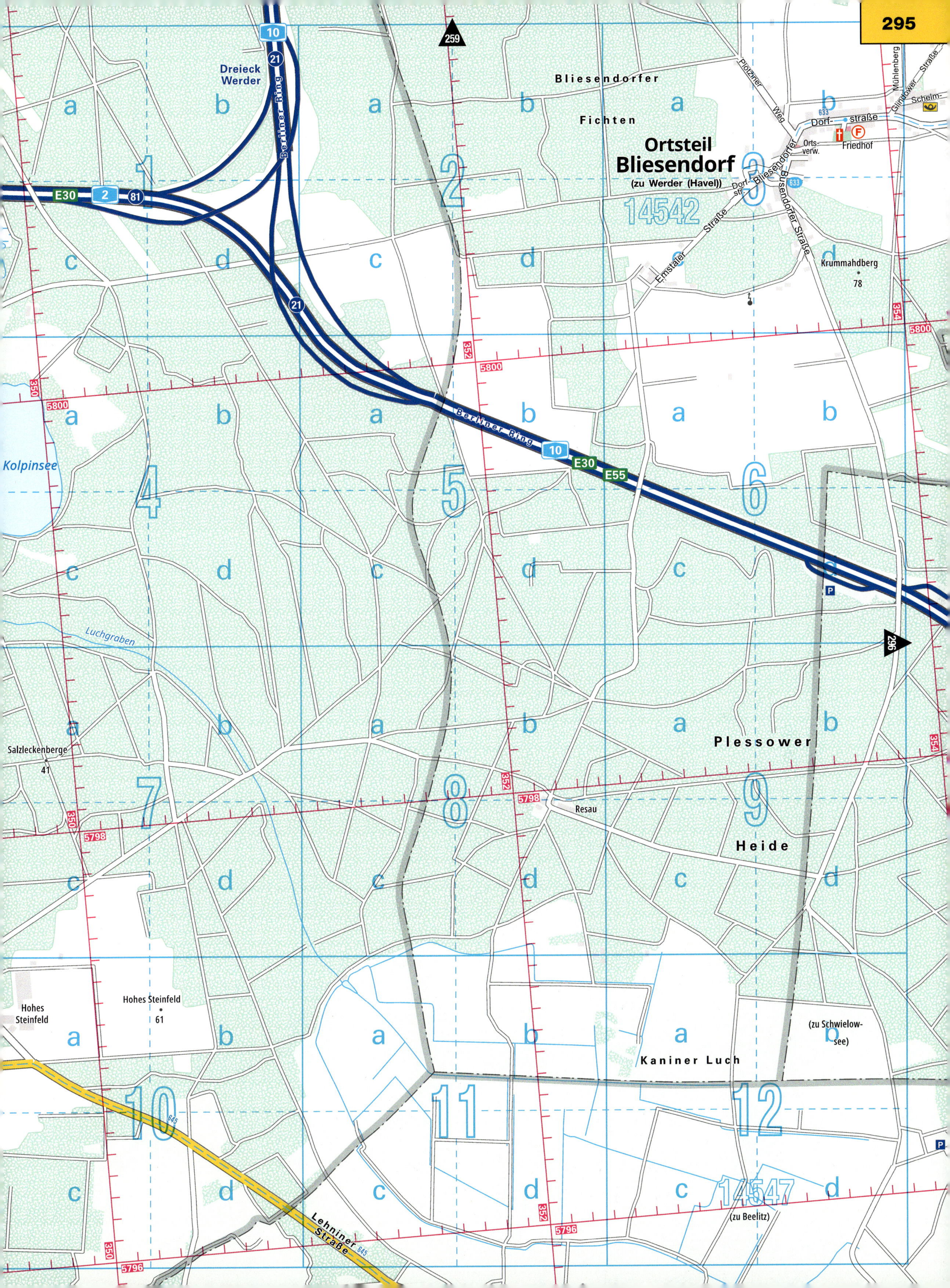
Dreieck Werder
Berliner Ring
Bliesendorfer
Fichten
Ortsteil
Bliesendorf
(zu Werder (Havel))
14542
Plötziner Weg
Dorf- straße
Orts- verw.
Friedhof
Mühlenberg
Glindower Straße
Schelm-
Bliesendorfer
Busendorfer Straße
Dorf- str.
Emstaler Straße
Krummahdberg
78
Kolpinsee
Luchgraben
Salzleckenberge
41
Plessower
Resau
Heide
Hohes Steinfeld
Hohes Steinfeld
61
Kaniner Luch
(zu Schwielow- see)
14547
(zu Beelitz)
Lehniner Straße

Ortsteil
Bliesendorf
(zu Werder (Havel))
14542
Bliesendorfer Poststraße
Kammeroder Straße
Lange Straße
Poststr.
Obst-
gärten
Garten-
anlage
Sportpl.
Sportplatz
Friedhof
Bliesendorfer
Fichten
Holzweg
K.-Liebknecht-Str.
Fichtestr.
Poststraße
Petzower Straße
An der Eiche
Jägerstr.
Gewerbe-
gebiet
Am Gewerbepark
Zum Lindentor
Bachtenberg
71
Zu den Tongruben
Kammeroder Weg
Klaistower Straße
Kammerode
Apostelberg
69
Mittelheide
Roter Hohe
Friedhof
Kap.
Kemnitzerheide
Grüner Weg
Anschlussstelle
Glindow
Zachariasberg
Dachsberge
Berliner Ring
60
Sauberg
E30
E55
Kletterwald
Glindower Straße
Erlebnishof
14547
(zu Beelitz)
Fasanenring
Wolfsschlucht
Krähenberge
Hirschsprung
Bliesendorfer Weg
Fercher Waldweg
Steinweg
Rosenstraße
5800
5798
5796
354
356
358
633
607
10
20
19
260
295
316

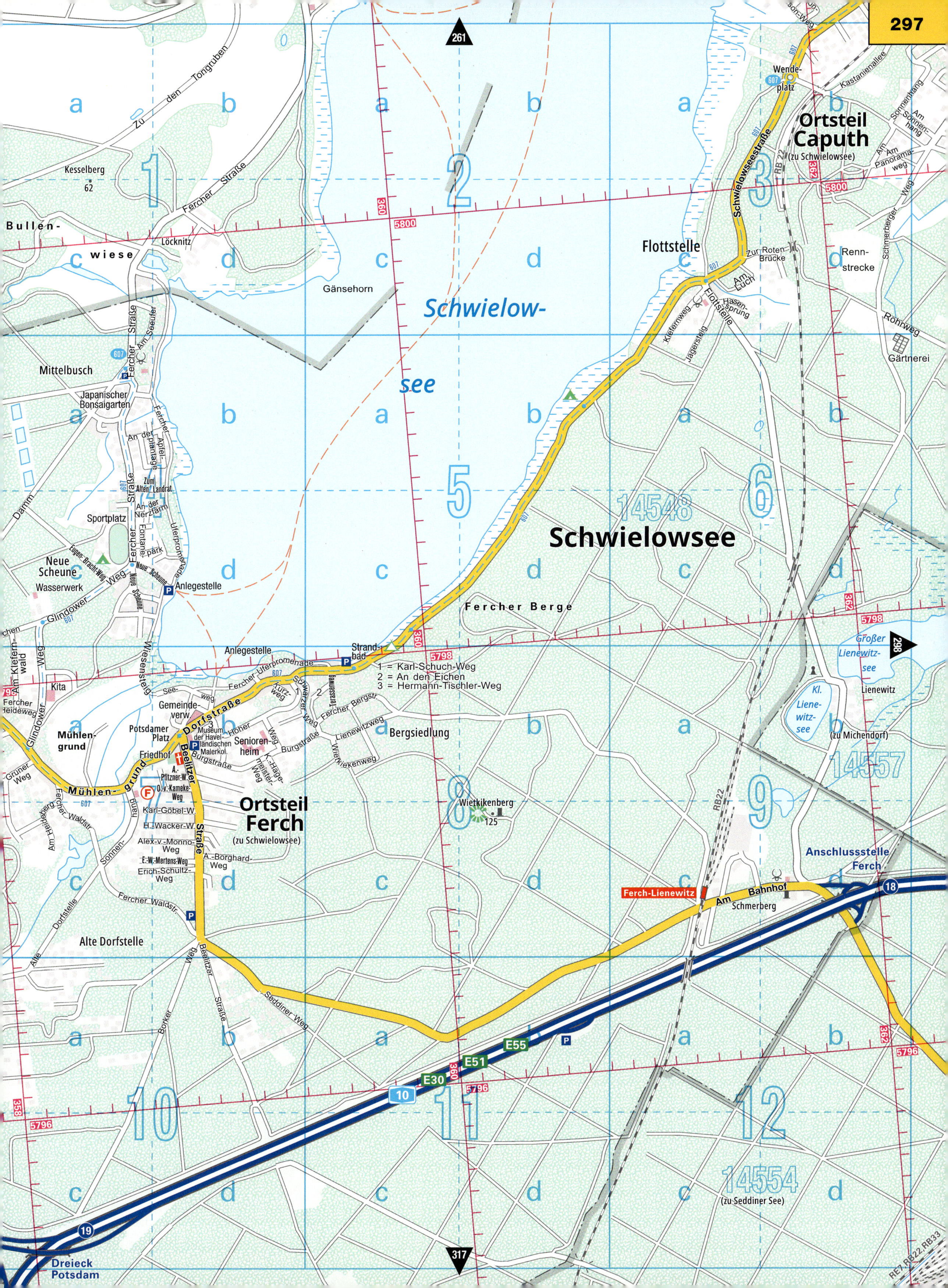

261
Ortsteil Caputh
(zu Schwielowsee)
Wende-platz
Kastanienallee
Schwielowseestraße
Flottstelle
Zur Roten Brücke
Renn-strecke
Rohrweg
Gärtnerei
Kesselberg
62
Zu den Tongruben
Fercher Straße
Bullen-wiese
Löcknitz
Gänsehorn
Schwielow-see
Mittelbusch
Japanischer Bonsaigarten
Sportplatz
Neue Scheune
Wasserwerk
Anlegestelle
Fercher Berge
Schwielowsee
14548
Großer Lienewitz-see
298
Kl. Liene-witz-see
Lienewitz
(zu Michendorf)
14557
Strand-bad
1 = Karl-Schuch-Weg
2 = An den Eichen
3 = Hermann-Tischler-Weg
Bergsiedlung
Mühlen-grund
Potsdamer Platz
Gemeinde-verw.
Dorfstraße
Senioren-heim
Ortsteil Ferch
(zu Schwielowsee)
Wietkikenberg
125
Anschlussstelle Ferch
Ferch-Lienewitz
Am Bahnhof
Schmerberg
Alte Dorfstelle
Seddiner Weg
Beelitzer Straße
E55
E51
E30
10
5796
5798
5800
14554
(zu Seddiner See)
19
Dreieck Potsdam
317
18

Caputher Heide
Caputher See
Ortsteil Caputh
(zu Schwielowsee)
14548
Siedlung Willichslust
14557
Michendorf
Siedlung Michendorf West
Großer Lienewitz-see
Badestelle
Gärtnerei
Herthasee
Berliner Ring
Anschlussstelle Ferch
Tank-und Rastanlage Michendorf
Anschlussstelle Michendorf
Wildenbruch
Siedlung Bergheide
14554
Ortsteil Neuseddin
(zu Seddiner See)
Zollamt
Umspannwerk
Lehnmarke
Six
Leipziger Chaussee
Caputher Chaussee
Michendorfer Chaussee
Potsdamer Straße
Luckenwalder Str.
Wetzlarer Bahn
1 = Ulmenallee
2 = Saarmunder Stichweg
3 = Michendorfer Gartenstr.
1= Zum Sportplatz
2= Am Apfelweg
3= Am Birnenweg
4= Am Quittenweg
Gemeindezentrum
Neuapostol.-kirche
Kath. Kirche
Behind.-heim St. Norbert
Sporthalle
Sportplatz
Kapelle
Friedhof
Kita
Seddin
Gbf
262
297
318

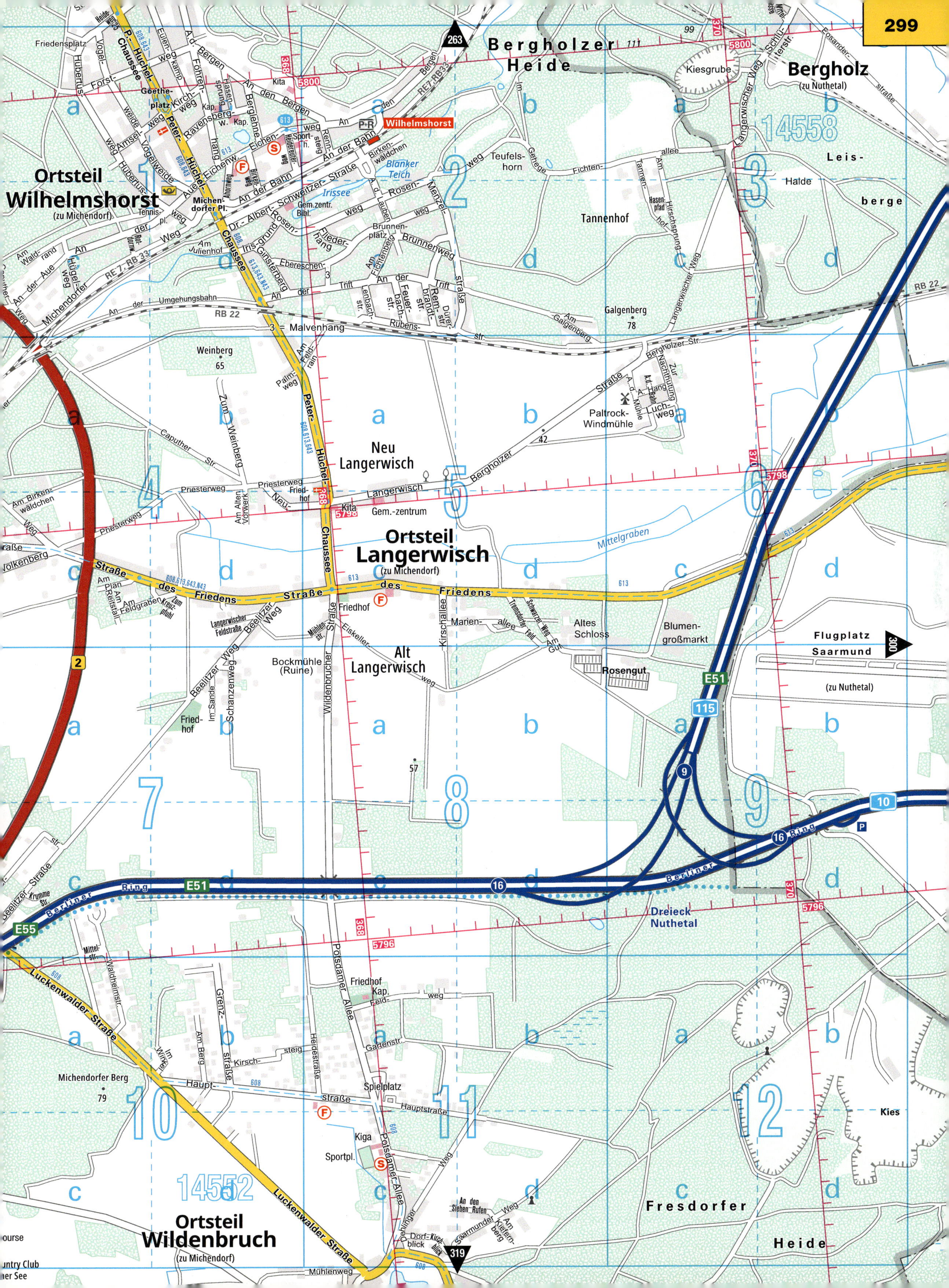

Ortsteil Wilhelmshorst
(zu Michendorf)
Bergholzer Heide
Bergholz
(zu Nuthetal)
14558
Leis-berge
Halde
Tannenhof
Galgenberg
78
Wilhelmshorst
Blanker Teich
Irissee
Teufels-horn
Kiesgrube
Weinberg
65
Malvenhang
Neu Langerwisch
Paltrock-Windmühle
Ortsteil Langerwisch
(zu Michendorf)
Mittelgraben
Alt Langerwisch
Bockmühle (Ruine)
Altes Schloss
Rosengut
Blumen-großmarkt
Flugplatz Saarmund
(zu Nuthetal)
Dreieck Nuthetal
Berliner Ring
Michendorfer Berg
79
14552
Ortsteil Wildenbruch
(zu Michendorf)
Luckenwalder Straße
Potsdamer Allee
Fresdorfer Heide
Kies
Peter-Huchel-Chaussee
Straße des Friedens
263
300
319

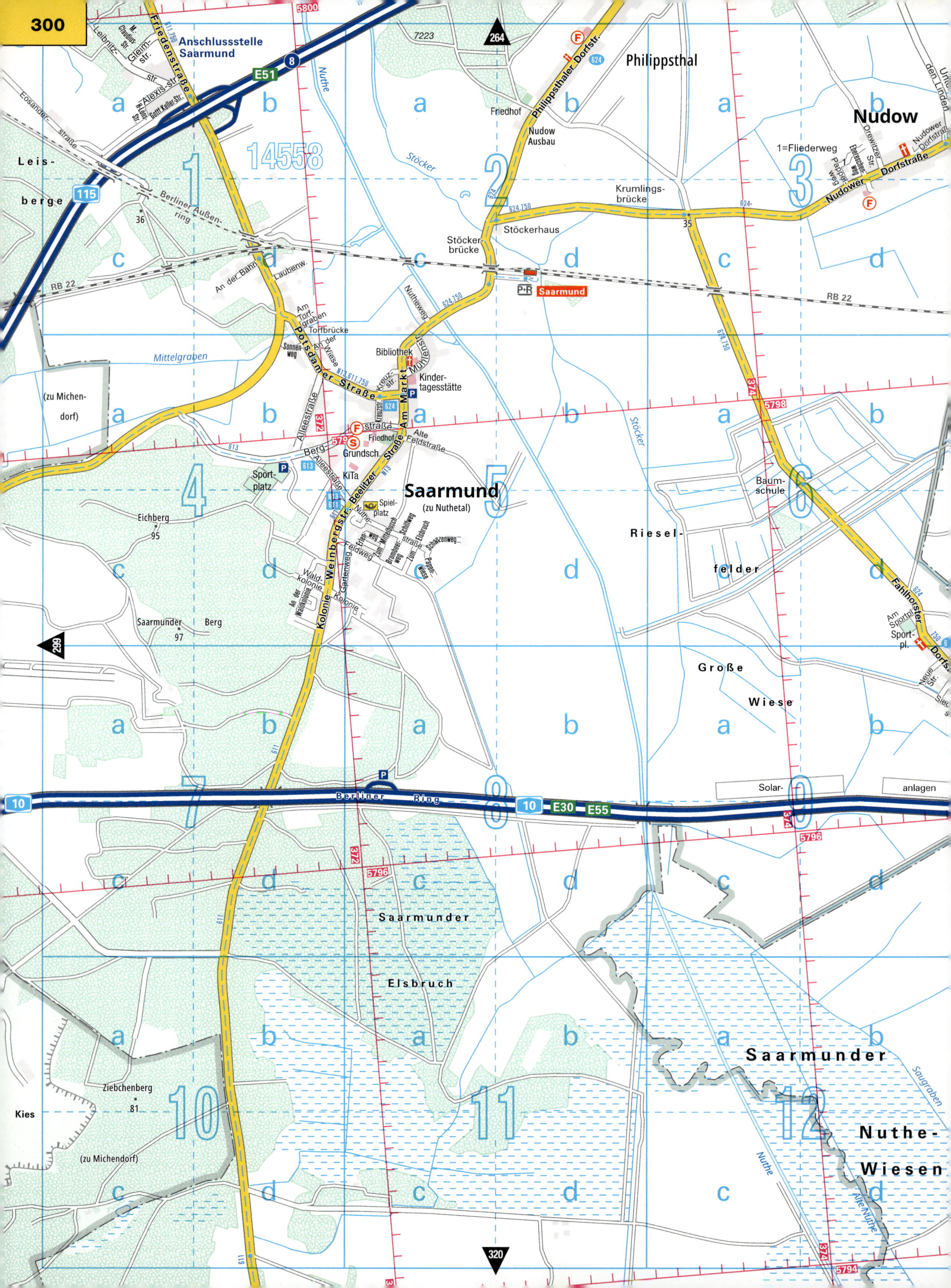

Anschlussstelle Saarmund
Philippsthal
Nudow
Leis-berge
Nudow Ausbau
Krumlingsbrücke
Stöckerhaus
Stöckerbrücke
Saarmund
Mittelgraben
Bibliothek
Kindertagesstätte
Friedhof
Grundsch.
KiTa
Sportplatz
Eichberg
95
Saarmund
(zu Nuthetal)
Rieselfelder
Baumschule
Saarmunder Berg
97
Große Wiese
Solaranlagen
Berliner Ring
Saarmunder Elsbruch
Ziebchenberg
81
Kies
(zu Michendorf)
Saarmunder Nuthe-Wiesen
Nuthe
Alte Nuthe
Saugraben
Potsdamer Straße
Weinbergstr.
Beelitzer Straße
Am Markt
Friedenstraße
Philippsthaler Dorfstr.
Nudower Dorfstraße
Fahlhorster Dorfstr.
14558

14532
(zu Stahnsdorf)
Nudower Dorfstraße
Im Wiesengrund
Zur Mühle
Luchwiesen
Mühlenberge
Steinberge
Pastorland
Struveshof
Mühle
Berliner Außenring
Potsdamer Str.
Jahnsberg
1 = Am Ahrensdorfer Bahnhof
2 = Sandbirkenweg
3 = Blaumeisenweg
Buschhütung
Siethener
Elsbruch
Ortsteil
Ahrensdorf
(zu Ludwigsfelde)
Potsdamer Landstraße
Großbeerener Str.
Gröbener Straße
Trebbiner Landstraße
Friedhof
Gem.-verw.
Rousseauallee
Rousseaupark
Baugebiet
Waldsiedlung
Ahrensdorfer
Heide
AS Ludwigsfelde-West
Fahlhorst
Solaranlagen
E30
E55
10
Leopoldsgraben
Badestelle
Schiefer Berg
14974
Potsdamer Chaussee
Ortsteil
Siethen
(zu Ludwigsfelde)
Hageberg
Weinberg
1 = Ahornhof
2 = Eschenhof
3 = Kastanienhof
4 = Ulmenhof
5 = Weidenhof
6 = Erlenhof
7 = Birkenhof
8 = Am Schniederluch
Ortsteil
Gröben
(zu Ludwigsfelde)
Gröbener Allee
Siethener
See
Gröbener
See
Jütchendorfer Chaussee
Siethener Dorfstr.
Ludwigsfelder Chaussee
Trebbiner Chaussee
Friedhof
Sportplatz

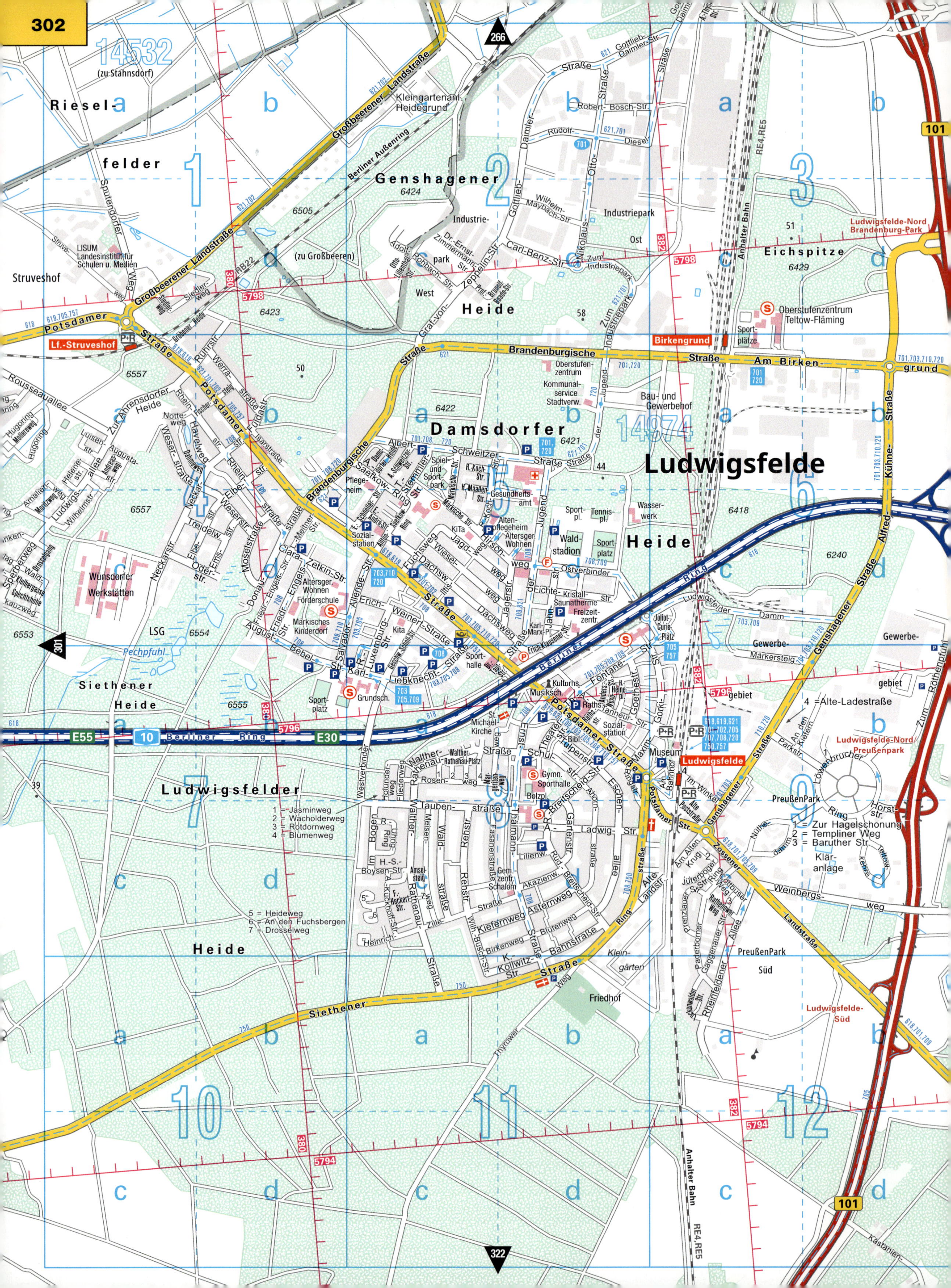

14532
(zu Stahnsdorf)
Riesel-
felder
Struveshof
Lf.-Struveshof
Großbeerener Landstraße
Berliner Außenring
Kleingartenanl. Heidegrund
Genshagener
Heide
Industriepark
West
Industriepark
Ost
(zu Großbeeren)
LISUM Landesinstitut für Schulen u. Medien
Robert-Bosch-Str.
Rudolf-Diesel-
Gottlieb-Daimler-Str.
Wilhelm-Maybach-Str.
Carl-Benz-Str.
Zum Industriepark
Anhalter Bahn
Eichspitze
Ludwigsfelde-Nord Brandenburg-Park
Oberstufenzentrum Teltow-Fläming
Birkengrund
Brandenburgische Straße
Am Birken-grund
Potsdamer Straße
Damsdorfer
Heide
Ludwigsfelde
14974
Oberstufen-zentrum
Kommunal-service Stadtverw.
Bau- und Gewerbehof
Wasser-werk
Wald-stadion
Sport-platz
Tennis-pl.
Gesundheits-amt
Alten-pflegeheim
Altersger. Wohnen
Pflege-heim
Sozial-station
Ostverbinder
Kristall-Saunatherme
Freizeit-zentr.
Kühne-Straße
Alfred-
Genshagener Straße
Ludwigsfelder Damm
Gewerbe-gebiet
Markersteig
Wünsdorfer Werkstätten
Märkisches Kinderdorf
Förderschule
LSG
Pechpfuhl
Siethener
Heide
Grundsch.
Sport-halle
Kulturhs.
Musiksch.
Raths.
Michael-Kirche
Museum
Ludwigsfelde
Gymn.
Sporthalle
Bolzpl.
Gem.-zentr. Schalom
E55
10
Berliner Ring
E30
Ludwigsfelder
Heide
1 = Jasminweg
2 = Wacholderweg
3 = Rotdornweg
4 = Blumenweg
5 = Heideweg
6 = An den Fuchsbergen
7 = Drosselweg
4 = Alte-Ladestraße
Ludwigsfelde-Nord Preußenpark
PreußenPark
Löwenbrucher Ring
1 = Zur Hagelschonung
2 = Templiner Weg
3 = Baruther Str.
Klär-anlage
Weinbergsweg
Zossener Landstraße
PreußenPark Süd
Ludwigsfelde-Süd
Siethener Straße
Klein-gärten
Friedhof
Thyrower Weg
Anhalter Bahn
RE4,RE5
101
266
301
322
5798
5796
5794
380
382

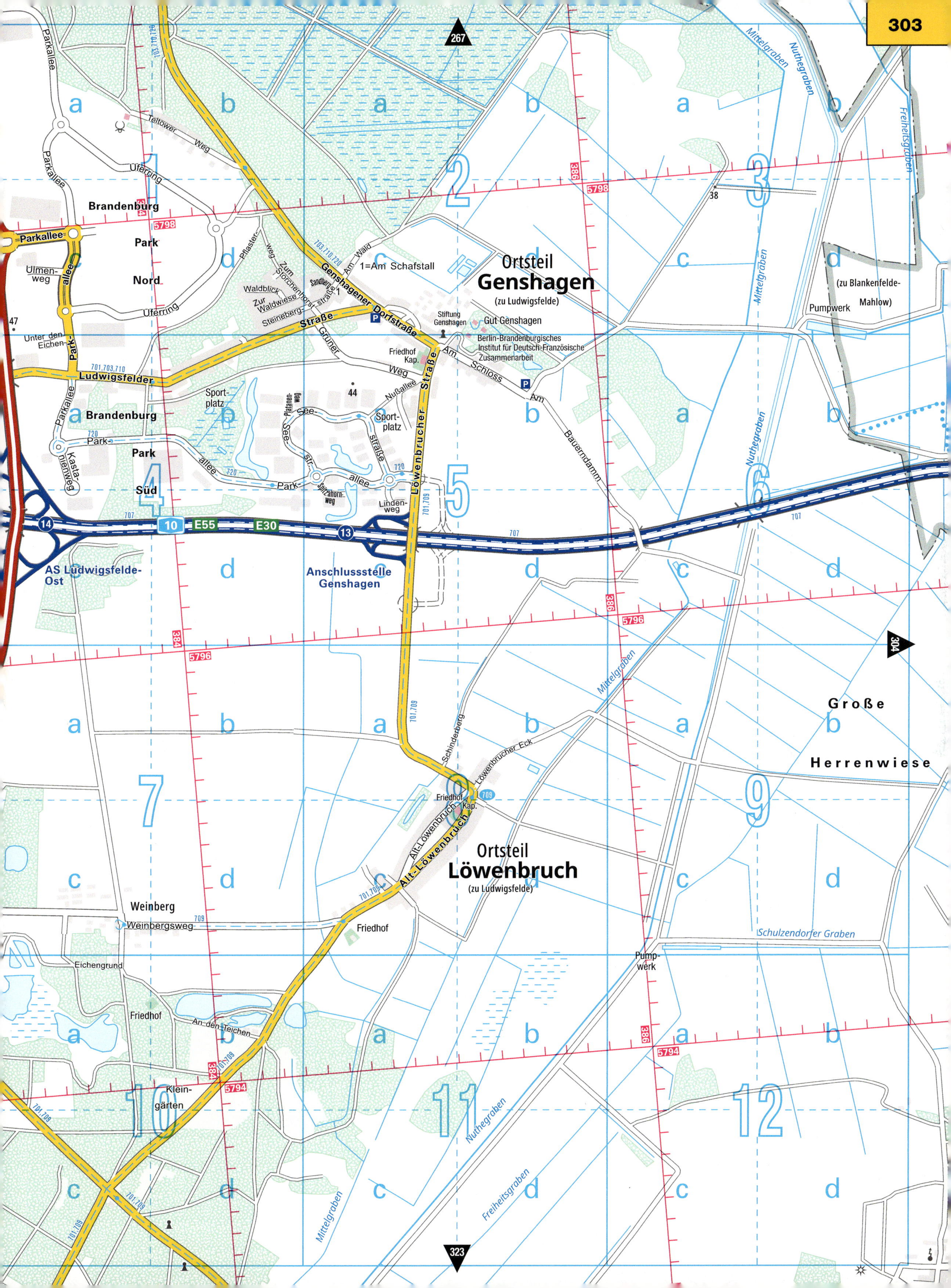

267
Parkallee
Teltower Weg
Uferring
Brandenburg
Park
Nord
Ulmenweg
Parkallee
Unter den Eichen
Park-allee
Ludwigsfelder Straße
Brandenburg
Park
Süd
Kastanienweg
Pflasterweg
Zum Storchenhorst
Waldblick
Zur Waldwiese
Steineberg-straße
Genshagener Dorfstraße
Am Wald
1=Am Schafstall
Ortsteil
Genshagen
(zu Ludwigsfelde)
Stiftung Genshagen
Gut Genshagen
Berlin-Brandenburgisches Institut für Deutsch-Französische Zusammenarbeit
Am Schloss
Grüner Weg
Friedhof Kap.
Löwenbrucher Straße
Nußallee
Sport-platz
Platanenweg
See-straße
Seestr.
Parkallee
Spitzahornweg
Lindenweg
Am Bauerndamm
Mittelgraben
Nuthegraben
Freiheitsgraben
(zu Blankenfelde-Mahlow)
Pumpwerk
38
44
47
10
E55
E30
13
14
707
AS Ludwigsfelde-Ost
Anschlussstelle Genshagen
5798
5796
5794
384
386
304
Große
Herrenwiese
Schinderberg
Löwenbrucher Eck
Friedhof Kap.
709
Alt-Löwenbruch
Ortsteil
Löwenbruch
(zu Ludwigsfelde)
Weinberg
Weinbergsweg
Friedhof
Eichengrund
Friedhof
An den Teichen
Klein-gärten
Schulzendorfer Graben
Pump-werk
Nuthegraben
Freiheitsgraben
Mittelgraben
323

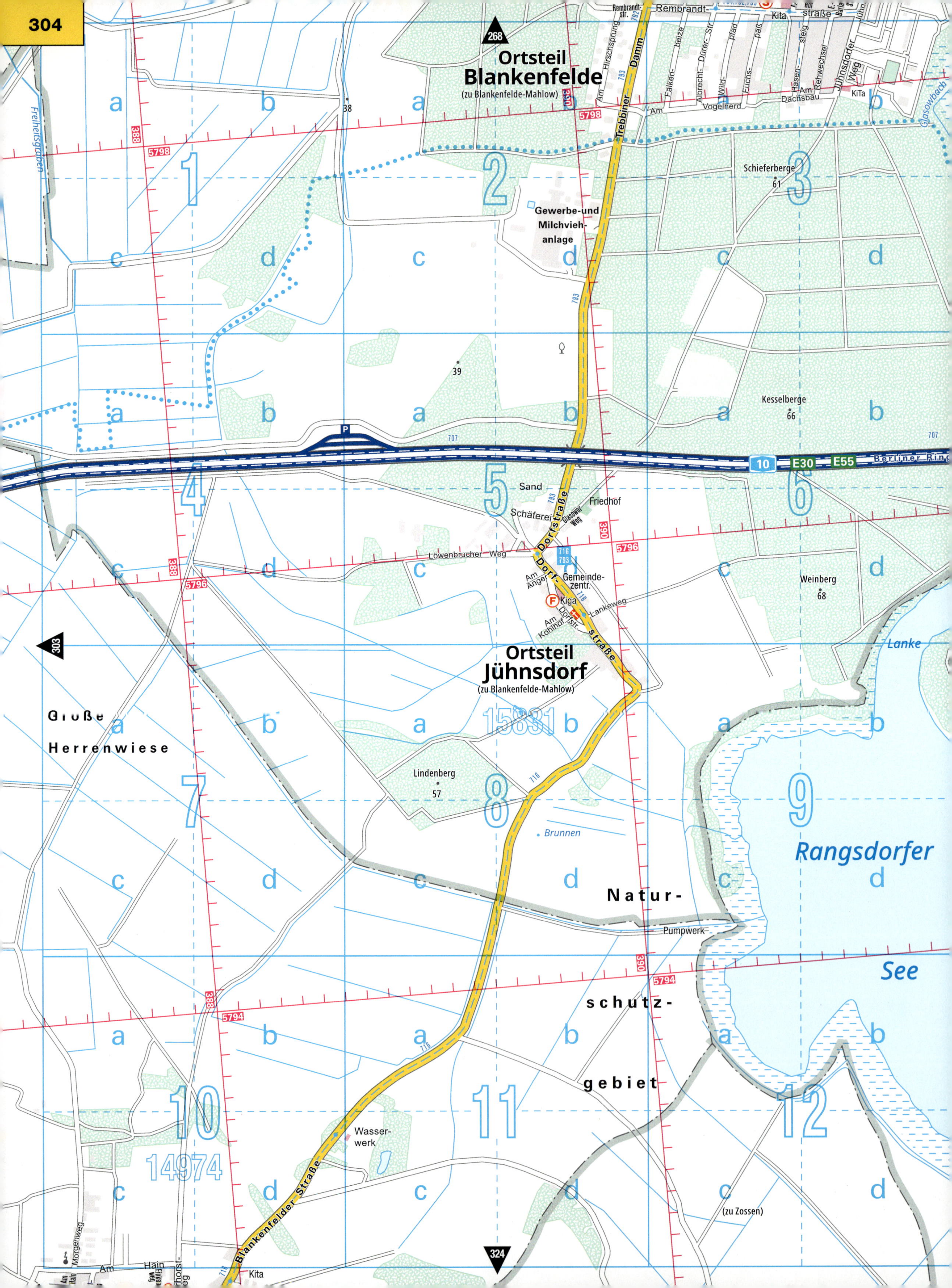
268
Ortsteil
Blankenfelde
(zu Blankenfelde-Mahlow)
Rembrandt-
Kita
Trebbiner Damm
Schieferberge
61
Gewerbe-und
Milchvieh-
anlage
39
Kesselberge
66
Berliner Ring
10
E30
E55
Sand
Schäferei
Dorfstraße
Friedhof
Löwenbrucher Weg
Gemeinde-
zentr.
Kiga
Lankeweg
Weinberg
68
Lanke
303
Ortsteil
Jühnsdorf
(zu Blankenfelde-Mahlow)
15831
Große
Herrenwiese
Lindenberg
57
Brunnen
Rangsdorfer
See
Natur-
schutz-
gebiet
Pumpwerk
Wasser-
werk
14974
Blankenfelder Straße
(zu Zossen)
Morgenweg
Kita
324

Ortsteil
Groß Kienitz
(zu Blankenfelde-Mahlow)
Ortsteil
Dahlewitz
(zu Blankenfelde-Mahlow)
15827
15831
Dahlewitzer
Heide
Anschlussstelle
Rangsdorf
Berliner Ring
Autobahn-
meisterei
Pumpwerk
Gewerbe-
gebiet
Eschenweg
Südring-
Center
Gewerbegebiet
Theresenhof
Spitzberg
Galgenberg
Rangsdorf
15834
Klein
Venedig
Krumme
Strandbad
Zülowseen
Nymphensee
Langer Berg
ehemaliger Flugplatz
Pramsdorfer Berg
Pramsdorf
(zu Zossen)
Natur-
schutz-
gebiet
Machnower
See
Kiessee
Ortsteil
Groß Machnow
(zu Rangsdorf)
Mühlenberg
Zülowgraben
Schustergraben
1=Am Alten Schulsportplatz
1 = Reiherweg
2 = Kranichweg
3 = Milanweg
1= Sassnitzer Straße
2=Kirchweg
269
306
325

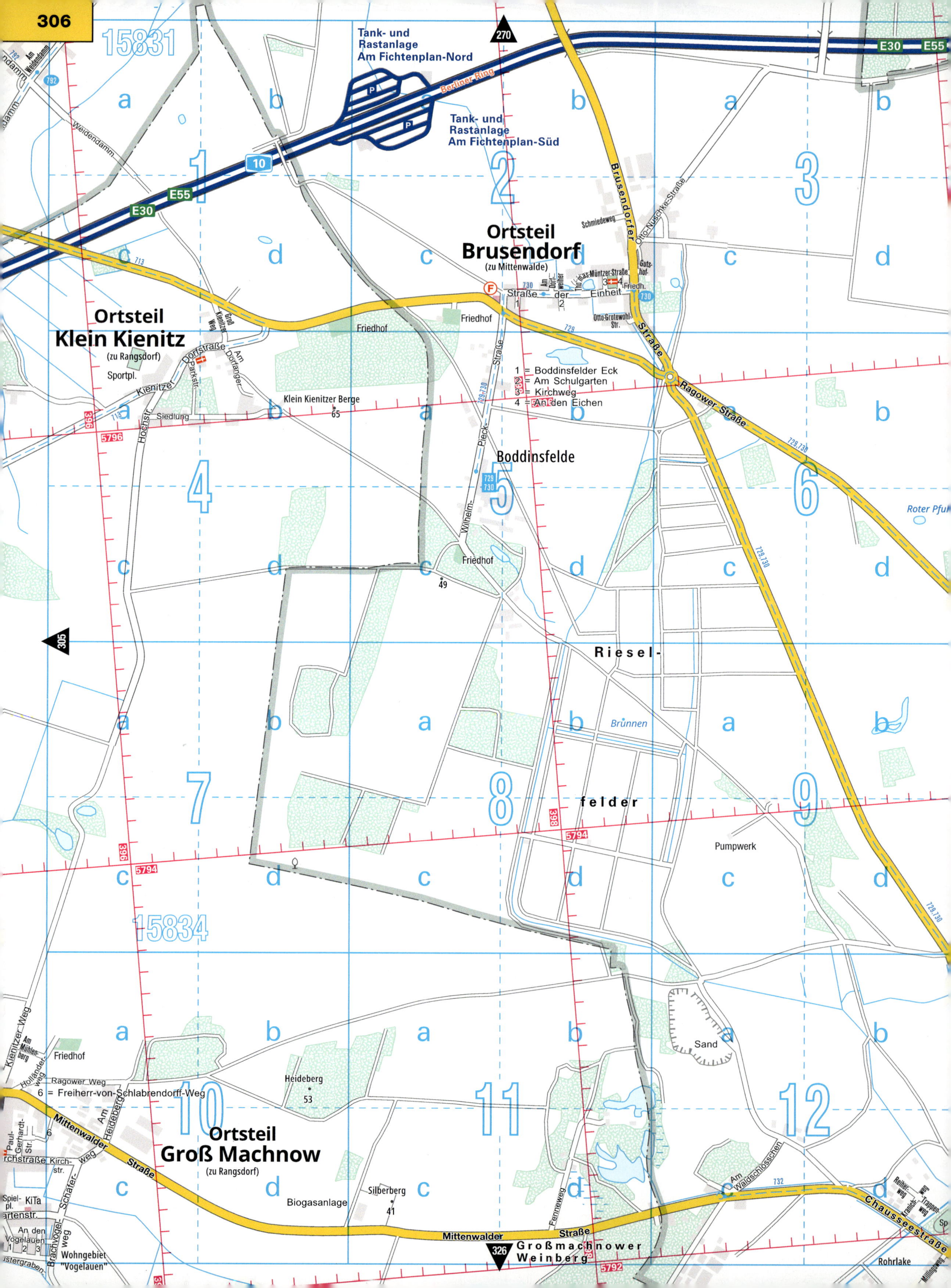
15831
Tank- und Rastanlage Am Fichtenplan-Nord
Tank- und Rastanlage Am Fichtenplan-Süd
Berliner Ring
270
E30
E55
10
Weidendamm
Ortsteil Brusendorf
(zu Mittenwalde)
Brusendorfer Straße
Otto-Nuschke-Straße
Schmiedeweg
Thomas-Müntzer-Straße
Straße der Einheit
Otto-Grotewohl-Str.
Friedh.
Friedhof
1 = Boddinsfelder Eck
2 = Am Schulgarten
3 = Kirchweg
4 = An den Eichen
Ortsteil Klein Kienitz
(zu Rangsdorf)
Sportpl.
Dorfstraße
Am Dorfanger
Parkstr.
Kienitzer
Siedlung
Hochstr.
Klein Kienitzer Berge
65
Ragower Straße
Wilhelm-Pieck-Straße
Boddinsfelde
Roter Pful
49
305
Riesel-
Brunnen
felder
Pumpwerk
15834
Sand
Kienitzer Weg
Am Mühlenberg
Holländerweg
Ragower Weg
6 = Freiherr-von-Schlabrendorff-Weg
Heideberg
53
Am Heideberg
Ortsteil Groß Machnow
(zu Rangsdorf)
Mittenwalder Straße
Kirchstraße
Kirchstr.
Schäferweg
Paul-Gerhardt-Str.
Spielpl.
KiTa
Gartenstr.
An den Vogelauen
Brachvogelweg
Wohngebiet "Vogelauen"
Biogasanlage
Silberberg
41
Fenneweg
326
Großmachnower Weinberg
Am Waldschlösschen
Chausseestraße
Reiherweg
Kranichweg
Trappenweg
Rohrlake
5794
5796
5792
396
398
1 2 3 4 5 6 7 8 9 10 11 12
a b c d

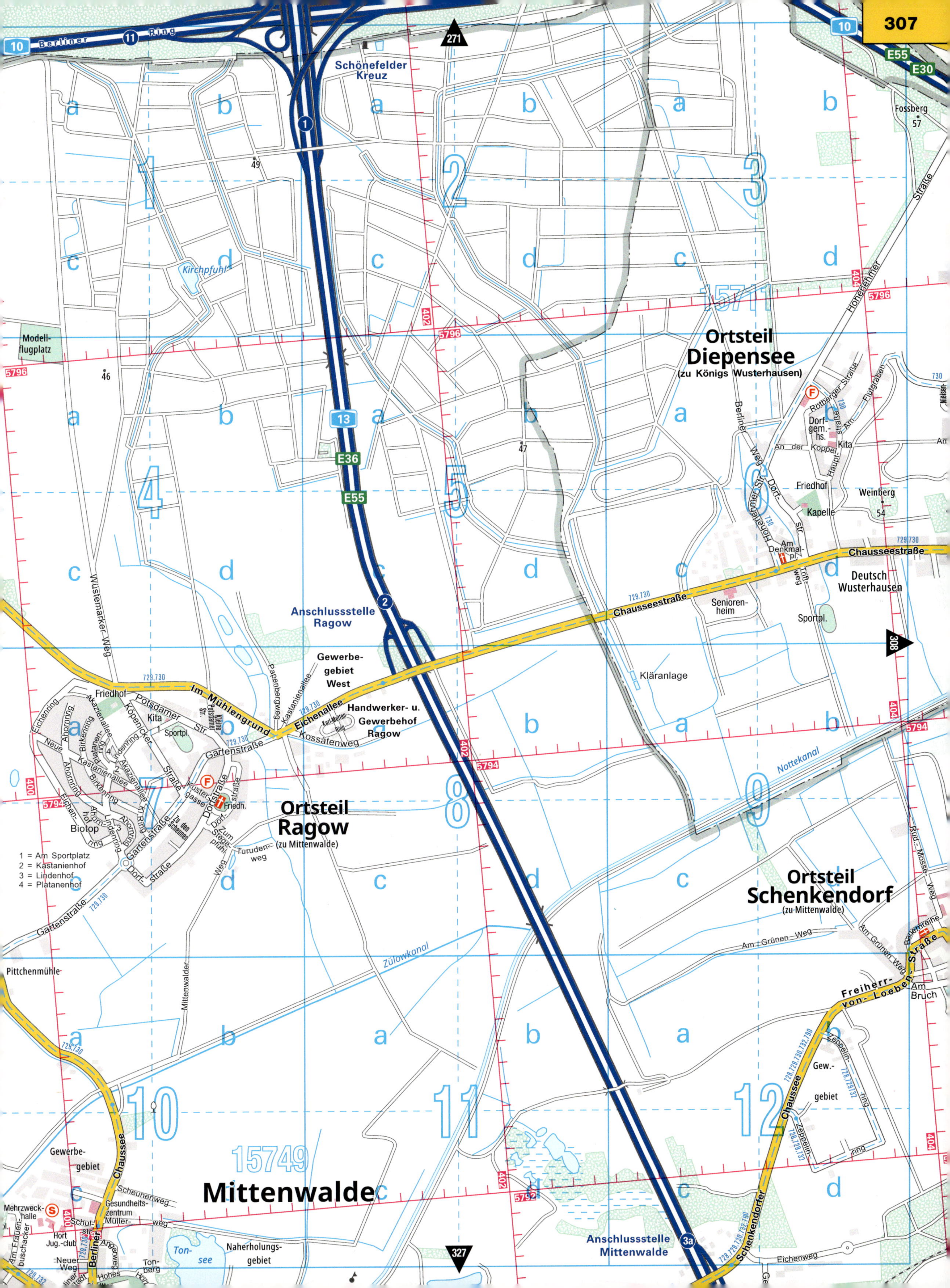
Berliner Ring
Schönefelder Kreuz
Kirchpfuhl
Modell-flugplatz
Ortsteil Diepensee
(zu Königs Wusterhausen)
Anschlussstelle Ragow
Gewerbe-gebiet West
Handwerker- u. Gewerbehof Ragow
Chausseestraße
Deutsch Wusterhausen
Senioren-heim
Kläranlage
Ortsteil Ragow
(zu Mittenwalde)
1 = Am Sportplatz
2 = Kastanienhof
3 = Lindenhof
4 = Platanenhof
Nottekanal
Ortsteil Schenkendorf
(zu Mittenwalde)
Zülowkanal
Pittchenmühle
Mittenwalde
15749
15711
Anschlussstelle Mittenwalde
Naherholungs-gebiet
Tonsee
Gewerbe-gebiet
Gesundheits-zentrum
Mehrzweck-halle
Im Mühlengrund
Eichenallee
Kossätenweg
Gartenstraße
Wüstemarker Weg
Papenbergweg
Freiherr-von-Loeben-Straße
Schenkendorfer Chaussee
Zeppelinring
Am Grünen Weg
Rud.-Mosse-Weg
Eichenweg
Scheunenweg
Müllerweg
Friedhof
Kapelle
Weinberg
Sportpl.
Fossberg

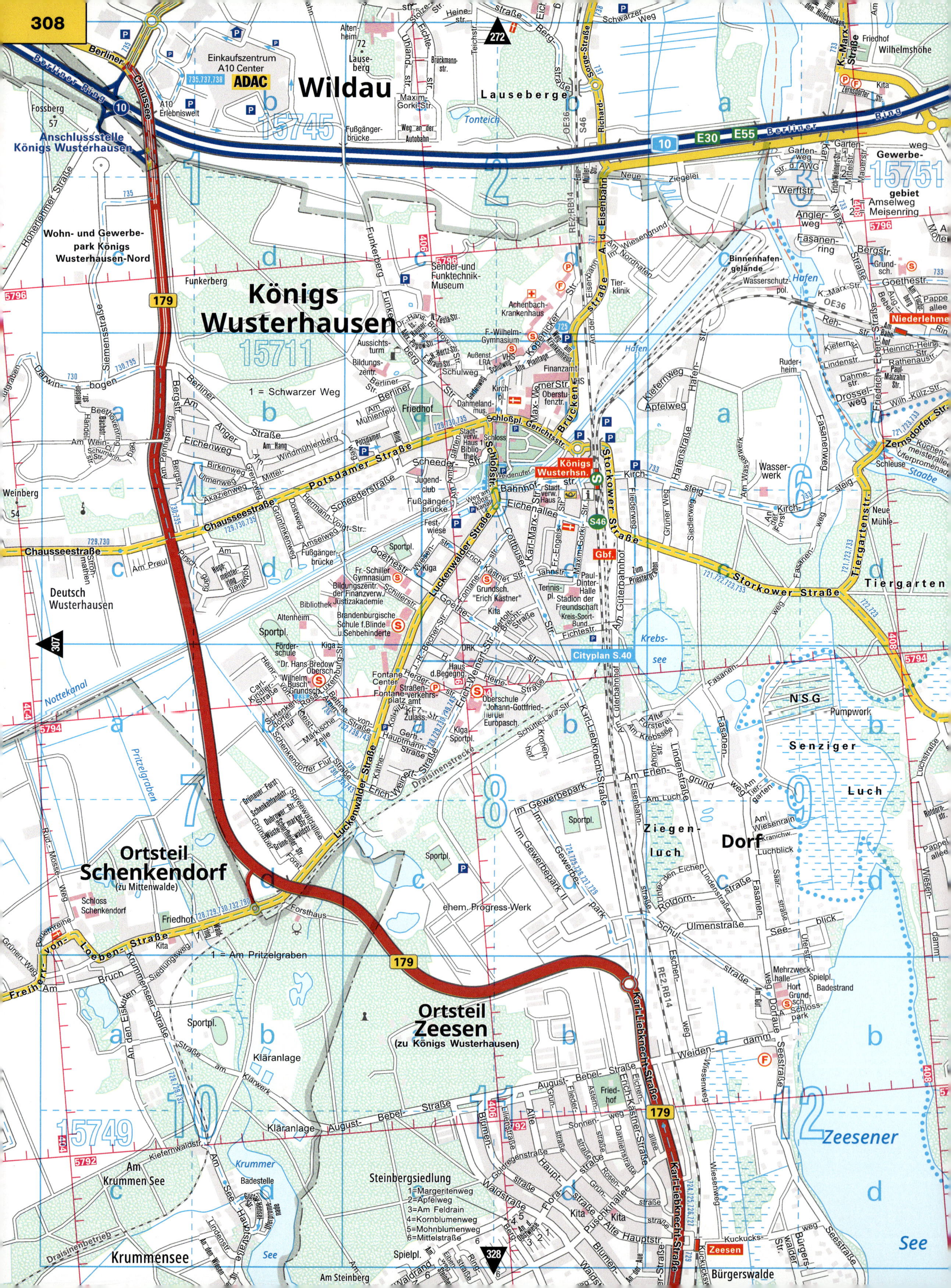
Wildau
Königs Wusterhausen
15711
15745
15751
15749
Einkaufszentrum A10 Center
ADAC
Anschlussstelle Königs Wusterhausen
Berliner Ring
Lauseberge
Wohn- und Gewerbepark Königs Wusterhausen-Nord
Funkerberg
Sender-und Funktechnik-Museum
Achenbach-Krankenhaus
1 = Schwarzer Weg
Friedhof
Königs Wusterhsn.
Binnenhafengelände
Niederlehme
Deutsch Wusterhausen
Weinberg
Chausseestraße
Potsdamer Straße
Luckenwalder Straße
Storkower Straße
Tiergarten
Cityplan S.40
Krebssee
NSG
Senziger Luch
Ziegenluch
Dorf
Ortsteil Schenkendorf
(zu Mittenwalde)
Schloss Schenkendorf
1 = Am Pritzelgraben
Ortsteil Zeesen
(zu Königs Wusterhausen)
ehem. Progress-Werk
Kläranlage
Karl-Liebknecht-Straße
Zeesener See
Am Krummen See
Krummensee
Steinbergsiedlung
1=Margeritenweg
2=Apfelweg
3=Am Feldrain
4=Kornblumenweg
5=Mohnblumenweg
6=Mittelstraße
Zeesen
Bürgerswalde
Am Steinberg
179
272
307
328

Anschlussstelle Niederlehme
Autohof
Gewerbe- und Industriezentrum (GIZ)
Segelfliegerdamm
Schmulangsberg
72
Kurpark
Drachenberge
51
1=Rosensteg
2=Dahliensteg
3=Asternsteg
4=Nelkensteg
5=Ukleisteg
6=Lankensteg
Friedhof
Triftberg
Sporthalle
Kita
Bürgerbüro
Lanken-
see
Wasserturm
Kablower Chaussee
Mellenfichten
Zernsdorfer Straße
Zernsdorf
Karl-Marx-Str.
2 = Im Eck
Ortsteil Zernsdorf
(zu Königs Wusterhausen)
Ortsteil Kablow
(zu Königs Wusterhausen)
15712
Krüpel-
see
Badestelle
Husarenreck
1=Clara-Zetkin-Straße
Krimnick-
see
Seebrücke
1=Hasensprung
2=Fontaneallee
3=Wachtelweg
An der Chaussee
Chausseestraße
Ortsteil Senzig
(zu Königs Wusterhausen)
Friedhof
Sportplatz
Kies
Spitzberg
65
Siedlung Waldesruh
Weißer Berg
66
Senziger Heide
Hukatzberg
60
Kessel-
luch
Camping-
dorf
15754
(zu Heidesee)
Gräbendorfer Heide
273
310
329

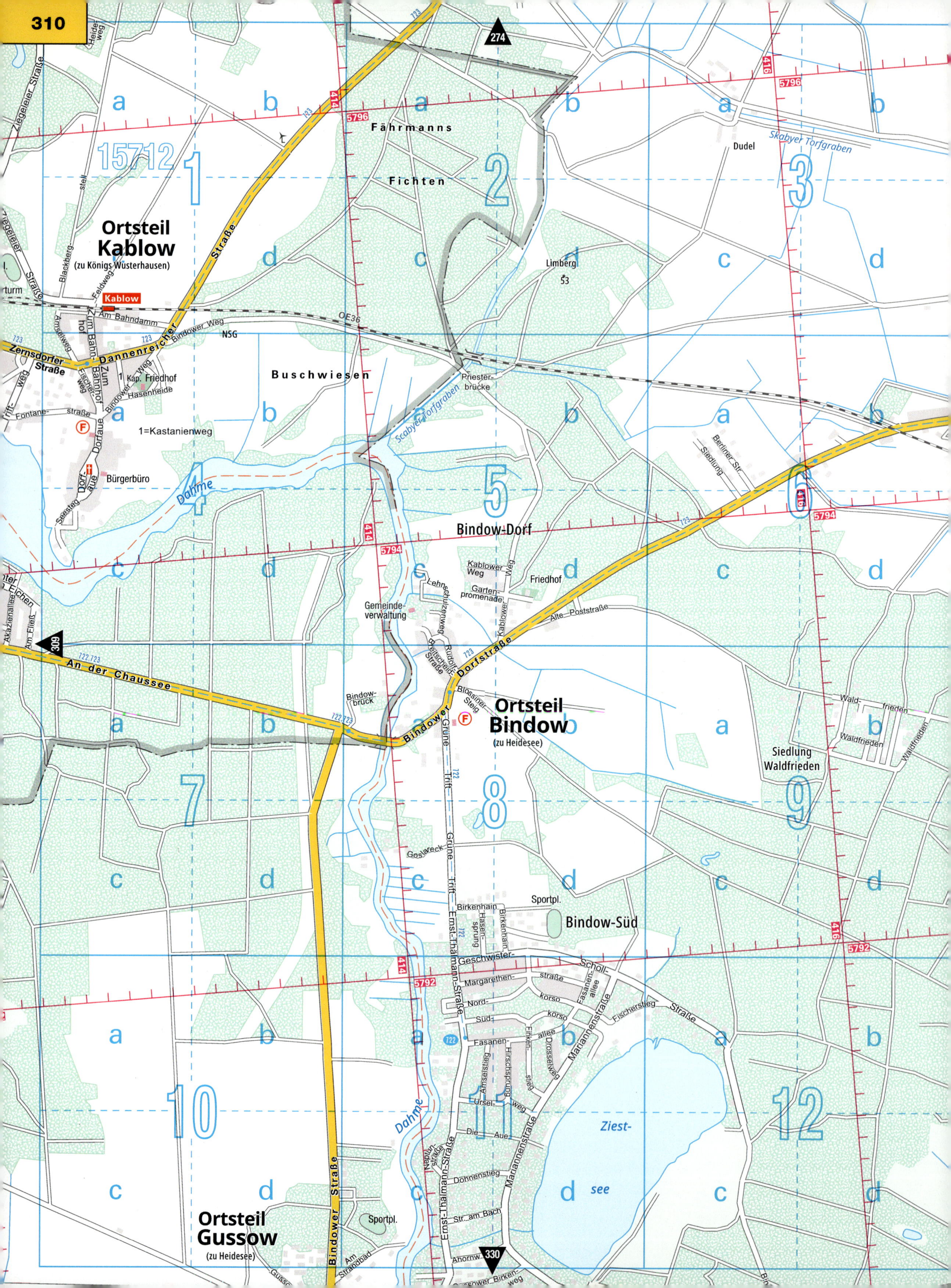

274
Fährmanns
Fichten
Dudel
Skabyer Torfgraben
15712
Ortsteil
Kablow
(zu Königs Wusterhausen)
Limberg
53
Kablow
Am Bahndamm
Bindower Weg
NSG
Zernsdorfer Straße
Dannenreicher Straße
Buschwiesen
Kap. Friedhof
Hasenheide
Priesterbrücke
Scabyer Torfgraben
Fontanestraße
1=Kastanienweg
Berliner Str.
Siedlung
Bürgerbüro
Dahme
Bindow-Dorf
Kablower Weg
Friedhof
Gartenpromenade
Gemeindeverwaltung
Alte Poststraße
Dorfstraße
309
An der Chaussee
Bindowbrück
Ortsteil
Bindow
(zu Heidesee)
Waldfrieden
Siedlung
Waldfrieden
Grüne Trift
Sportpl.
Birkenhain
Bindow-Süd
Geschwister-Scholl-Straße
Margarethenstraße
Nordkorso
Südkorso
Fasanenallee
Fischersteig
Mariannenstraße
Drosselweg
Hirschsprung
Urselweg
Die Aue
Ernst-Thälmann-Straße
Ziestsee
Dohnenstieg
Str. am Bach
Ahornw.
330
Ortsteil
Gussow
(zu Heidesee)
Sportpl.
Bindower Straße
Am Strandbad

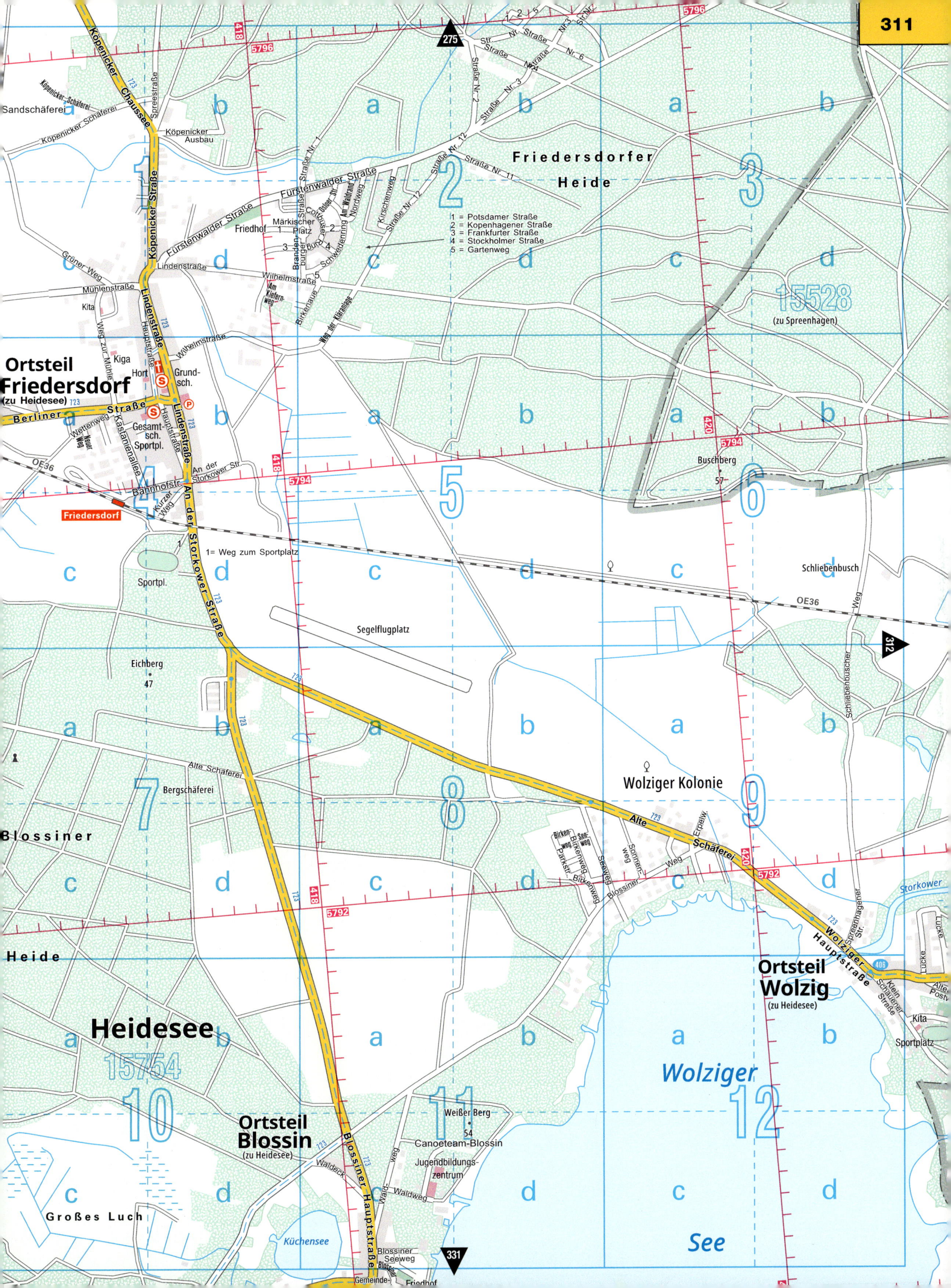

Friedersdorfer
Heide
1 = Potsdamer Straße
2 = Kopenhagener Straße
3 = Frankfurter Straße
4 = Stockholmer Straße
5 = Gartenweg
15528
(zu Spreenhagen)
Ortsteil
Friedersdorf
(zu Heidesee)
Friedersdorf
1= Weg zum Sportplatz
Segelflugplatz
Schliebenbusch
Buschberg
Eichberg
Wolziger Kolonie
Bergschäferei
Blossiner
Heide
Heidesee
15754
Ortsteil
Wolzig
(zu Heidesee)
Wolziger
See
Ortsteil
Blossin
(zu Heidesee)
Weißer Berg
Canoeteam-Blossin
Jugendbildungs-
zentrum
Großes Luch
Küchensee
Köpenicker Chaussee
Köpenicker Straße
Fürstenwalder Straße
Lindenstraße
Berliner Straße
An der Storkower Straße
Alte Schäferei
Blossiner Hauptstraße
Wolziger Hauptstraße
Sandschäferei
Köpenicker Ausbau
Sportpl.
Sportplatz
275
312
331

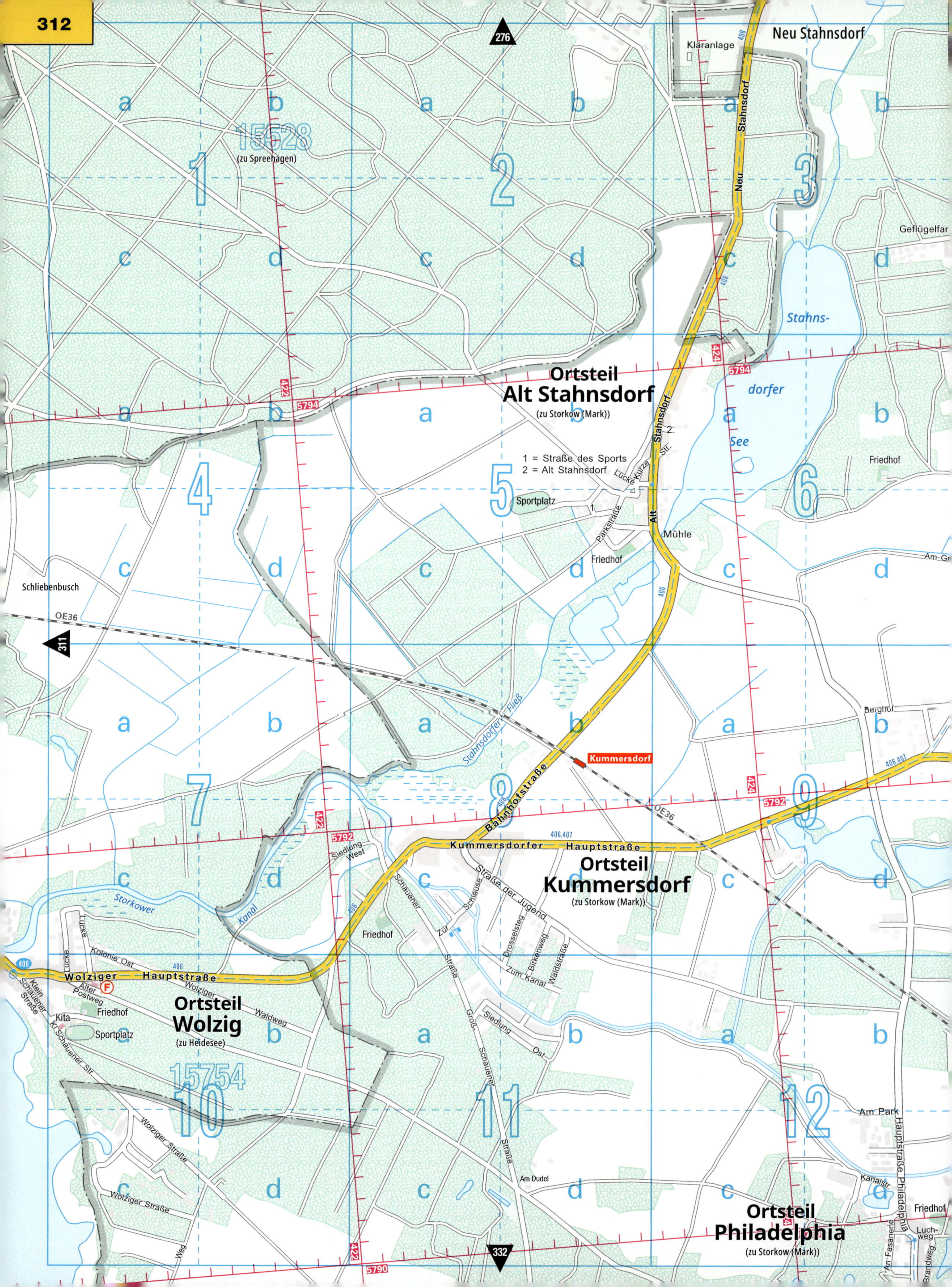

276
Neu Stahnsdorf
Kläranlage
15528
(zu Spreehagen)
Neu Stahnsdorf
Geflügelfar
Stahns-
dorfer
See
5794
422
424
Ortsteil
Alt Stahnsdorf
(zu Storkow (Mark))
1 = Straße des Sports
2 = Alt Stahnsdorf
Alt Stahnsdorf
Kurze Str.
Lücke
Sportplatz
Parkstraße
Mühle
Friedhof
Friedhof
Am Gr
Schliebenbusch
OE36
311
Stahnsdorfer Fließ
Kummersdorf
Bahnhofstraße
5792
406,407
Siedlung West
Kummersdorfer Hauptstraße
Ortsteil
Kummersdorf
(zu Storkow (Mark))
Storkower Kanal
Schauener
Schleuse
Zur
Straße der Jugend
Drosselsteg
Birkenweg
Waldstraße
Zum Kanal
Friedhof
Lücke
Kolonie Ost
Wolziger Hauptstraße
Wolziger Weg
Waldweg
Alter Postweg
Friedhof
Kita
Sportplatz
Klein Schauener Straße
Kl. Schauener Str.
Ortsteil
Wolzig
(zu Heidesee)
15754
Groß Schauener Straße
Siedlung Ost
Wolziger Straße
Wolziger Straße
Weg
Am Dudel
Am Park
Hauptstraße Philadelphia
Kanalstr.
Friedhof
Luchweg
Am Fasanerie
Brandweg
Ortsteil
Philadelphia
(zu Storkow (Mark))
5790
332

277
Rieploser
Lebbiner
Heide
Heide
Lebbin
Friedhof
Lebbin
(zu Spreehagen)
Wald-
eck
Geflügelfarm
15528
Ortsteil
Rieplos
(zu Storkow(Mark))
15526
(zu Reichenwalde)
Rieploser Hauptstraße
Lehn-
gut-
weg
Reiterhof
Friedhof
Lebbiner
See
Am-Lebbiner-See
Am Lebbiner See
Neu Boston
Neu Boston
314
Fürsten-
Straße
walder
Kleiner
Lauge
Storkower
Lebbiner-Straße
Lebbiner Str.
Lebbiner Weg
Kummersdorfer
Straße
Gewerbe-
gebiet
Irrlandia
Neu-Bostoner-Str.
Kurzer
Weg
Gewerbe-
straße
Wede-
marker
Straße
Fürstenwalder
Straße
Pappel-
ring
Am
Luch
Schützenstraße
Robinien
weg
Ahornweg
Quer-
weg
Friedr.-Engels-Str.
Jugendheim
Hirschluch
Forst
Weinberg
69
Naturschutzgebiet
Waltersberge
Binnendüne
Ehren-
friedhof
Gruner
Weg
Jüdischer
Friedhof
Städtischer
Friedhof
Reichenwalder Str.
Friedens-
siedlung
Wolfswinkel
Am Werder
Storkow
(Mark)
15859
Türkenberge
53
Storkower Kanal
Reichenwalder
Straße
Bootshaus
Badestelle
Anlegestelle
Bootshaus
Scheunenviertel
Friedrich-Engels-Straße
Burgstraße
Am Kanal
Wohnmobil-
Stellplatz
Kita
Zug-
brücke
Großer
Storkower
See
oder Dolgensee
NSG
Salzwiesen
Kleingarten-
anlage
1=Marktplatz
2=Bahnhofsallee
Bootshaus
Karlslust
Seepromenade
Bad
Berliner Straße
Ernst-Thälmann Straße
Lebuser Straße
Grasnickstraße
Körnerstraße
Schillerstr.
Altstadt
Am Markt
Schloss
Raths.
Stadt-
verw.
Burg
Storkow
Bibl.
246
333
Wiesen-
grund
Uhland-
straße
Reuter-Straße
Lessing-
Kleist-
weg
Karl-M
Seepromen
Hirsch
Mengraben

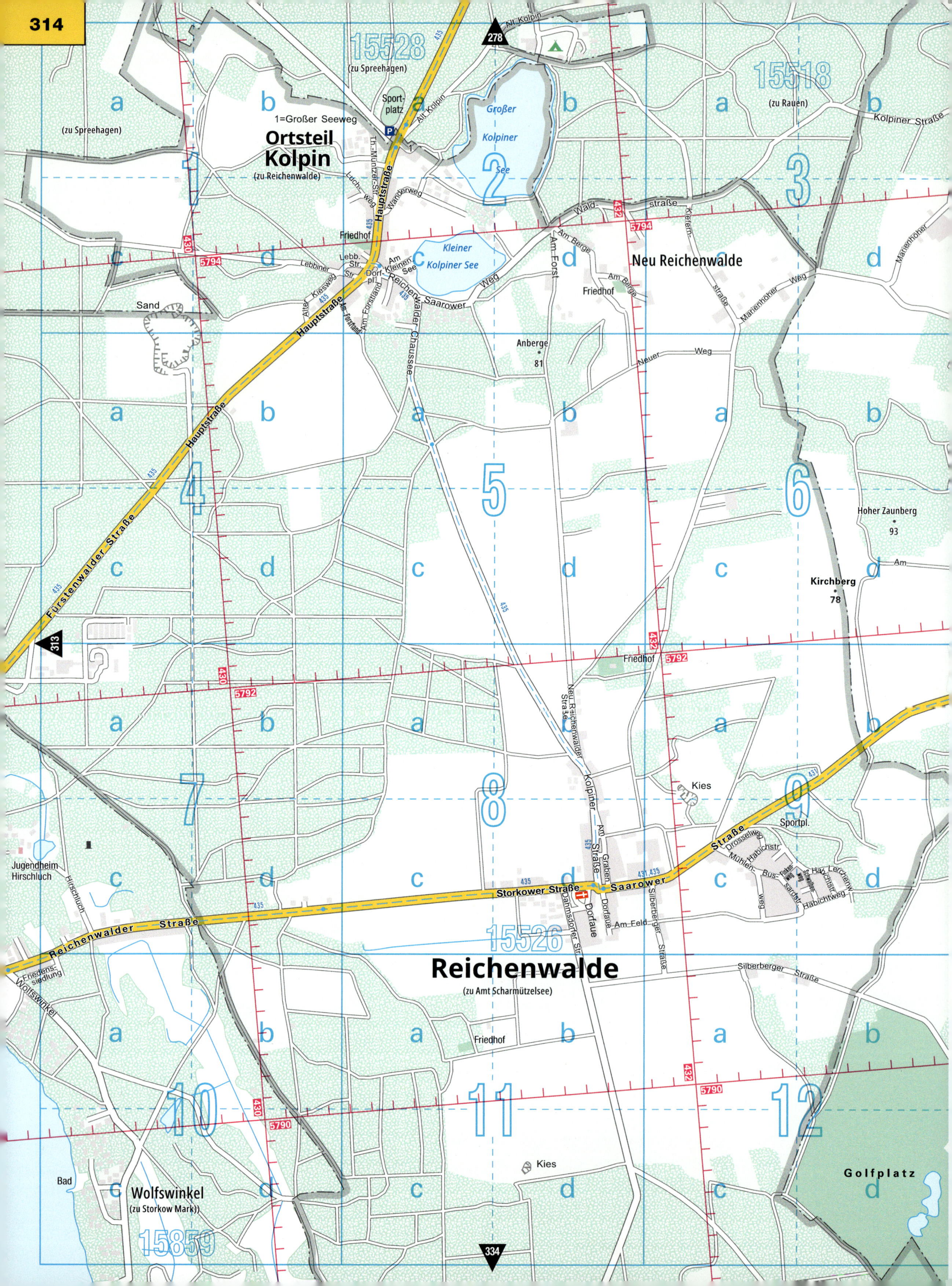

15528
(zu Spreehagen)
15518
(zu Rauen)
Ortsteil
Kolpin
(zu Reichenwalde)
1=Großer Seeweg
Großer Kolpiner See
Kleiner Kolpiner See
Neu Reichenwalde
Friedhof
Sand
Anberge
81
Hoher Zaunberg
93
Kirchberg
78
Hauptstraße
Fürstenwalder Straße
Reichenwalder Chaussee
Saarower Weg
Neu Reichenwalder Straße
Kolpiner Straße
Kolpiner Straße
Alt Kolpin
Wald-straße
Neuer Weg
Marienhöher Weg
Storkower Straße
Saarower Straße
Reichenwalder Straße
Silberberger Straße
Dorfaue
Kies
Sportpl.
Jugendheim Hirschluch
Reichenwalde
(zu Amt Scharmützelsee)
15526
Wolfswinkel
(zu Storkow Mark))
15859
Bad
Golfplatz
278
313
334

Bad Saarow-Mitte
Bad Saarow
(zu Amt Scharmützelsee)
15526
Bad Saarow-Pieskow
Bad Saarow Klinikum
Saarow Dorf
Pieskow
Saarow Strand
Schar-
mützel-
see
Marienhöhe
Ton-
gruben
Friedhof
Lärchen-
grund
ehemaliges
Sperrgebiet
Theater am See
Am Kurpark
Saarow Therme
Thermalbad
Museum
Helios-
Klinik
Amt Schar-
mützelsee
Fontanepark
Kleist-
park
Cecilien-
park
Wasserschutz-
polizei
Bildungst.
der Caritas
Großer Werl
Kleiner
Werl
Neptun
Strandbad
Fasanen-
und Wildpark
Seerosen-
teich
Hafen
Theresienhof
Dachsberg
95
Silberberg
Reitanlage
Tennisplatz
15864
(zu Diensdorf-Radlow)
1 = Bahnhofsplatz
1 = Meckerndorfer Ring
2 = Zum Schwedenhaus
Pieskower Straße
Silberberger Straße
Silberberger Chaussee
Umgehungsstraße
Lindenstraße
Golmer Straße
Diensdorfer Straße
Hauptstraße
Alte Reichenwalder Straße
Karl-Marx-Damm
Friedrich-Engels-Damm
Seestraße
Ulmenstraße
Robert-Koch-Straße
Wilmersdorfer Straße
Kolpiner Straße
279
335

Klaistow
Stadtteil Fichtenwalde
(zu Beelitz)
Klaistower Heide
Kaniner Heide
Reesdorfer Heide
Anschlussstelle Beelitz-Heilstätten
Glindower Straße
Klaistower Straße
Berliner Allee
Kaniner Straße
Rummelsborner Weg
Brücker Weg
Brücker Straße
Charlottenburger Straße
Steglitzer Straße
Wilmersdorfer Straße
Straße der Einheit
Schmerberger Straße
Potsdamer Weg
Lessingstraße
Friedhof
Hundeplatz
Marktplatz
Kita
Grundschule
Turnhalle
Sportplatz
Wetzlarer Bahn
1=Kastaniensteg
2=Tannenweg
3=Am Steingarten
4=Am Markt
5=Weidenweg
14822
(zu Borkheide)
Am Waldesrand
Privatweg
Feldmark
296

Dreieck Potsdam
14548
(zu Schwielowsee)
Ortsteil
Neuseddin
(zu Seddiner See)
14554
Friedrich-Karl-Höhe
85
Baumkronenpfad
Paracelsus
Neurologische Reha-Klinik
Reha-Klinik f. Kinder
Straße nach Fichtenwalde
Str. am Bahnhof
Beelitz-Heilstätten
Heizkraft-werk (techn. Denkmal)
Stadtteil
Beelitz-Heilstätten
(zu Beelitz)
Wetzlarer Bahn
Am Robinienweg
Am Buchensteig
Pflegeheim Beelitz-Heilstätten
Am Schwarzen Weg
Finnenhaus
Standort-übungsplatz Beelitz
Hans-Joachim-von-Zieten-Kaserne
Sportplatz
Husaren-
Bibernallenberge
45
14547
Beelitz
Fuchssteg
Hermann-Löns-Straße
Bergstraße
Wasserwerk
Liebknecht-Straße
Kapelle
Karl-Marx-Straße
Ossietzky-
Thälmann-
Hermann-Köhl-Str.
Robert-Koch-Str.
Zeppelinstraße
Friedhof
Wasserturm
Kita
Virchowstraße
Jahnstraße
Zum Bahnhof
Brücker Straße
Beelitz Stadt
RB33
Sportplatz
Siebenbrüderweg
Schillerstr.
Eckener Straße
1=Kiebitzweg
2=Rotkehlchenweg
3=Schwalbenweg
4=Meisenweg
5=Sperberweg
6=Käuzchenweg
7=Rebhuhnweg
8=Fritz-Reuter-Straße
9=Th.-Storm-Straße
Finkenweg
Habichtweg
Fasanenweg
Falkenweg
Drosselweg
Sperlingsweg
Waldstraße
Heidelandstraße
Wiesengrund
246
E51
9
RE7
RB22
RB33
297
318

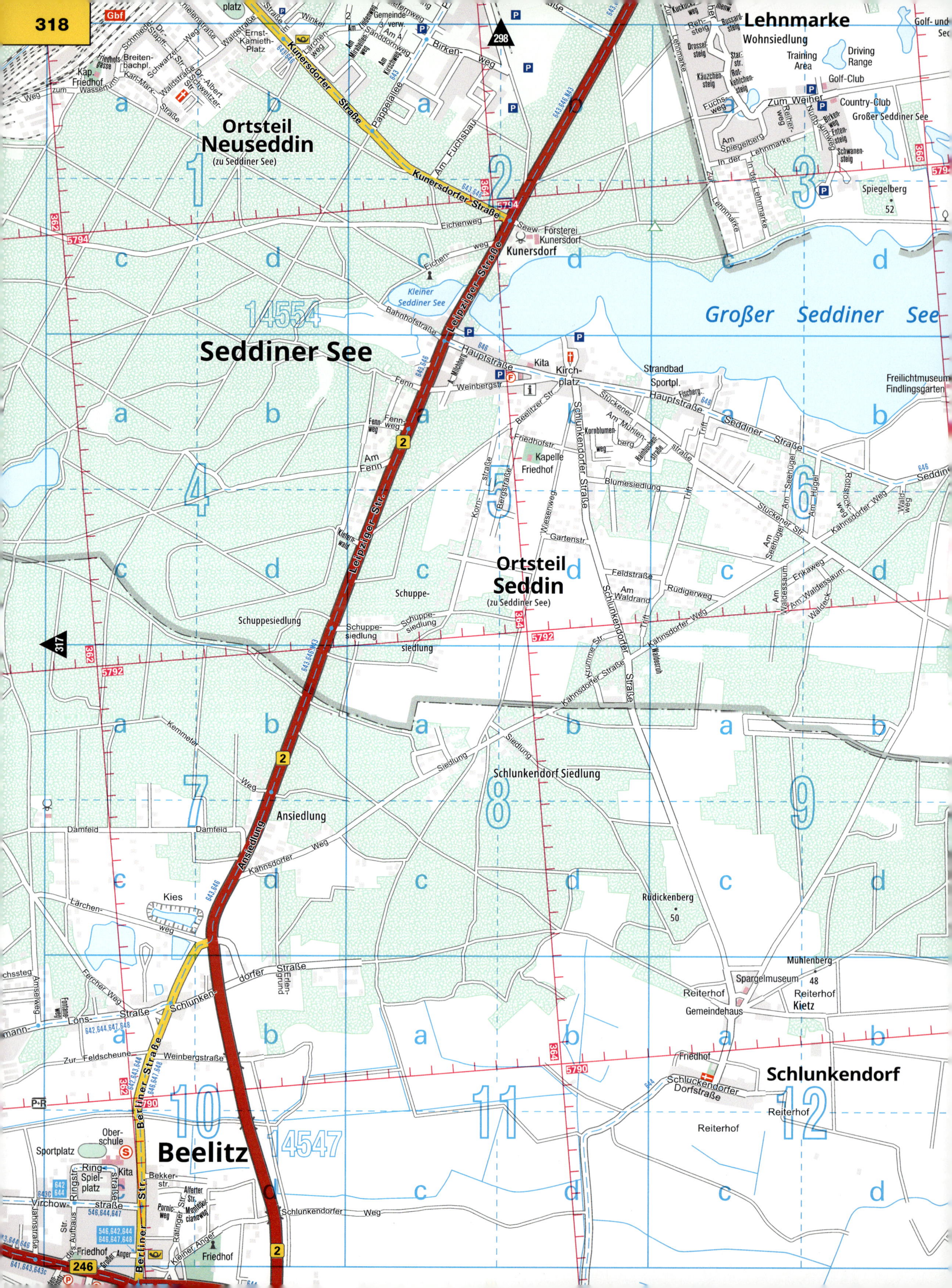
Ortsteil Neuseddin
(zu Seddiner See)
Lehnmarke
Wohnsiedlung
Training Area
Driving Range
Golf-Club
Country-Club
Großer Seddiner See
Spiegelberg
52
Kunersdorfer Straße
Leipziger Straße
Kleiner Seddiner See
Försterei Kunersdorf
Kunersdorf
Großer Seddiner See
14554
Seddiner See
Hauptstraße
Kita
Kirchplatz
Strandbad
Sportpl.
Freilichtmuseum Findlingsgarten
Kapelle
Friedhof
Blumesiedlung
Ortsteil Seddin
(zu Seddiner See)
Schuppesiedlung
Kahnsdorfer Weg
Schlunkendorfer Straße
Schlunkendorf Siedlung
Ansiedlung
Damfeld
Kies
Rädickenberg
50
Mühlenberg
48
Spargelmuseum
Reiterhof
Gemeindehaus
Reiterhof Kietz
Friedhof
Schlunkendorf
Reiterhof
Beelitz
14547
Sportplatz
Oberschule
Berliner Str.
Schlunkendorfer Weg
Friedhof

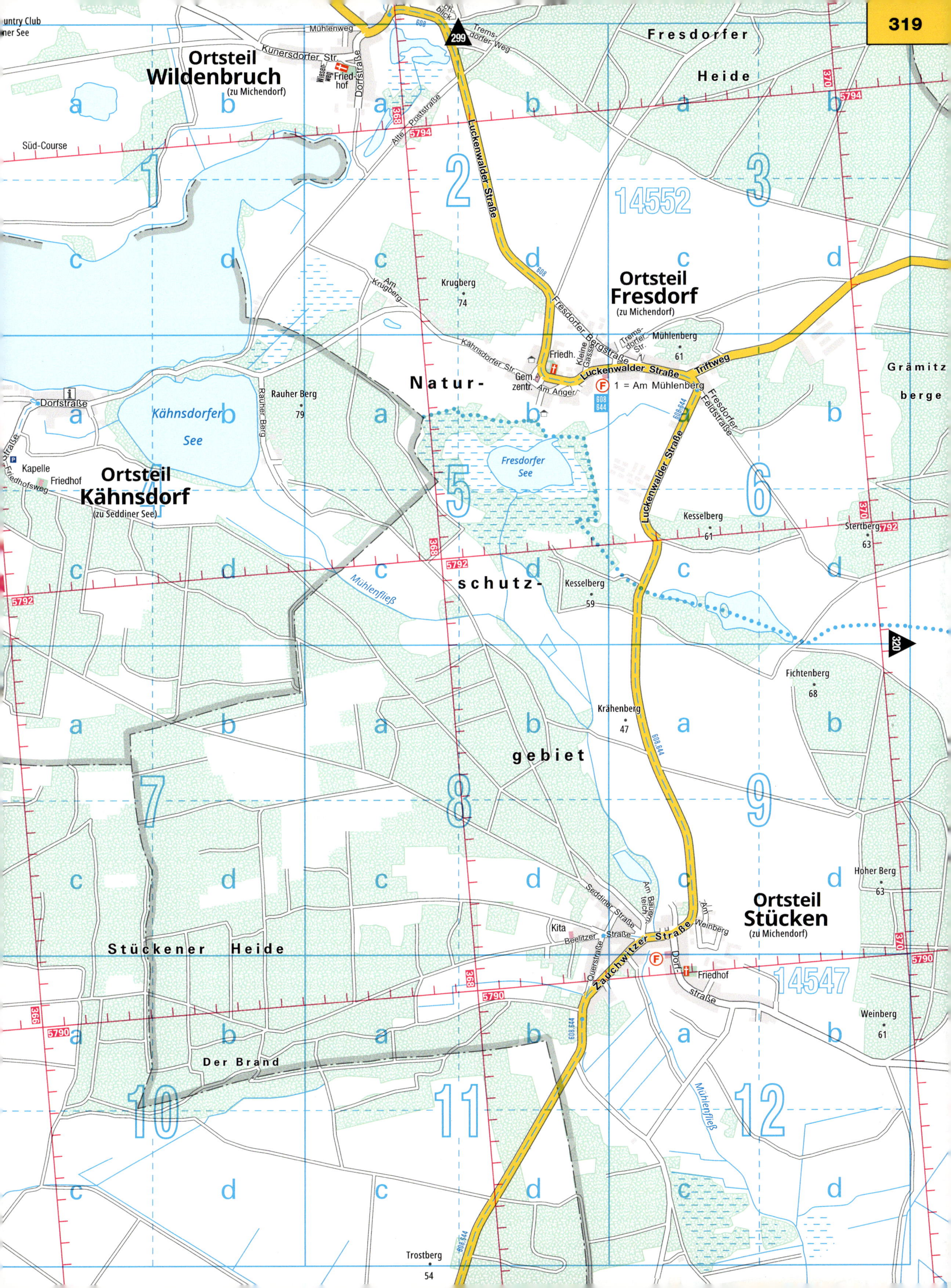
Ortsteil Wildenbruch
(zu Michendorf)
Mühlenweg
Kunersdorfer Str.
Dorfstraße
Friedhof
Wiesenweg
Tremsdorfer Weg
Alte Poststraße
Süd-Course
Fresdorfer Heide
Luckenwalder Straße
14552
Krugberg
74
Am Krugberg
Ortsteil Fresdorf
(zu Michendorf)
Fresdorfer Bergstraße
Tremsdorfer Str.
Mühlenberg
61
Kleine Gasse
Friedh.
Kähnsdorfer Str.
Gem. zentr.
Am Anger
Luckenwalder Straße
Triftweg
1 = Am Mühlenberg
Fresdorfer Feldstraße
Grämitz berge
Natur-
schutz-
gebiet
Dorfstraße
Kähnsdorfer See
Rauher Berg
79
Fresdorfer See
Kapelle
Friedhof
Friedhofsweg
Ortsteil Kähnsdorf
(zu Seddiner See)
Kesselberg
61
Stertberg
63
Mühlenfließ
Kesselberg
59
Fichtenberg
68
Krähenberg
47
Stückener Heide
Hoher Berg
63
Seddiner Straße
Am Bauernteich
Am Weinberg
Ortsteil Stücken
(zu Michendorf)
Kita
Beelitzer Straße
Querstraße
Zauchwitzer Straße
Dorfstraße
Friedhof
14547
Weinberg
61
Der Brand
Mühlenfließ
Trostberg
54

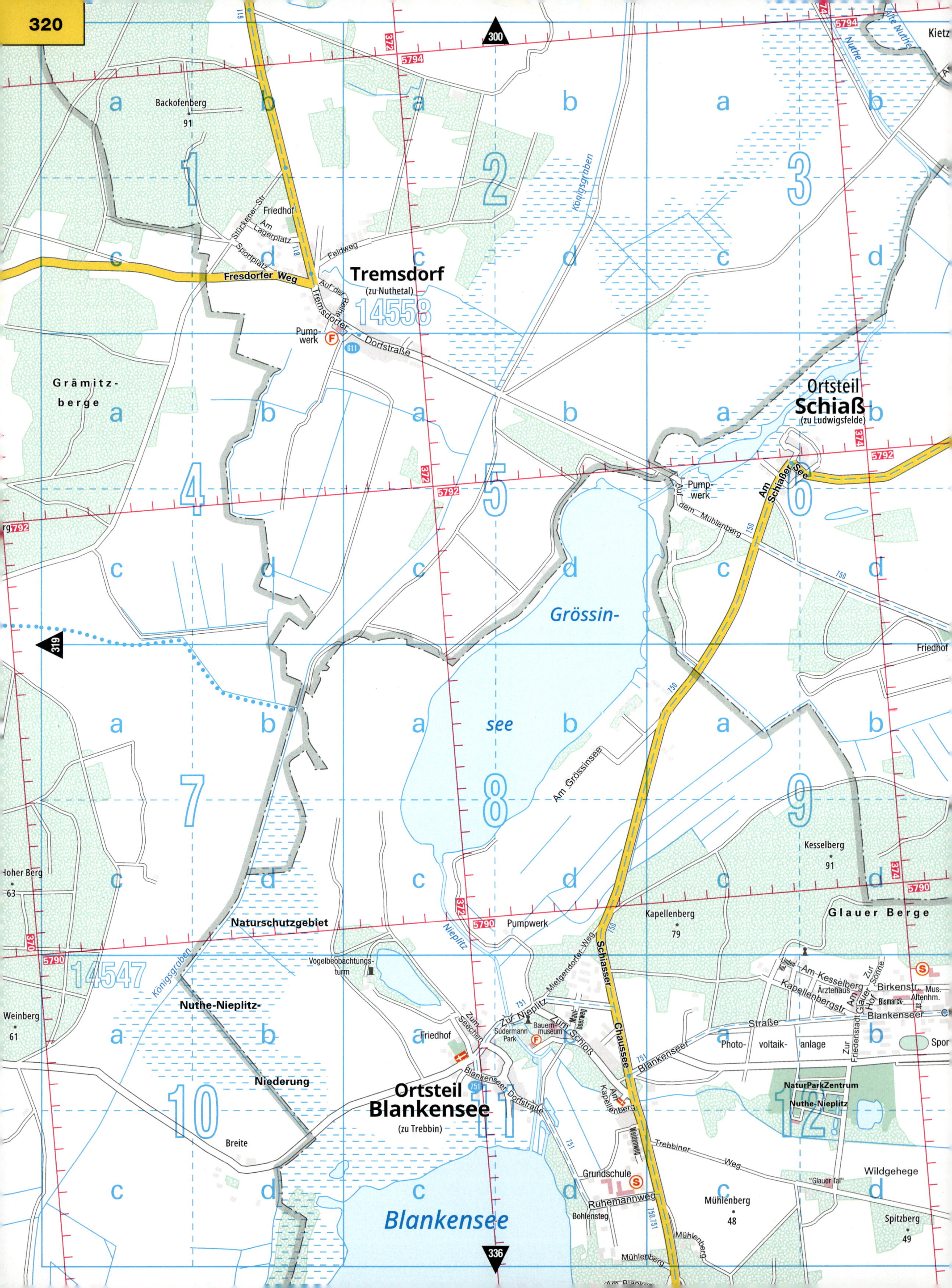

Backofenberg
91
Friedhof
Stückener Str.
Am Lagerplatz
Sportplatz
Feldweg
Fresdorfer Weg
Tremsdorf
(zu Nuthetal)
14558
Tremsdorfer
Auf der Reihe
Pumpwerk
Dorfstraße
Königsgraben
Grämitzberge
Ortsteil
Schiaß
(zu Ludwigsfelde)
Pumpwerk
Am Schiaßer See
Auf dem Mühlenberg
Kietz
Alte Nuthe
Nuthe
Grössin-
see
Am Grössinsee
Friedhof
Kesselberg
91
Glauer Berge
Hoher Berg
63
Naturschutzgebiet
Kapellenberg
79
Pumpwerk
Nieplitz
Vogelbeobachtungsturm
14547
Königsgraben
Nuthe-Nieplitz-
Niederung
Weinberg
61
Mietgendorfer Weg
Schiasser
Chaussee
Friedhof
Zum Seechen
Zur Nieplitz
Südermann Park
Bauernmuseum
Zum Schloß
Mühlberweg
Am Kesselberg
Lindenhof
Ärztehaus
Kapellenbergstr.
Zur Sonne
Birkenstr.
Bismarck
Mus.
Altenhm.
Blankenseer
Straße
Am Glauer Hof
Photo- voltaik- anlage
Zur Friedenstadt
Spor
Blankenseer
Ortsteil
Blankensee
(zu Trebbin)
Blankenseer Dorfstraße
Am Kapellenberg
NaturParkZentrum
Nuthe-Nieplitz
Breite
Weidenweg
Trebbiner Weg
Grundschule
Ruhemannweg
Bohlensteg
"Glauer Tal"
Wildgehege
Mühlenberg
48
Spitzberg
49
Blankensee
Mühlenberg
300
319
336
5794
5792
5790
372
374
370
611
750
751

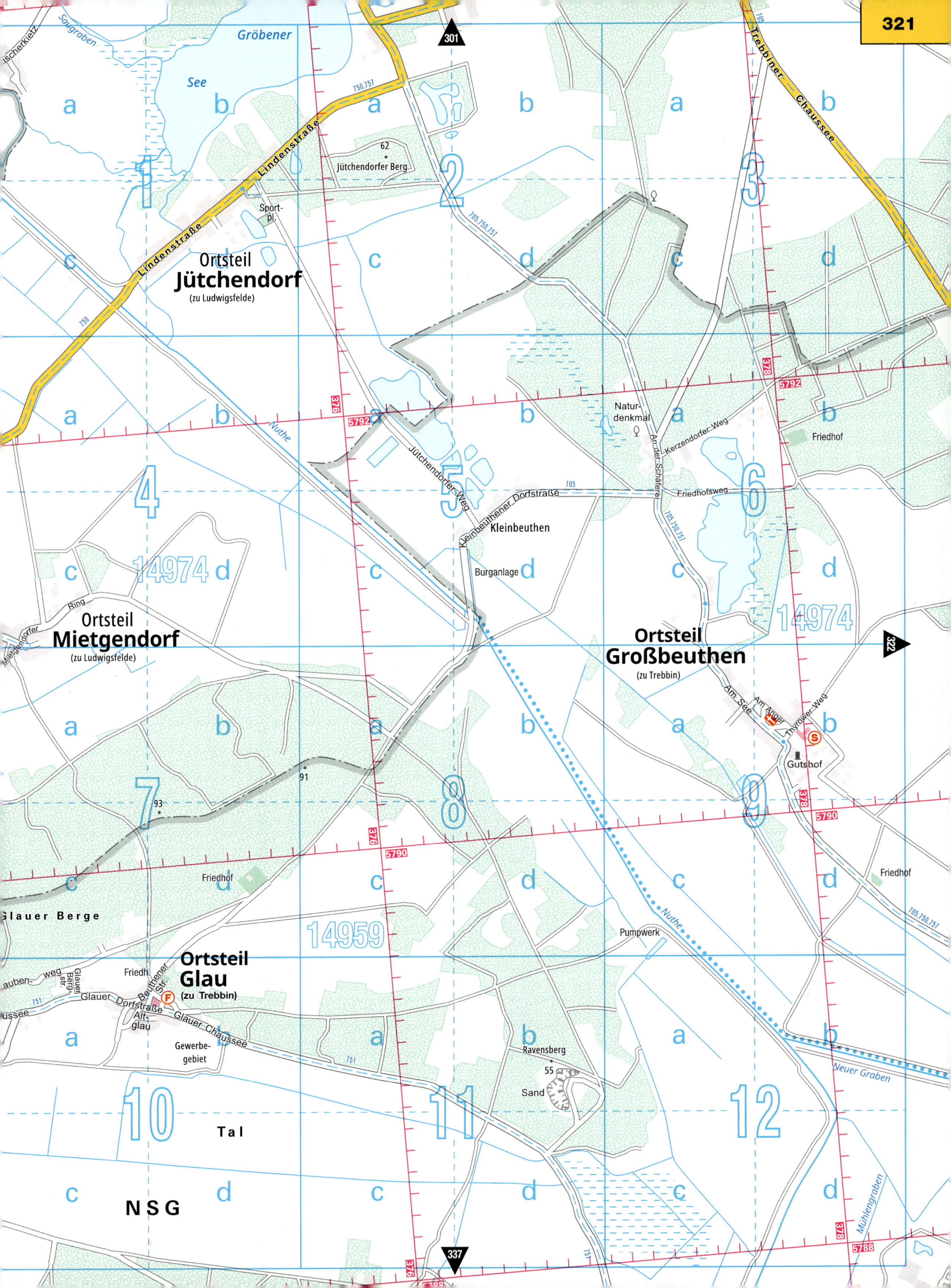

Gröbener
See
Saugraben
Lindenstraße
Jütchendorfer Berg
62
Sport-pl.
Ortsteil
Jütchendorf
(zu Ludwigsfelde)
Trebbiner Chaussee
Nuthe
Natur-denkmal
Kerzendorfer Weg
An der Schäferei
Friedhof
Friedhofsweg
Jütchendorfer Weg
Kleinbeuthener Dorfstraße
Kleinbeuthen
Burganlage
14974
Ring
Ortsteil
Mietgendorf
(zu Ludwigsfelde)
Ortsteil
Großbeuthen
(zu Trebbin)
Am See
Am Anger
Thyrower Weg
Gutshof
91
93
Friedhof
Glauer Berge
14959
Pumpwerk
Ortsteil
Glau
(zu Trebbin)
Friedh.
Beuthener Str.
Glauer Berg-str.
Glauer Dorfstraße
Alt-glau
Glauer Chaussee
Gewerbe-gebiet
Ravensberg
55
Sand
Neuer Graben
Tal
NSG
Mühlengraben
301
322
337

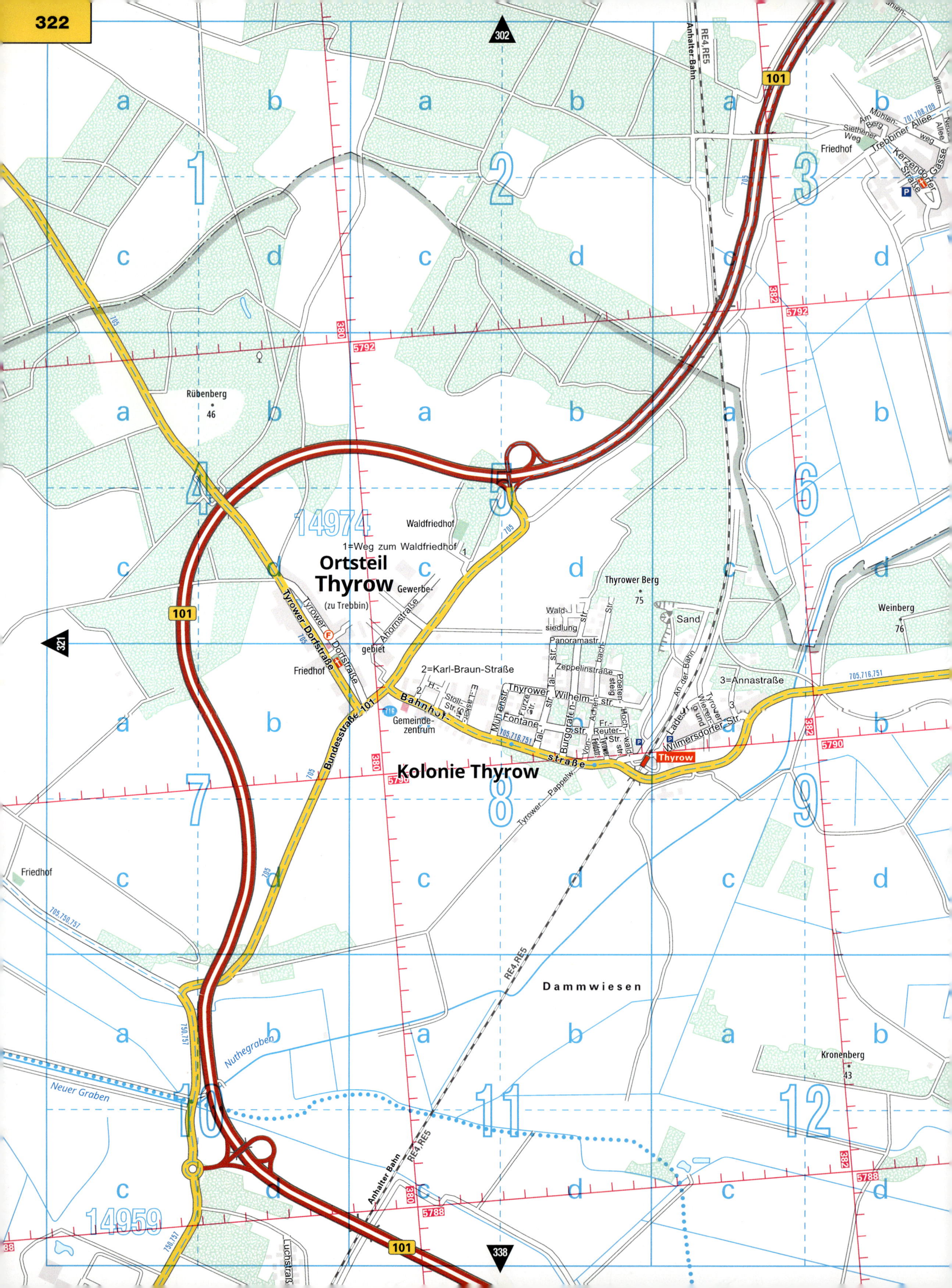
302
Anhalter Bahn
RE4,RE5
101
Friedhof
Trebbiner Allee
Kerzendorfer Straße
Rübenberg
46
14974
Waldfriedhof
1=Weg zum Waldfriedhof
Ortsteil
Thyrow
(zu Trebbin)
Gewerbe-
gebiet
Ahornstraße
Tyrower-Dorfstraße
Dorfstraße
Friedhof
2=Karl-Braun-Straße
Bundesstraße 101
Gemeinde-
zentrum
Bahnhofstraße
Thyrower Berg
75
Sand
Waldsiedlung
Panoramastr.
Zeppelinstraße
Wilhelm-str.
Fontane-
Thyrow
3=Annastraße
Wilmersdorfer Str.
Weinberg
76
321
Kolonie Thyrow
5790
5792
Friedhof
Dammwiesen
Nuthegraben
Neuer Graben
Kronenberg
43
14959
5788
Luchstraße
338

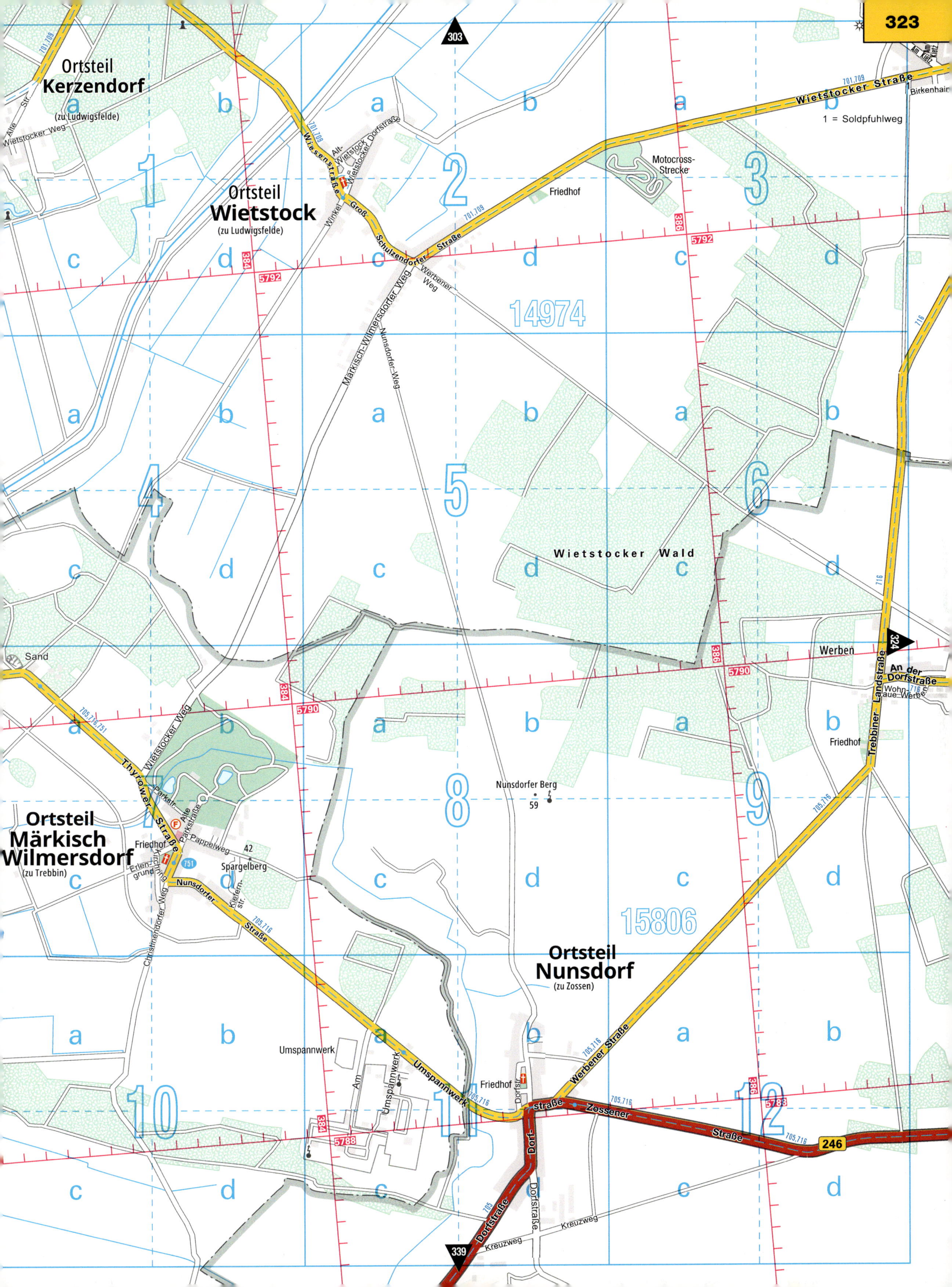
Ortsteil Kerzendorf
(zu Ludwigsfelde)
Ortsteil Wietstock
(zu Ludwigsfelde)
Ortsteil Märkisch Wilmersdorf
(zu Trebbin)
Ortsteil Nunsdorf
(zu Zossen)
1 = Soldpfuhlweg
Wietstocker Straße
Motocross-Strecke
Friedhof
Birkenhain
Wiesenstraße
Alt-Wietstock
Wietstocker Dorfstraße
Winkel
Groß Schulzendorfer Straße
Werbener Weg
Märkisch-Wilmersdorfer Weg
Nunsdorfer Weg
Alte Wietstocker Str.
Wietstocker Weg
14974
15806
Wietstocker Wald
Werben
An der Dorfstraße
Wohn-Laue-Werben
Trebbiner Landstraße
Sand
Thyrower Straße
Parkstr.
Alte Parkstraße
Pappelweg
Spargelberg
Erlengrund
Kirchring
Nunsdorfer Straße
Kiefernstr.
Christinendorfer Weg
Nunsdorfer Berg
59
42
Umspannwerk
Am Umspannwerk
Werbener Straße
Zossener Straße
Dorfstraße
Dorfstr.
Kreuzweg
303
324
339
246
5792
5790
5788
5783
384
386
751
705,716
701,709
716
705
1 2 3 4 5 6 7 8 9 10 11 12

Ortsteil Groß Schulzendorf
(zu Ludwigsfelde)
15806
Ortsteil Glienick
(zu Zossen)
Hasenberg
Schünow
Werben
Siedlung Horstfelde
1 = Soldpfuhlweg
Wietstocker Straße
Dorfaue
Birkenhain
Lindenhain
Buchenhain
Erlenhain
Eichenhain
Trebbiner Straße
Zossener Straße
Blankenfelder Str.
Siebkenweg
Am Hain
Amselweg
Starhorstweg
Kita
Sportplatz
Förderschule
Hasenbergweg
Friedhof
Rothepfuhl
Weinberg
85
Kies
Schulzendorfer Straße
Waldweg
Weinbergweg
Jühnsdorfer Straße
Kiga
Sport- und Freizeitzentrum
Sportplatz
Kleine Gartenstr.
Am Sportplatz
Feldweg
Am Grundfeld
Kumberg
65
Kleiner Berg
61
Werderscher Weg
Schulweg
Friedhof
Hinter den Gärten
Altglienicker Ring
Zum Kumberg
Platanenweg
Dabendorfer Straße
Werbener Straße
Funkweg
Schünower Weg
Trebbiner Landstraße
An der Dorfstraße
Wohnaue Werben
Zuckerberg
61
Ton
Paulsberg
70
Glienicker Straße
Werbener Weg
Glienicker Weg
Ziegeleiweg
Zossener Straße
Schünower Straße
Dorfstraße
Zur ...
Weg nach Mellensee
Heideweg
Gartenstraße
An der Hauptstraße
Kl. Waldstr.
246
304
323
340
5792
5790
5788
388
390

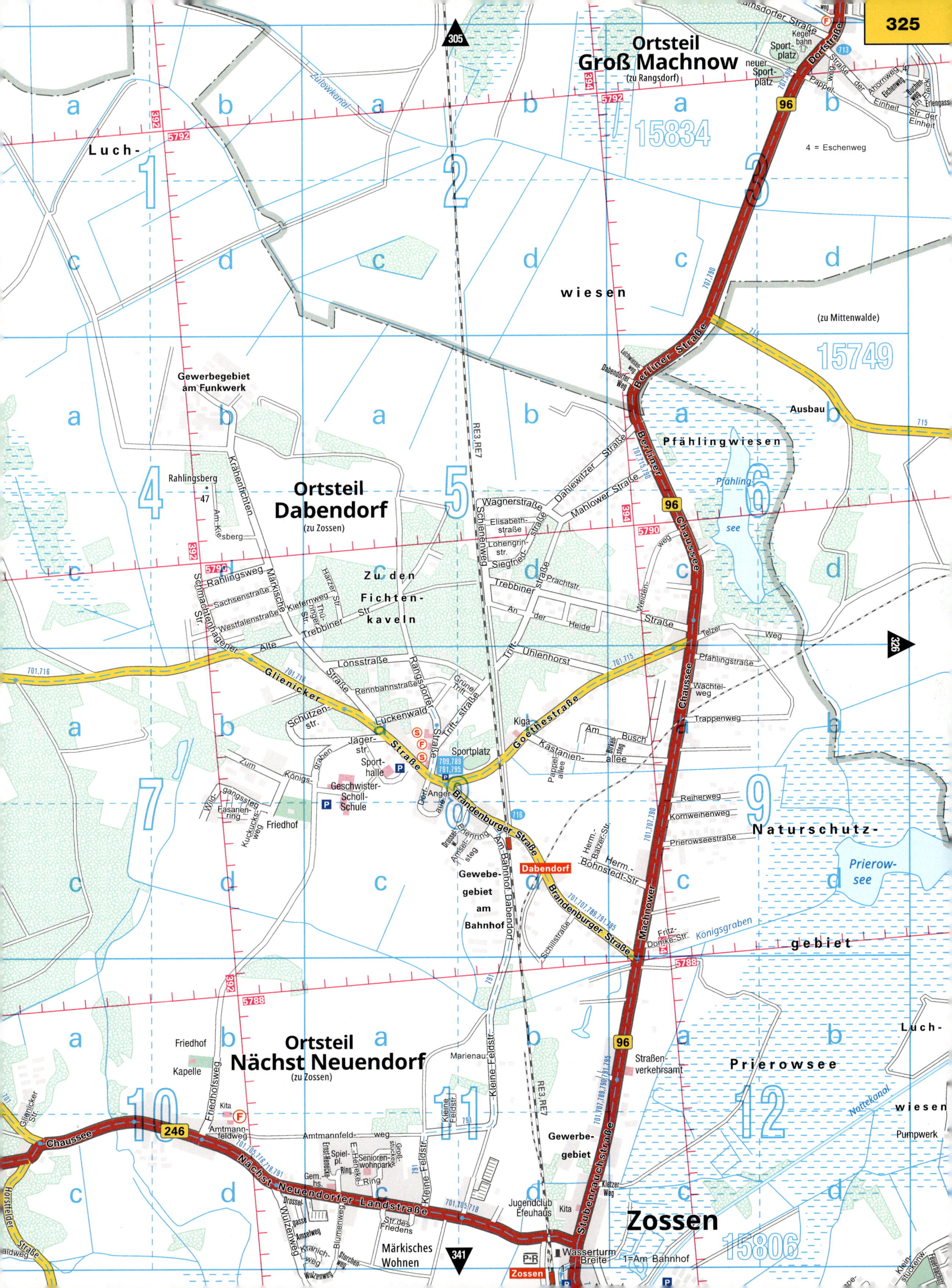
Ortsteil
Groß Machnow
(zu Rangsdorf)
15834
Luch-
wiesen
(zu Mittenwalde)
15749
Ausbau
Pfählingwiesen
Pfähling-
see
Gewerbegebiet
am Funkwerk
Rahlingsberg
Ortsteil
Dabendorf
(zu Zossen)
Zu den
Fichten-
kaveln
Sportplatz
Sport-
halle
Geschwister-
Scholl-
Schule
Friedhof
Dabendorf
Gewebe-
gebiet
am
Bahnhof
Naturschutz-
gebiet
Prierow-
see
Ortsteil
Nächst Neuendorf
(zu Zossen)
Friedhof
Kapelle
Marienau
Straßen-
verkehrsamt
Prierowsee
Luch-
wiesen
Pumpwerk
Gewerbe-
gebiet
Jugendclub
Efeuhaus
Zossen
15806
Märkisches
Wohnen
Wasserturm
1=Am Bahnhof
4 = Eschenweg
Berliner Straße
Chaussee
Machnower
Stubenrauchstraße
Brandenburger Straße
Goethestraße
Glienicker Straße
Nächst Neuendorfer Landstraße
Königsgraben
Nottekanal
Zülowkanal

Ortsteil Groß Machnow
(zu Rangsdorf)
15834
Wohngebiet "Fleck"
4 = Eschenweg
Großmachnower Weinberg
76
Rohrlake
Millingsweg
Vogelsang
Zülowkanal
Pennigsberg
38
Ortsteil Telz
(zu Mittenwalde)
Streseberg
52
Machnower Straße
Telzer Wohngebiet Waldpark Telz
Dorfaue
Schwarzer Weg
Mittenwalder Allee
Zossener Straße
Feldstraße
Feldstr.
Zossener
Am Kanal
Gewerbegebiet
Schöneicher Plan
Telzer Plan
Weg zum Plan
Nottekanal
Nottefließ
Deponie
Telzer Brücke
Prierowsee
Telzer Weg
Muckergraben
Ortsteil Schöneiche
(zu Zossen)
Zossener Damm
An der Dorfaue
Lindenstraße
Kallinchener
Gemeindeverwaltung
Kita
Luchwiesen
Pumpwerk
15806
Zossen
1 = Zillebogen
Kläranlage
Wiesengrund
Luchweg
Luchblick
Friedhofsweg
Friedhof
Sportpl.
Rennstrecke Teltow-Fläming-Ring
246

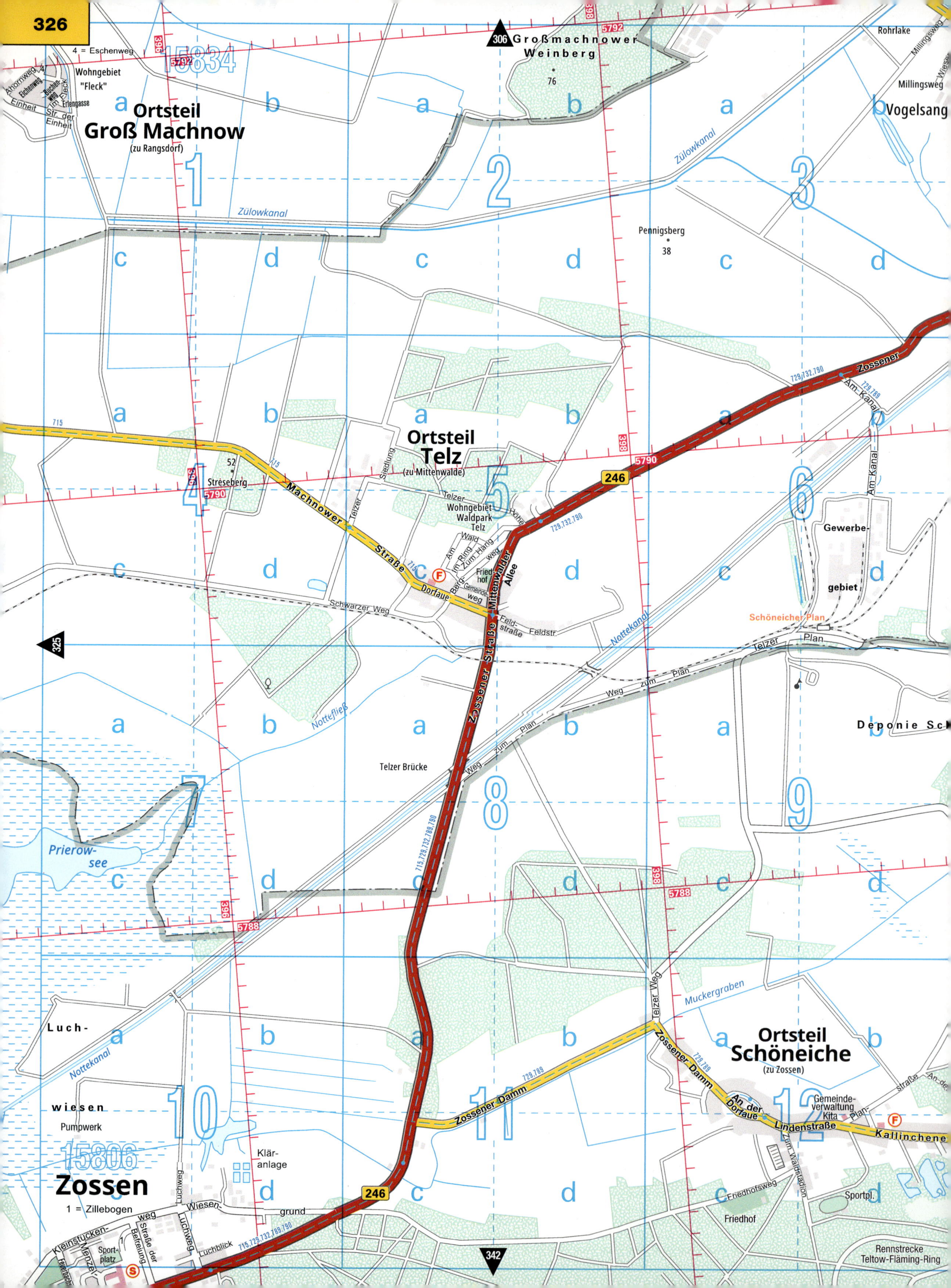

306
325
342

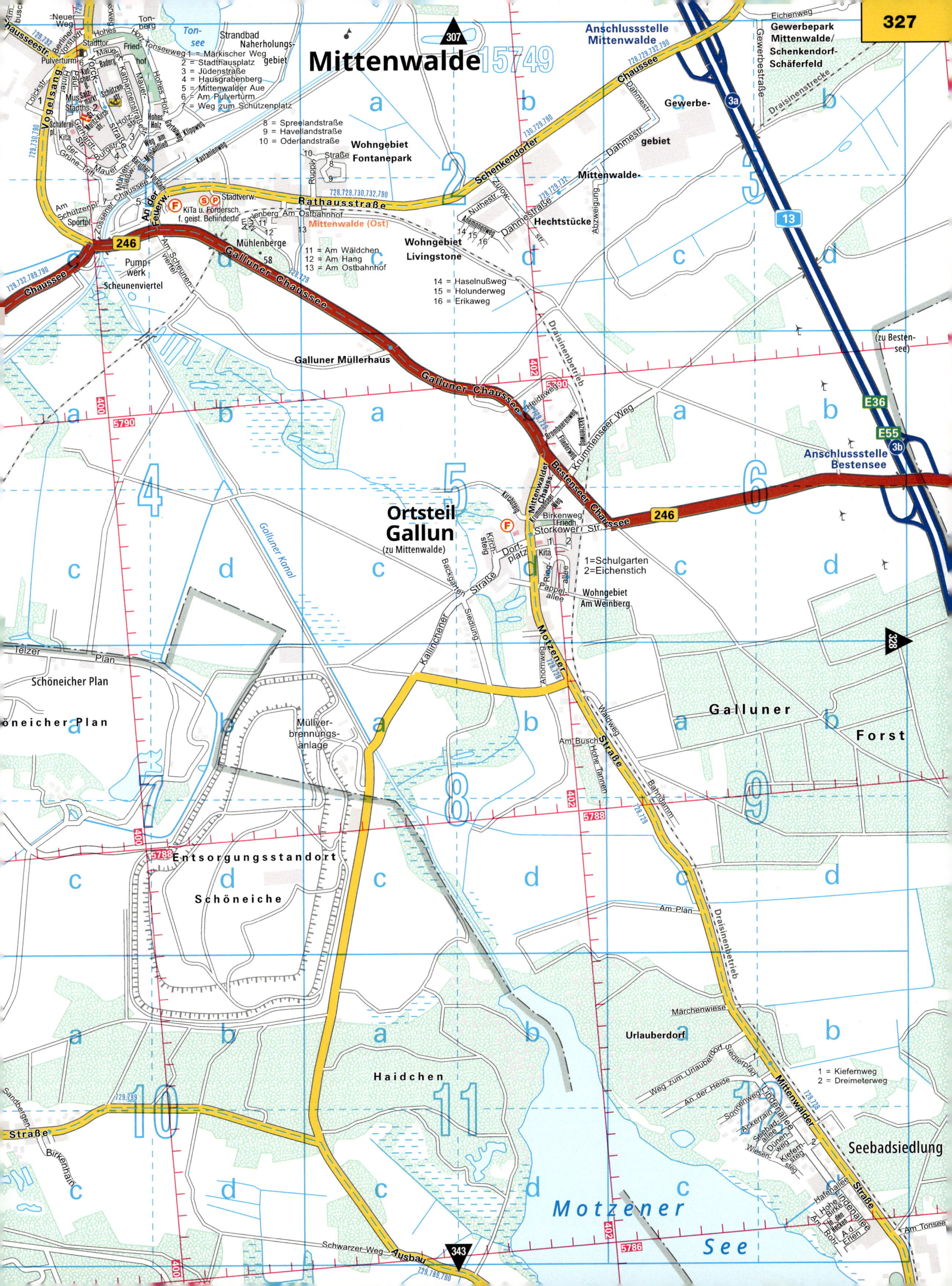
Mittenwalde 15749
307
Anschlussstelle Mittenwalde
Gewerbepark Mittenwalde/ Schenkendorf-Schäferfeld
Eichenweg
Gewerbestraße
Draisinenstrecke
Gewerbe-gebiet
Dahmestr.
Mittenwalde-Hechtstücke
Schenkendorfer Chaussee
Rathausstraße
Tonsee
Strandbad Naherholungsgebiet
1 = Märkischer Weg
2 = Stadthausplatz
3 = Jüdenstraße
4 = Hausgrabenberg
5 = Mittenwalder Aue
6 = Am Pulverturm
7 = Weg zum Schützenplatz
8 = Spreelandstraße
9 = Havellandstraße
10 = Oderlandstraße
Wohngebiet Fontanepark
Vogelsang
Chausseestr.
Pulverturm
Stadttor
Kita
Stadtverw.
KiTa u. Fördersch. f. geist. Behinderte
Am Ostbahnhof
Mittenwalde (Ost)
Mühlenberge
11 = Am Wäldchen
12 = Am Hang
13 = Am Ostbahnhof
Wohngebiet Livingstone
14 = Haselnußweg
15 = Holunderweg
16 = Erikaweg
246
Chaussee
Pumpwerk
Scheunenviertel
Galluner Chaussee
Galluner Müllerhaus
Draisinenbetrieb
Heideweg
Krummenseer Weg
(zu Bestensee)
E36
E55
Anschlussstelle Bestensee
13
Bestenseer Chaussee
Mittenwalder Chaussee
Ortsteil Gallun
(zu Mittenwalde)
Galluner Kanal
Birkenweg
Friedh.
Storkower Str.
Kita
Dorfplatz
Kirchsteig
Backgarten
Straße
1=Schulgarten
2=Eichenstich
Wohngebiet Am Weinberg
Papbelallee
Siedlung
Kallinchener
Motzener Straße
Anornweg
328
Telzer Plan
Schöneicher Plan
Müllverbrennungsanlage
Galluner Forst
Waldweg
Am Busch
Hohe Tannen
Bahndamm
Entsorgungsstandort Schöneiche
Am Plan
Draisinenbetrieb
Märchenwiese
Urlauberdorf
Weg zum Urlauberdorf
Siedlerpfad
An der Heide
Sonnenweg
Lindenallee
Seebadallee
Dünenweg
Kiefernsteig
Wiesensteig
Mittenwalder Straße
1 = Kiefernweg
2 = Dreimeterweg
Seebadsiedlung
Haidchen
Sandbergen
Straße
Birkenhain
Motzener See
Schwarzer Weg
Ausbau
343
Am Tonsee
Hafenallee
Lindenallee
Am Rohr
5790
5788
5786
400
402

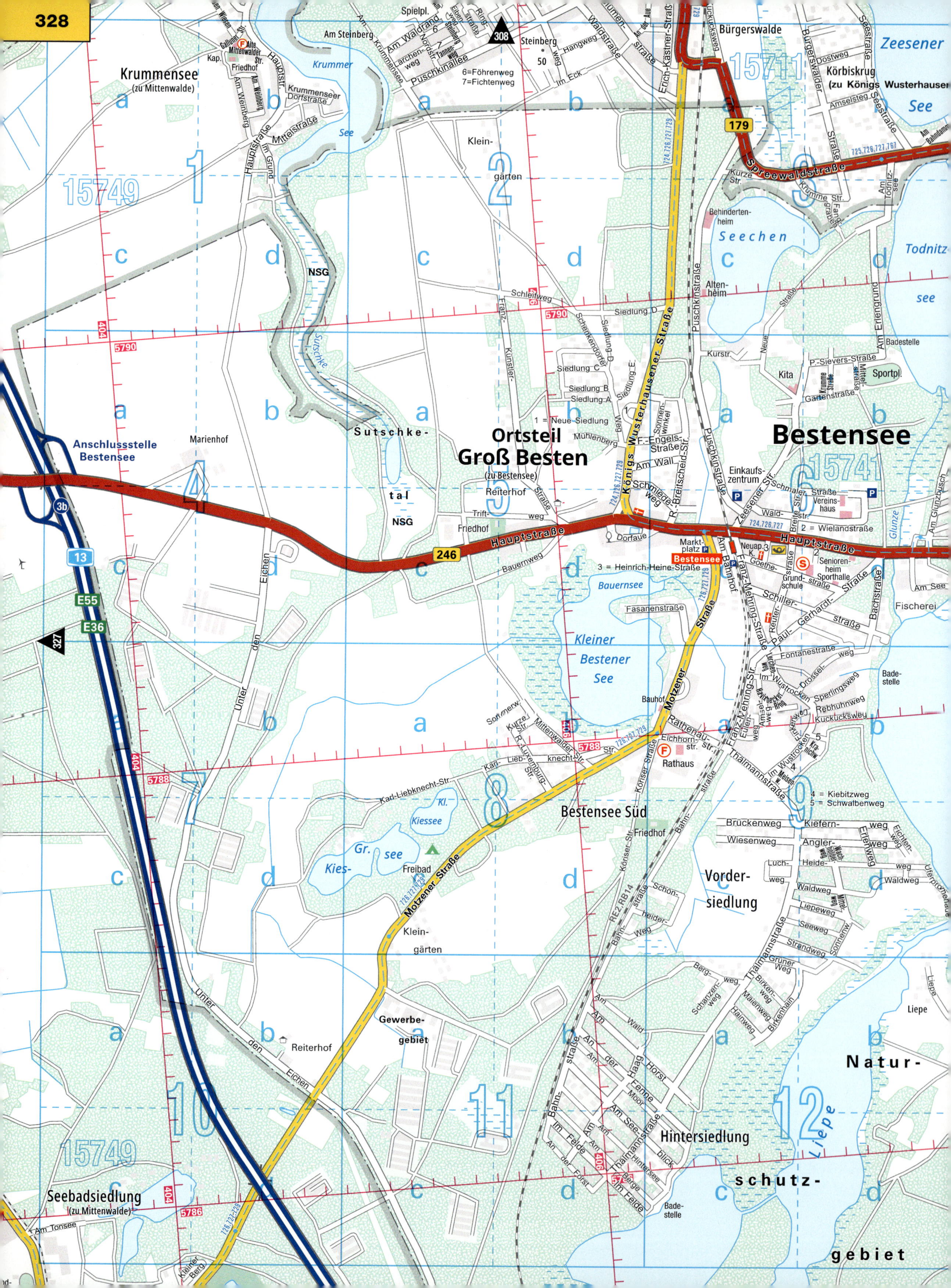
Krummensee
(zu Mittenwalde)
Krummer
See
Am Steinberg
Spielpl.
Steinberg
50
6=Föhrenweg
7=Fichtenweg
Bürgerswalde
Zeesener
See
Körbiskrug
(zu Königs Wusterhausen)
Todnitz
see
15711
15749
15741
Klein-
gärten
Spreewaldstraße
Seechen
Behinderten-
heim
Alten-
heim
NSG
Sutschke
Sutschke-
tal
Marienhof
Anschlussstelle
Bestensee
Ortsteil
Groß Besten
(zu Bestensee)
Reiterhof
Friedhof
Hauptstraße
Bestensee
Einkaufs-
zentrum
Kita
Sportpl.
Badestelle
Wielandstraße
Senioren-
heim
Sporthalle
Grund-
schule
Fischerei
Bauersee
Kleiner
Bestener
See
Bauhof
Rathaus
Bestensee Süd
Friedhof
1 = Neue Siedlung
3 = Heinrich-Heine-Straße
4 = Kiebitzweg
5 = Schwalbenweg
Kl.
Kiessee
Gr.
Kies-
see
Freibad
Motzener Straße
Klein-
gärten
Gewerbe-
gebiet
Reiterhof
Unter den Eichen
Vorder-
siedlung
Hintersiedlung
Liepe
Natur-
schutz-
gebiet
Seebadsiedlung
(zu Mittenwalde)
Am Tonsee
Bade-
stelle
246
179
13
E55
E36
3b
327
308

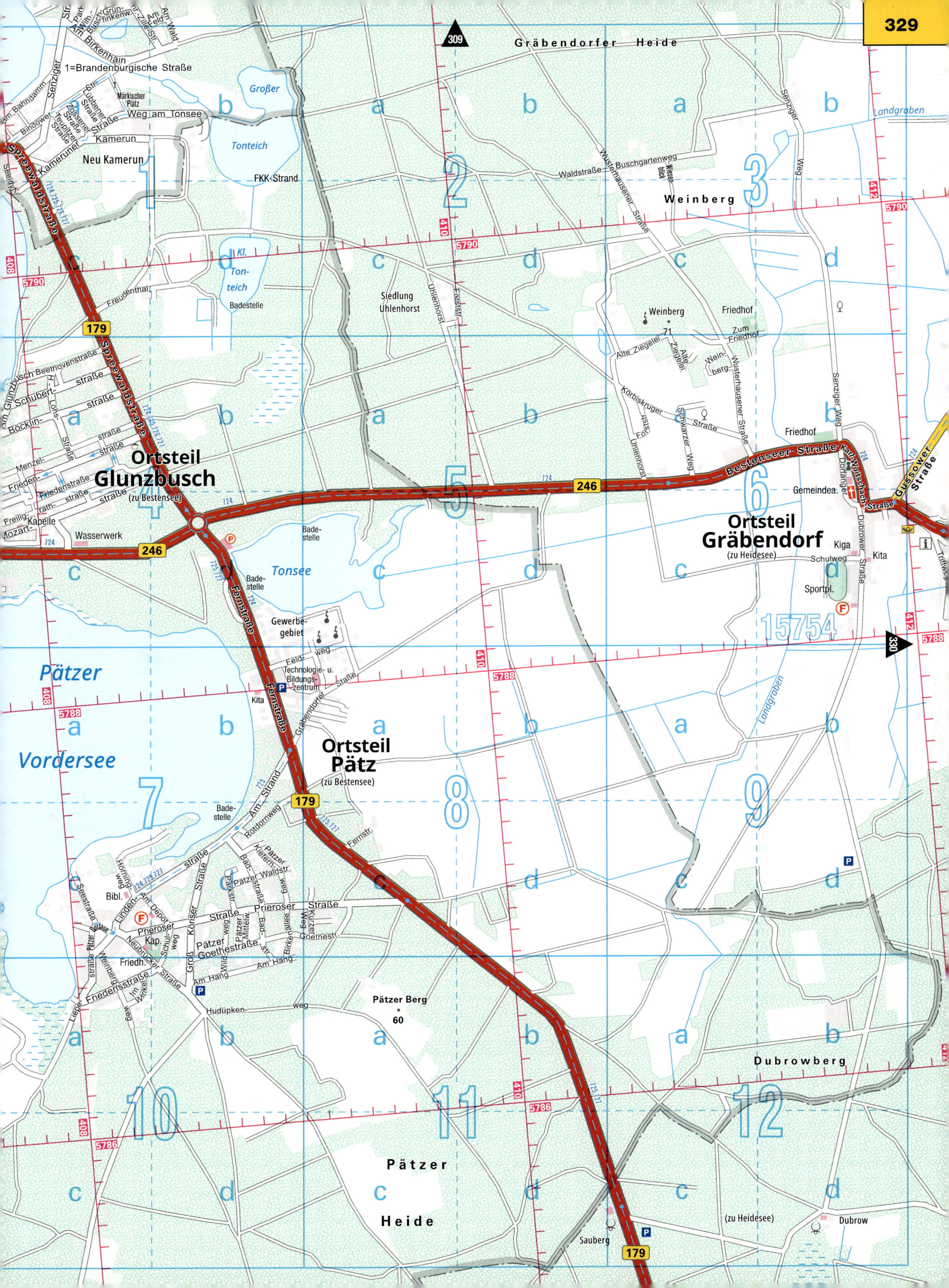
309
Gräbendorfer Heide
1=Brandenburgische Straße
Großer
Tonteich
Weg am Tonsee
Kamerun
Neu Kamerun
FKK-Strand
Spreewaldstraße
Waldstraße
Buschgartenweg
Wusterhausener Straße
Senziger Weg
Landgraben
Weinberg
5790
410
412
408
Kl. Tonteich
Badestelle
Siedlung Uhlenhorst
Uhlenhorst
Forststr.
Freudenthal
Friedhof
Zum Friedhof
Alte Ziegelei
Weinberg
Körbiskruger Straße
Schwarzer Weg
179
Beethovenstraße
Schubert-straße
Böcklin-straße
Menzel-straße
Friedenstraße
Ortsteil Glunzbusch
(zu Bestensee)
Kapelle
Wasserwerk
246
Bestenseer Straße
Karl-Wolfschlag-Straße
Dorfanger
Gemeindea.
Gussower Straße
Ortsteil Gräbendorf
(zu Heidesee)
Kiga
Kita
Schulweg
Dubrower Straße
Sportpl.
Tonsee
Badestelle
Fernstraße
Gewerbegebiet
Feldweg
Technologie- u. Bildungszentrum
15754
330
5788
Pätzer
Vordersee
Kita
Gräbendorfer Straße
Ortsteil Pätz
(zu Bestensee)
Am Strand
Rotdornweg
Badestelle
Pätzer Waldstr.
Prieroser Straße
Goethestr.
Pätzer Goethestraße
Bibl.
Kap.
Friedh.
Am Hang
Neubrücker Straße
Friedenstraße
Hudüpkenweg
Pätzer Berg
60
Dubrowberg
5786
Pätzer Heide
Sauberg
(zu Heidesee)
Dubrow

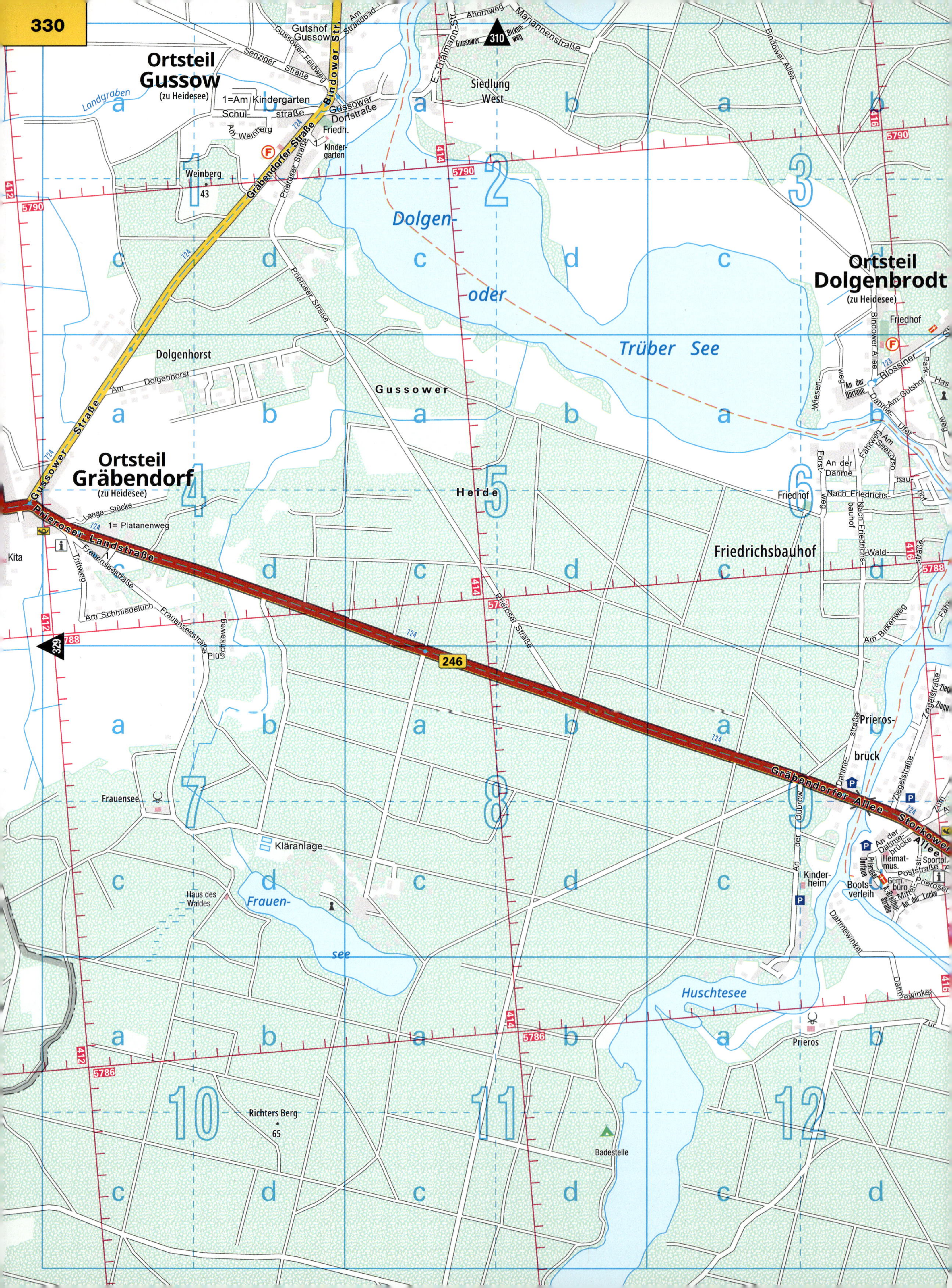

Ortsteil Gussow
(zu Heidesee)
Gutshof Gussow
Bindower Str.
Am Strandbad
Senziger Straße
Gussower Feldweg
1=Am Kindergarten
Schulstraße
Gussower Dorfstraße
Am Weinberg
Friedh.
Kindergarten
Gräbendorfer Straße
Prieroser Straße
Weinberg
43
Landgraben
E.-Thälmann-Str.
Ahornweg
Marjannenstraße
Birkenweg
Siedlung West
Dolgen-
oder
Trüber See
Bindower Allee
Ortsteil Dolgenbrodt
(zu Heidesee)
Friedhof
Blossiner
Dolgenhorst
Am Dolgenhorst
Gussower Straße
Gussower
Heide
Ortsteil Gräbendorf
(zu Heidesee)
Lange Stücke
1= Platanenweg
Prieroser Landstraße
Kita
Triftweg
Frauenseestraße
Am Schmiedeluch
Friedhof
Nach Friedrichsbauhof
Friedrichsbauhof
Wald-
Am Birkenweg
An der Dahme
Dahme-Ufer
Am Seekorso
Forstweg
Wiesenweg
246
Gräbendorfer Allee
Storkower
Prierosbrück
Ziegelstraße
Frauensee
Kläranlage
Frauen-
see
Haus des Waldes
An der Dubrow
Kinderheim
Bootsverleih
Heimat-mus.
Poststraße
Sportpl.
Dahmewinkel
Huschtesee
Prieros
Richters Berg
65
Badestelle

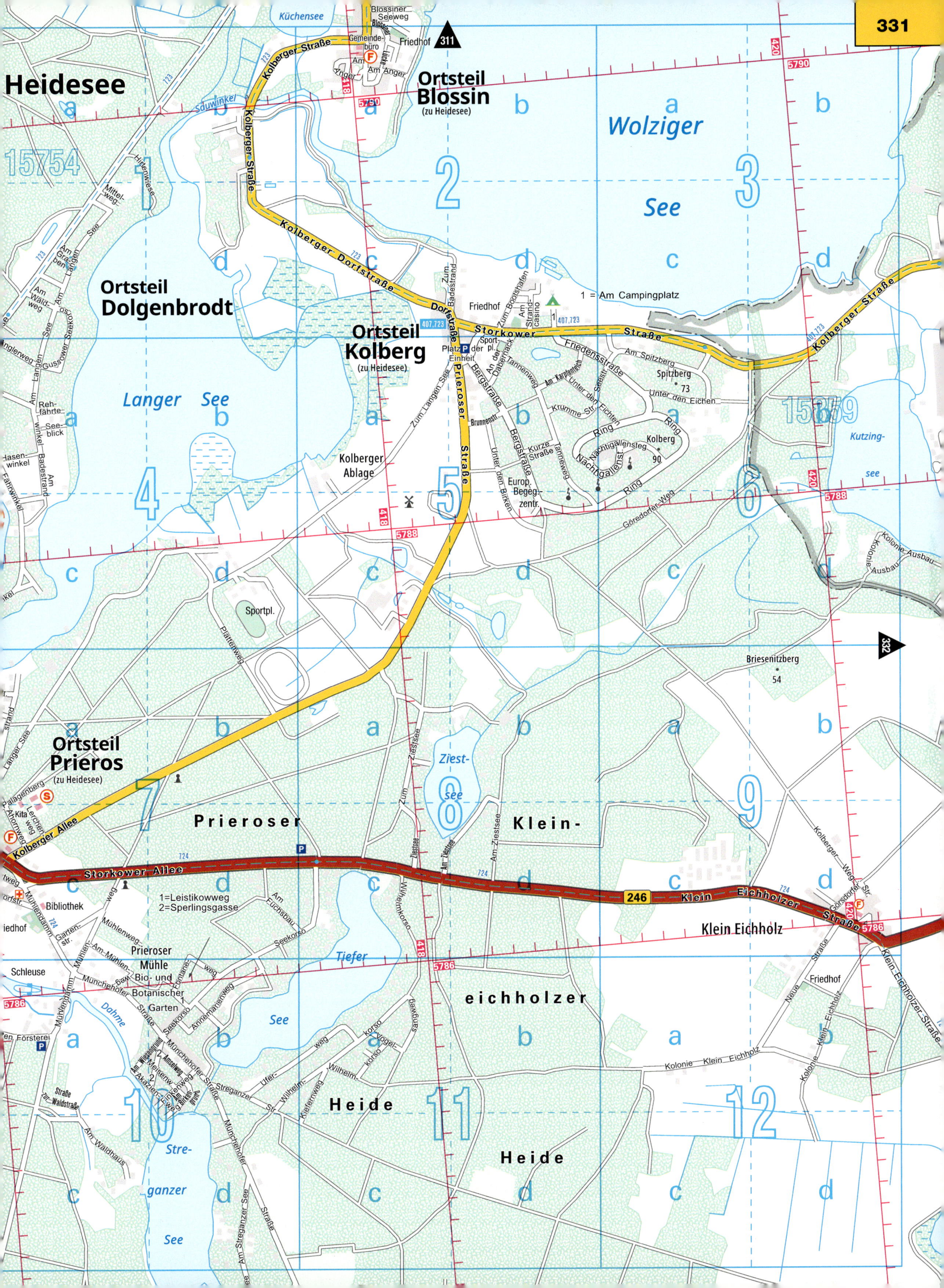
Heidesee
15754
Ortsteil
Blossin
(zu Heidesee)
Wolziger
See
Ortsteil
Dolgenbrodt
Ortsteil
Kolberg
(zu Heidesee)
Langer See
Kolberger
Ablage
1 = Am Campingplatz
Spitzberg
73
Kolberg
90
15859
Kutzing-
see
Briesenitzberg
54
Ortsteil
Prieros
(zu Heidesee)
Prieroser
Ziest-
see
Klein-
Klein Eichholz
Storkower Allee
Klein Eichholzer Straße
246
1=Leistikowweg
2=Sperlingsgasse
Bibliothek
Prieroser
Mühle
Bio- und
Botanischer
Garten
Schleuse
Dahme
Tiefer
See
eichholzer
Heide
Heide
Stre-
ganzer
See
Küchensee
Kolberger Straße
Kolberger Dorfstraße
Prieroser Straße
Storkower Straße
Friedhof
Sportpl.
Kolberger Allee
Kolonie Klein Eichholz
Friedhof
311
332

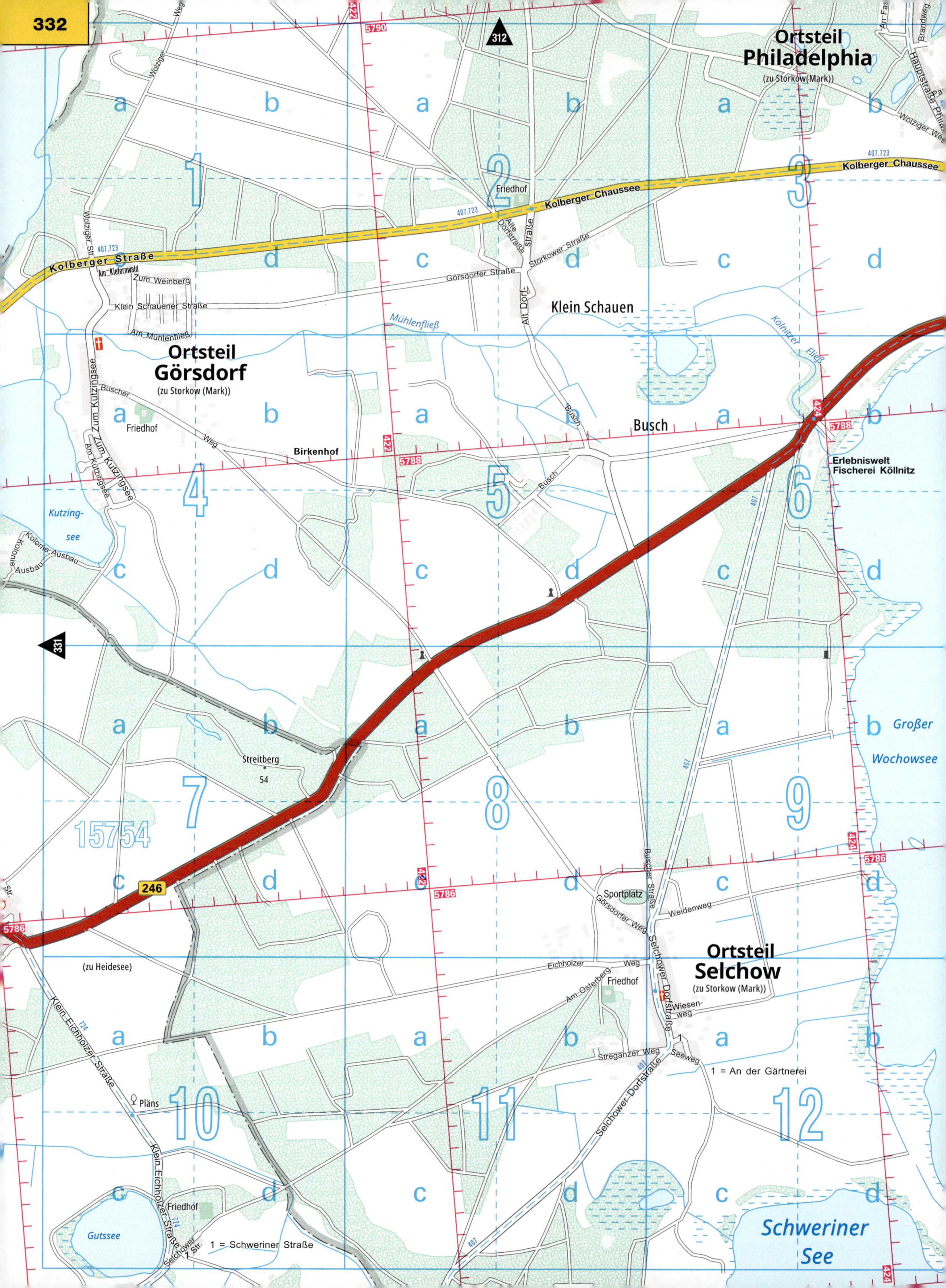

312
Ortsteil Philadelphia
(zu Storkow(Mark))
Kolberger Chaussee
Kolberger Straße
Friedhof
Alte Dorfstraße
Storkower Straße
Görsdorfer Straße
Am Kiefernwald
Zum Weinberg
Klein Schauener Straße
Am Mühlenfließ
Klein Schauen
Alt Dorf-straße
Mühlenfließ
Kölnitzer Fließ
Ortsteil Görsdorf
(zu Storkow (Mark))
Buscher Weg
Zum Kutzingsee
Am Kutzingsee
Friedhof
Birkenhof
Busch
Erlebniswelt Fischerei Köllnitz
Kutzing-see
Kolonie-Ausbau
331
Streitberg
54
15754
246
Großer Wochowsee
Buscher Straße
Sportplatz
Görsdorfer Weg
Weidenweg
Selchower Dorfstraße
Ortsteil Selchow
(zu Storkow (Mark))
(zu Heidesee)
Eichholzer Weg
Am Osterberg
Friedhof
Wiesenweg
Streganzer Weg
Seeweg
1 = An der Gärtnerei
Klein-Eichholzer-Straße
Pläns
Selchower-Dorfstraße
Friedhof
Gutssee
1 = Schweriner Straße
Schweriner See

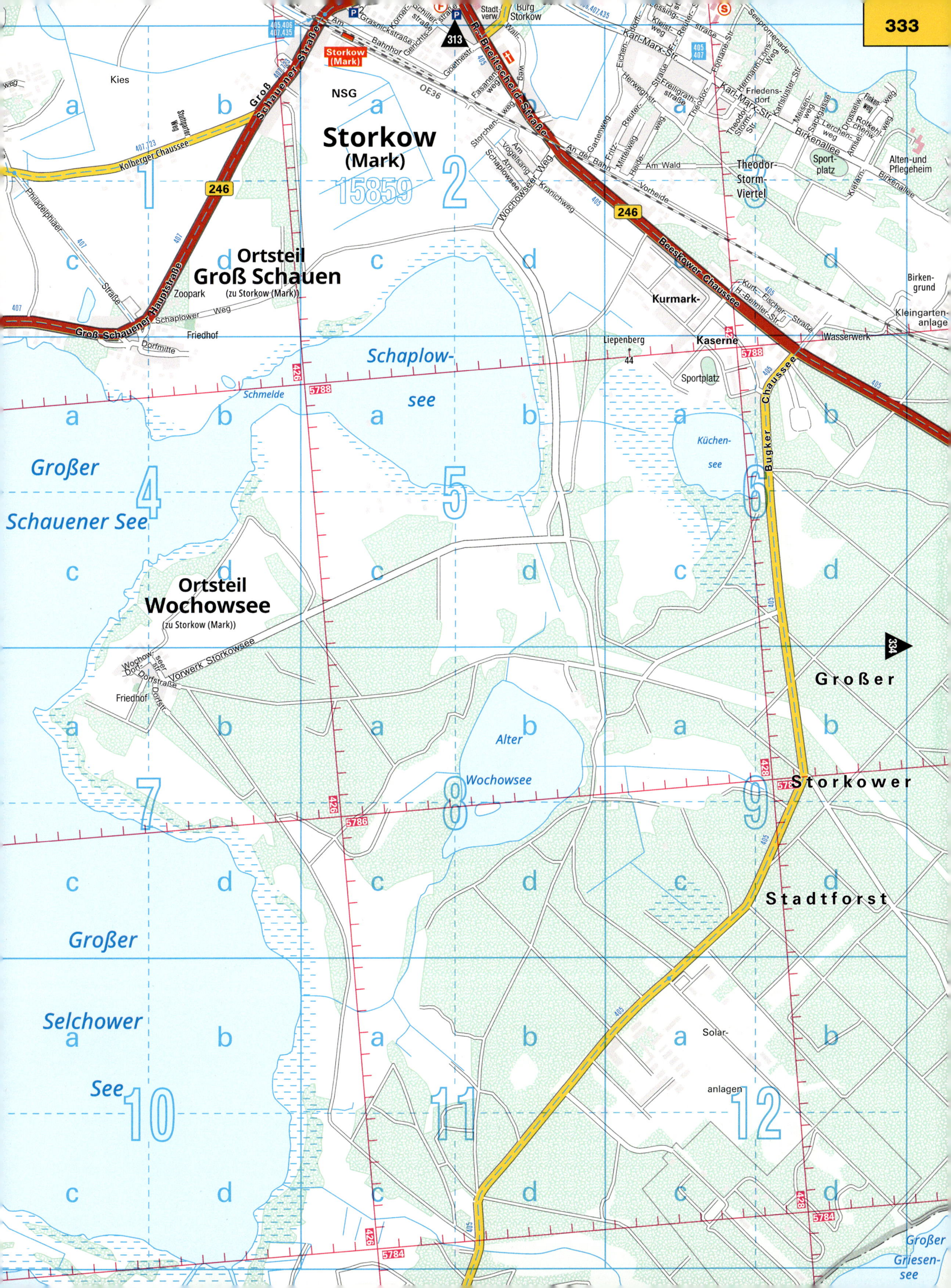
Storkow
(Mark)
15859
Ortsteil
Groß Schauen
(zu Storkow (Mark))
Ortsteil
Wochowsee
(zu Storkow (Mark))
Schaplow-
see
Großer
Schauener See
Großer
Selchower
See
Alter
Wochowsee
Küchen-
see
Theodor-
Storm-
Viertel
Kurmark-
Kaserne
Großer
Storkower
Stadtforst
Solar-
anlagen
Großer
Griesen-
see
Kies
NSG
Zoopark
Friedhof
Sportplatz
Wasserwerk
Kleingarten-
anlage
Birken-
grund
Alten-und
Pflegeheim
Beeskower Chaussee
Bugker Chaussee
Groß Schauener Hauptstraße
Kolberger Chaussee
Vorwerk Storkowsee
246
334

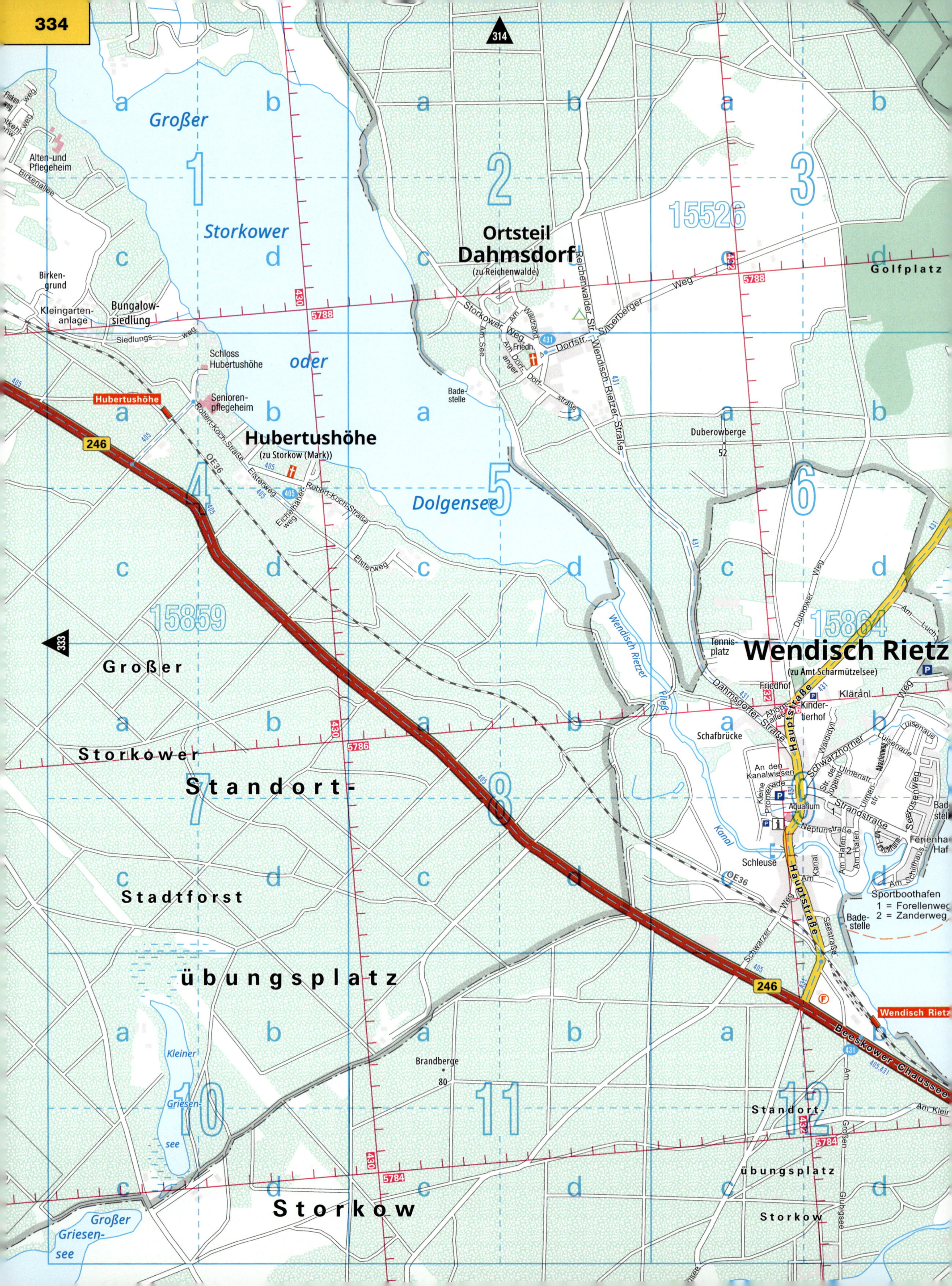

Großer
Storkower
oder
Dolgensee
Alten-und Pflegeheim
Birkengrund
Kleingartenanlage
Bungalowsiedlung
Schloss Hubertushöhe
Seniorenpflegeheim
Hubertushöhe
Hubertushöhe
(zu Storkow (Mark))
Ortsteil
Dahmsdorf
(zu Reichenwalde)
Badestelle
Duberowberge
15526
Golfplatz
15859
15864
Wendisch Rietz
(zu Amt Scharmützelsee)
Tennisplatz
Friedhof
Kindertierhof
Kläranl.
Schafbrücke
Aquarium
Schleuse
Sportboothafen
1 = Forellenweg
2 = Zanderweg
Großer
Storkower
Standort-
Stadtforst
übungsplatz
Kleiner
Griesensee
Brandberge
80
Standort-
übungsplatz
Storkow
Storkow
Großer
Griesensee
Wendisch Rietz
Beeskower Chaussee
246

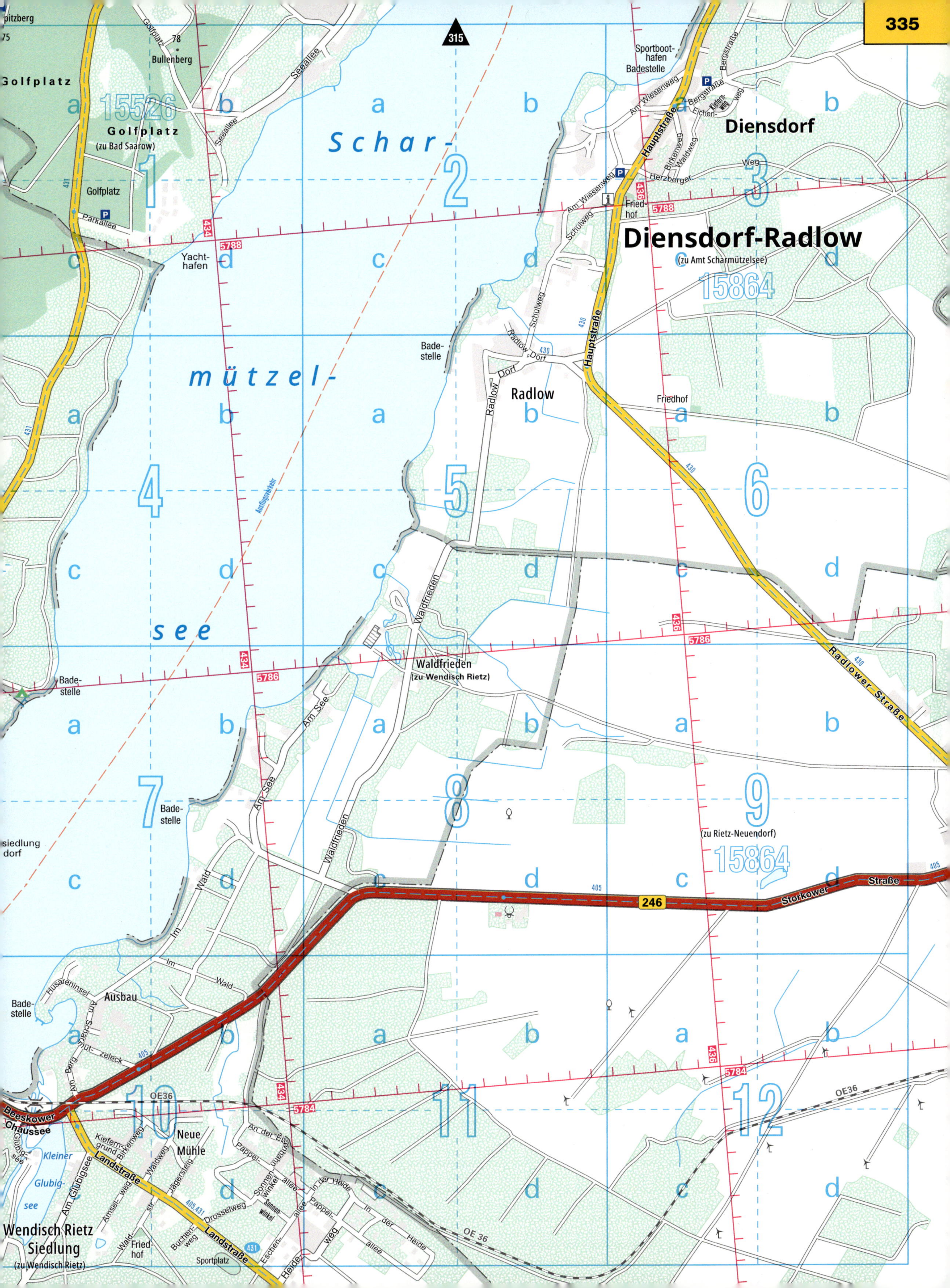
315
Scharmützelsee
Diensdorf-Radlow
(zu Amt Scharmützelsee)
15864
Diensdorf
Radlow
Waldfrieden
(zu Wendisch Rietz)
(zu Rietz-Neuendorf)
15526
Golfplatz
(zu Bad Saarow)
Bullenberg
Sportboothafen
Badestelle
Yachthafen
Hauptstraße
Radlower Straße
Storkower Straße
246
Neue Mühle
Ausbau
Wendisch Rietz Siedlung
(zu Wendisch Rietz)
Kleiner Glubigsee
Beeskower Chaussee
Landstraße
Friedhof
Sportplatz
OE 36

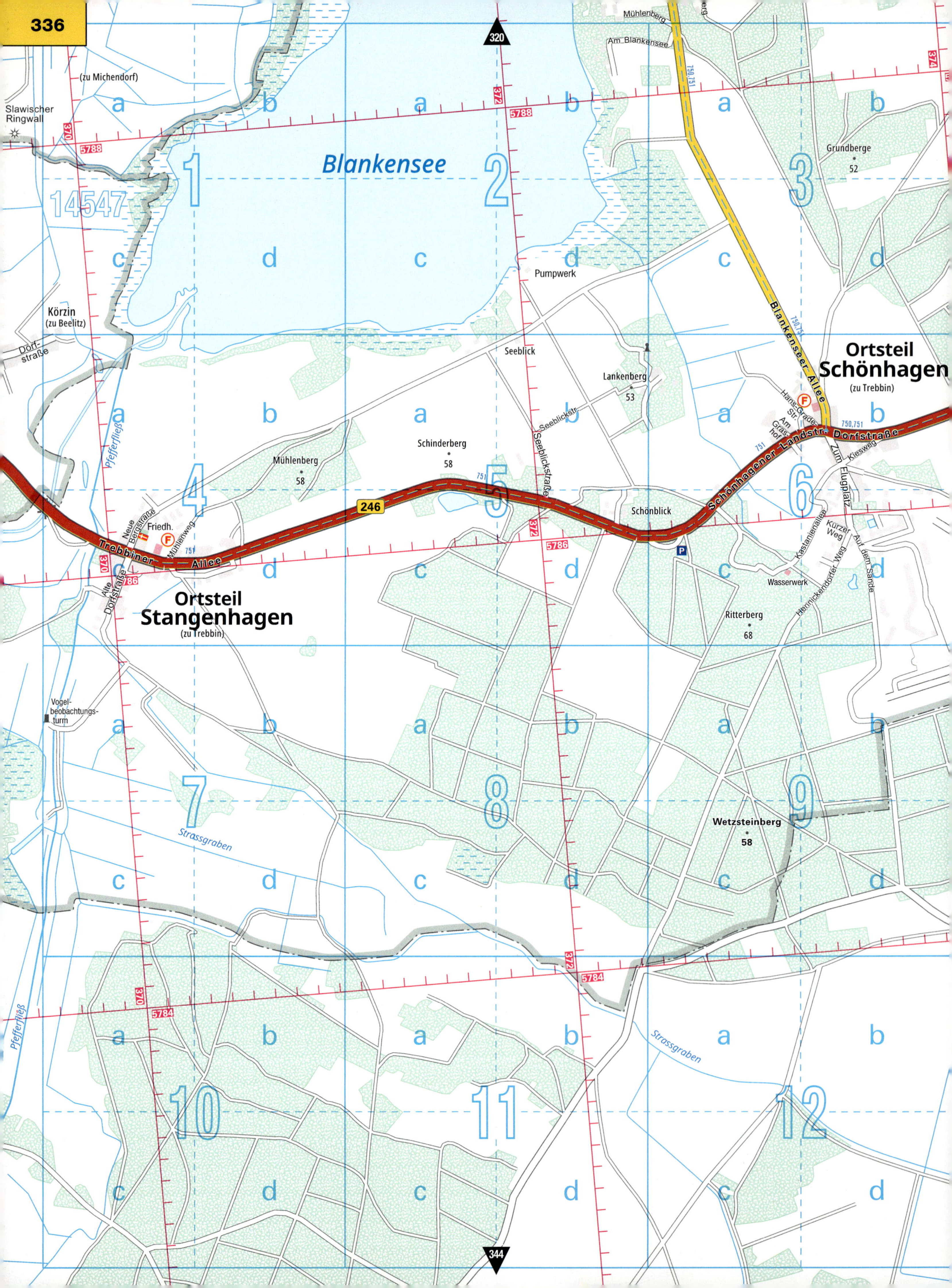

320
Mühlenberg
Am Blankensee
(zu Michendorf)
Slawischer Ringwall
Blankensee
14547
Grundberge
52
Pumpwerk
Körzin
(zu Beelitz)
Dorfstraße
Seeblick
Lankenberg
53
Ortsteil Schönhagen
(zu Trebbin)
Blankenseer Allee
Hans-Grade-Str.
Am Grashof
Dorfstraße
Kiesweg
Schönhagener Landstr.
Zum Flugplatz
Schinderberg
58
Mühlenberg
58
Seeblickstr.
Seeblickstraße
Pfefferfließ
246
Schönblick
Neue Bergstraße
Friedh.
Mühlenweg
Trebbiner Allee
Alte Dorfstraße
Kastanienallee
Kurzer Weg
Auf dem Sande
Hennickendorfer Weg
Wasserwerk
Ritterberg
68
Ortsteil Stangenhagen
(zu Trebbin)
Vogelbeobachtungsturm
Strassgraben
Wetzsteinberg
58
Pfefferfließ
Strassgraben
344

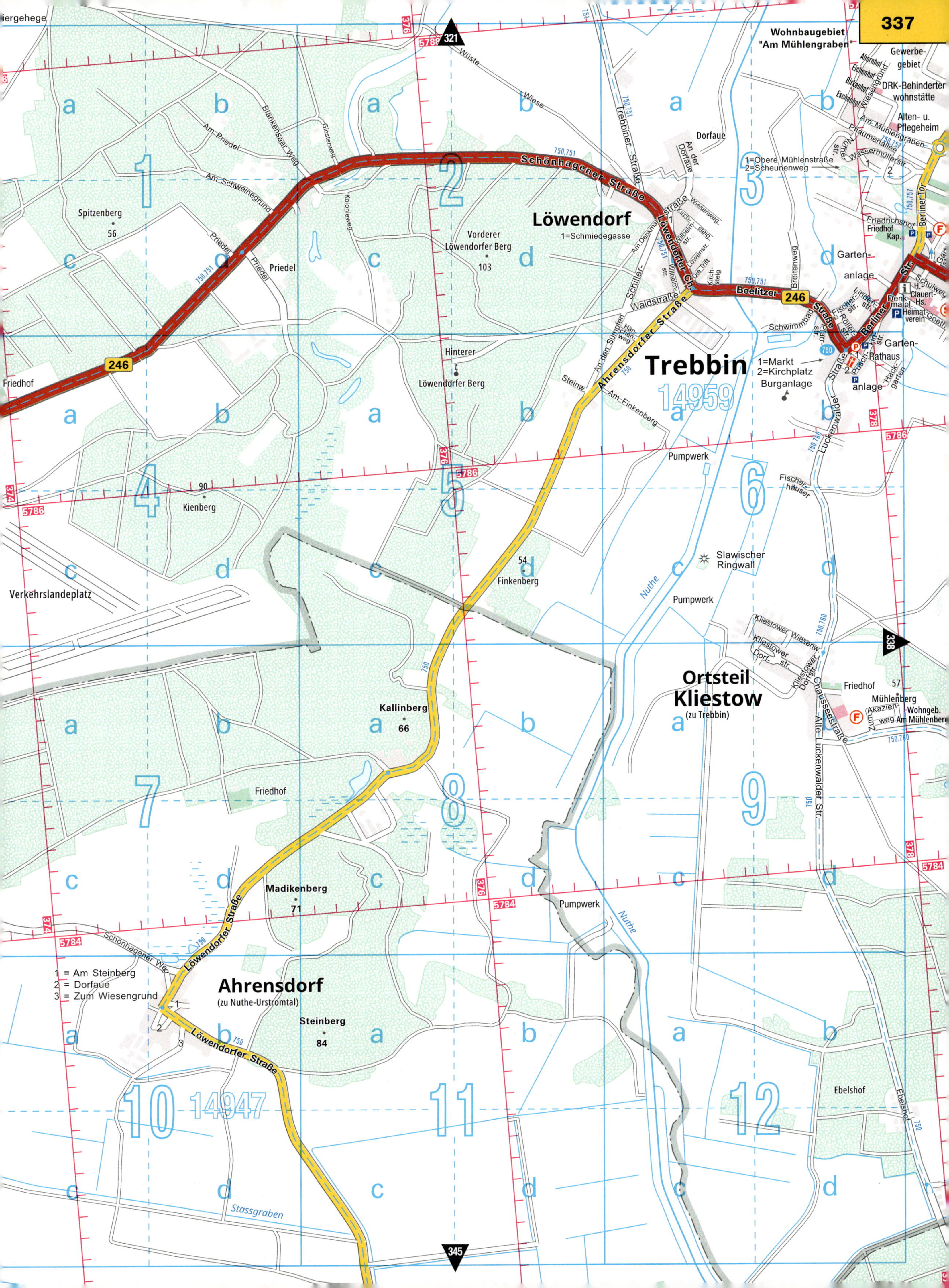

Trebbin
14959
Löwendorf
1=Schmiedegasse
Ortsteil Kliestow
(zu Trebbin)
Ahrensdorf
(zu Nuthe-Urstromtal)
14947
Schönhagener Straße
Beelitzer Straße
Ahrensdorfer Straße
Löwendorfer Straße
Löwendorfer Ch.
Wohnbaugebiet "Am Mühlengraben"
Gewerbegebiet
DRK-Behinderter wohnstätte
Alten- u. Pflegeheim
Dorfaue
1=Obere Mühlenstraße
2=Scheunenweg
1=Markt
2=Kirchplatz
Burganlage
Rathaus
Gartenanlage
Spitzenberg
56
Vorderer Löwendorfer Berg
103
Hinterer Löwendorfer Berg
Priedel
Kienberg
90
Finkenberg
54
Verkehrslandeplatz
Friedhof
Pumpwerk
Fischerhäuser
Slawischer Ringwall
Nuthe
Kallinberg
66
Madikenberg
71
Steinberg
84
Mühlenberg
57
Wohngeb. Am Mühlenberg
Ebelshof
Stassgraben
1 = Am Steinberg
2 = Dorfaue
3 = Zum Wiesengrund
Schönhagener Weg
Blankenseer Weg
Am Priedel
Am Schweinegrund
Ginsterweg
Kolonieweg
Wüste Wiese
Trebbiner Straße
Waldstraße
Breitenweg
Luckenwalder Str.
Alte Luckenwalder Str.
Chausseestraße
Kliestower Wiesenw.
Kliestower Dorfstr.
Am Finkenberg
Schwimmbad
246
750
321
338
345

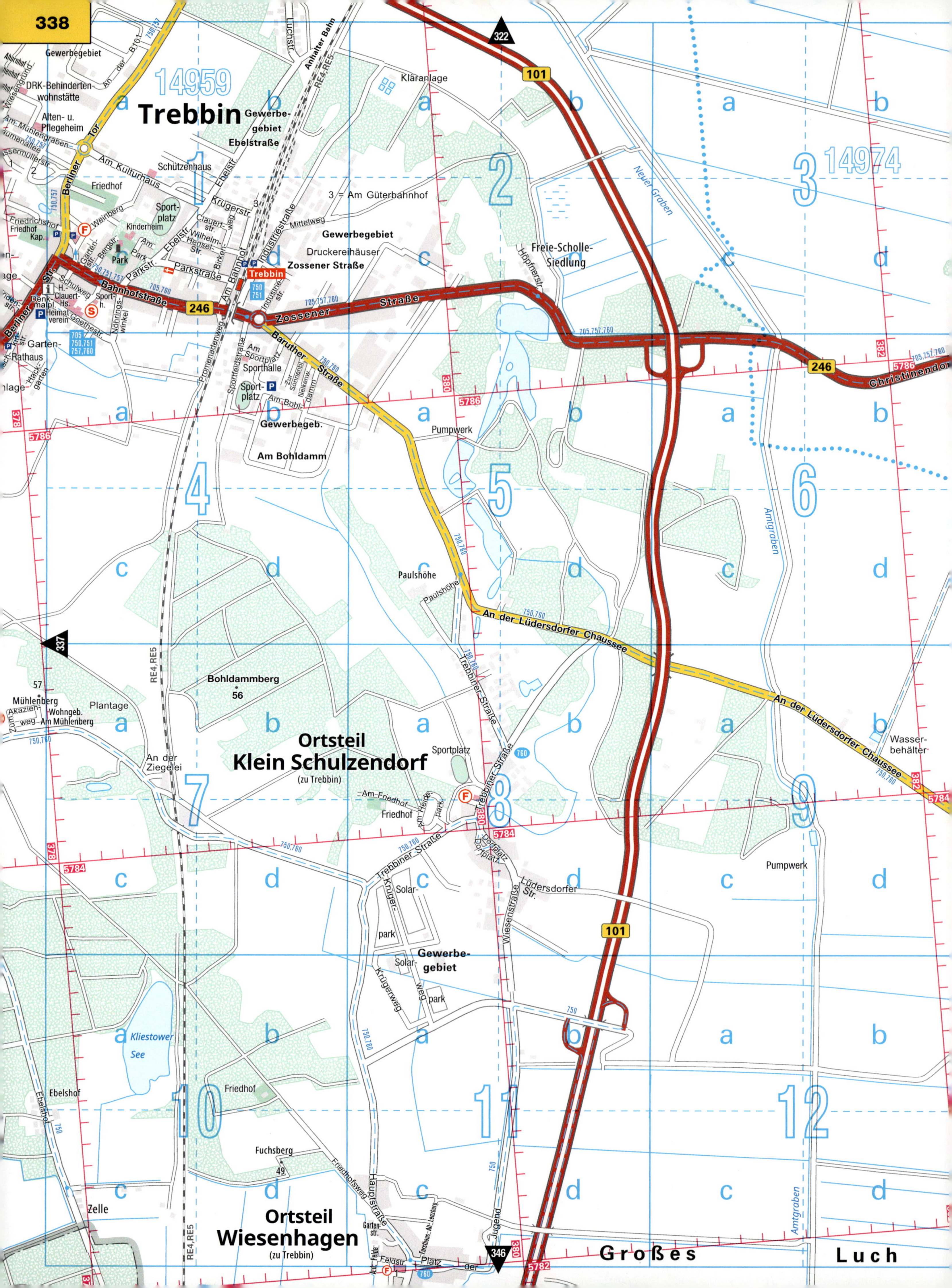

Trebbin
14959
14974
Ortsteil Klein Schulzendorf
(zu Trebbin)
Ortsteil Wiesenhagen
(zu Trebbin)
Gewerbegebiet
DRK-Behindertenwohnstätte
Alten- u. Pflegeheim
Gewerbegebiet Ebelstraße
Schützenhaus
Friedhof
Kläranlage
3 = Am Güterbahnhof
Gewerbegebiet
Druckereihäuser
Zossener Straße
Freie-Scholle-Siedlung
Neuer Graben
Berliner Tor
Am Kulturhaus
Krügerstr.
Mittelweg
Industriestraße
Bahnhofstraße
Zossener Straße
Baruther Straße
Parkstraße
Kinderheim
Park
Sportplatz
Sporthalle
Rathaus
Garten-
Heimatverein
Gewerbegeb.
Am Bohldamm
Pumpwerk
Paulshöhe
An der Lüdersdorfer Chaussee
Amtgraben
Christinendorf
Bohldammberg
56
57
Mühlenberg
Plantage
Wohngeb. Am Mühlenberg
An der Ziegelei
Sportplatz
Friedhof
Trebbiner Straße
Dorfplatz
Lüdersdorfer Str.
Wiesenstraße
Solarpark
Gewerbegebiet
Krügerweg
Wasserbehälter
Pumpwerk
Kliestower See
Ebelshof
Friedhof
Fuchsberg
49
Friedhofsweg
Hauptstraße
Zelle
Jugend
Großes Luch
101
246
322
337
346

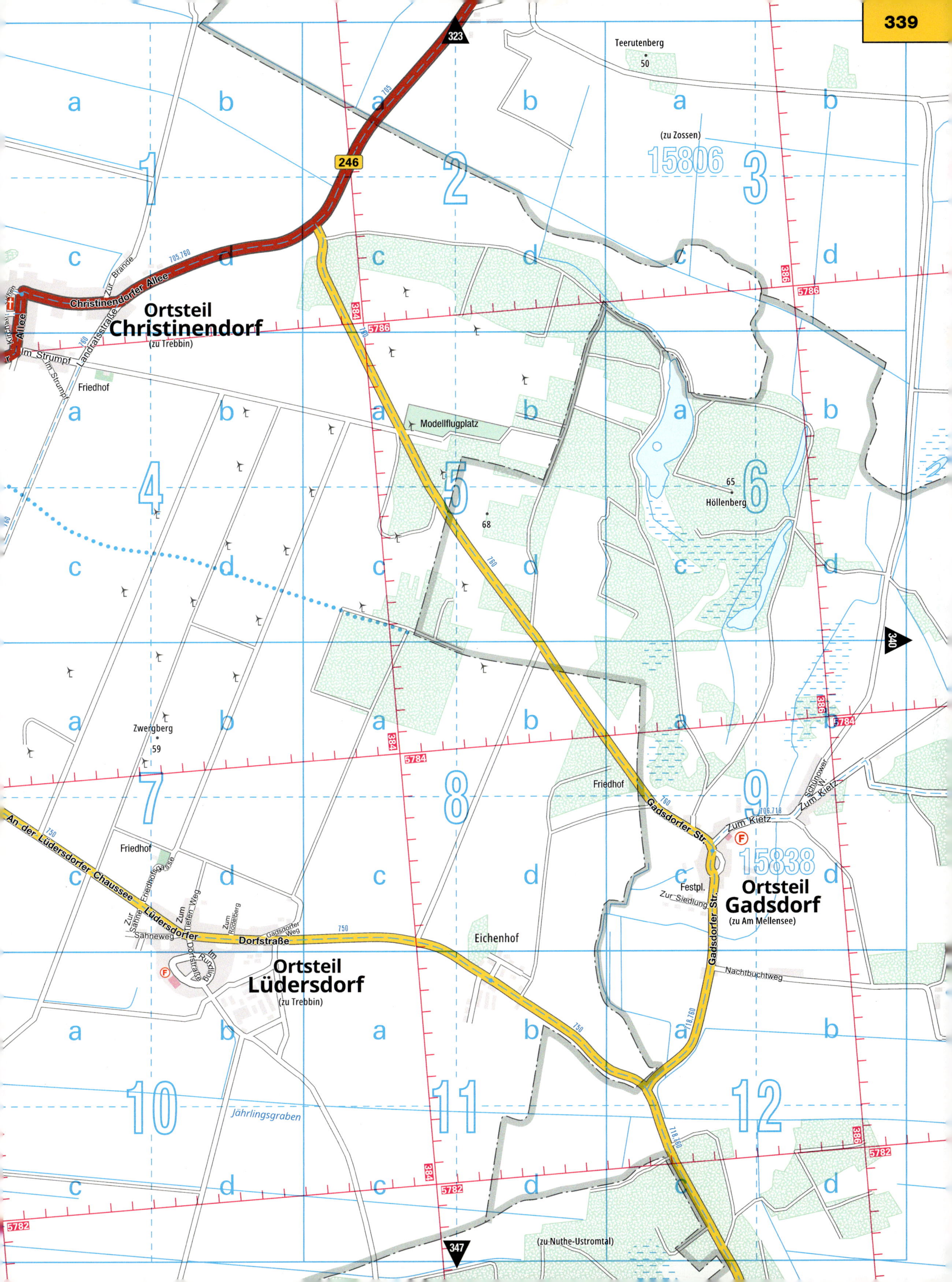
Teerutenberg
50
(zu Zossen)
15806
Ortsteil
Christinendorf
(zu Trebbin)
Christinendorfer Allee
Zur Brande
Landratsstraße
Im Strumpf
Friedhof
Modellflugplatz
Höllenberg
65
68
Zwergberg
59
Friedhof
An der Lüdersdorfer Chaussee
Friedhofsgasse
Lüdersdorfer
Dorfstraße
Gadsdorfer Weg
Sahneweg
Ortsteil
Lüdersdorf
(zu Trebbin)
Eichenhof
Friedhof
Gadsdorfer Str.
Zum Kietz
Schünower W.
15838
Festpl.
Zur Siedlung
Ortsteil
Gadsdorf
(zu Am Mellensee)
Nachtbuchtweg
Jährlingsgraben
(zu Nuthe-Urstromtal)
246
323
340
347

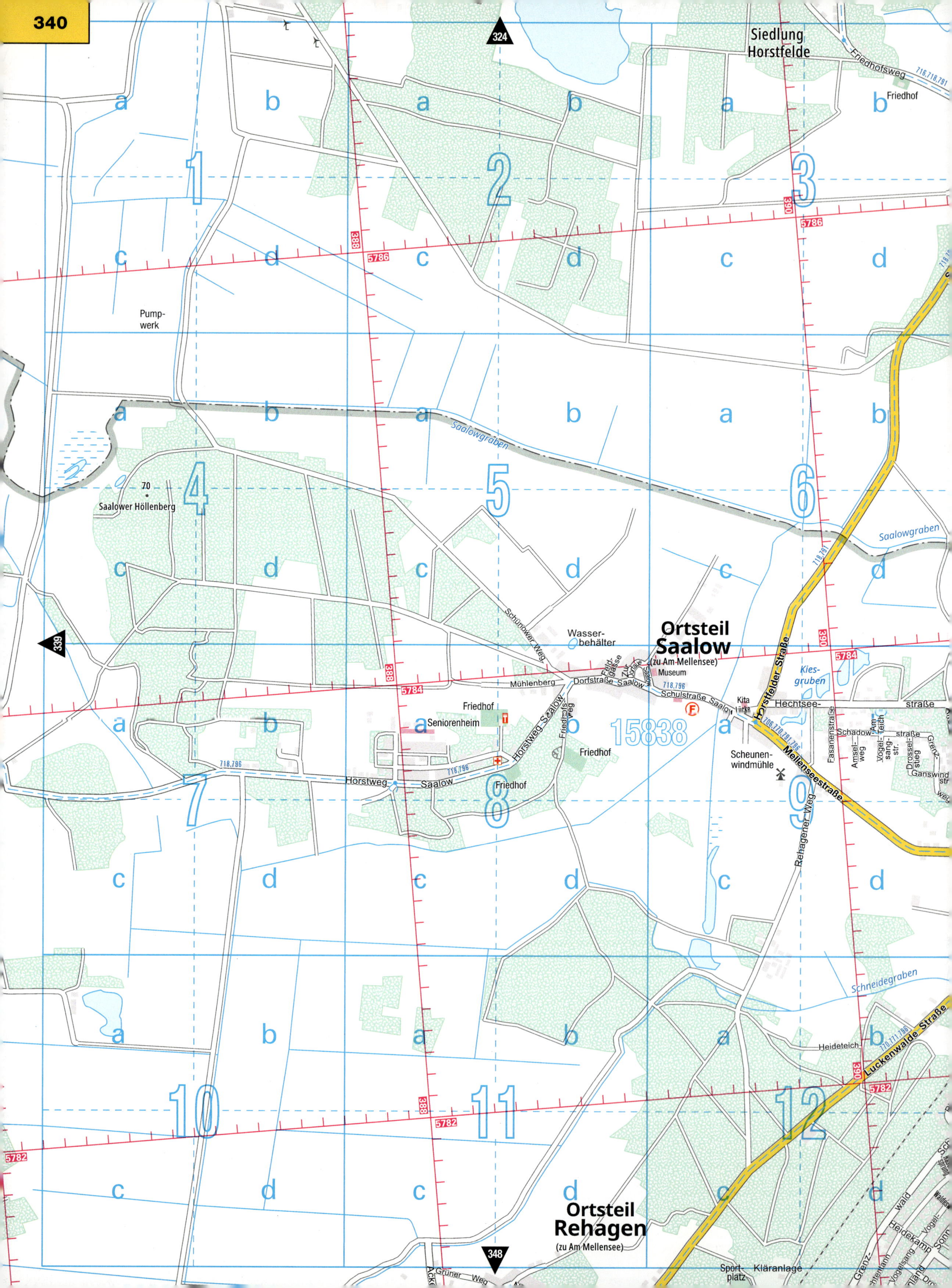
324
Siedlung Horstfelde
Friedhofsweg
Friedhof
Pump-werk
Saalowgraben
70
Saalower Höllenberg
Saalowgraben
339
Schünower Weg
Wasser-behälter
Ortsteil Saalow
(zu Am Mellensee)
Museum
Kiesgruben
Mühlenberg
Dorfstraße Saalow
Schulstraße Saalow
Kita
Horstfelder Straße
Hechtsee-straße
Friedhof
Seniorenheim
Horstweg Saalow
Friedhofsweg
15838
Friedhof
Scheunen-windmühle
Mellenseestraße
Schadowstraße
Fasanenstraße
Amselweg
Am Vogelteich
Vogelsangstr.
Drosselstieg
Grenz-
Ganswind
Horstweg
Saalow
Friedhof
Rehagener Weg
Schneidegraben
Heideteich
Luckenwalder Straße
Ortsteil Rehagen
(zu Am Mellensee)
348
Grüner Weg
Sport-platz
Kläranlage
Heidekamp
Vogelsang

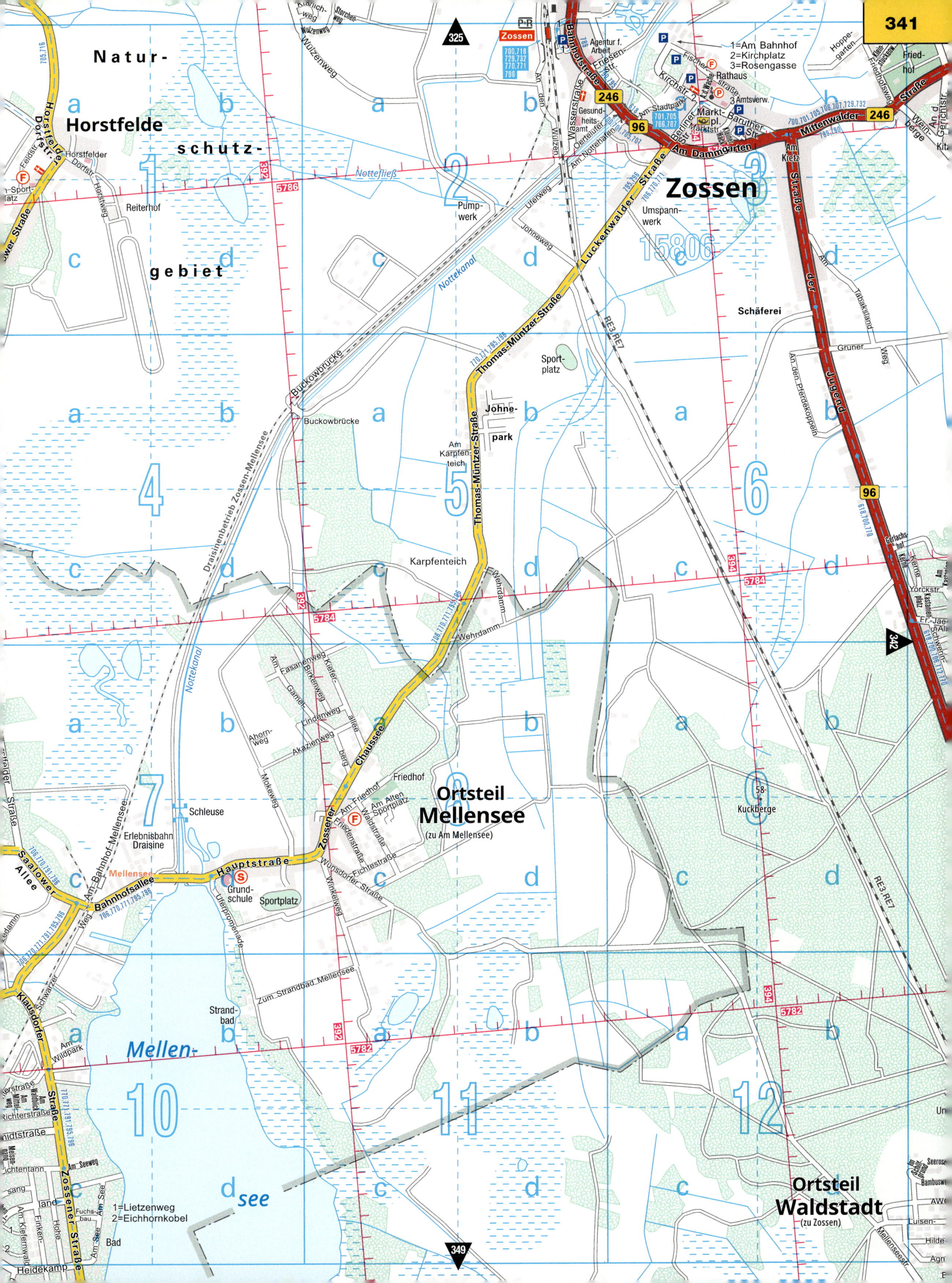

Natur-
schutz-
gebiet
Horstfelde
Zossen
15806
Ortsteil
Mellensee
(zu Am Mellensee)
Ortsteil
Waldstadt
(zu Zossen)
Mellen-
see
1=Am Bahnhof
2=Kirchplatz
3=Rosengasse
1=Lietzenweg
2=Eichhornkobel
Rathaus
Agentur f. Arbeit
Gesundheitsamt
Umspannwerk
Pumpwerk
Schäferei
Sportplatz
Johnepark
Am Karpfenteich
Karpfenteich
Buckowbrücke
Reiterhof
Nottefließ
Nottekanal
Draisinenbetrieb Zossen-Mellensee
Schleuse
Erlebnisbahn Draisine
Friedhof
Grundschule
Strandbad
Kuckberge
Bahnhofsallee
Hauptstraße
Zossener Chaussee
Thomas-Müntzer-Straße
Luckenwalder Straße
Am Dammgarten
Mittenwalder Straße
Straße der Jugend
Zossener Straße
Klausdorfer Straße
Saalower Allee
Zum Strandbad Mellensee
Uferpromenade
Wünsdorfer Straße
Winkelweg
Wehrdamm
Johneweg
Uferweg
Bahnhofstraße
Wasserstraße
Berliner Str.
Kirchstr.
Baruther Str.
Grüner Weg
Tabaksland
An den Pferdekoppeln
Mokeweg
Ahornweg
Akazienweg
Lindenweg
Birkenweg
Fasanenweg
Kiefernallee
Am Friedhof
Am Alten Sportplatz
Waldstraße
Friedenstraße
Fichtestraße
Horstweg
Horstfelder Dorfstr.
Am Wildpark
Heidekamp
RE3,RE7
246
96
325
342
349

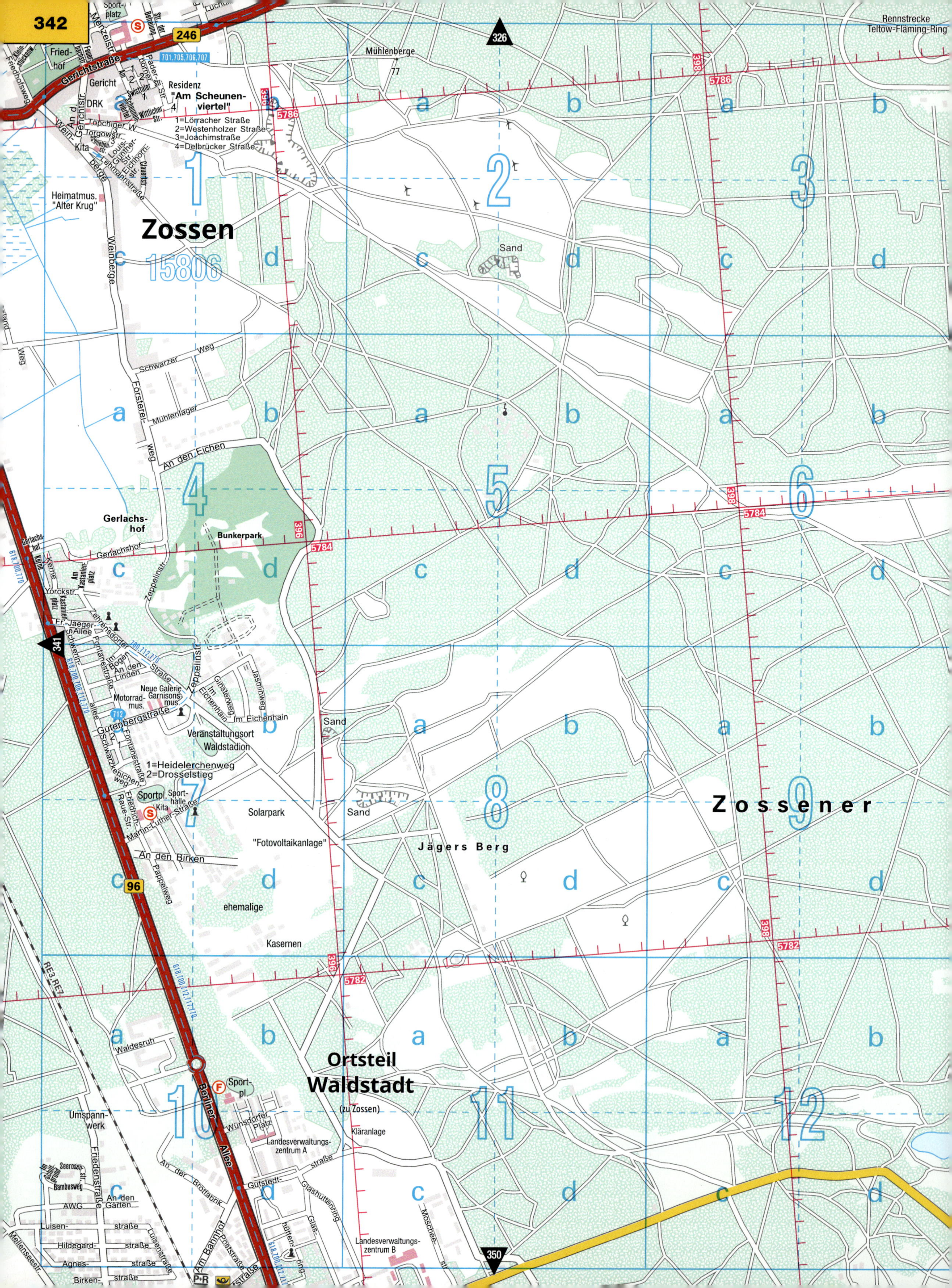
Zossen
15806
Residenz "Am Scheunen-viertel"
1=Lörracher Straße
2=Westenholzer Straße
3=Joachimstraße
4=Delbrücker Straße
Heimatmus. "Alter Krug"
Mühlenberge
Sand
Rennstrecke Teltow-Fläming-Ring
Gerichtstraße
Gericht
DRK
Kita
Weinberge
Schwarzer Weg
Mühlenlager
An den Eichen
Försterei-weg
Gerlachs-hof
Bunkerpark
Gerlachshof
Zeppelinstr.
Neue Galerie Garnisons-mus.
Motorrad-mus.
Gutenbergstraße
Veranstaltungsort Waldstadion
Im Eichenhain
Jasminweg
1=Heidelerchenweg
2=Drosselstieg
Sportpl.
Sport-halle
Martin-Luther-Straße
Solarpark
"Fotovoltaikanlage"
An den Birken
ehemalige
Kasernen
Sand
Jägers Berg
Zossener
Ortsteil
Waldstadt
(zu Zossen)
Kläranlage
Landesverwaltungs-zentrum A
Landesverwaltungs-zentrum B
Waldesruh
Umspann-werk
Friedenstraße
Berliner Allee
Wünsdorfer Platz
An der Brotfabrik
Glashüttenring
Am Bahnhof
Poststraße
An den Gärten
AWG
Luisen-straße
Hildegard-straße
Agnes-straße
Birken-straße
Mellensee
326
341
350
96
246

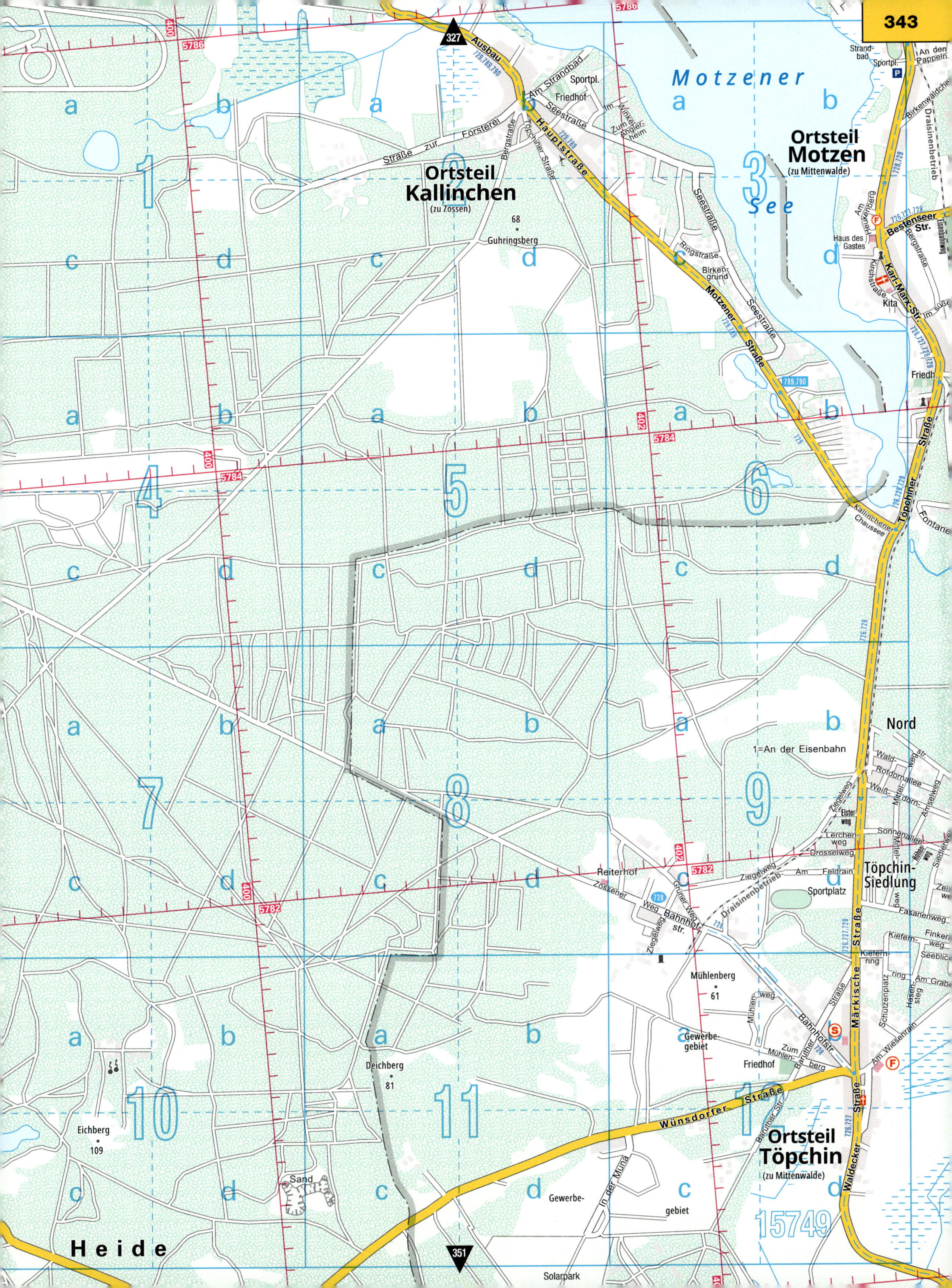
Motzener See
Ortsteil Kallinchen
(zu Zossen)
Ortsteil Motzen
(zu Mittenwalde)
Ortsteil Töpchin
(zu Mittenwalde)
Töpchin-Siedlung
Nord
Heide
Guhringsberg
Mühlenberg
Deichberg
Eichberg
Sand
Gewerbegebiet
Solarpark
Reiterhof
Sportplatz
Friedhof
Hauptstraße
Motzener Straße
Töpchiner Straße
Märkische Straße
Waldecker Straße
Wünsdorfer Straße
Kallinchener Chaussee
Bestenseer Str.
Karl-Marx-Str.
Seestraße
Bahnhofstr.
Straße zur Försterei
1=An der Eisenbahn
15749

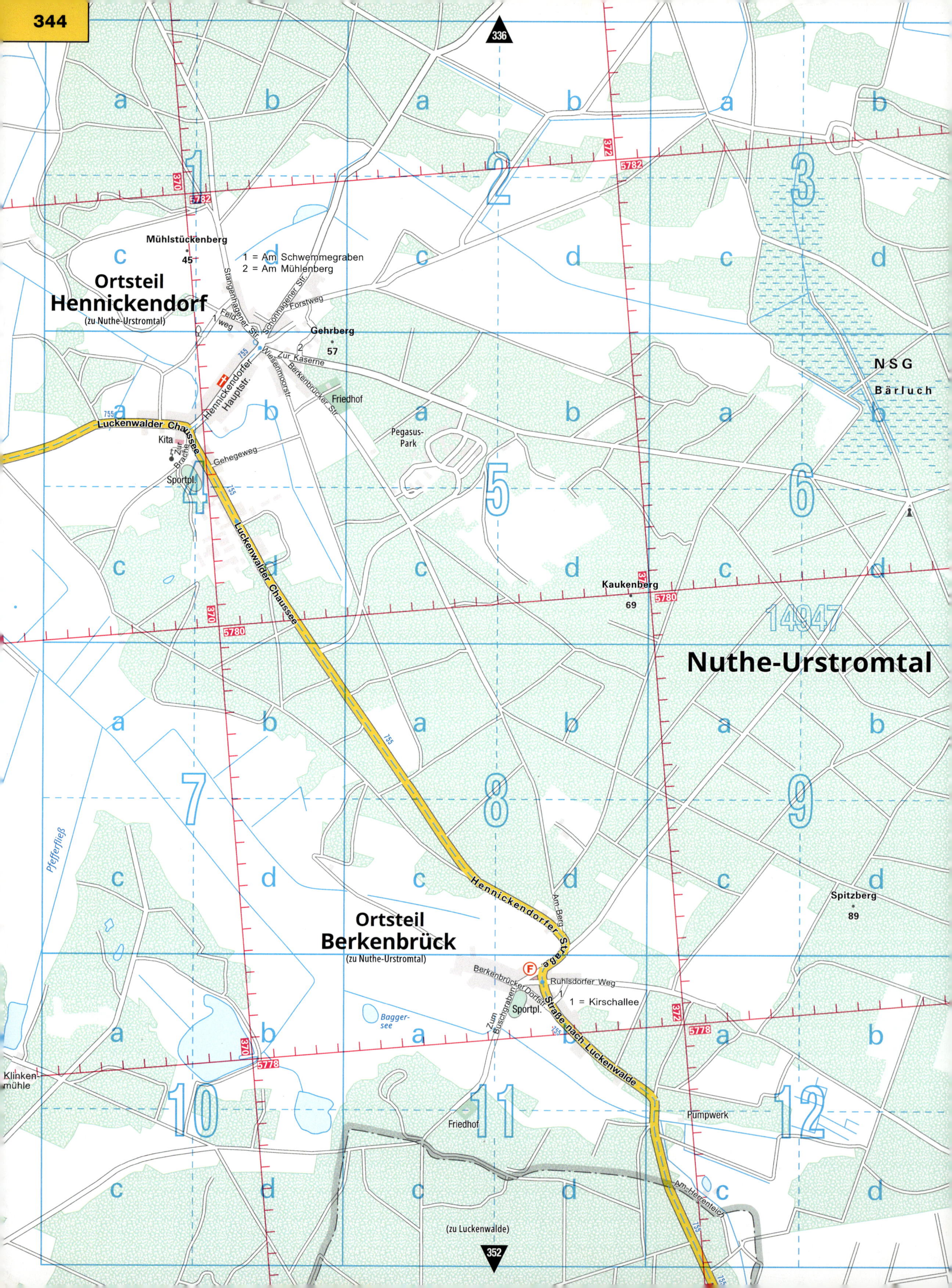

336
Mühlstückenberg
45
1 = Am Schwemmegraben
2 = Am Mühlenberg
Ortsteil
Hennickendorf
(zu Nuthe-Urstromtal)
Gehrberg
57
Friedhof
Pegasus-
Park
Kita
Sportpl.
Luckenwalder Chaussee
Hennickendorfer Hauptstr.
Gehegeweg
Zur Kaserne
Forstweg
NSG
Bärluch
Kaukenberg
69
14947
Nuthe-Urstromtal
Pfefferfließ
Ortsteil
Berkenbrück
(zu Nuthe-Urstromtal)
Hennickendorfer Straße
Spitzberg
89
Ruhlsdorfer Weg
1 = Kirschallee
Sportpl.
Bagger-
see
Straße nach Luckenwalde
Klinken-
mühle
Pumpwerk
Friedhof
Am Herrenteich
(zu Luckenwalde)
352

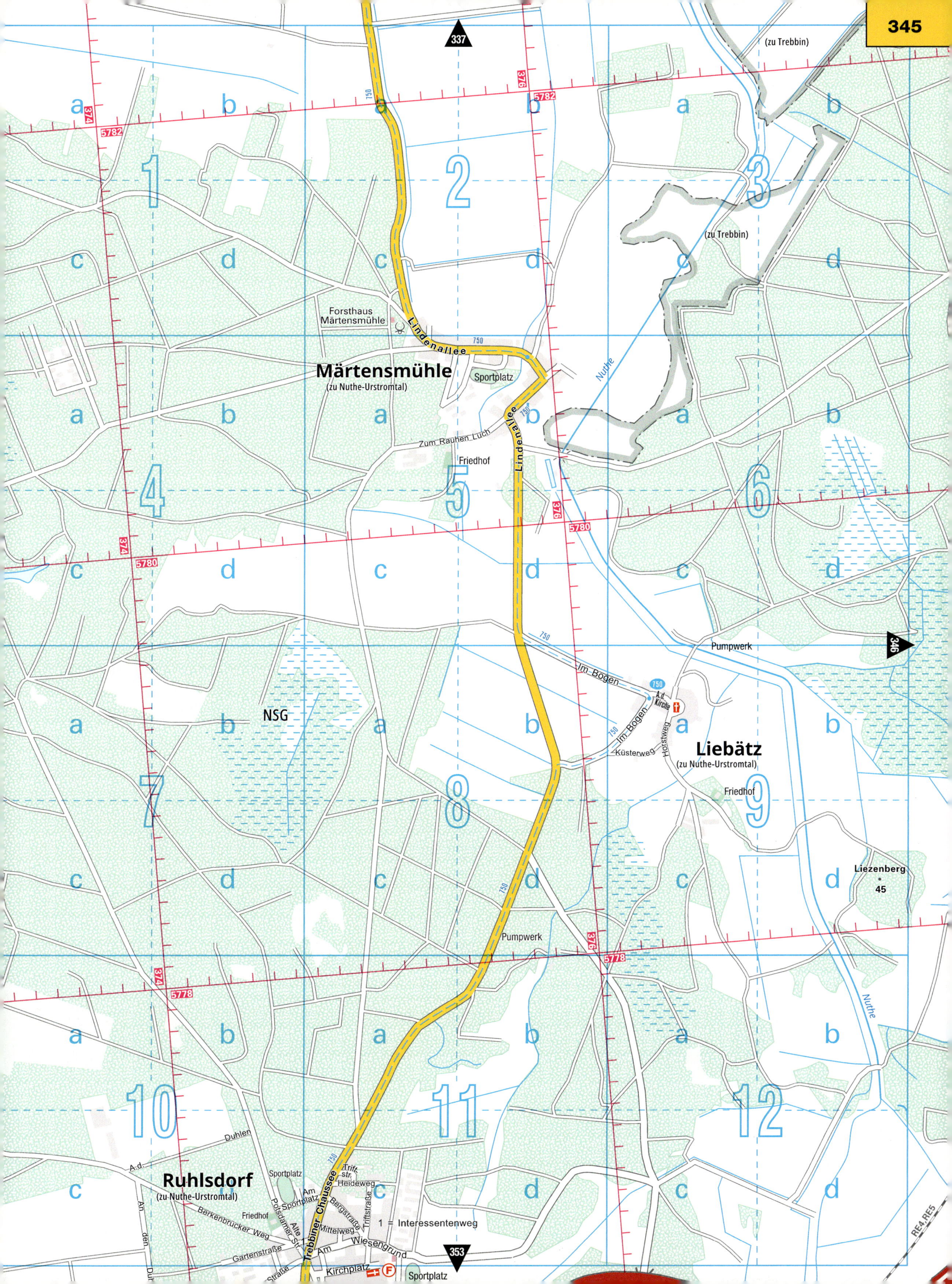

(zu Trebbin)
(zu Trebbin)
Forsthaus Märtensmühle
Lindenallee
Märtensmühle
(zu Nuthe-Urstromtal)
Sportplatz
Zum Rauhen Luch
Friedhof
Nuthe
Pumpwerk
Im Bogen
A.d. Kirche
Liebätz
(zu Nuthe-Urstromtal)
Küsterweg
Horstweg
Friedhof
NSG
Liezenberg
45
Pumpwerk
Nuthe
Ruhlsdorf
(zu Nuthe-Urstromtal)
Duhlen
A.d.
Sportplatz
Trebbiner Chaussee
Friedhof
Berkenbrücker Weg
Potsdamer Str.
Alte Str.
Gartenstraße
Triftstr.
Heideweg
Bergstraße
Triftstraße
Mittelweg
Wiesengrund
1 = Interessentenweg
Kirchplatz
Sportplatz
RE4,RE5
337
346
353

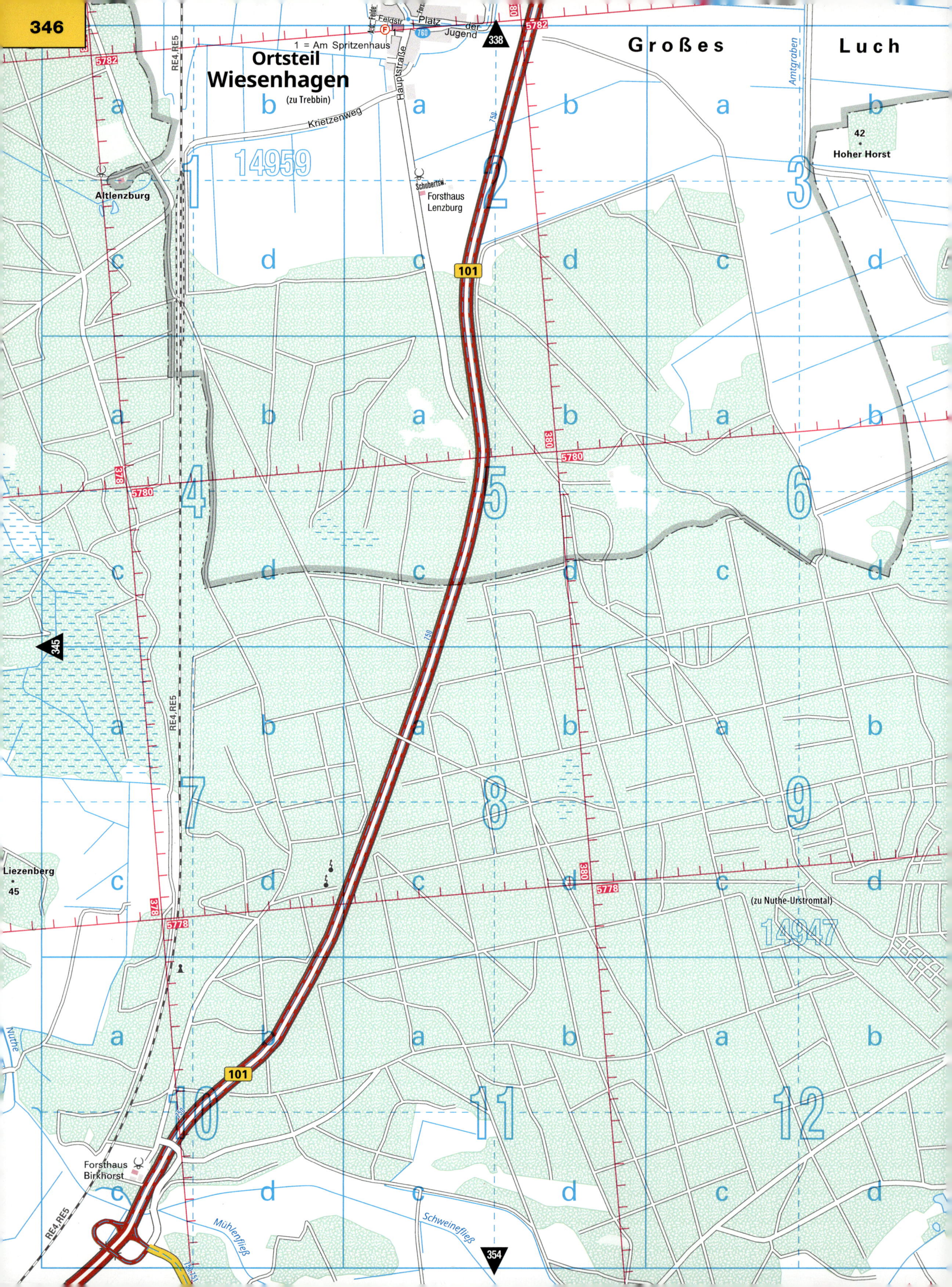

Ortsteil
Wiesenhagen
(zu Trebbin)
1 = Am Spritzenhaus
Großes
Luch
Krietzenweg
Hauptstraße
Platz der Jugend
Amtgraben
42
Hoher Horst
Altlenzburg
Forsthaus
Lenzburg
14959
14947
Liezenberg
45
(zu Nuthe-Urstromtal)
Forsthaus
Birkhorst
Nuthe
Mühlenfließ
Schweinefließ
101
338
345
354
5782
5780
5778
378
380
RE4,RE5

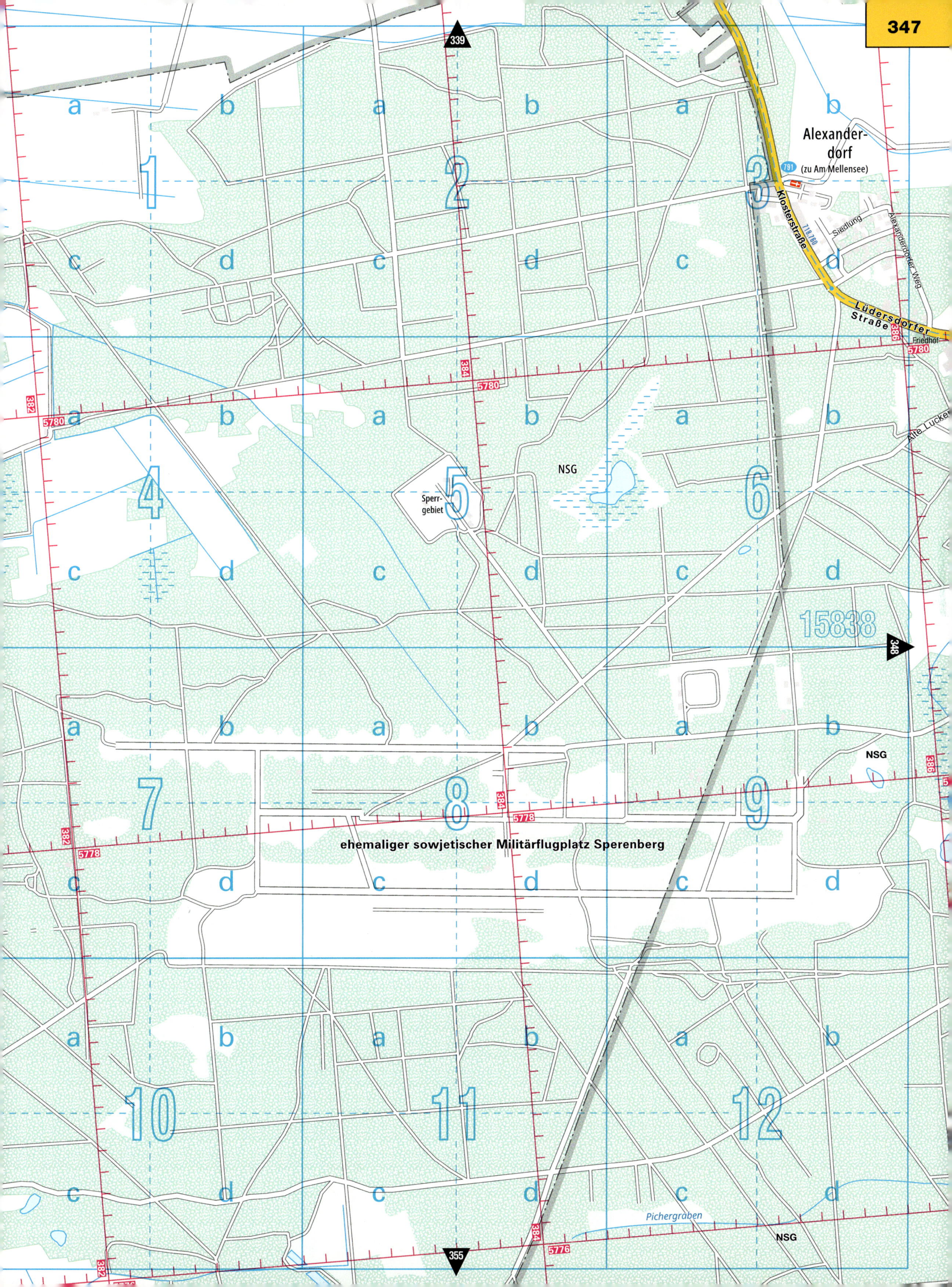

Alexander-
dorf
(zu Am Mellensee)
791
Klosterstraße
Siedlung
Alexanderdorfer Weg
Lüdersdorfer Straße
Friedhof
Alte Lucker
NSG
Sperr-
gebiet
15838
ehemaliger sowjetischer Militärflugplatz Sperenberg
Pichergraben
339
348
355

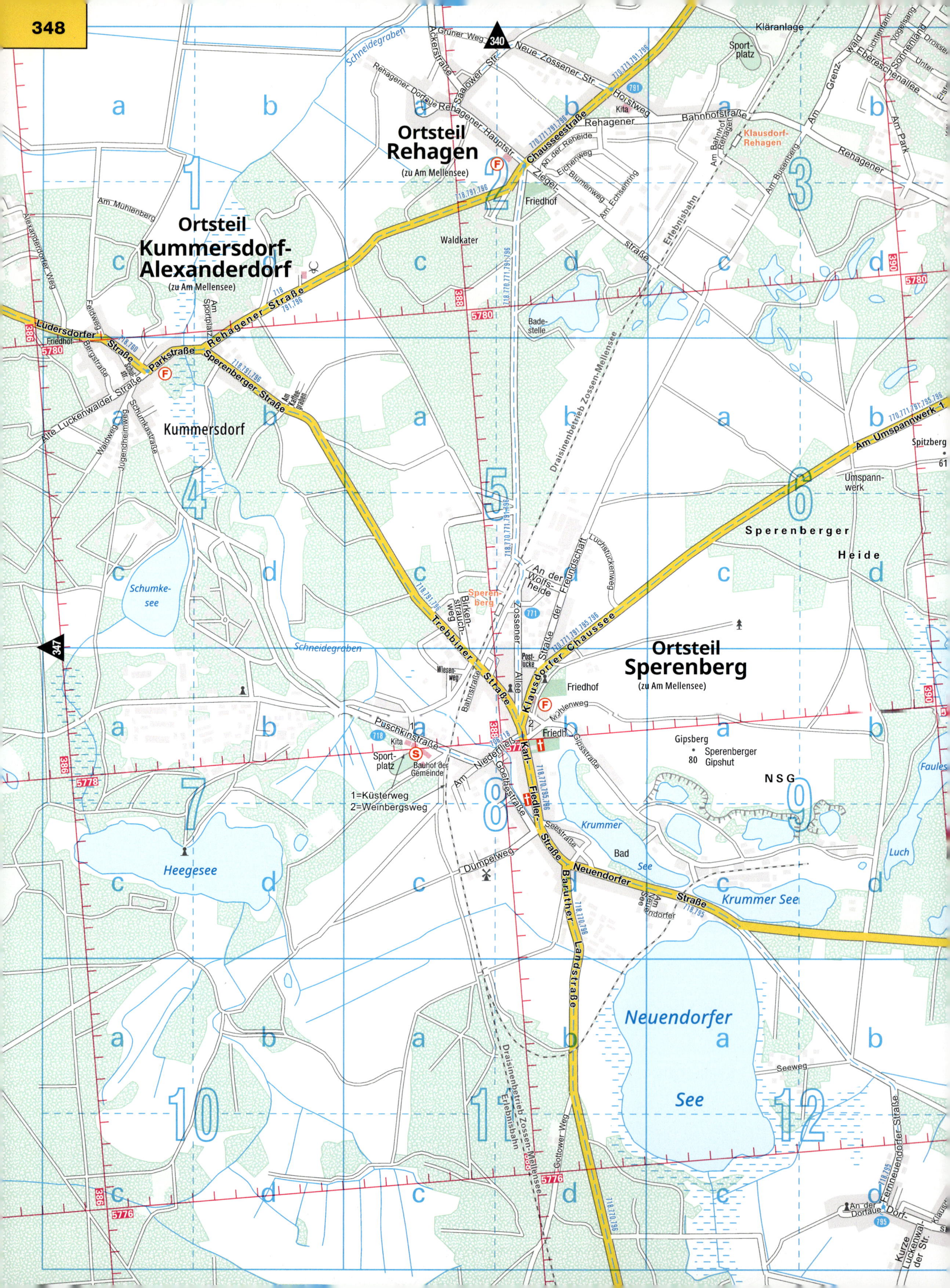

Ortsteil Rehagen
(zu Am Mellensee)
Ortsteil Kummersdorf-Alexanderdorf
(zu Am Mellensee)
Kummersdorf
Ortsteil Sperenberg
(zu Am Mellensee)
Sperenberg
Klausdorf-Rehagen
Sperenberger Heide
Schumkesee
Heegesee
Krummer See
Neuendorfer See
Schneidegraben
Kläranlage
Sportplatz
Friedhof
Waldkater
Badestelle
Umspannwerk
Spitzberg
61
Gipsberg
80
Sperenberger Gipshut
NSG
Bad
Luch
Faules
Kita
Bauhof der Gemeinde
1=Küsterweg
2=Weinbergsweg
Postlucke
Erlebnisbahn
Draisinenbetrieb Zossen-Mellensee
Rehagener Straße
Sperenberger Straße
Parkstraße
Ludersdorfer Straße
Chausseestraße
Trebbiner Straße
Klausdorfer Chaussee
Karl-Fiedler-Straße
Baruther Landstraße
Neuendorfer Straße
Am Umspannwerk
Zossener Allee
Straße der Freundschaft
Puschkinstraße
Neue Zossener Str.
Bahnhofstraße
Rehagener Hauptstr.
Am Mühlenberg
Alexanderdorfer Weg
Alte Luckenwalder Straße
Seeweg
Gottower Weg
Dümpelweg
Goethestraße
Am Niederfließ
Gipsstraße
Mühlenweg
Seestraße
Luchstückenweg
An der Wolfsheide
Birkenstrauchweg
Wiesenweg
Bahnstraße
Fernneuendorfer Straße
340
347

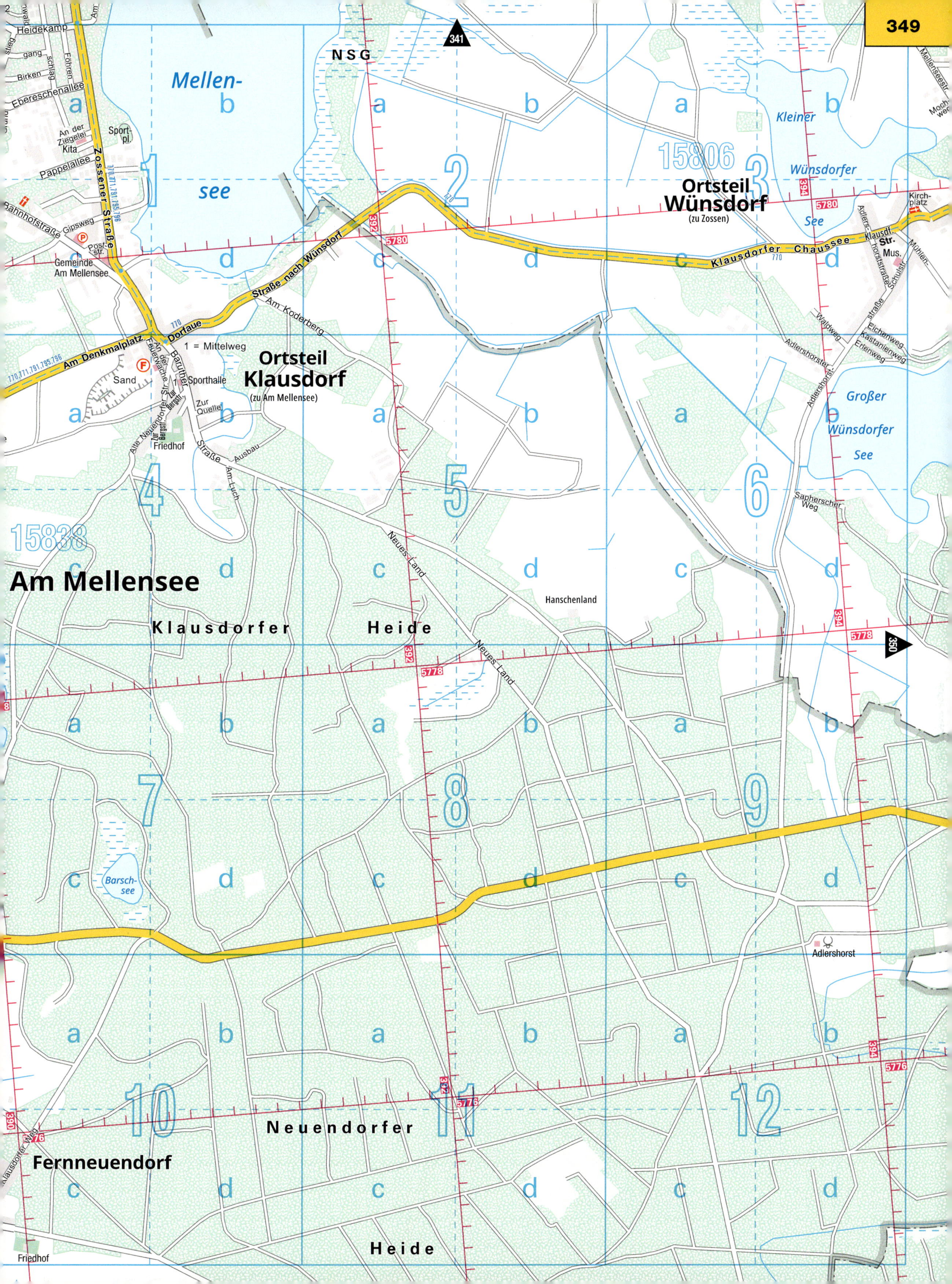

Mellen-
see
NSG
Kleiner
Wünsdorfer
See
15806
Ortsteil
Wünsdorf
(zu Zossen)
Klausdorfer Chaussee
Gemeinde
Am Mellensee
Straße nach Wünsdorf
Am Koderberg
Dorfaue
Am Denkmalplatz
1 = Mittelweg
Ortsteil
Klausdorf
(zu Am Mellensee)
Sand
Sporthalle
Friedhof
Großer
Wünsdorfer
See
Saphenscher Weg
15838
Am Mellensee
Neues Land
Hanschenland
Klausdorfer
Heide
Barsch-
see
Adlershorst
Neuendorfer
Fernneuendorf
Heide
Friedhof

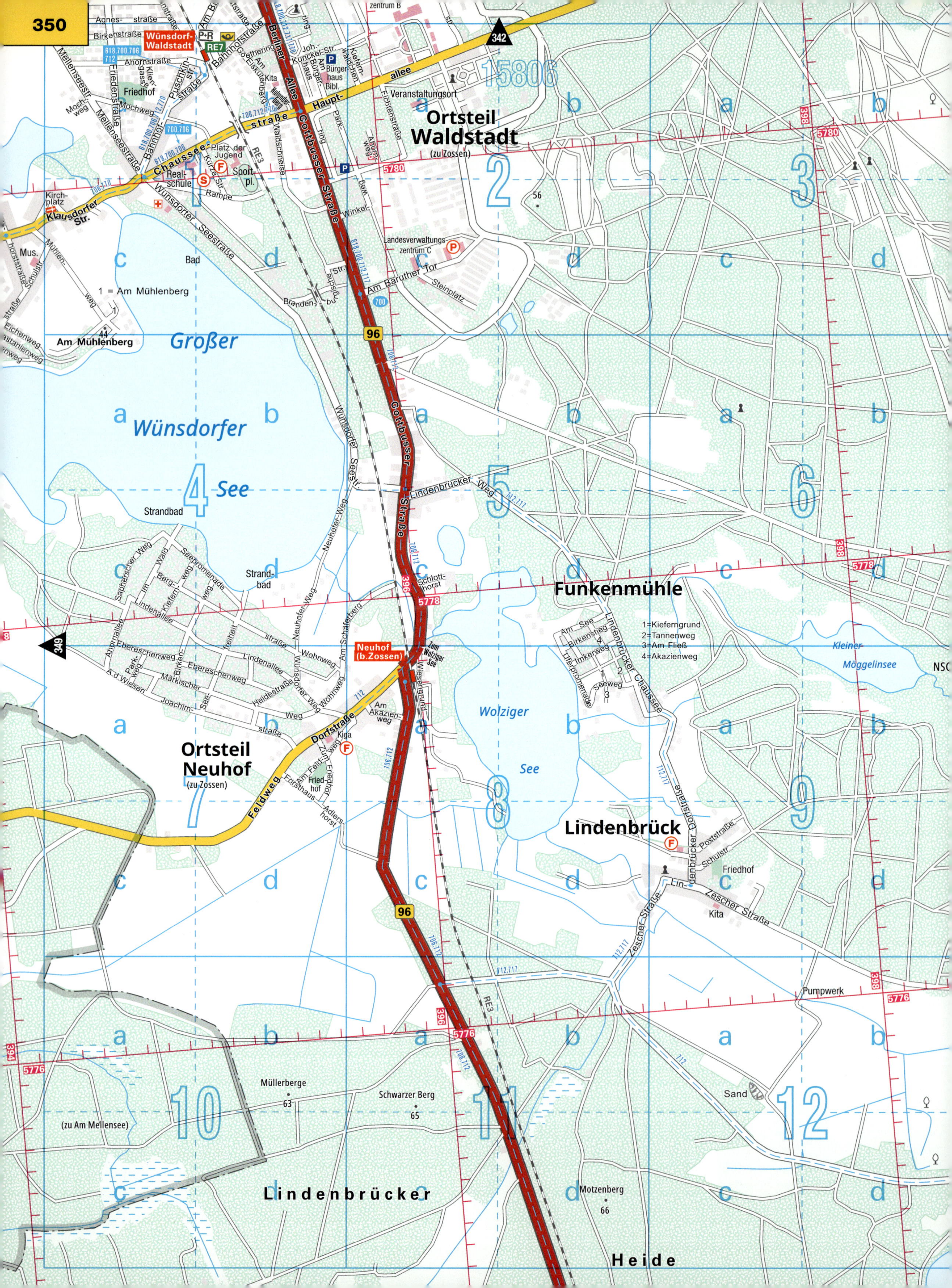

Ortsteil Waldstadt
(zu Zossen)
15806
Großer
Wünsdorfer
See
Funkenmühle
Wolziger
See
Ortsteil Neuhof
(zu Zossen)
Lindenbrück
Kleiner Möggelinsee
Wünsdorf-Waldstadt
Neuhof (b.Zossen)
Cottbusser Straße
Berliner Allee
Hauptallee
Chausseestraße
Klausdorfer Str.
Wünsdorfer Seestraße
Am Mühlenberg
1 = Am Mühlenberg
Strandbad
Lindenbrücker Weg
Lindenbrücker Chaussee
1=Kieferngrund
2=Tannenweg
3=Am Fließ
4=Akazienweg
Dorfstraße
Feldweg
Zescher Straße
Müllerberge
63
Schwarzer Berg
65
Motzenberg
66
(zu Am Mellensee)
Lindenbrücker
Heide
Pumpwerk
Sand
Friedhof
Kita
Landesverwaltungszentrum C
Am Baruther Tor
Veranstaltungsort
342
349
96
396
398
RE3
RE7
5780
5778
5776

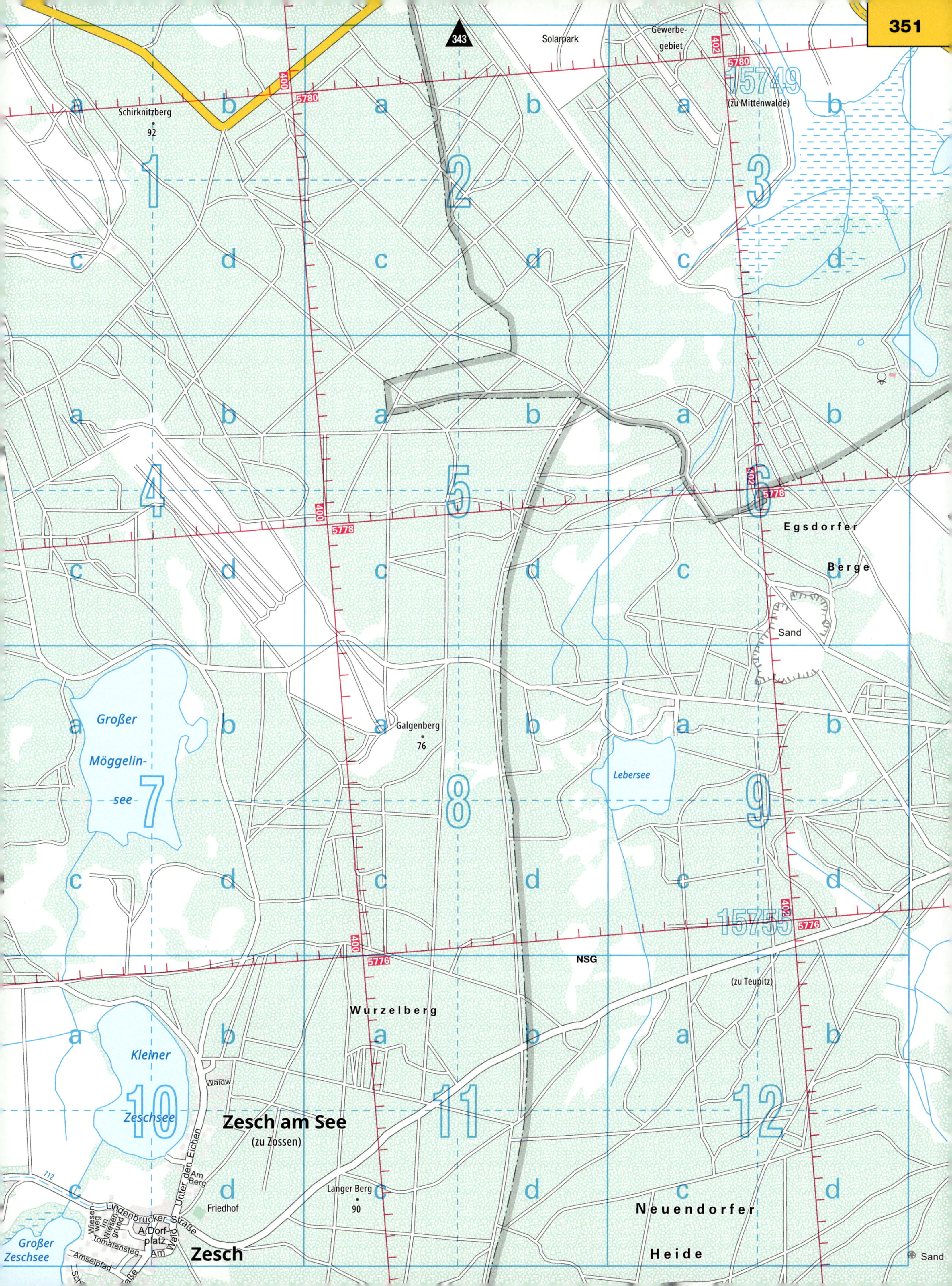
Solarpark
Gewerbe-
gebiet
15749
(zu Mittenwalde)
Schirknitzberg
92
Egsdorfer
Berge
Sand
Großer
Möggelin-
see
Galgenberg
76
Lebersee
NSG
15755
(zu Teupitz)
Wurzelberg
Kleiner
Zeschsee
Waldw.
Zesch am See
(zu Zossen)
Unter den Eichen
Am Berg
Friedhof
Langer Berg
90
Neuendorfer
Heide
Lindenbrucker Straße
A.Dorf-
platz
Tomatensteg
Am Wald
Amselpfad
Großer
Zeschsee
Zesch
Sand

344
(zu Nuthe-Urstromtal)
Ortsteil
Frankenfelde
(zu Luckenwalde)
Heldenberge
Friedhof
Dorfstraße
Frankenfelder Chaussee
Frankenhof
Berkenbrücker Chaussee
Brandweg
Sand
Kiefernstr.
Feigentreuer Str.
Mehlsdorfer
Kiesweg
Akazien-
Eichen-
Buchen-
Ahornallee
Birkenstr.
1=Ulmenweg
2=Erlenweg
3=Robinienweg
4=Kastanienweg
5=Buchsbaumweg
Eschen-weg
Hainbuchenweg
Gewerbegebiet
Frankenfelder
Chaussee
THW
Am Königsgraben
Zapfholzweg
Industriegebiet
Zapfholzweg
Biotechnologiepark
Biotechnologiepark
Louis-Pasteur-Straße
Am Frankenförder Weg
ehem.
Mülldeponi
Weinberge
Zum Stalag-Friedhof
Kriegsgräberstätte
Stalag
101
Bauhof
Grüner Weg
Lehmkuhlen-
An den Ziegeleien
A.d. Wildbahn
Ernst-Kloß-Stadion
(zu Nuthe-Urstromtal)
14947
14913
(zu Jüterbog)
358

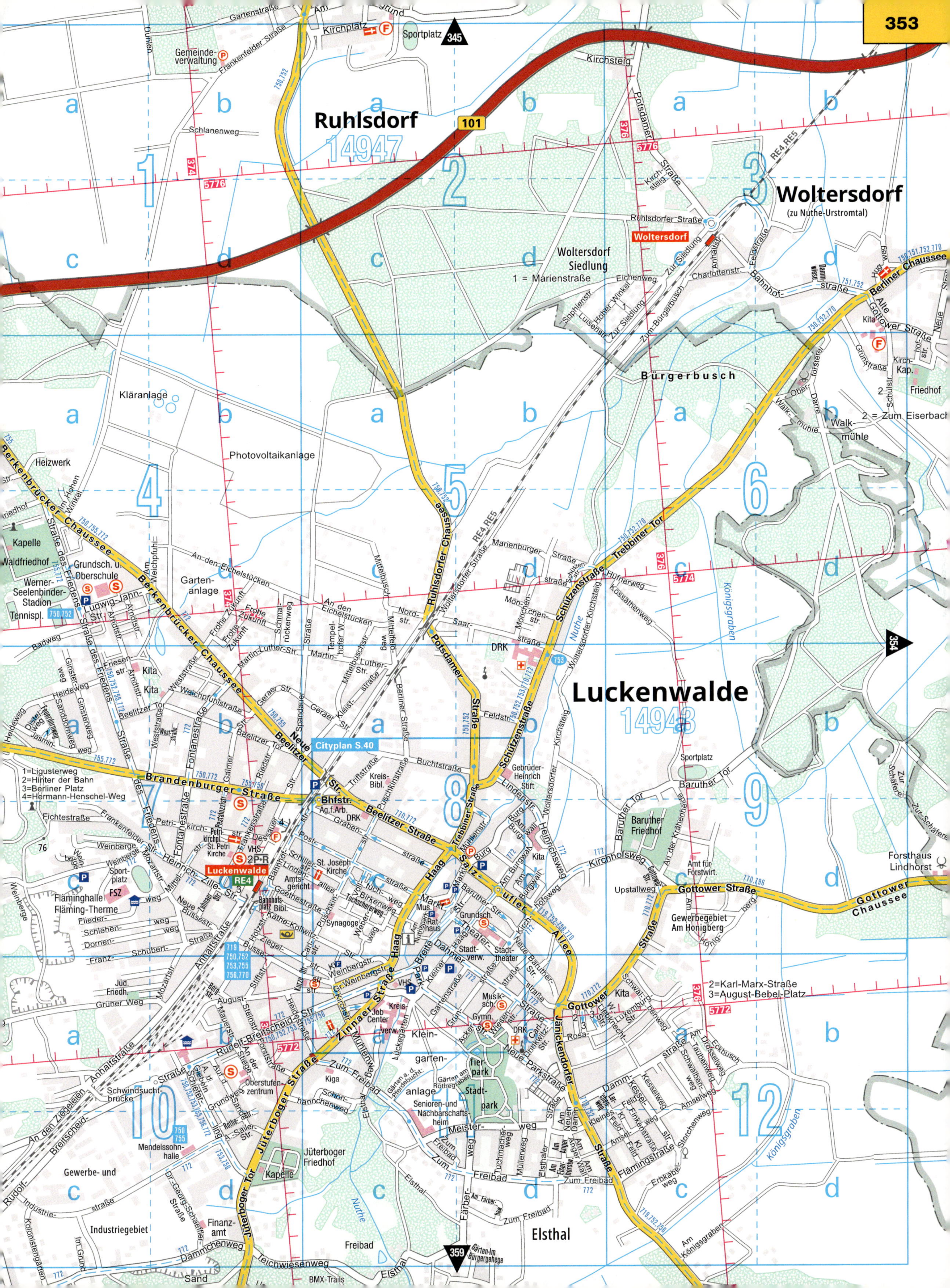
Ruhlsdorf
14947
Woltersdorf
(zu Nuthe-Urstromtal)
Woltersdorf Siedlung
1 = Marienstraße
Bürgerbusch
Luckenwalde
14943
Cityplan S.40
1=Ligusterweg
2=Hinter der Bahn
3=Berliner Platz
4=Hermann-Henschel-Weg
2=Karl-Marx-Straße
3=August-Bebel-Platz
2 = Zum Eiserbach
Berkenbrücker Chaussee
Brandenburger Straße
Beelitzer Straße
Ruhlsdorfer Chaussee
Potsdamer Straße
Schützenstraße
Trebbiner Tor
Berliner Chaussee
Gottower Straße
Gottower Chaussee
Jänickendorfer Straße
Zinnaer Straße
Jüterboger Straße
Jüterboger Tor
Rudolf-Breitscheid-Str.
Kläranlage
Photovoltaikanlage
Gewerbegebiet Am Honigberg
Gewerbe- und Industriegebiet
Forsthaus Lindhorst
Elsthal
Walkmühle
Friedhof
Baruther Friedhof
Jüterboger Friedhof
Werner-Seelenbinder-Stadion
Fläminghalle Fläming-Therme
Luckenwalde
Woltersdorf
101
345
354
359
5776
5774
5772

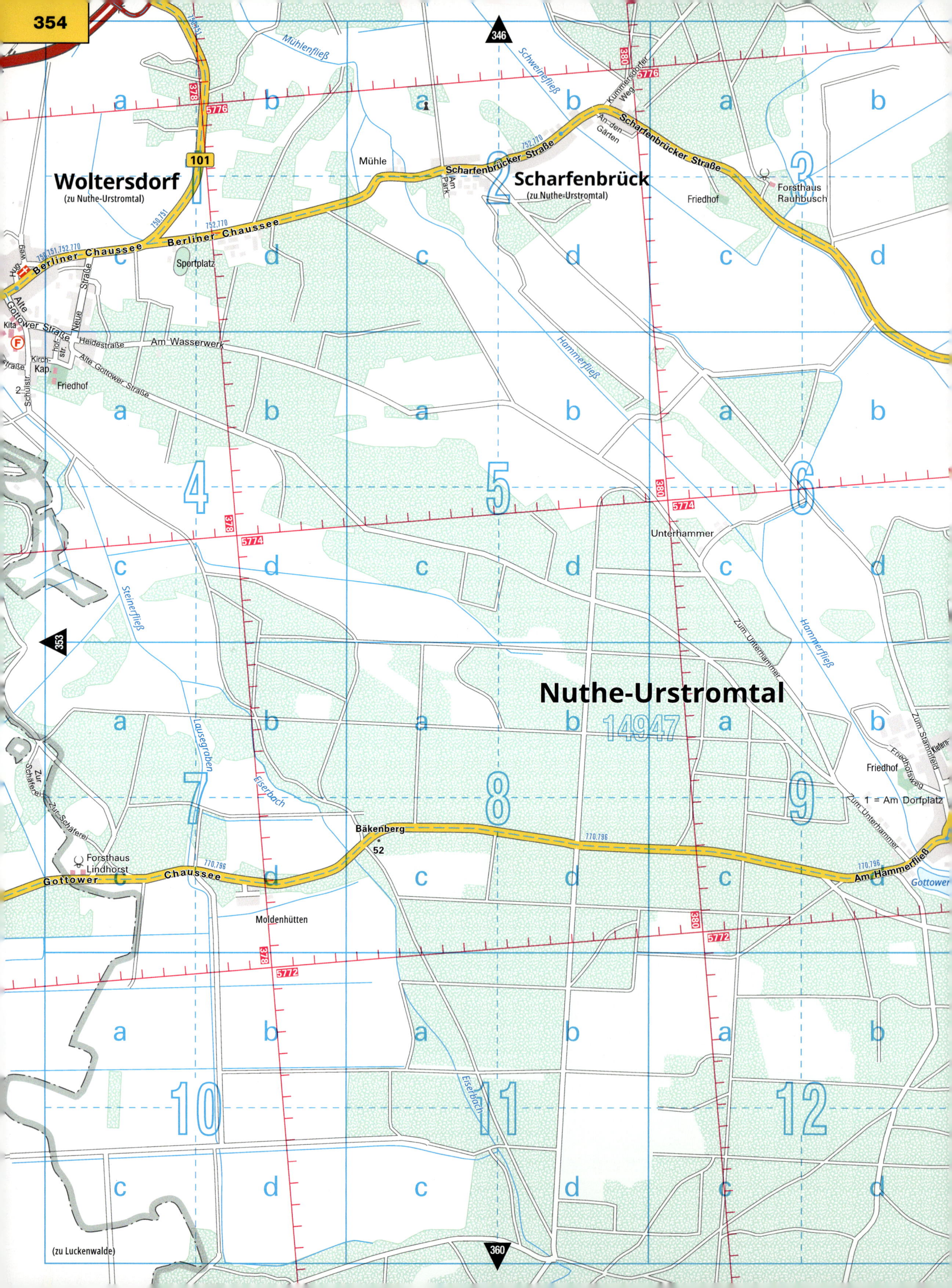
346
Mühlenfließ
Schweinefließ
Kummersdorfer Weg
An den Gärten
101
Mühle
Woltersdorf
(zu Nuthe-Urstromtal)
Scharfenbrücker Straße
Am Park
Scharfenbrück
(zu Nuthe-Urstromtal)
Friedhof
Forsthaus Rauhbusch
Berliner Chaussee
Sportplatz
Hugweg
Neue Straße
Alte Gottower Straße
Kita
Heidestraße
Am Wasserwerk
Kirchhofstr.
Kirch-Kap.
Friedhof
Schulstr.
Alte Gottower Straße
Hammerfließ
Unterhammer
Steinerfließ
353
Zum Unterhammer
Hammerfließ
Nuthe-Urstromtal
14947
Zum Stammfeld
Friedhof
Friedhofsweg
1 = Am Dorfplatz
Lausegraben
Eiserbach
Zur Schäferei
Zur Schäferei
Zum Unterhammer
Bäkenberg
52
Forsthaus Lindhorst
Gottower Chaussee
Moldenhütten
Am Hammerfließ
Gottower
Eiserbach
(zu Luckenwalde)
360

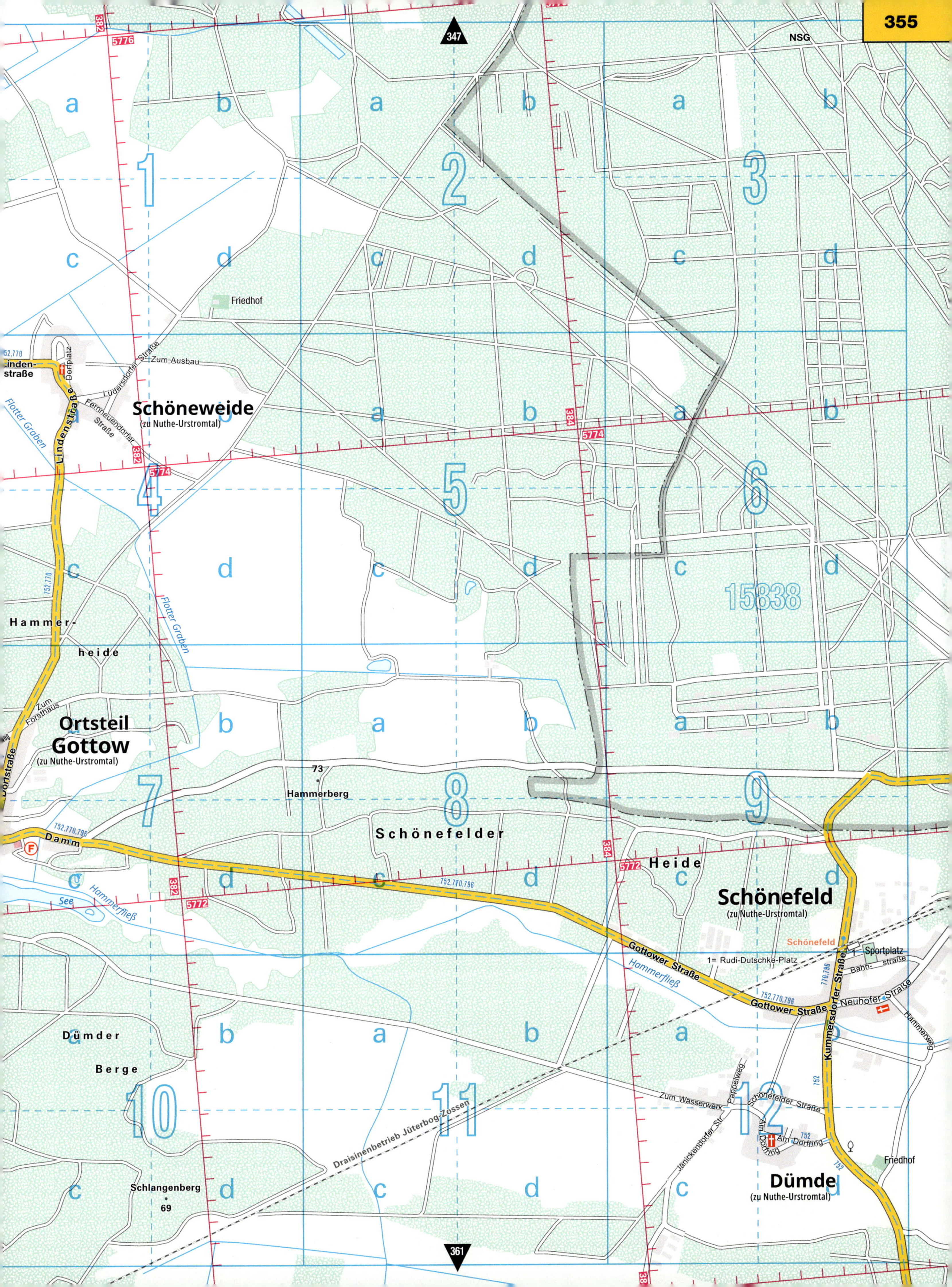
347
NSG
Friedhof
Zum Ausbau
Linden-
straße
Dorfplatz
Lüdersdorfer Straße
Fernneuendorfer Straße
Lindenstraße
Schöneweide
(zu Nuthe-Urstromtal)
Flotter Graben
5776
5774
5772
382
384
15838
Hammer-
heide
Zum Forsthaus
Ortsteil
Gottow
(zu Nuthe-Urstromtal)
Dorfstraße
73
Hammerberg
Schönefelder
Heide
Damm
752,770,796
See
Hammerfließ
Schönefeld
(zu Nuthe-Urstromtal)
Schönefeld
Sportplatz
Bahnstraße
1= Rudi-Dutschke-Platz
Gottower Straße
Neuhofer Straße
Kummersdorfer Straße
Hammerweg
Dümder
Berge
Schlangenberg
69
Draisinenbetrieb Jüterbog-Zossen
Zum Wasserwerk
Pappelweg
Schönefelder Straße
Am Dorfring
Janickendorfer Str.
Friedhof
Dümde
(zu Nuthe-Urstromtal)
361
1
2
3
4
5
6
7
8
9
10
11
12

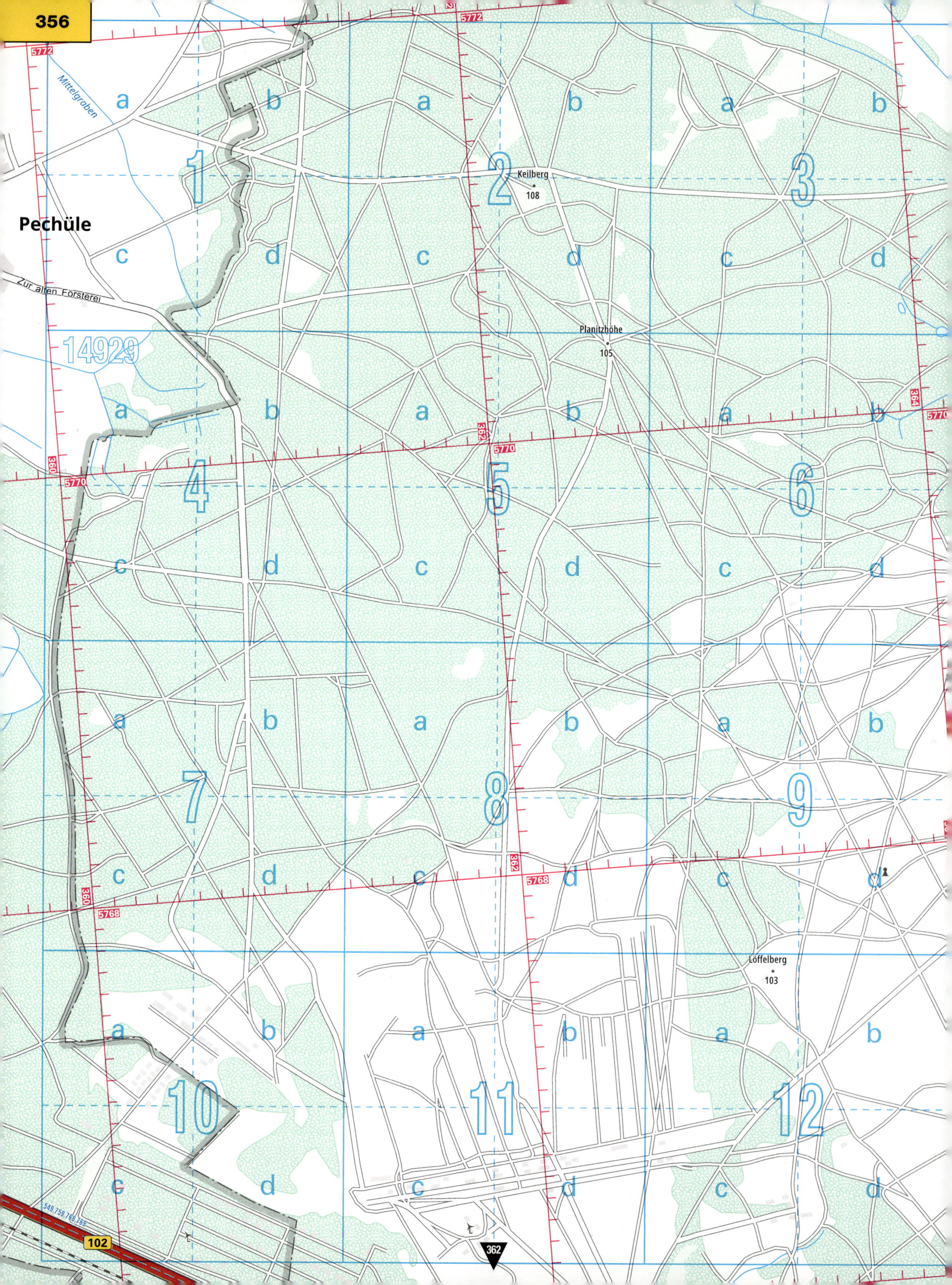

Pechüle
Mittelgraben
Zur alten Försterei
14929
Keilberg
108
Planitzhöhe
105
Löffelberg
103
5772
5770
5768
360
362
364
102
362

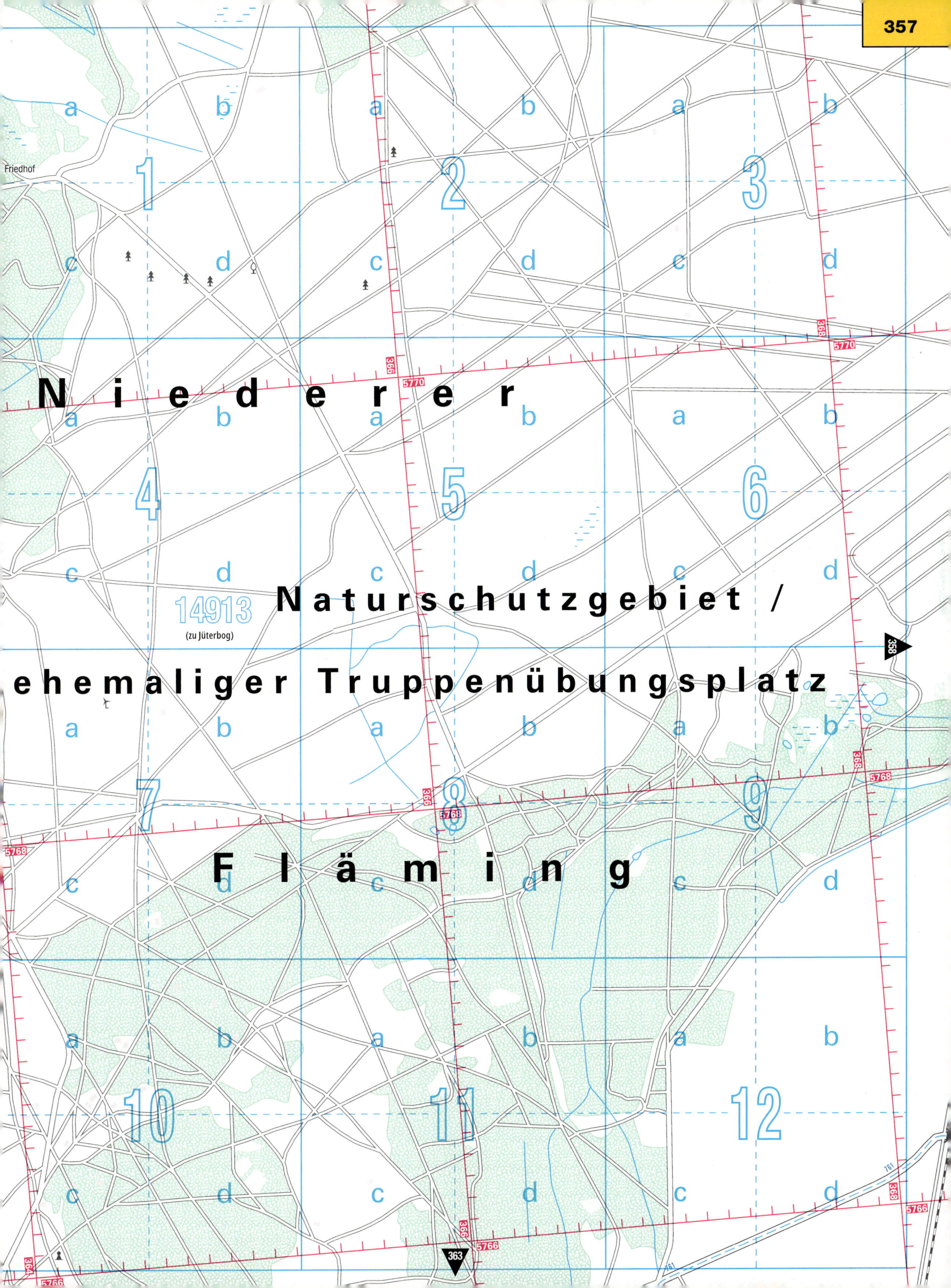

Friedhof
Niederer
Naturschutzgebiet /
ehemaliger Truppenübungsplatz
Fläming
14913
(zu Jüterbog)
358
363

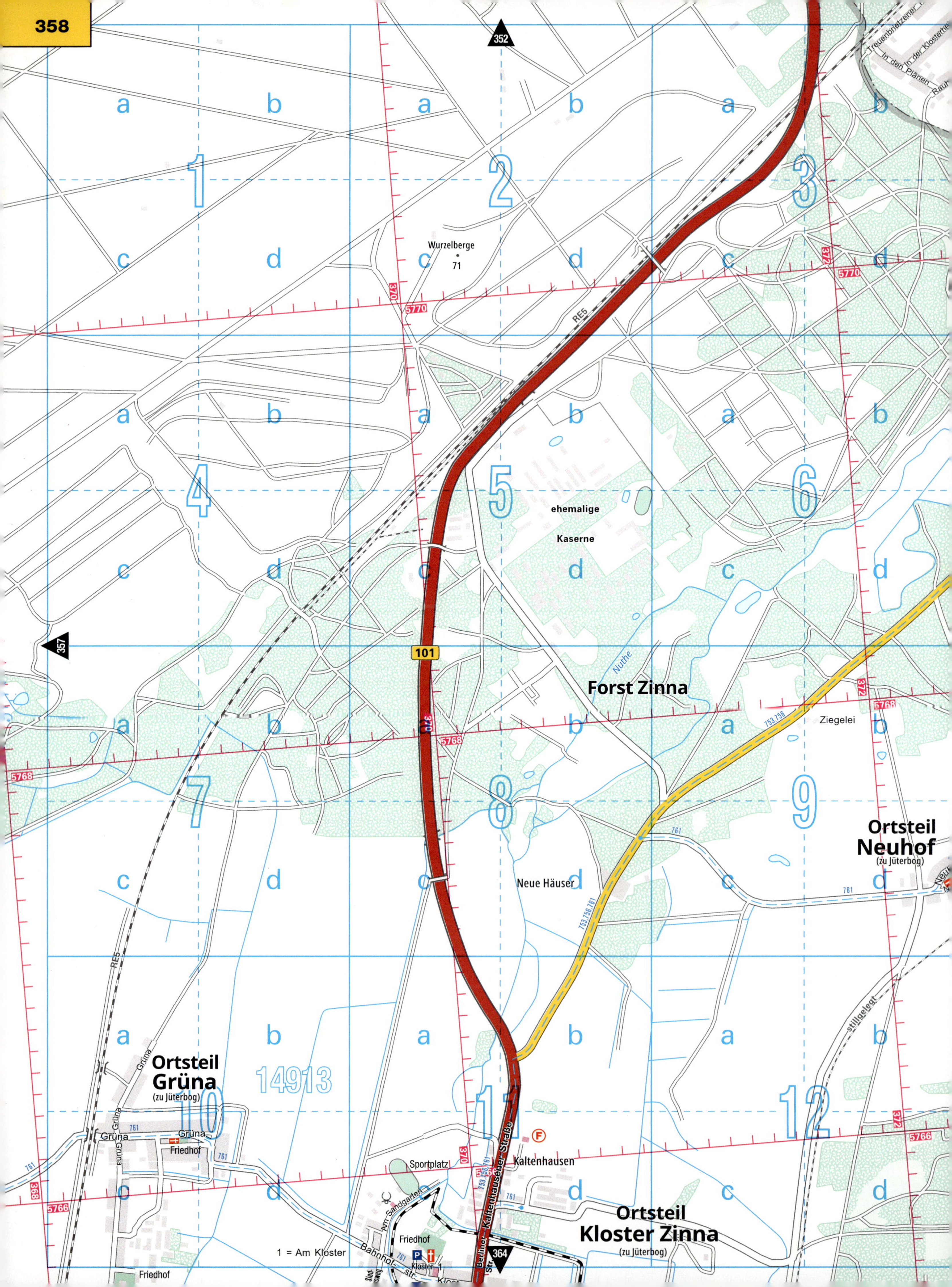
352
Wurzelberge
71
RE5
ehemalige
Kaserne
101
Nuthe
Forst Zinna
Ziegelei
Ortsteil
Neuhof
(zu Jüterbog)
Neue Häuser
761
stillgelegt
Ortsteil
Grüna
(zu Jüterbog)
14913
Grüna
Friedhof
Sportplatz
Kaltenhausen
Kaltenhausener Straße
Ortsteil
Kloster Zinna
(zu Jüterbog)
Am Sandgarten
Friedhof
1 = Am Kloster
Bahnhofstr.
Berliner Str.
Kloster
357
364
5770
5768
5766
370
372
368

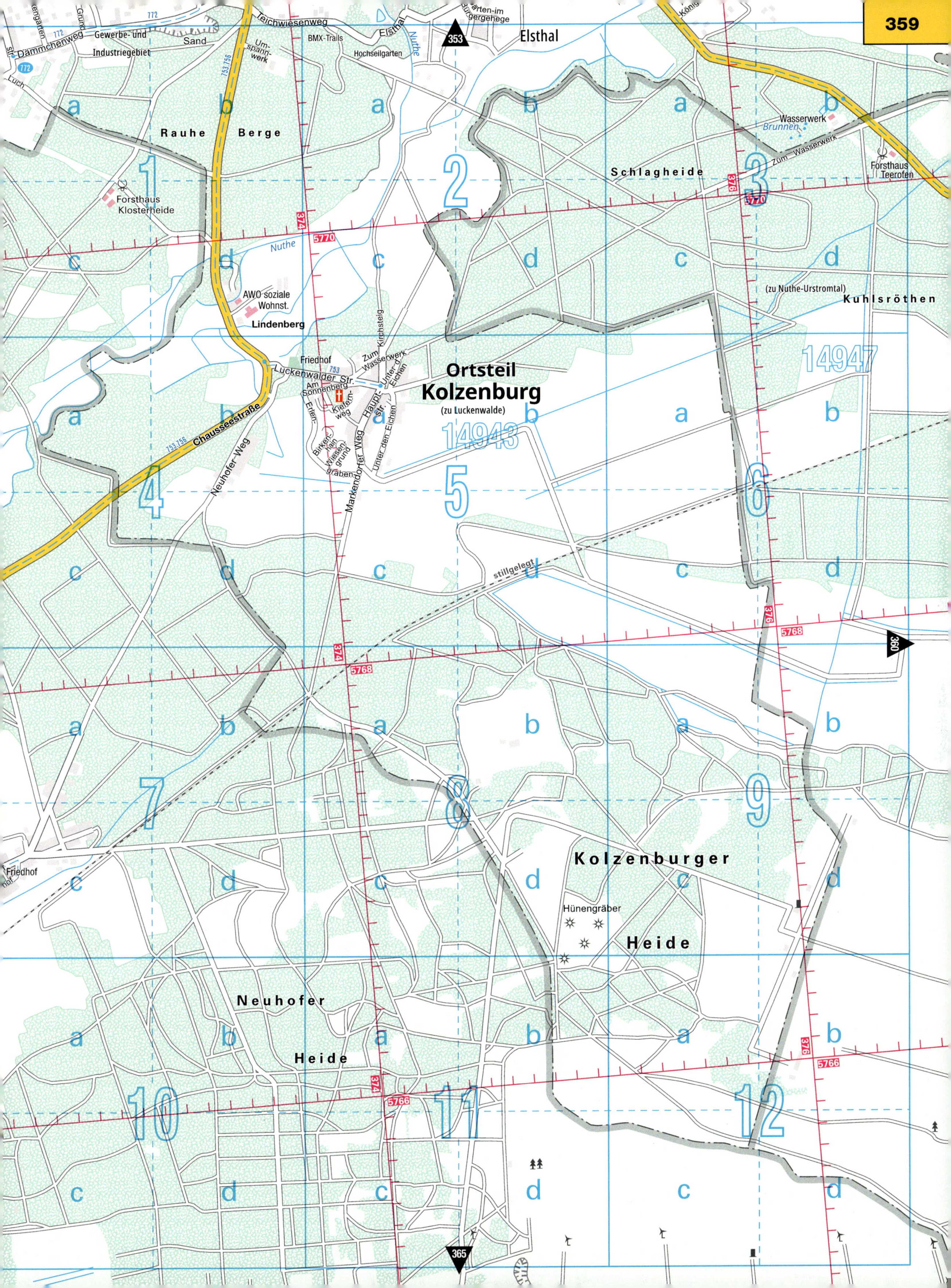

Elsthal
Rauhe Berge
Forsthaus Klosterheide
AWO soziale Wohnst.
Lindenberg
Schlagheide
Wasserwerk
Forsthaus Teerofen
Kuhlsröthen
(zu Nuthe-Urstromtal)
14947
Ortsteil Kolzenburg
(zu Luckenwalde)
14943
Chausseestraße
Luckenwalder Str.
Neuhofer Weg
Markendorfer Weg
Friedhof
Kolzenburger Heide
Hünengräber
Neuhofer Heide
stillgelegt
Teichwiesenweg
BMX-Trails
Hochseilgarten
Gewerbe- und Industriegebiet
Sand
Nuthe

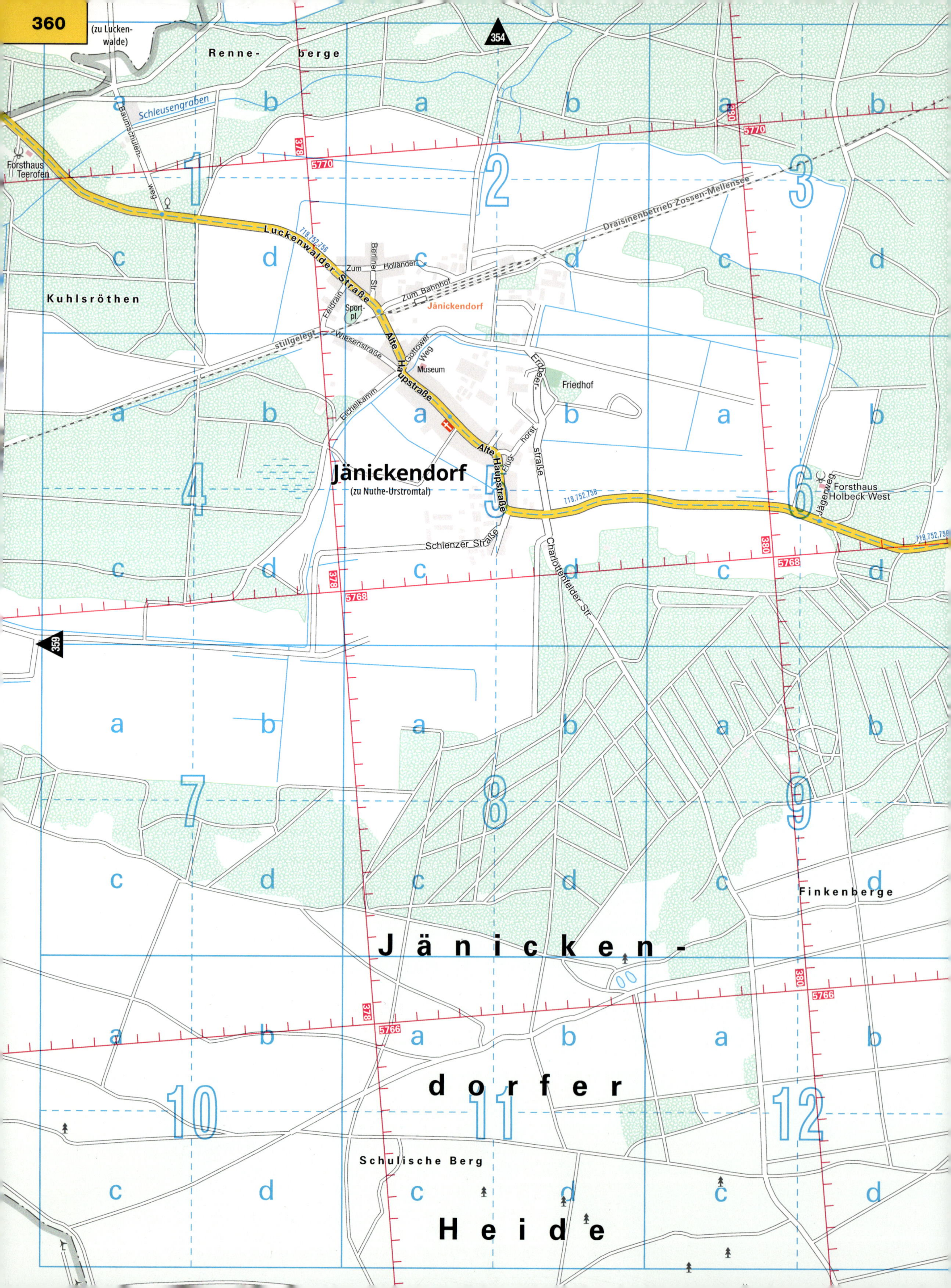
(zu Luckenwalde)
Renne- berge
354
Schleusengraben
Baumschulenweg
Forsthaus Teerofen
5770
378
380
Draisinenbetrieb Zossen-Mellensee
Luckenwalder Straße
719,752,756
Kuhlsröthen
Berliner Str.
Zum Holländer
Zum Bahnhof
Jänickendorf
Feldrain
Sport-pl.
stillgelegt
Wiesenstraße
Alte Hauptstraße
Gottower Weg
Museum
Erdbeerweg
Friedhof
Eichelkamm
Flughorststraße
Jänickendorf
(zu Nuthe-Urstromtal)
Forsthaus Holbeck West
Jägerweg
Schlenzer Straße
Charlottenfelder Str.
5768
359
Finkenberge
Jänicken-
dorfer
Heide
5766
Schulische Berg

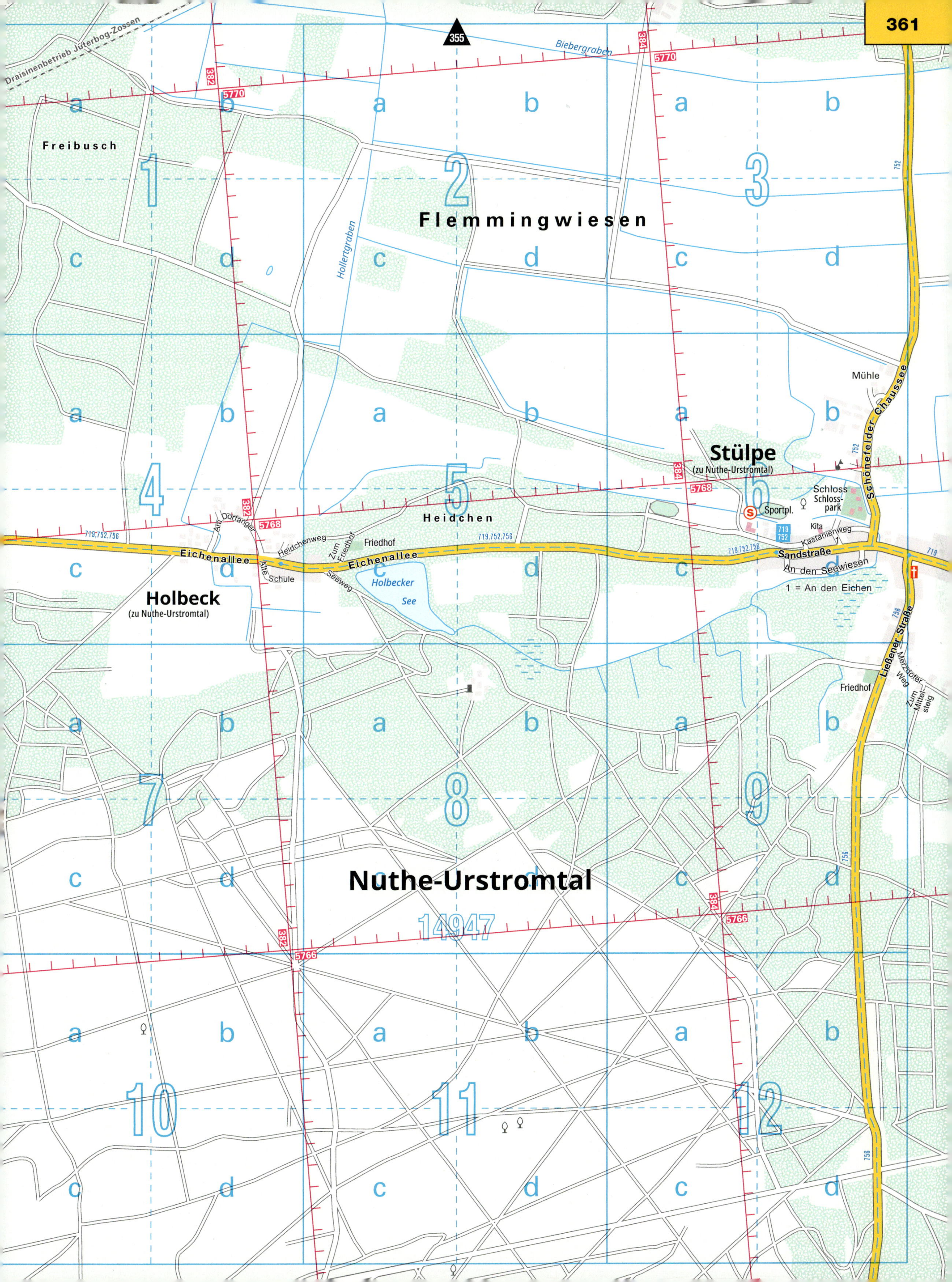

Draisinenbetrieb Jüterbog-Zossen
355
Biebergraben
Freibusch
Flemmingwiesen
Hollertgraben
Mühle
Schönefelder Chaussee
Stülpe
(zu Nuthe-Urstromtal)
Schloss
Schloss-
park
Sportpl.
Kita
Kastanienweg
Heidchen
Am Dorfanger
Heidchenweg
Zum Friedhof
Friedhof
Eichenallee
Sandstraße
An den Seewiesen
1 = An den Eichen
Alte Schule
Seeweg
Holbecker See
Holbeck
(zu Nuthe-Urstromtal)
Ließener Straße
Merzdorfer Weg
Zum Mittelsteig
Friedhof
Nuthe-Urstromtal
14947

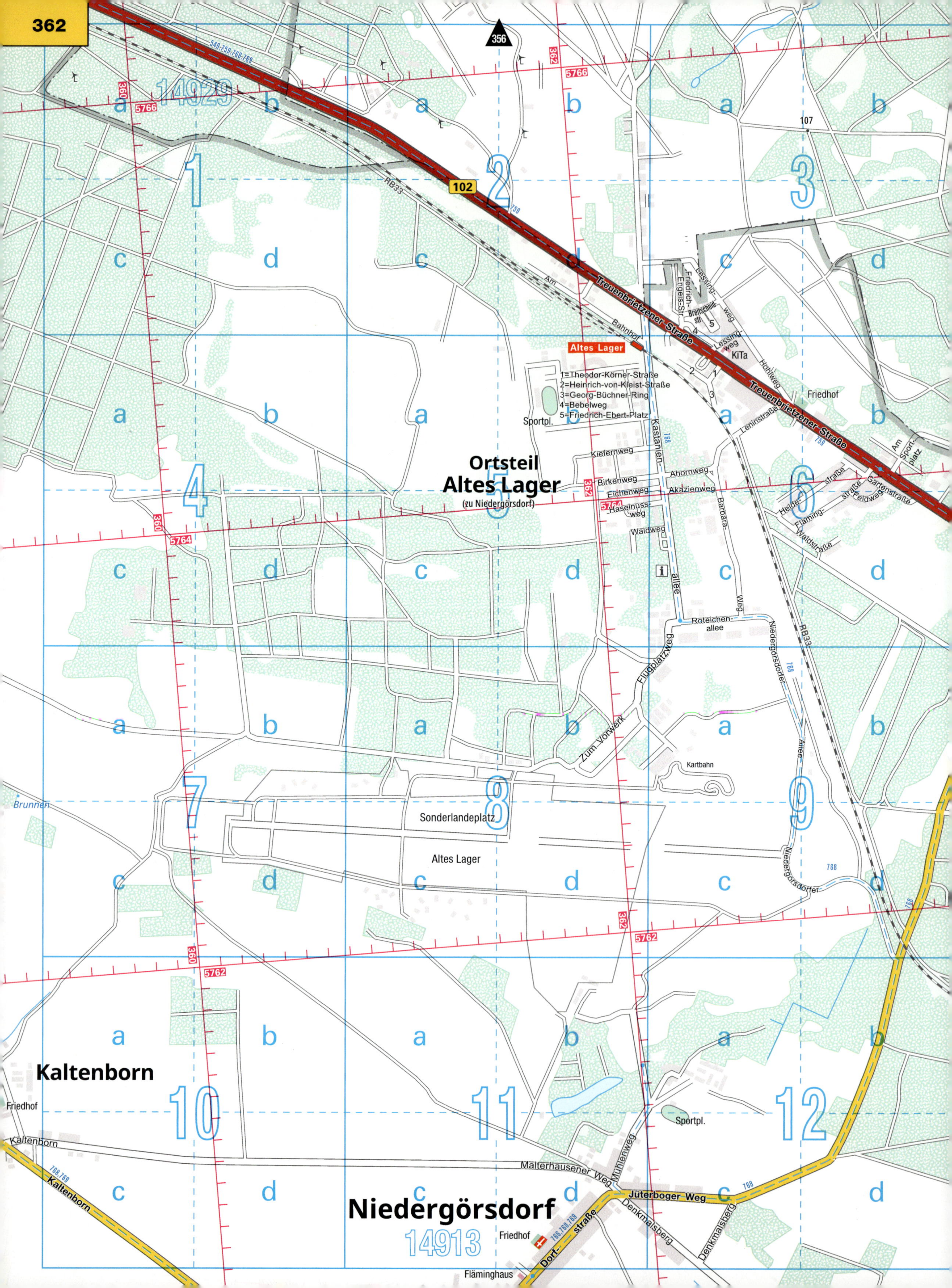

356
14929
102
RB33
Treuenbrietzener Straße
Altes Lager
1=Theodor-Körner-Straße
2=Heinrich-von-Kleist-Straße
3=Georg-Büchner-Ring
4=Bebelweg
5=Friedrich-Ebert-Platz
Sportpl.
Ortsteil
Altes Lager
(zu Niedergörsdorf)
Kiefernweg
Birkenweg
Eichenweg
Haselnussweg
Waldweg
Ahornweg
Akazienweg
Kastanienallee
Barbara-Weg
Roteichenallee
Lessingweg
KiTa
Hohlweg
Friedhof
Leninstraße
Am Sportplatz
Heidestraße
Flämingstraße
Feldweg
Gartenstraße
Waldstraße
Flugplatzweg
Zum Vorwerk
Kartbahn
Niedergörsdorfer Allee
Sonderlandeplatz
Altes Lager
Brunnen
Kaltenborn
Friedhof
Malterhausener Weg
Mühlenweg
Jüterboger Weg
Denkmalsberg
Sportpl.
Niedergörsdorf
14913
Friedhof
Dorfstraße
Fläminghaus

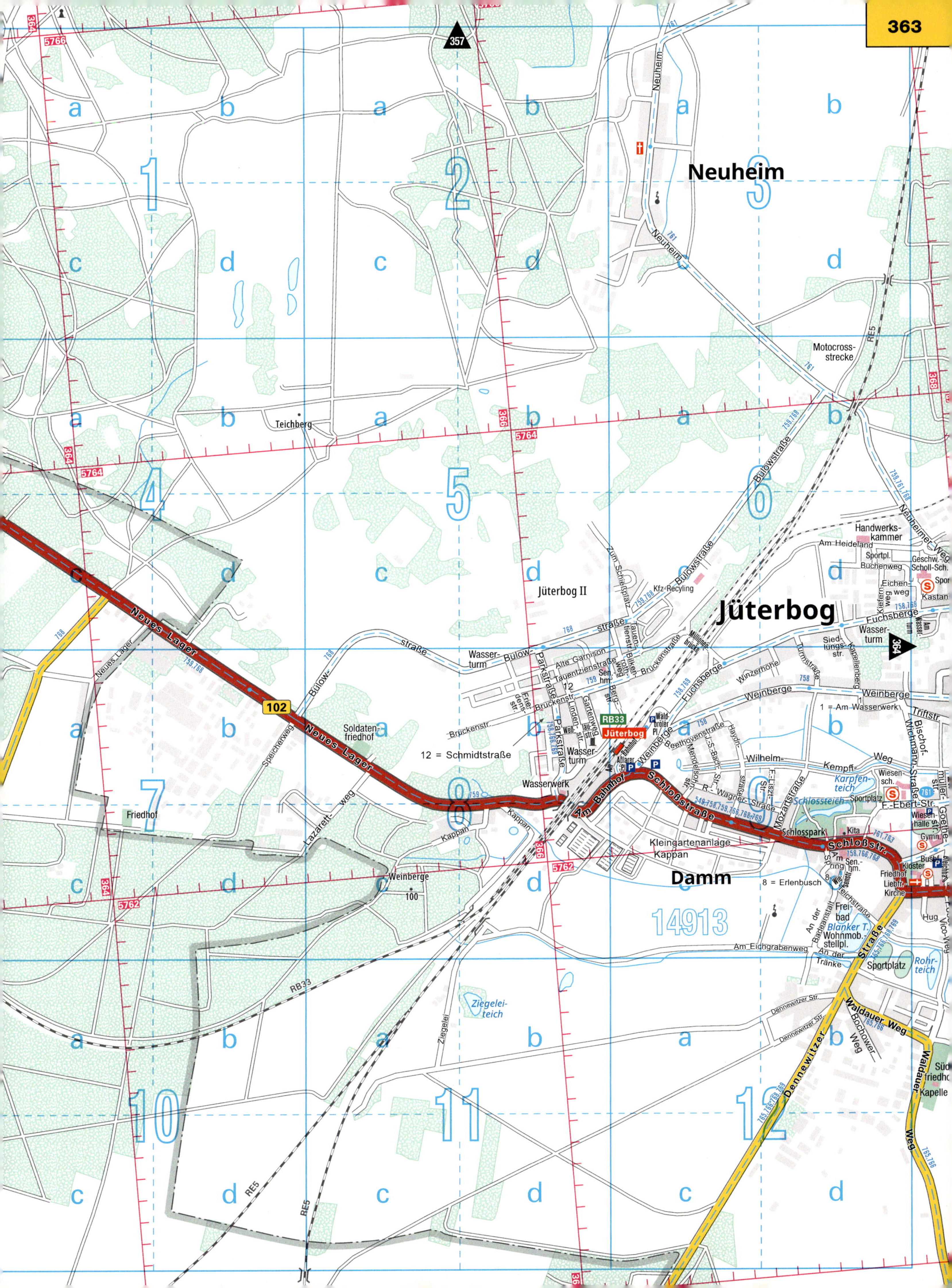

Neuheim
Jüterbog
Jüterbog II
Damm
14913
Teichberg
Motocross-strecke
Neues Lager
Soldaten-friedhof
Friedhof
Wasserwerk
Wasser-turm
Kleingartenanlage Kappan
Weinberge
Ziegelei-teich
Karpfen-teich
Schlossteich
Schlosspark
Rohr-teich
Sportplatz
Handwerks-kammer
Kfz-Recyling
12 = Schmidtstraße
1 = Am Wasserwerk
8 = Erlenbusch
Bülowstraße
Schloßstraße
Am Bahnhof
Dennewitzer Straße
Waldauer Weg
Neuheimer Weg
Fuchsberge
Am Eichgrabenweg
Brückenstr.
Parkstraße
Lazarett-weg
Speicherweg
102
RB33
RE5

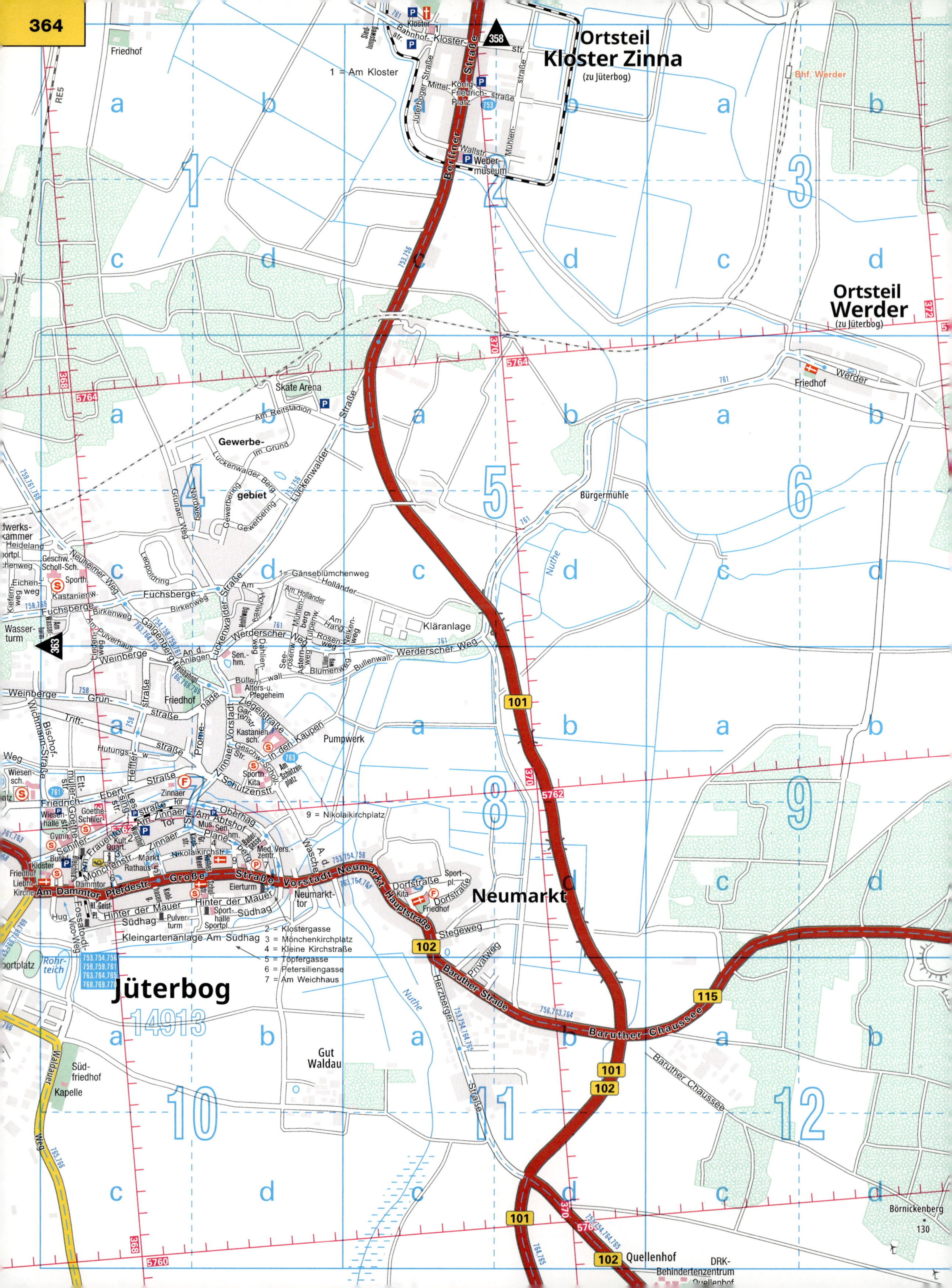
Ortsteil Kloster Zinna
(zu Jüterbog)
1 = Am Kloster
Kloster
Bahnhof-
Kloster-str.
Siedlungsweg
Jüterboger Straße
Mittel-
König-Friedrich-Platz
König-Friedrich-straße
Berliner Straße
Wallstr.
Weber-museum
Mühlen-straße
358
Bhf. Werder
Friedhof
RE5
Ortsteil Werder
(zu Jüterbog)
Werder
Friedhof
Skate Arena
Am Reitstadion
Luckenwalder Straße
Gewerbe-gebiet
Im Grund
Luckenwalder Berg
Gewerbering
Grünaer Weg
Nordweg
Leopoldring
Bürgermühle
Nuthe
1= Gänseblümchenweg
Holländer
Am Holländer
Mühlen-berg
Am Hang
Rosen-weg
Nelken-weg
Kläranlage
Werderscher Weg
Bullenwall
Blumenweg
Asternweg
Seerosenweg
Dahlienweg
Sen.-hm.
Alters-u. Pflegeheim
Fuchsberge
Birkenweg
Neuheimer Weg
Geschw.-Scholl-Sch.
Sporth.
Kastanienw.
Eichenweg
Heideland
Wasser-turm
363
Weinberge
Galgenberg
Friedhof
Grünstraße
Trift-straße
Hutungs-w.
Bischof-Wichmann-Straße
Promenade
Ziegelstraße
Gartenstr.
Kastanien-sch.
In den Kaupen
Pumpwerk
Geschw.-Scholl-Str.
Sporth.
Kita
Am Schützenplatz
Schützenstr.
Zinnaer Vorstadt
Zinnaer Tor
Heffter-Straße
Ebert-str.
Friedrich-
Goethe-Schiller-
Wiesen-halle
Gymn.
Am Zinnaer Tor
Oberhag
Abtshof
Planeberg
Mus.
Sen.-hm.
Med. Vers.-zentr.
9 = Nikolaikirchplatz
Nikolaikirchstr.
Markt
Rathaus
Mönchenstr.
Frauentor
Kult. Quart.
Schiller-
Bushf.
Kloster
Friedhof
Liebfr.-Kirche
Dammtor
Am Dammtor
Pferdestr.
Große Straße
Vorstadt Neumarkt
Eierturm
Neumarkt-tor
Hinter der Mauer
Südhag
Sport-halle
Sportpl.
Pulver-turm
Hl.-Geist-Pl.
Fossato-di-Vico-Weg
Hug
Kleingartenanlage Am Südhag
2 = Klostergasse
3 = Mönchenkirchplatz
4 = Kleine Kirchstraße
5 = Töpfergasse
6 = Petersiliengasse
7 = Am Weichhaus
Rohrteich
Sportplatz
Jüterbog
14913
Waldauer Weg
Süd-friedhof
Kapelle
Gut Waldau
Neumarkt
Hauptstraße
Dorfstraße
Sport-pl.
Kita
Friedhof
Stegeweg
Privatweg
Herzberger Straße
Baruther Straße
Baruther Chaussee
Nuthe
Quellenhof
DRK-Behindertenzentrum
Börnickenberg
130
101
102
115
370
761
5760
5762
5764
368
372

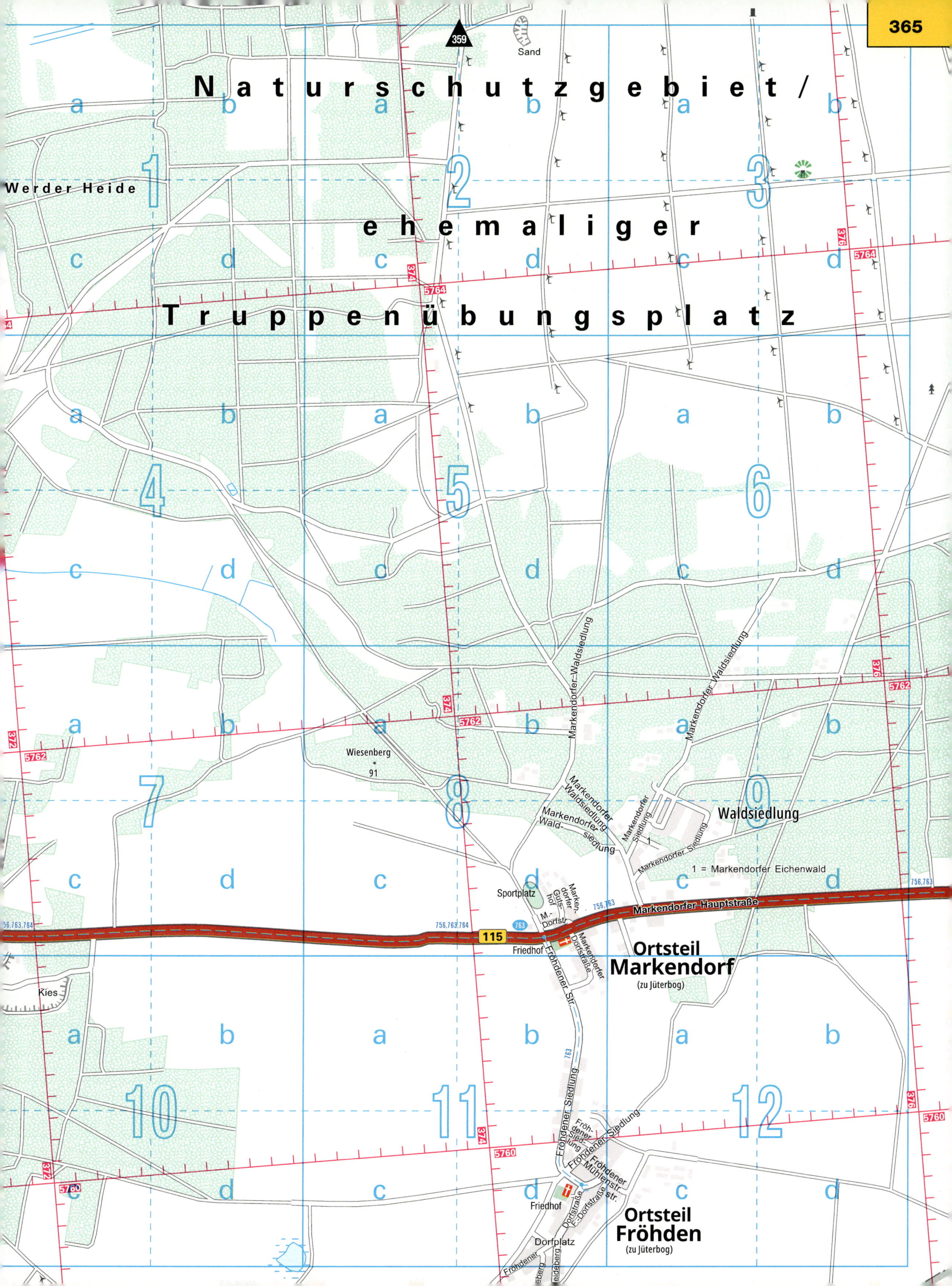

Naturschutzgebiet/
ehemaliger
Truppenübungsplatz
Werder Heide
359
Sand
Wiesenberg
91
Markendorfer-Waldsiedlung
Markendorfer Waldsiedlung
Markendorfer Wald-siedlung
Waldsiedlung
1 = Markendorfer Eichenwald
Sportplatz
Markendorfer Hauptstraße
115
Friedhof
Fröhdener Str.
Ortsteil
Markendorf
(zu Jüterbog)
Kies
Fröhdener Siedlung
Fröhdener Mühlenstr.
Friedhof
Dorfplatz
Ortsteil
Fröhden
(zu Jüterbog)

Gumtow
Kyritz
Wusterhausen /Dosse
Neustadt (Dosse)
Neuruppin
Fehrbellin
Rhinow
Friesack
Rathenow
Premnitz
Rossower Heide
Ruppiner Forst
Land
Rhinluch
Ländchen Rhinow
Ländchen Friesack
Ländchen Bellin
Havelländisches Luch
Lochower Heide
Ribbecker Heide
Märkisch Luch
Barnewitzer Heide
Naturpark Westhavelland
Schwedenstraße
Erlebnisstr. der deutschen Einheit
Deutsche Alleenstraße
Waldmuseum Stendenitz
Heimatmuseum
Fachwerkhäuser
Lügen-museum
Brandenburgisches Haupt- und Landgestüt
Otto-Lilienthal-Museum
Rhinower Berge
Gülper See
Hohennauener See
Bückwitzer See
Untersee
Obersee
Kleßener See
Görner See
Ruppiner See
Rhin
Alter Rhin
Havel
Dosse
Jäglitz
Großer Havelländischer Hauptkanal
Rhinkanal
Breddin
Lohm
Zernitz
Dreetz
Stölln
Walsleben
Märkisch-Linden
Temnitzquell
Temnitztal
Wildberg
Dabergotz
Paulinenaue
Nennhausen
Schollene
Havelaue
Kotzen
Stechow-Ferchesar
Seeblick
Milower Land
Steckelsdorf
Wutike
Vehlow
Kolrep
Demerthin
Barenthin
Kötzlin
Sieversdorf-Hohenofen
Großderschau
Gollenberg
Kleßen-Görne
Kleßener See
Rhinsmühlen
Senzke
Pessin
Retzow
Selbelang
Karwesee
Dechtow
Brunne
Tarmow
Hakenberg
Buskow
Storbeck-Frankendorf
Dannenwalde
Barsikow
Segeletz
Nackel
Lögow
Brunn
Dessow
Tramnitz
Tornow
Schönberg
Wulkow
Karnzow
Blankenberg
Dannenfeld
Kantow
Gottberg
Kerzlin
Lüchfeld
Küdow
Garz
Manker
Protzen
Walchow
Langen
Lentzke
Betzin
Vietznitz
Warsow
Wagenitz
Brädikow
Mühlenberge
Liepe
Möthlow
Buschow
Garlitz
Mützlitz
Bützer
Märkisch Luch
Seelensdorfer Heide
371

GRANSEE
ZEHDENICK
LINDOW (Mark)
Löwenberger Land
LIEBENWALDE
ORANIENBURG
Wandlitz
KREMMEN
Leegebruch
Oberkrämer
VELTEN
HOHEN NEUENDORF
Birkenwerder
Mühlenbecker Land
Schönwalde-Glien
HENNIGSDORF
NAUEN
Brieselang
FALKENSEE
Dallgow-Döberitz
Wustermark
BERLIN
SPANDAU
Naturpark Barnim
Schloss Meseberg
Zippelsförde
Rheinshagen
Dierberger
Ruppin
ALT RUPPIN
Vielitzsee
Herzberg (Mark)
Rüthnick
Neu Ludwigsaue
Ludwigsaue
Beetzer Heide
Schleuener Heide
Griebener Heide
Löwenberg
Grüneberg
Teschendorf
Nassenheide
Sachsenhausen
Germendorf
Schwante
Marwitz
Bötzow
Pinnow
Bergfelde
Schönfließ
Schildow
Glienicke/Nordbahn
FROHNAU
HERMSDORF
TEGEL
WITTENAU
REINICKENDORF
WEDDING
PANKOW
PRENZLAUER BERG
Fichtengrund
Friedrichsthal
Malz
Zehlendorf
Klosterfelde
Basdorf
Zühlsdorf
Schmachtenhagen
Wensickendorf
Bernöwe
Kreuzbruch
Badingen
Mildenberg
Burgwall
Ribbeck
Altlüdersdorf
Sonnenberg
Rönnebeck
Schönermark
Wolfslake
Falkenhagen
Seegefeld
Paaren im Glien
Perwenitz
Pausin
Wansdorf
Bredow
Markee
Luchberge
Deutsche Tonstraße
Deutsche Alleenstraße
Märkische Eiszeitstraße
Erlebnisstr. der deutschen Einheit
Havelkanal
Oder-Havel-Kanal
Ruppiner Kanal
Havel
E251
E26
E55
96
167
109
273
10
372

Biosphären-
reservat
Schorfheide-Chorin
Schorfheide
Naturpark
Barnim
Barnimer Heide
Oberbarnim
Niederbarnim
Märkische Schweiz
Niederoderbruch
Gamengrund
Prötzeler Forst
Hirschfelder Heide
Blumenthal
Märkische Eiszeitstraße
Schwedenstraße
Dargersdorf
Libbesicke
Ringenwalde
Poratz
Görlsdorfer
Görlsdorf
Pinnow
Mürow
Kerkow
Vietmannsdorf
Gollin
Reiersdorf
Ahlimbswalde
Hessenhöhe
Forst
Wolletz
Grunewald
Friedrichswalde
Glambeck
Parlow
Felchow
Henriettenhof
Dobberzin
Neuhof
Angermünde
Crussow
Altkünkendorf
Sternfelde
Zuchenberg
Groß Väter
Klein Dölln
Kurtschlag
Gross Dölln
Forst Joachimsthal
Blocksberg
Grumsin
Herzsprung
Wilhelmsfelde
Gottesberg
Neukünkendorf
Gellmersdorf
Stolzenhagen
Joachimsthal
Grimnitz
Grimnitzsee
Neugrimnitz
Sperlingsherberge
Schmargendorf
Lotzinsee
Kohlenberge
Althüttendorf
Groß-Ziethen
Ziethen
Klein Ziethen
Bölkendorf
Parsteinsee
Parstein
Lüdersdorf
Elsenau
Chorin
Buchholz
Senftenhütte
Serwest
Parsteiner See
Schluft
Schorfheide
Dölliner Siedlung
Wildpark Schorfheide
Liebenthal
Groß Schönebeck
ehem. Jagdschloss Hubertusstock
Werbellinsee
Weißensee
Brodowin
Altenhof
Golzow
Amt Chorin
Pehlitz
Kloster Chorin
Wildau
Sarnow
Eichhorst
Britz
Sandkrug
Großer Plagesee
Neuendorf
Böhmerheide
Autobahnkirche
Werbellin
Buckowsee
Buckow
Blütenberg
Kolonie Britz
Neuehütte
Liepe
Oderberg
Klandorf
Rosenbeck
C.-Zetkin-Siedlung
Lichterfelde
Zerpenschleuse
Langer Trödel
Finowfurt
Oder-Havel-Kanal
Schiffshebewerk Niederfinow
Hohenwutzen
Neuenhagen
Marienwerder
Nordend
Finow
Eberswalde
Stecherschleuse
Niederfinow
Altglietzen
Oderinsel
Ruhlsdorf
Luftfahrtmuseum Finowfurt
Wolfswinkel
Ostend
Sommerfelde
Struwenberg
Amalienhof
Granitberg
Gabow
Neutornow
Sophienstädt
Zoolog. Garten
Forstbotanischer Garten
Tornow
Hohenfinow
Broichsdorf
Falkenberg (Mark)
Schiffmühle
Herrenwiese
Prenden
Spechthausen
Klosterfelde
Wildtränke
Trampe
Cöthen
Tobbenberg
Oderland-museum
Alttornow
Neugersdorf
Dannenberg
Krummenpfahl
Bad Freienwalde (Oder)
Melchow
Schönholz
Breydin
Gersdorf
Biesenthal
Wandlitz
Lanke
Klobbicke
Tuchen
Kruge
Torgelow
Semmelberg
Wölsickendorf
Platzfelde
Freienwalder Forst
Bergtal
Sonnenburg
Hellmühle
Liepnitzsee
Wuhlwinkel
Siedlung Dewinsee
Teeberg
Grüntal
Sydow
Sydower Fließ
Gratze
Heckelberg-Brunow
Wollenberg
Rädekow
Bernauer Heide
Lobetal
Danewitz
Schulzenaue
Beerbaum
Höhenland
Steinbeck
Biesdorf
Landhof
Rüdnitz
Kühle Kaveln
Tempelfelde
Freudenberg
Leuenberg
Haselberg
Ladeburg
Waldfrieden
Schmetzdorf
Albertshof
Beiersdorf
Großer See
Lüdersdorf
Gehackte Berge
Pankeborn
Schönow
Bernau-Nord
Marienkirche
Befestigungsanlage
Nibelungen
Schönfeld
Tiefensee
Harnekop
Frankenfelde
Marienberg
Schulzendorf
Gorinsee
Thaerfelde
Teufelsgründe
Biesow
Sterneback
Friedenstal
Bernau b. Berlin
Willmersdorf
Werftpfuhl
Lange Berge
Lindow
Börnicke
Werneuchen Ost
Hobrechtsfelde
Eichwerder
Zepernick
Panketal
Birkenhöhe
Bernau-Süd
Weesow
Stienitzaue
Heidekrug
Herzhorn
Möglin
Reichenow
Buch
Röntgental
Elisenau
Werneuchen
Hirschfelde
Spitzer Berg
Helenenau
Birkholzaue
Amselhain
Prötzel
Prädikow
Ihlow
Schwanebeck
Löhme
Eichenbrandt
Karow
Birkholz
Dreieck Barnim
Neuschwanebeck
Kavelberge
Seefeld
Rudolfshöhe
Kähnsdorf
Schwarze Berge
Oberbarnim
Wilkendorf
Peckberge
Blumberg
Wegendorf
Gielsdorf
Grunow
Blankenburg
Lindenberg
Neulindenberg
Berlin-Hohenschönhausen
Krummensee
Wesendahl
Fr.-Schiller-Höhe
Gartenstadt
Ernsthof
Krugberg
Pritzhagen
Ahrensfelde
Fängersee
Klosterdorf
Malchow
Altlandsberg-Nord
Buchholz
Marienkirche
Strausberg
Paulshof
Trappenfelde
Neuhönow
Spitzmühle
Silberschloss
Bollersdorf
Bollersdorfer Höhe
Buckow (Märkische Schweiz)
Falkenberg
Hoheneiche
Mehrow
Altlandsberg
Straussee
Ruhlsdorf
Treuenhof
Wartenberg
Eiche
Schlosskirche
Wolfshagen
Radebrück
Postbruch
Fasanenpark
Hohenstein
Hasenholz
Hohenschönhausen
Eiche-Süd
Berlin-Marzahn
Hönow
Seeberg-Dorf
Friedrichslust
Bruchmühle
Strausberg Vorstadt
Gladowshöhe
Liebenhof
Garzin
Bergschäferei
Marzahn-Hellersdorf
Hönower Siedlung
Seeberg
Fredersdorf Nord
Eggersdorf
373

SCHWEDT
Chojna
(Königsberg i.d.N.)
Trzcińsko-Zdrój
(Bad Schönfließ)
Puszcza Piaskowa
Cedyński Park
Krajobrazowy
Cedynia
(Zehden)
Moryń
(Mohrin)
P O L S K A
Mieszkowice
(Bärwalde)
Boleszkowice
(Fürstenfelde)
Dębno
(Neudamm)
WRIEZEN
Neutrebbin
Letschin
Neuharden-
berg
Kostrzyn
n.Odrą
(Küstrin)
Vorland
SEELOW
Naturpark
Unteres
Odertal
Oder
Odra
Oderbruch
Droga Tysiąca Jezior (północna)
Cmentarz Wojenny 1945 r.
Park Narodowy Ujście Warty
Märkische Höhe
Schweiz

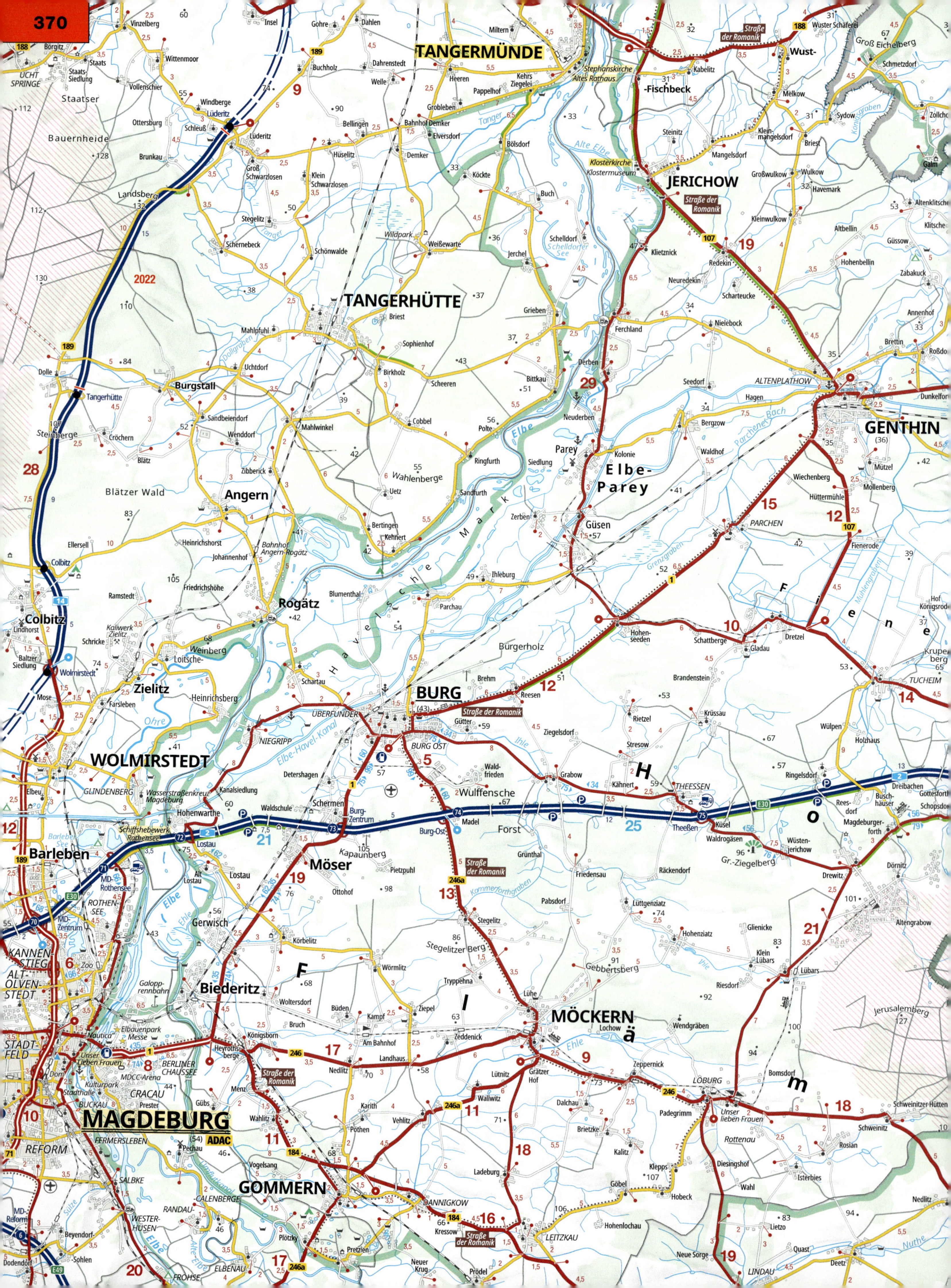
TANGERMÜNDE
TANGERHÜTTE
JERICHOW
GENTHIN
Elbe-Parey
BURG
WOLMIRSTEDT
MAGDEBURG
GOMMERN
MÖCKERN
Barleben
Biederitz
Möser
Rogätz
Zielitz
Colbitz
Angern
Burgstall
-Fischbeck
Wust-
Straße der Romanik
Fiener
Hohe Fläming
Elbe-Havel-Kanal
Havelsche Mark
Parey
Genthin
Loburg
Leitzkau
Dannigkow
Heyrothsberge
Gerwisch
Lostau
Hohenwarthe
Niegripp
Schermen
Burg-Zentrum
Burg-Ost
Theeßen
Tucheim
Parchen
Gladau
Dretzel
Schattberge
Hohenseeden
Altenplathow
Ferchland
Derben
Neuderben
Güsen
Zerben
Ihleburg
Parchau
Blumenthal
Schartau
Loitsche-Weinberg
Heinrichsberg
Farsleben
Mose
Glindenberg
Wasserstraßenkreuz Magdeburg
Schiffshebewerk Rothensee
Kanalsiedlung
Detershagen
Waldschule
Ziegelsdorf
Grabow
Kähnert
Wulffensche
Madel
Forst
Grünthal
Friedensau
Räckendorf
Pabsdorf
Lüttgenziatz
Hohenziatz
Glienicke
Klein Lübars
Lübars
Riesdorf
Wendgräben
Lochow
Zeppernick
Padegrimm
Rottenau
Diesingshof
Wahl
Isterbies
Schweinitz
Rosian
Schweinitzer Hütten
Nedlitz
Lietzo
Quast
Deetz
Lindau
Neue Sorge
Hohenlochau
Hobeck
Göbel
Klepps
Kalitz
Brietzke
Dalchau
Lütnitz
Grätzer Hof
Wallwitz
Ladeburg
Lühe
Tryppehna
Stegelitz
Stegelitzer Berg
Ziepel
Zeddenick
Kampf
Büden
Wörmlitz
Körbelitz
Woltersdorf
Bruch
Königsborn
Landhaus
Am Bahnhof
Nedlitz
Karith
Vehlitz
Pöthen
Menz
Wahlitz
Gübs
Prester
Vogelsang
Pechau
Calenberge
Randau
Plötzky
Pretzien
Kressow
Neuer Krug
Prödel
Elbenau
Frohse
Westerhüsen
Salbke
Beyendorf
Sohlen
Dodendorf
Reform
Fermersleben
Buckau
Cracau
Berliner Chaussee
Zoo
Kannenstieg
Alt-Olvenstedt
Stadtfeld
Rothensee
MD-Zentrum
MD-Rothensee
Elbeu
Lindhorst
Baltzer Siedlung
Schricke
Kaliwerk Zielitz
Ramstedt
Friedrichshöhe
Heinrichshorst
Johannenhof
Bahnhof Angern-Rogätz
Ellersell
Blätzer Wald
Blätz
Cröchern
Steinberge
Sandbeiendorf
Wenddorf
Zibberick
Mahlwinkel
Uchtdorf
Mahlpfuhl
Dolle
Landsberg
Bauernheide
Staatser
Uchtspringe
Staats
Staats-Siedlung
Vollenschier
Wittenmoor
Vinzelberg
Börgitz
Insel
Windberge
Lüderitz
Schleuß
Ottersburg
Brunkau
Groß Schwarzlosen
Klein Schwarzlosen
Stegelitz
Scherneheck
Schönwalde
Hüselitz
Bellingen
Bahnhof Demker
Demker
Eversdorf
Buchholz
Gohre
Dahlen
Dahrenstedt
Welle
Heeren
Grobleben
Pappelhof
Kehrs Ziegelei
Miltern
Stephanskirche
Altes Rathaus
Bölsdorf
Köckte
Buch
Wildpark
Weißewarte
Jerchel
Schelldorf
Schelldorfer See
Grieben
Bittkau
Briest
Sophienhof
Birkholz
Scheeren
Cobbel
Polte
Wahlenberge
Ringfurth
Sandfurth
Uetz
Bertingen
Kehnert
Siedlung
Klosterkirche
Klostermuseum
Kabelitz
Steinitz
Mangelsdorf
Klein-mangelsdorf
Melkow
Sydow
Großwulkow
Wulkow
Havemark
Kleinwulkow
Klietznick
Redekin
Neuredekin
Scharteucke
Nielebock
Seedorf
Hagen
Bergzow
Waldhof
Kolonie
Mützel
Mollenberg
Wiechenberg
Hüttermühle
Fienerode
Dunkelforth
Roßdorf
Brettin
Annenhof
Zabakuck
Hohenbellin
Güssow
Altbellin
Klitsche
Altenklitsche
Zollchow
Galm
Briest
Groß Eichelberg
Schmetzdorf
Wuster Schäferei
Bürgerholz
Brehm
Reesen
Gütter
Wald-frieden
Brandenstein
Rietzel
Krüssau
Stresow
Wülpen
Holzhaus
Ringelsdorf
Dreibachen
Gottesforth
Buschhäuser
Schopsdorf
Reesdorf
Magdeburgerforth
Küsel
Waldrogäsen
Gr.-Ziegelberg
Wüsten-Jerichow
Drewitz
Dörnitz
Altengrabow
Jerusalemberg
Bomsdorf
Unser lieben Frauen
Elbauenpark Messe
Galopprennbahn
Nautica
Dom
Kulturpark
Stadthalle
MDCC Arena
ADAC
Elbe
Ohre
Ihle
Tanger
Alte Elbe
Grenzgraben
Parchener Bach
Mühlengraben
Kammerforthgraben
Nuthe
Sülze
Ehle
E30
E49
2022

PREMNITZ
Naturpark
Westhavelland
Milower Land
HAVELSEE
Beetzsee
Havelland
Roskow
KETZIN/Havel
Groß Kreutz (Havel)
BRANDENBURG a. d. Havel
Wusterwitz
Kloster Lehnin
ZIESAR
Naturpark
Hoher Fläming
BAD BELZIG
Wiesenburg/Mark
BRÜCK
Planetal
Mühlenfließ
TREUENBRIETZEN
NIEMEGK
Belziger Landschaftswiesen

FALKENSEE
Wustermark
Dallgow-
-Döberitz
SPANDAU
BERLIN
WEDDING
PRENZLAUER BERG
MITTE
TIERGARTEN
FRIEDRICHS-
HAIN
CHARLOTTEN-
BURG
KREUZBERG
NEUKÖLLN
WILMERS-
DORF
SCHÖNE-
BERG
TEMPELHOF
GRUNEWALD
DAHLEM
STEGLITZ
ZEHLENDORF
MARIENDORF
LICHTERFELDE
BRITZ
BUCKOW
LICHTENRADE
KETZIN/Havel
POTSDAM
WANNSEE
Klein-
machnow
TELTOW
Stahnsdorf
Schönefeld
Großziethen
WERDER
(Havel)
Geltow
Caputh
Schwielow-
see
Groß-
beeren
Mahlow
Blanken-
felde-
Michen-
dorf
Nuthetal
LUDWIGSFELDE
Rangsdorf
Fresdorfer
Heide
Seddiner
See
BEELITZ
TREBBIN
ZOSSEN
Naturpark
Nuthe-
Nieplitz
Nasse
Heide
Nuthe-Urstromtal
Am
Mellensee
LUCKENWALDE
TREUENBRIETZEN
Baruther Urstromtal
Flemmingwiesen
Borkheide
Havelland
Teltow
367
376

ALTLANDSBG.
Neuenhagen
Fredersdorf-Vogelsdorf
Eggersdorf
Petershagen-
Rehfelde
BUCKOW (Märkische Schweiz)
Naturpark Märkische Schweiz
Waldsieversdorf
MÜNCHEBERG
MARZAHN-HELLERSDORF
Hönow
Dahlwitz
Hoppegarten
Schöneiche bei Berlin
Rüdersdorf bei Berlin
Woltersdorf
Hennickendorf
Herzfelde
Rotes Luch
KÖPENICK
FRIEDRICHSHAGEN
RAHNSDORF
Großer Müggelsee
Müggelberge
ERKNER
Grünheide (Mark)
Berliner Urstromtal
Hangelsberg
Gosen-Neu Zittau
Schmalenberg
Fürstenwalde West
RUDOW
ALT GLIENICKE
GRUNAU
SCHMÖCKWITZ
Eichwalde
Zeuthen
Schulzendorf
WILDAU
KÖNIGS WUSTERHAUSEN
FÜRSTENWALDE
Spreenhagen
Rauen
Bad Saarow
Rauensche Berge
MITTENWALDE
Bestensee
Heidesee
STORKOW (Mark)
Reichenwalde
Wendisch Rietz
Beeskower Platte
Groß Köris
TEUPITZ
Halbe
Naturpark Dahme-Heideseen
Das Schenken-Ländchen
MÄRKISCH BUCHHOLZ
Unter-Märkische Heide
Zossener Heide
Forst
Staakow
Spreewald
BARUTH/Mark
Krausnicker Berge
Der Brand
Heide

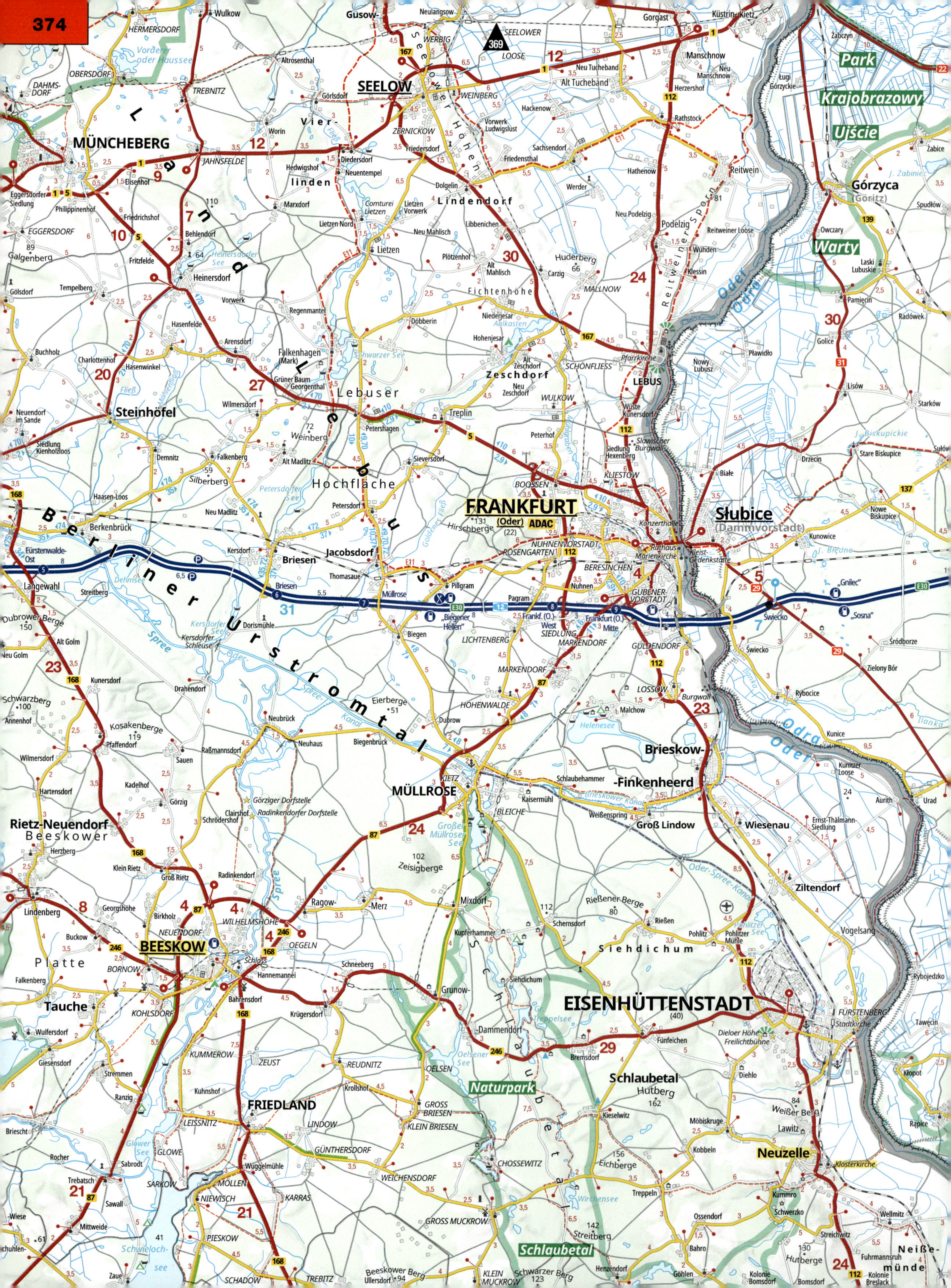

HERMERSDORF
Wulkow
Gusow-
Neulangsow
WERBIG
SEELOWER
LOOSE
369
Gorgast
Küstrin-Kietz
Vorderer oder Haussee
OBERSDORF
Altrosenthal
SEELOW
Manschnow
Neu Manschnow
Neu Tucheband
Alt Tucheband
DAHMSDORF
TREBNITZ
Görlsdorf
WEINBERG
Herzershof
Żabczyn
Park
Krajobrazowy
Ujście
Warty
Vier-
linden
Hackenow
Rathstock
Vorwerk Ludwigslust
ZERNICKOW
Worin
MÜNCHEBERG
JAHNSFELDE
Diedersdorf
Friedersdorf
Sachsendorf
Friedensthal
Reitwein
Żabice
Hedwigshof
Neuentempel
Hathenow
Górzyca
(Göritz)
Eggersdorfer Siedlung
Eisenhof
Dolgelin
Werder
Spudłów
Philippinenhof
Lindendorf
Comturei Lietzen
Lietzen Vorwerk
Marxdorf
EGGERSDORF
Friedrichshof
Lietzen Nord
Libbenichen
Neu Podelzig
Podelzig
Reitweiner Loose
Owczary
Neu Mahlisch
Behlendorf
Heinersdorfer See
Lietzen
Plötzenhof
Alt Mahlisch
Carzig
Huderberg
Wuhden
Laski Lubuskie
Galgenberg
Fritzfelde
Heinersdorf
Klessin
Gölsdorf
Tempelberg
Vorwerk
Fichtenhöhe
MALLNOW
Reitweiner Sporn
Oder
Odra
Pamięcin
Regenmantel
Dobberin
Niederjesar
Radówek
Golice
Hasenfelde
Hohenjesar
Arensdorf
Pfarrkirche
LEBUS
Nowy Lubusz
Pławidło
Buchholz
Charlottenhof
Falkenhagen (Mark)
Schwarzer See
Alt Zeschdorf
Zeschdorf
SCHÖNFLIESS
Hasenwinkel
Grüner Baum
Georgenthal
Lebuser
Neu Zeschdorf
WULKOW
Lisów
Starków
Steinhöfel
Wilmersdorf
Treplin
Wüste Kunersdorf
Neuendorf im Sande
Petershagen
Peterhof
Weinberg
Słowiański Burgwall
J. Biskupickie
Siedlung Kienholzloos
Demnitz
Falkenberg
Alt Madlitz
Sieversdorf
Siedlung Hexenberg
Drzecin
Stare Biskupice
Sułów
KLIESTOW
Biała
Silberberg
Hochfläche
BOOSSEN
Haasen-Loos
Petersdorfer See
FRANKFURT
(Oder)
ADAC
Słubice
(Dammvorstadt)
Nowe Biskupice
Petersdorf
Hirschberge
Konzerthalle
Neu Madlitz
Berkenbrück
Kunowice
Jacobsdorf
NUHNENVORSTADT
ROSENGARTEN
Rathaus
Marienkirche
Kleist-Gedenkstätte
Fürstenwalde-Ost
Kersdorf
Briesen
Thomasaue
Pillgram
BERESINCHEN
Nuhnen
GUBENER VORSTADT
„Gnilec"
Langewahl
Dehmsee
Streitberg
Müllrose
Pagram
Świecko
„Sosna"
„Biegener Hellen"
Frankf. (O.) West
Frankfurt (O.) Mitte
Berliner
Urstromtal
Dubrower Berge
Dorismühle
Kersdorfer See
Biegen
SIEDLUNG
LICHTENBERG
MARKENDORF
GULDENDORF
Środborze
Alt Golm
Kersdorfer Schleuse
Spree
Świecko
Neu Golm
Zielony Bór
Kunersdorf
Drahendorf
LOSSOW
Burgwall
Rybocice
Schwarzberg
Eierberge
HOHENWALDE
Malchow
Annenhof
Neubrück
Dubrow
Helenesee
Spree-Kanal
Oder
Odra
Ilanka
Kosakenberge
Neuhaus
Brieskow-
Kunice
Pfaffendorf
Raßmannsdorf
Biegenbrück
-Finkenheerd
Wilmersdorf
Sauen
KIETZ
Schlaubehammer
Kunitzer Loose
Hartensdorf
Kadelhof
MÜLLROSE
Kaisermühl
Brieskower Kanal
Aurith
Urad
Görzig
Görziger Dorfstelle
BLEICHE
Weißenspring
Groß Lindow
Wiesenau
Rietz-Neuendorf
Clairshof
Radinkendorfer Dorfstelle
Beeskower
Schrödershof
Großer Müllroser See
Ernst-Thälmann-Siedlung
Herzberg
Zeisigberge
Klein Rietz
Groß Rietz
Oder-Spree-Kanal
Ziltendorf
Radinkendorf
Lindenberg
Georgshöhe
Ragow-
Merz
Mixdorf
Rießener Berge
Birkholz
WILHELMSHÖHE
Schernsdorf
Rießen
Vogelsang
Buckow
NEUENDORF
BEESKOW
OEGELN
Kupferhammer
Pohlitz
Pohlitzer Mühle
Siehdichum
Platte
Schloss
Schneeberg
Rybojedzko
BORNOW
Hannemannei
Siehdichum
Falkenberg
Grunow-
EISENHÜTTENSTADT
FÜRSTENBERG
Stadtkirche
Tauche
KOHLSDORF
Bahrensdorf
Krügersdorf
Treppelsee
Dammendorf
Dieloer Höhe
Freilichtbühne
Tawęcin
Wulfersdorf
Fünfeichen
Bremsdorf
KUMMEROW
Oelsener See
Gießensdorf
ZEUST
REUDNITZ
OELSEN
Schlaubetal
Diehlo
Kłopot
Naturpark
Hutberg
Stremmen
Krollshof
Weißer Berg
Kuhnshof
FRIEDLAND
GROSS BRIESEN
Kieselwitz
Ranzig
Lawitz
Möbiskruge
Rapice
LEISSNITZ
LINDOW
KLEIN BRIESEN
Briescht
Glower See
GLOWE
GÜNTHERSDORF
Kobbeln
Neuzelle
Rocher
Eichberge
Sabrodt
Klosterkirche
Wuggelmühle
CHOSSEWITZ
Trebatsch
SARKOW
MOLLEN
WEICHENSDORF
Treppeln
Kummro
NIEWISCH
KARRAS
Wirchensee
Schwerzko
Sawall
Wiese
Ossendorf
Wellmitz
Mittweide
GROSS MUCKROW
Streichwitz
Streitberg
Schwielochsee
PIESKOW
Schlaubetal
Bahro
Hutberge
Neiße-
Fuhrmannsruh
münde
Henzendorf
Göhlen
Zaue
SCHADOW
TREBITZ
Beeskower Berg
Ullersdorf
KLEIN MUCKROW
Schwarzer Berg
Kolonie Bomsdorf
Bomsdorf
Kolonie Breslack

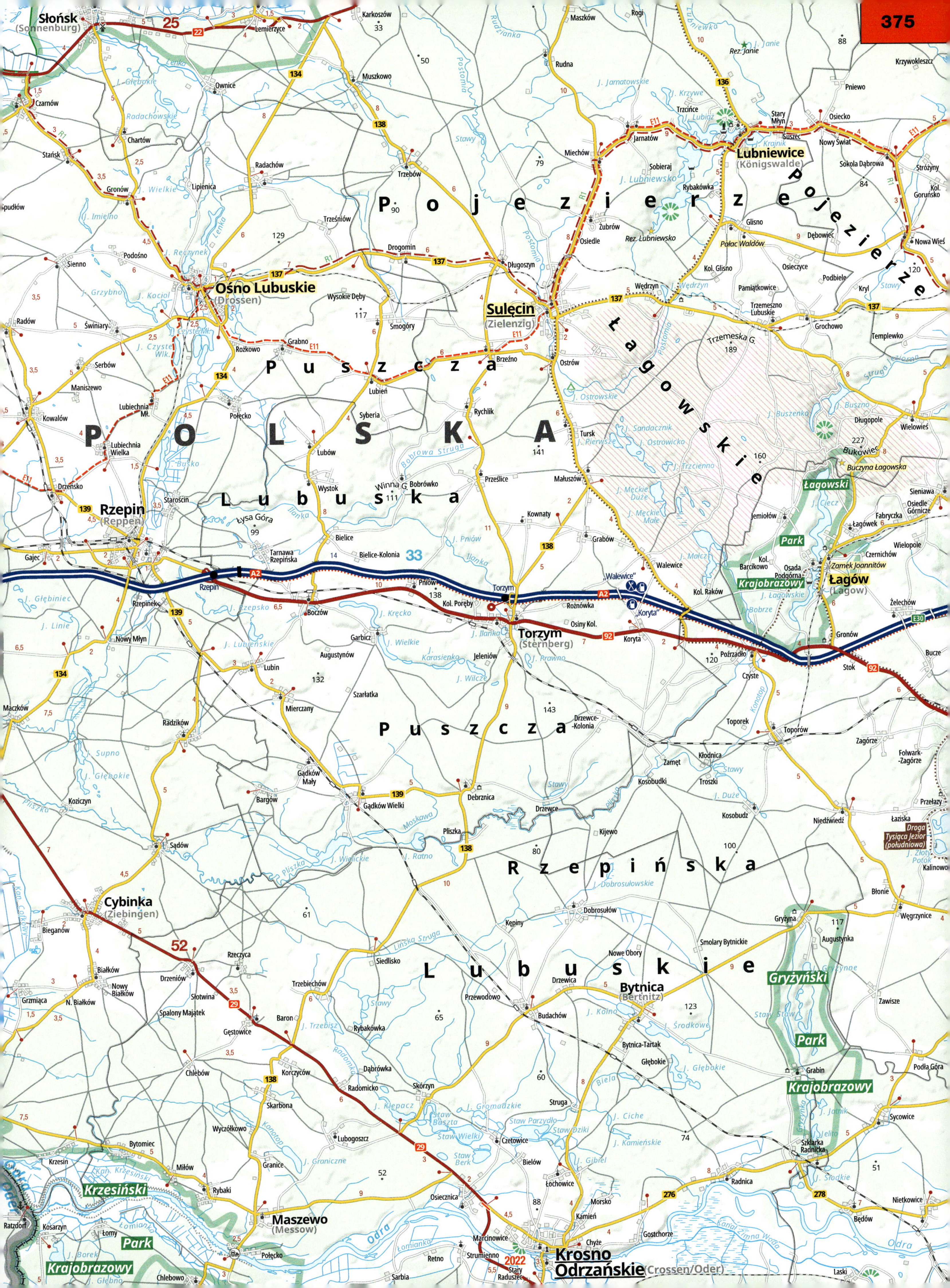
Pojezierze Łagowskie
Puszcza Lubuska
POLSKA
Puszcza Rzepińska
Lubuskie
Pojezierze
Słońsk
(Sonnenburg)
Ośno Lubuskie
(Drossen)
Sulęcin
(Zielenzig)
Lubniewice
(Königswalde)
Rzepin
(Reppen)
Torzym
(Sternberg)
Łagów
(Lagow)
Cybinka
(Ziebingen)
Bytnica
(Bertnitz)
Maszewo
(Messow)
Krosno
Odrzańskie (Crossen/Oder)
Łagowski Park Krajobrazowy
Gryżyński Park Krajobrazowy
Krzesiński Park Krajobrazowy
Droga Tysiąca Jezior (południowa)
Zamek Joannitów
Pałac Waldów
Buczyna Łagowska
Rez. Lubniewsko
Rez. Janie
Odra
A2
E30
E11
R1
137
138
139
134
136
276
278
29
92
22
25
52
2022

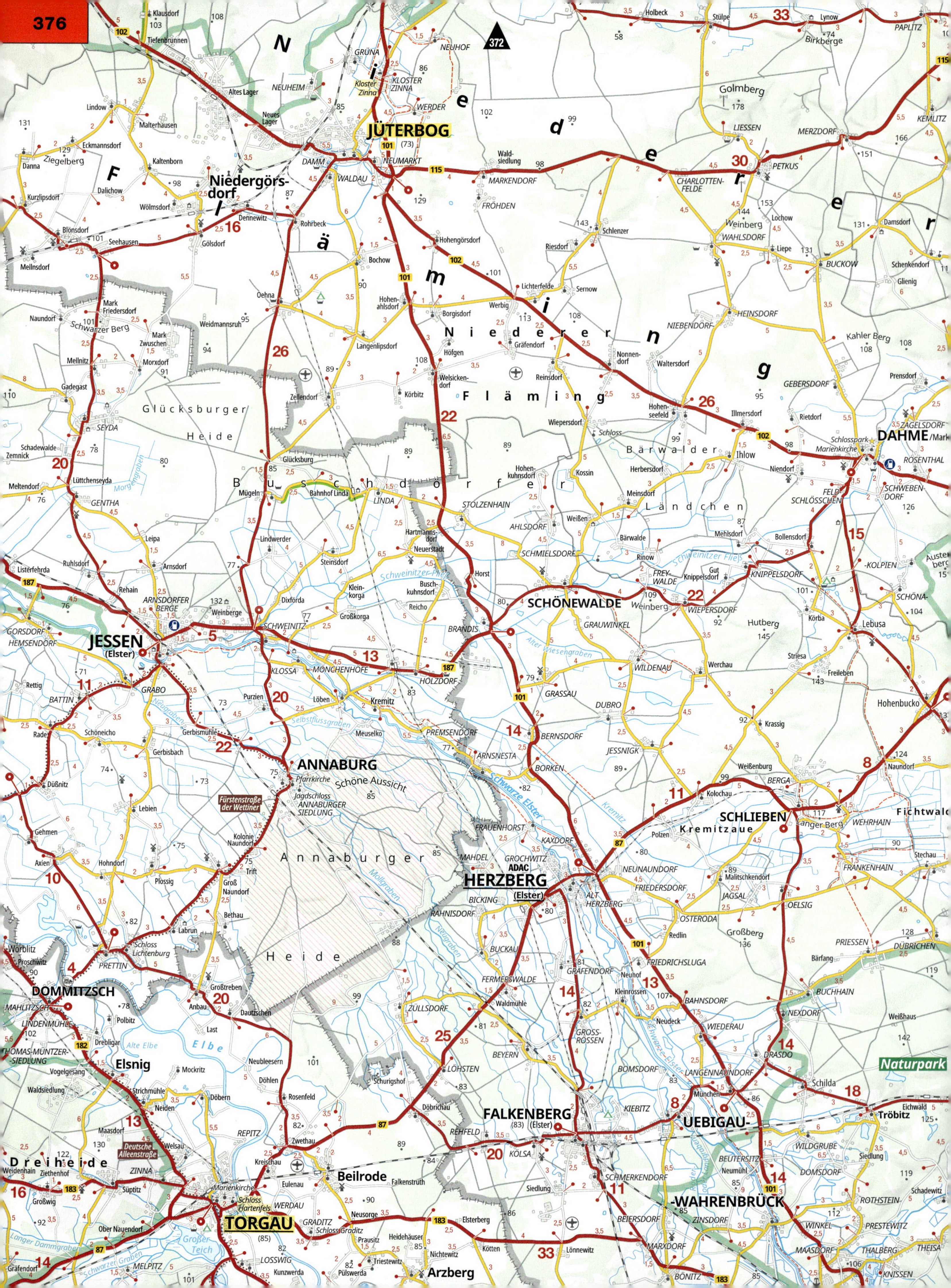

372
JÜTERBOG
Niedergörsdorf
Niederer Fläming
Glücksburger Heide
Buschdörfer
Bärwalder Ländchen
DAHME
SCHÖNEWALDE
JESSEN (Elster)
ANNABURG
Schöne Aussicht
Fürstenstraße der Wettiner
Annaburger Heide
HERZBERG (Elster)
SCHLIEBEN
Kremitzaue
DOMMITZSCH
Elsnig
Elbe
Alte Elbe
Schwarze Elster
FALKENBERG (Elster)
UEBIGAU-WAHRENBRÜCK
Beilrode
TORGAU
Großer Teich
Arzberg
Dreiheide
Deutsche Alleenstraße
Naturpark
Fichtwald
Klausdorf
Tiefenbrunnen
Altes Lager
Neuheim
Grüna
Kloster Zinna
Neuhof
Werder
Damm
Neumarkt
Waldau
Markendorf
Fröhden
Holbeck
Stülpe
Lynow
Paplitz
Birkberge
Golmberg
Liessen
Merzdorf
Kemlitz
Petkus
Charlottenfelde
Weinberg
Wahlsdorf
Lochow
Liepe
Buckow
Damsdorf
Schenkendorf
Glienig
Lindow
Malterhausen
Eckmannsdorf
Ziegelberg
Danna
Kaltenborn
Dalichow
Wölmsdorf
Kurzlipsdorf
Dennewitz
Rohrbeck
Blönsdorf
Seehausen
Gölsdorf
Mellnsdorf
Bochow
Hohengörsdorf
Schlenzer
Riesdorf
Sernow
Lichterfelde
Werbig
Hohenahlsdorf
Borgisdorf
Oehna
Mark Friedersdorf
Naundorf
Schwarzer Berg
Mark Zwuschen
Weidmannsruh
Heinsdorf
Niebendorf
Kahler Berg
Gräfendorf
Höfgen
Nonnendorf
Waltersdorf
Mellnitz
Morxdorf
Langenlipsdorf
Gadegast
Welsickendorf
Reinsdorf
Gebersdorf
Prensdorf
Seyda
Zellendorf
Körbitz
Hohenseefeld
Illmersdorf
Rietdorf
Wiepersdorf
Schloss
Schlosspark
Marienkirche
Zagelsdorf
Schadewalde
Zemnick
Glücksburg
Ihlow
Niendorf
Rosenthal
Hohenkuhnsdorf
Kossin
Herbersdorf
Meltendorf
Lüttchenseyda
Mügeln
Bahnhof Linda
Linda
Stolzenhain
Meinsdorf
Feldschlösschen
Schwebendorf
Genthia
Weißen
Ahlsdorf
Bärwalde
Mehlsdorf
Bollensdorf
Leipa
Lindwerder
Hartmannsdorf
Neuerstadt
Schmielsdorf
Rinow
Schweinitzer Fließ
Kolpien
Listerfehrda
Ruhlsdorf
Arnsdorf
Steinsdorf
Horst
Freywalde
Knippelsdorf
Gut Knippelsdorf
Knippelsdorf
Rehain
Arnsdorfer Berge
Weinberge
Dixförda
Kleinkorga
Buschkuhnsdorf
Großkorga
Reicho
Grauwinkel
Wiepersdorf
Hutberg
Körba
Lebusa
Schöna
Gorsdorf
Hemsendorf
Schweinitz
Brandis
Alter Wiesengraben
Wildenau
Werchau
Striesa
Freileben
Klossa
Mönchenhöfe
Holzdorf
Grassau
Rettig
Battin
Grabo
Purzien
Löben
Kremitz
Dubro
Hohenbucko
Krassig
Rade
Schöneicho
Gerbisbach
Gerbismühle
Selbstflussgraben
Meuselko
Premsendorf
Arnsnesta
Bernsdorf
Jessnigk
Naundorf
Düßnitz
Pfarrkirche
Jagdschloss
Annaburger Siedlung
Borken
Weißenburg
Berga
Kolochau
Lebien
Kolonie Naundorf
Frauenhorst
Kaxdorf
Polzen
Langer Berg
Wehrhain
Gehmen
Trift
Mahdel
Grochwitz
ADAC
Neunaundorf
Malitschkendorf
Frankenhain
Stechau
Axien
Hohndorf
Plossig
Groß Naundorf
Bethau
Bicking
Rahnisdorf
Alt Herzberg
Friedersdorf
Jagsal
Osteroda
Oelsig
Labrun
Schloss Lichtenburg
Prettin
Buckau
Redlin
Großberg
Priessen
Dubrichen
Bärfang
Wörblitz
Proschwitz
Grafendorf
Friedrichsluga
Fermerswalde
Neuhof
Kleinrossen
Buchhain
Großtreben
Anbau
Dautzschen
Mahlitzsch
Lindenmühle
Polbitz
Waldmühle
Züllsdorf
Bahnsdorf
Neudeck
Großrossen
Nexdorf
Wiederau
Weißhaus
Thomas-Müntzer-Siedlung
Drebligar
Beyern
Drasdo
Vogelgesang
Mockritz
Neubleesern
Döhlen
Schurigshof
Löhsten
Bomsdorf
Langennaundorf
Schilda
Waldsiedlung
Strichmühle
Döbern
Neiden
Rosenfeld
Döbrichau
Kiebitz
München
Tröbitz
Eichwald
Maasdorf
Repitz
Zwethau
Rehfeld
Kölsa
Wildgrube
Domsdorf
Beutersitz
Neumühl
Siedlung
Weidenhain
Ziethenhof
Zinna
Welsau
Kreischau
Eulenau
Falkenstruth
Schmerkendorf
Siedlung
Rothstein
Schadewitz
Großwig
Süptitz
Marienkirche
Schloss Hartenfels
Werdau
Gräditz
Schloss Gräditz
Neusorge
Elsterberg
Beiersdorf
Zinsdorf
Prestewitz
Winkel
Ober Nauendorf
Langer Dammgraben
Prausitz
Heidehäuser
Kötten
Lönnewitz
Marxdorf
Maasdorf
Thalberg
Theisa
Schwarzer Graben
Melpitz
Losswig
Kunzwerda
Triestewitz
Pülswerda
Nichtewitz
Bönitz
Knissen
Grafendorf

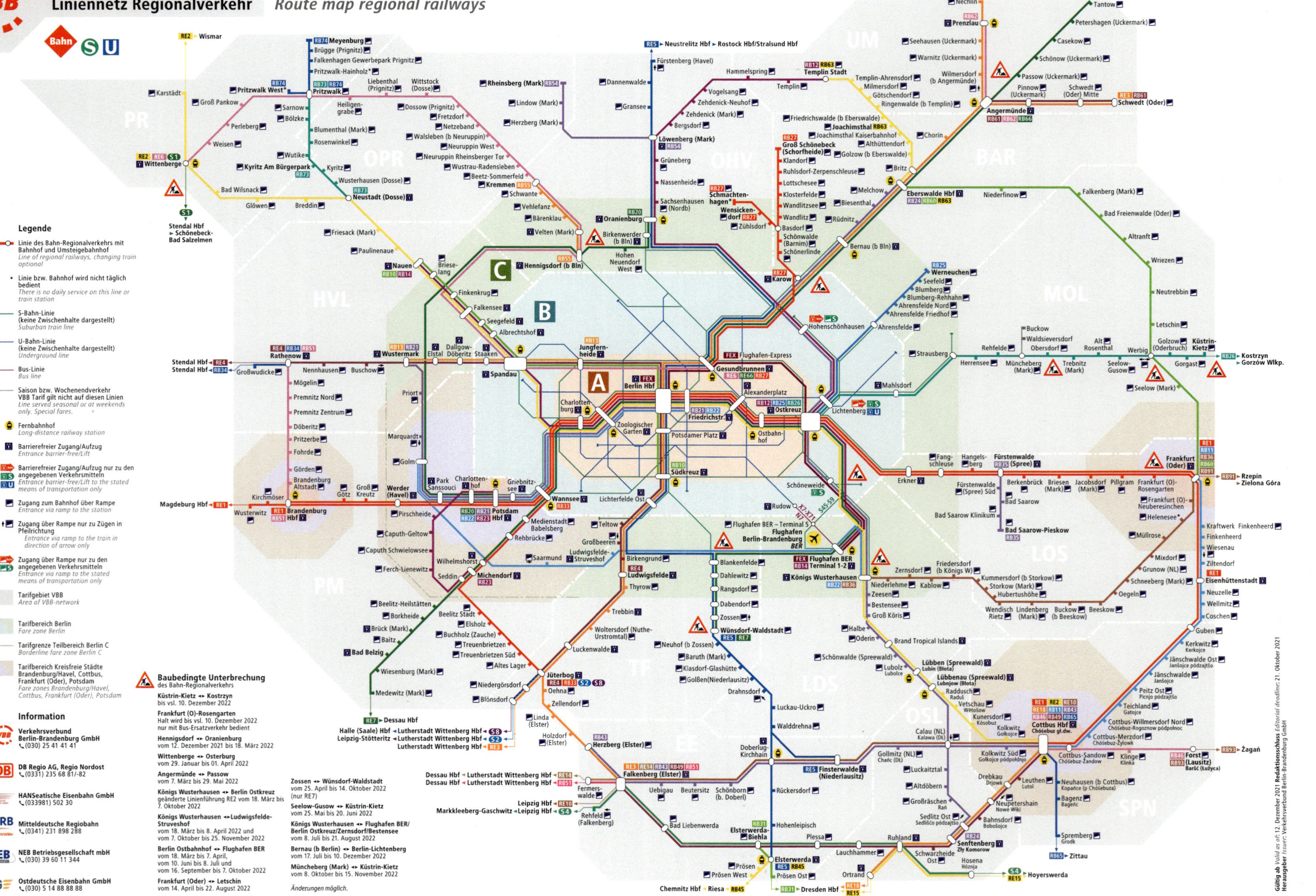
VBB
Brandenburg und Berlin
Liniennetz Regionalverkehr
Route map regional railways
Bahn S U
Legende
Linie des Bahn-Regionalverkehrs mit Bahnhof und Umsteigebahnhof
Line of regional railways, changing train optional
Linie bzw. Bahnhof wird nicht täglich bedient
There is no daily service on this line or train station
S-Bahn-Linie (keine Zwischenhalte dargestellt)
Suburban train line
U-Bahn-Linie (keine Zwischenhalte dargestellt)
Underground line
Bus-Linie
Bus line
Saison bzw. Wochenendverkehr VBB Tarif gilt nicht auf diesen Linien
Line served seasonal or at weekends only. Special fares.
Fernbahnhof
Long-distance railway station
Barrierefreier Zugang/Aufzug
Entrance barrier-free/Lift
Barrierefreier Zugang/Aufzug nur zu den angegebenen Verkehrsmitteln
Entrance barrier-free/Lift to the stated means of transportation only
Zugang zum Bahnhof über Rampe
Entrance via ramp to the station
Zugang über Rampe nur zu Zügen in Pfeilrichtung
Entrance via ramp to the train in direction of arrow only
Zugang über Rampe nur zu den angegebenen Verkehrsmitteln
Entrance via ramp to the stated means of transportation only
Tarifgebiet VBB
Area of VBB-network
Tarifbereich Berlin
Fare zone Berlin
Tarifgrenze Teilbereich Berlin C
Borderline fare zone Berlin C
Tarifbereich Kreisfreie Städte Brandenburg/Havel, Cottbus, Frankfurt (Oder), Potsdam
Fare zones Brandenburg/Havel, Cottbus, Frankfurt (Oder), Potsdam
Information
Verkehrsverbund Berlin-Brandenburg GmbH
(030) 25 41 41 41
DB Regio AG, Regio Nordost
(0331) 235 68 81/-82
HANSeatische Eisenbahn GmbH
(033981) 502 30
Mitteldeutsche Regiobahn
(0341) 231 898 288
NEB Betriebsgesellschaft mbH
(030) 39 60 11 344
Ostdeutsche Eisenbahn GmbH
(030) 5 14 88 88 88
Baubedingte Unterbrechung
des Bahn-Regionalverkehrs
Küstrin-Kietz ↔ Kostrzyn
bis vsl. 10. Dezember 2022
Frankfurt (O)-Rosengarten
Halt wird bis vsl. 10. Dezember 2022 nur mit Bus-Ersatzverkehr bedient
Hennigsdorf ↔ Oranienburg
vom 12. Dezember 2021 bis 18. März 2022
Wittenberge ↔ Osterburg
vom 29. Januar bis 01. April 2022
Angermünde ↔ Passow
vom 7. März bis 29. Mai 2022
Königs Wusterhausen ↔ Berlin Ostkreuz
geänderte Linienführung RE2 vom 18. März bis 7. Oktober 2022
Königs Wusterhausen ↔ Ludwigsfelde-Struveshof
vom 18. März bis 8. April 2022 und vom 7. Oktober bis 25. November 2022
Berlin Ostbahnhof ↔ Flughafen BER
vom 18. März bis 7. April, vom 10. Juni bis 8. Juli und vom 16. September bis 7. Oktober 2022
Frankfurt (Oder) ↔ Letschin
vom 14. April bis 22. August 2022
Zossen ↔ Wünsdorf-Waldstadt
vom 25. April bis 14. Oktober 2022 (nur RE7)
Seelow-Gusow ↔ Küstrin-Kietz
vom 25. Mai bis 20. Juni 2022
Königs Wusterhausen ↔ Flughafen BER/Berlin Ostkreuz/Zernsdorf/Bestensee
vom 8. Juli bis 21. August 2022
Bernau (b Berlin) ↔ Berlin-Lichtenberg
vom 17. Juli bis 10. Dezember 2022
Müncheberg (Mark) ↔ Küstrin-Kietz
vom 8. Oktober bis 15. November 2022
Änderungen möglich.
Gültig ab Valid as of: 12. Dezember 2021 Redaktionsschluss Editorial deadline: 21. Oktober 2021
Herausgeber Issuer: Verkehrsverbund Berlin-Brandenburg GmbH

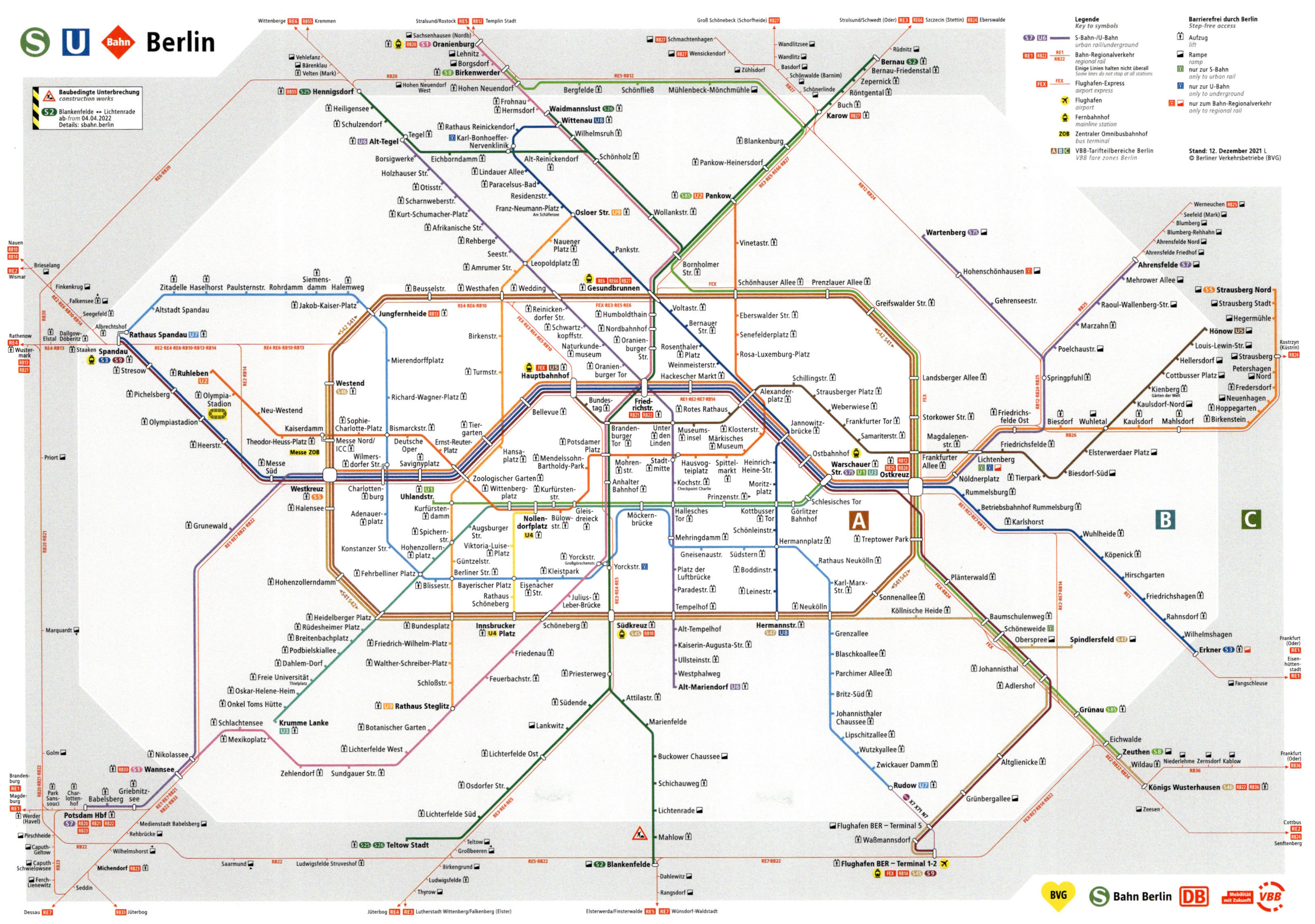

S U Bahn Berlin
Baubedingte Unterbrechung
construction works
S2 Blankenfelde ↔ Lichtenrade
ab-from 04.04.2022
Details: sbahn.berlin
Legende
Key to symbols
S-Bahn-/U-Bahn
urban rail/underground
Bahn-Regionalverkehr
regional rail
Einige Linien halten nicht überall
Some lines do not stop at all stations
Flughafen-Express
airport express
Flughafen
airport
Fernbahnhof
mainline station
Zentraler Omnibusbahnhof
bus terminal
VBB-Tarifteilbereiche Berlin
VBB fare zones Berlin
Barrierefrei durch Berlin
Step-free access
Aufzug
lift
Rampe
ramp
nur zur S-Bahn
only to urban rail
nur zur U-Bahn
only to underground
nur zum Bahn-Regionalverkehr
only to regional rail
Stand: 12. Dezember 2021 L
© Berliner Verkehrsbetriebe (BVG)
A
B
C
BVG
S Bahn Berlin
DB
Mobilität mit Zukunft VBB

Berlin ExpoCenter City

Messegelände
Exhibition Grounds

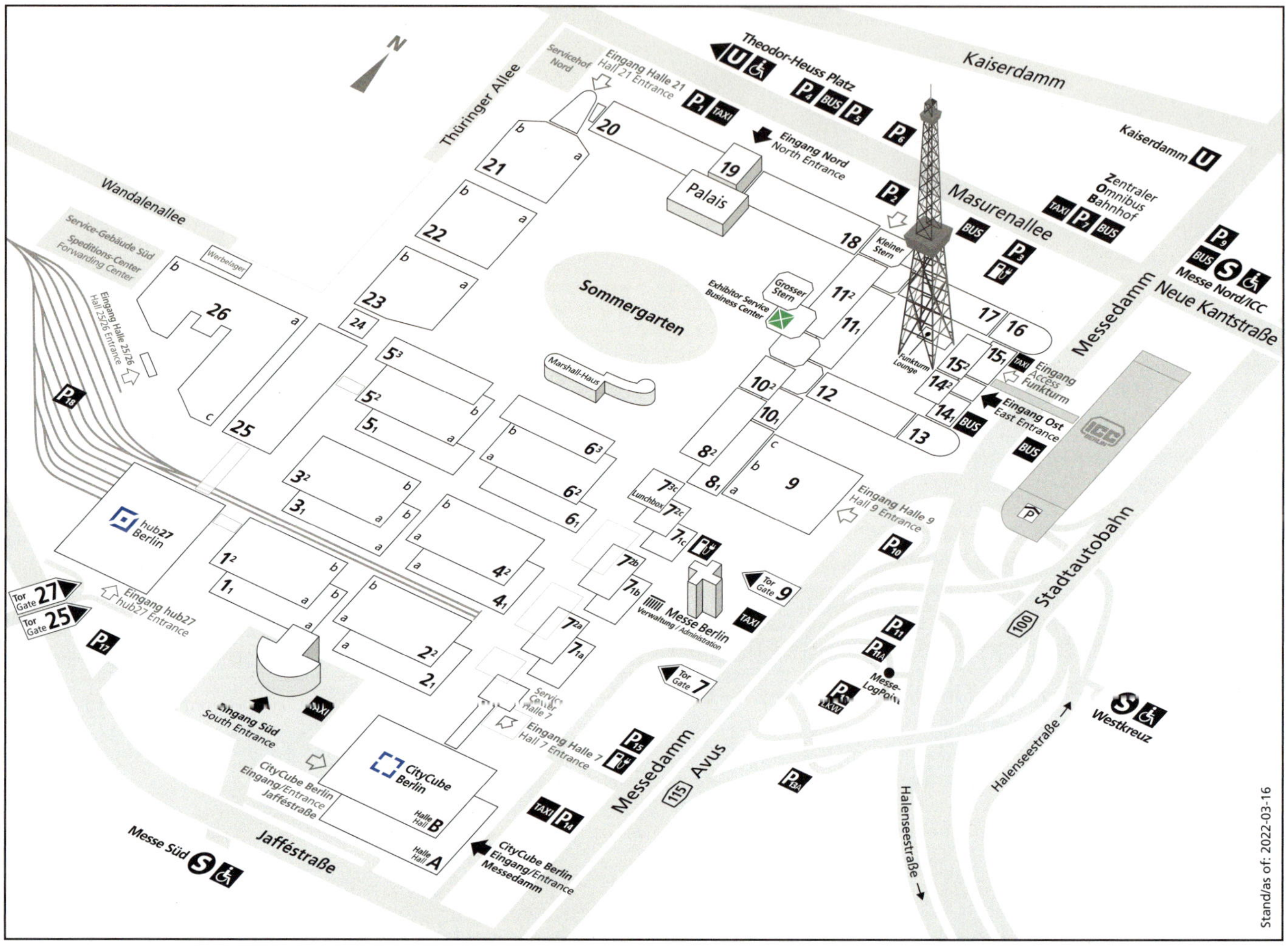

Stand/as of: 2022-03-16

Messe Berlin GmbH · Messedamm 22 · 14055 Berlin · Germany
T +49 30 3038 0 · F +49 30 3038 2325
www.messe-berlin.de · central@messe-berlin.de

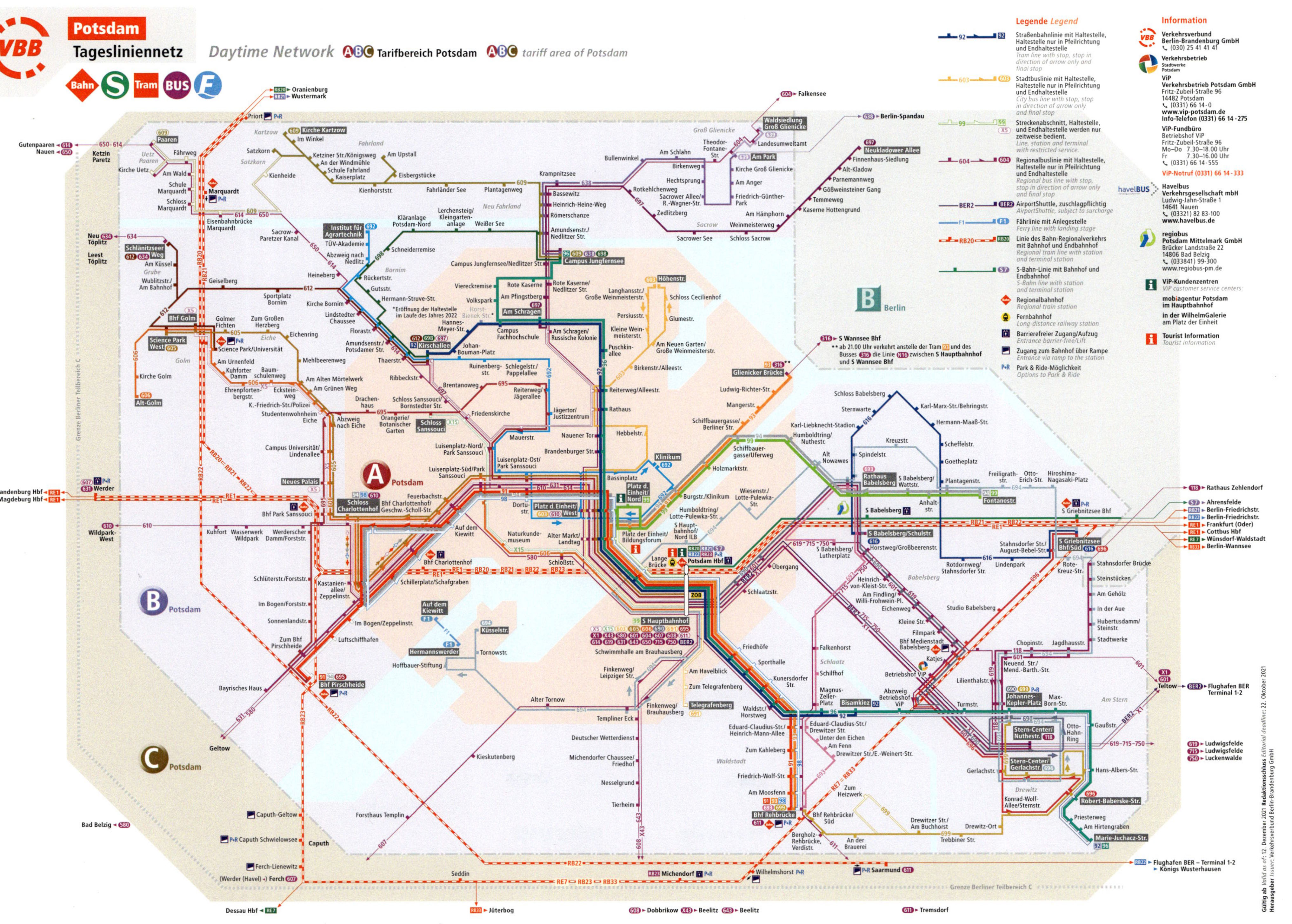
VBB
Potsdam
Tagesliniennetz
Bahn S Tram BUS F
Daytime Network ABC Tarifbereich Potsdam ABC tariff area of Potsdam
Legende Legend
Straßenbahnlinie mit Haltestelle, Haltestelle nur in Pfeilrichtung und Endhaltestelle
Tram line with stop, stop in direction of arrow only and final stop
Stadtbuslinie mit Haltestelle, Haltestelle nur in Pfeilrichtung und Endhaltestelle
City bus line with stop, stop in direction of arrow only and final stop
Streckenabschnitt, Haltestelle, und Endhaltestelle werden nur zeitweise bedient.
Line, station and terminal with restricted service.
Regionalbuslinie mit Haltestelle, Haltestelle nur in Pfeilrichtung und Endhaltestelle
Regional bus line with stop, stop in direction of arrow only and final stop
AirportShuttle, zuschlagpflichtig
AirportShuttle, subject to surcharge
Fährlinie mit Anlegestelle
Ferry line with landing stage
Linie des Bahn-Regionalverkehrs mit Bahnhof und Endbahnhof
Regional train line with station and terminal station
S-Bahn-Linie mit Bahnhof und Endbahnhof
S-Bahn line with station and terminal station
Regionalbahnhof
Regional train station
Fernbahnhof
Long-distance railway station
Barrierefreier Zugang/Aufzug
Entrance barrier-free/Lift
Zugang zum Bahnhof über Rampe
Entrance via ramp to the station
Park & Ride-Möglichkeit
Options to Park & Ride
Information
Verkehrsverbund Berlin-Brandenburg GmbH
(030) 25 41 41 41
Verkehrsbetrieb Stadtwerke Potsdam
ViP
Verkehrsbetrieb Potsdam GmbH
Fritz-Zubeil-Straße 96
14482 Potsdam
(0331) 66 14-0
www.vip-potsdam.de
Info-Telefon (0331) 66 14-275
ViP-Fundbüro
Betriebshof ViP
Fritz-Zubeil-Straße 96
Mo–Do 7.30–18.00 Uhr
Fr 7.30–16.00 Uhr
(0331) 66 14-555
ViP-Notruf (0331) 66 14-333
havelBUS
Havelbus Verkehrsgesellschaft mbH
Ludwig-Jahn-Straße 1
14641 Nauen
(03321) 82 83-100
www.havelbus.de
regiobus
Potsdam Mittelmark GmbH
Brücker Landstraße 22
14806 Bad Belzig
(033841) 99-300
www.regiobus-pm.de
ViP-Kundenzentren
ViP customer service centers:
mobiagentur Potsdam im Hauptbahnhof
in der WilhelmGalerie am Platz der Einheit
Tourist Information
Tourist information
316 S Wannsee Bhf
** ab 21.00 Uhr verkehrt anstelle der Tram 93 und des Busses 316 die Linie N16 zwischen S Hauptbahnhof und S Wannsee Bhf
A Potsdam
B Potsdam
C Potsdam
B Berlin
Grenze Berliner Teilbereich C
Gültig ab Valid as of: 12. Dezember 2021 Redaktionsschluss Editorial deadline: 22. Oktober 2021
Herausgeber Issuer: Verkehrsverbund Berlin-Brandenburg GmbH

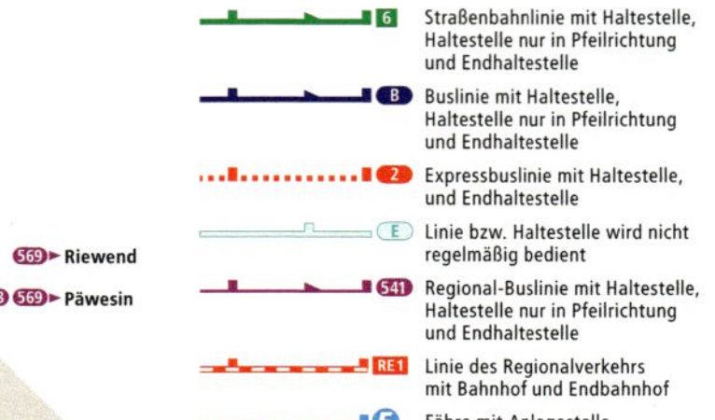

Brandenburg an der Havel

Liniennetz Stadtverkehr

Tram BUS Bahn

Legende

- Straßenbahnlinie mit Haltestelle, Haltestelle nur in Pfeilrichtung und Endhaltestelle
- Buslinie mit Haltestelle, Haltestelle nur in Pfeilrichtung und Endhaltestelle
- Expressbuslinie mit Haltestelle, und Endhaltestelle
- Linie bzw. Haltestelle wird nicht regelmäßig bedient
- Regional-Buslinie mit Haltestelle, Haltestelle nur in Pfeilrichtung und Endhaltestelle
- Linie des Regionalverkehrs mit Bahnhof und Endbahnhof
- Fähre mit Anlegestelle (verkehrt von April bis Oktober)
- Fernbahnhof
- Barrierefreier Zugang/Aufzug nur zu den angegebenen Verkehrsmitteln
- Zugang zur Haltestelle über Rampe
- Zugang zum Bahnhof über Rampe nur zu den angegebenen Verkehrsmitteln
- P+R Park & Ride-Möglichkeit

Information

Verkehrsverbund Berlin-Brandenburg GmbH
(030) 25 41 41 41

Verkehrsbetriebe Brandenburg an der Havel GmbH
Upstallstr. 18
14772 Brandenburg an der Havel
(03381) 53 40

regiobus Potsdam Mittelmark GmbH
Brücker Landstraße 22
14806 Bad Belzig
(033841) 99-300
www.regiobus.pm

Über die Verkehrszeiten informieren Sie sich bitte in den Fahrplänen.

Gültig ab: 3. Januar 2022 **Redaktionsschluss:** 11. Oktober 2021
Herausgeber: Verkehrsverbund Berlin-Brandenburg GmbH

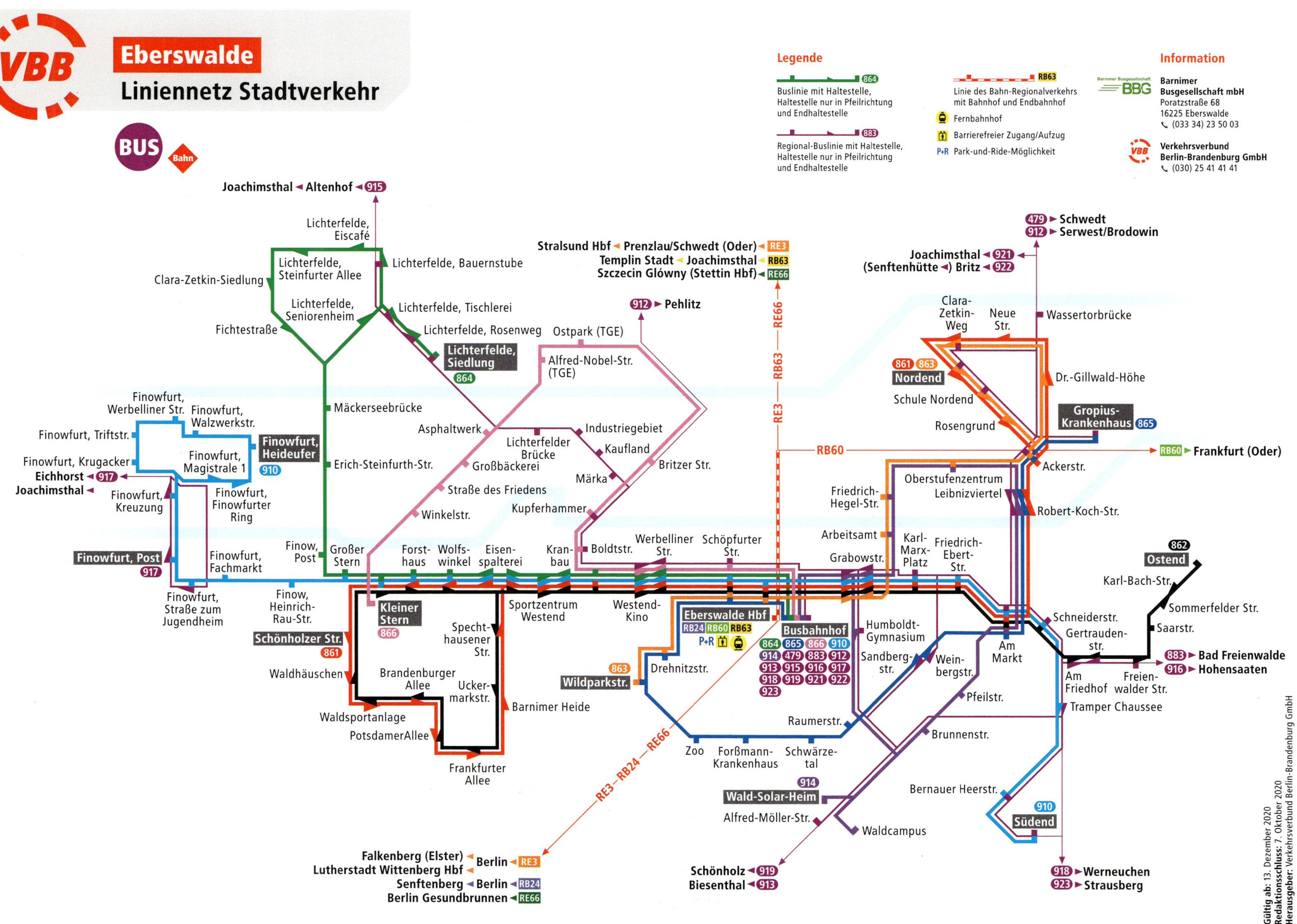

Gültig ab: 13. Dezember 2020
Redaktionsschluss: 7. Oktober 2020
Herausgeber: Verkehrsverbund Berlin-Brandenburg GmbH

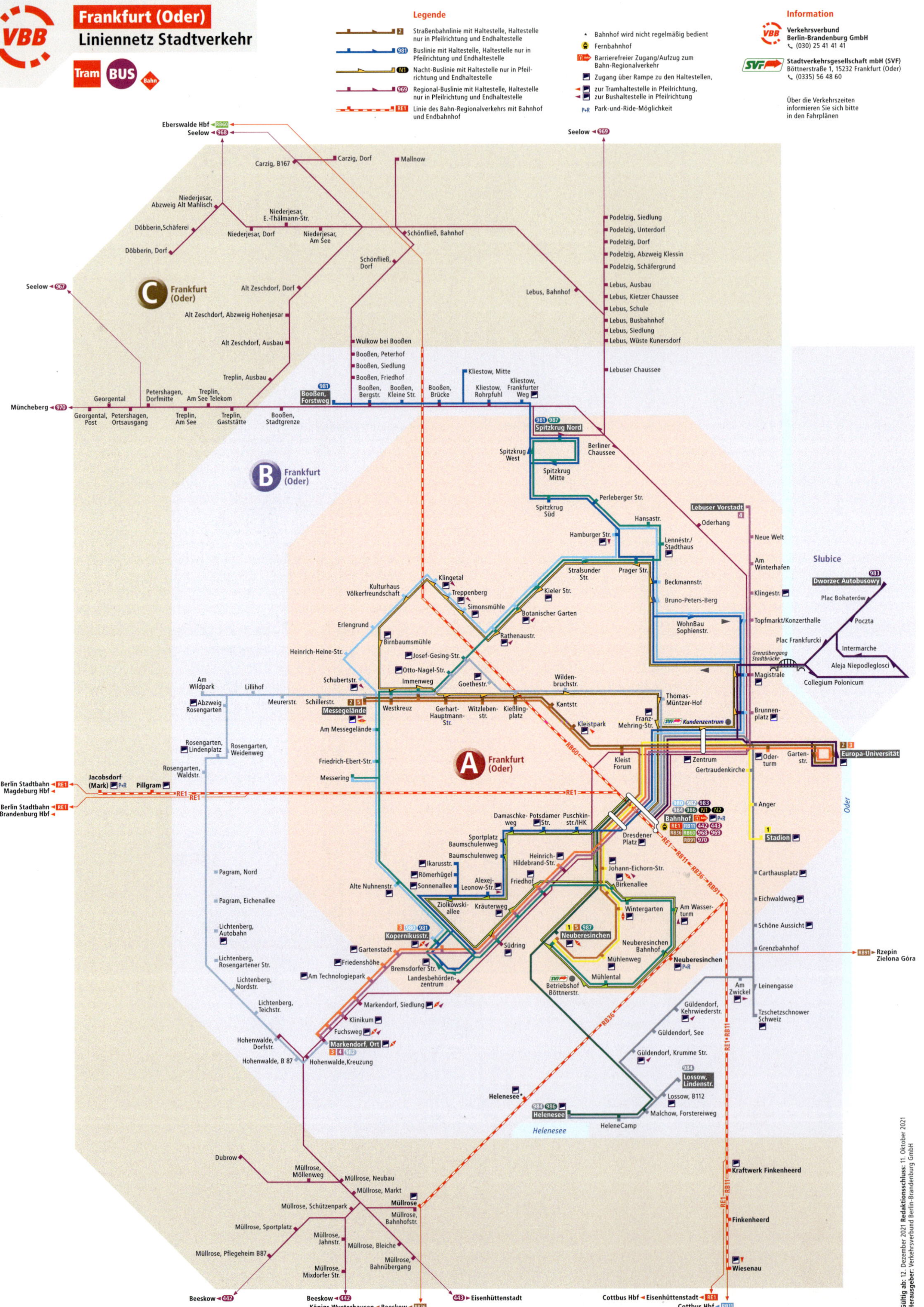
VBB
Frankfurt (Oder)
Liniennetz Stadtverkehr
Tram
BUS
Bahn
Legende
Straßenbahnlinie mit Haltestelle, Haltestelle nur in Pfeilrichtung und Endhaltestelle
Buslinie mit Haltestelle, Haltestelle nur in Pfeilrichtung und Endhaltestelle
Nacht-Buslinie mit Haltestelle, Haltestelle nur in Pfeilrichtung und Endhaltestelle
Regional-Buslinie mit Haltestelle, Haltestelle nur in Pfeilrichtung und Endhaltestelle
Linie des Bahn-Regionalverkehrs mit Bahnhof und Endbahnhof
Bahnhof wird nicht regelmäßig bedient
Fernbahnhof
Barrierefreier Zugang/Aufzug zum Bahn-Regionalverkehr
Zugang über Rampe zu den Haltestellen,
zur Tramhaltestelle in Pfeilrichtung,
zur Bushaltestelle in Pfeilrichtung
P+R Park-und-Ride-Möglichkeit
Information
Verkehrsverbund Berlin-Brandenburg GmbH
(030) 25 41 41 41
SVF
Stadtverkehrsgesellschaft mbH (SVF)
Böttnerstraße 1, 15232 Frankfurt (Oder)
(0335) 56 48 60
Über die Verkehrszeiten informieren Sie sich bitte in den Fahrplänen
Eberswalde Hbf RB60
Seelow 968
Seelow 969
Seelow 967
Müncheberg 970
Carzig, B167
Carzig, Dorf
Mallnow
Niederjesar, Abzweig Alt Mahlisch
Niederjesar, E.-Thälmann-Str.
Döbberin, Schäferei
Niederjesar, Dorf
Niederjesar, Am See
Schönfließ, Bahnhof
Döbberin, Dorf
Schönfließ, Dorf
C Frankfurt (Oder)
Alt Zeschdorf, Dorf
Lebus, Bahnhof
Alt Zeschdorf, Abzweig Hohenjesar
Alt Zeschdorf, Ausbau
Podelzig, Siedlung
Podelzig, Unterdorf
Podelzig, Dorf
Podelzig, Abzweig Klessin
Podelzig, Schäfergrund
Lebus, Ausbau
Lebus, Kietzer Chaussee
Lebus, Schule
Lebus, Busbahnhof
Lebus, Siedlung
Lebus, Wüste Kunersdorf
Lebuser Chaussee
Wulkow bei Booßen
Booßen, Peterhof
Booßen, Siedlung
Booßen, Friedhof
Treplin, Ausbau
Kliestow, Mitte
Georgental
Petershagen, Dorfmitte
Treplin, Am See Telekom
Booßen, Forstweg
Booßen, Bergstr.
Booßen, Kleine Str.
Booßen, Brücke
Kliestow, Rohrpfuhl
Kliestow, Frankfurter Weg
Georgental, Post
Petershagen, Ortsausgang
Treplin, Am See
Treplin, Gaststätte
Booßen, Stadtgrenze
Spitzkrug Nord
Spitzkrug West
Berliner Chaussee
Spitzkrug Mitte
B Frankfurt (Oder)
Perleberger Str.
Spitzkrug Süd
Lebuser Vorstadt
Hansastr.
Oderhang
Hamburger Str.
Lennéstr./Stadthaus
Neue Welt
Am Winterhafen
Słubice
Dworzec Autobusowy
Stralsunder Str.
Prager Str.
Beckmannstr.
Klingetal
Kieler Str.
Kulturhaus Völkerfreundschaft
Treppenberg
Bruno-Peters-Berg
Klingestr.
Plac Bohaterów
Simonsmühle
Botanischer Garten
WohnBau Sophienstr.
Topfmarkt/Konzerthalle
Poczta
Erlengrund
Rathenaustr.
Plac Frankfurcki
Birnbaumsmühle
Intermarche
Heinrich-Heine-Str.
Josef-Gesing-Str.
Grenzübergang Stadtbrücke
Aleja Niepodległości
Otto-Nagel-Str.
Magistrale
Immenweg
Collegium Polonicum
Am Wildpark
Lillihof
Schubertstr.
Goethestr.
Wildenbruchstr.
Abzweig Rosengarten
Meurerstr.
Schillerstr.
Messegelände
Westkreuz
Gerhart-Hauptmann-Str.
Wittleben-str.
Kießlingplatz
Thomas-Müntzer-Hof
Kantstr.
Brunnenplatz
Am Messegelände
Kleistpark
Franz-Mehring-Str.
Kundenzentrum
Rosengarten, Lindenplatz
Rosengarten, Weidenweg
Zentrum
Oderturm
Gartenstr.
Europa-Universität
Rosengarten, Waldstr.
Friedrich-Ebert-Str.
A Frankfurt (Oder)
Kleist Forum
Gertraudenkirche
Berlin Stadtbahn Magdeburg Hbf RE1
Jacobsdorf (Mark) P+R
Pillgram
Messering
Berlin Stadtbahn Brandenburg Hbf RE1
Anger
Oder
Damaschke-weg
Potsdamer Str.
Puschkin-str./IHK
Bahnhof
Stadion
Sportplatz Baumschulenweg
Dresdener Platz
Baumschulenweg
Heinrich-Hildebrand-Str.
Ikarusstr.
Johann-Eichorn-Str.
Carthausplatz
Pagram, Nord
Römerhügel
Birkenallee
Alte Nuhnenstr.
Sonnenallee
Alexej-Leonow-Str.
Friedhof
Eichwaldweg
Pagram, Eichenallee
Ziolkowski-allee
Kräuterweg
Wintergarten
Am Wasserturm
Schöne Aussicht
Lichtenberg, Autobahn
Kopernikusstr.
Neuberesinchen
Südring
Neuberesinchen Bahnhof
Grenzbahnhof
Rzepin Zielona Góra
Gartenstadt
Neuberesinchen P+R
Friedenshöhe
Mühlenweg
Lichtenberg, Rosengartener Str.
Bremsdorfer Str.
Am Technologiepark
Landesbehördenzentrum
Betriebshof Böttnerstr.
Mühlental
Am Zwickel
Leinengasse
Lichtenberg, Nordstr.
Markendorf, Siedlung
Güldendorf, Kehrwiederstr.
Lichtenberg, Teichstr.
Klinikum
Tzschetzschnower Schweiz
Fuchsweg
Güldendorf, See
Hohenwalde, Dorfstr.
Markendorf, Ort
Güldendorf, Krumme Str.
Hohenwalde, B 87
Hohenwalde, Kreuzung
Lossow, Lindenstr.
Helenesee
Lossow, B112
Helenesee
Malchow, Forstereiweg
HeleneCamp
Helenesee
Dubrow
Müllrose, Möllenweg
Müllrose, Neubau
Kraftwerk Finkenheerd
Müllrose, Markt
Müllrose, Schützenpark
Müllrose
Müllrose, Bahnhofstr.
Finkenheerd
Müllrose, Sportplatz
Müllrose, Jahnstr.
Müllrose, Bleiche
Müllrose, Pflegeheim B87
Müllrose, Bahnübergang
Wiesenau
Müllrose, Mixdorfer Str.
Beeskow 442
Beeskow 442
Königs Wusterhausen Beeskow RB36
443 Eisenhüttenstadt
Cottbus Hbf Eisenhüttenstadt RE1
Cottbus Hbf RB11
Gültig ab: 12. Dezember 2021 Redaktionsschluss: 11. Oktober 2021
Herausgeber: Verkehrsverbund Berlin-Brandenburg GmbH

Städte, Stadtteile, Gemeinden und Gemeindeteile des Großraumes Berlin · Potsdam

Die in halbfetter Schrift gedruckten Ortsnamen sind Städte oder selbstständige Gemeinden. Gemeinde- und Ortsteile sind in normaler Schrift aufgeführt. Dahinter steht in Klammern jeweils der Hauptort.

Im Anschluß daran erscheinen die Seitenangaben zum Lokalisieren der Orte oder Ortsteile in den Kartenteilen 1 : 10 000 bzw. 1 : 20 000.

Beispiele:	Stadt/Gemeinde	Seitenangabe
	Ahrensfelde	105, 124, 125
	Kreuzberg (Berlin)	170

Straßenverzeichnis

Bei Städten und Gemeinden mit mehreren Postleitzahlen, erscheint im Verzeichnis vor den Straßennamen die zugehörige Postleitzahl. Ein Strich erscheint vor den Straßen oder Plätzen, die keine PLZ besitzen. Bei Städten oder Gemeinden, die nur eine PLZ besitzen, steht diese jeweils unterhalb des Ortsnamens.

Es folgen Seitenzahl und Suchfeldangabe. Die Suchfeldangaben von Straßen in den Innenstadtplänen werden vorangestellt (S. 34–41).

Aus Platzgründen können in der Karte nicht alle Namen ausgeschrieben werden. Bei enger Bebauung wird anstatt des Namens eine Zahl als Platzhalter gesetzt. Die im Register angegebene Suchfeldangabe bezieht sich auf diese Zahl in Klammern direkt hinter dem Straßennamen (siehe Beispiel unten).

Beispiele:

Postleitzahl	Straßenname	Seitenzahl-Suchfeldangabe
12681	Frank-Zappa-Straße	148-11a
10178	Am Nußbaum (2)	37-G3

Ahrensfelde
PLZ 16356

Altlandsberg
PLZ 15345

Rosenstraße 128-4d
Rosenweg 151-5a

Schäferweg 127-12c
Scheunenviertel 151-3a
Schilfweg 129-3d
Schillerstraße 151-5c
Schlehenpfad 129-2d
Schlehenweg 129-3c
Schlossplatz 151-3a
Schulstraße 152-5a
Schwerinstraße 151-2d
Seeberg-Dorf 151-4c
Seeberger Straße 151-4c
Seeberg-Siedlung 151-5c
Sonnenweg 152-5a
Spitzmühler 128-8d
Spitzmühler Straße 128-8d
Stadtsteig 130-4a
Steinau 127-5d
Steinstraße 151-5d
Straße A 151-2c
Straße B 151-2c
Straße C 151-2c
Straße D 151-2c
Straße der Friedens 151-2d
Straße E 151-2a
Straße F 151-2a
Strausberger Straße 151-3a

Tiefenseer Chaussee 109-12c + 129-3a
Triftweg 127-12c

Ulmenweg 127-6b

Vorwerk 128-7d

Waldallee 151-4b
Waldkante 128-10d
Waldring 152-5a
Waldsiedlung 128-1a
Waldstraße 129-4a
Waldweg 151-5c
Wegendorf 127-6c + 128-4b
Weidenstraße 127-11a
Weidenweg 127-6b
Weißdornstraße 127-11b
Werneuchener Weg 127-11b
Wesendahl 129-4a
Wesendahler Chaussee 129-3c
Wesendahler Mühle 129-4d
Wesendahler Straße 128-8d
Weststraße 151-2c
Wiesengrund 151-5b
Wiesenring 152-5d
Wilhelm-Busch-Straße 151-5d
Wilkendorf 110-12c + 130-2a
Wolfshagen 152-1a

Ziegeleistraße 129-3d
Zum Erlengrund 151-2d
Zum Lindenhof 109-8c
Zum Mühlenfließ 152-2c
Zum Roggenfeld 152-4b
Zur Holzseefe 151-3a
Zur Storchenwiese 151-3c

Am Mellensee
PLZ 15838

Ackerstraße 340-11c
Ahornweg 341-7b
Akazienweg 341-7b
Alexanderdorf 347-3b
Alexanderdorfer Weg 347-3d
Alte Horstfelder Straße 340-9b
Alte Luckenwalder Straße 347-6b
Alte Neuendorfer Straße 349-4a
Am Alten Sportplatz 341-8c
Am Bahnhof Mellensee 341-7c
Am Bahnhof Rehagen 348-3a
Am Busenberg 348-3c
Am Denkmalplatz 349-4a
Am Echsenring 348-2d
Am Friedhof 341-8c
Am Gamelberg 341-7b
Am Grenzwald 348-3b
Am Kaffeegraben 348-4b
Am Kiefernwald 341-10c
Am Koderberg 349-1d
Am Luch 349-4b
Am Mittelweg 341-10a
Am Mühlenberg 348-1c
Am Neuendorfer See 348-9c
Am Niederfließ 348-8a
Am Park 348-3b
Am See 341-10c
Am Seeweg 341-10c
Amselweg 340-9b
Am Sportplatz 348-1d
Am Teich 340-9b
Am Umspannwerk 1 348-6b
Am Waldblick 341-10a
Am Wildpark 341-10a
An der Dorfaue 348-12d
An der Feuerwache 349-4a
An der Reheide 348-2b
An der Wolfsheide 348-5d
An der Ziegelei 349-1a
Ausbau 349-4b

Bahnhofsallee 341-7c
Bahnstraße 348-8a
Baruther Landstraße 348-8d
Baruther Straße 349-4b
Bergstraße 348-4a
Birkenstrauchweg 348-5c
Birkenweg 341-8a
Blumenweg 348-2b

Chausseestraße 348-2b

Dorfaue (Klausdorf) 349-4b
Dorfaue Saalow 340-8b
Dorfstraße (Fernneuendorf) 348-12d
Dorfstraße Saalow 340-8b
Drosselngang 348-3b
Drosselstieg 340-9b
Dümpelweg 348-8c

Ebereschenallee 348-3b
Eichenweg 348-2b
Eichhornkobel (2) 341-10c
Elsternstieg 348-3b

Fasanenstraße 340-9b
Fasanenweg 341-7b
Feldgasse 340-8b
Feldweg 348-1c
Fernneuendorf 349-10c
Fernneuendorfer Straße 348-12d
Fichtestraße 341-8c
Finkenschlag 341-10c
Friedenstraße 341-8c
Friedhofsweg 340-8b
Fuchsbau 341-10c

Gadsdorf 339-9c
Gadsdorfer Straße 339-9c
Ganswindstraße 340-9b
Gipsstraße 348-8b
Gipsweg 349-1c
Goethestraße 348-8b
Gottower Weg 348-11d
Grenzweg 340-9b
Grüner Weg 348-2a

Hanschenland 349-5d
Hasensprung 340-12d
Hauptstraße 341-7d
Hechtseestraße 340-9a
Heidekamp 340-12d
Heideteich 340-12b
Hohe Föhren 341-10c
Horstfelder Straße 340-9a
Horstweg 348-2b
Horstweg Saalow 340-8b

Jugendheimweg 348-4a

Karl-Fiedler-Straße 348-8b
Kieferallee 341-8a
Klausdorf 349-4b
Klausdorfer Chaussee 348-8b
Klausdorfer Straße 341-10a
Klausdorfer Weg 348-12d + 349-10c
Klosterstraße 347-3d
Kühler Grund 348-3b
Küsterweg (1) 348-8a
Kummersdorf 348-4a
Kummersdorf-Alexanderdorf 348-1c

Lichtentann 341-10c + 348-3b
Lietzenweg (1) 341-10c
Lindenweg 341-7b
Luchstückenweg 348-5d
Luckenwalde Straße 340-12b
Lücke 340-9a
Lüdersdorfer Straße 347-3d

Meisengang 341-10c
Mellensee 341-8c
Mellenseestraße 340-9a
Milzedamm 340-9d
Mittelweg (Klausdorf) (1) 349-4b
Mokeweg 341-7b
Mühlenberg 340-8b
Mühlenweg 348-8b

Nachtbuchtweg 339-12a
Neuendorfer Straße 348-8d
Neues Land 349-5c
Neue Zossener Straße 348-2b

Pappelallee 349-1a
Parkstraße 348-4a
Postlücke 348-8b
Poststraße 349-1c
Puschkinstraße 348-8a

Rehagen 348-2a
Rehagener Bahnhofstraße 348-2b
Rehagener Dorfaue 348-2a
Rehagener Hauptstraße 348-2a
Rehagener Straße 348-4b
Rehagener Weg 340-9c
Richterstraße 340-12b

Saalow 340-9a
Saalower Allee 340-9d
Saalower Straße 348-2a
Schadowstraße 340-9b
Schmidtstraße 340-12d
Schünower Weg (Gadsdorf) 339-9d
Schünower Weg (Saalow) 340-5d
Schulstraße (Kummersdorf-Alexanderdorf) 348-4a
Schulstraße Saalow 340-9a
Schumkastraße 348-4a
Schwarzer Weg 341-10a
Seestraße (Sperenberg) 348-8d
Seeweg 348-12a
Siedlung 347-3d
Sonnenland 348-3b
Sperenberg 348-8b
Sperenberger Straße 348-4b
Straße der Freundschaft 348-8b
Straße nach Wünsdorf 349-1d

Trebbiner Straße 348-5c

Uferpromenade 341-7d
Unter Birken 348-3b

Vogelsang 348-3b
Vogelsangstraße 340-9b

Waldesweben 340-12d
Waldkater 348-2c
Waldstraße 341-8c
Waldweg 348-4a
Wehrdamm 341-5d
Weinbergsweg (2) 348-8b
Wiesenweg 348-8a
Winkelweg 341-8c
Wünsdorfer Straße 341-8c

Ziegelstraße 348-2b
Zossener Allee 348-5d
Zossener Chaussee 341-8c
Zossener Straße 341-10c
Zum Kietz 339-9c
Zum Strandbad Mellensee 341-10b
Zur Bergstraße 349-4b
Zur Quelle 349-4b
Zur Siedlung 339-9c

Bad Freienwalde (Oder)
PLZ 16259

Ackerbürgerring 56-11b
Adolf-Bräutigam-Straße 38-B3 + 56-7d
Alaunwerk 55-8b
Albert-Schweitzer-Platz 38-B3
Alte Heerstraße 57-10c
Altkietz 55-9b + 56-7a
Altkietzer Brücke 38-A1
Altranfter Straße 56-12a
Alttornow 38-B2 + 56-7b
Alttornower Ausbau 56-8a
Alttornower Siedlung 56-8a
Am Alten Bushof 56-8d
Am Alten Reiterplatz 56-11b
Am Anger 57-10c
Am Bahndamm 56-8b
Am Bahnhof 38-B1 + 56-4d
Am Düsteren Grund (3) 55-12b
Am Fährkrug 56-1d
Am Finkenberg 56-7c
Am Grünen Weg 55-12d
Am Hain 57-10d
Am Kleinbahnhof 38-A1 + 56-4d
Am Polderdamm 38-B1 + 56-4d
Am Ranfter Feld 56-8c
Am Sandfang 38-A1
Am Saugrund 56-7c
Am Scheunenberg 56-8a
Am Schlosspark 56-7c
Am Schwimmbad 56-8c
Am Sparrenbusch 55-12b
Am Sportplatz 57-10a
Amtsstraße 38-A2
Am Waldrand 57-10d
Am Weidendamm 56-4d
Am Weidendamm (Neukietz) 56-1d
An der Alten Oder 56-1d
An der Königshöhe 56-7c
August-Bebel-Straße 56-7c
August-Heese-Straße 56-7c

Bahnhofstraße 38-A1 + 56-7b
Bahnwärterhaus 55-5d
Bauernwinkel (1) 56-11b
Beethovenstraße 56-8c
Bergkolonie 56-2b
Bergschmidthof 56-12d
Berliner Straße 38-A3 + 55-12c + 56-7d
Birnbaumweg 56-11b
Brandfichtenweg 55-12c
Brandfichtenweg (2) 55-12c
Brückensteg 56-8d
Brückenstraße 38-B2 + 56-7b

Chausseehaus 55-5d

Dachsbau 56-11b
Dammhaus 56-5a
Danckelmannstraße 55-12c
Deichhof 56-8a
Deutschmannsgrund 56-10c
Dr.-Gründler-Straße 55-12c
Dr.-Max-Kienitz-Weg 55-9d
Dorfstraße (Neukietz) 56-1d

Eberswalder Straße 55-9a
Eduardshof 56-4d

Feldstraße 56-12a
Fichtenweg 56-9c
Fischerstraße 38-A2 + 56-7b
Fischweg 55-9c
Flemmingsau 57-7a
Fliederweg 56-11b
Fontaneplatz 56-7d
Fontanestraße 56-7c
Fontane Wanderweg 55-9d
Frankfurter Straße 56-8d
Frankfurter Straße Ausbau 56-8d
Friedensstraße 38-B3 + 56-7b
Friedensstraße (Altranft) 56-12b
Fürstensteig 56-10a

Gärtnereiweg 56-12d
Gartenstraße 38-B3 + 56-7d
Georgenkirchstraße 38-A2
Gesundbrunnenstraße 38-A3 + 56-7d
Gewerbepark Schamotte 38-A1 + 56-4c
Goethestraße 38-B3 + 56-7d
Grüner Weg 55-12c
Grünstraße 38-A2 + 56-7b
Gustav-Schüler-Straße (1) 55-12d

Hagenstraße 38-B3 + 56-7d
Hainbuchenweg 56-12d
Hammerthal 55-9c
Handwerkerweg 56-4c
Heilige Hallen 55-12b
Herrenwiese 57-1c

Johannisstraße 38-A2
Judentreppe (1) 38-A2
Jungfernloch 56-4d

Kanalstraße 38-A2 + 56-7a
Karl-Marx-Straße 38-A2 + 56-7b
Karl-Weise-Straße 56-7d
Kleine Straße 57-10d
Königin-Luise-Steig 56-10c
Königstraße 38-A2 + 56-7b
Kühnemannweg 56-10c
Kurze Straße (2) 38-A2

Landgrabenpromenade 38-A1
Lange Wiese 57-10c
Lindekes Loos 56-5c
Linsingenstraße 38-B3 + 56-7d

Malche 55-8b
Maltzanstraße 56-7c
Marktplatz 38-A2 + 56-7a
Meisenberg 55-9d
Melcherstraße 38-A3 + 56-7d
Mittelstraße 38-A2
Mühlengasse 38-A3
Mühlenstraße (Altranft) 57-10a

Neue Bergstraße 38-A2
Neukietz 56-2c
Neutornow 56-3a

Pappelweg 56-11b
Pfenniggasse 38-B2
Platz der Jugend 56-8c
Poststraße 57-10c

Querweg 56-10c

Rathenaustraße 38-A2
Ringstraße 38-B3 + 56-8a
Rosmarinstraße 38-A2 + 56-7a
Rotdornweg 57-10c

Schamottering 38-A1
Scheunenstraße 38-B3 + 56-7d
Schiffmühle 56-2b
Schiffmühler Straße 38-A3 + 56-5c
Schlosspark 38-A3 + 56-7a
Schloßstraße 57-10a
Schneiderstraße 57-10c
Schulstraße (Altranft) 57-10c
Siebenhügelweg 56-10a
Sonnenburger Straße 56-7d
Stadtrandsiedlung 56-11b

Tornower Straße 38-A2 + 56-7b

Uchtenhagenstraße 38-A2 + 56-7a

Victor-Blüthgen-Straße 38-B3
Violinengasse (3) 38-A2
Von-Diemar-Weg 56-7d

Waldstadt (Sparrenbusch) 55-12b
Waldstraße 56-11a
Wasserstraße 38-A1 + 56-7b
Weg an der Bahn 38-A1
Weinbergstraße 56-7a
Wendtshof 55-3c
Wendtshofer Weg 56-4c
Wiesengrund 56-8c
Wriezener Straße 38-B3 + 56-7d

Zuckerfabrik 57-7d
Zur Eiche 56-12b
Zur Tenne (2) 56-11b

Bad Saarow
PLZ 15526

Ahornallee 315-2a
Akazienweg 315-2d
Alte Dorfstraße 279-8d
Alte Eichen 315-4d
Alte Fürstenwalder Straße 279-8d
Alte Reichenwalder Straße 315-7a
Alte Saarower Straße 279-11b
Alte Straße 280-10a
Am Birkengrund 315-6c
Am Dachsberg 315-10d
Am Dorfberg 279-8d
Am Dudel 279-11d
Am Fuchsbau 279-5d
Am Golfplatz 315-10c
Am Graben 315-2b
Am Güterbahnhof 315-2b
Am Karpfenteich 279-9a
Am Kurpark 315-2b
Am Lärchengrund 315-6c
Am Schloßberg 279-12d
Am See 279-8d
Amselweg 315-10b
Am Theresienhof 315-9c
Am Weinberg 315-4b
Am Zaunberg 314-6d
An den Rehwiesen 315-1a
Annenhofer Weg 315-9a
Ausbau 280-10b

Bad Saarow-Mitte 315-2a
Bahnhofsplatz (1) 315-2b
Bahnhofstraße 315-9a
Beethovenstraße 315-7d
Bergstraße 280-10a
Birkenring 279-12d
Birkenweg 315-4b
Büdnerweg 279-8b

Cecilienpark 315-5b
Chausseestraße 279-12d

Diensdorfer Straße 315-9a
Diensdorfer Weg 315-9c
Dorfstraße 315-8b
Drosselweg 315-7d
Dürerstraße 315-10d

Edisonstraße 315-11a

Fasanenstraße 315-7b
Faunstraße 315-11a
Fontanepark 315-4b
Forsthausstraße 315-5b
Franz-Schubert-Straße 315-7b
Friedhofsweg 315-1c
Friedrich-Engels-Damm 315-7b
Fuchsbau 279-5d
Fürstenwalder Chaussee 279-11b
Fürstenwalder Straße 280-10a

Geschwister-Scholl-Straße 315-3a
Goethestraße 315-5d
Golmer Straße 279-12d + 315-2b

Heidestraße 315-1d
Heideweg 280-10a
Hermann-Duncker-Straße 315-9a
Hubertusweg 315-5b
Humboldtstraße 315-11a

Jägerstraße 315-3a

Karl-Marx-Damm 315-2d
Kastanienallee 315-9a
Kirchstraße 315-2a
Kleistpark 315-4b
Kolpiner Straße 314-3b

Langewahler Straße 280-7c
Lindenstraße 315-1d

Marie-Luise-Steg 315-2a
Marienhöhe 315-1c
Marienhöher Weg 314-3d
Maxim-Gorki-Straße 315-2d
Meckerndorfer Ring (1) 315-9a
Meckerndorfer Straße 315-9a
Meckerndorfer Weg 315-9c
Moorstraße 315-2b
Mozartweg 315-4d

Neue Straße 315-1d
Neu Golm 279-12b + 280-10c
Neu Golmer Straße 279-8d
Neu Golmer Waldweg 315-9a
Neu Golmer Weg 279-6c
Nymphenstraße 315-11a

Parkallee 335-1c
Parkstraße 315-1d
Petersdorf 279-8c
Petersdorfer Weg 279-12a
Philipp-Müller-Straße 315-3a
Pieskow 315-9d
Pieskower Straße 315-2b
Platanenstraße 315-1d

Rabenfelde 280-7c
Regattastraße 315-4d
Reichenwalder Straße 315-4c
Ringstraße 315-2b
Robert-Koch-Straße 315-5b

Saarow Dorf 315-4c
Saarower Chaussee 279-11b
Saarow Strand 315-11a
Schliemannweg 315-8b
Schulstraße 315-2d
Schwarzer Weg 315-8b
Seeallee 335-1b
Seestraße 315-2a
Silberberg 315-10c
Silberberger Chaussee 315-10c
Silberberger Straße 315-1d
Steinstraße 315-2d
Strandstraße 315-10b

Thälmannstraße 315-7b
Theresienhof 315-9c
Trift 315-9c

Uferstraße 315-4b
Uferweg 315-9c
Ulmenstraße 315-2a
Umgehungsstraße 315-2a

Waldweg 315-3a
Weinbergsring 315-4c
Wendenstraße 315-11c
Werlstraße 315-7d
Wilmersdorfer Eck 315-9a
Wilmersdorfer Straße 315-9a

Zum Schwedenhaus (2) 315-9c
Zum Seebad 279-9a
Zum Weinberg 279-9a

Beelitz
PLZ 14547

Ahornstraße 316-2c
Ahornweg 317-7a
Akazienweg 317-7d
Alferter Straße 318-10c
Amalienstraße 316-5c
Am Buchensteig 317-7a
Am Kiefernsteg 316-2c
Am Lindensteg 317-7b
Am Lönsberg 316-1b
Am Markt (4) 316-2c
Am Robiniensteg 317-7a
Am Schwarzen Weg 317-7d
Amselweg 317-12b
Am Steingarten (3) 316-2c
Am Waldesrand 316-10c
An der Heilstättenbahn 317-7a
An der Kiesgrube 316-2c
Ansiedlung 318-7d
August-Bebel-Straße 316-3c

Beelitzer Straße 316-5b
Beelitz-Heilstätten 317-7b
Bekkerstraße 318-10c
Bergstraße 317-12a
Berliner Allee 316-2c
Berliner Straße (Beelitz) 318-10c
Birkenweg 316-2c
Bliesendorfer Weg 296-11c
Brücker Straße 316-8a + 317-11d
Buchenweg (Fichtenwalde) 316-2c

Carl-von-Ossietzky-Straße 317-12a
Charlottenburger Straße 316-1d

Damfeld 318-7c
Dr.-Hermann-Straße 317-4c
Drosselweg 317-12a

Ebereschenweg 316-2c
Eckenerstraße 317-12c
Eibenstraße 316-2c
Eichendorff-Straße 316-1b
Eichenstraße 316-2c
Elsterweg 317-11b
Erlengrund 318-10b
Erlenweg 316-2d
Eschenweg 317-7b

Falkenweg 317-12a
Fasanenring 296-11a
Fasanenstraße 317-11b
Fercher 316-10c
Fercher Straße (Fichtenwalde) 316-6a

Fercher Straße (Klaistow) 316-1a
Fercher Weg (Beelitz) 318-10a
Fichtenweg 316-5a
Finkenstraße 317-11b
Finnenhaus 317-7d
Fontaneweg 318-10a
Friedrich-Engels-Straße 316-2d
Friedrichshof 317-11d
Fritz-Reuter-Straße (8) 317-12c
Fuchssteg 317-12b

Glindower Straße 316-1a

Habichtsweg 317-11b
Heidelandstraße 317-12a
Heinrich-Heine-Straße 316-2a
Hermann-Köhl-Straße 317-12c
Hermann-Löns-Straße (Beelitz) 317-12b
Hirschsprung 296-11d
Holunderweg 317-7d
Husarenallee 317-11b

Immanuel-Kant-Straße 316-1b

Jahnstraße 317-12d

Kähnsdorfer Weg 318-7d
Käuzchenweg (6) 317-12a
Kaniner Straße (Fichtenwalde) 316-1c
Kantstraße (Beelitz) 317-11d
Karl-Liebknecht-Straße 317-12d
Karl-Marx-Straße (Beelitz) 317-11b
Kastaniensteg (1) 316-2c
Kemmeter Weg 318-7a
Kiebitzweg (1) 317-12a
Kiefernweg (Beelitz) 317-12c
Kietz 318-12a
Klaistow 316-1a
Klaistower Straße 316-1d
Kleiner Anger 318-10c
Köhlerstraße 316-3c
Körzin 336-1c
Krobshof 317-12d
Kuckucksweg 317-11b

Lärchenweg (Beelitz) 318-7c
Lessingstraße 316-1b
Lichterfelder Straße 316-4b
Lindenweg (Fichtenwalde) 316-2c

Marktplatz 316-2c
Meisenweg (4) 317-12a
Mittelstraße 316-5a
Montepulcianoweg 318-10c

Pappelweg 316-2c
Paracelsus Ring 317-4c
Poetenweg 316-2a
Pornicweg 318-10c
Potsdamer Straße 316-2b

Ratinger Straße 318-10c
Rebhuhnweg (7) 317-11b
Ringstraße 318-10c
Robert-Koch-Straße 317-12d
Robinienweg (Fichtenwalde) 316-2c
Rosenstraße 316-2b
Rotkehlchenweg (2) 317-12a
Rüsterweg 316-2d
Rummelsborner Weg 316-4b

Schillerstraße 317-12c
Schlunkendorf 318-12a
Schlunkendorfer Straße 318-10a
Schlunkendorfer Weg 318-10d
Schlunkendorfer Siedlung 318-8a
Schmerberger Straße 316-2b
Schöneberger Straße (Fichtenwalde) 316-5c
Schulstraße 316-2d
Schwalbenweg (3) 317-12a
Siebenbrüderweg 317-11c
Siedlung 318-8a
Sperberweg (5) 317-12a
Sperlingsweg 317-12a
Steglitzer Straße 316-1d
Steinweg 296-11c
Straße am Bahnhof 317-7b
Straße der Einheit 316-2d
Straße des Aufbaus 318-10c
Straße nach Fichtenwalde 317-4c

Tannenweg (2) 316-2d
Tempelhofer Straße 316-5d
Thälmannstraße 317-12c
Theodor-Storm-Straße (9) 317-12c
Tulpenstraße 316-2b

Uhlandstraße 296-11c
Uhlandweg 317-12c
Uhlenhorstweg 317-11b
Ulmenweg 316-2c

Virchowstraße 317-12d

Waldstraße 317-12a
Weidenweg (5) 316-2c
Weinbergstraße 318-10a
Wilmersdorfer Straße 316-1d
Wolfsschlucht 296-11c

Zehlendorfer Straße 316-5a
Zeppelinstraße 317-12c
Zum Bahnhof 317-12d
Zur Feldscheune 318-10a

Beetzsee
PLZ 14778

Am Seehof 218-3b
An der Brielower Aue 218-2d

Birkenbruch 218-3c
Buchenweg 218-2b
Bungalowsiedlung I und II 218-3b

Feldweg 218-2a

Gewerbegebiet Süd 218-2b

Kiefernweg 218-3a

Nelkenweg 218-2d

Rosenweg 218-2b

Taubenstraße 218-3a
Tulpenweg 218-2b

Beetzseeheide
PLZ 14778

Bäckerstraße 184-1c
Bungalowstraße 184-4a

Ketzür 184-1d
Ketzürer Dorfstraße 184-1c

Unter den Linden 184-1c

Beiersdorf-Freudenberg
PLZ 16259

An der Försterei 90-4b

Beiersdorf 90-8a
Beiersdorf Ausbau 90-11c + 108-2b

Dorfstraße 90-6d

Freudenberg 90-6c

Hauptstraße 90-7b

Kurze Straße (2) 90-7b

Landstraße 90-6c
Lindenstraße (1) 90-8a

Ringstraße 90-7b

Siedlung 90-8c
Straße der Jugend 90-7b

Taschenberg 90-8a

Weinbergstraße 90-3d

Bensdorf
PLZ 14789

Am Alten Kanal 252-1c
Am Neuen Kanal 252-4a
Am Wendsee 252-4b

Dorfstraße 252-1a
Dorotheenhof 252-1d

Plauer Straße 252-1a

Tiergarten 252-4a

Woltersdorf 252-1a
Wusterwitzer Straße 252-1a

Zum Dorotheenhof 252-1c

Berkenbrück
PLZ 15518

Am Dehmsee 281-2b
Am Eichenhain 244-12a
An der Eismiete 244-12b
An der Schlehenhecke 244-12b
August-Bebel-Straße 245-7c

Bahnhofstraße 244-12b
Buchenweg 244-12b
Bunitzstraße 244-12d

Demnitzer Landstraße 245-7c
Dorfstraße 244-12d
Falkenberger Chaussee 245-7c
Fichtenweg 245-7c
Forststraße 244-12d
Frankfurter Straße 244-12d
Fürstenwalder Straße 244-12a

Haasenloos 245-7c

Kastanienallee 244-12b

Lindenstraße 244-12b

Parkstraße 244-12a
Pflaumenweg 244-12d

Roter Krug 281-1a

Schulgasse 244-12b
Steinhöfeler Straße 244-6d
Steinhöfeler Weg 244-12b
Steinhöfeler Weg am Fließ 244-12b

Waldweg 244-12d
Wilhelm-Pieck-Straße 244-12a
Wilhelmstraße 244-12a
Wohngebiet „Demnitzer Straße" 244-12b
Wohngebiet „Eismiete" 244-12b

Berlin

Abkürzungen:
Adlhf. = Adlershof
Alt.Tr. = Alt-Treptow
Altgl. = Altglienicke
Alt-Hschönhs. = Alt-Hohenschönhausen
Baumsch. = Baumschulenweg
Biesdf. = Biesdorf
Blankenbg. = Blankenburg
Blankfde. = Blankenfelde
Bohnsdf. = Bohnsdorf
Borsigw. = Borsigwalde
Buck. = Buckow
Charlbg. = Charlottenburg
Dahl. = Dahlem
Falkbg. = Falkenberg
Fr. Buchhz. = Französisch Buchholz
Friedhg. = Friedrichshagen
Friedhn. = Friedrichshain
Friedn. = Friedenau
Friedrfde. = Friedrichsfelde
Frohn. = Frohnau
Gesndbr. = Gesundbrunnen
Grün. = Grünau
Grwld. = Grunewald
Halens. = Halensee
Hansav. = Hansaviertel
Haselh. = Haselhorst
Heiligs. = Heiligensee
Heindf. = Heinersdorf
Helldf. = Hellersdorf
Hermsdf. = Hermsdorf
Hesswkl. = Hessenwinkel
Hschönhs. = Hohenschönhausen
Johsth. = Johannisthal
Karlsh. = Karlshorst
Kaulsdf. = Kaulsdorf
Klad. = Kladow
Köp. = Köpenick
Konrdsh. = Konradshöhe
Kreuzbg. = Kreuzberg
Lankw. = Lankwitz
Lichtbg. = Lichtenberg
Lichtfde. = Lichterfelde
Lichtrde. = Lichtenrade
Lüb. = Lübars
Mahlsdf. = Mahlsdorf
Malch. = Malchow
Mardf. = Mariendorf
Marfde. = Marienfelde
Marz. = Marzahn
Moab. = Moabit
Müggh m. = Müggelheim
Nkln. = Neukölln
Nklsee. = Nikolassee
Nschönhs. = Niederschönhausen
Nschönwde. = Niederschöneweide
Oberschönwde. = Oberschöneweide
Pank. = Pankow
Pl'ntw. = Plänterwald
Prenzl.Bg. = Prenzlauer Berg
Rahnsdf. = Rahnsdorf
Reindf. = Reinickendorf
Rosnth. = Rosenthal
Schbg. = Schöneberg
Schmargdf. = Schmargendorf
Schmöckw. = Schmöckwitz
Siemst. = Siemensstadt
Spand. = Spandau
Staak. = Staaken
Stegl. = Steglitz
Steinst. = Steinstücken
Teg. = Tegel
Tiergt. = Tiergarten
Tphf. = Tempelhof
Waidml. = Waidmannslust
Wanns. = Wannsee
Wartbg. = Wartenberg
Wedd. = Wedding
Weiß. = Weißensee
Wilmdf. = Wilmersdorf
Witten. = Wittenau
Zehldf. = Zehlendorf

10713 Aachener Straße 195-1b
13587 Aalemannsteg 143-5b
13587 Aalemannufer 143-5a
10439 Aalesunder Straße (1) 146-8b
12589 Aalstieg 201-7d
12205 Aarauer Straße 230-3b
12205 Aarberger Straße (8) 231-1a
13158 Abajstraße 122-10b
10587 Abbestraße 34-D2 + 169-4b
12109 Abendrot (Kleingtkol.) 196-8b
12307 Abendrotweg 232-8d
14167 Abendruh (Lichtfde.) (Kleingtkol.) 230-3a
12489 Abram-Joffe-Straße 198-12a
14193 Abstellbahnhof (Kleingtkol.) 194-1a
– Abteibrücke 171-12b
12489 Abtstraße 198-12b
12559 Abtweiler Straße 237-1a
12621 Achardstraße 173-5c
13585 Achenbachstraße 38-A1 + 143-10d
12209 Achenseeweg 231-5b
13125 Achillesstraße 123-2d
13187 Achtermannstraße 146-3a
13125 Achtrutenberg 123-2d
13509 Ackerplanweg 120-12a
10115/13355 Ackerstraße (Mitte) 37-E1 + 146-10a + 170-2a
13585 Ackerstraße (Spand.) 143-10a
10179/10997/10999 Adalbertstraße 170-9a
14197 Adam-Kuckhoff-Platz 195-1d
13595 Adamstraße 167-4a
13627 Adam-von-Trott-Straße 144-9d
12627 Adele-Sandrock-Straße 150-7c
10117 Adele-Schreiber-Krieger-Straße 36-C3
13507 Adelheidallee 120-11c
13591 Adelheid-Poninska-Straße 166-1d
10629 Adenauerplatz 34-C5 + 169-7c
12685 Adersleber Weg 149-10a
13599 Adickesstraße 143-12a
– Adlerbrücke 169-6c
12439/12489/12527 Adlergestell 198-5d
12527 Adlerhorst (Kleingtkol.) 199-10d
12107 Adlermühle 232-2b
14053 Adlerplatz 167-6b
12487 Adlershof 199-10a
12557 Adlershofer Straße 199-7b
12526 Adlerstraße 235-5d
13129 Adlerweg (Blankenbg.) 123-10c
13599 Adlerweg (Haselh.) 143-9a
12277 Adlerweg (Marfde.) 232-7a
13629 Adlerweg (Teg.) 144-7d
– Admiralbrücke 170-9c
10999 Admiralstraße 170-9c
12555 Adolf-Heyden-Straße 199-4d
– Adolf-Kiepert-Steg 232-7b
12205 Adolf-Martens-Straße 194-12a
12621 Adolf-Menzel-Straße 173-8c
12101 Adolf-Scheidt-Platz 196-1b
12043 Adolf-Scholz-Platz 171-10c
12621 Adolfstraße (Kaulsdf.) 173-5a
12167 Adolfstraße (Stegl.) 195-8a
13347 Adolfstraße (Wedd.) 145-9d
14165 Adolfstraße (Zehldf.) 230-4b
12627 Adorfer Straße 149-12a
12526 Advokatensteig 235-5a
13409 Aegirstraße 145-6d
13469 AEG-Siedlung 121-5c
13469 AEG-Siedlung-Heimat 121-8a
12683 Ährenweg 173-1c
12109 Äneasstraße 196-8d
13158 Affensteinweg 122-7d
13351 Afrikanische Straße 145-5c
10709 Agathe-Lasch-Platz 34-A6 + 168-9d
13509 Agathenweg 120-11b
12437 Agavensteig (Baumsch.) 197-9b
10318 Agavensteig (Karlsh.) 172-12c
12524 Agnes-Hacker-Straße 234-6b
12353 Agnes-Straub-Ring 197-12d
10249 Agnes-Wabnitz-Straße 171-2a
10557 Agnes-Zahn-Harnack-Straße 36-A2
13055 Agnethaweg 148-7c
10555 Agricolastraße 169-2c
10437 Ahlbecker Straße 146-9c
13591 Ahlbeerensteig 166-1b
12207 Ahlener Weg 231-4c
13129 Ahornallee (Blankbg.) 123-8c
14050 Ahornallee (Charlbg.) 168-5c
12587 Ahornallee (Friedhg.) 200-4c
14089 Ahornallee (Klad.) 192-4a
12555 Ahornallee (Köp.) 199-4d
12623 Ahornallee (Mahlsdf.) 173-9b
13158 Ahornallee (Rosnth.) 122-11a
– Ahornallee (Tiergt.) 36-A4
14050 Ahornplatz 168-5a
– Ahornsteig 36-A5 + 169-6d
12621 Ahornstraße (Kaulsdf.) 173-11a
12589 Ahornstraße (Rahnsdf.) 201-12b
10787 Ahornstraße (Schbg.) 169-9a
12163 Ahornstraße (Stegl.) 195-4d
14163 Ahornstraße (Zehldf.) 194-10d
12587 Ahornweg (Friedhg.) 199-6c
12279 Ahrensdorfer Straße 231-6d
13057/12689 Ahrensfelder Chaussee 148-3c
12689 Ahrensfelder Platz 149-1a
13051 Ahrenshooper Straße 148-1c
14129 Ahrenshooper Zeile 193-12c
14197 Ahrweilerstraße 195-1d
14089 Aiblinger Weg 192-7b
13089 Aidastraße 147-4a
12487 Akademie-Platz 198-12a
14050 Akazienallee (Charlbg.) 168-4b
12623 Akazienallee (Mahlsdf.) 173-12a
13158 Akazienallee (Rosnth.) 122-10b
12524 Akazienhof 235-2c
12207 Akazienstraße (Lichtfde.) 231-2a
10823 Akazienstraße (Schbg.) 169-12a
– Akazienwäldchen 197-5c
14199 Akazienweg (Schmargdf.) 194-3d
13593 Akazienweg (Span.) 166-5d
13587 Akazienweg (Spand.) 143-4d
12487 Akeleiweg 198-10b
13127 Akkordeonweg 122-12a
13088 Aladinweg 147-2a
12105 Alarichplatz 196-7b
12105 Alarichstraße 196-4d
12277 Albanstraße 232-1d
12683 Alberichstraße 173-7c
12349 Albersweilerweg 232-3b
12489 Albert-Einstein-Straße 198-12c
10365 Albert-Hößler-Straße 171-6b
13086 Albertinenstraße (Weiß.) 147-8a
14165 Albertinenstraße (Zehldf.) 230-1d
12627 Albert-Kuntz-Straße 149-12b
12043 Albert-Schweitzer-Platz 170-12b
12587 Albert-Schweitzer-Straße 200-4b
10823 Albertstraße 169-12c
12159 Albestraße 195-2c
14129 Albiger Weg 229-2c
12487 Albineaplatz 198-7b
12105 Alboinplatz 196-4c
12103/12105 Alboinstraße 196-4c
10709 Albrecht-Achilles-Straße 34-B6 + 168-12b
14089 Albrecht-Berblinger-Straße 192-4b
12623 Albrecht-Dürer-Straße 174-1a
12099 Albrechtshöhe (Kleingtkol.) 196-5d
13591 Albrechtshof 142-10a
13591 Albrechtshofer Weg 142-10b
14109 Albrechts Teerofen 228-12a
12167 Albrechtstraße (Kleingtkol.) 195-9c
10117 Albrechtstraße (Mitte) 36-D2 + 170-1d
12165/12167 Albrechtstraße (Stegl.) 195-4d
12099/12103 Albrechtstraße (Tphf.) 196-4b
14195 Albrecht-Thaer-Weg 194-6b
13469 Albtalweg 121-4d
12107 Albulaweg 232-2b
14052 Alemannenallee 168-8a
– Alemannenbrücke 229-1d
12524 Alemannenstraße (Altgl.) 235-1c
13465 Alemannenstraße (Frohn.) 100-10d + 120-1b
14129 Alemannenstraße (Nklsee.) 229-1d
12526 Alexander-Meißner-Straße 234-9d
10178 Alexanderplatz 37-G2 + 170-2d
10178/10179 Alexanderstraße 37-G2 + 170-3c
10117 Alexanderufer 36-B2 + 170-1a
12489 Alexander-von-Humboldt-Weg 198-11b
10969 Alexandrinenstraße 170-8d
10178 Alex-Wedding-Straße 37-H2 + 170-3a
12683 Alfelder Straße 172-9d
13591 Alfons-Loewe-Straße 142-10a
12524 Alfonsstraße 234-3a
13595 Alfred-Balen-Weg (1) 167-4c
10999 Alfred-Döblin-Platz 37-H6 + 170-9a
12679 Alfred-Döblin-Straße 148-6d
14169 Alfred-Grenander-Platz 194-10a
10367/10369 Alfred-Jung-Straße 171-3a
10315 Alfred-Kowalke-Straße 172-5c
– Alfred-Lion-Steg 170-10c
12559 Alfred-Randt-Straße 199-9b
12355 Alfred-Rojek-Weg 234-2a
10318 Alfred-Siggel-Weg 172-12c
10365 Alfredstraße 171-6b
12439 Alice-Archenhold-Weg (1) 198-6d
10557 Alice-Berend-Straße 169-3c
12623 Alice-Herz-Platz 173-3c
12627 Alice-Salomon-Platz (5) 149-9c
10317 Alice-und-Hella-Hirsch-Ring (5) 171-9b
12527 Alkenweg 199-11c
10315/12681/12683/12685 Allee der Kosmonauten 148-12c + 172-1b
13405 Allée du Stade 144-9d
13405 Allée Saint Exupéry 144-6a
12559 Allendeweg 199-8b
13053 Allendorfer Weg 148-10b
12049 Allerstraße 196-3b
12107 Allgäuer Weg 196-11b
13509 Allmendeweg 120-9c
12487 Allmersweg 198-5c
13505 Almazeile 143-5b
10119 Almstadtstraße 37-G2 + 170-2b
13467 Almutstraße 121-4c
12107 Almweg 196-12c
– Aloisiusweg 166-6b
13125 Alpenberger Straße 104-10b
12347 Alpenhöhe 197-7a
12349 Alpenrose 233-1a
12437 Alpenrosenweg 197-6d
12359 Alpental (Britz) (Kleingtkol.) 197-5d
13581 Alpenveilchen (Kleingtkol.) 166-3c
12683 Alpenveilchenweg (6) 173-4d
10589 Alpenweg 168-3b
13089 Alpnacher Weg 147-1d
13159 Alsaceweg (1) 122-8a
14163 Alsbacher Weg 193-9d
– Alsenbrücke 228-8b
12163 Alsenstraße (Stegl.) 195-5c
14109 Alsenstraße (Wanns.) 228-5d
12559 Alsenzer Weg 236-3c
12247 Alsheimer Straße 195-12a
14167 Alsterweg 230-5b
13158 Altarsteinweg 122-7d
12683 Alt-Biesdorf 172-6b
13129 Alt-Blankenburg 123-10b
12359 Alt-Britz 197-7d
13125 Alt-Buch 103-12d
12349 Alt-Buckow 233-1a
13503 Altdammer Weg 119-6a
12205 Altdorfer Straße 230-3b
14055 Alte Allee 168-10b
13156 Alte Baumschule 146-1b
10965 Alte Brauerei (2) 170-10d
14163 Alte Fischerhütte 193-12a
12629 Alte Hellersdorfer Straße 149-11b
10179/10969 Alte Jakobstraße 37-G6 + 170-5d
12555 Alte Kaulsdorfer Straße 199-2c
10117 Alte Leipziger Straße 37-F5
12209 Altenauer Weg 231-2c
13156 Altenberger Weg 122-11c
12053/12051 Altenbraker Straße 197-1a
14050 Altenburger Allee 168-4b
12249 Altenburger Straße 231-6a
10407 Altenescher Weg 147-11a
13055 Altenhofer Straße 147-12a
13509 Altenhofer Weg 120-12c
14195 Altensteinstraße 194-9d
12683 Altentreptower Straße 173-1c
– Alte Poststraße 193-9b
10785 Alte Potsdamer Straße 36-B6
13469 Alter Bernauer Heerweg 121-5d
12589 Alter Fischerweg 201-4b
12587 Alter Grund (Kleingtkol.) 200-4c
12589 Alter Hegemeisterweg 201-4d
12681 Alte Rhinstraße 148-11a
12555 Alter Markt 199-8a
– Alter Park 196-4b
12527 Alter Radelander Weg 235-6a
12524 Alter Schönefelder Weg 234-3b
12487 Alter Segelfliegerdamm 198-7d
13629 Alter Wiesenweg 144-8c
10119 Alte Schönhauser Straße 37-G2 + 170-2b
12437 Altes Eierhäuschen 172-10c
14193 Alte Spandauer Poststraße 167-12a
10315/12683 Alt-Friedrichsfelde 172-4b
14089 Alt-Gatow 193-1a
– Altglienicker Brücke 198-12d
12524 Altglienicker Grund 234-6a
12555 Altgrabauer Straße 199-2a
12685 Althansweg 149-10a
12489 Altheider Straße 198-9d
13503 Alt-Heiligensee 119-7d
12629 Alt-Hellersdorf 149-8d
13467 Alt-Hermsdorf 121-4c
12169 Althoffplatz 195-5c
12169 Althoffstraße 195-5c
13053 Alt-Hohenschönhausen 147-8d + 148-7b
14163 Altkanzlerstraße 194-10a
13125 Alt-Karow 123-6c
12621 Alt-Kaulsdorf 173-5a
14195 Altkircher Straße 194-12a
14089 Alt-Kladow 192-8c
12555/12557 Alt-Köpenick 199-8a
12685 Altlandsberger Platz 149-7d
12247 Alt Lankwitz 195-12b
12305/12309 Alt-Lichtenrade 232-6c
– Alt-Lietzow 169-4a
10587 Alt-Lietzow 34-C1
13469 Alt-Lübars 121-5b
12623 Alt-Mahlsdorf 173-6a
12107 Alt-Mariendorf 196-11a
12277 Alt-Marienfelde 232-4a
12169/12157 Altmarkstraße 195-5b
12685 Alt-Marzahn 149-7c
10555/10557/10559 Alt-Moabit 169-1d
12559 Alt-Müggelheim 236-3b
10555/10557 Altonaer Straße (Hansav.) 35-G1 + 169-5a
13581 Altonaer Straße (Kleingtkol.) 167-1c

12527 Biebersdorfer Weg 236-8b
12053 Biebricher Straße 170-12d
13507 Biedenkopfer Straße 144-2d
14052 Biedermannweg 167-3d
13125 Bielckenweg 103-9d
10709 Bielefelder Straße (Wilmdf.) 169-10c
13407 Bieler Straße 145-5b
13129 Bienenweg (Blankbg.) 123-10a
13589 Bienenweg (Spand.) 142-8c
12349 Bienwaldring 232-3b
14169 Biesalskistraße 194-8c
12683 Biesdorf 172-6d
12683 Biesdorfer Blumenwiese 148-12b
12683 Biesdorfer Friedhofsweg 173-4b
12683 Biesdorfer Promenade 172-3b
12683 Biesdorfer Weg 173-10c
12683 Biesdorf-Nord 173-1a
12683 Biesdorf-Süd 173-10c
12683 Biesdorf-Süd (Kleingtkol.) 172-6c
13465 Bieselheider Weg 100-12c
13057 Biesenbrower Straße 148-5a
10318 Biesenhorster Weg 172-12b
10318 Biesenhorst II (Kleingtkol.) 172-9d
13359 Biesentaler Straße 146-4d
13055 Biesenthaler Straße 148-10a
14165 Biesestraße 230-1b
14167 Biesheimring 194-11d
13053 Biesterfelder Straße 148-7a
10315 Bietzkestraße 172-4c
13465 Bifröstweg 120-1c
10365 Bildenswinkel 171-3d
12355 Bildhauerweg 234-1c
13507 Billerbecker Weg 144-2c
13591 Billstedter Pfad 166-2a
13503 Bilsenkrautstraße 119-6c
14193 Bilsestraße 194-2a
12349 Bimssteinweg 232-3a
14197 Binger Loch (Kleingtkol.) 195-1c
14197 Binger Straße 195-4a
10318 Binnendüne (6) 172-12c
12526 Binswangersteig 235-5a
13189 Binzstraße 146-5b
10717 Birger-Forell-Platz 195-1b
12165 Birkbusch 195-7b
12167 Birkbuschgarten 195-8c
12165/12167 Birkbuschstraße 195-8c
12683 Birkenallee (Biesdf.) 173-7c
10318 Birkenallee (Karlsh.) 172-12d
14089 Birkenallee (Klad.) 192-4c
12347 Birkenallee (Nkln.) (4) 196-9b
12589 Birkenallee (Rahnsdf.) 201-2d
13158 Birkenallee (Rosnth.) 122-10b
13595 Birkeneck (Kleingtkol.) 167-5c
13127 Birkengrund (Kleingtkol.) 122-3c
10318 Birkenknick 172-12d
14193 Birkenplatz 194-1a
12526 Birkenstraße (Bohnsdf.) 235-6c
12621 Birkenstraße (Kaulsdf.) 173-11a
12559 Birkenstraße (Köp.) 199-6d
10559/10551 Birkenstraße (Moab.) 169-2b
12589 Birkenstraße (Rahnsdf.) 201-12a
12439 Birkenweg (Adlhf.) 198-9b
12526 Birkenweg (Bohnsdf.) 235-9a
14050 Birkenweg (Charlbg.) 168-4b
13599 Birkenweg (Haselh.) 143-9c
13589 Birkenweg (Niederheide) 142-8b
13587 Birkenweg (Waldsiedl.) 143-4b
13405 Birkenweg (Wedd.) 145-7c
13439 Birkenwerderstraße 121-11b
12527 Birkheidering 235-3c
12307 Birkholz (Kleingtkol.) 232-7a
13059 Birkholzer Weg 124-11c
12351 Birkhuhnweg 197-12a
12559 Birkweilerstraße 236-3b
14089 Birlingerweg 192-7a
12555 Birnbaumer Straße 199-1d
13159 Birnbaumring 122-1a
12349 Birne 196-12d
12347 Birnenallee 196-9b
13127 Birnenblütenweg 122-9c
13591 Birnenpfad 166-1b
12524 Birnenweg (Altgl.) 234-6a
12555 Birnenweg (Baumgarteninsel) 199-5c
12359 Birnenweg (Kol. Am Wiesenweg) 197-9a
12359 Birnenweg (Kol. Britzer Wiesen) 197-8b
13629 Birnenweg (Siemst.) 144-10a
12107 Birnhornweg 232-2a
12623 Bisamstraße 174-1b
12247 Bischofsgrüner Weg 195-12b
12555/12683 Bischofstaler Straße 173-10d
14163 Bischweiler Straße 194-10a
14193 Bismarckallee 168-11c
– Bismarckbrücke 168-11d
14193 Bismarckplatz (Grwld.) 168-11b
13585 Bismarckplatz (Spand.) 143-10d
12683 Bismarcksfelder Straße 173-10d
13467 Bismarcksteg 120-9b
10625/10627 Bismarckstraße (Charlbg.) 34-A3 + 168-6d + 169-4c
13585 Bismarckstraße (Spand.) 38-A1 + 143-10d
12157/12169 Bismarckstraße (Stegl.) 195-8b
14109 Bismarckstraße (Wanns.) 228-6c
14165 Bismarckstraße (Zehldf.) 230-1d
13503 Bisonweg 119-9a
10785 Bissingzeile 170-7a
12279 Bistritzer Pfad 231-9b
13088/13051 Bitburger Straße 147-6a
14195 Bitscher Straße 194-8d
– Bitterfelder Brücke 148-6c
12681 Bitterfelder Straße 148-5d
12355 Bitterfelder Weg 233-3d
14195 Bitterstraße 194-5d
13088 Bizetstraße 147-7d
10439 Björnsonstraße (Prenzl. Bg.) 146-8a
12163 Björnsonstraße (Stegl.) 195-4a
13055 Björnweg 148-7d
13503 Bläßhuhnweg 119-9c
14055 Bläulingsweg 168-10b
13595 Blakenheideweg 166-9b
13125 Blanchardstraße 123-2d
12209 Blanckertzweg 231-4b
12161 Blankenbergstraße 195-5a
13129 Blankenburg 123-7d
13125 Blankenburger Chaussee 123-8a
13051/13129 Blankenburger Pflasterweg 123-10b
13156/13127 Blankenburger Straße (Fr. Buchhz., Nschönhs.) 122-11d + 146-2b
13089 Blankenburger Straße (Heindf.) 147-4a
13127 Blankenburger Weg 122-12b
13581 Blankeneser Weg 166-2b
13159 Blankenfelde 122-4b
13159 Blankenfelder Chaussee (Blankfde.) 122-4b
13469 Blankenfelder Chaussee (Lüb.) 121-6a
13127 Blankenfelder Straße (Buchhz.) 122-5d
12249 Blankenhainer Straße (Lankw.) 231-3c
13591 Blankensteinweg 166-2d
13403 Blankestraße 145-4d
12359 Blaschkoallee 197-4d
12347 Blaschkotal (Kleingtkol.) 197-4d
13593 Blasewitzer Ring 166-6a
13127 Blaubeerweg 122-8b
12209 Blaumeisenweg 231-2c
14199 Blaupunkt (Kleingtkol.) 194-3b
10318 Blaurackenweg 172-10d
12623 Blausternweg 173-9b
13086 Blechenstraße 147-5c
10367 Bleckmannweg 171-3c
10623/10707 Bleibtreustraße 35-E5 + 169-7d
13187 Bleicheroder Straße 146-3c
12277 Bleichertstraße 232-1d
– Bleichröderpark 146-5b
12685 Blenheimstraße 148-9d
13509 Blesener Zeile 120-12c
12524 Blindschleichengang 234-6c
10713 Blissestraße 195-1b
13435 Blitzenroder Ring 121-8a
12209 Blochmannstraße 231-4b
13357 Blochplatz 146-7d
12559 Block Blumenfeld 236-3a
– Blockbrücke 166-2b
10318 Blockdamm (Kleingtkol.) 172-10b
10317/10318 Blockdammweg 172-10b
12557 Blockmühlenweg 199-11b
12559 Block Vogelwiese 236-3d
12307 Blohmstraße 232-8c
13437 Blomberger Weg 121-10a
12589 Blossiner Straße 201-8a
10961 Blücherplatz 170-8c
10961 Blücherstraße (Kreuzbg.) 170-8c
12207 Blücherstraße (Lichtfde.) 231-4a
14163 Blücherstraße (Zehldf.) 194-10c
12349 Blütenachse 197-10a
12683 Blütenauer Straße 173-10d
10709 Blüthgenstraße 169-10a
12683/12685/12679/12687 Blumberger Damm 149-7b + 173-4a
12623 Blumberger Straße 173-6b
12685 Blumenbachweg 148-9d
14050 Blumenpflege-Bolivarallee (Kleingtkol.) 168-4b
12107 Blumenstraße (4) (Mardo) 196-11c
10243 Blumenstraße (Friedhn.) 170-3d
13585 Blumenstraße (Spand.) 143-10b
13156 Blumenthalstraße (Nschönhs.) 122-10c
10783 Blumenthalstraße (Schbg.) 169-9d
12103 Blumenthalstraße (Tphf.) 196-4b
14163 Blumenthalstraße (Zehldf.) 194-10c
12105 Blumenweg (Mardf.) 196-7c
12589 Blumes Lake 201-8c
12589 Blumeslake 201-8c
13437 Bluncksstraße 145-2a
12051 Boberstraße 197-1c
13587 Boca-Raton-Straße (1) 143-8b
13503 Bocholter Weg 144-4b
10555 Bochumer Straße 169-2c
12357 Bocksbartweg 234-1a
13595 Bocksfelde-Alt (Kleingtkol.) 167-7a
13595 Bocksfelde Neu (Kleingtkol.) 167-7a
13595 Bocksfeldplatz 167-4c
13595 Bocksfeldstraße 167-4c
12053 Boddinplatz 171-10c
12053 Boddinstraße 170-12d
12437 Bodelschwinghstraße 197-3d
10318 Bodenmaiser Weg 172-9c
12524 Bodenreform (Kleingtkol.) 199-10c
10178 Bodestraße 37-F3 + 170-2c
12307 Bodmerstraße 232-8d
12619 Bodo-Uhse-Straße 149-11d
10967 Böckhstraße 170-9c
– Böcklerpark 170-8d
10969 Böcklerstraße 170-9a
10245 Böcklinstraße 171-5d
– Böckmannbrücke 228-8c
13629 Bödikersteig 168-2a
10245 Bödikerstraße 171-8b
12627 Böhlener Straße 150-7c
12527 Böhmallee 272-6c
13589 Böhmerwaldweg 142-12b
– Böhmischer Platz 197-2a
12055 Böhmische Straße 197-1b
12101 Boelckestraße 196-1b
13503 Bölkauer Pfad 119-5b
12587 Bölschestraße 200-4d
13125 Boenkestraße 123-4d
13086 Börnestraße 147-7b
13595 Börnicker Straße 167-4c
– Bösebrücke 146-8a
12107 Bösensteinweg 232-2d
12555 Böttcherstraße 199-8a
13357 Böttgerstraße 146-7c
14195 Boetticherstraße 194-9c
13125 Böttnerstraße 123-4d
10407 Bötzowstraße 147-10c + 170-3b
12207 Bogenstraße (Lichtfde.) 231-1b
12589 Bogenstraße (Rahnsdf.) 201-12a
14169 Bogenstraße (Zehldf.) 194-11c
14163 Bogotastraße 193-12b
12351 Bohm-Schuch-Weg 197-11c
12359 Bohnenweg 197-9c
13503 Bohnsacker Steig 119-8a
12526 Bohnsdorf 235-5c
12524 Bohnsdorfer Chaussee 234-6c
12527 Bohnsdorfer Straße 199-11c
12524 Bohnsdorfer Weg 234-3b + 235-4a
12309 Bohnstedtstraße 232-9d
12489 Bohrauer Pfad 199-7a
13125 Bohrerzeile 123-6a
12619 Boizenburger Straße 173-2c
14167 Bolchener Straße 194-11d
13158 Bolereweg 122-10c
14050 Bolivarallee 168-4b
12685 Bollersdorfer Weg 149-7d
13509 Bollestraße 120-12a
13595 Bollmannweg 167-4c
13591 Bolteweg 166-2d
13599 Boltonstraße 143-12d
14195 Boltzmannstraße 194-8d
10179 Bona-Peiser-Weg 170-6d
13469 Bondickstraße 120-9d
10589 Bonhoefferufer 168-3d
13509 Bonifaziusstraße 120-8d
12207 Boninstraße 231-4a
14197 Bonner Straße 195-4b
12207 Boothstraße 195-11c
10245 Bootsbauerstraße 171-9c
13599 Bootshausweg 143-9c
10318 Bopparder Straße 172-11b
10967 Boppstraße 170-12b
12249 Boraweg 195-12c
13585 Borchertweg 143-10c
13127 Bordeauxstraße 122-9d
13503 Borgfelder Steig 119-8a
13088 Borggrevestraße 145-2c
12555 Borgmannstraße 199-5b
13439 Borgsdorfer Straße 121-11b
13156 Boris-Pasternak-Weg 146-2a
13507 Borkener Weg 144-5a
12689 Borkheider Straße 149-1d
13581 Borkumer Straße (Spand.) 38-A3 + 167-1a
14199 Borkumer Straße (Wilmdf., Schmargdf.) 194-3d
13189 Borkumstraße 146-5b
13583 Borkzeile 167-1a
12355 Bornaer Straße 233-3d
13357 Bornemannstraße 145-9d
13467 Bornepfad 121-4c
13051 Borner Straße 147-6b
12309 Bornhagenweg 232-9d
10439/13359 Bornholmer Straße 146-7b
13439 Bornholm I (Kleingtkol.) 146-8a
13439 Bornholm II (Kleingtkol.) 146-5c
10711 Bornimer Straße 168-12a
10367/10365 Bornitzstraße 171-3c
12053 Bornsdorfer Straße 197-1a
10711 Bornstedter Straße 168-8d
12163 Bornstraße 195-4b
13088 Borodinstraße 147-7d
13509 Borsigaue (Kleingtkol.) 120-12c
13507 Borsigdamm 144-2a
– Borsigdammbrücke 144-2a
13503 Borsigplatz 119-6a
10115 Borsigstraße 36-D1 + 170-1b
13509 Borsigwalde 120-12d
13509 Borsigwalder Weg 144-3a
12167 Borstellstraße 195-9c
14129 Borussenstraße 229-1d
12103 Borussia (Kleingtkol.) 196-1d
12103/12099 Borussiastraße 196-4b
12683 Boschpoler Platz 148-12d
12683 Boschpoler Straße 148-12d
12057 Boschweg 197-5b
– Bosepark 196-4b
12103 Bosestraße 196-4a
12685 Boskoopweg 148-9d
12109 Bosporusstraße 196-8d
10245 Bossestraße 171-8a
– Botanischer Garten (Stegl.) 195-7a
– Botanischer Volkspark 122-7b
13507 Bottroper Weg 144-2c
12059/12435 Bouchéstraße 171-10b
12627 Boulevard Kastanienallee 149-12a
13467 Boumannstraße 120-8b
12489 Boveristraße 198-12a
12526 Bovistraße 235-8c
12681 Boxberger Straße 148-8b
10245 Boxhagener Platz 171-5a
10245 Boxhagener Straße 171-5a
14055 Boyenallee 168-7b
10115 Boyenstraße 145-12d
10825 Bozener Straße 169-11d
10713 Brabanter Platz 195-1b
10713 Brabanter Straße 195-1b
12623 Brachetweg 173-6c
12683 Brachfelder Straße 172-6d
12683 Brachliner Straße 173-10d
10961 Brachvogelstraße 170-8c
10589 Brahestraße 168-3a
14193 Brahmsstraße (Grwld.) 194-2b
12203 Brahmsstraße (Lichtfde.) 195-7d
12307 Brahmsstraße (Lichtrde.) 232-11d
12165 Braillestraße 195-7b
– Brake Altglienicke 235-1c
13589 Bramwaldweg 142-12b
12277 Brandaustraße 232-2c
12167 Brandenburgische Straße (Stegl.) 195-9c
10713/10707 Brandenburgische Straße (Wilmdf.) 34-C6 + 169-7c
12555 Brandenburgplatz 199-6a
13629 Brandenburgweg 144-8c
13595 Brandensteinweg 167-8a
10969 Brandesstraße 170-8c
12683 Brandorfer Weg 172-6d
13467 Brandtstraße 120-6d
12627 Branitzer Karree 150-10a
12627 Branitzer Straße 150-10a
10318 Brascheweg 172-8d
14109 Braschzeile 228-5b
12557 Brassenpfad 199-9c
13583 Bratringweg 142-12c
13158 Bratvogelweg 121-12b
13585 Brauereihof 30 143-11a
12209 Brauerplatz 231-2a
12209 Brauerstraße 231-2c
13086 Brauhausstraße 146-6d
10587 Brauhofstraße 34-B1 + 168-6b
12623 Braunbärenweg 174-1b
12524 Braunellenplatz 234-3a
12524 Braunellensteig 234-3a
12305/12309 Braunfelsstraße 232-6d
12347 Braunlager Straße 197-4c
12055 Braunschweiger Straße 197-1d
12347 Braunschweiger Ufer 197-4c
12683 Braunsdorfstraße 172-6b
14050 Braunsfelde (Kleingtkol.) 168-1d
13158 Brausensteinweg 122-7d
12683 Brebacher Weg 173-4b
13507 Breckerfelder Pfad 144-5a
13591 Breddiner Weg 142-10c
12621 Brederecksstraße 173-2d
10551 Bredowstraße 169-2d
14057 Bredtschneiderstraße 168-8b
12587 Breestpromenade 200-4b
10707 Bregenzer Straße 34-D6 + 169-7c
13187 Brehmestraße 146-5a
10318 Brehmstraße 172-9c
14195 Breisacher Straße 194-12a
14129 Breisgauer Straße 193-11d
13509 Breitachzeile 120-12c
12557 Breite Gasse 199-8a
14089 Breitehorn 193-4c
14089 Breitehorn (Kleingtkol.) 192-6d
14089 Breitehornweg 192-6b
14195 Breitenbachplatz 195-4a
13509 Breitenbachstraße 144-3b
12683 Breitenfelder Straße 173-10d
14165 Breitensteinweg 230-5c
12487 Breiter Weg (Johsth.) 198-4d
12359 Breiter Weg (Nkln.) 197-9a
10178 Breite Straße (Mitte) 37-F4 + 170-5b
13187 Breite Straße (Pank.) 146-5a
14199 Breite Straße (Schmargdf.) 194-3c
13597 Breite Straße (Spand.) 38-A3 + 167-1b
12167 Breite Straße (Stegl.) 195-8a
13409 Breitkopfstraße 145-3c
10789 Breitscheidplatz 35-G4 + 169-8a
12349 Breitunger Weg 196-12c
10318 Brekowweg 172-8b
12207 Bremer Straße (Lichtfde.) 231-1a
12623 Bremer Straße (Mahlsdf.) 150-10d + 174-1b
10551 Bremer Straße (Moab.) 169-2a
– Bremer Weg 35-G2 + 169-5d
13187 Brennerstraße 146-5c
12163 Brentanostraße 195-4c
12159 Breslauer Platz 195-2c
13127 Brester Ring 122-9d
13159 Bretagneweg 122-8b
14167 Brettnacher Straße 194-11d
13587 Breubergweg 143-7b
12249 Brieger Straße 195-12d
10713 Brienner Straße 169-10c
13407 Brienzer Straße 145-6c
13589 Brieselangweg 142-9b
12623 Briesener Weg 173-3c
12053 Briesestraße 196-3b
12307 Briesingstraße 232-12a
12247/12249 Brigittenstraße 195-11d
12524 Brigittenweg 234-6c
12207 Briloner Weg 231-1d
12169 Brinkmannstraße 195-9b
13349 Bristolstraße 145-5d
14167 Brittendorfer Weg 194-11d
12359 Britz 197-7b
12057 Britzer Allee 197-6a
– Britzer-Allee-Brücke 197-6a
– Britzer Brücke 197-4b
12347 Britzer Damm 197-4a
– Britzer Garten 196-12d
12359 Britzer Hafensteg 197-5a
12349 Britzer Mühle 197-10c
12109 Britzer Straße (Mariendf.) 196-11b
12439 Britzer Straße (Nschönwde.) 198-5c
12359 Britzer Wiesen (Kleingtkol.) 197-8b
12051 Britzkestraße 197-4b
13187 Brixener Straße 146-5d
14052 Brixplatz 168-4a
12059 Brockenstraße 171-11c
13129 Brockenweg 123-11a
12621 Brodauer Straße 173-5a
13088 Brodenbacher Weg 147-5d
13437 Brodersenstraße 121-11c
12679 Brodowiner Ring 149-4d
12207 Bröndbystraße 230-6b
12587 Brösener Straße 200-2c
14052 Brombeerweg (Charlbg.) 167-6b
12359 Brombeerweg (Nkln.) 197-9c
13089 Bromelienweg 147-1d
10997 Brommystraße 171-4c
14055 Bronteweg 167-9a
12489 Brook-Taylor-Straße 198-12a
– Brosepark Pankow 122-11c
12249 Brotteroder Straße 231-3c
12683 Bruchgrabenweg 172-6c
12623 Bruchsaler Straße (Mahlsdf.) 173-9c
10715 Bruchsaler Straße (Wilmdf.) 195-2a
12247 Bruchwitzstraße 195-12a
12247 Brucknerstraße 195-8d
12349 Bruder Lustig 196-12c
– Brücke am Heiligentalhügel 168-8c
12527 Brückeneck (Kleingtkol.) 199-10d
10179 Brückenstraße (Mitte) 37-H5 + 170-6a
12439 Brückenstraße (Nschönwde.) 198-5a
12589 Brückenstraße (Rahnsdf.) 201-7b
12167 Brückenstraße (Stegl.) 195-8d
13156 Brückenweg 122-11b
10785 Brüder-Grimm-Gasse 36-C6
12205 Brüderstraße (Lichtfde.) 194-12b
10178 Brüderstraße (Mitte) 37-F4 + 170-5b
13595 Brüderstraße (Spand.) 167-4a
12157 Brüggemannstraße 195-6a
14195 Brümmerstraße 194-8d
12159 Brünnhildestraße 195-2a
13353 Brüsseler Straße 145-11b
10829 Brunhildstraße 169-12d
12555 Brunnengalerie 172-12d
13158 Brunnenkresseweg (Rosnth.) 122-7d
13357 Brunnenplatz 146-7c
10115/10119/13355 Brunnenstraße 146-7d
12349 Brunnenweg (Kol. Friedland III) 196-12c
12347 Brunnenweg (Nkln.) 196-9b
13156 Brunnenweg (Nschönhs.) 146-1b
– Brunnenweg (Wanns.) 228-2c
13125 Bruno-Apitz-Straße 123-3a
12051 Bruno-Bauer-Straße 197-1d
12685 Bruno-Baum-Straße 148-12a
12439 Bruno-Bürgel-Weg 198-6c
12524 Brunolfweg 234-3c
12277 Bruno-Möhring-Straße 232-1a
12359 Bruno-Taut-Ring 197-8c
12524 Bruno-Taut-Straße 235-2c
12247 Bruno-Walter-Straße 195-11c
12587 Bruno-Wille-Straße 200-5a
13507 Brunowplatz 120-11c
13507 Brunowstraße 144-2a
13581/13591 Brunsbütteler Damm 166-1d
13581 Brunsbüttler Damm (Kleingtkol.) 166-3d
13125 Brunswickenweg 103-9d
13407 Brusebergstraße 145-2c
12055 Brusendorfer Straße 197-2a
12109 Brussaer Weg 196-8d
13125 Buch 103-11d + 123-3a
10365 Buchberger Straße 171-6c
12355 Buchbinderweg 234-1a
– Buchenallee 36-A4
12683 Buchenhainer Straße 173-10d
12623 Buchenstraße 173-11a
14055 Buchenweg (Kleingtkol.) 168-7d
13629 Buchenweg (Siemst.) 144-10a
13587 Buchenweg (Spand.) 143-4d
13125 Bucher Chaussee 123-6a
13125/13127 Bucher Straße 122-6d + 123-1b
12351 Buchfinkweg 197-11b
13159 Buchholzer Straße (Blankfde.) 122-4b
13156 Buchholzer Straße (Nschönhs.) 122-11d
10437 Buchholzer Straße (Prenzl. Bg.) 146-8d
13627 Buchholzweg 145-10a
13158 Buchhorster Straße 121-12a
12357 Buchsbaumweg 198-10d
12107 Buchsteinweg 232-2b
13353 Buchstraße 145-11b
14195 Buchsweilerstraße 194-12a
14089 Buchwaldzeile 193-1a
12353 Buckow 197-11b
12305/12277 Buckower Chaussee 232-4b
12349 Buckower Damm 197-7c + 233-1b
12683 Buckower Ring 173-1b
12349 Buckower Weg (3) 233-1c
10787 Budapester Straße 35-G4 + 169-8a
13507 Buddeplatz 120-11d
13127 Buddestraße (Nschönhs.) (1) 146-1c
13507 Buddestraße (Teg.) 120-11b
12683 Budsiner Straße 172-6a
13469 Büchenbronner Steig (1) 121-4d
12489 Büchnerweg (Adlhf.) 199-10a
13156 Büchnerweg (Nschönhs.) 122-11a
13409 Büchsenweg 145-3d
13409 Büdnerring 145-3d
12349 Bühler Weg 232-3d
13086 Bühringstraße 147-4c
12621 Büllinger Straße 173-7b
10783 Bülowstraße (Schbg.) 169-9d
14163 Bülowstraße (Zehldf.) 193-12d
12683 Bültenring 173-7b
10365 Bürgerheimstraße 171-6b
14109 Bürgermeister-Stiewe-Weg 228-8b
– Bürgerpark Marzahn 146-1d
– Bürgerpark Pankow 149-4c
12347 Bürgerstraße (Britz) 197-4a
13409 Bürgerstraße (Reindf.) 146-4a
12209 Bürgipfad 231-5d
12681 Bürknersfelde 148-8d
13053 Bürknersfelder Straße 148-8c
12047 Bürknerstraße 170-9d
14163 Bürstadter Weg (1) 193-9d
10249 Büschingstraße 170-3b
12161 Büsingstraße 195-5a
13503 Büssower Weg 119-5b
13503 Büsumer Pfad 119-8c
12623 Bütower Straße 173-9d
12527 Büxensteinallee 235-2d
10551 Bugenhagenstraße 169-2a
12163 Buggestraße 195-4a
12167 Buhrowstraße 195-9c
13127 Buissonstraße 123-7c
12557 Bukesweg 199-12a
12435 Bulgarische Straße 171-12c
13465 Bulgenbachweg 100-12c
– Bullenbruch 172-10c
13125 Bullenwiese (Kleingtkol.) 123-2c
13086 Bullenbacher Weg 147-4d
10715/10717/10719/12161 Bundesallee 169-11c + 195-2a
10715 Bundesallee (Kleingtkol.) 169-11c
10715 Bundesplatz 195-2a
– Bundesplatztunnel 195-2a
10555 Bundesratufer 169-5a
12101 Bundesring 196-1b
13465 Bundschuhweg 100-12c
10117 Bunsenstraße 36-C3
13505 Buntspechtstraße 143-2c
13158 Buntsteinweg (Rosnth.) 122-8c
12526 Buntzelstraße 235-4d
13125 Bunzlauer Straße 123-5c
13629 Buolstraße 144-10a
13583 Burbacher Weg 142-12b
12103 Burchardstraße 196-4a
12099/12103 Burgemeisterstraße 196-4c
13465 Burgfrauenstraße 120-2b
12623 Burggrafenstraße (Mahlsdf.) 173-3b
10787 Burggrafenstraße (Tiergt.) 35-H4 + 169-8b

12559 Feldstraße (Siedl. Schönhorst) 201-11b
13585 Feldstraße (Spand.) 143-10d
13088/13051 Feldtmannstraße 147-5b
12359 Feldweg (Nkln.) 197-8b
13599 Feldzeugmeisterstraße (Haselh.) 143-12d
10557 Feldzeugmeisterstraße (Moab.) 145-12c
12249 Felgentreustraße 232-1a
12099 Felixstraße 196-5c
13467 Fellbacher Platz 120-6d
13467 Fellbacher Straße 120-6c
12357 Fenchelweg 197-9d
– Fennbrücke 145-12c
10369 Fennpfuhl 147-11d
13059 Fennpfuhlweg 148-1b
12439 Fennstraße (Nschönwde.) 198-5c
13347/13353 Fennstraße (Wedd.) 145-12d
13591 Ferbitzer Weg 142-10c
12629 Fercher Straße (Helldf.) 149-8c
14165 Fercher Straße (Zehldf.) 229-3d
13127 Ferdinand-Buisson-Straße. (Fr. Buchhz.) 122-12b
13599 Ferdinand-Friedensburg-Platz 143-12c
14089 Ferdinand-Magellan-Straße 192-6a
13055 Ferdinand-Schultze-Straße 148-7d
12621 Ferdinandstraße (Kaulsdf.) 173-5b
12209 Ferdinandstraße (Lichtfde.) 231-2a
– Fernsehturm 37-G3 + 170-2d
13593 Festplatzweg (Spand.) 166-6b
13597 Festplatzweg (Spand.) 167-2c
13437 Fetschowzeile 121-10c
13089 Feuchter Winkel (Kleingtkol.) 146-3b
12353 Feuchtwangerweg 233-3b
– Feuerbachbrücke 195-5a
12163 Feuerbachstraße 195-5a
13159 Feuerdornweg 122-5b
13589 Feuerkäferweg 142-8d
12621 Feuersteiner Straße 173-10d
13403 Feuerweg 145-1b
10827 Feurigstraße 169-12c
12685 Fichtelbergstraße 148-12b
12589 Fichtenauer Straße 201-8a
12165 Fichtenberg 195-7a
12527 Fichtengrund 236-10a
12621 Fichtenstraße 173-8c
13587 Fichtenweg 143-4b
12107 Fichtestraße (3) (Mardo) 196-11c
12526 Fichtestraße (Bohnsdf.) 235-5d
13467 Fichtestraße (Hermsdf.) 120-6c
10967 Fichtestraße (Kreuzbg.) 170-12a
13587 Fichtewiese (Kleingtkol.) 143-1b
10965 Fidicinstraße 170-11a
12487 Fielitzstraße 198-7d
13089 Figarostraße 146-3d
12305 Fignerweg 232-5b
12169 Filandastraße 195-8a
12555 Filehner Straße 199-2c
13591 Filmwerkerweg 166-2c
12305 Finchleystraße 232-9c
12205 Finckensteinallee 194-12c + 195-10c
12357 Fingerhutweg 198-10d
13159 Fingerstrauchweg 122-5b
12349 Fink 196-12d
12557 Finkeldeweg 199-8d
12629 Finkelsteinstraße 173-3a
12527 Finkengasse 236-10a
12589 Finkenheerd (Kleingtkol.) 201-8c
13591 Finkenkruger Weg 142-10b
– Finkenpark 194-6a
12347 Finkenschlag (Britz) 196-9b
12527 Finkenschlag (Trept.) 199-10d
12347 Finkensteig (Nkln.) (2) 196-9b
13595 Finkensteig (Spand.) 167-7a
14195 Finkenstraße (Dahl.) 194-5b
12621 Finkenstraße (Kaulsdf.) 173-8c
12621 Finkenwalder Weg 173-6a
13599 Finkenweg (Haselh.) 143-9c
12109 Finkenweg (Mardf.) 196-8a
12347 Finkenweg (Nkln.) (9) 196-9b
12589 Finkenweg (Rahnsdf.) 201-8d
13629 Finkenweg (Teg.) 144-7d
14089 Finnenhaussiedlung 192-8a
13507 Finnentroper Weg 144-2d
10439 Finnländische Straße 146-8a
10247 Finowstraße (Friedhn.) 171-5b
12045 Finowstraße (Nkln.) 171-10d
12621 Finsterberger Straße 173-2d
13435 Finsterwalder Brücke 121-8c
13435 Finsterwalder Straße 121-8c
14109 Fintelmannstraße 228-5c
12459 Firlstraße 198-5b
12355 Fischadlerweg 234-4c
14089 Fischbrunner Weg 192-7b
14163 Fischer-Dieskau-Weg 194-10c
14163 Fischerhüttenstraße 193-9d
14129 Fischerhüttenweg 193-4d
10179 Fischerinsel 37-G4 + 170-5b
10317 Fischerstraße (Lichtbg.) 171-9b
13597 Fischerstraße (Spand.) 38-B2 + 167-1b
13595 Fischerweg 167-7a
– Fischgrundbrücke 120-2d
13359 Fischhauser Weg 146-4b
14195 Fischottersteig 194-5b
– Fischtalpark 194-8c
10245 Fischzug 171-8b
14129 Flachsweg 193-12a
12689 Flämingstraße 149-1c
12349 Fläzsteinpfad 233-1a
13129 Flaischlenstraße 123-4d
12587 Flakenseestraße 200-5c
14195 Flanaganstraße 194-8a
13585 Flankenschanze 143-10d
12557 Flansweg 199-9c
14055 Flatowallee 167-9b
– Flatowalleebrücke 167-6d
13589 Flatower Straße 142-9b
12355 Fleischerstraße 233-3b
13125 Fleißiges Lieschen (Kleingtkol.) 123-3d
10557 Flemingstraße 169-3c
12555 Flemmingstraße (Köp.) 199-8a
12163 Flemmingstraße (Stegl.) 195-4d
10557 Flensburger Straße 169-2d
14163 Flererhof 229-3c
12277 Fleschweg 232-2c
12349 Flieder 233-1a
12489 Fliederallee 198-9c
13127 Fliederblütenweg 122-9c
12351 Fliedergrund (Kleingtkol.) 197-9c
12355 Fliederhain (Kleingtkol.) 234-4a
12349 Fliederring 197-10a
12347 Fliedersteg 196-9d
12107 Fliederstraße (2) (Mardo) 196-11c
12559 Fliederstraße (Köp.) 199-9a
12109 Fliederstraße (Mardf.) 196-8b
13587 Fliederstraße (Spand.) 143-5b
13599 Fliederweg (Haselh.) 143-12d
13503 Fliederweg (Heilgs.) (5) 119-7d
12359 Fliederweg (Kol. Hasenheim) 197-9a
13437 Fliederweg (Kol. Roedernal.) 121-11c
13088 Fliederweg (Malch.) (4) 147-2c
13629 Fliederweg (Neuer Exerzierpl.) 144-10a
12347 Fliederweg (Nkln.) 196-9b
13403 Fliederweg (Reindf.) 144-3d
12527 Fliederweg (Schmöckw.) 236-10b
13595 Fliederweg (Spand.) 167-7a
13437 Fliederweg (Steinberg) 120-12b
12099 Fliederweg (Tphf.) 196-5b
13629 Fliederweg (V.d.Toren) 144-8d
14195 Fliednerweg 194-9d
12526 Fliegenpilzstraße 235-7d
14089 Fliegensteig 167-10a
14089 Fliegerhorstsiedlung 192-2c
12526 Fließstraße (Bohnsdf.) 235-5d
12439 Fließstraße (Nschönwde.) 198-5a
12589 Fließstraße (Rahnsdf.) 201-2a
13467 Fließtalstraße 120-9a
14193 Flinsberger Platz 168-12c
13437 Flötnerweg 145-2a
13507 Flohrstraße 144-6a
12107 Floningweg 196-11d
13437 Flora (Kleingtkol.) 121-11d
10318 Florafreunde (Kleingtkol.) 172-12c
13187 Florapromenade 146-5a
12526 Florastraße (Bohnsdf.) 235-8b
13125 Florastraße (Karow) 123-5a
12623 Florastraße (Mahlsdf.) 174-1c
13187 Florastraße (Pank.) 146-5a
12163 Florastraße (Stegl.) 195-5c
13469 Florastraße (Waidml.) 121-7a
13051 Florentinestraße 123-12b
12489 Florian-Geyer-Straße 198-9d
10555 Flotowstraße (Hansav.) 35-G1 + 169-5a
12203 Flotowstraße (Lichtfde.) 195-7d
12307 Flotowstraße (Lichtrde.) 232-11d
13581 Flottbeker Weg 166-2b
13407 Flottenstraße 145-2b
10785 Flottwellstraße 170-7a
14167 Floyd-L.-Parks-Weg 230-6a
12107 Fluchthornweg 232-2d
13405 Flughafen Berlin-Tegel „Otto Lilienthal" 144-8b
– Flughafen Gatow (ehemaliger) 192-2c
12053/12049 Flughafenstraße 170-12d
13405 Flughafen Tegel 144-9c
– Flughafen Tempelhof, ehemaliger 170-11c
13589 Flurende 142-11a
12357 Flurweg 197-12d + 198-10a
12439 Flutstraße 198-5a
14195 Föhrenweg 194-8b
13353 Föhrer Brücke 145-11d
13353 Föhrer Straße 145-11b
13595 Földerichplatz 167-4a
13595 Földerichstraße 167-4a
12353 Försterweg (Buck.) 233-2a
13505 Försterweg (Teg.) 119-11b
12277 Föttingerzeile 232-2d
14195 Fohlenweg 194-5b
12487 Fokkerstraße 198-11a
13593 Folkungerstraße 166-9b
10785 Fontane Platz 36-C6
10967 Fontanepromenade 170-11b
13158 Fontanestraße 121-12c
14193 Fontanestraße (Grwld.) 168-11c
13467 Fontanestraße (Hermsdf.) 120-3d
12305 Fontanestraße (Lichtrde.) 232-8b
12049 Fontanestraße (Nkln.) 170-12d
12459 Fontanestraße (Oberschönwde.) 198-2c
13158 Fontanestraße (Wilhr.) 121-12c
14169 Forbacher Straße 194-11b
13189 Forchheimer Straße 146-6a
10247 Forckenbeckplatz 171-2c
14199 Forckenbeckstraße 194-3b + 195-1a
12107 Forddamm 196-10d
13359 Fordoner Straße 146-4c
12589 Forellensprung 201-7b
13159 Forkensteig 122-1a
13125 Forkenzeile 123-6a
13467 Forlenweg 120-6d
12355 Formerweg 233-3b
12627 Forster Straße (Helldf.) 150-10a
10999 Forster Straße (Kreuzbg.) 171-7c
12437 Forsthausallee 197-6a
– Forsthaustunnel 120-7d
12589 Forstmeisterweg 201-9c
13467 Forststraße (Hermsdf.) 120-8b
12163 Forststraße (Stegl.) 195-4a
14163 Forststraße (Zehldf.) 194-10c
13465 Forstweg (Reindf.) 120-1d
12349 Forsythienring 197-10a
12683 Fortunaallee 173-7d
13403 Foxweg 144-3d
10999 Fraenkelufer 170-9c
13437 Fräsersteig 121-11c
12047 Framstraße 171-10a
– Franckepark 196-5a
14052 Frankenallee 168-8a
12589 Frankenbergstraße 201-9a
13467 Frankendorfer Steig 120-6a
12249 Frankenhauser Straße 231-3c
12683 Frankenholzer Weg 173-4a
13129 Frankensteinstraße 123-4d
12524 Frankenstraße (Altgl.) 235-1c
13129 Frankenstraße (Blankbg.) 123-7a
10781 Frankenstraße (Schbg.) 169-12a
12247 Frankentaler Ufer 195-9c
13589 Frankenwaldstraße 142-12a
10247/10365/10317 Frankfurter Allee 171-5a
– Frankfurter Brücke 173-5c
10243 Frankfurter Tor 171-4b
14167 Frank-L.-Howley-Weg 230-3c
10587 Franklinstraße 35-E1 + 169-4b
12681 Frank-Schweitzer-Straße 148-11b
12681 Frank-Zappa-Straße 148-11a
12623 Frans-Hals-Platz 174-1b
12623 Frans-Hals-Straße 174-1b
12621 Franzburger Straße 173-5b
14197 Franz-Cornelsen-Weg 194-3d
12489 Franz-Ehrlich-Straße 198-12b
14193 Franzensbader Straße 168-12c
14195 Franz-Grothe-Weg 194-6c
13465 Franziskastraße 100-8b
12307 Franziusweg 232-8a
10369 Franz-Jacob-Straße 171-2b
12621 Franz-Jägerstätter-Weg 173-3a
10969 Franz-Klühs-Straße 170-8a
12347 Franz-Körner-Straße 197-4d
10969 Franz-Künstler-Straße 170-8a
10243 Franz-Mehring-Platz 171-4a
10319 Franz-Mett-Straße 172-5c
13587 Franz-Meyer-Straße 143-8b
13409 Franz-Neumann-Platz 145-6d
13127 Französisch Buchholz 122-6c
10117 Französische Straße 37-E4 + 170-5a
13125 Franz-Schmidt-Straße 103-12d
12679 Franz-Stenzer-Straße 148-9c
10318 Franz-Stimming-Weg 172-12c
12247 Franzstraße (Lankw.) 195-11d
13595 Franzstraße (Spand.) 167-4b
13088 Frau-Elster-Weg 147-2a
10318 Frauenauer Straße 172-9c
10719 Frauenburger Pfad 168-7b
13407 Frauenfelder Weg 145-6c
12437 Frauenlobstraße 197-3d
13158 Frauenmantelweg 122-7d
– Frauenplatz 167-6d
12357 Frauenschuhweg 198-10a
12207 Frauenstraße 231-2a
12355 Frauenviertel 234-5a
12349 Frau Holle 232-3b
12555 Frau-Holle-Straße 199-3c
13088 Frau-Holle-Weg 147-2a
10587 Fraunhoferstraße 34-D2 + 169-4a
12526 Fraustadter Weg 235-5c
13593 Freddy-Scheinpflug-Allee 166-6b
14059/14050 Fredericiastraße 168-5d
10243 Fredersdorfer Straße 171-4a
12589 Fredersdorfer Weg 201-8a
10365 Freesienweg (1) 171-3d
13503 Freester Weg 119-6a
12159/12161 Fregestraße 195-5a
10365 Freiaplatz 172-1c
10365 Freiastraße 172-1c
12107 Freibergstraße 196-11a
12623 Freiburger Straße 173-9c
12589 Freienbrinker Saum 201-5c
13359 Freienwalder Straße (Gesndbr.) 146-7b
13055 Freienwalder Straße (Hschönhs.) 147-9d
12305 Freiertweg 232-6a
13409 Freie Scholle (Reindf.) (Kleingtkol.) 146-4a
13581 Freie Scholle (Spand.) (Kleingtkol.) 166-3c
12047 Freie Stunde (Kleingtkol.) 171-10a
12355 Freigutweg 234-2a
13597 Freiheit 38-B3
12555 Freiheit (Köp.) 199-5c
13597 Freiheit (Spand.) 167-2d
13407 Freiheitsweg (Reindf.) 145-2d
13467 Freiherr-vom-Stein-Straße (Hermsdf.) 120-6c
10825 Freiherr-vom-Stein-Straße (Schbg.) 169-11d
13509 Freilandweg 120-9c
10967 Freiligrathstraße 170-12a
13129 Freischützstraße 123-7b
10781 Freisinger Straße 169-11b
12355 Freitaler Straße 233-6b
12205 Freiwaldauer Weg 194-12a
13437 Freizeit (Kleingtkol.) 121-11c
12277 Freizeitpark Marienfelde 232-7a
13507 Freizeitpark Tegel 120-10d
13469 Freizeit- und Erholungspark Lübars 121-6c
13627 Freizeit und Erholungszentrum Degenhof 145-10c
12623 Frettchenweg 173-6a
14165 Fretzdorfer Weg 229-3d
13583 Freudenberger Weg 142-12b
13349 Freudental (Kleingtkol.) 145-5d
13589 Freudstraße 142-8c
– Freybrücke 167-8a
14165 Freyensteinweg (2) 229-3d
12247 Freymüllerweg 195-9d
12489 Freystadter Weg 199-7a
13156 Frickastraße 122-10c
12683 Fridolinweg 149-10d
13585 Frieda-Arnheim-Promenade (5) 143-11a
10318 Frieda-Rosenthal-Straße 198-3a
13086 Frieda-Seidlitz-Straße 147-4c
10317 Friedastraße 172-4a
14057 Friedbergstraße 34-A4 + 168-9a
12047 Friedelstraße 170-9d
12159 Friedenau 195-2d
12159 Friedenauer Brücke 195-5b
12279 Friedenfelser Straße 232-4a
10319 Friedenhorster Straße 172-8c
13086 Frieden I (Kleingtkol.) 196-6c
12359 Friedensgarten (Kleingtkol.) 197-8b
12103 Friedensplatz 196-4b
13158 Friedensteg 145-3b
12107 Friedenstraße 196-10b
12489 Friedenstraße (Adlhf.) 198-9d
10249 Friedenstraße (Friedhn.) 170-3b + 171-1c
12555 Friedenstraße (Köp.) 199-5a
12623 Friedenstraße (Mahlsdf.) 173-8d
14109 Friedenstraße (Wanns.) 228-5c
12307 Friedensweg (Lichtrde.) 232-8d
13158 Friedensweg (Nordende) 122-8c
– Friedenthalpark 168-11b
12355 Friederike-Nadig-Straße 234-5c
13505 Friederikestraße 143-2d
12103 Friede und Arbeit (Kleingtkol.) 196-5a
13053 Friedhofstraße 147-9c
13158 Friedhofsweg 122-8c
12489 Friedlander Straße 198-9d
12349 Friedland III (Kleingtkol.) 196-12c
12349 Friedlandpromenade 196-12c
10117 Friedrich-Ebert-Platz 36-C4
13351 Friedrich-Ebert-Siedlung 145-4d
13156/13158 Friedrich-Engels-Straße 122-10a
12103 Friedrich-Franz-Straße 196-4d
14053 Friedrich-Friesen-Allee 167-6c
10829 Friedrich-Gerlach-Brücke 195-3b
10829 Friedrich-Haak-Brücke 196-1c
14089 Friedrich-Hanisch-Straße 192-8b
10789 Friedrich-Hollaender-Platz 35-F5 + 169-8c
10245 Friedrich-Junge-Straße 171-9c
13403 Friedrich-Karl-Straße (Reindf.) 145-4d
12103 Friedrich-Karl-Straße (Tphf.) 196-4d
12353 Friedrich-Kayßler-Weg 233-3a
13353 Friedrich-Krause-Ufer 145-11d
12487 Friedrich-List-Straße 198-4b
10557 Friedrich-List-Ufer 36-B2
13627 Friedrich-Olbricht-Damm 145-7c
13125 Friedrich-Richter-Straße 123-3a
12249 Friedrichrodaer Straße 232-1a
10243 Friedrichsberger Straße 171-1c
– Friedrichsbrücke 37-F3 + 170-2c
12347 Friedrichsbrunner Platz 197-4a
12347 Friedrichsbrunner Straße 197-4a
10319 Friedrichsfelde 172-5c
10178 Friedrichsgracht 37-F4
12587 Friedrichshagen 199-6d
12555 Friedrichshagener Straße 199-5c
10245 Friedrichshain 171-4b
10997 Friedrichshain-Kreuzberg 170-6d
14199 Friedrichshall (Kleingtkol.) 194-3d
14199 Friedrichshaller Straße 194-3c
12169 Friedrichsruher Platz 195-5d
14193 Friedrichsruher Straße (Schmargdf.) 168-12b
12169 Friedrichsruher Straße (Stegl.) 195-5d
10117 Friedrichstadtpassagen 37-E5
10969 Friedrich-Stampfer-Straße 170-8a
10318 Friedrichsteiner Straße 172-11a
13467 Friedrichsthaler Weg 120-6c
10117/10969 Friedrichstraße 36-D2 + 170-1d
12205 Friedrichstraße (Lichtfde.) 194-12a
13585 Friedrichstraße (Spand.) 38-A1 + 143-10d
12161 Friedrich-Wilhelm-Platz 195-2c
13409 Friedrich-Wilhelm-Straße (Reindf.) 145-6a
12099/12103 Friedrich-Wilhelm-Straße (Tphf.) 196-4c
12489 Friedrich-Wöhler-Straße 198-11d
12527 Friedrich-Wolf-Straße 199-11c
13158 Friensteinweg 122-8c
12623 Friesacker Straße 174-4a
12277 Friesdorfer Pfad 232-7a
12524 Friesenstraße (Altgl.) 235-1c
10965 Friesenstraße (Kreuzbg., Tphf.) 170-11c
13156 Friesenstraße (Nschönhs.) 146-1a
13086 Friesickestraße 147-7a
13589 Frischauf (Spand.) (Kleingtkol.) 142-9d
13435 Frischborner Weg 121-8c
13627 Frischer Wind (Kleingtkol) 144-12d
14195 Frischlingsteig 194-2d
13089 Frithjofstraße 146-3b
10585/10627 Fritschestraße 34-B2 + 168-6d
12163 Fritschweg 195-4c
12101 Fritz-Bräuning-Promenade (1) 196-1b
10823 Fritz-Elsas-Straße 169-11d
12351/12353 Fritz-Erler-Allee 197-11a
13156 Fritz-Erpenbeck-Ring 122-10d
12057 Fritzi-Massary-Straße 197-6a
12459 Fritz-Kirsch-Zeile 198-2a
12459 Fritz-König-Weg 198-1a
10318 Fritz-Kortner-Straße 172-12c
12526 Fritz-Kühn-Straße 235-7b
12627 Fritz-Lang-Platz (4) 149-9c
12627 Fritz-Lang-Straße 149-9c
13053 Fritz-Lesch-Straße 147-11b
12359 Fritz-Reuter-Allee 197-8a
12623 Fritz-Reuter-Straße (Mahlsdf.) 173-3d
13156 Fritz-Reuter-Straße (Nschönhs.) 122-11b
10827 Fritz-Reuter-Straße (Schbg.) 195-3a
10407 Fritz-Riedel-Straße 147-10d
10243 Fritz-Schiff-Weg 171-1d
10318 Fritz-Thurm-Weg 198-3a
14199 Fritz-Wildung-Straße 168-12d
12249 Frobenstraße 195-12c
12249 Frobenstraße (Lankw.) 231-2b
10783 Frobenstraße (Schbg.) 169-9d
13585 Frobenstraße (Spand.) 143-10a
12161 Fröaufstraße 195-5a
10405 Fröbelplatz 146-12b
10405 Fröbelstraße 146-12b
12109 Fröhliche Eintracht (Kleingtkol.) 196-8b
13595 Fröhnerstraße 167-7a
12627 Frohburger Straße 149-12b
13465 Frohnau 100-11d + 120-2a
13465 Frohnauer Brücke 120-2b
13467/13465 Frohnauer Straße 120-2c
12487 Frohsinn (Baumsch.) (Kleingtkol.) 197-9b
– Fromet-und-Moses-Mendelssohn-Platz (1) 170-8a
13437 Frommpromenade 121-10d
12165 Fronhoferstraße 195-7b
12165 Fronhoferstraße (Kleingtkol.) 195-7b
12349 Froschkönig 232-3b
13088 Froschkönigweg 147-2a
12524 Froschsteg 234-6c
13089 Frostraße 147-1c
12051 Frühauf (Nkln.) (Kleingtkol.) 197-4a
13587 Frühauf (Spand.) (Kleingtkol.) 143-5d
13509 Frühauf (Witten.) (Kleingtkol.) 120-12d
10318 Frühauf II (Kleingtkol.) 172-8c
13158 Frühlingstraße 146-1c
13403 Frühlingsweg (Reindf.) 145-4b
13403 Frühlingsweg (Teg.) 144-6a
13125 Frundsbergstraße 123-5a
12527 Fuchsbau (Grün.) 199-10d
10318 Fuchsbau (Karlsh.) 172-11c
13407 Fuchsbauplatz 145-2d
12683 Fuchsbergeweg (Biesdf.) 173-7c
14089 Fuchsbergeweg (Klad.) 192-7d
12357 Fuchsienweg 198-10a
12279 Fuchsmühler Weg 231-6d
13465 Fuchsring 100-11c
13437 Fuchsschwanzweg 121-11c
13465 Fuchssteinerweg 120-2b
13629 Fuchsweg (Teg.) 144-7d
13405 Fuchsweg (Wedd.) 145-7c
12209 Fügener Weg 231-6a
14169 Fünf Morgen 194-8b
10961 Fürbringerstraße 170-8c
13469 Fürst-Bismarck-Straße 120-9b
13503 Fürstenauer Weg 119-8a
10435 Fürstenberger Straße 146-11d
– Fürstenbrunner Brücke 168-2c
14059/14050 Fürstenbrunner Weg 168-2c
13465 Fürstendamm 120-2b
14052 Fürstenplatz 168-4d
12207 Fürstenstraße (Lichtfde.) 231-4d
14163 Fürstenstraße (Zehldf.) 194-10c
12589 Fürstenwalder Allee 201-7b
12587/12589 Fürstenwalder Damm 199-6b
10243 Fürstenwalder Straße 170-3d
12589 Fürstenweg (Rahnsdf.) 201-9b
13589 Fürstenweg (Spand.) 143-7a
12309 Fürther Straße (Lichtrde.) 233-10a
10777 Fürther Straße (Wilmdf.) 35-G5 + 169-8c
12309 Füssener Straße 233-10a
10777 Fuggerstraße 35-G5 + 169-8d
12099 Fuhrmannstraße 196-5a
13587 Fuldaer Weg 143-5c
12043/12045 Fuldastraße 171-10c
12359 Fulhamer Allee 197-7b
12557 Funkelgang 199-12a
12107 Funkastraße 232-2b
14193 Furtwänglerstraße 168-11d
12459 Fuststraße 198-2a
12353 Futhzeile 233-1d
12555 Futranplatz (3) 199-8a

12247 **G**abainstraße 195-12b
13505 Gabelweihstraße 143-2b
13507 Gabrielenstraße 120-10d
10963 Gabriele-Tergit-Promenade 170-7a
10245 Gabriel-Max-Straße 171-5a
12619 Gadebuscher Straße 173-2c
14195 Gadebuscher Weg (Dahl.) 194-6a
12619 Gadebuscher Weg (Kaulsd.) (4) 173-2c
13086 Gäblerstraße 147-4a
14163 Gänseblümchenweg 229-3c
13507 Gänsewerder 144-1d
– Gärten der Welt 149-7d
13593 Gärtnerallee (Kleingtkol.) 166-6a
13593 Gärtnereiring 166-5a
10245 Gärtnerstraße (Friedhn.) 171-5c
13055 Gärtnerstraße (Hschönhs.) 148-7a
12207 Gärtnerstraße (Lichtfde., Lankw.) 195-11a
12524 Gärtnerweg (Altgl.) 234-6d
13503 Gärtnerweg (Heilgs.) 119-11b
12103 Gäßnerweg 196-4d
12307 Gätzschmannpfad 232-8c
12527 Gaffelsteig 199-11c
13187 Gaillardstraße 146-5a
13587 Gaismannshofer Weg 143-7b
12109 Gajusstraße 196-9c
13587 Galapagosweg 143-5a
13597 Galenstraße 167-1a
13187 Galenusstraße 146-3a
12435 Galileistraße 171-12c
14089 Gallandiweg 192-7d
10589 Gallesteig 168-3b
12109 Gallipoliweg 196-8d
12307 Galluner Straße 232-12c
12249 Gallwitzallee 195-12c + 231-3a
10587 Galvanistraße 34-D1 + 169-4a
13503 Gambiner Weg 119-6a
13409 Gamsbartweg 145-3c
13439 Gandenitzer Weg 121-9c
12043 Ganghoferstraße (Nkln.) 171-10d
12163 Ganghoferstraße (Stegl.) 195-4a
12353 Gansbergsteig 197-12c
14089 Ganzhornweg 192-7c
13189 Garbátyplatz 146-5b
12683 Garbenpfad 173-1c
12203 Gardeschützenweg 194-12b
14059 Gardes-du-Corps-Straße 168-6a
13158 Garibaldistraße 121-12c
13587 Garmischer Weg 143-5d
10178 Garnisonkirchplatz 37-F3
13156 Gartenbau Nordend (Kleingtkol.) 122-11b
13591 Gartenbauverein Staaken (Kleingtkol.) 166-1b
13599 Gartenfeld 143-9d
13599 Gartenfelder Brücke 143-12b
13599 Gartenfelder Straße 143-12c
12587 Gartenfreunde Hirschgarten (Kleingtkol.) 199-6b
10318 Gartenfreunde Wuhlheide (Kleingtkol.) 172-12d
13125 Gartengemeinschaft Buch (Kleingtkol.) 123-3d
13355 Gartenplatz 146-10b

13156 Kleine Homeyerstraße 146-1d
12045 Kleine Innstraße 171-10d
10117 Kleine Jägerstraße (1) 37-F4
10117 Kleine Kurstraße 37-F5
12526 Kleine Lindenstraße 235-7b
10243 Kleine Markusstraße 170-6b
13585 Kleine Mittelstraße 143-10b
10965 Kleine Parkstraße 170-10b
10178 Kleine Präsidentenstraße 37-F2
12524 Kleiner Mohnweg 235-4a
12349 Kleiner Muck 232-3b
10119 Kleine Rosenthaler Straße 37-F1 + 170-2b
13589 Kleiner Querweg 142-8c
12527 Kleiner Rohrwall 236-5d
12527 Kleiner Seddinwall 237-8a
10557 Kleiner Stern (Tiergt.) 36-A4 + 169-6a
14169 Kleiner Stern (Zehldf.) 194-4a
– Kleiner Tiergarten 169-2d
13587 Kleiner Wall 143-8d
12526 Kleine Spechtstraße 235-7b
12526 Kleine Waldstraße 235-7b
12101 Kleineweg 196-1b
13589 Kleingartenpark Radeland (Kleingtkol.) 142-9a
12559 Kleingartenstraße 199-9b
– Kleinhaussiedlung (Hermsdf.) 148-4c
– Kleinhaussiedlung (Hschönhs.) 121-1c
14165 Kleinmachnower Weg 230-4d
13587 Kleinreuther Weg 143-7b
12555 Kleinschewskystraße 199-2a
13158 Kleinsteinweg 122-7d
12555 Klein-Venedig 199-5d
12559 Klein Venedig II (Kleingtkol.) 199-8b
12355 Klein-Ziethener-Weg 233-6d
10787 Kleiststraße 35-H5 + 169-8b
14163 Kleiststraße (Zehldf.) 193-12b
13127 Kleistweg 122-5d
13409/13158 Klemkestraße 145-3c
12351 Klempnergasse 197-11c
13407 Klenzepfad 145-5a
12557 Klepschweg 199-8d
12524 Klettenberger Straße 235-4a
12357 Klettenweg 198-10d
12526 Kletterrosenweg 235-4b
12681 Klettwitzer Straße 148-5d
13357 Klever Straße 146-7b
14193 Klindworthsteig 194-2a
10785 Klingelhöferstraße 169-6c
12555 Klingenburger Straße 199-1b
13587 Klingenhofer Steig 143-7b
12627 Klingenthaler Straße 149-12a
12435 Klingerstraße 171-11d
12203 Klingsorplatz 195-7d
12167 Klingsorstraße 195-8c
12167/12203 Klingsorstraße 195-10b
13585 Klinkeplatz 143-7d
13509 Klinnerweg 120-12c
14165 Klistostraße 230-1d
13403 Klixstraße (Reindf.) 144-6b
10823 Klixstraße (Schbg.) 169-12a
10965 Kloedenstraße 170-11a
13597 Klönnerweg 167-1d
13469 Klötzesteig 121-5d
12557 Klondyke (Kleingtkol.) 199-7d
12623 Klopstockstraße (Mahlsdf.) 173-11b
10557 Klopstockstraße (Tiergt., Hansav.) 35-G2 + 169-5a
14163/14129 Klopstockstraße (Zehldf.) 193-12a
13591 Klosterbuschweg 166-2b
13581 Klosterfelde 166-3d
13509 Klosterfelder Weg 120-12c
13467 Klosterheider Weg 120-5b
10179 Klosterstraße (Mitte) 37-G3 + 170-3c
13581 Klosterstraße (Spand.) 38-A3 + 167-1d
13595 Klosterweg 167-4c
12309 Kloster-Zinna-Straße 232-6d
13156 Klothildestraße 122-11d
10785 Kluckstraße 169-9b
12249 Klüberstraße 196-10c
12681 Klüsserather Weg 172-3c
13059 Klützer Straße 148-1d
12587 Klutstraße 200-4b
10405/10435 Knaackstraße 146-12a
13465 Knappenpfad 120-2d
13407 Knauerstraße 145-2a
12157 Knausplatz 195-5b
14193 Knausstraße (Grwld.) 194-2b
12157 Knausstraße (Stegl.) 195-5b
13467 Kneippstraße 120-5b
14109 Kneippweg 228-9a
– Knesebeckbrücke 230-8a
10623/10719 Knesebeckstraße 35-E3
10623/10719 Knesebeckstraße (Charlbg.) 35-E5 + 169-7d
12205 Knesebeckstraße (Lichtfde.) 194-9d
14167 Knesebeckstraße (Zehldf.) 230-2a
12157 Kniephofstraße 195-5c
13465 Kniggeweg 100-8a
10407 Kniprodestraße 147-10c
– Knobelsdorffbrücke 168-5d
14050/14059 Knobelsdorffstraße 34-A2 + 168-5d
13591 Knöterichpfad 142-10d
12355 Knollstraße 234-4d
10245 Knorrpromenade 171-5d
12524 Knospengrund 235-4a
13589 Knüllweg 142-12a
14109 Koblanckstraße 228-3c
10715 Koblenzer Straße 195-1b
14052 Koburgallee 168-4a
10825 Koburger Straße 195-3a
12527 Kochelseestraße 235-2a
13587 Kochemer Weg 143-5c
10249 Kochhannstraße 171-1b
10969 Kochstraße (Kreuzbg.) 36-D6 + 170-4d
12105 Kochstraße (Mardf.) 196-7d
13156 Köberlesteig 146-2c
10785 Köbisstraße 169-6c
13403 Kögelstraße 145-4b
13591 Köhlbrandweg 166-2b
12205 Köhlerstraße 194-12d
– Köllnische Brücke 199-4d
12557 Köllnischer Platz 199-8a
12439 Köllnische Straße 198-5d
12557 Köllnische Vorstadt 199-7d
12353 Kölner Damm 197-11c + 233-2a
12689 Kölpiner Straße 149-1d
13599 Kölpinseeweg (12) 143-9a
– Koeltzepark 143-10b
12349 König Drosselbart 232-3a
14059 Königin-Elisabeth-Straße 168-5b
14195 Königin-Luise-Platz 195-4c
14195 Königin-Luise-Straße 194-5d + 195-4c
14193 Koenigsallee 194-4a
– Koenigsalleebrücke 168-11c
13465 Königsbacher Zeile 100-11d
12207 Königsberger Straße 231-1b
12249 Königsgraben (Kleingtkol.) 231-3b
12437/12487 Königsheideweg 197-6c
13439 Königshorster Straße 121-8d
12621 Königshütter Weg 173-5c
13088 Königskinderweg 147-2a
14193 Königsmarckstraße 194-2d
13595 Königsplatz 167-7a
12527 Königsseestraße 199-11d
13129 Königsteinstraße (Blankenbg.) 123-4d
12309 Königsteinstraße (Lichtrde.) 232-9b
12105 Königstraße (Mardf.) 196-7d
13589 Königstraße (Spand.) 143-7c
14109 Königstraße (Wanns.) 227-6c
14163 Königstraße (Zehldf.) 230-1a
12107 Königstuhlweg 196-11d
13053 Königswalder Straße 147-6d
14193 Königsweg (Grwld.) 193-6b
13595 Königsweg (Spand.) 167-7a
13507 Königsweg (Teg.) 120-11d
14163/14129/14109 Königsweg (Wanns., Nklsee., Zehldf.) 228-11a
10318 Königswinterstraße 172-11b
12555 Köpenick 199-2d
10318 Köpenicker Allee (Karlshorst) 172-8d
10317 Köpenicker Chaussee 172-7c
12437 Köpenicker Landstraße 197-3b + 198-1a
12435/12437 Köpenicker Landstraße 171-12c
12524 Köpenicker Straße (Altgl.) 234-3b
12683 Köpenicker Straße (Biesdf., Köp.) 173-4a
12487 Köpenicker Straße (Johsth.) 198-8c
10179/10997 Köpenicker Straße (Mitte, Kreuzbg.) 37-H5 + 170-6a
12355 Köpenicker Straße (Rudow) 234-1b
12555 Köpenick-Nord (Kleingtkol.) 199-2c
12557 Köpenzeile 199-9c
10315 Köpitzer Straße 172-5a
13159 Köppchenseeweg 122-1a
– Körnerpark 197-1a
– Körnerplatz (Charlbg.) 167-6b
13127 Körnerplatz (Fr. Buchhz.) 122-5b
12623 Körnerplatz (Mahlsdf.) 173-11b
12157 Körnerstraße 195-5c
13156 Körnerstraße (Nschönhs.) 122-11b
13585 Körnerstraße (Spand.) 143-11a
12169/12157 Körnerstraße (Stegl.) 195-5c
10785 Körnerstraße (Tiergt.) 169-9b
13127 Körnerweg 122-5b
10967 Körtestraße 170-12a
12107 Körtingstraße 196-10d
14199 Kösener Straße 194-3c
13357 Kösliner Straße 145-9d
14165 Kösterstraße 230-1c
– Köthener Brücke 170-7a
10963 Köthener Straße (Kreuzbg.) 36-C6 + 170-7a
12689 Köthener Straße (Marz.) 148-3d
12623 Kötteritzweg 150-11d
13629 Köttgenstraße 144-10b
10318 Kötztinger Straße 172-9c
13158 Kohlbornsteinweg 122-7d
10999 Kohlfurter Straße 170-9c
14109 Kohlhasenbrück 228-8c
14109 Kohlhasenbrücker Straße 228-5d
12623 Kohlisstraße 173-11b
12351 Kohlmeisenweg 197-12a
10587 Kohlrauschstraße 34-D2 + 169-4b
12683 Kohlweißlingstraße 173-4d
13583 Kohstallweg 142-12c
12627 Kokoschkaplatz (8) 149-9c
12627 Kokoschkastraße (7) 149-9c
14199 Kolberger Platz 194-3a
13357 Kolberger Straße (Gesndbr.) 146-10a
12623 Kolberger Straße (Mahlsdf.) 150-11c
12351 Kolibriweg 197-11a
13597 Kolk 38-B2 + 143-11c
12351 Kolkrabenweg 197-8d
14059 Kollatzstraße 168-5b
12109 Kollostraße 196-8c
10435 Kollwitzplatz 146-12c
10405/10435 Kollwitzstraße 146-12c
10405 Kolmarer Straße 146-12c
13409 Kolonie der BVG (Kleingtkol.) 145-6b
12209 Kolonie Hildburghauser Straße (Kleingtkol.) 231-1d
12059 Kolonie NCR (Kleingtkol.) 197-2a
12629 Kolonie Storchennest 149-8d
13357/13359 Koloniestraße (Gesndbr.) 146-7a
12209 Koloniestraße (Lichtfde.) 231-5a
13583 Kolonieweg (Kol. A.d. Kappe) 142-12d
13597 Kolonieweg (Kol. Unterhavel) 167-2c
– Kolonnenbrücke 170-10c
10827/10829 Kolonnenstraße 169-12d + 170-10c
12589 Kolpiner Weg 201-8b
13409 Kolpingplatz 145-3c
10117/10969 Kommandantenstraße (Kreuzbg., Mitte) 37-F5 + 170-5d
12205 Kommandantenstraße (Lichtfde.) 194-12d
– Komturbrücke 196-5d
12099 Komturstraße 196-5d
13351 Kongostraße 145-8d
10245 Konitzer Straße 171-5c
13595 Konkordiastraße 167-4a
10557 Konrad-Adenauer-Straße 36-B3
12105 Konradinstraße 196-7b
13505 Konradshöhe 119-11d + 143-2d
13505 Konradshöher Straße 143-3a
13055 Konrad-Wolf-Straße 147-11b + 148-7a
10707/10709 Konstanzer Straße 34-C6 + 169-10a
13465 Konzer Platz 100-11d
13158/13407 Kopenhagener Straße 145-3c
10437 Kopenhagener Straße (Prenzl. Bg.) 146-8d
10243/10245 Kopernikusstraße (Friedhn.) 171-4b
12205 Kopernikusstraße (Lichtfde.) 195-10c
12053 Kopfstraße 197-1a
10965 Kopischstraße 170-11a
12347 Koppelweg (Britz) 196-9c
13465 Koppelweg (Frohn.) 120-2b
10115 Koppenplatz 37-E1 + 170-2a
10115* Koppenstraße 171-4a
12355 Korbmacherweg (2) 234-1c
12623 Korianderweg 173-9a
12524 Korkedamm 198-12c
12359 Korlinweg 197-8c
12351 Kormoranweg 197-11b
13127 Kornapfelweg (Fr. Buchhz.) 123-7a
14109 Kornaue 228-5b
12357 Kornblumenring 198-10c + 234-1b
14050 Kornblumenweg 168-1c
13587 Kornburger Weg 143-7d
12683 Kornmandelweg 149-10c
12205 Kornmesserstraße 231-1a
12357 Kornradenstraße 234-1a
13469 Kornweg (3) 121-5d
10437 Korsörer Straße 146-8c
12487 Koschatweg 198-7c
12619 Koserower Straße 173-2c
14195 Koserstraße 194-6d
12109 Kosleckweg 196-8d
13437 Kossätenstraße 145-1b
– Kottbusser Brücke 170-9d
10967/12047 Kottbusser Damm 170-9d
10999 Kottbusser Straße 170-9a
12169 Kottesteig 195-9a
12459 Kottmeierstraße 198-2d
12305 Kraatzweg 232-6a
10629 Kracauerplatz 34-A5 + 168-9c
10245 Krachtstraße 171-8d
13125 Krähenfußzeile 123-3c
12527 Krähenhorst (Grün.) 236-10b
12527 Krähenhorst (Schmöckw.) 199-10d
10318 Krähenwinkel (1) 172-12c
13589 Krämerweg 142-9a
13589 Kraepelinweg 142-8c
10315 Kraetkestraße (Friedrfde.) 172-4d
12621/12619 Kraetkestraße (Kaulsdf.) 173-3a
13158 Kräuterweg (Rosnth.) 122-7c
13597 Kraftwerk Unterspree (Kleingtkol.) 167-3d
12207 Krahmersteg 195-10b
12207 Krahmerstraße 195-10b
14199 Krampasplatz 194-3c
– Krampenburg 236-9a
12559 Krampenburger Weg 236-3d
14089 Krampnitzer Weg 191-9d
14163 Kramstaweg 229-3b
13439 Krangener Weg 121-12a
12526 Kranichstraße 235-5d
12209 Kranoldplatz (Lichtfde.) 231-2a
12051 Kranoldplatz (Nkln.) 197-1d
12621 Kranoldstraße (Kaulsdf.) 173-2d
12051 Kranoldstraße (Nkln.) 197-1c
13503 Krantorweg 119-5b
14055 Kranzallee 167-9a
14199 Kranzer Straße 194-3a
10245 Kratzbruch 171-9d
10117 Krausenstraße 37-E5 + 170-5c
– Krausnickpark 37-E2
10115 Krausnickstraße 37-E2 + 170-2c
10243 Krautstraße 170-6b
12359 Krautweg 197-9c
12057 Krebsgang 197-2d
10555 Krefelder Straße 169-2d
12349 Kreideweg 232-3a
12161 Kreisauer Straße 195-1b
10435 Kremmener Straße 146-11a
14109 Kremnitzufer 228-11b
12621 Kreppfuhlweg 149-12d
12623 Kressenweg 173-9c
12623 Kressenweg (Kleingtkol.) 173-9a
13591 Kretzerzeile 166-5b
12203 Kreutzerweg 195-10b
10247 Kreutzigerstraße 171-5a
14089 Kreutzwaldstraße 192-7c
10969 Kreuzberg 170-8b
10965 Kreuzbergstraße 170-10a
13125 Kreuzburger Straße 123-5c
13156 Kreuzgraben 122-11c
14197 Kreuznacher Straße 195-4a
13465 Kreuzritterstraße 120-2d
12683 Kreuzschnabelstraße 173-4c
13158 Kreuzsteg 145-3b
10117 Kreuzstraße (Mitte) 37-F5
13187 Kreuzstraße (Pank.) 146-5a
13507 Kreuztaler Weg 144-2d
14089 Krielower Platz 193-4a
14089 Krielower Weg 193-1c
10365 Kriemhildstraße 172-1d
– Krienicke Park 143-11b
13585 Krienickesteig 143-11a
12527 Krimnitzer Weg 236-8b
12359 Krischanweg 197-8c
13059 Kröpeliner Straße 148-1d
12524 Krötengasse 234-6c
12681 Kröver Straße 172-2b
14089 Krohnweg 192-8d
12349 Krokus (1) 233-1a
12357 Krokusstraße 234-1a
12359 Krokusweg 197-9d
12309 Kronacher Straße 233-10a
14193 Kronberger Straße 194-2d
12309 Kronbergstraße 232-9b
12489 Kroneckerstraße 198-12a
10117 Kronenstraße 36-D5 + 170-4d
– Kronprinzenbrücke 36-B3
10711 Kronprinzendamm 168-8d
13589 Kronprinzenstraße 142-9b
14109/14129 Kronprinzessinnenweg 229-4a
12279 Kronstadter Weg 231-6c
13125 Krontaler Straße 123-4d
12309/12305 Krontalstraße 232-6d
13629 Kroppenstedtweg 144-10b
10245 Krossener Straße 171-5a
14129 Krottnaurerstraße 193-11c
13581 Krowelstraße 167-1d
12107 Kruckenbergstraße 196-11c
12307 Krügerstraße (Lichtrde.) 232-11d
10439 Krügerstraße (Prenzl. Bg.) 146-9b
12435 Krüllsstraße 171-7d
12527 Krugauer Steig 236-5c
12589 Kruggasse 201-7d
13127 Krugpfuhl 122-6c
13129 Krugstege 123-10b
13581 Krumme Gärten 167-1c
12685 Krummenseer Straße 149-7d
13627 Krummer Weg 145-10a
13627 Krummerweg 145-10c
12526 Krumme Straße (Bohnsdf.) 235-5c
10585/10627 Krumme Straße (Charlbg.) 34-C4 + 169-4c
12203 Krumme Straße (Lichtfde.) 195-10b
13089 Krumme Straße (Pank.) 147-1a
10317 Krummhübler Straße 171-6c
13503 Krumminer Weg 119-5c
13507 Krumpuhler Weg 144-2c
10557/10559 Kruppstraße 169-3a
12305 Krusauer Straße 232-5b
12279 Kruseweg 231-6a
12099 Krysiakweg 196-5b
10367 Kubornstraße 171-3d
10587 Kucharskistraße 169-1d
13156 Kuckhoffstraße 146-1a
12349 Kuckuck 196-12d
12589 Kuckuckssteig 201-8d
14089 Kuckuckstraße 192-4a
13129 Kuckucksweg (Blankenbg.) 123-10a
14195 Kuckucksweg (Dahl.) 194-9a
12347 Kuckucksweg (Nkln.) (8) 196-9b
13158 Kuckucksweg (Rosnth.) 122-7a
14193 Kudowastraße 168-12c
12355 Kückenweg 234-4c
13595 Küfersteig 167-7a
12059 Kühler Grund (Nkln.) (Kleingtkol.) 197-2a
13403 Kühler Grund (Witten.) (Kleingtkol.) 121-10c
14055 Kühler Weg 168-10b
13409 Kühleweinstraße 145-6b
13051 Kühlungsborner Straße 147-3d
13409 Kühnemannstraße 146-4a
13055 Küllstedter Straße 148-10b
12169 Külzer Straße 195-5c
12349 Künheimer Weg 232-3c
12355 Künnekeweg 234-2d
14089 Künstlerweg 192-2c
13591 Künzelsauer Weg 142-10a
13159 Kürbissteig 122-1a
12681 Kürenzer Straße 172-2d
12557 Kürißweg 199-8d
10409 Küselstraße 146-9d
13599 Küsterstraße 143-12b
12589 Küsterwiesen 201-7d
12305 Küstriner Platz 232-6d
13055 Küstriner Straße (Hschönhs.) 147-12a
12305 Küstriner Straße (Lichtrde.) 232-6b
12105 Küterstraße 196-7d
10825 Kufsteiner Straße 195-2b
10439 Kuglerstraße 146-9a
12165 Kuhligkshofstraße (2) 195-7b
12623 Kuhnaustraße 174-4a
13595 Kuhnertstraße 167-4d
12559 Kuhwall 200-10a
13581 Kujampelweg 166-3d
13587 Kulbeweg 143-8a
10777 Kulmbacher Straße 35-G6 + 169-8c
10783 Kulmer Straße 169-12b
12683 Kulmseestraße 172-3d
12619 Kummerower Ring 149-11c
12159 Kundrystraße 195-2c
13057 Kundtanger 148-3b
12459 Kunheimstraße 198-1d
12524 Kunibertstraße 234-6b
12105 Kunigundenstraße 196-4d
13347 Kunkelstraße 146-10a
14057 Kuno-Fischer-Platz 168-9a
14057 Kuno-Fischer-Straße 34-A4 + 168-9a
14193 Kunz-Buntschuh-Straße 168-12a
14165 Kunzendorfstraße 230-1b
10367 Kunzeweg 171-3d
10715 Kuppenheimer Straße 195-2b
10707/10709/10711/10719 Kurfürstendamm 34-A6 + 168-12a
10707/10709/10711/10719 Kurfürstendamm 35-E5 + 169-7c
13467 Kurfürstenstraße (Hermsdf.) 120-8b
12249 Kurfürstenstraße (Lankw.) 231-2b
12105 Kurfürstenstraße (Mardf.) 196-7c
10785/10787 Kurfürstenstraße (Tiergt., Schbg.) 35-G4 + 169-8b
14109 Kurfürstenweg 228-9c
13467 Kurhausstraße 120-2d
14055 Kurländer Allee 168-7d
10783 Kurmärkische Straße 169-9d
– Kurpark Friedrichshagen 200-1d
14089 Kurpromenade 192-7a
10117 Kurstraße (Mitte) 37-F5 + 170-5a
14129 Kurstraße (Nklsee.) 229-3a
13585 Kurstraße (Spand.) 143-10b
12249 Kurt-Exner-Straße 171-2a
10823 Kurt-Hiller-Platz 169-12b
14089 Kurt-Marzahn-Straße 166-12d
12099 Kurt-Pfennig-Platz 196-2c
12349 Kurt Pöthig (Kleingtkol.) 232-3b
13405 Kurt-Schumacher-Damm 144-12c
13405 Kurt-Schumacher-Platz 145-4d
12627 Kurt-Weill-Gasse (2) 149-9c
12627 Kurt-Weill-Platz (1) 149-9c
13503 Kurzebracker Weg 119-5c
13125 Kurze-Enden-Weg 123-2d
12587 Kurzer Steig 199-6b
12359 Kurzer Weg (Nkln.) 197-8b
13627 Kurzer Weg (Spand.) 145-10a
10315 Kurze Straße (Friedrfde.) 172-5a
13467 Kurze Straße (Hermsdf.) 120-6a
13189 Kurze Straße (Pank.) 146-9a
12589 Kurze Straße (Rahnsdf.) 201-12b
13158 Kurze Straße (Rosnth.) 121-12c
13585 Kurze Straße (Spand.) 143-10b
12167 Kurze Straße (Stegl.) 195-8a
10781 Kyffhäuserstraße 169-12a
13051 Kyllburger Weg 147-6b + 148-4a
12203 Kyllmannstraße (Lichtfde.) 195-10a
14109 Kyllmannstraße (Wanns.) 228-6a
10245/10317 Kynaststraße (Friedhn., Lichtbg.) 171-8b
12629 Kyritzer Straße 149-8c
14165 Kyritzer Weg 229-3d

13503 Labeser Weg 119-6a
13057 Labkrautweg 149-1a
13357 Laböer Straße 146-7b
10967 Lachmannstraße (1) 170-9d
12589 Lachsfang 201-8a
12355 Lachshuhnweg 233-6b
13505 Lachtaubenweg 119-11d
12167 Lacknerstraße 195-9c
13509 Ladeburger Weg 120-12c
14195 Ladenbergstraße 194-9c
14169 Ladenstraße 194-7d
14165 Ladiusstraße 230-5c
14167 Laehr'scher Jagdweg 230-5b
14167/14165 Laehrstraße 230-5a
14052 Länderallee 168-7b
14055 Lärchenweg (Charlbg.) 168-8c
13629 Lärchenweg (Siemst.) 144-10a
13127 La Famille-Straße 122-9c
13599 Lagerweg 143-12c
12589 Lagunenweg 201-12a
12527 Lahmertstraße 199-11c
10318 Lahnsteiner Straße 172-11b
12055 Lahnstraße 197-1d
13469 Lahrer Pfad 121-7b
12437 Lakegrund 198-1a
12437 Lakegrund (Kleingtkol.) 198-1a
12355 Lakenfelderweg 234-4a
10589 Lambertstraße 168-3b
12621 Lammersdorfer Weg 173-7b
13158 Lampertssteinweg 122-8c
13409 Lampesteig 145-3c
13053 Land in Sonne (Kleingtkol.) 148-4d
13127 Landapfelweg (Fr. Buchhz.) 123-7a
14197 Landauer Straße 195-1d
14199 Landecker Straße 168-12d
13435 Landenhäuser Weg 121-7d
12487 Landfliegerstraße 198-8a
12557 Landgartenweg 199-12a
10787 Landgrafenstraße 35-H4 + 169-9a
10717 Landhausstraße 169-11a
12589 Landjägerallee 201-9b
– Landjägerbrücke 199-8b
12555 Landjägerstraße 199-8b
14195 Landoltweg 194-9c
12353 Landreiterweg 233-2a
12621 Landréstraße 173-3c
10249/365/369/369/407/12679/681/13055 Landsberger Allee 148-10a + 171-1a
10249/365/369/369/407/12679/681/13055 Landsberger Allee 149-7a
12305 Landsberger Straße (Lichtrde.) 232-6b
12623 Landsberger Straße (Mahlsdf.) 174-4a
– Landschaftspark Wuhletal 149-4b
12349 Landschöppenpfad (1) 233-1b
12309 Landshuter Straße (Lichtrde.) 233-10a
10779 Landshuter Straße (Schbg.) 169-11b
14089 Landstadt Gatow 192-4d
12623 Landvogtstraße 174-4a
12207 Landweg 231-5c
– Lange Brücke 199-8a
13437 Lange Enden 121-10a
12489 Lange Gurke (Kleingtkol.) 199-7d
13503 Langenauer Weg 119-5d
12623 Langenbeckplatz 174-7a
10249 Langenbeckstraße (Friedhn.) 171-1b
12623 Langenbeckstraße (Mahlsdf.) 173-9b
12249 Langensalzaer Straße 231-2d
– Langenscheidtbrücke 169-12b
10827 Langenscheidtstraße 169-12b
12169 Langensteiner Weg 195-9b
12555 Langerhansstraße 199-5a
13599 Langer-See-Straße (1) 143-8b
12683 Langer Weg (Marz.) 173-7c
12359 Langer Weg (Nkln.) 197-8b
10369 Langes Höhe (Kleingtkol.) 147-11b
10115* Lange Str. 171-4a
10243 Lange Straße (Friedhn.) 170-6b
12209 Lange Straße (Lichtfde.) 231-2c
12109 Lange Straße (Mardf.) 196-8b
14109 Lange Stücken 228-5d
12589 Langewahler Weg 201-8b
12589 Langfuhrer Allee 201-8b
12555 Langhansstraße 146-9b
12681 Langhoffstraße 148-12c
12247 Langkofelweg 195-12a
14052 Langobardenallee 168-8a
13465 Langohrzeile 120-3c
12355 Langschanweg 234-4c
13125 Lanker Straße 123-5d
13595 Lankestrand 167-7b
12247 Lankwitz 195-12b
– Lankwitzer Brücke 196-10a

12305 Raabestraße (Lichtrde.) 232-5d
10405 Raabestraße (Prenzl. Bg.) 146-12c
13505 Rabenhorststraße 143-2b
12689 Rabensteinerstraße 149-1d
13505 Rabenstraße 143-2b
12527 Rabindranath-Tagore-Straße 235-3c
12305 Rackebüller Weg 232-5b
13053 Rackwitzer Straße 148-4c
12527 Radduscher Weg 236-8a
12355 Radeberger Weg 234-1c
12681 Radebeuler Straße 148-11d
13589 Radelandstraße 142-5c
12305 Rademeierweg 232-6b
12437 Radenzer Straße 197-6b
12355 Radewiesenweg 234-2a
12489 Radickestraße 198-12b
12689 Radieschenpfad 148-3d
14163 Radolfzeller Weg 230-1b
14165 Radtkestraße 230-1d
12355 Raduhner Straße 234-4b
13593 Räcknitzer Steig 166-6a
12683 Rägeliner Straße 172-9b
12107 Rätikonweg 232-2a
13509 Räuschstraße 144-3a
13407 Ragazer Straße 145-6a
14055 Ragniter Allee 167-9b
12527 Ragower Weg 236-8a
10557 Rahel-Hirsch-Straße 36-B2
10969 Rahel-Varnhagen-Promenade 170-8a
12621 Rahnestraße 173-3c
12589 Rahnsdorf 201-8c
12589 Rahnsdorfer Mühle 201-8a
12587 Rahnsdorfer Straße (Friedhg.) 200-4d
12623 Rahnsdorfer Straße (Mahlsdf.) 173-6d + 174-4c
12527 Rainweg 236-10b
13505 Rallenweg 119-11a
12359 Rambowstraße 197-8a
13355 Ramlerstraße 146-7d
14165 Ramsteinweg 230-5c
12524 Randolfstraße 234-3d
13503 Randower Weg 119-6a
13057 Randowstraße 148-4b
13627 Randsteg 145-10c
12621 Randweg 149-12d
12307 Rangsdorfer Straße 232-11d
10789 Rankestraße 35-F5 + 169-8c
12357 Ranunkelweg 198-10c
12679 Raoul-Wallenberg-Straße 148-9b
13465 Rappenweg (2) 100-11c
14169 Rappoltsweilerstraße 194-11a
13629 Rapsstraße 144-10b
12305 Rapstedter Weg 232-5c
12683 Rapsweg 173-1a
12683 Rapsweißlingstraße 173-4c
12349 Rapunzel 232-3a
12524 Rapunzelstraße 234-3a
13409 Raschdorffstraße 145-6a
12623 Rastatter Straße 173-9c
– Rathausbrücke 37-F4 + 170-5b
– Rathauspark Wittenau 121-10c
13437 Rathauspromenade 121-10d
10367 Rathausstraße (Lichtbg.) 171-3c
12105 Rathausstraße (Mardf.) 196-7b
10178 Rathausstraße (Mitte) 37-F4 + 170-5b
12435 Rathaus Treptow (Kleingtkol.) 171-12d
10711 Rathenauplatz 168-11b
12459 Rathenaustraße 198-5b
12627 Rathener Straße 149-12b
10559 Rathenower Straße 169-3a
12305 Rathenower Straße (Lichtrde.) 232-6b
10559 Rathenower Straße (Moab.) 145-11d
10999 Ratiborstraße 171-7c
14050 Ratzeburger Allee (1) 168-4d
12107 Raucheckweg 232-2b
12527 Rauchfangswerder 272-6c
13587 Rauchstraße (Haken.) 143-8a
12623 Rauchstraße (Mahlsdf.) 173-12d
10787 Rauchstraße (Tiergt.) 35-H3 + 169-5d
12587 Rauener Weg 200-4c
13158 Rauensteinweg 122-8c
13465 Rauentaler Straße 100-12c
14197 Rauenthaler Straße 195-4b
13437 Rauhbankzeile 121-11c
12169 Rauhe Berge (Kleingtkol.) 195-6c
13505 Rauhfußgasse 143-3a
12683 Rauhkopfweg 172-6d
12559 Raumbacher Straße 201-10c
10437 Raumerstraße 146-9c
14055 Rauschener Allee 168-7a
13158 Rauschensteinweg 122-8c
13503 Rausendorffweg (4) 119-9b
14055 Raußendorffplatz 168-7b
12555 Rautendeleinweg 199-2b
13503 Rautensteig 119-6c
14163 Rauweilersteig (1) 194-10a
13507 Raxeler Weg 144-5a
10179 Ravelinplatz 37-H3
13347 Ravenéstraße 145-12b
10709 Ravensberger Straße 34-C6 + 169-10a
12587 Ravensteiner Promenade 200-1a
12623 Ravensteinstraße 173-12d
14163 Ravenweg 229-3b
12207 Réaumurstraße 231-4d
12524 Rebenweg 234-6d
13593 Rebenweg (Span.) 166-8b
12685 Rebhuhnweg 148-9d
13591 Reckeweg 142-11c
13583 Recklinghauser Weg 142-12c
13593 Reclamweg 166-6b
12487 Redwitzgang 198-7b
12621 Reetzer Weg 173-5c
13597 Reformationsplatz 38-B2
12527 Regattastraße 199-11c + 235-2b
10318 Regener Straße 172-9c
12309 Regensburger Straße (Lichtrde.) 232-12b
10777 Regensburger Straße (Wilmdf., Schbg.) 35-F6 + 169-8c
13503 Regenwalder Weg 119-6a
14193 Regerstraße 194-2a
– Regierungsviertel 36-B3
12247 Reginenweg 195-12a
13409 Reginhardstraße 145-3d
12105 Reglinstraße 195-6d
12307 Rehagener Platz 232-12a
12305/12307 Rehagener Straße 232-12c
12247 Rehauer Pfad 195-12b
13351 Rehberge (Kleingtkol.) 145-7b
12559 Rehborner Straße 201-10c
14165 Rehbrücker Weg 230-1c
12527 Rehfeldtstraße 236-5c
14195 Rehkitzsteig 194-2d
14129 Rehsprung 229-2a
13629 Rehweg 144-7d
14129 Rehwiese 229-2c
10829 Reichartstraße 195-3d
13055 Reichenberger Straße (Hschönhs.) 147-9d
10999 Reichenberger Straße (Kreuzbg.) 170-9a
14199 Reichenhaller Straße 194-3a
14195 Reichensteiner Weg 194-9b
12305 Reichnerweg 232-6a
10785 Reichpietschufer 36-A6 + 169-6c
12587 Reichsbahn (Kleingtkol.) 200-4b
14109 Reichsbahnstraße 229-4a
14195 Reichshofer Straße 194-8d
14052 Reichsstraße 168-4a
10117 Reichstagufer 36-C3 + 170-1c
12559 Reichweilerweg 236-3d
13627 Reichweindamm 144-12c
14129 Reifträgerweg 193-11d
13503 Reiherallee 119-12a
14169 Reiherbeize 194-7d
12526 Reihersteg 235-8b
13595 Reiherstraße 167-7a
13505 Reiherwerder (Halbinsel) 144-1a
12681 Reiler Straße 172-2d
13503 Reimerswalder Steig 119-5d
13593 Reimerweg 166-5c
12205 Reinacher Zeile (1) 231-1a
12459 Reinbeckstraße 198-5b
13088 Reinecke-Fuchs-Weg 147-1b
14193 Reinerzstraße 168-12c
10365 Reinhardsbrunner Straße 148-10c
12103 Reinhardtplatz 196-4b
10117 Reinhardtstraße (Mitte) 36-C3 + 170-1c
12103 Reinhardtstraße (Tphf.) 196-4b
12051 Reinholdstraße 197-1d
13407 Reinickendorf 145-5a
13347 Reinickendorfer Straße 145-9b
13403 Reinickes Hof 145-1d
12353 Reinowzeile 233-2c
12277 Reinstedter Weg 231-9b
12623 Reintrautweg 174-4c
12107 Reißeckstraße 196-11a
12621 Reißigerstraße 149-12d + 173-3b
13629 Reisstraße 144-11c
12527 Relingstraße 199-11c
13591 Rellstabweg 166-5b
12623 Rembrandtstraße (Mahlsdf.) 174-1c
12157 Rembrandtstraße (Schbg.) 195-5b
13583 Remscheider Straße 142-12c
13465 Remstaler Straße 100-12c
12249 Renatenweg 195-12c
12103 Renate-Privatstraße 196-4d
13509 Rendsburger Brücke 144-3a
14165 Rendtorffstraße 230-5c
12159 Renée-Sintenis-Platz 195-2c
12524 Renettenweg 234-6b
13086 Rennbahnstraße 147-4b
13127 Rennesstraße 122-9d
12309 Rennsteig 232-9b
12353 Renschweg 233-2a
13509 Reppener Zeile 144-3a
13159 Reppfuhlring 122-1c
13051 Reriker Straße 147-3d
12359 Resedaweg (Nkln./Ideal III) 197-9c
12347 Resedaweg (Nkln./Kol. Guter Wille) (6) 196-9b
12347 Resedaweg (Nkln./Kol. Roseneck) 197-7a
12203 Resedenstraße 195-7d
13409 Residenzstraße 145-3c
12209 Resselsteig 231-5a
12435 Rethelstraße 171-11b
13187 Rettigweg 146-5a
13189 Retzbacher Weg 146-3c
12161 Retzdorffpromenade 195-4b
12249 Retzowstraße 231-3a
10553 Reuchlinstraße 169-1d
12105 Reulestraße 196-7d
14050 Reußallee 168-4b
13587 Reußstraße 143-7b
14193 Reuterpfad 194-2b
12047 Reuterplatz 171-10a
12043/12047/12053 Reuterstraße (Nkln.) 171-10a
13403 Reuterstraße (Reindf.) 145-4d
13597 Reuterweg 167-1d
12247 Reutlinger Straße 195-9d
12107 Reutlinger Straße (Kleingtkol.) 195-9d
10243/10245 Revaler Straße 171-4d
14193 Revierförsterei Eichkamp 168-10d
12559 Revierförsterei Müggelheim 236-3d
12589 Revierförsterei Müggelsee 201-4c
12589 Revierförsterei Rahnsdorf 201-4b
14193 Revierförsterei Saubucht 167-11a
14089 Rex-Waite-Straße 192-4a
12167 Rezonvillestraße 195-8c
12357 Rhabarberweg 198-10d
13158 Rhapsodieweg 122-10c
12589 Rhedaer Weg 201-9c
14199 Rheinbabenallee 194-2d
13129 Rheinfelsstraße 123-7b
12161 Rheingaustraße 195-4b
10318 Rheingoldstraße 172-11b
10318 Rheinpfalzallee 172-8d
13599 Rheinsberger-See-Weg (16) 143-9c
10115/10435 Rheinsberger Straße 146-11c
10318 Rheinstein (Kleingtkol.) 172-12a
10318 Rheinsteinstraße 172-11b
12159/12161 Rheinstraße 195-5a
13599 Rhenaniastraße 143-8d
10318 Rhenser Weg 172-12a
10437 Rhinower Straße 146-8d
10315/12681/13053 Rhinstraße (Friedrfde., Marz., Hschönhs.) 148-7b
12307 Rhinstraße (Lichtrde.) 232-8b
12355 Rhodeländerweg 234-4a
10365 Rhododendronweg 171-3d
13129 Rhönstraße 123-7d
14163 Rhumeweg 193-12c
– Rialtobrücke 201-12a
12589 Rialtoring 201-11b
10318 Riastraße 172-11a
10315 Ribbecker Straße 172-4d
13409 Ribbeweg 145-6b
14165 Ribeckweg 230-5a
13051 Ribnitzer Straße 147-3d + 148-1c
13051 Ricardastraße 123-12d
14089 Richard-Byrd-Straße 192-4b
10247 Richard-Ermisch-Straße 171-2c
12589 Richard-Hilliges-Weg 201-7d
12589 Richard-Hörnke-Weg 201-7d
13581 Richard-Lehmann-Weg 166-3a
13591 Richard-Münch-Straße 166-5a
12055 Richardplatz 197-1b
10249 Richard-Sorge-Straße 171-1b
12043/12055 Richardstraße 171-10d
14193 Richard-Strauss-Straße 194-2a
12277 Richard-Tauber-Damm 232-2d
10587 Richard-Wagner-Platz 34-B1 + 168-6b
10585 Richard-Wagner-Straße 34-C2 + 169-4c
12489 Richard-Willstätter-Straße 198-12d
12103 Richnowstraße 196-4b
12524/12526 Richterstraße (Grün.) 235-2c
12105 Richterstraße (Mardf.) 196-8c
13503 Rickenweg 119-9a
12623/12621 Ridbacher Straße 149-12c
12557 Riebekeweg 199-9c
14165 Riebener Weg 230-1c
13627 Riedemannweg 145-10a
12524 Riedgrasweg 199-10c
12305 Riedingerstraße 232-12a
12307 Rieflerstraße 232-8d
12105 Riegerzeile 196-7d
14057 Riehlstraße 168-8b
10961 Riemannstraße 170-11a
14169 Riemeisterstraße 194-7b
– Riemeisterstraßenbrücke 194-7d
12157 Riemenschneiderweg 195-3c
13507 Riemerstraße 120-10d
13599 Riensbergstraße 143-12b
10318 Rienzistraße 172-8c
13629 Rieppelstraße 144-10b
12627 Riesaer Straße 149-9c
12347 Riesestraße 197-4d
12527 Rießerseestraße 235-2b
10409 Rietzestraße 147-7c
10247 Rigaer Straße 171-2c
12277 Rigistraße 232-4b
14167 Rilkepfad 230-2d
10318 Rinchnacher Weg 172-9c
12347 Ringallee (Britz) 197-7a
12051 Ringbahnstraße (Nkln.) 197-1d
12099/12103 Ringbahnstraße (Tphf.) 196-1d
10711 Ringbahnstraße (Wilmdf.) 34-A6 + 168-9c
12526 Ringelblumenweg 235-5a
12305 Ringelnatzstraße 232-9a
14165 Ringelsteinweg 230-5c
12679 Ringenwalder Straße 149-4d
12353 Ringslebenstraße 233-2c
13467 Ringstraße (Hermsdf.) 120-8b
12621 Ringstraße (Kaulsdf.) 173-5a
12203/12205 Ringstraße (Lichtfde.) 194-12c
12105 Ringstraße (Mardf.) 196-7c
12526 Ringweg 235-4c
12437 Rinkartstraße 197-3d
12559 Rinntaler Steig 236-6b
14193 Rintelner Straße 168-12a
10999 Rio-Reiser-Platz 170-9b
14195 Ripleystraße 194-8d
13158 Rispenweg 122-10a
12526 Rita-Maiburg-Straße 235-7a
14089 Ritterfelddamm 192-1c
14165 Ritterhufen 230-5a
13409 Ritterlandweg 145-6d
12349 Rittersporn 233-1a
13437 Ritterspornweg (Reindf.) 121-11d
12357 Ritterspornweg (Rudow) 234-2a
13158 Rittersteinweg 122-8c
10969 Ritterstraße (Kreuzbg.) 37-F6 + 170-8a
12207 Ritterstraße (Lichtfde.) 195-11c
13597 Ritterstraße (Spand.) 38-A2 + 143-10d
12053 Rixdorf 197-1a
12487 Rixdorfer Straße (Johsth.) 198-4b
12109 Rixdorfer Straße (Mardf.) 196-8d
10115 Robert-Koch-Platz 36-C1 + 170-1a
12621 Robert-Koch-Straße 173-3a
12169 Robert-Lück-Straße 195-8a
13125 Robert-Rössle-Straße 123-3b
13405 Robert-Schuman-Brücke 144-9b
10318 Robert-Siewert-Straße 172-8d
14195 Robert-Stolz-Anlage 194-2d
10315 Robert-Uhrig-Straße 172-4d
14163 Robert-von-Ostertag-Straße 230-1a
14167 Robert-W.-Kempner-Straße 194-12c
13467 Robinienweg 120-6d
12355 Rochlitzer Weg 234-1c
10245 Rochowstraße 171-8a
10178 Rochstraße 37-G2 + 170-2d
13583 Rockenhausener Straße 143-10c
12249 Rodacher Weg 231-3c
13465 Rodelbahnpfad 120-3c
12437 Rodelbergweg 198-1c
12559 Rodenbacher Gang 236-3d
10439 Rodenbergstraße 146-9a
12524 Rodenkirchener Straße 234-6b
13593 Rodensteinstraße 166-6c
13053 Roderichplatz 148-5c
12559 Rodestraße 201-10c
12623 Röbeler Weg 174-4c
13125 Röbellweg 103-12a
12105 Röblingstraße 195-6d
12105 Röblingstraße Nord (Kleingtkol.) 195-9b
13599 Röddelinseeweg (4) 143-8d
10365 Rödeliusplatz 171-3d
13595 Roedeliusweg 167-4c
10318 Rödelstraße 172-11c
14109 Roedenbecksteig 228-7a
13407/13437 Roedernallee 121-11a + 145-2a
13437 Roedernallee (Kleingtkol.) 121-11c
13053 Roedernaue (Kleingtkol.) 147-9c
13467 Roedernstraße (Hermsdf.) 120-3d
13053 Roedernstraße (Hschönhs.) 147-9c
12623 Roedernstraße (Mahlsdf.) 173-8d
12459 Roedernstraße (Oberschönwde.) 198-2c
13159 Röhrichtweg 122-1c
13125 Röländer Straße 123-2d
13086/13088 Roelckestraße 147-5a
10318 Römerweg 172-8d
12161 Roennebergstraße 195-5a
14057 Rönnestraße 34-A5 + 168-9a
– Röntgenbrücke 34-D1 + 169-4a
10587 Röntgenstraße 34-D1 + 169-4a
13125 Röntgentaler Weg 103-12c
12165 Rösnerstraße (2) 195-7a
14129 Rötheweg 193-12a
12107 Röthspitzenweg 196-11d
14089 Röttenbacher Weg 192-10a
13053 Röttkenring 148-4b
12621 Rogauer Weg 173-5c
12683 Roggensteig 173-1a
14057/14059 Rognitzstraße 168-5d
12099 Rohdestraße 196-5b
14195 Rohlfsstraße 194-6b
12307 Rohrbachstraße 232-11d
12099 Rohrbeckstraße 196-6b
13509 Rohrbrunner Straße 120-12a
13629 Rohrdamm 144-10b + 168-1b
– Rohrdammbrücke 168-1d
12359 Rohrdommelweg 197-9c
10318 Rohrlake (3) 172-12c
12351 Rohrlegerweg 233-1b
14089 Rohrsängersteig 192-8d
12527 Rohrwallallee 236-5c
12557 Rohrwallinsel (Insel) 199-11a
13505 Rohrweihstraße 143-2b
10318 Rolandseck 172-8d
13156 Rolandstraße (Nschönhs.) 146-2b
10179 Rolandufer 37-G4 + 170-6a
13158 Rollberg 122-8c
12053 Rollbergstraße 196-3b
14089 Rollenhagenweg 192-7c
12487 Rollettplatz 198-7c
12487 Rollettweg 198-7b
13089 Romain-Rolland-Straße 146-3b
13407 Romanshorner Weg 145-5b
12555 Rombiner Weg 199-1d
14165 Rombsweg 230-1d
14052 Rominter Allee 167-3d
14053 Rominter Allee 168-4a
– Rominter-Allee-Brücke 168-4a
13599 Romy-Schneider-Straße 143-11b
14163 Rondellstraße 194-10c
14109 Ronnebypromenade (1) 229-4a
12203 Roonstraße (Lichtfde.) 195-7c
13585 Roonstraße (Spand.) 38-A1 + 143-10d
14163 Roonstraße (Zehldf.) 193-12d
13407 Rorschacher Zeile 145-3c
10178 Rosa-Luxemburg-Platz 37-G2 + 170-3a
– Rosa-Luxemburg-Steg 35-G3 + 169-5d
10178 Rosa-Luxemburg-Straße 37-G1 + 170-2b
13465 Rosamundeweg 100-8b
13585 Rosa-Reinglass-Steig (4) 143-11a
12623 Rosa-Valetti-Straße 173-9b
10629 Roscherstraße 34-B5 + 168-9d
12623 Roseggerstraße (Mahlsdf.) 173-12a
12043/12059 Roseggerstraße (Nkln.) 171-10d
14129 Rosemeyerweg 229-1b
12109 Rosenallee 196-9a
12347 Rosenallee (Nkln.) 196-9d
13465 Rosenanger 120-3c
13127 Rosenapfelweg (Pank.) 123-4c
12689 Rosenbecker Straße 149-1b
14193 Roseneck (Grwld.) 194-2b
12157 Roseneck (Schbg.) (Kleingtkol.) 195-6c
13629 Roseneck (Siemst.) 144-10a
12347 Rosenecke (Kleingtkol.) 197-7a
10315 Rosenfelder Ring 172-4b
10317/10315 Rosenfelder Straße 172-4b
– Rosengarten (Alt.-Tr.) 171-8d
– Rosengarten (Britz) 196-12d
13125 Rosengarten (Karow) (Kleingtkol.) 123-2c
12681 Rosengarten (Marz.) (Kleingtkol.) 172-2d
12621 Rosenhagener Straße 173-5d
12359 Rosenhain (Kleingtkol.) 197-5d
10781/10779 Rosenheimer Straße 169-11b
13503 Rosenorter Steig 119-5d
13465 Rosenplüterweg 100-12c
13599 Rosenpromenade 143-9a
12349 Rosenrot 232-3a
12526 Rosenrotweg (4) 235-4b
14193 Rosensteinweg 168-11b
12107 Rosenstraße (1) (Mardo) 196-11c
12555 Rosenstraße (Köp.) (2) 199-8a
10178 Rosenstraße (Mitte) 37-F3 + 170-2d
13158 Rosenthal 121-9d
13156 Rosenthaler Grenzweg 122-11b
10119 Rosenthaler Platz 37-F1 + 170-2a
13127 Rosenthaler Straße (Fr. Buchhz.) 122-9d
10119/10178 Rosenthaler Straße (Mitte) 37-F2 + 170-2d
13127 Rosenthaler Weg 122-8a
13158 Rosenthal-Süd (Kleingtkol.) 121-12b
13437 Rosentreterpfad 121-10a
13437 Rosentreterpromenade 121-10a
12526 Rosenweg (Bohnsdf.) 235-4c
13437 Rosenweg (Borsigw.) 120-12b
12347 Rosenweg (Britz) 197-7a
13627 Rosenweg (Charlbg.) 145-10c
13127 Rosenweg (Fr. Buchhz.) 123-4c
13599 Rosenweg (Haselh.) 143-9c
13503 Rosenweg (Heilgs.) 119-8d
10589 Rosenweg (Kleingtkol.) 168-3b
12557 Rosenweg (Köp.) 199-8c
13581 Rosenweg (Kol. Altonaer Str.) 167-1c
10589 Rosenweg (Kol. Atlantis) 169-1a
13627 Rosenweg (Kol. Juliusruh) 145-10c
13599 Rosenweg (Kol. Paulstern) 143-12d
13088 Rosenweg (Malch.) 147-2c
12347 Rosenweg (Nkln.) 196-9b
12359 Rosenweg (Nkln./Kol. Hasenhm.) 197-9a
12359 Rosenweg (Nkln./Kol. Ideal III) 197-9c
12589 Rosenweg (Rahnsdf.) 201-8c
13437 Rosenweg (Roedernallee) 121-11c
13158 Rosenweg (Rosnth.) 121-9d
14199 Rosenweg (Schmargdf.) 194-3d
13629 Rosenweg (Siemst.) 168-1a
13581 Rosenweg (Staak.) 166-3c
13597 Rosenweg (Stresow) 167-2c
13403 Rosenweg (Teg.) 144-6b
13629 Rosenweg (V.d. Toren) 144-8d
13509 Rosenweg (Witten.) 120-12c
12524 Rosestraße 235-1c
10117 Rosmarinstraße 36-D4
10829 Roßbachstraße 169-12d
13088 Rossinistraße 147-7d
14053 Rossitter Platz 168-4a
14053 Rossitter Weg 168-4c
13158 Rosskastanienhof 121-12b
12683 Roßlauer Straße 173-1c
10318 Roßmäßlerstraße 172-9a
Roßstraßenbrücke 37-G5
12627 Roßweiner Ring 150-10c
13059 Rostocker Straße (Hschönhs.) 148-1c
10553 Rostocker Straße (Moab.) 169-1b
13467 Roswithastraße 120-6a
13403 Rotbuchenweg 145-1a
12623 Rotdornallee 173-12a
12161 Rotdornstraße 195-2c
12205 Rotdornweg 230-3b
13503 Rote Chaussee 119-6b + 120-4a
12247 Rotenfelser Weg 195-9c
12305 Rotenkruger Weg 232-5b
12103 Rothariweg 196-4c
13089 Rothenbachstraße 146-3d
14089 Rothenbücherweg 167-10a
13587 Rothenburger Weg 143-5c
12163/12165 Rothenburgstraße 195-7b
14165 Rotherstieg 230-1d
10245 Rotherstraße 171-4d
12555 Rotkäppchenstraße 199-2d
13088 Rotkäppchenweg (Malch.) 147-2a
– Rotkäppchenweg (Wanns.) 228-2d
13053 Rotkamp 148-4b
13129 Rotkehlchenweg (Blankbg.) 123-10a
12351 Rotkehlchenweg (Buck.) 197-8c
12589 Rotkehlchenweg (Rahnsdf.) 201-8d
13589 Rotkehlchenweg (Spand.) (1) 142-5d
12107 Rotkopfweg 196-12a
12683 Rotraudstraße 149-10c
12353 Rotraut-Richter-Platz 233-3b
13437 Rotschwänzchenweg 121-11c
12351 Rotschwanzweg 197-8c
13158 Rotsteinweg 122-7d
14055 Rottannenweg 168-10b
12247 Rottweiler Straße 195-9d
13503 Rotwildpfad 119-8d
13156 Rousseauweg 122-11c
13591 Rowanweg 166-2b
12623 Rubensstraße (Mahlsdf.) 174-1d
12159/12157 Rubensstraße (Schbg.) 195-2b
12524 Ruben-Wolf-Straße 234-6b
14195 Rudeloffweg 194-9c
13129 Rudelsburgstraße 123-10a
13595 Rudererweg 167-7b
10407 Rudi-Arndt-Straße 171-1b
10969 Rudi-Dutschke-Straße 37-E6 + 170-5c
14195 Rudi-Dutschke-Weg 194-9a
13086 Rudolf-Baschant-Straße (3) 147-4c
12249 Rudolf-Beyendorff-Ring 231-3a
13156 Rudolf-Ditzen-Weg 146-2c
12685 Rudolf-Filter-Weg (1) 149-7c
10318 Rudolf-Grosse-Straße 172-9c
12679 Rudolf-Leonhard-Straße 149-4c
13156 Rudolf-Majut-Straße 122-11c
14197 Rudolf-Mosse-Platz 195-1c
14197 Rudolf-Mosse-Straße 195-1c
12305 Rudolf-Pechel-Straße 232-5d
10245 Rudolfplatz 171-5c
10367 Rudolf-Reusch-Straße 171-3c
12459 Rudolf-Rühl-Allee 199-1a
10407 Rudolf-Schwarz-Straße 147-10a
10369 Rudolf-Seiffert-Straße 171-2b
13089 Rudolf-Spitzley-Straße (Heindf.) 147-4a
10245 Rudolfstraße 171-4d
12621 Rudolf-Virchow-Straße 173-3a
10785 Rudolf-von-Gneist-Gasse 36-B6
– Rudolf-Wilde-Park 169-11d
– Rudolf-Wissell-Brücke 168-2d
– Rudolf-Wissell-Siedlung 166-5b
10713 Rudolstädter Straße 169-10c
12355 Rudow 197-12b + 198-10d + 234-1b
12489 Rudower Chaussee 198-11d
12355 Rudower Höhe (Kleingtkol.) 234-2d
12355 Rudower Schweiz (Kleingtkol.) 234-2a

Berlin/ Kleingartenkolonien

12437 Baumfreunde (Kleingtkol.) 197-6c
10829 Bergfrieden (Schbg.) (Kleingtkol.) 195-3d
13629 Beusselsche Erben (Kleingtkol.) 144-8c
10315 Bielefeldt 172-2c
13627 Bienenheim (Kleingtkol.) 144-12b
14050 Birkenwäldchen (Kleingtkol.) 168-5a
13627 Birkenweg (Kleingtkol.) 144-12b
14050 Bismarcksruh (Kleingtkol.) 168-2c
13129 Blankenburg (Kleingtkol.) 123-10c
13627 Bleibtreu I (Kleingtkol.) 168-2b
13627 Bleibtreu II 168-2b
12589 Blumeslake (Kleingtkol.) 201-8c
12437 Britzer Allee (Kleingtkol.) 197-6c
13127 Buchholz (Kleingtkol.) 122-9c
13159 Buchholzer Straße (Kleingtkol.) 122-4b
12487 Buckersberg (Kleingtkol.) 198-7c
12349 Buckower Feldmark (Kleingtkol.) 233-4a
13469 Bürgersruh (Kleingtkol.) 121-6d
12157 Burenland (Kleingtkol.) 195-6a

12157 Canova (Kleingtkol.) 195-6a
12207 Celsiusstraße (Kleingtkol.) 231-4b

13158 Daheim 2 (Kleingtkol.) 122-8d
14050 Dahlemer Wiese Nord (Kleingtkol.) 167-3d
12623 Dahlwitzer Heide (Kleingtkol.) 150-11d
10589 Dahmshof 168-3b
13469 Deilinge (Kleingtkol.) 121-5a
13627 Drei Linden (Kleingtkol.) 145-10c
10715 Durlach (Kleingtkol.) 195-2a

13597 Eichtal (Kleingtkol.) 167-3d
12437 Eigene Scholle (Kleingtkol.) 197-9a
13089 Eigenheim an der Rothenbachstraße (Kleingtkol.) 146-3d
12437 Eigenheim I + II (Kleingtkol.) 197-9a
13629 Eigenland (Kleingtkol.) 144-8c
13407 Einheit (Kleingtkol.) 145-2c
13407 Einheit I (Kleingtkol.) 145-2c
13627 Einigkeit (Charlbg.) (Kleingtkol.) 144-12b
12437 Einigkeit (Johsth.) (Kleingtkol.) 197-9a
13158 Einigkeit (Rosnth.) (Kleingtkol.) 122-7d
12435 Einsamkeit (Kleingtkol.) 197-3a
12207 Erbkaveln (Kleingtkol.) 231-4a
13159 Erholung (Blankfde.) (Kleingtkol.) 122-5a
12107 Erntesegen 196-7c
13127 Ertragreich (Kleingtkol.) 122-9b
12207 Eugen-Kleine-Brücke (Kleingtkol.) 231-1c

13629 Fabiansche Erben (Kleingtkol.) 144-8c
12524 Falkenbrunn I 235-1b
13439 Fechner (Kleingtkol.) 121-9d
12103 Feldschlößchen (Tphf.) (Kleingtkol.) 196-1c
Feldspatzenweg 121-6c
12437 Felsenfest (Kleingtkol.) 197-9a
12437 Formosa (Kleingtkol.) 197-9a
12435 Fortuna (Kleingtkol.) 171-12c
12557 Fraternitas (Kleingtkol.) 199-11d
13089 Freies Land (Kleingtkol.) 147-4a
12057 Freiheit (Kleingtkol.) 197-2b
14050 Freiland (Kleingtkol.) 168-1c
12057 Friedenstal (Kleingtkol.) 197-2b
12349 Friedland I (Kleingtkol.) 196-12b
12349 Friedland II (Kleingtkol.) 196-12b
13158 Friedrich-Engels-Straße (Kleingtkol.) 122-10a
10315 Friedrichsfelde-Nord 172-1d
12681 Friedrichsfelde-Ost 172-2c
13089 Friedrichshöhe (Kleingtkol.) 146-6d
13627 Friedrichsweg (Kleingtkol.) 144-12b
12359 Frischauf (Britz) (Kleingtkol.) 197-8b
13627 Frischauf (Charlbg.) (Kleingtkol.) 144-12b
13159 Frohsinn (Kleingtkol.) 122-8b
12157 Frohsinn (Schbg.) (Kleingtkol.) 195-3c
13088 Frohsinn (Weißs.) (Kleingtkol.) 147-6c
13469 Frohsinn I (Kleingtkol.) 121-4d
13469 Frohsinn II (Kleingtkol.) 121-8a
14050 Fürstenbrunn (Kleingtkol.) 168-1c

13403 Gartenfreunde (Kleingtkol.) 144-3d
13158 Gartenfreunde Nordend (Kleingtkol.) 122-11b
13629 Gartenfreunde Siemensstadt (Kleingtkol.) 144-10a
13127 Gartenvörde (Kleingtkol.) 122-6a
12105 Geiserich (Kleingtkol.) 196-7a
12487 Gemütliches Heim (Kleingtkol.) 198-7a
12437 Gemütlichkeit III (Kleingtkol.) 197-6c
12057 Georgina (Kleingtkol.) 171-11d
12107 Gerdsmeyer (Kleingtkol.) 196-11c
10589 Gerickeshof 169-1a
13088 Gesundheitsquell (Kleingtkol.) 147-5a
12207 Giesensdorf (Kleingtkol.) 231-1c
10829 Glück im Winkel (Kleingtkol.) 195-3d
12527 Gründerstraße 235-2c
12157 Grüne Aue 195-6a
12157 Grünes Tal (Kleingtkol.) 195-3c
12437 Grüne Weide (Kleingtkol.) 197-3a
13089 Grüne Wiese (Kleingtkol.) 146-6d
13627 Gute Hoffnung (Charlbg.) (Kleingtkol.) 145-10c
12347 Guter Wille (Kleingtkol.) 196-9d

10589 Habsburger Ufer 169-1c
10589 Habsburg-Gaußstraße 168-3b
12437 Harmonie (Trept.) (Kleingtkol.) 197-6a
12059 Harztal (Kleingtkol.) 171-11a
13627 Heckerdamm (Kleingtkol.) 145-10c
13593 Heerstraße (Kleingtkol.) 166-6d
13627 Heidefreiheit (Kleingtkol.) 144-12b
12435 Heidekampgrund (Kleingtkol.) 171-12c
13627 Heideschlößchen (Kleingtkol.) 145-10c
13089 Heinersdorf (Kleingtkol.) 146-6b
12057 Heinrichsruh (Kleingtkol.) 197-2b
12207 Heinrichstraße (Kleingtkol.) 231-1c
12157 Heiterkeit (Kleingtkol.) 195-3c
12057 Helmutstal (Kleingtkol.) 171-11d
13627 Hinckeldey (Kleingtkol.) 144-12a
12437 Holderbusch (Kleingtkol.) 197-9a
12437 Holunderbusch (Kleingtkol.) 197-5d
13158 Humboldt (Kleingtkol.) 122-10a
13507 Humboldt (Teg.) (Kleingtkol.) 120-11c

13159 Idehorst (Kleingtkol.) 122-5a
12437 Immergrün (Kleingtkol.) 197-9a
12107 In Treue Fest (Kleingtkol.) 196-10b

13627 Juliusruh (Kleingtkol.) 145-10c
13627 Jungbrunnen (Kleingtkol.) 145-10a
13627 Jungfernheide (Kleingtkol.) 144-12a

12157 Kaninchenfarm (Kleingtkol.) 195-6a
12524 Kanne 199-10c
13159 Kapellenweg (Kleingtkol.) 122-5a
13469 Karlsruh (Kleingartena.) 121-6b
12057 Karlsruhe II (Kleingtkol.) 197-6a
12059 Kiehler Grund (Kleingtkol.) 171-11c
13509 Kirchengelände (Teg.) (Kleingtkol.) 120-11b
13158 Kissingen (Rosnth.) (Kleingtkol.) 122-7c
12109 Kleeblatt (Kleingtkol.) 196-9a
13627 Königsdamm (Kleingtkol.) 145-10a
13629 Köppensche Erben (Kleingtkol.) 144-8c
12435 Kreuztal (Kleingtkol.) 171-11d
13127 Krugpfuhl (Kleingtkol.) 122-5d
12435 Kuckucksheim I (Kleingtkol.) 197-3a
12437 Kuckucksheim II (Kleingtkol.) 197-5d
12589 Kuckucksnest (Kleingtkol.) 201-8c
13089 Kühler Grund (Heindf.) (Kleingtkol.) 147-1d

10589 Lambertstraße (Kleingtkol.) 168-3b
13627 Lehmannshof (Kleingtkol.) 145-10a
12437 Lerchenfeld (Kleingtkol.) 197-9a
12437 Lerchenhöhe (Kleingtkol.) 197-6c
10829 Lindenbaum (Kleingtkol.) 195-3d
13627 Lindenblüte (Kleingtkol.) 145-10b
10829 Lindenhain (Kleingtkol.) 195-3d
12487 Lindental (Kleingtkol.) 198-7a
10711 Lützenstraße (Kleingtkol.) 168-9c
10829 Luisengärten (Kleingtkol.) 195-3d

13088 Märchenland (Kleingtkol.) 147-2a
12057 Märkische Schweiz (Kleingtkol.) 171-11d
12623 Mahlsdorf-Nordspitze (Kleingtkol.) 150-11a
12105 Marienhöhe (Kleingtkol.) 196-7a
12057 Mariental 2 (Kleingtkol.) 197-6a
12524 Meisengrund 235-1a
12437 Meran (Kleingtkol.) 197-6c
13159 Möllersfelder Weg (Kleingtkol.) 122-2c
12437 Morgensonne (Kleingtkol.) 197-9a
12589 Müggelfleck (Kleingtkol.) 201-7d
12589 Müggelspreeufer (Kleingtkol.) 201-11a
12589 Müggelwerderweg (Kleingtkol.) 201-7b
13469 Mühlenberg (Lüb.) (Kleingtkol.) 121-5d

10407 Neu Berlin (Kleingtkol.) 147-10b
13629 Neuer Exerzierplatz (Kleingtkol.) 144-10a
12207 Neues Leben (Lichtfde.) (Kleingtkol.) 231-1c
10829 Neue Zeit (Kleingtkol.) 195-6b
12435 Neu-Friedland (Kleingtkol.) 171-11a
13089 Neuhoffnungstal (Kleingtkol.) 146-6b
12057 Neuköllner Schweiz (Kleingtkol.) 171-11d
12057 Neuköllnische Wiesen (Kleingtkol.) 171-11d
12107 Neuland (Mardf.) (Kleingtkol.) 196-10d
13127 Neuland Buchholz (Kleingtkol.) 122-6a
13629 Neuland I (Kleingtkol.) 144-8d
13629 Neuland II (Kleingtkol.) 144-8c
13158 Neuland Rosenthal (Kleingtkol.) 122-10a
13469 Neu-Lübars (Kleingtkol.) 121-9a
13158 Nordend (Kleingtkol.) 122-8c
13158 Nordlicht (Kleingtkol.) 122-8d

12437 Oberer Damm (Kleingtkol.) 197-9a
12621 Oberfeld 173-3a
12459 Oberspree (Oberschönwde.) (Kleingtkol.) 198-1b
10589 Olbersstraße (Kleingtkol.) 168-3a
13627 Olympia (Kleingtkol.) 145-10c
12209 Osdorf (Kleingtkol.) 231-5c
12347 Ostelbien II (Kleingtkol.) 196-9b
12207 Ostpreußendamm (Kleingtkol.) 231-1b

13187 Pankeglück (Kleingtkol.) 146-2b
13127 Pankegrund (Fr. Buchhz.) (Kleingtkol.) 123-7c
13127 Pankepark (Kleingtkol.) 123-7c
13187 Parkfriede (Kleingtkol.) 146-2b
13407 Parkheim (Kleingtkol.) 145-2c
13187 Parkidyll (Kleingtkol.) 146-2b
10587 Pascalstraße (Kleingtkol.) 169-1d
12059 Petersbaude (Kleingtkol.) 171-11a
13627 Pfefferluch (Kleingtkol.) 144-12b
13627 Pfefferluchwiesen (Kleingtkol.) 144-12b
13627 Pferdemarkt (Kleingtkol.) 144-12d
13407 Pflanzerheim (Kleingtkol.) 145-2c
10589 Pretoria 169-1c

12589 Rahnsdorf-Süd (Kleingtkol.) 201-8c
13469 Rathenow (Siedlung) 121-6c
12435 Reichsbahn Eintracht (Trept.) (Kleingtkol.) 171-11a
13599 Rhenania-Salzhof (Kleingtkol.) 143-9c
12105 Röblingstraße Süd (Kleingtkol.) 195-9b
14057 Rönnestraße (Kleingtkol.) 168-8d
13599 Rohrbruchbruchwiesen III 143-9a
13599 Rohrbruchwiesen II 143-9c
12347 Roseneck (Britz) (Kleingtkol.) 196-9b
13158 Rosenthal-Nord (Kleingtkol.) 121-9d
14050 Roßtrappe (Kleingtkol.) 168-5a
12059 Rübezahl (Kleingtkol.) 171-11c
13597 Ruhleben (Kleingtkol.) 167-3d

13599 Saatwinkel (Kleingtkol.) 143-9b
13627 Saatwinkler Damm (Kleingtkol.) 145-10a
13599 Salzhof (Kleingtkol.) 143-9a
12157 Samoa (Kleingtkol.) 195-6a
12107 Sandwüste (Kleingtkol.) 196-10d
14050 Schlackenloch (Kleingtkol.) 168-2d
14059 Schleusenland (Kleingtkol.) 168-3a
12057 Schmidtsruh (Kleingtkol.) 197-2b
12559 Schönhorst (Kleingtkol.) 201-11b
13158 Schönwald (Kleingtkol.) 122-7c
12589 Schulzendienstwiese (Kleingtkol.) 201-8c
13503 Seebad 119-11a
13627 Siedlung Akazienhain (Kleingtkol.) 144-12b
12437 Silberlinde (Kleingtkol.) 197-6a
12157 Sommerheim (Kleingtkol.) 195-3c
13627 Sonnenheim (Kleingtkol.) 144-12b
12157 Sonnenland (Kleingtkol.) 195-6a
13088 Sonnenschein (Weißs.) (Kleingtkol.) 147-9a
12347 Sorgenfrei (Britz) (Kleingtkol.) 196-9b
12681 Sorgenfrei (Marz.) 172-3a
12435 Sorgenfrei (Pläntw.) (Kleingtkol.) 171-11d
12437 Späthstraße (Kleingtkol.) 197-5d
12487 Späthswalde (Kleingtkol.) 198-7a
14050 Spandauer Berg (Kleingtkol.) 168-1c
14050 Spreeblick (Kleingtkol.) 168-1c
10829 Spreewald (Kleingtkol.) 195-3d
14050 Spreewiesen (Charlbg.) (Kleingtkol.) 168-2b
12559 Spreewiesen (Kleingtkol.) 201-11a
12057 Stadtbär (Kleingtkol.) 171-11d
10715 Stadtpark 1 (Kleingtkol.) 169-11d
12247 Steglitzer Hafen (Kleingtkol.) 195-11a
12435 Sternwarte 1911 (Kleingtkol.) 171-11d
10589 Stichkanal (Kleingtkol.) 168-3b
10589 Stichkanal-Mulde (Kleingtkol) 168-3b
10589 Stichkanal-Wickelshof 168-3b
12057 Stolz von Rixdorf (Kleingtkol.) 197-3a
12437 Südpol (Johsth.) (Kleingtkol.) 197-6c
12057 Südpol (Nkln.) (Kleingtkol.) 197-3a
12105 Südufer (Kleingtkol.) 196-7c

13469 Talheim (Siedlung) 121-6b
12437 Teltowkanal I (Kleingtkol.) 197-6b
14050 Tiefer Grund I (Kleingtkol.) 168-2c
14050 Tiefer Grund II (Kleingtkol.) 168-2c
13158 Tiefland (Rosnth.) (Kleingtkol.) 122-10a
12437 Treidelweg (Kleingtkol.) 197-9a
12435 Treptows Ruh (Kleingtkol.) 171-12c
12057 Treue Seele (Kleingtkol.) 197-2b

12437 Vogelsang I (Kleingtkol.) 197-3a
12437 Vogelsang II (Kleingtkol.) 197-3a
12057 Volksgärten (Kleingtkol.) 197-2d
13629 Vor den Toren Feld 1 (Kleingtkol.) 144-8d
13629 Vor den Toren Feld 2 (Kleingtkol.) 144-8c
13629 Vor den Toren Feld 4 (Kleingtkol.) 144-7d

12623 Wacholderheide (Kleingtkol.) 150-10d
13469 Waldesfrieden (Kleingtkol.) 121-8b
12437 Waldesgrund (Kleingtkol.) 197-6b
12526 Waldfrieden (Bohnsdf.) 235-2c
13627 Waldfrieden (Charlbg.) (Kleingtkol.) 144-12b
12437 Waldfrieden I (Kleingtkol.) 197-6d
12439 Waldland (Kleingtkol.) 198-6d
10711 Wasserturm (Wilmdf.) (Kleingtkol.) 168-9c
13158 Wasserwerk Rosenthal (Kleingtkol.) 122-10c
13627 Weidenbaum (Eintracht) (Kleingtkol.) 144-12b
12059 Weidental (Kleingtkol.) 171-11a
12057 Weißer Stern (Kleingtkol.) 197-2b
12557 Wendenaue I (Kleingtkol.) 199-11d
12557 Wendenaue II (Kleingtkol.) 199-11d
10829 Wiedervereinigung (Kleingtkol.) 195-6b
13469 Wiesenblick (Kleingtkol.) 121-4b
13627 Wiesengrund (Charlottenburg) (Kleingtkol.) 144-12d
13469 Wiesengrund I (Kleingtkol.) 121-8a
13469 Wiesengrund II (Kleingkol.) 121-5c
12621 Wilhelmsmühlenweg 173-6a
12459 Wilhelmstrand (Kleingtkol.) 172-10c
12589 Wittigwiesen (Kleingtkol.) 201-7b
14050 Wochenend I (Kleingtkol.) 168-1c

13156 Zingertal 146-1a
12347 Zufriedenheit (Britz) (Kleingtkol.) 197-7a
12057 Zufriedenheit (Nkln.) (Kleingtkol.) 171-11d
13627 Zukunft (Charlbg.) (Kleingtkol.) 144-12d
12207 Zukunft (Lichtfde.) (Kleingtkol.) 231-1a
12359 Zum Siedlerheim 197-5d
13088 Zur freien Stunde (Kleingtkol.) 147-9a
13435 Zur Pappel (Kleingtkol.) 121-8c

Bernau bei Berlin
PLZ 16321

Ahornallee 105-11b
Ahornstraße 105-8a
Ahornweg 87-8c
Ahrstraße 104-2b
Akazienstraße 105-7b
Akazienweg 87-7d
Alberichstraße 105-2b
Albertshofer Chaussee 87-11b
Alte Bernauer Landstraße 105-11b
Alte Brauerei 38-A2
Alte Goethestraße 38-B2 + 105-1b
Alte Lanker Straße 87-4c
Alte Lohmühlenstraße 38-A2 + 87-10c
Alte Schönower Chaussee 86-12d
Alt Lobetal 69-10d
Am Ahornweg 106-4a
Am alten Kabelwerk 104-2a
Am Amselhorst (1) 86-8d
Am Birkenweg 106-4b
Am Brüderberg (2) 87-1b
Am Dorfplatz (1) 87-1b
Am Falkensteg 86-8d
Am Finkenhain 86-8d
Am Fliederbusch 87-7b
Am Fuchsbau 86-8d
Am Hasensprung 86-8b
Am Henkerhaus 38-A2
Am Hirschwechsel 86-8d
Am Kiefernweg 106-4b
Am Lanker Weg 104-2a
Am Lindenweg 106-4a
Am Mahlbusen 105-1c
Am Pankeborn 87-11a
Am Panke-Park 87-11d
Am Rehpfad 86-8d
Amselsteg 87-7d
Amurstraße 104-3c
Am Waldweg 106-4b
Am Wasserturm 87-7a
An den Schäferpfülen 87-7c
An der einsamen Kiefer 87-2a
An der Kirche 87-7b
An der Panke 104-5b
An der Plantage 87-7d
An der Schmiede 87-1b
An der Stadtmauer 38-A2 + 105-1b
An der Tränke 105-1a
An der Viehtrift 38-A3 + 105-1a
An der Waschspüle 38-B2
An der Wildbahn 86-8d
Andromedastraße 105-2c
Anemonenstraße 87-10c
Anemonenweg 87-7b
Angarastraße 104-3d
Angergang 38-A3 + 105-1b
Apfelallee 106-4a
Arthur-Stadthagen-Straße 105-4a
Asternstraße 104-3b
Asternweg 87-7b
August-Bebel-Straße 38-B1 + 87-10d
Auguststraße 104-1d

Bachstraße 85-2d
Bärenwinkel 105-3c
Bahnhofsplatz 38-B3 + 105-1b
Bahnhofstraße 38-B2 + 105-2a
Baikalplatz 104-3c
Barbara-McClintock-Straße 87-9c
Basdorfer Straße 86-8c
Beethovenstraße 105-11b
Bergstraße 104-5b
Berliner Allee 104-1d
Berliner Straße 38-A3 + 105-1b
Bernauer Allee 104-2a
Bernauer Straße (Birkholz) 105-10a
Bernauer Straße (Birkholzaue) 105-9c
Bernauer Straße (Ladeburg) 87-7b
Bethelweg 87-1b
Biesenthaler Weg 87-4d
Birkbuschstraße 104-1c
Birkenhöhe 105-7a
Birkensteg 87-7d
Birkenstraße 105-8a
Birkholz 104-12d
Birkholzaue 105-11a
Birkholzer Allee 125-1c
Birkholzer Dorfstraße 105-10c
Birkholzer Straße 125-1a
Blumberger Chaussee 105-1d
Blumberger Weg 105-5c
Blumenhag 86-12d + 104-3b
Bodelschwinghstraße 87-1b
Börnicke 105-6a + 106-4a
Börnicker Chaussee 38-B2
Börnicker Dorfstraße 106-1c
Börnicker Landweg 105-7c
Bonhoefferweg 87-1b
Brahmsweg 85-2b
Brandenburgallee 85-2a
Brauerstraße 38-A2
Breiter Wiesenweg 105-2a
Breite Straße 38-A2
Breitscheidstraße 38-A3 + 105-1b
Briesestraße 104-3c
Brüderstraße 38-B2 + 87-10d
Brunhildstraße 105-2b
Buchenstraße 105-8a
Bürgermeisterstraße 38-A2 + 87-10d
Büttenstraße 87-11a
Bugstraße 104-3c
Bussardweg 85-2b
Carl-Friedrich-Benz-Straße 86-12d
Carl-Zeiß-Straße 86-12d
Castorring 105-2c
Chausseestraße 106-4a
Christian-Heinrich-Juncker-Straße 87-10b

Dahlienweg 87-7b
Dankwartstraße 105-3a
Detlef-von-Liliencron-Straße 104-6d
Dohlensteg 86-8d
Donezstraße 104-3c
Dorfstraße 104-2a
Dorthea-Erxleben-Straße 87-9a
Dossestraße 104-2d
Drosselgasse 87-7d

Ebersprung 105-3a
Eberswalder Straße 38-B2 + 87-11c
Edelweißstraße 86-12d
Eibenweg 105-7b
Eichelhäherweg 67-11c
Eichendorffstraße 104-6a
Eichenweg 86-8d
Eichwerder 104-6a
Elbestraße 104-3a
Elchwiese 105-3c
Elisenauer Weg 105-6d
Emmy-Noether-Straße 86-12d
Erftstraße 104-3a
Erich-Kästner-Straße 104-2d
Erikasteg 87-7b
Erikaweg 104-1b
Erlengrund 87-11a
Erlenweg 105-7b
Ernst-Moritz-Arndt-Straße 104-5b
Ernst-Thälmann-Straße 106-4a
Eschenstraße 105-7d
Espenweg 105-7b
Etzelstraße 105-3a

Fafnirstraße 105-2a
Feldstraße 104-2a
Feldweg 87-10b
Fichtenweg 105-4d
Fichtestraße 87-10c
Finkenschlag 87-7c
Finowstraße 104-3c
Fischerstraße 104-1b
Fliederstraße 87-10c
Fontanestraße 104-2a
Franz-Mehring-Straße 86-8b
Freiheit 104-2a
Freiligrathstraße 104-6b
Friedenstal 104-3a
Friedenstaler Platz 104-3c
Friedenstraße 104-2a
Friedrich-Rückert-Straße 104-6a
Friedrich-Schiller-Straße 105-11d
Friedrichstraße 104-1d
Fritz-Heckert-Straße 86-8b
Fritz-Reuter-Straße 104-2b
Fröbelweg 104-1b

Genossenschaftsweg 87-10c
Gerhart-Hauptmann-Straße 104-2b
Gernotstraße 105-2b
Gewerbegebiet „Pappelallee" 86-12a
Gewerbepark Ladeburg 87-9a
Gieses Plan 87-11b
Ginsterring 104-1b
Goethestraße 104-1b
Goldsternring 87-7b
Gorinstraße 104-1d
Gorkistraße 87-11a
Gottfried-Ephraim-Lessing-Straße 104-6b
Gottlieb-Daimler-Straße 86-12d
Grenzstraße 104-4b
Grenzweg 87-10a
Grünstraße 38-A2 + 87-10d
Gudrunstraße 105-3b
Guntherstraße 105-3a

Hagenstraße 105-3a
Hans-Sachs-Straße 104-2b
Hans-Wittwer-Straße 86-5c
Haselnußweg 105-7b
Hasenheide 105-3b
Havelstraße 104-3c
Heidestraße 104-1b
Heideweg 105-3a
Heinersdorfer Straße 105-1a
Heinestraße 105-11d
Heinrich-Heine-Straße 86-11c
Heinrich-von-Kleist-Straße 104-2b
Helenau 106-10a
Helenenauer Weg 106-4c
Henzestraße 87-11a
Herculesstraße 105-2c
Hermann-Duncker-Straße 38-A1 + 87-10d
Hermann-Löns-Straße 104-6d
Hesselweg 105-1d
Hildebrandtstraße 105-3a
Hohe Steinstraße 38-A2 + 87-10d
Hopfenweg 87-10a
Hussitenstraße 38-B2

Im Blumenhag 104-3b
Im Dohl 87-7d
Innstraße 104-3d
Isarstraße 104-3a

Jahnstraße 38-A2 + 87-10d
Jenisseistraße 104-3c
Johann-Friedrich-August-Borsig-Straße 86-12d
Johann-Knief-Straße 105-4b
Johann-Strauß-Straße 85-2a
Julian-Marchlewski-Straße (1) 105-4b
Juliusstraße 104-1d
Jupiterstraße 105-2b

Kamastraße 104-3c
Kantstraße 104-1b
Karl-Liebknecht-Straße 105-4a
Karl-Marx-Straße 87-10c
Karlslust 86-12b
Karlstraße 104-1d
Kastanienstraße 105-7b
Kastanienweg 87-10b
Kavelgrenzweg 104-2c
Kavelweg 104-5a
Kiefernallee 67-11d
Kiefernweg 105-5c
Kirchgasse 38-A2
Kirchplatz 38-A2
Kirschbergweg 87-1b
Kirschgarten 87-10a
Kleine Straße 104-2c
Kleiststraße 104-6a
Klementstraße 38-A2 + 105-1b
Klosterfelder Weg 86-9d
Konrad-Zuse-Straße 86-12d
Kornblumenstraße 104-3b
Krautstraße 104-2a
Kriemhildstraße 105-2b
Krokussteg 87-8a
Krokusstraße 104-3b
Kurallee 85-2b
Kurt-Tucholsky-Weg 104-2b

Ladeburg 87-8a
Ladeburger Chaussee 38-A1 + 87-10d
Ladeburger Landweg 86-12a
Ladeburger Straße 38-A1 + 87-10d
Ladeburger Weg 87-1d
Lärchenweg 105-5c
Lahnstraße 104-2b
Lanker Straße 86-8d
Lehnitzstraße 104-1d
Leinweg 87-10a
Lenastraße 104-3d
Leo-Jogiches-Ring (2) 105-4b
Lessingstraße 104-2c
Liekobsche Straße 86-12c
Liepnitz 67-11d
Liepnitzstraße 104-1d
Lilienstraße 105-1a
Lindenallee 105-12a
Lindenstraße 105-8a
Lindenweg 87-11a
Lindow 105-1d
Lise-Meitner-Straße 87-9c
Lobetal 69-10c + 87-1a
Löhmer Weg 125-1a
Lohmühlenstraße 38-A3 + 105-1b
Louis-Braille-Straße 38-A2 + 105-1b
Ludwig-Uhland-Straße 104-1b
Lüdtkestraße 87-11a

Maasstraße 104-2b
Märkische Allee 67-11c + 85-2a
Mainstraße 104-2d
Malvenring 105-1a
Marga-Faulstich-Straße 86-12d
Margueritenstraße 86-12d
Maria-Goeppert-Mayer-Straße 87-9c
Marie-Curie-Straße 87-9c
Marsstraße 105-2a
Martha-Arendsee-Straße 105-1c
Maßliebchenstraße 105-1a
Mendelssohnstraße 85-2b
Merkurstraße 105-2a
Milchstraße 105-2b
Mittelstraße 104-4b
Mozartstraße 105-11b
Mühlenstraße 38-A1 + 87-10c

Narzissensteg 87-8a
Nazarethweg 87-1b
Neißestraße 104-3a
Nelkensteg 87-7b
Nelkenstraße 105-1a
Neptunring 105-2a
Neubauernsiedlung (Birkholz) 105-10b
Neubauernsiedlung (Börnicke) 106-1d
Neue Gärten 38-B3 + 105-1d
Neue Liepnitzstraße 104-1d
Neuer Schulweg 38-A1 + 87-10d
Neue Straße 38-A2 + 105-1b
Newastraße 104-3c
Nibelungen 87-12c + 105-2b
Niederbarnimallee 85-2d
Nikolaus-Otto-Straße 86-12b
Nuthering 104-3c

Oderstraße 104-3a
Offenbachstraße 85-2b
Oranienburger Straße 87-10c
Orchideensteg 87-8a
Orionstraße 105-2c
Otto-Schmidt-Straße 87-7b
Ottostraße 104-1d

Paetzhold-Straße 87-10b
Pankeborn 87-11b
Pankstraße 87-11c
Pappelallee 86-11b
Pappelsteg 87-10b
Pappelstraße 105-8a
Parkallee 67-11c
Parkstraße 38-B2 + 87-10d
Parkweg 105-6b
Paul-Schwenk-Straße 105-4a
Paulsfelde 87-10a
Paul-Singer-Straße 105-4a
Peenestraße 104-3b
Pegasusstraße 105-2c
Pestalozzistraße 104-1b
Platanenweg 105-7b
Platz Champigny-Sur-Marne 87-10b
Plutostraße 105-2b
Polluxring 105-2d
Potsdamer Straße 86-12a
Praetoriusstraße 38-B1 + 87-10d
Püttenstraße 86-8d
Puschkinstraße 38-B1 + 87-10b

Quittenring 87-10a

Rehberge 86-12a
Resedastraße 104-3b
Reuterstraße 104-6b
Rheingoldstraße 87-11d
Rhinstraße 104-3c
Richard-Wagner-Straße 105-11d
Ringstraße 86-12c
Robert-Stolz-Allee 85-2b
Robinienstraße 105-11d
Rolandstraße 105-3a
Rollberg 87-10b
Rollenhagenstraße 38-B1 + 87-10b
Rosa-Luxemburg-Straße 105-4a
Rosensteg 87-7d
Roßstraße 38-B2
Rotdornstraße 105-8a
Rudolf-Diesel-Straße 86-12b
Rüdigerstraße 105-3a
Rüdnitzer Chaussee 87-11c
Rüdnitzer Straße 87-7b
Rüsternweg 105-7b
Rutenfeld 87-10b
Rutenfeldring 87-10b

Sachtelebenstraße 87-10b
Sanddornweg 104-1b + 105-7d
Saturnring 105-2a
Scheffelstraße 104-6d
Schenkendorfstraße 104-6a
Schillerstraße 104-2a
Schlegelstraße 104-6d
Schlehenstraße 87-10a
Schmetzdorf 86-11a
Schmetzdorfer Straße 86-9c
Schönerlinder Straße 104-1d
Schönfelder Weg 105-2b
Schönow 86-11c + 104-1a
Schönower Chaussee 104-2b
Schubertstraße 85-2b
Schulstraße 104-2c
Schulweg 86-11b
Schumannweg 85-2b
Schwanebecker Chaussee 105-4c
Schwanebecker Straße 124-3b
Schwarzer Weg 38-A3 + 105-1b
Seestraße 105-11d
Siegfriedstraße 87-11d
Sommerweg 87-7c
Sonnenallee 105-2d
Sonnenblumenring 87-7b
Sonnenblumenstraße 86-12d
Spreeallee 104-2d
Stadtpark 38-A1 + 87-10d

Tannenweg 105-5c
Tempelfelder Weg 87-7b
Thaerfelde 88-10d + 106-1b
Theodor-Fontane-Straße 104-6a
Theodor-Körner-Straße 104-6a
Tobias-Seiler-Straße 38-A1 + 87-10b
Torfstraße 104-2a
Tuchmacherstraße 38-A2 + 87-10d
Tulpensteg 87-8c
Tulpenstraße 86-12d
Turmstraße 104-2a

Uhlandstraße 104-6a
Ulmenring 87-11a
Ulmenweg 105-7b
Uranusring 105-2a
Utestraße 105-3a

VEG-Siedlung 125-1a
Veilchensteg 87-7b
Veilchenstraße 86-12d
Venusbogen 105-2c
Viehtrift 105-1c
Vierrutenstraße 104-2d

Wacholderweg (Birkenhöhe) 105-5c
Waldfrieden 86-7b
Waldsiedlung 67-12c + 85-2a
Waldstraße 104-2a
Wallstraße 38-A2 + 87-10c
Walnußweg 105-7b
Walterstraße 104-1d
Wandlitzer Chaussee (Waldfrieden) 86-5c
Wandlitzer Chaussee (Waldsiedlung) 67-11d + 85-2b
Wandlitzstraße 104-1c
Warthestraße 104-3a
Weichselstraße 104-3a
Weidenweg 104-2c + 105-7b
Weinbergstraße 38-A2 + 87-10c
Weißdornstraße 105-7b
Weißenseer Straße 38-A3 + 105-1b
Welsestraße 104-3c
Werner-von-Siemens-Straße 86-12d
Werrastraße 104-2b
Weserstraße 104-3a
Wielandstraße 105-2b
Wiesenstraße 104-1b
Wiesenweg 69-10c
Wilhelmstraße 104-1d
Wilhelm-Weitling-Straße 105-4b
Winfriedstraße 105-3a
Wisentaue 105-3c
Wolchowstraße 104-3c
Wolgastraße 104-3c
Woltersdorf 86-3b
Wuhlestraße 104-2d

Zepernicker Chaussee 104-6a
Zepernicker Landweg 87-7d
Zepernicker Straße 104-1b
Zwischen den Gärten (3) 87-2a

Bestensee
PLZ 15741

Am Bahnhof 328-6c
Am Berge 328-11d
Am Depot 329-7c
Am Erlengrund 328-6b
Am Glunzbusch 328-6d + 329-4a
Am Haag 328-11d
Am Hang 329-10b
Am Hintersee 328-11d
Am Horst 328-11b
Am Moor 328-11b
Am See 328-6d
Am Seeblick 328-11b
Amselweg 328-9a
Am Strand 329-7d
Am Wald 328-11b
Am Wall 328-5b
An der Fenne 328-11b
An der Forst 328-11d
Anglerweg 328-9d

Bachstraße 328-6d
Badstraße 329-7d
Bahnstraße 328-11d
Bauernweg 328-5d
Beethovenstraße 329-4a
Bergweg 328-12a
Bestensee Süd 328-8d
Birkenallee 329-7d
Birkenhain 328-12a
Birkenweg 328-12a
Böcklinstraße 329-4a
Breite Straße 328-6c
Brückenweg 328-9c

Dorfaue 328-5d
Drosselweg 328-9b

Eichhornstraße 328-9a
Erlenweg 328-9d
Eulenweg 328-9a

Fasanenstraße 328-5d
Feldweg 329-7b
Fernstraße 329-4d
Fichtenweg 328-9d
Finkenweg 328-9a
Fontanestraße 328-9a
Franz-Künstler-Straße 328-2d
Franz-Mehring-Straße 328-6c
Freiligrathstraße 329-4c
Freudenthal 329-1c
Friedensstraße 329-10a
Friedenstraße 329-4a
Friedrich-Engels-Straße 328-5b

Gartenstraße 328-6b
Glunzbusch 329-4a
Goethestraße 328-6c
Gräbendorfer Straße 329-7b
Groß Besten 328-5a
Groß Köriser Straße 329-10b
Grüner Weg 328-12a

Hainweg 328-12a
Hauptstraße 328-5c
Havixbecker Ring 328-9a
Heideweg 328-9d
Heinrich-Heine-Straße (3) 328-6c
Hermann-Löns-Straße 329-4a
Hintersiedlung 328-12c
Hörningweg 329-7c
Hudüpkenweg 329-10b

Im Felde 328-11d
Im Winkel 329-10a
Im Wustrocken 328-9a

Karl-Liebknecht-Straße 328-8c
Kiebitzweg (4) 328-9a
Kiefernweg 328-9d
Königs Wusterhausener Straße 328-5d
Köriser Straße 328-8b
Kranichweg 328-9b
Krumme Straße 328-6b
Kuckucksweg 328-9b
Kurstraße 328-6a
Kurzer Weg 329-8c
Kurze Straße 328-8b

Lerchenweg 328-9a
Liepe 328-12b
Liepestraße 329-10a
Liepeweg 328-9d
Lindenstraße 329-7c
Luchweg 328-9c

Maienweg 328-12a
Marienhof 328-4a
Marktplatz 328-6c
Meisenweg 328-9a
Menzelstraße 329-4a
Mittelstraße 328-6b
Mittelweg 328-9d
Mittenwalder Straße 328-8b
Motzener Straße 328-8c
Mozartstraße 329-4c
Mühlenberg 328-5b

Neubrücker Straße 329-7c
Neue Siedlung (1) 328-5b
Neue Straße 328-6a

Pätz 329-8a
Pätzer Dorfaue 329-7c
Pätzer Goethestraße 329-7d
Pätzer Kiefernweg 329-7d
Pätzer Mittelweg 329-7d
Pätzer Waldstraße 329-7d
Parkstraße 329-7d
Paul-Gerhardt-Straße 328-6c
Paul-Sievers-Straße 328-6b
Prieroser Straße 329-7c
Puschkinstraße 328-3c

Rathenaustraße 328-9a
Rebhuhnweg 328-9b
Reuterstraße 328-6c
Rosa-Luxemburg-Straße 328-8b
Rotdornweg 329-7d
Rudolf-Breitscheid-Straße 328-6c

Schanzenweg 328-12a
Schenkendorfer Weg 328-2d
Schillerstraße 328-6c
Schleifweg 328-2d
Schmaler Straße 328-6a
Schmiedeweg 328-5b
Schöneheiderweg 328-9c
Schubertstraße 329-4a
Schulweg 329-7d
Schwalbenweg (5) 328-9b
Seestraße 329-7c
Seeweg 328-9d
Siedlung A 328-5b
Siedlung B 328-5b
Siedlung C 328-5b
Siedlung D 328-2d
Siedlung E 328-5b
Sommerweg 328-8a
Sonnenweg 328-9d
Sonnenwinkel 328-6a
Sperlingsweg 328-9b
Spreewaldstraße 329-4a
Strandweg 328-9c

Thälmannstraße 328-9a
Triftweg 328-5c

Uferpromenade 328-9d
Unter den Eichen 328-7b

Vordersiedlung 328-9c

Wachholderweg 328-9d
Waldstraße 328-6c
Waldweg 328-9c
Weinbergweg 329-7c
Wielandstraße (2) 328-6d
Wiesenweg 328-9c
Wildweg 329-10b

Zeesener Straße 328-6c

Biesenthal
PLZ 16359

Adlerweg 70-7a
Ahornallee 70-4b
Akazienallee 69-2a
Alter Hellmühler Weg 69-5a
Alte Ziegelei 70-1c
Am Fließ 69-6b
Am Heideberg 69-6a
Am Markt 69-6a
Am Mittelsee 69-5b
Am Priestersteg 69-3d
Amselweg 70-7d
Am Winkel 70-1c
Anemonenweg 69-9d
Anna-Seghers-Weg 69-4b
August-Bebel-Straße 69-6a

Bachstraße 70-4d
Bahnhofstraße 69-6b
Beethovenstraße 70-7b
Berliner Chaussee 69-6a
Berliner Straße 69-6a
Berthold-Brecht-Weg 69-5a
Birkenallee 70-4b
Bodo-Uhse-Weg 69-2c
Brahmsweg 70-5c
Breite Straße 69-5b
Buchenallee 70-4a

Dahlienweg 69-12b
Danewitz 70-11b
Danewitzer Heideweg 88-1d
Danewitzer Weg 70-7a
Dewinsee-Siedlung 70-7d
Dorfstraße 70-10b

Eberswalder Chaussee 70-4a
Eichendorffstraße 69-2c
Eiserbude 49-4b
Elsterweg 70-7d
Erich-Mühsam-Weg 69-4b
Erlengrund 70-4b

Falkenweg 70-7d
Ferienpark am Hellsee 69-7b
Fichtengrund 70-4b
Finkenweg 70-7c
Fischerstraße 69-3c
Fliederweg 69-12b
Fontanepromenade 69-2d
Friedhofsweg 69-6a
Friedrich-Wolf-Weg 69-2c
Fuchswinkel 70-4c

Gartenstraße 70-4a
Gewerbepark 70-4a
Grüner Plan 70-1c
Grüner Weg 69-3d
Grünstraße 69-6a
Grüntaler Weg 70-5c

Händelstraße 70-7b
Hans-Marchwitza-Weg 69-2c
Hardenbergstraße 70-4c
Hasenwinkel 70-4c
Hegeseeweg 69-6b
Heideweg 70-4c
Heimstättenstraße 70-4c
Heineweg 69-2c
Heinrich-Mann-Weg 69-2c
Hellmühle 69-7b
Hellmühler Weg 69-4d
Hellwigstraße 70-5c

Karl-Marx-Straße 70-4d
Kiefernallee 70-4d
Kiefernweg 88-2a
Kirchgasse 69-6a
Kirchhofsweg 69-6b
Kirschallee 69-6b
Kuckucksweg 70-7c
Kurze Straße (1) 69-6a

Langerönner Mühle 69-11b
Langerönner Weg 69-6c
Lanker Straße 69-5a
Lerchenweg 70-7c
Lessingstraße 69-2c
Lindenstraße 70-4a
Lisztweg 70-7b
Lorzingstraße 70-4d

Mausewinkel 70-7b
Meisenweg 70-7d
Melchower Feld 70-4a
Mozartstraße 70-4d

Nelkenweg 69-12b
Niephagenstraße 69-5a

Pappelallee 70-4b
Parkstraße 70-4c
Plottkeallee 70-4a
Prendener Straße 69-2c
Prendener Weg 69-1c
Priesterpfuhlsiedlung 88-2b
Puccinistraße 70-4d

Rehwaldeweg 88-1d
Reiherweg 70-7d
Richard-Ruthe-Straße 70-4d
Rosenweg 69-12b
Rudolf-Breitscheid-Straße 70-4a
Rückergasse 69-6b
Rüdnitzer Straße 70-4c
Ruhlsdorfer Straße 69-2d

Schubertstraße 70-7b
Schützenstraße 69-3d
Schulstraße 69-6a
Schumannstraße 70-7b
Schwalbenweg 70-7d
Schwanenweg 70-7d
Seidenbeutelweg 69-5b
Siedlung 88-1b
Siedlung Birkenweg 88-1d
Sperberweg 70-7b
Stadtpark 70-4a
Steinstraße 70-4d
Sydower Feld 70-8a

Tannenweg 70-5c
Taubenweg 70-7c
Telemannstraße 70-7b
Trappenweg 70-7b
Tulpenweg 69-12b

Uhlandstraße 69-1b

Veilchenweg 69-9d
Vorwerk 50-10d

Wagnerstraße 70-4d
Waldstraße 70-5d
Waldwinkel 70-4c
Wehrmühle 69-3a
Wehrmühlenweg 69-3c
Willi-Bredel-Weg 69-2c
Willmersdorfer Weg 88-1b
Wullwinkel 69-12b

Zum Gerichtsberg 70-1c

Birkenwerder
PLZ 16547

Ahornallee 100-2a
Akazienweg 82-11c
Alter Krugsteig 100-1b
Am Alten Friedhof 82-10d
Am Briesewald 82-11c
Am Karpfenteich 81-12d
Am Mönchberg 82-10d
Am Mühlenfeld 81-12d + 99-3b
Am Nibelungenplatz 82-11c
Am Paradiesgarten 100-1a
Am Quast 100-2a
Amselweg 82-10b
Am Wacholderbusch 82-11d
Am Walde 82-11d
Am Waldfriedhof 82-10b
Am Werder 82-10d
An den Havelwiesen 81-12d
An der Autobahn 82-10a
An der Bahn 82-11c
August-Bebel-Platz 100-2a

Bachstelzenweg (4) 82-10b
Bayernstraße 82-10c
Bergallee 100-2a
Bergfelder Straße 100-2a
Birkensteig 100-2a
Birkenwerder Nord 82-7d
Birkenwerderstraße 100-1b
Blumenweg 82-10b
Briese 82-9c
Brieseallee 100-2a
Briesesteig 100-1a
Burgstellenweg 82-10d
Bussardweg 82-10b

Clara-Zetkin-Straße 100-2a

Drosselweg 82-10b

Eichholzstraße 100-1a
Elsterweg (1) 82-10b
Erdebergerstraße 82-10c
Erich-Mühsam-Straße 100-2a
Erlenkamp 99-3b
Ethel-und-Julius-Rosenberg-Straße 100-2a

Falkenweg 82-10b
Falkenweg (6) 82-10b
Fasanenweg 82-10b
Fichteallee 82-11c
Finkenweg (2) 82-10b
Fischerwall 99-3b
Flandrische Straße 82-10d
Florastraße 82-10d
Förstersteig 100-2b
Fontaneweg 100-1a
Frankenstraße 82-10c
Friedensallee 82-11c
Friedrich-Engels-Allee 82-10d

Friesenhof (1) 82-10c
Friesenstraße 81-12d

Gartenallee 82-11c
Gartenstadt Briesetal (5) 82-10b
Geschwister-Scholl-Straße 82-11c
Gewerbegebiet Triftweg 82-10a
Grenzweg 82-7c
Gustav-Freytag-Straße 100-2a
Gut Lindenhof 82-10a

Haakestraße 82-10c
Halligenstraße 82-10c
Hans-Holbein-Straße 99-3d
Hasensprung 82-11d
Hauptstraße 82-7c + 100-2a
Havelstraße 99-3b + 100-1a
Hessenstraße 82-10c
Hirschfährte 82-11c
Hohen Neuendorfer Weg 100-1a
Hubertusstraße 100-2b
Humboldtallee 100-1a

Im Binnenfeld 100-2a
Im Fuchsbau 82-10a
Im Grund 82-10c
Im Vogelsang 100-2b
Im Winkel 100-2c
In der Niederheide 99-3d
Industriestraße 82-10a

Johann-von-Buch-Straße 81-12d

Karl-Marx-Straße 100-2a
Karlstraße 100-2a
Kehrwieder 100-2a
Kiefernweg 100-1c
Kleiststraße 100-2a
Knesebeckstraße 82-10c

Leistikowstraße 100-2a
Lindenallee 82-11c
Lindenhofsiedlung 82-7c
Ludwig-Richter-Straße 100-2a
Luisenstraße 100-2b

Margaretenstraße 100-1b
Martin-Luther-Straße 100-1c
Meisenweg (3) 82-10b
Menzelstraße 100-2a
Mönchseesteig 82-10d
Münsterstraße 82-10c

Nürnberger Straße 100-1a

Rathaussteig 100-1b
Reihersteg 99-3b
Richard-Wagner-Straße 82-11c
Rosa-Luxemburg-Straße 82-11c

Sacco-Vanzetti-Straße 82-10d
Sachsenstraße 82-10c
Sandseesteig 100-1b
Sandseestraße 100-1a
Saumweg 99-3d
Schützenstraße 100-2b
Schwäbische Straße 82-10c
Schwalbenring 82-10b
Siedlung Eintracht 82-10b
Sonnenschulweg (2) 82-10d
Sperlingweg 82-7d
Stolper Weg 100-1a
Straße am Krankenhaus 82-11d
Summter Straße 82-11c

Taubenweg 82-10b
Theodor-Storm-Straße 100-2a
Thüringer Straße 82-10b
Triftweg 82-10a

Unter den Ulmen 82-11c

Viktoriaallee 82-10d

Weidenweg 81-12d + 99-3b
Weimarer Straße 100-2a
Wendenplan 99-3b
Wensickendorfer Weg 82-10d
Westfalenstraße 82-10c
Windmühlenweg 100-1b
Winsstraße 82-10c

Zeisigweg 82-10b
Zum Waldfriedhof 82-10b

Blankenfelde-Mahlow

15831 Ahornhof (4) 268-3d
15827 Ahornstraße 268-8d
15827 Ahornstraße (Blankenfelde) 268-8d
15831 Ahornstraße (Mahlow) 269-4d
15831 Ahornweg 269-4c
15831 Akazienstraße 269-4a
15831 Akazienweg 268-6d
15827 Akeleistraße (Dahlewitz) 269-10c
15827 Albrecht-Dürer-Straße 304-3a
– Albrechtstraße 269-4a
15831 Albrechtstraße 268-6b
15827 Alpenstraße 269-7c
15831 Alt Glasow 269-8c
15827 Am Alten Schulsportplatz (1) 269-11c
15827 Am Anger (Blankenfelde) 268-8d
15831 Am Anger (Jühnsdorf) 304-5d
15831 Am Bahnhof (Mahlow) 268-6b
15827 Am Bahnhofsschlag 269-10c
15827 Am Bruch 268-12b
15827 Am Dachsbau 304-3a
15831 Am Feld 268-3c
15831 Am Graben 268-2a
15827 Am Gutspark 305-2b
15827 Am Hirschsprung 304-2b
15831 Am Kohlhof 304-5d
15831 Am Lückefeld 269-4b
15831 Am Sportplatz 268-6a
15827 Am Stechberg 268-12a
15827 Am Vogelherd 304-3a
15831 Am Weidendamm 305-3b
15827 An den Vier Ruten 268-12b
15827 An der Dahlewitzer Heide 305-2a
15827 An der Feldstraße 269-10a
15827 An der Gärtnerei 268-6d
15827 An der Gartenstraße 269-10d
15831 Anna-Seghers-Weg 269-1c
15831 Anselm-Feuerbach-Straße 269-1c
15831 Arcostraße 268-2d
15831 Arnold-Böcklin-Straße 269-4a
15827 August-Bebel-Straße 268-12a

15827 Bahnhofsplatz 269-10c
15827 Bahnhofstraße (Dahlewitz) 268-12d
15831 Bartokstraße (4) 268-5d
15827 Bayrische-Wald-Straße 269-7a
15827 Bebelstraße 305-1b
15831 Beethovenstraße 268-5d
15831 Bergweg 268-6a
15831 Berliner Damm 268-6d
15827 Berliner Damm (Blankenfelde) 268-9c
15831 Berliner Damm (Mahlow) 268-6d
15831 Berliner Straße 268-3c
15831 Berliozstraße (6) 268-9a
15827 Bertolt-Brecht-Straße 269-10c
15831 Birkenhof (7) 268-3d
15831 Birkenstraße 269-4c
15827 Birkenstraße (Dahlewitz) 269-10a
15827 Birkenweg 268-12b
15831 Bizetstraße (1) 268-6a
15827 Blankenfelde 268-8d
15827 Blankenfelder Dorfstraße 268-12c
15831 Blankenfelder Straße 268-2d
15831 Blankenfelder Weg 269-7d
15831 Bodelschwinghstraße 268-3d
15831 Brahmsstraße 268-6a
15827 Brandenburger Platz 268-12b
15827 Breitscheidstraße 269-7a + 305-2a
15827 Breitscheidstraße (Dahlewitz) 269-10d
15827 Brentanoweg (1) 268-9b
15831 Brenzstraße 268-2a
15831 Buchenhof (3) 268-3d
15827 Buchenring 268-9c

15831 Carl-Orff-Straße 268-6c
15827 Carl-Spitzweg-Hof 268-12d
15831 Carl-Spitzweg-Straße 269-1c
15827 Carl-von-Ossietzky-Straße 268-9b
15831 Chopinring 268-9a
15827 Clara-Zetkin-Straße 305-1b

15827 Dahlewitz 269-11c + 305-1b
15827 Dahlewitzer Dorfstraße 305-2a
– Dahlewitzer Landstraße 269-11c
15831 Diedersdorfer Straße 268-5a
15827 Dietmar-Klemt-Straße (Dahlewitz) 269-10c
15827 Dietrich-Bonhoeffer-Straße 268-9c
15827 Distelweg 268-11d
15827 Donaustraße 269-7a
15831 Dorfstraße 269-12d
15827 Dorfstraße (Blankenfelde) 268-12a
15831 Dorfstraße (Groß Kienitz) 269-12c
15831 Dorfstraße (Jühnsdorf) 304-5d
15831 Dorfstraße (Mahlow) 268-2d
15827 Drosselsteig 268-12a
15831 Drosselweg 269-7b

15827 Ebereschenring 268-9c
15831 Ebereschenweg 268-6d
15827 Eibenweg 268-12a
15827 Eichendorffstraße 268-9c
15827 Eichenhof (1) 268-3d
15827 Eichenring 268-11b
15831 Eichenweg 268-6a
15831 Einsteinstraße 269-4d
15831 Eintrachtstraße 269-12c
15827 Elbestraße 269-7a
15827 Erich-Klausener-Straße 268-9b
15827 Erlenweg (3) 268-12a
15827 Ernst-Barlach-Straße 268-12d
15831 Ernst-Thälmann-Platz 268-6b
15831 Ernst-Thälmann-Straße 268-6b
15827 Eschenweg 305-5b
15827 Espenweg (5) 268-12a

15827 Falkenbeize 304-3a
15827 Fasanenweg 269-10a
15827 Feldstraße 268-12a
15827 Feldstraße (Dahlewitz) 269-10d
15831 Feldstraße (Groß Kienitz) 269-12d
15831 Ferrastraße 268-3c
15827 Feuerdornweg (2) 268-8d
15827 Fichtelgebirgsstraße 269-7c
15831 Finkenweg 269-7b
15831 Fliederweg 268-3d
15831 Föhrenweg (Mahlow) 269-5c
15827 Fontanestraße 268-9d
15831 Frank-Wedekind-Weg (6) 269-4c
15827 Friedhofsweg 305-2a
15831 Friedrich-Nietzsche-Weg (5) 269-4c
15831 Fritz-Reuter-Straße 268-2b
15827 Fritz-Reuter-Weg 268-9c
15827 Fuchspaß 304-3a

15827 Gartenstraße (Dahlewitz) 269-10d
15831 Gartenstraße (Mahlow) 268-6d
15831 Gebrüder-Grimm-Weg (1) 268-6b
15831 Gerhart-Hauptmann-Straße 269-4c
15831 Gershwinstraße (5) 268-9a
15827 Gewerbegebiet Eschenweg 305-2c
15827 Glasow 269-8c
15831 Glasower Damm 268-6b
15831 Glasower Weg 304-5d
15827 Goethestraße 268-9d
15827 Goethestraße (Dahlewitz) 305-1a
15831 Goethestraße (Mahlow) 269-4b
15827 Goldrutenweg (2) 268-11d
15827 Gorkistraße 305-1a
15831 Grenzweg 269-1c
15827 Griegstraße 268-12b
15827 Grimmelshausenstraße 268-9d
15827 Groß Kienitz 269-12c + 305-3a
15827 Gutsbahntrasse 305-1b

15831 Habicher Straße 268-6a
15827 Händelstraße 268-9d
15831 Hans-Christian-Andersen-Weg (2) 268-6b
15827 Hans-Holbein-Straße 268-12c
15831 Hans-Olde-Straße 268-2b
15827 Hans-Sachs-Straße 268-9b
15831 Hans-Thoma-Straße 268-2b
15827 Hasensteig 304-3a
15827 Havelstraße 269-7a
15827 Haydnstraße 268-12b
15827 Hebbelweg 268-9b
15827 Heckenrosenstraße 269-7a
15831 Hegelstraße 269-4c
15827 Heidestraße 269-7c
15831 Heideweg 269-5a
15831 Heimstättenstraße 268-6b
15827 Heinestraße 305-1a
15827 Heinrich-Heine-Straße 268-9c
15831 Heinrich-Spoerl-Weg (4) 269-4c
15827 Heinrich-Zille-Straße 268-12d
15831 Herbert-Tschäpe-Straße 268-3d
15831 Herderstraße 269-1d
15831 Hermann-Gebauer-Straße 269-12d
15831 Herweghstraße 268-3d
15827 Hölderlinstraße 268-9d
15827 Holunderweg 268-11d
15831 Hubertusstraße 232-11d
15831 Humboldtstraße 269-7b

15831 Ibsenstraße 269-4c
15827 Im Gehölz 268-12b
15831 Immanuel-Kant-Straße 269-4a

15831 Jacob-Burckhardt-Straße 269-4d
15827 Jagdweg 305-2c
15831 Jean-Paul-Straße 269-1d
15831 Jonas-Lie-Straße 269-1d
15831 Joseph-Haydn-Straße 268-6c
15831 Jühnsdorf 304-8a
15831 Jühnsdorfer Weg 304-3b

15827 Käthe-Kollwitz-Straße 268-12c
15831 Karl-Liebknecht-Platz 269-4a
15827 Karl-Liebknecht-Straße (Blankenfelde) 268-12a
15831 Karl-Marx-Platz 268-6b
15827 Karl-Marx-Straße 269-10a
15827 Kastanienallee 305-2b
15831 Kastanienhof (10) 268-3d
15827 Kastanienstraße 268-9c
15827 Kastanienweg 305-2b
15831 Keplerstraße 268-3a
15827 Kiefernstraße 305-2c
15827 Kiefernweg 268-12b
15831 Kienitzberg 269-8d
15831 Kienitzer Straße 269-8a
15831 Kirschenhof (9) 268-3d
15827 Klabundring 268-9b
15831 Kleiststraße 268-6b
15827 Kornblumenstraße 268-11d
15831 Kreischaussee 269-5a
15827 Kurt-Schumacher-Straße 269-7a
15831 Ladestraße 268-3d
15831 Landstraße 269-12c
15831 Lankeweg 304-5d
15831 Leonard-Bernstein-Ring 268-5d
15827 Lerchenweg 268-12a
15831 Lerchenweg (Vogelsiedlung) (2) 269-7b
15831 Lesser-Ury-Weg 268-3a
15831 Lessingstraße 269-4b
15831 Lichtenrader Straße 268-3c
15831 Lilienthalstraße 269-7a
15831 Lindenhof (6) 268-3d
15831 Lindenring 268-6d
15831 Lindenstraße (Mahlow) 269-4c
15831 Löwenbrucher Weg 304-5c
15827 Löwenzahnweg (1) 268-11d
15831 Lovis-Corinth-Straße 268-2d
15827 Lucas-Cranach-Straße 268-12c
15827 Ludwig-Erhard-Ring 305-2c
15831 Ludwig-Uhland-Straße 269-2c
15831 Luisenstraße 268-6b

15827 Märkische Promenade 268-12a
15831 Mahlerstraße 268-6c
15827 Mahlow 268-5d
15831 Mahlower Straße 268-3c
15827 Mainstraße 269-4c
15831 Marienfelder Straße 268-2d
15831 Marillenhof (5) 268-3d
15831 Marktplatz 268-3d
15831 Martin-Luther-Weg (9) 269-4c
15827 Marxstraße 305-1b
15827 Matthias-Claudius-Ring 268-9b
15827 Matthias-Grünewald-Straße 268-12c
15827 Max-Griesbach-Straße 305-2a
15831 Maxim-Gorki-Straße 268-6b + 269-1a
15827 Max-Liebermann-Ring 268-12c
15831 Max-Liebermann-Straße 269-1c
15831 Max-Planck-Straße 268-2b
15827 Mehlbeerenring 268-9c
15831 Meisenweg 269-7a
15831 Mendelssohnstraße 268-6c
15831 Menzelstraße 268-2b
15827 Mittelstraße 305-2c
15827 Moorsteg 269-7c
15831 Moosweg 269-5c
15827 Moselstraße 268-9b
15831 Mozartstraße 268-6a
15827 Mozartweg 268-9d
15831 Mussorgskiweg (8) 268-9a

15827 Narzissenstraße 269-4c
15827 Nelkenstraße 269-4c
15831 Neue Straße 269-4b

15831 Offenbachstraße 268-6c
15831 Otto-Porath-Platz 269-12d

15827 Pappelallee 268-8d
15827 Parkstraße 269-10c
15827 Paul-Gerhardt-Straße 269-10a
15827 Paul-Klee-Straße 268-12c
15831 Paul-Krebs-Straße 269-2c
15831 Paulstraße 268-3b
15831 Pfarracker 269-7a
15831 Philipp-Melanchthon-Weg (7) 269-4c
15827 Pieter-Brueghel-Straße 268-12d
15827 Platanenweg 268-8d
15831 Platz der Freiheit 269-4a
15831 Platz der Jugend 269-4a
15827 Postdamer Damm 268-11b
15831 Poststraße 268-6b
15827 Preußstraße 269-10d
– Priesterweg 269-12a
15831 Puccinistraße 268-6c
15831 Puschkinstraße 269-4a

15831 Rädlerwald 269-7b
15827 Rainfarnweg 268-11d
15831 Randweg 268-6d
15827 Rangsdorfer Weg 305-2a
15831 Rankestraße 269-4c
15831 Rathenaustraße 268-6b
15827 Rehwechsel 304-3b
15827 Rembrandtstraße 268-11d
15827 Rheinstraße 269-7a
15827 Rhönstraße 269-7c
15831 Richard-Wagner-Chaussee 268-6c
15831 Rimski-Korsakow-Straße (7) 268-9a
15831 Robinienweg 268-6d
15831 Rosenweg 268-3d
15831 Rossinistraße (2) 268-6a
15831 Rotberger Straße 269-12d + 270-10c
15827 Rotdornstraße 268-8d
15831 Rotdornweg 268-6d
15827 Roter Dudel 268-3b

15827 Sachsenwaldstraße 269-7c
15827 Sandweg 269-7c
15831 Schäferei 304-5d
15831 Schillerstraße 269-4b
15827 Schlehenweg 268-11d
15827 Schloßstraße 268-12a
15827 Schubertstraße 269-7c
15831 Schülerstraße 269-1a
15831 Schulstraße 269-4c
15831 Schumannstraße (3) 268-6a
15827 Schwarzwaldstraße 269-7a
15831 Selchower Straße 270-7d
15831 Selchower Weg 269-8a
15831 Siedlungsweg (1) 269-7b
15831 Sigrid-Undset-Straße (2) 269-4b
15831 Smetanaweg 268-9a
15831 Sophie-Mereau-Weg (3) 269-4a
15827 Speierlingweg 268-9c
15831 Spreestraße 269-4c
15831 Stefan-Zweig-Straße 268-3c
15827 Steigerwaldstraße 269-7a
15831 Steinstraße 269-4a
15831 Steinweg 268-3d
15827 Stormstraße 268-9d
15827 Straße 6 305-1b
15827 Straße 12 269-10d + 305-1b
15831 Straußpfad 268-6a
15827 Stubenrauchstraße 269-10c
15827 Stubenrauchstraße$ Stubenrauchstraße 305-1a

15827 Taliastraße 268-9c
15831 Tarjei-Vesaas-Weg (1) 269-1d
15827 Taunusstraße 269-7a
15831 Teltower Berge 268-2c
15831 Teltower Straße 268-1d
15827 Teutoburger-Wald-Straße 269-7b
15827 Thälmannstraße 305-2a
15831 Thomas-Müntzer-Weg (8) 269-4c
15827 Thüringer-Wald-Straße 269-7c
15827 Tiliastraße (Dahlewitz) 269-10c
15831 Travenstraße 268-6b
15827 Trebbiner Damm 304-2b
15831 Trebbiner Straße 268-6b
15827 Triftstraße 268-11d
15831 Tschaikowskistraße 268-6c
15827 Tulpenstraße 269-7a
15831 Turmauen 269-7a
15831 Turmfalkenweg (3) 269-7a

15831 Ulmenhof (8) 268-3d
15827 Ulmenstraße (4) 268-12a

15831 Verdiweg 268-6c
15831 Virchowstraße 269-1c
15831 Vivaldiring 268-6c
15831 Vivaldistraße 268-6a
15827 Vogelkischenring 268-8d
15827 Vogelsiedlung 269-7b

15827 Waldblick 268-3a
15827 Waldsiedlung 269-5c
15827 Waldstraße 269-7c
15831 Waldweg 269-5c
15831 Weidendamm 305-3b
15831 Weidenhof (2) 268-3d
15827 Weißdornstraße (1) 268-8d
15827 Weserstraße 269-7a
– Wielandstraße 269-4b
15827 Wiesenstraße 269-10c
15827 Wiesenweg 268-12b
15827 Wildpfad 304-3a
15827 Wildrosenstraße 268-11b
15827 Wildwechsel 305-2c
15827 Wilhelm-Busch-Straße 268-12d
15827 Wilhelm-Grunwald-Straße 268-12a
15827 Wilhelm-Hauff-Straße 268-9b
15827 Wilhelm-Raabe-Straße 268-9d
15831 Wilhelmstraße 268-2b

15827 Zelterweg 268-9d
15831 Zeppelinstraße 268-2b
15831 Ziethener Straße 268-2a
15831 Ziethener Straße (Roter Dudel) 268-3b
15827 Zossener Damm 268-12a
15831 Zu den Vierruten 269-12d
15827 Zülowstraße 305-2b

Borkheide

PLZ 14822

Falkensteg 316-10c
Feldmark 316-10c

Haselhecke 316-10c
Heckenweg 316-10c

Karl-Marx-Straße 316-10c

Brandenburg an der Havel

14776 Abtstraße 38-B3
14774 Adlerstraße 252-5b
14774 Ahornstraße 252-5b
14776 Akazienweg 254-8b
14776 Alfred-Messel-Platz 38-A2 + 218-12d
14770 Altbensdorfer Straße 218-10a
14776 Alte Krakauer Straße 219-7d
– Alte Plauer Brücke 216-12d
14776 Alte Potsdamer Straße 219-10d
14776 Altes Dorf 255-2c
14776 Alte Weinberge 220-4b
14776 Alt Gollwitz 220-8c
14770 Altstadt 38-A1
14776 Altstadt 218-12c
14770 Altstädtische Fischerstraße 38-A2
14770 Altstädtische Große Heidestraße 38-A1
14770 Altstädtische Kleine Heidestraße 38-A1
14770 Altstädtischer Kietz 38-B1 + 219-10a
14770 Altstädtischer Markt 38-A1
14770 Altstädtische Wassertorstraße 38-A1 + 218-12b
14772 Am Alten Gutshof (1) 218-7c
14770 Am Anger 254-1d
14776 Am Breiten Bruch 254-6b
14776 Am Büttelhandfaßgraben 254-3c
14774 Am Charlottenhofer Weg 216-11d
14772 Am Chausseehaus 217-12a
14770 Am Feuerwerkslaboratorium 252-5c
14772 Am Fliegerhorst 217-8c
14770 Am Gallberg 218-8d
14774 Am Gleisdreieck 252-6c
14772 Am Gördensee 217-6d
14772 Am Gördenwald 217-9b
14774 Am Görneweg 216-11d
14776 Am Güterbahnhof 255-1b
14774 Am Hafen 218-9b
14774 Am Hang 253-4c
14776 Am Hauptbahnhof 255-1a
14774 Am Havelgut 216-12d
14772 Am Heidekrug 217-12a
14770 Am Huck 38-A1
14772 Am Industriegelände 218-9a
14776 Am Jakobsgraben 255-1a
14776 Am Kletschenberg 255-10a
14776 Am Klostergraben 219-10d
14770 Am Lokwerk 252-5d
14774 Am Margaretenhof 252-3b
14770 Am Marienberg 218-12b
14770 Am Mariengrund 218-12b
14770 Am Maschinenhaus 252-5d
14770 Am Mittelfeld 254-1d
14776 Am Mühlenberg 254-12b
14770 Am Neuendorfer Sand 218-10c
14774 Am Ochsenberg 216-11d
14776 Am Park (2) 255-2b
14774 Am Patendamm 216-12c
14770 Am Pfarrberg (1) 255-5b
14776 Am Piperfenn 255-6c
14770 Am Rehhagen 254-8a
14770 Am Rosenhag 218-12b
14770 Am Salzhof 38-A2 + 218-12d
14774 Am Seeblick 252-2a
14774 Am Seegarten 252-3c
14774 Amselweg 252-5d
14772 Am Silokanal 218-8c
14776 Am Sonneneck 254-7b
14774 Am Südtor 252-5d
14776 Am Turnerheim 254-8a
14774 Am Wasserwerk 289-7b
14776 Am Weinberg 254-9d
14770 Am Windmühlenweg 254-1d
14776 Am Zingel 255-5b
– Am Zummel 217-9a
14776 An der Bundesstraße 1 219-12d
14770 An der Pulverfabrik 252-5d
14772 An der Regattastrecke 219-7a
14776 An der Stadtschleuse 38-A3 + 218-12d
14770 Anglersteig (2) 216-12a
14770 Anhaltiner Ring 218-10d
14772 Anton-Saefkow-Allee 217-8d
14770 Arthur-Bergmann-Straße 218-11b
14770 Askanierstraße 218-12a
14772 Asternweg 218-7d
14772 Auenbogen 218-3c
14774 Auf dem Zolchberg 252-11d
14776 Augustastraße 38-B2 + 219-10a
14770 August-Bebel-Straße 218-8d
14770 August-Sonntag-Straße 218-10a
14774 Ausbau 216-11b
14772 Azaleenweg 218-7c

14770 Badener Straße 218-10d
14776 Baebenrothufer (1) 254-3c
14770 Bäckerstraße 38-A1 + 218-12b
14776 Bahnhofpassage (1) 255-1b
14774 Bahnhofstraße 252-6c
14774 Bahntechnikerring 252-6a
14770 Barnimstraße 218-9d
14776 Bauhofstraße 38-A3 + 218-12d + 255-1a
14770 Bayernstraße 218-10b
14772 Beethovenstraße 218-8c
14770 Beetzseeufer 219-7c
14772 Begonienweg 218-7c
14776 Belziger Chaussee 255-2d
14770 Bergstraße 38-A1 + 218-12b
14776 Berliner Straße (Gollwitz) 220-10b
14776 Berliner Straße (Neuschmerzke) 255-2b
14772 Berner Straße 218-8a
14776 Biesenländer Weg 255-2b
14776 Bindefeldstraße 254-12b
14776 Binnenfeld 254-8d

14770 Binsenkute 254-1d
14776 Birkenweg 254-5c
14770 Blosendorfer Straße 218-10c
14776 Blumenstraße 255-1a
14772 Bohnenländer Weg 218-4a
14774 Bornufer 216-12c
14772 Brahmsstraße 218-4d
14774 Brandenburger Allee 252-2d
14776 Brandenburger Straße 254-9b
14774 Bredowstraße 216-12a
14770 Bremer Straße 218-10d
14772 Brielower Aue 218-1d
14772 Brielower Ausbau 218-3c
– Brielower Brücke 219-7a
14772 Brielower Grenze 218-3c
14772 Brielower Landstraße 218-6a
14770 Brielower Straße 219-7c
14770 Briester Straße 218-10a
14774 Briester Weg 217-10c
14772 Brösestraße 218-5d
14772 Brucknerstraße 218-7b
14770 Brücke des 20. Jahrestages 218-11b
14776 Brüderstraße 38-B3
14772 Brüsseler Straße 218-8a
14776 Brunnenstraße 255-5b
14776 Buchenweg 254-8d
14774 Büdnerweg 252-9a
14776 Büttelstraße 38-B3 + 219-10c
14776 Buhnenhaus 254-4a
14776 Burghof 219-10a
14776 Burgweg 38-B1 + 219-10a
14772 Butterlake 218-2a
14776 Butzower Weg 219-7b

14770 **C**aasmannstraße 254-2c
14774 Carl-Ferdinand-Wiesike-Straße 252-2a
14770 Carl-Reichstein-Straße 218-10a
14772 Carolinenring 218-4d
14770 Charlottenhof 216-4d
14770 Charlottenhofer Weg 216-11d
14774 Chausseestraße 252-1b
14772 Chemnitzer Weg (5) 219-7a
14772 Christinenstraße 218-5a
14770 Clara-Zetkin-Straße 218-12c

14772 **D**ahlienweg 218-7d
14770 Damaschkestraße 218-12c
14776 Der Temnitz 219-10c
14774 Der Werder 216-12a
14776 Deutsches Dorf 219-10d
14776 Dom 219-10a
14776 Domkietz 38-B1
14776 Domlinden 219-10b
14776 Dorfstraße 254-9d
14776 Dornröschenweg 255-3c
14770 Dosseweg 218-9d
14776 Drei Eichen 255-5c
14770 Dreifertstraße 218-11a
14774 Drosselweg 252-5b

14774 **E**bereschenweg 252-5b
14776 Eibenweg 254-8d
14776 Eichamtstraße 38-B2
14772 Eichendorffweg 217-9b
14776 Eichhorstweg 254-8d
– Eichspitzbrücke 254-9a
14772 Eichspitzweg 218-4d
14770 Einsteinstraße 218-10d
14772 Elisabethstraße 218-5a
14770 Emsterstraße 218-9d
14774 Erich-Baron-Straße 252-9b
14770 Erich-Knauf-Straße 218-9c
14776 Erlenweg 254-8b
14770 Ernst-Paul-Lehmann-Straße 218-10b
14776 Eulenbogen 254-8a

14772 **F**alkenbergswerder 217-12a
14774 Falkenstraße 252-5b
14776 Fasanenbogen 254-8c
14776 Feldstraße 254-6a
14772 Felsbergstraße 218-5c
14770 Ferdinand-Lassalle-Straße 218-12c
14776 Feuerwehrgasse 219-12b
14776 Fichtenweg 254-8a
14774 Finkenweg 252-5b
14770 Flämingstraße 218-9c
14772 Fliederweg 218-8c
14776 Flutstraße 255-1a
14772 Fohrder Landstraße 218-5d
14770 Fontanestraße 218-11b
14774 Forstweg 253-7a
14770 Fouquéstraße 218-12a
14770 Frankenstraße 218-10d
14776 Franz-Ziegler-Straße 254-3b
14772 Freiheitsweg 218-3c
14770 Freiherr-von-Thüngen-Straße 218-9d
14772 Freitaler Weg (1) 219-7a
14774 Friedhofstraße 252-9d
14770 Friedrich-Engels-Straße 218-11a
14770 Friedrich-Franz-Straße 218-11a
14772 Friedrich-Grasow-Straße 218-5c
14772 Friedrichshafener Straße 218-5b
14776 Friesenstraße 254-3b
14772 Fritze-Bollmann-Weg 218-3d
14770 Froschallee 252-9a
14776 Fuchsbruch 219-3a
– Fußgängerbrücke „Näthewinde" 38-B2

14774 **G**artenstadt 216-11d
14774 Gartenstraße 252-5b
14774 Gartenweg 216-12c
14770 Gebrüder-Silbermann-Straße 218-10a
14774 Genthiner Straße 252-3a
14772 Geranienweg 218-7b
14772 Gerberaweg 218-7c
14776 Gerbergasse 38-A2
14770 Gerostraße 218-12b
14772 Gertraudenstraße 218-5a
14770 Gertrud-Piter-Platz 218-12a
14776 Geschwister-Scholl-Straße 219-10d
14772 Gladiolenweg 218-7d
14770 Gobbinstraße 218-11a
14776 Gödenstraße 254-3b
14772 Görden 218-4c
14772 Gördenallee 218-7a
– Gördenbrücke 218-8d
14776 Görisgräben 289-6b + 290-4a
14774 Görneweg 252-3a
14776 Goethestraße 38-A3
14776 Göttin 255-7c
14776 Göttiner Bahnhofstraße 254-9d
14776 Göttiner Landstraße 254-6d
14776 Göttiner Schulstraße 254-9d
14776 Göttiner Steig 254-9c
14776 Göttiner Straße 254-3d
14776 Gollwitz 220-8c
14776 Gorrenberg 38-A2 + 219-10c
14770 Gottfried-Krüger-Brücke 38-A2
14770 Gottfried-Krüger-Straße 218-10b
14770 Gotthardtkirchplatz 38-A1
14770 Gotthardtwinkel 38-A1
14776 Grabengasse 219-12b
14776 Grabenstraße 38-A2 + 219-10c
14776 Grabower Weg 219-4d
14774 Gränert 253-10b
14774 Gränertstraße 252-9d
14776 Gränertweg 253-10c
14774 Grenzstraße 253-4c
14776 Grillendamm 219-10a
14774 Große Freiheit 216-11a
14776 Große Gartenstraße 219-10c
14774 Große Mühlenstraße 216-12a
14776 Große Münzenstraße 38-B2
14776 Großmathenweg 255-3a
14776 Grüne Aue 254-3a
14776 Grüner Weg 254-4d
14776 Grüninger Landstraße 254-10b + 290-4c
14772 Gustav-Metz-Straße 218-5c
14770 Gustav-Nachtigal-Straße 218-11a
14776 Gutenbergstraße 218-12d
14770 GutsMuthsstraße 219-7c

14774 **H**afenstraße 252-3c
14776 Hagelberger Straße 219-8c
14776 Hammerstraße 38-B2 + 219-10a
14770 Handwerkerhof 218-11b
14770 Hannoversche Straße 218-10d
14770 Harlungerstraße 218-12a
14776 Hauptstraße 38-A2 + 219-10a
14776 Hausmannstraße 255-1a
14770 Havelbogen (1) 216-12a
14776 Havelbrücke 254-3a
14776 Havelstraße 38-A3 + 219-10c
14776 Havelufer 220-7a
14772 Haydnstraße 218-7b
14772 Heidekrug 217-12a
14772 Heidelberger Straße 218-5a
14774 Heidestraße 253-7b
14770 Heinrich-Heine-Ufer 38-A2 + 218-12d
14772 Henriettenstraße 218-5c
14770 Hessenweg 218-10d
14776 Hevellerstraße 219-10b
14770 Hochstraße 218-12a
14772 Hohenstücken 218-4b
14776 Hoher Steg 255-1b
– Homeyenbrücke 38-B1 + 219-10a
14770 Huckstraße 38-A1
14776 Hufenweg 255-2b

14776 **I**m Diek 220-8c
14776 Immenweg 254-4c
14774 Im Winkel 253-7a
14770 Industriegebiet „Caasmannstraße" 254-2a
14772 Industriegebiet „Görden" 218-7c
14774 Industriegebiet Kirchmöser Nord 252-6a
14772 Industriegebiet „Nord" 218-9b
14774 Industriegebiet „Plaue" 216-12a
– Industriegebiet „Schmerzke" 255-6c
14770 Industriegebiet „Silokanal Ost" 218-8d
– Industrie- und Gewerbegebiet „Hohenstücken" 218-5a
14770 Industrie- und Gewerbegebiet Kirchmöser Süd 252-5d
14770 Industrie- und Gewerbepark „Silokanal West" 218-10b
14776 **J**acobstraße 255-1a
14776 Jahnstraße 254-3b
– Jahrtausendbrücke 38-A2 + 219-10a
14772 Jasminweg 218-7d
14776 Jeseriger Weg 220-8b
14776 Johann-Carl-Sybel-Straße 255-1a
14772 Johannisburger Anger 218-7a
14770 Johanniskirchgasse (3) 38-A2
14770 Johanniskirchplatz (2) 38-A2
14772 Johann-Sebastian-Bach-Straße 218-7b
14772 Johann-Strauß-Straße 218-8a
14776 Jungfernsteig 38-B3 + 219-10c

14772 **K**aiserslauterner Straße 218-5a
14774 Kaltenhausen 217-7c
14774 Kaltenhausener Weg 217-7d
14772 Kaltenhausen Wasserwerk 217-8c
– Kanalbrücke 38-A3 + 218-12d
14776 Kanalstraße 38-A3 + 218-12d
14770 Kapellenstraße 38-A1
14770 Karl-Kautsky-Straße 218-12c
14770 Karl-Liebknecht-Straße 218-12c
14770 Karl-Marx-Straße 218-11b
14770 Karl-Sachs-Straße 218-11c
14776 Kastanienweg 254-8b
14776 Katharinenkirchplatz 38-B2
14776 Ketzürer Weg 219-4d
14774 Kiaustraße 252-2b
14776 Kiebitzsteig (1) 255-2b
14776 Kiefernweg 254-8a
14774 Kietzstraße 216-12d
14776 Kirchgasse 38-B2 + 219-10c
14776 Kirchhofstraße 38-B3 + 255-1a
14774 Kirchmöser 252-9b
14774 Kirchmöser Ost 253-4d
14774 Kirchmöser West 252-2c
14774 Kirchstraße 252-3a
14776 Kleine Gartenstraße 219-10c
14774 Kleine Mühlenstraße 216-12c
14776 Kleine Münzenstraße 38-B2
14776 Klein Kreutz 219-6b + 220-4b
14776 Klein Kreutzer Bergstraße 220-1c
14776 Klein Kreutzer Dorfstraße 220-4c
14776 Klein Kreutzer Eigenheime 219-6d
14776 Klein Kreutzer Havelstraße 220-4c
14776 Kleiststraße 254-3b
14770 Klingenbergsiedlung 218-11c
14770 Klingenbergstraße 218-11d
14772 Klinikallee 217-9c
14770 Klosterstraße 38-A2 + 218-12b
14774 Koenigsmarckstraße 252-3a
14772 Kolonie Feierabend 218-8a
14776 Kolonie Görden 217-6d
14776 Kolonistenberg 219-12b
14770 Kommunikation 38-A2
14772 Kopenhagener Straße 218-8a
14776 Koppehlstraße 254-3d
14772 Kornblumenweg 218-7d
14776 Krahner Straße 254-9d + 255-7c
14776 Krakauer Landstraße 219-8c
14776 Krakauer Straße 219-10b
14776 Krakauer Weg 219-7d
14770 Kreyssigstraße 218-8d
14772 Krokusring 218-7c
14776 Küsterstraße 220-8c
– Kuhdamm 217-10b
14770 Kummerléstraße 218-11a
14776 Kurstraße 38-B3 + 219-10c
14770 Kurt-Wabbel-Straße 219-7c
14774 Kurze Straße 253-4d

14776 **L**ärchenweg 254-8a
14774 Lankenweg 252-11b
14776 Lehmberg 255-3a
14774 Lewaldstraße 216-12c
14776 Libellenweg 254-4c
14772 Lilienweg 218-8c
14770 Lilli-Friesicke-Straße 218-9d
14776 Lindenstraße 38-B2 + 219-10c
14776 Linienstraße 254-3b
14772 Lortzingstraße 218-7a
– Luckenberger Brücke 218-12c
14770 Luckenberger Straße 218-12d
14776 Lünower Weg 219-7b
14774 Lüttichweg 252-6b
14776 Luisenhof 219-8d
14772 Lupinenweg 218-7c

14776 **M**aerckerstraße 254-3c
14776 Märkische Aue 254-3a
14776 Magdeburger Heerstraße 289-4b
14776 Magdeburger Heerstraße 253-12c
14770 Magdeburger Landstraße 218-10a
14770 Magdeburger Straße 218-11b
14774 Mahlenzien 289-7b
14774 Mahlenziener Dorfstraße 289-7b
14774 Mahlenziener Straße 252-9d + 289-1d
14772 Mahlerstraße 218-7b
14772 Maiglöckchenweg 218-7c
14776 Malge 253-8d
14772 Malvenbogen 218-7c
14774 Margaretenhof 252-3b
14774 Margaretenstraße 217-10d
14772 Margueritenweg 218-7d
14770 Marienberg 218-12a
14774 Marktplatz 252-5b
14774 Marktstraße 252-5b
14772 Massowburg 219-7a
14772 Maulbeerweg 218-7a
14772 Max-Herm-Straße 218-4d
14772 Max-Josef-Metzger-Straße 217-8c
14772 Mendelssohnstraße 218-7a
14776 Meyerstraße 254-3c
14776 Mielitzweg 255-5b
14776 Mittelstraße 255-1a
14776 Mittelweg 254-8b
14776 Mötzower Landstraße 219-7b
14776 Mötzower Weg 219-6b
14776 Mötzower Weg I 219-7b
14776 Mötzower Weg II 219-7b
14776 Molkenmarkt 38-B2 + 219-10c
14772 Mozartplatz 218-8a
14772 Mozartstraße 218-8a
14776 Mühlenbogen 255-5b
14776 Mühlendamm 38-B2 + 219-10a
14776 Mühlengarben 38-A3 + 218-12d
14770 Mühlentorstraße 38-A1 + 219-10a
14776 Mühlenweg 220-8c
14774 Münchwerder 217-11c
14772 Münstersche Straße 218-5a
14772 Myrtenweg 218-7c

14772 **N**arzissenweg 218-7d
14772 Nelkenweg 218-7d
14776 Neue Mühle 289-3d + 290-1c
14770 Neuendorf 254-4a
14770 Neuendorfer Straße 218-12c
14770 Neuendorfer Wiesenweg 254-4a
14776 Neue Weinberge 219-3d
14776 Neue Ziegelei 220-10a
14776 Neumanns Vorwerk 254-9c
14770 Neu Plaue 216-4d
14774 Neu-Plaue 216-4d
14774 Neu-Plauer-Weg 216-12a
14776 Neuschmerzke 219-12c + 255-3a
14770 Neustadt 38-B2
14776 Neustadt 255-1b
14776 Neustädtische Heidestraße 38-B3 + 219-10c
14776 Neustädtischer Markt 38-B2 + 219-10c
14776 Neustädtische Wassertorstraße 219-10b
14770 Nicolaiplatz 218-12b
14770 Nikolaus-von-Halem-Straße 218-9c
14772 Nord 219-4c
14774 Nordring 253-4c
14772 Nußlocher Weg (4) 219-7a

14772 **O**ffenbachstraße 218-7b
14770 Oldenburger Straße 218-11c
14770 Oskar-Wiederholz-Straße (2) 218-10b
14776 Otto-Gartz-Straße 254-3b
14770 Otto-Metzenthin-Straße (3) 218-10b
14776 Otto-Sidow-Platz 254-3b
14776 Otto-Sidow-Straße 254-3a

14776 **P**ackhofstraße 38-A2 + 219-10a
14776 Pappelweg 254-8b
14770 Parduin 38-A1
14772 Pariser Straße 218-8a
14774 Parkstraße 252-5b
14774 Patendamm 216-12c
14776 Paterdamm 255-12a
14776 Paterdammer Weg 255-7c
14770 Pater-Grimm-Straße 218-9c
– Paukrierbrücke 290-2a
14770 Paulibrücke 38-B3
14776 Paulinerstraße 38-B3 + 219-10c
14776 Paul-Kaiser-Reka-Platz 38-A3 + 219-10c
14774 Paul-Röstel-Straße 252-9b
14776 Petersilienstraße 38-B2
14776 Pfefferländer Weg 254-5c
14772 Pflegerdorf 218-7c
14776 Planeweg 254-5b
14776 Platanenweg 254-8a
14774 Platz der Einheit 252-6c
14774 Plaue 216-11c + 252-2a
14774 Plauer Damm 252-2d
14774 Plauerhof 217-10d
14774 Plauerhof Siedlung 217-10a
14774 Plauer Landstraße 216-12d
14770 Plauer Straße 38-A2 + 218-12b
14774 Postplatz 216-12c
14776 Potsdamer Landstraße 255-1b
14776 Potsdamer Straße 219-10d
14772 Prager Straße 218-8b
14770 Prignitzstraße 218-9d
14772 Primelweg 218-7c
14776 Prötzelweg 255-2b
14774 Puschkinstraße 252-2b

– **Q**uenzbrücke 217-12b
14770 Quenzsiedlung 218-10c
14772 Quenzweg 217-12b
14774 Querstraße I 216-12c
14774 Querstraße II 216-12a
14776 **R**apunzelweg 255-3a
14774 Rathausstraße 252-9b
14772 Rathenower Landstraße 218-1d
14770 Rathenower Straße 38-A1
14770 Ratsweg 254-1d
14776 Reckahner Straße 254-12b
14776 Reckahner Weg 290-2c
14772 Regettaring 219-7a
14776 Reimerstraße 254-3c
14772 Reuscherstraße 218-5c
14770 Rhinweg 218-9c
14772 Riesaer Weg 219-7a
14776 Rieselgut 253-12c
14776 Rietzer Straße 255-6a
14776 Rietzer Weg 255-2b
14770 Ritterstraße 38-A2 + 218-12b
14774 Roberdam 252-1b
14770 Robert-Koch-Straße 218-12a
14776 Robinienweg 254-8a
14776 Rochowstraße 254-3c
14772 Rosa-Luxemburg-Allee 218-8a
14776 Rosengasse 220-4a
14772 Rosenweg 218-8c
14772 Rotdornweg 218-8c
14776 Rotkäppchenweg 255-3c
14770 Rudolf-Weber-Platz 218-10b
14772 Rüleckens Weg 219-4c
14776 Rüsternweg 254-8d
14770 Ruppinstraße 218-9c

14776 **S**aaringen 220-2d
14776 Saaringer Dorfstraße 220-2d
14776 Saaringer Weg 220-5c
14770 Sachsenstraße 218-11a
14776 Sandberg 255-3a
14776 Sandfurthweg 254-7b
14770 St.-Annen-Brücke 219-10d
14776 St.-Annen-Promenade 38-B3 + 219-10c
14776 St.-Annen-Straße 38-B2 + 219-10c
14776 St.-Pauli-Kirchplatz 38-B3 + 219-10c
14776 St. Petri (3) 219-10b
14772 Schafdamm 218-1b
14774 Scheidtstraße 216-12c
14772 Schenkendorfweg 217-9d
14776 Scheppersteig 220-8c
14772 Schienenweg 219-7a
14770 Schifferring 219-7a
14776 Schillerstraße 38-A3
14772 Schlangenpfad 218-1b
14772 Schleusenerstraße 218-5c
14774 Schleusenweg 252-2a
14776 Schlossallee 220-8c
– Schlosspark Plaue 252-3a
14774 Schloßstraße 252-3a
14776 Schmerzke 255-2d
14776 Schmerzker Ring 255-5b
14776 Schmöllner Weg 254-4c
14772 Schneeglöckchenring 218-7c
14776 Schneewittchenweg 255-3a
14772 Schubertstraße 218-8a
14776 Schützenworth 255-1b
14774 Schulstraße 252-5d
14772 Schumannstraße 218-8a
14770 Schusterstraße 38-A1
14772 Schwarzer Weg 218-7b
14770 Schwarzwaldring 218-10d
– Seegartenbrücke 252-3c
14774 Seestraße 252-5b
14776 Sieberstraße 38-B2
14772 Siedlertrift 218-1b
14776 Siedlung 219-12b
14776 Siedlung Eigene Scholle 254-5d
14774 Siedlungsstraße 252-9a
14774 Signalstraße 252-6c
14770 Silostraße 219-7c
14776 Sommerweg 220-8c
14772 Sophienstraße 218-4d
14776 Spechtbogen 254-8a
– Specksteig 217-9a
14770 Spittastraße 218-10b
14770 Sprengelstraße 218-9c
14774 Starweg 252-5b
14776 Steinles Berg 255-1b
14776 Steinstraße 38-B3 + 219-10c
– Steintorbrücke 38-A3
14776 Sterntalerweg 255-3c
14774 Strandweg 253-7a
14776 Straße zum Gut 220-4a
14776 Straße zum Wassersportheim 220-4b
14772 Stuttgarter Straße 218-6a
14774 Südring 253-7a

14776 **T**annenweg 254-8a
14770 Thüringer Straße 218-10c
14772 Tieckower Weg 217-5d
14770 Tiedestraße 218-11a
14776 Tismarstraße 254-3b
14776 Torfbogen 255-5b
14776 Trauerberg 255-1a
14774 Trennweg 252-5b
14774 Triftstraße 216-11b
14770 Triglafweg 218-12a
14772 Tschaikowskistraße 218-7b
14772 Tschirchdamm 218-5c
14772 Tulpenweg 218-8c
14774 Turmstraße 253-4c

14774 **U**ferstraße 252-6c
14776 Ulmenweg 254-8b
14774 Unter den Platanen 252-6a
14772 Upstallstraße 218-8b

14772 **V**eilchenweg 218-7c
14770 Venise-Gosnat-Straße 218-12a
14770 Vereinsstraße 218-12c
14774 Viesener Straße 252-12b
14772 Vorwerkstraße 218-2a

14774 **W**aldstraße 216-11b
14772 Walldorfer Weg (3) 219-7a
14770 Wallpromenade 38-A1 + 218-12b
14770 Wallstraße 38-A1 + 218-12b
14770 Walter-Rathenau-Platz 38-A1 + 219-10a
14772 Walther-Ausländer-Straße 218-5c
14772 Warschauer Straße 218-8b
14770 Wassertorpromenade 38-A1
14770 Wasserwanderplatz 218-12d
14774 Wasserwerkstraße 216-12a
14770 Watstraße 219-7c
14772 Weberstraße 218-7a
14776 Weidensteig 254-8c
14770 Weinmeisterweg 218-9c
14776 Wendgräben 253-11d + 289-3b
14774 Wendseeufer 252-2b
14776 Werderstraße 255-1a
14770 Werner-Seelenbinder-Straße 218-9c
14776 Weseramer Straße 219-8a
– Westhavellandbrücke 216-12d
14772 Wiener Straße 218-8b
14776 Wiesenweg 254-3a
14774 Wilhelm-Gottschalk-Straße 252-9d
14770 Wilhelm-Meinicke-Straße 218-8c
14776 Wilhelmsdorf 254-7d
14776 Wilhelmsdorfer Landstraße 254-6a
14776 Wilhelmsdorfer Straße 254-3b
14770 Wilhelm-Weitling-Straße 218-12c
14772 Willibald-Alexis-Straße 218-5a
14770 Willi-Sänger-Straße 218-9c
14770 Windmühlenweg 254-4a
14776 Wittstocker Gäßchen 254-5d
14776 Wollenweberstraße 38-A3 + 219-10c
14770 Wolrad-Kreusler-Straße 218-11c
14770 Woltersdorfer Straße 218-10a
14776 Wredowplatz 254-3b
14776 Wredowstraße 38-A3 + 218-12d
14776 Wust 219-12a
14774 Wusterauer Anger 253-4c
14776 Wuster Ring 255-3a
14776 Wuster Straße 219-12c
14774 Wusterwitzer Straße 252-5c

14770 **Z**anderstraße 218-11b
14770 Zauchestraße 218-9c
14776 Ziesarer Landstraße 254-7b
14772 Zinnienweg 218-7c
14772 Zu den Eichen 218-7c
14776 Zu den Erdelöchern 219-12b
14774 Zu den Schinderfichten 216-11b
14774 Zum Alten Dorf 216-8b
14774 Zum Faulen Hund 216-12a
14776 Zum Gutshof 220-8a
14776 Zum Krugpark 254-7d
14772 Zum Quenzsee 217-12b
14770 Zur Drehscheibe 252-5d
14770 Zur Kammgarnspinnerei 218-12d
14772 Zwickauer Weg (2) 219-7a

Breydin
PLZ 16230

Akazienweg 72-2c
Am Landhotel 73-1a
Am Storchennest 72-5a

Beerbaumer Weg 72-5c

Dorfstraße 53-10a

Eberswalder Straße 53-10a

Falkenberger Weg 53-10a
Froschmühle 72-2a

Gersdorfer Straße 53-10c

Karlshof 72-3b
Kirchstraße 72-4b
Klobbicker Straße 73-1a
Kruger Damm 73-1a

Lindenstraße 72-5a

Melchower Weg 72-4b
Mittelmühle 72-4b
Mühlenweg 72-4b

Neue Mühle 72-2a

Schwarzer Weg 72-3b

Trampe 53-10a + 73-1b
Tuchen-Klobbicke 72-5b

Waldweg 72-4b

Brieselang
PLZ 14656

Adolf-Diesel-Straße 139-5d
Adolf-Kolping-Weg 115-12c
Adolf-Stöcker-Straße 115-12c
Ahornweg 139-5d
Am Gutshof 138-3c
Am Hasenpaß 139-2d
Am Kanal 139-2d
Am Kienast 139-2d
Am Markt 139-6b
Am Nest 139-6a
Am Schlangenhorst 139-2d
Amselweg 139-3b
Am Vorholz 139-2d
Am Wald 140-1c
Am Winkel 139-3d
An der Falkenstraße 139-3b
Arndtstraße 139-6a
Asternweg 139-3b
Aufbaustraße 138-5b
August-Bebel-Straße 139-6b

Bachstraße 139-3a
Bahnhofstraße 138-3d
Bahnstraße 139-2d
Banaschstraße 115-12c
Barlachstraße 115-12c
Berliner Straße 138-6a
Birkenallee 139-3d
Blumensteg 139-3d
Bodelschwinghstraße 115-12c
Bredow 138-6a
Bredower Allee 139-2d
Bredower Straße 139-4d
Bredow-Luch 114-12a
Bredow-Vorwerk 139-1b
Brentanoweg 139-2d
Brieselanger Straße 139-7b
Brieselanger Weg 140-4a

Carl-Friedrich-Benz-Straße 139-5b

Dahnstraße 139-6c
Dammstraße 138-3c
Diestelmeierstraße 115-12c
Drosselweg 139-3b

Elisabethstraße 115-12d
Elsterweg 139-3b
Erich-Kästner-Straße 139-6a
Erich-Klausner-Straße 139-3c
Erich-Mühsam-Straße 139-6b
Erlenweg 139-3d
Eulenweg 115-12c

Falkenhagener Luchweg 140-1a
Falkenseer Weg 140-4a
Falkenstraße 139-2b
Ferdinand-von-Zeppelin-Straße 139-5b
Feuerbachstraße 139-2b
Fichtestraße 139-2d
Finkenkruger Straße 140-4a
Fontanestraße 139-6a
Forsthaus Bredow 140-4c
Forstweg 139-3c
Franz-Mehring-Straße 139-6b
Freiligrathstraße 139-6c
Freytagstraße 139-6a
Friedrich-Engels-Straße 115-12d
Fröbelstraße 139-3a
Fuggerweg 139-3a

Gartenstraße 138-3c
Gartenweg 139-3c
Gewerbegebiet 139-6b
Gewerbering 138-9c
Glien 115-8c
Goethestraße 139-6a
Gottlieb-Daimler-Straße 139-5b
Grimmstraße 139-6c
Grüner Weg 138-6a
Gutenbergweg 139-3c

Händelstraße 139-3a
Hafenstraße 115-11d
Hans-Klakow-Straße 139-6b
Hans-Sachs-Straße 139-6c
Haslacher Straße (3) 139-6b
Hauffstraße 139-5b
Hauptmannstraße 139-6c
Havellandstraße 115-11c
Haydnstraße 139-3a
Hebbelstraße 139-6c
Hegelstraße 139-2b
Heideweg 140-4a
Heinrich-Heine-Straße 139-6b
Hermann-Hesse-Weg 139-2d
Hölderlinstraße 139-6c

Isaac-Newton-Straße 139-5b

Jahnstraße 139-2d
James-Watt-Straße 139-5b
J.-F.-Steege-Siedlung 115-12c
Joachim-Ringelnatz-Straße (5) 139-6c
Jochen-Weigert-Straße 115-12c

Kanalbrücke 139-2b
Kantstraße 139-2b
Karl-Marx-Straße 139-2b
Keplerweg 139-3a
Kirschenweg 138-9d + 139-7b
Kleiststraße 139-6a
Körnerstraße 139-6c
Kollwitzstraße 115-11d
Kopernikusweg 139-3a
Kuhdamm 115-8c
Kurt-Tucholsky-Ring 139-6c

Lange Straße 139-3c
Leibnizstraße 115-12d
Lenaustraße 139-6a
Lerchenweg 139-3b
Lessingstraße 139-6a
Lichtenbergstraße 115-12b
Liebigstraße 115-12c
Lindenstraße 139-5d
Lisztstraße 139-3a

Märkische Straße 139-6a
Marie-Curie-Straße 139-5b
Marktplatz (4) 139-6b
Martin-Luther-Straße 115-12b
Maxim-Gorki-Straße 139-6b
Meisenweg 139-3b
Melanchthonstraße 139-3a
Mendelssohnstraße 139-3a
Milanweg 139-3a
Mörikestraße 139-6a
Morgensternstraße 139-6a
Mozartweg 139-3b
Mühlenweg 139-4d

Nachtigallenweg 139-3b
Nauener Chaussee 116-7c
Nauener Landweg 138-2d
Nauener Straße 138-3c
Neudörfferweg 139-3c
Neuer Weg 139-7b
Nikolaus-Kopernikus-Straße (1) 139-5b

Oranienburger Straße 138-3c
Otto-Braun-Straße 139-3c
Otto-Lilienthal-Straße 139-5b

Pappelallee 139-5d
Parkstraße 138-3c
Parkweg 139-3b
Paul-Mewes-Damm 139-2d
Paul-Singer-Straße 115-12d
Pausiner Weg 115-12b
Pestalozzistraße 140-1c
Pfarrer-Gehrmann-Straße 139-3a
Platz des Friedens 139-6b
Promenadenweg 139-2b

Querstraße 139-6b

Renzstraße 140-4a
Reuterstraße 139-6a
Richard-Wagner-Straße 115-12d
Rigips Straße 139-2a
Rilkestraße 139-6a
Ringstraße 138-3c
Rostocker Straße 139-8b
Rotdornallee 139-3d
Rotkehlchenstraße 139-3b

Schillerstraße 139-6a
Schnitterweg (1) 139-4d
Schopenhauerstraße 139-2d
Schulplatz 139-3d
Schwalbengasse (1) 139-3b
Schwarzer Weg 138-3c
Seilerweg 139-7b
Simmelweg 115-11d
Spatzenweg 139-3b
Sperlingsgasse (2) 139-3b
Stormstraße 139-5b
Sudermannstraße 139-6a
Südstraße 139-6b

Thälmannstraße 139-6b
Theodor-Adorno-Weg 139-3a
Thomas-Edison-Straße 139-5b
Thomas-Müntzer-Straße 139-3a
Tolstoistraße 139-6b
Tschaikowskistraße 139-3a

Uhlandstraße 139-6b
Ulmenweg 139-3d
Uthmannstraße 139-3a

Virchowstraße 115-12c
Vorholzstraße 139-6a

Weidenweg 139-2d
Werner-Klemke-Straße 115-12c
Werner-von-Siemens-Straße (2) 139-5b
Wernitzer Weg 139-7b
Wichernstraße 115-12c
Wielandstraße 139-6c
Wiesengrund 139-7b
Wiesenweg 115-12a
Wilhelm-Busch-Straße 139-6a
Wohn-und Gewerbepark Zeestow 139-5b
Wustermarker Straße 139-6d
Wustermarker Straße (Zeestow) 139-7b
WWZ-Havelland 115-11d

Zeestow 139-7a
Zeestower Chaussee 139-6d
Zeestower Straße 139-4c
Zeestower Weg 138-3c
Zeisigweg 139-3b
Zetkinweg 140-4a
Zilleweg 115-11d
Zu den alten Gärten 138-3c

Briesen (Mark)
PLZ 15518

Am Kersdorfer See 282-5d
Am Spitzen Berg 246-12c
An der Bahn 246-12b
An der Kersdorfer Schleuse 282-8c

Bahnhofstraße 246-12d
Beeskower Straße 282-3b
Biegen 284-5d
Breites Gestell 282-8b
Bunterschütz 281-9a

Damaschkeweg 246-12c
Dorfstraße 284-8a
Dorismühle 282-8b

Falkenberger Straße 246-12b
Forsthaus an der Spree 282-7c
Frankfurter Straße 247-10a
Freiheitsloose 283-1d
Friedenstraße 284-8a

Hüttenstraße 247-10a

Karl-Marx-Straße 246-12b
Karolinenhof 246-7c
Kersdorf 246-12c + 282-3a
Kersdorfer Schleuse 282-8d
Kersdorfer Straße 282-2b
Kiefernweg 246-12d
Kirchhofstraße 246-12d

Lindenstraße 246-12d

Müllroser Landstraße 284-5c
Müllroser Straße 282-3b

Petershagener Straße 247-10a
Pillgramer Straße 284-5c
Privatstraße 246-12b

Schleusenweg 282-8b
Schwarzer Weg 284-5c
Seeweg 247-7d
Siedlerweg 284-5c

Vorwerk Briesen 247-11d

Waldschlößchen 246-12a
Weg am Teich 284-5c
Weg der Freundschaft 284-8a
Weg zum Forsthaus an der Spree 282-2b
Weg zur Erholung 282-8b
Wohngebiet „Hüttenstraße" 247-10a
Wohngebiet „Kersdorfer Straße" 246-12d

Britz
PLZ 16230

Am Heuweg (2) 46-2b
Am Stuck 46-3a

Bergstraße 46-3a

Choriner Straße 46-3a

Friedrichstraße 46-2b

Glück-Auf-Weg (1) 46-3a

Hans-Ammon-Straße 46-3a
Heegermühler Straße 46-2a

Karlstraße 46-2b
Kiefernweg 46-3a
Kurze Straße 46-2b

Oberberger Straße 46-3a
Oderberger Weg 46-3a

Ragöser Straße 46-3a
Ringstraße 46-3a

Schulstraße 46-2b
Seestraße 46-3a
Weberstraße 46-2b
Wiesenstraße 46-3a
Winkelmannstraße 46-3a

Buckow
(Märkische Schweiz)
PLZ 15377

Am Markt 133-10b
Am Ratssee 133-11a
Am Roten Haus (3) 133-10b
Am Schloßpark 133-7d
Am Spitzen Berg 133-8c

Bahnhofstraße 133-10d
Berliner Straße 133-10c
Bertolt-Brecht-Straße 133-10a
Bollersdorfer Weg 132-11c
Buchenfried 132-12b
Buckowseepromenade 133-10a

Dorfstraße 132-11c
Dreieichen 133-12b

Erlenweg (2) 133-10b

Fischerberg 133-10c
Fischerkehle 133-10c
Fontaneweg 133-8c

Hasenholz 132-11c
Hauptstraße 133-10b
Heidepark 132-12d
Hopfenweg 133-7b

Königstraße 133-10b

Lindenstraße 133-8c
Lunapark 133-10a

Neue Promenade 133-10b

Panoramaweg 132-12d
Pritzhagener Mühle 133-9b

Ratswiesenweg (1) 133-10b
Reicheltsberg 133-10c
Ringstraße 133-7d

Schlosspark 133-7d
Schulstraße 133-10b

Wallstraße 133-10b
Weinbergsweg 133-7b
Werderstraße 133-10a
Wriezener Straße 133-7d

Chorin
PLZ 16230

Am Wasserweg (1) 47-1b

Köhlerei Weitlage 47-1d

Mönchsbrück 47-4d

Neuehütte 47-1d

Ragöser Mühlenweg 47-2a

Waldstraße 47-1d
Waldstraße (3)$ Waldstraße (3) 47-1d

Zur Ragöse (2) 47-1b

Dallgow-Döberitz
PLZ 14624

Ahornstraße 140-11b
Akazienstraße 140-11b
Alemannenstraße 165-1a
Alte Dorfstraße 165-9d
Am Berg 165-9d
Am Egelpuhl 164-3c
Am Graben 140-12d
Am Rain 166-7a
Am Reitplatz 165-1b
Amselweg 165-9d
Am Wasserturm 164-3a
An den Kiefern 166-7b
Arndtstraße 140-12b
Artilleriepark 164-3d
Auenbruch 140-12d
Ausbau 165-6b

Bahnhofstraße 164-3b
Birkenstraße 140-11b
Birkenweg 166-7c
Bleibtreustraße 140-12d
Blumenstraße 164-3b
Breite Straße 140-12d
Buchower Weg 164-7a

Charlottenstraße 141-10c

Dallgower Chaussee 165-6d
Dallgower Straße 141-11c
Döberitzer Weg 165-1d
Dorf 165-2c
Dorfstraße 164-2b
Dragonerweg (5) 164-3b

Ebereschenstraße 140-11b
Eichendorffstraße 141-10c
Eichendorffweg 141-11c
Eichenstraße 140-11b
Eichenweg 166-7c
Elsbruchstraße 140-11d
Emil-von-Behring-Allee 164-3a
Engelsfelde 166-8c
Ernst-Ruska-Straße 164-3a

Fahrländer Weg 165-12a
Falkensteg 140-12d
Falkenweg 165-9c
Fasanenstraße 140-12d
Feldstraße 164-2a
Felgenweg 165-6d
Felix-Mendelssohn-Straße 140-12c
Feuchtwangerstraße 141-10c
Finkenhainer Straße 140-12c
Finkenkruger Straße 140-12d
Finkenweg 165-9c
Fliederweg 164-3b
Fontanestraße 141-10c
Franz-Liszt-Straße 140-12c
Franz-Schubert-Straße 140-12c

Gardeweg (6) 164-3b
Gartenstraße 164-3d
Gatower Weg 166-7a
Geibelstraße 140-12b
Germanenstraße 165-1c
Gewerbepark Döberitzer Heide 164-3d
Ginsterweg 164-3c
Goetheplatz (1) 141-10c
Gotenstraße 165-1a
Grenadierweg (9) 164-3d
Grimmstraße 141-10c
Gustav-Mahler-Straße 140-12c

Habichtweg 165-9c
Hadelnweg 164-6c
Hamburger Chaussee 164-3c
Haselnussweg 164-3a
Hauptstraße 164-2b
Havelpark 165-2c
Hebbelstraße 140-12b
Heideallee 164-3d
Heinrich-Heine-Platz (2) 141-10c
Herderstraße 140-12d
Holunderallee 164-3c
Humboldtstraße 141-10c
Husarenweg 164-3b

Jägerweg (8) 164-3d
Johannes-Brahms-Straße 140-12c
Johannesstraße 164-3c
Johann-Sebastian-Bach-Straße 165-1d

Kastanienstraße 165-1a
Kieler Straße 165-1d
Kleiststraße 140-12b
Körnerstraße 140-12d
Kurmarkstraße 164-3b

Lessingstraße 140-12d
Lindenplatz 164-3b
Lindenstraße 164-3b
Lindhorstplatz 141-10c
Ludwig-van-Beethoven-Platz (1) 140-12c
Luisenstraße 141-10c

Märkischer Platz 140-12d
Margaretenstraße 141-10c
Marie-Curie-Straße 164-3a
Markomannenstraße 165-1c
Maulbeerallee 164-3a
Maurice-Ravel-Straße 140-12c
Max-Born-Straße 164-3a
Max-von-Laue-Ring 164-3a
Meisenweg (1) 165-9d
Milanweg 165-9d
Mittelstraße 140-12d
Morgensternstraße (3) 141-10c
Mühlenstraße 164-2b
Mühlenweg 165-9b

Nauener Straße 140-12d
Neu Döberitz 164-2b
Neue Dorfstraße 165-9c
Neurohrbeck 140-11b

Otto-Hahn-Straße 164-3a

Pappelweg 166-7c
Parkstraße 165-1a
Pflaumenweg 164-2c
Potsdamer Chaussee 166-7c
Promenade 140-12d

Raabestraße 141-10c
Regimentweg (7) 164-3d
Reuterstraße 141-10c
Ring A (5) 141-10a
Ring B (6) 141-10c
Robinienallee 164-3c
Rohrbeck 164-2a
Rohrbecker Damm 140-11d
Rotdornweg (1) 164-3a
Rudolf-Virchow-Straße 164-3a

Sanddornweg 164-3d
Schillerstraße 141-10c
Schlehenweg (3) 164-3a
Schneeballweg 164-3a
Scholle 165-9a
Schülzweg 164-6d
Schulgasse 165-1d
Schwanengraben 140-12d
Seeburg 166-7a
Seeburger Chaussee 165-6d
Seegefelder Straße 165-1d
Seestraße 164-3b
Spandauer Sandweg 166-7a
Spandauer Straße 165-2c
Spatzenweg 165-9d
Sperlingshof 164-3d
Staakener Weg 166-7a
Steinschneiderstraße 164-3b
Steinweg 165-10b

Thomasstraße (4) 141-10c
Trapppenweg 165-9c
Triftstraße 140-11d

Ulanenweg (4) 164-3b

Wacholderweg 164-3d
Waldrandstraße 165-1c
Weißdornallee 164-3a
Werner-Heisenberg-Straße (2) 164-3a
Wiesenstraße 140-12d
Wilhelm-Ostwald-Straße 164-3a
Wilhelmstraße 164-3d
Wilmsstraße 140-12b + 164-3d

Diensdorf-Radlow
PLZ 15864

Am Wiesenweg 335-2d

Bergstraße 335-3a
Birkenweg 335-3a

Diensdorf 335-3a

Eichenweg 335-3a

Hauptstraße 335-5b
Herzberger Weg 335-3a

Kiefernweg 335-3a

Radlow 335-5b
Radlow Dorf 335-5b

Schulweg 335-2d

Uferweg 315-12a

Waldweg 335-3a

Eberswalde

16225 Ackerstraße 46-9c
16227 Ahornstraße 45-7c
16225 Akazienweg 46-8b
16225 Albert-Einstein-Straße 45-6d
16225 Alexander-von-Humboldt-Straße 46-8d
16227 Alfred-Dengler-Straße 46-11c
16225 Alfred-Möller-Straße 46-11d
16225 Alfred-Nobel-Straße 45-6d
16225 Alte Heegermühler Heerstraße 46-5d
16227 Altenhofer Straße 45-7d
16225 Alte Straße (4) 46-10b
16227 Am Alten Walzwerk 45-9d
16227 Am Bahnhof Eisenspalterei 45-9d
16227 Am Containerbahnhof 46-7d
16225 Am Eichwerder 47-7a
16227 Am Finowkanal 45-7d
16227 Am Flugplatz 45-10c + 50-3b
16227 Am Graben 45-4a
16225 Am Kanal 39-B1 + 46-12a
16225 Am Kesselberg (3) 39-B3 + 46-12c
16225 Am Krankenhaus 46-10d
16225 Am Markt 39-B2
16225 Am Markt (5) 39-B2 + 46-12a
16225 Ammonstraße 39-A2
16225 Am Paschenberg 39-B3 + 46-12c
16225 Am Pfingstberg 46-12b
16227 Am Pfuhl 45-8c
16225 Am Rohrpfuhl 47-10c
16225 Am Sonnenhang 46-9c
16225 Am Stadion 46-11c
16227 Am Stadtpark 45-10b
16225 Am Tempelberg 47-10a
16227 Am Treidelsteig 45-8c
16227 Am Waldrand (3) 45-12d

Eichwalde
PLZ 15732

Erkner
PLZ 15537

Vogelsang 202-4d

Waldpromenade 202-8a
Waldstraße 238-2d
Walter-Sawall-Straße 202-10d
Walter-Smolka-Straße 202-11c
Wanderweg am Bretterschen Graben 202-10d
Wanderweg am Flakenfließ 202-8c
Weidenweg 238-2b
Werftstraße 202-10b
Wiesenstraße 202-10c
Winkelsteg (4) 202-10c
Wollankstraße 202-11a
Woltersdorfer Landstraße 202-8c
Wuhlhorst 238-1b
Wuhlhorster Straße 238-1b

Zum Busch 238-2b
Zum Freibad 202-10b
Zum Lindwall 238-2c
Zur Buhne 202-10c

Falkenberg
PLZ 16259

Ackermannshof 53-11d + 73-2b
Ahornstraße 53-12d
Amalienhof 54-3a
Am Bahnhof 54-3d
Am Friedhof 73-6a
Am See 54-10b
Am Teich 54-12d
Apfelallee 73-6c

Bahnhofstraße 54-6b
Birkenweg 55-10c
Broichsdorf 54-3c
Bungalowsiedlung Am Gamensee 74-1b
Burgstraße 54-6b

Chausseestraße 55-10a
Cöthen 54-8b
Cöthener Straße 54-6b
Cöthener Weg 54-9a

Dannenberg/Mark 54-12d
Dorfstraße (Dannenberg) 54-12d
Dorfstraße (Gersdorf) 53-12d + 73-3b

Eberswalder Straße 54-6b
Eichholzstraße 54-6a

Falkenberg 55-1c
Fliederweg 54-12d
Fontanestraße 55-4a
Freienwalder Straße 55-4a
Freienwalder Weg 55-10c
Friedhofsweg 54-3c

Gartenallee 55-4a
Gartenstraße (Neugersdorf) 54-10a
Gersdorf 53-12d + 54-10c + 73-3b

Hauptstraße 73-6a

Karl-Marx-Straße 54-6b
Karlsburg 54-6b
Kruge 73-6a
Kruge/Gersdorf 73-3a
Krummenpfahl 54-11d + 74-2b

Landstraße 55-10c
Lindenstraße 54-6b

Mühlenplatz (1) 54-6b
Mühlenstraße 54-6b
Mühlenweg 54-6b

Neue Straße 73-6a
Neugersdorf 54-10a

Papierfabrik 55-4d
Pappelweg 73-6a
Paul-Fischer-Straße 55-4c
Platzfelde 75-5a

Tobbengrund 55-4d
Torgelow 75-4a
Tramper Damm 73-3c
Triftstraße 73-6c

Uchtenhagen 55-4d
Unter den Eichen 53-12b + 54-10a

Weidenweg 73-3c

Zum See (1) 54-12d
Zum Sportplatz 73-6a
Zur Försterei 54-10a

Falkenhagen
PLZ 15306

Alter Bahnhof 211-2c
Am Gabelsee 211-5c
August-Bebel-Straße 211-2a
Bahnhofstraße 211-2c
Betonstraße 211-3c
Burgseeweg 211-2d

Ernst-Friedrich-Schumann-Straße 211-5b
Ernst-Thälmann-Straße 211-2c

Friedrich-Engels-Straße 211-5a

Georgenthal 211-7b
Grüner Baum 210-9b

Helenenruh 211-6d

Jochenshof 210-6d

Karl-Liebknecht-Straße (1) 211-5a
Kietz 211-5a

Lietzener Straße 211-2c
Luisenhof 211-5d

Regenmantel 211-1a

Schlossberg 211-3c
Schulstraße (2) 211-5a
Straße der Republik 211-1b

Wilmersdorfer Straße 211-4d

Zum Seewerk 211-3c

Falkensee
PLZ 14612

Adlerstraße 141-7c
Adornostraße 142-7b
Ahornstraße 141-8d
Akazienhof 141-8d
Akazienstraße 141-8d
Alemannenstraße 141-7b
Allerstraße 140-3d
Alt Brieselang 116-7c
Alter Finkenkrug 140-3a
Alter Fischerweg 141-6d
Am Gutspark 141-8a
Am Poloplatz 140-8c
Am Schlaggraben 140-9a
Amselhain- 141-4d
Amselhainstraße 141-4c
Amselstraße 140-9d
Am Tiefen Grund 141-5c
Am Waldfriedhof 140-6c
Am Wildpark 140-6c
An der Lake 142-7c
An der Rehwiese 140-5b
Anschützstraße 141-10b
Arcostraße 141-10b
Arnstädter Straße 141-7a
Asternplatz 141-4d
Asternstraße 141-7b
Auerstraße 141-11b
Augsburger Straße 141-4b

Bachallee 142-4c
Bachstelzenstraße 140-9c
Bäckerweg 140-11b
Bahnhofstraße 141-8c
Bahnstraße 141-8c
Bandelowstraße 141-4d
Barkhausenstraße 141-7d
Beethovenallee 141-6a
Benzstraße 141-11a
Berchtesgadener Straße 141-5a
Bergstraße 141-5c
Berliner Straße 142-7a
Birkenstraße 141-8d
Bitterfelder Straße 141-8d
Blumenstraße 141-7b
Bochumer Straße 141-9c
Bodelschwinghstraße 142-7b
Böcklinstraße 140-8d
Bötzower Straße 141-5d
Bonner Straße 141-9c
Bornimer Straße 141-12b + 142-10a
Bozener Straße 141-1d
Brahmsallee 142-4a
Brandenburgstraße 140-8a
Bredower Straße 141-7a
Bredower Weg 140-7d
Bregenzer Straße 141-4b
Bremener Straße 140-8c
Brieselanger Weg 140-5d
Buchenstraße 141-9c
Bürgermeistergarten (1) 142-7d
Bussardstraße 140-9c

Calvinstraße 142-7d
Chemnitzer Straße 141-12a
Clara-Schumann-Allee (1) 142-4c
Clara-Zetkin-Straße 141-10b
Coburger Straße 141-7a
Comeniusstraße 142-7a

Dachsbau 140-5b
Dahmestraße 141-1c
Daimlerstraße 141-11a
Dallgower Straße 141-8c
Damwildsteig 140-5b
Darmstädter Straße 141-1d
Dieselstraße 141-10b
Diesterwegstraße 142-4d
Döberitzer Straße 141-10b
Dohlensteg 140-9d
Donaustraße 141-4a
Dresdener Straße 142-10b
Drosselstraße 140-9d
Dürerstraße 140-8c
Düsseldorfer Straße 141-9c
Duisburger Straße 141-9c
Dyrotzer Weg 140-8c
Dyrotzer Weg Ausbau 140-7d

Eberswalder Straße 141-5a
Edisonstraße 141-8d
Ehlersstraße 140-8b
Eichkätzchenallee 140-6a
Eichpark 142-4c
Einsteinstraße 142-7b
Elbeallee 140-6d
Elberfelder Straße 141-9c
Elsterplatz 140-12a
Elsterstraße 140-12a
Emdener Straße 140-7d
Emsstraße 141-4c
Erfurter Straße 141-7c
Erlenstraße 141-8b
Ernst-Abbe-Straße 141-10b
Eschenstraße 141-8d
Essener Straße 141-12b
Eulenstraße 141-10a
Eutiner Straße 140-8c

Fahrländer Straße 142-7c
Falken- 141-4d
Falkenhagen 141-9a
Falkenhagener Alpen 141-1d
Falkenhagener Anger 141-8b
Falkenhagener Straße 141-5c
Falkenhagen Ost 141-9b
Falkenhain 140-6d
Falkenkorso 140-6d
Falkenstraße 141-7c
Fasanenstraße 140-9d
Fehrbelliner Straße 141-5c
Feuerbachstraße 140-9a
Fichtestraße 142-7a
Finkenherd 140-7d
Finkenkrug 140-9a
Finkenkruger 140-9b
Finkenkruger Straße 140-9c
Finkenkrug-Süd 140-9d
Finkenweg 140-9d
Finowstraße 141-1c
Fischerstraße 141-11a
Fliederstraße 141-7b
Foersterstraße 142-4d
Fontaneallee 141-6d
Forstweg 140-5d
Frankenstraße 141-7a
Frankestraße 142-7a
Fraunhoferstraße 141-10d
Freiburger Straße 141-1c
Freienwalder Straße 141-2c
Freiligrathstraße 141-6c
Freimuthstraße 141-8b
Friedensaue 141-4c
Friedenstraße 141-5d
Friedrich-Engels-Allee 140-6b
Friedrich-Hahn-Straße 140-8c
Friedrich-Ludwig-Jahn-Straße 140-6b
Friesenstraße 141-7a
Fröbelstraße 142-4c
Fuchsbau 140-6a
Fuggerstraße 141-7b

Garteneck 141-8b
Gartenstadt Falkenhöh 142-7b
Gartenstraße 141-10a
Gaußstraße 141-11a
Geibelallee 141-6d
Gelsenkirchener Straße 141-9d
Germanenstraße 140-9b
Gertrud-Kolmar-Weg 140-8b
Geschichtspark 142-7c
Geschwister-Scholl-Straße 141-5c
Gewerbegebiet Nord 140-3d
Gewerbegebiet Süd 141-12a
Gladbacher Straße 141-9b
Glaserweg 140-11b
Glienicker Straße 141-12b + 142-7c
Glienicker-Straße 142-10a
Gluckallee 142-4a
Goetheallee 141-6a
Gotensteg 141-4c
Gothaer Straße 141-7a
Griegallee 142-4c
Grusonstraße 141-8c
Güntherstraße 141-8a
Gutenbergstraße 141-10b
Gutspark 141-8a

Habichtstraße 141-7d
Haeckelallee 142-7d
Händelallee 142-4c
Hallesche Straße 141-11b
Hamannstraße 141-7d
Hamburger Straße 142-7c
Hansaplatz 141-8a
Hansastraße 141-4d
Hans-Thoma-Straße 140-11a
Hasenwinkel 140-6b
Havelberger Straße 141-5a
Havelländer Weg 140-6b
Havelstraße 141-4c
Haydnallee 141-6b + 142-4c
Heckmannstraße 141-7d
Hegelallee 142-7d
Heidelberger Straße 141-1a
Heideweg 140-3a
Heikendamm 142-7b
Heineallee 141-6c
Heinkelstraße 141-7d
Heinrich-Zille-Straße 140-8a
Helmholtzstraße 141-10b
Henkelstraße 141-11a
Hennigsdorfer Straße 141-5d
Hentschelstraße 141-11a
Herbartstraße 142-4d
Herderallee 141-6c
Hertzstraße 141-10d
Hirschsprung 140-5b
Hohehorst 141-2b
Holbeinstraße 140-9a
Horkheimerstraße 142-7d
Humboldtallee 142-7c

Iltissteig 140-6a
Im Waldwinkel 140-8b
Im Wolfsgarten 140-6d
Innsbrucker Straße 141-4b
Innstraße 141-4a
Isarstraße 141-4a

Jaspersstraße 142-7b
Jean-Paul-Straße 142-4d
Johann-Strauß-Allee 142-4c
Junkerstraße 141-11c

Käthe-Kollwitz-Straße 140-8c
Käthe-Paulus-Straße 141-7d
Kantstraße 141-5d
Karl-Liebknecht-Straße 140-6d
Karl-Marx-Straße 140-8d
Kastanienallee 141-8d
Kaulbachstraße 140-8b
Keplerstraße 142-7a
Kiebitzsteig 141-7c
Kieler Straße 140-7d
Kirchstraße 141-8b
Koblenzer Straße 141-9a
Kochstraße 141-5c
Kölner Straße 141-9c
Königszelter Straße 142-7d
Kolonie am See 141-6a + 142-4a
Konstanzer Straße 141-1c
Koppstraße 141-5c
Korczakstraße 142-7a
Krefelder Straße 141-9d
Kremmener Straße 141-5d
Krügerstraße 141-7b
Krummer Luchweg 141-1d
Kuckuckswinkel 140-12b
Kufsteiner Straße 141-4b
Kulmbacher Straße 141-1d

Lahnstraße 141-4b
Leibnizstraße 142-7c
Leinestraße 141-4a
Leipziger Straße 141-8d
Leistikowstraße 140-8b
Lerchenstraße 141-10a
Lessingallee 141-6c
Lichtenbergstraße 142-7b
Liebenwalder Straße 141-5a
Lilienthalstraße 140-8a
Lindauer Straße 141-1c
Lisztallee 142-4c
Lönsweg 141-5d
Löwestraße 141-10b
Lortzingallee 141-6d
Luchweg 141-5c
Ludwig-Richter-Straße 140-8d
Ludwigshafener Straße 141-1a
Lübecker Straße 140-7d

Mainstraße 140-9b
Mainzer Straße 141-9c
Mannheimer Straße 141-1c
Mardersteig 140-6a
Markomannenstraße 141-4c
Martin-Luther-Straße 142-7b
Marwitzer Straße 141-5d
Maurerweg 140-11b
Max-Klinger-Straße 140-8b
Max-Liebermann-Straße 140-9c
Maybachstraße 141-10d
Meininger Straße 141-7d
Meisenstraße 140-9c
Meißener Straße 142-10b
Melanchthonstraße 142-4d
Melli-Beese-Straße 141-7d
Meraner Straße 141-1d
Milanstraße 141-7c
Möwenstraße 140-9d
Montessoristraße 142-7a
Morgensegen 141-4d
Morsestraße 141-10b
Moselstraße 141-4a
Mozartallee 141-6a
Mülheimer Straße 141-9c
Münchener Straße 141-1d
Muselowstraße 141-5c

Nachtigallstraße 140-12b
Nauener Chaussee 140-3a
Nauener Straße 140-3d
Neckarstraße 141-4c
Nedlitzer Straße 142-10a
Neißestraße 141-4a
Neu-Seegefeld 141-10b
Neusser Straße 141-9d
Niederneuendorfer Weg 141-6a + 142-4a
Nobelstraße 142-7a
Nürnberger Straße 141-4b

Oderstraße 140-6b
Opelstraße 141-11b
Oskar-von-Miller-Straße 141-11c

Panzerstraße 142-7c
Parkstraße 140-9a
Paul-Simmel-Weg 140-9a
Pausiner Straße 141-5d
Pestalozzistraße 142-4d
Pfarrer-Voigt-Platz 140-8b
Platanenstraße 141-8d
Poetenweg 140-12a
Poststraße 141-7b
Potsdamer Straße 141-11a
Potterstraße 141-11b
Prenzlauer Straße 141-5a

Rabenweg 141-7c
Rathausplatz 141-8b
Rathenaustraße 140-6b
Ravenéstraße 141-8c
Regensburger Straße 141-1b
Reichenhaller Straße 141-2c
Reiherstraße 141-7c
Reinickestraße 141-5c
Rembrandtstraße 140-8b
Remscheider Straße 141-9c
Reuterallee 141-5d
Rheinsberger Straße 141-5a
Rheinstraße 140-6d
Riesaer Straße 142-7d
Ringpromenade 141-7b
Ringstraße 140-8b
Röntgenstraße 141-10b
Rohrbecker Weg 140-12a
Rosa-Luxemburg-Platz 141-1c
Roseneck 140-9a
Rosenstraße 141-7b
Rostocker Straße 140-7d
Rothenburger Straße 141-1d
Rotkehlchenstraße 140-9d
Rottweiler Straße 141-1d
Rudolf-Breitscheid-Straße 140-9a
Rückertallee 141-6c
Rüdesheimer Straße 141-9a
Rügener Straße 140-7d
Ruhrstraße 141-4b
Ruppiner Straße 141-5a

Saalestraße 140-3d
Sachsenstraße 141-4c
Sacrower Straße 142-10a
Salzburger Straße 141-2c
Scharenbergstraße 141-8c
Schillerallee 141-6c
Schillerplatz (1) 141-6c
Schlosserweg 140-11b
Schmiedeweg 140-11b
Schönwalder Straße 141-8b
Schopenhauerstraße 142-7a
Schubertallee 141-6b
Schusterweg 140-8d
Schwalbenstraße 141-10a
Schwartzkopffstraße 141-8c
Schwarzburger Straße 141-7c
Schwarzwildweg 140-2d
Seeburger Straße 141-12b
Seegefeld 141-7d
Seegefelder Straße 141-8b + 142-10a
Seegefeld-Ost 141-9d + 142-7c
Seepromenade 141-6a
Seesteg 1 141-6c
Seesteg 2 141-6c
Seesteg 3 141-6a
Siedlung Falkenhöhe 142-4d
Siemensweg 141-11a
Slabystraße 141-11a
Solinger Straße 141-9c
Sonnenstraße 141-4d
Spandauer Platz 141-9b
Spandauer Straße 141-9a + 142-7d
Spechtstraße 140-9d
Sperberstraße 141-10a
Sperlingstraße 141-10a
Spitzwegstraße 140-9a
Spreestraße 141-4b
Staakener Heuweg 142-10b
Starnberger Straße 141-1d
Starstraße 141-10a
Steinmeisterstraße 140-8d
Stieglitzsteg 140-9d
Stieleiche 141-6d
Storchenstraße 140-9c
Stralsunder Straße 140-7d
Straße der Einheit 141-7d
Stuttgarter Straße 141-1c

Taubenstraße 140-9b
Tegeler Straße 141-5d
Telemannallee 142-4a
Templiner Straße 141-2c
Teutonenstraße 141-7a
Thierstraße 142-7b
Tischlerweg 140-11b
Trappenweg 140-9d
Tübinger Straße 141-1c
Turmfalkenstraße 140-12b

Uferpromenade 141-6b + 142-4c
Uhlandallee 141-6c
Ulmenstraße 141-8d

Veltener Straße 141-5d
Voltastraße 141-11c
Von-Suttner-Straße 142-7a

Wachtelfeld 140-9c
Wagnerallee 141-6b
Waldheim 140-6a
Waldkauzstraße 141-7c
Waldstraße 140-8b
Wansdorfer Straße 141-5d
Wattstraße 141-11b
Weberallee 142-4c
Weimarer Straße 141-7a
Weingärtnerallee 141-6b
Wendensteg 140-9b
Wendtpromenade 140-6b
Werdener Straße 141-9d
Weseler Straße 141-8d
Weserstraße 141-4a
Wielandstraße 141-6c
Wieselpaß 140-5b
Wiesenstraße 140-9d
Wiesenweg 140-9a
Wilhelm-Busch-Straße 140-8d
Wismarer Straße 140-7d
Wolffstraße 141-11a
Würzburger Straße 141-1d
Wupperstraße 141-4d
Wuppertaler Straße 141-9c

Zaunkönigstraße 140-12a
Zeisigstraße 140-9d
Zeppelinstraße 140-8a
Zu den Luchgärten 141-8a
Zwinglistraße 142-7d

Frankfurt (Oder)

15234 Adonisröschenweg (4) 250-2d
15234 Ahornweg 250-6c
15234 Akazienweg 250-6c
15234 Albert-Fellert-Straße 250-9d
15234 Albert-Lortzing-Straße 250-9d
15236 Alexej-Leonow-Straße 286-3b
15232 Altberesinchen 251-10d
15234 Alte Gasse 251-4d
15230 Alte Nuhnenstraße 286-2c
15234 Am alten Bahndamm (6) 250-3d
15232 Am Arboretum 251-11c
15234 Am Berg 250-10c
15234 Am Ehrenmal 250-1d
15234 Am Erlengrund 250-5d
15232 Am Goltzhorn 287-1b
15230 Am Graben (3) 251-8a
15236 Am Großen Stern (12) 250-12d
15234 Am Güterbahnhof 250-7d
15230 Am Halbleiterwerk (3) 286-7d
15236 Am Hauptfriedhof 251-10c
15232 Am Hedwigsberg 251-10d
15236 Am Hohen Feld 287-1c
15234 Am Kleinen Stern 250-12b
15230 Am Kleistpark 39-B2 + 251-7d
15234 Am Klingetal 251-7a
15236 Am Klinikum 286-7b
15234 Am Mühlenfließ 250-1c
15234 Am Musikheim 250-9d
15230 Am Park 39-C3 + 251-11a
15234 Am Quell 250-10c
15236 Am Sandberg 287-11a
15234 Am Schlachthof 251-4b
15234 Am See 250-2d
15234 Amselweg 250-8b
15236 Am Spring 287-5a
15234 Amsterdamer Straße 286-1b
15236 Am Waldrand 286-8c
15236 Am Weiher 251-10a
15234 Am Wildpark 250-7a
15234 Am Winterhafen 251-4d
15236 Am Zwickel 287-2d
15236 An den Dachsbergen 286-12c
15234 An den Seefichten 250-8a
15236 An den Teichen 287-8d
15234 An den Weiden 250-3c
15230 An der Alten Universität 39-C1 + 251-8a
15236 An der Autobahn 286-3c
15234 An der Brauerei 251-4a
15234 An der Plantage 285-11d
15230 An der Schönen Aussicht 287-2a
15232 An der Schwedenschanze 287-1b

15230 Annenstraße 39-A1 + 251-7d
15234 Anton-von-Werner-Straße 250-7d
15236 Apfelweg 286-7c
15236 Apollostraße 250-12d
15234 Asternweg (1) 250-10c
15236 Astronautensteig 250-12c
15234 August-Bebel-Straße 250-8d
15232 Aurorahügel 251-10d

15230 **B**achgasse 39-C3 + 251-8c
15230 Badergasse 39-C1
15230 Bahnhofsplatz 39-B3 + 251-11a
15230 Bahnhofstraße 39-B3 + 251-11a
15234 Bahnhofsweg 214-10d + 250-1d
15230 Bardelebenstraße 39-B3 + 251-10b
– Baronsteig 39-A1
15236 Bauernhilfe 286-7c
15234 Bauernplatz 285-6c
15234 Bauernweg 285-6c
15232 Baumgartenstraße 251-10d
15236 Baumschulenweg 250-12d
15230 Beckmannstraße 39-A1 + 251-7b
15236 Beerenweg 251-10c
15234 Beeskower Straße 39-A3 + 251-10a
15234 Beethovenstraße 250-9c
15234 Belgische Straße 286-4a
15236 Berberitzenweg 286-3a
15232 Berendsstraße 287-1b
15230 Bergstraße 39-A1 + 251-7a
15234 Bergstraße (Booßen) 250-4a
15234 Berliner Chaussee 250-2c + 251-4a
15230 Berliner Straße 251-5c
15234 Berliner Straße (Booßen) 249-3d + 250-1c
15236 Bertha-von-Suttner-Straße 286-5c
15236 Biegener Straße 251-10c
15234 Biegener Weg 285-5c
15236 Bierweg 286-2c
15232 Birkenallee 251-10d
15234 Birnbaumsmühle 250-8d
15236 Birnenweg 286-10a
15230 Bischofstraße 39-C2 + 251-8c
15232 Blankenfeldstraße (16) 287-1b
15236 Blumenthalstraße 250-9c
15234 Bodenreform 285-3d + 286-1a
15236 Böttnerstraße 287-1d
15236 Booßen 249-3d + 250-4b
15234 Booßener Straße 250-10b
15234 Booßen Siedlung 214-10c
– Botanischer Garten 251-7a
15234 Bremer Straße 251-4c
15236 Bremsdorfer Straße 286-3c
15230 Briesener Straße 39-B3 + 251-10b
15230 Brücktorstraße 39-C1 + 251-8a
15234 Brüsseler Straße 286-1d
15230 Brunnenplatz 39-C2
15236 Bruno-H.-Bürgel-Straße 250-12d
15230 Bruno-Peters-Berg 39-B1 + 251-7b
15236 Buckower Straße 286-2b
15236 Burgwallstraße 287-11a
15236 Buschmühle 287-5d
15236 Buschmühlenweg 287-5b
15230/15236 Buschmühlenweg 251-11c
15234 Bussardweg (2) 250-3c

15234 **C**arl-Alexander-Brendel-Straße (2) 250-8a
15230 Carl-Philipp-Emanuel-Bach-Straße 39-C2 + 251-8c
15230 Carthausplatz 251-11c
15232 Clara-Zetkin-Ring 251-11c
15230 Collegienstraße 39-C1
15236 Conergy-Straße 286-2b
15232 Cottbuser Straße 39-A3

15234 **D**achsbau 250-9c
15236 Dachsweg 286-7d
15234 Damaschkeweg 250-12a
15232 Darjesstraße 287-1d
15232 Darwinstraße 251-10c
– Die Große Trift 249-5d
– Dörmerstraße 250-7b
15230 Dr.-Ernst-Ruge-Straße (10) 250-8b
15230 Dr.-Herrmann-Neumark-Straße (2) 39-C2
15230 Dr.-Salvador-Allende-Höhe 39-B1 + 251-8c
15230 Dr.-Ursula-Sellschopp-Straße (9) 250-8b
15236 Dorfplatz 286-7d
15234/15236 Dorfstraße 285-11d
15234 Dornenweg 250-6a
15232 Dresdener Platz 251-10b
15232 Dresdener Straße 39-A3 + 251-10b
15236 Dubrower Weg (15) 286-3b

15234 **E**berswalder Straße 250-2c
15234 Ebertusstraße 39-A2 + 251-7d
– Eduardspring 249-8b
15236 Eibenweg (13) 286-2b
15236 Eichenallee 285-3b
– Eichentrift 249-11d + 285-2b
15234 Eichenweg 250-6c
15230 Eichwaldweg 251-11d
15236 Eisenhüttenstädter Chaussee 286-3b
15236 Eisenhüttenstädter Chaussee (Lossow) 287-11a
15234 Eisenwerk 250-6b
15230 Eldorado 287-2c
15236 Erdbeerweg 286-5a
15234 Ernst-Senckel-Weg 285-11d
15234 Ernst-Thälmann-Straße 39-B2 + 251-7d
15234 Eschenweg 250-6c
15234 Estnische Straße 286-4a
15230 Europaplatz 39-D2
– Europa-Universität Viadrina 39-D2 + 251-8d

15230 **F**aberstraße 39-D2
15234 Fasanenweg 250-3c
15230 Ferdinandstraße 39-C3 + 251-11a
15236 Feuerdornstraße 286-2b
15232 Finkenheerder Straße 39-B3 + 251-10b
15230 Finkensteig 251-4c
15234 Finnische Straße 286-1d
15230 Fischerstraße 39-D3 + 251-11b
15234 Fließweg 250-1c
15236 Försterei Malchow 286-12d
15236 Förstereiweg 287-11a
15234 Fontanestraße 250-9b
15234 Forsthaus Eduardspring 249-8b
15236 Forsthaus Malchow 286-12b
15230 Forststraße 39-C1 + 251-8c
15234 Forstweg 249-3d
15234 Frankfurter Straße-Bärenbruch 249-2a
15234 Frankfurter Tor 286-1c
15234 Frankfurter Weg 250-3c
15234 Franz-Liszt-Ring 250-9d
15230 Franz-Mehring-Straße 39-B1 + 251-7d
15234 Französische Straße 285-6b
15232 Friedenseck 251-10d
– Friedensturm 250-11d
15236 Friedhofsweg 285-11d
15234 Friedrich-Ebert-Straße 250-12a
15230 Friedrich-Hegel-Straße 251-7a
15232 Friedrich-Loeffler-Straße 251-11c
15230 Fritz-Lindemann-Ring 250-9a
15232 Fröbelpromenade 287-1b
15236 Fruchtstraße 287-4a
15234 Fuchsbau 286-5b
15236 Fuchsweg 286-7d
15232 Fürstenberger Straße 39-B3 + 251-10b
15234 Fürstenwalder Poststraße 249-9d + 250-7c
15234 Fürstenwalder Poststraße (5) 250-8a
15230 Fürstenwalder Straße 251-7c

15236 **G**alileistraße 250-12d
15230 Gartenstraße 39-C3 + 251-11a
15234 Georg-Friedrich-Händel-Straße 250-9d
15236 Georg-Quincke-Straße 286-10b
15236 Georg-Richter-Straße 250-8b
15236 Georg-Simon-Ohm-Straße 286-7d
15236 Gerhard-Neumann-Straße 286-10b
15234 Gerhart-Hauptmann-Straße 250-9d
15230 Gertraudenplatz 39-C3 + 251-11a
15234 Gewerbegebiet Seefichten 250-5c
15234 Glockrosenweg 250-2d
15234 Goepelberg 251-4d
15234 Goepelstraße 251-4a
15232 Görlitzer Straße 251-10b
15232 Goethestraße 250-9b
15230 Goldammerweg (4) 286-7d
15232 Gottfried-Benn-Straße 287-1d
15234 Greifswalder Weg 251-4c
15234 Gronenfelde 250-5b
15234 Gronenfelder Weg 250-2c
15232 Große Müllroser Straße 251-10b
15230 Große Oderstraße 39-C1 + 251-8c
15230 Große Scharnstraße 39-C1 + 251-8c
15234 Grubenstraße 250-5c
15230 Grüner Weg 39-A1 + 251-7b
15230 Grünfinkenweg (5) 286-8c
15230 Gubener Straße 39-C3 + 251-11a
15230 Gubener Vorstadt 251-8d
15236 Güldendorf 287-4d
15230/15232/15236 Güldendorfer Straße 287-2a
15236 Güldendorfer Weg 287-8c
15232 Gustav-Adolf-Straße 287-1b

15230 **H**afenstraße 251-5c
15234 Hahnendornweg (5) 250-6c
15230 Halbe Stadt 39-B1 + 251-8c
15234 Hamburger Straße 251-4c
15230 Hanewald 39-C1
15234 Hansaplatz 251-7a
15234 Hansastraße 251-4c
15234 Hansaviertel 251-4c
15234 Harfenweg 250-9d
15236 Hasenwinkel 286-7d
15234 Hauptstraße 250-10a
15234 Heideweg 250-10c
15230 Heilbornring (1) 251-7c
15230 Heilbronner Straße 39-B2 + 251-7d
15234 Heimchengrund 250-9c
15234 Heimkehrsiedlung 250-6c
15234 Heimkehrstraße 250-6c
15234 Heinrich-Heine-Straße 250-8a
15232 Heinrich-Hildebrand-Straße 251-10d
15234 Heinrich-Zille-Straße 250-8b
– Heißer Kohlhofweg 287-4a
15234 Hellweg 250-9c
15234 Herbert-Jensch-Straße 251-4b
15230 Hermann-Weingärtner-Weg 39-D3 + 251-11b
15234 Herrmann-Boian-Straße 250-9d
15236 Hinter dem See 287-4b
15236 Hinter den Höfen 287-4b
15236 Hirschwinkel (1) 286-8c
15236 Hohenwalde 285-12c
15236 Hohenwalder Straße 286-3d
15236 Hohler Grund 287-5c
15236 Hohlweg 287-4b
15230 Holzmarkt 39-D1 + 251-8d
15236 Hospitalmühle 287-4d
15236 Hospitalweg 287-4b
15234 Hugo-Mühle-Straße (4) 250-7d
15230 Humboldtstraße 39-A1 + 251-7d
15234 Hummelweg 250-1c
15234 Huttenstraße 39-A2 + 251-7d

15236 **I**gelweg 286-8c
15236 Ikarusstraße 250-12d
15234 Immenweg 250-9c
15236 Im Sande 251-10a
15236 Im Technologiepark 286-2d
15234 Im Winkel 250-12b

15236 **J**ägersteig (2) 286-8c
15232 Johann-Eichorn-Straße 251-10d
15236 Johannes-Kepler-Weg 250-12d
15236 John-Bardeen-Straße 286-10b
15234 Josef-Gesing-Straße 250-9b
15234 Joseph-Haydn-Straße 250-9d
15232 Jungclaussenweg 251-11c
15236 Jupiterweg (10) 250-12c
15236 Juri-Gagarin-Ring 250-12d

15236 **K**ämmereiweg 287-4a
15234 Käthe-Kollwitz-Straße 250-9b
15236 Kaisermühler Weg 286-11d
15230 Kantstraße 251-7a
15234 Karl-Kleindienst-Straße (3) 250-7b
15230 Karl-Liebknecht-Straße 39-A2 + 251-7c
15230 Karl-Marx-Straße 39-C1 + 251-8a
15230 Karl-Ritter-Platz 251-8a
15230 Karl-Sobkowski-Straße 39-A1 + 251-7b
15234 Kastanienallee 250-10c
15236 Kehrwiederstraße 287-5a
15230 Kellenspring 39-C3 + 251-11a
15234 Kieler Straße 251-4c
15234 Kießlingplatz 250-9d
15234 Kiesweg 286-1a
15230 Kietzer Gasse 251-8a
15234 Kietzer Weg 250-2a
15230 Kiliansberg 39-C3 + 251-11a
15236 Kirchberg 287-5a
15234 Kirchsteig 250-10a
15236 Kirschenweg 286-7c
15232 Klabundstraße 287-2a
15232 Kleine Müllroser Straße 251-11c
15230 Kleine Oderstraße 39-C1 + 251-8c
15230 Kleine Scharrnstraße 39-C1 + 251-8c
15236 Kleine Straße 250-4a
– Kleistpark 39-A2 + 251-7d
15230 Kleiststraße 39-B2 + 251-7d
15230 Klenksberg 39-C3 + 251-11a
15234 Kliestow 250-3c
15234 Kliestower Straße 251-1c
15234 Kliestower Weg 251-4a
15230 Klingestraße 251-8a
15234 Klingetal 250-6c
15234 Knappenweg 250-4d
15236 Kometenring 250-12d
15232 Kommunardenweg 251-10d
15232 Konrad-Wachsmann-Straße 287-1b
15236 Konrad-Zuse-Straße 286-4d
15236 Kopernikusstraße 250-12c + 286-3b
15236 Kosmonautensteig 250-12d
15236 Kräuterweg 251-10c
15236 Krumme Straße 287-4c
– Küstriner Berg 286-9b
15232 Kuhaue 251-10d
15234 Kuhweg 251-1c
15234 Kurze Straße 285-6c

15236 **L**andhausweg 287-11a
15236 Langer Grund 250-12d
15234 Lebuser Chaussee 214-12a + 250-3d
15230 Lebuser Mauerstraße 251-8a
15234 Lebuser Straße 250-3c
15234 Lebuser Vorstadt 251-4c
15234 Lebuser Weg 250-2a
15230 Lehmgasse 39-D3 + 251-11b
15236 Lehmweg 286-5a
15236 Leinengasse 287-5b
15232 Leipziger Platz 251-10b
15230/15232/15236/15230 Leipziger Straße 39-A2 + 251-7d
– Lennépark 39-B1 + 251-8c
15234 Lennéstraße 251-4d
15230 Leopoldufer 39-D3 + 251-11b
15230 Lessingstraße 39-A2 + 251-7c
15234 Lettische Straße 286-4a
15234 Libellenweg 250-1a
15234 Lichtenberg 285-6c
15234 Lichtenberger Straße 250-12a
– Lienaupark 39-B1 + 251-7b
15230 Lienaustraße 251-7a
15236 Ligusterweg 286-3a
15234 Lillihof 250-7b
15234 Lindenplatz 250-10a
15230 Lindenstraße 39-C2 + 251-8c
15236 Lindenstraße (Lossow) 287-11b
15236 Lindower Weg 286-10b
15236 Lise-Meitner-Straße 286-5a
15234 Litauische Straße 286-1b
15230 Logenstraße 39-C2 + 251-8c
15236 Loorbeerweg 286-2b
15236 Lossow 287-8c
15236 Lossower Förstereiweg 286-12b
15236 Lossower Straße 286-3b
15236 Luchsweg 286-7d
15232 Luckauer Straße 251-10d
15230 Ludwig-Feuerbach-Straße 251-7a
15232 Lübbener Straße 251-10b
15230 Luisenstraße 251-7a

15234 **M**agdeburger Straße 251-4c
15230 Magistratssteig 251-7b
15236 Mahonienweg (14) 286-2b
15236 Malchow 286-12c
15236 Marie-Curie-Straße 286-4d
15230 Marienstraße 39-B2
15236 Markendorf 286-7a
15234 Markendorfer Straße 251-7c
15230 Marktplatz 39-C2
15236 Marsweg (11) 250-12d
15232 Martin-Opitz-Straße 287-2a
15236 Maserphul 287-4a
15236 Maulbeerweg 286-2c
15234 Max-Hannemann-Straße (6) 250-9b
15234 Max-Heilmann-Straße 250-7b
15234 Maxim-Gorki-Straße 250-9c
15236 Merkurweg (9) 250-12c
15234 Messering 250-8d
15234 Methnerstraße 250-9b
15234 Meurerstraße 250-8c
15234 Milanweg 250-3c
15234 Mittelmühle 214-10d
15236 Mittelstraße 287-5a
15234 Mittelweg 215-10c + 251-1b
15232 Mixdorfer Straße 251-10b
15234 Moskauer Straße 251-7a
15234 Mozartstraße 250-8a
15230 Mühlengasse (1) 251-8a
15234 Mühlengrund 250-8d
15236 Mühlental 287-2c
15232 Mühlenweg 287-1b
15236 Müllerberg 287-2c
15236 Müllroser Chaussee 285-12d + 286-3c
15236 Müllroser Waldweg 286-10c

15234 **N**elkenweg 250-10c
15236 Neubauernweg 286-5a
15236 Neuberesinchen 287-1a
15234 Neue Straße 285-6b
15230 Neue Welt 251-4b
15236 Nicolaus-August-Otto-Straße 286-4d
15236 Nikola-Tesla-Straße 286-10b
15234 Nordstraße 285-6c
15236 Nuhnen 286-2b
15234/15236 Nuhnenstraße 250-8d
15234 Nuhnen Vorstadt 250-8b
15232 Nußweg 287-2a

15230 **O**berkirchplatz (3) 39-C2
15236 Obermühle 287-2c
15234 Oderhang 251-4d
15230 Oderpromenade 39-C1 + 251-8a
15234 Odersteig 251-4d
15234 Oskar-Wegener-Straße 250-8b
15236 Otto-Hahn-Straße 286-10a
15234 Otto-Nagel-Straße 250-9a

15230 **P**ablo-Neruda-Block 39-B2
15234 Pagram 285-3b + 286-1a
15234 Pagramer Straße 250-10c
15236 Pappelweg 286-3a
15234 Parkweg 250-3c
15230 Paul-Feldner-Straße 39-C2 + 251-8c
15234 Paulinenhof 250-9d
15236 Paul-Mann-Straße 285-12c
15234 Paul-Trautmann-Straße 250-9d
15236 Pawel-Beljajew-Straße 250-12d
15232 Peitzer Straße 39-B3
15234 Perleberger Straße 251-4c
15234 Peterhof 213-12b
15234 Peter-Tschaikowski-Ring (8) 250-9d
15236 Pferdegasse 287-2c
15232 Pfingstberg 251-11c
15234 Pflaumenallee 250-10c
15234 Pflaumenweg 251-4d
15236 Pillgramer Straße 287-1a
15234 Platanenweg 250-6c
15232 Platz der Begegnung 287-2a
15236 Platz der Demokratie 251-10c
15230 Platz der Einheit 39-B2 + 251-7d
15236 Platz der Einheit (Lossow) 287-11b
15230 Platz der Republik 39-B2 + 251-8c
15230 Poetensteig 251-7b
15234 Polnische Straße 286-4a
15230 Posener Hof 39-C3 + 251-11a
15234 Potsdamer Straße 251-10a
15234 Prager Straße 251-7a
15230 Priestergasse 39-C2 + 251-8c
15234 Priestersteig 251-4d
– Promenadengasse (1) 39-C2
15236 Puschkinstraße 251-10a

15234 **R**agoser Mühle 250-3d
15234 Ragoser Talweg 250-3d
15234 Rathenaustraße 250-9a
15234 Rebhuhnweg 250-3c
15230 Regierungsstraße 39-C2
15236 Rehwiese (1) 286-11d
15234 Richard-Wagner-Straße 250-9c
15234 Richtstraße 251-4d
15234 Riebestraße 250-8c
15236 Ringstraße 286-10b
15236 Robert-Havemann-Straße 251-10c
15230 Rosa-Luxemburg-Straße 39-A1 + 251-7d
15234 Rosengarten 250-10a
15234 Rosengartner Straße 285-6c
15230 Rosengasse (4) 39-C1
15234 Rostocker Straße 251-4d
15230 Rote Kapelle 39-B2
15230 Rudolf-Breitscheid-Straße 39-B2 + 251-7d
15230 Rudolf-Frantz-Straße 251-7a
15234 Rudolf-Grunemann-Straße (1) 250-7b

15236 **S**aarower Straße 286-3a
15232 Sabinusstraße 287-1b
15234 Sandfurt 250-3c
15236 Sandgrund 286-3a
15234 Sandstraße 285-6c
15236 Saturnweg 250-12c
15234 Sauerstraße 250-9c
15234 Schäferberg 250-1c
15234 Schalmeienweg 250-9c
15234 Schiefer Born 251-7c
15234 Schillerstraße 250-8a
15232 Schluchtweg 251-11c
15230 Schmalzgasse 39-C2
15234 Schmetterlingsweg (3) 250-3c
15234 Schönfließer Weg 214-11d + 250-2b
15234 Schubertstraße 250-4d
15230 Schulstraße 39-C1 + 251-8a
15234 Schulstraße (Booßen) 250-1c
15234 Schwarzer Weg 250-9a
15234 Seelower Kehre 251-4d
15236 Seestraße 287-4b
15234 Siedlerplatz 250-10a
15236 Siedlerweg 251-10c
15234 Siedlung 214-10c
15234 Siedlung Hexenberg 214-11d + 250-2b
15236 Siedlung Markendorf 286-4b
15234 Sieversdorfer Straße 285-6a
15230 Słubicer Straße 39-C1 + 251-8a
15236 Sonnenallee 250-12c
15234 Sonnenhang 250-3c
15234 Sonnensteig 251-7b
15230 Sophienstraße 39-A1 + 251-7d
15232 Spartakusring 251-10d
15236 Sperlingswinkel 286-8c
15230 Spiekerstraße 39-B3 + 251-11a
15234 Spitzkrugring 250-6b
15230 Spornmachergasse 39-C1
15232 Spremberger Straße 251-11c
15236 Stachelbeerweg 286-5a
– Stadtbrücke 39-D1 + 251-8b
15236 Stadtsteig 287-1d
15236 Stakerweg 251-10c
15236 Stechpalmenweg 286-3a
15230 Steingasse 251-11b
15234 Stendaler Straße 251-4c
15236 Stiller Weg 286-5a
15234 Stralsunder Straße 251-4c
15236 Südring 286-3b
15234 Südstraße 285-6a

15236 **T**almühle 287-5c
– Tankenweg 287-11c
15236 Tannenweg 286-5c
– Technologiepark 286-2c
15234 Teichstraße 285-6c
– Thälmannbrücke 39-A2 + 251-7d
15234 Thilestraße 39-A2 + 251-7d
15236 Thomas-Alva-Edison-Straße 286-5c
15232 Thomasiusstraße 287-1b
15230 Thomas-Müntzer-Hof 39-A1 + 251-7d
15236 Tobias-Magirus-Straße 286-10b
15230 Topfmarkt (2) 251-8a
15236 Traubenweg 251-10c
15234 Triftweg 251-1c
15234 Tulpenweg 250-10c
15232 Tunnelstraße 251-10b
15234 Turmstraße 285-6b

15230 **U**ferstraße 39-D2 + 251-8d
15234 Ulmenweg 250-6c
15230 Universitätsplatz 39-C2

15234 **V**ahrendorfer Weg 250-10c
15236 Valentina-Tereschkowa-Straße 250-12d
15236 Venusweg 250-12d
15236 Viehtrift 287-8d
15234 Vorwerk 285-5c
15234 Vorwerk Hexenberg 214-11c
15234 Vorwerk Lichtenberg 285-4d

15234 **W**aldhaus Rosengarten 249-9d
15234 Waldstraße 249-12b + 250-10a
15232 Wallensteinstraße 287-1b
15230 Walter-Korsing-Straße 39-C3 + 251-11a
15234 Warschauer Straße 251-4c
15234 Weidenweg 250-10b
15236 Weinberge 287-5a
15236 Weinbergweg 251-10a
15236 Weißdornstraße 286-2b
15234 Wendischer Weg 250-3c
15234 Werbiger Weg 250-2a
15236 Werner-von-Siemens-Straße 286-10b
15230 Wieckestraße 39-B1 + 251-7d
15234 Wieselspring 250-9c
15234 Wiesenweg 250-10b
15236 Wildbahn 286-7d
15230 Wildenbruchstraße 39-A1 + 251-7c
15232 Willichstraße 287-1b
15232 Wimpinastraße 287-1b
15234 Windröschenweg (5) 250-2d
15234 Winkelweg 250-2d
15230 Winsestraße 39-A3 + 251-10b
15236 Winzerring 251-10c
15234 Wismarer Straße 251-4c
15234 Witebsker Straße 251-7b
15234 Witzlebenstraße 250-9b
15236 Wladimir-Komarow-Eck 250-12c
15236 Wolfsweg 286-7d
15230 Wollenweberstraße 39-C1 + 251-8c
15232 Wünschstraße 287-1b
15234 Wulkower Straße 214-10c + 250-1c
15234 Wulkower Weg 250-2b

15230 **Z**ehmeplatz 39-C2 + 251-8c
15234 Zeisigweg (1) 250-3c
15230 Ziegelstraße 251-8a
– Ziegenwerderbrücke 39-D2
15234 Zschokkestraße (7) 250-9b
15234 Zum Bienenberg 250-1a
15234 Zum großen Stein 250-10a
15230 Zum Oderarm 39-D3
15230 Zum Umspannwerk 250-8c

Fredersdorf-Vogelsdorf
PLZ 15370

Ackerstraße 152-4c
Adolf-Hoffmann-Straße 176-1d
Ahornstraße 152-7d
Akazienstraße 152-7c
Altlandsberger Chaussee 152-7a
Altlandsberger Weg 152-11a
Am Bahnhof 152-11a
Am Friedhof 175-6b
Am Grassee 176-1d
Am Krummen See 176-1d
Am Rathaus 152-10b
Am Schlosspark 176-1b
Amselstraße 152-7c
Am Sportplatz 152-10a
An der Seestraße 176-4b
Anton-Saefkow-Straße 152-7b
Arndtstraße 152-7d
Arthur-Hertz-Platz 176-2c

Bahnhofstraße 152-10b
Baumschulenstraße 152-7c
Beethovenstraße 152-4d
Beppo-Römer-Straße 176-4b
Bettina-von-Arnim-Straße 152-10c
Birkeneck 176-2a
Birkenstraße 176-1b
Blumenstraße 176-1d
Böcklinstraße 151-6d
Bollensdorfer Allee 175-3b
Bonsaiweg 152-7d

Fürstenwalde/Spree

PLZ 15517

Garzau-Garzin

PLZ 15345

Glienicke/Nordbahn
PLZ 16548

Ackerdistelweg 120-3b
Adalbertstraße 121-1c
Ahornallee 101-10c
Albrechtstraße 121-1d
Alte Schildower Straße 121-1c
Am Eisbruch 121-2a
Am Erlengrund 121-1b
Am Feldrain 120-3b
Am Kiesgrund 120-3b
Am Kindelfließ 101-10d
Am Sandkrug 120-3c
August-Bebel-Straße 121-1d
Auguststraße 121-1c

Beethovenstraße 100-12d
Belforter Straße (2) 121-2b
Blick ins Tal 121-2a
Brandenburger Straße (1) 121-2a
Breitscheidstraße 100-12d + 101-10c
Bremer Straße 100-12d
Budapester Straße 101-10c
Burger Straße 100-12d
Bussardheck 121-2c

Charlottenstraße 121-1c
Clara-Zetkin-Straße 121-1a

Eichenallee 120-3b
Eichhornstraße 121-2c
Elisabethstraße 121-1b
Elsässer Straße 121-2a
Erich-Vehse-Weg 121-1b

Falkenweg 120-3d
Feldstraße 101-10c
Fichteplatz 121-2b
Fichtestraße 121-2a
Frankfurter Straße 121-2a
Franz-Schubert-Straße 100-12d
Friedensstraße 121-1a
Friedrich-Wegner-Platz 120-3b

Gartenplatz 120-3b
Gartenstraße 120-3d
Glück im Winkel 121-2b
Goebenstraße 120-3b
Goethestraße 101-10c
Grenzweg 121-2b
Großbeerenstraße 121-2a

Hamburger Straße 100-12d
Hannoversche Straße 121-2a
Hattwichstraße 100-12d
Hauptstraße 120-3d + 121-1c
Hausotterweg 120-3b
Hegelstraße 121-1a
Heidelberger Straße 121-1b
Heinrich-Heine-Straße 101-10c
Hermannstraße 120-3d
Hubertusallee 121-1d

Joachimstraße 121-1c
Jungbornstraße 121-1c

Karl-Liebknecht-Straße 121-1c
Karl-Marx-Straße 120-3d + 121-1c
Karlplatz 121-1d
Karlstraße 121-1d
Kieler Straße 101-10c
Kindelwaldpromenade 121-2a
Koebisstraße 120-3d
Kornblumenweg 121-1a

Leipziger Straße 100-12d
Leopoldstraße 121-1d
Lessingstraße 121-1c
Lindenstraße 120-3b
Lübecker Straße 100-12d
Luisenstraße 120-3b

Märkische Allee 101-10c
Märkische-Allee 121-1a
Magdeburger Straße 100-12d
Margaretenstraße 120-3d
Maxim-Gorki-Straße 121-1b
Metzer Straße 121-1a
Moskauer Straße 121-1c

Niederbarnimstraße 101-10c + 121-1a
Niederstraße 120-3d
Nohlstraße 120-3a

Odessaer Straße 121-1b
Oranienburger Chaussee 120-3a
Oskarstraße 121-1c
Ottostraße 120-3d

Pariser Straße 121-1a
Paul-Singer-Straße 121-2b
Pirschgang 121-1d
Platz am Glienicker Feld 120-3b
Potsdamer Straße 121-2a

Rödernstraße 100-12c
Rosa-Luxemburg-Straße 121-1c
Rosenstraße 100-12d
Salvador-Allende-Straße 121-2b
Sanddornweg 120-3b
Schillerstraße 121-1c
Schönfließer Straße 100-12d
Schulzenhöhe 121-2a
Schwedenstraße 121-2b
Sonnenblumenweg 101-10c
Sophienstraße 121-1b
Spandauer Straße 100-12d
Sportplatzweg 121-1a
Staerkstraße 100-12c + 120-3a
Stolper Straße 100-12d
Straßburger Straße 121-1a

Tschaikowskistraße 121-1c
Tulpenstraße 101-10d + 121-1a

Victoriastraße 121-1b

Waidmannsweg 121-1d
Waldstraße 121-1a
Weidenstraße 101-10c
Wiesenstraße 100-12d
Wiesenweg 121-2b

Yorckstraße 121-1d

Gosen-Neu Zittau

15537 Aalweg 237-5d
15537 Ablageweg 238-4d
15537 Ahornweg 237-6a
15537 Alter Fischerweg 238-4a
15537 Am Bergpark 237-8b
15537 Am Kaniswall 237-6b
15537 Am Müggelpark 237-6a
15537 Am Spreebord 238-4d
15537 Am Walde 238-8a
15537 Am Wiesengarten 238-4d
15537 Am Wurgel 238-5c
15537 Am Zwiebusch 237-8a
15537 An der Schillerwarte 237-8a

15537 Berliner Straße 238-4c
15537 Birkenweg 238-7a
15537 Bruchweg 237-5d
15537 Burig 238-9a

15537 Domdeystraße 238-4d

15537 Eichenweg 237-6c
15537 Eichwalder Ausbau 237-8b
15537 Eichwalder Straße 237-8b

15537 Feldweg 238-4d
15537 Fischersteig 237-8b
15537 Fliederweg 237-6a
15537 Forellenweg 237-8b
15537 Forstweg 238-12a
15537 Friedersdorfer Straße 238-8a

15537 Gartenstraße 238-8b
15537 Gersdorfstraße 238-7a
15537 Geschwister-Scholl-Straße 238-7b
15537 Gewerbegebiet Müggelpark 237-6a
15537 Gosen 237-6d
15537 Grüner Weg 237-5d

15537 Heideweg 238-9d
15537 Heuweg 238-4d

15537 Jägerstraße 238-9a

15537 Kappweg 237-6a
15537 Karl-Liebknecht-Straße 238-4c
15537 Karpfenweg 237-5d
15537 Kiefernweg 238-9c
15537 Köpenicker Straße 237-6a
15537 Kurze Straße 238-7b

15537 Lerchengasse 238-9c
15537 Liesestraße 238-4c
15537 Lindenweg 237-6c

15537 Mittelstraße 238-8b
15537 Mühlenberg 237-6d
15537 Mühlenstraße 238-4d

15537 Peterstraße 238-4c
15537 Plötzenweg 237-8b

15537 Riedweg (1) 237-6c
15537 Rosenweg 237-6c
15537 Rotdornweg 237-6c
15537 Rotfederweg 237-5d

15537 Schleiweg 237-5d
15537 Seestraße 237-6c
15537 Spreebordstraße 238-4d
15537 Spreestraße 238-8b
15537 Stäbchener Weg 238-8a
15537 Steinfurth 238-9d
15537 Steinfurther Straße 238-9c
15537 Storkower Straße 237-6c
15537 Strandweg 237-8a
15537 Triftweg 237-8b
15537 Tulpenweg 237-6c

15537 Uferplatz 237-5d
15537 Uferweg 237-5d

15537 Waldstraße 238-8b
15537 Walther-Rathenau-Straße 238-8a
15537 Wernsdorfer Straße 238-7a

15537 Zanderweg 237-5d

Großbeeren
PLZ 14979

Ahornstraße 267-1d
Akazienstraße 267-4b
Alte Bahnhofsstraße 267-7a
Altes Forsthaus 267-3a
Am alten Sportplatz (11) 267-4d
Am Bahnhof 266-9b
Am Golfplatz 266-8b
Am Grund 267-6a
Am Küsterteich (10) 267-4d
Am Lilograben 267-2a
Am Plan 268-7d
Am Rathaus 267-4d
Am Schülerpuhl (6) 267-6a
Am Sportplatz 267-7b
Am Steinberg 268-7d
Am Wall 267-1b
Am Wiesengrund 267-7b
An den Buchen 267-1d
An den Rieselfeldern 267-7a
An den Weiden 267-1d
An den Wiesen 231-11c
An der Anhalter Bahn 266-6d
An der Rotunde 267-7a
Arnold-Marggraff-Straße (1) 267-7b
Auenweg 267-7a
August-Bebel-Straße 267-4c
Auguste-Krüger-Straße 267-4c

Bahnhofstraße 267-7a
Berliner Straße 267-4d
Birkenhain 231-10d
Birkenhainer Ring 231-10d
Birkenstraße 267-1d
Birkholz 268-1b
Birkholzer Straße 232-10c + 268-7c
Blankenfelder Chaussee 268-7d
Breite Straße 267-4d
Brombeerweg (3) 267-4b
Buschweg 267-8b
Buschweg (Diedersdorf) 268-10b

Chausseestraße 268-7c

Dachsweg 267-6a
Diedersdorf 267-9c + 268-7d
Diedersdorfer Heide (Diedersdorf) 268-7d
Diedersdorfer Straße 267-6a
Die Gehren 267-1d
Die Lücke 267-5b
Dorfaue 267-4d
Dorfstraße (Diedersdorf) 268-7c
Dorfstraße (Kleinbeeren) 267-5b
Drosselweg (8) 267-2c

Ebereschenstraße 267-4b
Eduard-Wiebe-Weg 267-7b
Eichenweg 231-10d
Erlenstraße 267-1d
Ernst-Stargardt-Allee 266-9c
Ernst-Thälmann-Straße 267-4c

Fasanenstraße 267-1d
Feldstraße 267-1d
Feldweg (Diedersdorf) 268-7d
Finkenweg 267-1d
Fliederweg (2) 267-4b
Frankfurter Straße 231-12a
Friederikenhof 231-12a
Froschweg (5) 267-6a
Fuchsweg 267-6a

Gartenstraße 267-4b
Gartenstraße (Diedersdorf) 268-7c
Gartenweg 267-5b
General-von-Bülow-Allee 267-4d
Genshagener Straße 267-10b
Ginsterstraße 267-4b
Goldrutenstraße 267-7b
Großbeerener Straße 267-5a

Habichtweg 267-1d
Hasenlauf (2) 267-6a
Hauptstraße 267-1b
Heinersdorf 231-11a
Heinersdorfer Straße 231-11a
Heuweg 267-4c
Hobrechtstraße 267-7a
Holunderweg 267-4b

Jägerstraße 267-1d
Jasminweg (4) 267-4b
Käuzchenweg (7) 267-1d
Karl-Schlombach-Weg (2) 267-7b
Kastanienstraße 267-4b
Kiebitzweg 267-1d
Kirchplatz 268-10a
Kleinbeeren 267-5a
Kleinbeerener Straße 267-4b
Kleingartenanlage Heidegrund 302-2a
Koppelweg 266-9a
Krumme Straße 267-4b

Lichtenrader Straße 267-6a
Lindenstraße 267-4b

Märkische Allee 267-1a
Mahlower Straße 231-11d + 267-2b
Mahlower Straße (Birkenhain) 231-10d
Mahlower Straße (Diedersdorf) 268-7d
Mahlower Weg 267-6a
Mahlower Weg (Birkenhain) 231-10b
Malvenweg 267-4b
Marderweg (1) 267-6a
Marienfelder Allee 267-2c
Max-Wald-Straße 267-7b
Milanweg 267-1d
Mittelstraße 267-4d
Mühlensteig (1) 268-7c
Mühlenstraße 267-4b

Neubeeren 266-8b
Neubeerener Straße 266-9a
Neue Bahnhofstraße 267-7a
Neue Osdorfer Straße 231-8d
Nußallee 267-5b

Osdorfer Ring 267-1b

Pappelweg 267-6a
Parkallee 267-2c
Poststraße 267-4d

Rebhuhnweg 267-1d
Rehblick (7) 267-6a
Ringstraße 267-4b
Rinus-van-Galen-Straße 267-7a
Rohrweg 267-7a
Rotdornweg (6) 267-4b
Rudolf-Virchow-Straße 267-7a
Ruhlsdorfer Straße 267-4d
Ruhlsdorfer Weg 231-10d

Schilfgasse (9) 267-1d
Schlehenweg (2) 268-7c
Schmiedeweg 266-9a
Schwarzer Weg 267-7a
Sperberweg 267-1d
Sputendorfer Straße 266-8d
Storchenstraße 267-1d
Straße nach Friederikenhof 231-12a
Straße nach Großbeeren 267-9a

Teichstraße 267-4d
Teltower Straße 267-4b
Theodor-Echtermeyer-Weg 267-7b
Trebbiner Straße 267-7a
Turmweg 267-7a

Ulmenstraße 267-4b

Vogelkirschenweg (5) 267-4b

Wacholderweg (1) 267-4a
Weidenweg 267-9d
Wieselfang (3) 267-6a
Wiesengrund 267-9d
Wiesenweg 267-7b
Wiesenweg (Kleinbeeren) 267-6a

Zu den Erlen 267-2c
Zu den Hitzfichten 268-7d
Zum Fenn (4) 267-6a
Zum Heidefeld 267-7b
Zum Hundepfuhl 267-6a
Zum Kiesberg 267-1b
Zum Pferdehof 266-9a
Zum Ruhlsdorfer Feld 267-4d
Zum Waldblick 267-7a
Zum Windmühlenberg 267-4c
Zur Schmiede 267-6a

Groß Kreutz (Havel)
PLZ 14550

Ahornstraße 222-12c
Ahornweg 257-3c
Akazienweg 221-11a
Alte Dorfstraße 222-2a
Alte Gartenstraße 222-11d
Alte Lehniner Straße 222-11d
Alter Schmergower Weg 222-2b
Alte Schulstraße 222-11d
Am Bahnhof 222-11b
Am Eichenhain 222-11c
Am Frucht- und Frachthof 258-2c
Am Graben 258-6b
Am Grund (1) 223-7a
Am Gutshof 222-11b
Am Kanal 222-1a
Am Kiefernwald 221-11c
Am Kirchplatz (1) 222-2a
Am Kirschberg 257-2c
Am Kleinbahndamm 222-11a
Am Mühlenberg 221-12a
Am Park 222-2b
Am Scheunenplatz 222-11d
Am Sportplatz (2) 187-10c
Am Wald 222-1d
Am Wasserturm (2) 223-10c
Am Weinberg 222-9a
Am Yachthafen 222-1a
An der B1 222-12d
August-Bebel-Platz (2) 222-2a
Ausbau 221-12b + 222-10a
Außenring 221-10b

Bahnhofstraße 222-11b
Bergstraße 221-3d
Birkenstraße 222-12c
Birkenweg 258-5c
Blütenring 257-2c
Blumenweg 187-10c
Bochow 258-6a
Bochow Bruch 223-10c
Bochower Dorfstraße 258-6b
Bochower Straße 222-11d + 258-2b
Brandenburger Landstraße 221-10a
Brandenburger Straße 222-11c
Bruchstraße 257-1d
Bruchweg (1) 223-10c
Bungalowsiedlung Havelufer 221-1d

Chausseestraße 222-9c

Damsdorfer Straße (Bochow) 258-6c
Damsdorfer Straße (Jeserig) (1) 221-10b
Deetz 222-2c
Deetzer Chaussee 186-12d
Deetzer Siedlung 187-10c
Deetzer Weg 221-9c
Derwitzer Straße 258-6b
Die Holzmathen 221-11c
Dorfaue 222-11b
Dorfrandsiedlung 222-5a
Dorfstraße 187-10c

Eichelberg 222-2d
Eichenweg 221-11a
Erlenweg 221-8b

Farnweg 221-11c
Fischerstraße 186-10d
Fliederstraße 257-2c

Gartenstraße 257-2d
Gewerbegebiet „Eichenhain" 222-11c
Göhlsdorfer Straße 221-11a
Götz 221-9a
Götzerberge 221-3c
Götzer Chausseestraße 221-12a
Götzer Dorfstraße 221-8b
Götzer Straße 222-1d
Große Bergstraße 222-2a
Groß Kreutz Ausbau 221-12b
Groß Kreutzer Straße 222-2c
Grüner Weg 221-10b

Havelstraße 221-5c
Havelufer 221-2c
Heiderosenweg 257-2c
Heidestraße 257-2c
Heuberg 187-10c
Holzmathenstraße 257-2b

In der Gasse 187-10c

Jeserig 221-10d

Kastanienallee 257-2d
Kemnitzer Straße 223-7c
Ketziner Siedlung 187-10d
Ketziner Straße 187-11c
Kiefernweg 258-8a
Kienheide 221-9b
Kirschenallee 257-2d
Kleine Bergstraße 222-2a
Kleine Bruchstraße 257-2d
Kleine Lindenstraße 222-12c
Kleiner Birkenweg 257-2d
Kleiner Waldweg 221-11a
Klosterweg 258-6d
Knospenweg 257-2c
Konsumgasse 222-2a
Krielow 222-9b
Kurzer Weg 257-2d

Lakenweg 222-12c
Lehniner Chaussee 258-8a
Lehniner Siedlung (1) 222-11d
Lilienthalstraße 222-9a
Lindenstraße 221-8a

Mac-Möbel-Ring 221-11a
Meisenweg 223-10c
Mittelweg 221-8b
Möllendorfer Weg 258-6d
Mühlenstraße 222-12c

Neu Bochow 258-5c
Neu-Bochower Straße 258-6a
Neue Chaussee 222-11c
Neuer Weg 221-9c
Neue Straße 222-12b

Obsthof Leue 222-5a

Phöbener Chaussee 187-11c
Phöbener Siedlung 187-11d
Plötziner Straße 258-6b
Potsdamer Landstraße 221-10b
Potsdamer Straße 222-11d

Ringstraße 221-12a
Rosenweg 222-12c
Rotdornweg 222-11d
Rubinienweg 221-8a

Sandbruch 222-1b
Schenkenberg 257-2d
Schenkenberger Straße 257-2b
Schmergow 187-10c
Schmergower Straße 222-2a
Schmergower Weg 222-9a
Schmiedebusch (2) 222-1b
Schmiedegasse 187-10c
Schmiedegasse (1) 187-10c
Schulstraße 221-10a
Schulweg 221-8b
Siedlerweg 222-9a
Siedlung 221-11d + 257-2b
Stadtweg 258-5c
Steege 187-10a

Tannenweg 222-12c
Trechwitzer Straße 257-1d
Trechwitzer Straße (Jeserig) 221-10d
Triftstraße 222-11d
Triftweg 258-3d
Tulpenweg 222-12c

Unter den Linden 221-10b

Voigtsche Park 222-2b

Waldstraße 257-2c
Waldweg 221-5d
Weißbirkenweg 221-11a
Wiesenweg 222-2a
Wolfsberg 222-12a
Wustermarkstraße 257-2d

Ziegeleiweg 186-12d
Zu den Weiden 222-12c
Zum Bahnhof 221-12a
Zum Deetzer Knie (1) 222-1b
Zum Königsberg 222-2d
Zum Papenthal 221-9a
Zum Wachtelberg 221-9c
Zur Ziegelei 222-1a

Grünheide (Mark)
PLZ 15537

Ahornstraße 239-4d
Ahornweg 204-3b
Akazienweg 204-3b
Alt Buchhorst 203-5d
Alt Buchhorster Straße 203-9a
Alte Poststraße 239-4b
Am Anger 241-5a
Am Baberowersee (5) 178-12c
Am Bauernsee 204-3b
Am Bergluch 203-10d
Am Dudel 178-12d
Am Elsengrund 204-2a
Am Elsensee 204-2a
Am Elsenstau 204-2b
Am Erlengrund 204-2b
Am Fasanenweg 204-4a
Am Feldweg 239-12b
Am Fließ 204-2b
Am Graben 204-3a
Am Höllengrund 205-3d
Am Kaberluch 204-4c
Am Kanal 202-12d
Am Kiessee 204-4d
Am Marktplatz (3) 203-8c
Am Mittelweg 204-1d
Am Priestersee 203-10a
Am Reiherhorst 203-9c
Am Rosenberg (Kagel) (1) 204-2a
Am Rosenberg (Spreeau) 239-11d
Am Rosengarten (2) 204-2a
Am Rund 204-2a
Am Schlangenluch 203-11b
Am Schlößchen 203-10a
Am Seeufer 204-4a
Amselweg 204-4a
Am Sonnenweg 204-2c
Am Spreeufer 241-5a
Am Tulpenweg 204-2a
Am Walde 240-4d
Am Waldeck 204-1d
Am Waldrand 203-8c
Am Wasser 204-2a
Am Wiesenweg 205-2b
Am Winkel 178-12d
An den Löcknitzwiesen 202-12b
An der alten Schule 203-11a

Havelsee
PLZ 14798

Heckelberg-Brunow
PLZ 16259

Heidesee
PLZ 15754

Hennigsdorf
PLZ 16761

Berliner Straße 99-10c + 119-1b
Birkenstraße 119-4a
Blankstahlweg 99-10a
Blumenstraße 99-10c
Bötzower Weg 118-3b
Bötzowstraße 119-1d
Bötzowstraße (8) 119-1b
Bombardier 119-1d
Brandenburgische Straße 118-3b
Buchenhain 119-4c

Choisy-le-Roi-Straße 98-9d
Clara-Schabbel-Straße 119-4a

Dahlienstraße 119-7a
Dorfstraße 119-7c
Drosselweg 119-2d

Edisonstraße 119-1c
Eduard-Maurer-Straße 99-10a
Eichenhain 119-1c
Eichhörnchenweg 119-2d
Einheit 119-2d
Erlenweg 119-4c
Erzbergerstraße 98-12b
Eschenallee 119-4c
Eulenhorst (1) 119-2d

Fabrikstraße 99-10d + 119-1b
Fährweg 119-7c
Falkenseer Straße 119-4a
Falkenstraße 119-1a
Fasanenstraße 118-3b
Fasanenweg 119-2d
Feldstraße 98-12d
Fichtenstraße 118-3b
Finkenstraße 119-4c
Fliederweg (Nieder Neuendorf) 119-4c
Fontanesiedlung 99-7c
Fontanestraße 99-10c + 119-1a
Forststraße 98-12d + 118-3b
Franz-Schubert-Straße 119-4a
Freiheit 119-2d
Friedhofstraße 119-1b
Friedrich-Engels-Straße 119-1a
Friedrich-Wolf-Straße 98-12b
Fritz-Reuter-Straße 118-3d
Fuchsweg 98-12b

Gartenstraße 99-10c
Gebrüder-Grimm-Straße 119-1c
Gertrudenhof 118-9c
Gewerbegebiet Nord 1 99-10b
Gewerbegebiet Nord 2 99-7c
Gewerbegebiet Nord 3 99-10a
Gewerbegebiet Nord 4 99-10d
Gewerbegebiet Süd 1 119-1d
Gewerbegebiet Süd 2 119-4b
Gewerbegebiet Süd 3 119-4b
Gewerbegebiet Süd 4 119-4c
Gewerbehof Nord 99-10b
Gothestraße 118-3d
Graureiherweg 119-4c

Hafenstraße 119-1b
Hainbuchenstraße 119-7a
Hamsterweg 98-12b
Hasensprung 119-2d
Hauptstraße 119-1b
Havelauenpark 119-1b
Havelpassage 119-1a
Havelplatz 119-1a
Heideweg 98-12d
Heimstättensiedlung 98-12a
Heinestraße 119-1a
Heinz-Uhlitzsch-Straße 99-10a
Hermann-Schumann-Straße 99-10b
Hertzstraße 119-1c
Hirschstraße 118-3b
Hirschwechsel 119-2d
Horst-Müller-Straße 119-1d
Hradeker Straße 98-12b
Humboldtstraße 119-1a

Igelweg 98-12d
Imkerweg 119-10a

Karl-Liebknecht-Straße 118-3d
Karl-Marx-Straße 119-1a
Keilerweg 119-7c
Kiefernstraße 118-3b
Kirchstraße 119-1b
Kleiststraße 119-1c
Klingenbergstraße 119-1c
Kokillenweg 99-10a
Kolonie Papenberge 119-10b
Kralupyer Straße 99-10a
Krumme Straße 99-10c
Kuckucksruf 119-2d

Ladestraße 99-10c
Lehrpfad 118-3b
Lessingstraße 118-3d
Lindenring 119-7a
Lindenstraße 119-7c
Ludwig-Lesser-Straße 119-1b

Marderweg 98-12d
Marwitzer Straße 98-12b
Meisensteg 119-2d
Mittelstraße 98-12d
Mozartstraße 119-4a
Müllersiedlung 119-10b

Nauener Straße 118-3b
Nelkenstraße 119-7a
Neubrück 119-2c
Neuendorfstraße 119-1d

Oberjägerweg 119-10a
Ohmstraße 119-1c

Pappelallee 119-4c
Parkstraße 118-3b
Paul-Jordan-Straße 119-1c
Paul-Schreier-Platz 118-3b
Paul-Schreier-Straße 119-1c
Peter-Behrens-Straße (9) 119-1d
Philipp-Pforr-Straße 119-4b
Postplatz 119-1a
Poststraße 119-1a
Posttunnel 119-1a

Rathausplatz 119-1b
Rathenaupark 119-1d
Rathenaustraße 119-1a
Rathenauviertel 119-1c
Rehlake 118-3b
Rehschneise 119-2d
Reinickendorfer Straße 98-9d
Rigaer Straße 99-10a
Ringpromenade 119-7a
Rosa-Luxemburg-Platz 98-12d
Rotkehlchenstraße 119-4c
Ruppiner Chaussee 119-2a
Ruppiner Straße 119-1b

Schillerstraße 118-3d
Schmelzersteg 99-10c
Schönwalder Straße 118-3d
Schreberweg 119-1c
Schulstraße 119-1b
Schulzesiedlung 119-10a
Schwalbenweg 119-4a
Schwarzdrosselweg 119-4a
Schwarzer Weg 99-11c
Schwarzer Weg (Nieder Neuendorf) 118-12a
Seilersiedlung 119-10b
Seilerstraße 99-10d
Spandauer Allee 119-4a
Spandauer Landstraße 119-7c
Stauffenbergstraße 119-1a

Technopark 119-1d
Theodor-Körber-Weg 119-1c
Trappenallee 119-4c
Triftweg 118-9d
Tucholskystraße 118-3b + 119-4a

Uferpromenade 119-7c

Veltener Straße 99-10c
Voltastraße 119-1c

Waidmannsweg 118-3a
Waldmeisterstraße 119-10a
Waldpark 119-4a
Waldrandsiedlung 98-12d
Waldstraße 98-12d
Waldweg 119-4a
Walter-Kleinow-Ring 119-4d
Wattstraße 119-1c
Weidenweg 119-7c
Werder-Ziegelei 99-5d
Wieselstraße 98-12d
Wiesenweg 119-7c
Wohnanlage Havelpromenade 119-7a
Wolfgang-Küntscher-Straße 99-10c

Zeisigstraße 119-4c
Zum alten Forsthaus 118-6d
Zum Busbahnhof (7) 119-1b
Zur Baumschule 119-7a

Höhenland
PLZ 16259

Ausbau Freudenberg 91-5b
Ausbau Tiefensee 91-6a

Bahnhofstraße 92-4a
Brunower Straße (Leuenberg) 91-3d
Brunower Straße (Steinbeck) 74-10d + 92-1b
Brunower Weg 74-8b

Dannenberger Weg 74-9a
Dorfstraße (Steinbeck) 92-2c
Dorfstraße (Wollenberg) 74-9d

Finkenweg 74-9a

Gartenstraße 91-6b

Haselberger Straße 92-2d
Hauptstraße 74-8b
Knödelallee 92-1c
Kruger Weg 74-8b

Leuenberg 91-6b + 92-4a
Leuenberg Bahnhof 91-9b + 92-7a

Milchstraße 74-8d

Oberer Seeweg 91-6b

Ringstraße 92-4a

Seestraße 92-2d
Siedlungsweg 74-9a
Sonnenallee (Steinbeck) 92-2d
Sonnenallee (Wölsickendorf) 74-8d
Steinbeck 92-2d
Steinbecker Weg 74-8b
Sternebecker Weg 92-2d
Sternkrug 75-7a

Teichstraße (Leuenberg) 92-4a
Teichstraße (Wölsickendorf) 74-9a

Unterer Seeweg 91-6b

Wiesenweg 92-2c
Wölsickendorf 74-8d
Wollenberg 75-7c
Wollenberger Schmiede 74-9d

Hohenfinow
PLZ 16248

Am Anger 54-2c

Cöthener Straße 54-2c

Feldstraße 54-5a

Gersdorfer Straße 54-1d

Hauptstraße 54-1a

Karlswerker Weg 54-1b

Liebenstein 54-2b

Niederfinower Straße 54-2c

Weg Zum Liebenstein 54-2b

Zum Kienberg (1) 54-2c

Hohen Neuendorf

16540 Adolf-Damaschke-Platz 100-4d
16540 Adolf-Damaschke-Straße 100-4d
16540 Adolf-Hermann-Straße 100-7a
16540 Adolfstraße 100-8c
16562 Ahornallee 100-6d
16556 Ahornweg 82-7d
16540 Albert-Gottheiner-Straße 100-5c
16540 Albertstraße 100-5c
16556 Albrechtstraße 82-4c
16562 Alte Kolonie 100-9a
16562 Altes Dorf 101-4a
16556 Alte Trift 82-7c
16540 Am Alsenplatz 100-4a
16562 Am Anstand 100-3a
16562 Am Blumberg 100-3d
16540 Am Bogen 100-8a
16562 Am Elseneck 100-3b
16562 Am Finkenherd 100-3c
16562 Am Frauenpfuhl 100-3c
16540 Am Golfplatz 99-9d
16540 Am Heidewinkel (8) 98-7c
16562 Am Langen Berg 100-6b
16556 Am Mühlenfeld 81-12b
16540 Am Rathaus 100-5a
16540 Am Reiterplatz 100-5a
16540 Am Spargelfeld 100-1d
16556 Am Stichkanal 81-12b
16540 Am Wald 99-6b
16562 An den Birken 100-3c
16540 An den Rotpfuhlen 100-5d
16556 An der Nordbahn 82-7b
16540 Andrestraße 100-4a
16540 Annemariestraße 100-5d
16540 Anton-Saefkow-Straße 100-2c
16556 Asternweg (1) 82-7a
16540 August-Bebel-Straße 100-4d
16562 August-Müller-Straße 100-6c

16540 Backofenweg 100-4b
16540 Bästleinstraße 100-4a
16556 Bahnhofstraße 82-7a
16540 Bahnstraße 100-5c
16562 Bahnstraße (Bergfelde) 100-6b
16562 Basdorfer Straße 100-3b
16540 Bellevuestraße 100-5a
16540 Bergfelde 100-3a
16562 Berkowstraße 100-3d
16556 Berliner Chaussee 81-9b + 82-7c
16540 Berliner Straße 100-5c
16556 Berliner Straße (Borgsdorf) 82-7d
16540 Birkenwerderstraße 100-4b
16540 Birkenwerderstraße (Bergfelde) 100-2b
16556 Birkenwerderweg 81-9b + 82-4c
16562 Birkfeldstraße (4) 100-6b
16556 Blumenstraße 82-7d
16540 Bodelschwinghstraße 100-7b
16556 Bogengestell 82-4b
16556 Borgsdorf 82-4d
16556 Borgsdorfer Meile 82-7a
16540 Borgsdorfer Straße 100-1d
16562 Borgsdorfer Straße (Bergfelde) 100-3b
16556 Breitscheidstraße 82-4c
16540 Briesestraße 100-1c
16562 Brückenstraße 100-6b
16540 Bruno-Schönlank-Straße 100-1c
16540 Buchenweg 100-2c
16540 Burghardtstraße 100-7b
16556 Bussardstraße 82-7d

16556 Chausseestraße 81-9c
16540 Clara-Zetkin-Straße 100-5a
16562 Clara-Zetkin-Straße (Bergfelde) 100-9a
16556 Clara-Zetkin-Straße (Borgsdorf) 82-4c

16556 Dianaallee 82-7b
16562 Dichterviertel 100-6a
16540 Dorastraße 100-5b
16562 Dorfstraße (Bergfelde) 100-6b
16540 Dorfstraße (Bogsdorf) 81-12a
16540 Dorfstraße (Stolpe) 99-9d
16556 Dornbuschweg 82-7c
16562 Dorotheenstraße 100-6b

16540 Eberhard-König-Weg 99-6b
16540 Edithstraße 100-5b
16540 Eichenallee 100-4c
16540 Elfriedestraße 100-5d
16562 Elfriedestraße (Bergfelde) 101-4a
16540 Elsastraße 100-5a
16556 Elstergasse 82-7d
16562 Emil-Czekowski-Straße 100-6c
16540 Emile-Zola-Straße 100-4d
16540 Emmastraße 100-5a
16540 Erdmannstraße 100-1c
16540 Ernastraße 100-5b
16540 Ernst-Moritz-Arndt-Straße 99-6b
16540 Ernst-Schneller-Straße 100-4a
16540 Erntstraße 101-4b
16540 Ernst-Toller-Straße 100-4b

16556 Falkenstraße 82-7c
16562 Fasanenallee 101-4a
16556 Fasanensteg 82-4d
16540 Feldstraße 100-1d
16562 Feldweg 100-6a
16540 Ferdinand-Lassalle-Straße 100-4d
16556 Ferdinandstraße 82-7a
16556 Feuerdornweg 82-7a
16540 Feuerleinstraße 100-7b
16562 Fichtestraße 100-6d
16562 Finkenwerder Ring (3) 100-6b
16562 Flachslake 100-3d
16562 Flachslakestraße 100-3c
16556 Fliederweg 82-7a
16540 Florastraße 100-8a
16562 Florastraße (Bergfelde) 100-6d
16540 Florian-Geyer-Straße 99-6d + 100-4c
16556 Föhrenwinkel 82-7c
16540 Fontanestraße 99-3c
16562 Forstweg 100-3b
16540 Franzstraße 100-8a
16562 Frauenpfuhle 100-3c
16540 Freiligrathstraße 99-3d
16540 Friedensallee 82-7b
16540 Friedrich-Engels-Straße 100-4a
16540 Friedrich-Hebbel-Straße 99-6b
16540 Friedrich-Herder-Straße 99-6a
16540 Friedrich-Naumann-Straße 99-6b
16562 Friedrichsauer Ring 100-6b
16540 Friedrichstraße 100-5c
16562 Friedrichstraße (Bergfelde) 101-4a
16556 Friedrichstraße (Borgsdorf) 82-4c
16540 Fritz-Reuter-Straße 99-3c
16540 Frohnauer Straße 99-6d
16540 Frohnauer Weg 99-9d
16556 Fuchsallee 82-7b
16540 Fußgängerweg 100-5b

16556 Gartensteig 82-7d
16540 Gartenweg 100-8a
16562 Genzowstraße 100-9a
16556 Georgstraße 82-4c
16540 Gertraudenstraße 100-5a
16540 Gewerbestraße 100-8a
16556 Ginstersteig 82-7d
16562 Glienicker Straße 100-9a
16562 Goethestraße (Bergfelde) 100-6c
16540 Goethestraße (Hohen Neuendorf) 99-3c
16540 Gottfried-Keller-Straße 99-6a
16556 Grenzweg 82-7c
16540 Grillparzerstraße 99-6b
16540 Großschifffahrtsweg (1) 99-3c
16562 Grünstraße 101-4b
16556 Habichtsweg 82-7b
16540 Hainweg 100-8a
16562 Hasensprung 100-3d
16540 Haubachstraße 100-1c
16556 Hauptstraße 81-9c
16556 Haveleck 81-9c
16556 Havelhausen 81-6c
16556 Havelhausener Brücke 81-6c
16540 Havelstraße 99-6a
16540 Havelweg 99-6a
16556 Havelweg (Borgsdorf) 81-9c
16562 Heideplan 100-3a
16540 Heidestraße 99-6a
16540 Heidestraße (Stolpe) 99-9d
16556 Heideweg 82-7d
16540 Heiligenseer Straße 99-6d
16540 Heinersdorfer Straße 100-4c
16540 Heinrich-Heine-Straße 99-3c
16540 Heinrich-Lersch-Weg 99-3c
16556 Heinrichstraße 82-4c
16540 Heinrich-Zille-Straße 100-4d
16540 Helenenstraße 100-5a
16562 Helmut-Just-Straße 100-3d
16540 Hennigsdorfer Chaussee 99-12a
16540 Hennigsdorfer Straße 100-4a
16540 Henri-Barbusse-Straße 100-4c
16540 Hermann-Löns-Straße 99-3d
16562 Hermann-Löns-Straße (Bergfelde) 100-6b
16540 Hermann-Scheffler-Straße 100-4a
16540 Hermannstraße 100-2c
16556 Hermannstraße (Borgsdorf) 81-12b
16540 Hermsdorfer Straße 100-4a
16556 Hermsdorfer Weg 82-7c
16540 Herthastraße 100-5d
16562 Herthastraße (Bergfelde) 100-9a
16556 Hirschallee 82-7b
16540 Hochlandstraße 100-2c
16562 Hochwaldallee 100-9b
16562 Hohen Neuendorfer Straße 100-6c
16562 Hohen Neuendorfer Weg (Bergfelde) 100-6a
16556 Hohen Neuendorfer Weg (Borgsdorf) 82-7c
16540 Hohen Neuendorfer Weg (Stolpe) 99-9d
16540 Horststraße 100-1c
16556 Hubertusallee 82-4d
16540 Hubertusstraße 100-5c
16562 Hubertusstraße (Bergfelde) 100-6d
16540 Husemannstraße 100-1c

16540 Immanuel-Kant-Straße 99-6a
16562 Im Winkel 100-3c
16540 Inselplatz 100-8a
16540 Irmgardstraße 100-5b

16540 Jacob-Wins-Straße 100-4c
16556 Jägerallee 82-4d
16556 Jägergestell 82-1d
16540 Jägerstraße 100-4a
16540 Janow-Podlaski-Straße 100-4c
16556 Jasminweg 82-7a
16540 Johann-Gottlieb-Fichte-Straße 99-6a
16540 Jonny-Scheer-Platz 100-1c

16540 Käthe-Kollwitz-Straße 100-5a
16540 Käthestraße 100-2c
16556 Kanalstraße 81-9c
16562 Kantstraße 100-6a
16540 Karl-Liebknecht-Straße 100-7b
16540 Karl-Ludwig-Straße 100-8a
16540 Karl-Marx-Straße 100-4a
16556 Karl-Marx-Straße (Borgsdorf) 82-7c
16540 Karlstraße 100-5c
16562 Karlstraße (Bergfelde) 100-9b
16540 Kastanienallee 100-4c
16540 Kastanienweg 99-9d
16540 Kiefernallee 100-2c
16540 Kirchstraße 100-4d
16540 Kirschallee 100-7a
16540 Klarastraße 100-5d
16556 Kleine Feldstraße 81-9d
16556 Kleines Feld (1) 81-9d
16556 Krokusweg (2) 82-7d
16540 Kurt-Tucholsky-Straße 100-7b
16540 Kurze Straße 100-2c
16562 Kurze Straße (Bergfelde) 100-9a

16562 Ladewigstraße 101-4c
16540 Lärchenweg 100-5d
16562 Lehnitzstraße 100-3b
16540 Lehnitzstraße (Hohen Neuendorf) 101-1c
16540 Lessingstraße 99-6a
16562 Lessingstraße (Bergfelde) 100-6a
16540 Leuschnerstraße 100-1c
16556 Lilienweg 82-7c
16540 Lindaustraße 100-1c
16562 Lindenallee 100-9b
16556 Lindenstraße (Borgsdorf) 81-9c
16540 Lindenstraße (Stolpe) (1) 99-9d
16540 Luchweg 100-1c
16562 Luisensteig (2) 100-6b
16540 Luisenstraße 100-4d
16540 Mädchenviertel 100-5b
16540 Margaretenstraße 100-5c
16556 Margeritenstraße 82-7a
16540 Maxim-Gorki-Straße 99-3d
16540 Mittelstraße 100-5a
16562 Mittelstraße (Bergfelde) 100-6b
16556 Mittelweg 81-9c
16562 Mühlenbecker Straße 101-4a
16562 Mühlenbecker Viertel 101-4a
16556 Müllersteig 81-9d
16540 Müllheimer Straße 100-4c

16556 Nelkenstraße 82-7a
16540 Neue Dorfstraße 99-9d
16540 Niederbarnimer Straße (3) 100-4b
16540 Niederheide 99-3d
16556 Nimrodsteig 82-7b

16540 Oranienburger Straße 100-2a
16540 Osramplatz 100-7b
16540 Osramsiedlung 100-7b
16540 Ottostraße 101-4a

16540 Pankower Straße 99-6b
16540 Parkstraße 100-8a
16540 Paulstraße 100-7b
16562 Paulstraße (Bergfelde) 100-6d
16540 Pechpfuhlweg 100-7c
16540 Peter-Rosegger-Weg 99-6b
16556 Pinnow 81-8d
16540 Platanenallee 100-4a
16556 Platanenweg 82-7d
16540 Poststraße 100-5c
16540 Puschkinallee 100-5a

16556 Quittenweg 82-7a

16540 Rasenweg 100-4c
16556 Reihersteg 82-7b
16540 Reinickendorfer Straße 100-4c
16540 Remanestraße 100-7b
16540 Richard-Wagner-Platz 99-6a
16540 Rosa-Luxemburg-Straße 100-7b
16556 Rosenstraße 82-7c
16540 Rosenthaler Straße 99-6b
16556 Rotdornweg 82-7a
16540 Rudolf-Breitscheid-Straße 100-1c
16540 Rüsternstraße 99-6a
16540 Ruhwaldstraße 100-5c

16556 Sanddornweg 82-7a
16562 Sandstraße 100-6d
16540 St.-Georg-Straße 100-4d
16540 Scharfschwerdtstraße 100-7b
16540 Schillerpromenade 99-6a
16562 Schillerstraße 100-6b
16556 Schlehdornweg 82-7a
16540 Schönfließer Straße 100-5c
16562 Schönfließer Straße (Bergfelde) 100-6b
16540 Schönhaarstraße 100-4a
16540 Schönholzer Straße 100-4a
16540 Schützenstraße 100-4a
16562 Schulstraße 100-6d
16556 Seepromenade 82-7b
16556 Seesteg 82-7c
16540 Seestraße 100-1d
16562 Seestraße (Bergfelde) 100-9a
16562 Siegelstraße 101-4b
16562 Sommerstraße 100-6a
16562 Sophiensteig (1) 100-6b
16540 Sperberstraße 82-7a
16540 Stolpe 99-9a + 100-7c
16540 Stolper Straße 100-7b
16562 Stolper Straße (Bergfelde) 100-9a
16556 Stolper Weg 81-9d
16540 Straße 13 100-4b
16540 Straße H 100-5a
16540 Summter Straße 100-1d
16562 Summter Straße (Bergfelde) 100-3c

16540 Tannenweg 100-2c
16540 Tegeler Weg 100-7c
16540 Teschstraße 100-4b
16540 Thälmannplatz 100-5c
16556 Thälmannstraße 81-9d
16540 Theodor-Storm-Straße 99-6a
16540 Triftstraße 100-4b
16540 Triftstraße (Bergfelde) 101-4a
16556 Tulpenweg 82-7a

16556 Ufersteig 82-7c
16540 Uhlandstraße 99-3d
16562 Uhlandstraße (Bergfelde) 100-6a
16556 Ulmenweg 82-7c
16540 Ulrich-von-Hutten-Straße 99-6b
16556 Unter den Eichen 82-7b

16556 Veilchenweg 82-7a
16556 Veltener Chaussee 81-11b
16540 Veltener Straße 99-6d
16556 Veltener Straße (Borgsdorf) 81-9d
16556 Venedig 81-9c

16556 Wacholdersteig 82-7d
16540 Wacholderweg 100-5d
16540 Waidmannsluster Straße 100-4a
16556 Waidmannsweg 82-7b
16540 Waldemarstraße 100-7b

16540 Waldstraße 100-5a
16562 Waldstraße (Bergfelde) 101-4a
16556 Waldstraße (Borgsdorf) 81-9c
16540 Waldstraße (Stolpe) 99-9b
16562 Wandlitzer Straße 100-3d
16540 Wasserturmsiedlung 100-1d
16540 Weidenweg 100-7c
16556 Weißes Haus 81-6b
16562 Wielandstraße 100-6b
16562 Wiesengrund 100-6b
16540 Wiesenstraße 100-1b
16556 Wiesenstraße (Borgsdorf) 81-9d
16562 Wiesenweg 100-6a
16540 Wildbergplatz 100-4b
16562 Wilhelm-Buchholz-Straße 100-3d
16540 Wilhelm-Külz-Straße 100-5c
16562 Wilhelmstraße 101-4a
16562 Winklerstraße 100-9a

16540 Zernsdorfer Weg 100-7a
16556 Zu den Birken 82-7d
16556 Zu den Koppeln 81-9d
16540 Zühlsdorfer Straße 100-2c
16562 Zühlsdorfer Straße (Bergfelde) 100-3d
16556 Zum Weißen Haus 81-6c
16562 Zwischen den Pfuhlen 100-3c

Hoppegarten
PLZ 15366

Ahornstraße 174-7c
Ahornweg 150-8c
Alte Berliner Straße 174-5c
Alter Feldweg 174-5a
Altlandsberger Chaussee 150-8a
Am Anger 174-9b
Am Barschsee 150-7d
Am Berge 150-10a
Am Fließ 150-11d + 174-2b
Am Grünzug 150-8c
Am Güterbahnhof 174-3b
Am Haussee 150-4d
Am Kleinbahnhof (1) 174-3b
Am Kornfeld 150-7d
Am Lärchengrund 150-7d
Am Reiherhorst 150-11a
Am Retsee 150-4d
Am Schleipfuhl 150-1c
Amselweg 150-8d
Am Sportplatz 174-3a
Am Vogelherd 174-10c
Am Wall 150-8b
Am Weiher 150-7d
Am Winterquartier 174-6a
An der alten Gärtnerei 150-8d
An der Feuerwehr 174-5a
An der Heide 150-7d
An der Herrenfurth 150-7b
An der Katholischen Kirche 150-12d
An der Trainierbahn 174-10c
An der Zoche 174-3a
Arndtstraße 174-7c
Auf der Höhe 150-8c
Augsburger Straße 150-11b

Bahnhofstraße 174-3b
Bamberger Straße 150-11b
Barnimer Straße 174-2a
Bergstraße 174-2d
Berliner Straße (Hönow) 149-9b + 150-7a
Birkenplatz 150-11a
Birkenstein 150-11d
Birkensteiner Straße 174-3a
Birkenstraße 150-11a
Birkenweg 174-2b
Blumenstraße 174-9d
Bogenstraße 150-8c
Bollensdorfer Weg 174-6c
Brandenburgische Straße 150-8a
Bredowstraße 174-10c
Buchenstraße 174-7c

Carenaallee 174-2d
Clubstraße 174-3b

Dachsbau 150-8d
Dahlienstraße 150-10b
Dahlwitz 174-5b
Dahlwitzer Landstraße 174-8d
Digitalstraße 174-5a
Dorfstraße 150-4b
Drosselgasse (7) 150-8d

Ebereschenweg 150-8c
Edenweg 174-2b
Eichenstraße 174-7c
Eicher Weg 149-6b
Einsiedlerweg 150-11d
Erikastraße 150-10a
Ernst-Wessel-Straße 174-2b
Erpestraße 200-1b
Erpeweg (2) 150-8c

Farmersteg 174-2b
Feldweg 174-9b
Fichtengrund 150-10b
Fichtestraße 174-10a
Finkensteg 150-11b
Flämingstraße 174-2a
Frankfurter Chaussee 174-6c
Freiburger Straße 150-11a
Friedhofstraße 174-7b
Friedrichshagener Chaussee 174-11a
Fuchsbau 150-8d

Gänseblümchenweg 150-8c
Gartenstraße 150-7d
Gartenweg 174-2b
Gewerbegebiet Dahlwitz-Hoppegarten 174-2c
Gewerbegebiet Nord 174-2d
Gewerbestraße 174-4b
Giebelweg 174-9b
Ginsterstraße 150-10b
Goetheallee 174-3b
Grenzweg 150-1c
Grüner Weg 150-4d

Hagebuttenweg (3) 150-8c
Handwerkerstraße 174-4b
Hauptstraße 174-9d
Havellandstraße 174-2a
Hegelstraße 174-10a
Heidemühle 174-10b
Heidemühler Weg 174-7d
Heinrich-Heine-Promenade 174-10c
Hildestraße 150-10a
Höhenweg 174-2d
Hönow 150-8a
Hönower Weg 174-2a
Hönow-Nord 150-1d
Hönow-Süd 150-8c
Hoppegartener Straße 150-7d
Humboldtstraße 174-10a

Iffezheimer Ring 174-3c
Iltisbau 150-8d
Im Busch 174-2b
Im Grund 174-2b
Industriestraße 174-1d

Jägergraben 150-8c
Jahnstraße 174-3a

Kalkseestraße 150-8c
Kantstraße 174-10c
Karlsruher Straße 150-11b
Karl-Weiss-Straße 174-2d
Kaulsdorfer Straße 150-10a
Kiebitzgrund 150-11a
Kiefernstraße 174-7d
Kirchblick 174-9b
Kirschallee 150-10b
Kleeweg 150-8c
Kleine Mittelstraße (Münchehofe) 174-9d
Kleiner Weg 174-2b
Kleiststraße 174-10a
Köpenicker Allee (Dahlwitz) 174-8a
Köpenicker Allee (Waldesruh) 174-10a
Köpenicker Straße 174-5d
Körnerstraße 174-10a
Koloniestraße 174-9d
Krummendammbrücke 174-8d
Krumme Straße 150-7c

Lausitzstraße 174-2a
Leibnizstraße 174-10b
Libellenstraße 150-11a
Lindenallee 174-2d
Lindenstraße 150-8c
Löcknitztalstr. 174-2a

Märkische Straße 174-2a
Magazinstraße 174-5d
Mahlsdorfer Allee 174-7c
Mahlsdorfer Straße 150-10a
Marderstraße 150-8d
Margaretenstraße 150-7c
Maurergasse 174-1d
Mauswieselweg 174-2a
Mehrower Straße 150-1c
Meistergasse 174-1d
Mistelweg (4) 150-8c
Mitschurinweg 174-5c
Mittelmarkstraße 174-2a
Mittelstraße 174-2b
Mönchsheim 174-6c
Mönchsheimer Weg 174-5d
Mühlenfließ 150-8c
Mühlenstraße 200-1a
Mühlenweg 150-4b
Mühlenwiesen 174-11a
Münchehofe 174-8d
Münchehofer Straße 174-9b
Münchehofer Weg 174-6c
Münchener Straße 150-8d

Neubauernweg 174-5b
Neue Mehrower Straße (1) 150-8a
Neuenhagener Chaussee 150-8a
Neuer Hönower Weg 174-5c
Neue Straße 174-9b
Nürnberger Straße 150-8d
Nußbaumweg 150-8c
Nuthetalstraße 174-2a

Obere Bergstraße 174-2d
Oderbruchstraße 174-2a

Pappelweg 174-9b
Parallelstraße 150-8a
Platanenstraße 150-8c
Poststraße 174-3b
Prignitzstraße 174-2a

Ravensteinmühle 174-10c
Rennbahnallee 174-6a
Ringeltaubenweg 174-2a
Robinienweg 174-7c
Roedernstraße 174-10c
Rosenheimer Straße 150-8d
Rosenstraße 150-7d
Rotdornstraße 150-8c
Rudolf-Breitscheid-Straße 174-5d
Ruppiner Straße 174-2a

Sanddornweg 150-8c
Scharnweberstraße 174-10c
Schlaubetalstraße 174-2a
Schlehenweg (8) 150-8c
Schopenhauer Straße 174-10a
Schorfheider Straße 174-2a
Schulplatz 174-9b
Schulstraße 150-8c
Schwarzer Weg 150-4d
Seestraße 150-4a
Seidenschwanzstraße 174-2a
Sophienstraße 150-7c
Sperlingsweg (6) 150-8d
Spreewaldstraße 174-2a
Stichweg 174-10c
Stienitzstraße 150-8c
Stöbberstraße 150-8c
Straße des Friedens 174-2b
Stuttgarter Straße 150-11b

Technikerstraße 174-4b
Teichgraben 150-8c
Thälmannstraße 150-7d
Trainerweg 175-1a
Triftstraße 174-9d
Tübinger Straße 150-8d

Uckermarkstraße 174-2a
Ulmenstraße 150-8c

Veilchenweg (5) 150-8c
Verbindungsweg 150-8c
Virchowstraße 174-3b
Von-Canstein-Straße 174-5a

Waldpromenade 174-10a
Waldstraße 174-10c
Waltraudstraße 150-10a
Weidenweg 150-8c
Weißdornweg 150-8c
Wernergraben 150-8c
Wiesenstraße 174-2d
Wildkatzenweg 174-2a
Wildwechsel 150-8d
Wirtschaftsweg 174-2b
Wöhrdetalstraße 150-4a
Wuhleweg (1) 150-8c

Zimmermannsgasse (1) 174-1d
Zochestraße 150-8d
Zur Buckstammhütung 174-3c

Jacobsdorf
PLZ 15236

Alte Briesener Straße 248-5a
Alte Frankfurter Straße 248-2c
Alte Petershagener Straße 248-2c
Am Bahndamm 284-1b
An den Priesterfichten 284-1c
An der Thomasaue 248-10c
Ausbau 1, 1a 248-3c
Ausbau 2, 3 248-6a
Ausbau 4 248-6b
Ausbau Autobahn 283-6b

Bahnhofsiedlung 284-1a
Bahnhofstraße 284-1c
Biegener Straße 284-3c
Briesener Straße 247-9b

Dorfstraße 248-10d

Expopark 284-1c

Feldstraße 248-10d
Fließweg 248-10d
Frankfurter Straße (Pillgram) 284-3b
Friedhofstraße 285-1a
Friedhofweg 247-9b
Fürstenwalder Poststraße 249-11c

Gärtnerweg 248-2c
Gartenstraße 248-2c
Gewerbegebiet „Expopark" 284-1c
Gewerbegebiet Jacobsdorf 247-8b

Hauptstraße 248-10b + 284-1b
Jacobsdorfer Straße (Pillgram) 284-3a

Kirchstraße 284-3d
Kurze Straße 248-4c

Lerchenweg 248-10d
Lichtenberger Weg (Pillgram) 285-1a
Lichtenberger Weg (Sieversdorf) 248-2d

Neue Straße 247-6d
Nussallee 248-2c

Petersdorf bei Briesen 247-6c + 248-4c
Petershagener Straße 248-7a
Pflaumenweg 284-3b
Pillgram 248-12c + 284-3a
Pillgramer Straße 284-1b
Pillgramer Straße (Sieversdorf) 248-2c

Schulgasse (1) 248-10d
Schulstraße 284-3b
Sieversdorf 248-2d
Sieversdorfer Straße 248-7a + 284-3a
Straße der Technik 248-2c

Teichstraße 248-7a
Thomasaue 284-1a

Vorwerk 247-9c

Weg am Bahndamm 248-12d
Weg zur Ruine 248-5b
Wohngebiet „Pflaumenweg" 284-3b
Wohngebiet „Thomasaue" 248-10c

Zum Bahnhof 284-3b
Zur Allee 248-7a
Zur Pflaumenallee 248-10c

Jüterbog
PLZ 14913

Alte Garnison 363-8b
Am Abtshof 364-7d
Am Bahnhof 363-8d
Am Eichgrabenweg 363-9c
Am Frauentor 364-7c
Am Hang 364-4d
Am Heideland 363-6d
Am Holländer 364-4d
Am Kloster (1) 358-11c + 364-2a
Am Pulverhaus 364-4c
Am Reitstadion 364-4b
Am Sandgarten 358-11c
Am Schützenplatz 364-7b
Am Spring 363-9d
Am Wasserturm 364-4c
Am Wasserwerk (1) 363-9b
Am Weichhaus (7) 364-7d
Am Zinnaer Tor 364-7c
An den Anlagen 364-7a
An der Badeanstalt 363-9d
An der Tränke 363-12b
An der Wasche 364-7d
Aßlarer Platz 363-9a
Asternweg 364-7b

Badergasse 364-7d
Bahnhofstraße 358-11c
Baruther Chaussee 364-11b
Baruther Straße 364-11a
Beethovenstraße 363-9a
Bergstraße 363-9a
Berliner Straße 364-2a
Bilkenrothweg 363-9a
Birkenweg 364-4c
Bischof-Wichmann-Straße 363-9b + 364-7a
Bleichhag 364-7c
Blumenweg 364-7b
Bochower Weg 363-12b
Brückenstraße 363-8a
Buchenweg 363-6d
Bülowstraße 363-8a
Bürgermühle 364-5d
Bullenwall 364-7b

Dahlienweg 364-4d
Damm 363-9c
Dennewitzer Straße 363-12b
Dorfplatz 365-11d
Dorfstraße (Neuhof) 358-9d
Dorfstraße (Neumarkt) 364-8c
Dorfstraße (Werder) 364-6b

Eichenweg 363-6d
Erlenbusch (8) 363-9d
Ettmüllerstraße 364-7a

Franz-Liszt-Straße 363-9b
Friedensstraße 363-8b
Friedrich-Ebert-Straße 363-9d + 364-7c
Fröhden 365-12c
Fröhdener Mühlenstraße 365-11d
Fröhdener Siedlung 365-11d
Fröhdener Straße 365-8d
Fuchsberge 363-9a + 364-4c
Gänseblümchenweg (1) 364-7b
Galgenberg 364-4c
Gartenstraße 364-7b
Gartenweg 363-8b
Geschwister-Scholl-Straße 364-7b
Gewerbering 364-4d
Goethestraße 364-7c
Große Kirchstraße 364-7d
Große Straße 364-7c
Grüna 358-10a
Grünaer Weg 364-4a
Grünstraße 364-7a
Gut Waldau 364-10b

Hauptstraße (Neumarkt) 364-8c
Haydnstraße 363-9a
Heffterstraße 364-7a
Heilig-Geist-Platz 364-7c
Herzberger Straße 364-11a
Hinter der Mauer 364-7c
Hohlweg 364-4d
Hug 364-7c
Hutungsweg 364-7a

Im Grund 364-4b
In den Kaupen 364-7b

Johann-Sebastian-Bach-Straße 363-9a
Jüterboger Straße (Grüna) 358-10c
Jüterboger Straße (Kloster Zinna) 364-2a
Jüterbog II 363-5d

Kaltenhausen 358-11d
Kapellenberg 363-6d
Kappan 363-8c
Kastanienweg 364-4c
Kiefernweg 363-6d
Kleine Kirchstraße (4) 364-7d
Kleingartenanlage Am Südhag 364-7c
Klostergasse (2) 364-7c
Klosterstraße 364-2a
Kloster Zinna 358-11d + 364-2b
König-Friedrich-Platz 364-2a
Kohlhasengasse 364-7c
Kreisbahnplatz 364-7a

Lazarettweg 363-8c
Leopoldring 364-4c
Lessingstraße 364-7a
Lilienweg 364-7b
Lindenstraße 363-8b
Lindenweg 364-7a
Luckenwalder Berg 364-4b
Luckenwalder Straße 364-7b
Luckenwalder Straße (Grüna) 358-10c

Markendorf 365-12a
Markendorfer Dorfstraße 365-8d
Markendorfer Eichenwald (1) 365-9c
Markendorfer Gutshof 365-8d
Markendorfer Siedlung 365-9c
Markendorfer Waldsiedlung 365-8b
Markt 364-7c
Mendelsohnstraße 363-9a
Millionenbrücke 363-6c
Mittelstraße 364-7c
Mittelstraße (Kloster Zinna) 364-2a
Mönchenkirchplatz (3) 364-7c
Mönchenstraße 364-7c
Mozartstraße 363-9d
Mühlenstraße 364-4d
Mühlenstraße (Kloster Zinna) 364-2b

Nelkenweg 364-5c
Neue Fröhdener Straße 365-11d
Neue Häuser 358-8d
Neues Lager 363-7a
Neuheim 363-3a
Neuheimer Weg 363-6d + 364-4c
Neuhof 358-9d
Neumarkt 364-8c
Nikolaikirchplatz (9) 364-7d
Nordweg 364-4a

Oberhag 364-7d

Parkstraße 363-8b
Petersiliengasse (6) 364-7c
Pferdestraße 364-7c
Planeberg 364-7d
Privatweg 364-11a
Promenade 364-7b

Quellenhof 364-11d

Richard-Wagner-Straße 363-9a
Rosenweg 364-4d
Rothes Meer 364-7d

Schillerstraße 364-7c
Schloßstraße 363-9a
Schmidtstraße (12) 363-8b
Schützenstraße 364-7b
Schulstraße 364-7d
Seerosenweg 364-7b
Siedlungsstraße 363-9b
Siedlungsweg 364-2a
Speicherweg 363-7b
Stegeweg 364-8c
Südhag 364-7c
Südweg 364-7c

Tauentienstraße 363-6c
Tauentzienstraße 363-8b
Teichstraße 363-9d
Töpfergasse (5) 364-7c
Treuenbrietzener Straße 363-4c
Triftstraße 364-7a
Tulpenweg 364-4d
Turmstraße 363-6d

Vorstadt Neumarkt 364-7d

Waldauer Weg 363-12b + 364-10a
Waldbröler Platz 363-9a
Waldsiedlung 365-9c
Wallstraße 364-2a
Weinberge 363-9a + 364-7a
Werder 364-3d
Werderscher Weg 364-4d
Weßlaustraße 363-8b
Wiesenstraße 363-9d
Wilhelm-Kempff-Weg 363-9a
Winzerhöhe 363-9a
Wursthof 364-7c

Ziegelei 363-11a
Ziegelstraße 364-7b
Zinnaer Straße 364-7c
Zinnaer Tor 364-7a
Zinnaer Vorstadt 364-7b
Zum Schießplatz 363-5d

Ketzin
PLZ 14669

Adolf-Diesterweg-Straße (6) 187-5d
Akeleiweg 187-4b
Albrechtstraße 187-5d
Alte Gärtnerei 161-4d
Am alten Wasserwerk 187-9a
Am Bahnhof 161-4a
Am Berg 186-3a
Am Deich 186-6b
Am Fährberg (7) 187-9c
Am Feldrain 161-4a
Am Markt 187-5d
Am Mühlenweg 187-5b
Am Schmähl 187-5d
Am Schützenplatz 187-9a
Amselweg 187-9a
Am Stadtpark 187-9a
Am Trebelsee 186-5b
An den Bleichwiesen 161-4c
An den Streuwiesen (1) 188-3b
An der Brücke 187-4b
An der Fähre 187-9c
An der Havel 187-9c
An der Hörnerbrücke 188-7b
An der Mühle 187-9b
An der Sandschelle 161-9c
An der Sandscholle 188-3b
An der Schleuse 188-7b
An der Stege (1) 187-5d
Anemonenweg 187-4b
Anneliesensteg (7) 187-4a
Apfelchaussee 188-1c
Asternweg (11) 187-4b
Auguststraße (5) 187-5d
Ausbau 162-12b

Badeweg 161-4d
Barschweg 187-1d
Baustraße 187-5c
Bergstraße 186-4d
Bergstraße (Zachow) 186-4d
Birkenweg (8) 187-4a
Blumenweg (6) 187-9a
Brandenburger Chaussee 186-6a
Brandenburger Weg 160-9b
Bruchweg 187-2c
Brückenkopf 187-1d
Brunnenstraße 187-9a

Dahlienweg 187-4b
Dorfstelle Knoblauch 161-12b
Dorfstraße 186-5c

Elsterweg 187-9c
Entenweg 187-1d
Erlenweg 187-4a
Ernst-Thälmann-Straße 160-6d
Eschenweg 187-4a
Etzin 161-9c
Etziner Dorfstraße 161-8d

Falkenrehde 162-11d + 188-2b
Falkenrehder Chaussee 187-5b
Feldstraße 187-5d
Fernewerder 187-1a
Fernewerder Weg 187-1c
Fischerstraße 187-5d
Fliederweg 161-4a
Forellenweg (1) 187-2c
Friedhofsweg 187-5d
Friedrich-Ludwig-Jahn-Weg 187-8b
Friedrichstraße 187-5d

Gartengasse 187-5b
Gartenstraße 161-4a
Gartenweg 162-12c
Gladiolenweg 187-4b
Grabenstraße (2) 187-5d
Grüner Weg 187-6c
Gutenpaaren 186-5c
Gutenpaarener Dorfstraße 186-4d
Gutenpaarener Havelweg 186-4d

Hainbuchenweg 161-4c
Hauptstraße 161-4a
Havelpromenade 187-5d
Havelstraße 187-4a
Havelweg 187-4a
Hechtweg 187-1d
Heerstraße 161-4c

Im Winkel (9) 187-4a

Johannesbeersiedlung 187-9a
Johann-Peter-Süßmilch-Stege 161-8d

Karl-Liebknecht-Straße (3) 187-5d
Karpfenweg 187-1d
Ketziner Bergstraße 187-9a
Ketziner Fliederweg (15) 187-4b
Ketziner Straße 188-3a
Kirchstraße (4) 187-5d
Kirschweg 161-7c
Klein-Venedig 187-4b
Kliemsiedlung 187-1b
Klinkerdamm 186-4b
Knoblaucher Chaussee 161-12d + 187-3b + 188-1a
Knoblaucher Landweg 161-9a
Knoblaucher Straße 188-4c
Knoblaucher Weg 162-12c
Königsweg 188-4c
Kombinat 188-2b
Krokusweg 187-4b
Kurze Straße 187-9a

Lerchenweg 187-9c
Lietzenweg (5) 187-1d
Lilienweg 187-4b
Lindenweg 162-10d

Möwenweg (3) 187-1d

Nauener Chaussee 187-5b
Nauener Landweg 161-4a
Nauener Straße 187-5b
Nelkenweg (12) 187-4b
Neuer Weg 188-7a
Neu Falkenrehde 162-10d + 188-2a

Pappelhain 187-4a
Paretz 188-7a
Paretzer Weg 188-1b
Paretzhof 188-4d
Paretz-Hofer-Straße 188-7a
Parkring 188-7a
Pferdewerderweg 186-6a
Plantagenstraße 187-5d
Plötzenweg 187-1d
Potsdamer Allee 162-12c + 188-3b
Potsdamer Straße 187-5d

Rallenweg (2) 187-1d
Rathausstraße 187-5d
Reiherweg 187-1d
Rosenweg (14) 187-4b
Rotkehlchenweg 187-9a
Rudolf-Breitscheid-Straße 187-5d

Schleiweg 187-1d
Schmiedetrift 161-4c
Schulstraße 161-4c
Schumachersiedlung 187-4a
Schumacherstraße 187-4a
Schwanenweg 187-1d
Schwarzer Landweg 160-3d
Schwarzer Weg 187-1b
Seeblickweg 187-1d
Seerosenweg (10) 187-4b
Siedlung 161-9a
Sonnenweg 188-3a
Steinstraße 187-9b
Stolp 188-5a
Straße der Jugend 162-12c
Straße zur Siedlung 161-9a

Tannenweg 161-4c
Taucherweg (4) 187-1d
Theodor-Fontane-Straße 187-9a
Tremmen 161-4a
Tremmener Landstraße 186-6a
Tremmener Landweg 161-9a
Tulpenweg 187-4b

Uetzer Weg 188-3b
Uferstraße 187-4a
Uferweg 187-9a
Ukeleiweg 187-1d
Ulmenallee 187-4a
Upstallweg 187-2d

Veilchenweg (13) 187-4b
Vor Ketzin 161-11b

Wachower Landstraße 160-6d
Wachower Weg 186-5a
Weidenweg 187-4a
Werderdammstraße 188-7a
Werdersche Straße 187-9a
Wickenweg (16) 187-4b
Wiesenweg 187-5b
Wilhelmstraße 187-5d

Zachow 186-5b
Zachower Ausbau 186-3c
Zachower Feldstraße 186-5b
Zachower Havelweg 186-5b
Zachower Straße 161-7a
Zanderweg 187-2a
Zaunkönigweg 187-9a
Zum Sportplatz 162-12c

Kleinmachnow
PLZ 14532

Adam-Kuckhoff-Platz 229-6a
Adolf-Grimme-Ring 229-9a
Ahornhof (4) 229-8d
Albert-Einstein-Ring 229-7b
Allee am Forsthaus 229-9c
Am Bannwald 229-6c
Am Bienenhaus 229-9a
Ameisengasse 229-8d
Am Fenn 229-6d
Am Fuchsbau 229-6c
Am Hochwald 229-8d
Am Kiebitzberg 230-7a
Am Kirschfeld 229-9a
Am Pferdegatter (9) 229-8c
Am Rund 230-4a
Am Wall 229-8c
Am Weinberg 229-9d
An der Koppel 229-8c
An der Schneise 229-6d
An der Stammbahn 229-5c
Arnold-Schönberg-Ring 229-9a
Auf der Breite 229-6d
Auf der Drift 229-9b
Auf der Reutte 229-6b
August-Bebel-Platz 229-9a

Bachweg 229-5c
Bäkehang 229-7c
Bäkemühle 229-12a
Bärlappsenke 229-8c
Beethovenweg 229-5d
Birkenhof (3) 229-8c
Birkenschlag 229-6b
Blachfeld 229-6d
Brahmsweg 229-5c
Brodberg 229-6a
Brunnenweg 230-7a

Celsiusstraße 229-7b
Clara-Zetkin-Straße 230-4c

Drachensteig 229-9a
Dreilindener Weg 229-7d
Driftkamp 229-9b

Eichenweg 230-4c
Eichhörnchenweg 229-8c
Elsternstieg 229-6b
Erlenweg 230-7a
Ernst-Thälmann-Straße 229-5d
Euro-Thyssen-Park 229-7b

Fahrenheitstraße 229-7d
Feldfichten 229-5d
Fichtenhof (8) 229-8d
Föhrenwald 230-4a
Förster-Funke-Allee 229-9a
Fontanestraße 229-9b
Franzosenfichten 229-6a
Friedensbrücke 229-9d
Friedrich-Kayssler-Straße (2) 229-9a

Gerhart-Eisler-Straße 230-7a
Geschwister-Scholl-Allee 229-9b
Ginsterheide 229-6b
Goethestraße 229-9a
Gradnauerstraße 230-4a
Grasweg 229-8a
Graue Weiden 229-6c
Grüne Gasse 229-5d

Haberfeld 229-5d
Haeckelstraße 230-4c
Hakeburg 229-9c
Hasenfurche 229-6d
Hasenkamp 229-9a
Heidefeld 229-8c
Heidereiterweg 229-5d
Heidereiterweg (1) 229-8b
Heideweg 230-4a
Heinrich-Heine-Straße 229-9a
Heinrich-Hertz-Straße 229-7b
Heinrich-Mann-Straße 230-4c
Hermann-von-Helmholtz-Straße 229-7b
Hinter dem Roggen 229-9a
Hirschwechsel 229-6d
Hohe Kiefer 229-8d
Hohes Holz 229-9b
Hufeisen 229-8c

Igelpfad 229-8c
Iltisfang 229-9b
Im Dickicht 229-6a
Im Hagen 229-6d
Im Kamp 229-9b
Im Tal 229-9d
Im Walde 229-5d

Jägerhorn 229-9b
Jägerstieg 229-6b
Johannistisch 229-5b

Käthe-Kollwitz-Straße 230-7a
Kanalweg 230-7a
Kapuzinerweg 230-4c
Karl-Marx-Straße 229-6c
Kastanienhof (5) 229-8c
Kiefernhof (2) 229-8c
Kiefernweg 230-7a
Klausenerstraße 230-4c
Kleine Eichen 229-6c
Kleine Wende 229-9b
Krümme 229-9a
Krumme Gehren 229-5d
Kuckuckswald 229-6a
Kurze Reihe (1) 229-9b
Kurzer Weg 230-7a

Langendreesch 229-6b
Lange Reihe 229-9a
Leite 229-8d
Lepckestraße 230-7a
Lerchenschlag 229-5d
Lessingstraße 229-8b
Lindenbahn 229-7a
Lindenhof (7) 229-8c
Lortzingweg 229-5d
Lupinenschlag 229-5d

Machaweg 230-4c
Machnower Busch 229-6b
Machnower Schleuse 229-8d
Märkische Heide 229-8a
Margarete Sommer-Platz 229-8b
Marktplatz 229-9a
Maxie-Wander-Straße 229-9a
Max-Planck-Allee 229-7b
Max-Reimann-Straße 230-7a
Medonstraße 230-4c
Meiereifeld 229-6d
Meisenbusch 229-6a
Mittebruch 229-9b
Mozartweg 229-5d

Neubauernsiedlung 229-5c

Oberberg 229-8d
Offenbachweg 229-5d

Pascalstraße 229-8a
Pilzwald 229-6a
Platanenhof (6) 229-8c
Promenadenweg 229-8c
Puschkinplatz 230-4c

Rehwinkel 228-9d
Reiterweg 229-8c
Richard-Strauss-Weg 229-5c
Ring am Feld 229-9a
Ringweg 230-7a
Robinienhof (1) 229-8c
Rodelberg 229-8b
Römerbrücke 228-9d
Rosenhag 229-6a
Roßberg 229-8b
Rudolf-Breitscheid-Straße 229-5c

Schillerstraße 229-8d
Schlehdornweg 230-4a
Schleusenweg 229-5c
Schmiedegasse 229-8c
Schubertweg 229-5c
Schwarzer Weg 229-9d
Seeberg 229-6b
Seemannsheimweg 230-4c
Seematen 229-6a
Sonnenhag 229-6b
Sperberfeld 229-5d
Stahnsdorfer Damm 229-8a
Steinweg 229-5d
Stolper Weg 229-7d
Straße der Jugend 229-9b

Tannengrund 229-7a
Teerofendamm 228-9d
Thomas-Müntzer-Damm 230-7a
Tiefer Grund 229-6c
Tschaikowskiweg 229-5d
Tucholskyhöhe 230-7a

Uhlenhorst 229-6b
Unterberg 229-8d

Wacholderweg 230-4c
Waldwinkel 229-8a
Wattstraße 229-8a
Weg ins Feld 229-9a
Weidenbusch 230-4a
Wendemarken 229-5d
Werner-Seelenbinder-Straße 229-8b
Wiesenrain 229-9a
Wilhelm-Külz-Weg 230-7a
Winzerweg 229-9d
Wolfswerder 229-6b

Zehlendorfer Damm 229-12b
Zum Kiefernwald 229-8c
Zum Mooskissen 229-8d
Zum Wetterhäuschen 229-9a
Zur Remise 229-8a

Kloster Lehnin
PLZ 14797

Ackerstraße 293-11a
Ahornweg 293-9d
Akazienhof 293-7d
Akazienweg 291-7b
Alte Bäckerstraße 293-11a
Alte Berliner Straße 294-2a
Alte Bliesendorfer Straße 259-7c
Alte Dorfstraße 293-11a
Alte Göhlsdorfer Straße 293-3d
Alte Heerstraße 256-7d
Alte Lehniner Straße 294-12a
Alte Lindenstraße 258-10b
Alte Michelsdorfer Straße 293-9b
Alte Schulstraße 258-7c
Altes Dorf 256-10d
Am Bahnhof 294-7a
Am Burgwall 293-2b
Am Chausseehaus (1) 258-11c
Am Dorfanger 291-7b
Am Einstich (1) 257-11c + 293-2a
Am Fischersberg 294-4d
Am Flachen Hahn 293-3b
Am Görnsee 292-2d
Am Gohlitzsee 294-10d
Am Hang 258-7b
Am Hasenkamp 294-8a
Am Kessel 294-7a
Am Klostersee 294-4d
Am Klostersteig 258-12b
Am Massivhauspark 292-3d
Am Mühlenberg 292-3c
Am See 257-11c + 293-2a
Amselweg 293-2a
Am Sportplatz 291-7a
Am Waldrand 294-11d
An den Rabstücken 292-1b
An der A2 293-2d
An der Alten Ziegelei 294-7a
An der Aue 294-12c
An der Feuerwehr (1) 293-11a
An der Reiherheide 294-4c
An der Zeistritz 258-12b
Ausbau 293-3d

Bäckerstraße 292-1b
Bahnhofsallee 291-7c
Bahnhofstraße 294-7a
Beelitzer Straße 294-5c
Beethovenstraße 294-7c
Belziger Chaussee 293-9d
Belziger Straße 294-7c
Bergstraße 258-7a
Berliner Straße 258-10b
Birkenweg 293-10a
Bliesendorfer Straße 294-12a
Bochower Plan 258-4b
Brandenburger Straße 293-8c
Brücker Straße 294-12a

Cammerscher Weg 292-1b
Chausseestraße 293-11c

Damsdorf 258-10b
Damsdorfer Chaussee 294-4d
Damsdorfer Hauptstraße 258-7c
Damsdorfer Straße 258-9d
Deichstraße 294-5c
Derwitzer Straße 259-7c
Doberow 293-6c
Dorfanger 292-3c
Dorflage 256-10c
Dorfstraße 293-3c
Drosselweg 293-2a

Eichelhof 293-3d
Emstal 294-12c
Emstaler Hauptstraße 294-12a
Emstaler Landstraße 294-7b
Emstaler Straße 294-8b
Emstaler Weg 259-7c

Feldstraße (Rietz) 256-7b
Fichtenhang 293-9d
Finkenweg 293-2b
Friedensstraße 294-7c
Friedensweg 291-7d
Friedhofsweg 294-11b
Fuchsbau 293-9d

Gartenstraße 293-1c
Gartenweg 293-3c
Gewerbegebiet Rietzer Berg 255-6d
Gewerbehof 290-3d
Göhlsdorf 259-7c
Göhlsdorfer Straße (Damsdorf) 258-8c
Görnseestraße 292-3c
Goethestraße 294-7b
Göttiner Landstraße 290-6b
Göttiner Straße (Rietz) 256-7b
Gohlitzhof 294-10d
Gohlitzstraße 294-7c
Golzower Straße 291-7d
Golzower Weg 293-1c
Grabenstraße 257-9c
Grebs 292-3c
Grebser Feldstraße 292-6a
Grebser Straße 292-1b
Großheide 294-10c
Grüner Weg 293-9d

Hasenkampstraße 294-4d
Heckenweg 293-9d
Heidehaus 294-1c
Heidehof 294-4a
Hirsebergstraße 294-7c
Hohes Steinfeld 295-10a
Hohlweg 293-9d + 294-7c

Im Gang 259-7c
Im Wiesengrund 292-2d
Im Winkel 293-3d

Kaltenhausen 293-6d
Kiefernweg 258-10d
Kietzstraße 293-11a
Kirchsteig 294-7a
Kirchstraße 259-7c
Kirschallee 293-11a
Kirschenallee 293-10b
Kleine Gartenstraße 290-6b
Kleine Gasse 294-12a
Klostergrund 294-4c
Klosterkirchplatz 294-7b
Klostertrift 293-1b
Konsumgasse (1) 293-1b
Krahne 291-7d
Krahner Hauptstraße 291-7d
Krahner Straße 291-4a
Krausestraße 294-7c
Kurfürstenstraße 294-7b
Kurze Straße 293-11a

Lehnin 294-5c
Lehniner Allee 258-12b
Lehniner Chaussee 293-1c
Lehniner Straße 258-11c
Lerchenweg 293-2a
Lerchenwinkel (1) 293-9b
Lindenallee 293-9d
Lindenstraße 294-7c
Lindenweg 291-7b

Markgrafenplatz 294-7b
Marktplatz 294-7b
Meisenweg 293-2a
Meßdunk 290-9a
Meßdunker Straße 290-6b
Michelsdorf 293-10b
Michelsdorfer Landstraße 292-6a
Michelsdorfer Straße 293-6a
Mittelstraße 259-7c
Mittelweg 293-3c
Möllendorfer Weg 258-9d
Mühlenberg 293-6c + 294-7a
Mühlendamm 293-1b + 294-4d
Mühlensteig 259-7c
Mühlenstraße 258-7c

Nachtigallweg 293-3b
Nahmitz 293-6a
Nelkenweg 293-3c
Netzen 293-1a
Netzener Dorfstraße 293-1a
Netzener Straße 292-3c
Neue Bliesendorfer Straße 259-7d
Neue Bochower Straße 258-7d
Neuer Weg 256-8a
Neue Straße 292-1a
Neuhäuserstraße 294-4d
Neusiedlerstraße 257-8b

Pappelallee 293-9d
Pernitzer Straße 292-1b
Plantagenweg 258-5c
Plötziner Straße 259-7c
Potsdamer Straße 294-5c
Prützke 256-10d + 292-1b
Prützker Straße 256-7d
Puschkinstraße 294-7c

Rädeler Straße 293-11b
Reckahn 291-4a
Reckahner Dorfstraße 290-6b
Reckahner Straße 291-7b
Resauer Weg 259-7c
Rietz 256-7b
Rietzer Damm 256-10d
Rietzer Dorfstraße 256-8a
Robinienweg 293-9b
Rosenweg 293-3c
Rotscherlinde 291-6b
Schenkenberger Straße 257-9c
Schlichtingstraße 294-4d
Schloss Reckahn 290-6a
Schmiedestraße 257-9c
Schulstraße 293-1b
Seeblick 293-3d
Seestraße 293-1b
Siedlung 294-7a
Siedlungsstraße 291-1c
Siedlungsweg 293-10a
Sperlingsweg 293-2a
Stadtweg 258-9d
Straße zum Kombinat 293-1a

Tornower Straße 293-11a
Trechwitz 257-8d
Trechwitzer Straße 258-7c
Triftstraße 259-7c
Tulpenweg 293-3c

Von-Knobelsdorff-Straße 257-9c

Waldsiedlung 294-9a
Waldstraße 292-1b
Waldweg 291-4a
Weg zum Friedhof 292-6b
Weg zum Reitplatz 292-1b
Weinbergweg 293-6d
Werkstraße 292-1b
Wiesenweg 294-7a
Wildacker 293-9b
Wohnpark Havelland 258-8c
Wohrenweg 259-7d

Zum Bahnhof 290-6b
Zum Fenn 258-10b
Zum Fließgraben 294-8b
Zum Lerchenberg 256-7b
Zum Mühlenberg 293-11b
Zum Sportplatz 258-10b
Zum Tiefen Eck 257-11d
Zum Traumsee 293-12b + 294-7c
Zum Trechwitzer Berg 257-8d + 293-3a
Zum Wald 293-1d
Zur Festwiese 292-1b
Zur Vogelwarte 257-11a

Königs Wusterhausen

15712 Ahornallee 309-6c
15711 Ahornstraße 308-9a
15711 Ahornweg (Neue Mühle) 309-4a
15713 Ahornweg (Ziegenhals) 273-1b
15712 Akazienallee (Senzig) 309-6d
15711 Akazienweg 308-4d
15711 Alexander-Popow-Straße 308-2c
15713 Alte Dorfstraße 237-11d
15711 Alte Försterei 308-8b
15711 Alte Hauptstraße 308-11b
15711 Alte Plantage 40-B1 + 308-5b
15712 Alte Trift 309-2b
15711 Am Aalfang 40-B2
15711 Am Amtsgarten 40-A2 + 308-5c
15711 Am Anger 308-4a
15712 Am Anger (Senzig) 309-6d
15711 Am Bahndamm 329-1a
15712 Am Bahndamm (Kablow) 310-1c
15713 Am Bahnhof 308-3d
15711 Am Denkmalplatz 307-6d
15711 Am Erlengrund 308-8b
15711 Am Feld 309-10c
15711 Am Feldrain (3) 308-11d
15712 Am Fließ 309-6d
15711 Am Flutgraben 307-6b
15713 Am Fuchsberg 308-3d
15712 Am Graben 273-12d
15713 Am Gräbchen 237-11d
15713 Am Großen Zug 273-4a
15711 Am Güterbahnhof 308-8b
15711 Am Gut (Zeesen) 308-12a
15711 Am Hang 308-4b
15713 Am Kanal 237-12a
15711 Am Kiefernhain 309-4b
15711 Am Krebssee 308-8b
15712 Am Krüpelsee 309-6b
15711 Am Krummensee 308-11c
15712 Am Lankensee 273-12d
15713 Am Luch (Niederlehme) 272-12d
15711 Am Luch (Zeesen) 308-8b
15713 Am Möllenberg 308-3d + 309-1a
15711 Am Mühlenfeld 308-5a
15711 Am Nordhafen 308-2d
15711 Am Nottefließ 308-4d
15711 Am Nottekanal 40-A2 + 308-5c
15711 Am Park 309-4a
15711 Am Pennigsberg 308-4a
15711 Am Preul 308-4c
15712 Am Rehgrund (1) 273-12c
15713 Am Sandberg 273-1b
15712 Am Schiedeholz 309-6c
15711 Am Schlosspark 308-12a
15712 Am Schmulangsberg 309-2b
15712 Amselgrund 309-6c
15712 Amselgrund (Zernsdorf) 309-2d
15713 Amselhain (9) 273-1c
15711 Amselsteg (Zeesen) 328-3b
15711 Amselweg 308-4d
15712 Amselweg (Kablow) 310-1c

15713 Amselweg (Niederlehme) (1) 308-3b
15711 Am Steinberg 308-10d + 328-1b
15712 Am Stujangsberg 309-2c
15711 Am Teich 309-4a
15711 Am Tiergarten (Zeesen) 308-9a
15711 Am Todnitzsee 328-3d
15711 Am Wald 309-10d
15711 Am Waldrand 328-2a
15711 Am Wasserwerk 308-6c
15711 Am Weinberg 308-4a
15713 Am Werder 237-11d
15712 Am Wiesengrund 309-6c
15711 Am Wiesenrain (Zeesen) 308-9c
15711 Am Windmühlenberg 308-4b
15712 Am Wukrosch 309-4d
15711 An der Aue 328-2b
15712 An der Bahn 309-5b
15712 An der Chaussee 309-5d
15711 An der Eisenbahn 308-5b
15713 An der Fähre (1) 272-12c
15711 An der Forst 308-6c
15711 An der Koppel 307-6b
15712 An der Lanke 309-3a
15711 An der Obstwiese 308-11d
15713 Anglerweg 308-3c
15711 Apfelweg 308-5b
15711 Apfelweg (2) 308-11d
15712 Asternsteg (3) 309-3a
15711 Asternstraße 308-11b
15713 Asternweg (4) 273-2a
15713 August-Bebel-Ring 309-1c
15713 August-Bebel-Ring (Niederlehme) 308-3d
15713 August-Bebel-Straße (Wernsdorf) 237-12c
15711 August-Bebel-Straße (Zeesen) 308-10d

15713 **B**achstelzenweg 273-1b
15711 Bachstraße 308-4a
15712 Badeweg 273-12c
15711 Bahnhofstraße 40-A2 + 308-5b
15712 Bahnhofsweg 309-5b
15713 Barbenweg 273-1d
15713 Barschweg 273-1d
15712 Bebelstraße 309-7a
15713 Bergring 309-1c
15711 Bergstraße 308-4a
15713 Bergstraße (Niederlehme) 308-3d
15712 Bergstraße (Waldesruh) 309-7c
15711 Bergweg (Zeesen) 308-11d
– Berliner Ring 308-3a
15711 Berliner Straße 308-4a
15711 Berliner Weg 307-6a
15711 Bertolt-Brecht-Straße 40-A3 + 308-5c
15711 Bettina-von-Arnim-Straße 308-7b
15712 Bindowbrück 310-8a
15711 Bindower Straße 329-1a
15712 Bindower Weg 310-4a
15711 Birkenallee (Neue Mühle) 309-4a
15712 Birkenallee (Senzig) 309-6c
15712 Birkensteg 309-3c
15713 Birkenstraße (Niederlehme) 273-4a
15711 Birkenweg 308-4b
15712 Birkenweg (Kablow-Ziegelei) 273-12b
15713 Birkenweg (Ziegenhals) 273-1b
15712 Blackbergstell 310-1c
15711 Blumenstraße 308-11c
15711 Brandenburgische Straße (1) 329-1a
15711 Brückenstraße 40-B1 + 308-5b
15712 Brunhildstraße 309-7a
15713 Buchfinkenweg (2) 273-2a
15711 Bürgerswalde 308-12c + 328-3a
15711 Bürgerswalder Straße (Zeesen) 308-12c + 328-3a
15712 Buersweg 309-2c

15711 **C**arl-Kindler-Straße 308-7b
15711 Chausseestraße (Deutsch Wusterhausen) 307-6c
15712 Chausseestraße (Senzig) 309-7a
15711 Clara-Schumann-Straße 308-4a
15712 Clara-Zetkin-Straße (1) 309-4d
15711 Cottbuser Straße 40-A2 + 308-5d
15713 Crossinstraße 273-1c

15712 **D**ahliensteg (2) 309-3a
15711 Dahlienstraße 308-11d
15713 Dahlienweg 273-2a
15713 Dahmestraße 308-6b
15712 Dannenreicher Straße (Kablow) 310-4a
15712 Dannenreicher Weg (Kablow-Ziegelei) 273-12b
15711 Deutsch Wusterhausen 307-6d + 308-4c
15711 Diepensee 307-6a
15712 Dietrichstraße 273-11d
15711 Dr.-Hans-Bredow-Straße 308-2c
15711 Dorf 308-9c
15713 Dorfanger (Niederlehme) 272-12d
15712 Dorfaue (Kablow) 310-4c
15711 Dorfaue (Zeesen) 308-12a
15713 Dorfstraße 237-11b
15711 Dorfstraße (Diepensee) 307-6b
15712 Dorfstraße (Kablow-Ziegelei) 273-12b
15711 Dostweg 308-4d
15711 Dostweg (Zeesen) 328-3b
15712 Drosselgrund 309-2b
15713 Drosselweg (Neue Mühle) 308-6b
15712 Drosselweg (Waldesruh) 309-7c
15713 Drosselweg (Ziegenhals) 273-1c
15711 Dubrower Straße 308-7d

15712 **E**ckhardstraße 309-2b
15711 Eibenweg 308-11c
15711 Eichenallee 40-A2 + 308-5d
15711 Eichenweg 308-4a
15712 Eichenweg (Zernsdorf) 309-2c
15712 Einsiedelweg 309-3c
15711 Eisenbahnstraße 308-8b
15712 Elfensteg 309-6d
15711 Erich-Kästner-Straße 40-A3 + 308-5c + 328-3a
15711 Erich-Weinert-Straße 308-8a
15713 Erich-Weinert-Straße (Niederlehme) 308-3d
15711 Erlenweg (Neue Mühle) 309-4a
15713 Erlenweg (Ziegenhals) 273-1b
15712 Erwin-Hahs-Straße 309-5a
15711 Eschenweg 308-9c

15712 **F**ährweg 309-4b
15713 Falkenweg 273-2a
15711 Fanggraben 328-3d
15713 Fasanenring 308-3c
15711 Fasanenweg 308-6b
15713 Fasanenweg 273-1c
15712 Feldstraße 309-2d
15712 Feldweg 310-1c
15711 Ferdinand-Braun-Straße 308-5a
15711 Fichtenweg (7) 328-2a
15711 Fichtestraße 40-B3 + 308-5d
15712 Finkengrund 309-2b
15712 Finkenstraße 309-7c
15712 Fischerweg 310-4a
15711 Fliederstraße 308-11b
15711 Fliederweg 308-5b
15712 Fliederweg (Senzig) 309-6c
15713 Fliederweg (Ziegenhals) 273-2a
15711 Florastraße 308-11d
15712 Flurweg 273-11d
15711 Föhrenweg (6) 328-2a
15712 Fontaneallee (2) 309-6d
15711 Fontaneplatz 308-8a
15711 Fontanestraße 40-A3 + 308-5c
15712 Fontanestraße (Kablow) 309-6b
15713 Forellenweg (6) 273-1d
15712 Forstallee (2) 273-12c
15712 Friedensaue 309-6a
15713 Friedenstraße (Niederlehme) 272-9b
15712 Friedenstraße (Senzig) 309-6d
15712 Friedersdorfer Straße 273-12d
15713 Friedhofstraße 237-11d
15712 Friedhofsweg 309-7b
15711 Friedrich-Ebert-Straße 308-6b
15711 Friedrich-Engels-Straße 40-B3 + 308-5d
15713 Friedrich-Engels-Straße (Niederlehme) 272-9b
15712 Friedrich-Engels-Straße (Zernsdorf) 309-6a
15712 Friesenstraße 309-3a
15713 Fürstenwalder Straße 309-4a
15711 Fürstenwalder Weg 309-1c
15711 Funkerberg 308-2c

15711 **G**artenstraße 309-4b
15711 Gartenweg 40-A1 + 308-5a
15713 Gartenweg (Niederlehme) 308-3a
15711 Gerhart-Hauptmann-Straße 308-8a
15711 Gerichtsstraße 40-B1 + 308-5b
15711 Gertrudenstraße 309-4a
15711 Goethestraße 308-5c
15713 Goethestraße (Niederlehme) 308-3d
15712 Goethestraße (Senzig) 309-4d
15711 Goldregenstraße 308-11c
15713 Gräbchen 237-11c + 273-2a
15712 Gräbendorfer Straße 308-9b
15711 Grenzweg 308-4b
15711 Grünauer Forst 308-7d
15711 Grüner Weg 308-6c
15712 Grüner Weg (Senzig) 309-7b
15711 Grünewaldstraße 308-7d
15711 Grünfinkenweg 308-4d
15711 Grünfinkenweg (Körbiskrug) 309-10c
15711 Grünstraße 308-11b
15712 Gudrunstraße 309-7a
15712 Gunterstraße 309-2b
15712 Gussower Straße 309-7b
15712 Gutsstraße 273-12d

15713 **H**aasestraße 237-12c
15711 Händelstraße 308-4a
15713 Hänflingweg 273-1b
15711 Hafenstraße 308-6a
15713 Hafenweg 273-1b
15712 Hagenstraße 309-2b
15711 Hangweg 328-2b
15712 Hasenheide 310-4a
15712 Hasensprung (1) 309-6d
15711 Hauptstraße (Diepensee) 307-6b
15713 Hechtweg 273-1d
15711 Hegemeisterring 308-4d
15713 Heidegrund 309-1c
15712 Heidestraße 309-5d
15712 Heideweg (Kablow) 310-1a
15711 Heideweg (Neue Mühle) 309-4a
15712 Heideweg (Zernsdorf) 309-2b
15711 Heinrich-Heine-Straße 308-8a
15712 Heinrich-Heine-Straße (Kablow) 309-6b
15713 Heinrich-Heine-Straße (Niederlehme) 308-6b
15711 Heinrich-Hertz-Straße 308-5a
15711 Heinrich-von-Kleist-Straße 308-7b
15711 Heinrich-Zille-Straße 309-10c
15711 Herderstraße 308-8a
15712 Herderstraße (Senzig) 309-4d
15711 Hermann-Voigt-Straße 308-4d
15712 Hinterkietz 309-3c
15712 Hochstraße 309-2d
15711 Hoherlehmer Straße 307-3d

15711 **I**m Eck 328-2b
15711 Im Eck (Neue Mühle) (2) 309-4a
15712 Im Gehölz 309-5d
15711 Im Gewerbepark 308-8d
15711 Im Gewerbepark II 308-8d
15711 Im Wiesengrund 308-2d
15713 Im Winkel (Wernsdorf) 237-11d
15713 In den Höfestücken 272-12c
– Industriegebiet Niederlehme 273-10c
15713 Inselweg 272-12a
15712 Iris-Hahs-Hoffstetter-Straße 309-5a
15711 Isolde-Hauser-Straße 308-5a

15712 **J**ägersteig 309-9a
15711 Jahnstraße 40-B3 + 308-5d
15712 Jahnstraße (Zernsdorf) 309-2b
15711 Johannes-R.-Becher-Straße 40-A3 + 308-8a
15713 Jovestraße 237-11d

15712 **K**ablow 309-6b + 310-1c
15712 Kablower Chaussee 309-3c
15712 Kablower Straße 273-12d
15713 Kablower Weg 237-11d
15712 Kablow-Ziegelei 273-12a + 274-10c
15711 Käthe-Kollwitz-Straße 308-8a
15711 Kamerun 329-1a
15711 Kameruner Straße 329-1a
15711 Karl-Liebknecht-Straße 308-8b
15711 Karl-Marx-Straße 40-B3 + 308-5d
15713 Karl-Marx-Straße (Niederlehme) 272-12d + 308-3b
15712 Karl-Marx-Straße (Zernsdorf) 309-4b
15712 Karlsweg 309-2d
15712 Kastanienweg (1) 310-4a
15713 Kiefernstraße 308-6b
15711 Kiefernweg 308-5b
15712 Kiefernweg (Kablow-Ziegelei) 273-12b
15713 Kiefernweg (Ziegenhals) 273-1b
15711 Kirchplatz 40-A1 + 308-5a
15711 Kirchsteig 40-B2 + 308-5b
15713 Kirchsteig (Ziegenhals) 237-11d
15713 Kirchstraße 272-12d
15712 Knorrsweg 309-5b
15711 Köpenicker Straße 40-B1 + 308-5b
15711 Körbiskrug 328-3b
15712 Körbiskruger Straße 309-7c
15711 Kornblumenweg (4) 308-11d
15711 Kranichweg 308-9c
15712 Kriemhildstraße 309-7a
15711 Krimnickallee 309-4a
15711 Kronenhof 308-8b
15712 Krüpelweg 309-5b
15711 Krumme Straße 328-3c
15711 Kuckucksweg 308-12c
15711 Küchenmeisterallee 309-4a
– Kurpark 309-2b
15711 Kurze Straße 328-3a

15711 **L**ärchenweg 328-2a
15712 Landhausstraße 309-4b
15712 Lankensteg (6) 309-3c
15713 Lerchenweg 273-1c
15712 Lessingstraße 309-4d
15712 Libellenweg 309-5d
15713 Liebknechtstraße 272-9b
15711 Lilienstraße 308-11b
15713 Lindenstraße (Niederlehme) 308-6b
15712 Lindenstraße (Senzig) 309-4d
15711 Lindenstraße (Zeesen) 308-9a
15711 Lindenweg (Neue Mühle) 309-4a
15712 Lindenweg (Zernsdorf) 309-2d
15711 Luchblick 308-9c
15712 Luchstraße 308-9b + 309-7c
15711 Luckenwalder Straße 308-7d
15711 Lübbener Straße 329-1a

15711 **M**ärkischer Platz 329-1a
15711 Märkische Zeile 308-7b
15711 Margeritenweg (1) 308-11d
15713 Mauerstraße 308-3d
15711 Maxim-Gorki-Straße 40-B3 + 308-5d
15711 Max-Werner-Str 40-B1 + 308-5b
15713 Meisenring (2) 308-3b
15713 Meisenweg 273-2a
15713 Mittelstraße (Niederlehme) 308-3d
15711 Mittelstraße (Zeesen) 308-11c
15712 Mittelstraße (Zernsdorf) 309-2c
15711 Mittelweg 308-4b
15713 Möwenweg 273-1c
15711 Mohnblumenweg (5) 308-11d
15712 Mühlenweg 309-6b

15712 **N**elkensteg (4) 309-3a
15713 Nelkenweg 273-2a
15712 Neptunstraße 309-6c
15711 Neu Kamerun 329-1a
15713 Neu Zittauer Straße 237-12a
15713 Niederlehmer Chaussee 237-11d + 273-2a
15712 Niederlehmer Straße (Zernsdorf) 309-2d
15713 Niederlehmer Straße (Ziegenhals) 273-4a
15711 Nielsenstraße 308-4a
15711 Nikola-Tesla-Straße 308-2c
15712 Nixenweg 309-6d
15711 Nordstraße (Zeesen) 328-2a
15712 Nordstraße (Zernsdorf) 273-11d
15713 Nußbaumweg 272-9d

15713 **P**appelallee (Niederlehme) 308-3d
15712 Pappelallee (Siedlung Waldesruh) 308-9d
15711 Pappelweg (Neue Mühle) 309-4a
15713 Pappelweg (Ziegenhals) (3) 273-2a
15712 Parkallee 309-2d
15712 Parkpromenade 309-4d
15711 Parkstraße 309-10c
15713 Paul-Malzahn-Straße 308-6b
15712 Pflaumenallee 309-2c
15712 Pirolweg 309-7c
15711 Pirschgang 308-4c
15712 Platanenallee 309-3c
15713 Plötzenweg (7) 273-1d
15712 Poseidonstraße 309-6c
15711 Potsdamer Ring 308-5a
15711 Potsdamer Straße 40-A2 + 308-4b
15711 Puschkinallee 328-2a

15713 **R**athenaustraße 308-6b
15713 Rehstraße 308-3d
15712 Ringstraße (Senzig) 309-4d
15711 Ringstraße (Zeesen) 308-11c
15713 Robert-Guthmann-Straße 309-1a
15712 Robinienweg 309-3a
15711 Rosa-Luxemburg-Straße 308-7b
15712 Rosensteg (1) 309-3c
15711 Rosenstraße 308-11d
15711 Rosenweg (Neue Mühle) 309-4a
15713 Rosenweg (Ziegenhals) 273-2a
15712 Rosseggerstraße 309-5d
15711 Rotberger Straße 307-6b
15712 Rotdornstraße (Siedlung Waldesruh) 308-9d
15711 Rotdornstraße (Zeesen) 308-9c
15713 Rotschwänzchenweg (1) 273-1b
15712 Rütgerstraße 309-5a

15711 **S**aarstraße 308-9c
15711 Scheederstraße 308-4d
15711 Schenkendorfer Flur 308-7b
15711 Schenkenlandstraße 308-7d
15711 Schillerstraße 308-5c
15712 Schillerstraße (Senzig) 309-4d
15712 Schillingstraße 309-3a
15713 Schleiweg (8) 273-1d
15713 Schleusenidyll 237-12a
15711 Schloßplatz 40-A1 + 308-5a
15711 Schloßstraße 40-A1 + 308-5a
15711 Schorfheider Straße 308-7d
15711 Schütte-Lanz-Straße 308-8b
15711 Schulstraße (Zeesen) 308-9c
15713 Schulstraße (Ziegenhals) 273-4c
15711 Schulweg 308-5a
15711 Schwarzer Weg (1) 308-5a
15713 Schwarzer Weg (Ziegenhals) 273-1c
15711 Seeblick 308-9c
15712 Seeblickstraße 309-5b
15713 Seeidyll 329-1a
15712 Seekorso 309-2b
15713 Seepromenade 273-2a
15712 Seesteg 310-4c
15711 Seestraße 308-12a
15711 Seestraße (Neue Mühle) 309-4b
15713 Seestraße (Niederlehme) 272-6d
15713 Seestraße (Zernsdorf) 309-2d
15712 Segelfliegerdamm 309-2c
15712 Seglersteg 309-5a
15711 Senzig 309-8b
15711 Senziger Straße 329-1a
15712 Senziger Weg 309-4b
15711 Siedlerweg 308-6c
15713 Siedlung Modderberg 273-2a
15712 Siegfriedstraße 309-3a
15711 Siemensstraße 308-4a
15713 Skabyer Straße 237-12c
15713 Sonnenweg 273-1d
15712 Sonnenweg (Senzig) 309-6d
15711 Sonnenweg (Zeesen) 308-11d
15713 Sonnenweg (Ziegenhals) 273-1b
– Sportpark 40-A2
15713 Spreenhagener Straße 272-12b
15711 Spreewaldallee 308-7b
15711 Spreewaldstraße 328-3a + 329-1a
15711 Steinbergsiedlung 308-11c
15713 Steinfurter Straße 237-12a
15711 Storkower Straße 40-B2 + 308-5b
15713 Storkower Weg 237-11d
15713 Storkower Weg (Niederlehme) 272-12d
15713 Strandpromenade 273-1b
15712 Strandweg (Zernsdorf) 309-5b
15712 Straße A 309-1d
15713 Straße der AWG 308-3a
15711 Strohmathen 308-4c

15712 **T**alstraße 309-10a
15711 Tannenweg 328-2a
15711 Teupitzer Straße 329-1a
15711 Tiergartenstraße (Neue Mühle) 308-6d
15713 Triftstraße (Niederlehme) 272-12d
15712 Triftstraße (Zernsdorf) 309-6a
15711 Triftweg 307-6d
15712 Triftweg 309-6b

15712 **U**ckley 274-7d
15711 Uferpromenade 308-6b
15712 Uferpromenade (Zernsdorf) 309-3a
15713 Uferpromenade (Ziegenhals) 273-1b
15712 Ufersteg 309-3a
15712 Uferstraße (Senzig) 309-6c
15711 Uferstraße (Zeesen) 308-9d
15713 Uferweg 273-4a
15712 Ukleisteg (5) 309-3c
15713 Ukley 274-7d
15711 Ulmenstraße 308-9c
15711 Ulmenweg 308-4b
15712 Undinestraße 309-5a
15712 Unter den Eichen (Senzig) 309-6d
15711 Unter den Eichen (Zeesen) 308-9c
15712 Unter den Kiefern 309-5d

15712 **V**orderkietz 309-6a

15712 **W**acholderweg 309-5d
15712 Wachtelweg (3) 309-6d
15712 Waldallee 309-2c
15713 Waldeck 273-2b
15712 Waldsiedlung (Kablow-Ziegelei) 273-12d
15713 Waldsiedlung (Wernsdorf) 237-12c
15711 Waldstraße 308-11c
15712 Waldstraße (Senzig) 309-6c
15711 Weg am Krankenhaus 40-B1 + 308-5b
15713 Weg am See 273-1d
15711 Weg am Tonsee 329-1a
15713 Weg zum See 273-2a
15711 Weidendamm 308-12a
15712 Weidengrund 309-2d
15711 Weidenufer 40-A2 + 308-5a
15711 Weihersteg 309-4a
15712 Wendenstraße 309-7c
15713 Werderdamm 272-9c
15713 Werftstraße (Niederlehme) 308-3c
15712 Werftstraße (Senzig) 309-4d
15712 Wernsdorfer Straße (Kablow-Ziegelei) 273-12b
15713 Wernsdorfer Straße (Niederlehme) 272-12b
15712 Wiesendamm 308-9d
15713 Wiesenring 272-12d
15711 Wiesenstraße 40-A3 + 308-5c
15711 Wiesenweg 308-12a
15712 Wildpfad 309-6c
15711 Wilhelm-Busch-Straße 329-1a
15713 Wilhelm-Külz-Straße 308-6b
15713 Wilhelmshöhe 308-3b
15711 Wüstemarker Straße 308-7d
15712 Wustroweg 309-5a

15713 **Z**anderweg (5) 273-1d
15711 Zeesen 308-11a
15712 Zernsdorf 309-5b
15712 Zernsdorfer Straße (Kablow) 309-3d
15711 Zernsdorfer Straße (Neue Mühle) 308-6b
15713 Zernsdorfer Straße (Niederlehme) 308-3b
15712 Ziegeleier Straße (Kablow) 309-3d
15712 Ziegeleier Straße (Kablow-Ziegelei) 273-12d
15713 Ziegenhals 273-1d
15711 Zossener Straße 329-1a
15712 Zum Bahnhof 309-5b
15712 Zum Bahnhof (Kablow) 310-1c
15713 Zum Großen Zug 273-4a
15712 Zum langen Berg (Zernsdorf) 309-2d
15711 Zum Priestergraben 308-5d
15712 Zur alten Werft 309-4d
15712 Zur alten Werft (Zernsdorf) 309-5b
15712 Zur Heide 309-1d
15713 Zyklamenweg 273-2a

Kremmen
PLZ 16766

Ahornweg 78-3c
Alte Dorfstraße 77-6d
Alte Hamburger Poststraße 77-7d
Alte Kietzstraße 60-10a
Alte Poststraße 77-7a
Alte Wallstraße 60-10a
Alte Ziegelei (1) 60-10d
Amalienfelde 78-3a
Amalienfelder Weg 78-1a
Am Bahnhof 77-7a
Am Eichenhain 77-4c
Am Elsholz 77-3a
Am Fließ 60-10b
Am Gutsfeld 77-7a
Am Gutshof (1) 77-7a
Am Hörstegraben 60-8a
Am Kanal 60-8a
Am Kietz 76-6d
Am Markt 60-10a
Am Mühlenweg 76-6d
Am Rhinluch 76-3c
Am Ruppiner Kanal 61-4b
Am Schloßpark (1) 77-8b
Am Schöpfgraben 60-7a
Am Speicher 77-5d
Am Steinberg 77-8b
An der Mühle 60-10d
An der Trabrennbahn (3) 77-8b
An der Windrose (2) 77-8b

Baustraße 60-10a
Behrensbrück 62-4d
Bergstraße 77-5d
Berliner Chaussee 60-10d + 78-2a
Berliner Chaussee (Amalienfelde) 78-2d
Berliner Straße 60-10b
Binningsweg 60-7d
Birkenweg 60-7b
Burgweg 60-10a

Charlottenau 77-2d

Dammstraße 60-10a
Dehmelweg 60-7d
Döringsbrück 61-4b
Döringsbrücker Weg 61-3a
Dorotheenhof 77-1b

Eichenweg 78-2d
Erlenweg 61-1a

Flatow 76-6d
Flatower Straße 77-5c
Fontaneweg 60-7c
Friedhofsweg 60-1b
Frohe Zukunft 77-5d

Gartenstraße 60-10a
Gartenweg 77-4a
Germendorfer Straße 62-4d
Gewerbegebiet „Am Elsholz" 59-12c
Grabenstraße 60-10a
Groß-Ziethen 77-6d + 78-4c
Groß Ziethener Straße 77-5d
Groß-Ziethener Weg 78-1a
Groß-Ziethener-Weg 60-10d

Hadamm 78-4c
Hauptstraße 76-6d + 77-4c
Heideweg 77-7a
Hohenbruch 61-2b
Hohenbrucher Dorfstraße (Johannistal) 61-1b

Im Luch 59-12c
Im Park 60-10a

Johannisthal 61-1a

Kiefernweg 78-2d
Kirchplatz 60-10a
Kirchstraße 60-10a
Klein-Ziethener Weg 78-2d
Knödels Hof 58-3a
Kremmener Straße 60-1b
Kremmener Weg 78-4c
Kuh-Damm 77-6d
Kuhhorster Straße 76-6d
Kuhsiedlung 77-2a
Kurzer Damm 60-10a

Lerchenweg 60-10b
Lindenbaum 78-4c
Lindenstraße 77-7a

Langewahl
PLZ 15518

Lebus
PLZ 15326

Leegebruch
PLZ 16767

Luckenwalde
PLZ 14943

Ludwigsfelde
PLZ 14974

Gaggenauer Straße 302-12a
Gartenstraße 302-8d
Gasse 322-3b
Genshagen 303-2d
Genshagener Dorfstraße 303-2c
Genshagener Straße 302-9c
Geschwister-Scholl-Straße 302-8a
Gimpelweg 301-6d
Goethestraße 302-8b
Gottlieb-Daimler-Straße 302-2d
Graf-von-Zeppelin-Straße 302-5a
Gröben 301-10d
Gröbener Allee 301-10a
Gröbener Dorfstraße 301-10c
Gröbener Heide 302-4a
Gröbener Straße 301-5d
Großbeerener Landstraße 302-1c
Großbeerener Straße 301-5b
Groß Schulzendorfer Straße 323-2c
Grüner Weg 303-2c
Grüner Winkel 301-12a

Hanns-Maaßen-Straße 302-5a
Harro-Schulze-Boysen-Straße 302-8c
Hasenbergweg 324-1b
Hauptstraße 301-5b
Havelweg 302-4a
Heideweg (5) 302-8c
Heinrich-Heine-Platz 302-8b
Heinrich-Zille-Straße 302-8c
Helenestraße 302-4a
Hirschweg 302-5c
Holunderweg 302-8c
Horststraße 302-9d
Hugoring 301-6b

Iltisweg 302-5c
Im Bogen 302-8c
Im Winkel 302-9a
Industriepark Ost 302-2d
Industriepark West 302-2c
Isarstraße 302-4b

Jägerstraße 302-5d
Jagdweg 302-5c
Jahnstraße 302-5d
Jasminweg (1) 302-8a
Joliot-Curie-Platz 302-6c
Jütchendorf 321-1d
Jütchendorfer Chaussee 301-11c
Jüterboger Straße 302-9c
Juraring 301-6c

Käthe-Kollwitz-Straße 302-11b
Karl-Liebknecht-Straße 302-8a
Karl-Marx-Platz 302-5d
Kastanienallee 302-12d
Kastanienhof (3) 301-10d
Kastanienweg 303-4a
Kerzendorf 323-1a
Kerzendorfer Straße 322-3b
Kiefernweg 302-8c
Kietz 320-3b
Kirschallee 301-12d
Kleibergasse 301-6d
Kleine Potsdamer Straße 301-10c
Korsikaweg 301-6c

Lerchenweg 301-5b
Lilienweg 302-8d
Lindenallee 301-5a
Lindenhain 324-1a
Lindenstraße 321-1c
Lindenweg 303-5c
Lise-Meitner-Straße 302-4d
Löwenbruch 303-8c
Löwenbrucher Eck 303-8b
Löwenbrucher Ring 302-9b
Löwenbrucher Straße 303-5c
Loiretalring 301-6c
Lothringenweg 301-6a
Luckenwalder Straße 302-12a
Ludwigsallee 302-4c
Ludwigsfelder Chaussee 301-12c
Ludwigsfelder Damm 302-6c
Ludwigsfelder Straße 303-4a
Luisenstraße 302-4a

Märkersteig 302-9a
Märkische Straße 302-5c
Märkisch-Wilmersdorfer Weg 323-5a
Margeritenweg 302-8a
Maxim-Gorki-Straße 302-8b
Meisenweg 302-8c
Mietgendorf 321-4c
Mietgendorfer Ring 321-7a
Moliereweg 301-6b
Morgenweg 304-10c
Moritzweg 301-6d
Moselstraße 302-4d
Mühlenweg 322-3b

Neckarstraße 302-4c
Neue Allee 322-3b
Nikolaus-Otto-Straße 302-2d
Normandiestraße 301-6c
Notteweg 302-4a
Nußallee 303-5a
Nuthedamm 302-9c

Oderstraße 302-4c
Ostverbinder 302-5d
Otto-Lilienthal-Straße 302-2c

Paderborner Ring 302-12a
Parkallee 303-1a
Parkstraße 302-9a
Pascalring 301-6b
Pflasterweg 303-1d
Platanenweg 303-4b
Potsdamer Chaussee 301-9c
Potsdamer Landstraße 301-5b
Potsdamer Straße 301-6b
Prenzlauer Straße 302-9c
PreußenPark 302-9a
PreußenPark Süd 302-9c
Priestersteig 301-10d
Prof.-Brunolf-Baade-Straße 302-2c
Proustweg 301-6d
Pyrenäenstraße 301-6c

Rathausstraße 302-8b
Rathenower Weg 302-9c
Rehstraße 302-8c
Rheinfeldener Allee 302-12a
Rheinstraße 302-4a
Ringstraße 302-8b
Robert-Bosch-Straße 302-2b
Robert-Koch-Straße 302-5a
Robert-Uhrig-Ring 302-8c
Robinienweg 301-12c
Rosa-Luxemburg-Straße 302-8a
Rosenweg 302-8a
Rotdornweg (3) 302-8a
Rotkehlchenweg 301-5b
Rousseauallee 301-6b
Rousseaupark 301-6b
Rudolf-Breitscheid-Straße 302-8d
Rudolf-Diesel-Straße 302-2b
Rüsternweg 301-5a
Ruhrstraße 302-4b

Salvador-Allende-Straße 302-7b
Sandberg 303-2c
Sandbirkenweg (2) 301-5a
Sartrering 301-6b
Savoyenring 301-6c
Schiaß 320-6b
Schlossereiweg 301-12c
Schulstraße 302-8b
Schulzendorf 324-1b
Schwalbenweg 301-5a
Seeblick 301-12a
Seestraße 303-4b
Seestückeweg 301-12a
Siebkenweg 324-1b
Siedlerweg 302-1c
Siethen 301-12a
Siethener Dorfstraße 301-12c
Siethener Straße 302-10b
Siethener Weg 322-3b
Soldpfuhlweg (1) 323-3b
Spechtshöhe 301-6d
Sperberweg 301-6d
Spitzahornweg 303-5a
Sputendorfer Weg 302-1c
Starhorstweg 324-1a
Steinebergstraße 303-1d
Straße der Jugend 302-8b
Struveshof 302-1c
Struveweg 302-1c

Taubenstraße 302-8c
Teltower Weg 303-1a
Teltowkehre 302-9d
Templiner Weg (2) 302-9c
Theaterstraße 302-8b
Theodor-Fontane-Straße 302-8b
Thyrower Weg 302-11a
Toni-Stemmler-Straße 302-5c
Trebbiner Allee 322-3b
Trebbiner Chaussee 301-12c
Trebbiner Landstraße 301-5b
Trebbiner Straße 324-1c
Treidelweg 302-4c
Tulpenstraße 302-8b

Uferring 303-1a
Ulmenhof (4) 301-10d
Ulmenweg 303-1c
Unter den Eichen 303-4a
Uppstallweg 301-10c

Vogesenweg 301-6a
Voltaireweg 301-6b

Wacholderweg (2) 302-8a
Waldblick 303-1d
Waldkauzweg 301-6d
Waldsiedlung 301-6d
Waldstraße 302-8c
Walther-Rathenau-Platz 302-8a
Walther-Rathenau-Straße 302-8a
Weidenhof (5) 301-10d
Weinberg 303-7c
Weinbergsweg 302-9c + 303-7c
Werbener Weg 323-2c
Werrastraße 302-4b
Weserstraße 302-4a
Westverbinder 302-8a
Wieselweg 302-5c
Wiesenfichtenweg 301-12a
Wiesenstraße 323-2a
Wietstock 323-1d
Wietstocker Dorfstraße 323-2c
Wietstocker Weg 323-1a
Wilhelm-Busch-Straße 302-8c
Wilhelm-Maybach-Straße 302-2d
Wilhelmstraße 302-4c
Winkel 323-2c

Zeisigwinkel 301-6d
Ziegelfichtenweg 301-12a
Zolaring 301-6b
Zossener Landstraße 302-9c
Zossener Straße 324-1b
Zum Industriepark 302-2d
Zum Röthenpfuhl 302-9b
Zum Storchenhorst 303-1d
Zum Wiesenberg 301-12a
Zur Ahrensdorfer Heide 302-4a
Zur Hagelschonung (1) 302-9b
Zur Waldwiese 303-1d

Madlitz-Wilmersdorf

PLZ 15518

Alt Madlitz 247-1a
Arensdorfer Weg 210-11b

Birkenweg 247-1c
Briesener Straße 210-12a
Buschhaus 246-8d

Demnitzer Weg 246-1c
Dorfstraße 246-4c

Emilienhof 246-4c

Falkenberg 246-1c
Falkenberger Straße 246-2a
Falkenberger Weg 246-3d
Falkenhagener Straße 247-1a
Frankfurter Straße 210-11b
Friedhofstraße 247-1c

Kirchhofstraße 210-12b
Kirchweg 247-1c

Lindenstraße 246-3d

Mühlenstraße 247-1a

Neu Madlitz 246-8b
Neu Madlitzer Straße 246-8a

Schlosspark 247-1a

Vorwerk Madlitz 211-10b
Vorwerk Wilmersdorf 246-2a

Waldhof 210-12d
Wilmersdorf 210-11b
Wilmersdorfer Straße 246-2b

Märkische Höhe

PLZ 15377

Buckower Straße 133-3a

Julianenhof 133-3d + 134-4a

Lindenweg 133-3b

Reichenberg 133-3a

Marienwerder

PLZ 16348

Ahornweg 48-3c
Akazienweg 43-10a
Alte Dorfstraße 48-6d
Alter Basdorfer Weg 48-5b
Am Bootshafen 43-7d
Am Finowkanal 42-10b
Am Kastanienhof 42-10b
Am Oder-Havel-Kanal 43-7d
Am Schützenplatz 43-10a
Am Wald 48-5b
Am Waldrand 48-6d
Am Wassertor 43-7d
Am Werbellinkanal 43-7c
Am Wiesengrund 49-4c
An den Feldern 43-7c
An den Kuten 42-10b
An der alten Eiche 48-2d
An der Feldmark 43-7d
Anglerweg 48-3c

Bahnhofstraße 42-10b
Biesenthaler Chaussee 48-3c
Biesenthaler Straße 43-10b
Birkensteig 42-11a
Birkenweg 43-10b
Dorfstraße 48-2d

Eberswalder Straße 43-10a
Eibenweg 43-8c
Eichenweg 43-11a
Eichenweg (1) 42-10b
Eiserbuder Waldweg 48-6b
Eiserbuder Weg 48-3c

Feldweg 42-11a
Feriendorf „Dorado" 48-3c

Gartensteig 48-5b
Gartenweg 43-10b
Grabenweg 43-10b
Grafenbrück 43-11b
Grafenbrücker Mühle 43-11d
Grafenbrücker Weg 43-11a
Grafenbrückschleuse 43-11b

Hasenwinkel 48-2d
Heideweg 43-7d
Holundergasse 42-10b

Im Luch 48-9b
Insel 42-12c

Kanalstraße 43-10a
Kieferngasse (3) 42-10b
Kiefernsteig 42-11a
Kiefernweg 43-11a
Kirchacker 48-2d
Kirchsteig (2) 48-6d
Klandorfer Straße 43-7c
Kleiner Steig 48-6d
Klosterfelder Straße 48-5a
Kranichweg 48-2d
Kurzer Weg 42-10b

Lärchenweg 43-11a

Marienwerder Ring 43-7d
Mühlenweg 48-2c

Pappelring 43-7c
Pechteich 43-8a
Pilzweg 48-3c
Prendener Straße 48-2d
Prendener Weg 48-6d
Privatweg 43-7d

Rosalienstraße 48-9b
Rotkelchensteig 48-2d
Ruhlsdorf 48-2c
Ruhlsdorfer Schleuse 42-11d
Ruhlsdorfer Straße 48-6b

Schilfweg 48-3c
Schleuse Leesenbrück 43-10c
Schmiedeweg 43-10a
Seesteig 43-10d
Siedlerweg 43-10a
Sophienstädt 49-4c
Sophiensteig (1) 48-6d
Spatzenweg 48-2d
Steinfurter Straße 43-10b

Tannenweg 43-10a + 48-6d
Tannenweg (Ruhlsdorf) 48-3c
Taubenweg 48-2d

Uferweg 48-2d

Waldweg 43-7d
Waldweg (Ruhlsdorf) 48-3c
Weg nach Marienweg 49-4a
Weidengasse (2) 42-10b
Werftstraße 43-7d
Wiesensteig 43-10c
Wiesenweg 42-10b

Zerpenschleuser Chaussee 48-2d
Zerpenschleuser Straße 42-12b
Zu den Sandenden 48-3c
Zum Auwinkel 42-11c
Zum Bernsteinsee (1) 48-2d
Zum Fließ 48-6d
Zum Mittelprendener 48-9b
Zum Pfarrgarten 48-2d
Zum Zeltplatz 48-6b
Zur Eiserlake 48-6d
Zur Leesenbrücker Schleuse 43-10c
Zur Rehwiese 42-10b
Zur Werft 43-7d

Melchow

PLZ 16230

Ahornstraße 71-1a
Akazienstraße 70-3b
Alte Dorfstraße 70-3b
Am Hügel 70-3b
Am Karpfenteich 50-12d
Am Ring 51-10c + 70-3b
Am Wald 51-10c
An den Birken 50-12d

Bergweg 51-10c
Eberswalder Straße 70-3a

Finowstraße 50-12d
Fischergrund 50-12d

Gartenstraße 50-12d

Lindenstraße 50-12d

Schönholz 51-12d
Schönholzer Dorfstraße 51-12c
Schönholzer Straße 70-3b

Michendorf

PLZ 14552

Ahornallee 298-8a
Ahornweg 299-1d
Akazienallee 298-8b
Akazienweg 298-11d
Alte Poststraße 319-2a
Altes Schloss 299-5d
Alt Langerwisch 299-8a
Am Alten Vorwerk 299-4d
Am Anger 319-5b
Am Ansitz 298-12c
Am Bahnhof 298-6c
Am Bauernteich 319-9c
Am Berg 299-10b
Am Birkenwäldchen 299-4c
Am Dieck 298-9a
Am Dornbusch 298-12c
Ameisenweg 298-12d
Am Feldgraben 299-4c
Am Feldrain 299-5a
Am Fichtenberg 299-2c
Am Galgenberg 299-2d
Am Gut 299-5d
Am Hang 299-6a
Am Herthasee 298-6d
Am Hirschsprung 299-3a
Am Julienhof 299-1d
Am Kiefernberg 299-11d
Am Krugberg 319-2c
Am Mühlenberg (1) 319-6a
Am Plan 299-4c
Am Reitstall 299-4c
Amselweg (Wilhelmshorst) 299-1a
Am Spiegelberg 318-3a
Am Sportplatz 298-6d
Am Upstall 298-8b
Am Waldrand 299-1c
Am Weinberg 319-9c
Am Winkel 298-6c
Am Wolkenberg 298-6d
An den Bergen 263-10d
An den Caputher Gärten 298-6b
An den Lauben 299-2a
An den Sieben Rufen 299-11c
An der Aue 299-1c
An der Bahn (Langerwisch) 299-6a
An der Bahn (Wilhelmshorst) 299-1d
An der Kirche 298-9a
An der Mühle 299-6a
An der Trift 299-1d
An der Umgehungsbahn 299-1c

Bahnstraße 298-9a
Beelitzer Straße 299-7c
Beelitzer Straße (Stücken) 319-8d
Beelitzer Weg 299-7b
Bergholzer Straße 299-5b
Berglehne 299-1b
Bergstraße 298-9b
Birkenallee 298-5d
Birkenwäldchen 299-2a
Birkenweg (Lehnmarke) 318-3b
Birkenweg (Wilhelmshorst) 299-1b
Breite 320-10d
Brunnenplatz 299-2c
Brunnenweg 299-2c
Buschweg 263-11d
Bussardsteig 298-12c

Caputher Chaussee 298-3c
Caputher Straße 299-4b
Caputher Weg 298-6b
Caputher Weg (Wilhelmshorst) 299-1c

Dachsstraße 298-12c
Dahlienweg 298-6b
Damhirschstraße 298-6a
Dehlinger Weg 299-11c
Dianastraße 298-6a
Dr.-Albert-Schweitzer-Straße 299-1d
Dorfblick 299-11c
Dorfstraße (Stücken) 319-9c
Dorfstraße (Wildenbruch) 319-2a
Drosselsteig 318-3a
Drosselweg 298-5d
Dürerstraße 299-2c

Ebereschenallee 298-8b
Ebereschenweg 299-1d
Eichenallee 298-8b
Eichenweg 299-1b
Eiskellerweg 299-5c
Elsterstraße 298-9c
Entensteig 318-3b
Erlenallee 298-8b
Eulenkamp 263-10c

Falkenweg 298-6c
Feldstraße 298-8d
Feldweg 299-11a
Fercher Weg 298-12c
Feuerbachstraße 299-2c
Fichtenallee 299-2b
Finkenweg 298-6c
Fliederhang 299-2c
Flottsteller Straße 298-5d
Föhrenhang 299-1b
Forstweg 299-1a
Fresdorf 319-3c
Fresdorfer Bergstraße 319-2d
Fresdorfer Feldstraße 319-6a
Fuchsweg 318-3a

Gartenstraße 299-11a
Ginsterberg 299-1d
Ginsterweg 298-5d
Goetheplatz 299-1a
Grenzstraße 299-10b
Grüner Weg 263-10c

Habichtweg 298-8b
Hasenpfad 299-3c
Hasensprung 299-1b
Hasenweg 298-6c
Hauptstraße 299-10b
Heidekrautstraße 298-12a
Heidereuterweg 299-1b
Heidestraße 299-11a
Heideweg 263-10c
Hubertusstraße 298-6a
Hubertusweg 299-1a
Hügelweg 299-1c

Igelweg 298-6c
Igelweg (Lehnmarke) 298-12a
Iltisweg 298-6c
Im Gehege 299-2b
Im Sande 299-7b
Im Winkel 299-10b
In der Lehnmarke 318-3a
Irisgrund 299-1d

Jägerstraße 298-6b

Kähnsdorfer Straße 319-5b
Käuzchensteig 318-3a
Karl-Marx-Straße 298-12a
Kastanienallee 298-5d
Kiebitzweg 298-6c
Kiefernallee 298-8a
Kiefernring 298-11b
Kiefernweg 263-10c
Kirchblick 299-11c
Kirchweg 299-1b
Kirschallee 299-8a
Kirschsteig 299-10b
Kleine Gasse 319-5b
Kornblumenweg 298-12c
Krumme Straße 299-7c
Kuckucksweg 298-12c
Kunersdorfer Straße 319-1b

Langerwisch 299-5c
Langerwischer Feldstraße 299-4d
Langerwischer Straße 298-6d
Langerwischer Weg (Lehnmarke) 298-12a
Langerwischer Weg (Wilhelmshorst) 299-3c
Lehnmarke 298-12c + 318-3a
Leipziger Chaussee 298-12c
Lenbachstraße 299-2c
Lerchenweg 298-6c
Lienewitz 297-9b
Lienewitzseeallee 298-8a
Lilienweg 298-3c
Lindenallee 298-8a
Luchweg 299-6a
Luckenwalder Straße 298-9a
Luckenwalder Straße (Fresdorf) 319-5b
Luckenwalder Straße (Wildenbruch) 299-10a

Malvenhang (3) 299-2c
Margaritenweg 298-12c
Marienallee 299-5c
Meisenweg 298-6c
Menzelstraße 299-2c
Michendorfer Chaussee 298-6b
Michendorfer Forstweg 298-12c
Michendorfer Gartenstraße 298-6c
Michendorfer Heideweg 298-5d
Michendorfer Platz 299-1d
Michendorfer Weg 299-1c
Mittelstraße 299-7c
Mühlenstraße 299-5c
Mühlenweg 319-2a

Nelkenweg 298-6b
Neu Langerwisch 299-5a
Neu-Langerwisch 299-4d
Nußbaumweg 318-3b

Orionstraße 298-6a

Palmweg 299-4b
Paltrock-Windmühle 299-5b
Parkstraße 298-6a
Peter-Huchel-Chaussee 263-10c + 299-1a
Poststraße 298-9a
Potsdamer Allee 299-8c
Potsdamer Straße 298-9c
Priesterweg 299-4c

Querstraße 319-11b

Ravensbergweg 299-1b
Rehsteig 318-3a
Reiherweg 318-3a
Rembrandtstraße 299-2c
Rennsteig 299-2a
Robinienallee 298-5d
Rosengut 299-8b
Rosenweg (Wilhelmshorst) 299-1d
Rotdornallee 298-8a
Rotdornweg 299-1c
Rotkehlchensteig 318-3a
Rubensstraße 299-2c
Rüsternallee 298-8a

Saarmunder Stichweg (2) 298-9b
Saarmunder Straße 298-9a
Saarmunder Weg 299-11c
Sanddornweg 298-5d
Schanzenweg 299-7b
Schmerberger Allee 298-8c
Schmerberger Straße 298-8b
Schulstraße 298-9a
Schwalbenweg 298-6c
Schwanensteig 318-3b
Schwarzer Weg 299-5d
Seddiner Straße 319-8d
Siedlerstraße 298-9d
Siedlung Bergheide 298-12b
Siedlung Michendorf West 298-5c
Siedlung Willichslust 298-5b
Six 298-11b
Starstraße 318-3a
Steinweg 263-10c
Stichweg 298-6a
Stieglitzweg 298-5d
Straße des Friedens 299-4c
Stücken 319-9c

Tannenhof 299-2d
Teltower Straße 298-6d
Teufelshorn 299-2b
Theaterweg 298-9c
Tremsdorfer Feld 299-5d
Tremsdorfer Straße 319-6a
Tremsdorfer Weg 319-2b
Triftweg 319-6a
Tulpenweg 298-6b

Ulmenallee (1) 298-5d

Vogelsang 298-11d
Vogelweide 299-1a

Waldheimstraße 299-10a
Waldstraße 298-6a
Weißdornallee 298-8a
Wieselweg 298-6c
Wiesenweg 319-2a
Wildenbruch 299-10c + 319-1a
Wildenbrucher Straße 299-8a
Wilhelmshorst 263-10d + 299-1c

Zauchwitzer Straße 319-11b
Zum Kreuzpfuhl 299-4d
Zum Weiher 298-12c
Zum Weinberg 299-4b
Zur Lehnmarke 298-12c
Zur Nachthütung 299-6a

Milower Land
PLZ 14715

Insel Lutze 216-3a

Lutze 216-3b

Wendeberg 216-1d

Mittenwalde (Mark)
PLZ 15749

Abzweigung 327-2d
Ackerrain 327-12c
Ahornhof 307-7c
Ahornring 307-7a
Ahornweg 327-8b
Akazienallee 307-7a
Akazienweg 327-5b
Alte Mittenwalder Straße 328-1b
Am Bruch 308-10a
Am Busch 327-8b
Am Dorfweiher 306-2d
Am Feldrain 343-9d
Am Frauenbuschacker 307-10c
Am Grünen Weg 307-9c
Am Hang (12) 327-1d
Am Heukenberg 343-3d
Am Kanal 326-6d
Am Krummen See 308-10c
Am Mühlenberg 327-1d
Am Ostbahnhof 327-1d
Am Ostbahnhof (13) 327-1d
Am Plan 327-9c
Am Pritzelgraben (1) 308-7d
Am Pulverturm (6) 327-1a
Am Rohr 327-12d
Am Scheunenviertel 327-1d
Am Schützenplatz 327-1c
Am Schulgarten (2) 306-2d
Am See 308-10d
Am Sportplatz (1) 307-7b
Am Tonsee 327-12d
Am Wäldchen (11) 327-1d
Am Wald 326-5c
Am Waldschlösschen 306-12c
Am Weinberg 328-1b
Am Wiesenrain 343-12b
An den Eichen (4) 306-2d
An den Eiskuten 308-10a
An den Erlen 327-12d
An den Wiesen 308-10d
An der Eisenbahn 343-9a
An der Feuerwehr 327-1d
An der Heide 327-12a
Anemonenweg 327-2d
Angerweg 307-10c
Ausbau 325-6b

Backgarten 327-5c
Badergasse 327-1a
Bahndamm 327-9a
Bahnhofstraße 343-9c
Baruther Straße 343-12c
Baruther Vorstadt 327-1a
Bauernreihe 307-9d
Bergweg 326-5c
Berliner Chaussee 307-10c
Berliner Vorstadt 327-1a
Bestenseer Chaussee 327-5b
Bestenseer Straße 343-3d
Birkenring 307-7a
Birkenweg 327-5d
Boddinsfelde 306-5a
Boddinsfelder Eck (1) 306-2d
Brombeerenweg 327-5b
Brusendorf 306-2c
Brusendorfer Straße 306-2b
Burgstraße 327-1a

Chausseestraße 306-12d

Dahmestraße 327-2d
Dorfaue 326-5c
Dorfplatz 327-5d
Dorfstraße 307-7c
Dreimeterweg (2) 327-12d
Drosselweg 343-9d
Dünenweg 327-12d

Eichenallee 307-7b
Eichenring 307-7a
Eichenstich (2) 327-5d
Eichenweg 307-12d
Elsterweg 343-9d
Erikaweg (16) 327-2d

Fasanenweg 343-9d
Feldstraße 326-5d
Fliederweg 327-5b
Forsthaus 308-7d
Freiherr-von-Loeben-Straße 307-12b + 308-7c

Gallun 327-5c
Galluner Chaussee 327-1d
Galluner Müllerhaus 327-4b
Galluner Straße 328-1b
Gartenstraße 307-7c
Gartenweg 327-1b
Gemeindeweg 326-5c
Gewerbegebiet Mittenwalde-Hechtstücke 327-2b
Gewerbegebiet West 307-8a
Gewerbepark Mittenwalde/Schenkendorf-Schäferfeld 327-3b
Gewerbestraße 327-3b
Grüner Weg 343-9c
Grüne Trift 327-1a
Gustav-Hensel-Straße 308-10d
Gutshof 306-2d

Hafenallee 327-12d
Handwerker- und Gewerbehof Ragow 307-8a
Haselnußweg (14) 327-2d
Hasensteg 343-12b
Hauptstraße 308-10d
Hausgrabenberg (4) 327-1a
Havellandstraße (9) 327-2a
Heideweg 327-5d
Hinter der Mauer 327-1a
Hohe Birke 327-12d
Hohes Holz 327-1a
Hohe Tannen 327-8b
Holunderweg (15) 327-2d
Holzstraße 327-1a

Im Grund 328-1b
Im Mühlengrund 307-7b
Im Ring 326-5c
In den Hecken 327-12d
In der Muna 343-11d

Jüdenstraße (3) 327-1a

Kallinchener Chaussee 343-6d
Kallinchener Straße 327-8a
Karl-Marx-Straße 343-3d
Karl-Metten-Ring 307-8a
Kastanienallee 307-7b
Kastanienhof (2) 307-7a
Kastanienweg 327-1b
Katharinenstraße 327-1a
Kiefernring 343-12b
Kiefernsteg 327-12d
Kiefernwaldstraße 308-10c
Kiefernweg (1) 327-12a
Kirchsteig 327-5d
Kirchstraße 343-3d
Kirchweg (3) 306-2d
Kleine Potsdamer Straße 307-7b
Kleiner Berg 328-10c
Kleiner Ring 307-7c
Klippweg 327-1b
Köpenicker Straße 307-7a
Kossätenweg 307-7b
Kranichweg 306-12d
Krummensee 308-10c + 328-1a
Krummenseer Dorfstraße 328-1b
Krummenseer Straße 308-7c
Krummenseer Weg 327-5d
Küstergasse 307-7b
Kutschergasse 327-1a

Lerchenweg 343-9d
Lindenallee 327-12b
Lindenhof (3) 307-7c
Lindenring 307-7a
Lindenstraße 308-10d
Loickstraße 327-1a

Machnower Straße 326-4b
Märchenwiese 327-12a
Märkischer Weg (1) 327-1a
Märkische Straße 343-12b
Mauerstraße 327-1a
Millingsweg 326-3b
Mittelstraße 328-1b
Mittelweg 343-9d
Mittenwalder Allee 326-5c
Mittenwalder Aue (5) 327-1c
Mittenwalder Chaussee 327-5d
Mittenwalder Straße 327-12b
Mittenwalder Weg 307-10b
Motzen 343-3b
Motzener Straße 327-5d
Mühlenfließweg 327-1c
Mühlenweg 343-12a
Müllerweg 307-10c

Neue Kastanienallee 307-7a
Neuer Weg 307-10c
Nord 343-9b
Nuthestraße 327-2d

Oderlandstraße (10) 327-2a
Otto-Grotewohl-Straße 306-2d
Otto-Nuschke-Straße 306-2d

Papenbergweg 307-7b
Pappelallee 327-5d
Paul-Gerhardt-Straße 327-1a
Pittchenmühle 307-10a
Platanenhof (4) 307-7a
Platanenring 307-7a
Potsdamer Straße 307-7a

Ragow 307-7d
Ragower Straße 306-6a
Rathausstraße 327-1d
Reiherweg 306-12d
Ringallee 327-5d
Rohrlake 306-12d + 326-3b
Rotdornallee 343-9b
Rudolf-Mosse-Weg 308-7c
Ruppin Straße 327-2c

Salzmarkt 327-1a
St. Moritz-Kirchstraße 327-1a
Schäfereiplatz 327-1a
Schenkendorf 307-9c + 308-7c
Schenkendorfer Chaussee 327-2d
Scheunenviertel 327-1c
Scheunenweg 307-10c
Schmiedeweg 306-2d
Schützenplatz 343-12b
Schützenstraße 327-1a
Schulgarten (1) 327-5d
Schulstraße 307-10c
Schwarzer Weg 326-4d
Seebadallee 327-12d
Seebadsiedlung 327-12c + 328-10c
Siedlerpfad 327-12a
Siedlung 327-5d
Siedlungsweg 308-10a
Sonnenallee 343-9d
Sonnenweg 327-12c
Spreelandstraße (8) 327-2a
Stadthaus 327-1a
Stadthausplatz (2) 327-1a
Storkower Straße 327-5d
Straße am Klärwerk 308-10a
Straße der Einheit 306-2d

Telz 326-5a
Telzer Brücke 326-8a
Telzer Höhe 326-5c
Telzer Plan 326-9a
Telzer Siedlung 326-5c
Thomas-Müntzer-Straße 306-2d
Töpchiner Straße 343-6d
Tonberg 327-1a
Tonseeweg 327-1b
Trappenweg 306-12d
Turudenweg 307-7d

Uferpromenade 308-10d
Urlauberdorf 327-12a

Vogelsang 326-3b + 327-1a

Waldecker Straße 343-12d
Waldring 308-7d
Waldstraße 343-9b
Waldweg 327-8b
Weg am Mühlenfließ 327-1a
Weg zum Plan 326-8a
Weg zum Schützenplatz (7) 327-1c
Weg zum Urlauberdorf 327-12a
Weißdornallee 343-9b
Wiesensteg 327-12c
Wiesenweg 326-3b
Wilhelm-Pieck-Straße 306-5c
Wohngebiet Am Weinberg 327-5d
Wohngebiet Fontanepark 327-2a
Wohngebiet Livingstone 327-2c
Wohngebiet Waldpark Telz 326-5c
Wünsdorfer Straße 343-12c
Wüstemarker Weg 307-4c

Yorckstraße 327-1a

Zeppelinring 307-12d
Ziegelweg 343-9c
Zossener Chaussee 326-3d
Zossener Straße 326-8a
Zossener Weg 343-8d
Zu den Scheunen 307-7d
Zülowstraße 327-2d
Zum Hang 326-5c
Zum Mühlenberg 343-12b
Zum Stegepfuhl 307-7d

Mühlenbecker Land

16515 Ackerstraße 84-1a
16567 Ahornallee 102-7c
16552 Ahornstraße (Schildow) 121-3c
16515 Ahornstraße (Zühlsdorf) 84-1c
16567 Akazienallee 102-7c
16552 Akazienstraße (Schildow) 121-3c
16515 Akazienstraße (Zühlsdorf) 84-4a
16567 Alte Schildower Straße 101-6d
16567 Alte Ziegelei 102-4a
16515 Am alten Sportplatz 83-6b
16567 Am Anger 101-7b
16567 Am Arkenberg 102-7d
16515 Am Bahnhof 84-1a
16552 Am Berg 121-3b
16515 Am Fenn 83-6c
16567 Am Fließ 102-7c
16567 Am Fuchsberg 101-3c
16567 Am Hasensprung 102-4c
16567 Am Jägerhof 101-3d
16552 Am Kienluchgraben 101-12d
16552 Am Lärchensteig 121-3a
16515 Am Lubowsee 65-12d
16552 Am Pfaffenwald (1) 121-3a
16515 Am Rahmersee 66-10c
16515 Am Schießstand 84-1a
16515 Am Schmiedeberg 83-3b
16552 Amselweg (Schildow) 101-11d
16567 Amselweg (Summt) 83-11d
16567 Am Spitzsee (1) 101-7b
16567 Am Steinberg 101-6d
16567 Am Teich 101-8c
16552 Am Uhlenhorst 101-11d
16567 An den Teichen 102-4a
16515 An der Ackerstraße 84-1c
16515 An der Bramo 84-4b
16567 An der Liebenwalder Straße 101-3d
16552 An der Quelle 102-10a
16515 Angerweg 84-1b
16567 Annastraße 101-9a

16552 Bachstraße 101-9d
16515 Badstraße 65-12d
16567 Bäckersteig 101-6b
16567 Bahnhofstraße (Mühlenbeck) 101-6d
16552 Bahnhofstraße (Schildow) 101-11b
16515 Bahnhofstraße (Zühlsdorf) 84-1a
16515 Basdorfer Straße 83-3d
16552 Beethovenstraße 101-12b
16552 Behrensstraße 101-12c
16567 Bergahornweg (13) 101-10a
16567 Bergfelder Chaussee 101-4c
16567 Bergfelder Straße 101-6a
16567 Bergkirschenweg (8) 100-12d
16567 Bergstraße 101-3a
16567 Berliner Straße 101-9b
16567 Bieselheide Weg 100-9b
16567 Birkenallee 102-7c
16552 Birkensteig (3) 121-3a
16552 Birkenstraße 121-3c
16567 Birkenwerder Straße 101-6c
16515 Birkenwerder Straße (Zühlsdorf) 83-5b
16567 Blankenfelder Straße 102-7a
16515 Blumenaue 84-1c
16567 Blumenstraße 83-11d
16552 Breite Straße 121-3b
16515 Brentanostraße 83-6a
16552 Brombeerweg 101-12a
16515 Brückenstraße 84-1c
16552 Brunoldstraße 102-10a
16567 Buchenberg 83-11b
16552 Buchenhof (2) 121-3a
16515 Buchenstraße 84-4b
16567 Buchhorst 102-4a
16567 Buchhorster Straße 102-4c
16515 Bullenwinkel 83-3b

16515 Chamissostraße 83-6a
16552 Charlottenstraße 101-9c

16567 Dammsmühler Straße 83-12c
16515 Dammsmühler Weg 84-4a
16552 Dianastraße 101-9c
16567 Dorfstraße (Schönfließ) 101-7b
16515 Dorfstraße (Zühlsdorf) 83-3d

16552 Ebereschenstraße 121-3a
16567 Ebereschenweg (1) 100-12b
16515 Eichenstraße 83-3c
16515 Eintrachtstraße 66-10c
16567 Elchstraße 101-2b
16552 Elisabethstraße (Schildow) 101-11b
16515 Elisabethstraße (Zühlsdorf) 84-1c
16552 Elsenstraße 121-3c
16552 Elstersteg 101-12c
16552 Erikastraße 101-9d
16515 Erikaweg 83-3c
16567 Eschenallee 102-7c

16552 Falkenstraße 101-11d
16515 F.-B.-Freytag-Straße (1) 83-6a
16567 Feldahornstraße 101-10a
16567 Feldheim 101-2d
16567 Feldheimer Straße 101-6a
16567 Feldscheunenweg 83-11d
16515 Feldstraße 84-2a
16567 Feldweg 101-7d
16515 Fichtenstraße 84-1b
16567 Fischerweg 83-12d + 101-3a
16515 Fliederstraße 84-1b
16552 Florastraße (Schildow) 101-12a
16515 Florastraße (Zühlsdorf) 84-2a
16567 Föhrenweg 101-3c
16567 Försterstraße 101-3d
16515 Försterweg 83-3c
16567 Forsthaus Bieselheide 100-9c
16567 Forststraße 83-11d
16552 Franz-Schmidt-Straße 121-3a
16552 Freyastraße 101-12a
16515 Friedensstraße 66-10c
16515 Friedrichstraße 84-1d
16552 Fritz-Reuter-Straße 101-9d
16515 Fuchsgasse 84-1b
16552 Fuchssteg 101-12c
16515 Fuchswinkel 84-2a

16567 Gartenstraße (Mönchmühle) 102-7c
16552 Gartenstraße (Schildow) 101-9c
16515 Gartenstraße (Zühlsdorf) 66-10c
16567 Glienicker Chaussee 101-10c
16552 Glienicker Straße 101-12c
16552 Goethestraße (Schildow) 102-10a
16515 Goethestraße (Zühlsdorf) 83-6c
16567 Goldregenweg (5) 100-12b
16515 Grenzstraße 84-1b
16567 Großstückenfeld 101-9a
16515 Grüner Weg 83-6b
16567 Gut Kranichberg 101-5b

16567 Hainbuchenweg (10) 100-12d
16567 Hauptstraße (Mühlenbeck) 101-6d
16552 Hauptstraße (Schildow) 101-12d
16515 Havelland 83-3c
16515 Havellandstraße 83-3c
16552 Haydnstraße 101-12b
16515 Heideweg 84-4a
16552 Heinrich-Heine-Straße 102-10a
16515 Herderstraße 83-6a
16567 Hermann-Gruneberg-Straße 101-6d
16515 Hermannstraße 84-2a
16552 Hermsdorfer Straße 121-2c
16567 Hohen Neuendorfer Straße 101-7a
16515 Holunderstraße 84-1b
16567 Holunderweg (6) 100-12b
16567 Hubertusstraße 101-3a

16567 Im Park 101-7d
16552 In den Klötzen 101-12b
16552 In den Laaken 101-9c
16552 In den Ruthen 101-12b

16567 Jägerstraße 83-12c

16552 Karl-Liebknecht-Straße 101-12c
16515 Karl-Schmidt-Straße 83-6b
16567 Karlstraße 101-9a
16567 Kastanienallee 102-7a
16552 Kastanienstraße 121-3a
16552 Katharinensee 101-11b
16552 Katharinenstraße 101-11b
16567 Katzensteg 101-3a
16567 Kieferngrund 83-11d
16515 Kiefernstraße 84-1c
16567 Kindelweg 101-10b
16567 Kirschweg 101-6a
16567 Klarastraße 101-9a
16552 Kleiststraße 102-10a
16515 Klopstockstraße 83-6a
16552 Körnerstraße 102-10a
16552 Kolonnenweg 121-3c
16567 Kornblumenstraße 101-6d
16552 Krumme Straße (Schildow) 121-3a
16515 Krumme Straße (Zühlsdorf) 84-4a
16515 Kulturstraße 84-4a
16552 Kurze Straße (Schildow) 121-2c
16515 Kurze Straße (Zühlsdorf) 84-1c

16515 Langestraße 84-1a
16552 Lessingstraße 102-7c
16567 Liebenwalder Straße 83-12a
16567 Lindenallee 102-7c
16552 Lindeneck 101-11b
16552 Lindenstraße 121-3a
16515 Lubowsee 65-12d + 83-3a

16552 Magdalenenstraße 121-3a
16552 Margaretenstraße 101-9c
16552 Marienstraße 101-9c
16515 Maxstraße 66-10c
16567 Mehlbeerweg (2) 100-12b
16552 Meyerbeerstraße 102-10a
16567 Mittelallee 102-7c
16552 Mittelstraße (Schildow) 101-12a
16515 Mittelstraße (Zühlsdorf) 84-4a
16567 Mönchmühle 102-7c
16567 Mönchmühlenallee 102-7c
16552 Mönchmühlenstraße 101-12d + 102-10a
16515 Moritzstraße 83-3b + 84-1a
16552 Mozartstraße 101-12b
16567 Mühlenbeck 101-6a
16552 Mühlenbecker Straße 101-9d
– Mühlenring 101-9b
16515 Mühlenstraße 83-3a
16567 Mühlenweg 101-8a

16515 Neue Bahnhofstraße 84-1b
16515 Neue Straße 84-4b
16567 Nordufer 83-12a

16515 Oranienburger Straße 83-3c
16552 Orchideenweg 101-9d
16515 Ottostraße 84-2a

16515 Pappelallee 66-10c
16567 Parkstraße 102-7c
16552 Paul-Richter-Straße 101-9d
16567 Pfaffenhutweg (3) 100-12b
16567 Platanenallee 102-7c
16552 Platanenhof 121-3a
16515 Poststraße 84-1b
16515 Puttlitzstraße 84-2a

16552 Rehwinkel (Schildow) 101-12c
16567 Rehwinkel (Summt) 83-11b
16567 Reitweg 101-7d
16552 Richard-Wagner-Straße 101-12b
16567 Ringstraße (Mühlenbeck) 101-3c
16552 Ringstraße (Schildow) 121-3a
16552 Rosa-Luxemburg-Straße 101-12c
16515 Roseggerstraße 83-6a
16567 Roßkastanienweg (4) 100-12b
16567 Rotbuchenweg (11) 100-12b
16567 Rotdornallee 102-7d
16515 Rotdornstraße 84-1a
16552 Rotdornweg 121-3a

16515 Sandweg 84-1a
16552 Schildow 101-12d + 102-10c + 121-2d
16567 Schildower Chaussee 101-8c
16552 Schildower Gärten 101-12b
16552 Schillerstraße (Schildow) 101-12b
16515 Schillerstraße (Zühlsdorf) 83-5d
16567 Schmachtenhagener Straße 101-3c
16552 Schmalfußstraße 121-3b
16567 Schönerlinder Chaussee 102-4c
16567 Schönfließ 101-8a

Müncheberg
PLZ 15374

Nauen
PLZ 14641

Neuenhagen bei Berlin
PLZ 15366

Gernroder Straße 175-2b
Gewerbegebiet Am Umspannwerk 151-8c
Goethestraße 175-2a
Goetheweg 151-10d
Gothaer Straße 175-1d
Graditzer Damm 150-12c
Graf-Spreti-Straße 150-12b
Greifswalder Straße 175-3c
Grillenweg 150-12b
Grüne Aue 150-12c
Grüner Bogen 150-12c
Grünstraße 175-1a
Gruscheweg 151-7d
Güstrower Straße 175-3a

Harzburger Straße 175-2b
Hasensprung 175-2d
Hauptmannstraße 175-1d
Hauptstraße 151-10a
Hebbelstraße 175-1d
Heideweg 175-1b
Heimgartenstraße 151-10c
Hellpfühlepark 150-12d
Helmstedter Straße 175-2b
Hermann-Löns-Straße 175-1c
Hildesheimer Straße 151-11d
Höhenweg 150-12b
Hönower Chaussee 150-9c + 151-10a
Höppnerweg 151-11d
Hohe Allee 150-12a
Holunderweg 151-11a
Honigweg 151-10b
Hoppegartener Straße 175-1a
Horstweg 150-12d
Hubertusstraße 151-11a
Humboldtstraße 175-2c

Ilmenauer Straße 175-4b
Ilsenburger Straße 151-11d
Im Grund 150-12b
Imkerstraße 151-11a
Immenweg 150-12a

Jahnstraße 151-11c
Jenaer Straße 175-1d
Johanna-Solf-Straße 151-10b

Kantstraße 175-2d
Karl-Breitinger-Straße 174-3b
Karl-Liebknecht-Straße 175-1a
Kastanienstraße 150-12c
Kiefernallee 175-1c
Kinzigsteg 151-10d
Kleine Straße 175-1d
Kleiststraße 175-1b
Koblenzer Straße 151-10b
Koburger Straße 175-4b
Königswinterstraße 151-11c
Körnerstraße 175-1d
Kornblumenweg 151-10b
Krokusweg 151-11a
Kurze Straße 175-1d

Lahnsteiner Straße 151-10d
Landhausstraße 151-10c
Langenbeckstraße 150-12d
Lange Straße 175-1a
Lauterberger Straße 151-11d
Lerchenaue 175-2c
Lessingstraße 175-2a
Liebermannweg 175-2a
Lindenstraße 150-9c

Maiglöckchenweg 151-11a
Mainzer Straße 151-10b
Malchiner Straße 175-2b
Mannheimer Straße 151-10b
Marienheide 151-12c
Marienstraße 151-10c
Meinigener Straße 175-4b
Mittelstraße 151-11c
Müllerstraße 175-2b

Neuenhagener Trainierbahn 150-9c
Niederheidenstraße 175-1a
Niersteiner Straße 151-10d
Nikolaus-Kalff-Weg 151-7d
Nordring 151-11d

Oberlandstraße 150-12a
Oppenheimer Straße 151-10b
Osteroder Straße 175-2b
Ostring 175-2d
Otto-Schmidt-Ring (2) 151-10a

Parchimer Straße 175-3a
Parkstraße 150-12b
Pestalozzistraße 151-10c
Platanenallee 150-12a
Platz der Republik 151-10d
Prof.-Zeller-Straße 151-10d
Puschkinweg 175-2b

Raabestraße 175-1d
Rathausstraße 151-10c
Reiherhorst 175-2c
Reuterstraße 175-1a
Ringelblumenweg 151-11a
Roseggerstraße 151-10c
Rosenaue 175-2c
Rosmarinstraße 151-11a
Roßtrappe 175-2b
Rostocker Straße 175-3a
Rotterdamer Straße 175-2c
Rudolf-Breitscheid-Allee 150-12d + 151-10c
Rückertstraße 175-1b
Rüdesheimer Straße 151-10b
Rügenstraße 175-3a

Saalecker Straße 175-4b
Salbeiweg 151-11a
St.-Georgs-Weg 151-10c
Schäferplatz 175-2b
Scheffelstraße 151-10c
Schillerstraße 175-2a
Schlenderhanstraße (1) 150-12b
Schmidtstraße 151-11c
Schöneicher Straße 175-2c
Schulstraße 151-10d
Schwarzburger Straße 175-4b
Schweriner Straße 175-3a
Sonnenweg 175-1a
Sperlingsgasse 175-2b
Speyerstraße 151-10b
Stolberger Straße 151-11d
Stormstraße 175-2a
Stralsunder Straße 175-2b
Straße 1 151-10a
Strelitzstraße 175-3c
Südring 175-2c

Teichstraße 150-12d
Tulpenweg 151-11a

Uhlandweg 175-2a
Umspannwerkwohnsiedlung 151-8a
Unter den Ulmen 150-12c
Usedomstraße 175-2b

Virchowstraße 150-12d
Vogelsdorfer Straße 175-2b

Waldfließstraße 175-1b
Waldfriedstraße (4) 151-10a
Waldstraße 151-11c
Walter-Genz-Straße (3) 151-10a
Wartburgstraße 175-4b
Weimarer Straße 175-1d
Wernigeroder Straße 151-11d
Westring 175-1b
Wielandstraße 175-1b
Wiesengrund 151-8b
Wiesenstraße 175-1a
Wiesenweg 175-1a
Winzersteg 151-10b
Wismarer Straße 175-2b
Wolterstraße 151-10d
Wormser Straße 151-10b

Ziegelstraße 151-11c
Zum Erlenbruch 151-8a
Zum Mühlenfließ 151-8c

Neuhardenberg
PLZ 15320

Am Windmühlenberg 135-3c

Birkenweg 135-3a

Ernst-Thälmann-Straße 135-3a

Friedhofsweg 135-9a
Friedrich-Engels-Straße 135-3a

Hauptstraße 135-9c
Hermann-Matern-Straße 135-3a
Hermersdorferstraße 135-8b

Mühlenweg 135-3a

Neudorf 135-3d

Oderbruchstraße 135-3a

Rosenthaler Weg 135-6b

Schinkelplatz 135-3b
Schlosspark 135-3d
Seelower Weg 135-9b
Seestraße 135-9a

Trebnitzer Straße 135-9c

Waldfrieden 135-3a
Wulkow 135-9a

Niederfinow
PLZ 16248

Am Kanterberg (3) 47-9b

Dorfstraße 47-9b

Niedergörsdorf
PLZ 14913

Ahornweg 362-6a
Akazienweg 362-6a
Am Bahnhof 362-2d
Am Sportplatz 362-6b

Barbara Weg 362-6c
Bebelweg (4) 362-3c
Birkenweg 362-5b
Breitscheidstraße 362-3c

Denkmalsberg 362-12c
Dennewitzer Straße 362-11d
Dorfstraße 362-11d

Eichenweg 362-5d

Feldweg 362-6d
Flämingstraße 362-6c
Flugplatzweg 362-8b
Friedrich-Ebert-Platz (5) 362-3c
Friedrich-Engels-Straße 362-3c

Gartenstraße (Altes Lager) 362-6b
Georg-Büchner-Ring (3) 362-6a

Haselnussweg 362-5d
Heidestraße 362-6c
Heinrich-von-Kleist-Straße (2) 362-6a
Hohlweg 362-6a

Jüterboger Weg 362-11d

Kastanienallee 362-6a
Kiefernweg 362-5b

Lessingweg 362-3c

Malterhausener Weg 362-11d
Mühlenweg 362-11d

Niedergörsdorfer Allee 362-6c

Roteichenallee 362-6c

Theodor-Körner-Straße (1) 362-6a
Treuenbrietzener Straße 362-2d

Waldstraße 362-6c
Waldweg 362-5d

Zum Vorwerk 362-8b

Nuthetal
PLZ 14558

Alexisstraße 300-1a
Alice-Bloch-Straße 263-12d
Alleestraße 300-4b
Alte Feldstraße 300-5a
Am Ausblick 263-9d
Am Bahnhof 263-9b
Am Buchhorst 263-9b
Am Buschberg 263-12a
Am Gersthof 264-10c
Am Kiefernwald 264-7c
Am kurzen End 263-12d
Am Lagerplatz 320-1d
Am Luchgraben 263-12b
Am Markt 300-5a
Am Nuthetal 264-10a
Am Rehgraben 263-12b
Am Sportplatz 300-6d
Am Stichgraben (3) 263-12d
Am Torfgraben 300-1d
Am Wiesengrund 264-10c
An der Bahn 300-1d
Andersenweg 263-12d
An der Waldkolonie 300-4d
An der Wiese 300-4b
Anna-Seghers-Straße 264-10a
Arthur-Scheunert-Allee 263-9b
Auf der Reihe 320-1d

Bachstraße 263-9b
Beelitzer Straße 300-5c
Beethovenstraße 263-9b
Begasstraße 264-7c
Bergblick 263-12b
Bergstraße 300-4b
Biberweg (1) 263-9d
Birkenhügel 263-9b
Brinkmann-Platz 263-12b
Brombeerweg 300-5c
Bussardsteig 263-12b

Drewitzer Straße 300-3b

Ebereschenweg 300-3b
Eichenweg 263-12a
Eichhörnchenweg 264-10a
Eosanderstraße 299-3b
Erlenweg 300-5c
Eschenweg 263-12b
Fahlhorst 301-7a
Fahlhorster Dorfstraße 300-6d
Fahlhorster Weg (3) 263-9d
Falkensteig 263-12b
Feldstraße 263-9d
Feldweg 300-4d + 320-1d
Finkenweg 263-9b
Fliederweg (1) 300-3b
Forstweg 264-10c
Fresdorfer Weg 320-1d
Friedenstraße 264-10a
Fuchsweg 263-9d

Gartenstadt „Am Rehgraben“ 263-9c
Gartenweg 300-4d
Gerhart-Hauptmann-Straße 264-10a
Gleimstraße 300-1a
Gottfried-Keller-Straße 300-1a

Haydnstraße 263-9b
Heideweg 264-7c
Heinrich-Zille-Straße 264-7c
Hermann-Löns-Straße 300-1a

Im Bärwinkel 263-12b
Im Bergfeld 264-10c
Im Wiesengrund 301-1a
In den Gehren 264-10a

Jean-Paul-Straße 264-10a
John-Leifs-Platz (3) 264-10a

Käthe-Kollwitz-Straße 264-7c
Königsbrücke 264-7d
Kohlmeisenweg 263-9b
Kolonie 300-4d
Kreuzstraße 300-5a
Krumlingsbrücke 300-2d

Lärchenring 263-12a
Langerwischer Weg 299-3a
Laubenweg 300-1d
Leibnitzstraße 300-1a
Leibnizstraße 263-12d
Lenbachstraße 264-7c
Lindhorst 263-9d
Liselotte-Herrmann-Straße 264-10a
Lotte-Werkmeister-Platz (4) 264-10a

Matthias-Claudius-Straße 264-10c
Matthias-Claudius-Straße$ Matthias-Claudius-Straße 300-1a
Milanring 263-12b
Mittelgasse 263-12d
Mörikestraße 263-12d
Mozartweg 263-9b
Mühle 301-1c
Mühlenstraße 300-5a

Neue Straße 300-9b
Nudow 300-3b
Nudow Ausbau 300-2b
Nudower Dorfstraße 300-3d
Nudower Grund 263-9d
Nuthestraße 300-5c
Nutheweg 300-2c

Papenwiese 300-5c
Pappelweg 300-3b
Philippsthal 264-12c + 300-2b
Philippsthaler Dorfstraße 264-11d + 300-2b
Philippsthaler Weg 263-12b
Potsdamer Straße 300-1d

Ravensbergstraße 263-12c
Rehsprung 263-9d
Reiherweg 264-10a
Richard-Kuckuck-Straße 264-7c
Rotdornweg 263-12b

Saarmund 300-5c
Saarmunder Weg 263-9d
Schanzenweg 300-5c
Schilfweg 300-5c
Schinkelstraße 264-7c
Schlüterstraße 263-12d + 299-3b
Schubertstraße 263-9b
Schumannstraße 263-9b
Siedlerstraße 300-9b
Sonnenweg 300-4b
Sperberweg 263-9b
Sportplatz 320-1d
Stöckerbrücke 300-2c
Stöckerhaus 300-2d
Stückener Straße 320-1d

Thomas-Mann-Straße 264-7c
Torfbrücke 300-1d
Tremsdorf 320-2c
Tremsdorfer Dorfstraße 320-1d
Tremsdorfer Weg 263-9d

Ulmensteig 263-12a
Unter den Linden 300-3b

Verdistraße 263-9d
Waldkolonie 300-4d
Walther-Rathenau-Straße 263-9b
Weerthstraße 263-12b
Weidengrund 263-12b
Weinbergstraße 300-4d
Wieselsteig (2) 263-9d
Wilhelm-Busch-Straße 263-12d

Zum Elsbruch 300-5c
Zum Mittelbusch 300-5c
Zum Priesterberg 263-9d
Zum Sportplatz 264-10c
Zum Springbruch 263-9d
Zur Mühle 301-1a

Nuthe-Urstromtal
PLZ 14947

Ahrensdorf 337-10b
Alte Gottower Straße 353-3d
Alte Hauptstraße 360-2c
Alte Potsdamer Straße 345-10d
Alte Schule 361-4d
Am Berg 344-8d
Am Dorfanger 361-4d
Am Dorfplatz (1) 354-9b
Am Dorfring 355-12d
Am Hammerfließ 354-9d
Am Herrenteich 344-12c
Am Mühlenberg (2) 344-4b
Am Park 354-2c
Am Schwemmegraben (1) 344-1d
Am Sportplatz 345-10d
Am Steinberg (1) 337-10b
Am Wasserwerk 354-4a
Am Wiesengrund 345-11c
An den Duhlen 345-10c
An den Eichen (1) 361-6d
An den Gärten 354-2b
An den Seewiesen 361-6d
An der Kirche 345-9a
Anhaltstraße 353-3c

Bahnhofstraße 353-3c
Bahnstraße 355-12b
Baumschulenweg 360-1a
Bergstraße 345-11c
Berkenbrück 344-7d
Berkenbrücker Dorfstraße 344-11a
Berkenbrücker Straße 344-4b
Berkenbrücker Weg 345-10d
Berliner Chaussee 353-3d
Berliner Straße 360-2c
Bleiche 353-6b

Charlottenfelder Straße 360-5d
Charlottenstraße 353-3c

Damm 355-7c
Dammwiese 353-3d
Darre 353-6b
Dorfaue (2) 337-10b
Dorfplatz 355-4a
Dorfstraße 355-7a
Dümde 355-12d

Eichelkamm 360-4b
Eichenallee 361-4d
Eichenweg 353-3c
Erdbeerstraße 360-5b

Feldrain 360-1d
Feldstraße 353-3c
Feldweg 344-1d
Fernneuendorfer Straße 355-4a
Flughorst 360-5b
Forsthaus Birkhorst 346-10c
Forsthaus Holbeck West 360-6d
Forsthaus Märtensmühle 345-2c
Forsthaus Teerofen 359-3b
Forstweg 344-1d
Frankenfelder Straße 353-1b
Friedhofsweg 354-9b

Gartenstraße 345-10d
Gehegeweg 344-4b
Gottow 355-7a
Gottower Straße 355-9c
Gottower Weg 360-5a
Grünstraße 353-6b

Hammerweg 355-12b
Heidchenweg 361-4d
Heidestraße 354-4a
Heideweg 345-11c
Hennickendorf 344-1c
Hennickendorfer Hauptstraße 344-4b
Hennickendorfer Straße 344-8c
Hoher Winkel 353-2d
Holbeck 361-4c
Horstweg 345-9a
Hugweg 353-3d

Im Bogen 345-9a
Interessentenweg (1) 345-10d
Jägerweg 360-6d
Jänickendorf 360-4b
Jänickendorfer Straße 355-12c

Kastanienweg 361-6d
Kiefernweg 354-9b
Kirchhofstraße 353-6b
Kirchplatz 353-2a
Kirchsteig 353-2b
Kirschallee (1) 344-11b
Küsterweg 345-9a
Kummersdorfer Straße 355-12b
Kummersdorfer Weg 354-2b

Liebätz 345-9a
Ließener Straße 361-9b
Lindenallee 345-2c
Lindenstraße 355-4a
Löwendorfer Straße 337-10b
Luckenwalder Chaussee 344-4a
Luckenwalder Straße 360-1d
Lüdersdorfer Straße 355-4a
Luisenstraße 353-2d

Märtensmühle 345-5a
Marienstraße (1) 353-3c
Merzdofer Weg 361-9b
Mittelweg 345-11c
Moldenhütten 354-7d

Neue Straße 354-1c
Neuhofer Straße 355-12b

Oberförsterei 353-6b

Pappelweg 355-12a
Potsdamer Straße 353-3a

Rudi-Dutschke-Platz (1) 355-12b
Ruhlsdorf 345-10d + 353-2a
Ruhlsdorfer Straße 353-3c
Ruhlsdorfer Weg 344-11b

Sandstraße 361-6d
Scharfenbrück 354-2d
Scharfenbrücker Straße 354-2a
Schlanenweg 353-1b
Schlenzer Straße 360-5c
Schönefeld 355-9c
Schönefelder Chaussee 361-6d
Schönefelder Straße 355-12a
Schöneweide 355-4a
Schönhagener Straße 344-4b
Schönhagener Weg 337-7c
Schulstraße 353-6b
Seeweg 361-5c
Sophienstraße 353-2d
Stangenhagener Straße 344-1d
Straße nach Luckenwalde 344-11b
Stülpe 361-6a

Trebbiner Chaussee 345-11c
Triftstraße 345-11c

Unterhammer 354-6c

Wiesenmoorstraße 344-4b
Wiesenstraße 360-1d
Woltersdorf 353-3d + 354-1c
Woltersdorf Siedlung 353-2d

Zum Ausbau 355-4b
Zum Bahnhof 360-2c
Zum Bürgerbusch 353-6a
Zum Buschgraben 344-11b
Zum Eiserbach (2) 353-6b
Zum Forsthaus 355-7a
Zum Friedhof 361-5c
Zum Holländer 360-2c
Zum Rauhen Luch 345-5a
Zum Stammfeld 354-9b
Zum Unterhammer 354-6c
Zum Wasserwerk 359-3b
Zum Wiesengrund (3) 337-10b
Zur Brache 344-4a
Zur Kaserne 344-4b
Zur Siedlung 353-6a

Oberbarnim

15345 Ahornstraße 131-4b
15345 Am Dorfanger 131-4d
15377 Am Dorfteich 132-9b
15377 Am Feld 132-9b
15377 Am Fließ 133-7a
15345 Am Stöhr 131-4d
15377 Am Tornowsee 133-9a
15345 Am Wald 131-4a
15377 Am Wiesenhang 133-7a
15377 Am Wirtschaftshof 132-6c
15377 An der Hecke 132-9b
15345 An der Schmiede 131-4b
15377 An der Weißen Taube 132-9b
15377 Ausbau 132-2c

15377 Bollersdorf 132-9a
15377 Bollersdorfer Höhe 133-7a
15377 Buckower Weg 132-6d

Oberkrämer
PLZ 16727

Oderaue
PLZ 16259

Oranienburg
PLZ 16515

Panketal
PLZ 16341

Petershagen/Eggersdorf

Potsdam

Prötzel
PLZ 15345

Rangsdorf
PLZ 15834

Winterfeldgasse 305-8d
Wohngebiet „Fleck“ 326-1a
Wohngebiet „Vogelauen“ 306-10c
Wolgaster Straße 305-7d

Zabelsbergpromenade 305-9c
Zeisigweg 305-8c
Zinnowitzer Weg 305-7c
Zülowpromenade 305-8b

Rauen
PLZ 15518

Ahornweg 279-1b
Akazienweg 279-1b
Alter Mühlenweg 278-6d
Alter Postweg 278-3b
Am Bernichenberg 278-3d
An der Heide 279-5a

Baumschulenweg 279-4a
Bergschlößchenweg 279-1b
Bergstraße 278-6d
Birkenweg 279-1b
Braunsdorfer Straße 278-6b

Chausseestraße 278-9a

Eichenweg 279-2c
Eschenweg 279-2c

Feldstraße 278-6d

Gartenstraße 279-4c
Grauer Esel 242-12d + 278-3b
Grenzstraße 279-1b
Grüner Weg 279-1d

Heidehof 278-6c
Hof Johannesberg 278-3b

Karlshöhe 243-10c + 279-1a
Kastanienweg 279-1d
Ketschendorfer Straße 279-4a
Kurzer Weg 279-1b

Lärchenweg 279-1b
Lindenweg 279-1b
Luchweg 278-6d

Marienweg 278-2b
Markgrafpieske Straße 278-6c
Mühlenstraße 278-6c

Pappelweg 279-1d
Plantagenweg 279-1a

Rauener Chaussee 279-4a
Rauen Försterei 278-6c

Saarower Straße 278-9b
Schulstraße 278-6d + 279-4c
Siedlerhöhe 279-1d
Siedlerweg 279-1d
Stadtberg 279-1d

Waldweg 279-2c
Wiesenweg 278-6c
Wolfsschluchtweg 279-1b

Ziegeleistraße 278-3d
Zum großen Stein (1) 278-6d

Rehfelde
PLZ 15345

Ahornallee 154-8d
Akazienweg 179-1a
Am Buschweg 155-10a
Am Erlengrund 154-9a
Am Fuchsberg 154-9c
Am Grenzgraben 154-9b
Am kleinen Felde 155-10a
Am Stellwerk 154-9c
Am Weiher 154-9b
Annemariestraße 154-9a
August-Bebel-Straße 154-6d
Außenweg 179-1a

Bahnhofstraße 154-9d
Bahnstraße 154-8d
Birkenstraße 154-7b
Blumenstraße 154-8b
Blumenweg 154-9a
Bögerweg 154-9b
Buchenweg 154-5b
Bullenwinkelweg 154-7d
Buschweg 154-12b

Carl-Legien-Straße 154-5c
Clara-Zetkin-Straße 154-5c

Dachsweg 154-9a
Dorfstraße 154-11d
Dorfstraße (Rehfelde-Dorf) 178-2b
Dorfstraße (Werder) 155-10a

Eichbaumstraße 154-7d
Eisenbahnstraße 154-7d
Eislerstraße 154-8b
Elsholzstraße 154-9b
Ernst-Haube-Straße 154-5d
Ernst-Thälmann-Straße 154-8c

Fichtenhag 154-7b
Fliederweg 179-1a
Friedrich-Engels-Straße 154-9d
Fuchsbergring 154-9a
Fuchsbergstraße 154-9a

Gartenstraße 154-8b
Garzauer Weg 155-10b
Gewerbestraße 154-9d
Goethestraße 154-5d

Hasenweg 154-9a
Heidekrug 179-8b
Heimstraße 154-11d
Heinrich-Heine-Ring 154-8d
Hennickendorfer Chaussee 178-1b
Herrensee 154-8a
Herzfelder Weg 178-2c
Hinterstraße 178-3d

Im Winkel 154-6c

Karl-Liebknecht-Straße 154-5c
Karlstraße 154-5a
Kiefernweg 154-5b
Kleingärten Am Feld 154-6d
Kleingärten Am Graben 154-6c
Kleingärten Herrenhorst 154-5d
Klosterdorfer Weg 154-8d
Kurze Straße 154-6c

Lagerstraße 178-2b
Lessingstraße 154-8d
Lichtenower Straße 178-6d
Lichtenower Weg 178-2b
Liebenberger Weg 179-4a
Lindenstraße 154-9b

Marienbergstraße 154-8c
Mitschurinstraße 154-8c
Mittelweg (Rehfelde Siedlung) 154-9a

Parkstraße 154-8d
Poststraße 154-6a
Puschkinstraße 154-9b

Quellweg 154-6c

Rehfelde-Dorf 154-11d + 178-2b
Rehfelder Chaussee 154-11b
Rehfelde Siedlung 154-9a
Rosa-Luxemburg-Straße 154-8c
Rudolf-Breitscheid-Straße 154-11d

Schillerstraße 154-8b
Schlagweg 154-4d
Schulstraße 154-6c
Siedlerstraße 179-1a
Siedlung Rotes Luch 156-7d
Sophienfelde 155-12d
Stephanstraße 154-5c
Straße 29 154-5a
Straße 32 154-5d
Strausberger Straße 154-4d
Strausberger Weg 155-10a

Waldpromenade 154-5a
Waldstraße 154-9a
Werder 155-7d
Wolfstraße 154-6c

Zinndorf 179-4a
Zinndorfer Chaussee 155-10a
Zinndorfer Straße 178-6b
Zinndorfer Weg 178-2b

Reichenwalde

15581 Alter Kiesweg 314-1d
15526 Am Berge 314-2d
15526 Am Dorfanger 334-5b
15526 Am Feld 314-8d
15526 Am Forst 314-2d
15581 Am Forstland 314-1d
15526 Am Graben 314-8d
15581 Am Kleinen See 314-2c
15526 Am See 334-2c
15526 Am Waldrand 334-2d

15526 Bussardstraße 314-9c

15526 Dahmsdorf 334-2c
15526 Dahmsdorfer Straße 314-8d
15526 Dorfaue 314-8d
15581 Dorfplatz 314-2c
15526 Dorfstraße 334-5b
15526 Drosselweg 314-9c

15526 Finkenweg 314-9c
15581 Fürstenwalder Straße 313-9b + 314-4c

15581 Großer Seeweg (1) 314-2a

15526 Habichtstraße 314-9c
15526 Habichtweg 314-9d
15581 Hauptstraße 314-4a

15526 Kiefernstraße 314-3c
15581 Kolpin 314-1b
15526 Kolpiner Straße 314-8b

15581 Lebbiner Straße 314-1d
15526 Lerchenweg 314-9d
15581 Luchweg 314-2a

15526 Marienhöher Weg 314-3c
15526 Mühlenweg 314-9c

15526 Neuer Weg 314-5b
15526 Neu Reichenwalde 314-2d
15526 Neu Reichenwalder Straße 314-8b

15581 Reichenwalder Chaussee 314-2c
15526 Reichenwalder Straße 334-2d

15526 Saarower Straße 314-8d
15581 Saarower Weg 314-2c
15526 Schwalbenweg 314-9d
15526 Silberberger Straße 314-9c
15526 Silberberger Weg 334-2d
15526 Storkower Straße 314-8d
15526 Storkower Weg 334-2c

15581 Thomas-Müntzer-Straße 314-2a

15526 Waldstraße 314-2d
15581 Wanderweg 314-2c
15526 Wendisch Rietzer Straße 334-5b

Rietz-Neuendorf
PLZ 15848

Ahornweg 280-11a
Alt Golmer Chaussee 280-11b
Annenhofer Weg 280-11d

Buschweg (2) 280-11b

Dorfstraße 280-11b
Drosselweg 280-12a

Friedhofsweg 280-11b

Gewerbegebiet 280-11a

Kastanienweg (1) 280-11b
Kerngestell 280-6d
Kirschweg 280-11b

Langes Gestell 280-6c
Lindenweg 280-11b
Linzmühle 280-9d

Meisenweg (3) 280-12a

Neue Straße 280-11b
Neugolmer Straße 280-11b

Parkstraße 280-11b

Radlower Straße 335-9b
Rotkehlchenweg 280-12a

Storkower Straße 335-9d

Rosenau
PLZ 14789

Dorfstraße (Viesen) 288-8c

Viesen 288-7d
Viesener Mühle 288-11b

Roskow
PLZ 14778

Am alten Bahnhof 185-8a
Am Anger 185-8b
Am Erdeloch 185-8a
Am Sportplatz 184-12d

Bahnhofstraße 184-12b
Beetzseeufer 184-4c
Birnenallee 185-9a
Brandenburger Straße 185-4d
Brandstelle 185-8b

Damaschkeweg 185-8b
Dorfstraße 185-8a
Dorfstraße (Lünow) 184-5b

Ernst-Thälmann-Straße 184-12a

Gartenstraße 185-8b
Glienerberger Weg 185-8c
Grabow 184-4d
Gutenpaarener Chaussee (1) 185-9a
Gutshof 184-4d

Hauptstraße 184-12a

Kanalweg 185-8d
Karl-Marx-Straße 184-12b
Katharinenbrücke 219-2a

Lünow 184-5d
Lünower Dorfstraße 184-5b

Päwesiner Chaussee 185-4d

Roskower Weg 184-5b

Schwarzer Weg 185-8d

Unter den Linden 185-8b

Weseram 184-9c
Weseramer Weg 184-5b

Ziegelei 184-12d
Ziegeleiweg 184-6a

Rüdersdorf bei Berlin

15378 Ahornstraße 178-7a
15378 Akazienweg 177-3c
15378 Albrecht-Thaer 177-3d
15378 Alte Glockengießerei 177-2d
15562 Altenaer Straße 177-10d
15562 Altlandsberger Straße 176-6c
15562 Alt-Rüdersdorf 177-10d
15562 Am Bahnhof 176-8b
15562 Am Friedhof 176-8d
15378 Am Fuchsbau 177-3b
15378 Am Heidefeld 177-9b
15562 Am Kanal 176-11b
15378 Am Kolk 177-9b
15562 Am Krienhafen 176-9a
15378 Am Robinienhain 177-2d
15562 Am Sandberg 176-11d
15378 Am Sandberg (Hennickendorf) 177-3c
15378 Amselstraße 178-7c
15378 Am Sportplatz 177-9c
15562 Am Stienitzsee 176-6d
15562 Am Stolp 176-11d
15562 Am Wieseneck 176-12b
15378 Am Wiesengrund 178-7c
15562 An den Stienitzseequellen 177-1d
15562 An den Windmühlen 177-10b
15378 August-Bebel-Straße (Hennickendorf) 177-3b

15378 Bahnhofstraße 177-3a
15562 Berghof 176-11c
15562 Berghofer Weg 176-11c
15562 Berghof Weiche 176-10b
15562 Bergmannsglück 176-11d
15562 Bergstraße 176-12d
15378 Bergstraße (Hennickendorf) 177-2d
15562 Berliner Straße 176-6c
15378 Berliner Straße (Hennickendorf) 177-4c
15562 Berliner Straße (Tasdorf) 176-6c
15378 Birkenstraße 178-4c
15562 Brückenstraße 176-12d
15378 Buchenstraße 178-7a

15378 Chausseestraße 178-8b
15562 Clara-Schumann-Weg 176-6c

15562 Dahmestraße 176-2d
15562 Dr.-Wilhelm-Külz-Straße 176-12a
15345 Dorfstraße 178-5d

15378 Ebereschenweg 177-9b
15562 Eggersdorfer Straße 176-6c
15378 Eichenstraße 178-4c
15378 Elsenseeweg 204-1a
15378 Erikaweg 177-9d
15562 Ernst-Thälmann-Straße 176-8d
15378 Ernst-Thälmann-Straße (Hennickendorf) 177-3c
15562 Essigstraße 177-10c

15378 Feldstraße (Hennickendorf) 177-3b
15562 Feldstraße (Tasdorf) 176-6c
15562 Feuerbachstraße 176-11c
15378 Fischerweg 177-2d
15345 Fließweg 178-8b
15562 Fontanestraße 176-10d
15562 Frankfurter Chaussee 176-6d
15562 Franz-Künstler-Siedlung 177-10c
15562 Friedenstraße 177-10d
15562 Friedrich-Engels-Ring 176-12d
15378 Friedrichstraße 177-3a
15562 Fürstenwalder Straße 177-10d

15378 Gärtnerweg 177-9b
15378 Gartenstadt 177-3b
15562 Gartenstraße 176-12b
15378 Gartenstraße (Herzfelde) 177-9b
15378 Gewerbe- und Industriegebiet Herzfelde 178-4c
15562 Goethestraße 176-11c
15378 Grüne Aue 177-6c
15562 Grüne Kehle 176-12a
15562 Grünelinde 176-7a
15562 Grünheider Weg 203-1b
15562 Gutenbergstraße 176-9b

15378 Hans-Schröer-Straße (Herzfelde) 178-7a
15562 Hans-Schröer-Straße (Hortwinkel) 203-1d
15562 Hans-Striegelski-Straße 176-12a
15378 Hauptstraße 177-8a
15562 Heinitzstraße 176-11b
15562 Heinrich-Heine-Straße 176-11c
15562 Heinrich-Zille-Straße 176-10d
15562 Hemmoor-Ring 177-10b
15378 Hennickendorf 177-3c + 178-1a
15345 Hennickendorfer Weg 178-5c
15562 Hermannstraße 176-12d
15378 Herzfelde 177-9a + 178-7c
15562 Herzfelder Straße 177-10b
15378 Herzfelder Straße (Hennickendorf) 177-3c
15378 Herzfelder Weg (Hennickendorf) 177-3c
15345 Herzfelder Weg (Lichtenow) 178-8b
15562 Hohe Straße 176-12b
15562 Hortwinkel 177-10c + 203-1a

15562 Käthe-Kollwitz-Straße 176-11c
15345 Kageler Straße 178-9c
15345 Kageler Weg 178-9a
15562 Kalkberger Platz 176-11b
15562 Karl-Liebknecht-Straße 177-10d
15378 Karl-Liebknecht-Straße (Hennickendorf) 178-1a
15378 Karl-Marx-Straße 178-7c
15562 Karlstraße 176-12c
15378 Kastanienweg 178-7a
15378 Kirchplatz 177-3a
15562 Kirchsteig Am 176-8d
15378 Kirschenstraße 177-6d
15562 Klein-Schönbecker-Straße 176-8b
15378 Klosterdorfer Straße 177-3b
15562 Kreuzstraße 176-8d
15562 Kumpelsteg 176-11b
15562 Kurt-Seidel-Platz 176-11b
15562 Kurze Straße 176-6c

15562 Landhof 176-11b
15378 Lerchenweg 178-7c
15562 Lessingstraße 176-10d
15345 Lichtenow 178-8d
15345 Lichtenow Dorf 178-5d
15378 Lichtenower Weg 177-3a
15378 Lindenstraße 177-9a
15378 Lindenweg 177-2d

15562 Maienbergstraße 176-11b
15562 Marie-Curie-Weg 176-6c
15562 Marienstraße 176-12b
15562 Meesterwinkel 177-10d
15378 Mittelstraße 177-3b
15378 Mittelweg 177-9d
15378 Möllenstraße 177-9b
15562 Mühlenstraße 176-11b
15562 Mühlenstraße (Hennickendorf) 177-3a

15562 Nebenstraße 176-12b
15378 Neuburger Ring 177-2d
15562 Neue 176-8c
15562 Neue Straße 176-12c
15562 Neue Vogelsdorfer Straße 176-8c

15562 Otto-Nuschke-Straße 176-12c

15378 Pappelhain 177-6a
15562 Petershagener Straße 176-5b
15562 Pierrefitter Straße 177-10c
15562 Priesterweg 176-8c
15562 Puschkinstraße 176-11d

15378 Rehfelder Straße 177-3b
15378 Rehfelder Weg (Herzfelde) 178-7a
15345 Rehfelder Weg (Lichtenow) 178-5d
15562 Richard-Meyer-Platz 176-8d
15378 Ringstraße 177-2d
15378 Rosa-Luxemburg-Platz 177-3a
15562 Rudolf-Breitscheid-Straße 176-12d
15562 Rüdersdorfer Grund 176-12b
15378 Rüdersdorfer Straße 177-8d

15562 Schäferei 176-3c
15562 Schillerstraße 176-11c
15562 Schloßweg 177-10d
15562 Schöneicher Landstraße 176-10c
15562 Schulstraße 176-12c
15562 Schulzenhöhe 176-8c
15562 Schulzenhöher Weg 176-8b
15562 Schwarzer Weg (1) 177-7b
15562 Seebad 202-2d
15562 Seebad Rüdersdorf 202-3c
15378 Seepromenade 177-3b
15562 Seestraße 176-11d
15378 Seestraße (Hennickendorf) 177-3a
15378 Siedlerstraße (Hennickendorf) 177-3b
15345 Siedlerstraße (Lichtenow) 178-5d
15378 Siedlerweg 177-8a
15562 Stienitzstraße 153-12c + 177-3a
15562 Straße der Jugend 176-11b
15378 Straße des Friedens 177-3b
15378 Strausberger Straße 177-6a
15378 Strausberger Straße (Hennickendorf) 177-3a
15562 Strausberger Straße (Tasdorf) 176-6d

15562 Tasdorf 176-6c
15562 Tasdorf Süd 176-5d
15562 Torrellplatz 176-11b

15378 Ulmenstraße 178-4c

15562 Vogelsdorfer Straße 176-8a

15378 Wacholderweg 177-9d
15378 Wachtelberg 177-3a
15345 Waldblick 178-9c
15562 Waldstraße 202-5b
15345 Waldweg 178-9a
15378 Weidenweg 177-9d
15378 Werkstraße 177-8b
15562 Wiesenstraße 176-8d
15562 Willi-Müller-Straße 176-8d
15378 Wohngebiet Albrecht Thaer 177-3d
15378 Wohngebiet Herzfelder Weg 177-3c
15378 Wohnpark am Stienitzsee 177-2c
15562 Woltersdorfer Straße 202-3b

15378 Ziegelstraße 177-9a
15345 Zum Bruch 178-9a
15378 Zum Seeblick 177-3b
15562 Zum Torfgraben 176-8c

Rüdnitz
PLZ 16321

Ackerweg 87-3c
Albertshof 88-7b
Alte Heerstraße 88-4a
Am Sportplatz 87-2a
Am Waldrand 88-4a

Bahnhofsiedlung 87-3d + 88-1c
Bahnhofstraße 87-3a
Barnimstraße 87-3b
Bergstraße 88-4a
Bernauer Straße 87-6a
Birkenweg 87-3d
Bürgermeisterstraße (3) 87-3d

Danewitzer Straße 87-3a
Danrowgasse 87-3d
Dorfstraße 87-2b

Elsternweg 87-3b

Feldweg 87-3b

Gartenweg 88-8a

Hans-Schiebel-Platz (2) 87-3d
Hauptweg 87-3b
Hellmühler Weg 87-2b

Kirschweg 88-1a
Kühle Kavelsiedlung 88-4a

Landweg 87-3d
Langerönner Weg 87-3a
Lindenstraße 87-3b

Mittelstraße 88-8a
Mittelweg 87-3d

Neurüdnitzer Weg 87-3d

Pappelallee 88-8c
Parkstraße 88-8a
Paul-Brandt-Straße (1) 87-3b

Ritterstraße 87-3d
Rüsterstraße 88-7b

Schulstraße 88-8a
Schulzenaue 87-3b + 88-1a
Sechsrutenweg 88-1a

Waldweg 87-2b
Wiesensteig 87-3b
Wilhelm-Guse-Straße 87-3d
Willesweg 88-1c

Schönefeld
PLZ 12529

Ahornstraße 233-12a
Ahornweg 233-7b
Albert-Kiekebusch-Straße 269-3a
Albrechtweg 233-4d
Aldebaran-Straße 234-7d
Alfred-Döblin-Allee 234-7b
Alte Schönfelder Straße 270-1a
Alte Selchower Straße 269-6b
Altglienicker Chaussee 234-5d
Alt Großziethen 233-8a
Alt Kleinziethen 233-11c
Alt Schönefeld 234-8c
Am Airport 269-3b
Am alten Bahndamm 233-5c
Am Amtsgarten 271-4d
Am Bauernweg 270-9a
Am Busch 270-9a
Am Dorfanger 234-8c
Am Dorfrand 233-5d
Am Feldrain 235-12a
Am Flutgraben 269-3b
Am Friedhof (2) 269-3a
Am Fuchsberg 233-10d
Am Graben 233-12c
Am Grüngürtel 233-5c
Am Hochwald 235-12b
Am Kornfeld 271-1d
Am Langen Grund 233-7b
Am Lindengarten 233-8a
Am Mauerweg 233-1d
Am Mostpfuhl 271-1d
Am Pechpfuhl 271-2a
Am Rondell 271-1b
Am Schulzenpfuhl 233-5a
Am Seegraben 234-8b
Amselweg 233-2c
Am Teich 270-9c
Am Vogelsberg (1) 269-3a
Am Waldesrand 235-9c
Am Wassergarten 233-11a
Am Weinberg 270-8b
An den Eichen 233-5d
An den Gehren 234-7c
An der Feldmark 233-5d
An der Koppel 235-9c
An der Plantage 271-1d
Angerstraße 234-8c
Anna-Seghers-Straße 234-7b
Antaresstraße 234-7d
Apfelweg 235-11b
Astrid-Lindgren-Straße 234-7b
Attilastraße 233-4b
August-Bebel-Straße 233-4b
August-Heinrich-Euler-Straße 270-2b

Bayangol-Park 234-7b
Berliner Chaussee 234-12d
Berliner Straße 271-1b
Bertholt-Brecht-Allee 234-7b
Birkenweg 270-9c
Birnenweg 233-12c
Bohnsdorfer Chaussee 234-9a
Bohnsdorfer Weg 235-10b
Brunhildstraße (2) 233-4d
Brunolf-Baade-Straße 270-2b
Buchenweg 270-9c
Burgunderstraße 233-4d
Businesspark Kienberg 234-12d

Chausseestraße 270-8c
Christa-Wolf-Straße 234-7b

Dahlienweg 233-2d
Dahmestraße 234-5c
Dankwartstraße 233-4d
Deponiestraße 233-6a
Diepenseer Straße 271-1d
Dolgenweg 234-5c
Dorfstraße 269-3a
Drosselweg 233-2c

Ebereschenweg 270-9a
Efeuring 233-5c
Eibenweg 270-9a
Elly-Beinhorn-Ring 270-2b
Elstersteg 235-7d
Erich-Kästner-Straße 234-7b
Erikaweg 233-2d
Erlenweg 233-4d
Ernst-Thälmann-Platz 233-4b
Ernst-Thälmann-Straße 233-4b
Etzelring 233-4d

Farbgrafik Straße 270-4c
Fasanenpromenade 234-9a
Finkenweg 233-2c
Fontanestraße 233-5a
Friedenstraße 234-5d
Friedensweg 233-7b
Friedhofsweg 233-8a
Friedrich-Ebert-Straße 233-2c
Fuchsgasse 235-10b

Galluner Weg 234-5c
Gartenstadt Großziethen 233-5a
Gartenstraße 234-5d
Gelbsandweg 270-4a
Georg-Wulf-Straße 270-2b
Gernotweg (1) 233-4b
Gewerbepark Schönefeld 234-7c
Gieselherring (4) 233-4d
Glasower Allee 233-11c
Glasower Straße 269-6d
Glasower Weg 269-3a
Goethestraße 233-5a
Grenzstraße 233-2c
Großziethen 233-7a
Großziethener Weg 234-7a
Grünauer Straße 235-11c + 271-1b
Grüner Weg 270-1a
Gutshof 269-6b

Hans-Grade-Allee 234-7d
Havelweg 234-5c
Heinrich-Böll-Straße 234-7b
Helga-Hahnemann-Straße 233-5a
Hermann-Hesse-Straße 234-7b
Hirschsprung 235-10b
Hubertusring 270-9a
Hubertusstraße 233-2c
Hugo-Eckener-Allee 270-3c
Hugo-Junkers-Ring 270-2d

Ilse-Dähne-Ring 233-5c
Im Wiesengrund 235-9c

Jägerstraße 234-9a
Jägerweg (Gartenstadt Großziethen) 233-2c
Jägerweg (Waltersdorf) 235-12c
Jahnstraße 233-2c
Johannasteg 235-7d

Kann-Straße 233-11a
Karl-Liebknecht-Straße 233-2c
Karl-Marx-Straße 233-1d
Karl-Rohrbeck-Straße 233-5c
Karlshof 271-7c
Karlshofer Weg 270-9a
Kastanienweg 270-9a
Kiekebusch 271-7a
Kiekebuscher Dorfstraße 271-4c
Kirchhaimer Damm 269-1a
Kirchstraße 234-8c
Kleinziethen 233-11a
Kleistring 233-5a
Königs Wusterhausener Straße 271-1d
Köpenicker Landstraße 271-4d
Kornblumenweg 233-4b
Krokusweg 233-4b
Kühnscher Weg 271-1d
Kurt-Tucholsky-Straße 234-7b
Kurzer Weg 234-8c

Landstraße 233-11a
Lavendelring 233-2d
Lerchenweg 233-2c
Lessingring 233-5a
Lichtenrader Chaussee 233-7b
Lilienthal-Park 271-2a
Lilienthalstraße 271-1b
Lilienweg 233-2c
Lindenstraße 233-5a
Löcknitzweg 234-5d
Luchtrift 233-8b
Luchweg 269-6b
Ludwig-Bölkow-Straße 270-4a

Mahlower Weg 233-7d
Margarete-von-Etzdorf-Straße 270-2d
Meisenweg 234-5d
Melli-Beese-Ring 270-2b
Mercedes Straße 234-8a
Messestraße 269-6d
Miersdorfer Weg 271-11b
Mirastraße 234-7d
Mittelstraße 234-8c
Mittelweg 235-12a
Mittenwalder Straße 269-6b
Mizarstraße 234-7d
Mühlenstraße 270-8b
Mühlenweg 233-12c

Neuchateller Weg 235-7d
Nibelungenstraße 233-4d
Notteweg 234-5d

Pappelring 270-9a
Parkstraße 234-9a
Planstraße C2 269-3a
Platanenstraße 234-9a
Platz der Einheit 270-8b

Querweg 233-5c

Rathausgasse 234-8c
Rehtränke 235-7d
Ricarda-Huch-Straße 234-7b
Ringstraße 271-2a
Rosa-Luxemburg-Weg 233-6a
Rosenweg 233-4b
Rotberger Dorfstraße 270-8b
Rotberger Straße 270-4a
Rotberger Weg 270-9d
Rotdornweg 233-2d
Rudolf-Breitscheid-Straße 233-2c
Rudower Allee 233-8b
Rudower Chaussee 234-4d
Rudower Straße 234-7c

Samariterweg 233-8a
Schillerstraße 233-2c
Schmiedeweg 270-8b
Schönefelder Allee 270-3a
Schönefelder Weg 233-9a
Schützenstraße 234-9a
Schulstraße 271-1d
Schulzendorfer Straße 271-1d
Schwalbenweg 234-9a
Schwarzer Weg 233-7b
Schwarzer Weg (Siedlung Hubertus) 235-7d
Schwarzer Weg (Siedlung Waltersdorf) 235-9a
Seegraben 234-9a
Seeweg 234-6c
Selchow 269-6a
Selchower Chaussee 269-3a
Selchower Grund 233-7a
Sevirstraße 234-7c
Siedlung 271-4c
Siedlung Hubertus 235-7d
Siedlung Waltersdorf 235-9d
Siegfriedstraße (3) 233-4d
Straße am Klärwerk 233-12a
Straße nach Karlshof 271-7b

Telefunkenweg 233-5d
Theodor-Fontane-Allee 234-7b
Thiekesiedlung 234-5d
Thomas-Dachter-Allee 234-7d
Thomas-Mann-Straße 234-7b
Tollkrug 270-8c
Tulpenweg 233-2d

Uhlandstraße 233-5a
Ulmenring 270-9a
Umgehungsstraße 234-8c

Volksgutstraße 270-9c
Vorwerk 235-11d

Waldstraße 234-9a
Waltersdorf 271-1d
Waltersdorfer Allee 271-1a
Waltersdorfer Chaussee 234-5d
Walter-Simon-Straße 233-1d
Waßmannsdorf 233-12c + 269-2b
Waßmannsdorfer Allee 269-3a
Waßmannsdorfer Chaussee 234-10b + 269-3b
Waßmannsdorfer Grund 269-3b
Waßmannsdorfer Tor 269-3b
Weg am Maierpfuhl 269-6b
Weg am Reitstall 269-5b
Wehrmathen 234-5d
Weidenweg 235-12a
Werlweg 234-5d
Wilhelm-Busch-Straße 234-7b
Willy-Brandt-Platz 270-2d
Wolfgang-von-Gronau-Allee 270-4a

Zeppelinstraße 271-2a
Zum Flutgraben 271-2a
Zum Herthateich 233-11a
Zum Spatzenhaus (1) 234-5d
Zur alten Feuerwache 234-8c

Schöneiche bei Berlin
PLZ 15566

Adlerstraße 175-12d
Ahornstraße 175-10c
Akazienstraße 175-10d
Altlandsberger Straße 175-9d
Am Erlengrund 201-2c
Am Goethepark 175-10d
Am Märchenwald 175-10b
Am Pelsland 201-2d
Am Rosengarten 201-3a
Amselhain 175-12d
Am Weidensee 175-7d
Am Zehnbuschgraben 175-8b
An der Reihe 175-7d
Anemonenweg 201-3a
Apfelweg 175-7a
Arndtstraße 175-12c
August-Bebel-Straße 201-2a
August-Borsig-Ring 175-5c

Babickstraße 175-11a
Beeskower Straße 175-12c
Bergstraße 201-3c
Berliner Straße 175-11a
Birkenheim 175-9a
Birkenweg 175-10d
Bismarckstraße 201-2c
Blumenring 201-3b
Brandenburgische Straße 175-11c
Bremer Straße 201-3a
Bunzelweg 175-10d
Butterblumenweg (1) 201-3a
Clara-Zetkin-Straße 201-2a

Dachsgang 201-3b
Dahlwitzer Straße 175-8b
Damesweg 175-11c
Dappstraße 175-11c
Distelweg 201-3a
Dorfaue 175-11a
Dorfstraße 175-10b
Dresdener Straße 175-11d

Ebereschenstraße 175-10c
Efeuweg 201-3a
Eggersdorfer Straße 175-8d
Ehrenpreisweg 201-3a
Eichenstraße 175-10d

Falkenhorst 175-12d
Feld Hohes 175-12a
Fichtenau 201-2c
Fichtestraße 175-11b
Fingerhutweg 201-3c
Fließstraße 201-2a
Fontanestraße 175-8d
Frankfurter Chaussee 175-5a
Fredersdorfer Straße 175-8b
Fredersdorfer Weg 175-7d
Friedensaue 175-11a
Friedenstraße 175-10c
Friedrich-Ebert-Straße 175-10c
Friedrichshagener Straße 175-10c
Friesenstraße 201-3b
Fritz-Reuter-Straße 175-10c
Fürstenwalder Weg 175-12c

Geschwister-Scholl-Straße 201-2a
Giesesteig 175-11d
Glockenblumenweg 201-3c
Goethepark 175-10d
Goethestraße 175-10d
Grabeinstraße 175-11d
Grätzsteig 175-11d
Grätzwalde 175-12c + 201-2b
Grenzstraße 201-3c
Grüner Weg 175-12c

Hamburger Straße 201-2c
Hannestraße 175-11c
Hasensprung 175-10c
Heckenrosenweg 201-3c
Heide in den Bergen 201-3b
Heideweg 201-3a
Heinestraße 175-12c
Heinrich-Mann-Straße 175-10c
Heinz-Oberfeld-Straße 175-11c
Hennickendorfer Straße 175-8d
Herderstraße 175-8d
Herzfelder Straße 175-8d
Heuweg 175-11c
Hirschgang 201-3b
Höhenweg 201-3a
Höltzstraße 175-11b
Hönower Straße 175-8b
Hubertusstraße 175-10d
Huhnstraße 175-11c

Im Fuchsbau 201-3b
Irisweg 201-3b

Jägerstraße 175-12d

Käthe-Kollwitz-Straße 201-2c
Kalkberger Straße 175-11d
Kantstraße 175-8c
Karl-Liebknecht-Straße 201-2c
Karl-Marx-Straße 201-2a
Kastanienallee 175-7a
Kastanienstraße 175-10d
Kieferndamm 201-2b
Kirchstraße 175-11a
Kirschenstraße 201-1a
Kleiner Spreewaldpark 175-10d
Kleinschönebeck 175-8a
Klopstockstraße 175-11b
Kölner Straße 201-3b
Körnerstraße 175-12d
Krokusweg 201-3b
Krummenseestraße 175-10c
Kurze Straße 201-2c

Landhof 175-8d
Leibnitzstraße 175-11b
Leipziger Straße 175-12c
Lessingstraße 175-8d
Liebesteig 175-11d
Lindenstraße 201-1a
Ludwig-Jahn-Straße 175-10d
Lübecker Straße 201-2a

Miethkestraße 175-11a
Mommsenstraße 175-12a
Mozartstraße 175-10c
Mühlenweg 175-10d
Münchehofer Straße 175-7c
Münchener Straße 201-2b

Neuenhagener Chaussee 175-7d
Neuenhagener Straße 175-8b
Neue-Wernsdorfer-Straße 175-12c
Niederbarnimer Ring 175-8b
Otto-Lilienthal-Straße 175-8a
Otto-Schröder-Straße 175-10d

Parkstraße 201-1b
Paul-Singer-Straße 175-12c
Pestalozzistraße 175-11b
Petershagener Straße 175-9c
Pilzsteg 201-3c
Pirschweg 175-10c
Platanenstraße 175-10d
Poststraße 201-2a
Potsdamer Straße 201-2b
Prager Straße 175-12c
Puhlmannsteig 175-11d
Puschkinstraße 175-10d
Pyramidenplatz 175-10b

Rahnsdorfer Straße 175-10b
Raisdorfer Straße 201-2a
Rathenaustraße 175-10b
Rehfelder Straße 175-9a
Roloffstraße 175-11b
Rosa-Luxemburg-Straße 201-2c
Rudolf-Breitscheid-Straße 201-2c
Rüdersdorfer Straße 175-11d

Schillerpark 201-1b
Schillerstraße 175-11b
Schloßpark 175-8c
Schöneicher Straße 175-11a
Seestraße 201-2c
Siedlung an den Fuchsbergen 175-12d + 176-10c
Skulpturenpark 175-7d
Stargasse 176-10c
Stauffenbergstraße 201-2a
Stegeweg 175-8c
Steinstraße 201-3a
Stockholmer Straße 175-11d
Storkower Straße 175-12c
Strausberger Straße 175-9d

Tasdorfer Straße 175-8b
Triftweg 175-10c

Uhlandstraße 175-8d
Ulmer Straße 175-11d
Unterlaufstraße 175-11b

Veilchenweg 201-3b
Vogelsang 176-10c
Vogelsdorfer Straße 175-8c

Waldstraße 201-1a
Walter-Dehmel-Straße 175-11c
Warschauer Straße 175-11d
Watenstädter Straße 201-2b
Weisheimer Straße 175-11d
Werner-Seelenbinder-Straße 175-10b
Werner-von-Siemens-Straße 175-8a
Widdersteig 201-3b
Wielandstraße 175-11b
Wildkanzelweg 175-10c
Wilhelm-Raabe-Straße 175-8d
Wittstockstraße 175-12c
Wollgrasweg 201-3d
Woltersdorfer Straße 175-11d

Schönwalde-Glien
PLZ 14621

Ackerstraße 117-9b
Ahornallee 118-10c
Ahornweg 97-11c
Akazienallee 118-10c
Alemannenweg 117-9d
Alte Gartenstraße 117-9b
Alte Hamburger Poststraße 96-6d
Alter Wansdorfer Weg 117-11c
Am alten Bahndamm 95-12d
Am Anger 116-2c
Am Bahnhof 117-6b
Am Eichholz 96-10c
Am Forsthaus 94-11b
Am Friedhof (2) 95-11d
Am Gut 117-6d
Am Kindergarten 95-7a
Am Krämerwald 116-3c
Am Rosengarten 117-1c
Am Sandbogen 95-7b
Amselsteig 118-10a
Am Silberberg (2) 118-4d
Am Spring 95-5c
Am Stägehaus (1) 95-11c
Am Südhang 117-12a
Am Triftberg 96-10c
Am Wald 95-4d
Am Waldrand 117-9b
Am Wiesengrund 95-7b
An den Bauernhärsten (5) 118-4d
An den Wöhrden (3) 118-4b
An der Eichheide 116-2c
An der Feuerwache 95-12b
Apfelrondell (1) 95-7b

Bäckerstege 95-11d
Bäckerweg 95-4d
Bahndamm 116-2d
Bahnstraße 117-1b
Beethovenstraße 118-10c
Berliner Allee 118-10a
Berliner Winkel 117-2a
Bernauer Straße 117-12a
Birkenallee 118-10d
Birkenweg (Pausin) (1) 116-3c
Birnenrondell (2) 95-7b
Bötzower Landstraße 118-4c
Bötzower Straße 117-6d
Borussenweg 117-12a
Brandenburgische Straße 117-11d
Brieselanger Straße 116-2c
Buchenallee 118-10c
Burgunderweg 117-12b
Bussardsteig 118-10b

Chausseestraße (Paren im Glien) 95-11d
Chausseestraße (Pausin) 116-2a
Cheruskerweg 117-9d
Cimbernring 117-12a

Damsbrücker Straße 117-11d
Dorfstraße 117-9b
Drosselsteig 118-10a
Duettchens Höh' 96-10a

Eichenallee 118-10c
Eichenweg (2) 116-3c
Eichholzweg 116-2a
Eichstädter Weg 116-2d
Erlenallee 118-10d
Eschenallee 118-10d

Falkenseer Straße 117-11d
Falkensteig 118-10b
Fasanensteig 118-10b
Fehrbelliner Straße 117-9d + 118-10a
Fichtenweg 97-11c
Finkensteig 118-10a
Fliegerhorststraße (4) 118-4d
Fliegersiedlung 117-6d
Fontanestraße 117-12c
Frankenweg 117-12b
Friesenweg 118-10a

Gartenstraße 95-11d
Gartenweg 116-2d
Germanenweg 117-12a
Gewerbegebiet „Am Rosengarten" 117-4a
Gimpelsteig 118-10a
Goethestraße 117-12d
Gotenweg 117-12b
Grabenweg 117-2a
Grimnitzstraße (1) 118-4d
Großer Ring 118-10c
Grünefeld 95-5c
Grünefelder Dorfstraße 95-4c

Habichtsteig 118-10b
Hänflingsteig 118-10b
Hauptstraße 95-11c
Havelländische Straße 117-11d
Hebbelstraße 117-12d
Heinestraße 117-12d
Heisenwinkel 116-3c

Ikarusweg 118-4c
Im Glien 96-10c

Judenweg 96-10a

Kastanienallee 118-10c
Keltenweg 117-12a
Kiebitzsteig 118-10b
Kiefernallee 118-10b
Kiefernweg (Wansdorf) 97-11d
Kienberger Straße (Grünefeld) 95-7a
Kienberger Weg (Paaren im Glien) 95-11a
Kirschallee 95-11a
Kirschweg 117-1b
Kleibersteig 118-10b
Kleiststraße 117-12d
Krugweg 116-2c
Kurmärkische Straße 117-11d
Kurt-Tucholsky-Straße 117-12b

Lärchenallee 118-10d
Langobardenweg 118-10a
Lilienthalweg (1) 118-4c
Lindenallee 118-10c
Lorenz-Jakob-Straße 117-9b

Märkische Straße 96-10c
Meisensteig 118-10b
Mittelweg 117-1b
Mozartstraße 117-12d
Mühlenweg (Grünfeld) 95-5c
Mühlenweg (Pausin) 116-2d
Mühlenweg (Perwenitz) 95-9d

Nachtigallensteig 118-10a
Nauener Straße 117-11d
Neubaugebiet „In den Hufen" 97-11c + 117-2a
Neuer Weg 95-11d
Nordmärkische Straße 142-1a
Normannenweg 117-11b

Obotritenweg 117-12b

Paaren im Glien 95-11a
Paarener Straße 95-8a
Pappelallee 118-10c
Pausin 116-2c
Pausiner Straße 117-11b
Pausiner Weg 117-1c
Perwenitz 95-12d + 96-10a
Perwenitzer Dorfstraße 95-12d
Perwenitzer Straße 117-11d
Perwenitzer Weg 95-11d

Reckinweg 96-10c
Richard-Dehmel-Straße 118-10a
Richard-Wagner-Straße 117-12d
Robinienallee 97-11c
Rotkehlchensteig 118-11a
Rüsternallee 118-10c

Sachsenweg 118-10a
Schillerstraße 117-12d
Schmiedeweg (Paaren im Glien) 95-12c
Schmiedeweg (Wansdorf) 117-2a
Schönwalde-Dorf 117-8b
Schönwalde-Siedlung 117-11a
Schulallee 118-10a
Schulwinkel 117-1b
Schwalbensteig 118-10b
Schwarzer Weg 117-1d
Sebastian-Bach-Straße 118-10c
Siedlungsgasse 116-2c
Spandauer Feld 116-2d
Staffelder Weg 95-5c
Steinerne Brücke 118-11c
Stieglitzsteig 118-10b
Stolpshofer Weg 115-2a
Strandallee 117-12c
Straße der Jugend 117-11d

Tannenallee 118-10d
Thüringer Weg 117-12a
Tietzower Weg 95-4d
Turmstraße 96-10c

Ulmenallee 118-10d
Unter den Linden 141-3b

Veltener Straße 117-12a

Wacholderallee 118-10a
Wachtelsteig 118-10b
Waldkauzsteig 118-11a
Waldpromenade 117-12c
Waldstraße 116-2b
Wansdorf 97-10d + 117-1b
Wansdorfer Dorfstraße 117-1c
Wansdorfer Weg 117-11c
Wansdorfer Weg (Pausin) 116-2d
Westfalendamm 115-10d
Wiesenweg 117-9b
Willibald-Alexis-Straße 117-12c

Zaunkönigsteig 118-11a
Zeisigsteig 118-10b
Zeppelinweg 118-4c
Ziethener Weg 95-5c
Zum Leegefeld 95-7b
Zur Kiesgrube 95-4b

Schorfheide
PLZ 16244

Ahornstraße 44-11b
Alte Mühle 44-8c
Am Bahnhof 42-1d
Am Graben (2) 45-5b
Am Heideufer 44-8b
Am Kleinen Buckowsee 44-2c
Am Sportplatz 44-11b
Am Treidelsteig 44-8d
Am Üdersee 44-2c
An der Schleuse 43-5a
Anna-Karbe-Weg (4) 45-5b

Bachstraße 45-5c
Bauernstraße 44-8b
Beethovenstraße 45-5c
Bei den Buchen 44-6b
Biesenthaler Straße 44-11a
Birkenweg 44-8c
Britzer Straße 45-2d
Brückenstraße 44-9a

Carl-Zeiss-Straße 45-6c
Conradshöhe 44-5d

Dachsweg 43-9b
Dorfstraße 42-2d

Eberswalder Straße 45-2d
Erzberger Platz 44-8c

Feldstraße 45-5b
Fichtenweg 44-7c
Finowfurt 44-5d
Finowfurter Ring 44-8d
Fliederweg 45-5d
Flößerstraße 44-8d
Flugplatz Finow 44-11d + 50-3a
Fuchsberg 44-7a

Galgenberg 45-5d
Gartenstraße 45-6c
Gartenweg 44-8a
Gerlachhof 44-11a
Gutshof 45-2d

Händelstraße 45-5c
Hauptstraße 44-8a
Haydnstraße 45-5c
Hirtenweg 43-9d
Hubertusmühle 43-12b + 44-10a
Hubertusweg 44-10a
Hufenweg 44-7b

Im Schulzenplan 44-8c
In den Sandstücken 44-7b

Joachimsthaler Chaussee 45-2a

Kanalstraße 44-9a
Karl-Liebknecht-Straße 44-7c
Karlshöhe 44-3d
Kastanienallee 44-7d
Kieferneck 45-5d
Kiefernweg 44-8c
Kiesschütte 44-4d
Kirschenallee 45-2c
Klandorf 42-2d
Klandorfer Bergstraße 42-2d
Konrad-Zuse-Straße 45-6c
Konratshöhe 44-5b
Koppelweg 45-2d
Kurzer Weg 45-5b

Langer Grund 43-9b
Lehnschulzenstraße 44-8a
Lichtenfelder Weidenweg 45-5d
Lichterfelde 45-2c
Lichterfelder Straße 44-8a
Lichterfelder Waldstraße 45-5b
Lichterfelder Siedlung 45-6a
Luckenwaldstraße 44-5c

Magistrale 44-8d
Marienwerderstraße 44-7b
Marienwerderweg 42-2d
Marktplatz 44-8d
Maulbeerweg 44-11a
Melchower Ring 44-11a
Melchower Straße 44-11a
Messingwerksiedlung 45-5c
Messingwerkstraße 45-5a
Mittelstraße 45-6c
Moospfuhl 43-3c
Mozartstraße 45-5a
Mühlenweg 44-11a
Müllerland 44-11a
Museumsstraße 44-11c

Oderberger Straße 45-2c

Pappelweg 44-9a
Parkstraße 44-8b
Pehlmann-Ring (1) 45-5b

Querweg 44-11a

Rehwinkel 43-9d
Rosenbeck 43-2c
Rosenweg (3) 45-5b

Sägebarthstraße 44-8d
Schäferweg 45-2d
Schloßgutsiedlung 44-8d
Schöpfurter Ring 44-11b
Spechthausener Straße 44-11b
Sperlingsau 42-1b
Steinfurter Allee 45-1d
Steinfurter Ring 44-8b
Steinfurter Straße 45-2c

Triftstraße 44-7b

Üdersee Besters Fließ 43-9b
Üdersee Nord 43-3d
Üdersee Süd 44-4b

Wagnerstraße 45-5c
Waldstraße 44-11b
Walzwerkstraße 44-8a
Wassertorbrücke 45-6c
Weidenweg 44-9b
Werbelliner Straße 44-8a
Westpark 45-6c
Wiesenstraße 45-5b
Wiesenweg 44-8c

Zum Jugendheim 44-11b
Zum Krugacker 44-7b

Schulzendorf
PLZ 15732

Ackerstraße 271-6a
Ahornstraße 235-12b
Akazienweg 235-12d
Albrecht-Dürer-Straße 271-3c
Am Abhang 235-12d
Am Grabensprung 235-12d
Am Kirschgarten 271-3d
Am Luch 236-10c
Am Zeuthener Winkel 272-1a
An der Aue 272-1a
An der Koppel 236-10c
Auf dem Ritterfleck 271-3c
Auf der Höhe 235-12d
August-Bebel-Straße 271-3b

Bergstraße 272-7a
Bergweg 271-5d
Birkenweg 271-3b
Brandenburger Straße 271-6b
Braunschweiger Straße 271-6b
Bremer Straße 271-6d
Brückenstraße 272-4c
Buchenallee 235-12b

Chemnitzer Straße 271-6d
Clara-Zetkin-Straße 271-3c
Coburger Straße 271-6b

Dahlewitzer Chaussee 271-9b
Diestelweg 271-2d
Dohlenstieg 236-10c + 272-1a
Dorfstraße 271-2c
Dresdener Straße 271-6a

Egelsteg 271-3b
Eichenallee 235-12b
Erfurter Straße 271-6d
Erlenweg 236-10c
Ernst-Thälmann-Straße 271-2d
Ernteweg 271-3c
Eschenweg 235-12c

Falkenring 271-6a
Fasanensteg 272-1a
Fennweg 271-5a
Finkenweg 235-12d
Fließsteig 236-10c
Fontanestraße 271-3d
Forstweg 271-2d
Freiheitweg 271-5d
Freiligrathstraße 271-3c
Fritz-Reuter-Straße 272-1c
Fürstenberger Straße 271-6c

Gartenstraße 272-1a
Gerstenweg 271-6c
Getreidegasse (4) 271-6c
Goethestraße 271-3d
Grenzweg 271-2c
Grüne Trift 236-10c

Hafergasse (2) 271-6c
Hamburger Straße 271-9b
Hans-Sachs-Straße 272-1a
Hebbelstraße 271-3b
Heinrich-Heine-Straße 271-3c
Heinrich-Zille-Straße 271-3d
Helgolandplatz 271-6d
Helgolandstraße 271-6c
Henningsdorfer Straße 271-9b
Herweghstraße 271-6b
Hirsesteig (1) 271-6a
Humboldtring 271-3d

Illgenstraße 271-3a
Im Gehölz 235-12b
Im Ritterschlag 271-5b

Jägerweg 271-3a
Jahnstraße 235-12c

Käthe-Kollwitz-Straße 272-1c
Kamillenweg 271-3c
Kantstraße 272-1a
Karl-Liebknecht-Straße 235-12b
Karl-Marx-Straße 235-12d
Kastanienweg 235-12c
Kiefernweg 235-12b
Kieler Straße 271-6d
Kleiststraße 271-3b
Kölner Straße 271-6a
Kornblumenweg 271-6a
Kranichstraße 271-2d

Leipziger Platz 271-6b
Leipziger Straße 271-6c
Lessingstraße 271-3d
Lilienweg 271-3b
Lindenstraße 235-12d
Luisenstraße 271-9b
Lupinenweg 271-3c

Malvenweg 271-3c
Max-John-Straße 271-6a
Miersdorfer Straße 271-2d
Milanstraße 271-3c
Mitte 271-3d
Mittenwalder Weg 271-2c
Mittenweider Weg 271-5b
Mohnblumenweg 271-6c
Münchener 271-6b
Münchener Straße 271-6d
Neuschulzendorf 271-5a

Otto-Krien-Platz 271-6d
Otto-Krien-Straße 271-6d

Paarmannstraße 235-12d
Pfarrgelände 271-9b
Pirschgang 271-3a
Puschkinstraße 235-12d

Rapsweg 271-3c
Reiherhorst 271-3c
Richard-Israel-Straße 271-3b
Richard-Wagner-Straße 271-3b
Riesaer Straße 271-6d
Rosa-Luxemburg-Straße 271-6b + 272-1c

Saarlandplatz 272-1a
Salzgitterstraße 271-6b
Schäferweg 271-3a
Schilfweg 271-3b
Schillerstraße 271-3b
Schloßplatz 271-9b
Schloßstraße 271-9b
Schwarzer Weg 271-2d
Siedlung Eichberg 235-12c + 271-3a
Sonnenblumenweg 271-3c
Sophienstraße 271-9b
Spartakusstraße 235-12d
Sperberring 271-6a

Uhlandring 271-3c
Ulmenweg 235-12d

Volkspark 272-1a

Waldstraße 235-12c
Waltersdorfer Chaussee 271-2c
Walther-Rathenau-Straße 271-3c
Weidenweg 271-5d
Weimarer Straße 271-6d
Weizengasse (3) 271-6c
Wiesenweg 235-12d
Wilhelm-Busch-Straße 271-3d
Wilhelm-Raabe-Straße 271-3b

Zum Feldrain 271-3c
Zum Mühlenschlag 271-6a

Schwielowsee
PLZ 14548

Akazienweg (1) 262-11a
Alex-von-Monno-Weg 297-7c
Alfred-Pfitzner-Weg 297-7b
Alte Dorfstelle 297-7c
Alte Ladestraße (3) 262-7c
Am Anger 261-2d
Am Bahnhof (Caputh) 262-10a
Am Bahnhof (Ferch) 297-9c
Am Brückenpark 261-9a
Am Caputher See 262-10d
Am Feldgraben 261-9b
Am Gaisberg 262-7a
Am Gewerbepark 296-2b
Am Grashorn 261-8b
Am Hang 262-10d
Am Heideberg 297-7c
Am Kiefernwald 297-7a
Am kleinen Wentorf 261-12b
Am Krähenberg 262-10c
Am Luch 297-3c
Am Markt 261-2a
Am Mühlenberg 261-8b
Am Panoramaweg 297-3b
Am Pappeltor 261-6c
Am Petzinsee 262-7c
Am Rehwinkel 262-7a
Am See 262-7a
Am Seeufer 297-4a
Amselsteig 261-12b
Amselweg 261-2a
Am Sonnenhang 297-3b
Am Steineberg 262-11a
Am Teich 261-2d
Am Torfstich 262-11a
Am Ufer 261-1b
Am Waldrand 262-11b
Am Wasser 261-5b
Am Wasserwerk 261-2d
Am Wildgatter 261-6c
An den Eichen (2) 297-8a
An der Apfelplantage 297-4a
An der Feldflur 261-6c
An der Kirche 261-2b
An der Nerzfarm 297-4c
An der Pischheide 262-7b
Arthur-Borghard-Weg 297-7d
Asternweg 262-10b
Auf dem Berge 261-9a
Auf dem Franzensberg 261-9c
August-Scheffler-Straße 261-9b
Auguststraße 262-10a

Baumgartenbrück 261-8b
Baumgartenbrücke 261-8d
Beelitzer Straße 297-7b
Bergholzer Straße 262-11a
Bergsiedlung 297-8a
Bergstraße 262-10c
Birkenweg 261-2a
Borker Weg 297-10b
Burgstraße 297-7b
Bussardweg 261-6d

Caputh 262-10d + 298-1c
Caputher Chaussee 261-9b
Chausseestraße 261-9b

Daniel-Schönemann-Straße (2) 261-9b
Dorfstraße 297-7b
Drosselweg 262-7a

Einsteinstraße 262-11a
Elsternsteig 298-1a
Erich-Schultz-Weg 297-7c
Eugen-Bracht-Weg 297-4c
E.-W.-Mertens-Weg 297-7c

Fasanenweg 298-1a
Feldstraße 262-10c
Ferch 297-7d
Fercher Bergstraße 297-8a
Fercher Heideweg 297-7a
Fercher Straße 297-4c
Fercher Uferpromenade 297-4b
Fercher Waldstraße 297-7a
Ferdinand-von-Schill-Straße 261-9b
Fichtenweg 261-2a
Finkensteig 262-10a
Finkenweg 261-9d
Fliederweg 262-10c
Flottstelle 297-3c
Försterweg 262-11a
Fontanepark 297-4c
Fontanering 261-9a
Forstsiedlung 261-9d
Friedrich-Ebert-Straße 262-10c
Fuchsweg 261-2a

Gartenstraße 262-10c
Geltow 261-5d
Geltower Chausseestraße 261-9d
Gertrud-Feiertag-Weg 262-10d
Geschwister-Scholl-Straße 261-12d
Glindower Weg 297-7a
Großer Querweg 261-2b
Groß Wentorf 261-9d
Grüner Weg 296-9b + 297-7a
Gustav-Winkler-Straße 262-11c

Habichtsteig 261-6c
Hans-Wacker-Weg 297-7c
Hasensprung 297-3c
Hauffstraße 261-8b
Havelplatz 261-1b
Havelpromenade 261-2a
Havelstraße 262-10b
Hegemeistersteg 261-6d
Heideweg 262-11a
Hermann-Tischler-Weg (3) 297-7b
Hirschweg 261-2b
Hohe Eichen 296-6d
Hoher Weg 297-7b

Im Gewerbepark 262-11c

Jägersteig 297-6a
Joseph-Wrede-Weg 261-6c
Jungfernweg 262-11c

Kammerode 296-6a
Kammeroder Weg 296-6a
Karl-Göbel-Weg 297-7c
Karl-Hagemeister-Weg 297-7b
Karl-Schuch-Weg (1) 297-7b
Kastanienallee 262-10c + 297-3b
Kemnitzerheide 296-9b
Kiefernsteig 261-2a
Kiefernweg 297-6a
Kirschanger 262-10b
Klaistower Straße 296-5a
Klein Wentorf 261-12b
Konrad-Wachsmann-Straße 262-11a
Krughof 262-10b
Kuckucksweg 262-7a
Kurze Straße 262-10c
Kurzweg 297-7b

Lerchenweg 262-10a
Lienewitzweg 297-8a
Lindenstraße 262-10b
Liselotte-Herrmann-Straße 261-9a

Magnus-Zeller-Ring 262-10c
Max-Planck-Straße 262-11a
Max-von-Laue-Straße 262-11a
Meiereistraße 261-6d
Mittelbusch 297-4a
Möwenweg (2) 262-10a
Moosweg 261-9a
Mühlengrund 297-7a

Nachtigallenweg (1) 262-10a
Neue Scheune 297-4c

Obstweg 261-6c
Otto-von-Kameke-Weg 297-7b
Petzinstraße 261-9b
Potsdamer Platz 297-7a
Potsdamer Straße 262-11a

Reiherhorst 261-6d
Ringstraße 262-10c
Rohrweg 297-3d
Rosenstraße 262-11a
Roter Damm 296-6d
Rudolf-Oehlschläger-Straße (1) 261-9b

Schäfereistraße 261-9b
Schmerberg 297-9c
Schmerberger Weg 297-3d
Schulstraße 262-10b
Schulweg 261-2a
Schumannstraße 262-11a
Schwanenweg 261-12d
Schwarzer Weg 297-7b
Schweizer Straße 261-2a
Schwielowseestraße 297-3c
Seddiner Weg 297-10b
Seesteig 261-1b
Seestraße 262-10d
Seeweg 297-7b
Siedlerstraße 261-9a
Siedlungsweg 262-11a
Sonnenhang 297-7c
Spitzbubenweg 298-1a
Straße der Einheit 262-10a
Straße der Jugend 262-10a

Tagorestraße 262-11a
Tannenweg 261-2a
Taubensteig 262-10c
Terassenweg 297-8a
Tonio-Bödicker-Straße 261-9b

Uferpromenade (Caputh) 261-12d
Uferpromenade (Geltow) 261-5d
Uhuweg 298-1a

Vogelweg 262-7a

Waidmannspromenade 261-2a
Waldrandweg 262-7a
Waldstraße 262-11a
Weberstraße 262-10a
Weg zum Petzinsee 261-9d
Weinbergstraße 262-10c
Weißdornweg 261-2a
Wendeplatz 297-3b
Wentorfbrücke 261-9d
Wentorfinsel 262-10a
Wentorfstraße 262-7a
Werderscher Damm 261-2d
Wiesensteig 297-4c
Wiesenweg 262-7a
Wietkiekenweg 297-8a
Wildparkstraße 261-6d
Wildpark West 261-2a
Wilhelmshöhe 262-10d

Ziegelscheune 262-10b
Ziegelstraße 262-10b
Zum Alten Landrat 297-4a
Zum Birkengrund 261-2a
Zum Strandbad 261-12d
Zur Badestelle 262-10d
Zur Bergmeierei 261-6d
Zur Roten Brücke 297-3c

Seddiner See
PLZ 14554

Am Apfelweg (2) 298-10d
Am Bahnhof 298-10c
Am Birnenweg (3) 298-10d
Am Fenn 318-5a
Am Fuchsbau 298-11c + 318-2a
Am Hügel 318-6d
Am Kirschweg 318-2a
Am Lindenweg 318-1b
Am Milchberg 318-5a
Am Mirabellenweg 318-1b
Am Mühlenberg 318-5b
Am Quittenweg (4) 298-10d
Am Sanddornweg 318-2a
Am Seehügel 318-6c
Am Waldessaum 318-6c
Am Waldrand 318-5d

Bahnhofstraße 318-2c
Beelitzer Straße 318-5b
Bergstraße 318-5c
Birkenweg 318-2a
Blumesiedlung 318-5b
Breitenbachplatz 318-1a

Dr.-Albert-Schweitzer-Straße 318-1a
Dr. Stapff-Straße 318-1a
Dorfstraße 319-4a

Ebereschenring 298-11c
Eichenweg 318-2c
Erikaweg 318-6c
Ernst-Kamieth-Platz 318-1b

Feldstraße 318-5d
Fenn 318-5a
Fennweg 318-5a
Fischergasse 318-6a
Friedhofgasse 318-1a
Friedhofstraße 318-5b
Friedhofsweg 319-4a

Gartenstraße 318-5d
Gewerbestraße 298-11d

Hainbuchenstraße 318-5b
Hans-Beimler-Straße 298-10d
Hauptstraße 318-5a

Im Winkel 318-1b

Kähnsdorf 319-4c
Kähnsdorfer Straße 318-8b
Kähnsdorfer Weg 318-5d
Karl-Marx-Straße 318-1a
Kiefernwald 318-4d
Kiefernweg 298-11c
Kirchplatz 318-5b
Kornblumenweg 318-5b
Kornstraße 318-5c
Krumme Straße 318-8b
Kunersdorf 318-2d
Kunersdorfer Straße 298-10d + 318-1b

Ladestraße 298-10d
Lärchenweg 318-1b
Leipziger Straße 318-5c

Pappelallee 318-2a

Rauher Berg 319-4b
Rottstockweg 318-6b
Rüdigerweg 318-6c

Schlunkendorfer Straße 318-5b
Schmiedestraße 318-1a
Schuppesiedlung 318-4d
Schwarzer Weg 318-1a
Seddin 318-5c
Seddiner Straße 318-6a
Seeweg 318-2d
Stückener Straße 318-5b

Thielenstraße 298-10c
Trift 318-5d

Waldeck 318-6d
Waldesruh 318-9a
Waldstraße 318-1a
Waldweg 318-6d
Weg zum Wasserturm 317-3b
Weinbergstraße 318-5a
Wiesenweg 318-5d

Zum Sportplatz (1) 298-10d

Slubice [Lubuskie]
PLZ 69100–69103

1 Maja 39-D1 + 251-8b

Akademicka 251-5d
Aleja Młodzieży Polskiej 251-8b
Aleja Niepodległości 251-6c

Batorego 251-6c
Bohaterów Warszawy 251-5d
Bolesława Chrobrego 251-5d
Bolesława Krzywoustego 251-6c
Bratkowa (6) 251-5b

Chopina 251-5d

Dąbrówki (3) 251-8b
Daszyńskiego 251-8b
Daszyńskiego (4) 251-8b
Drzymały 251-5b

Folwarczna 251-9a

Grybowa 251-3a

Jastrzębia 251-3a
Jedności Robotniczej 251-8b

Kanałowa 251-6c
Kazimierza 251-6c
Kazimierza Jagiellończyka (7) 251-5b
Kilińskiego 251-9a
Kochanowskiego 251-9a
Konopnickiej 251-9a
Konstytucji 3 Maja 251-6c
Konwaliowa (4) 251-5b
Kopernika 251-8b
Kościuszki 251-8b
Królowej Jadwigi 251-6c
Krótka 251-6c
Krucza 251-6a
Kupiecka 251-9d
Kwiatowa 251-5b

Liliowa (3) 251-5b
Lisia 251-6a

Makowa 251-5b
Mickiewicza 251-8b
Mieszka I 251-5b
Mirosawskiego (5) 251-8b

Nadodrzańska 251-5d
Narutowicza 251-5d
Nowy Lubusz 215-3a

Ogrodowa 251-5b
Osiedle Krasińskiego 215-11c
Os.Sowiańskie 251-8b

Paderewskiego 251-9a
PGR „Biale“ 215-11d + 251-2b
Piłsudskiego 251-5d
Piska 251-5b
Plac Bohaterów 251-5d
Plac Frankfurcki (7) 251-8b
Plac Przyjaźni 251-8b
Plac Przyjaźni (2) 251-8b
Plac Sybiraków 251-8b
Plac Wolności 251-5d
Pławidło 215-3d
Podchorążych 251-5d
Poniatowskiego 251-6c
Powstańców Wielkopolskich 251-12b
Prosta Klonowa 251-2d

Reja 251-8b
Różana (1) 251-5b
Rysia 251-5b
Rzepińska 251-6c

Sadowa 251-5d
Seelowska (1) 251-8b
Sienkiewicza 251-9a
Słowackiego 251-8b
Sobieskiego (1) 251-6c
Sokola 251-6a
Sowia 251-3c
Sportowa 251-9b
Staszica 251-6a
Strzelecka 251-6c
Szamarzewskiego 251-8a
Szczecińska (2) 251-5b

Tomasza Nocznickiego 251-6c
Tulipanowa (5) 251-5b

Wałowa 251-5c
Wandy 251-9a
Wawrzyniaka 251-8b
Wielkiego 251-6c
Wilcza 251-5b
Witosa 251-6a
Władysława Jagełły 251-6c
Władysława Łokietka 251-6c
Wodna 251-9a
Wojska Polskiego 251-8b
Wrocawska (6) 251-9a

Żeromskiego 251-8b
Żurawia 251-3c

Zwirki i Wigury 251-6c
Zygmunta I Starego (2) 251-6c

Spreenhagen
PLZ 15528

Ahornweg 276-5a
Alte Dorfstraße 276-5b
Alte Fürstenwalder Straße 277-4a
Alte Poststraße 275-5b
Alt Hartmannsdorfer Straße 276-4a
Alt Kolpin 314-2a
Altonaer Straße 277-9a
Am Birkenweg (3) 275-3c
Am Denkmal (1) 275-3c
Am Feldweg 275-3b
Am Hasensprung 275-5b
Am Kanal 275-5a
Am Lebbiner See 313-8b
Am Luch 275-3d
Am Winkel 276-9a
An der Spree 275-3b
Artur-Becker-Ring 276-2c
Auf der Halbinsel 241-11c

Birkenweg 276-2c
Birkholzweg 275-3c
Brandgestell 278-4b
Braunsdorf 241-12a
Briesenluch 277-9d
Briesenluch Försterei 278-10a
Buchte 240-6c

Chausseestraße 275-3d

Dohnenstieg 275-5b
Dorfstraße 241-12a
Drosselweg (2) 275-5b

Feldweg 276-5a
Fichtenwall 277-7a
Försterei Dickdamm 276-12b
Friedersdorfer Straße 275-5a
Friedersdorfer Weg 276-4b
Friedhofstraße 276-5a
Fürstenwalder Straße 276-6a

Göllmitz 241-12c
Große Tränke 242-7d

Hafersteig 277-8b
Hartmannsdorf 275-2d
Hartmannsdorfer Chaussee 276-1c
Hauptstraße 276-2c
Hirschsprung 275-5a
Hirsegarten 276-5b

Industrie- und Gewerbegebiet Mühlenberg 277-9a
Industrie- und Gewerbegebiet Winkel 276-9a

Kanalstraße 275-6a
Kanalweg 276-1d
Kerring 276-8b
Kiefernweg 276-5a
Kirchengestell 240-12a
Kirchhofen 240-11c
Kirchhofener Straße 276-2c
Kirchplatz 277-9a
Kreuzgestell 278-1c
Kribbe Lake Försterei 240-12a
Küchengestell 241-5c
Kummerallee 277-8b

Langendamm 277-5b
Langendamm (Braunsdorf) 277-3c
Langendamm Försterei 277-3b
Lange Straße 277-8b
Latzwall 276-1a
Lebbin 313-3c
Lebbin (Lebbin) 313-3c
Lebbiner Straße (Markgrafpieske) 277-9c
Lindenallee 275-3c
Lindenring 276-5a
Luisenhof 241-11d

Markgrafenstraße 277-6c
Markgrafpieske 277-9a
Markgrafpiesker Straße 241-12c
Mittelstraße 275-5a

Neue Kanalstraße 276-2c
Neues Gestell 241-8b
Neu Hartmannsdorf 275-3b + 276-1a
Neu Hartmannsdorfer Straße 276-1a
Neu Waltersdorf 277-11a

Pankentheerhütte 278-1c
Pudel 276-6c

Rauener Straße 277-9b
Röthen 240-10c
Rotkehlchenweg 275-2d

Schellhorstgestell 241-8d
Schlößchen 275-3a
Schulstraße 275-3c
Seestraße 275-5b
Siedlerstraße 277-8b
Siedlerweg 276-1d
Siedlung 276-5a
Skaby 276-7c
Spreenhagener Chaussee 277-8b
Spreenhagener Straße 275-3c
Stäbchen 239-10d + 275-2a
Storkower Straße 276-6a
Strommeisterei 275-6a

Triebsch 275-4d

Waldeck 313-2b
Waldweg 275-6a
Wallweg 276-1c
Wiesenweg 275-3b
Winkel 275-3c + 276-9a
Wulschener Straße 277-9a

Zum Kanal 241-12a

Stahnsdorf
PLZ 14532

Ahornsteg 229-11c
Ahornweg 265-11b
Ahrensdorfer Weg 265-11d
Akazienweg 229-11b
Akeleiweg (12) 265-3a
Albersstraße (14) 265-3d
Alte Feldmark 265-1b
Alte Potsdamer Landstraße 229-10b
Alte Trift 264-3b
Am Anger 265-1d
Am Birkenhügel 265-1b
Am Friedhof 265-5c
Am Gemeindezentrum 265-3a
Am Heideplatz 265-2a
Am Kiebitzfenn 265-1b
Am Kienwerder 265-1a
Am Pfarracker (1) 265-5b
Am Schloßpark 265-5c
Amselsteg 265-2a
Am Streuobsthang 229-12c
Am Upstall 229-12c
Am Walde 229-12c
Am Wall (18) 229-12c
Am Weiher 229-12c + 265-3a
Am Wiesengrund 265-1d
An den Seematen 265-5a
Annastraße 265-2b
Anni-Krauss-Straße 229-11a
Asternweg 229-12c
Augustastraße 265-2b
Ausbau 265-3d
Azaleenweg 265-3b

Bachstraße 229-11c
Bäkedamm 229-12a
Bäkepromenade 229-11b
Bahnhofstraße 229-10b
Beethovenstraße 229-11c
Begonienweg (11) 265-3b
Bergstraße 229-11c
Berliner Straße 265-5a
Biomalzspange 230-10a
Birkensteg 229-11b
Birkenweg 265-11b
Brabantstraße 229-11d
Brahmsstraße 229-11d
Buchenweg 229-11b

Chopinstraße 229-11d
Crocusweg 229-12d

Dähnestraße 229-11d
Dahlienweg 265-3a
Distelfalterweg (19) 229-12c
Dorfstraße 265-11a
Drosselweg 265-2a

Eichenallee 265-12d
Eichenweg 229-11a
Elisabethstraße 265-2b
Elsestraße 265-3c
Elstersteg 265-2a
Enzianweg 265-3a
Erich-Kästner-Weg 229-11c
Erlenweg 229-11a
Ernst-Thälmann-Platz 265-12a
Eschenweg 229-11b
Evelyn-Hamann-Ring 229-11c

Falkenstraße 265-2a
Fasanenstraße 265-2a
Feiningerstraße 265-3b
Feldstraße 265-5a
Fichtensteg 229-11a
Fichtestraße 265-5b
Finkensteg 265-2b
Florastraße 265-3a
Florazeile 265-11b
Forstgarten 265-12b
Friedensallee 229-11d
Friedenstraße 264-3b
Friedrich-Naumann-Straße 229-11c
Friedrich-Weißler-Platz (1) 229-12a
Fuchsienweg (9) 265-3b

Gartenstraße 265-5a
Geranienweg 229-12c
Ginsterweg 265-3b
Gladiolenweg 265-3c
Glockenblumenweg (17) 265-3b
Glühwürmchenweg 229-12c
Grashüpferweg 229-12c
Großbeerenstraße 265-5a
Güterfelde 265-5a
Güterfelder Damm 265-2d
Güterfelder Straße 265-8c
Gütergotzer Weg (2) 265-5a
Gut 265-12d

Hamburger Straße 230-10c
Hasensprung 265-1b
Hedwigstraße 265-3a
Heidekamp 265-1d
Heideplatz 265-2a
Heidestraße 265-1b
Heinrich-Zille-Straße 229-10b
Hermann-Scheidemann-Straße 229-11d
Hermannstraße 230-10a
Hibiskusweg (7) 265-3b
Hildegardstraße 265-2b
Hortensienstraße 229-12c

Im Wiesengrund 229-12c
Ingestraße 265-3c
Irisweg 265-3a

Jägersteg 264-3b
Joachim-Ringelnatz-Weg 229-11c
John-Graudenz-Straße 229-11a

Kamelienweg (10) 265-3b
Kandinskyplatz (16) 265-3d
Karolinenstraße 229-12c
Kastanienweg 229-11b
Kiefernsteg 229-11b
Kiefernweg 266-10a
Kieler Straße 230-10c
Kirchplatz 265-5a
Kirchstraße 229-12a
Kleestraße 265-3d
Kleiststraße 230-10a
Kornblumenweg (8) 265-3b
Krughofstraße 229-12a
Kuhlmaystraße 229-11d
Kurze Birken 265-1d

Lärchenring 266-10a
Libellenweg 229-12c
Lilienweg 265-3a
Lindenallee 265-5c
Lindenstraße 229-12c
Luisenstraße 265-3a

Marcksstraße 265-3d
Marggraffshof 266-4c
Margueritenweg 265-3a
Marienkäferweg 229-12c
Marienstraße 265-3c
Markhofstraße 265-2b
Marthastraße 265-2b
Meisenweg 229-11c
Mohrenfalterweg 265-3a
Mozartsteg 229-11d
Mucheweg 265-3b
Mühlenfichten 265-5b
Mühlenstraße 229-12c
Mühlenweg 265-5b

Nachtfalterweg 229-12c
Nelkenweg (13) 265-3a
Neubauernsiedlung 230-10c
Nudower Straße 265-10d

Pappelweg 229-11a
Parkallee 229-11d
Parkweg 265-5c
Pfauenaugenweg (4) 229-12c
Pfingstrosenweg (6) 265-3b
Plantagenweg 265-11b
Poststraße 229-11b
Potsdamer Allee 265-1a
Potsdamer Damm 264-3c
Potsdamer Landstraße 265-10a
Potsdamer Straße 264-3a
Priesterweg 264-6b
Primelweg 265-3b
Puschkinstraße 229-12b

Quermathe 230-10c

Reihersteg 265-2b
Reiherweg 265-1a
Ringstraße 265-3a
Ritterfalterweg 265-3a
Rosenweg 229-12c
Rotdornweg 265-11b
Rotkehlchenweg 265-2a
Rudolf-Breitscheid-Platz 229-10d
Ruhlsdorfer Straße 229-12a
Ruhlsdorfer Weg 265-5b

Schenkendorfer Weg 266-1c
Schenkenhorst 265-11b
Schillerstraße 229-12b
Schlemmerweg (15) 265-3b
Schleusenweg 229-11b
Schmetterlingsring (1) 229-12c
Schneeglöckchenweg 265-3a
Schreyerstraße 265-3b
Schubertstraße 229-11d
Schulstraße 229-12a
Schulzenstraße 229-12a
Schwalbensteg 265-2b
Schwarzer Weg 265-5c
Seematenweg 265-2c
Seerosenweg 265-3b
Seestraße 265-5c
Segelfalterweg 265-3a
Separationsweg 229-12b
Siegfriedstraße 229-12b
Sonnenblumenweg 265-3a
Spechtstraße 265-2a
Sperberstraße 265-2b
Sportplatz 265-5c
Sputendorf 265-12a
Sputendorfer Landstraße 265-11b
Sputendorfer Straße 229-12c
Sputendorfer Weg 265-5a
Stahnsdorfer Damm 265-2d
Stahnsdorfer Weg 265-6a
Starstraße 265-2a
Stolper Weg 265-1c
Straße der Einheit 265-12a
Straße der Freundschaft 265-12b
Striewitzweg 229-12b

Tagfalterweg (2) 229-12c
Tannenweg 229-11a
Taubenweg 265-2b
Teerofenweg 229-11a
Tellstraße 229-12b
Teltower Weg 265-11b
Triftstraße 265-11a
Tschaikowskistraße 229-11c
Tulpenstraße 265-3a

Uferweg 229-7c
Ulmenweg 229-11b

Wacholderweg 229-11a
Wagnersteg 229-11d
Waldtrautstraße 265-1b
Wannseestraße 229-11b
Weinbergsenden (1) 266-2a
Weißlingweg (5) 229-12c
Wilhelm-Külz-Straße 229-12a
Wilhelm-Pieck-Straße 265-12a

Zeisigsteig 265-2a
Zikadenweg (20) 229-12c
Zitronenfalterweg (3) 229-12c

Steinhöfel
PLZ 15518

Ahornring 183-12a
Alte Dorfstraße 244-1a
Alte Poststraße 183-12c
Alter Postweg 207-3b
Altes Vorwerk 208-11b
Am Anger 206-6d
Am Barschpfuhl 206-6d
Am Finkenberg 183-9b
Am Schlossweg 209-10c
Am Storchennest 244-1d
Am Teich 245-2d
Am Teufelsstein 183-12b
An der Schäferei 206-6b
Angerweg 208-7b
Arensdorf 210-5b
Arensdorfer Weg 209-10c
Ausbau Beerfelde 206-3b
Ausbau Jänickendorf 206-3a

Baathstraße 183-9a
Bahnhofstraße 208-12d
Bahnhofstraße (Arensdorf) 210-5c
Bahnhofstraße (Hasenfelde) 209-6a
Beerfelde 207-4c
Behlendorf 183-6c
Berkenbrücker Weg 208-12d
Buchholz 208-7b
Buchholzer Straße 182-12c + 208-3a

Charlottenhof 208-9a
Charlottenhofer Weg 208-9d
Clara-Grunwald-Weg 244-1d

Demnitz 245-2d
Demnitzer Mühle 245-8b
Demnitzer Straße 209-10c
Dr.-Schubert-Straße 207-3b
Dorfstraße (Buchholz) 208-7b
Dorfstraße (Demnitz) 245-2d
Dorfstraße (Jänickendorf) 206-5d
Dorfstraße (Schönfelde) 181-10a
Dornröschenweg 207-3b

Eggersdorfer Straße 181-10a
Eichenallee 244-1a
Ernst-Thälmann-Straße 183-12a

Falkenhagener Straße 210-5a
Feldweg 206-5d
Frankfurter Chaussee 183-8d
Frankfurter Straße 210-4b
Fritzfelde 183-7d
Fürstenwalder Straße (Beerfelde) 207-4c
Fürstenwalder Straße (Buchholz) 208-7a
Fürstenwalder Straße (Hasenfelde) 209-5c

Gartenstraße 182-12d
Gartenweg 183-12b
Gemeindestraße 182-12a
Gölsdorf 207-3a
Gölsdorfer Straße 182-12c
Gölsdorfer Weg 207-4a
Gutsweg 209-10c

Hangelsberger Weg 206-5d
Hans-Rosenthal-Straße 244-4b
Hasenfelde 209-6c
Hasenfelder Straße 210-4c
Hasenfelder Weg 183-12c
Hasenwinkel 209-7b
Hauptstraße 183-12a
Heinersdorf 183-12b
Heinersdorfer Mühle 209-2b
Heinersdorfer Straße 209-5b
Heuweg 245-1a
Hinterstraße 210-5a
Hoppegartener Straße 181-7c

Im Winkel 207-4c

Jänickendorf 206-5d
Jänickendorfer Straße 206-6d
Jahnfelder Straße 183-9c

Kastanienallee 207-3b
Kastanienhof 210-5c
Kirchgasse 207-4c
Kirchweg 210-5a
Kleine Allee 245-2d
Kohlhaasweg 182-12d
Kräuterweg 244-1a
Krugweg 245-2d

Storkow (Mark)
PLZ 15859

Strausberg
PLZ 15344

Sydower Fließ
PLZ 16230

Teltow
PLZ 14513

Friedrich-Ebert-Straße 230-6d
Friedrich-Steinwachs-Weg 230-9c
Friggastraße 231-7c
Fritz-Reuter-Straße 230-6c

Ganghoferstraße (1) 230-9a
Gartenstraße 230-12b
Genshagener Straße 266-2d
Geranienstraße 230-11d
Gerhart-Hauptmann-Straße 231-4c
Gershwinstraße 230-12c
Geschwister-Scholl-Straße 230-9c
Gluckstraße 230-12b
Goethesteig 231-4c
Goethestraße 231-4c
Goldregenweg 230-11c
Gonfrevillestraße 230-8d
Gottfried-Keller-Straße 230-9a
Griegstraße 230-12b
Großbeerener Weg 230-12a
Großbeerenstraße 266-5c
Gudrunstraße 231-7b
Güterfelder Straße 266-1d
Gunterstraße 231-7d
Gustav-Freytag-Straße 230-9a
Gustl-Sandtner-Straße 230-12a

Händelstraße 230-12a
Hagenstraße 231-7d
Halifax-Platz 230-8d
Hamburger Platz 230-7d
Hannemannstraße 230-6d
Hardenbergstraße 231-10c
Hauffstraße 230-6d
Havelstraße 230-7d
Haydnstraße 230-12b
Heidestraße 230-12b
Heinersdorfer Weg 230-9a
Heinrich-Heine-Straße 230-6d
Heinrich-Schütz-Straße 230-12b
Heinrich-Zille-Straße 230-6d
Herderstraße 230-6d
Hoher Steinweg 230-8a
Hollandweg 230-8a
Holunderstraße 230-11c
Holunderweg 231-10a
Hortensienstraße 230-11d
Hugo-Wolf-Straße 230-12a
Humperdinckstraße 230-12d

Ida-Kellotat-Straße 230-8d
Iserstraße 230-7c

Jacobsonsteig 230-6c
Jahnstraße 230-8a
Johann-Strauß-Straße 230-12b
John-Schehr-Straße 230-12a

Käthe-Niederkirchner-Straße 230-12a
Kanada-Allee 230-8d
Kanalpromenade 230-7a
Kantstraße 230-9a
Karl-Liebknecht-Steig 230-6d
Karl-Liebknecht-Straße 230-6b
Karl-Müller-Straße 266-2c
Kastanienstraße 230-9c
Katzbachstraße 230-7b
Kiefernweg 231-10a
Kingston-Straße (4) 230-8d
Klaus-Groth-Straße 230-9a
Kleingartenkolonie Birkengrund 231-7c
Kleiststraße 230-9a
Krahnertsiedlung 266-2d
Kriemhildstraße 231-7b
Kuckucksweg 230-12b

Labrador-Straße 230-11b
Lankeweg (1) 230-7c
Leharstraße 230-12b
Leibnizstraße 230-6d
Lenaustraße 230-9b
Lerchenweg 230-9d
Lessingstraße 231-7a
Lichterfelder Allee 230-8b
Liebigplatz 230-7c
Liliencronstraße 230-9b
Lilienstraße 230-11d
Lindenstraße 230-8b
Liselotte-Herrmann-Straße 230-9c
Lisztstraße 230-12b
Lortzingstraße 230-12b
Lübecker Straße 230-10b
Luise-von-Werdeck-Straße 230-9c

Mahlower Straße 230-8d
Mainstraße 230-8c
Margeritenstraße 230-11d
Marienfelder Anger 230-9b + 231-4c
Marienfelder Anger (2) 230-9a
Martin-Niemöller-Straße 230-9c
Maxim-Gorki-Straße 230-6d + 231-4c
Max-Sabersky-Allee 230-6c
Meisenweg 231-10a
Moldaustraße 230-7d
Montreal-Platz 230-11b
Moselstraße (1) 230-7d
Mozartstraße 230-12d
Mühlenbergstraße 266-2a
Mühlengrund 266-2a

Neißestraße 230-7a
Nelkenstraße 230-11d
Neue Straße 230-8a
Nieplitzweg (3) 230-7a
Nuthestraße 230-7b

Oderstraße 230-7c
Ontario-Straße 230-11b
Osdorfer Straße 230-8b + 231-7a
Oskar-Pollner-Straße 230-12c
Ottawa-Straße 230-11b
Otto-Braune-Straße 230-6d
Otto-Lilienthal-Straße 230-12a

Parkstraße 231-10a
Paul-Gerhardt-Straße 230-6b
Paul-Lincke-Straße 230-12c
Paul-Schneider-Straße 230-12a
Paul-Singer-Straße 230-7d
Pestalozzistraße 231-10c
Potsdamer Straße 230-10a
Puschkinplatz (1) 230-8a

Québec-Straße 230-11b

Raabestraße 230-6d
Rammrathbrücke 230-7a
Regerstraße 230-12a
Resedastraße 230-11d
Rheinstraße 230-7c
Richard-Wagner-Straße 230-12a + 231-10a
Ringstraße 266-2a
Ritterstraße 230-8a
Robert-Koch-Straße 231-10c
Röthepfuhlweg 266-2a
Rosa-Luxemburg-Steig (1) 230-6b
Roseggerstraße 230-9a
Rostocker Straße 230-10d
Rotdornweg 230-11c
Rubensstraße 230-12c
Rudolf-Virchow-Straße 231-10c
Rudongstraße 230-10a
Ruhlsdorf 266-2b
Ruhlsdorfer Platz 230-8b
Ruhlsdorfer Straße 230-11c

Saalestraße 230-7d
Samatenweg 266-2c
Sandstraße 230-8a
Saskatoon-Straße (3) 230-8d
Schillersteig 230-9b
Schillerstraße 230-9b
Schlehenstraße 230-11c
Schönower Straße 230-8b
Schubertstraße 230-12b
Schumannstraße 231-10a
Sebastian-Bach-Straße 230-12a
Seehof 230-9b
Seepromenade 230-6c
Sengersiedlung 266-2c
Siedlerrain 230-9a
Siedlerweg 230-9c + 231-7a
Siegfriedstraße 231-7c
Spreestraße 230-7d
Sputendorfer Straße 266-5a
Staedtlersiedlung 266-3b
Stahnsdorfer Straße 266-1b
Steinstraße 231-10c
Stormstraße 230-6d
Straße Osdorfer 230-9b
Stratford-Straße 230-8d
Striewitzweg 230-8a

Tannenweg 231-10a
Techno-Terrain Teltow 230-7b
Teltower Straße 266-2a
Theophil-Wurm-Straße (4) 230-9c
Toronto-Straße 230-11b
Trojanstraße 231-4c
Tulpenweg 231-10a

Uferweg 230-7d
Uhlandstraße 230-6d

Vancouver-Straße 230-8d
Veilchenstraße 230-11d
Verdistraße 230-12d
Victoria-Straße 230-11b

Waldstraße 230-9d + 231-10a
Waldweg 266-2c
Walter-Kollo-Straße 230-12c
Walther-Rathenau-Straße 230-8c
Warthestraße 230-7c
Webersiedlung 266-2c
Weg zum Saeggepfuhl 266-2a
Weinbergsweg (4) 230-8c
Weißdornweg 230-11c
Weserstraße 230-7d
Wielandstraße 230-9b
Wiesenstraße 230-9d + 231-7c
Wiesenweg 231-10a
Wilhelm-Busch-Straße 231-7a
Wilhelm-Külz-Straße 231-10c
Wilhelm-Leuschner-Straße 230-9c
Winnipeg-Straße (2) 230-11b
Wodanstraße 231-7c

Yukon Straße 230-8d

Zehlendorfer Straße 230-8b
Zehnruthenweg 231-7a
Zeppelinufer 230-8a
Zum Königsgraben (4) 230-7b

Trebbin

14959 Ahornhof 337-3b
14974 Ahornstraße 322-5c
14959 Ahrensdorfer Straße 337-5b
14959 Alte Dorfstraße 336-4c
14959 Alte Luckenwalder Straße 337-9b
14959 Alte Parkstraße 323-7d
14959 Altglau 321-10a
14959 Am Anger 321-9b
14959 Am Bahnhof 338-1d
14959 Am Blankensee 336-2b
14959 Am Bohldamm 338-4b
14959 Am Finkenberg 337-6a
14959 Am Friedhof 338-8a
14959 Am Glauer Hof 320-12b
14959 Am Grashof 336-6a
14959 Am Grössinsee 320-8d
14959 Am Güterbahnhof (3) 338-1d
14959 Am Heidepark 338-8c
14959 Am Kapellenberg 320-11b
14959 Am Kesselberg 320-12b
14959 Am Kulturhaus 338-1a
14959 Am Mühlengraben 337-3b
14959 Am Park 338-1c
14959 Am Priedel 337-1b
14959 Am Schweinegrund 337-1b
14959 Am See 321-9a
14959 Am Sportplatz 338-4b
14959 Am Spritzenhaus (1) 346-2a
14959 Am Umspannwerk 323-11c
14959 An den Eichen 338-3d
14959 An den Sümpfen 337-5b
14959 An der B101 338-1a
14974 An der Bahn 322-9a
14959 An der Christinendorfer Chaussee 338-5c
14959 An der Dorfaue 337-3a
14959 An der Lüdersdorfer Chaussee 338-9a
14959 An der Schäferei 321-6a
14959 An der Ziegelei 338-7a
14974 Annastraße (3) 322-9a
14959 Auf dem Felde 346-2a
14959 Auf dem Sande 336-6d

14959 Bahnhofstraße 338-1c
14974 Bahnhofstraße 322-8a
14959 Baruther Straße 338-1d
14959 Beelitzer Straße 337-3c
14959 Bergstraße 338-1c
14959 Berliner Straße 337-6b
14959 Berliner Tor 338-1c
14959 Beuthener Straße 321-10a
14959 Birkenhof 337-3b
14959 Birkenstraße 320-12b
14959 Birkenweg 338-1d
14959 Bismarckstraße 320-12b
14959 Blankensee 320-11a
14959 Blankensee Allee 336-3c
14959 Blankenseer Chaussee 320-12b
14959 Blankenseer Dorfstraße 320-11a
14959 Blankenseer Straße 320-11b
14959 Blankenseer Weg 337-1b
14959 Breitenweg 337-3d
14974 Bundesstraße 101 322-7b
14974 Burggrafenstraße 322-8b

14959 Chausseestraße (Kliestow) 337-9b
14959 Christinendorf 339-1c
14974 Christinendorfer Allee 339-1c
14974 Christinendorfer Weg 323-10a
14959 Clauertstraße 338-1c

14959 Denkmalplatz 337-3d
14959 Die Trift 337-3c
14959 Dorfaue (Löwendorf) 337-3a
14959 Dorfplatz 338-8c
14959 Druckereihäuser 338-1d

14959 Ebelshof 337-12b + 338-10a
14959 Ebelstraße 338-1c
14959 Eichenhof 337-3b
14959 Eichenhof (Lüdersdorf) 339-8d
14974 Emanuel-Lasker-Straße 322-8a
14959 Erlengrund 323-7c
14959 Eschenhof 337-3b

14959 Feldstraße (Wiesenhagen) 338-11c
14959 Fischerhäuser 337-6b
14959 Fischerstraße 337-3d
14974 Fontanestraße 322-8b
14959 Forsthaus Alt Lenzburg 338-11c
14959 Freie-Scholle-Siedlung 338-2d
14959 Friedhofsgasse 339-7c
14959 Friedhofsweg 321-6c
14959 Friedhofsweg (Wiesenhagen) 338-10d
14959 Friedrichshof 337-3d
14974 Fritz-Reuter-Straße 322-8b

14959 Gadsdorfer Weg 339-7d
14959 Gartenstraße 338-1c
14959 Gartenstraße (Wiesenhagen) 338-11c
14959 Gewerbegebiet Am Bohldamm 338-4b
14959 Gewerbegebiet Ebelstraße 338-1b
14959 Gewerbegebiet Zossener Straße 338-1d
14959 Glau 321-10b
14959 Glauer Bergstraße 321-10a
14959 Glauer Chaussee 321-10b
14959 Glauer Dorfstraße 321-10a
14959 Goethestraße 338-1c
14959 Großbeuthen 321-9a
14959 Gutshof 321-9b

14959 Hackgarten 337-6b
14959 Hänchenweg 337-3c
14959 Hans-Grade-Straße 336-6a
14959 Hauptstraße 338-11c
14974 Heinrich-Stoll-Straße 322-8a
14959 Hennickendorfer Weg 336-6c
14974 Hochwaldstraße 322-8b
14959 Höpfnerstraße 338-2d

14959 Im Rundling 339-7d
14959 Im Strumpf 339-4a
14959 Industriestraße 338-1d

14974 Jütchendorfer Weg 321-5a

14959 Kapellenbergstraße 320-12a
14974 Karl-Braun-Straße (2) 322-8a
14959 Kastanienallee 336-6c
14959 Kerzendorfer Weg 321-6a
14974 Kiefernstraße 323-7d
14959 Kiesweg 336-6b
14959 Kirchplatz (2) 337-6b
14959 Kirchring 323-7d
14959 Kirchsteig 337-3c
14959 Kirchstraße 339-4a
14974 Kleinbeuthen 321-5d
14959 Kleinbeuthener Dorfstraße 321-5d
14959 Klein Schulzendorf 337-7b
14959 Kliestow 337-9a
14959 Kliestower Wiesenweg 337-6d
14959 Kolonie Thyrow 322-8a
14959 Kolonieweg 337-2c
14959 Krietzenweg 346-1b
14959 Krügerstraße 338-1d
14959 Krügerweg 338-8c
14959 Kurzer Weg 336-6d
14974 Kurze Straße 322-8b

14974 Ladestraße 322-9a
14959 Landratsstraße 339-4a
14959 Laubenweg 321-10a
14959 Lindenhof 320-12a
14959 Lindenstraße 337-3d
14959 Löwendorf 337-2d
14959 Löwendorfer Chaussee 337-3c
14959 Löwenstraße 337-3c
14959 Luchstraße 322-10d
14959 Luckenwalder Straße 337-6b
14959 Lüdersdorf 339-10b
14959 Lüdersdorfer Dorfstraße 339-7c
14959 Lüdersdorfer Straße 338-8d

14959 Märkisch Wilmersdorf 323-7c
14959 Markt (1) 337-6b
14959 Maulbeerweg 320-11b
14959 Mietgendorfer Weg 320-11b
14959 Mittelweg 338-1d
14959 Mühlenberg 320-12c
14974 Mühlenstraße 322-8a
14959 Mühlenweg 336-4c

14959 Nelkenweg 338-4b
14959 Neue Bergstraße 336-4c
14959 Nöhringswinkel 338-4a
14974 Nunsdorfer Straße 323-7d
14959 Nuthestraße 337-3b

14959 Obere Mühlenstraße (1) 337-3b

14974 Panoramastraße 322-5d
14974 Pappelweg (Wilmersdorf) 323-7d
14959 Parkstraße 323-7b + 338-1c
14959 Parkstraße (Löwendorf) 337-3c
14959 Paulshöhe 338-5c
14959 Pfarrstraße 337-3d
14959 Pflaumenallee 337-3b
14959 Plantage 338-7a
14959 Platz der Jugend 338-11c + 346-2a
14974 Poetensteig 322-8b
14959 Priedel 337-1d
14959 Promenadenweg 338-4b
14959 Puschkinstraße 337-6b

14959 Röllerstraße 337-3d
14959 Ruhemannweg 320-11d

14959 Sahneweg 339-7c
14959 Scheunenweg (2) 337-3b
14959 Schiasser Chaussee 320-8d
14959 Schillerstraße 337-3c
14959 Schmiedegasse (1) 337-3c
14959 Schönblick 336-5d
14959 Schönhagen 336-6b
14959 Schönhagener Landstraße 336-6c
14959 Schönhagener Straße 337-2b
14959 Schubertsweg 346-2c
14959 Schulweg 338-1c
14959 Schwimmbad 337-3d
14959 Seeblick 336-5b
14959 Seeblickstraße 336-5b
14959 Sportfeldstraße 338-4b
14959 Stangenhagen 336-4c
14959 Steinweg 337-5b

14974 Talstraße 322-8b
14959 Thyrow 322-4d
14974 Thyrower Straße 323-7a
14974 Thyrower Weg 321-9b
14959 Thyrower Wilhelmstraße 322-8b
14959 Trebbiner Allee 336-4c
14959 Trebbiner Straße (Klein Schulzendorf) 338-8c
14959 Trebbiner Straße (Kliestow) 337-9b
14959 Trebbiner Straße (Löwendorf) 337-3a
14959 Trebbiner Straße (Schönhagen) 336-6b
14959 Trebbiner Weg 320-12c
14959 Tyrower Dorfstraße 322-4d
14959 Tyrower Feldstraße 322-8b
14959 Tyrower Pappelweg 322-8b
14959 Tyrower Wiesengrund 322-9a

14974 Von-Achenbach-Straße 322-8b

14974 Waldsiedlung 322-5d
14959 Waldstraße 337-3c
14959 Wassermüllerstraße 337-3b
14974 Weg zum Waldfriedhof (1) 322-5c
14959 Weidenweg 320-11d
14959 Weinberg 338-1c
14959 Wiesengrund 337-3b
14959 Wiesenhagen 338-10d + 346-1b
14959 Wiesenstraße 338-8d
14959 Wiesenweg 337-3c
14974 Wietstocker Weg 323-7a
14959 Wilhelm-Hensel-Straße 338-1c
14959 Wilhelmstraße 338-1d
14959 Wilhelmstraße (Löwendorf) 337-3c
14974 Wilmersdorfer Straße 322-9a
14959 Wohnbaugebiet „Am Mühlengraben" 337-3b
14959 Wüste Wiese 337-2b

14959 Zelle 338-10c
14974 Zeppelinstraße 322-8b
14959 Zossener Straße 338-1d
14959 Zum Akazienweg 337-9b
14959 Zum Flugplatz 336-6b
14959 Zum Rodelberg 339-7d
14959 Zum Schloß 320-11b
14959 Zum Seechen 320-11a
14959 Zum Tiefen Weg 339-7d
14959 Zur Brände 339-1c
14959 Zur Friedenstadt 320-12b
14959 Zur Nieplitz 320-11b
14959 Zur Sahne 339-7c
14959 Zur Sonne 320-12b
14959 Zur Sonnenblumen 338-4b

Treplin
PLZ 15236

Frankfurter Straße 212-12a

Hinterstraße 212-9c

Lindenstraße 212-12a

Mühlenweg 212-9c

Naglers Berg 212-12b

Petershagener Straße 212-12a

Schleepweg 212-9c
Siedlerweg 212-12a

Velten
PLZ 16727

Adlerstonberg 80-11a
Ahornstraße 98-3d
Amalienstraße 98-2a
Am Anger (5) 98-3a
Am Bernsteinsee 81-10b
Ameisenweg 99-7a
Am Fasanenhügel (4) 80-11c + 98-2a
Am Gleispark 98-2d
Am Hafen 98-3c
Am Heidekrug 98-3d
Am Jägerberg 99-4c
Am Kuschelhain 98-5a
Am Markt 98-2b
Am Sport 80-11b
Am Storchennest 98-2b
Am Tonberg 98-2a
An der Roten Villa 80-11d
Anglerweg 99-4c
Auguststraße 98-3c

Bärenklauer Weg 80-8c
Bahnstraße 98-2d
Beethovenweg 80-12c
Bergstraße 80-11d
Berliner Straße (Velten) 98-3c
Birkenstraße 99-7a
Bötzower Straße 98-2c
Borgdorferweg 81-10c
Breite Straße 98-3a
Buchenweg 98-3b
Bullenwinkel 98-3a
Business Park Velten 99-4d

Carolinenstraße 98-2a
Chopinweg 80-12c

Eibenweg 98-2b
Eichenring 98-3b
Eigenheimgasse (3) 80-11c
Elisabethstraße 98-2c
Emma-Ihrer-Straße 98-2d
Ernst-Thälmann-Straße 98-5b

Feierabendweg (1) 80-11d
Feldblumenweg (2) 80-11d
Feldstraße 98-2c
Fennstraße 99-1a
Fichtestraße 80-11d
Fliederweg 98-2d
Försterlake 99-1c
Franz-Josef-Schweitzer-Platz 98-2d

Gabelweg 98-5a
Gartenstraße 98-2c
Germendorfer Chaussee 80-11b
Germendorfer Straße 80-11b
Goethestraße 80-11d
Grand-Couronne-Straße 98-3c
Große Promenade 80-11d
Grünstraße 98-3c

Hafenstraße 98-3c
Hasenwinkel 98-2a
Havelring 99-4d
Hedwig-Koch-Becker-Straße 98-5b
Hedwigpromenade 98-2a
Heidekrug 99-1c
Heidering 98-3d
Heidestraße 98-2d
Helenenweg 98-2a
Henriettenring (1) 98-2a
Hermann-Aurel-Zieger-Straße 98-5b
Hohenschöpping 99-5c
Hohenschöppinger Straße 99-4c
Hopfenweg 98-2b

Igelweg 98-2a
Industriestraße 98-3d

Jacob-Plohn-Straße 98-5b
Jahnstraße 80-11b
Johann-Ackermann-Straße 98-5b

Kanalstraße 98-3d
Kantor-Gericke-Straße 80-11d
Karl-Liebknecht-Straße 98-2b
Karlstraße 98-3c
Katersteig 98-3a
Kiefernring (1) 99-1a
Kochstraße 98-2b
Kreisbahnstraße 98-2d
Kremmener Straße 98-2a
Krumme Straße 98-3b
Kurt-Ständer-Straße 80-11d
Kurze Straße 98-2a

Leegebrucher Weg 81-10c
Lindensiedlung 98-3d
Lindenstraße 98-3c
Luchstraße 98-3b
Luchwiesenweg 98-3a
Luisenstraße 98-2b

Magdalenenstraße (3) 98-2a
Marwitzer Trift 98-5d
Mittelstraße 98-2b
Mozartweg 80-11d
Mühlenstraße 98-2b
Müllerstraße 80-11b
Museumsgasse 98-2b

Nauener Straße 98-2d
Nordhang 80-8c

Oberkrämer Weg 80-7d
Oranienburger Straße 80-11d

Parkallee 99-7a
Parkweg 80-11c
Petersiliengasse 98-3a
Pinnower Chaussee 98-3d
Poststraße 98-2d

Ratgasse (6) 98-3a
Rathausstraße 98-2b

Waldsieversdorf
PLZ 15377

Wandlitz
PLZ 16348

Wendisch Rietz
PLZ 15864

Werder (Havel)
PLZ 14542

Werneuchen
PLZ 16356

Wildau
PLZ 15745

Woltersdorf
PLZ 15569

Wriezen
PLZ 16269

Wustermark
PLZ 14641

Wusterwitz
PLZ 14789

Zeschdorf
PLZ 15326

Neue Siedlung 213-2b
Neu Zeschdorf 213-5d
Neuzeschdorf 213-6c
Neuzeschdorfer Weg 213-5b

Petersdorfer Straße 211-12d

Schnitterweg 211-12b
Schönfließer Straße 213-2d
Schwarzer Weg 213-4a
Seeberg 213-2c
Siedlerweg 211-12b
Siedlungstraße 211-12d

Wiesenweg 213-2d

Zeuthen
PLZ 15738

Adolph-Menzel-Ring 272-1b
Ahornallee 272-5c
Alte Poststraße 272-2c
Am Elsenbusch 272-4d
Am Falkenhorst 272-7c
Am Feld 272-7b
Am Fliederbusch 272-7c
Am Graben 236-10d
Am Gutshof 272-7b
Am Heideberg 272-4b
Am Kurpark 272-8c
Am Mühlenberg 272-7a
Am Papenberg 272-7a
Am Postwinkel 272-5a
Am Pulverberg 272-7b
Am Seegarten 272-3a
Amselstraße 272-4a
Am Staatsforst 272-8a
Am Tonberg 272-7a
An der Eisenbahn 272-5c
An der Korsopromenade 272-7b
An der Kurpromenade 272-7b
Augsburger Straße 236-11d

Bachstelzenweg 272-7c
Bahnstraße 272-5c
Bamberger Straße 272-2a
Bayreuther Straße 236-11c + 272-2a
Bayrischer Platz 272-2a
Birkenallee 272-4d
Birkenring 272-8a
Birkenstraße 272-7a
Brandenburger Straße 272-4b
Bremer Straße 272-4b
Buchenring 272-7b

Crossinstraße 272-9b

Dachauer Straße 272-2b
Dahlewitzer Chaussee 271-8b
Dahmestraße 272-5c
Dahmeweg 272-9a
Delmenhorster Straße 272-5a
Donaustraße 272-5c
Dorfaue 272-5b
Dorfstraße 272-7b

Ebereschenallee 272-5a
Ebereschenring 272-4d
Eichenallee 272-5d
Eichwalder Straße 272-4b
Elbestraße 272-5c
Emil-Nolde-Ring 272-1b
Emserstraße 272-5c
Engelbrechtstraße 272-5a
Erlenring 272-7b
Eschenring 272-8a

Fährstraße 272-9a
Fasanenstraße 272-4d
Flämingstraße 272-2b
Fontaneallee 272-5d
Fontaneplatz 272-8b
Forstallee 272-4d
Forstweg 272-4d
Friedenstraße 236-11d
Friesenstraße 272-1b

Goethestraße 272-5a
Grenzstraße 272-7a
Große Zeuthener Allee 272-8c

Hankelweg 272-7b
Haselnußallee 272-7d
Havellandstraße 272-2b
Havelstraße 272-5c
Heinrich-Heine-Straße 272-2c
Heinrich-Zille-Straße 272-5a
Hochland 272-7d
Hochlandweg 272-7b
Hoherlehmer Straße 272-7b

Im Heidewinkel 272-4a

Jägerallee 272-7a
Jasminweg 272-7c

Kastanienallee 272-5d
Kastanienring 272-8c
Kiefernring 272-4c
Kirschenallee 272-7d
Koppelweg 272-4d
Kurpark 272-7c
Kurparkring 272-7d
Kurt-Hoffmann-Straße 272-9a
Kurze Straße 272-4b

Lange Straße 272-4b
Lindenallee 272-5c
Lindenring 272-4c

Mainzer Straße 272-4d
Margarethenstraße (1) 272-7a
Maxim-Gorki-Straße 272-2c
Max-Liebermann-Straße 272-1b
Miersdorf 272-4c
Miersdorfer Chaussee 272-7b
Miersdorfer Weg 271-8b
Miersdorfer Werder 272-9a
Mittelpromenade 272-4c
Mittenwalder Straße 272-2a
Morellenweg 272-7d
Moselstraße 272-8a
Mozartstraße 272-5c
Müggelstraße 272-4b
Münchener Straße 272-2a

Narzissenallee 272-7c
Neckarstraße 272-4d
Niederlausitzstraße 272-2b
Niemöllerstraße 272-2c
Nordstraße 272-5a
Nürnberger Straße 272-2a

Oderstraße 272-5c
Oldenburger Straße 272-1d
Ostpromenade 272-7c
Otto-Dix-Ring 272-1a
Otto-Nagel-Allee 272-1b

Pappelring 272-8c
Parkstraße 272-4a
Platanenallee 272-5d
Potsdamer Straße 272-4b
Prignitzstraße 236-11d

Rathausplatz 272-5b
Regensburger Straße 272-2a
Rheinstraße 272-5c
Ringstraße 272-4b
Rosengang 272-7c
Rotbuchenring 272-7d
Rotdornring 272-8c
Rühlering 272-8a
Rüsternallee 272-7b
Ruppiner Straße 272-2b

Saarstraße 272-8a
Schillerstraße 272-2a
Schillerstraße (1) 272-1d
Schmöckwitzer Straße 272-4b
Schulstraße 272-2c
Schulzendorfer Straße 272-7a
Seestraße 272-5b
Siegertplatz 272-5b
Spreestraße 272-5c
Spreewaldstraße 236-11d
Starnberger Straße 272-2a
Stedinger Straße 272-5a
Strandweg 272-2b
Straße am Hochwald 272-7c
Straße am Höllengrund 272-7d
Straße der Freiheit 272-7b

Talstraße 272-1d
Teichstraße 272-4b
Teltower Straße 272-4b
Triftweg 272-2c

Uckermarkstraße 236-11d

Waldowstraße 272-5a
Waldpromenade 272-4a
Waldstraße 272-4b
Weichselstraße 272-4d
Weserstraße 272-8a
Westpromenade 272-7c
Wiesenstraße 272-1d
Wilhelm-Guthke-Straße 272-5a
Wilhelmshavener Straße 272-4b
Würzburger Straße 272-2a
Wüstemark 271-9c
Wüstemarker Weg 271-9b

Zossen
PLZ 15806

Adlershorst 350-7d
Adlershorster Weg 349-6b
Adlershorststraße 349-6b
Agnesstraße 342-10c
Ahornallee 350-7a
Ahornstraße 350-1a
Ahornweg 350-2a
Akazienweg (4) 350-5d
Alte Trebbiner Straße 325-4d
Altglienicker Ring 324-5d
Am Akazienweg 350-8a
Am Bahnhof (1) 341-2b
Am Bahnhof (Waldstadt) 350-1b
Am Bahnhof Dabendorf 325-8d
Am Baruther Tor 350-2c
Am Berg 351-10d
Am Bürgerhaus 350-1b
Am Busch 325-8b
Am Dammgarten 341-3a
Am Dorfplatz 351-10c
Am Eiskutenberg 350-1b
Am Feldweg 350-7b
Am Fließ (3) 350-8b
Am Grundfeld 324-5b
Am Karpfenteich 341-5a
Am Kastanienplatz 342-4c
Am Kiesberg 325-4d
Am Kietz 341-3b
Am Mühlenberg (1) 350-1c
Am Nottehafen 341-2b
Am Schäferberg 350-7b
Am Scheunenviertel 342-1a
Am See 350-5d
Amselpfad 351-10c
Amselsteg 325-8c
Amselweg 325-10d
Am Sportplatz (Glienick) 324-5b
Am Sportplatz (Horstfelde) 340-3d
Am Stadtpark 341-3a
Am Strandbad 343-2b
Am Tabaksland 341-3d
Amtmannfeldweg 325-10d
Am Wald 351-10c
An den Birken 342-7c
An den Eichen 342-4a
An den Gärten 342-10c
An den Linden 342-7a
An den Pferdekoppeln 341-6b
An den Sandbergen 326-12b
An den Wiesen 350-7a
An den Wülzen 341-2b
An der Brotfabrik 342-10c
An der Dorfaue 326-12a
An der Dorfstraße 323-9b
An der Gerichtstraße 342-1a
An der Hauptstraße 324-12d
An der Heide 325-5d
An der Wache 341-3a
Ausbau 327-11c
AWG 342-10c

Bahnhofstraße 341-2b
Bahnhofstraße (Wünsdorf) 350-1a
Bambusweg 342-10c
Baruther Straße 341-3a
Bergstraße (Kallinchen) 343-2b
Bergstraße (Neuhof) 350-4c
Berliner Allee 342-10b
Berliner Chaussee 325-6a
Berliner Straße 341-3a
Birkengrund 343-3c
Birkenhain 327-10c
Birkensteg 325-9a
Birkenstieg 350-5d
Birkenstraße 350-1a
Birkenweg 350-7a
Blumenweg 325-11c
Brandenburger Straße 325-8a
Brandenburgische Straße 350-1d
Breite 325-11d
Buckowbrücke 341-4b

Chausseestraße 350-1a
Clauertstraße 342-1a
Cottbusser Straße 350-1b

Dabendorf 325-4d
Dabendorfer Straße 324-9a
Dahlewitzer Straße 325-5d
Delbrücker Straße (4) 342-1a
Dorfaue 324-5d
Dorfaue (Dabendorf) 325-8c
Dorfstraße (Neuhof) 350-7b
Dorfstraße (Nunsdorf) 323-11d
Drosselgasse 325-10d
Drosselstieg (2) 342-7a
Drosselweg 325-8c

Ebereschenweg 350-4c
Eichenweg 349-3d
Eichhornstraße 342-1a
Elisabethstraße 325-5d
Erlenring 325-8d
Erlenweg 349-6b
Ernst-Hennecke-Ring 325-11c

Fasanenring 325-7d
Feldstraße 341-1a
Feldweg 324-5b
Feldweg (Neuhof) 350-7d
Feuerbachstraße 326-10c + 342-1a
Fichtenstraße 350-2a
Fischerstraße 341-3a
Förstereiweg 342-4a
Fontanestraße 342-4c
Forsthaus 350-7b
Friedenstraße 342-10c
Friedhofsweg 341-3b
Friedhofsweg (Horstfelde) 340-3b
Friedhofsweg (Nächst Neuendorf) 325-10d
Friedhofsweg (Schöneiche) 326-12c
Friedrich-Raue-Straße 342-7a
Friesenstraße 341-2b
Fritz-Domke-Straße 325-9c
Fritz-Jaeger-Allee 342-4c
Funkenmühle 350-5d
Funkweg 324-8b

Gartenstraße 324-12d
Gerichtstraße 342-1a
Gerlachshof 342-4c
Gewebegebiet am Bahnhof 325-8d
Gewerbegebiet am Funkwerk 325-4b
Ginsterweg 342-7b
Glashüttenring 342-10d
Glienick 324-5c
Glienicker Straße (Dabendorf) 325-7b
Glienicker Straße (Nächst Neuendorf) 324-12b
Glienicker Weg 324-10d
Goethering 350-1b
Goethestraße (Dabendorf) 325-8b
Großstücken 325-11c
Großstückenweg 325-11c
Grüner Weg 341-6b
Grüne Trift 325-8a
Gutenbergstraße 342-7a
Gutstedtstraße 342-10d

Harzer Straße 325-5c
Hauptallee 350-1b
Hauptstraße (Kallinchen) 343-2b
Heidelerchenweg (1) 342-7a
Heidestraße 350-7b
Heideweg 324-12c
Hermann-Balzer-Straße 325-8d
Hermann-Bohnstedt-Straße 325-8d
Hildegardstraße 342-10c
Hinter den Gärten 324-5d
Holunderberg 350-1b
Hoppegarten 341-3b
Horstfelde 341-1a
Horstfelder Dorfstraße 341-1a
Horstfelder Straße 325-10c
Horstweg 341-1c

Im Bogen 342-7a
Im Eichenhain 342-7b
Imkerweg 350-8b
Im Schilfgrund 342-10c
Im Wald 350-4c
Im Wiesengrund 351-10c
Im Winkel 343-3a

Jägerstraße 325-8a
Jasminweg 342-7b
Joachimstraße (3) 342-1a
Joachimstraße (Neuhof) 350-7a
Johann-Kunckel-Straße 350-1b
Johnepark 341-5b
Johneweg 341-2d
Jühnsdorfer Straße 324-5b

Kallinchen 343-2c
Kallinchener Straße 326-12d
Karpfenteich 341-5c
Kastanienallee 325-8b
Kastanienplatz 342-4c
Kastanienweg 349-3d
Kerne 342-4c
Kieferngrund (1) 350-8b
Kiefernwäldchen 350-2a
Kiefernweg 325-4d + 350-4c
Kietzer Weg 325-11d
Kirchplatz (2) 341-3a
Kirchplatz (Wünsdorf) 350-1c
Kirchstraße 341-3a
Klausdorfer Chaussee 349-3c
Klausdorfer Straße 349-3d
Kleine Feldstraße 325-11c
Kleine Gartenstraße 324-5b
Kleiner Hack 341-3a
Kleine Waldstraße 324-12c
Kleinstückenweg 341-3b
Kliengasse 350-1a
Kornweihenweg 325-9c
Krähenfichten 325-4b
Kranichweg 325-10d
Kreuzweg 323-11d
Kuckucksweg 325-7d
Kurze Straße 350-1b

Lehmannstraße 342-1a
Lindenallee 350-4c
Lindenbrück 350-8d
Lindenbrücker Chaussee 350-5d
Lindenbrücker Dorfstraße 350-9c
Lindenbrücker Straße 351-10c
Lindenbrücker Weg 350-5c
Lindenstraße (Schöneiche) 326-12c
Lönsstraße 325-8a
Lörracher Straße (1) 342-1a
Lohengrinstraße 325-5d
Louis-Günther-Straße 342-1a
Luchblick 326-10d
Luchweg 326-10c
Luckenwalder Straße 341-2d
Lückenwald 325-8a
Luisenstraße 341-12d + 342-10c

Machnower Chaussee 325-9c
Märkischer Weg 350-7a
Märkische Straße 325-4d
Märkisches Wohnen 325-11c
Mahlower Straße 325-5d
Marienau 325-11a
Marktplatz 341-3a
Marktstraße 341-3a
Martin-Luther-Straße 342-7c
Mellenseestraße (Wünsdorf) 341-12d
Menzelstraße 326-10c
Mittenwalder Straße 341-3b
Mochweg 350-1a
Moscheestraße 342-11c
Motzener Straße 343-3c
Mühlenlager 342-4a
Mühlenweg 350-1c

Nächst Neuendorf 325-10b
Nächst Neuendorfer Landstraße 325-10d
Neuhof 350-7a
Neuhofer Weg 350-4d
Nunsdorf 323-11b

Oertelufer 341-2b

Paderborner Straße 342-1a
Pappelallee 325-8b
Pappelweg 342-7c
Parkring 350-1b
Parkweg 350-7a
Pfählingstraße 325-9a
Planstraße 326-12d
Platanenweg 324-6c
Platz der Jugend 350-1b
Poststraße (Lindenbrück) 350-9c
Poststraße (Waldstadt) 342-10d
Prachtstraße 325-5d
Prierowseestraße 325-9c
Puschkinstraße 350-1a

Rahlingsweg 325-4d
Rampe 350-1d
Rangsdorfer Straße 325-8a
Reiherweg 325-9a
Rennbahnstraße 325-8a
Residenz „Am Scheunenviertel" 342-1a
Ringstraße 343-3c
Rosengassen (3) 341-3a

Saalower Straße 340-3d
Sachsenstraße 325-4d
Sapherscher Weg (Neuhof) 350-4c
Sapherscher Weg (Wünsdorf) 349-6d
Schienenweg 325-5d
Schillstraße 325-11b
Schliebenstraße 342-1a
Schlotthorst 350-5c
Schmachtenhagener Straße 325-4d
Schöneiche 326-12a
Schünow 324-10c
Schünower Chaussee 324-12d
Schünower Straße 324-12c
Schünower Weg 324-8b
Schützenstraße 325-7b
Schulstraße (Lindenbrück) 350-9c
Schulstraße (Wünsdorf) 349-3d
Schulweg 324-5d
Schulzendorfer Straße 324-5a
Schwarzer Weg (Kallinchen) 327-11c
Schwarzer Weg (Zossen) 342-4a
Schwarzkehlchenweg 342-7a
Schwerinallee 342-4c
Seefreiheit 350-7b
Seepromenade 350-4c
Seerosenstraße 342-10c
Seestraße 343-2b
Seeweg 350-8b
Siedlung Horstfelde 324-12c + 340-3a
Siegfriedstraße 325-5d
Steinplatz 350-2c
Storchenweg 325-11c
Straße der Befreiung 326-10c
Straße der Jugend 341-3b
Straße des Friedens 325-11c
Straße zur Försterei 343-2a
Stubenrauchstraße 325-11d
Swisttaler Straße 342-1a

Tannenweg (2) 350-8b
Telzer Weg (Dabendorf) 325-6c
Telzer Weg (Schöneiche) 326-12a
Thomas-Müntzer-Straße 341-5d
Thüringer Straße 325-5c
Töpchiner Straße 343-2b
Töpchiner Weg 342-1a
Tomatensteg 351-10c
Torgowstraße 342-1a
Trappenweg 325-9a
Trebbiner Landstraße 323-9b
Trebbiner Straße 325-5d
Triftstraße 325-8a

Uferpromenade 350-8b
Uferweg 341-2d
Uhlenhorst 325-8b
Unter den Eichen 351-10d

Wachtelweg 325-9a
Wagnerstraße 325-5d
Waldesruh 342-10a
Waldschneise 350-1b
Waldstadt 341-12c + 342-10b + 350-2a
Waldweg 324-5b
Waldweg (Nächst Neuendorf) 324-12d
Waldweg (Wünsdorf) 349-3d
Waldweg (Zesch) 351-10b
Wasserstraße 341-2b
Weg nach Mellensee 324-10d
Weidenweg 325-6c
Weinberge 342-1a
Weinbergweg 324-5b
Werben 323-9b + 324-7a
Werbener Straße 323-11b + 324-8b
Werbener Weg 324-10a
Werderscher Weg 324-5d
Westenholzer Straße (2) 342-1a
Westfalenstraße 325-4d
Wiesengrund 326-10c
Wiesengrund (Neuhof) 350-8a
Wiesenweg 351-10c
Wildgangssteg 325-7d
Winkelweg 350-2c
Wittlicher Straße 342-1a
Wohnaue Werben 323-9b
Wohnweg 350-7b
Wünsdorf 349-3c
Wünsdorfer Platz 342-10d
Wünsdorfer Seestraße 350-1c
Wünsdorfer Weg 350-7b
Wulzenweg 325-10d + 341-1b

Yorckstraße 342-4c

Zehrensdorfer Straße 342-4c
Zeppelinstraße 342-7a
Zesch 351-10d
Zescher Straße 350-8d
Ziegeleiweg 324-10d
Zillebogen (1) 326-10c
Zossener Damm (Schöneiche) 326-11c
Zossener Straße (Glienick) 324-9a
Zossener Straße (Nunsdorf) 323-11b
Zossener Straße (Schünow) 324-10c
Zum Anglerheim 343-3a
Zum Friedhof 350-7b
Zum Königsgraben 325-7b
Zum Kumberg 324-6c
Zum Waldstadion 326-12c
Zum Wolziger See 350-5c
Zur Dorfstraße 324-10c

Printed in Poland
Drukarnia Dimograf Sp z o.o., ul. Legionów 83, PL-43-300 Bielsko-Biała

→ 2027

Kartographie: © MairDumont GmbH & Co. KG, Marco-Polo-Straße 1, D-73751 Ostfildern

Titelfoto: Brandenburger Tor nach dem Sonnenaufgang (AdobeStock/Alexey Fedorenko)
Seite 1: Bild Nr. 1: Shutterstock/g-stockstudio
Bild Nr. 2: Shutterstock/Creative Travel Projects
Bild Nr. 3: Shutterstock/Soloviova Liudmyla
Bild Nr. 4: Shutterstock/Song_about_summer

Anzeigenvermarktung: MAIRDUMONT MEDIA
fon +49.711.4502.0
media@mairdumont.com · media.mairdumont.com